中国近代商会史料丛刊

汉口商会史料汇编

5

郑成林
刘望云　主编

华中师范大学中国近代史研究所
武汉市档案馆

国家出版基金项目
NATIONAL PUBLICATION FOUNDATION

中原出版传媒集团
中原传媒股份公司

大象出版社
·郑州·

图书在版编目(CIP)数据

汉口商会史料汇编. 5 / 郑成林，刘望云主编.— 郑州 : 大象出版社，2020. 3
ISBN 978-7-5711-0182-4

Ⅰ. ①汉… Ⅱ. ①郑… ②刘… Ⅲ. ①商会-商业史-史料-汉口 Ⅳ. ①F729

中国版本图书馆 CIP 数据核字(2019)第 098442 号

汉口商会史料汇编 5

HANKOU SHANGHUI SHILIAO HUIBIAN 5

郑成林 刘望云 主编

出 版 人 王刘纯
责任编辑 宋 伟
责任校对 李婧慧 张英方 倪玉秀 张绍纳 牛志远
装帧设计 付锬锬

出版发行 大象出版社(郑州市郑东新区祥盛街 27 号 邮政编码 450016)
发行科 0371-63863551 总编室 0371-65597936
网 址 www.daxiang.cn
印 刷 洛阳和众印刷有限公司
经 销 各地新华书店经销
开 本 787 mm×1092 mm 1/16
印 张 65.25
字 数 1587 千字
版 次 2020 年 3 月第 1 版 2020 年 3 月第 1 次印刷
定 价 1450.00 元(全 5 卷)

印厂地址 洛阳市高新区丰华路三号
邮政编码 471003 电话 0379-64606268

凡　例

1.本辑是基础文献资料的汇编,为保持文献的完整性和原始性,除明显的字词讹误外,原则上不做现代汉语规范。

2.文件标题除部分报刊资料照原文录用,大多数文件标题由编者按发文者、内容、受文者、文件类型四方面拟定。

3.原件大多无标点,由编者统一校点。

4.文件原注和说明,一律用“( )”标出,置于文内。编者注用数码①②③等标示,置于页末。

5.凡能辨明的错字、别字径改之。

6.凡残缺或难以辨认的文字,均以“□”代替。

7.文件时间一律使用公历,用阿拉伯数字标示,置于标题之下。其中,报刊资料标注的是见刊时间。

目　录

1945 年

5 月

7 月

8 月

9月

10月

11月

12 月

1946年

1月

2 月

3月

4 月

5 月

6月

7月

8 月

9 月

10 月

11 月

12 月

月份不详

1947 年

1 月

2 月

3 月

4 月

5 月

6月

7 月

8 月

9 月

10 月

11 月

12 月

月份不详

1948年

1月

2 月

3 月

4 月

5 月

6月

7 月

8 月

9 月

10 月

11 月

12月

月份不详

1949 年

1 月

2 月

3月

4月

5 月

12 月

月份不详

年份不详

1945 年

5 月

汉口市商会驻渝办事处为汉口商会统计资料呈汉口特别市党部特派员

（1945 年 5 月 23 日）

查汉口市为我国沿江重要商埠，现值复员期近，仰由该会详细研拟该区域工商业复员计划，于本年六月三十日以前呈部，以备参考，特此通知。等因。遵经召开旅渝汉口市商会理监事联席会议，并先后召集汉口市各业同业公会原负责人集议成立汉口市商会工商复员计划委员会，办理调查、设计、起草等工作。惟汉口市工商统计资料以撤退时情形迫切，未及搬出，此时办理调查工作，为求翔实起见，经分期邀集有关之原从业人员个别查询，需时较多，致稽时日。兹已缮编成册，除呈送经济部外，特再检一份送呈鉴核，其遗漏部分，仍继续搜集汇编，一俟完成，即再续呈。再，武汉市地当要冲，素称国内四大商埠之一，工厂林立，万商云集。此次抗战军兴，以倭寇掠夺成性，损失惨重，自二十七年十月沦陷后，消息隔绝，留市区未经抢救出境之物资，以及各项建筑损失，实在数量未能臆计，所幸敌寇业已投降，复员亦经开始，本会同仁一俟航运通行，即分次返汉，继续实地调查汇编补呈，合并陈明。

谨呈

汉口特别市党部特派员袁

附呈汉口市工商复员计划书一册。

汉口市商会驻渝办事处代理事长　贺衡夫

地址：重庆民族路九尺坎三十九号

1945 年 5 月 23 日

7 月

1.汉口市商会召集汉口旅渝商人召开筹集复员计划大会

(1945 年 7 月 3 日)

民国三十四年七月三日召集汉口旅渝商人,召开筹集复员计划大会。

地点:裕华纺织公司二楼

时间:午后三时

出席人:赵焕奉、陈化平、蒋予勤、程度模、柴海楼、贺衡夫、项仁涛、王一鸣、王璧双、章剑慧、彭仲宣、邓廷珠、王溥澄、鲁寿安、陈经畬、刘金珊、邹蒙楠、吴伯池、南经庸、龚亦遂、乐作霖、李荐廷、彭仲宣、孙瑞麟、刘笃生、杨懋卿、浦心雅、栗联珂、吴千里、焦秀安、李月樵、戴经塵、吴瑞阶、殷静深

开会如仪

临时主席:贺衡夫

主席报告开会意义,略谓:本会在渝因特别市、普通市之分,故设立机关,殆至香港沦陷后,于卅三年始成立汉口市商会驻渝办事处。对于各业商人须要所在地商会登记,故本会未便重复邀请商人登记,以致多不明白住址,未常邀设。今日诸位乃为复员问题,本会奉经济部令,嘱复员计划限期呈复,请诸公指教。

报告事项

如前

讨论事项

关于汉口市商会复员计划,应如何组织,以利推进案。

决议:1.组织汉口市商会复员计划委员会。2.公推章剑慧、陈化平、王一鸣、蒋予勤、李月樵、南经庸、浦心雅、周仲宣、柴海楼、左仁亲、王璧双、戴经塵、吴伯池、邹蒙楠、杨懋卿、孙瑞麟、刘笃生、邓廷珠、程度模、焦秀安、赵典之(潘明安代)、殷静深、彭仲宣二十三人为理事。3.汉口市商会在渝执监委员为当然理事。4.推陈主席经畬起草复员计划委员会规则,下次开理事会再行分组进行。

散会

2.汉口市七月十日复员计划委员会第一次会议

(1945 年 7 月 10 日)

时间:午后三时

地址:裕华纺织公司二楼

出席人:贺衡夫、鲁寿安、邹蒙楠、邓廷珠、彭仲宣、王璧双、杨懋卿、刘笃生、王一鸣、吴伯

池、陈经畬、柴海楼、焦秀安、章剑慧、戴经塵、赵典之(潘明安代)、乐作霖

公推贺理事衡夫主席

开会如仪

报告事项

上次代表大会决议四项

讨论事项

(1)本会简章共九条,请讨论案。

决议:汉口市商会复员计划委员会简章:

第一条:本会订名为汉口市商会复员计划委员会。

第二条:本会以计划复员为宗旨。

第三条:本会委员以汉口商会执监委员为当然委员暨曾在汉口市之工商界及其他各界人士亦得聘任。

第四条:本会委员之组织定为三十一人,复由委员中互推五人为召集人。

第五条:本会之任务如下:(1)调查战时工商各界及其他一切损失。(2)研究战后复员之一切计划。

第六条:本会因应事实上之需要得设调查、研究、建设各组,各组委员除由本会委员充任外,得聘请其他有关人士参加。

第七条:本会全体会每月开会一次,必要时得随时召集之,各组会议每一星期开会一次。

第八条:本会职员应由市商会调派充任之。

第九条:本会简章暨各组办事细则由本委员会会议通过实行。

(2)依据简章第四条,推定贺衡夫、鲁寿安、戴经塵、章剑慧、乐作霖为召集人。

(3)依据简章第六条设立“调查”“研究”“建设”三组。调查组推定柴海楼、熊秀安、殷静深,由柴海楼召集。研究组推定王一鸣、吴伯池、南经庸、刘笃生、李月樵,由王一鸣召集。建设组推定李荐廷,并请召集。

(4)贺主席提拟聘李纯一为本会专任秘书。

决议:通过。

(5)麦粉工厂意见书应交何组研究。

决议:交研究组与专任秘书参改。

六时散会

3.汉口市七月十七日复员计划委员会第二次会议

(1945 年 7 月 17 日)

时间:午后三时

地址:裕华纺织公司二楼

出席人:贺衡夫、王一鸣、李月樵、王璧双、李纯一、彭仲宣、程度模、焦秀安、柴海楼、潘明安、赵典之(潘明安代)、鲁寿安、金叶哲

主席:贺衡夫

开会如仪

报告事项

第一次决议案

讨论事项

1.关于各组重要案件是否随时召集会议。

决议:由各组随时召开组会决定。

2.各组开会通知是否用召集人名义。

决议:仍用会名。

3.本会拟登启事附稿讨论案。

决议:以行销宽广报章酌登数张报。

4.主席提本会办事处假九尺坎三十九号,对于设备如何规定以利推进,请讨论案。

决议:暂设文书兼收发一人,每日由各召集人轮流值日。

5.调查组调查在渝汉口工商各业负责人表,拟加聘为本会调查组理事案。

决议:照聘名单另详。

6.研究组提复员需用资料纲要。

决议:交专任秘书与研究组研究。

4.汉口市七月二十四日召开调查研究建设各组联席会议

(1945年7月24日)

时间:午后三时

地址:裕华公司三楼

出席人:贺衡夫、徐百曦、陈克澄、李纯一、袁绳武、李梦为、杨殿臣、黄子权、徐正道、张东初、曹美□、王一鸣、蔡规明、栗联柯、鲁寿安、王民仆、焦秀安、赵典之(潘明安代)、潘明安、柴海楼、史树诚、陈炽襄、金叶哲、孙雷轩

主席:贺衡夫

记录:王耀春

甲、开会如仪

乙、报告事项

今天是本会召开调查组会议,诸公尚有多数未能明了本会组织及情形,兄弟将经过大意再来作一正确报告。汉口市商会虽在重庆成立,驻渝办事处因为过去实在无公可办,故无具体设备,不过假九尺坎三十九号庆华公司为通讯处而已。诸公都是汉商,平时因无事接谈,彼此见面机会较少。此次奉经济部令,嘱拟具复员计划呈复核示,本会对于此案关系我们全市工商业复员以及损失至大,所以兄弟不辞辛劳,为大家尽义务。曾经召开汉口旅渝工商各界代表大会,经决议,本会定名为汉口市商会复员计划委员会,并推定各理事进行一切事宜。复经召开第一次理事会,决议会内设“调查”“研究”“建设”三组,调查系推柴海楼先生为召集人,但以后复员计划困难特多,全仗群策群力,方能众志成城。今后希望诸公对于计划良策,多多发表意见。

丙、讨论事项

王理事一鸣拟具汉口市商会复员计划委员会调查报告、复员计划调查表格式,请讨论案。

决议:照印分发,以便登记。

丁、散会

8 月

1.汉口市商会复员计划委员会第四次全体会议

(1945 年 8 月 14 日)

时间:一九四五年八月十四日午后三时

地点:复兴路五号裕华纺织公司二楼

出席人:陈化平、贺衡夫、房振志、徐连山(刘法平代)、李梦为、邓廷珠(邓廷芳代)、彭仲宣、□云然、戴经麈、王一鸣、徐正道、刘联柯、余容想、徐百曦、刘笃生、张登平、史树诚、黄子权、刘金珊、柴海楼、蔡规明、陈子山、王涛澄、项仁涛、章剑慧、陈克澄、荣生新、程锦章、吴伯池、杨懋卿、鲁寿安、孙瑞尘、鲁筱光、周仲宣、赵典之、潘明安、王璧双、乐作霖、曹美□、吴千里、焦秀安、张东初、陶勤夫、周耀青、邹蒙楠、徐一□、陈支汉、陈炽襄

主席:贺衡夫

记录:王耀春

甲、开会如仪

乙、报告事项

本会今天召集第四次全体会议,恰是日本接受四国通牒,兄弟想这一会议意义自为重大,诸公听到这个消息后,倍加兴奋和愉快。今后对复员工作加以积极进行,方可收事半功倍之效,以后对复员工作应如何筹备,请诸公多多发表意见,集思广益,作一参考材料,本会前所印就之复员损失调查表,分发出去已有千份,现送会登记者仅数十份,望诸公速填送会,以便汇编呈报本会。前请王一鸣先生拟就汉口市工商业复员计划草案大纲,分为粮食、衣服、居住、运输、金融、工业等各项,已送会缮印妥后分发传观。

丙、讨论事项

1.戴常委经麈提议:渝市各商户应如何返汉案。

决议:暂可至汉口市商会驻渝办事处临时登记。

2.章常委剑慧提议:关于本会以后对各机关法团,应采取何种名义对外案。

决议:对以后各机关法团概用汉口市商会名义。

3.章常委剑慧提议:关于本会以后对经济部一切交涉事项如何确定案。

决议:推定章剑慧、乐作霖两先生担任。

4.主席提议:本会经费应如何筹措案。

决议:由在渝各商户出席人暂为借垫作本会经费。

5.章常委剑慧提议:由渝返汉之交通工具应用何种名义向交通及有关部门交涉案。

决议:呈请湖北省政府驻渝办事处向交通部门接洽。

丁、散会

2.强化商会组织今开首次会议

(1945年8月21日)

[本报讯]应环境之需要,谋强化商会组织,发挥商会力量为契机之汉口市商会整理委员会自积极筹备以来,已具端倪。兹为顺利推行工作起见,特定于今日午后二时召开首次会议。预料经整理后之商会,以商界中坚分子为中心之组织,其对今后商界福利之寻求及其他事宜必有莫大之贡献。

(《大楚报》)

3.汉市商会临时整理委员会推定执监委员

(1945年8月22日)

[本报讯]汉口市商会临时整理委员会于昨召开首次会议,出席全体委员由涂主任委员主持,经热烈讨论,推定执监委员。公推涂拔丞为主任委员,常委则为曹云阶、陈宪章、邓廷珍、张尧轩、涂拔丞、邹静轩、成禹门。其下设四组以事实成,总务组:邹静轩、陈宪章;经济组:成禹门、邓廷珍、胡华廷;组织组:曹云阶、陈宪章、余松泉、胡耀棠;事业组:张尧轩、毛星五。

[又讯]经整理后之市商会基于此新任务之繁重,已决定自今日起正式办公,借谋商界同人福利顺利推行及组织之巩固。

(《大刚报》)

4.市商整会涂主委谈该会今后任务

(1945年8月24日)

[本报讯]汉口市商会已于前日理监联席会议议决解消另组商会整理委员会各情,已志本报。记者为明了实况起见,特走访整委会主委涂拔丞氏,承告如下:汉口自事变以来商场由自由营业进入统制贸易阶段,以致困难重重,市商会同仁以不懈之精神,在艰难困苦中奋斗,以期维护商人福利,兹因和平既已到来,以前各种难关,随时势之推移,自然突破市商会所负之使命,亦随之转变,加之迁退后方及旅居京沪各埠之巨商亦必不日复归,届时自应有更健全之商会组成,以故事前不得不强化内部,并调整各同业公会,但以自去冬大轰炸以后,商店星散,各公会亦无形停顿,会员大会无法召开,故拔丞及理监事等从权将前商会办理结束而改组为整委会。除本会原有全体理监事改充整委外,并加聘商界名宿多位为整委,加紧整理工作,以期健全之商会早日成立。

(《大楚报》)

5.经济部关于伪在收复区设立统制工商业及进出口贸易与其他有关经济生产事业之各种机构暨收复区各项工商业团体之所有财产文件之处理之公告

(1945 年 8 月 29 日)

卅四年八月廿九日

查报,伪在收复区设立统制工商业及进出口贸易与其他有关经济生产事业之各种机构暨收复区各项工商业团体之所有财产文件书籍等项,不得擅自处理,在未经确定整理办法以前,应予暂维现状。兹将应行遵守事项分别昭告如下:

(一)凡敌伪在中国收复区内所设立、具有统制各地工商业及进出口贸易性质之各种机构,无论其名称为公司、为合作社、为协会及所谓商业统制会,等等,应即一律停止活动,其原负责人或其从业人员应负责保管其所属财产、文件、图籍及其他一切物品,并造具清册,听候政府派员接收核办,不得擅有迁移、毁损、转让、隐匿等情事,否则定予严究。

(二)凡敌伪在收复区内设立或占有具经济行政性机构,如地质调查、矿冶研究、工业试验、商品检验、资源商品管理等机构,以及经济生产事业之矿冶厂场、工厂及电厂所有财产、文件图籍、机械、仪器、图样、计划及其他一切物品暨所存储之物资、材料或成品,原负责人或经管人应负责保管,听候接收,不得擅自有迁移、毁损、转让、隐匿等情事,其矿冶厂场、工厂、电厂在未经接收以前,原负责人或经管人仍应负责维持该厂生产供应,不得擅自变更、破坏原有状态,擅离工作岗位及有鼓动工人等行为。至该项厂场在维续工作期间,益应遵守国民政府主管机关所颁行之法令,否则定予严究。

(三)凡收复区工商业团体,一律由原负责人及其所属职员负责维持现状,保管其财产、文件、图籍及其他一切物品,俟地方经济行政官署恢复职权后,查明核办,不得擅自处分。在维持现状期间,并不得有乘机干扰工商业行为,否则定予严究。

上开三项仰一体遵照,毋违,特此公告。

9 月

1.汉口市商会为遵照订阅上海《中央日报》致本市各业同业公会函

(1945 年 9 月 13 日)

案奉汉口市政府市社字第一二七三四号训令开:据上海《中央日报》汉口办事处九月三日呈称,窃查上海《中央日报》去岁胜利后,即由屯溪迁回上海复刊。因过去立论公正,报道翔实,是以销行日广,谬著□誉。兹武汉为华中之重镇,亦为本党革命策源地,交通四达,商业繁盛,机关学校鳞次栉比,无论在政治、经济、教育、文化各方面均占重要地位。爰经总社决定,在汉口成立本报办事处,并经觅定本市交通路三十一号为处址等。已开始办公,积极拓展业务,征求长期订户。本报之销行,阐发国父遗教,宣扬国策,传播政令,沟通文化。对于本市各机关、学校、工厂及职业团体、社会团体等,拟请钧府俯准,分别转知,尽量订阅,以广宣传而扬党义。等情。查该报系本党主办报纸,旨在宣扬主义,发扬文化,据呈各情。除分令外,合亟令仰遵照订阅并转饬所属尽量推广订阅为要。等因,奉此。查上海《中央日报》之发行,旨在宣传党义,阐发国父遗教,并借以传播政令,沟通文化。奉令前因。除分函外,相应函达查照,转知同业各商店,尽量推广订阅为盼。

此致

本市各业同业公会

汉口市商会　启

九月一十三日

2.汉口市商会驻渝办事处代理长为派遣汉口市商业指导员呈经济部

(1945 年 9 月 19 日)

敬呈者。自日倭投降后,凡属沦陷区域莫不纷纷复员。我汉口市市长业已到地视事,是于政治设施,今已主持有人。而在渝汉市商会同人因交通阻隔,未能即时驰回承办,市面事件不胜谦账。本会驻渝委员现又奉汉口市党部特派员加委为汉口市商业指导委员,并嘱即日回武汉工作,计共十八人,职员四人,随从二人。拟请钧部分配船位,并将分配船名及开行日期迅赐示知,俾便遄行为幸。

谨呈

经济部

汉口市商会驻渝办事处代理长　贺衡夫

地址　重庆民族路九尺坎三十九号

3.汉口市商会驻渝办事处为汉口市工商业复员计划呈湖北省主席

(1945 年 9 月)

案奉经济部三十四年五月二十三日(卅四)商字第四六四五二号通知,内开:“查汉口市为我国沿江重要商埠,现值复员期近,仰由该会详细研拟该区域工商业复员计划,于本年六月三十日以前呈部,以备参考,特此通知。”等因。遵经召开旅渝汉口市商会理监事联席会议,并先后召集汉口市各业同业公会原负责人,集议成立汉口市商会工商复员计划委员会,办理调查、设计、起草等工作。唯汉口市工商统计资料,以撤退时情形迫切,未及搬出,此时办理调查工作,为求翔实起见,经分期邀集有关之原从业人员个别查询,需时较多,致稽时日,兹已缮编成册。除呈送经济部外,特再检一份送呈鉴核,其遗漏部分仍继续搜集汇编,一俟完成,即再续呈。再,汉口市地当要冲,素称国内四大商埠之一,工厂林立,万商云集,此次抗战军兴,以倭寇掠夺成性,损失惨重,自二十七年十月沦陷后,消息隔绝,留市区未经抢救出境之物资以及各项建筑损失,实在数量未能臆计。所幸敌寇业已投降,复员亦经开始,本会同仁一俟航运通行,即分次返汉,继续实地调查,汇编补呈,合并陈明。

谨呈

湖北省政府主席王

汉口市商会驻渝办事处代理事长　贺衡夫

10 月

1.汉口市物价平抑委员会第一次常务委员会会议记录

（1945 年 10 月 5 日）

时间：三十四年十月五日上午九时

地点：市政府会议厅

出席人：刘普和（市党部代表）、张兆理（市政府代表）、陈亮（中国劳动协会代表）、周家熊（中央社代表）、涂海霖（三民主义青年团江汉区代表）、成禹门（市商会代表）

列席人：陈寿昌（第六战区长官部政治部代表）

主席：张兆理

记录：陈健

甲、报告事项

乙、讨论事项

一、本会常务委员七人，拟请由市党部袁主任委员雍、市政府徐市长会之、青年团江汉区周主任齐平、军警宪联合督察处长齐、市商会常务理事曹云阶、中央通讯社徐社长怨宇、中国劳动协会陈主任亮分别担任，并推定徐市长为主任委员，如何，请公决案。

决议：通过，由本会通知各常务委员查照。

二、本会图记应如何制用案。

决议：请市政府社会科依法颁制。

三、根据中央裁撤各省市物价管理委员会命令，拟将本会名称改为“汉口市物价平抑委员会”，如何请公决案。

决议：通过，并由本会呈报政府备案。

四、本会如何开始办公案。

决议：定十月六日开始办公，地点暂定为汉口市政府。

丙、散会

2.汉口市物价管制委员会第二次会议记录

（1945 年 10 月 5 日）

时间：三十四年十月五日上午八时

地点：市府会议厅

出席人：刘普和（市党部）、袁明皓（中宣部）、涂海霖（青年团江汉分团）、陈亮（中国劳动协会）、林德涵（宪兵团）、周家熊（中央社）、杨华筠（《武汉日报》）、张兆理（市政府）、梁世浩（□□□□□）、陈健（市政府）、朱梦理（青年团江汉分团）、黄相□（□货贩卖业）、曹云阶（市商会）、田锡堂（□货贩卖业）、戴福堂（□□□售□）、胡楚翘（□内业）、成禹门（布匹店业）、胡季廷（鞋业）、庞安甫（肥皂制造业）、窦□澄（棉花行业）、陈美卿（旅栈业）、毛星五（颜料业）、杨保廉（□皮业）、罗钟珊（南□业）、李介堂（豆制食品业）、刘南陔（煤油火柴肥皂业）、毛秉诚（□□□货业）、阳少卿（牛行业）、禹汉三（皮货业）、陈云峰（□货业）、陈尧轩（面粉业）、熊伟卿（铜器业）、胡笑如（绸缎业）、刘文元（制革业）、胡锦山（蛋业）、曾绍藩（皮革制造业）、刘森（皮革制品业）、胡耀堂（广货业）、田伯如（烘糕制造业）、彭金觐（米业）、肖彬杰（牛肉业）、魏春山（牛肉业）

主席：张兆理

记录：陈健

甲、报告事项

（一）主席报告，略谓：省政府王主席指示三点。（1）米煤等日用必需品之价格，务须切实管制，政府对于商人采购米煤，在运输方面尽量予以便利协照。（2）对于检查队员，务必慎重人选，此后如遇有囤积居奇情事，经查明属实，则其尤者，将予以最严厉之处分，本席更希望全市商店今后售货物，必定定价不二，不可随意要价。（3）根据重庆自日寇投降后，物价狂跌，大批货物出市求售情形推测，本市物价激涨，原因并非由于物资之缺乏，而显系不肖商人不顾大众利益，囤积居奇所致。盼各界商人激发天良，自动纠正，以免法律制裁，且免将来交通畅通时物价惨跌之损失。

（二）各业同业公会出席代表报告今日物价自动跌落情形，计米价较昨跌百分之三十八（四日每斤一百六十元，五日跌为一百元），饼干价每斤跌百分之二十（四日每斤价四百八十元，五日跌为四百元），皮鞋每双价跌百分之二十七（四日上等皮鞋每双六千五百元，五日跌为四千八百元），面粉每袋跌百分之二十五（四日上面每袋三千六百元，五日跌为二千七百元），广货跌百分之三十，火柴每箱跌百分之十八，铜器跌百分之三十，鸡蛋每个跌百分之二十五（四日每个二十元，五日跌为十五元），机器面跌百分之十八，豆腐每块跌百分之五十（四日每块十元，五日跌为五元），旅栈房价照原价七折。

乙、讨论事项

（一）请推定本会常务委员会。

决议：推定市党部、市政府、市商会、宪军警联合督察处、三民主义青年团江汉区团、中国劳动协会、中央社等七个单位分任本会常务委员。

（二）本会会议时委员无故缺席应如何制裁案。

决议：一次不到者，报章揭出；二次不到者，处以国币五百元至五千元之罚款；三次不到者，送请政府严处。

（三）猪肉、牛肉价格与猪行、牛行具有密切关系，应如何调剂案。

决议：由本会召集猪行、牛行、屠宰各业负责代表，询明情形，斟酌处理。

（四）豆腐、油条、烧饼等生活必需品应如何划一案。

决议：一律定为每件法币五元，通知警察局公告遵守，饬警严查。

（五）本日各业代表报告自动跌价情形，如与事实不符，准由购货人报由当地警察局法办案。

决议：通过，由本会请警察局查照办理。

3.汉口市商会为通知预备庆祝国庆暨胜利大会火炬及提灯致汉口市各同业公会

（1945 年 10 月 6 日）

武、阳、汉各界庆祝三十四年国庆暨胜利大会筹备会函开：“查庆祝双十节纪念暨庆祝胜利大会为期已迫，举行各种火炬游行暨提灯大会，均应积极准备，相应函达查照，请即转饬各同业公会预先准备，于国庆纪念日晚上举行，勿误。”等由，到会。除分函外，相应函请查照，预备火炬、提灯，以便届时游行庆祝为盼。

此致

本市各同业公会

汉口市商会　启

4.汉口市物价平抑委员会第二次常务委员会会议记录

（1945 年 10 月 6 日）

时间：三十四年十月六日上午八时

地点：市政府会议厅

出席人：市党部代表刘普和、市商会代表成禹门、市政府代表张兆理、中央社代表周家熊、中国劳动协会代表陈亮、三民主义青年团江汉区代表成志坚

列席人：《武汉日报》杨华筠

主席：张兆理

记录：吕培生

甲、报告事项

宣读第一次会议记录。

乙、讨论事项

（一）本会组织规程草案，业经拟定，如何，请公决案。

决议：修正通过，并分呈长官部及省政府备案。

（二）昨日物价已由各业商人自动跌落。本会为尊重商人，鼓励其自动平抑物价之精神起见，拟请暂缓组织物价检查队，但须鼓励市民检举密告，可否，请公决案。

决议：通过。

（三）对于囤积居奇、扰乱物价之不良商人应如何发动商人检举密告，请公决案。

决议：1.鼓励全体市民对于囤积居奇、扰乱物价之不良商人准予具名密告。2.密告函件一律送由徐主任委员亲收，以保秘密。3.密告收到后，由主任委员指派本会高级人员前往密查，如属确实，即依法严办，并对密告人予以奖励。倘有诬告，密告人应受法律制裁。

丙、散会

5.汉口市商会为通知准时参加庆祝国庆暨胜利大会等致汉口市各同业公会

（1945 年 10 月 8 日）

查关于庆祝国庆及胜利大会一案，业经函达，预备在卷。兹准武、阳、汉各界庆祝三十四年国庆暨胜利大会筹备会函，以定于十月十日上午九时（以江汉关钟为标准），在中山公园开庆祝大会，下午四时仍在中山公园集合，五时出发，举行火炬游行及提灯大会，嘱为转知各业公会踊跃参加。等由。除分函外，相应函请贵会全体理监事暨会员，于十日上午八时齐到中山公园参加庆祝大会，复于十日下午三时半仍到中山公园参加火炬游行暨提灯大会，事关庆典，务希严守时间，幸勿迟误。

此致

本市各同业公会

汉口市商会　启

注意：如遇天雨，改在新市场举行。

6.汉口市物价平抑委员会第四次常务委员会会议记录

（1945 年 10 月 17 日）

时间：三十四年十月十七日上午九时

地点：汉口市政府会议厅

出席人：军宪警联合督察处阮成章（成志坚代）、市商会筹备会祝庸斋、中国劳动协会汉口分会陈亮、市党部云龙、三民主义青年团江汉区团成志坚、市政府张兆理（代）

参加人：杂粮店业同业公会筹备会陈云峰、中西菜馆业同业公会筹备会胡北云、米业同业公会筹备会彭金观、杂木柴行业同业公会筹备会阳玉堂

主席：张兆理

记录：陈健

甲、报告事项（略）。

乙、讨论事项

一、湖北省会警察局函，以据第九分局呈报汉阳米商请求加价情形，附成本书，转请查照案。

二、本市警察局函报米商定价不一，附调查表，请核办案。

三、本市米业同业公会筹备会呈请提高米价，附成本计算书，请鉴核案。

四、本市鞋业同业公会筹备会呈报九月十三日以前售价，请备查案。

五、中西菜馆业同业公会筹备会呈赍本业货价一览表，请核定案。

决议：

（一）上五案并案讨论。

（二）并案函请市党部、市商会筹备会、三民主义青年团江汉区团三常务委员审核，签注送会，再行核办。

六、汉口市豆制食品业同业公会呈请提高豆腐价格，附赍成本表，请鉴核案。

七、汉口市油盐业同业公会呈请提高食油价格，附赍成本单，请讨论案。

决议：

（一）上二案并案讨论。

（二）豆腐、油条、烧饼等食品价格每件定为法币十元，食油每市斤定为一百二十元。

八、本会所定物价时有变更，拟请推定委员若干人负责审核案。

决议：推市商会筹备会、市党部、三民主义青年团江汉区团三常委负责审核，审核后原案提会，予以决定。

九、本会常务委员会议拟请粮食、经济两部特派员出席指导案。

决议：通过，由会分别函请查照。

十、拟请加推市警察局长、市政府社会科长为本会常务委员，并请市政府社会科张科长兼任本会总干事案。

决议：通过。

7.汉口市商会筹备会为会员老宝盛等无辜受累事呈市政府（附金银首饰业同业公会会员缴案赤金单）

（1945年10月25日）

案准本市金银首饰业同业公会筹备会函开："案据本会会员老宝盛银楼报称，本月十六日有警察局侦缉队员带同犯人来店，据云有刘姓抢案抢获之金子四钱三分向本楼换钱，询其日期，云系在何总司令到达前后数日内，经查核账据，并无此项出入，而侦缉队坚欲本楼交出该项同样重量之金子，否则须带人至局，本楼以账据毫无，未便交出，当经将本楼人员一人带局拘押，后由本楼暂出四钱三分之票子一张，始将本楼人员释放，现在尚未结案。"等情。又据会员老凤祥福记称："十七日有侦缉队班长率同犯人来店，据云有旧金二两向本楼换新货戒指三只，重一两有零，其余换钱。等语。依据所报日期，查核账据，并无此项出入记载，并据该犯云，由本楼换得之金戒三只，内中两只计重六钱三分，余系换与大舞台隔壁老宝盛，当由该班长命本楼派人协同账簿，向老宝盛对账。不料未至宝盛而人账一并带局拘押两日，必须本楼交出二两余之金子。又据在押之本店人员写条通知，只要一两零九分，即可放人，当经本楼先将人员保出，一面向宝盛询查。据该犯供称，系四钱三分，而非六钱三分余。似此情形，显有未合，而本楼不能无辜受累受损。"等情。又会员中为本案同样情形，而已经交出之赤金，计老凤祥昶记一两二钱四分五厘（小条赤金一两九，呈金表带一条）、老同丰小条赤金一两、老凤祥元记四钱一分七厘、老天保明记三钱零四厘，均系依据犯人口记，再行查看账据，钱额分量多有未符，而指定账中相等上下之分量，据以定实，坚令交出，否则带人拘押。而送队之赤金，又未出给收据，纷请设法处理以资救济。等语，前来。当经本会提交筹备会议讨论，佥以本业为商场正当业务，金饰为社会极普通之实物，市面流通兑换出入，其地位仅次于钞币。凡我同业门市收兑，除通知有案，而有特殊识别者，当然应予深切注意外，其余普通饰物，同牌同样比比皆是，自不能任人询其来历，采其究竟。是以武汉转进前，法院警局对此等案件，仅传本业到案，证明收受事实，并无拘押人员、追缴收受饰物之情事。此次刘姓案件，事前既未奉任何当局抄发详细物单，饬知本会转知同业知照，而查核各会员所收之饰物均系极普通平常之件，不但不能责令其负任何责任，即对于业务上亦无过失之可记，况犯人供说所有未符办案，又急于图功，不问是否原物，只要交出分量相等之金子。如据犯供向宝盛兑换之戒指，系由老凤祥福记换得之新货，亦须一律交出，而以押人为追缴之手段。此风以来，将便正当营业并无过失之商人，仅凭盗犯一语，即令其贷赔偿之负责，揆诸情理，亦有未当，且此后挟嫌诬陷更属难防，影响整个业务生存前途至为重大，当经一致决议，据情分别函呈当局，请求依法衡情，核夺办理。等语，记录在卷。除分呈警察总局外，特函贵会查照，迅赐转呈市政府暨警察局准予转饬。对于本业各会员未缴者，免予追缴，已追缴者，发还原数或依收价作价，以免无辜损害而维业务生存。等由。附抄单一纸到会，查该筹备会所称各节尚属实情，理合据情转呈钧府鉴核，赐予如请施行。

谨呈

汉口市政府

附抄呈缴案赤金清单一纸。

汉口市商会筹备会筹备主任　祝庸斋

副主任　陈焕章、张吉六

附：金银首饰业同业公会会员缴案赤金单

老宝盛	赤金四钱三分	（出票已照对）
老凤祥福记	赤金一两二钱四分五厘	（未缴人复押）
老凤祥昶记	赤金二钱四分五厘	（已缴）
老同丰	赤金一两正	（已缴）
老凤祥元记	赤金四钱一分七厘	（已缴）
老天保明记	赤金三钱零四厘	（已缴）

8.汉口市商会整理委员会为筹备员略历表格式致各业同业公会筹备会（附略历表格式）

（1945年10月29日）

案据本市钟表眼镜业、山货纸张行业、华洋百货业、米业等同业公会筹备会，先后呈赍筹备员略历表，请予鉴核备案。等情，到会。经核表内对于筹备员所经营之商店牌名及其营业所在地均未列入，无从明悉。其取得筹备员资格之根据，除已分函各该业筹备会，嘱令经办人员克日来会补注外，相应检同筹备员略历表格式，随函送请查照，依式造具二份，于文到三日内送会，以便审核，幸勿延迟为盼。

此致

本市各业同业公会筹备会

附筹备员略历表格式。

汉口市商会整理委员会　启

附:略历表格式

汉口市　　业同业公会筹备会筹备员略历表(　　年　月　日具报)

职别	姓名	年龄	籍贯	学历	经历	商店牌名	营业所在地	备考

9.汉口市商会筹备委员会为收回原会址呈市政府

(1945 年 10 月 29 日)

窃查本会奉令筹备改组,事务纷繁,现有租借之会址,因地点狭小,不敷应用,该业主且再四催促迁让,刻不容缓,实无法遴觅相当处所,以为退步。爰提出第一次筹备会议,佥以本会原有自建生落中山路七十四号会址暨会门首左右两边临街屋各四栋,函须收回迁入,推进会务为宜。唯因我空军第四地区司令部,现借住该处,如径由请其退出,恐滋生误会,殊有未便。际兹钧府还治之始,民众共庆昭苏,倘蒙予以商请发还,不特全市商人感戴上峰维护德意而耳目一新,群伦鼓舞,将见商会本身组织愈见加强,各业商人对于商会之信仰,力益仰臻巩固,此后繁荣市面,指顾可期。经一致决议,"呈请市党部市政府,转恳发还"。等语,记录在卷。除分呈外,理合录案,呈请钧府俯赐鉴核,准予转恳发还本会原有会址,俾资办公而利进行。

谨呈

汉口市政府

汉口市商会筹备会筹备主任　祝庸斋

副主任　陈焕章、张吉六

10.汉口市政府为市商会筹备委员会为收回原会址电第六战区司令长官

(1945 年 10 月 31 日)

第六战区司令长官孙钧鉴:

(一)案据汉口市商会筹备会本年十月廿九日呈称,"窃查本会函令筹备改组,事务纷繁",云云函,俾资办公而利进行。等情。(二)应如何办理之处,理合转报鉴核示遵为祷。

汉口市长　徐

11 月

1.汉口市政府为商会会员老宝盛等无辜受累恳发赤金案令警察局(附汉口市警察局呈)

(1945 年 11 月 2 日)

令警察局:

一、案据本市商会筹备会本年十月廿五日呈称,案准本市金银首饰业同业公会筹备会函开:案据(云云等),赐予如请施行。等情。附抄呈缴案赤金清单一份。

二、查来呈所称各节,该侦缉队员等非主管官派遣,抑系自行处理,仰该局长严密查照核实呈复,以资核办为要。

右令

警察局

市长　徐

附:汉口市警察局为老宝盛等金店赔缴赃物各情形呈汉口市市长

(1945 年 11 月 1 日)

一、案据本市金银首饰业同业公会呈称,略以"据老宝盛等各会员报称,因刘姓劫案无辜牵累受捐,转请查核,转饬发还缴案之金饰,以维生存"等情,当饬交第三科转饬侦缉队,查明具报。旋于本月二十二日,据第三科科长朱云浓转据侦缉分队长樊树三报称,案奉下为金银首饰业同业公会筹备会呈称,该会老宝盛等各会员因刘案无辜牵累受损,请查核转饬发还缴案之金饰,以维生计等情,拟交侦缉队查明签复。奉此。查本市劫案迭出,治安危殆,若不从严查究,则何以安良善,静闾阎。联队经多方布置,始泰半破获,其劫得之金饰等项赃物,自应分别追缴原赃退返失主,一面严惩匪徒,使各市民知法生畏,一面并惩处收赃犯,使将来各店铺均不敢收赃,而各匪徒无法销售,借减少劫案之发生。但该金银首饰业同业公会,竟请求发还。兹驳复其所禀各点如下:(一)在礼邦村刘宅被劫后(九月二十五日)之次日,职科即引发各项金饰之失单通知该业公会转饬各该金店请予协助。若发现有人持该项金饰兑换者,即予报请布置在金饰店之侦缉员予以逮捕,若非赃物,该店可自由营业,此种协助义务即每一公民均应遵行,各该金店自当效力。(二)各金店收得之赃物,均由各匪犯亲口供出日期、地点、价值,而提取时,又押同匪犯前往亲自指认,当无诬陷不符情事。(三)各金店所收之赃物,如遇原赃已毁,则令其按原赃之数量赔出,为理所当然。(四)侦缉队员出动取赃时,必须带同各该金店之收赃人犯一名,来局研讯,则各队员自无违法行为。当时为体念商艰,故将各收赃人犯,各予交保。(五)关于各金店既得本科通知于前而收赃于后,实触犯《中华民国刑法》第三百四十条,应予重处,以儆。(六)礼邦村刘宅被劫时,曾有一金碗,后经劈碎,在新天保、老凤祥福记兑换,并非普通金饰,缘何不加辨别,显系故意收赃,藐视功令。等情。除将各收赃犯罪事实,在本案终结时,一并移请第六战区核办外,理合将上项情形报请鉴核等情。

二、查各该金店任意收购赃物,竟复强调禀诉发还,属刁顽,当饬由第三科转饬侦缉队传讯各收购赃物之业主,予以申斥,并解释各业主均知错误,并知悛悔。

三、唯在今后发生劫案时,为避免各金店再有同样收赃行为起见,特拟就办法数则,每于劫案发生后通知该业公会切实遵照施行。

四、除该刘姓劫案劫犯赃物均拟移送武汉军宪警联合督察处按军法严惩外,理合将上项情形报请鉴核。

谨呈

市长徐

汉口市警察局代理局长　王子江

2.汉口特别市政府为欢迎何总司令垫用彩牌标语用费请拨还归垫令汉口市商会函

(1945 年 11 月 7 日)

汉口市政府训令:

一、准中国国民党汉口特别市执行委员会本年十一月三日公函,略以欢迎何总司令垫用彩牌标语用费,检同单据请转饬市商会拨还归垫。等由。

二、除函复外,合亟检发原附单据,令仰该会即便遵照办理具报。又,前制标语布物,如系自行购办,并仰检收为要。

右令

本市商会

市长　徐会之

3.汉市商会整理委员会成立

(1945 年 11 月 10 日)

[中央社讯]汉口市政府前为适应事实,迁就环境,特饬汉口市各同业公会,推举祝庸斋等廿一人为筹备员,组织市商会筹备会,一切尚称良好。兹为健全组织,充实力量,依法改组整理委员会,并指定程子菊、张吉六、李月樵、张立鹤、祝庸斋、何文炳、陈焕章、戴经麈、南经庸、贺衡夫、陈经畲、马汉三、乐作霖、萧泽如、李贡廷、陈淦川、王穆吾、鲁文礼、龚榕庭、曾绍藩、刘青山、王际清、刘伯琴等二十三人为整理委员。以程子菊、张吉六、李月樵、祝庸斋、何文炳、陈焕章、张立鹤等七人为常务委员。业于日昨训令商会筹备会,并由该府社会科分函各整理委员克日办理交接云。

(《武汉日报》)

4.汉口市政府为老宝盛等无辜受累请饬恳发还缴寄之赤金一案批示(附汉口市警察局呈)

(1945 年 11 月 12 日)

汉口市政府批示　市社二字

一、据本年十月廿五日筹字第二一号呈一件,为准本市金银首饰业筹备会函,为会员老宝盛等无辜受累,请饬恳发还缴寄之赤金一案,饬请鉴核。附抄呈该会各会员缴寄赤金清单一纸。等情。

二、呈件均悉,据警察局呈称,于劫案发生之次日即引发失单,通饬各金店知照在案。全案已据移送军警宪督处办理,除将该会原呈特令警察局知照,并饬妥定办法饬遵外,仰即知照。

右批示

汉口市商会筹备会

市长　徐

附:汉口市警察局因老宝盛等无辜受累请饬恳发还缴寄之赤金一案呈汉口市政府

(1945 年 11 月 13 日)

一、案奉钧府本年十一月七日市秘二字第八七七号训令,以老宝盛等无辜受累,恳发还赤金一案,饬严密查明具报。等因。

二、遵查本案办理经过情形,业经于本年十一月一日以江警三字第七七一号呈报鉴核有案。

三、奉令前因,理合复呈。

谨呈

市长徐

汉口市警察局代理局长　王子江

代理副局长　易炯

5.汉市商会成立整理委员会,程子菊当选主任委员

(1945 年 11 月 16 日)

[本报讯]汉口市商会成立整理委员会,各情业志前报。兹悉该会于前(十四)日上午十时召开成立大会。计到常务委员程子菊、祝庸斋、张吉六、陈焕章、李月樵、何文炳、张立鹤及委员陈经畬、南经庸、戴经塵等二十余人,当推定程子菊为主任委员。内部工作分为总务、财务、组训、调查、宣传、交际六股,由何文炳兼总务,陈焕章兼财务,张吉六兼组训,祝庸斋兼调查,李月樵兼宣传,张立鹤兼交际,并当场移交接收视事云。

(《武汉日报》)

6.汉口市商会整理委员会为发起捐献或义卖致各业同业公会

（1945 年 11 月 20 日）

汉口市各业同业公会鉴：

抗战以来，人民转徙流离，或父子不相见，或兄弟妻子离散，甚或老弱转乎沟壑，全家俱遭没灭，其中悲惨艰险，罄竹难书。兹幸抗战胜利，义民还乡，此亦天日重睹，得庆更生之乐。不意取道汉口，运输维艰，暂时留居，更形狼狈。转瞬风雪渐逼，饥寒交迫，家山在望，谁悲失路之人，客饭终虚，仍作若敖之鬼，是未死于远道流离之时，或将困于重返故乡之际。人非木石，讵不伤心。伏念我商界同胞，对于救济善举从不后人，望尽人类同情之友谊，存被发缨冠之心，自动发起捐献一日所得，或举行义卖，集腋成裘，公襄义举。即希转告各商店、行号争先举行，迅以所得汇交救济机关，是为至盼。

汉口市商会整理委员会主任委员　程子菊　戌贺印

7.汉口市商会整理委员会为清查敌伪文字刊物送主管官署封存致匹头贩运业同业公会函

（1945 年 11 月 22 日）

案准武汉社会教育扩大运动周筹备会函开："查本会第二次筹备会议讨论事项第四案清除武汉敌伪书刊案，经决议：一、各机关团体、学校及民间所藏敌伪各种宣传书刊、画报、标语等，应于本运动周内（自十二月十二日起至十八日止）一律自行清查，送省市党部、教育厅、市政府及省市青年团部查收封存。二、上项清除工作，所有党员、团员及学生均应出动，实行劝导，协助进行。等语，记录在卷。除分函外，相应录案函达请烦查照，并饬属办理为荷。"等由，到会。除分知外，相应函请查照办理为盼。

此致

贵业同业公会

汉口市商会整理委员会　启

8.汉市商会昨招待新闻界

（1945 年 11 月 23 日）

[本报讯]汉口市商会整理委员会昨日招待新闻界及社会部张特派员等，计到五十余人。席间由该会主任委员程子菊致词，略谓：汉市商业自被日寇摧残及去年战略性之轰炸后，商民纷纷逃难，致现时商业一落千丈，今后惟有希望物资来源之畅流及工业事业之进展，方可挽救颓势，并祈新闻界予以尽量之呼吁与指示。社会部张特派员及中央社徐主任怨宇亦即席致答词，大意谓应反以前对商业人之歧视，尽量提高及灌输新经济知识，以达角逐于世界市场之目的，而配合国防经济之需要，使成为中国之商业中心。嗣由该会委员戴经塵致答词，并说明该会今后应致力之中心工作。直至七时许，宾主始尽欢而散。

（《武汉日报》）

9.汉口市商会为转汉口市政府关于商店倒闭及办法致各业同业公会

（1945 年 11 月 25 日）

汉口市政府市社字第一〇一七号训令开："查本市工商各业因受敌寇压榨与伪币倒塌之影响，元气鄄丧，是以近月以来，倒闭之风异常猖獗，唯倒闭之商店中，其因亏折逾巨，周转不灵者固多，而故设骗局，规避债务者，亦复不少，甚有卷款隐匿以要挟债权人之就范。此种欺诈行为，若不严予取缔，势必使商业之信用丧失殆尽，金融之危机愈加深刻。要知债权之保障，律有专篇。即令因商业上之正当亏折，不能清偿债务，亦应依照《破产法》之规定，提出财产状况、说明书及其债权人、债务人清册，并拟具债权人和解之方案及提供履行其所拟办法之担保，向主管法院或市商会呈请和解函。片面私扣卷款、隐匿及其他一切诈欺行为，尤属触犯刑章。兹规定，凡属卷款隐匿之商店经理，应通缉归案，依法究办。至因债务倒闭之商店，其经理应由该管警察分局传案交保，并督饬依照《破产法》之规定办理。嗣后如再有倒闭商店，应将牌号、经理姓名、店址、营业种类及倒闭原因由各该同业公会随时列表，层转报核。合亟令仰遵照，并转饬所属遵照。此令！"等因，奉此。除分知外，相应函希查照，并转行各同业遵照。

此致

各业同业公会

汉口市商会　启

10.汉口市商会整理委员会函知改组筹委会为整理委员会并具委员略历四份致踹布业同业公会整理委员会

（1945 年 11 月 26 日）

公函

准贵会呈送筹备会情形暨会员名册一份。等由，到会。查各业同业公会无论已、未成立筹备委员会，均应改组为整理委员会，并指示改组程序三次，业经本会戌□电达在案，准函前由，相应函请贵会依照该项程序办理，并依□具委员略历表四份以凭存转，会员名册一份存□。

此致

汉口市踹布业同业公会

（条戳）　启　月　日

11.汉口市政府为老宝盛等金店赔缴赃物各情形令警察局

（1945 年 11 月 27 日）

一、据本月一日江警三字第七七一号呈报处理金银首饰业老宝盛等赔缴赃物金饰一案经过情形，并呈送在发生劫案后，对各金号收赃时之处置办法，请鉴核。等情。

二、呈件均系查形势政策，采真实主义，侦缉案件必须真赃实犯，收买贼赃，尤必有具体事宜。据称,于劫案发生次日即将失单通传金业同业公会,并派侦缉人员于各金店寄缉,乃各金店呈称,事前并未获得通知,究竟通知何时送达,已否取得面证。该店等收购赃物系在何时,自应详究,以明责任。又侦缉队既派员守缉,何以均未发现?且若徒凭各匪口供,以资定献,尚嫌草率,是否查核各该店日生账目,收进物品、品类、分两、时日,已否查核与所供相符。来呈据叙述,明显未尽侦查之能事,即使收赃是实,原物已熔,既系正式商户,当无逃亡之虞,亦不能由侦缉员令其按分两赔缴,可检其证据,取具保结,并案移送有权审判之机关,于审理终结时责令赔偿,以符法制而杜流弊。复查盗匪案件,犯人如我军人,应移法院办理,特种刑诉条例已有明文规定,饬仰生□所拟各金号受赃办理办法,候另令饬遵,仰即知照。

上令

警察局

市长　徐

12.彭笔亭为请早日组织棉业同业公会整理委员会致汉口市商会整理委员会函

(1945 年 11 月 30 日)

通知:自神圣抗战荣获胜利以后,本市人民均先后自主复业,并经市政府指令组织汉口市商会整理委员会在案。查本市各业同业公会成立整理委员会□□□,尚未着手筹备,此亦复不少□。经调查,贵会尚未复业,当此建国伊始,迎取伟大经济机会时,□□□国际贸易刻不容缓,棉业实占我国国际贸易之重要部门,亟应早日复业,以期完成我政府之经济政策。兹转检发本会戌敬代电一份,即希遵照组织程序,克日着手组织棉业同业公会,共策进行为荷。□□附发戌敬代电一份。

上通知

彭笔亭先生

13.财政部关于钱庄复业问题亟需查明注册情形着将有关注册文件检齐交来查核致汉口市商会训令

(1945 年 11 月 30 日)

令汉口市商会:

查本处为钱庄复业问题亟需查明事变以前各钱庄在该会注册情形。兹派龙剑书、许汉青前来,着即将所有关于注册文件检齐交该员等查核,合行令仰遵照。此令!

特派员　贾士敖　杨汝梅　代行

14.汉口市针织袜业同业公会筹备会为筹备成立检同筹备员略历表呈汉口市商会

(1945 年 11 月)

案奉钧会公函,以各业所赍筹备员略历表对于所经营之商店牌号及营业所在地均未列入,无从明悉其取得筹备员之资格。除分函外，相应检同筹备员略历表式函请查照办理。等因，奉此。除将本会筹备情形及筹备员略历表呈报市政府外，奉函前因，理合依式缮填二份，送请钧会鉴核备查。

谨呈

汉口市商会筹备会

汉口市针织袜业同业公会筹备会筹备主任　刘甲山

15.为帮美军寻找失踪存殁人员一案致汉口市各业同业公会快邮代电

（1945 年 11 月）

汉口市各业同业公会鉴：

奉中国国民党汉口特别市执行委员会三十四年十一月二十一日汉宣字第〇三五八号训令内开：关于协助美军寻觅失踪存殁人员一案，顷奉主席□宾电令内开，兹现规定是项调查工作奖惩办法如下：(一)目观或耳闻美籍盟友死亡情形者，指出坟墓地点并勘查无讹者，给奖十万元。(二)报告事实原因者，寻获失踪人员生命者，每名给奖十万元。(三)凡收留失踪盟友，所费招待、医治、装埋葬及其他费用，均准实报实销。生存者，由他本人签字证明，即由所在地政府先发，死亡者，由乡镇长证明，县政府复查，确实后先发。(四)上项奖金及用费部队准由战区长官部、地方准由省府开支作正式报销。(五)此项调查结果最迟亥时前具报，逾期未报□查出其辖管区内仍有是项失踪人员迷途，或伤病，或死亡埋于该地者，除乡镇保甲长应依法从严究办外，所属县长即予撤职，并停止任用五年之处分，限期完满离职之县长即乡镇保甲长均追究处分，市府同。(六)上项失职该地区内之部长应受连带之处分。(七)私人招待或看护失踪盟友热心诚恳，或地方官员办理任案其有成绩者均准列举事实，报会叙奖。上各项□□遵照并饬从□调查，随时具报为要。等因。除分令外，仰即迅速调查具报为要。等因。除分电外，特电查照。

汉口市商会整理委员会主任委员　程子菊　戌敬印

12 月

1.汉口市商会整理委员会成立大会记录

（1945 年 12 月 1 日）

时间：三十四年十二月一日上午十时

地点：假德明饭店

指导长官：徐市长

市党部代表贺书记长

孙司令长官代表

郭副长官兼筹备总司令

社会部张特派员
另有签到簿
原有一百四十六单位已到九十四单位
程子菊　陈焕章　何文炳　张吉六　张立鹤　李月樵
记录：姚心辅　王柏森
开会如仪
一、主席致开会词并报告会务经过(略)。
二、全体委员举行宣誓就职典礼。
三、徐市长、孙长官代表、市党部贺书记长、郭副长官、张特派员相继训词(词长从略)。
四、临时动议
1.电呈最高领袖蒋主席致敬案。
决议：通过照发。
2.电呈中央党部请制止破坏统一军惠行动案。
决议：通过照发。
3.本会在整理期间之专务费□如何摊收案。
决议：向各业作临时费摊收，其摊收标准及比例授权本会议定施行。
散会：十二时半。

2.汉市商会整理委员会昨日成立

(1945 年 12 月 2 日)

[中央社讯]汉口市商会整理委员会于昨(一日)上午十时在德明饭店举行成立大会及宣誓就职典礼，到各机关首长来宾、该会委员及各业代表共二百余人。行礼及宣誓后，主席程子菊报告成立会之意义，次由徐市长会之、连秘书长瑞琦(孙长官代表)、郭兼总司令忏、黄书记长焕如、张特派员铁君、吴处长赧熙等先后致训词，咸就今后商界人士应有之态度、应负之责任详为阐述，或就整理委员会成立后之任务加以指示，显示出各长官对该会期望之殷切。该会主委程子菊，于各长官致词毕，即席答词，代表全体委员诚恳接受，答词毕，通过向蒋主席致敬及请中央明令剿减□□，战平匪祸电文，至十二时半散会。

(《武汉日报》)

3.欢迎国军盟军筹备会、庆祝国庆暨胜利大会为筹欠各业月饼款等致汉口市商会

(1945 年 12 月 4 日)

查本会赓续办理欢迎慰劳国军盟军及庆祝国庆胜利诸事件业经结束，关于不敷支出款项，亦经结束会议议决，由市商会负责筹备清偿，记录在卷。兹查本会尚欠食品制造业月饼款法币二十九万五千六百元，食品杂货业月饼款法币四十万零九千元，酱烛杂货业月饼款法币五十一万三千四百元，合计法币一百二十万八千元，相应检同收支清册，函请贵会查照，如数筹齐清偿

为荷。

此致

汉口市商会

欢迎国军盟军筹备会

庆祝国庆暨胜利大会　启

4.汉口市商会整理委员会为通知修改制服分担事致军服业同业公会

(1945 年 12 月 5 日)

据贵会本年十二月五日呈,历陈苦情,请转呈第六战区长官司令部,转令驻武汉各部队机关,免再予以低价命雇机车,并以赔累修改制服之费百万元。请转派各同业公会平均分担一案,经提交本会第四次全体委员会议,佥以当据情转呈第六战区长官司令部核办。至于向各业分派赔款一节,碍难照办。等语。记录在卷,相应录案函达查照。

军服业同业公会

(会戳)

5.驻芝加哥总领事馆为调查武汉进出口贸易致汉口市总商会函

(1945 年 12 月 7 日)

查自抗战胜利以来,美国中部人士及厂商前来本馆询问我国工商情况,并请求代为介绍在华贸易情形。中美贸易为数日渐增多,而本馆资料尚付阙如。兹为明了国内最近经济,便利中美贸易起见,拟请贵会代为就近搜集汉口市各项资料。例如:1.进出口商行名册。2.主要工商机关及自有职业人员录。3.分类电话号码簿。4.贵会及各行会或厂商所出版各项报纸、报刊、报告、年鉴、计划及统计图表。5.其他有关贵地经济动态及国际贸易资料。以后若有各类资料印行可见赠者并祈随时赐寄,以利参考而资联系,至纫公谊,并希早日见复为荷。

此致

汉口市总商会

驻芝加哥总领事馆

6.汉口市商会整理委员会第五次常委会会议记录

(1945 年 12 月 7 日)

时间:三十四年十二月七日下午二时

地点:本会会议室

出席人:何文炳、陈焕章、祝庸斋、李月樵、程子菊

请假人:张吉六、张立鹤

主席:程子菊

记录:姚心辅

开会如仪

甲、报告事项

一、报告李常委月樵出席财政厅公产租金议价委员会议经过情形。

二、奉市党部汉组字第四二六号代电,为设立汉口市商会党员登记处并任用张立鹤同志为主任,饬就本会职员中指定有党籍者二人协助工作,等因。大会已派定助理秘书朱佩鑫、股员李春良二员协助工作,报请查照。

乙、讨论事项

一、奉市政府市社字第一五八五号训令,据本市商民熊玉秋呈报组设湘鄂转运商行请备案。等情。饬核议具复。等因。请讨论案。

决议:函知该公司加入转运业同业公会,一面呈复市政府。

二、准湖北省商会联合会一汉字第〇〇一六号代电,嘱转向各业商号募集该会基金五百万元一案,应如何办理。请讨论案。

决议:缓议。

三、准衣服贩运业同业公会整理委员会函,为该业因交通阻滞,业务停顿,历次指担捐款无法□缴,嗣后如有派款时请予以最低等给。等由。应如何办理,请讨论案。

决议:函复照办。

丙、临时动议

本会对外行文程序案

决议:对外行文由主任委员署名行之,如遇整□重要事件,任由主任委员署名,但应提出会议通过。

闭会:四时

7.汉口市商会为抗战期间日寇征用民工伤亡数目调查表一案之报告致汉口市政府函

(1945 年 12 月 10 日)

奉市府令派调查抗战期间日寇征用民工伤亡数目调查表一案,“兹向各商业询问,据称在本市沦陷时,日寇征工多系敌寇自行强征,伪政府时或由警察局及联保征用,向不经过商业团体,至各警局接收伪警局时或有无档案可供调查”。等语。拟请呈复,转令警局饬查填报,以免延迟是否之处理,今报请秘书主任夏转报代理事长陈鉴核。

附一八〇八号令一件。

职　吴佩卿　呈

8.汉口特别市商会为禁止美金、英镑、港币流通致本市各业同业公会函

(1945 年 12 月 10 日)

汉口特别市政府元二字第七五三八号训令开:“案准财政部钱二字第一五四号咨开,查美金、英镑、港币等敌伪货币,市面上尚有买卖,交易殊属非是。兹由本部公布,自即日起所有以美金、英镑、港币及以上项货币为期票、支票之买卖交易或汇兑,应即一律禁止。如有携带、持

有或保存上项货币情事，亦应一并从严取缔，倘有故违，一经查实，定予惩处。除由部布告并呈报暨分行外，相应咨达，即希查照。”等因。并准函送布告六十张到府，除将布告张贴并分行外，合行抄发原布告，令仰知照，并转饬各同业公会知照。奉此。除将原抄布告存会备查暨分函外，相应函达查照，分别转知。

此致

本市业同业公会

汉口特别市商会　启

□.十二.十

9.汉口市商会整理委员会为党员登记及新党员入党等情形通知各业同业公会

（1945年12月18日）

案奉中国国民党汉口特别市执行委员会三十四年十二月四日汉组字第四二六号江代电开："本会为发展党务，便利商界党员登记及征收新党员起见，特设立汉口市商会党员登记处，任用张立鹤同志为主任，并请于贵会职员中指定有党籍者二人协助工作。除分电外，相应电请查照，即希惠予协助为荷。”等因，奉此。兹于会内组设登记处，由张委员立鹤主持登记办理入党手续。除呈报暨通告各业公会查照外，合行通告查照，即希转行所属会员有党籍者，即来登记，无党籍者，亦可前来入党为荷。

上通知

各业同业公会

汉口市商会整理委员会　启

10.湖北省政府社会处函送武汉各界庆祝三十五年元旦及开国纪念大会筹备会议记录致汉口市各业同业公会整理委员会（附优待券式样）

（1945年12月18日）

案准湖北省政府社会处函送武汉各界庆祝三十五年元旦及开国纪念大会筹备会议记录一份，请查照有关事项，分别办理，等由。经查，该记录第八次慰劳节日内“武汉各商店一律减价一天，优待荣军及抗属，由长官部查出荣军人数，汉口市政府、武昌市筹备处查出征军人家属人数，辛亥首义军委员会查出辛亥首义荣军人数，并送武昌、汉口两商会凭人数印发优待券，商店凭券减价优待”之决议，自应照办。关于汉口市商店实施减价优待办法，业经呈奉汉口市政府决定，并附印于优待券反面。除印制优待券二千张送请市政府分发并登报通知暨分行外，抄同优待券式样，函请查照，迅予转告各商店知照办理为盼。

此致

汉口市各业同业公会整理委员会

附抄发优待券式样一份，优待实施办法附印反面。

汉口市商会整理委员会　启

附:优待券式样本券(用白道林纸红字盖商会戳)

正面

汉口市各商店庆祝三十五年元旦
购物人(签名) (盖章) 售货商店(签名) (盖章) 优待券 No.0000 凭券优待一次 慰劳荣军抗属 凭券优待一次

背面

本券优待实施办法:

1.本券由汉口市商会印制□□□□限用一次。

2.本券限期三十五年一月一日□□□□□□□□□□□。

3.凭本券向商店购物每□□□□□□□□□□□一万元为限,照价八折付款。

4.每一商店收卖本券以二张为限。

5.售物商店与购物人均□本券□□同签名盖章以保留纪念,希应当面戳□。

6.本券如□毁不能鉴识,商店得□收之。

7.本券由汉口市政府分发。

11.汉口市商会整理委员会为劝订《商业青年》半月刊致各业同业公会函(附优待订阅办法)

(1945 年 12 月 18 日)

案准三民主义青年团中央直属汉口区团商人分团部筹备处汉商宣字第二号公函开:查武汉居全国中心,为金融重镇,陷敌七年,肢解破碎,不复旧观。今后为建设三民主义国家奠定工业、商业基础,当本政治、经济、文化三体合一之旨,相辅相成,促进社会繁荣,创立民主风气。本处承中央之指示,顺应商界青年之要求,即日创办《商业青年》半月刊。开扬民生主义、经济政策,报道国防经建设施,介绍金融商业动态,指导商人学术进修。该刊即将问世,兹为便利本市商人订阅起见,特拟订胜利定户优待办法一种,附函送达,即希通知贵会所属各同业公会负责转向各业商户推销,期能合力辅助,履行普及,达成使命,毋任感盼。等由。附《商业青年》半月刊优待订阅办法一份,准予分行。

此致

各商业公会

附《青年》半月刊优待订阅办法一份。

汉口市商会整理委员会　启

十二月二十八日

附:汉口商业青年社《青年》半月刊优待订阅办法

胜利定户优待办法:

1.凡自本刊创号起,订阅一年者称为胜利定户。

2.本刊每本售价二百元,全年应为四千八百元,胜利定户七折收费,只收三千三百六十元。

3.胜利定户办法自本刊创刊号发出后截止。

4.凡本刊胜利定户每期由本刊派人送达,不另取资。

长期定户优待办法:

1.预定半年十二期,实收应为二千四百元,照九折只收二千一百六十元。

2.预定全年二十四期,照价八折,实收三千八百四十元。

附注:

外埠加邮费,每期二十元,不在优待范围之列。

12.汉口市棉花行业同业公会整理委员会为遵电令改组整理委员会并缮整理委员略历表并拟定十二月二十八日开成立会敬祈派员参加指导呈汉口市商会整理委员会

(1945年12月19日)

案奉钧会敬代电内第一项开:各该同业改组整理委员会时,先须于会员中拟选整理委员七人至十五人,开列名单四份,备文送会核准后,再行定期成立。又第二项开:各该同业定期成立整理委员会时,须先呈请本会派员参加指导。各等因。属会遵于十二月十五日召集会员代表大会,当推选整理委员十五人,并拟定于十二月二十八日在五桂巷原会址内开成立会。奉电前因,理合造具整理委员略历表四份,备文呈赍钧会鉴核,俯赐分别存转。届时并祈派员参加指导,是否有当,并请核示祇遵。

谨呈

汉口市商会整理委员会主任委员程

汉口市棉花行业同业公会整理委员会主任　张眉申

13.汉口市证券业公会为呈报成立整理委员会并推选主任呈市商会

(1945年12月20日)

案奉汉口市政府训令市社字第一九二五号函开:“查该会组织情形,业经本府会同党部派员查明,应依法指派陈荣山、郭浩然、杨月亭、刘裕华、胡月轩、曾炽齐、孙庭芳等七人为整理委员,并以陈荣山为第一次整理委员会议召集人,仰推定常务委员三人,再就常务委员中互推主任委员一人组织整理委员会,合亟令仰遵办报核为安。此令!”等因,奉此。敝会遵于本月十八日下午三时在崇正里八号成立整理委员会,当场推选陈荣山、郭浩然、曾炽齐为常务委员,复推郭浩然为主任委员。即席就职,记录在卷。除呈报汉口市政府暨汉口市党部备核外,兹检同委员略历表一份随函附上,即希查照备查,至纫公谊。

谨上

汉口市商会

汉口市证券业公会整理委员会主任　郭浩然　谨启

14.汉口市政府为出席刘大使座谈会致汉口市商会整理委员会函

(1945 年 12 月 20 日)

刘大使定于本月二十二日下午三时在本府会议厅召集湖北省暨汉口市民众团体首长座谈会。除分知外,合行通知该会首长届时出席,并转饬所属各单位首长,遵照出席为要!

上通知

汉口市商会整理委员会

15.汉口市商会整理委员会为出席刘大使所召集省市民众团体座谈会致各业同业公会函

(1945 年 12 月 21 日)

案奉汉口市政府市社字第二〇九一号通知开:刘大使定于本月二十二日下午三时,在本府会客所召集省市民众团体座谈会,特知各同业公会及本府常委会出席,由函遵照出席为要。等因,奉此。除分知外,相应通知贵会主任委员届时出席为要。

此致

各业同业公会

16.汉口市商会整理委员会为芦柴业呈请制止警士为难芦柴通行等情致市警察局

(1945 年 12 月 21 日)

案据汉口市芦柴业同业公会整理委员会呈称:“窃属会同业会员八十余家近日纷纷来会请求,云云,至令饬各分局制止警察有上关行为。”等情,据此。相应转函,即请查照核办,见复为荷。

此致

汉口市政府警察局局长任

主任委员　程子菊

17.汉口市旅栈业公会为呈报当选理监事略历表等件呈市商会整理委员会

(1945 年 12 月 23 日)

查本会整理完竣,业于十二月二十日假德明饭店开会员大会,依法成立正式同业公会。呈奉钧会暨党政军宪警各机关派员出席指导,当场投票,选举刘伯琴、陈美卿、吕奎卿、涂玉钦、蔡荣卿、刘瑞卿、杨坪阶、戴海云、徐畅安、殷裕三、王静斋等十一人为理事,丁竹卿、万绥之等二人为候补理事,刘楚卿、刘培祥、曾厚诚等三人为监事,杨受旃一人为候补监事。复由理事十一人互选刘伯琴、陈美卿、吕奎卿、蔡荣卿、涂玉钦等五人为常务理事,刘伯琴为理事长。再由监事互选刘楚卿为常务监事,均于同日宣誓就职。理合检同当选理监事略历表、誓词及当场签封选举票一包,备文呈请钧会鉴核备案,并祈检附誓词、选举票、理监事略历表转呈市政府及检附理监事略历表分转市党部备案,以符法令,并乞示遵。

谨呈

汉口市商会整理委员会主任委员程子菊

汉口市旅栈业同业公会理事长　刘伯琴

18.汉口市政府社会科为将本市商会整理委员简历表限于明日正午十二时以前送本府社会科致汉口市商会整理委员会

(1945 年 12 月 25 日)

谕:“本市商会总工会全体整理委员及各银行负责人简历表着即分饬工整缮就,限于明日(十六)日正午十二时以前送本府社会科。”等因。除分知外,相应通知贵会查照办理。

上通知

汉口市商会整理委员会

汉口市政府社会科

19.汉口市商会整理委员会为棉花业整理委员略历表呈市党部、市政府

(1945 年 12 月 26 日)

查棉花业事变前非常繁盛,自武汉沦陷以后,该业主要商人因激于爱国思想,几至完全不与敌人合作,迄今已停业八年之久,该业同业公会亦同时停止活动。现国土光复,市面亟待复兴,所有本市各业商民均经复归复业,分别改组各同业机构,成立整理委员会以谋各该业之复兴。惟查棉花业关系国计民生至巨,迄因受创最深,尚未复业,亟宜聚会协商,以期挽救于衰敝。曾经函知□该业前同业公会委员彭华庭,迅而负责召集同人,推定委员,送赍委员略历表,请予核转。等情,前来。查棉花业同业公会当事变前计分棉花出口、棉花进口、棉花号业三种,现拟将该三种公会合而为一,故范围相当扩大,事务比较繁重。此次整理委员人最多,限额太少,实不足以综括全体而赴事功。复查原赍表内拟选委员名单十五人,不仅占有棉业中悠久历史,并为商场社会处所推崇,似为整理该委员中所均不可少。据呈前情,除分呈外,理合检同原赍委员略历表,备文呈请鉴核示遵。

谨呈

汉口特别市党部、市政府市长徐

全衔主任委员人　程〇〇

20.汉口市商会整理委员会为对于奸□问题言论上应避免苏联关系等致各业同业公会整理委员会

(1945 年 12 月 27 日)

案奉中国国民党汉口特别市执行委员会汉宣字第○五六二号代电内开:汉口市商会鉴,准第六战区司令长官司令部亥鱼代电开,奉总长何电文,案准军事委员会办公厅戌筱办秘礼字第五三一五号密函开,查本会第三次军事会报告本项第二项第一款对奸□问题,在言论上应避免涉及苏联关系。等由。除分电外,希饬属知照。等因。特电查照为荷。当除分外情,电请查照。等因。除分行外,相应通知,即希查照。

上通知

各业同业公会整理委员会

汉口市商会整理委员会　启

21.汉口市商会党部登记处为各业同业公会整理委员会前来领取入党申请书暨登记表致各业同业公会整理委员会

(1945 年 12 月 27 日)

汉口特别市党部亥江代电:饬本会设立党员登记处,已于本月廿一日通告贵会办理在卷。兹据市党部派员驻会,督促迅速限期办竣。等因。查国民均有入党之义务与权利,我辈商人自应不能落后,今再通知查照,请予文到三日内前来本会领取入党申请书暨登记表,迅速办竣送会,以便转呈为荷。

此致

各业同业公会整理委员会

汉口市商会党员登记处　启

22.汉口市银行商业同业公会整理委员会设立汉口市商会党员登记处致各会员银行函

(1945 年 12 月 27 日)

敬启者。案准汉口市商会整理委员会通知,案奉中国国民党汉口特别市执行委员会汉组字第四二六号江代电开,本会为发展党务,便利商界党员登记及征收新党员起见,特设立汉口市商会党员登记处,任用张立鹤同志为主任,并请于贵会职员中指定有党籍者二人协助工作。除分电外,相应电请查照,即希惠予协助。等因,奉此。兹于会内组设登记处,由张委员立鹤主持登记,并办理入党手续。除呈报暨通告各业公会查照外,合行通告查照,希即转行所属会员有党籍者即来登记,无党籍者亦可前来入党为荷。等因,准此。相应转达,即希查照是□。

此致

各会员银行

汉口市银行商业同业公会整理委员会　启

23.汉口市商会整理委员会为据本市针织袜业同业呈送整委名单呈市政府

（1945 年 12 月 27 日）

案据本市针织袜业同业公会整理委员会呈，以已于十一月二十七日召集会员代表开会，推选刘甲山等十五人为整理委员。等情，附呈委员略历表三份，据此。查该会依照本会致电规定程序办理，核写手续尚合。据呈前情。除公函外，理合检同原赍略历表，具文呈请鉴核示遵。

谨呈

汉口市市长徐

汉口市商会整理委员会　启

24.汉口市商会整理委员会党员登记处要求各业同业公会领取党员登记表致各业同业公会整理委员会函

（1945 年 12 月 27 日）

查本会前奉汉口特别市党部亥江代电：饬本会设立党员登记处，已于本月廿一日通告贵会办理在案。兹市党部派员驻会，督促迅速限期办竣。等因。查国民均有入党之义务与权利，我辈商人自应不能落后，今再通知查照，请予文到三日内前来本会领取入党申请书暨登记表，迅速办竣送会，以便转呈为荷。

此致

各业同业公会整理委员会

汉口市商会整理委员会　启

25.汉市商会展开整理工作

（1945 年 12 月 27 日）

［现代社讯］汉口市商会整理委员会自奉令整理以来，对整理工作积极展开，除注意各同业公会之整理员人选并指导其迅速成立整理会外，同时定期召开各同业公会负责人座谈会，商讨整理工作，且该会主任委员程子菊并推委员李月樵、曾绍藩分赴各同业公会访问，以资联系工作云。

［本报讯］武昌市商会整理委员会李贡廷等二十一人，业于本月二十一日将前商会及各同业公会接收完竣，该会并开第一次整理会，积极开始整理工作。

（《武汉日报》）

26.汉口市五金业同业公会主任丁楚材不愿担任汉口市商会筹备主任致市整会、五金同业公会筹备会

（1945 年 12 月 28 日）

敬陈者。窃楚材前承各会员公推为本会筹备主任，自知庸愚不堪胜任，只以其时正值政府复原之初，会务未可中断，加以筹备会之任务重在筹科选举手续，为时甚切，只得勉为担任，当经将本会遵令改为筹备会经过情形，分别呈报备查各在案。据日前接奉汉口市政府市社字第 1679 号指令略开："着即依法改筹备会为整理会，并指派郑寿昌、张晓峰、丁楚材、蔡昭民、胡庚建、杨汉辉、傅德兴等七人为整理员，即以丁楚材为主任整理委员。"等因，奉此，自应遵照。惟思整理会务，关系甚重，楚材学识浅陋，益以本人经营之商店范围甚小，人员不多，所有对内对外各事项均须躬亲办理，业余时间有限。若遽担任主任职务，势必贻误事机，有负政府维护商运派员整理之德意，用特函陈大会敬祈查核，赐予转呈汉口市政府，垂鉴下情，俯准在所派人员中另行指定一人为主任整理员，以利会务，无任企祷！

此致

汉口市商会整理委员会

汉口市五金业同业公会筹备会

汉口市五金业同业公会主任丁楚材　谨启

27.汉口市针织袜业指定整理委员为奉令推定本业整理委员情形仍以刘甲山负责整理致汉口市商会整理委员会

（1945 年 12 月 30 日）

案奉汉口市政府社市字一九六四号训令，以经会同党部指派夏玉廷、宋玉卿、梅益臣、何奇生、刘壬山等五人为整理委员，并以夏玉廷为第一次整理委员会召集人。等因，奉此。查本会前奉大会敬电嘱推七人至十五人为整理委员，成立本业整理委员会。等因。经于十一月二十七日召集会议，推定刘甲山等十五人为本会整理委员。业已造具各委员略历表四份呈报大会，分别转呈在案，兹奉前令指定夏玉廷等五人，查指定五人中宋玉卿、何奇生两人自去岁十二月离汉即未来会，仅夏玉廷、梅益臣、刘壬山三人在汉，但玉廷等三人人微望浅，无力领导会务，刘甲山在本业资格、声望均为全体同业所推戴，务恳俯顺舆情，仍以刘君甲山负责整理。尤有进者，本会共有委员二百余人，指定五人殊难负此重责，至少应规定九人至十二人方能推进。除分呈汉口市政府及市党部外，理合如实呈请大会鉴核，分别转呈。

谨呈

汉口市商会整理委员会

汉口市针织袜业指定整理委员　梅益臣、夏玉廷、刘壬山

28.汉口特别市政府为筹还欢迎何总司令垫款令汉口市商会整理委员会

（1945 年 12 月 31 日）

一、据本年十二月二十一日理事第一四二号呈一件，为遵令筹还欢迎何总司令垫款情形，请饬函出拨收取由。

二、已饬函中国国民党汉口特别市执行委员会查照办理矣，仰即知照。

上令

本市商会整理委员会

市长　徐会之

29.汉口市商会为奉汉口特别市执行委员会公告全市党员清查登记手续事致汉口市各业同业公会

（1945 年 12 月 31 日）

案奉中国国民党汉口特别市执行委员会汉组字第四〇八一号寒代电开："案查本市党员总清查，迭经通令各级党部并公告全市党员按照规定办理登记在案。迭经第八次审核委员会第四项决议，仍继续公告尚未参加组织之党员，并请各机关首长与各界负有声望之人士分别发动党员加入组织，为党工作，记录在卷。除转饬所属党部限期办理，继续公告延期登记外，特此电达，敬请查照，惠予协助，并分知所属党员于本（十二）月底前各向就近区党分部履行清查登记手续，或由贵会备列名册，检附党证，送交本部办理，俾得厘定党籍，实深感荷。"等因，奉此。除分行外，相应函希查照转知为盼。

此致

汉口市各业同业公会

汉口市商会　启

1946 年

1 月

1.汉口市商会整理委员会委员

（1946 年 1 月 1 日）

整理委员：刘伯琴　整理委员：曾绍藩　整理委员：鲁文礼　整理委员：陈淦川
整理委员：肖则如　整理委员：马汉三　整理委员：贺衡夫　整理委员：戴经廛
常务委员兼交际股：张立鹤　常务委员兼组训股：张吉六
常务委员兼总务股：何文炳　主任委员：程子菊　常务委员兼财务股：陈焕章
常务委员兼调查股：祝庸斋　常务委员兼宣传股：李月樵
整理委员：南经庸　整理委员：陈经畬　整理委员：乐作霖　整理委员：李贡廷
整理委员：王穆吾　整理委员：龚榕廷　整理委员：刘钦珊　整理委员：王际清

（《武汉日报》）

2.汉口市电料业同业公会整理委员会主任委员为请取缔垄断电气业务取缔非法规定以利整理工作而免失业致汉口市商会

（1946 年 1 月 3 日）

窃会汉市电料业自武汉沦陷后由敌人统制，指定云记（现改为日月星老阁魏云卿）等十九家专营电料及装置电气工程，属会同业横被摧残，均告失业。七八年来，忍气吞声，痛苦不堪言状。迨敌人投降，河山重光，各同业再见天日，以为失业痛苦可告解除，莫不勉力筹措资本，从事复业，继之同业公会成立，奉命整理，迄今登记会员亦达一百五十余家之多，业务前途实堪庆幸。不料从前附逆指定之同业魏云卿等勾结汉口既济水电公司现营业主任朱德本、叶荣华等复怂恿经理孙宝基仍采敌人统制毒辣政策，限制我同业须有装置五百盏灯之材料设备，并缴纳注册费十万元或六万元者，方为合格。而各店技工，亦须经该公司考验认可后，方可执行工作，种种苛刻条件实属无理至极！查目前正值电料缺乏、价值昂贵之时，如依公司规定，不但无此大宗资本，亦无此大批材料来源，即在战前之电料商店，更无有五百盏之材料设备。且汉口自有水电以来，对于电料业向无限制，指定该公司，疑排除异己，以遂其勾结垄断之私欲，故与前大发其财之指定商联络勾结，狼狈为奸，竟于十二月十七日登报声明，认定专营电气工程者，计日月星等二十六家，我同业一百五十余家，全体又告失业。窃思制止附敌、附伪参加活动，政府迭有明令，今该公司认定合格之二十六家中，竟有前此为敌人指定之商店十二家在内，显系违背命令，此外尚有数家毫无设备，仅有半边门面及少数材料，而其他门面堂室设备完全、材料较多者，反被认为不合格，此中情实可想而知。查魏云卿前在敌人指定时，于界限路二十四号设立电料组合团体，魏为组合长，大权独揽，此次勾结指定又为其所主动。现全市电气装置工程，均为指定日月星等二十六家包办，生意繁多，应接不暇，而我同业一百五十余家观望饿饭，若不求官厅迅速解决，数千失业，生活顿告断绝，势必铤而走险，发生流血举动，属会无法制止，责将谁负？情迫无奈，唯有恳请钧会鉴核，准予派员彻查，取缔非法规定，并饬令汉口既济水电公司仍依战前规定办理，实为公德两便。

谨呈

汉口市商会

汉口市电料业同业公会整理委员会主任委员　邹茂堂

3.汉口市商会为据本市五金业同业公会主任整委会丁楚材辞职请予转呈核准由致汉口市政府市长徐

（1946 年 1 月 5 日）

案据本市五金业同业公会主任委员丁楚材呈称：敬陈者，窃楚材前承各会员公推为本会筹备主任，自知庸愚，不堪胜任，云云。赐予转呈汉口市政府垂鉴，下请，准在所派人员中另行指定一人为主任整理员，以利会务，无任企祷！等情，据此。理合呈钧府，鉴核示遵。

谨呈

汉口市政府市长徐

主任委员　程

4.汉口市商会整理委员会为各商店不得任意抬高物价致各业同业公会

（1946 年 1 月 6 日）

汉口市各业同业公会鉴：

案奉武汉警察总司令部仲字第九三六号代电开，“汉口市商会公鉴，本司令长官孙子删策各市代电开，查汉口市商会会属请求严禁军人以短价购鱼以及征工、征机车等，而商人任意抬高市价，则反置不问。如前该商会请求制止各部队以低价征工及机车获准后，则目前各缝衣店所索求工资竟超过原布料，此种情形实属罕见，希即转饬该商会严加整理，以安市情。等因。希望转告各商民，不得任意抬高物价，扰乱市情，并希将办理情形见复。武汉警备总司令郭忏子帑仲季”。等因，奉此，自应遵办。除分行外，希即转告各商店，不得任意高抬物价，扰乱市情,致于查究,并将办理情形具复。

汉口市商会整理委员会主任委员　程子菊　子鱼总印

5.中国国民党汉口特别市党部为业经核定各职业团体立法委员候选人并希发动所属会员一致支持致汉口市商会

(1946 年 1 月 8 日)

汉口市商会鉴:

查各职业团体立法委员候选人业经中央核定,其中应由该会产生代表或与该业有关者,计正式白如初、候补李亚雄同志二人,田亚丹、王长慧同志二人,宋漱石同志一人;工矿正式滕昆田、候补李国伟同志二人。特电查照,并希发动所属会员一致支持,俾获当选为荷。

中国国民党汉口特别市党部　子齐印

6.汉口市商会为介绍李荐廷先生竞选区域立委致各业同业公会(附简介)

(1946 年 1 月 9 日)

查本会理事李荐廷先生业经中央提名为汉口市区域立法委员候选人,检同履历,请予介绍支持,前来,李先生为我商界前辈李紫云老先生三少君,历年服务商界,成绩显著,将来当选立法委员时,必能代表商人利益,此次大选,凡属本市职业团体选举人名册以外选举人,均希投李荐廷先生之票。除分行外,相应检同原履历,函希查照,转告各会员商店应持有区域选举权证之业友、工友及家属,一体前往选举场所予以支持为盼。

此致

汉口市各业同业公会

汉口市商会　启

附:汉口市立法委员候选人

姓名:李荐廷

籍贯:湖北武昌

学历:湖北法政专门学校毕业

经历:国民参政员

国民大会代表

中华民国商会联合会常务理事

中华民国机器棉纺织工业同业公会联合会理事

湘鄂赣区接收处理敌伪物资工作清查团委员

湖北省临时参议会第一届参议员

湖北省政府驻渝办事处主任

湖北省政府顾问

湖北省商会联合会理事兼商事公断处处长

湖北省工业协会理事长
湖北企业公司董事长
湖北省银行董事
《武汉日报》股份有限公司常务董事
湖北企业委员会委员
文襄纺织公司筹备委员会副主任委员
汉口市商会理事
中国红十字会汉口分会会长
汉口第一纺织公司常务董事
中国国货银行常务理事
财政部复兴公司常务监察
秦裕银行驻行常务董事
燧华火柴公司董事长
国际反侵略宣传委员会中国分会理事
汉口市各界抗日后援会副主席
社会部工商运动委员会委员
湖北省党部财务委员会委员
党证字号:特字 62652 号
竞选区域:汉口市
竞选种类:立法委员
通讯处:汉口鄱阳街 109 号

竞选区域立委简介(滕昆田)(1946 年)
学历:武昌中华大学毕业、中央训练团党政班第九期毕业
略历:陆军第十八军司令部秘书、军事委员会委员长武昌行辕秘书
武汉卫戍司令部政治部组长、湖北省宣恩县长
第六战区接管日方物资委员会同少将主任秘书
湖北省政府处理武汉区敌伪物资委员会秘书长
湖北省政府法制室主任、湖北省政府参议
现经营事业:汉光机制砖瓦厂董事长、金龙面粉厂常务董事
竞选区域:湖北、江西、湖南、河南、汉口市
竞选:国民党中央提名工矿团体中区立法委员候选人,敬恳赐予支持,如获选定,应当为工矿界之利益与发展尽最大之努力。

7.汉口市营造业同业公会为转函鉴定书致汉口市商会函

(1946 年 1 月 11 日)

案奉钧会本年元月六日商字第一一九七号函:“除原文有案至请免录外。”等因。当即派

潘常务理事益卿办理。兹据该员将鉴定书、结各一份呈复,前来,并云向例有鉴定费,请求市商会转函法院照发。等情,据此。理合检定书结各一份,赍呈鉴核照转,并祈俯允函知法院,将鉴定费照发。

谨呈

汉口市商会

附鉴定书一份、鉴定结一份,已交汉口地方法院传达员张秉德先生面收。

汉口市营造业同业公会理事长　彭曜棠

元.十一

8.汉口市商会整理委员会公告

(1946 年 1 月 15 日)

查本市自日寇进踞以后,各同业公会会员大都星散停顿,转徙流靡。当兹国土重光,本会奉令积极展开全面整理工作之际,为谋迅速缜密清结完成经济建设起见,会员登记实为切要之图。除呈请主管机关备案并分别通知各业工会迅即办理外,合亟公告。

(《武汉日报》)

9.汉口市纱业同业公会整理委员会为请保护交易场所致汉口市商会整理委员会

(1946 年 1 月 15 日)

窃属会奉令成立,曾经呈报钧会核备在案,现时会务正谋开展,为维持会员业务计,先在会内设立交换组一所,并定每日上午十时至十二时,下午二时至四时为互相交换时间。唯会员日众,每次交易时必多叫卖、推进拥出情形,诚恐警察当局不明为交换场所,有所误会。复防不良分子在交换场所故意捣乱,妨碍会务进行,理合报请钧会鉴核,赐予转呈市政府、警察局备案,并请府局出示保护交易场所,以免误会,而利进行,实为公便。

谨呈

汉口市商会整理委员会主任委员程

汉口市纱业同业公会整理委员会主任委员　彭少田

10.汉口市商会为慰劳国军、盟军款项碍难照准致汉口市商会整理委员会函

(1946 年 1 月 16 日)

查本会早经结束,关于办理欢迎慰劳国军、盟军所积欠之杂货食品工业等月饼费法币一百二十万八千元,依照结束会议议决,移交汉口市商会负责筹措偿还。当时因贵整委会尚未成立,故于上年十月三十一日函请市商会筹委会照办在案。现贵会已于上年十一月成立,前筹委会即停止活动,无力再向各业筹款。业将原函转交贵会办理,迄今日久,尚无解决办法。此项公款确系正当用途,为党、政、军各界所共知,并非任何私人亏累,而事关慰劳国军、盟军款项。

特函请贵会查照,迅予设法筹款清偿,以免久悬,无任感荷。

此致

汉口市商会整理委员会

汉口市商会　启

11.汉口市商会为介绍滕昆田、李国伟二人参加工矿立委选举致各工业公会、各工矿会员厂商函

(1946 年 1 月 17 日)

案奉中国国民党汉口特别市执行委员会汉组字第 1207 号代电略开:"查各职业团体立法委员候选人业经中央核定,其中工矿正式滕昆田、候补李国伟同志二人,特电查照并希发动所属会员一致支持,俾获当选为荷。"等因,奉此。正核转间,后据滕昆田君检送履历到会。除分行外,相应检同原履历,函希查照,转知各会员选举人,予以支持为盼。

此致

汉口市各业同业公会

12.汉口总商会为送本市进出口商行公会表一份致函驻芝加哥总领事馆

(1946 年 1 月 17 日)

案准贵馆三十四年十二月七日函开:为明了国内最近经济状况,便利中美贸易,拟请代为就近搜集汉口市各项资料,随时赐寄,以便参考。等因,准此。前随函抄送本市进出口商行公会表一份。至于本会及各行厂商者出版各项杂志、刊物、报告、年鉴、计划、统计图表,因自胜利之后,各业正开始复业,本行暂无刊物出版。俟后有上项图纸等刊物时再当检送,相应函复,即希查照为荷。

此致

驻芝加哥总领事馆

奉派调查驻芝加哥总领事馆函询中美贸易对象一案,兹就现时(战后)本市对美进出口贸易商行及各业公会如数查照列单于后,函列其美国进出口洋行。本市尚未复业,电话亦未普及,战前出版物无存,现时各行会暂无刊物出版,将来如有资料,再行查寄。理合将调查情形报请调查股主任祝转报主任委员程鉴核。

附二三〇号原案件,本市进出口商行公会表三份,中国对美贸易分进、出口两部分。

汉口销美出口商业

出口商业	业务数	牌名	经理姓名	地址
桐油业		乾昌	李汉清	民生路
		后丰	余松泉	民族路
		大昌	杨镕舫	汉正街
		春源(正准备复业中)		
猪鬃业		殷松茂	殷柏涛	统一街小火巷三六号
		久大	周壁和	大蔡家巷一〇四号
		义康	陶海卿	小江家院四〇号
杂粮业		德昌	陈焕章	贯忠厘一号
		裕源	戴浴尘	江汉四路一〇四号
		同益	色均安	特三区明巽公司内七号
		厚德	陈树霖	特三区明巽公司内七号
生丝业		森昌仁	胡筱轩	大夹街
		永生义	黄仁山	大夹街
		怡和厚	朱河亭	大夹街
		同昌	蔡松泉	大夹街

汉口购入美货进口商业

进口商业	业务数	牌名	经理姓名	地址
煤油面粉业		汉口市煤油面粉业同业公会	黄子权	长堤街二二〇号
汽车业		汉口市汽车业公会	周堃珊	中山路
纸张业		汉口市中外纸张公会	蓝熙周	戏子街江苏会馆
布匹贩运、布匹零售业		汉口市布匹贩运业公会	梅钟章	汉寿里
		汉口市布匹店业公会	成禹门	大夹街
海味业		汉口市海味糖盐业公会	何朗轩	大夹街十方庵上首巷
五金业		汉口市五金业公司	丁楚材	长堤街一〇一号
		汉口市五金铁业公司	赵鸣洲	集稼嘴和祥铁号内
		正兴铁号	张文翥	西堤街四三号

13.汉口市商会整理委员会为发动卅五年春节慰劳武汉三镇荣军致各业同业公会整理委员会函

（1946 年 1 月 21 日）

案准后方勤务总司令部政治部荣誉军人招待所第十四总队二七大队元月十四日汉新宣字第〇一五七号公函内开："本队职司荣军政工，当兹胜利已临，河山重光，春节将届，全民欢腾之际，其因抗战而致伤病之荣军，刻仍留住武汉各院，亟应予以精神与物资之慰藉，以酬答其功勋而励来兹。本队有鉴于斯，特策动武汉各界人士春节献金或捐赠物品，予以慰劳。拟于元月十七日开始劝募，素仰贵会关怀荣军福利，夙具热忱，用特先行函达，即希查照，予以协助，并请分别转知各同业公会慷慨捐输，加惠荣军。"等因，准此。相应抄同《实施计划纲要》，函达查照，希即予以协助为荷。

此致

各业同业公会整理委员会

汉口市商会整理委员会　启

14.中国国民党汉口特别市执行委员会令汉口市商会整委会转呈合组军服、西服两业令

（1946 年 1 月 21 日）

中国国民党汉口特别市执行委员会指令汉组字〇一〇三号（中华民国卅五年元月廿一日）令：汉口市商会整委会为据军服、西服两业呈请，合组服装业公会，转请核示由。查本案兹据该业公呈兹示，经与□□官□商决，准予所请，并经选派整委会□生案。合行令仰知照。此令！

主任委员　袁雍　委员兼书记长　黄焕如（代行）

15.汉口市商会整理委员会致汉口市纱业同业公会函

（1946 年 1 月 21 日）

案查前据呈报设立交换组，恳予分别转请备案并出示保护一案，经已据情呈请市政府备案，暨转行市警察局出示保护在卷。兹准汉口市警察局市警字第一四八〇号公函开，除令该管第三分局知照并出示保护外，特复。等因，准此。相应函达查照。

此致

本市纱业同业公会整理委员会

16.汉口市市长因举行抗战损失调查委员会筹备会议通知派员出席致市商会函

（1946年1月21日）

一、案准湖北省政府社会处函，以奉主席论关于本省各县及武汉三镇之抗战损失调查，送奉中央，电催亟应遵照□业表式，派员分别督填，以凭汇报。等因。嘱即查照办理见复。等由。

二、查本市为光复区，八年来，均无是项调查记载，以地区之广、时间之促，实有仿照南京市成立抗战损失调查委员会之必要，兹定于本月二十三日（星期三）上午九时在本府会议室举行筹备会议。特通知市商会。

市长　徐会之

17.汉口市商会整理委员会为通知应依照表式填送委员略历表致笔料杂皮业同业公会

（1946年1月22日）

一、据贵会本年元月五日呈拟推定委员经过，并造具整委略历表，计核示由。

二、呈册均悉，查贵会系未经政府指定整理委员之公会，应先于会员中拟选整理委员候选人七人至十五人，依照本会子寒代电，抄发修正各业同业公会职员略历表式填选三份送会，在整理委员未核定以前，职务栏内无须注明委员字样，希即遵照更正为要，原赍表册发还。

上通知

本市笔料杂皮业同业公会

（会戳）启

18.汉口市商会整理委员会为援助辛亥首义伤军劝销戏券致各业同业公会整理委员会函

（1946年1月23日）

一、案奉汉口市政府三十五年元月廿一日市社字第七二二号训令开："（一）据辛亥首义伤军委员会冬赈办事处呈称，窃伤军等自恩恤饷停止后，每届阴历冬赈，则蒙政府准予举办冬赈，历经二十余载矣。其款之□从出，则借武汉游艺场所散发戏券，限定时日，向各团体代为劝销。除付指定场所原有券价外，所余之款即为伤军等所得救济之资也。历岁以来，未尝间断。乃遭倭寇之乱停办，业已八年，兹幸升平，重聆伤军云，'不啻死而复生'。隆冬已届，而皆六十以上，谋生无术，不得不作此摇摆乞怜之爰。业经商洽，汉口民众乐园印就入场券，恳求贵市政府转饬所属代为劝销，以救残喘，尚乞仁人善士倾囊相助，俾度残冬。（二）除分令外，合亟令仰该会予以劝销为要。"等情。

二、查首义伤军效忠党国，功绩昭著。际兹生活高压，亟应尽力援助。奉令前因。除分函外，相应函达查照，对于该项戏券，务希勉为劝销，以宸义举，是为至要。

此致

各业同业公会整理委员会

19.四川省商会联合会为电贺成立整理委员会致汉口市商会整理委员会

（1946 年 1 月 23 日）

汉口市商会程主任委员子菊兄暨诸委员公鉴：

奉读亥俭密电敬悉，元恶败降，三镇重光。诸公愤敌寇之暴行，悯孑遗之零落，受命收拾残局，重新整理工商。远瞩高瞻，定兆功同仲父，宏筹硕划，准拟胜利陶朱。建国初基，实所式凭，遥企勋猷，殊深钦仰。特电申贺，尚希亮察外，长期赠送敝会月刊一份，敬祈收阅，并盼指导，合并陈明。

四川省商会联合会理事长王秉钧子梗　印

20.汉口市商会为奉地方法院令调查敌人罪行致各同业公会函

（1946 年 1 月 24 日）

案准湖北汉口地方法院检查函元月九日文字第三六四号公函内开："查本处奉令调查敌人罪行案件，仍希于二月十五日以前汇齐函送尊处，以便审核。"等由，到会。经加印表格式样多份，除分知外，相应检同有关表格，函请查照办理，并希于二月十日以前送交本会。如无会员填报时，亦须于二月十日以前，由各该公会具复，以便汇转为荷。

此致

各同业公会

主任委员　程

21.汉口市警察局为已出示保护纱业同业公会事致汉口市商会整理委员会

（1946 年 1 月 27 日）

一、准贵会本年一月廿一日理字第三一六公函，略以据本市纱业同业公会整理委员会呈报设立交换组，转函出示保护，请查核办理一案。

二、除令该管第三分局知照并出示保护外，相应函复查照为荷！

此致

汉口市商会整理委员会

22.蔡甸镇商会为就职事宜致汉口市商会整理委员会

（1946 年 1 月 28 日）

快邮代电会字第 126 号

汉口市商会整理委员会程主任并转理监事诸公鉴：

顷奉贵会理字三二五号代电。捧读之余，感佩莫名，荣廷等才本□浅，绠短汲长，深虞陨越，尚希不遗在远，南针时赐，借资观摩，特复查照。

蔡甸镇商会理事长周荣廷　常务理事李玉堂、周鹏程暨全体理监事　子俭勘印

23.市政府为本市军服、西服两业合并事令汉口市商会整理委员会

(1946 年 1 月 28 日)

中国国民党汉口特别市执行委员会指令（中华民国卅五年元月廿八日第 1037 号）于本府：一、据本年元月五日呈一件，为据本市军服业呈请拟将军服、西服两业合并，成立服装业公会，转请鉴核示遵由。二、呈悉，查该两业合并组织同业公会，业经本府与中国国民党汉口特别市执行委员会会同商定，并已指派整理委员会，饬该会转引遵照在案，仰即知照。

上令

本市商会整理委员会

市长　徐会之

24.汉口市粮食行业同业公会整理委员会因码头工头杜元恩聚众辱殴会员致汉口市商会整理委员会

(1946 年 1 月 29 日)

案据本会会员厚裕行经理程汉涛函称，本月二十四日下午二时许，敝行行员余俊庭会同协茂祥经理王瑞麟、义顺祥经理高耀卿等前往本市大智门铁路边交易。当由敝行行员余俊庭出面购买小麦，正与卖主议价之际，突有素行不法之码头负责工头杜元恩（即九爷，现住球场同庆里后十九号□旁）阻挠，对余俊庭辱骂交加，并邀集多数工人蜂拥直前，共同殴打，余俊庭拼命脱险逃脱，绕道折回，述明情节。查敝行系同业之一，余俊庭为人亦极忠实，今因交易，竟被该恶杜元恩等强逞暴行，无端辱殴，无异整个同业受此奇耻。若不设法救济，该工人等势必□□组织同业前途实有不堪设想，为此报请大会迅予转请军警当局作有效之制裁，同业幸甚。等情，据此。该会员所述各节，经查属实。兹据前情，除分函外，理合具文呈请大会鉴核，准即转请汉口市警察局饬令第十二分局收该事犯杜元恩拘案，责令交出共犯，一并严惩，以维秩序，而儆效尤，实为公便。

谨呈

汉口市商会整理委员会主任委员程

汉口市粮食行业同业公会整理委员会主任委员　韩瀛洲

25.太原市商会为函知就职日期并检同理监事名册致汉口市商会函（附理监事名册）

(1946 年 1 月)

敬启者。查敝会奉令组织，经于本年一月二十四日召开会员代表大会，依法选举，开票结果：少伯等九人当选为理事，崇智等三人当选为监事，并互选心一为理事长，业于一月二十七日

宣誓就职。惟心一等学识平庸,陨越堪虞,只以事属义务,不得不勉效绵薄,以副众期,尚祈时加指正,以匡不逮,相应检同当选理监事姓名表一并函达,即希查照为荷。

此上

汉口市商会

理事长　胥心一

附:太原市商会第一届理监事姓名一览表

职别	理事长	常务理事	常务理事	常务理事	常务理事	理事	理事	理事
姓名	胥心一	于建学	王少伯	孙官全	吕达	方绪	王子升	贾大忠
年龄	四八	五〇	四六	六六	六二	二九	五六	五二
籍贯	江苏南通	定襄	清源	五台	交城	阳曲	寿阳	徐沟
公会名称	书纸印刷业公会	山货业公会	估衣业公会	古玩业公会	津货业公会	米粟业公会	药材业公会	干菜业公会
商业行号	太原商务印书馆经理	义生源经理	三晋通经理	敬宝兴经理	协义生协理	正有昌经理	延寿长经理	德合长经理
备考								

26.汉口市商会整理委员会为填报战时罪行调查表致各业同业公会

(1946 年 1 月)

案准湖北汉口地方法院检查处元月九日文字第三六四号公函内开:“查本处奉令调查敌人罪行案件,为提供战罪审查委员会之急切资料,任务极为繁重,限期亦甚迫切,诚恐有涉疏漏,致失调查之旨。查汉口自二十七年秋敌寇蹂躏以来,已达七年之久,关于敌人暴行,自必所在皆是,亟宜从事积极调查,以期搜罗无遗。凡知悉敌人罪行事实,或知悉被害人或证人时均得填表申诉。特函请贵会协助调查敌人罪行,对于侵害贵会主管业务之罪行,如抢劫没收财产、勒索非法过度之捐款与征发、肆意破坏财产等,尤盼赐予周密调查,务获有利证据,并请指派专员负责办理,俾收宏效。兹定自元月十日起至二月十日止为调查期间。除布告、启导人民踊跃举发,并分函各有关机关协助调查外,相应检同有关表结,函请查照,惠予协助,无任感荷。至贵会协助调查所填报之表结,仍希于二月十五日以前汇齐函送过处,以须审核。等由,到会。经加印表结式样数份。除分知外,相应检同有关表结。”等由,到会。请印表结式样多份。除分知外,相应检同有关表结,函请查照办理,并希于二月十日以前送交本会。如无论会员填报时,亦须于二月十日以前由各该公会具复汇转为荷。

此致

各业同业公会

汉口市商会整理委员会　启

27.为沦陷期间被敌伪夺取物资数量暨其他损害情形造具表册致汉口市各业同业公会函(附表册式样)

(1946 年 1 月)

概自敌寇进逼武汉,为时七载,压榨蹂躏无所不用其极,负重忍辱,含愤莫伸。兹者国土重光,来苏共庆,亟应将在沦陷期间被敌伪夺取物资数量暨其他损害情形造具表册,报会以凭核办,兹将该项表册式样随文件附发,即希查照,分别翔实办理报核为荷。

此致

各业同业公会整理委员会

附:表册式样一份。

汉口市同业公会谨将同业在沦陷时被敌伪夺取物资数量及损害情形分别列表查核						
商店牌名	经理人姓名	物资名称	数量	夺取时日	损害情形	备注

附注:1.本表须翔实填报,不得捏造事实。

2.损害情形一栏,应提出确切证明以便考核。

2 月

1.汉口市商会为转知武汉警备司令部参谋长面谕致汉口市各业同业公会

(1946 年 2 月 3 日)

顷奉武汉警备司令部鲍参谋长面谕:(1)限本市各业商店一律于本月三日正午十二时以前开门营业,否则封门;(2)银元价格业已回跌甚多,物价应比照平抑,否则严厉惩罚。等因。除分行外,相应函希查照,火速转告各商店遵办,如违,本会不予保护,万勿延误为盼。

此致

汉口市各业同业公会

汉口市商会　启

2.汉口市商会公函送电料业公会注册事

(1946 年 2 月 6 日)

案查前准贵会呈以水电公司指定日月星等二十六家专营电气工程。等由,到会。经本会以理字第二六六号公函，请该公司查照见复在卷。前据该公司本月十六日业字第一〇二号公函内开：略以承装水电商店，应向本公司注册，数十年来，历办无异，上年接收伊始，即遵照政府规定，订定承装水电商店注册及取缔章程，于上年九月二十四日登报公告，开始办理承装水电商店注册手续，核查执照，以凭营业在案。至登记期限，仍可继续，保证金分甲、乙两等，甲等十万元，乙等二万元，缴款时经有收据，并经年息六厘，取消注册时，仍凭据如数退还。所办手续，均照章程办理，请转知各电料商店前来登记，尚不为迟。等因，准此。相应函知查照，请转知未登记会员继续前往登记为荷。

此致

电料业同业公会整理委员会

主任委员　程

3.汉口市商会整理委员会紧急公告

（1946 年 2 月 7 日）

兹本会为谋积极完成整理工作起见，对于各业工会整理委员自二月八日起，限三星期内一律改选，成立正式同业公会。除分别通知外，特此公告。

（《武汉日报》）

4.云南省商会为电贺贵会成立致汉口市商会整理委员会

（1946 年 2 月 12 日）

汉口市商会整理委员会程主任委员及各常务委员钧鉴：

亥俭秘代电敬悉。查武汉多年沦陷，备受敌人蹂躏，兹幸国土重光，诸君奉令整理，行见市容恢复，商业繁兴，至为欣颂。以后仍盼时通消息，借资联系，共谋商界福利为荷。专电布复，并致贺忱。

云南省商会联合会理事长　严燮成

常务理事　李琢庵、甘汝棠、邓和凤、苏萃农　丑文叩

5.汉口市商会整理委员会因征税等致各业同业公会整理委员会函

（1946 年 2 月 12 日）

汉口市政府财政局三十五年二月五日财一字第一四八号公函开：一、案奉市政府交下洪汉三先生来函，为本局所属第三税捐稽征员姚荣生、王殿臣浮收税款，请查办。等情。二、经派本局督察王子正密向各该付款商行查封银钱流水账簿，所记付款数目确与应征营业牌照税款数字不符，并取得各该商行抄单为证，该姚荣生等不无舞弊嫌疑，已予撤职处分，并带同人证送汉口地方法院检察，更依法侦察究办。三、查本局所征各税，均经规定税率布告周知有案，各业行商对于应付税款必须注意税率，遵章付给，如有额外需余，准切指名报告，以凭究办。四、除分令所属各税捐稽征所遵照外，于应函达，即希查照，转知各业同业公会一体知照为荷。等由，准此。除分函外，核应函达查照，并转同业各商号知照。

此致

汉口市各业同业公会整理委员会

汉口市商会整理委员会

民国三十五年二月十二日

6.中西菜馆业为本会会员签称尚无此项损失呈汉口市商会整理委员会

（1946 年 2 月 13 日）

案奉钧会本月九日通告内略开："案查本会前奉汉口市政府三十四年十二月三十日财字第二六二一号令，为查明敌伪公私机关团体或人民所欠中国公私机关团体或人民债务之损失一案。业经本会以理字第二七〇号函请贵会迅速办理报会在卷。为时已久，未见函报到会。兹奉市政府财字第八五九四号训令，限于文到一日内报府。等因。相应函请贵会无论有无损失，希于文到一日内，函复到会，以便汇转，希勿稽迟为荷。"等因。查本会接奉钧会此项通知之时，经即依式制就，油印分发本会会员，嘱即依式填报在案，但并未有填报来会，复经一月催促填报，免失权益。惟据本会会员签称，尚无此项损失。等语，前来。正拟呈报间，复奉令前因。本会会员既称尚无此项损失，似应据实呈复，理合据情转呈钧会鉴核汇转。

谨呈

汉口市商会整理委员会主任委员程

主任委员　邵南坡

7.为欢迎英大使莅汉举行酒会筹备事宜致程主任委员函

（1946 年 2 月 14 日）

奉派出席市政府为商讨欢迎英大使莅汉举行酒会筹备事宜，遵即前往参加会议，计出席省市机关、团体、报馆、外事处约二十余单位，由市政府发表筹备欢迎计划，提请讨论公决，兹将会议公决之事项逐一详录于下：

一、名称：定为武汉各界欢迎英大使酒会。

二、酒会地点：德明饭店。

三、时间：十七日下午四时举行（即星期日）。

四、出席者：各机关团体首长及有关人员。

五、应请各国领事、副领事、参事及美国军事长官。

六、招待：各机关派员一名为招待员。

七、布置：由市政府警备，不与外事处。

八、大会致辞：公推周苍柏先生致欢迎词。

九、经费（金额未定）：公摊省市政府百分之三十，省市商会百分之五十，被选各机关百分之二十（款由市政府暂垫）。

谨呈主任委员程鉴核。

职　李春良　呈

8.汉口市商会整理委员会为复出示保护会内交换组业务情形致汉口市纱业同业公会函

（1946 年 2 月 14 日）

查阅于贵会呈请分别转恳出示保护会内交换组业务情形一案，兹准汉口市警察局复函经已转达在案。兹后奉汉口市政府社字第一五四三号指令节开呈悉，案关营业自由，如无违法行为，毋庸出示保护，仰即转饬知照。等因。相应函转即希查照为荷。

此致

本市纱业同业公会整理委员会

9.汉口市棉花业同业公会整理委员会为送职员略历表致汉口市商会整理委员会

（1946 年 2 月 15 日）

整字第一号

案准大会子寒组代电及理字第三一〇号函，检送各业同业公会职员略历表及会员名册式样暨本业整理委员名单，嘱即从速组织整理委员会，并将办理情形报核。各等由。当即积极进行，暂假本市满沙街十七号为临时会址，于本月十三日举行第一次整理委员会议，公推谢家砚、黄少山、程子菊为常务委员，附由常务委员互推谢家砚为主任委员，各记录在卷。除登报公告，各同业于一定期限内来电登记以便依限成立正式同业公会外，相应造具职员略历表，随函送请查核备案汇转为荷。

此致

汉口市商会整理委员会

主任委员　谢家砚

10.汉口市转运业同业公会整理委员会为查明敌伪公私机关团体或人民所欠中国公私团体或人民债务之损失一案呈汉口市商会整理委员会

（1946 年 2 月 16 日）

案奉钧会通知，以奉汉口市政府三十四年十二月三十日财字第二六二一号训令，为查明敌伪公私机关团体或人民所欠中国公私机关团体或人民债务之损失一案，经本会通知各同业办理函复在案。惟据各同业来会声称，并无债务损失，理合呈报鉴核，呈转备查。

谨呈

汉口市商会整理委员会

汉口市转运业同业公会整理委员会主任委员　龙海清

11.汉口市警察局因杜元恩聚众辱殴粮食行业公会会员余俊庭一案已调解息争致汉口市商会整理委员会

（1946 年 2 月 17 日）

案准贵会本年元月九日理字第四四二号函开，略以码头工头杜元恩辱殴粮食行业公会会员余俊庭，请饬令第十二分局拘案，严惩见复。等由，准此。当转令第十二分局查明办理。兹据报称："一、案奉钧局交下市商会整理委员会公函，转据粮食行业公会整理委员会函称，码头工头杜元恩辱殴会员余俊庭一案，当将杜元恩、余俊庭传局，经分别提讯（供单另录）；二、查案关生意纠葛致起隔阂，且杜元恩坚不供认有殴辱余俊庭事情，该案本应转解法院讯办，但原告余俊庭自愿求调解，互息争端，据情着予解释，被告杜元恩且保开释；三、理合将该案办理情形连同口供一份、市商会原函一件，一并呈请鉴核。"等情。相应据情函复查照为荷。

此致

汉口市商会整理委员会

局长　任达鹏

12.汉口市政府为本市山泰翻砂厂厂主请求收回厂址一案令汉口市商会

（1946 年 2 月 18 日）

汉口市政府训令：

于本府令市商会。据本市山泰翻砂厂厂主李志卿呈称：本厂原租沈家庙板厂巷二十号厂址，系由泥水匠张松记介绍，定期十年，自二十四年十一月起至三十四年十一月止，立有租约，交王姓房东收执。原屋系属破坏，由本厂出费，就原屋自行修建，并在路旁新筑熔铁房一间，所有各情可向商会调查。战事胜利，国土重光，依照政府法令，原均应继续有效，并应将沦陷后时日剔除计算，事关本厂所有权与空期佃权，及复员工厂应享权益，为此提出：（一）二十六年九月汉口市政府汉字第一五四号工厂登记凭单；（二）二十五年十月汉口市商会市字第一六四六号登记凭证；（三）三十年十一月二十六日经济部工字第一一五一号工厂登记证；（四）三十三年迁沅后工厂联合会据字第二十二号入会证书各证，汇集照片一纸，其文资呈，敬乞钧府赐予扶助紧急措施，先行代为收回，以便将厂迁复业，以利生产。等情。查此案系民法租赁契约问题，应由当事人向法院诉理。惟以涉及工厂复业，暂着该会设法调解。除批示外，合行检发原呈证据照片一纸，令仰该会遵照办理具报。此令！

附检发李志卿原呈证据照片一纸（办毕仍缴）。

市长　徐会之

1946 年 2 月 18 日

13.汉口市商会为山泰翻砂厂厂主请求收回厂址会议决议

（1946 年 2 月 19 日）

总务股提出，委员核议，第十三次全体会议决议，批准陈常委定期召集，试行调解。

14.汉口市商会为研讨直接税及改选成立正式公会问题召集各同业负责人开会记录

（1946 年 2 月 19 日）

时间：三十五年二月十九日下午二时

地点：德明饭店

参加人：本会各委员、各同业公会负责人

主席：程子菊

记录：王柏森、姚心辅

甲、报告事项

一、报告召集开座谈会意义及其必要。

二、关于各同业公会选举问题，业经本会曾委员绍藩、刘委员伯琴向主管机关联络，理事名额九人，监事三人，至候补理事不得超过理事名额三分之一，候补监事一人。

三、关于救济捐款务于整理期内实行，按前确认数字办理，以资结束。财务股陈委员烦素报告自本会成立日起至本年元月，函请监收其概况。

乙、讨论事项

一、关于报告本会临收支概况项下尚欠法币八百万元，应如何筹措案。

决议：由会秉公向各同业公会摊派。

二、支持直接税之研讨，以谋集思广益。

决议：除已由会呈市政府转请简化稽征外，即向政府请求免征三十五年度之所得税及利得税，其理由：

A.根据《申报》及《大公报》所载上海市商会请求之理由为准则。

B.说明武汉在沦陷期内敌人会计年度征纳情形。

C.全市商民在流难迁徙，奔避轰炸之下不无蒙案之可言，业多损失而艰难，更鲜标留可资稽考。

关于营业税：

A.先向上海市商会询明请求之理由。

B.发动全国商会共同向财政部请求。

关于印花税：

A.加强呼吁工作。

B.根据上海市商会请求理由试行，向当局接洽，由商会采取承销制分摊，各同业公会缴纳。

丙、临时动议

关于本会门首之八栋房屋被人占住，迄未出租，应如何办理案。

决议：收回自用。

15.汉口市药油贩运业同业公会整理委员会为本会改组业经推选整理委员会请予核准备案呈市商会整理委员会(附略历表)

(1946 年 2 月 19 日)

案奉钧会代电,以本市各同业无论已、未成立筹备委员会,均应改组为整理委员会。关于改组程序业经商准□奉。等因,奉此,自应遵照。兹经本会召开同业会议,当推定杨伯常等十一人为整理委员。除分呈市党部及市政府外,理合备文检同名单呈请核准备案,再行定期开会成立,至为商便。

谨呈

汉口市商会整理委员会主任委员程

附本会委员略历表一份。

汉口市药油贩运业同业公会整理委员　杨伯常

附:汉口市药油贩运业同业公会职员略历表

职务	主任委员	委员	委员	委员	委员	委员	委员	委员	委员	委员	委员
姓名	杨伯常	沈子良	张宝庭	邹哲云	周麟书	徐治民	黄锡五	聂华瑞	姜松涛	文植三	赵乐三
性别	男	男	男	男	男	男	男	男	男	男	男
年龄	46	46	51	51	35	35	52	58	28	72	44
籍贯	江西	江西	江西	江西	江西	江西	江西	江西	江西	湖北	河北
学历	江西师范讲习所毕业	中学程度私塾十年	中学程度私塾十年	中学程度私塾十年	武昌省立二中毕业	赣省中学毕业	中等私塾十年	中学程度私塾八年	中学程度私塾八年	中学程度私塾八年	中学程度私塾八年
经历	曾任本市私立章山小学校长及董事	曾任私立章山小学校董	曾任私立章山小学校董	曾任私立章山小学校董	历任军政界中尉副官科员	历充军政界科员等职	经营油业三十余年	经营油业三十余年	任团体事业及经营药材多年	经营药材数十年	经营药材数十年
住址	新码头万源兴	新码头忠记	九如桥	敦仁里九号	同兴里五号	同兴里五号	同兴里五号	同兴里五号	敦仁里九号	元宁巷一号	宫寿后街十五号
已否入党	未	未	未	未	已	已	未	未	未	未	未

16.汉口市商会整理委员会为督促各业改选成立以利选举致各业同业公会

(1946年2月20日)

查本会整理工作行将完竣,各同业公会计经核定者共一百三十个单位。现经成立及已定期改选成立,此亦及百业□□超过总额三分之二。本会依法规定,自应筹备改选事宜,业经提出本会第十七次全体委员会议议决,于本年四月二十日在本会领取申请书,及未经改选成立之各业公会亦希于四月十日以前将手续全部完成,俾利选举。除登报通告暨分知外,相应通知查照,迅即办理为荷。

此致

汉口市各业同业公会

汉口市商会整理委员会　启

17.汉口市商会昨开座谈会同业公会限期成立

(1946年2月20日)

[现代社讯]汉口市商会整理委员会为检讨各同业公会整理工作起见,于昨(十九)日午后三时假德明饭店召开座谈会,决定下列数点:(一)各同业公会原限三星期内完成成立,现限期即将届满,务须如限改选成立。(二)理监事人数,已由商会委员向市政府、市党部口头接洽,暂照普通市规定,商会理事十五人、监事七人,候补不得超过三分之一。同业公会理事三人至九人,监事一人至三人,候补与商会同。各公会如选举时发生疑问,即向主管官署监选人当场请求解答。(三)所摊救济捐款,尚有一部分未缴者,限克日缴齐。(四)商会自筹委员迄整委会,所有开支经临各费,尚欠八百余万元,决定仍由整委会负责向各业摊收。(五)研究直接税缴纳问题,并请求当局准自三十五年开始征收。

(《大刚报》)

18.汉口市商会为泥工、木工每天工资一案致市政府、市党部、市工务局函

(1946年2月21日)

案查会员纷纷报称:兹为泥工、木工每天工资一案,自上年奉到市政府市社字第578号指令规定后,至今时逾数月,生活随物资高涨,泥工、木工工资应有适合环境再行规定之必要。特据请饬呈当局,即予令行市工会召集本市木作业职业工会暨泥瓦业职业工会与本会负责代表各数人会同各当局特派员监督公会公议决议。案后通令双方遵行,以免纠纷而和工作。等情。经提交第六次整理委员会决议,准予呈转。等语,汇录在案。除分呈汉口市政府、汉口市党部、汉口市政府工务局、汉口市商会外,理合呈请核办。即乞训示祇遵!

谨呈

市政府

市党部

工务局

市商会

19.汉口市商会关于国防最高委员会制定经济紧急措施致汉口市各业同业公会函

(1946 年 2 月 21 日)

湖北省政府财二特字第三五四二号代电开:奉行政院筱从伍电开,国防最高委员会第二一八次常会决议制定经济紧急措施方案,其内容兹摘要分示如次:(一)即日禁止黄金条块、金饰之买卖,违者没收充公;(二)即日禁止外国币券之流通与买卖,没收充公;(三)在经济紧急措施时期之内,禁止闭厂罢工;(四)禁止投机垄断或其他操作行为;(五)原定非常时期取缔日用重要物品囤积居奇办法,应严格继续执行,违者除没收其囤积之物品外,并依该办法及二十七年府令公布之《非常时期农矿工商管理条例》从严惩罚;(六)各省市地方政府应负责监督经营日用必需物品之行号遵行政府政策,供应社会需要;(七)工商行号出售民生日用品,不得超过公布价格,并不得囤积,延不供应,违者以扰乱市场论罪,从重严处。各项紧急措施、详细办法另行寄发外,特先电仰遵照办理,并于一周内电报备查。等因,奉此。自应遵办,除分电并布告周知外,合函电仰遵照切实办理,仍将遵办情形,随时报核为要。等因,奉此。除分行外,相应函希查照转知,切实遵照并随时报会凭转为盼。

此致

汉口市各业同业公会

急!

汉口市商会　启

20.汉口市商会为奉市府通知薛委员长莅汉通知前往参加欢迎致汉口市各业同业公会函

(1946 年 2 月 24 日)

汉口市政府市社字第三八六五号通知内开:“顷奉省政府电话,以全国水利委员会薛委员长准于明(廿五)日下午二时莅汉,由江汉关登岸移驻德明饭店,饬发动欢迎。等因。查薛委员长此次来汉,系主持削平洞庭湖袿垸,有裨吾鄂水利至巨,特拟定欢迎办法。除分知外,合函通知该会遵照,率领所属届时前往欢迎地点参加为盼。”等因,附发欢迎薛委员长办法、标语各一份,奉此。除分函外,相应抄附原办法、标语各一件,函希查照,届时派员前往欢迎地点参加为荷。

此致

汉口市各业同业公会

附抄原办法、标语各一份。

汉口市商会

21.汉口市新闻记者公会为开始办公致汉口市商会函

(1946 年 2 月 25 日)

径启者。本会业于本月二十二日成立。经推定恕宇为主任委员,宋漱□、刘威凤、黄焕如、万□□为常务委员,并自二十四日起在保华街中央通讯社武汉分社二楼开始办公。除分呈有关机关备案并分函外,相应函达,敬希查照为荷。

此致

汉口市商会整委会

主任委员　徐恕宇

22.汉口市政府为依照《人民团体旗帜及挂牌式样及实施办法》悬挂旗帜令汉口市商会整理委员会

(1946 年 2 月 25 日)

令本市商会整理委员会:

查本市各级人民团体旗帜及挂牌式样凌乱不堪,非惟不合规定,抑且有碍观瞻,应依照《人民团体旗帜及挂牌式样及实施办法》之规定办理。除分令市工会饬属遵办外,合行令仰该会即日转饬所属遵照办理为要。

此令!

附抄发人民团体旗帜、挂牌式样及实施办法各一份。

市长　徐会之

23.汉口市商会整理委员会为转知汉口市政府关于人民团体集会须知致各业同业公会整理委员会

(1946 年 2 月 26 日)

案奉汉口市政府市社字第六二三号训令内开:"一、查人民团体集会须知第五条规定人民团体集会应于会期一星期前呈报社会行政主管官署,并请派员出席指导。二、现查本市各工商团体拟定集会日,如异常迫促,盖以公文传递动辄需时,甚至有公文到达主办人员时延误。除分令外,仰该会遵照并饬行所属一体遵照为要。"等因,奉此,自应遵照。兹为预算留公文传递时间计,嗣后各业公会集会,如须本会转报时,应于会期两星期前报由本会转呈。除分行外,相应函转,即希查照为盼。

此致

汉口市各业同业公会整理委员会

汉口市商会整理委员会　启

24.武汉各界新运十二周年纪念大会筹备会记录

（1946 年 2 月 26 日）

湖北省新生活运动促进会代电　民国三十五年二月十六日　鄂□三武字四九九一号

汉口市商会：

查武汉各界新生活运动十二周年纪念□于本月十四日下午二时在汉口南陂路五号武汉新运服务所举行筹备会议，兹特检附会议记录一份，电请查照办理为荷。

附武汉各界新运十二周年纪念大会会议记录一份。

武汉各界新生活运动十二周年纪念大会筹备会丑(□)印

3 月

1.平售敌伪物资武、阳、汉将设公卖店若干

（1946 年 3 月 2 日）

［本报讯］武汉三镇将设公卖店若干所，平售敌伪产业。据行政院武汉区处理敌伪财产特派员办事处讯：现接收工作已大半告成，处理办法亦正与汉市商会会长程子菊商洽，拟请商会拟定计划，通知同业公会，再由同业公会指定数家代设公卖店，预计汉口设十店，武昌设八店，汉阳设三店，平售一般日用品，如肥皂、烛、布匹、麻汕、糖等等，且希望能在本月底以前处理完毕。

（《大刚报》）

2.汉口市政府为欢迎马歇尔特使致汉口市各业同业公会函

（1946 年 3 月 3 日）

案奉汉口市政府市社字第二四九一号训令开：“查马歇尔特使定本月四日上午莅汉函，应发动民众、店员，于是日(四日)上午十一时左右，沿中正路—江汉路—中山路—中山东路—五福路—汉景街—怡和村列队两旁，热烈欢迎。兹规定于马特使经过时，(一)鼓掌并欢呼；(二)并高呼‘欢迎马特使’口号。除分令各区公所暨警察局外，合函令仰遵照，转饬各同业公会切实办理为要。”等因，奉此。除分行外，相应转知，即希查照，转知各会使切实办理勿误为要。

此致

汉口市各业同业公会

汉口市商会整理委员会　启

3.汉口市市政府为俘粮不得报运耗令汉口市商会

（1946 年 3 月 3 日）

事由：为敝会前派借军粮一案函请大会查核，赐准转期一个月，以便于五月底照兑由。准第六战区兵站总监部经报字第 162 号宣□电开："奉委员长武汉行营主任程宣徽办行三三白（一）代电开，拨六战区接收，案准军政部陈部长旦侩需报藏代电开，查俘粮原列入配额内规定，系由日报处按实数就地购拨，在未登交以前损耗应由粮政机关自验交接后，任照规定耗率核实列粮。"等由。"特电查照"。等因。"各县市经购俘粮自应少拨，交指定站库接收数量为准，在未拨交指定站库接收前，不得列报运输损耗。除分电外，转电查照为荷。"等由。除分令外，合行令仰切实遵照为要。此令！

市长　徐会之

4.经济部商标局为办理商标案件致汉口总商会函

（1946 年 3 月 3 日）

案查商标法早经颁布，凡因表彰自己所生产、制造、加工、挑选、批发或经纪之商品，欲专用商标者，必须依法呈准注册，方能取得专用权，否则即无□□第三人之资格。战后我国工商日趋发达，自在意中。各厂商出品所采用之商标，尤宜获取法律保障，以免发生影射、假冒情事时，因与对抗他人之资格而损权益。本局职司全国商标行政，对于办理商标案件，力求简洁，其有询问申请手续者，随时予以解答，事关商民法益，至为重要。

贵会所属厂商，如有未经注册之商标，希即迅速依法申请注册！兹检寄商标专用权甲乙种申请书、联合商标注册申请书、商标注册须知各一份（该项申请书，可依式自制）。至希转知各厂商遵照办理。再有本局所编商标公报，登载注册商标及关于商标之必要事项，当自第二、三、四期起，按期寄赠，借供参考，并希查照为荷。

此致

汉口总商会

附寄商标专用权甲乙种申请书，联合商标注册申请书，商标注册须知，第二、三、四期公报各一份。

局长　张以锟

5.汉口市商会整理委员会为三民主义青年团提倡文化惠赐书刊杂志致汉口市各业同业公会函

（1946 年 3 月 4 日）

案准三民主义青年团中央直属汉口区团部筹备处函开："本处为供给本市青年文化食粮，提倡学术研究，并鼓励青年精研总理遗教、团长言论，肃清奸伪毒化宣传，坚定青年信仰，特于四民街四十五号本处开设中正室。唯以筹建伊始，所需书籍、报纸购置维艰，有关本团之书刊呈请中央干事会颁发，并经常供给□素仰贵会对于文化教育事业极具热忱，用特函达，敬希查照，惠赐书刊杂志，以供研读。”等由，准此。事关提倡学术，除分函外，相应函请查照，如有书刊杂志，希量予赠送该处，俾众阅览为盼。

此致

汉口市各业同业公会

汉口市商会整理委员会　启

6.汉口市商会整理委员会为再行规定泥工、木工每日工资致汉口市营造业同业公会函

（1946 年 3 月 4 日）

案据贵会呈，为再行规定泥工、木工每日工资，除分呈市政府、市党部、市工务局外，请鉴核。等情。查此案既经分呈主管机关，应即静候核示。相应函复，即希查照为盼。

此致

汉口市营造业同业公会

汉口市商会整理委员会　启

三月四日

7.汉口市政府为准善后救济总署湖北公众函送工矿调查表请转知填复令市商会整理委员会

（1946 年 3 月 5 日）

准善后救济总署湖北公众卅五年二月廿二日汉社字第一〇二〇号公函开：“查本省各厂矿主持人，于敌寇投降后渐次归返，急谋复业。惟厂矿、房屋、设备等多半残破损坏，必须重加修理，始克有济。本署为切实明了各厂矿复员实际情况起见，特制定调查表式一种，随函附奉。至希贵府转知辖境各厂矿依式填列，于文到一周内径□本署，以便统筹办理。”等由。附工矿复员调查表五十份，准此。除收原表提存二份外，合行检发原表，令仰该会即便遵照，速查填具报，以凭函转为要。

此令！

附检发原工矿调查表四十八份。

市长　徐会之

8.汉口市商会整理委员会关于本会及各业公会选职员问题一案致汉口市各业同业公会函

（1946 年 3 月 6 日）

查关于本会及各业公会选职员问题一案业经本会□□：（一）商会会员代表名额及权数与同业公会会员代表名额及权数如何规定。（二）民国二十七年，本市吴前市长在任时，商会职

员名额系规定理事十五人、监事七人，同业公会职员名额系规定理事七人至十五人、监事三人至七人，现本会暨同业公会选举在即，新法规定尚未奉令颁布，为一时权宜计，可否暂沿用上项规定办法办理。等语。呈请是府核示在卷。兹奉汉口市政府市社字第七三九三号指令开卷，兹分别核示如下：（一）查《商会法》第十一条规定“公会会员之代表由各该同业公会就委员中举派之，至多不得逾五人”，同法第十三条“会员代表之表决权、选举权比例，与其缴纳会费单位额，由其所派之代表单独或共同行使之，每一单位为一权，公会会员代表之表决权、选举权以其新缴会费比照单位计算权数”，又《商业同业公会法》第十三条“每一公司行号之会员代表得派一人，其担负会费满五单位者，得加派代表，以后每增加十单位加派一人，但至多不得逾七人，以经理人主体人或店员为限”，表决选举权依照《商业同业公会法》会费单位会员代表及权数计算表规定，“每一单位为一权”，该会及各同业公会会员代表名额及权数应依照上项各规定办理。（二）理监事名额准照本府吴前市长任内成例办理。除代电转呈湖北省政府鉴核备查外，仰即遵照此令。等因，奉此。自应遵办，除分函外，相应函请查照令文关于同业公会选举方面指示各节，遵照实行为盼。

此致

汉口市各业同业公会

汉口市商会整理委员会　启

9.物品公卖原则决定价格低于市价百分之五至十，商人利润即以售款利息充之

（1946 年 3 月 7 日）

［本报讯］行政院武汉处理敌伪财产特派员办事处所接受敌伪财产中之一部分日用必需品曾决定以公卖方式供应市民。现该项公卖计划正由汉口市商会会长程子菊会同各有关同业公会拟定中，一俟公卖地点决定后即可付诸实施，其原则已决定者为一：公卖价格低于市价百分之五至十，有消耗性物品并确定消耗标准，经卖商户利润则以物品售出价款而未缴纳前所生之息充之，缴款所限大抵一月，但如卖出情形迟缓，可能毫无利息。据闻，公卖物品以普遍供应一般平民使用，严禁加价或夺购情事。

（《大刚报》）

10.汉口市商会整理委员会为各机关团体、学校服务人员入党等问题致汉口市各业同业公会函

（1946 年 3 月 7 日）

中国国民党汉口特别市第九区党部汉忠字第一号函开：“一、案奉市党部汉组字第一〇三一号训令开，兹派汪子衡、曹云峰、袁则安三同志为该区执行委，子衡等遵于本（二）月一日在本市汉寿里卅七号（永清区公所内）楼上正式办公。二、凡在本区党部所属地域内各机关团体、学校服务人员，曾经加入本党同志，已领有党证，请由各主管登记造册，并须填明字号，送至本部，以便划分区分部。三、凡在本辖区内各机关团体、学校服务人员，志愿加入本党者，由各

主管通知各员来本部领取入党申请书,以便加入本党。上三项相应函请贵会即希查照办理。”等由,准此。除分函外,相应函达查照。

此致

汉口市各业同业公会

汉口市商会整理委员会　启

11.汉口市商会整理委员会为商民加入国民党等事宜致汉口市各同业公会

(1946 年 3 月 7 日)

案准中国国民党汉口特别市第九区党部汉忠字第一号函开:“一、案奉市党部汉组字第1031 号训令开,兹派汪子衡、曹云峰、袁则安三同志为该区执行委,子衡等应于本月一日在本市汉报第三十七号(永清区公所内)楼上正式办公。二、凡在本区党部所属地域内各机关团体服务人员曾经加入本党同志,已领有党证需由各主管登记造册,并须填明字号,送至本部以便划分区分部;三、凡在本辖区内各机关团体、学校服务人员志愿加入本党,由各主管通知各业来本部领取入党申请书,以便加入本党。上三项相应函请贵部即希查照办理。”等由,准此。除分函外,相应函达查照。

此致

汉口市各同业公会

汉口市商会整理委员会　启

12.汉口市商会整理委员会为发展本区域党员事宜致各业公会函

(1946 年 3 月 7 日)

案准中国国民党汉口特别市第九区党部汉忠字第一号函开:一、案奉市党部汉组字第一〇三一号训令开,兹派江子衡、曹云峰、袁则安三同志为该区执行委员等。遵于本月(二月)一日在本市汉寿里卅七号(永清区公所内)楼上正式办公。二、凡在本区党部所属地域内各机关团体、学校服务人员,曾经加入本党同志,已领有党证者由各主管登记造册,并须填明字号,送函本部,以便划分区分部。三、凡在本辖区内,各机关团体、学校服务人员志愿加入本党者,由各主管通知各员来本部领取入党申请书,以便加入本党。上三项相应函请贵会即希查照办理。等由,准此。除分函外,相应函达查照。

此致

汉口市各业同业公会

汉口市商会整理委员会　启

三月七日

13.汉口市铁业同业公会整理委员会因本会成立大会经过选举情形造具大会报告表、职员略历表致汉口市商会整理委员会(附报告表)

(1946 年 3 月 7 日)

窃属会于二月二十日上午十二时假中山大道德华酒楼举行正式成立选举大会。是日计到会员代表和祥等四十人,各机关长官莅临,监选者有钧会代表暨各报社记者来宾等,公推赵鸣洲为大会临时主席,开会行礼如仪,依照仪式进行。各机关代表训词后,即进行选举理监事。选举结果:韩万青、刘义圃、杜耀卿、赵鸣洲、刘博青、李白冰、田辅臣等七人当选为理事,洪栋舞、徐荣卿、吴翼如等三人当选为监事。次就当选理监事互推常务,结果:赵鸣洲、韩万青、刘义圃等三人当选为常务理事,洪栋舞一人当选为常务监事,再由常务理事三人互推韩万青为理事长,各当选理监事并即举行宣誓就职典礼后即散会。此属会正式成立选举大会经过情形。除分别呈报外,理合造具大会报告表一份,当选职员略历表一份呈送钧会备案。至属会会址远在万寿宫街,于二十七年后即被人占据拆毁,现在交涉收回修复,目前暂设办事处于第七区圣德里五号,合并呈明鉴核,实为德便。

谨呈

汉口市商会整理委员会主任程

附大会报告表一份。

汉口市铁业同业公会整理委员会主任委员　赵鸣洲

附:汉口市铁业同业公会成立选举大会报告表

名称:汉口市铁业同业公会

时间:三十五年二月二十日上午十二时

地点:中山大道德华酒楼

到会会员:和祥、协兴等四十户

机关长官:市党部黄超群先生、市商会曾绍藩先生、三青团汉商团方城先生、市政府喻思九先生、市警察局第十一分局

来宾:各报社记者

大会主席:赵鸣洲

司仪:耿钧五

记录:袁光禹

开会如仪

选举结果

当选理事:

韩万青 36 票、刘义圃 35 票、杜耀卿 34 票、赵鸣洲 32 票、刘博青 27 票、李白冰 27 票、田辅臣 19 票,共七名。

当选监事:

洪栋舞 12 票、徐荣卿 11 票、吴翼如 9 票,共三名。

候补理事:

全润莹 11 票、张文光 9 票、高风翔 5 票,共三名。

候补监事:

陈鑫浦 6 票,共一名。

常务理事:

赵鸣洲 6 票、韩万青 5 票、刘义圃 3 票,理事七人互选。

常务监事:

洪栋舞 2 票,监事三人互选。

理事长:

韩万青 2 票,常理三人互选。

当选理监事宣誓就职后散会。

14.经济部湘鄂赣区特派员办公处为核实中兴诚、立丰两油厂致汉口市商会函

(1946 年 3 月 9 日)

查本处接收日华油脂株式会社中兴诚油厂及立丰油厂。据报该二厂厂主经将全厂价售日人经营,是否属实,相应函请查照见复为荷。

此致

汉口市商会

经济部湘鄂赣区特派员办公处　启

15.汉口市纺织衣袜工业同业公会第一届选举大会记录

(1946 年 3 月 9 日)

地址:会宾酒楼

时间:三、九、十二

出席人:应到会员四一一人,实到会员三八九人。发票三八九张,弃权者二二人。

参加人:市政府代表冯腾、市党部代表罗振、市商会代表刘伯琴、警察局分局代表蔡训。

开会如仪

主席:刘甲山

记录:李达五

甲、报告事项

主席报告本会整理经过,暨各长训词(因词长均缮略)。

乙、进行选举

开票结果:刘甲山得三三○票,夏玉廷得三三○票,刘壬山得二七二票,梅益臣得二四四票,宋玉卿得二三九票,熊海山得一三四票,姚智明得一○一票,袁海堂得九七票,萧万卿得九四票,王海山得九一票,李达五得八六票,李树□得八五票,倪燮卿得八○票,朱振建得七六票,

陈薰南得六三票,以上十五人当选为理事。徐洪彬得三〇票,刘斌侯得一五票,宋至建得一四票,麦金堂得一四票,杨复斌得一一票,以上五人当选为候补理事。麦汉培得三七票,祁远臣得二八票,胡耀棠得二七票,李汉洲得二一票,田百川得一八票,殷桂卿得一八票,陈少卿得一八票,以上七人当选为监事。孙汉翘得一四票,孙少章得一三票,高松山得一二票,以上三人当选为候补监事。继而当选理事十五人票选刘甲山、梅益臣、刘壬山、夏玉廷、宋玉卿等五人为常务理事,同时由常务理事五人互选刘甲山为理事长,当即宣誓就任。

16.汉口市商会为奉令调解沈家厂板厂巷二十号房屋争执案致山泰翻砂厂厂主及各房东函

(1946 年 3 月 11 日)

案奉汉口市政府社字第一九〇三号训令,为据山泰翻砂厂厂主李志卿呈,拟迁回沈家厂板厂巷二十号厂址后,与王姓房东发生争执等情,饬即设法调解具报。等因,自应遵办。兹定于三月十四日下午三时,召集双方当事人来会调解。除分行外,相应函达,即希查照,准时出席为盼,出席调处为盼(两常委用)。

此致

山泰翻砂厂厂主李志卿

何、陈、王姓房东

陈常委焕章

1946 年 3 月 11 日

17.崇阳县商会代电为报成立日期暨办公地址并填造职员略历表致汉口市商会整理委员会电(附崇阳县商会职员略历表)

(1946 年 3 月 12 日)

汉口市商会整理委员会主任委员程钧鉴:

本会业于本年二月二十八日遵令成立,并择定本城东门正街青年团对面为会址,正式办公。除呈报并分电外,谨将职员略历表造呈鉴核备查。

崇阳县商会理事长　程清潮　寅文叩县会清印

附:崇阳县商会职员略历表

中华民国三十五年三月十三日制　理事长:程清潮

职别	理事长	理事	理事	理事	理事	监事	监事	监事	书记	
姓名	程清潮	江云青	刘慎安	王藻仙	饶少候	程端成	饶少村	钟金禄	扬勋	
性别	男	男	男	男	男	男	男	男	男	
年龄	三二	四八	五二	四二	三六	五七	三二	三四	四〇	
籍贯	崇阳	崇阳	崇阳	崇阳	崇阳	崇阳	崇阳	崇阳	崇阳	
经历	武昌育杰高中毕业,曾充鄂南供销处总务主任,江西修水县中心学校校长及本县田赋粮食管理处主任,县参议员等职	武昌勺庭中学毕业,曾充本县商会主席及本县动员委员会委员,战时食盐购销处主任等职	武昌博文书院毕业,曾充湖北省全省商联会代表及本县商会会长等职	高小毕业,曾充本县商会执监委员,冷冻业同业公会主席及联保主任等职	崇阳县隽洲中学毕业,曾充本县商会执监委员,第三挺进总队司令部少校附员及长沙办事处主任等职	高小毕业,曾充本县烟酒局局长	美专肄业,师资训练干训所毕业,曾充小学教员及龙浪乡经济文化股主任等职	小学毕业,曾充本县商会执监委员	崇阳县隽洲中学及西南滁干班毕业,曾充本县民教馆干事,县府科员,上尉书记,小学教员及教导主任等职	合计九员
备考										

18.汉口市商会整理委员会为奉令筹备军粮召开本市各同业公会代表紧急会议记录

(1946 年 3 月 13 日)

时间:三十五年三月十三日下午二时

地点:本会会议室

出席人:程子菊、祝庸斋、张立鹤、何文炳,各同业公会代表计一百零二人(详见签到簿)

主席:程子菊

记录:王柏森

主席报告:召开筹备军粮紧急会议意义及迭经请求经过与检讨情形(辞长,从略)

张委员立鹤补充本案经过情形。

何委员文炳阐明本案办理困难与其症结之所在。

铁业韩万青、参燕业熊英三、布匹头业成禹门、皮革制品业曾绍藩、旅栈业陈美卿、糖盐海味业魏敬舆、匹头贩运业王干廷、米业江晓安等代表相继发言,检讨本案应如何办理方法及全市商艰情况。

主席综合各代表意见,并说明全数三分之一计为二万万元,除借三千万元,有借贷可能性者五千万元外,下余一万二千万应如何筹借案。决议:1.即根据实际情形呈报市府;2.由程主任代表以全市商人立场,会同市府向四联银行洽借,如洽借未能得到,即由各同业公会分别摊垫,以应急需;3.此项贷款利息由商会垫借,日后粮部款到交还。

散会:五时。

19.汉口市筹购军俘粮座谈会

(1946年3月13日)

时间:三月十三日上午九时

地点:市政府会议室

出席人:邹安众、程子菊、何文炳、杨汝梅、赵仲宣、陈元直(范厚甫代)、张立鹤、王子江、汪晓安、韩瀛洲、李鹄、程发轫、李世鹏、王理原

主席:徐会之(程发轫代)

记录:李世鹏

主席报告:略

讨论事项:

一、本市奉令配购本年元至九月份军俘粮三万零八百六十大包,现已按所领价款照市价购交一万大包,尚差二万零八百六十大包,应如何筹购,请讨论案。

决议:

一、以尚应领价款七千零三十六万元按市价购二千零八百六十大包;

二、差额一万八千大包,由商会房地产业公会负担其数,由市府召集商会与房地产业公会负责人于明日上午九时协商决定二、三月份紧急军粮应如何筹措案。

决议:由商会以下列办法筹购。

1.暂向省行借款三千万元;

2.向国家银行借款五千万元;

3.不足之款,仍由商会与房地产业公会继续筹措。

三、上项粮食应如何购交案。

决议:由商会负责购买,交市府拨交仓库,平均每日购米二百大包。

20.汉口市警察局为勒令元通荣康商店迁让房屋致汉口市商会

(1946年3月15日)

汉口市警察局第五分局公函仁字第三八六号:一、案准湖北省有公产清理处三月二日产清

持秘字第七三号公函开,查本市交通路房屋,早经分别发租,讵有元通军服店及荣康木器店强占不还,经一再派员交涉,而竟置若罔闻,殊属刁顽,相应函请贵局迅予派警前往各该号通知,限于七日内搬迁,如有逾限,即请转送法办为荷。等由。二、业经本局通知该商店迁移在案,讵料该商店仍顽不迁让。三、兹定于本月十六日上午九时,由本局各有关机关前往勒令搬迁,相应函请贵会届时派员参加为荷。

此致

汉口市总商会

分局长　刘岳

21.律师张国权为药房等八租户询及租金应加几何及缴存何处请早日示知致汉口市商会整理委员会

(1946 年 3 月 15 日)

事由:为白敬宇药房等八租户询及租金应加几何及缴存何处,请早日示知,以须转遵等由。

径启者。顷据贵会左右铺房承租人白敬宇药房、济世药房等八户来所声称,自倭寇投降,国土光复,商人等本政府复归复业之上日先后回汉。叨蒙汉口市商会之福荫,旧庐仍在,租权无恙,健羡之次,又感荣施。惟商人等复业,或三四月,或一二月,或甫抵埠。对于房屋应缴租金,尚未缴纳租金,应照市情增加几何亦未规定。虽商会广厦万间,民殷物阜,古风古道,不以增加租金为意,而以遏抑物价上涨点范市人。但商人等重返故居,顺利复业,感怀承蒙仁惠之赐,时刻未忘,且物价指数日有不同,博施济众,尧舜犹难,究竟租金应加几何及缴存何处,请贵律师代函致达,务求早日示知,以便遵办。等语。经查,来意真挚恳切,大有知法守法之精神,不愧为法治国之商人。特代函达,即希查照转知为荷。

此致

汉口市商会整理委员会

律师张国权　谨启

22.经济部商标局为国货厂商在非常时期停止使用商标致汉口总商会函

(1946 年 3 月 15 日)

查国货厂商在非常时期,其商标停止使用下列原因之一者:一、厂被敌人侵占,不能出口者;二、为暴力胁迫致停止营业者;三、所有生产营业遭受炮火毁损,一时不能复业者;四、战事影响,无力经营以致停业者。得具备切实证件,呈由本局查核备案,但经查明或据利害关系之反证,确与呈报不符者,仍得依照《商标法》第十八条之规定办理。前经本局呈奉核准,并经刊登商标公报有案。兹奉经济部训令,略以该项办法所定呈报备案手续,准限至三十五年六月底截止办理,应由该局登报公告,俾各厂商得依限遵办。等因。除分别登报公告外,诚恐各地厂商,未能周悉,延误限期,致损权益,特此函达贵会,即希查照分转各所属商会、各业公会及各厂商,一体知照为荷。

此致

汉口总商会

局长　张以锟

23.本市军俘粮照市价购交,欠缴数由市商会等筹购

(1946 年 3 月 16 日)

[现代社讯]汉口市政府于昨(十五)日召开军俘粮食座谈会,计到市府程参事、田粮科李科长、财政局王局长、中中交农四行、银行公会、市商会、业主会、米业公会及粮食行代表等十余人。程参事主席报告市府数月来筹办军俘粮并未向人民征购,概以市价筹购,关于本市奉配本年度元月至九月份军俘粮三万零八百六十大包,市府现已照市价购交一万大包,尚差二万零八百六十大包,尚应领购粮款计七千三百六十万元,若按市价仅能购二千零八百六十大包,仍差一万八千大包(仅三月份本市军俘粮即需四千大包),旋经决议,由市商会及业主公会暂时筹购。目前此项垫款,除一面由省市政府筹款外,市长徐会之此次赴检,已向中央请示中,一俟具体办法决定后,仍归还市商会及业主会筹款之数,目前本市筹购粮款,决由省银行垫借三千万元,四行借五千万元,暂济眉急之需。

(《大刚报》)

24.武汉人民自由保障委员会为函知成立日期致汉口市商会函(附武汉人民自由保障委员会委员名单)

(1946 年 3 月 17 日)

保字第三号　中华民国三十五年三月十七日

事由:为函知成立日期由

查人民自由不容非法侵犯,爰于二月二十六日由武汉各人民团体推派代表,假汉口德明饭店成立武汉人民自由保障委员会,讨论会章暨推举恕宇等十三人为委员,并以恕宇兼总干事,兹假英□□内为会址,刊月印章,开始办公。除分别呈函外,相应检委员名单,函达即希查照,并希随时惠予协助为荷。

此致

汉口市商会常务委员兼总干事徐恕宇

附:武汉人民自由保障委员会委员名单

职务委员总干事:徐恕宇

常务委员兼副总干事:张楚信

常务委员:程子菊、柴海楼、刘光汉

委员兼总务组:张立鹤

委员兼咨询组:丁铮域、陈贞干、颜泽吉

委员兼调查组:张吉六、颜若昭

委员兼检举组:胡经明、万克哉

委员:刘威凤、宋潄石、王际清、陆少云、季云凌、高光达、沈肇年、杨庆山、杜则尧

市参议会成立后再推举。

25.嘉鱼县商会为祝贺市商会举行成立大会暨诸委员宣誓就职典礼致汉口市商会整理委员会

(1946 年 3 月 17 日)

嘉鱼县商会代电　球总字第一一六号

汉口市商会整理委员会程主任委员并转当选诸位委员勋鉴:

顷展贵会理字第五六四号函,敬悉贵会举行成立大会暨诸公委员宣誓就职典礼,吉函遥颁,实深欣慰。当此战后经济亟待复兴,诸公为金融巨擘,商界名流,声华远播,遐迩同钦。此次随政府迁复武汉,群贤毕集,舆望所归,行见鸿谟大展,厘肆宏开,本会谨当遵循,取资有自,肃电致贺,敬颂勋绥。

嘉鱼县商会理事长　吴球东　叩寅霰印

26.武汉临时救济委员会为电请将捐款四千万元迅即缴送交通银行以资清结致市商会整理委员会

(1946 年 3 月 17 日)

武汉临时救济委员会代电　临救字第 916 号于本会

汉口市商会整理委员会:

查本会办理社会临时救济及冬令救济,前承贵会认筹救济经费四千万元(银行公会一千万元在内),以本会需款孔殷,迭经备文派员催收各在案。兹因结束在即,特电请查照,迅即扫数缴送交通银行核收,以资清结,并希将各同业公会认捐数目列表送会查考为荷。

武汉临时救济委员会寅筱秘印

27.汉口市商会为核实中兴诚、立丰两油厂复经济部湘鄂赣区特派员办公处函

(1946 年 3 月 18 日)

案准贵处三月九日汉业字第八三八号函开:“查本处接收日华油脂株式会社中兴诚油厂及立丰油厂,据报,该二厂厂主经将全厂价售日人经营,是否属实,请查明见复。”等由,准此。查自国军于武汉转移以后,在敌伪时期,本会各委员大都随军转移,散居他处,剩下时过境迁,似中兴诚、立丰工厂情形,无从明确,准云前由,相应函复查照!并转为由他方调查为荷。

此致

经济部湘鄂赣区特派员办公处

(会戳)启

28.汉口市白铁业同业公会成立大会记录

（1946 年 3 月 18 日）

汉口市白铁业同业公会成立大会记录

时间：民国三十五年三月十八日下午二时

地点：会宾酒楼三楼福厅

出席会员：应到二百七十人，实到二百七十一人

监选人：市政府李济苍

指导员：市党部田玉龙、三青团李骏、警四分局王明权、市商会王穆吾

主席：彭采璋

记录：余即人

报告事项

主席报告整理经过（略）。

监选员市政府李济苍训词

今天各位踊跃出席，本人实感愉快，现将本人的意见报告一下。我国地大人众，何被外人轻视，□一盘散沙，不能团结呢？要晓得世界上任何人必须有一团结力。再，外人常讥我为睡狮，似这等侮辱，所以非团结不可。尚有几个条件，向大家说明，即来登记的会员，要迅速登记，如有不登者，则强制登记入会，强制情形分：（一）下通告、（二）警告、（三）报告主管机关勒令停业。大料现在出席的会员也有未登记者，但虽出席，而没有选举与被选举权。本人也不敢违法许可你们有权，再者有不满二十六岁者也没有上述之权，请注意。再要明白选贤与能，方能坚强团结力量。不然不独不能为大众谋利益，而且自私自利来设法剥削大众。但选举时，权在大众，选举以后，权就在理事长。不可忽视。

指导员市党部田玉龙训词

今天是贵公会成立的一天，出席众多，秩序良好，又经监选员说得很详尽，但我所补充的就是今天产生理监事以后，我们的团结万不可有名无实，所以要选贤与能，方能健全我们的组织。为要一领导良好，须另想法，即按组织法分出小组来，加强团体力量。现正是还政于民的时期，我们须注意的，就是有知识学问的来训练无知识学问的，再若因私人利益妨碍国家与他人，绝不能做的。总要有民族意识，三民主义是救国救民主义，要彻底了解民生主义是使全国人民都有饭吃，有衣穿，凡是了解的均极信仰民生主义。再更注意的，纪律方面，服从公会命令及章程，因为任何团体都有一种权利给我们，所以我们就有一种应尽的义务。我国人民向来自由习惯，多半难以团结、不能服从，以后要养成守时间的习惯，因能守时间方能服从纪律，希望各位永久能保持今天的精神。

指导员市商会王穆吾训词

刚才市府与党部的两位指导员都讲得很详细，我亦无须多述，但我们要晓得我们是一个政府、一个党、一个领袖来领导我们，所以我们方能得到今日的自由讲话，我们要永远来把握着。现在时间太短，恐怕占了各位投票的光阴，也不必再往下讲，完了。

选举结果

当选理事:周济君 166 票、石汉洲 155 票、程华山 148 票、万学昭 146 票、彭来璋 108 票、张嘉猷 101 票、程晓山 69 票、石克瑞 46 票、汪静甫 139 票

候补理事:喻正清 21 票、张道宏 11 票、徐国华 8 票

当选监事:徐道明 35 票、许正福 31 票、彭从新 17 票

候补监事:孟润先 14 票

常务理事:周济君、石汉洲、程华山

当场选周济君为理事长。

29.汉口市商会整理委员会为派借军俘粮款致旅栈业同业公会函

(1946 年 3 月 18 日)

案奉汉口市政府市粮字第三一三四号训令开:“查本市奉□军俘粮所领价款,业经用罄,现驻境部队及日俘需要迫切,除电请中央迅即汇拨并向本市房地产业主公会筹借外,仰该会负责人先向业务较大之各业公会派借五千万元,克日缴府购粮拨交,以济急需。是项借款俟中央拨发到府,即行如数归还。事关军食,万勿延误为要。此令! 等因。当以事关急要,经于本月十六日下午三时召集金银首饰业等六十一个公会代表来会,紧急商讨对策,决定:1.遵照市政府令,定额五千万派借。2.以各同业公会普及派借为原则。3.由各同业公会理监事(未成立正式公会者由主任委员及常务委员)负责,商店出具本年二月底日期票,于本月二十日前送会,以凭汇集,向银行抵押借款。4.授权商会全体委员秉公派借。各等语,记录在卷。兹经明确派定,计旅栈业同业公会应派借款八十万元。除分函外,相应函请查照,决定办法及日期送会,以凭汇办,事关军粮,迫切措置,幸勿延误为荷。

此致

旅栈业同业公会

主任委员　程子菊

三月十八日

30.汉口市商会为军粮借款之对策致染坊业同业公会函

(1946 年 3 月 18 日)

案奉汉口市政府市粮字第三一三四号训令内开:“查本市奉□军俘粮所领偿款,业经用罄,现驻境部队及日俘需要迫切,除电请中央迅即汇拨并向本市房地产业主公会筹措外,仰该会负责人先向业务较大之各业主公会派借五千万元,克日缴府购粮拨交,以济急需。是项借款俟中央拨发到府,即行如数归还。事关军食,万勿延误为要。此令!”等因。当以事关急要,经于本月十六日下午三时召集金银首饰业等六十一个公会代表来会,紧急商讨对策,决定:(一)遵照市政府令,定额五千万元派借。(二)以各同业公会普及派借为原则。(三)由各同业公会理监事(未成立正式公会者,由主任委员及常务委员)负责。商店出具本年二月底日期票,于本月二十日以前送会,以凭汇集,向银行抵押借款。(四)授权商会全体委员秉公派借。各等语,记录在卷。兹经明确派定计染坊业同业公会应派借款四十万元。除分函外,相应函请查

照,决定办法及日期送会,以凭汇办,事关军粮,迫切措置,幸勿延误为荷。

此致

染坊业同业公会

主任委员　程子菊

31.汉口市商会为转市政府令督促各业完成整理工作致各业同业公会

(1946 年 3 月 19 日)

查阅与调整本市各人民团体情形,前经本府电请湖北省政府鉴核在案,兹夺电复略开:"查该市人民团体已成立整理委员会,新应依照人民团体整理办理第六条之规定,于一个月内整理□绥成立,新应迅速整理成立,仰即递办具报。等因,奉此。除分令外,合行令仰该会递照办理,并转所属一体照办理为要。此令!"等因。查本会为积极完成整理工作,迭经公告通知各同业公会,克日改选成立具报在案,奉令前因。相应通知查照办理为荷。

上通知

汉口市各业同业公会、汉口市商会整理委员会

32.汉口市商会整理委员会为调查抗战损失致各业同业公会(附调查办法及查报须知)

(1946 年 3 月 20 日)

案奉汉口市政府市社字第二八九三号训令内开:"查抗战期间,本市公私损失至为重大,亟应详密调查,以备向敌人索取赔偿。兹经会同本市抗战损失调查委员会规定办法如次:(一)依据院颁表式,经抗战损失调查委员会第一次常会批定专人特约本市国光印刷厂先行印备《人口伤亡调查表》《财产损失报告单》《财产直接损失汇报表(商业部份)》及《民营事业财产间接损失报告单》四种;(二)前项制备表单,由本市各区区公所、市商会、市总工会、市农会及房地产业公会向本市抗战损失调查委员会具领转发,并代收工本费每张国币　元,由领表人于领表时缴纳;(三)凡本市市民与各机关团体,在抗战期间遭受敌人残害或破坏致受损失者,均可向所在地区公所,或所隶之法团领表据实填明,报由原领表机关查核汇转;(四)《调查办法》及《查报须知》由本府会同抗战损失调查委员会拟定,发交各区公所及市商、农、工各会遵照,并缮贴于领表处所,以备领表人查阅,如遇不识字市民询问,尤应详为解说,勿得怠傲;(五)其他各种汇报表式另行制发。除分令本市各区公所暨各有关法团外,合亟检附《调查办法》及《填报须知》各一份,令仰遵照办理,并派员携据来府领取各项表单为要。"等因,奉此。正办理间,复准汉口市抗战损失调查委员会三月十二日通知,略以检送抗战损失调查表式四份,希即就所属范围估计或计算需用各种表单数目,于三日内报会,以凭汇办。等由,准此。除分别通知外,相应检附《调查办法》及《填报须知》各一份,函请查照并希将需用《人口伤亡调查表某营(如国营民营)》《事业财产直接损失汇报表(商业部份)》《财产损失报告单》《民营事业财产间、直损失报告单》等四种数目表需要若干份,于二日内报会,以凭备款,转请发给。事关公私损失,以备向敌人索取赔偿,希即速办为荷。

此致

汉口市各业同业公会

附抗战损失调查办法、查报须知各一份。

汉口市商会整理委员会　启

附 1：汉口市抗战损失调查办法

第一条　自九一八事变日起，凡在汉口市所有公私机关团体或人民因抗战被敌强占、夺取征发、破坏、轰炸或杀戮、奸掠等暴行遭受之损失，由汉口市抗战损失调查委员会及其指定承办之各有关机关团体分别办理。其范围如下：

一、汉口市各机关团体所有或管理各种财产之损失。

二、人民伤亡之损失。

三、人民私有财产之损失。

四、公、私立各级学校及文化机关财产之损失。

五、公营或民营事业财产之损失。

六、其他损失。

第二条　前条所列各款之损失，由各有关机关督饬所属及领导人民切实调查登记，并填具报告书（表），送汉口市抗战损失调查委员会审议、汇核、编报，于三十五年四月二十日前查报完竣。

第三条　各机关团体及人民查报损失之报告书（表），由各经办机关依照《抗战损失查报须知》附表分类列报。具有价值可计者，应以损失时之价值为准。

第四条　同时注明填报时（以三十五年二月为标准）之价值，以备参考，属于军事范围之损失除外。

第五条　友邦在华公私机关团体或人民在本市所受之损失，依照互惠原则登记之。

第六条　本办法经抗战损失调查委员会议通过后施行。

附 2：汉口市抗战损失查报须知

一、本市抗战损失调查之范围，包括自九一八事变日起，凡在本市之公私机关团体及人民，因抗战被敌强占、夺取、征发、破坏、轰炸或杀戮、奸掠等暴行遭受之损失，其时间之分划如下：

（一）前期，自民国二十年九月十八日起，至廿六年七月六日止。

（二）后期，自民国二十六年七月七日起，至战争结束时止。

二、凡本市人民在前项规定之时间内受敌人之伤害者（除伤亡将士由军政部统筹办理外），其人口伤亡均由本市区保甲长，依照《人口伤亡调查表》逐户调查（每户一份），据实填载五份，以一份抽存，四份送市政府及汉口市抗战损失调查委员会各抽存一份，以二份转湖北省抗战损失调查委员会。

三、凡本市人民私有财产同样受敌人侵占、征发、破坏、轰炸，所遭之损失者，照上条之规定分别□□申报区保甲长或各同业公会办理之。

四、凡本市之社团事、营、工商业机关财产，由各同业公会主管团体令受损失之团体人民据实填报财产报告表单，交由各公会（团体）加章转报。

33.汉口市政府关于处理敌产办法通知

(1946年3月20日)

案奉汉口市政府市秘总字第二九二九号训令开:"业奉湖北省政府二月二十七日省建三特字第三一二号训令开:一、据建设厅案呈经济部三十四年十二月二十五日谕(卅四)工字第56786号训令开,奉行政令,以据上海区敌伪产业处管理局代电,为转照《上海区敌伪产业处理办法》第四条三款规定丁类规模,较小或不在甲、乙、丙三项范围以内者,以公平价格标售之规定,拟具敌伪小工厂以公平价格标售办法,请核示。等情。应准照办,除分行外,抄发该项办法饬知照。等因。除分行外,合行抄发该项办法,令仰知照并饬各业公会知照。等由。二、应准照办,除分行外,合行抄发该项办法,令仰知照并转行工业同业公会知照。等因。除分行外,合行抄发该项法令,仰该会转饬各业同业公会知照,此令。"等因。附抄发《敌伪小工厂以公平价格标售办法》一份,奉此。除分函外,相应抄同附发办法,随函送请查照为荷。

此致

汉口市各业同业公会

附抄送敌伪小工厂以公平价格标售办法一份。

汉口市商会整理委员会　启

三月廿日

34.汉口市商会整理委员会为呈送委员张立鹤申请检核证件呈市政府(附张立鹤履历书)

(1946年3月23日)

案奉钧府秘二字第八五二号训令,为检发公职候选人检核有关法令,饬即依据检核办法办理初步手续,造册呈核。等因。自应遵办。除俟本会各职员将证件送齐再行呈审外,理合先行赍同委员张立鹤申请检核履历书暨证件,造册呈请鉴核示遵。

谨呈

汉口市政府市长徐

附呈清册一份委员张立鹤申请检核履历书及证件各一份,检核费三十元。

(全衔)主任委员　程

附:汉口市商会整理委员会汇转甲种公职候选人申请检核案件清册(三十五年三月廿一日)

姓名:张立鹤

年龄:四三

性别:男

某县某乡镇公民:湖北江陵

资格证明文件:四川省第七区行政督察专员公署秘书有荐任状一件

证费印花税费及邮费:三十元

备考

35.巴东县商会为电贺就职致汉口市商会整理委员会

（1946 年 3 月 23 日）

汉口市商会整理委员会程主任委员暨全体委员公鉴：

贵会本年元月二十二日理字第 564 号大函，欣悉贵主任委员等以品识兼优为群商企仰，于兹复员建设声中，出膺整理商团之重任，遥瞻宏谟，弥深钦崇，忝附同舟，诸资政错，专电志贺，惟冀垂察。

巴东县商会理事长　徐汉新　寅梗印

36.汉口市贸易人力车业同业公会为报按车附收军粮及借款救济捐款等呈汉口市商会文

（1946 年 3 月 26 日）

案由：为呈报按车附收军粮及借款救济捐款等由。

案奉钧会本年三月十八日大函，案奉汉口市政府粮字第三一三四号训令："饬派借军粮价款五十万元，又摊派钧会会费十万元，又前派救济义民捐款三十万元，三共九十万元，均属继续克日汇送核收备用。"等因。"经提交属会第四次理事会讨论，决议平均摊派，计全部车辆七千五百乘，每乘应摊派法币一百五十元。在此次换领车牌时附收，全部收入应收一百一十二万五千元，下余二十二万五千元，拨作修缮会舍之用。"等语，记录在卷。除分别通告外，理合备文，呈请鉴核备查，并恳转报市政府鉴核备查暨车辆登记处知照，实为公便。

谨呈

汉口市商会主任委员程

汉口市贸易人力车业同业公会理事长　胡从周

37.汉口市商会整理委员会为转知办理商标注册致汉口市各业同业公会函

（1946 年 3 月 27 日）

经济部商标局川编字第二五四三九号公函开：案查《商标法》早经颁布，函系转知各厂商遵照办理。等由。附寄商标专用权甲乙种申请书、联合商标注册申请书各一份，准此。除分知外，相应抄同三种申请书，函请查照转知为盼。

此致

汉口市各业同业公会

38.汉口市商会整理委员会发给各业公会为国货厂商在非常时期其商标停止使用致汉口市各业同业公会函

（1946 年 3 月 27 日）

案准经济部商标局川注字第二五九一六号公函开：查国货厂商在非常时期，其商标停止使用者应呈由商标局备案，转行知照由，函一体知照为荷，查照转知为盼。

此致

汉口市各业同业公会

39.汉口市山货纸张行业同业公会理事长为无赖强索工作阻扰营业致市商会

（1946 年 3 月 28 日）

窃属会兹据会员同济行等声称，缘我山货纸张行号栈业堆发下工作，向系由专做外班工人担任。在事变前，计有三百余工人，现在复业者一百五十余人，因行家多未复业而暂告失业者，尚有二百余人，因该工人等具有整理货品技能，认识货色优劣，并负收退调换货物及带款重任，又要便利顾客随购随下，此种惯例与米厂工人送米酒、海味工人送海味性质相同。数百年来工商合作，该例通行无阻，讵小夹街地方突有无赖之徒，"不知其姓名"十余人持蛮逞凶，遽向各行家强索工作，竟扬言若不立即应允，非杀死几人不可，由是各行家不敢下货，停止营业。盖在青天白日之下，竟有如此持横要挟行为，此不但妨害行方营业及外班工人生计，而于市面治安秩序影响甚巨。等情，前来。据此，查所称属实，除分呈请求临时设法保护外，理合备文呈恳。

谨呈

汉口市商会

汉口市山货纸张行业同业公会理事长　屠鹤鸣

40.汉口市白铁业同业公会为呈报成立选举大会记录及当选理监事略历表致汉口市商会整理委员会函

（1946 年 3 月 28 日）

一、案查本会经呈报三月十八日下午二时，假会宾礼堂开会员大会，改选理监事，业蒙派员莅临领导，记录在案。

二、当选周济君、石汉洲、程华山、汪静甫、彭来璋、张嘉猷、万学昭、程晓山、石克瑞等九人为理事，俞正清、张道宏、徐国华等为候补理事，徐道明、许正福、彭从新为监事，孟润先为候补监事，互选周济君、石汉洲、程晓山为常务理事，推选周济君为理事长。

三、除会员名册暨会章草案俟缮造就绪，呈送商会转呈核备外，理合先行检同理监事略历表及誓词，并大会记录，呈报鉴核备案。

谨呈

汉口市商会整理委员会主任委员程

汉口市白铁业同业公会理事长　周济君

41.汉口市商会整理委员会为门首房产案致刘伯琴等函

（1946 年 3 月 28 日）

关于本会门首房产案，经提第十四次全会决议，推刘伯琴、曾绍藩、王穆吾、祝庸斋、陈焕章五委员负责办理。等语。其关因整理工作繁重，未□□执行，复经提出第十七次全委会议决，仍照原来办理。查本会门首房屋迄今十载有余，为未成立积约，殊属遗恨，现拟于最近期间采取有效办法，吾□本会将以为商人表率，□□将无法维持，务请各委员善尽最后努力。除分函外，相应函请查照办理为荷。

此致

刘委员伯琴

曾委员绍藩

王委员穆吾

祝委员庸斋

陈委员焕章

汉口市商会整理委员会　启

42.汉口市商会整理委员会于门首房屋案全会决议致各委员

（1946 年 3 月 28 日）

查本会第十七次全会讨论项第五条，关于本会门首房屋案，经提十四次全会决议，推祝庸斋、陈焕章、王穆吾、刘伯琴、曾绍藩五委员负责办理，应积极办理案。决议仍照原案推刘委员伯琴负责召集。等语。记录在卷。兹定于本月三十日（星期六）下午二时召全市讨论进行办法，相应函请查照，准时出席为荷。

此致

祝委员庸斋

陈委员焕章

王委员穆吾

曾委员绍藩

（会戳）启

召集人　刘伯琴

43.汉口市食品杂货业同业公会为此次军粮借款颇觉过巨本会力难照办呈市商会整理委员会

（1946 年 3 月 28 日）

查本会委员六十余家，除汪玉霞、裕原公等数家外，余五十余家完全小贩卖店，与杂货贩卖业公会所属会员营业同,前经迭次请求对于派缴捐款缩小。正蒙元月十七日为救济捐以理字322号复函,嘱勉为其难,在案。随后又将本会会员登记表送陈审查,照会员资本额与营业,只能同于钧会所属最低会员等级,任何派款似不能超于最低等级,否则令本会有未平衡之感,即于此次军粮借款,颇觉过巨,令本会力难照办。理合呈请钧会鉴核!

谨呈

汉口市商会整理委员会

汉口市食品杂货业同业公会理事长　徐冠英

44.本市粮价竞涨未已,军粮催征仍急,市府等组粮价审核委会

(1946年3月29日)

[本报讯]汉口市政府昨(廿八)日下午二时召开军俘粮筹备委员(会议),到各有关机关代表十余人,讨论筹购军俘粮事项。决议由粮食部特派员、市府、米业公会、粮食行业公会、市商会等五机构组织“粮价审核委员会”。为杜绝流弊,规定今后凡采购军俘粮时,各公会及各承购商必须开具细数,提请讨论,并得开具发单及交粮凭证。若由外地采购,由当地商会或地方政府证明价格。其次本市两军俘粮配额为二四一二五六包,现已交湖北供应局十五供应所五一一五〇〇大包,尚差一〇一二五六包,现催缴急于星火,市府拟向中、中、交、农各借一千万,中信局邮□局各借五百万,仍以市价采购,所有债款俟中央决定办法外及归还。

(《大刚报》)

45.汉口市商会整理委员会紧急通告

(1946年3月29日)

理字第七三一号

查本会奉令整理迄今已四个月,计本市各业同业公会经核定者总共一百三十个单位,现经成立及已定期改选成立者亦及百业,实已超过总额三分之二。本会依法规定,自应筹备改选事宜,业经提出本会第十七次全体委员会议决议于本年四月二十日在本会改选成立。关于各业会员登记应即克日完成送会,其未经来会领取申请书之各业公会,亦希于四月十日以前完成此项手续,俾便如期选举,事关各业本身权益,幸勿延误为要。

(《大刚报》)

46.汉口市商会整理委员会为转本市山货纸张行业同业公会受无赖强索阻挠营业请严加制止呈汉口市政府

(1946年3月30日)

案据本市山货纸张行业同业公会呈称:“窃属会兹据会员同济行等报称云……照录至,以抑强横而维营业。”等情,附呈证明本业外班工人原有工作文件一纸,据此。理合检同附件,据情转呈钧府鉴核示遵。

谨呈

汉口市市长徐

汉口市商会整理委员会主任委员　程

47.汉口市商会为奉令筹备就绪并已正式成立办公致湖北省武昌市执行委员会电

（1946 年 3 月）

中国国民党湖北省武昌市执行委员会代电：（一）案奉中国国民党湖北省执行委员会式执组字第六三四三号代电开，“案查本会第一二九决议会议讨论事项第九案主席提：查武昌为本省省会所在，工商辐辏，党员众多，前□电请中央筹设武昌市党部在□□，拟派陈鹏、苏小鹏、王延杰、柏联斑、杨振华、卫一□、徐良、方晴初、夏学周等九人为武昌市党部筹备委员，并指定陈鹏为兼书记长，可否，请公决案”，“决议通过，记录在卷。除呈报并分行外，兹检发履历格式一份，仰即妥填，并克日到职，会同筹备具报为宜”。等因。（二）业经筹备就绪，暂假武昌中正路武昌县党部地址正式成立办公。（三）除分行外，电请查照，并希指导为荷。

中国国民党湖北省武昌市执行委员会书记长　陈鹏武　□总寅东

4 月

1.汉口市民船业同业公会为奉令筹借粮款呈报困苦情形恳请鉴核收回成命致汉口市商会函

（1946 年 4 月 3 日）

案奉钧会本年三月十八日理字第□□号公函，以奉令筹借军粮一案，业经明确派定本会应派借款三十万元，函嘱决定办法及日期送会，以凭汇办。等因。当经提交本会理事会商讨办法。佥谓：“吾业自胜利之后，民船方面破产歇业者十居八九，现时加入本会中小船划仅三千余只，每月收获实属不敷支出，兼之借应军差，日见数起，所有船民直接、间接遭受损失，无法补救。处此穷途，何有余力担负此项借款？劫后孑遗，情形特殊，伏思钧会为本会主管机关，自应据实呈请鉴核，恳祈体恤商艰，收回成命，实为公便。”

谨呈

汉口市商会

理事长　胡寿荃

常务理事　王展初、王受三

2.汉口特别市商会为转发实业团体管理权划分原则事宜致各业同业公会

（1946 年 4 月 3 日）

案准实业部梗电开："查实业团体管理权划分原则，自奉中央政治委员会通过以后，即经本部函咨查照办理有案。复查政府为调剂物资供求平衡及防止物价上涨，由政府实施统制主要物资及管理物价，并以工商团体为纯粹经济机构，不得参加政治运动与训练事项，以利进行而安民生一案，业经第七次最高国防会议通过，自应遵照办理。爰拟将各地工商团体除银钱业及粮食业同业公会外，概由经济局接管主办，并饬由各该主管局将主要商品□各业同业公会速加以调整，俾臻健全。至未设有经济局各地，暂由建设厅或建设处办理。相应电达，即希查照转饬，迅即办理具报，并先见复。"等由，准此。"除先行咨复并分行外，合行令仰知照。此令！"等因，奉此。除分函外，相应函达查照。

此致

本市各业同业公会

汉口特别市商会　启

3.经济部商标局为敌国人民前在我国取得之商标专用权致汉口市各业同业公会函

（1946 年 4 月 4 日）

案奉经济部三十五年渝商字第二三四八七号训令，略以敌国人民前在我国取得之商标专用权，依照商标互相保护之条约，自宣战后，即以不复存在，现敌虽投降，自应另订条约，不得许其再行继续使用。兹规定在我政府对于《战后敌商专用商标处理办法》未颁定以前，除在敌国投降前业经核准转移者外，无论其专用期届满，或尚在专用期间，均不得准予呈请续展注册或继续使用，并不得准予吾国或任何国籍商人以之用于同一商品申请注册。倘有呈经该局审定有案者，应予查明撤销，饬即遵照办理。等因。除刊登商标公报公告并通函全国各省市总商会、律师公会、会计师公会转行知照外，相应函达查照。即希转知所属工商同业公会会员，一体知照为荷！

此致

汉口市总商会

律师公会

会计师公会

局长　张以锟

4.汉口市商会为商业同业公会呈请设立登记注意事项致各业同业公会

（1946 年 4 月 5 日）

查《商业同业公会法》施行细则第十条规定：商业同业公会呈请设立登记时，须附送会员名册、会员代表名册、当选理监事(附候补)名册,连同章程各四份,有主管事业之官署加具一份,由县市政府依照行政系统遵转备案,改组或改选时亦同。但改选时章程会员及代表无变更者,仅送当选理监事名册,合亟令仰该会迅速转饬所属各同业公会递照办理为要。等因。附会员名册样式一份。除分函外,相应函知,遵照办理为荷。

此致

汉口市各业同业公会

附发会员名册样式一份。

汉口市商会整理委员会

(某某)业同业公会会员名册										会址	
商店牌名	店主或经理人姓名	性别	年龄	籍贯	店员人数	出席代表人数	资本金额	教育程度	已否入党	店址	备孜

(某某)业同业公会第　届当选理监事略历表									
职务	姓名	性别	年龄	籍贯	学历	略历	住址	已否入党	备孜

5.汉口市抗战损失调查委员会第二次常会记录

(1946 年 4 月 5 日)

地点:三月三十日上午九时

地点:市政府会议厅

出席人:朱农庄、范曦、刘钟普、王浩、周应明、祝庸斋、郎维汉、华祝安、杨步芳、李远凌、阳寿宇、邹静轩、鲁介、丁幼泉、罗文通、詹稻郇、黄钟毅、王道炎、张保璜、贺觉非、杨海龙、袁振汉、刘新猷、曾幼华

主席:程发轫

记录:李鹏九

主席报告(略)

讨论事项

一、本会调查期限原定两月,应如何加紧工作,依限完成案。

说明:本会调查期限,前经会议决定,自登报公告日起,于两个月内办竣(包括整理工作),现已将近二旬,各承办单位尚未普遍开展,应如何加紧工作,以限完成,提请公决。

办法:

1.市商会、市工会(分会)赶速查报,于四月十五日前汇齐报府。

2.各区公厅应发动全体保甲人员及厅属人民赶速查报,于四月十五日前汇齐报府。

3.房地产业公会自制之损失调查表,应于四月十日前汇齐报核。

4.各地函请登记者由本会斟酌情形代为填报。

决议:照案通过。

二、本会厅需各种调查单表如何加以估计,以凭印制备用案。

说明:本会厅需各种表单经前次会议决定,委托国光印刷厂承印,必须先行加以估计,以凭印制备用。

办法:由各承办单位估计需用表数,分别列明数字,以凭汇计,付印备用。

决议:

1.因估计不易,以每次各印一万份为原则,随印随发。

2.调查工作结束后,如有剩余表单,其费用另行设法。

三、本会印制各种调查表式工料成本如何收回案。

说明:本会印制之各种调查表单,依照前次会议决定,应由各承办单位收回工料成本,汇齐送会,以凭转付承印厂所。

办法:由各领表单位于领表后赶速分发,并即收回工料成本,汇齐送会,以便转付承印厂所。

决议:

1.照原案修正通过。

2.各区公所各先缴一万元,市商会先缴十万元,公益联合会先缴五万元,汇送印刷厂。

四、本会雇用人员生活费,如何发领转发案。

说明:本会雇用人员生活费,前经会议决定,由市商会及公益联合会各担任五万元,亟待发放,应如何发领转发,请公决。

办法:由本会筹备处径往市商会及公益联合会制发,并请祝委员、邹主委先行通知。

决议:照案通过。

6.汉口市印刷商店工友与资方工资争议第二次调解会议记录

(1946 年 4 月 5 日)

地点:汉口市政府

时间:三十五年三月二十五日上午八时

出席人:印刷同业公会代表蓝昌农、刘常芳、陈献珍

印刷业工会代表游咏全、王汉臣、陈光德

市政府陈菘

市商会王际清

缺席:总工会

记录:喻思九

主席:陈菘

甲、调解事项

一、关于各商店印刷工人工资应如何调整案

决议:工资以原支数目甲级加十分之六,乙、丙、丁三级加十分之七为原则,各级工资如下:(一)甲级每人每月六万四千元;(二)乙级每人每月五万五千元;(三)丙级每人每月四万六千元;(四)丁级每人每月二万六千元。再,特级工友工资按状况而定。上列工资数目,均自本年三月十六日起实施。

电机石印部约分五等

(1)描画、设计、精装、色彩、套装版,修车、装车、管车准确者。

(2)精装、形色、套版、描画欠精者,能管理开车者。

(3)制大样板迅速正确,补助开车、拂纸正确者。

(4)补助制版、翻样杂活者。

(5)补助印刷技术欠精者。

二、铅印部(装订附)约分五等

(1)担任工作主任支配各部门工作者。

(2)各部门领工兼专门技术精良者(能制簿记,烫金、划线技术精良者同)。

(3)精排表格并设计出样者,印平板元盘精良迅速者(装订精良者同)。

(4)普通排检迅速,普通印件迅速者(普通装订杂件者同)。

(5)排检及印件技术欠精者(装订精者同)。

三、手摇石印部约分五等

(1)能描画、精制大小版样兼任营业接洽者。

(2)能描画、制大小版兼印刷精良者。

(3)印制精良出件迅速者。

(4)普通印刷按工出件者。

(5)技术欠精,补助印刷者。

乙、生产范围

一、电机石印部

(1)印工以九小时计,(用电)应出八令纸,(摇车)应出五令。

(2)描制小样工作时不得延误,大版每工应制成:(一)单张版四块;(二)两运版三块;(三)小件拼版(连翻样)二块(但不需版时例外)。

二、铅印部

(1)排杂活版(包括表格)视工程而定,排书版、通长版每工检还三千字。

(2)印工以九小时计,对开机(用电)应出纸八千手,四开机(脚踏)应出纸八千手(用电一万一千手),元盘机(头号)六千手,(二号)粗九千细八千手,(三号)粗一万一千细一万手(但遇机件之速度有别时,视实际而定)。

三、手摇石印部

(1)印件每工普通出纸五百手、套色四百手、双版三百五十手。

(2)制版视印刷工程而定。

附记:上列生产标准如超过规定出品,应按待遇额比例奖金,出品减少亦依比例扣除(但无工作品时不在此限)。夜工以三小时为半工,五小时为一工(全夜工加稀饭夜宵或另给夜宵费一百元,每月规定休工两天,事假扣除,病假仍给工资)。

丙、进退问题(暂保留旧善良习惯)

丁、改善工友待遇,经双方代表商订分为五级

(一)特级:按状况而定;(二)甲级:月给四万元;(三)乙级:月给三万一千元;(四)丙级:月给二万七千元;(五)丁级:月给一万五千元。上列协定铅印、小石印两部,均以此为规定(电机石印部待遇暂保留原状)。

戊、怠工(暂保留,再从长协议之)。

附记:

一、改善待遇以本年元月十六日起施行之,食宿乃按向例出,由资方供给。

二、本协议如有未尽事宜,得于下次提出增订或改善之。

上录各项务望劳资双方确切遵守,特此通告!

7.汉口市商会整理委员会为职业团体选举人名簿注意项致各业同业公会

(1946年4月7日)

查汉口市政府为办理市参议员选举,关于职业团体选举人名簿业由市政府达行代电,各业公会饬收全体会员姓名呈报到府在案。兹闻各业公会遵令呈报者固多,未经呈报或未将全体会员列入者尚复不少。兹将分项申告如下:

一、各业公会职业选举人名簿务于四月十日前送行呈报汉口市政府;

二、职业选举人名簿内须将各该业全体会员总数列入,不得遗漏;

三、逾期不报或将会员漏列,此即为弃权。

除分行外,相应通知,即希查照,幸勿忽视为要。

此致

汉口市各业同业公会

汉口市商会整理委员会　启

8.汉口市商会整理委员会为通知参加追悼张莘夫先生纪念大会致汉口市各同业公会函

(1946年4月8日)

案准武汉各界追悼张莘夫先生纪念大会函开:"查追悼张莘夫先生纪念大会,定于四月十四日上午九时起,假汉口市商会内举行,凡我各界自应参加致祭,以表哀忱。除各界公祭时间一俟排定,再行刊登报端公告外,相应函达,即请查照,并转行各同业公会知照,并希赠送挽联、花圈,于四月十二日以前,送交本会(汉口市商会内),以便悬列而慰英灵为荷。"等由,准此。除分行外,相应函转,即希查照办理为盼。

此致

汉口市各业同业公会

汉口市商会整理委员会　启

9.汉口市商会为奉令选属会职员李墨斋等办理市参议员选举事宜呈市政府

(1946年4月9日)

案奉钧府三十五年四月四日秘字第4260号电令内开,原文乞免录。等因,奉此。属会遵即选□□不竞选之职员李墨斋为属会办理市参议员选举之事务主任,王俊之、李培之、杨蕴青为投票、开票等项事务员。除分别知照外,为函理令遵限具□,请求鉴核,俯赐委派,至感公便,是否有当,仰乞示遵。

谨呈

汉口市政府市长

徐全衔

10.汉口市商会整理委员会为拟定选举章程呈市政府

(1946年4月9日)

窃查本会举行会员代表大会为期□迩,现正积极筹办一切进行事宜,兹拟就本会选举简则合缮正具文呈请鉴核,赐予备案,并祈令示祗遵。

谨呈

汉口市市长徐

附呈本会选举简则一份。

11.汉口市商会整理委员会为劝购南京受降典礼纪念珍影精选像纸致汉口市号栈业同业公会函

(1946年4月10日)

顷奉汉口市政府市秘总字第4038号通知内开:"准中国文化信托服务社函,以我国为伸张正义,以谋国际和平,发动神圣抗战以来,时历八载,幸我最高领袖蒋委员长艰苦卓绝,指挥若定,直至顽敌投降,抗战终告胜利。卅四年九月九日,日本降使在我国首都正式签订降书,实为我国历史空前之光荣。我南京受降典礼纪念珍影精选像纸大量印行,以作永久纪念,祈赐提倡,广为介绍,以利宣传。等由。合行通知贵会于可能范围内酌购,以资纪念。"等因,奉此。除分别通知外,合行通知查照,请予可能范围内酌购一份纪念为荷。

此致

汉口市号栈业同业公会

12.汉口市商会为人民团体监事不能单独对外行文致各业同业公会（附原代电）

（1946 年 4 月 11 日）

案奉汉口市政府市社字第 4800 号虞代电开："准湖北省政府社会处本年三月廿二日鄂社字第 8589 号代电，以兹抄送第 2691 号国府公报内载之社会部三十五年十一月廿三日京组四字第 013819 号代电一件，请即查收。等由。除分电外，合亟抄发原电，仰即知照，并转饬各同业公会知照。"等因，奉此。除分函外，相应抄同社会部原代电，函希查照。

此致

各业同业公会

附原代电一份。

汉口市商会　启

附抄社会部代电

京组四字第 013819 号　三十五年十一月二十三日（补登）

江西省社会处：

本年十月十二日社秋二字第 80 号呈悉，查人民团体监事不能单独对外行文，毋庸另刊印信，其对本团体执行监察任务时，由监事署名盖章，监事任两人以上者，则连署行之，如监事各有不同之意见，未能以监事会议方式表决而情节重大时，应提请理监事联席会议，召开临时会员大会或会员代表大会决定，仰饬知照。

社会部京组四戌梗印

13.汉口市商会为转知人民团体主管官署及其目的事业主管官署以外之行政机关与专辖区内人民团体行文致各业同业公会（附原代电）

（1946 年 4 月 11 日）

案奉汉口市政府市秘社字第 4901 号虞代电开："准湖北省政府社会处本年三月廿五日鄂社二字八五二号代电，以兹抄送第二六九三号国府公报内载之社会部三十五年十一月廿三日京组一字第〇一三八四八号代电一件，电请查照为荷。等由。除分电外，合亟抄发原电，仰知照。"等因，奉此。除分行外，相应抄同原代电，函希查照。

此致

汉口市各业同业公会

附抄社会部代电一件。

汉口市商会　启

附：社会部代电

京组一字第〇一三八四八号　三十五年十一月廿三日（补登）

内政部公鉴：

本年十月廿九日（无）字第二〇八二号代电敬悉：查人民团体主管官署及其目的事业主管官署以外之行政机关与专辖区内人民团体行文，前经本部以专行文，除法令别有规定外，依下列程序行之：（一）前项行政机关在行使职权有所指挥督率时用令，人民团体有所呈请时用呈（但前项行政机关以依法设立、领有印信者为限）；（二）非行使职权而为一般事项之洽办时，互用公函或笺函。等语。通饬遵照在案。准电前由，相应复请参酌饬遵为荷。

社会部组戌梗印

14.武汉临时救济委员会为电请补发银行公会认捐通知以便派员商洽办理致市商会整理委员会

（1946 年 4 月 12 日）

武汉临时救济委员会代电　临救字第 1000 号

汉口市商会整理委员会：

查本会前于筹募委员会成立时，当经决定武汉三镇商会共认捐款五千万元。其中由武、阳商会担任一千万元，银行公会担任五百万元，余数由贵会负责劝募。惟银行公会系属贵会单位之一，经本会张总干事与该会理事长邹君安众接洽，据云，尚未奉到贵会派捐通知，无法商转各银行认担捐款。等语。用特电请，查照补发，并希复知，以便派员商洽办理为荷。

武汉临时救济委员会卯文秘筹印

15.汉口市长徐会之为举办公职候选人致汉口市各业同业公会函

（1946 年 4 月 13 日）

查本市公职候选人申请检复，业经审查核□事并公告周知各在案，惟吾国旧习尚重礼让，公明意能有为之士，公开出而竞选之风气尚未普遍，真正贤俊之士多未参加，有失政府维护民治之至意。现据报尚有素负声望、热心公益人士未及申请者不少，兹特举办补行检复，仰于文到三日内，查照省《县市公职候选人检复办法》第四章，迅将该区品学兼优、声望卓著之人士造册送府，以凭核办，逾本月十八日即不受收。已经办理检复者，切勿再送，以免重复。合行检发公职候选人清册式样一份，令仰遵照，赶速办理为要。此令！

附发公职候选人清册式样一份。

市长　徐会之

16.汉口市商会整理委员会为请求豁免军俘粮借款及减轻会费希勉力筹缴致汉口市轮船业同业公会函

（1946 年 4 月 13 日）

案准贵会航字十二月十四号函略开：以应摊会费三万元无力清缴及摊借军俘粮款仍予豁

免。等由，到会。查本会成立以来，因属整理期间，并未依法收费，所摊各业经临费系属暂时性质，早为各公会谅解，□□勉任其难。至摊借军粮，照上峰训令，系属垫借性质，际此时艰□，各业公会尤须勉力筹垫，以维大局。准函前由，相应函复查照，希仍力维其艰，分别垫缴为盼。

此致

汉口市轮船业同业公会

（公章）启　年　月　日

17.汉口市商会整理委员会为酌购南京受降典礼纪念珍影精选像纸致汉口市纱业同业公会

（1946年4月14日）

顷奉汉口市政府市秘总字第4038号通知内开："准中国文化信托服务社函，以我国为伸张正义，以谋国际和平，发动神圣抗战以来，时历八载，幸我最高领袖蒋委员长艰苦卓绝，指挥若定，直至顽敌投降，抗战终告胜利。卅四年九月九日，日本降使在我国首都正式签订降书，实为我国历史空前之光荣。际此万众腾欢，我南京受降典礼纪念珍影精选像纸大量印行，以作永久纪念，祈赐提倡，广为介绍，以利宣传。等由。合行通知该会于可能范围内酌购，以资纪念。"等因，奉此。除分别通知外，合行通知查照，请予可能范围内酌购一份，以资纪念为荷。

此致

汉口市纱业同业公会

汉口市商会整理委员会　启

18.汉口市商会整理委员会为通知准时参加扩大纪念周暨欢迎武汉行营主任活动致汉口市各业同业公会整理会

（1946年4月14日）

顷奉市政府通知，本月廿五日（星期一）上午九时，在中山公园举行扩大纪念周，并欢迎武汉行营程主任，届时武汉各界全体参加。等因。于应通知查照，请贵会全体委员届时出席参加为荷。

此致

本市各业同业公会整理会

汉口市商会整理委员会　启

19.汉口市国药同业公会为炮制业工会函请增加职工薪资及改善待遇召开会议致各号店东、经理及全体监事通知

（1946年4月14日）

查本会前接炮制业工会函请转知各号增加职工薪资及改善待遇。等情，前来。业于本月十日召请各号店东会商应策，惟因出席人数不足，虽改为谈话，未便定期会商。现在顾全劳资

素来情感起见,特再定本月十五日中午十二时,复请各号店东、经理及全体理监事,联席会议共商妥善办法,台端查照,即希准时出席,幸勿疏忽再延、缺席为盼。

此致!

××宝号

××先生

汉口市国药同业公会　启

20.汉口市商会为延期举行全国国货展览会致汉口市各业同业公会

(1946 年 4 月 15 日)

案准全国国货展览会筹备处筹秘字第 226 号代电开:“查本会等所主办之全国国货展览会,原定本年九月三日开幕,前经电请转饬各厂矿一致参加展览在案。兹因各地厂商以展品运输困难,不能如期赶运到京,纷请延期开幕。等情,前来。案经提付本会第六次常务委员会决议,改于本年九月十八日开幕,至十二月十八日闭幕。等语。记录在卷。除分电外,相应电请查照并转饬各厂矿一体知照,迅即运京参加展出,是所至荷。”等由,准此。除分行外,相应函希查照转知为盼。

此致

汉口市各业同业公会

汉口市商会　启

21.汉口市各职业团体选举事务会议记录

(1946 年 4 月 15 日)

时间:三十五年四月十五日下午二时

地点:市政府会议室

出席人:汉口市医师公会整委会张运汉,汉口市中医公会谢汇东,汉口市助产士公会胡锦章,汉口市总工会张恩泽,汉口市商会程子菊,汉口律师公会周基杰,市府总务科张儁,市政府程发轫、丁幼泉、吴毓灵,市农会刘柏如。

主席:程发轫

记录:陈万青

讨论事项

一、本市各职业团体参议员名额应几个单位分配案。

决议:本市渔民为数甚少,尚未组织。本届职业团体选举名额应按农、工、商、教、自由职业等五单位分配。

二、各单位选举人名簿(务与会员名簿相符,以便计算票权)因事实上困难尚多,多未送齐,应如何限制案。

决议:统限于本(四)月廿五日以前送齐,自由职业团体名册径送民政科与社会科会核;教育会送民政科与教育科会核;其他各工商职业团体,由该市商会、市总工会、市农会督率汇转本府,并附送统计表,逾限不送者视为弃权。

三、初选日期如何决定案。

决议:初选日期自五月十一日起至十五日为止,所选出之代表名册,自由职业团体径报本府,市商会、市工会、市农会汇齐所属各单位汇报本府,统限于五月十八日以前送到,不得逾限。

四、不能如期成立之团体应如何办理案。

决议:(一)各选举单位所属之各单位,在五月十五日以前,未经依法正式成立者视为弃权;(二)选举单位在选举期不能正式成立者,准保留其选举权,惟应声明不能如期成立之理由,并将会员人数及统计表于四月廿五日以前报府,以凭分配名额,否则由本府报请选举监督核定,以后不得争执。

五、各团体登记候选者甚少,如何办理案。

决议:关于团体候选人,由各团体尽量征求,于本月廿五日以前将名单径送本府民政科。

22.汉口市政府为本市参议员选举延期令汉口市商会

(1946 年 4 月 16 日)

汉口市政府训令

查办理本市参议员选举,因手续繁重,拟延期至本年四月底举行一案,业经呈奉湖北省政府省民二字第 4876 号卯齐代电略开:"呈悉,准予照办。"等因。除选举日期另行规定并分令外,合行令仰知照,仰将应行准备手续切实准备,勿稍疏忽为要。此令!

市长　徐会之

23.汉口市商会整理委员会为公司行号不依公会法第八章第四十二条规定加入商业同业公会者致汉口市各业同业公会

(1946 年 4 月 16 日)

查《商业同业公会法》第八章第四十二条规定,公司行号不依本法加入商业同业公会,或不缴纳会费,或违反公会章程及决议,经理事会之议决,予以警告无效时,□□等按情节轻重,依本法第二十六条规定程序,为下列之处分:一、章程所定违约金;二、有期限之停业;三、永久停业。前项第二款第三款之处分,经主管官署之核准,不得为之。又公会法第二十六条规定程序,以会员代表三分之二以上之出席,出席代表三分之二以上同意行之,出席代表不满三分之二者,得以出席代表三分之二以上之同意行之,召集会员大会以出席代表三分之二以上之同意,对决议行其决议。合亟令仰该会遵照,转饬所属各同业公会,通知各未加入会之商店,限期入会,如逾期仍不遵照者,即依上项规定办理为要。此令!等因,奉此。除分函外,相应函请查照遵办,以重法令而维会务。

此致

汉口市各业同业公会

汉口市商会整理委员会

24.汉口市商会整理委员会为转知欢迎人员前往机场欢迎雪竹先生回鄂致汉口市各业同业公会函

（1946 年 4 月 16 日）

准武汉人民欢迎何雪竹先生回鄂筹备委员会函：以何雪竹先生定于四月十七日由渝飞汉，请转知欢迎人员于十七日午前九时前往机场欢迎。等由。相应函知，即希查照转知，径往机场欢迎为盼。

此致

汉口市各业同业公会

急件！

汉口市商会整理委员会　启

25.汉口市商会整理委员会为改期举行会员代表选举大会致各业同业公会暨整理委员会

（1946 年 4 月 17 日）

查本会定于四月二十日举行会员代表选举大会，业经登报通告，并函催各业整理委员会赶紧正式成立同业公会在卷。现因关于选举应办事宜尚未办理完竣，自非改期举行不可。除俟会期改定后再行通知外，相应先行函达查照。

此致

汉口市各业同业公会暨整理委员会

汉口市商会整理委员会　启

26.汉口市商会整理委员会关于报告接洽直接税经过情形通知汉口市各业同业公会

（1946 年 4 月 18 日）

兹定于本月二十二日（星期一）下午二时报告接洽直接税经过情形，请准时派负责人来会出席。

一、关于市参议员选举应即造具会员名册，于本月二十五日以前径送市政府民政科备核。相应函知，即希查照为荷。

上通知

汉口市各业同业公会

汉口市商会整理委员会　启

27.汉口市商会请保释罗宝珊呈警备部文

（1946 年 4 月 19 日）

案据汉口市面粉磨坊业同业公会全体理监事联名盖章呈称："为出具结证请求保释"云云函，"随传随到，无任迫切待命之至"。等情，据此。查罗宝珊为该业公会理事长，若久事羁押，会务无法推进，既据该公会全体理监事联名担保，随传随到，拟请钧部准予保释罗宝珊。是否可行，理合备文呈请鉴核示遵。

谨呈

汉警备总司令部

28.汉口市面粉磨坊业同业公会为请转请武汉警备总部稽查处担保保释本会理事长罗宝珊致汉口市商会整理委员会函

（1946 年 4 月 21 日）

为出具结证请求保释，公恳鉴核，准予担负保证责任事。查本会理事长罗宝珊于本月十八日为武汉警备司令部稽查处拘押，迄未开释在案。窃惟罗君在本市经商有年，为人公正挚诚，对于地方公益事业颇具热心，洵属正当商人，亦为社会人所尽知。在政府光复之际，筹备整理，极端努力，造福社会，故此次推选为本届理事长，复选为本市参议员选举选举人代表。惟是工业关系民食，务亟待推进，兼之选举期迫，若久事羁押，诸感束手。除呈请武汉警备总部稽查处请求保释外，用特呈请大会转函担保，随传随到，无任迫切待命之至。

谨呈

汉口市商会整理委员会主任委员程

汉口市面粉磨坊业同业公会常务理事　陈尧轩、彭金观

理事　刘达夫、涂炳炎、陈宪章、徐信臣

监事　潘惠民、刘燮臣、冯远池

中华民国三十五年四月二十四日

29.汉口市皮革制品业同业公会为报本市参议员职业选举初选代表三人祈鉴核转报市政府呈汉口市商会整理委员会

（1946 年 4 月 23 日）

案查本会前奉市政府令，饬举办本市市参议员职业选举一案，已定于本月二十日在本会举行初选，手续业经呈报钧会暨主管各机关查核在卷。至关于是日选举情形，于上午九时许，即行开始票选，并荷本市警察第七分局派来代表，君暨本会全体理监事等协助维持指导，一切秩序，尚称良好。总计同业到会投票人数共一百零九名，于本日下午四时半始告完竣。当由事务主任会同本会各委员开票选举，结果以得票最多数者，计有曾绍藩得一百零三票，刘森得五十五票，李鑫臣得四十七票，以上三人依次当选为初选代表。除将初选经过情形分别呈报外，理

合具文呈请鉴核,赐予转报市政府备查。

谨呈

汉口市商会整理委员会

汉口市皮革制品业同业公会理事长　曾绍藩

30.湖北省敌伪侵占人民财产清理委员会为鼎泰饼油厂请发还机件暨厂屋的批文

(1946 年 4 月 23 日)

具呈人:鼎泰饼油厂代表赵璧诚

呈件:为请发还机件暨厂屋

两呈均悉。机件部分前奉第六战区长官饬据第三军管理所黄所长、一九九师副师长派兵看管并签准建设厅饬拨炼油厂签报,该厂机件系日人拆迁孝感是实。其机件主体确系该鼎泰饼油厂所有,各在卷。除已据情电请武汉行营转饬看管部队迅予归还外,仰该代表前往洽领房屋部分,并已据情电请建设厅转饬炼油厂查酌迁让,祈即携带证件前往洽还为要。

此致

主任委员　郑逸侠

副主任委员　徐会之

31.汉口市商会整理委员会为市参议员选举初选事务通告各业同业公会

(1946 年 4 月 23 日)

关于市参议员选举初选事务,本府限期迫促,亟应紧急办理,兹订于四月二十四日午后二时召开紧急会议,务希贵会速派书记准时来会出席,共商进行。函请市府民政科吴科长届时出席,解释一切选举法令及分知。特此通告汉口市各业同业公会。

汉口市商会整理委员会　启

32.汉口市商会整理委员会为明了各业公会会员确实人数致各业同业公会

(1946 年 4 月 24 日)

兹为办理市参议员职业团体选举,急需明了各业公会会员确实人数。除分行外,相应函达,即希查照,务于四月二十五日以前将会员总数开单报会,勿误为要。

此致

汉口市各业同业公会

汉口市商会整理委员会　启

33.汉口市商会为奉中国国民党汉口特别市执行委员会推定王际清为本会代表致全国商会联合会扩大筹备会函

(1946 年 4 月 24 日)

案奉中国国民党汉口特别市执行委员会汉组字第一九一二号训令开:“案奉中央组织部

丑□党(3)印冬重庆电略开,云云,全录至合行令仰遵照。专令!”等因,奉此,自应遵办。兹推定王委员际清为本会出席省会扩大筹备会□代表。除呈复外,相应函达,请烦查此为荷。

此致

全国商会联合会扩大筹备会

主任委员　程○○

34.中国国民党汉口特别市执行委员会令汉口市商会整委会

(1946 年 4 月 26 日)

中国国民党汉口特别市执行委员会指令汉组字一九九五号(中华民国卅五年四月廿六日)令:汉口市商会整委会呈三件,为将呈石□、电料与丝综编织等三业同业公会改选情形,乞准核由。呈悉,准予备查,仰即分别转饬知照!

35.汉口市商会整理委员会为区域公职候选人三名转移商业团体候选致汉口市各业同业公会函

(1946 年 4 月 27 日)

查汉口市商会市参议员候选人名单业经以理字第(2010)号分函在卷。顷奉汉口市政府市秘民字第(6826)及(6830)两号训令,为大智区、中山区公职候选人谢春墀、王璧双、熊幼珊等转移商业团体候选,仰迅即补行公告。等因,奉此。除登记公告并分行外,相应函达,即希查照为荷。

此致

汉口市各业同业公会

汉口市商会整理委员会　启

36.汉口市针织衣袜工业同业公会为呈报第一届选举大会结果致汉口市商会函

(1946 年 4 月 27 日)

窃查本会呈准,于三月九日假会宾酒楼举行第一届选举大会。蒙大会暨各机关派员莅会指导在案。是日开票结果,刘甲山等十五人当选为理事,徐洪彬等五人当选为候补理事,凌汉培等七人当选为监事,孙汉翘等三人当选为候补监事。继由当选理事十五人票选刘甲山、梅益臣、刘壬山、夏玉廷、宋玉卿等五人为常务理事,并选刘甲山为理事长。等语。记录在卷。除将选举结果呈报市政府外,理合缮具当选职员略历表,呈送大会鉴核备查。

谨呈

汉口市商会

附呈当选职员略历表一份。

汉口市针织衣袜业理事长　刘

37.汉口市商会整理委员会为重行调查将全体店主店员列入选举人名册致汉口市各业同业公会函

（1946 年 4 月 27 日）

查此次市参议员选举，本会所属各公会，无论店主、店员（如银行为行长负责），凡属年满二十岁以上，均应列入选举人名册（即会员名册），此即为各公会全体会员总数。兹查各公会，除民船业同业公会实报会员总数为五千三百五十八人外，其余各公会所送市府名册（已由市商会提回）及条报本会人数，均列为会员总数十余人至二百余人，似此牺牲应有权利，殊与选举法不合，希即重行调查，务收店主、店员（年满廿岁以上者）全体列入选举人总数，并限本月廿九日前条报来会，以凭汇报为荷。

此致

汉口市各业同业公会

汉口市商会整理委员会　启

38.汉口市纺织衣袜工业同业公会为呈报第一届选举结果暨当选职员略历表呈市商会整理委员会

（1946 年 4 月 28 日）

案查属会呈准于三月九日正午十二时假会宾酒楼举行第一届选举大会，蒙钧会暨各机关派员莅会指导在案，是日开票结果：刘甲山等十五人当选为理事，徐浩彬等五人当选为候补理事，凌汉培七人当选为监事，孙汉翘等三人当选为候补监事，继由当选理事十五人票选刘甲山、梅益臣、刘壬山、夏玉廷、宋玉卿五人为常务理事，互选刘甲山为理事长。等语，记录在卷。除将选举结果呈报市政府外，理合缮具当选职员略历表，呈报钧会鉴核备查。

谨呈

汉口市商会整理委员会

汉口市纺织衣袜工业同业公会理事长　刘甲山

39.汉口市五金翻砂业同业公会为抄送选举结果致市商会

（1946 年 4 月 30 日）

查本会奉准于四月三十日正式选举成立，前蒙贵会暨汉口市政府、汉口市党部派员指导监选，当经票选张耀堂、汤华山、许昌和、俞荣卿、梁福生等五人为理事，熊坤山为监事，阮麟成为候补理事，李耀卿为候补监事，复由理事中互选张耀堂、汤华山、许昌和三人为常务理事，更互推张耀堂为理事长。各情，记录在卷。除分呈外，合行缮具理监事略历表及会员名册各一份函送查照备查为荷。

此致

汉口市商会

汉口市五金翻砂业同业公会理事长　张耀堂

40.中国国民党汉口特别市执行委员会为请准时出席庆祝还都及国大筹备会议通知汉口市商会

（1946 年 4 月 30 日）

中国国民党汉口特别市执行委员会通知

查五五还都之日，亦即国大召开之时，此二盛事，实象征抗战胜利后和平建国即将开始，自应扩大庆祝，以昭隆重。定于五月一日下午二时，在本部大礼堂召集各有关机关举行筹备会议，商讨一切庆祝事宜。除分别通知外，务希届时派员出席为荷。

此致

汉口市商会

41.剧场商业同业公会为呈报正式成立日期暨票选理监事略历表呈请鉴核备案并恳发给属会图记致汉口市商会整理委员会

（1946 年 4 月）

案奉钧会理字八四六四号指令，除原文有案，免全录外。等因。遵即整理完竣。经会议决定，于本（四）月十六日上午九时在中山大道民众乐园会址举行正式成立典礼，并经分别呈请有关机关派员届时莅会指导在案。并经依法票选，除当选各理监事当众宣誓就职外，理合检同理监事略历表及会员名册各一份一并备文呈请钧会鉴核，准予备案，并恳发属会图记一枚，俾贻郑重，实为公便。

谨呈

汉口市商会整理委员会陈

42.华中区豫赣湘鄂汉口商业团体立法委员候补韩万青简历

（1946 年 4 月）

政府提名华中区豫赣湘鄂汉口商业团体立法委员候补

姓名：韩万青

年龄：四十二岁

籍贯：湖北武昌

学历：上海复旦大学政治经济系毕业

考试院发给鄂字第七零八零号公职候选证书

经历：汉口市政府秘书兼督学

汉口市民众教育委员会主任委员

汉口市图书杂志审查委员会委员

汉口市立国术馆常务董事

汉口市参加美国芝加哥世界商品展览会代表
教育部督导
上海律师公会委员
上海铁业银行董事
汉口新区教育委员会主任委员
武汉行辕政治部设计委员
武汉民众法律教育社理事
汉口市法律常识讲习班商法讲师
武汉法汉中学董事、副董事长
汉口孤儿院董事
汉口市第二信用合作社常务理事
汉口亿成公司常务董事
汉口市商会理事
汉口市铁商业同业公会理事长
韩安祥钢铁号总经理
汉口大福钢铁厂筹备主任
志愿:修改人民不要的法律
创立人民需要的法律
通讯处:汉口市商会
汉口胜利街天钦邨一号

43.汉口市商会市参议院候选人名册

(1946 年 4 月)

汉口市商会市参议院候选人名册

陈汉屏、王龙章、曾绍藩、程子菊、邹安众、张立鹤、王际清、李月樵、祝庸斋、张吉六、赵祖武、熊裕、王渐磐、徐振麟、董明藏、王致敬、方振民、甘助予、钱乃嵘、黄卓如、谈公远、徐雄荣、叶启章、何家焯、吴龙丞、赵忍安、龚榕庭、熊国藻、黄锡良、林涤烦、张晴舫、徐海珊、李荐廷、何文炳、袁钦臣、刘明章

44.日本侵华汉市经济战犯调查一览表

(1946 年 4 月)

有关具体事实证据并取证人结供笔录,尽速惠复以凭讯结为荷。
附调查表一份。

国民政府主席武汉行辕审判战犯军事法庭戌感印

日本侵华汉市经济战犯调查一览表			
商店名	负责人姓名	住所	备考
三井洋行	篠冈规矩	十一条二甲	此两商社实军阀之腹心，且为商阀所收买军粮及其他一切特殊物品，全为供给军队之要
三菱洋行	武藤幸定	十二保六甲	此两商社实军阀之腹心，且为商阀所收买军粮及其他一切特殊物品，全为供给军队之要
日华麻业	本吉谷市太郎	十二保七甲	在湖北、湖南唯一之收集麻类商家，麻类完全指定他一家独收，供给军用
儿玉机关	赤座真龟太郎	十二保十一甲	此三商家在湖北一带收集钢类，所有铁类完全由此三商家统制强收，尤以儿玉机关为特务性质
万和洋行	岩本松甲	十一保七甲	此三商家在湖北一带收集钢类，所有铁类完全由此三商家统制强收，尤以儿玉机关为特务性质
昭和通商	矶田泰	十二保七甲	此三商家在湖北一带收集钢类，所有铁类完全由此三商家统制强收，尤以儿玉机关为特务性质
瀛华洋行	奥村治郎	十三保十八甲	此三家属于收集军队需要一切物资，其收集种类范围与收集方法完全以军事统制力量在各地方强收
吉田产业	高山贵	十二保十八甲	此三家属于收集军队需要一切物资，其收集种类范围与收集方法完全以军事统制力量在各地方强收
岩井洋行	高冈光男	十一保十七甲	此三家属于收集军队需要一切物资，其收集种类范围与收集方法完全以军事统制力量在各地方强收
中山制钢	中山定雄	十三保十三甲	在汉口唯一之军队指定铁工厂，所有制出之东西完全供于军队
日本制粉	伊藤静夫	十三报四甲	在汉口唯一之军队指定制粉工厂，所有做出之货完全供于军队
松川屋	梅村吉彦	十二保	在汉口配给日人需用品之最大商家，所存之货物除日人外不卖于中国人

45.武昌市芦柴业同业公会为注意事项已转给各同业妥为张贴呈湖北省会警察局(附名册)

(1946 年 4 月)

案奉钧局省警行字第一七四号训令，制发《经营棉絮、花爆、芦柴各业注意事项》到会，当经转给各同业妥为张贴，理合缮具清册一份，呈报鉴核备查。

谨呈

湖北省会警察局局长黄

附名册一份。

武昌市芦柴同业公会理事长　陈幼卿

附:武昌市芦柴业同业公会会员名册

（1946 年 3 月）

牌名	胡福记	陈兴记	朱元记	王洪记	陈华记	杨福记	钟久记	张恒记	蔡鸿记
经理人姓名	胡景福	陈幼卿	朱浩明	王邦友	陈子华	杨祖福	钟守国	张声庭	蔡大发
年龄	三八	三八	三五	四三	四二	五三	三六	三八	四三
籍贯	汉川	武昌	武昌	武昌	黄冈	武昌	武昌	嘉鱼	嘉鱼
住址	积玉桥正街七十二号	福兴南街一四号	造纸厂一号	毛家巷三十二号	马巷四号	兴隆街四四号	炭长角五十号	粮道大巷一一号	板壁巷六号
备考									

牌名	罗金顺	杨发记	向森记	胡万盛	公兴	杨义顺	蒋万发	陈沅兴	萧正昌	和兴
经理人姓名	罗家光	杨启发	向国华	胡菊山	朱宗传	杨声义	蒋芝鑫	陈春山	萧洪汉	钟守向
年龄	三四	三五	四六	四二	三二	三〇	三二	三三	三一	五七
籍贯	武昌	武昌	武昌	武昌	武昌	嘉鱼	武昌	武昌	武昌	武昌
住址	积玉桥二三号	兴隆巷四六号	张王庙九号	武庆闸七号	中山路	孝子坊街	张江陵路七十号	兴阳嘴	兴阳嘴	毛家巷河街三七号
备考									未开业	未开业

牌名	王桂记	曾顺记	三合公	钟运记	罗华丰	任安记	张洪发	朱全记	杨云记	蒋茂记
经理人姓名	王幼庭	曾凡友	尹文记	钟守运	罗家兴	任国安	张宏甫	朱全寿	杨重龙	蒋茂林
年龄	五八	二三	四三	四二	一九	二六	五二	四二	三八	五八
籍贯	武昌	武昌	河北	武昌	嘉鱼	武昌	嘉鱼	武昌	嘉鱼	武昌
住址	社稷坛街一八号	张江陵路二二〇号	玻璃厂一四九号	保安门正街一〇二号	文昌门外线局河边	万年闸	武胜门西巷一号		得胜桥五十五号	造纸厂一号
备考						一俟开放即行复业		未复业	未复业	未开业

牌名	丁复顺	陶坤记	杨洪顺	张宏记	刘荣记	杨永记	锦记	刘正记	杨泉记	高福记
经理人姓名	丁滋生	陶坤山	杨有光	张知难	刘朝荣	杨钱顺	李锦堂	刘正明	杨启泉	高宪忠
年龄	三八	四〇	一八	六四	三五	三九	三五	二六	三一	五七
籍贯	嘉鱼	武昌	武昌	武昌	武昌	武昌	武昌	武昌	武昌	武昌

（续表）

住址	大佛巷二〇号	马路街一五〇号	保望堤	武胜门正街六号	起义门正街三四号	明伦街二四号	广里堤	象鼻街三四号	后宰门四〇号	西厂口三八号
备考					未复业					

牌名	张春茂	胡合记	万炳记	罗兴顺	刘有记	曾乾记	杨炳记	胡顺记	马炎记	张森茂
经理人姓名	张荣安	胡合洲	万炳臣	罗家起	刘仁有	曾少山	杨祖炳	胡黄氏	马炳坤	张光赞
年龄	三六	六〇	五〇	四六	二五	四〇	四七	五〇	三六	五〇
籍贯	武昌	武昌	鄂城	武昌	武昌	武昌	武昌	武昌	武昌	武昌
住址	望山门四四号	平阅路一三二号	马巷十号	武胜门正街二二号	福兴南街五号	文昌门	八铺街	东厂口二〇号	东门坡三三号	望山门正街一七号
备考									未复业	

牌名	王步记	谢佐记	姚元记
经理人姓名	王步生	谢佐平	姚寿山
年龄	三〇	五三	七〇
籍贯	武昌	武昌	武昌
住址	四官殿四一号	十字横街二八号	马路街一〇〇号
备考	未复业		

5 月

1.汉口市政府为检送各职业团体选举事务会议记录致汉口市各业同业公会

（1946 年 5 月 1 日）

汉口市政府三十五年四月二十二日市秘民选字第 520 号训令，为检送各职业团体选举事务会议记录一份，令仰转饬遵照，相应检同记录一份，函请查照办理。其已办理者勿论，其未办理者，至希提前漏夜赶办，免放弃选举权为荷。

此致

汉口市各业同业公会

附送各职业团体选举事务会议记录一份。

启

2.汉口市中西菜馆业同业公会推选代表人名册

（1946 年 5 月 1 日）

现任职务	理事长	常务理事	常务理事
姓名	黄锡良	邵南坡	朱世泽
性别	男	男	男
年龄	55	46	38
籍贯	四川	江苏	湖北
学历	军官学校毕业	高中	初中
略历	历充参谋副长官等职	历任经理、主任等职	历任经理等职
住址	汉口市岳飞街一号	黄陂路五十三号	三民路六十三号
备注			

3.汉口市各界庆祝总统、副总统就职大会筹备会为通知参加庆祝总统、副总统就职大会第二次筹备会致市商会

（1946 年 5 月 1 日）

兹定于本月三日（星期一）下午二时在本市参议会召开第二次筹备会议，商讨庆祝事宜，即希届时拨员参加为荷。

此致

市商会

汉口市各界庆祝总统、副总统就职大会筹备会　启

4.河南省电话管理局为介绍经售电杆厂商并询明价格暨购运办法致汉口市总商会函

（1946 年 5 月 2 日）

径启者。查本省各干支电话线路亟待整修，恢复通话，计需用杉木电杆约十万根，相应函请贵会代为介绍经售厂商，并询明价格暨购运办法，一并见示，俾便订购为荷。

此致

汉口市商会

局长　时瑭

5.汉口市商会为函送航空会员名册及会费致银行商业同业公会

（1946 年 5 月 2 日）

敬启者。前鉴贵会二月二十五日公函，以鉴中国航空建设协会湖北省分会征求会员，嘱将

应征会员造具清册连同会费转送贵会呈报。等由,致此。相转知各会员行。去后,兹致湖北省银行、中国工矿银行、中南银行先后函送应征会员名册及会费到会,相应转达,即希查照汇转见复为荷。

此致

汉口市商会　启

6.汉口市商会整理委员会为战后商标专用权问题致各业同业公会函

(1946年5月2日)

案奉经济部三十五年渝商字第二三四八七号训令:略以敌国人民前在我国取得之商标专用权,系依商标互相保护之条约。自宣战后,即不复存在。现敌已投降,自应另定条约,不得许其再行继续使用。兹规定在我政府对于战后敌商专用商标处理办法未颁定以前,除在敌国投降前业经核准移转者外,无论其专用期间届满或尚在专用期间,均不得准予呈请续展、注册或继续使用,并不得准予吾国或任何国籍商人以之用于同一商品呈请注册。倘有呈经该局审定有案者,应予查明撤销,饬即遵照办理。等因。除刊登商标公报公告并通函全国各省市总商会、律师公会、会计师公会转行知照外,相应函达查照。即希转知所属工商业同业公会一体知照为荷。等由,准此。除分行外,相应函转,即希查照。

此致

汉口市各业同业公会

汉口市商会整理委员会

7.汉口市商会整理委员会为敌国商标不得继续使用并呈请注册致汉口市各业同业公会函

(1946年5月3日)

案准经济部商标局川注字第二六三七六号公函开:"案奉经济部三十五年渝商字第二三四八七号训令,即希转知所属工商业同业公会一体知照为荷。"等因,准此。除分行外,相应函转即希查照。

此致

汉口市各业同业公会

8.汉口市进出口商业同业公会成立大会记录

(1946年5月3日)

日期:三十五年五月三日上午九时

地点:洞庭街七十一号四川畜产公司

出席会员代表:

经济部中国植物油料厂:刘瑚、胡汉安、王伯和

四川畜产公司:夏鹤雏、王叔生、胡鸣玉

南洋企业公司:魏炯、胡瑶声、孙凤楼

大公进出口贸易公司:候铭三、傅铭山、黄同善

东成企业公司:王道平、江福兆、邹长生

华业国际贸易公司:周秦、胡幼轩、钱家康

华成国际贸易公司:林厚周、林芳徽、樊明星

义瑞行:李景文、李景熙、张达生

永孚国际贸易公司:龚亦遂、萧樊山、易经齐

义生贸易公司:吴春森、徐世彬、翟昭礼

长江实业公司:程煜、黄东原、萧永年

上海实业公司:黄威远、黄恕之、蒋垂永

民生贸易公司:梅明宽、张强、刘濬

中贸企业公司:袁立初、徐良耕、吴后林

宝光企业公司:徐同人、盛衍隆、车掌珠

华联公司:陆勋

汉口市政府指导员:陈菘

汉口市党部指导员:罗振

三民主义青年团汉口商人分团部指导员:纪宏毅

主席:夏鹤雏

记录:章文庸

行礼如仪

甲、主席报告筹备经过

略谓:今天是汉口市进出口商业同业公会举行成立大会,列会会员计有十六单位,会员代表四十六人。并蒙汉口市政府陈指导员、市党部罗指导员、三民主义青年团汉口商人分团部纪指导员莅临指导。本人觉得非常荣幸,非常感激。关于本会管理经过,为时甚暂。盖在战前,武汉曾有国际贸易协会之组织,中国战事关系,会务遂无形停顿,于兹已有八载。兹者抗战胜利,武汉光复,各同业纷纷返归复业。为谋各同业之发展与联系,于是有恢复组织"汉口市进出口商业同业公会"之提议。经呈准汉口市政府指令准予依法整理以来,时仅匝月,开会凡三次,各整理委员无不为本会之急于成立而努力,始能于今日正式成立。

乙、指导员致训词

一、市政府陈指导员训词

略谓:今天是汉口市进出口商业同业公会成立大会,本人代表市府参与盛会,觉得非常荣幸,非常愉快。关于中国进出口贸易,以通商口岸落于外人势力范围,故过去国际贸易向□□在外人之手。国父在三民主义内指示吾人,外人在中国□□国际贸易,垄断经济,每年经济外汇数字互为巨大。武汉虽不能谓系通商口岸,而为我全国之心脏,商业重镇。过去商业情形,已有相当繁荣。惟因在外人势力与经济力之抑压下,国际贸易始终未能正常发展。而今武汉光复,外人势力形将荡涤净尽之时,我汉口市进出口商业同业公会应运而生,其所负之时代使命,与其产生之意义,实为重大。今日我汉口市进出口贸易同仁在一致团结下,务必共同负担

起此一巨大使命与任务,力诺国际贸易之发展与增强我国际信誉与地位,实深企盼。

二、市党部罗指导员训词(略)

三、青年团商人分团部纪指导员训词

略谓:今天为汉口市进出口商业同业公会成立大会,本人能与各位在此见面,觉得非常愉快。劫后武汉,进出口贸易实业非常脆弱,一般商人,诸如游资转粮于高利贷中,不知开拓海外市场,长此以往,商业资本前途发展极为危险,各人□□经济合理以谋发达国家之道。总理昭示吾人,希将来达致货畅其流之地步,所谓货畅其流,即将甲地所有并乙地所要,大而言之,希望能将中国所有以供乙国所无。如欣达致此目的,则非亟谋发展国际贸易不为功。而今之汉口市进出口商业同业公会之组织,尤为迫切需要。过去吾人只知消极抵制外货,而不知运谋工业、商业之发展,此乃因噎废食之举动。在本会成立之后,希望除历谋发展会务之余,尽力开拓海外市场,达成总理"货畅其流"之遗嘱。

丙、讨论事项

(一)本会章程草案是否有当,请公决案。

决议:修正通过。

(二)本会会员出席代表满三人者,照章担负会费为五单位,有无异议,请公决案。

决议:全体通过。

丁、选举

刘瑚、龚亦遂、夏鹤雏、魏炯、程煜、候铭三、王道平、梅明宽、萧爕山等九人当选为理事,刘瑚、龚亦遂、夏鹤雏当选为常务理事,并互推龚亦遂为理事长。袁立初、林芳徽、李景熙当选候补理事。吴春森、徐同人、胡鸣玉当选为监事,并选定吴春森为常务监事,胡汉安为候补监事。

戊、聚餐

己、散会

主席:夏鹤雏

记录:章文庸

9.汉口市商会为派本会王委员际清参加全国商联会筹备会致全国商联会筹备会

(1946 年 5 月 3 日)

案奉中国国民党汉口特别市执行委员会汉组字第二〇八一号训令内开:"奉中央组织部卯□□电开,该市商会参加全国商联会筹备员,经其社会部商决,特准推派代表一人参加。"等因。转令遵照。等因,奉此。遵派本会王委员际清来京出席参加。相应函请查照为荷。

此致

全国商联会筹备会

主任委员　程子菊

10.汉口市商会整理委员会为汉口市参议院选举一案致汉口市铁业同业公会(附托书)

(1946年5月4日)

查汉口市参议院选举一案,各公会初选代表(三人)亟应早日产生,早日以凭备齐制表,转报市府,再经市府公布后,始能参加复选。惟截至本日止,各公会初选代表业经选出报会,此尚不及三分之一,即三分之二以上之公会初选代表尚未产生,兹请于文到之日起五日内办理完后,并即表报来会,以凭备转,幸勿再延为荷。

此致

汉口市铁业同业公会

汉口市商会整理委员会　启

托书:

汉口市○○○业同业公会理事长○○(章名)

中华民国三十五年五月(盖图记)　日

11.汉口市商会整理委员会为重庆上海《新世界》月刊及《新快报》请分别介绍订阅事致汉口市各业同业公会函

(1946年5月4日)

案准重庆、上海《新世界》月刊社主编杨开道博士函开:"查敝刊所发行之《新世界》,系一种技术、经济综合性刊物,专以宣扬工商界优异业绩,介绍先进国工业技术、商业资料及其新颖知识,以促进我国经济建设为主旨,由鄙人主编,并请海内专家执笔发刊,已逾两载,尚获一般称许。适值我国经济重建之际,敝刊为供应广泛需要、协助经济建设起见,素仰贵会领导武汉工商企业界,对于有关文化事业倡导不惜余力。用特函请贵会惠赐协助推行,分别介绍各商业公会订阅,以广进行。"等因。又准本市新快报社社长万克哉函开:"敝报复刊以来销数日增,兹为更谋普遍起见,特征求'两月'基本订户一万户,专差分区递送,每户仅收报费五千元(原订每月三千,两月应收六千元),期满续订,仍有优待办法,拟请向各业公会代为分别征求,并希将可能征求户数示知。"各等情,并送订阅单前来。除派吴调查员佩卿、李股员道生分途拾单前来接洽外,相应函达贵公会,请烦查照,赐予接洽订阅为盼。

此致

汉口市各业同业公会

汉口市商会整理委员会　启

12.汉口市商会整理委员会为选举事宜致服装业同业公会

(1946年5月5日)

查各业公会出席本会第一届第一次会员选举大会之代表人数及权数业经提出,四月三十日各业代表大会商讨决定，授权本会最后决定。兹对请求改定者已作合理改正，并呈报市政府、市党部备查在案。兹定于五月二十日假本市兰陵路武汉文化会堂举行选举大会，凡属业经选举成立之同业公会，均应依照规定选派代表到会参加选举。除分行外，兹查贵业代表人数为五人，权数为十三权，相应函达，即希贵会查照，迅即召集会员大会，就现任理监事中选派代表五名，依照后列格式造具会员名册二份，委托书一份，连同理监事名册一份，务于五月十日前送交本会，以凭核发入场证，逾期不送者即视同弃权，事关选举，万勿延误为要。

此致

汉口市服装业同业公会

汉口市商会整理委员会　启

13.汉口市古玩珠宝业同业公会为呈报选举理监事情形并正式成立日期致汉口市总商会函（附会议记录）

（1946 年 5 月 6 日）

窃属会于四月十五日举行第一次理监事选举并正式成立公会。当蒙钧会派员莅临监选，并加指导，曷胜钦幸。计到会会员五十六人，投票选举结果：徐菊生得票五十三张，以最多数膺选理事长；陈钰阶、姚衡平膺选常务理事；吴方鼎、饶啸梅、容干卿、邹稚威膺选理事；陈瑞森、方文钦膺选候补理事；刘佐臣、尹光复、达黎捷膺选监事；吴楚扬膺选候补理监事，经于当日宣誓就职。理合检同选举记录二份，理监略历表二份，备文赍呈钧会鉴核备案。

谨呈

汉口市总商会

汉口市古玩珠宝业同业公会

附：汉口市古玩珠宝业同业公会选举理监事大会会议记录

汉口市古玩珠宝业同业公会选举理监事大会

日期：三十五年四月十五日下午四时

地点：汉口三民路老会宾大酒楼

各机关代表：汉口市政府冯腾、汉口市商会王穆吾、三青团汉口区商人分团熊齐贤、汉口警察局陈砚田

大会临时主席：容干卿

记录：陈辟南、尹光复

应到会员：八十二人

到会会员：五十六人

选举结果：理事七人，候补理事二人，监事三人

理事长：徐菊生君五十三票

常务理事：陈钰阶君五十二票，姚衡平君五十二票

理事：吴方鼎君三十五票，饶啸梅君二十七票，容干卿君二十七票，邹稚威君一十八票

候补理事:陈瑞森君一十四票,方文钦君六票
监事:刘佐臣君九票,尹光复君八票,达黎捷君六票
候补监事:吴楚扬君三票

14.汉口市商会整理委员会为市参议员选定务以其从业人员为限致汉口市各业同业公会函

(1946年5月8日)

案奉汉口市政府市秘民选字第五三〇〇号代电开:"汉口商会奉湖北省政府本年四月十三日省社二特字第二四九号文代电开:据社会处案呈社会部本年机寅养电,以县参议会之工会、农会、商会参议员选定,务以其从业人员为限,特电仰遵照。等由。除分行外,合亟电仰遵照。等因。除分行外,合亟电仰遵照。"等因。除分函外,相应函请查照,慎重代表之选举为荷。

此致
汉口市各业同业公会

汉口市商会整理委员会　启

15.汉口市商会整理委员会为工会、农会、商会参议员选定务以其从业人员为限致各业同业公会

(1946年5月8日)

案奉汉口市政府市秘民选字第五三〇〇号代电开:"汉口商会奉湖北省政府本年四月十三日省社二特字第二四九号文代电开:据社会处案呈社会部本年机寅养电,以县参议会之工会、农会、商会参议员选定,务以其从业人员为限,特电仰遵照。等由。除分行外,合亟电仰遵照。等因。除分行外,合亟电仰遵照。"等因。除分函外,相应函请查照,慎重代表之选举为荷。

此致
汉口市各业同业公会

汉口市商会整理委员会　启

16.汉口市商会为奉令推派代表一人为全国商联会筹备员呈中国国民党汉口特别市执行委员会(附王际清略历)

(1946年5月9日)

案奉钧会汉组字第二零八零号训令,饬本会推派代表一人为全国商会联合会筹备员,并将该筹备员略历报查。等因。遵派王委员际清为本会代表,业经赴京出席。除分函全国商会联合会筹备会外,理合缮具该委员略历具文呈复鉴核备查。

谨呈

中国国民党汉口特别市执行委员会

附呈王委员际清略历一份。

(会衔)主任委员　程子菊

汉口市商会整理委员会委员略历							
职别	姓名	性别	年龄	籍贯	学历	经历	住址
委员	王际清	男	四〇	沔阳	北平高等警官学校毕业	曾任川陕、同昌、震昌、大通等公司经理	四民街二四号

17.汉口市商会为通知职业团体市参议员初选代表选举致汉口市各职业团体(附规则)

(1946年5月9日)

通知

查职业团体市参议员初选代表选举一案,迭奉层峰令饬,迅予成立选举并具报。等因,各在卷。兹以限期即届,各业均已相继实施,本会为遵令完遂,早日实现民治起见,兹订于本月十一日(星期六下午一时□□)召集全体会员大会,举行市参议员初选代表三名(二时至四时)。同日并举行理监事联席会议,选派本月二十日出席市商会选举大会之代表五名(一时至一时半)用特通告。拟定本会市参议员初选代表大会规则,录附于后,一并各会员查照,届期尽量参加竞选,事关权益,万勿放弃为荷!

此致

〇〇〇店长、〇〇〇先生

(会条戳)启

附:汉口市铁业同业公会市参议员初选选举大会规则

一、本会各会员店长、店员、学徒,凡年在二十岁以上者均有参加投票选举权。

二、选举人入场须在签到簿上签名,以凭发给选举票。

三、会期逾时不到者,即作弃权论。

四、本会市参议员代表之选举,须应用本会制定之选举案,否则失效。

五、本会市参议员代表之选举,应以得票多寡为序,如票数相同时,以抽签法决定之。

六、投票人不得交换选举票及夹带名单。

七、选举票:1.如字迹模糊不能辨识者;2.填写不依定式或夹写其他文字者;3.被选举人之姓名为混淆不清者,均作废票失效论之。

18.汉口市商会整理委员会为检送各职业团体选举事务会议记录致汉口市各业同业公会函(附会议记录)

(1946年5月11日)

案奉汉口市政府三十五年四月二十二日市秘民选字第5207号训令,为检送各职业团体选举事务会议记录一份,令仰转饬遵照,相应检同记录一份,函请查照办理,其已办理者勿论,其未办理者,至希提前漏夜赶办,免放弃选举权为荷。

此致

汉口市各业同业公会

附送各职业团体选举事务会议记录一份。

汉口市商会整理委员会　启

附:各职业团体选举事务会议记录

时间:三十五年四月十五日下午一时

地点:市政府会议室

出席人:汉口市医师公会整委会张运汉

汉口市中医公会谢汇东

汉口市助产士公会胡锦章

汉口市总工会张恩泽

汉口市商会程子菊

汉口律师公会周基杰

市府总务科长张俊

市政府程发轫、丁幼泉、吴毓灵

市农会刘柏如

主席:程发轫

记录:陈万青

讨论事项:

一、本市各职业团体参议员名额应几个单位分配案。

决议:本市渔民为数甚少,尚未组织。本届职业团体选举名额,应按林、医、工商、教、自由职业等五单位分记。

二、各单位选举人名簿(务与会员名簿相符,以便计算票权)因事实上困难尚多,多未送府,应如何限制案。

决议:统限于四月二十五日以前送齐。自由职业团体名册递送民政科与社会科会核;教育会送民政科与教育科会核;其他各工商职业团体,由该市商会、市总工会、市农会督率汇转本府,并附送统计表,逾限不送者视为弃权。

三、初选日期如何确定案。

决议:初选日期自五月十一日起至十五日为止,所选出之代表名册,自由职业团体送报本府,市商会、市工会、市农会汇齐所属各单位汇报本府,统限于五月十八日以前送到,不得逾限。

四、不能如期成立之团体应如何办理案。

决议:(一)各选举单位所属之单位,在五月十五日以前,未经依法正式成立者视为弃权;(二)选举单位在选举期不能正式成立者,准保留其选举权,惟应声明不能如期成立之理由,并将会员人数及统计表于四月廿五日以前报府,以凭分配名额,否则由本府报请选举监督核定,以后不得争执。

五、各团体登记候选者甚少，如何办理案。

决议：关于团体候选人，由各团体尽量征求，于本月廿五日以前将名单径送本府民政科。

19.汉口市商会整理委员会为选举事宜致函刘忠贤等人

（1946年5月12日）

径启者。案准汉口市商会整理委员会本年五月五日开："查各业公会出席本会第一届第一次会员选举大会代表人数及权数业经提出，四月三十日各业代表大会商讨决定，授权本会作最后决定。兹对请求改定者已作合理改正，并呈报至市政府、党部备查在案。兹定五月二十日在本会大礼堂举行选举大会，凡属业经选举成立之同业公会，均应依照规定选派代表到会参加选举。查贵业代表人数为五人，权数为一十三个，相应函达，即希贵会查照，迅即召集会员大会，就现任理监事中选派代表五名，具报来会，以凭核发入场证。"等由，准此。兹经本会第三次理监会议，佥以敝业会员大会推举代表，殊感困难，特就理监会推举，于将来会员大会时提会追认，兹经推定台端为本会出席商会第一届选举会员代表。除分知外，相应函达，希即查照，届期准时出席，事关选权，幸勿漠视为荷。

此致

刘理事长忠贤、邹常务理事佩庭、王常务理事春山、陈理事康祥、徐理事汉卿、李会员获□各一份

盖其戳

20.武汉临时救济委员会为请速将募救捐款缴存交通银行致汉口市商会代电

（1946年5月12日）

汉口市商会：

查本会为筹募救济义民难胞捐款，业经即制捐册，分请各机关团体及社会人士劝募，随将捐款册统交汉口四民路口交通银行代收取据，并经先后分别签报，电请查照办理，各在案。兹以本会继开在即，所有捐款亟需募齐，统筹支配，用再电请于文到三日内办理竣事，以利救济为荷。

武汉临时救济委员会寅文

21.汉口市肠商业同业公会为呈送市参议员初选代表名册呈市商会整理委员会（附名册）

（1946年5月12日）

案奉钧府笺函，以汉口市参议员选举事件，各公会初选代表三人亟应早日产生，以凭齐制表转报，函嘱于文到五日内办理完竣，以凭汇转。等因，奉此，自应遵办。兹经召集全体会员大会推选本会理事长杨保安、常务理事彭自齐、理事吕芷青为初选代表，理合缮具名册，咨呈钧会鉴核汇转。

谨呈

汉口市商会整理委员会

附汉口市肠商业同业公会市参议员初选代表名册

汉口市肠商业同业公会理事长　杨保安

附:汉口市肠商业同业公会市参议员初选代表名册

姓名	杨保安	彭自齐	吕芷青
年龄	三八	四三	四五
籍贯	黄陂	黄陂	汉阳
现任职务	理事长	常务理事	理事
备考			

22.汉口市政府为速将初选代表名册于本月十七日送府勿误令汉口市商会

(1946 年 5 月 15 日)

汉口市商会:

查市参议员选举采复选制之各团体初选代表名册原定本月十七日前送府,兹为时已迫,亟待审核。除自由职业各单位应送呈本府外,农工商各公会所属各单位应由各该会汇齐转报。合再电催,务在十七日送府,幸勿延误为要。

汉口市政府辰删市秘民选印

23.汉口市商会整理委员会为本会选举大会会员代表权数问题致各业同业公会

(1946 年 5 月 16 日)

兹为本会选举大会会员代表权数问题,特定于五月十七日(星期五)下午一时,在本会大礼堂举行各业代表大会共同讨论。事关重要,除呈请市政府派员指导并分函外,相应函请贵会推派负责代表一人,准时到会出席为盼。

此致

汉口市各业同业公会

汉口市商会整理委员会　启

24.汉口市社会局为劳资纠纷调解决定书致市商会

(1946 年 5 月 16 日)

当事人:

资方:汉口特别市旅栈业同业公会代表叶鸣声

劳方:汉口特别市旅栈工会代表李朗山、李贤贵、陈寅

调解人：本局派社务科科长洪震、社会运动指导委员会湖北省分会代表刘世泽、警察局代表黎力朋、市商会代表陈焕章

列席人：汉口特别市总工会整理委员会代表韩德山

案由：为劳方要求恢复大账及伙食等八项与资方发生争议。

判决主文：

(一)关于工人伙食：已开火者照旧，未开火者一律每名工友每日发给法币八角。

(二)关于香烟牌□分利：原由工友买者，仍归工友购买。

(三)关于大账：已有者循例不变更，尚未恢复者，由同业公会负责逐一劝导设法实行。

(四)关于工友保证金及退还：如资方有破产行为时，工友有优先享受退还押金权益。

(五)关于保障工友：资方不得无故开除工友，并不得雇用非工会会员。

(六)关于小账问题：应全由工友分得。

(七)关于劳方要求资方酌给工资：撤销。

(八)关于草纸、火柴、洗把、肥皂、毛巾、扫帚、零星杂用物品：草纸、火柴、肥皂三项原由资方买，着仿照旧例，由工友买者仍归工友购买，其余洗把、毛巾、扫帚等零星物品，纯由资方购买。

25.中贸企业股份有限公司为证明该公司已加入公会致汉口进出口商业同业公会函(附抄件)

(1946年5月16日)

敬启者。案准汉口市商会整理委员会本月十五日理字第1011号函开："抄原文"。等由。除径函复外，相应函达，即希查照，申明本公司已加入公会为荷。

此致

汉口进出口商业同业公会

附抄件。

中贸企业股份有限公司　启

查本会此次选举所定之会员代表权数，一方面为计算选权之标准，一方面为本会征收会费之根据，权利与义务之多寡互相平行，关于非公会会员之权数，前经本会决定，通知在案。嗣据各非本会会员请求减少权数，前来，经提交本会第四次选举筹备会议，对于非本会会员权数已酌予减少。贵公司权数原为七权，兹酌减为二权，相应函达，即希查照，迅予十六日前，将愿否意见答复，以凭决定，如其不复者视同默认。

此致

26.汉口市商会代电呈云南人民自由保障委员会

(1946年5月17日)

云南人民自由保障委员会鉴：

顷接贵会成立宣言及执监委员就职通电，敬悉。台是贵会秉承政治协商会议决议，发起组

织,依次筹备成立,是征办理敏捷,殊比钦佩。函对于解释人民之基本自由与合法自由,阐明意义尤为精当新猷谠论,洵为各会倡导之资。兹准前由,除知本处武汉人民自由保障委员会外,用特电复并申贺忱。

汉口市商会整理委员会主任委员程辰真印

27.汉口市商会为呈送各同业公会市参议员初选代表名册呈市政府

(1946年5月17日)

发文理字第二〇一六号

案奉钧府市社民字第六五零二号代电,请速收初选代表名册于本月十七日送府。等因,查照。自奉交办以来,迭经分告各同业公会赶速选举造报到会,以凭汇转在卷。截至目前为止,共收到棉花行业等一百三十九个单位,其余尚未送呈,选期临届,未究延缓。除收送会者审造名册,备文呈请查核外,其余仍请准时汇呈,以重选政,实为公便。

谨呈

汉口市长徐会之

28.汉口市商会整理委员会为转发汉口市政府训令致各同业公会(附候选人名册)

(1946年5月17日)

案奉汉口市政府市秘民字第六三七九号训令内开:"查本市参议员正式选举奉选举监督民木字第4548号代电,定本(五)月廿六日举行。仰将核定发还之选举人名册及检发之候选名册,于令到之日起,将该候选人于各该区会所榜示公告(不属该区会者不列榜,原册仅供参考)。市民对于公告之名册如认为有错误或不确实者,得于选举前三日(廿二日)向登记处所申请更正。候选人中如有违市参议员选举条例第三条各款及有曾参加伪组织者,得依法检举,但须提出确实证据,出具真实姓名、住址及铺保。倘有诬告情事,依法反坐。惟各该区会办理更正,应特别慎重,详加考核,不得徇申请人之请求任意变更。兹规定限制办法于次:(一)申请选举人名簿遗漏者,应提出公民证;(二)申请候选人遗漏者,应提出发表审核合格之报纸或本府证明书;(三)区域候选人申请转入职业团体候选者,应取具该职业团体之证明书,除自由职业、教育会由各该会理事长证明外,农、工、商所属各单位由各该总会之理事长证明;(四)如申请由区域转移者,应取具原住区域之警察分局户口迁移证及区公所之公民转移证明书(须盖有区公所之钤记及区长私章),查明在该区新立之户口属实。以上申请更正,至迟须于选举前三日(廿二日下午二时以前)办理,逐日收到核实后加以签注,转报本府核办,须核准始能更正。务仰切实遵办,不得疏忽为要。此令!"等因,附发候选人名册全份。奉此,自应遵办。除将汉口市商会市参议员候选人名榜示本会门首暨分行外,相应抄单函达,即希查照为荷。再,关于各商业公会市参议员初选代表尚有少数未遵送到会,务请于本月十八日以前赶速送会,以凭汇转,合并声明。

此致

汉口市各同业公会
附汉口市商会参议员候选人名册一份

汉口市商会整理委员会　启

附：汉口市商会市参议员候选人名册

姓名	陈汉屏	王龙章	曾绍藩	程子菊	邹安众	张立鹤	李月樵	祝庸斋	张吉六	赵祖武
姓名	熊裕	王惭磐	徐振麐	董明藏	王致敬	方振民	钱乃崃	黄卓如	谈公远	徐维荣
姓名	叶启章	何家焯	吴龙丞	赵忍安	龚榕庭	熊国藻	林涤烦	张晴舫	徐海珊	李荐廷
姓名	何文炳	袁钦臣	刘明章							

29.汉口市商会整理委员会为汉口市商会市参议员候选人名册公示致汉口市各同业公会函

（1946 年 5 月 17 日）

案奉汉口市政府市秘民字第六三七九号训令内开："查本市参议员正式选举奉选举监督民木字第 4548 号代电，定本（五）月廿六日举行。仰将核定发还之选举人名册及检发之候选名册，于令到之日起，将该候选人于各该区会所榜示公告（不属该区会者不列榜，原册仅供参考）。市民对于公告之名册如认为有错误或不确定者，得于选举前三日（廿二日）向登记处所声请更正，候选人中如有违市参议员选举条例第三条各款及有曾参加伪组织者，得依法检举，但须提出确实证据，出具真实姓名、住址及铺保。倘有诬告情事，依法反坐。惟各该区会办理更正应特别慎重，详加考核，不得徇申请人之请求任意变更。兹规定限制办法于次：（一）申请选举人名簿遗漏者，应提出公民证；（二）申请候选人遗漏者，应提出发表审核合格之报纸或本府证明书；（三）区域候选人申请转入职业团体候选者，应取具该职业团体之证明书，除自由职业、教育会由各该会理事长证明外，农、工、商所属各单位由各该总会之理事长证明；（四）如申请由区域转移者，应取具原住区域之警察分局户口迁移证及区公所之公民移转证明书（须盖有区公所之钤记及区长私章），查明在该区新立之户口属实。以上申请更正，至迟须于选举前三日（廿二日下午二时以前）办理，逐日收到核实后加以签注，转报本府核办，须核准始能更正。务仰切实遵办，不得疏忽为要。此令！"等因，附发候选人名册全份，奉此，自应遵办。除将汉口市商会市参议员候选人名榜示本会门首暨分行外，相应抄单函达，即希查照为荷。再，关于各商业公会市参议员初选代表尚有少数未遵送到会，务请于本月十八日以前赶速送会，以凭汇转，合并声明。

此致

汉口市各同业公会

附汉口市商会市参议员候选人名册一份

汉口市商会整理委员会　启

30.吕德福、彭寿臣、余荣卿初选人证明书

(1946 年 5 月 18 日)

(全衔)初选人证明书

兹有本会会员吕德福、彭寿臣、余荣卿当选为本会初选代表,代表本会出席选举市参议员,特出给证书,以资证明,须至证明书者。

理事长　吕德福

常务理事　彭寿臣

监事　方惠臣

中华民国三十五年五月一八日

31.汉口市商会整理委员会为转发汉口市政府代表权及会费训令致各业同业公会

(1946 年 5 月 18 日)

案奉汉口市政府市社字第六五〇一号训令:以据牛宰业等七十二同业公会联名呈请,转饬市商会,对于选举代表人数及权数须重加考虑一案,饬即遵办。等因,附抄发原呈一件,奉此。遵于本月十七日下午一时召集各同业公会代表紧急会议,计到一百五十一个公会,共代表一百七十一人,经讨论至最后,一致决议:一、各同业公会代表人数就已报来者不变更,如一人即为一权,五人即为五权;二、担任会费额俟市商会正式成立后,代表大会时再行决定;三、大会举行日期仍为本月二十日。等语,记录并呈复市府在卷。除俟奉到指令再行转知外,相应先行函达,即希查照为荷。

此致

汉口市各业同业公会

汉口市商会整理委员会　启

32.汉口市商会整理委员会为本会第一届第一次会员选举大会事宜致服装业同业公会

(1946 年 5 月 18 日)

查本会改定于五月二十日上午九时举行第一届第一次会员代表选举大会,业经登报并函达在卷。现因选举期近,各业亦已推定代表。贵会原推代表五人,应得入场证五纸,选举简则五份,相应备函一件送请查收。现将各代表姓名填入证内,并请于该证背面加盖贵公会钤记,分交该代表等收执,嘱其务于五月二十日上午九时一律到会,持凭此证换领选举票,以便当场依法选举,是为至盼。再,开会地点原系假武汉文化会堂,兹改在本会大礼堂举行,并闻。

此致

本市服装业同业公会

汉口市商会整理委员会　启

33.汉口市银行商业同业公会为军粮借款业经到期函请转呈市府从速归垫致汉口市商会整理委员会函

（1946 年 5 月 18 日）

敬启者。查市府军粮借款派由本会摊借五百万元一案，兹据金城、湖北省两行声称，以前出具四月三十日期二百五十万元支票各一张，均经贵会先后兑现借用，共计借用五百万元，并经到期，应请转呈市政府迅时□款，本息如数交还，以符原议。除已呈请市政府从速归垫外，相应函达，即希查照，迅赐转呈，并希见复为荷。

此致

汉口市商会整理委员会

理事长　邹安众

34.汉口市商会为本会王委员际清函报参加全国商联会筹备会议经过情形致汉口市各业同业公会公司工厂及行号

（1946 年 5 月 18 日）

案查前奉中国国民党汉口特别市执行委员会汉组字第二〇八〇号训令，以奉中央组织部电，以与社会部商决，特准本会推派代表一人参加全国商会联合会筹备会议，转饬遵照。等因。遵经推定王委员际清为本会出席代表，业已赴京参加。兹据王委员来函，略称：

（一）大会主席团共七人，计上海、南京、重庆、天津、北平、湖北、台湾，按东西南北中分配。南京为首都，台湾因五十年来未加入中国政治团体，故特殊。

（二）全国会员共四十三个单位，已到单位三十一位。

（三）大会开幕时，翁副院长、社会部谷部长、中央组织部陈部长、马市长等均参加，各有训示。

（四）大会共开五日，提案共一百六十四件。而有关于税务者共三十三案之多，合并为九：

1.请求减轻营业税率，按照二十七年税率征收；

2.请将印花改照廿七年办法征收；

3.请将货物税改照廿七年办法办理，并免贴税照；

4.请废除非常时期过分利得税；

5.请豁免卅四年所利得税；

6.出厂商已完货物税者，请免征营业税；

7.收复区在敌伪期间已完税者，应请不再重征；

8.请豁免收复区所利得税；

9.请豁免资本增值之所利得税。

（五）大会组织章程草案内会员一项（各省商联会及所辖市商会均应加入本会为会员）及每一会员举派代表至多不得逾十一人。

(六)此次出席代表均为本会筹备员,并推举王晓籁为筹备主任,王绎斋(南京)、周懋植(重庆)为副主任。

(七)定本年秋季开成立大会,开会前二月发通知。

以上所云,系摘其重要者,其他细情究回汉时报告。等情。相应函达,即希查照为荷。

此致

本市各业同业公会,各公司、工厂、行号

(会戳)启

35.台湾旅行社为推销《台湾旅行指南》致汉口市各业同业公会函

(1946 年 5 月 19 日)

顷接台湾旅行社笺函开:“本社为服务内外商旅,便于莅台考察游览起见,特编印《台湾旅行指南》,书内容网罗全省各地名胜、交通产业、饮店餐馆,以备内外商旅莅台考察本省热带自然科学发达之情形以及举凡现代国家设备之完整,抑或游览之参考,全书约百余页,三色精装一厚册,初版式万份,售云每册国币一千七百五十元整(邮费在内),欢迎直接订阅。”等语,前来。除分函外,相应函希查照,如有需要时可径函订购为盼。

汉口市各业同业公会　启

五月十九日

36.湖北通志馆为《湖北通志》搜集史料致汉口市各业同业公会函

(1946 年 5 月 19 日)

案准湖北通志馆通字第 1107 号公函开:“本馆纂修通志,首在搜集史料,关于财政部门史料,由本馆尹鸣琴同志负责搜辑,谅贵会关于此类史料丰富,特函介前来,务希惠予洽商,并多赐资料,无任感荷。”等由,准此。查《湖北通志》为本省历史性之书籍,价值迥异寻常,兹为搜集史料,关于本市各同业公会成立之沿革与业务情形及其他有关之史料,均可供给,以作通志馆之参考。除分函外,相应函希查照,克日搜集报会,以凭转送而垂久远。

此致

汉口市各业同业公会

启

37.汉口市煤油面粉火柴业同业公会为呈报本会初选代表呈汉口市商会

(1946 年 5 月 20 日)

本会于五月十六日上午十时召集全体会员选举,初选代表结果如次:

一、应到会员　人

二、实到会员 288 人

三、投票 281 张

四、废票　张

五、余票　张

六、当选人黄子权得票 281 张

杨志棠得票 257 张

刘南陔得票 240 张

除分别出给证书外,理合检同选票、当选人名册呈报鉴核。

右呈

汉口市商会

理事长　黄子权

常务理事　王兰山　刘南陔

常务监事　程晓龄

初选监选人　陈仁寿

38.全国商联会经过汉市代表致函商会报告大会通过提案达百余件

(1946 年 5 月 20 日)

[中央社讯]汉市商会委员王际清前代表汉市商会赴京出席全国商联会,于大会中对汉市一般商情颇多陈述。王氏顷有函致商会,除已决定短期内返汉外,并对出席大会各情作一详尽报告,兹志其来函要点于次:一、大会主席团共七人,以上海、南京、重庆、天津、北平、湖北、台湾(按东西南北中分配,南京为首都,台湾因五十年来未加入中国政治团体)等七地代表组织之。二、全国会员共四十三个单位,已到单位三十一位。三、大会共开五日,提案共一百六十四件,内有关于税务者共三十三案之多,合并为九:(一)请求减轻营业税率,按照二十七年税率征收;(二)请将印花改照二十七年办法征收;(三)请将货物税改照二十七年办法办理,并免贴税照;(四)请废除非常时期过分利得税;(五)请豁免三十四年所利得税;(六)出厂商已完货物税者,请免征营业税;(七)收复区在敌伪期间已完税者,应请不再重征;(八)请豁免收复区所利得税;(九)请豁免资本增值之所利得税。四、大会组织章程草案内会员一项,规定各省商联会及所辖市商会均应加入本会为会员。又每一会员举派代表至多不得逾十一人。五、此次出席代表均为本会筹备员,并推选王晓籁为筹备主任,王绎斋(南京)、周懋植(重庆)为副主任。六、定本年秋季开成立大会,开会前二月发通知。

(《武汉日报》)

39.汉口市政府为检发参议员各区及各职业名额分配表致汉口市各业同业公会函

(1946 年 5 月 20 日)

案奉汉口市政府市秘民字第 6731 号训令开:“查本市参议员各区及各职业名额,业经湖北省选举监督核定,区域参议员三十七名,职业团体参议员十六名。兹检发核定本市参议员名额分配表一份,除分令外,合行令仰知照,并迅即公告为要。此令!”等因。附本市各区及各职业团体参议员名额分配表一份,奉此。除分函外,相应抄同附表,函达查照。

此致

本市各业同业公会

40.汉口市商会整理委员会召集保甲长及理监事举行座谈会致本市银行业同业公会函

（1946 年 5 月 20 日）

案奉汉口市政府秘民字第 6732 号训令开："查本市选举宣传大纲丙二项：口头宣传各区长及职业团体理事长，应召集保甲长及理监事举行座谈会，讲解选举意义及投票手续，并由市党团部派员出席指导。除通知市党团部查照办理外，合行检发座谈会日程表一份，令仰遵照。此令！"等因，附发座谈会日程表一份，奉此。遵查日程表所列市商会座谈会日期为五月二十一日下午二时。除分函外，相应函达，即希查照，转知贵会所推定之市参议员选举代表准时前来本会参加座谈为盼。

此致

本市银行业同业公会

汉口市商会整理委员会　启

五.廿.

41.汉口市商会整理委员会因参议会商业团体市参议员选举致汉口市各业同业公会函

（1946 年 5 月 21 日）

查本市参议会商业团体市参议员选举，定于五月二十六日上午九时起在本会大礼堂举行。届时由各业公会初选参议员代表（每公会初选参议员代表三名）到会投票。除分知外，相应函达，即希查照，转知贵业初选代表三名届期前来选举，万勿延误为盼。

此致

汉口市各业同业公会

汉口市商会整理委员会　启

42.市商会昨选举大闹权数问题虽经调解大帮仍占优势

（1946 年 5 月 21 日）

［本报讯］汉口市商会昨举行光复以来之首次代表大会，出席本市各同业公会代表六百余人，列席长官有社会部华中区商运督导专员杜章甫，行营政治部主任萧赞育，市党部委员胡亦愚，市政府代表，警察局长任建鹏，民政厅代表及来宾商联会高光达暨各报社新闻记者数十人。由战前曾任市商会主席之贺衡夫任总主席。大会于上午九时起举行，主席报告后，列席长官均有训词。杜专员特别强调应依法选举，权利与义务须求其一致，即会员投票权数视其缴纳会费之能力以定多少。下午进行选举前，与会会员对比民国二十七年所公布之《商会法》提出疑

义,主张选举权应一人一票,以免大会理监事悉由少数大帮操纵。随即有人提出反问:大帮权数愿减少,试问将来钱叫谁出?至是,台下有人高呼“如此选举极不民主”者,亦有人高呼“赶快依法选举”者,秩序竟至大乱。旋由主席居间调停,法理人情双方顾到,权数多者消减,权数少者递增,废去重票三百余张。虽大帮仍在选举中略占优势,但各业代表为使大会选举不致流产,乃一致拥护进行选举,选票直在下午十一时始清查完毕。

[中央社讯]汉口市商会昨(二十)开成立大会,并选举理监事。计选出乐作霖、贺衡夫、李荐廷、张立鹤、刘伯琴、万少珊、龚亦遂、李月樵、陈经畬、王际清、韩万青、陈焕章、邹静轩、王静斋、何文炳、许益甫、张吉六、程子菊、曾厚诚、王龙章、殷柏涛等二十一人为理事,杨庆山、陈淦川、乐子涛、刘绍武、高坤山、张希麟、戴震等七人为监事,邓廷珍、成禹门、马汉三、曾绍藩、谢春墀、祝庸斋、王璧双、张眉申、邹承周、王穆吾等十人为候补理事,朱济民、熊秀安、熊英三等三人为候补监事。

(《大刚报》)

43.汉市商会成立花絮

(1946年5月21日)

难产的汉口市商会终于在昨天开成立大会了!负责整理的程子菊先生,在因公积劳之下,染上了重伤寒病而没有出席,加上大雨淋漓的天气,正象征市商会的多愁多病,而且还兼杂着许多勾心斗争的幕后表演。

各机关的首长在事先也许听到一点风声,所以都没有参加这一个盛会,到场的多是代表。

大会主席贺衡夫先生致开会词是简单明了,再可以加一句说是沉着老练。加上他过去在商会的资望和声誉,自然受大会群众欢迎。

(《武汉日报》)

44.汉口市商会整理委员会为转知各业初选代表三名届期参选致各同业公会

(1946年5月21日)

查本市参议会商业团体市参议员选举定于五月二十六日上午九时起在本会大礼堂举行,届时由各业公会初选参议员代表(每一公会初选参议员代表三名)到会投票。除分知外,相应函达,即希查照,转知贵业初选代表三名届期前来选举,万勿延误为盼。

此致

汉口市各业同业公会

汉口市商会整理委员会　启

45.汉口市政府为公职候选人熊幼珊转商会候选令市商会

(1946年5月21日)

市秘民第6830号

顷据大智区公职候选人熊幼珊申请转移商会候选。等情。除令知准在该会登记候选外,仰即遵照补行公告为要。

市长　徐会之

46.汉口市商会为转送银行公会航空会员名册暨会费致航空协会湖北分会征求总队(附航空协会湖北省分会复函)

(1946 年 5 月 22 日)

案查前准贵队代电:为征求会员一案,业经分函各业公会在卷,饬据汉口市银行商业同业公会送来应征会员名册及会费,相应转送,即希查核见复为荷。

此致

中国航空建设协会湖北省分会征求总队

主任委员　程子菊　常务委员　张立鹤

附:中国航空建设协会湖北省分会征求总队为清册及会员费复汉口市商会函

(1946 年 6 月 6 日)

今收到汉口市商会理字第二〇九一号分函一件,会员名册九份,省银行会费清册三份,航空会费二万一千一百元整。

六月六日

经收人　欧季华

47.汉口市商会整理委员会为本会街面铺屋八栋决定收回自用致祝大律师存照

(1946 年 5 月 22 日)

案准律师张国权本年三月八日函开:径启者。顷据贵会左右铺房承租人白敬宇药房、济世药房等八户来所声称,云云。特代函达,即希查照转知为荷。等由,到会。查本会街面铺屋八栋,在民国二十七年政府转迁以前,该住户等大都欠租三个月以上,其租赁权显已放弃。迨本市光复,该住户等既无确切证明,亦未经本会发租实约,取得承租权。依上面论,是该住户等与本会并未发生租赁关系,此显无疑义。复查本会对于上开铺屋八栋处理问题,曾于本年二月十九日提经各同业公会负责人会议,决定收回自用,记录在卷。除收上项决议早经转告该住户知照外,自应照案执行,以重产权。据本案前经委托贵律师代为办理在案。兹准前由,相应函请查照,转催各住户务于本年三月三十一日以前一律迁出,交还房屋,并收各该居住期间应偿租金,分别还缴清楚,否则呈请贵律师依法诉理,是为至贺。

此致

祝大律师存照

48.汉口市政府为奉转龚亦遂参加该会候选人登记令市商会

（1946 年 5 月 22 日）

案准湖北省政府民政厅三十五年五月二十二日民木字第四八三零号快邮代电开：顷按国大代表龚亦遂先生函，以拟参加汉口市参议员候选人登记。本人系国大代表，已取得甲种公职候选人资格，请转函汉口市政府代为证明。等由。查龚亦遂确为国民大会本省商会代表，已填送甲种公职候选人检复，经审查合格，转报在案，特电证明。等因，准此。合格，令仰遵照，列入候选，公告为荷。

此令！

市长　徐会之

49.汉口市商会整理委员会为中山区公职候选人谢春墀等转为商业团体候选人致各同业公会

（1946 年 5 月 22 日）

查汉口市商会市参议员候选人名单业经以理字第 2010 号分函在卷。顷奉汉口市政府市秘民字第 6826 及 6830 两号训令，为大智区、中山区公职候选人谢春墀、王璧双、熊幼珊等转为商业团体候选，仰迅即补行公告。等因，奉此。查照为荷。

此致

汉口市各同业公会

汉口市商会整理委员会　启

50.汉口市商会整理委员会为本市参议员选举大会事宜致各同业公会

（1946 年 5 月 22 日）

本月十八日奉汉口市政府通知："以本市参议员选举大会定本月二十六日举行，自十九日至二十六日先期举行宣传周，各同业公会装悬布质标语一幅。"等因。除分知外，希即查照办理为荷。

此致

汉口市各业同业公会

汉口市商会整理委员会　启

51.汉口市商会整理委员会为本市参议员商业团体初选致汉口市各业同业公会函

（1946 年 5 月 23 日）

查本市参议员商业团体初选代表，业经各业公会各选三人报会在卷。兹查商会市参议员候选日期定于五月二十六日上午八时起在本会举行,届时由各业公会初选人各持证明书一张前来本会领取选举票,当场书投。除分知外,相应抄同证明书格式,送请查照。每一公会照发三份,分给各业初选代表,以便到期选举,勿误为要。

此致

汉口市各业同业公会(已发者不必再发)

附发证明书格式三份。

汉口市商会整理委员会　启

52.汉口市商会整理委员会为抄送汉口市参议员选举场所规则致各业同业公会

(1946 年 5 月 23 日)

案奉汉口市政府市秘民选字第六八二三号训令开:"案查本市参议员选举已奉准在本月二十六日各分部同时举行,关于选举场所规则,即应制定颁发施行。合即令仰遵照办理为要。此令!"等因。附《汉口市参议员选举场所规则》一份。奉此。除分函并公告外,相应抄同原规则,函达查照。

此致

附抄送《汉口市参议员选举场所规则》一份。

汉口市商会整理委员会　启

53.汉口达昌机器七厂为请发还厂茶等由呈请汉口市商会转呈国民政府行政院文

(1946 年 5 月 24 日)

案据汉口达昌机器七厂代表杨有章呈称:"呈为厂茶被诬没收,职工生计无着。"云云。到迅予转呈行政院收回成命,以解倒悬而免酿成惨剧,实不胜迫切待命之至。等情,据此。理合据情呈请鉴核示遵。

谨呈

国民政府行政院院长朱

主任委员　陈子菊

54.汉口市商会整理委员会为转汉口市政府代电致各业同业公会

(1946 年 5 月 24 日)

案奉汉口市政府市秘民选字第六七八七号代电开:"奉湖北省政府本年五月省民二字第五三九七号鱼代电,准内政部本年三月二十三日渝民五字第一六八一号代电开,投票纸上所写,系被选人别名或写错,经投票人于投入票柜前改正盖章,及所书系俗体、简体、破体字,已为世俗所公认,不致误为他字者,如劉写为刘、醫写为医,应认为有效。如音同字异者,应认为无效。等由,准此。除分电外,合行电仰遵照。"等因。除分行外,合函电仰知照。等因,奉此。除分函外,相应函达查照。

此致

汉口市各业同业公会

汉口市商会整理委员会　启

55.汉口市商会整理委员会为转知市参议员选举规定致各业同业公会(附当选证格式)

(1946年5月24日)

案奉汉口市政府市秘民□第六九六一号训令开:“查本市参议员选举,业经定于本年五月二十六日上午八时举行,兹为办理慎重确实起见,特规定:(一)农、工商及各自由职业等团体之各初选代表,于参加市参议员选举时,应各携带初选当选证备验,初选当选证业经令行在案。兹查有尚未遵办者,投票时难免纠纷,格式附发;(二)教育会凭会员证给票;(三)各团体理事长、事务主任应事先确实通传各选举人准时到达选举场投票,不得任意缺席。以上三项,除分令外,仰即切实遵照为要。此令!”等因。附发初选代表当选证格式一份。奉此。查此案当选证明书格式,业经函达在卷。奉令前因。除分函外,相应函请查照,转行贵业所推定之各初选代表知照。

此致

汉口市各业同业公会

汉口市商会整理委员会　启

附:初选代表当选证格式

汉口市〇〇公、工会初选代表证明书

兹有　　　已当选为本会初选代表,此证

理事长

中华民国三十五年　月

56.汉口市商会整理委员会为汉口市商业团体市参议员复选投票致各业同业公会

(1946年5月24日)

查汉口市商业团体市参议员复选定于五月二十六日上午八时(夏令标准时间),在本会集会投票(不是随到随投)。除分知外,相应重申规定,函请贵会转知初选代表三人,准时各持同初选代表证明书到会复选,勿误为要。

此致

汉口市各业同业公会

汉口市商会整理委员会　启

57.汉口市机制砖瓦工业同业公会职员一览表

(1946 年 5 月 25 日)

职别	理事长	常务理事	常务理事	理事	理事	监事	候补理事	候补理事	附记
姓名	余松龄	林止盈	王佑霖	夏梦南	周世昌	苏每竞	郑幼生	彭自尧	本届理监事系遵照工业会法于本年五月二十二日召开会员大会票选产生
年龄	六六	五九	六四	六五	五二	四一	五八	四二	
籍贯	黄冈	黄冈	浙江鄞县	嘉鱼	浙江宁波	沔阳	山东	汉阳	
代表公司或厂之牌名	永建机制砖瓦厂股份有限公司	湖北官砖厂恒泰股份有限公司	阜成机制砖瓦厂	华兴德记机制砖瓦厂股份有限公司	裕记机制砖瓦厂	宇成砖瓦厂	同惠砖瓦股份有限公司	汉光机制砖瓦厂	
备考									

58.汉口市商会整理委员会为汉口市商会职业团体市参议员选举致汉口市各业同业公会函(附汉口市商会选举市参议员记录)

(1946 年 5 月 26 日)

查汉口市商会职业团体市参议员选举业于本月二十六日(星期日)上午九时至下午二时半办理完毕,结果计为甘助予、熊幼珊、龚亦遂、祝庸斋、王璧双、张吉六等当选市参议员,张立鹤、李月樵、王龙章、邹安众等当选候补市参议员。除分行外,相应检同记录一份,函请查照为荷。

此致

汉口市各业同业公会

附记录一份。

汉口市商会整理委员会　启

附:汉口市商会选举市参议员记录

时间:三十五年五月二十六日上午九时

地点:市商会大礼堂

出席人:汉口市各业同业公会初选代表(详签名册)

监选人:丁幼泉

事务主任:陈焕章

监察员:邹安众、张立鹤、谢春墀

记录:王柏森

第一次计发出选举票四百五十张

开票结果：

甘助予　八十六票　熊幼珊　七十三票　王璧双　六十二票

龚亦遂　五十六票　张立鹤　五十四票　祝庸斋　三十三票

张吉六　三十二票　李月樵　十九票　王龙章　十七票

邹安众　七票　程子菊　三票　曾绍藩　三票

王致敬　一票

内四票弃权，监选人报告第一次选举无过半数者，依法举行再选。

第二次计发出选举票三百九十七票

开票结果：

甘助予　八十三票　熊幼珊　七十七票　龚亦遂　四十七票

祝庸斋　四十四票　王璧双　四十二票　张吉六　四十票

以上当选市参议员。

张立鹤　三十八票　李月樵　十九票　王龙章　六票

邹安众　一票

以上当选候补市参议员。

监选员：丁幼泉

监察员：谢春墀、张立鹤、邹安众

事务主任：陈焕章

59.汉口市商会整理委员会为通知参议员代表出席选举致各业同业公会

（1946年5月26日）

查本市参议会商业团体市参议员选举定于五月二十六日上午九时起，在本会大礼堂举行，届时由各业公会初选参议员代表（每公会初选参议员代表三名）到会投票。除分知外，相应函达，即希查照，饬知贵业初选代表三名届期前来选举，万勿延误为盼。

此致

汉口市各同业公会

汉口市商会整理委员会　启

60.汉口市政府为请拨还军俘粮借款等情核复遵照令市商会

（1946年5月26日）

令市商会：

三十五年五月九日理字第一百五十八号呈，为据各业公会及银行公会请求，将军俘粮借款按照原议转呈拨还。等情。呈请核示由。

呈悉，查本府前以承购军俘粮，核定价格与市价相差太远，无法如额购交，而部队需食又刻不容缓，经令由该会筹借五千万元购拨，以免军食中断。现中央虽自三月份调整价格，但三月以前之配额仍须如数交足，并催迫万急。除已电请中央照三月调整价格拨补价款外，仍仰遵照前令,如数筹借缴府,俾便及时采购,免误补给为要。

市长　徐会之

61.汉口市市长为通知选举场所规则致汉口市商会选举场所监选员及事务主任

(1946 年 5 月 27 日)

一、选举场所务按选举条例第二十五条规定,按"投票时,除投票所职员及投票人外,他人不得擅入"之规定办理。

二、各报馆新闻记者,原发有新闻记者采访证三十份,除佩有此证者准许入场,并指定座位外,其余未佩带此证者,应遵照第二十五条之规定,一概不得擅入选举场。

上令

市商会本会选举场所监选员及事务主任

市长　徐会之

62.汉口市印刷业同业公会聘请张谟之法律顾问证书

(1946 年 5 月 28 日)

法律顾问证书

兹承汉口市印刷业同业公会聘为常年法律顾问,嗣后如有侵害上开当事人之信用、名誉、财产、营业权利及其他一切法益者,本律师当依法保障之。此证!

律师　张谟

中华民国三十五年五月二十八日

63.王际清为出席中华民国商会联合会代表所有会议情形致汉口市商会

(1946 年 5 月 28 日)

敬启者。前奉本会函以转奉汉口市党部代电,以中华民国商会联合会定于本年五月六日在京召开,筹备大会嘱推代表出席。等由。经会推举际清为出席代表,当即如期驰往开会。讵到会后,始知根据《中华民国商会联合会章程草案》第九条"各省商会联合会及院辖市商会,均应加入本会为会员"之规定,汉口为普通市,遂不得产生代表。嗣经际清再三据理力争,始经大会决议准以出席,另在湖北省商会联合会代表名额内增加代表一人,由际清充任。此盖临时救济之法也。

查汉口为通商巨埠,向以平津沪汉四大商埠著称,过去早曾列为特别市。去秋□复之时,政府以流亡尚未全归,经费亦颇支绌,故暂依照普通市之组织,此乃因应时宜之临时措施,固非其他一般之普通市可比。且自光复以来,亦已日趋繁荣,以地域言,则袤延数十里,以人口言,则数逾八十万。至于商业本身,则银行林立,工厂栉比。更论交通形势,尤居水陆之要冲,长江横贯东西,铁路衔接南北,四方输转,坐扼中心,故能百货充斥,海涌山积,其商业上之重要繁荣,断不下于平津各地。况汉口市党部乃系特别党部,直隶中央,足见其不以普通市视汉口矣。以如此重要商埠,在全国居一二位,何能使之跻于一般普通市,剥夺其出席之权。又如此次宁、渝两商会原各规定代表一人,嗣后又以宁为首都、渝为商联发起地为理由,大会且酌予变通,各增代表一人,而汉口反不能产生一代表,实为不平之极。际清虽本上述理由据理力争,终以限于规定,仅为列席开会,别于省商联增加代表一人,是汉口仍未有合理合法之出席代表。此次系以筹备会性质,一切原非定案,转瞬今秋即成立正式大会,倘不力为争取,此次永跻于一般小市而不能有出席代表,汉商永久之权益即默认被剥夺矣。用特屡陈管见,函请迅予集会,提付核议,并分呈中央,据理准情,强才争取,务期达到推派代表出席下次成立大会之目的,俾维权益。

再,此次大会出席单位共四十三个,实到卅一个,提案共一六四件,内中以关于税务者为多。自五月六日开幕,十日闭幕,所有会议情形,俱详议决案中,兹收原件,一并检送查阅,不另琐陈。

此致

汉口市商会

王际清　启

64.汉口市山货纸张行业同业公会为轿码头工人谭兴旺等纠众凶殴毁损器物吁恳严惩致汉口市商会函

(1946 年 5 月 29 日)

窃属会会员罗仁甫在小夹街开设乾元贞山货纸行(属警察三分局),本月二十五日,突有小夹街轿码头工人谭兴旺、童佑耀、屈邦志、邓贵廷、刘花子、刘直卿等率领工人四十余人,蜂拥入室(即乾元贞行),不分皂白,将店员刘月卿等暨山货纸张码头工人徐仰树等,路人闻干卿、叶姓二人并毒殴成伤;行内器物,悉被捣毁;犹以未足,复一拥上楼,将经理罗仁甫围殴,伤势甚重。该谭兴旺与另一不知姓名者一人,自知罪责难逃,竟自伤图赖反噬,登时有警察四分局大夹街派出所警士十余人荷枪实弹,不问情由,将经理罗仁甫及店员等用枪头痛击后,一并实施捆绑,拘禁派出所,转解四分局移送汉口地检处。幸蒙验明罗仁甫等伤痕,填单附卷,查轿码头工人谭兴旺等向山货纸张码头工人方世和等混争工作,屡次寻衅,曾由本市码头业职业工会整理委员会于三十五年四月三日调解成立,双方发给调解书,后未及月余,该谭兴旺等违反调解决定,复向方世和等无理取闹,而且胆敢于青天白日之下横行无忌,公然聚众行凶,毁物伤人,殴伤经理人等,实属目无法纪。人民身体自由,早经政府明令保障,纵令该谭兴旺等与方世和等混争工作,当不该凭空加害行东店员人等。该警士果系弹压排解,亦不应帮凶擅捕乾元店员。一方面似此情形,人民身体自由何所保障,地方治安影响何堪?经召集全体会员会议,一致表决,请求究办,否则枝节横生,全体会员之营业前途及生命财产,均属毫无保障。迫切陈词,仰祈鉴核,迅予转请依法严办,以儆凶暴而安商业,公德两便。

谨呈

汉口市商会

汉口市山货纸张行业同业公会理事长　屠鹤鸣

65.汉口市商会为遴选理监事参加人民团体干部训练班致汉口市各业同业公会函(附办法草案、报到须知、人员名单)

(1946 年 5 月 29 日)

案奉汉口市政府市社字第六九四号训令开:查本府主办人民团体干部训练班第二期行将结毕,第三期即筹备开始。依照训练办法规定,第三期应调训各同业公会理监事,合亟检发该项办法一份,令仰于文到三日内转饬各公会,遴选理监事三人,照调训人员名册格式造报,以凭办理,勿得稽延为要。等由。附汉口市人民团体干部训练班调训办法、报到须知及名册格式各一份。奉此。除呈复并分行外,相应抄同原附件,函希查照,于文到二日内遴选理监事二人,照名册式样造报市政府社会科核办,幸勿延忽为要。

此致

汉口市各业同业公会

附抄调训办法、报到须知及名册格式各一份

汉口市商会

五月二十九日

附 1:汉口市人民团体干部训练班调训办法草案

一、本市各业公会团体计调训二百四十名,农、商、公益、自由职业等团体,共调训三百六十名,每期训练一百五十人,共计分四期训练之。

二、各人民团体调训名额,其分配之标准如下:

甲:1.会员不足一千人者,调训一人。2.会员在一千人以上者,调训二人。3.会员在二千人以上者,调训三人。

职产业工会性质重要,或分业较繁者,其调训名额得呈准本府酌量增加之。

乙:其他团体。1.农人团体每会二人至三人。2.商人团体每会二人至五人。3.公益团体每会二人至三人。4.自由职业团体每会一人至二人。

三、调训人员各团体应就下列人员中择优遴选之。1.理监事或候补理监事。2.分会干事。3.书记。

四、调训人员必须具备下列各条:1.在担任职业之各项团体中之在业人员(因办理会务而离业者不受限制)。2.粗通文字并具有活动能力。3.年岁在二十五岁以上,身体健壮,能刻苦耐劳者。

五、调训人员由各业团体依照本办法第三条、第四条之规定,照分配名类加倍遴选,呈核本府核定之或由本府径自指名调训。

六、各职业团体送遴选受训人员名册时,须具履历,其项目如下:1.姓名、年龄、籍贯。2.学历(未入学校者可注明私塾几年)。3.工作经历(须注明起迄年月及现在业之厂店名称及地点)。4.担任人民团体职务经历。5.入党团年月及党团证字号。6.通讯处。

七、各业团体报送人员名册送齐后,由本府召集关系机关集会审核,必要时得个别致询决定之。

八、调训人员除由本府发给书籍讲义外，其伙食及其他必需费用与在受训期间应得之工资均由各该保送团体筹给之。

九、受训时间为两周，每日上午七时起至十二时止。

十、本办法自公布之日施行。

附2：汉口市人民团体干部训练班学员报到须知

一、凡各人民团体保送人员，应持各该人民团体之证明文件，向本班教务组报到，注册于训育组，填具受训人员调查表件，须携带衣物如后：1.米黄色制服（学生式帽泡，旁以国徽作帽花）一套。2.黄皮鞋一双。3.洗面具全套。4.铅笔一支。5.抄本、拍纸簿各二本。6.毛笔、墨盒各一件。

二、受训人员应准时到班报到，由教务组注册，训育组发给调查表件后，应即时报到，至中队部参加编队。

三、受训人员一经报到，即遵照部队规定，不准擅自外出。如因重要事故必须亲往办理者，应遵照规定，请按手续呈明事故，经核准者始得外出。

附3：汉口市（〇〇业公会）保送调训人员名单

姓名	年龄	籍贯	学历	工作经历	所担任之职务	是否入党	通讯处	备注
洪栋育	29	安徽太平	私立安徽太平小学毕业	现任万和铁号经理	常务监事	否	汉口街利济路0766号	
田辅臣		汉口	私立泽口进德中学	现任田福兴经理	理事			

说明：

1.学历：如未入学校可注明入私塾若干年。

2.工作经历：须注明起讫年月及现在业之厂店名称及地点。

3.所担任之职务：即担任该人民团体之理监事或书记、干事。

根据应调训人数表，该会调训人数加倍填表。

66.汉口市商会为知照第一届当选理监事名册呈市政府（附当选理监事名单）

（1946年5月29日）

案查本会业于五月二十日上午九时在会内大礼堂举行第一届第一次会员代表选举大会，蒙钧府派员监选，钧会派员指导，暨市党部派员指导，市政府派员监选。当场投票，选举结果：乐作霖等二十一人当选为理事，杨庆山等七人当选为监事，邓廷珍等十人当选为候补理事，朱清民等三人当选为候补监事，记录在卷。兹再定于六月一日上午十时，仍在会内大礼堂依法继续选举常务理事暨理事长，选举后理监事宣誓就职典礼。除分别呈函外，理合检同当选理监事名单,具文呈请钧座届时莅会监选、指导,以昭郑重。

谨呈

汉口市市长徐会之

中国国民党汉口特别市执行委员会主任委员袁

附呈当选理监事姓名单一份

(会衔)主任委员程子菊(假)常务委员张立鹤(代)

附:当选理监事名单一份计开

当选理事:

乐作霖君得八百零一票,贺衡夫君得七百六十六票

李荐廷君得五百九十六票,张立鹤君得五百八十六票

刘伯琴君得五百六十票,万少珊君得五百五十三票

龚亦遂君得五百四十八票,李月樵君得五百二十一票

陈经畬君得五百零九票,王际清君得四百八十九票

韩万青君得四百八十六票,陈焕章君得四百七十九票

邹静轩君得四百七十五票,王静斋君得四百六十一票

何文炳君得四百五十一票,许益甫君得四百一十五票

张吉六君得四百零一票,程子菊君得三百九十九票

曾厚诚君得三百九十七票,王龙章君得三百八十二票

殷柏涛君得三百七十票

当选监事:

杨庆山君得五百七十六票,陈淦川君得三百六十七票

刘子涛君得三百四十五票,刘绍武君得三百一十六票

高坤山君得二百八十三票,张希麟君得二百七十六票

戴震君得二百六十三票

当选候补理事:

邓廷珍君得三百六十八票,成禹门君得三百五十九票

马汉三君得三百五十四票,曾绍藩君得三百零八票

谢春墀君得三百票,祝庸斋君得二百八十八票

王璧双君得二百八十八票,张眉申君得二百七十票

邹承周君得二百六十六票,王穆吾君得二百五十四票

当选候补监事:

朱清民君得二百三十六票,焦秀安君得二百二十四票

熊英三君得二百二十二票

67.楚华企业公司为请自由承购棉纱致汉口市商会函

(1946 年 5 月 31 日)

敝公司拟向第一纱厂订立特约商,承销其所出之棉纱,因系大会直接会员,未入棉纱业公

会,无法承购,用特函请转函第一纱厂,证明敝公司系大会直接会员,且为企业公司,准予自由承购,无任感祷。

此致

汉口市商会

启

68.省青年军复员委员会拟在汉口设立青年军复员办事处请代觅一栋房屋函汉口市商会

(1946年5月31日)

汉口市总商会公鉴:

本省奉令成立青年军复员委员会,办理青年军一切复员事宜,已于本(五)月十四日正式成立,在武昌熊建弼路省立图书馆内办公。惟中央对此次青年军复员工作极为重视,遵奉军事委员会青年军复员管理处兼处长陈电令,除饬对复员青年军妥为代办招待膳宿及交通运输外,并应发动各界欢迎慰劳,以□来兹。等因。兹以本省复员及过境青年军即将到达,水路起卸均在汉口。本会隔江武昌,一切极感不便。经与各方商洽成立,亟应设立汉口办事处,便与各方接洽联系及办理复员青年军一切招待慰劳输送事宜。惟房屋无法觅就,恳请贵会惠予设法代觅房屋一栋,或借贵会内房屋,内部至少三间以上,全套家具,以为本会汉口办事处之用,为时至多二个月。兹本会总务组长石补天前来商洽,即希惠允为荷。

湖北省青年军复员委员会兼主任委员　万耀煌　辰

鄂青总

69.汉口市商会整理委员会为本会第一届第一次会员选举大会事宜致各业同业公会

(1946年5月)

查本会第一届第一次会员选举大会,业经定于五月二十日上午九时起在本会大礼堂举行,并通知各业公会依照本会决定各业代表名额,就各该公会现任理监事中推举出席本会之代表,造具会员名册(即代表名册)二份、委托书一份,连同理监事名单一份,于五月十日前送交本会,逾期不送者,即视同弃权。等语在卷。近闻各业公会对于上项会员名册(即代表名册)有将全体会员列入者,实属误解。查该会员名册代表栏内仅填入此次所选出之代表,无须造填全体会员。除分行外,相应函达,即希查照,如未将代表报会者,请迅转五月十日前依照前项手续报会为要。再,未经选举成立之公会,应于五月十日前依法选举成立,立即推举代表报会,合并声明。

此致

汉口市各业同业公会

汉口市商会整理委员会　启

70.汉口市商会整理委员会为第一届第一次选举大会会员代表致汉口市铁业同业公会文

（1946 年 5 月）

查各业公会出席本会第一届第一次会员选举大会之代表人数及权数，业经提出，四月三十日各业代表大会商讨决定，授权本会作最后决定，兹对请求改等已作合理改正，并呈报市政府、市党部备查在案。兹定于五月二十日假本市兰陵路武汉文化会堂举行选举大会，凡属业经选举成立之同业公会，均应依照规定选派代表到会参加选举。除分行外，兹查贵业代表人数为五人，权数为十三权，相应函达，即希贵会查照，迅即召集会员大会，就现任理监事中选派代表五名，依照后列格式造具会员名册二份、委托书一份，连同理监事名册一份，务于五月十日前送交本会，以凭核发入场证，逾期不送者，即视同弃权。事关选举，万勿延迟为要。

此致

汉口市铁业同业公会

汉口市商会整理委员会　启

71.汉口市商会整理委员会为转发汉口市政府训令致各业同业公会

（1946 年 5 月）

案奉汉口市政府本年五月二日市社字第五七〇一号训令开："奉湖北省政府本年四月十七日省社二字第 1874 号训令开，'准社会部三十五年二月二十八日组三字第 121767 号公函开，准上海市政府代电，以曾任伪组织之各业公会理监事，如无劣迹，可否享受各该团体内一切法定之权利，请核示。等由。到部，查曾经参加伪组织之人民团体之会员、职员，其未因处理汉奸案件条例第二条第八款、第十款之行为，经依惩治汉奸条例□罪者，自可准其参加各该团体组织，并享受该团体内一切法定之权利。又，人民团体理监事，乃私法社团职员，并非惩治汉奸条例第十五条所称之公职候选人，故调整后之人民团体理监事选举，得不受该条之限制。除函司法行政部并电复暨分函外，相应函请查照饬知。等由。除分令社会处、各县市政府外，合行令仰知照，并转饬知照。此令！'等因。除分令外，合亟令仰知照。"等因。除分函外，相应转知查照。

此致

汉口市各业同业公会

汉口市商会整理委员会

72.汉口市纸盒工业同业公会为呈报本会初选代表呈汉口市商会

（1946 年 5 月）

查本会于五月二十日上午十时召集全体会员选举初选代表开票，结果如次：

一、应到会员 98 人

二、实到会员 91 人

三、投票 91 张

四、废票无

五、余票无

六、当选人：

熊巨川得票 90 张

王炳华得票 87 张

孙东武得票 82 张

除分别出给证书外，理合检同选票当选人名册呈报鉴核。

谨呈

汉口市商会

汉口市纸盒工业同业公会理事长　熊巨川

常务理事　孙东武

常务监事　胡少波

初选监察人　熊巨川　雷善太　王思钧

73.汉口市粮食行业同业公会因叶老五侵占本会业务呈汉口市商会整理委员会

（1946 年 5 月）

案奉汉口市政府本年三月二十日市社字第三五二四号训令内开：案查前准粮食部武汉粮政特派员办公处公函，略以据该同业公会呈报，汉阳鹦鹉洲经营猪行之叶老五等越轨侵占粮食行业业务情形，转请查照办理。等由。当经函请武昌市政府筹备处查明核办在案，兹准本年三月八日武社四字一五一七号函复，略称经查明该叶老五，即叶春圃，牌名复兴祥，在鹦鹉洲经营粮食行业及猪行业达七年之久，并据该民呈，以鹦鹉洲经营粮食行业者十余家之多，应否组织公会，前来，当以批饬，径向本市汉阳区粮食行业同业公会登记入会，各在案。是则贵辖属粮食行业同业公会所称，营猪行业未免不明个中情形，且有营业地点，如仅在汉阳鹦鹉洲地段，即与该会营业范围不相干涉，亦即不得指为越轨侵占，准函前由。相应函复，即请查照转饬该公会知照为荷。等由。除函粮食部武汉粮政特派员办公处查照外，合亟令仰知照。此令！等因，奉此。当经函请武昌市汉阳区粮食行业同业公会查询究竟。兹准函复，略谓，查该猪行复兴祥等前虽具函申请加入，当因敝会正值整理期间，各同业以多数尚未复业，未便贸然处理。兹敝会已于本月七日正式成立，经提交第二次理监事联席会议，佥以该猪行复兴祥叶老五（原名叶春圃）等乘武汉沦陷之时，敝会各行营业停顿之际，借敌伪之威势，搜集军粮。兹值河山光复，该业叶老五不加敛迹，反以片面之词，蒙请当政机构批饬，向敝会登记入会，意图取得行业身份，为侵占本业业务地步，所请加入本会一节，经出席全体理监事否决，并决议处理，分呈各主管机关，请求依法取缔外，准函前由，相应函复贵会查照。等由，准此。谨将惯例详情陈述于后。查本会成立历史深长，当前清张文襄公督鄂时，鉴于汉口粮食行业关系国计民生甚巨，每值夏秋，襄水暴涨，滚滚东流，狂风时起，波浪排空，汉口沿小河各码头商船，动遭倾覆，险象环生。为关怀汉口粮食行业生存及顾全商船安全计,特在武昌、汉阳地区开辟救命河两条,即一名武昌下新河,一名汉阳河泊,所俾夏秋水涨风起时,由上而来之商船,则停泊于汉阳河泊所,由下而来之商船,则停泊于武昌下新河。当此时期,汉口各粮食行前往两处自由安全营业,数十年来相安无异,社会人士咸知其情,此就本会同业历来惯例而言也。迨至民国二十七年武汉沦陷,政府西迁,本会同业尊重人格,不甘媚敌,或逃往后方,或避居乡间,无形星散,业务中断。该素行不法之鹦鹉洲叶老五等利用时机,百计献媚,凭借敌伪势力,由各猪行兼营粮食行业,搜集军粮,商船受其威胁者,迄今犹有余痛,武昌市政府筹备处所谓该业叶老五即叶春圃,牌名复兴祥,在鹦鹉洲经营粮食行业及猪行业达七年之久者,即此敌伪盘踞时期也。上年抗战胜利,国土重光,该业叶老五等不惟不知敛迹,反当政府还治之际,正本会同业复归复业之时,依然逞其惯技,肆行侵占本会同业业务如故。迫令呈请取缔,以维业务,乃武昌市政府筹备处偏于畛域成见,漫不详察,遽准登记入会。且又谓贵辖属(指汉口市政府)粮食行业同业公会(指本会)不明个中情形,该叶老五等仅在鹦鹉洲地段,与本会营业范围不相干涉。似若在敌伪时期趋炎附势者,可与优容,而遵从政府疏散命令逃避流难者,□于本不应过问,揆之抗战真谛,殊欠妥适。且事关业务命脉,使本会所述稍有不实,则武昌市汉阳区粮食行业同业公会决不致对于本会深表同情。况数十年之惯例,势之需要,尤非辨别忠伪,伸张正义,不能杜绝以后无穷之纠纷。素仰钧会领导同业,维护周至,群情爱戴,有口皆碑。奉令前因,除分呈外,理合不揣冒昧,具文呈请钧会俯鉴核准,即呈请市党部、政府转请武昌市政府筹备处,对于凭借敌伪势力侵占本会同业业务之汉阳鹦鹉洲叶老五(原名叶春圃)等十余家,严加取缔,以维惯例而伸正义,并恳迅予示遵,实为两便。

谨呈

汉口市商会整理委员会主任委员程

汉口市粮食行业同业公会理事长　刘绍武

1946年5月

74.汉口市商会市参议员候选人名单

(1946年5月)

计开

张立鹤、李月樵、张吉六、王璧双、邹安众、龚亦遂、甘助予、祝庸斋
王龙章、程子菊、王际清、何文炳、李荐廷、曾绍藩、赵祖武、熊裕
王惭磐、徐振麟、董明藏、王致敬、方振民、钱乃嵘、谈公远、徐维荣
黄卓如、叶启章、何家焯、吴龙丞、赵忍安、龚榕庭、熊国藻、黄锡良
林涤烦、张晴舫、徐海珊、袁钦臣、刘明章、陈汉屏、谢春墀、熊幼珊

中华民国三十五年五月　日

75.汉口市参议员初选代表人名册

（1946 年 5 月）

业别	姓名	初选人签名	备
汉口市制香工业同业公会整理委员会	潘震波	潘震波	以上三人系由本会全体会员用记
	黄春山	黄春山	
	舒浩存	舒浩存	

76.汉口市各同业公会市参议员初选合格人名册

（1946 年 5 月）

公会名称	棉花行业	山货纸张行业	肥皂制造业	茶馆业	机器业	棉絮卷花业	粮食行业	面粉磨坊业
代表人数	三	三	三	三	三	三	三	三
代表姓名	余海平 窦纯臣 彭演哉	屠鹤鸣 张尊三 王绳武	陈鼎成 龙友甫 田春霆	郑兴新 李禹卿 冷耀卿	祝渭潜 刘茂远 周泉渭	周星棠 马辉廷 陶国良	曹宝珊 简汉汲 陈道云	罗宝珊 陈尧轩 徐信臣
登记号数	1	2	3	4	5	6	7	8
		市府交下者为屠鹤鸣、罗润生、张法三人						

公会名称	国药业	米业	茶叶行业	服装业	皮革制造业	纺线袜业	牛肉零售业	麻袋业	纱坊业
代表人数	三	三	三	三	三	三	三	三	三
代表姓名	徐海珊 萧焕棠 王曙东	涂炳炎 彭金观 曹仲篪	车绩棠 程经甫 吴敬之	张康平 游宝珊 黄义诚	曾绍藩 刘森 李鑫臣	夏玉廷 刘甲山 宋玉卿	马康裕 贾润卿 魏协堂	詹春堂 方汉文 朱福堂	黄国萍 罗宝臣 王昌庆
登记号数	9	10	11	12	13	14	15	16	17

公会名称	制造毛笔业	杂货业	脚踏车业	烘糕制面业	度量衡制品业	圆木油桶业	制造南酒业	菜油贩运业	布匹店业	糖盐海味业
代表人数	三	三	三	三	三	三	三	三	三	三

（续表）

代表姓名	邹承周 杨梓坤 王大志	马泽三 盛怀卿 张子卿	萧静诚 苏钰珊 吴浩	田伯和 陈泽屏 马辉廷	黄碧珊 余希纯 刘道立	熊作金 魏开成 熊守诚	林秩凡 刘淦清 杨泽臣	杨伯常 沈子良 张宝廷	成禹门 吴继武 余祥甫	何文炳 袁钦臣 王晋澄
登记号数	18	19	20	21	22	23	24	25	26	27

公会名称	中西菜馆业	国货匹头号业	染线纱布业	色土布行业	杂粮店业	鱼行业	喜轿绸布扎彩业	丝油苓粉业	篾篓业	帽业
代表人数	三	三	三	三	三	三	三	三	三	三
代表姓名	黄锡良 邹南汲 朱兴泽	梅斌臣 程南山 邓樊卿	邓廷珍 龙少伯 傅训氏	陈发卿 林金谷 童心慈	陈云峰 潘云甫 刘治安	吴文甫 刘华廷 薛明语	曹翰丞 涂子良 孙运田	余希后 汪云卿 李朗如	陈彬卿 李耀华 李泽卿	夏海卿 阮文彬 丁楚峰
登记号数	28	29	30	31	32	33	34	35	36	37

公会名称	报关业	药材店业	卷烟经理业	饭馆业	食品制造业	牛肉业	油漆粉刷业	牛行业	衣服工业	木板畜业
代表人数	三	三	三	三	三	三	三	三	三	三
代表姓名	王德钦 雷春汲 蓝云衢	陈春山 周振甫 盛协臣	曾厚诚 王直哉 王树臣	童华震 吴文卿 田家才	张泽鎏 程云山 史海汀	魏尚武 王泽峰 刘宪峰	张松甫 万森珊 王玉生	陈兆金 朱协臣 沈作芳	叶良友 潘运超 杨华臣	刘泽粱 蒋明卿 杨发山
登记号数	38	39	40	41	42	43	44	45	46	47
								市府交下者仅阳少卿一人		

公会名称	水土果业	石灰业	丝烟业	磨坊业	猪行业	笔料杂皮业	染坊业	匹头贩运业	豆芽业	广货业
代表人数	三	三	三	三	三	三	三	三	三	三
代表姓名	伍耀廷 叶端发 向琳明	袁秀廷 曾荣卿 陶德炎	吴御臣 潘松亭 苏子衡	陈尧轩 涂炳炎 彭金观	吴其淦 李云陔 彭春山	李石亭 邹承周 傅庆和	李玉峰 喻顺臣 彭玉彬	梅云章 祝庸斋 孙乐三	邱松甫 刘玉荣 吴纯德	胡耀棠 唐云卿 陈盖发
登记号数	48	49	50	51	52	53	54	55	56	57

（续表）

公会名称	油盐业	饼油行业	酱烛杂货制造业	中外纸张店业	南瓷店业	钟表眼镜唱机行业	汾酒业	浏阳编爆业	鸭业	草帽席簟檀货业
代表人数	三	三	三	三	三	三	三	三	三	三
代表姓名	张吉六 唐友于 杨铭芳	李桂森 张惠民 毛筱理	毛秉诚 车心如 陈楚卿	蓝熙周 张彬诚 解善成	王华山 李祥林 易位炳	程放卿 沙梅生 林冠球	郑音卿 鲍显伍 刘峰青	龚泽尔 易恒峰 尹维泽	吴海山 朱少山 韦松鹏	冯子厚 王惠卿 邱文周
登记号数	58	59	60	61	62	63	64	65	66	67

公会名称	棉洋线索业	五金翻砂业	制香工业	废旧白铁商业	生熟鸭子店业	衣服贩运商业	估衣业	折药业	药材行店业	山货行业
代表人数	三	三	三	三	三	三	三	三	三	三
代表姓名	周良奎 张图宣 刘金汲	张耀堂 俞荣卿 梁福生	潘震岐 黄春山 舒浩存	吴季超 彭启清 杨倩发	秦华阶 邹海青 周荣棣	冯仲康 王万宗 傅运鸿	古德福 彭发臣 余荣卿	徐莲甫 张贞如 阚云璋	蔡子贞 齐宝滇 张润涛	张希麟 熊幼珊 黄汉民
登记号数	68	69	70	71	72	73	74	75	76	77
	市府交下者为曾烈臣、邓学炎、张图宣三人				市府交下者为陈华长、杨士元、张义志三人	市府交下者为王万宗、王竞阶、邓泽齐三人	市府交下者为向汉周、王万宗、吕惠福三人			

公会名称	西法洗染业	旅栈业	纱布业	皮业	人力车业	华洋百货业	玻璃塘瓷料器业	新药业	银行商业	古玩珠宝业
代表人数	三	三	三	三	三	三	三	三	三	三
代表姓名	温福开 刘兴显 贺善庆	王静斋 刘伯琴 涂玉钦	张坤陈 余少卿 宋泽卿	孙惠发 高仲常 赵锦卿	胡汉周 陈天青 余福田	刘明章 王仲三 王静发	沈木庭 李昌炽 金慕莱	汪汉臣 张企新 谢治平	邹安众 甘助予 赵祖武	徐菊生 陈钰阶 姚衡平
登记号数	78	79	80	81	82	83	84	85	86	87
						该会呈府者有冯授薪而无王静发特注				

（续表）

公会名称	新旧屋料业	芦柴业	青木业	榨油业	绸缎机器染业	金银首饰业	贩运鸡业	绸缎业	平津路转运业	号栈业
代表人数	三	三	三	三	三	三	三	三	三	三
代表姓名	刘华甫 郭家发 杜春如	王宝中 彭自齐 王宽丞	周伟英 胡廷峰 喻达三	金本祥 袁东屏 童绍舟	鲍乾元 俞文学 丁如查	胡铁樵 彭杏钫 邹静轩	黄金泽 周泽源 林家安	何引年 朱泽民 原炳南	李国骧 程树亭 喻福田	闵子清 王文卿 樊孝林
登记号数	88	89	90	91	92	93	94	95	96	97

公会名称	砖瓦业	棉花业	茶叶店业	丝线绸纱业	石膏业	纱业	牙刷工业	兽力磨面业	板箱业	堆栈业
代表人数	三	三	三	三	三	三	三	三	三	三
代表姓名	雷恒山 陈绍卿 潘树森	黄少山 赵禾荪 王虔甫	易礼堂 蓝次巷 刘斌惠	梁少圃 余少臣 梁少华	陈家义 汪家齐 蓝志齐	彭少田 刘斗南 许益甫	易新民 毛国荣 刘谊全	胡瑞兰 魏骏程 王明松	吴钜堂 吴振南 夏锦云	叶子正 王宝泰 黄立发
登记号数	98	99	100	101	102	103	104	105	106	107
									市府交下者为吴先友而非吴振南	

公会名称	书业	民船业	参燕业	牛肉产运业	石灰业	杂木柴火业	钱业	木器业	杂货行业	雨伞木屐业
代表人数	三	三	三	三	三	三	三	三	三	三
代表姓名	王龙章 田一文 张立鹤	刘中杰 胡发荃 王展初	熊英三 祝剑秋 李杏三	殷金山 林金巳 王仁甫	曾荣卿 袁秀廷 陶德炎	胡志荣 陈庆忠 陈世贤	谢春墀 张雨龙 王璧双	李兴根 章瑞卿 黄廷章	黄益荪 余平轩 胡子安	苏荫泉 张星元 周筱光
登记号数	108	109	110	111	112	113	114	115	116	117
									于正字第七号文中录出来□市府交下	

（续表）

公会名称	花粉绒球业	柴炭业	肠商业	印刷工业	药油山货行业	铁业	汽车运输业	瓜菜薯行业	胶坊业	贩卖菜蔬业
代表人数	三	三	三	三	三	三	三	三	三	三
代表姓名	叶樊臣 黄有清 山哲诚	梅厚安 王耀卿 何晓珊	杨保安 彭自齐 吕芷青	龚少齐 靳玉珊 蓝昌农	窦渭川 吴华安 舒尧卿	赵鸣洲 耿钧三 田辅臣	周堃珊 杨庆山 姜正明	彭兴海 舒厚泽 戴诗恒	傅列新 程汉廷 陈芳云	朱选青 涂傅林 江竹卿
登记号数	118	119	120	121	122	123	124	125	126	127

公会名称	电料业	猪肉零售业	牛奶业	生制食品业	五金旧货业	车检业	进出口商业	转运业	猪肉业	轮船业
代表人数	三	三	三	三	三	三	三	三	三	三
代表姓名	王铭江 魏云卿 蔡显卿	熊连子 林志卿 熊少平	胡焱臣 叶斌 任伯勋	李介云 徐协臣 苏燮和	胡仪亭 李青山 高世槐	方乐阶 袁菊卿 梁公荣	龚亦遂 夏鹤雏 梅明宽	龙海清 邹直卿 袁仰乔	熊云卿 蔡崇卿 张荣程	胡慕周 王发臣 林子后
登记号数	128	129	130	131	132	133	134	135	136	137

公会名称	钟表眼镜业	猪皮业	白铁业	纽扣证章业	非公会会员	煤焦贩运业	颜料洋货业	煤油面粉火柴业	纸盒工业	保险业
代表人数	三	三	三	三	三	三	三	三	三	三
代表姓名	易玉廷 黄街卿 程子辉	殷柏涛 周壁和 阎海卿	周济君 石汉洲 程华山	邓于九 张焕卿 乐少卿	王一鸣 郝震 叶观生	郑昌 龚亦遂 蔡文祥	张尧宣 胡少周 乐作霖	黄子权 杨志棠 刘南陔	熊巨川 王炳华 孙东武	康辛潮 黄清若 朱翔弗
登记号数	138	139	140	141	142	143	144	145	146	147

公会名称	汤圆面粉饭业	豆品业	煤炭业	篾器业
代表人数	三	三	三	三
代表姓名	彭吉品 郭钰珊 刘立夫	李永盛 胡玉山 汪承文	刘焕臣 孙洪钧 吴润泉	李际可 程平祥 陶德明
登记号数	148	149	150	151

77.汉口市政府关于本市参议员选举结果之公告

（1946 年 5 月）

本市参议员业经上月二十六日及本月二日分别选举完竣，并于本月八日经选举监督核定。兹依据选举监督本年四月三十日民木字第四三三三号代电节开：兹授权贵府，关于市参议员当选人及候补当选人姓名，即由市政府分别揭示通知，以期简便。等因。除分别通知外，特将该会当选市参议员及候补当选人姓名揭示如后，俾众通知，特此通告。

市长徐会之

计开

商会市参议员当选人：

甘助予、熊幼珊、龚亦遂、祝庸斋、王璧双、张吉六

商会候补当选人：

张立鹤、李月樵、王龙章、邹安众

78.汉口市政府为核定各单位参议员名额令各区及各职业团体（附各区及各职业团体参议员名额分配表）

（1946 年 5 月）

查本市参议员各区及各职业名额，业经湖北省选举监督，核定区域参议员三十七名、职业团体参议员十六名。兹检发核定本市参议员名额分配表一份。除分令外，合行令仰知照，并迅即公告为要。

此令！

附本市各区及各职业团体参议员名额分配表一份。

市长　徐会之

汉口市各区及各职业团体参议员名额分配表

区域及团体	核定参议员名额	备考
武圣区	三	
宝善区	四	
汉正区	三	
新安区	三	
三民区	五	
中山区	一	
大智区	二	
汉景区	一	
和平区	一	

（续表）

汉口市各区及各职业团体参议员名额分配表			
区域及团体		核定参议员名额	备考
云樵区		二	
永清区		二	
张公区		五	
复兴区		二	
中正区		三	
农会		二	
工会		五	
商会		六	
教育会		一	
自由职业团体	律师公会	共二	
	西医师公会		
	中医师公会		
	助产士公会		
	新闻记者公会		
合计		五三	

6 月

1.鄂省商联会召开留汉理监事会议八月中改选半数理监事

（1946 年 6 月 2 日）

［中央社讯］鄂省商联会于六月一日下午三时在汉召开留汉理监事联席会议，计到奚靖波、高光达、杨一如、曹旭乐、李荐庭、魏仲宣等十余人，省府社会处吴处长琨熙，社会部专员杜章甫等列席。高光达主席报告开会意义，拟由该会兼书记奚靖波报告过去业务进展情形，并提出改进计划，颇为详尽。末由吴处长、杜专员致辞，亦对社会未来寄予希望，并决议：（一）定于八月十五日召开首届第一次会员代表大会，改选理监事之半数；（二）现有会员单位一五九商会各推派代表一人，候选人按权数由各单位提出；（三）原任理监事依法为当然代表；（四）关于召开大会经费应另案分□摊□；（五）会址暂设汉口市商会内，推贺监事衡夫负责交涉，武昌会址推高理事长洽办；（六）加推李理事荐庭、杨理事一如为驻会常务理事，贺监事衡夫、魏监事仲宣为常务监事，加强业务开展。

（《大刚报》）

2.汉口市商会为楚华企业公司请自由承购棉纱致第一纺织公司函

（1946 年 6 月 6 日）

（函　字第　号）

案据楚华企业股份有限公司函称："敝公司拟向第一纱厂订立特约商，云云，无任感祷。"等情，到会。查该企业公司确系本会直属会员，所请准予自由承购贵公司棉纱一节，相应函请查照核办见复为荷。

此致

第一纺织公司

（会戳）启

3.汉口市商会为山货纸张行业公会请严惩轿码头工人谭兴旺等转呈核示致汉口市商会函

（1946 年 6 月 6 日）

案据汉口市山货纸张行业同业公会呈称："窃属会员罗仁甫在小夹街开设乾元贞山货纸行，云云，函至而安商业。"等情，据此。理合据情呈请鉴核示遵。

谨呈

汉口市政府市长徐

（会衔）主任委员　程子○

常务委员　张立○

4.南京市商会为函知本会全体理监事宣誓就职并票选理事长、常务理事暨常务监事致汉口市商会函（附理监事名单）

（1946 年 6 月 6 日）

案查本会奉令改选，遵经筹备就绪，业于本年四月二十五日召开会员代表大会，当蒙党政机关莅场监督指导，票选理事二十五人、监事七人、候补理事十一人、候补监事三人，复于同月三十日举行全体理监事宣誓就职典礼。即召集第一次联席会议，由理事会票选穆华轩、孙柏森、王绎斋、冯鲁瞻、王诚彰五人为常务理事，并票选王绎斋为理事长。由监事会票选宁聘卿为常务监事，均经记录在卷。除分别呈报函知外，相应检同理监事名单一份，函请查照，并希时赐箴言，以匡不逮为荷。

此致

汉口市商会

理事长　王绎斋

常务理事　穆华轩、孙柏森、冯鲁瞻、王诚彰

中华民国三十五年五月二十六日

附：南京市商会当选理事长常务理事暨理监事姓名单

理事长：王绎斋

常务理事：穆华轩、孙柏森、冯鲁瞻、王诚彰

理事：沈铸臣、董育华、冯金源、井振亚、倪文芳、王仲卿、□复初、钱贯之、徐广仁、许干芳、许少卿、宁子春、朱菊山、陈心言、李锦堂、周炳生、胡觉明、陈家礼、沈玉鸿、章厚之

候补理事：严春荣、孙酉山、金少垣、蔡惟庚、江镜澄、汪月秋、金玉堂、姜毓麟、杨成一、李汉卿、朱梓林

常务监事：宁聘卿

监事：桂仲昂、王子兴、鲁有才、冯子栽、程绍余、吴莀臣

候补监事：谈光远、何柏椿、王琢吾

5.交通部长江区航政局为函送襄河木船运价会议记录致汉口市商会（附交通部长江区航政局襄河木船运价会议记录）

（1946年6月6日）

交通部长江区航政局公函　监运汉字第三三五一号

兹送襄河木船运价会议记录及襄河木船运价表各一份，即请查收。再，此项运价业经呈请交通部核示，一俟奉准，当再函达，并希查照为荷。

此致

汉口市商会

附襄河木船运价会议记录一份。

局长　王洸

附：交通部长江区航政局襄河木船运价会议记录

时间：三十五年五月三十一日上午九时

地点：汉口一德街九号本局

出席代表：武汉行营交通处杨湛之

武汉警备总司令部金维宁

后勤部水路军运指挥部武汉军运办公处陈斯开

汉口市政府袁圣立

财政部湖北盐务办事处张春浩、夏国玑

湖北省水上警察局田德修

善后救济总署汉口物资储运局欧阳培

长江区航政局李起涛、沈稼芰

主席：李起涛

记录：沈稼芰

甲、主席报告

诸位先生，本局近准后方勤务总司令部、水路军运指挥部、武汉军运办公处代电及湖北省

水上警察局公函，请订定襄河木船运价，同时善后救济总署、汉口物资储运局及湖北分署亦曾派员来局接洽襄河木船运价事项，特约请各位先生来局，共同商讨订定一合理运价，呈奉核准后公布施行。

襄河木船航行成本一时无法调查，汉口市民船商业同业公会正在改组期中，本局曾派员前往接洽，并函请派代表出席，是否参加，尚不可知。襄河最近木船运输情形不甚明了，惟本局订有宜昌至汉口木船货运运价，汉口至襄阳同属鄂省地区，物价工资情况大致相同，汉广线运价可否比照宜汉段运价基数办理，请到会各位代表发表意见。

乙、各代表意见

襄河为鄂中重要水道，木船运输日趋频繁，事实上急需规定一合理运价，俾运输货物时免生争执。汉口市民船商业同业公会未派代表出席，关于襄河木船运输情形有欠明了，比照宜汉段木船运价基数办理固属要善。惟宜汉系属大江，船只吨位较大，航行亦易，成本稍低。襄河情形不同，似应略予提高，以维船民生活。

丙、决议事项：

一、订定襄河木船货物运价。

汉口至襄河运价，参照宜昌至汉口段木船运价，每吨每公里基数七零七一元，增加百分之十，为每吨每公里基数七七七八元，按照里程计算。

二、订定运价表、附注办法。

照航政局所提办法酌予修订办理（见运价表）。

三、实行日期。

自三十五年六月一日起实行。

6.汉口市政府为拟定商业同业公会职、产业公会章程准则仰参酌遵办令本市商会（附商业同业公会章程准则）

（1946 年 6 月 7 日）

查本市工商团体，各商业同业公会，职、产业公会均经先后报准成立，惟各该会所拟章程多有不合规定，亟应调整。兹本府拟定商业同业公会，产、职公会章程准则，以资参照。至未经实业部指定之工业同业公会，可参照商业同业公会章程仿拟。除分行外，另行检寄上项章程准则，仰即参酌各团体性质及实际情况加以研究修正，再行特饬遵照依法拟就五份寄府核备为要。此令！

附检寄商业同业公会章程准则一份。

附抄产、职公会章程准则一份（此份存卷，请另抄一份）。

市长　徐

附：商业同业公会章程准则

第一则　总　则

第一条　本章程依据《商业同业公会法》及《商业同业公会法施行细则》订定之。

第二条　本会定名为〇〇县市〇〇商业同业公会。

第三条　本会以维持增进同业之公共利益及矫正弊害为宗旨。

第四条　本会以〇〇县市行政区域为区域事务所，设于〇〇〇。

第二章　任　务

第五条　本会之任务如下：

一、关于会员商品之共同购入、保管、运输及其他必要之设施；

二、关于会员营业之统制；

三、关于会员营业之指导、研究、调查及统计；

四、办理合于前三条所揭宗旨之其他事项。

兴办前项第一款事业时，应拟定计划书，经会员全体三分之二以上同意，呈请县市政府核准，其变更时亦同。

第一项第二款之统制须经全体会员三分之二以上之同意，呈由主管官署核准后方得施行。

第三章　会　员

第六条　凡在本区区域内经营〇〇商业之公司、行号或工厂所设售卖场所，不论公营、民营，除关系国防之公营事业或法令规定之国家专营事业外，均应为本会会员。

前项会员推派代表出席本会称为会员代表。

第七条　本会每一会员推派代表一人，其担负会费满五单位者得加派代表一人，以后每增十单位加派一人，但至多不得过七人，以经理人、主体人或店员为限。

第八条　本会会员代表以有中华民国国籍、年在二十岁以上者为限。

第九条　有下列各款情事之一者，不得为本会会员代表。

一、背叛国民政府，经判决确定或在通缉中者；

二、曾服公务而有贪污行为，经判决确定或在通缉中者；

三、褫夺公权者；

四、受破产之宣告尚未复权者；

五、无行为能力者；

六、吸食鸦片或其代用品者。

第十条　会员举派代表时应给以委托书并通知本会，撤换时亦同。但已当选为本会职员者非有依法应解任之事由不得撤换。

第十一条　会员代表均有表决权、选举权及被选举权。会员代表因事不能出席会员大会时，得以书面委托他会员代表代理之。

第十二条　会员非迁移其他区域、或废业、或受永久停止之处分者不得退会。

第十三条　会员代表有不正当行为致妨害本会名誉信用者，得以会员大会之议决通知原推派之会员撤换。

第十四条　公司行号不依法加入本会、或不缴纳会费、或违反章程及议决者得经理事会之议决予以警告，警告无效时得按其情节轻重依照《商业同业公会法》第二十六条规定之程序为下列之处分：

一、〇〇元以下之违约金；

二、有时间之停业；

三、永久停业。

前项第二款第三款之处分非经主管官署之核准不得为之。

第四章　组织及职权

第十五条　本会设理事〇〇人，组织理事会，监事〇人，组织监事会，均由会员（如系会员代表应加代表二字）大会就代表中用记名连选法选任之。

选举前项理监事应另选候补理事〇人，候补监事〇人，遇有缺额，依次递补，以补足前任任期为限，未递补前不得列席会议。

第十六条　当选理监事及候补理监事之名次依得票多寡为序，票数相同时以抽签定之。

第十七条　理事会设常务理事〇人，由理事中用记名连选法互选之，以得票最多者为当选，常务理事有缺额时，由理事会补选之，其任期以补足前任。

第十八条　常务理事就当选之常务理事中互推理事长一人。

第十九条　理事会职权如下：

一、执行会员大会之决议；

二、执行会员大会之议案；

三、召集会员大会。

第二十条　常务理事之职权如下：

一、执行理事会决议；

二、处理日常事务。

第二十一条　监事会之职权如下：

一、监察理事会执行会员大会之决议；

二、审查理事会处理之会务；

三、稽查理事会之财政出入。

第二十二条　理事及监事之任期均为四年，每二年改选半数，不得连任。

前项第一节之改选以抽签定之，但理监事人数为奇数时，留任者之人数得较改选者多一人。

第二十三条　理监事为下列情事之一者，应即解任。

一、会员代表资格丧失者；

二、因不得已事故经会员大会议决准其辞职者；

三、依《商业同业公会法》第四十三条解职者。

第二十四条　本会理监事均为名誉职。

第二十五条　本会事务所设办事员〇〇人，得分科办事，其办事规则另定之。

第五章　会　议

第二十六条　本会会员大会分定期会议及临时会议两种，均由理事会召集定期会议，每年开会〇次，临时会议于理事会认为必要或经会员之请求或监事会函请召集时召集之。

第二十七条　召集会议大会应以十五日前通知之，但有《商业同业公会法》第二十五条、第二十六条之情形或因紧急事项召集临时会议者不在此限。

第二十八条　本会会员大会开会时，由党务理事组织主席团。

第二十九条　本会会员大会之决议以出席代表过半数之出席，出席代表过半数之同意行之。出席代表不满半数者得行假决议，在三日内将其结果通告各代表，于一星期后二星期内重行召集会员大会，以出席代表过半数之同意对假决议行其决议。

第三十条　下列各款事项之决议召集会员大会三分之二以上之出席，出席代表三分之二以上之同意行之，出席代表不满三分二者，得以出席代表三分之二以上之同意行假决议，在三日内将其结果通告各代表，于一星期后二星期内重行召集会员大会，以出席代表三分之二以上同意，对假决议行其决议。

一、变更章程；

二、会员之处分；

三、理监事之解职；

四、清算人之人选任及关于清算事项之决议。

第三十一条　本会会员代表人数超过三百以上时，会员大会得就地域之便利先期分开预备会，依各预备会会员代表人数比例推选代表合开代表大会行使会员大会之职权。

第三十二条　本会理事会每月至少开会一次，监事会每两月至少开会一次。

第三十三条　理事会开会时须有理事过半数之出席，临时互推一人为主席，以出席理事过半数之同意决议一切事项。

第三十四条　（略）

第三十五条　理监事开会时不得委托代表出席。

第六章　经费及会计

第三十六条　本会经费分会费及事业费两种。

第三十七条　会员会费比例关于其资本额缴纳之，每一单位定为国币〇〇元。

第三十八条　会员退会时会费概不退还。

第三十九条　本会会费之预算、决算于每一年度终了一个月以内编制报告书提出会员大会通过，呈报主管官署并刊布之。

第四十条　会计年度以每年一月一日始至同年十二月三十一日止。

第四十一条　事业费之分担每一会员至少一股，至多不得超越五十股，但因必要得经会员大会之决议，增加之事业费总额及每股总额应由会员大会决议，呈往主管官署核准。

第四十二条　前条之事业费，会员非退会时不得请求退还，其请求并须于年度终了时为之。

前项请求退还之事业费其结算应以退股时本会事业之财产状况为准。

请求退还之事业费不问原出资之种类，均可以金钱抵还。

退还事业费时关于本会所兴办事业之事务有未了结者，于了结后计算并分派其盈亏。

第四十三条　本会会员对于本会兴办事业之责任得依法兴办之决议于担任股额外，另负定额之保证责任。

依前条送还事业费之会员对于前项之保证责任于退还事业费后经过二年始得解除。

第四十四条　本会事业费之预算决算依本章程第三十九条之程序办理。

第四十五条　本会事业费总额及每股金额之变更、保证责任之确定或本会事业费之停止均应依法决议,呈报主管官署。

第七章　附　则

第四十六条　本章程未规定事项悉依《商业同业公会法施行细则》办理之。

第四十七条　本章程如有未尽事宜,经会员大会决议呈准○○县市政府修改之,并逐级呈报中央社会部及经济部备案。

第四十八条　本章程会员大会决议呈准○○市政府备案施行,并逐级转中央社会部及经济部备案。

7.汉口市煤炭行商业同业公会为举行第一届选举会员代表大会致市商会整理委员会(附理监事略历表)

(1946 年 6 月 8 日)

一、前经呈请钧会转呈汉口市政府,以市社字第五六五五号指令准予整理,应□□成立,并将整理情形随时具报。等由。

二、经于筹鸿字第六号呈文呈请市府,于五月十一日在三民路老会宾酒楼举行第一届选举会员代表大会,承派张指导员立鹤暨各机关莅临指导下顺利成立,当将选举情形大会记录报呈指导员携呈钧会在案,理合备文,并造具当选理监事略历表,一并呈贡鉴核备查。

附:汉口市煤炭行商业同业公会职员略历表(1946 年 6 月 8 日)

职务	理事长	常务理事	常务理事	理事	理事	理事	理事	理事
姓名	刘焕臣	韩洪钧	吴润泉	黄汉章	刘芹生	梁宗贵	刘清臣	彭连升
性别	男	男	男	男	男	男	男	男
年龄	46	30	30	40	53	41	43	30
籍贯	汉阳	汉口	汉阳	汉阳	湖南	湖南	汉阳	黄陂
学历	初中毕业	博文中学	初中	私塾十年	私塾十年	私塾八年	私塾九年	初中
经历	经商	经商	经商	经商	经商	经商	经商	经商
住址	大新码头 300	汉正街 221	横堤上街 40	新火路 2	詹庆里 4	南岸咀 10	大夹街 110	天德里 6
已否入党	未	未	未	未	未	未	未	未
备考								

(续表)

理事	监事	监事	监事	候补理事	候补理事	候补理事	候补理事	候补理事
张瀛洲	舒湘涛	孙熙丞	李云甫	胡耀廷	王楚卿	王寿山	金紫廷	刘文阶

（续表）

40	53	46	51	42	45	62	58	45
湖南	汉阳	太平	汉阳	汉阳	汉阳	黄陂	汉阳	汉口
初中	私塾十一年	私塾十二年	私塾十年	私塾八年	私塾十年	私塾七年	私塾七年	初中
经商	经商	经商	经商	经商	经商	经商	经商	经商
宝庆七巷 8	宝庆二街 2	小蔡家巷 43	小蔡家巷 13	小蔡家巷 44	二东阿街 400	小蔡家巷 80	木兰宫 70	长堤街 588
未	未	未	未	未	未	未	未	未
备考								

8.汉口市商会为本市人民团体干部训练班第三期学员训练一案致汉口市各业同业公会函

（1946 年 6 月 11 日）

案奉汉口市政府市社字第 7449 号代电开：查本市人民团体干部训练班第三期学员训练一案，曾于上月廿九日以市社字第 6943 号令饬市商会转知在卷。兹规定：（一）自本月十二日起至十四日正午十二时止，为报到日期。（二）十四日下午三时编队。（三）十六日起正式上课。（四）务须遵照前令。附有调训办法、报到须知及名册式样一份，报送合格人员携带证件径至训练班（观音关民教馆内）办理各项手续。除分电外，合行电仰遵照。等因，奉此。除分行外，相应函希查照办理为荷。

此致

汉口市各业同业公会

汉口市商会　启

六月十一日

9.汉口市商会为召开武汉社会安全促进会成立大会致各业同业公会

（1946 年 6 月 11 日）

案准武汉社会安全促进会发起人函开："敬启者。近来各地时有不良分子借端扰乱社会秩序，影响人民安全。武汉居全国中心，人口众多，难免阴谋破坏之徒潜匿其间，同人等为求武汉社会安全，不受阴谋暴力威胁起见，特联合各社团及公正人民发起组织武汉社会安全促进会，兹定于本月十二日下午二时假汉口市商会大礼堂开成立会，敬请贵商会推派代表，并转知各同业公会理事长届时出席为荷。"等由，准此。除派员出席并分行外，相应函希查照，准时出席为盼。

此致

汉口市各业同业公会理事长

汉口市商会　启

10.汉口市商会为本会第一次第一届理监事选举情形呈蒋主席

(1946 年 6 月 11 日)

南京国民政府蒋钧鉴:

伏维强寇凭陵,元凶僭窃,山河破碎,江汉腥膻。钧座神冲默运,威德远扬,驱丑虏于海隅,奠邦基于磐石,恭膺布康衢于中土,复国府于金陵。凡属血气之伦,共庆升平之盛。本会乘时复员,整理完竣,经于本年正月□日由全体会员代表大会依法选举理事二十一人,监事七人,理事杨○○、高○○。复于六月一日由全体理事选举常务理事七人,复○为理事长,并选举常务监事三人,于同月九日宣誓就职。○○等猥以铨才、缪荷众颂、职烦责重,深惧弗胜,嗣后惟有秉承政府法令,恪恭将事,促进商业之繁荣,协助经济之建设。谨率全体理监事及代表代表全市商人遥瞻都门,顶礼致敬!

汉口市商会理事长贺○○、
常务理事万○○、何○○、
张○○、王○○、张○○、
陈○○、常务监事杨○○、
高○○、戴○谨叩,巳印

11.汉口市政府秘书处行政科为请送商会市参议员履历表并派员各填两份三日内送科致汉口市商会区公所

(1946 年 6 月 13 日)

查各区公所及各职业团体参议员及候补参议员详细履历表式二十四份,希派员各查填两份,于三日内送科,请勿延误为荷。

此致

市商会、区公所

汉口市政府秘书处行政科　启

12.中国国民党汉口特别市执行委员会为奉令召集各机关会商组织肃奸团体致汉口市总商会函

(1946 年 6 月 14 日)

案奉武汉行营交下第二次党政军联席会报第十案,湖北高等法院对经济汉奸每多宣判无罪,请督促注意案,决议:(一)由市党部召集有关机关,发动民众团体组织肃奸团体;(二)建议中央通令注意。等因。兹定于本月十八日午后二时半在汉口市党部会议室举行会商。除分函外,相应函达查照,准时派员出席为荷。

此致

汉口市总商会

主任委员　袁雍

13.应山县广水镇商会为电达本会正式成立日期请查照致汉口市商会代电(附理监事简历)

(1946 年 6 月 14 日)

汉口市商会勋鉴：

查本会自复员后,即依据部颁《商会法》发起组织,进行筹备事宜,历时数月,叠奉应山县政府令催,爰于五月二十八日上午十时召集会员代表开选举成立大会,结果票选道中等九人为理事,楚翘等三人为监事,复由理事九人票选尹乾三、杨润生、杨道中等三人为常务理事,监事三人票选梅楚翘为常务监事,再由常务理事票选道中为理事长案。道中等猥以庸才,自知绠短汲深,陨越堪虞,若用辞为,又恐有负会员之重托,只得于五月三十日宣誓就职,竭尽绵薄,共谋全镇商人之福利。尚希不我遐叶,时赐箴规,俾道中等悬诸座右,昕夕离诵,借匡不逮是幸。

应山县广水镇商会理事长杨道中叩,巳文

附:应山县广水镇商会第一届当选理监事姓名简历

职别	理事长	常务理事	常务理事	理事	理事	理事	理事	理事	理事	候补理事	候补理事	常务监事	监事	监事	候补监事
姓名	杨道中	尹乾三	杨润生	李日新	张仁甫	方曙初	尹泽如	张子元	湛儒舜	周华卿	陶少卿	梅楚翘	陈佩卿	王连三	黄子纯
年龄	三四	五四	四八	五五	五八	四五	三四	四八	三五	五二	五〇	四五	四三	四五	四八
籍贯	应山	应山	应山	应山	应山	应山	应山	应山	应山	黄安	黄冈	应山	应山	济源	礼山
营业种类	杂货业	卷烟业	药材业	油盐业	油盐业	粮业	布头业	转运业	粮业	布头业	篷席业	杂货业	屠宰业	酱酒业	转运业
所属公会名称或商店牌号	杂货业同业公会	尹泰盛商店	福寿春药材号	油盐业同业公会	油盐业同业公会	粮业同业公会	布头业同业公会	转运业同业公会	粮业同业公会	布头业同业公会	篷席业同业公会	杂货业同业公会	屠宰业同业公会	酱酒业同业公会	转运业同业公会
在公会或商店职务	公会理事长	经理	经理	公会理事长	公会理事	公会理事	公会理事长	公会理事	公会理事长	公会理事	公会理事长	公会代表	公会理事长	公会理事长	公会理事
住址	中正街	中山街	中正街	西河街	中山街	光复街	中正街	中山街	中山街	中山街	光复街	中山街	中正街	中山街	铁路边
备注															

14.汉口市商会为推派代表准时出席欢迎居觉生先生代表大会致汉口市各业同业公会

(1946 年 6 月 15 日)

案准武汉各界欢迎居院长觉生先生筹备会函开:“兹定于本月十六日(星期日)上午九时,假兰陵路文化会堂开欢迎居院长觉生先生代表大会,届时务希贵会转知各公会推派代表二人出席参加为荷。”等由,准此。除分行外,相应转函即希查照,准时派代表二人前往参加为盼。

此致

汉口市各业同业公会

汉口市商会　启

15.汉口市服装工业同业公会职员张有禄等为请求调整公教人员待遇酌加职工薪资致汉口市服装工业同业公会函

(1946 年 6 月 15 日)

窃职等自蒙钧会聘雇,阅时数月,在元、二月份仅支维持费,至三月份虽荷各批薪资,斯时职工所获仅够养活个人,实不足以赡养家口。职等以钧会初值成立,经费尚未筹募,不便斤斤,只得勉力从公,不料时逾数月,社会物价较职等受雇时业已增涨数倍余,而职等薪资仍照旧给,以致负债累累。长此以往,何堪维生。兹阅报章,此次行政院调整全国公教人员待遇办法,明令虽经颁布,于六月份起支,但吾鄂各级公务员尤觉增加成分太低,且感不平。现已联名,一致呼吁,请求政府增正。职等因非公教人员,然系合法团体之职工,依法衡请。惟有历陈生活痛苦,请求钧会俯准,依照《行政院调整公教人员待遇办法》之原则,于六月份起对于职等薪资根据实物现价酌予增加支给,以资激励而维生活,至感公私两便。

谨呈

汉口市服装工业同业公会

外勤张有禄、书记杨蕴青、文书李墨齐
会计王俊之、书记李培之、内勤田钦洲

16.武汉各界推行节约粮食消费暨节食一日救灾运动委员会筹备会会议致汉口市商会函(附武汉各界推行节约粮食消费暨节食一日救灾运动委员会筹备会会议记录)

(1946 年 6 月 15 日)

查本会第一次筹备会□□□会定本月(六月)十七日成立,兹定是日上午九时假省田粮处(武昌胡林翼路五一九号)开成立会,并商讨一切推行事项。相应抄送原议案一份,即请查照,届时派员出席参加为荷。

此致

汉口市商会

附议案一份。

武汉各界推行节约粮食消费暨节食一日救灾运动委员会筹备会　启

六月十五日

附:武汉各界推行节约粮食消费暨节食一日救灾运动委员会筹备会会议记录

地点:省田粮处

时间:三十五年六月十二日

出席人:警备总部宣博熹、省党部王忠顺、社会处陈兴扬、汉口市特党部范曦、湖北支团部孙积武、省会警察局田意□、武昌市政处潘宗杰、田粮处陈锡周、汉口市政府王景伯

主席:李诚

记录:蔡涤明

甲、报告事项(略)

乙、讨论事项

一、武汉区推行节约粮食消费暨节食一日救灾运动,应否成立机构,以资推动案。

决议:组织武汉各界节约粮食消费暨节食一日救灾运动委员会,以湖北省政府、汉口市政府、武昌市政筹备处、湖北省党部、湖北支团部、汉口市党部、汉口区团部、湖北省参议会、汉口市参议会、省会警察局、汉口市警察局、湖北省商联会、武昌市商会、汉口市商会、警备总部、社会处、省田粮处、武昌市总工会、汉口市总工会等十九机关团体为委员,并推省府主席为主任委员,省市党部主任委员、省市青年团干事长为副主任委员。

二、本会成立日期及分组工作如何决定案。

决议:本会定本月十七日成立,内分总务、宣传、检查三组,并推定省支团部、田粮处、社会处担任总务组,省市党部、省市团部担任宣传组,警备总部、省市警察局担任检查组。

三、运动办法如何拟定案。

决议:(一)关于宣传方面由湖北支团部拟定;(二)关于检查方面由警备总部拟定(由田粮处抄送有关法令供作参考);(三)关于节食救灾方面由湖北支团部拟定,提交成立会议讨论。

四、本会经费如何筹措案。

决议:由总务组拟具预算,暂由湖北支团部、社会处、田粮处分担垫支。

丙、散会

17.汉口市酱酒酿造工业同业公会第一届选举大会

(1946年6月15日)

汉口市酱酒酿造工业同业公会第一届选举大会

日期:民国卅五年六月十五日下午

地点:汉口市旋宫饭店

出席各机关监选指导员:

汉口市政府李监选员济苍

汉口市党部黄指导员超群
汉口市商会代表张吉六君
本会会员五十三名出席　会员四十六户　载登名簿
开会如仪
主席:蔡筹备主任林虎
记录:尹群豪
报告事项:
蔡筹备主任报告本会筹备经过情形(余略)
市政府李监选员济苍训词(略)
市党部黄指导员超群训词(略)
市商会代表张吉六君致词(略)
选举结果:
理事当选七人
周亦兰君得四票
复选理事长
周亦兰君当选为理事长
当场宣誓就职
散会

18.汉口市商会为函复填送市参议员履历表致汉口市政府秘书处行政科

(1946 年 6 月 18 日)

案准贵科函送市参议员履历表二十四份,嘱派员各查填二份送科。等由,自应照办。查商会市参议员暨候补市参议员,共计十人。兹已将如数分别填就,相应备函检送,请烦查照为荷。

此致

市政府秘书处行政科

(会戳)启

19.宣报社为在汉复刊希查照随时联络致汉口市商会函

(1946 年 6 月 19 日)

宣报社公函　宣字第一号

径启者。本报于民国二十九年十月十日在贵州都匀创刊,发行以来,久为社会人士所称道。唯以抗战关系,物质缺乏,于三十年秋季影响停刊。现已抗战胜利,本社同人先后来汉,拟在汉口复刊,经呈奉中国国民党汉口特别市党部批示,“准予先行复刊”在案。兹觅定民族路六合里二号为临时社址,并定于三十五年七月一日出版,仍本过去代表民意,站在大众立场,服务文化事业为唯一之鹄的,值此复刊伊始,诸多未周,尚希查照,随时联络,并祈赐予指导,俾匡不逮为荷。

此致

汉口市商会

发行人　李言三

社长　柯栩

20.汉口市商会为派出席市党部商组肃奸团体一案报告

（1946 年 6 月 20 日）

奉派出席市党部商组肃奸团体一案，遵准时前往开会，商组结果：（一）定名为“武汉人民肃奸协进会”；（二）采委员制，每一团体单位推定一人为委员；（三）职责范围以“协助法院搜获新证据”“秘密检举漏网汉奸”各项；（四）推定万克哉五人起草章程；（五）定七月一日成立。关于会址及经费，俟成立会议定各决议。惟关于第二项每个团体各推代表一人，拟请另行推定，以合体制。理合将开会情形及拟请另推代表缘由报请秘书主任夏转报理事长贺鉴核。

附九二号原案一件。

职　吴佩卿　呈

21.汉口市政府为筹购军俘粮详细情形并仰迅予筹补差额令市商会

（1946 年 6 月 21 日）

令市商会：

查本市本年奉令筹购军俘粮，计元至九月份军俘粮配额二万四千一百二十五大包，元月份军俘粮六千三百七十五大包，定价每斤五十元。嗣奉省府省田三字第八二〇号表支代电，调整配额指示，本市元、二月份仍应照原定价购交军粮五千三百六十一大包，俘粮六千三百七十五大包，查此案奉令筹购之初，市价即为每市斤八十余元。本府鉴于当时来源缺乏，如大量在市面收购，势必刺激粮价上涨，使多数贫民感受生活威胁。如照定价配购，则本市既非产粮地区，兼之复员伊始，百废待兴，唯有以大商富户为配购对象，但无精确配赋标准，难免发生弊害，不仅纷扰滋多，且与中央体念收复区迭令禁止摊派之本旨不合。故一面将所领价款交本市米业公会就地配购，交兵站维持驻军补给，一面交本市军粮筹购委员会赴衮河沿岸产粮地区购运，期能减少差额及本市民之负担。自元月十三日（元月初间，正值农历腊月，武汉有关机关因恐刺激粮价上涨，经相约，半月期间均不购粮）每市斤价八十余元之时开始购办，至二月中旬涨至一百二十余元，下旬即达一百六十余元，尤以三月中旬粮价涨至最高峰。本府经领价款业已用罄，而兵站仓库及部队坐府催索，至为紧急，承办人员几于不能办公，迭经召集各机关团体会商救济办法，并于万难之中向银行及商会、米粮两业同业公会挪款借粮。始克将元、二月份军粮五千三百六十一大包交足，并购交俘粮一千六百八十五大包，尚欠俘粮四千六百九十大包，上项已交军俘粮按照先后实际平均购价（每斤一百五十二元三十三分）与定价（每斤五十元）核算差额，计一亿四千四百一十万零三千四百三十六元。三月以后奉令调整配额，每月应交军粮二千五百二十大包，价格每斤增至一百八十元，计三至六月共应交军粮一万零八十大包，应领价款三亿六千二百八十八万元，已如数购交仓库。按照先后实际购价（每斤一百五十二元三十三分)与定价(每斤一百八十元)核算,结余五千五百七十八万二千七百二十元,以上二月份差额与三至六月节余两相抵算,实际尚差八千八百三十二万零七百一十六元,该项差额系挪用元月欠交俘粮价款及商会借款与米粮两业借拨之粮,应筹措归还,以清手续。元月欠交俘粮四千六百九十大包,迭经呈请省府免购。省府以文代电核复,仍应照原价原额购足补交。等因。查是项欠交俘粮原价款已挪垫元、二月份军俘粮差额,且目前市价与原定价格相差达四倍之多,本府无法再行购交,仰即照定价设法购交。综上,军俘粮购办情形,经分别拟具提案提交本(六)月十五日军俘粮价审核会决议,各在案。除分令暨检附会议记录,并另定期召集有关机关会商筹补办法外,仰即迅予遵照办理,具报为要。此令!

市长　徐会之

22.汉口市政府为抄《工会法》第八条关于劳资双方应行遵守等令市商会及市总工会

(1946 年 6 月 23 日)

查工人团体之保护与监督,《工会法》中已有明文规定,近有少数商民及工人团体立法□□,或以资方立场,嫉视工人团体,多方阻挠,或劳方立场,借组织团体为护符,强制要挟。凡此行为不惟于法不合,且使劳资双方交困,任其滋蔓,又必致影响建国大业。为防微杜渐起见,特将《工会法》劳资双方应行遵守各条摘录抄发。除分令市商会、公会遵照外,合行令仰该会迅即转行所属,一体遵照为要。此令!

摘抄《工会法》有关劳资双方应行遵守各条如下:

《工会法》第八章:保护

第四十条　雇主或其代理人不得因工人为公会会员而拒绝雇佣或解雇及其他不利益之待遇。

第四十一条　雇主或其代理人对于工人不得以不任公会职务为准用条件。

第四十二条　雇主或其代理人在劳资争议调解仲裁期间不得解雇工人。

《工会法》第三十四条　工会职员或会员不得有下列各项行为:

一、封锁商店或工厂;

二、擅取或毁损商店、工厂之货物器具;

三、逮捕或殴击工人与雇主;

四、限制雇主雇佣其介绍人之工人;

五、集会或巡行时携带武器;

六、对于工人之勒索;

七、命令会员怠工;

八、擅行抽收佣金或损项。

市长　徐

23.汉口市商会为请准时出席商籍市参议员座谈会致汉口市政府秘书处行政科

（1946 年 6 月 26 日）

兹定于六月二十六日下午三时,在本会会议室举行商会参议员暨区选商籍市参议员座谈会。除分函外,相应函达,即希台端准时莅会出席参加为荷。

此致

○参议员、○○全体理监事(以上另单有○者填写)

（会戳） 启

24.汉口市商会为转知人民团体职员选举代写选票处理办法致各业同业公会函

（1946 年 6 月 26 日）

案奉收文第 609 号汉口市政府市秘社字第 7557 号马代电开:“准湖北省政府社会处本年六月六日鄂社二字第九九三四号代电,以案奉社会部京组五字第〇二五〇三八号代电开,据福建省社会处电请释示人民团体职员选举代写选票疑义一案,兹规定处理办法如下:(一)选举人不识字或不能写字时,应亲自报告在场监选及指导之人员指定并监事办理选举事务之职员代写选票;(二)选票写就后,代写人应向选举人宣读被选人姓名,经选举人认为无误后,在其本人姓名下画押代书,并应亲自签名负责。仰即遵照并转饬遵照为要。等因。除分行外,相应电请查照为荷。等由。除分电外,合亟电仰转行知照。”等因,奉此。除分行外,相应函希查照转知为盼。

此致

各业同业公会

汉口市商会　启

25.汉口市商会因人民团体职员选举代写选票疑义一案致汉口市各业同业公会函

（1946 年 6 月 26 日）

案奉汉口市政府市秘社字第 7557 号代电开:准湖北省政府社会处本年六月六日鄂社二字第九九三四号代电,以案奉社会部京组五字第〇二五〇八号代电开,据福建省社会处电请释示人民团体职员选举代写选票疑义一案,兹规定处理办法如下:(一)选举人不识字或不能写字时,应亲自报告在场监选及指导之人员,指定并监视办理选举事务之职员代写选票。(二)选票写就后,代写人应向选举人宣读被选人姓名,经选举人认为无误后,在其本人姓名下画押代书,并应亲自签名负责。仰即遵照并转饬遵照为要。等因。除分行外,相应电请查照为荷。等由。除分电外,合亟电仰转饬知照。等因,奉此。除分行外,相应函希查照转饬为盼。

此致

汉口市各业同业公会

汉口市商会　启

六月廿六日

26.湖北省政府为派员封点伪商会保存之烟灯、烟具致汉口市商会函

（1946 年 6 月 27 日）

湖北省政府快邮代电　卅五年六月　日　□□□字第 849 号

事由：为订于本月廿八日上午九时至本府大礼堂公开接收该会解送伪商会保存之烟灯、烟具，仰准时派员前来启封点交由。

汉口市商会：

本年五月卅日理字第 2028，2083 号函呈均悉，据解送伪商会保存之烟灯、烟具等件，未据该会造册点交，仅缴大木箱一口，小煤篮一个，大网篮一个，且未封印，复由该会于次日派刘正坤前来亲自加封，存放民政厅。兹定于本月二十八日上午九时在本府大礼堂公开接收，仰即派员准时前来启封点交为要。

湖北省政府巳有省民秘印

27.立煌县商会为函知本会召开第五届改组会议检附当选理监事姓名一份请查照致汉口市商会（附理监事姓名表）

（1946 年 6 月 27 日）

查抗战胜利后，省府东迁，本会理监事辞职颇多，一切工作碍难进行，谨于五月十五日召开会员代表大会，电请各有关机关首长派员莅会监选指导在案，选举结果：郭建宇等十五人当选理事，宋方洲、刘懋之为候补理事，曾协诚等五人监事，余觉民候补监事，旋由理事中选郭建宇、陈芸溪、吴德舫、桂星峰、洪雨田等五人为常务理事，复互选郭建宇为理事长，监事中互选曾协诚为常务监事，当即宣誓就职，记录在卷。除呈报并分函外，相应检附当选理监事姓名表一份，函请查照，即希时赐南针，借匡不逮为荷。

此致

汉口市商会

理事长　郭建宇

常务理事　陈芸溪、吴德舫、桂星峰、洪雨田

附：立煌县商会第五届当选理监事姓名表

民国三十五年五月十五日

职别	理事长	常务理事	常务理事	常务理事	常务理事	理事	理事	理事	理事	理事	理事	理事

（续表）

姓名	郭建宇	陈芸溪	吴德舫	桂星峰	洪雨田	陈纪青	耿莘农	吴国安	柴鸿山	范祝五	汪尚武	洪治平
年龄	三五	五六	四〇	四六	四二	三二	四〇	四七	六〇	三八	四六	四六
籍贯	立煌	立煌	立煌	立煌	立煌	立煌	河南商城	立煌	固始	霍邱	河南罗山	立煌
商号名称	郭三义药号	天益公行	裕大	桂永昌号	元大商店	立煌县银行	文华印刷社	长大商店	三和公行	永泰昌行	尚武药房	会春药房
住址	包公祠	胜利街	民治街	大同街	包公祠	民治街	包公祠	包公祠	菜市场	菜市场	龚家畈	包公祠

职别	理事	理事	理事	候补理事	候补理事	常务监事	监事	监事	监事	监事	候补监事	
姓名	熊绍吾	齐锡九	陈绍唐	宋万洲	刘懋之	曾协诚	郑永西	汪子云	詹晋伯	张东初	余觉民	
年龄	四一	五六	五四	四九	四〇	四八	五二	四〇	三八	五五	四一	
籍贯	立煌	河南南宫	立煌	立煌	河南商城	立煌	立煌	立煌	立煌	立煌	立煌	
商号名称	天泰药房	天顺公行	陈荣庆号	同济药房	复庆商店	裕丰协记	盛和祥号	三阳泰食店	瑞祥	张济生堂	立立商店	
住址	民治街	包公祠	大同街	包公祠	包公祠	包公祠	包公祠	包公祠	包公祠	胜利街	包公祠	

28.汉口市商会为请规定本会出席贵会会员大会代表名额呈国民政府行政院全国商会联合会

（1946年6月28日）

案查敝会王理事际清，前于本年五月六日参加贵会扩大筹备会议。据报称贵会章程第九条内载有“各省商会联合会及院辖市商会，均应加入本会为会员”之规定。汉口现为普通市，依法不得产生代表，经其再三力争，始得大会决议，准予列席，另在湖北省商会联合会代表名额内增派代表一人，由王理事充任。等语。复查本市过去曾列为特别市，原属院辖，应有出席代表名额。据报前情，业经电呈请求行政院恢复本市为特别市，惟在未恢复以前，敝会出席代表名额如何规定，相应函请贵会查核办理，并希见复为荷。

此致

全国商会联合会

理事长　贺

29.国民政府军事委员会委员长武汉行营政务处为商借大礼堂作临时祭堂之用致汉口市商会函

（1946年6月28日）

敬启者。本处李故主任秘书起治定于七月七日在汉口举行公祭，拟假贵会大礼堂作临时祭堂。兹派本处科员李珍堂前来商借,至希惠予接洽为荷。

此致

汉口市商会

处长　贾伯涛

30.汉口市商会为请改汉口市为特别市呈国民政府行政院全国商会联合会

(1946 年 6 月 28 日)

南京国民政府行政院长宋钧鉴:

窃查汉口为通商巨埠,向与平、津、沪三大商埠齐名著称,过去曾列为特别市。去秋规复之时,政府以流亡尚未全归,经费亦颇支绌,故暂依照普通市之组织,此乃因应时宜之临时措施,固非其他普通市可比。且自光复以还,市面亦已日趋繁荣,以地域言,则袤延数十里,以人口言,则数近一百万。至于商业本身,则银行林立,工厂栉比。更论交通形势,尤居水陆之要冲,长江横贯东西,铁路衔接南北,四方输转,坐扼中心,故能百货充斥,海涌山积,其商业上之重要繁荣,断不下于平津各地。况汉口市党部乃系特别党部,直隶中央,足见其不以普通市视汉口矣。以如此重要商埠,在全国居一二位,何能使之跻于一般普通市?本会有见及此,特电敬陈,拟请钧院鉴核,准将汉口市改为特别市,以重地方而复旧制。伏祈采纳施行。

汉口市商会理事长贺汉扣巳俭印

31.汉口市政府为另订日期接收该会缴解伪商会之烟灯、烟具致汉口市商会函

(1946 年 6 月 28 日)

湖北省政府快邮代电　三十五年六月廿七日　省民秘特字第 864 号

事由:为俟另订日期接收该会缴解伪商会之烟灯、烟具,电仰遵照由。

汉口市商会:

查本府前订于本月二十八日上午九时在本府大礼堂举行接收该会缴解伪商会之烟灯、烟具一案,经以省民秘特字第 849 号电饬该会派员前来启封点交在卷。兹因本府举行之县政座谈会延期至二十八日止,与前订日期相抵触,俟另订日期再行令知派员点交,仰知照。

湖北省政府巳□省民秘印

汉口市政府

32.汉口市营造工业同业公会转市政府关于营造业登记陆续发给的通知

(1946 年 6 月 30 日)

汉口市政府工务局工二字第一三八号训令开:“查本局办理本市营造业登记,正在陆续审核发给。近闻有不肖之徒,假借本局名义在外招摇,合行令仰该会务须严加注意,并转知各同业,勿受欺骗。如有察觉上项不法行为,并仰迅予报局,以凭法办。此令!”等因。除分知外,

相应通知贵厂严加注意，勿受欺骗。如遇有不法行为者，仰即报举本会转局法办。

此致

贵会员营造厂

理事长　彭曜棠

33.国民政府军事委员会委员长武汉行辕军事法庭为电请详查柯大树战犯之事实并检证致汉口市商会函

（1946年6月30日）

汉口市商会公鉴：

核汉口地方法院检查处本年六月十九日纪信字第一一五九号函送台籍人民柯大树战犯嫌疑一案，经讯，据该犯供认，于民国二十九年起，充伪汉口警察总局秘书，三十二年任警察局经济警察处处长，三十三年调充伪湖北省物价调查取缔委员会调查组组长，三十四年任伪武汉各警察局经济警察联合办事处处长。各职及在供职期间，奉日伪命令，科罚商民，没收货物等情不讳，唯否认有敲诈商民及强奸妇女情事。查所称是否属实，并此外有何其他不法行为，特电请查照，统希详查其事实与犯罪之证据，迅予见复，以凭办理为荷。

武汉行营审判战犯军事法庭检察官　吴俊、王陷庭　印

34.武汉行营军事法庭为柯大树战犯嫌疑一案致武汉市商会函

（1946年6月）

案准武汉行营审判战犯军事法庭隔代电开："准汉口地方法院检查处本年六月十九日纪信字第一一五九号函送台籍人民柯大树战犯嫌疑一案云，全录至迅予见复，以凭办理。"等由，到会。除分函外，相应函达查照，转知同业各商店，如有被害者，无论有无证据，迅即报告本会，以凭汇转。

此致

汉口市各业同业公会

35.汉口市营造工业同业公会转市政府关于登记表证件缺或不合格补正手续紧急通知

（1946年6月）

汉口市政府工务局工二字第1041号训令内开："查本局办理营造登记，现已审核完竣。惟该会所送之营造商登记表证件，多有缺或不合本局规定，殊难核办。合行令仰由该会转饬所经送请登记各厂商克日来局补正手续，以便核定，切勿延宕为要。"等因，自应遵办。除分知外，相应通知贵经理查照，迅即到局补正手续，事关重要，幸勿延宕为荷。

此致

贵会员营造厂

理事长　彭曜棠

36.汉口市政府为揭示市参议员当选人及候选当选人姓名令汉口市商会（附汉口市参议员当选人暨候补当选人姓名表）

（1946 年 6 月）

查本市参议员已于上月二十六日及本月二日举行选举竣事，并于本月八日由湖北省选举监督派代表邓君健莅临本府汇核选举结果在案。兹依据选举监督本年四月三十日民木字第四三三三号代电节开："兹授权贵府关于市参议员当选人暨候补当选人姓名，即由市政府分别揭示通知，以期简便。"等因。除分别通知暨分行并呈报外，特检发市参议员当选人暨候补当选人姓名揭示通告一份，令仰遵照办理具报为要。

此令！

附汉口市参议员当选人暨候补当选人姓名表一份。

市长　徐会之

汉口市参议员选举当选人暨候补当选人名簿册			
区分	当选人姓名	候补当选人姓名	备考
武圣区	程立顺	刘新刚	
	刘绍武	唐开□	
	潘国斌	陈继明	
宝善区	张楚信	曾禹山	
	杨宗文	叶自成	
	王启宏	熊世培	
	成禹门	方少岩	
汉正区	陈淦川	王穆吾	
	邹静轩	赵宗宝	
	张希麟	严竞先	
新安区	乐作霖	鲍述初	
	王一之	陈天青	
	向纵周	雷天一	
三民区	陈济民	周敏	
	郭爕清	胡经明	
	陈远超	龙取直	
	兰济生	戴震	
	尹绍良	王长慧	
中山区	柴海楼	萧一飞	

（续表）

汉口市参议员选举当选人暨候补当选人名簿册			
区分	当选人姓名	候补当选人姓名	备考
大智区	涂少梅	刘伯琴	
	韩惠安	熊意超	
汉景区	祝鸿钧	林大文	
和平区	罗梦石	吴振南	
云樵区	张弥川	郑介民	
	万克哉	陈家齐	
永清区	胡文晖	白如初	
	熊秉谦	张宝生	
张公区	田安新	孙胜武	
	邹平	周志刚	
	周齐平	朱农庄	
	王鼎成	韩福民	
	程幼华	池少鹏	
复兴区	冯铎	李正巳	
	焦秀安	张东鲁	
中正区	石凌生	李国蛟	
	韩昌言	李仁勇	
	黄焕如	陈耀阶	
教育会	张人骥	陈直	
农会	刘柏如	吕达三	
	黄亚东	吕子原	
工会	杨庆山	赵世斌	
	张恩泽	黄华山	
	田亚丹	赵诚三	
	刘光汉	陈光德	
	柯华阶		

（续表）

汉口市参议员选举当选人暨候补当选人名簿册			
区分	当选人姓名	候补当选人姓名	备考
商会	甘助予	张立鹤	
	熊幼珊	李月樵	
	龚亦遂	王龙章	
	祝庸斋	邹安众	
	王璧双		
	张吉六		
自由职业团体	徐恕宇	张运汉	
	苏尚文	冉雪峰	

姓名		别号		性别		年龄		职业	
党籍					团籍				
籍贯									
出身									
经历									
通讯处									
填表须知 一、本表一律楷书 二、每人一律两份 三、通讯处除书明某街巷门牌外，并书明某保某甲几户									

37.汉口市政府为揭示本市已当选之参议员姓名令汉口市商会

（1946 年 6 月）

训令　民国三十五年六月　市秘民选字第 8107 号

令商会：

查本市参议员已于上月二十六日及本月二日举行选举竣事，并于本月八日由湖北省选举监督派代表邓居健莅临本府，审核选举结果在案。兹依据选举监督本年四月三十日民木字第四三三三号代电节开：兹授权贵府关于市参议员当选人及候补当选人姓名，即由市政府分别揭示通知，以期简便。等因。除分别通知各分行并呈报外，特检发市参议员当选人及候补当选人姓名揭示通告一份，令仰遵照办理具报为要。

市长　徐会之

监印　陈绍仁　校对　卢光镒

38.汉口市商会整理委员暨会员代表名册

（1946年6月）

常务委员：

程子菊、何文炳、祝庸斋、陈焕章、张吉六、张立鹤、李月樵

委员：

贺衡夫、陈经畬、龚榕庭、萧泽如、王际清、李贡廷、乐作霖、王穆吾

戴经麈、南经庸、马汉三、刘伯琴、曾绍藩、陈淦川、刘钦珊、鲁文礼

汉口市商会第一届第一次会员选举大会公会会员代表名册：

银行业：邹安众、甘助予、崔思恭、龚榕庭、王秀培

钱业：谢春墀、周纯之、王璧双、苏芝庭、张雨龙

卷烟经理：曾厚诚、王直哉、朱俊吾、王树臣、竺海山

金银首饰：胡铁樵、邹静轩、邹济之、周赞卿、彭杏钫

颜料洋货：张尧萱、胡少周、汤静安、乐作霖、毛谦三

糖盐海味：袁钦臣、何文炳、魏敬兴、王春华、姚茂青

布匹店：成禹门、萧泽如、吴继武、高峻峰、李振卿

纱业：彭少田、刘斗南、许益甫、杨吉安、许月溪

染织纱布：邓廷珍、龙少伯、傅训民、李伯平、葛梁臣

铁业：韩万青、赵鸣洲、刘义圃、杜耀卿、洪栋舞

华洋百货：刘明章、王仲三、冯授薪、刘楚卿、刘松亭

米业：涂炳炎、彭金观、徐光辉、刘达夫、曹仲茂

汽车运输：周堃珊、杨庆山、姜正明、王汇川、汤如海

煤业：高坤山、刘鹏轩、袁光普、乐子涛、李春山

煤油面粉火柴：黄子权、杨志棠、王兰山、王振夷、王荫穀

煤焦贩运：郑昌、龚亦遂、乐子涛、张东初、蔡文祥

油盐：张吉六、唐友于、李子卿、余松泉、杨镕芳

服装：刘忠贤、邹佩庭、王春山、张康平、徐汉卿

旅栈：刘伯琴、王静斋、陈美卿、蔡荣卿、涂五钦

山货行：张希麟、熊幼珊、易柏阶、黄汉民、周文阶

新式制革：陶秋安、夏志成、倪学银、左祥凤、张瑞卿

笔料杂皮：邹承周、李石亭、张汉臣、邹神光、张锡滨

电料：周明清、王铭江、黄鑫武、唐维照、左少南

新药：谢治平、张企新、汪汉臣、邵养新、程恩浩

棉花：程子菊、黄少山、谢家砚、彭华庭、程佩瑜

国货布匹号：梅斌臣、程南山、郑燮卿、丁文卿、彭楚珍

绸缎：何引年、朱泽民、原炳南、池欣伯、邱鸿书

广货：胡耀棠、茅贡南、赵铭华、毛柏松、胡雅载

布头贩运：梅云章、王干庭、徐雪轩、祝庸斋、郑仲谟
五金：胡玉亭、蔡昭民、周家安、丁楚材、杨汉辉
杂货行：黄益荪、余平轩、胡子安、罗仁寿、余向青
猪鬃：殷柏涛、周壁和、魏少卿、陶海卿、曹楚卿
印刷：蓝昌农、易荣卿、刘常芳、陶菊泉、戴震
针线衣袜：刘甲山、梅益臣、夏玉廷、刘壬山、宋玉卿
营造：彭曜棠、李义龙、潘益卿、韩少卿、袁顺武
机器：祝渭潜、金宗禄、周泉渭、刘茂远、宋文钧
中外纸张：蓝熙周、张彬城、解善成、陈仁山、周寿春
钟表眼镜唱机行：程毅卿、沙梅生、林冠球、钱启成、郑荣甫
茶叶店：蓝次庵、周桂轩、刘介眉、刘斌德、车子谦
皮货：马汉三、盛怀亲、张子卿、康华亭、王鹤亭
榨油：金本祥、袁东屏、童绍齐、程幼华、吴伯谦
参燕：熊英三、祝剑秋、李杏三、张麓川、姚松涛
酱烛杂货制造：车心如、毛秉诚、王汉臣、陈楚卿、陈义忠
鞋：胡季廷、牛蔚生、李文阶、杨昌平、杨培
钟表眼镜：黄卫卿、萧国安、易玉廷、程子辉、哈云龙
书：王龙章、田一文、黎子遗
轮船：胡慕周、王寿臣、林子俊、王椿萱、段海山
皮：韩惠安、高仲常、赵锦卿、李少南、林毓亭
面粉磨坊：罗宝珊、陈尧轩、彭金观、刘达夫、涂炳炎
皮革制品：刘森、王海山、曾绍藩、谢凤来、李鑫臣
肥皂制造：陈鼎成、庞安甫、田春霆、蔡书龙、丁焕卿
猪肉：张荣程、胡海泉、陈荣芳、龙云卿、李敦甫
木器：李兴根、章瑞卿、周福绥、黄建璋、裴德章
柴炭：梅厚安、王耀卿、何晓山、潘幼卿、曹国钧
麻袋：方汉文、方复堂、詹春堂、朱福堂、吴登儒
粮食行：刘绍武、韩瀛洲、曹宝珊、简汉波、颜神武
中西菜馆：黄锡良、邵南坡、朱世泽、张新汉、张晴舫
国药：朱瑜亭、徐海珊、萧焕棠、李荐廷
药油贩运：杨伯常、聂源和、周麟书、赵乐三、文植三
食品制造：张泽鎏、程云山、史海汀、张瑞卿、董世元
饼油行：张惠民、李桂森、毛筱理、李惠民
草帽席簟毡货：徐霁岑、彭锡良、任百泉、汪云山、王惠卿
水土果：余栋臣、叶瑞安、伍耀廷、向淑明、丁义荣
贸易人力车：胡从周、陈大青、何方池、余福田、杨汉卿
转运：龙海清、王文卿、邵直卿、赵铭华、刘文华
杂货贩卖：李仁山、田锡堂、陈鹤卿、黄相昕、徐银翘

猪肉零售：林志卿、龙连子、熊少平、张镒清、关布文
国产纸张行：吴遇贤、范幼安、袁介卿、袁幼周、陈汉斌
脚踏车：萧静诚、苏钰珊、张顺亨、汤少卿、熊章礼
茶馆：郑世新、李禹卿、王春山、韩洪才、蔡炳臣
民船：刘中杰、胡寿荃、王展初、邹少卿、金雁之
茶叶行：吴敬之、程经甫、周桂轩、洪松泉、车绩堂
喜轿绸布紫彩：曹瀚东、陈惠安、唐竹青、夏仁山、邓之源
手工卷烟：尹伯超、夏志刚、孙瑜、田香阶、高文斌
戏院歌厅：王学忠、张斌
玻璃搪瓷料器：周子寅、蔡云臣、沈木庭、李昌炽、余慕莱
西法洗染：温福开、贺善庆、刘照显、曾宪荣、王义震
绸缎机器染：鲍乾元、俞文学、鲁水龄、丁如盛、俞德浩
石膏：胡之敬、陈家义、汪家齐、蓝志齐、黄光德
堆栈：叶子正、陈万卿、王依平、王竹安、沈仙桥
估衣：吕德福、彭寿臣、王万宗、向从周、张苹舫
五金翻砂：俞荣卿、韩坤山、张耀堂、梁福生、许昌和
汾酒：郑晋卿、鲍显伍、吴汇川、傅耀轩、刘峰青
木质家具：徐礼臣、刘启运、张梅卿、熊金山、易启梅
食品杂货：徐冠英、戴灿华、汪子泉、陈竺山、汪青舫
�皮：彭鹏程、张荣培、张华青、张玉青
山货纸张行：徐禹门、罗润生、屠鹤鸣、吴法三、吴沛云
号栈：闵子清、徐汉卿
平汉路转运：李国骧、程树亭、喻福田、蔡贞樵、杨丹阶
报关：王德钦、雷春波、蓝云卫、吴南屏、刘星由
制造南酒：林秩凡、刘金清、杨汉臣、杨洪璋、胡耀璋
绍酒：戚嘉成、沈天民、陈英夫、谢衡湘、胡巧生
生漆熟油：刘秀山、费秋笙、陈松乔、刘成之、张克胜
保险：康辛潮、黄清若、朱翔弗、胡儒璋、金廉诚
进出口：张亦遂、夏鹤雏、吴春森、程煜、梅明宽
衣服贩运：冯仲康、傅运鸿
烘糕制面：陈汉屏、田伯如、陈昌源、周德本
折药：陈淦川、涂莲甫、张贞如、钱炳庭
杂粮店：陈云峰、潘云甫、刘治安、陈泽生
牙刷：罗少田、易新民、卢波清、刘谊全
饭馆：童华震、吴文卿、田家财
晒布：余少卿、宋汉卿、严汉卿
帽：夏海卿、丁楚章、阮文彬
白铁：石汉洲、周济君、程华山

圆木油桶:熊作金、魏开成、熊守诚
牛肉零售:刘懋阶、马康裕、魏协堂
油漆粉刷:李伦发、翁汉卿、张松甫
染坊:李玉峰、喻显臣、彭玉彬
药油山货行:舒尧卿、窦渭川、吴培东
造船:殷炳章、徐东升、宋澄清
煤炭行:韩洪钧、刘焕臣、吴润泉
丝油苓粉:余希俊、王雨昌、李朗如
新旧屋料:郭家喜、刘华甫、王楠亭
编爆:张汉臣、梅邦均
花粉绒球:叶樊臣、黄有清
牛行:沈作芳、朱协臣
贩运鸡:董金汉、周汉源
牛肉:魏春山、陈国珍
猪行:李云陔、彭春山
线索:曾烈臣、邓学炎
沙泥碎砖石:冯家华、丁顺庭
杂木柴行:彭世海、阳玉堂
石灰:曾荣卿、袁秀廷
鱼行:彭锦亭、张惟材
浏阳编爆:易恒章、尹维汉
芦柴:王定中、彭自齐、王宽丞
豆芽:李万铭、潘德元
砖瓦:陈鸿韬、熊明金
棉花行:窦纯澄、张觉先
牛奶:胡燚臣、叶斌
古玩珠宝:陈钰阶、饶啸梅
五金旧货:胡仪亭、高世槐
棉絮卷花:周星棠、陶国良
华洋桶篓杂木:胡耀廷、张开南
色土布行:陈寿卿、林金谷
长江轮船售票:朱子伯、彭玉亭
生熟鸭子店:邵海青、陈华长
鸭:吴海山、韦松鹏
牛肉豆丝:李云龙、高玉堂
药材店:程青山、周振甫
豆制食品:李介堂、邹九洲
炒坊:黄国萍、罗宝臣

度量衡品制造：邓文卿、黄碧珊
寿木：胡廷璋、周伟英
木板：刘汉梁、田忠汉
糖果制造：熊荣堂、陈东林
板箱：吴钜堂、吴振南
车店：方乐陔、乐公荣
纸盒：熊巨川、王炳华
木铁油桶：谭友三、吴隆平
衣服：萧良友、杨华臣
瓜菜薯行：赵生荣、龚长楚
汤圆面粉馆：彭吉品、郭钰珊
丝线绸纱：梁少圃、毕雨臣
贩卖菜蔬：朱选卿、涂传林
废旧白铁：吴季超、宋坤山、彭启清
杂色纸：金润臣、罗少平
药材行：蔡子贞、朱友湘
肠：彭自齐、吕芷青
胶坊：傅列新、程汉廷
篾篓：胡少卿、杜海林
藤棕床：杨开顺、杨燮臣
制香：黄春山、舒浩存
竹篾：李际可、陈德明
对联裱书：郭梅轩、周汉卿、傅性初
兽力磨面：胡瑞兰、魏骏程
豆丝：李永盛、汪承文
家具：阮溥黎、万培成

7 月

1.汉口市营造工业同业公会关于取缔未登记之非会员通知

（1946 年 7 月 1 日）

汉口市木作业职业工会三十五年六月二十九日木理字第一六号公函开："查敝会成立以来，对于会员登记业已办理完毕，纵有少数匿避不登者，纯属自甘堕落，经先后数次通知，均置若罔闻。敝会为防微杜渐起见，烦请贵会协同取缔。凡未登记之非会员，应拒绝雇用，以免滋生意外。况现时值非常，理应严加注意，致免发生纠纷。相应函请转知各会员查照办理。"等由，准此。除分知外，相应函请查照办理为荷。

贵会员营造厂

理事长　彭曜棠

2.西宁市商会函达本会成立日期并附送理监事一览表致汉口市商会（附西宁市商会第一届理监事一览表）

（1946 年 7 月 1 日）

案查本会前经呈奉青海省政府利社组字第三九五号指令，核准筹设并蒙派社会处郭科长永秀莅临指导。经于七月一日召开第一届会员代表大会，通过章程，正式组织成立，并票选文翰等十一人为理事，临翰等三人为监事，又互选文翰为理事长，全礼等四人为常务理事，临翰为常务监事，谨于七月九日宣誓就职。除呈报并分函外，相应检同理监事一览表一份，函达查照为荷。

此致

汉口市商会

附理监事一览表。

理事长　赵文翰

附：西宁市商会第一届理监事一览表

（1946 年 7 月 1 日）

职别	理事长	常务理事	常务理事	常务理事	常务理事	理事	理事	理事	理事	理事
姓名	赵文翰	孟全礼	姜相周	杨盛林	杨生霖	马奉先	马世俊	李生福	孙金丰	杨忠福
别号	墨林	继周	逸周	蔚生	春霆	正武	德卿	寿山	国齐	恕堂
年龄	四九	二八	三九	五〇	四九	三八	五八	三二	五一	五二
籍贯	山西汾城	青海化隆	甘肃岷县	陕西合阳	青海西宁	甘肃临夏	甘肃临夏	青海西宁	山西汾城	陕西蓝田
所属公会	绸缎业公会常务理事	绸缎业公会理事	过载业公会理事	布匹业公会常务理事	布匹业公会理事	布匹业公会理事	百货业公会理事	皮货业公会理事	过载业公会常务理事	皮货业公会常务理事
通讯处	西宁明兴号	西宁湟中实业公司	西宁德源店	西宁元亨通	西宁乾泰源	西宁湟中实业公司	西宁协和商栈	西宁毛顺工厂	西宁恒庆成	西宁忠信福
备考										

3.汉口市商会为通知“七七”九周年纪念办法致汉口市各同业公会函

（1946年7月5日）

案奉汉口市政府九四〇〇号通知开：“查‘七七’九周年纪念日业经届临，关于追悼抗战死难军民办法，经筹备会决议，遵照国防部令颁《追悼七七大会办法》，本市是日一律下半旗，并停止一切娱乐宴会，记录在卷。用特通知查照，即希转饬所属，届时遵照施行为要。”等因，奉此，自应遵办。除分函外，相应函达查照，转行同业各商店一体遵行。

此致

汉口市各同业公会

汉口市商会　启

4.汉口市救济院董事会为启用钤记日期致汉口市商会函

（1946年7月6日）

汉口市救济院董事会代电　救字第2号于本会

汉口市商会勋鉴：

查本市救济院原为适应环境办理生产救济而设，自设置以来，中间因贫民教养所由市府改隶后，员工生活费及贫民给养无法维持，几有不可终日之势。书城等为爱护地方慈善团体及社会救济事业起见，爰联合中央及省市地方机关及热心慈善人士，以辅□救济院，初奠始基，俾免动摇，乃有董事会之设置，拟订《董事会组织规程》，并依据规程第三条之规定，聘定李书城、徐会之、吴暇熙、周苍柏、张铁君、贺衡夫等十七人为董事，嗣于五月二十九日假汉口市救济院召开第一次董事会，决议公推李书城为董事长，董理日常会务，并决议聘张兆理为救济院院长，李雨田为副院长，记录在卷。并分电社会部、省市政府、湖北救济分署、省府社会处备案，各在案。兹以本会为实行职责便利，督促该院今后业务之推进，资产之保管以及工作人员之监督计，经决定，自行刊刻木质钤记一枚，文曰“汉口市救济院董事会钤记”十一字，又刊刻董事长章一枚。除已即日启用并分电备查外，特电查照。

汉口市救济院董事会午(鱼)印

5.汉口特别市党部为明了武汉工商业实际情况并策划改进起见特订武汉商运工作座谈会办法(附办法)

（1946年7月7日）

今准湖北省党部巳艳代电开：兹为明了武汉工商业实际情况并策划改进起见，特订武汉商运工作座谈会办法一种，相应检送一份，电请查照，希转饬有关各级团体遵照为荷。等由，准此。兹抄录办法一份，电仰遵照。

汉口特别市党部午虞印

附武汉商运工作座谈会办法一份。

附:武汉商运工作座谈会办法

一、为明了武汉工商实际情形并策划其改进起见,特定本办法。

二、商运工作座谈会每两周举行一次,由湖北省党部、汉口特别市党部、社会处轮流召集,除湖北省党部、汉口特别市党部、建设厅,会同武昌市政筹备处、市党部、汉口市政府、武昌市商会、汉口市商会各派代表一人暨湖北省商联会出席,全部商联会全体代表应每次出席,顺序如下:

(1)粮食、碾米、油盐、糖、面粉、薪炭、煤等业同业公会;

(2)民船、轮船、人力车及其他有关交通器材承揽、运送等业同业公会;

(3)五金、电料、锡铁机器及其他有关建筑材料等业同业公会;

(4)国药、新药、制药、火柴业、皮革及其他有关工业同业公会;

(5)印刷、教育、图书用品、纸等业同业公会;

(6)旅栈、浴室、理发等业同业公会;

(7)银行、钱业及银楼等业同业公会。

前项未列之同业公会或无同业公会之公司行号,必要时得召集机关通知参加。

三、参加座谈会之各同业公会,或无同业公会之公司、行号之代表,应于开会前准备各该业实际情形资料、改进意见,于出席座谈会时报告之。

四、座谈会应由各级机关就商定事项作成记录,分送地方政府及其他有关机关分别实施,有全国性之事项,应建议中央实施之。

6.九江县商会为报理监事就职日期致汉口市商会函

(1946 年 7 月 13 日)

案准贵会本年六月十日商字第一号公函,以报理监事就职日期,并附当选理监事名册一份。等由,到会。欣悉人文荟萃,云霞蔚蒸,荩筹硕画,汉皋景物一新,良谋嘉猷,浔埠工商利赖。谨申燕颂,敬希鉴查。

此致

汉口市商会理事长贺

理事长　熊渭

7.汉口市商会为转知汇集台籍战犯柯大树罪证致汉口市各业同业公会

(1946 年 7 月 13 日)

武汉行营审判战犯军事法庭陷代电开:"准汉口地方法院检察处本年六月十九日纪信字第一一五九号函送台籍人民柯大树战犯嫌疑一案。经讯,据该犯供认,于民国二十九年起,充伪汉口警察总局秘书,三十二年任警察局经济警察处处长,三十三年调充伪湖北省物价调查取缔委员会调查组组长,三十四年任伪武、阳、汉各警察局经济警察联合办事处处长各职,及在供职期间,奉日伪命令科罚商民,没收货物等情不讳,唯否认有敲诈商民及强奸妇女情事。查所称是否属实,并此外有何其他不法行为,特电请查照,统希详查其事实与犯罪之证据,迅予见复,以凭办理。”等由,到会。除分函外,相应函达查照转知同业各商店,如有被害者,无论有无证据,迅即报告本会,以凭汇转。

此致

汉口市各业同业公会

汉口市商会　启

8.汉口市商会为职员证章及会员证式样统一等规定致各业同业公会

(1946 年 7 月 16 日)

查本市各人民团体职员证章及会员证式样极不一律。兹经划一规定于次:(一)各人民团体会员证一律用袖珍手折式(布质、纸质均可);(二)各人民团体职员证章概用长方形(珐琅质),除各该团体理监事及职员外,凡无职务之会员一律不许佩带;(三)各人民团体已制就之会员证式样,与本府规定相同,而大小内容略有出入者,姑准使用,年限届满即应照规定式样另制;(四)各人民团体已制就之证章,除属长方形者暂准佩带外,其为圆形或三角形者,自八月一日起,一律作废,如有将证章之会员证发给会员佩带者,应于文到五日内一律收回。除分行检发式样,仰即转行遵办为要。等因,计检发职员证章式样一份,会员证式样一份,奉此。除分知外,相应照样制印,随函送达,即希查照遵办为荷。

此致

汉口市各业同业公会

汉口市商会

9.汉口市商会为转知《请愿警规则》按市府指令已修正致汉口市各同业公会函(附汉口市警察局《请愿警规则》)

(1946 年 7 月 17 日)

案准汉口市警察局警行字第八一九号代电开:“查本局前拟《请愿警规则》,业经呈奉市政府本年六月二十八日秘民字第九〇六三号指令修正,准予实施。等因。除分电外,特抄附修正规则一份,电请查照,并饬属一体知照为荷。”等由,附规则一份,准此。除分行外,相应抄同规则,函请查照转知为盼。

此致

汉口市各业公会

附抄《请愿警规则》一份。

汉口市商会　启

附:汉口市警察局《请愿警规则》

民国卅五年六月二十八日汉口市政府市秘字九〇六三号指令修正

第一条　凡在本市之机关团体、商民等,申请本局拨派长警常年驻卫者为请愿警,概照本规则办理之。

第二条　凡请拨派请愿警者,应填具申请书,呈由本管警察分局查明,确属需要后,转报本局核办。但各机关以公文请派者不在此限(申请书式样另定之)。

第三条　请愿警名额以岗位计算,每一守卫岗置警士四人,两岗七人,三岗十人(四岗以上类推),每一驻卫单位请愿警士在十三人以下者,只编作一班,十四人以上者,酌分为两班,每班置警长一人,两班以上者,应派巡官一员管理,但有特殊情形,待酌量增减之。

前项巡官应补用公役一名,长警每班应补用夫役一名。

第四条　请愿长警服装分夏、冬两季,由本局制发,其费用归请愿者担负,并应于请愿时预缴两季服装费,嗣后每年分两季预缴(夏、冬两季定每年二月十五日、八月十五日以前缴纳),均送由本管警察分局转解本局汇制。

第五条　请愿长警需用枪械,自备者应遵照《修正国民政府查验自卫枪炮及给照暂行条例》请领执照,未领者请领,不能自备者,由本局酌量发给。

第六条　请愿长警暨巡官、夫役之薪饷、津贴,须照本局规定之薪饷额付给,统由请愿者担负,于每月廿五日以前缴送。各本管警察分局核发月给册,报本局查核。

第七条　请愿巡官、长警应由请愿者另设驻所,以便查察。

前项驻所内一切必需物品,概由请愿者置备。

第八条　请愿长警之升降、调补、假革、奖惩等,均由本管警察分局按照本局规定办理。

第九条　请愿长警之服务范围,应遵照内政部颁发警长、警士服务,不得服其他杂项差役。

第十条　请愿巡官、长警应受本管警察分局之指挥、监督,其驻所内设立考勤簿,以便考勤。

第十一条　请愿巡官、长警如有不称职或违反纪律规章情事,得由请愿者报由本管警察分局查办。

第十二条　请愿长警每三个月应抽调训练一次。

第十三条　请派请愿长警至少须驻六个月,如于六个月后认为不需要时,得请由本管警察分局转报本局撤销之。惟须将服装等件递缴本局存储,并按名另缴遣散饷津三个月。其有未满六个月而申请撤销者,除预缴之服装费概不发还外,并应按六个月计算饷津。

前项六个月之限制,如系机关团体裁并、商店歇业及住户远徙离汉者,不在此例。

第十四条　请愿巡官、长警、夫役之医药、抚恤等费概归请愿者照章负担。

第十五条　请愿警拨派后,请愿者如不照本规则各条履行时,本局得令该管分局撤回,所有服装、饷津等仍照第十三条办理之。

第十六条　请愿警如遇地方发生匪警、火警或其他紧急事变时,应相机协助。

第十七条　本规则自呈奉核准之日起施行。

10.湖北省汉口市地籍整理办事处为本处奉令于七月一日正式成立致汉口市商会

(1946 年 7 月 18 日)

案奉湖北省政府本年六月未列日人字第一零八六号派令开:兹派徐会之兼任汉口市地籍整理办事处处长,程理锠兼任副处长。复举同年同月二十二日省人一特字第一零八六号训令:

饬将汉口市地籍整理办事处克日筹组成立。各等因。遵已筹组就绪,并定于七月一日正式成立,敬谨就职,暂在本市南京路市政府内办公。除呈报并分函外,相应函达,请烦查照,并希时加指导,以匡不逮为荷。

此致

汉口市商会

兼处长　徐会之

兼副处长　程理锠

11.湖北高等法院为罗祖培有无吞没军米情事又敌中和洋行所采购谷米是否供敌军用致汉口市商会函

(1946 年 7 月 18 日)

汉口市商会

查本院受理罗祖培汉奸一案,该被告在汉正街开设信丰米厂,于日寇投降后,有无吞没军米一百七十包情事,又敌中和洋行究为敌国营抑为商营,其所采购谷米是否供敌军用,本院均有调查明确之必要,相应电请贵会查明,据实详复核办。

湖北高等法院午筱印

12.汉口市布匹店商业同业公会为转知汇集台籍战犯柯大树罪证致各商号函

(1946 年 7 月 18 日)

汉口市商会七月十三日函开:"案准武汉行营审判战犯军事法庭陷代电开,准汉口地方法院检察处本年六月十九日纪信字第一一五九号函送台籍人民柯大树战犯嫌疑一案,经讯,据该犯供认,于民国二十九年起,充伪汉口警察总局秘书,三十二年任警察局经济警察处处长,三十三年调充伪湖北省物价调查取缔委员会调查组组长,三十四年任伪武、阳、汉各警察局经济警察联合办事处处长各职,及在供职期间,奉日伪命令科罚商民,没收货物等情不讳,唯否认有敲诈商民及强奸妇女情事。查所称是否属实,并此外有何其他不法行为。特电请查照,统希详查其事实与犯罪之证据,迅予见复,以凭办理。"等由,到会。除分函外,相应函达查照,转知同业各商店,如有被害者,无论有无证据,迅即报告本会,以凭汇转。"等由,准此。经提本会第十五次会员代表大会决议照案转知,如有受害会员,准各自由向市商会检举。记录在卷。相应录案,请烦查照为荷。

此致

各商号

汉口市布匹店商业同业公会　启

13.汉口市商会为本会理监事业于六月九日就职致汉口市财政局(附理监事名册)

(1946 年 7 月 19 日)

汉口市商会公函　商字第一号

案查本会前于五月二十日举行第一届第一次会员代表大会,依法选举乐作霖等二十一人为理事,杨庆山等七人为监事,邓廷珍等十人为候补理事,朱泽民等三人为候补监事。复于六月一日继续依法由理事会选举衡夫等七人为常务理事,又由监事会选举杨庆山等三人为常务监事,并由理事会选举衡夫一人为理事长,经已先后呈报主管官署在卷。兹衡夫偕同全体理监事已于六月九日到会宣誓就职。除分别呈函外,相应检同理监事名册,函请查照为荷。

此致

汉口市财政局

附送理监事名册一份。

理事长　贺衡夫

附:汉口市商会第一届当选理监事名册(附候补)

(中华民国三十五年六月一日选举,中华民国三十五年六月十日填报)

职别	理事长	常务理事					
姓名	贺衡夫	万少珊	何文炳	张立鹤	王静斋	张吉六	陈焕章
别号	以字行	以字行	以字行	以字行	以字行	以字行	以字行
年龄	五九	四四	六〇	四三	四九	四四	五二
籍贯	汉口	黄冈	咸宁	江陵	江苏	武昌	汉阳
营业种类	经营实业兼办纱厂	花纱杂粮杂货	糖盐海味	土产	旅栈	油盐	杂粮
所属公会或公司行号工厂名称	汉口复兴实业公司	上海汉新公司汉口分公司	糖盐海味商业同业公会	大中企业公司	旅栈商业同业公会	油盐商业同业公会	德昌号
在公会或公司行号工厂之职务	董事长	经理	常务理事	总经理	理事	理事长	经理
教育程度	私塾	私塾	商专	大学	中学	大学	私塾
是否党员	否	是	否	是	是	是	否
住址	天津街怡庐三号	江汉一路璇宫饭店	汉景街丰成海味号	南京路四十七号	汉景路华商饭店	如寿里二十七号	贯忠里六号
备注							

职别	理事								
姓名	乐作霖	李荐廷	刘伯琴	龚亦遂	李月樵	陈经畲	王际清	韩万青	邹静轩
别号	以字行	以字行	以字行	慈叔	以字行	以字行	以字行	以字行	以字行
年龄	五二	四六	四八	四三	四〇	六七	四一	四〇	五〇
籍贯	黄陂	武昌	江苏	江西	汉阳	南京	沔阳	武昌	江西
营业种类	颜料洋货	国药	旅栈	进出口	机器锯木	专制洗衣香皂	企业	铁	金银首饰
所属公会或公司行号工厂名称	颜料洋货商业同业公会	国药商业同业公会	旅栈商业同业公会	进出口商业同业公会	陪都机器锯木厂	汉昌肥皂厂	大通渝兴业公司	铁商业同业公会	金银首饰商业同业公会
在公会或公司行号工厂之职务	理事	常务监事	理事长	理事长	总经理	总经理	总经理	理事长	常务理事
教育程度	高中	大学	大学	大学	高中	商专	专门	大学	高中
是否党员	否	是	是	是	是	否	是	是	否
住址	保华里七号	珞珈山路八号	车站街铁路饭店	三德里七十号	咸安坊五号	江汉路七十号	胜利街一四四号	圣德里五号	中山东路邹协和
备注									

职别						常务监事			监事
姓名	许益甫	程子菊	曾厚诚	王龙章	殷柏涛	杨庆山	高坤山	戴震	陈淦川
别号	以字行	以字行	以字行	以字行	以字行	以字行	礼树	以字行	以字行
年龄	四五	四三	六〇	三八	三七	六一	五〇	四六	五二
籍贯	汉阳	黄安	汉阳	江苏	黄陂	黄陂	汉阳	孝感	鄂城
营业种类	纱	棉花	卷烟经理	书	猪鬃	汽车运输	煤	印刷	折药
所属公会或公司行号工厂名称	纱商业同业公会	棉花商业同业公会	卷烟经理商业同业公会	书商业同业公会	猪鬃商业同业公会	汽车运输商业同业公会	煤商业同业公会	印刷工业同业公会	折药商业同业公会

（续表）

在公会或公司行号工厂之职务	常务理事	理事长	理事长	理事长	理事长	常务理事	理事长	监事	理事长
教育程度	中学	大学	中学	留学	专门	私塾	私塾	高中	中学
是否党员	否	否	是	是	是	是	否	是	否
住址	□□□七六〇号	西贡街一〇九号	大智路口老通成	交通路三十一号	土垱小火巷三六号	府东一路修心堂内	公安路十一号	永康里二六号	沈家庙陈天保
备注									

职别	监事			候补监事					
姓名	乐子济	刘绍武	张希麟	邓廷珍	成禹门	马汉三	曾绍藩	谢春墀	祝庸斋
别号	以字行	以字行	以字行	以字行	浪平	以字行	以字行	以字行	以字行
年龄	五七	四〇	四二	五二	六三	五六	五一	四四	五四
籍贯	黄陂	汉阳	汉川	黄冈	通山	河南	汉阳	浙江	孝感
营业种类	煤	粮食	山货	染织纱布	布匹	皮货	皮箱皮鞋	钱	匹头贩运
所属公会或公司行号工厂名称	煤商业同业公会	粮食行商业同业公会	山货行商业同业公会	染织纱布工业同业公会	布匹店商业同业公会	皮货商业同业公会	皮革制品工业同业公会	钱商业同业公会	匹头贩运商业同业公会
在公会或公司行号工厂之职务	理事长	理事长	理事长	理事长	理事长	理事长	理事长	理事长	理事
教育程度	私塾	高中	中学	初中	中学	私塾	高中	高中	私塾
是否党员	否	是	是	是	否	否	否	否	否
住址	辅堂里五八号	坤元里一二号	沈家庙河街三五号	汉中路八十七号	武圣路口生计布店	中山大道一〇六〇号	德兴里九号	三合里七号	黄兴路二十号
备注									

职别	候补监事				候补监事		
姓名	王璧双	张眉申	邹承周	王穆吾	朱泽民	焦秀安	熊英三
别号	以字行	以字行	以字行	以字行	以字行	以字行	以字行

（续表）

年龄	五三	四〇	三五	四八	四二	六一	五三
籍贯	湖北	汉阳	江西	黄冈	湖北	汉口	孝感
营业种类	钱	棉花棉纱百货五金	笔料杂皮	企业	绸缎布匹	毛笔文具	参燕
所属公会或公司行号工厂名称	钱商业同业公会	永年贸易公司	笔料杂皮商业同业公会	楚华企业公司	绸缎商业同业公会	制造毛笔工业同业公会	参燕商业同业公会
在公会或公司行号工厂之职务	常务理事	总经理	理事长	总经理	常务理事	理事长	理事长
教育程度	私塾	大学	中学	大学	中学	私塾	中学
是否党员	否	是	是	是	否	是	是
住址	南京路四十一号	车站路三号	花楼街四三二号	车站路三号	同兴里十六号	沈家庙一五六号	汉景路十七号
备注							

14.汉口市商会为参加武汉商运工作座谈会致汉口市各同业公会(附办法)

（1946 年 7 月 20 日）

案奉中国国民党汉口特别市执行委员会□组字第二七四二号代电开:准湖北省党部巳艳代电开,兹为明了武汉工商业实际情况并策划改进起见,特订定武汉商运工作座谈会一种,相应检送一份,电请查照,希转饬有关各级团体遵照。等由,准此。兹抄录办法一份,电仰遵照。等因,附办法一份,奉此。正办理间,奉汉口市政府社字第九八五七号训令,同前因。遵经推定本会张常务理事立鹤为参加该座谈会代表。除呈复市党部暨分函外,相应抄同原办法随函送达查照。

此致

本市各同业公会

汉口市商会　启

附:武汉商运工作座谈会办法

一、为明了武汉工商业实际情形并策划其改进起见,特定本办法。

二、商运工作座谈会每两周举行一次,湖北省党部、汉口特别市党部社会处轮流召集,除湖北省党部、汉口特别市党部、建设厅、社会处、武昌市政筹备处、市党部、汉口市政府、武昌市商会、汉口市商会各派代表一人,暨湖北省商联会出席全国商联会全体代表应每次出席外,武汉各重要工商业及输出业同业公会代表出席,顺序如下:

(1)粮食、碾米、油盐、糖、面粉、薪炭、煤等业同业公会。

(2)民船、轮船、人力车夫其他有关交通器材,新式运输□等业同业公会。

(3)五金、电料、锡铁机器及其他有关建筑材料等业同业公会。

(4)国药、新药、制药、火柴、皮革及其他有关工业同业公会。

(5)印刷、教育、图书用品、纸等业同业公会。

(6)旅栈、浴室、理发等业同业公会。

(7)银行、钱业及银楼等业同业公会。

前项未列之同业公会或无同业公会之公司、行号,必需时得召集机关通知参加。

三、参加座谈会之各同业公会或无同业公会之公司、行号代表,应于开会前准备各该业之实际情况资料、改进意见,于出席座谈会时报告之。

四、座谈会应由召集机关就商订事项作成记录,分送地方政府及其他有关机关分别实施,有全国性之事项,应建议中央实施之。

15.武汉工商界人士聚谈决定组织复原委员会

(1946 年 7 月 22 日)

[中央社讯]武汉光复后,迄今历时十月,市面虽已渐次恢复战前景象,唯因交通之阻梗,房屋之不敷等等问题之无法解决,立使工商业亦隐藏着难以挽救的危机。鄂省府万主席耀煌特于昨(二十一日)下午二时在黄陂路四十一复召集武汉工商界人士举行谈话会,垂询工商各界号□之困难情况,并商讨补救办法。到商会及各银行工厂负责人二十余人,首由万主席报告目前武汉工商界之危机及召集谈话会之意义。旋由各厂商及银行负责人报告各厂复工之经过与困难情形,当场决议组织武汉工商复员委员会,推谭岳泉、邹安众、贺衡夫、宋立案四人起草组织办法及方案,至七时余散会。

(《大刚报》)

16.九龙商业总会为贺贵会理监事宣誓就职并抄送本会第三届职员姓名表致汉口市商会函(附职员名表)

(1946 年 7 月 23 日)

现准贵会本年六月二十日商字第一号公函内开:函知第一届理监事宣誓就职。等由,附送理监事名册一份,准此。仰见硕望宏献,断绝起废,南天殷企,良用谦然。查粤汉交通瞬经恢复,今后汉口、九龙两地之联系,当因之渐趋密切。而我商界所负发展贸易、繁荣市场之大任亦更加重,所冀南针时指,永葆关联,以匡不逮。相应随函抄职员名表,送请查照,实纫公谊。

此致

汉口市商会

九龙商业总会理事长　谢伯昌

附 1：九龙商业总会第三届职员全体名表（一）

理事会	正理事长	副理事长	副理事长	正总务	副总务	正会计	副会计	正调查	副调查
会员	谢伯昌	王汉青	余达之	屈泰初	雷少明	黄国威	刘文翔	阮秋明	杨荣
商号	三达化学制造公司	王兆记匹头	济隆糖羌厂	鸿昌办馆	华兴书局	华艺织造厂	华利纸号	三光布厂	九龙汽车公司
电话	57197 56411	58686	21510 56201	50134 57108	56274	56660 50227	57236	56072	58259
所在地	旺角弥敦道 656 号	油麻地上海街 205 号	深水坪西洋菜街 185 号三楼	尖沙咀弥敦道 66 号	旺角上海街 496 号	深水坪大埔道 70 号之一住宅通菜街 77 号 2 楼	旺角上海街 528 号	深水坪青山道 374 号	深水坪太子道旧警察学堂

（续表）

理事会	正公益	副公益	理事	理事	理事	理事	理事	理事	理事	理事	理事
会员	麦德明	潘壮修	黄凌轩	邓炳堂	伍尚信	唐六吉	中和金铺	邓树椿	梁秉枢	李仁畅	生祥金铺
商号	恒行酒庄	兴华电池厂	美洲洋服店	永德兴纸号	波士顿餐室	百吉奶粉公司	代表人林堪枝	生发建筑店	英记家私店	艺昌铸造厂	代表人林观湖
电话	50092	58530		50151	56907	50808	56190	58583	59081	30404 57571	50501 56723
所在地	深水坪荔支角道 84 号	旺角道 3099 地段	油麻地弥敦道 315 号	旺角山东街 22 号	旺角上海街 619 号	油麻地西贡街 9 号	油麻地上海街 243 号	旺角弥敦道 691 号	旺角广东道 1147 号	厂址：福全街 31 号 住宅：长洪湾道 36 号二楼	油麻地上海街 235 号

附 2：九龙商业总会第三届职员全体名表（二）

理事会	理事	候补理事	候补理事	候补理事	候补理事	候补理事	候补理事	候补理事
会员	李荣	陆昌	黄亮甫	李子飞	霍惠民	陈济川	冯汉添	胡忍夫
商号	建中公司	荣亨大药行	龙珠酒店	跌打骨科医局	宝源铁工厂	弥敦酒店中兴旅店	诚昌匹头号	景星匹头号
电话		56127	57757	56640	56903	26212	59472	57519

（续表）

所在地	厂址:尖沙咀广东道16号 住宅:上海街610号三楼	旺角上海街529号弥敦道650号	旺角上海街668号	旺角上海街677号	旺角深圳街19号	油麻地弥敦道香港千诺道中	旺角上海街559号	油麻地上海街311号

（续表）

监事会	正监事长	副监事长	副监事长	监事	监事	监事	监事	候补监事	候补监事	候补监事
会员	曾榕	许让成	伍义焜	雷瑞德	麦灼南	金唐酒家	吴松坤	张均晃	广新和绸布店	何森
商号	金边的士公司	新新酒店	棉艺织造公司	九龙汽车公司	协和大药行	代表人屈西文	广生机器厂	均祥银号	代表人周森	太和堂
电话	57486	59111 58825	57740 56138	58259	50771	59131 58532	56368	59740 50114	57643	
所在地	住宅:何文田太平道三号	油麻地弥敦道2住宅:山林道23号	厂址:福全街32号 住宅:深水坪西洋米街334号三楼	深水坪太子道旧警察学堂	旺角山东街1号	旺角上海街524、526号	旺角道4180地段	旺角上海街514号	油麻地上海街289号	旺角广东道

17.汉口市商会为催缴军俘粮摊派致各业同业公会

（1946 年 7 月 24 日）

查前整理委员会奉令派借军俘粮五千万元一案，迭经召集代表大会公平摊派，遂由各业商店出具四月底日期票送会，汇向银行贴现办缴。函达各在卷。嗣以各业遵办者固多，而迄未办理者人数不少，政府又催办至急，无法应付。适武昌商会复登报，招致该市各业退还上项借款。于是本市各业公会已缴者纷纷请求援例退还，其未缴者迟延不缴，由前整理会呈奉汉口市政府市粮字第七一零五号指令开："呈悉，查本府前以承购军俘粮，核定价格与市价，云云，全录至俾便及时采购，免误补给为要。"等因。经前整理会移办，前来，拟办间，复奉汉口市政府市粮字第八六五九号训令，饬知筹购军俘粮详细情形，并饬迅予筹补差额，具报凭办。一面复派员传谕，如再延宕不缴，饬令开单呈府，以凭直接催收。各等因，附记录一份，下会。查此案本会一再向政府请求免缴，未获核准。所有贵业已派未缴之款国币　　元，请于文到五日内火速筹缴，以免政府直接催收之烦。有关急需，希勿再延，是所至盼。

此致

本市各业同业公会

汉口市商会　启

18.汉口市商会为速缴已派筹购军俘粮款国币二百万元致汉口市钱业同业公会

(1946 年 7 月 24 日)

查前整理委员会奉令派借军俘粮五千万元一案,迭经召集各业代表大会公平摊派,并由各业商店出具四月底日期票送会,汇向银行贴现解缴。函达在卷。嗣以各业遵办者固多,而迄未办理者亦复不少,政府又催办至急,无法应付。适武昌商会复登报,招致该市各业退还上项借款。于是本市各业公会已缴者纷纷请求援例退还,其未缴者迟延不缴,由前整理会呈奉汉口市政府市粮字第七一零五号指令开:"呈悉,查本府前以承购军俘粮,核定价格与市价相差太远,无法如额购交,而部队需食又刻不容缓,经令由该会筹借五千万元购拨,以免军食中断。现中央虽自三月份调整价格,但三月以前之配额,仍须如数交足,并催迫万急。除已电请中央照三月调整价格拨补价款外,仍仰遵照前令,如数借筹缴府,俾便即时采购,免误补给为要。"等因。经前整理会移办,前来,正拟办间,复奉汉口市政府市粮字第八六五九号训令,饬知筹购军俘粮详细情形,并饬迅予筹补差额,具报凭办。一面复派员传谕,如再延宕不缴,饬令开单呈府,以凭直接催收。各等因,附记录一份,下会。查此案本会一再向政府请求免缴,未获核准。所有贵业已派未缴之款国币二百万元,请于文到五日内火速筹缴,以免政府直接催收之烦,事关急需,希勿再延,是所至盼。

此致

汉口市钱业同业公会

汉口市商会　启

19.汉口市商会为电复当选理监事并致贺忱致麻城宋埠镇商会

(1946 年 7 月 25 日)

麻城宋埠镇商会鉴:

案准贵会商润字第六号公函,知悉七月四日依法选举理监事暨宣誓就职,并检具理监事姓名简历表一份,请查照。等语。宋埠镇系贵县重要商场,此经遴选得人,商务前途,定期发展。

汉口市商会理事长贺衡夫子午有印

20.汉市商会选代表出席鄂省商联会

(1946 年 7 月 28 日)

[唯力社讯]湖北全省商会联合会已定八月十五日开会,并照章改选理监事。兹悉,汉口市商会已推定理事王际清等为出席省商联代表云。

(《武汉日报》)

21.汉口市政府为据呈报陈兴记、黄云记两店经劝导警告仍不入会有碍会务令线索业同业公会

(1946 年 7 月 28 日)

市社字第 10234 号于本府

本年七月八日呈一件,为呈报同业陈兴记、黄云记两店抗不入会,有碍会务,拟准恳依法核办由。呈悉,准令饬警察转饬该管分局劝令入会,仰即知照。

此令!

市长　徐会之

22.汉市商会选代表出席鄂省商联会并议派代表出席全国商联会

(1946 年 7 月 28 日)

[唯力社讯]湖北全省商会联合会已定八月十五日开会,并照章改选理监事。兹悉汉口市商会已推定理事王际清等为出席省商联代表云。

[又讯]全国商会联合会将于九月间在京成立。兹悉,本年五月间,召开筹备会时,对于汉市商会之出席资格问题,曾费解释,据出席该筹备会之代表王际清谈,汉口之商业地位及交通地位均极重要,且汉口党部又系特别市党部,依事实论,汉口商会应有代表出席全国商联,故本人五月间在京开会时,曾据理向大会力争,兹并经提请市商会理监事联席会议通过,拟呈请行政院允许本市商会派代表参加全国商联云。

(《武汉日报》)

23.中华海员特别党部汉口区党部为电贺第一届理监事当选就职致汉口市商会电

(1946 年 7 月 30 日)

中国国民党中华海员特别党部汉口区党部代电汉海字第 82 号(中华民国三十五年七月二十九日发):汉口市商会贺理事长衡夫、杨常务监事庆山暨转全体理监事勋鉴,接准本年七月商字第一号公函,欣悉荣当大选。汉市位全国中心,在兹复原建国伊始,商业复兴,尤臻顶要。令获居前擘,划利未来,殊可预卜,引企新犹,特申电贺,并维照察。

中国国民党中华海员特别党部汉口区党部书记长董璋汉海午赚印

24.湖北高等法院为请查明吉田洋行是否商业组织或隶属于敌军政部致汉口市商会函

(1946 年 7 月 31 日)

查本院受理范连卿汉奸一案,据该被告供称"我在吉田洋行当职员,负买卖货物之责,该

洋行系商业组织。等语。本院对于该洋行之性质及其营业情形,亟待查明。相应函请贵会查照,希即查明在沦陷期间内,该洋行究系商业组织,抑系隶属于敌军政部,其收购之物资是否为谷、米、面、麦、粮或其他可供军用之物品。函复过院,以凭核办为荷。

此致

汉口市商会

院长　朱树声

25.汉口特别市党部为举派代表出席全国商会联合会成立大会致汉口市商会

(1946 年 7 月 31 日)

汉口市商会:

查汉口市商会应参加全国商会联合会一案,曾去电力争。顷奉中央组织部京教指字第 5437 号代电开:"汉口市党部,顷准社会部都机字第五一四号公函称,准贵部函留,据汉口特别市执行委员会电请,准该市商会派员参加全国商会联合会筹备会,并举派代表出席成立大会。等情。转嘱查照办理一案。查依据《商会法》第三十八条之规定,全国商联会以省商联及院辖市商会为其会员,本部兹因实行民运会报之决定,已通知湖北省商联会代表,介绍汉口市商会代表王际清列席扩大筹备会议,□□来成立大会时,致□□市商会,碍难举派出席代表。相应函复,即希查照转知为荷。等由,到部。特电希转知。"等因,奉此。另行电仰知照。

汉口特别市党部午世印

26.汉口市线索业同业公会为呈请依照《商业同业公会法》第二十六条取缔非会员陈兴记、黄云记抗不加入本会为会员呈市政府

(1946 年 7 月)

查有非会员陈兴记、黄云记二店,曾经本会一再劝导警告,并召集来会开会,一味支吾,抗不加入,以儆效尤,其日益增加,理合呈请钧府鉴核,俯赐依照《商业同业公会法》第二十六条予以停业之处分,并令饬加入本会为会员,以维会务。

谨呈

汉口市政府市长徐

汉口市线索工业同业公会理事长　曾烈臣

计开:

陈兴记住汉正街 41 院,警察一分局辖

黄云记住汉正街 138 院,警察一分局辖

27.汉口市财政局训为转知一九三六年统一公债等债票中签号码令汉口市商会

(1946 年 7 月)

抄发二十五年统一公债等债票中签号码仰知照并转饬知照由

中华民国三十五年七月卅日(全衔)训令　中华民国三十五年七月卅日

令汉口市商会:

案奉湖北省政府本年七月二十二日省财五特1862号代电开:"据本府财政厅案呈,云云,抄函合行抄附原表,令仰知照。"等因,附表一份,奉此。合行抄发原表,令仰知照,并转饬有关各业同业公会知照。

此令!

附抄件。

市长　徐会之

8 月

1.汉口市参议会筹备处为请届时莅临本市参议会第一届成立大会致汉口市商会理事长

(1946 年 8 月 2 日)

本市参议会定于八月十日上午九时,在市商会内参议会会议厅举行第一届成立大会,相应通知查照,并请届时莅临指导为荷。

此致

市商会贺理事长衡夫

汉口市参议会筹备处　启

2.汉口市商会为查明汉口吉田洋行是否商业组织或隶属于敌军政部一案致湖北高等法院函

(1946 年 8 月 6 日)

案准贵院民字第一零四零号公函,嘱查明汉口吉田洋行是否商业组织或隶属于敌军政部。等由。查该吉田洋行在沦陷期间情形,本会无案可稽,任派员调查□□□查明,相应复请查照为荷。

此致

湖北高等法院

理事长　贺○○

3.汉口市米商业同业公会为复饬查信丰米厂一案致汉口市商会函

(1946 年 8 月 7 日)

案奉大会七月二十九日函开:"案准湖北高等法院午筱代电开,饬查信丰米厂有无吞没军米及敌中和洋行究为国营抑为商营一案，转嘱属会据实详复，以便转知。”等因。查信丰米厂于日寇投降后，早经停业。属会于本年三月成立，奉函前因，委属无从查悉，理合备文呈复大会鉴核，伏祈据实转知。

谨呈

汉口市商会理事长贺

汉口市米商业同业公会理事长　江晓安

4.汉口市商会为国货展览会事致各业同业公会

（1946年8月9日）

□□□□□□及会场规则各一份，到会，自应照办。除分行外，相应抄同附件，函请查照，迅即转知各会员厂商，依照规定径向南京太平路五十号国货展览会筹备处登记参加，并希速将参加厂商名称及物品数量详细列册报会以汇复，时为至盼。

汉口市各业同业公会

附件如文。

速件！

汉口市商会

5.汉口市轮船商业同业公会为军粮摊派本会无法摊认致汉口市商会函

（1946年8月11日）

案查前准大会函，以军粮差额本会应摊借五十万元，经将本会各会员在抗战期间，损失惨重，颠沛流离，尚待政府救济与补偿，处境艰窘，无法应命，声叙困难。兹复准大会函，以转奉市府令饬依限筹缴。等由。查本会各同业近以遣俘复员，差运频繁，物价奇昂，开支浩大，而□限制，无法提高，亏累不堪，奄奄一息，均将停航。对军粮借款之摊派，深感无法摊认，特再复请大会希予谅解，实纫公谊！

此致

汉口市商会

汉口市轮船商业同业公会　启

八月十一日

6.湖北高等法院为罗祖培汉奸一案致汉口市商会函

（1946年8月12日）

案查前准贵院午筱代电，略以罗祖培汉奸一案，信丰米厂有无吞没军米及敌中和洋行究为国营抑为商营，嘱查明据实详复。等由。经函米业公会查明，据实详复。据米商业同业公会呈节称，查信丰米厂于日寇投降后……云云，函祈据实转知。等情，前来。相应函请查照。

此致

湖北高等法院

理事长　贺衡○

7.汉口市商会为举行首届第三次代表大会事宜致汉口市各业同业公会
（1946年8月13日）

查湖北省商会联合会定于八月二十日举行首届第三次代表大会，本会出席代表业经推定，电达该会在卷。凡属本会公会会员及非公会会员，对于整个商业上应兴、应革及其他有关事件，如有建议，请于八月十七日以前缮述提案来会，以便核交出席代表提出讨论，希特别注意。除分函外，相应抄送提案格式，函达查照。

此致

汉口市各业同业公会

汉口市商会　启

8.汉口市商会为新《公司法》应注意之点致汉口市各业同业公会函
（1946年8月14日）

案奉经济部京商字第八一二四号通知内开："查新《公司法》经于本年四月十二日由国民政府公布施行，各省市主管官署执行新法，其应行注意之点如下：

一、公司设立之登记，依照《公司法》三百零六条规定，得径向本部呈请，或呈由地方主管官署核转。但关于其他变更登记，仍应一律呈由地方主管官署核转，不得径行呈部。所有地方主管官署核转各业，应随到随核随转，中间不得稍有耽延，以免妨碍私人法益。倘因事偶有延滞，亦应于转呈时据实□明缘由备核，应缴费款亦随逐案随文汇解，俾能迅速处理。

二、公司为《公司法》第二十条□书之投资于生产事业者，其投资额可不受限制。惟应先行专案呈部核准，其以投资为专业者，尤应详拟计划。经呈部核准后，始得筹备设立。第二十二条规定（公司不得经营其登记范围以外之业务），公司业务如非实际经营，或暂时无力经营，或非于公司设立登记后一年内所能举办之业务，均不应订入章程营业范围。第二十三条关于保证业务，如公司章程订定以保证为专业者，应先专案呈请核准；如附带以保证为业务者应以与本业有关者为限，且应详细登载于章程；一般公司如章程并未载明以保证为业务而以前已有保证行为者，应即自行撤回保证，以符规定。

三、股份有限公司之股份由签起人认足者设立时，毋庸为《公司法》第一百三十三条各款事项向主管官署呈报，所称主管官署为省市主管厅局或本部。兹为划分事权及促进登记行政效率起见，特规定公司依《公司法》第一百三十条呈报，股款缴收情形，应一律向当地地方主管官署呈报，毋庸径行报部，俟经呈报后，再行报理。申请设立登记所有股款缴收事项，公司董监应据实呈报，呈报不实者，法有处罚明文。地方主管官署非于必要时，不必每案均要予派员检查，但为证明公司股款确已缴足，可由公司暂将股款缴呈国家银行或信用□著之商业银行，取具该银行正式证明书附报备核地方主管官署处理，此项呈报案件不论派员查验与否，应于接到呈报后十日内批复或给予查验证书，使公司得据以办理。申请登记各厅局主管长官，应切实督促主管人员依限迅为处理，毋得延搁。倘逾期间，地方主管官署尚未给予批示或证书者，应视为该地方主管官署对董监事项呈报事项已予承认，公司即依法申请登记。

四、有限公司之股东依法应有二人以上，十人以下，其中半数须在国内有住所，其资本总额应由各股东全部缴足，不得分期缴款或向外招募，其依《公司法》第一百零九条，向主管官署呈报资本缴收情形，如系向本部呈报，当由部令饬地方主管官署派员查验，倘向地方呈报，可由地方主管官署径行派员查验，均应于接到命令或呈报后十日内查验完竣，呈复或给予查验证书。

五、政府或法人为公司股东时，依《公司法》第一百七十六条、第一百八十五条、第二百零三条，其代表人既不限于一人，而所得指定之董监人数又可按股份比例分配。所有政府或法人之股份自应一律记载政府或法人名称，不得另立户名或分列为数股东。至同一人之股份，应归并为一户，载明其本名。上述各节在《公司法》第一百五十九条第二项有明白规定，应由各省市厅局晓谕辖境内各公司切实遵守，其以前有以一股东分作多户或未载明本名者，统限于《公司法》施行后六个月内自行改正呈报。

六、《公司法》第二十八条规定每届营业年度书表应依法定期限呈报，违反者并予处罚，各公司应切实遵照办理。同法第三百五十九条及第三百六十条关于公司章程与法抵触者及公司依特种股份有限公司条例组织者，均应于新法施行后六个月内分别修正呈报备案。此项期限行将届满，应督促各公司迅行遵办。除分令各省建设厅、各市社会局迅行外，仰即转行各业商人一体知照，特此通知。”等因，奉此。除分行外，相应函转，即希查照转知为盼。

此致

汉口市各业同业公会

汉口市商会　启

9.汉口市粮食行业同业公会为奉知已派未缴之军粮借款国币三十万元无力负担一案呈市商会

(1946年8月15日)

案奉钧会七月二十四日通知，为关于前整委会期间，奉令派借支军俘粮款五千万元一案，尚有不曾清数缴纳。本会再向政府请求免缴，未获核准，所有贵业已派未缴之款国币三十万元，请勉筹缴，以免政府直接催收之烦。等因，奉此，自应遵办。惟查属会关于本市之军俘粮米，曾尽有最大的义务，于本年三月起即奉市政府令，垫购军粮三万市斤，后又奉令代购拨发军粮，迄至五月止三个月期间，计亏损国币四百余万元，连同垫购粮款，共计千余万元，此款虽迭次呈述困难情形，请求市政府如数拨发，终未获准。现仍均由属会各会员摊借担负，其经过情形并经呈报钧会，有案可稽。兹查属会各会员目下生意均极萧条，关闭歇业者时有所闻，对于已派未缴之军粮借款三十万元，实感无力负担。奉知前因。理由备文呈复钧会鉴核，转呈市政府准予免缴，并恳将属会垫购军粮款项提前核发，俾解商困而维现状，实为德便。

谨呈

汉口市商会

汉口市粮食行业同业公会　刘绍武

10.汉口市商会关于襄河运价问题致汉口各业同业公会函

(1946 年 8 月 16 日)

案准交通部长江区航政局监运汉字第四四四六号公函开:查襄河汉口至襄阳木船货物运价,兹由本局召集各有关机关举行会议,经将决议案连同运价表呈请交通部核示在案。兹奉交通部卅五年七月二十三日部航字第四二八九号指令开,呈件均悉,查襄河木船运价既经召集武汉各有关机关会议定,经核尚无不合,应准照办,仰即知照。等因,奉此。除分行外,相应函请查照为荷。等由,附运价表一份,准此。除分行外,相应抄同运价表,函希查照转知为盼。

此致

汉口各业同业公会

汉口市商会　启

八月十六日

11.汉口市政府为转发市民胡有生等检举商会理事韩万青曾为经济汉奸请迅予法办令汉口市商会理事长(附原代电)

(1946 年 8 月 17 日)

案奉湖北省政府本年午陷省社二代电开:据该市民胡有生等本年六月廿八日代电一件,为检举该市商会理事韩万青于沦陷期间曾以大量钢铁资敌,请迅予法办。等情。合亟抄发原代电,仰即查明,具报为要。等因。合亟抄附原电,令仰该理事长详细查明,据实呈复,以凭核办转报为要。此令!

附抄发原代电一件。

市长　徐会之

附:胡有生等检举商会理事韩万青曾为经济汉奸请迅予法办呈湖北省政府电

湖北省政府钧鉴:

本市韩安祥钢铁号经理韩万青,于沦陷期间贡献日寇大量钢铁制造武器,残杀军民,计上海号供敌八十余吨,由伙伴叶南山负责;汉口号献敌五万余斤,由该逆父子经办。其丧心病狂较石逆星川尤有过之。现该逆拥资亿万,逍遥法外,冒充地下工作人员,与缪斌同一支流,大肆活动,获市商会理事,几乎得市参议席。宜哉,钱能通神。彼为讨好本市商民,免被检举起见,不惜在市商会席上□□直接税收□局长程起陆征税,辣手近更变本加厉,诋毁我党团军政,为党痞、团棍、军阀(证称行营强派招待费,又称经手人舞弊)恶机压榨,尤复嫁祸忍辱负重之无辜人士,贼子之心性已难训,最者大举肃奸用予检举。请以国家正气为重,勿为其金钱、语言所引诱蒙蔽,迅予法办,以别忠奸。

汉口市公民　胡有生、李子盛、孙楚如　等六百廿四人同叩

12.省商联会定期举行大会

（1946 年 8 月 19 日）

［民主社讯］湖北省商会联合会定于本月二十二日上午八时，假汉口市商会大礼堂举行第一届第三次会员代表大会，各县市商会代表均已陆续来省报到，讨论提案，以复兴战后商业、增进生产建设占多数，议程现正汇编中云。

（《大刚报》）

13.汉口市政府为各地商会应从速报缴三十五年度所利得税一案令汉口市商会

（1946 年 8 月 21 日）

（全衔）训令　中华民国年月日字第　号

令汉口市商会：

案奉湖北省政府本年八月十五日省财二字第一五一五四号代电开："案奉行政院节京伍字第五六三一号训令，云云，抄函仰即转知商会遵照为要。"等因，附抄发行政院训令一件，奉此。合行抄发原附件，令仰遵照。此令！

附抄发行政院训令一件。

14.汉口市商会为仍希勉力筹缴军俘粮差额借款致轮船业同业公会函

（1946 年 8 月 21 日）

兹接来函，对于军俘粮差额借款一案，申述同业困难，无法摊认，请予谅解。等语。查以案迭奉市府照令催促，复经本会理监联席会议决定，凡我同业自不能不勉力筹缴，所请免于摊派一节，歉难照办。现在市面萧条，各业营业均不景气，不仅贵业为然，务望顾全大体，于无不设法之中为□筹缴，以重功令而符原案，是所至盼。

此致

轮船业同业公会

（会戳）启

15.饬转知商会从速报缴三十五年度所利得税由

（1946 年 8 月 21 日）

汉口市政府案奉行政院节京伍字第五六三一号训令："转饬知各地商会，从速报缴三十五年度所利得税。"等由，奉此。除分电外，合亟抄发原件，仰即转知商会遵照为要。

主席　耀煌　未删省财二印

附抄发行政院训令一件，汉口市商会遵照。

监印　高元勋

校对　郑慕唐

16.省商联会大会提案分为金融等五组审查

（1946 年 8 月 24 日）

［中央社讯］商联会首届第三次会员代表大会第一日下午大会，有奚秘书长报告该会状况，推举高光达、曹旭东、贺衡夫、李贡廷、石烈五、刘益如、王河清、杨一如、徐鹤松为主席团，后即将各代表提案分为金融、工商、税务、建设、组训五大组，并推定各组召集人及文电起草委员，由各代表自动参加审查。嗣由社会处吴处长赮熙指示，该会此次改选理监事人数及改选程序，缘该会理事二十五人，监事九人，此次改选半数，已呈准社会部。为容纳新进人才，准将留任之半数各少于改选者一人，即应新选理事十三人，监事五人，留任者由理监事互选之，以得票较多者为留任。

临时动议内计通过要案多件，重要者计有：一、电蒋主席致敬，并分电慰问马歇尔特使、司徒大使。二、电请政府召开国民大会解决国是，并制定国家根本大法，实行民主政治。三、（略）。四、致电驻华美军慰问安平事件。五、定于二十四日大会对抗战阵亡将士暨死难同胞默哀三分钟，并电慰死难烈士家族。六、发起募捐救济苏北难民等案。

晚间八时举行理监事联席会议及各组召集人及文电起草委员各种预备会，同时互选李荐廷、奚靖波、杨一如、杨子斌、赵幻生、吴屏卿、孙舜卿、胡菊芳、谭云裳、高光达、冯旭东、沈歧生等十二人为留任理事，曹旭东、魏仲宣、黄觉非、贺衡夫等四人为留任监事云。

（《武汉日报》）

17.省商联会大会各组委员名单

（1946 年 8 月 24 日）

［中央社讯］鄂省商联会二次大会，决议分金融、工商、税务、建设、组训五组审查提案，兹志其各组委员暨文电起草委员，名单如后。

金融组提案审查委员：陈卓如、居子香、孟星南、程子菊、王际清、曹美成、欧阳绎周、吴本笃、高官山、王锡三、傅道舆、左亚佛、张鹏轩、吴屏卿、杨子斌、王河清、徐鹤松、程竹村、陈葆初、简惠生、袁立夫、孙舜卿、章衡如、张绥之、王天衢。

召集人：吴屏卿、曹美成、王河清。

工商组提案审查委员：程子菊、王际清、李贡廷、李伯高、戴淦卿、杨义在、宫子美、李宝清、李勉吾、戴德威、黄觉非、彭宗英、王子云、王文卿、陈锡周、胡子仁。

召集人：黄觉非、程子菊、王际清。

税务组提案审查委员：周家泉、吴仲介、陈卓如、陈养吾、范熙如、孙寿鏞、成天□、陈克成、黄敬宗、李厚安、王河清、徐鹤松、程清潮、曾正平、李敬唐、蒋辅廷、龙渭清、罗润溪、姜海如、李□棠、吴球东、章衡如、张绥之、王子民、屠子文、吴奉卿。

召集人：邓书城、熊敦五、张立鹤。

建设组提案审查委员：孙舜卿、刘竹亭、赵幻生、罗仲庭、周家泉、曹美成、卢松如、高官山、左亚佛、李际唐、陈毅卿、王心政、李家弼、朱秋云、金声铎、石烈五、段崇恩、刘益如、蒋辅廷、罗润湲、吴盛森。

召集人：卢松如、金声铎、左亚佛。

组训组提案审查委员：邓星若、何开明、邱寿铭、陈古愚（李挽澜代）、胡松仪、卢松如、徐植如。

召集人：李家弼、徐植如、邓星若。

文电起草委员：张云山、李宝清、赵幻生、周家泉、范熙如、王河清。

召集人：张云山。

（《武汉日报》）

18.商联会电请"戡乱"致敬元首电慰马帅司徒发动募捐救济苏北难民大会提案分为金融等五组审查

（1946 年 8 月 24 日）

[中央社讯]商联会首届第三次会员代表大会第一日下午大会，有奚秘书长报告该会状况，推举高光达、曹旭东、贺衡夫、李贡廷、石烈五、刘益如、王河清、杨一如、徐鹤松为主席团，后即将各代表提案分为金融、工商、税务、建设、组训五大组，并推定各组召集人及文电起草委员，由各代表自动参加审查。嗣由社会处吴处长暇熙指示，该会此次改选理监事人数及改选程序，缘该会理事二十五人，监事九人，此次改选半数，已呈准社会部。为容纳新进人才，准将留任之半数各少于改选者一人，即应新选理事十三人，监事五人，留任者由理监事互选之，以得票较多者为留任。临时动议，内计通过要案多件，重要者计有：一、电蒋主席致敬，并分电慰问马歇尔特使、司徒大使。二、电请政府召开国民大会，解决国是，并制定国家根本大法，实行民主政治。三、（略）。四、致电驻华美军慰问安平事件。五、定于二十四日大会对抗战阵亡将士暨死难同胞默哀三分钟，并电慰死难烈士家族。六、发起募捐救济苏北难民等案。晚间八时举行理监事联席会议及各组召集人及文电起草委员各种预备会，同时互选李荐廷、奚靖波、杨一如、杨子斌、赵幻生、吴屏卿、孙舜卿、胡菊芳、谭云裳、高光达、冯旭东、沈歧生等十二人为留任理事，曹旭东、魏仲宣、黄觉非、贺衡夫等四人为留任监事云。

（《武汉日报》）

19.朱河镇商会为本会经已正式成立检同略历表电恳鉴核指导致汉口市商会代电（附理监事略历表）

（1946 年 8 月 24 日）

汉口总商会理事长贺钧鉴：

窃查朱河沦陷三载，商业萧条，光复后各商复员，辄开始筹备，本年六月方宣告正式成立，所属同业公会计二十单位。今后本会一切进行事宜对钧会实有切□联系之必要，理当检同本会理监事略历表，电恳鉴核，并□随时指导，俾有遵循，实为公便。

朱河镇商会理事长　胡宗锦　未回印

附:朱河镇商会理监事略历表

职别	理事长	常务理事	常务理事	理事	理事	理事	理事	理事	理事	监事	监事	候补监事	候补理事	候补理事
姓名	胡宗锦	朱同悦	李兰林	罗会炎	蔡家炳	彭晋明	常文贤	吴粹卿	李先旺	朱同海	常松泉	张华廷	万正国	邹精文
年龄	四四	五六	四七	三五	四一	三五	四〇	四二	三二	三六	四一	三八	三三	三五
籍贯	本镇	本镇	本镇	本镇	本镇	岳阳	本镇	汉阳	本镇	本镇	本镇	本镇	本镇	本镇
略历	荆南中学毕业，历充商会主席常委等职	肄业私塾九年，曾任商会常委	财政讲习所毕业，历充联保主任委员等职	初中肄业，曾任公会常委	初中肄业，曾任商会委员	岳阳中学毕业，曾充湖南同乡会副会长	省立初中肄业，曾充行业主席	初中肄业，曾充广货业主席	乡政训练所毕业，曾充股主任	完小竟业，曾充公会委员	初中肄业，曾充商会常委	肄业私塾六年，曾任公会主席	中学肄业，曾充商会常委	肄业私塾七年，曾充商会委员
业务	橹米	橹米	榨坊	橹米	花行	旅馆	粮行	广货	屠业	鱼行	广货	南货	磁业	布业
备考														

20.汉口市商会为转知各工厂工人、各商店职工解决劳资纠纷办法致汉口市各业同业公会函

(1946 年 8 月 26 日)

汉口市政府市社字第一一七二一号训令开:“案奉国民政府军事委员会委员长、武汉行营本年八月汉行政一字第〇一四一七号训令内开,据报武汉区内时有劳资纠纷,未经合法程序调解,即遂行怠工、罢工,甚至聚众斗殴,或组织纠察队四出捣乱情事。查武汉地当冲要,工厂林立,工人众多,此风不戢,不独影响工业之发展,抑且危害地方治安,为此布告禁止。嗣后各工厂工人、各商店职工,如因要求改善生活或调整工资,应呈由各同业公会、各职业工会报请各主管机关予以合理合法之协商解决,如对调解条件认为未尽满意,可呈报本行营裁决,倘不遵照此项规定,动辄以怠工、罢工,甚至聚众斗殴,或组织纠察队四处捣乱,威迫要挟者,即以捣乱治安,从重治罪。除布告并分令外,合行令仰遵照,切实办理。等因,奉此。合行令仰遵照,并转饬所属一体遵照为要。”等因,奉此。除分行外,相应函希查照转知遵照。

此致

汉口市各业同业公会

汉口市商会　启

21.汉口市商会为电复并致贺忱致九龙商业总会

(1946 年 8 月 26 日)

九龙商业总会公鉴:

准函复,装饰逾恒,实深惭恕。贵会地居冲要,复得帝英治理,商业完臻发展,遥为欣庆。

汉口市商会理事长　贺衡夫　印

22.省商联会昨改选理监事今举行税务座谈会吴厅长等均将出席

(1946 年 8 月 26 日)

[本报讯]湖北省商会联合会第一届第三次会员代表大会,昨(二十五)日上午继续在汉口市商会内举行,计通过税务、建设、组训,三组提案约二百件,旋即公推湖北企业公司筹备人,由湖北八个行政区及汉口、武昌、汉阳、宜昌、沙市、樊城、老河口等地商会,分十五单位,各推代表组织筹备委员会。又,决议大会闭幕后,由该会理事会聘请各地商会代表,成立五个研究委员会,下午进行选举理监事。该会并定于今(二十六)日上午九时举行税务座谈会,本省财政厅吴厅长、湖北直接税局程局长、湖北货物税局梁局长,均将出席参加,今日下午三时举省商联出席全国商联会代表,五时举行闭幕典礼,闻各机关长官均将前往出席,届时必有一番盛况。

理监事名单

留任理事:李荐廷、奚靖波、杨一如、杨子斌、赵幻生、吴屏卿、孙舜卿、胡菊芳、谭云裳、高光达、冯旭东、沈歧生。

新选理事:张立鹤、李贡廷、王际清、程子菊、徐鹤松、曹美成、周家泉、王河清、王文卿、徐植如、金石、李实清、张番溪。

留任监事:曹旭东、魏仲宣、黄觉非、贺衡夫。

新选监事:屠子文、张寿镛、桂正中、刘华如、范熙如。

留任候补理事:张自固、戴慎滋、杨春芳。

新选候补理事:吴仲介、熊敦五、邓书城、陈葆初、左亚佛、李伯高、居子香、邓星若、吴球东、汪云山。

留任候补监事:王香斋、吕佳琴。

新选候补监事:孟星南、刘毅、石烈五。

(《大刚报》)

23.省商联会昨闭幕选定出席全国联会代表并举行商联税务座谈会

(1946 年 8 月 27 日)

[本报讯]湖北省商会联合会第一届第三次会员代表大会原定昨(廿六)日下午三时由全体代表就该会理监事加选该会出席全国商联会代表六名。嗣经全体代表决议,仍授权该会理监事推选之,旋由主席团发表各研究委员会召集人名单,并通知各研究委员,于昨晚八时在市商会商讨研究会进行事宜(各召集人姓名另栏)。稍事休息,即举行闭幕典礼,由高光达氏致

闭幕词及新选理监事宣誓就职后，当由万主席代表吴社会处长、省党部王委员、社会部杜专员相继训词。对于代表大会连日以来会议之精神及成绩咸表欣慰，并勖勉各代表应将会议中之精神保持于永久，常与省商联会取得联系。末由会员代表左亚佛致答词，至下午六时始行摄影闭幕。

各研究委员会召集人姓名

国际贸易研究委员会召集人：居子香、戴淦卿、陈葆初。

工商研究委员会召集人：张云山、邓书城、程清潮。

土产研究委员会召集人：陈致中、陈锡周、罗仲庭。

金融研究委员会召集人：金声铎、邓星若、左亚佛。

税务研究委员会召集人：吴仲介、孟星南、石烈五。

[本报讯]本省商联于昨（廿六）日上午九时假汉口市商会二楼会议室举行座谈会，以资交换有关金融税务之意见。财厅吴厅长、直接税局程局长、货物税局梁局长及省银行熊总经理均被邀莅临参加该会。首由主席高光达报告开会意义，略谓：此次会议为便于各位交换意见起见，故以非正式之座谈会之方式举行之，希各代表尽量叙述本身之痛苦，俾所有之痛苦得以正式之方式解除外，尚可以最简捷之方法直达各主管首长而得立即解除。次由吴厅长发言，略谓：财政方面现正设法铲除中□，取缔勾结，希各位代表能与政府合作。语毕，各代表相继发言辩论，至为激烈，各代表向财厅请求者可综为四点：一、营业税率请按战前规定减为千分之三（现为千分之十五）。二、凡系加入商会之工商业，所有一切营利所得税，请并入正式营业内计算。三、公营、牙行应请通令裁撤。四、废止苛杂。以上四点当由吴厅长面允转呈省府提会讨论。继由直税程局长报告谓：希各代表与税局合作，应缴纳之税按时缴纳。各代表纷纷提出请免三十四年度所得利得各税，当由程局长依法解释。相互辩论至为激烈，并提出谓简化稽征，最后决定以大会名义请直接税局转呈中央核示。次由省银行熊行长报告建立全省金融网及扶植民营事业之决心。出席代表一致报以热烈掌声。最后货物税局梁局长报告约分二点：一、员司不法举措，请尽情举发。二、征税手续如有不合请详告，以便改进。各代表提供意见至为踊跃，至午后一时始毕。

（《大刚报》）

24.武昌市商会为函知本会理监事宣誓就职日期检同理监事名册致汉口市商会函（附理监事名册）

（1946 年 8 月 27 日）

会总字第三九号

案查本会业于七月十六日举行第一届第一次会员代表大会，蒙各主管机关派员莅会监选指导。依法选举贡廷等十五人为理事，徐善叔等五人为监事，复于八月二日依法由理事会选举贡廷等七人为常务理事，并选举贡廷为理事长，又同全体理监事已于八月二日宣誓就职。本市经日寇摧毁之余，值百业凋残之际，商人痛苦如何解除，市面繁荣如何促进，金融如何而调剂，生产如何而振兴，瞻望前途，百端待理，水渊是懔，深惧弗胜，尚望南针时赐，借匡不逮。除分别呈函外，相应检同理监事名册，函请查照为荷。

此致

汉口市商会

附送理监事名单册一份

理事长　李贡廷

附:武昌市商会第一届理监事名册

职别	理事长	常务理事	常务理事	常务理事	常务理事	常务理事	常务理事	理事	理事	理事	理事	理事	理事
姓名	李贡廷	曹美成	胡云卿	张永年	周家泉	郑晋卿	张杰如	张群叔	邱树森	盛龙轩	徐春轩	石元春	甘静域
年龄	五〇	三四	四八	五五	二五	六〇	四八	六六	五六	三八	六〇	四一	六七
籍贯	武昌	武昌	武昌	鄂城	武昌	武昌	黄冈	武昌	武昌	武昌	武昌	武昌	武昌
营业种类	纱厂	山货土水果	机器米业	国药	糖果饼干	汾酒	榨坊	武豹汽车	布业	华洋百货	卷烟经理	五金旧货	贸易人力车
同业公会或公司行号工厂名称	武昌第一纱厂	山货土水果业同业公会	机器米业同业公会	国药业同业公会	糖果饼干业同业公会	汾酒业同业公会	榨坊业同业公会	武豹长途汽车股份有限公司	布店业同业公会	华洋百货业同业公会	卷烟经理业同业公会	五金旧货业同业公会	贸易人力车业同业公会
在公会或公司行号工厂职务	副经理	理事长	常务理事	理事长	理事长	理事长	理事长	董事长	常务理事	理事长	理事	理事长	理事长
教育程度	大学	法学士	私塾	中学	大学	中学	法政专校	法政专校	中学	高中	中学	中学	私塾
住址	汉口伟英里四四号	中正路四四五号	保安门正街一九八号	保安门正街一九七号	中正路三三三号	中正路一八七号	张江陵路八号	汉口如寿里二十七号	中正路四三九号	大察院巷十号	中正路四五号	十字街四九号	后长街三七号
备考													

（续表）

职别	理事	理事	常务监事	监事	监事	监事	监事	候补理事	候补理事	候补理事	候补理事	候补理事	候补监事	候补监事
姓名	李揆生	蒋锦章	徐善叔	金少庭	庞成章	方强百	杨惠卿	董小轩	刘梅生	余百川	刘健初	刘哲臣	左仁钦	陈幼卿
年龄	六五	六八	三〇	三五	六六	四一	五一	四二	三六	四二	四四	五三	三六	三八
籍贯	武昌	武昌	武昌	武昌	武昌	武昌	武昌	武昌	武昌	鄂城	武昌	武昌	武昌	武昌
营业种类	石膏业	杂货业	茶叶	电料业	山货土水果	机器米业	粮食行	布业	纱布	布业	猪行	纸张文具印刷	粮食行	芦柴
同业公会或公司行号工厂名称	石膏业同业公会	杂货业同业公会	茶叶业同业公会	电料业同业公会	山货土水果业同业公会	机器米业同业公会	粮食行业同业公会	布店业同业公会	武昌震寰纱厂	布店业同业公会	猪行业同业公会	纸张文具印刷业同业公会	粮食行业同业公会	芦柴业同业公会
在公会或公司行号工厂职务	理事长	常务理事	常务理事	理事长	监事	理事长	常务理事	理事长	经理	常务理事	理事长	理事长	常务理事	理事长
教育程度	私塾	私塾	中学	中学	高中	私塾	中学	中学	大学	中学	高中	初中	中学	小学
住址	十字正街五一号	广里堤四十五号	中正路一九五号	青龙巷九号	胡林翼路三九九号	平关路二五五号	福兴南街八号	中正路四三四号	汉口北平路三十二号	中正路四四三号	文昌门外	中正路三五一号	兴阳咀九号	解放街二一号

25.汉口市商会为抄发襄河木船运价表致汉口市各业同业公会(附运价表)

（1946 年 8 月 28 日）

案准交通部长江区航政局监运汉字第四四四六号公函开:“查襄河汉口至襄阳木船货物运价,云云,至相应抄同运价表,函请查照为荷。”等由,附运价表一份,准此。除分行外,相应抄同运价表,函希查照转知为盼。

此致

汉口市各业同业公会

附抄《襄河木船运价表》一份。

（会戳）启

附:交通部长江区航政局襄河木船运价表(自三十五年六月一日起实行)

运价/公里

汉口	50	72	153	205	238	290	359	444	496
3900	新沟	22	103	155	188	240	309	394	446
5650	1750	汉川	81	133	166	218	287	372	424
11950	8050	6300	仙桃	52	85	139	206	291	343
16000	12100	10350	4050	岳口	33	85	154	239	291
18600	14700	12950	6650	2600	泽口	52	121	206	258
22650	18750	17000	10700	6650	4050	沙泽	69	154	206
28050	24150	22400	16100	12050	9450	5400	钟祥	85	139
34700	30800	29050	22750	18700	16100	12050	6650	宜城	52
38950	34850	33100	26800	22750	20150	16100	10700	4050	襄阳

附注:

一、本表所列运价上下水一律。

二、未经规定之各地点运价,按各该线附近运价比照里程计算。

三、雇用木船、驳船报到以后,在停船候装期中或木船、驳船装运货物到达目的地以后三日(每日按二十四小时计算)以内,不算延装费或延卸费。从第四日起每日每吨一律收延装费或延卸费七十五元,延装费或延卸费按木船登记吨位计算。

四、木船装运部队徒手兵十五人拆合一吨,武装兵及官佐十人拆合一吨。

五、不满整船货物(未装满船舶载货吨位或容积四分之三者),照本表所列运价加百分之二十计算。

六、轻浮货物或危险物品,照本表所列运价加百分之三十计算。

七、不满整船轻浮货物,照本表所列运价加百分之五十计算。

八、一般空桶按四十立方英尺为一吨计算,空汽油桶按十五个为一吨计算,仍照轻浮货物加百分之三十。但如将其他重量货物搭装时,对于另加轻浮货物一节,可由交运、承运双方另议。

九、木船装运花纱、布匹、食盐、粮食、邮件等货物,如由船户代为照料者,得由托运人洽与照料费,其计算标准不得超过运费百分之二十。

十、木船承运货物,由托运人自备轮船拖运者,其运价照运费半数计算。

十一、押运货物人员免收船资,但每批货物不得超过二人。

十二、包租木船,按照登记基吨数乘每吨每公里基数计算。

26.汉口市机器工人要求增加工资第二次调解会议记录

(1946年8月28日)

地点:汉口市政府社会科

时间:三十五年六月十三日上午八时

出席人:
机器工会郭运卿、杨生祺,市总工会萧子俊
市警局陈砚田,米业公会涂炳炎、徐光辉
机器业公会祝渭潜,市政府喻思九
缺席:机器厂大智路工厂,市党部,市商会
主席:喻思九
记录:陈昆炎
(甲)报告事项(略)
(乙)调解事项
一、关于各机器工厂工人工资应如何决定案。
决议:工资按技术优劣支给,最低级每日一千六百元,最高级每日二千八百元,为特殊技术工人原支工资较上列最高级工资为多者再增加与否,由各厂与工人自行商定,每日工作时间以十小时为原则。
二、关于上项增加之工资应自何时起施行案。
决议:自本年五月二十一日起施行。
三、关于米厂机器工人工资应自何时起解决案。
决议:工资甲级每月十万元,乙级每月六万元,自本年五月一日起施行。
机械器业公会:祝渭潜
职业公会:郭运卿、杨生祺
米业公会:涂炳炎、徐光辉
市总工会:萧子俊
市警局:陈砚田
(丙)散会。

27.省联会选出全国商联代表,常务理监事亦选出

(1946 年 8 月 29 日)

[现代社讯]鄂省商联会选举出席全国商联会代表业于昨(二十八)日选出,计共六人,由曹旭东、李贡廷、程子菊、王际清、徐鹤松、李实清等当选。该会常务理监事亦经选出,结果张番溪、张立鹤、赵幻生、曹美成等四人当选为常务理事,贺衡夫、黄觉非、屠子文等三人当选为常务监事。

(《大刚报》)

9 月

1.汉口商会为征募乞丐社会救济要点致各同业公会函

(1946 年 9 月 3 日)

案奉汉口市社会救济委员会救秘字第八二一号公函开:"查本会三十五年度乞丐救济金前以加紧征募,三十六年度乞丐救济金故暂缓征收。兹因本会开展各项救济业务以及兴建育幼院(即儿童教养院)房屋,需款在即,除三十六年度救济金仍请警察局加紧征收外,兹为结束手续起见,特将三十五年度乞丐救济金未征募完竣者继续征募,并拟定下列征募要点:(一)所有前托警察局代收三十五年度乞丐救济金未完手续,由会函请该局饬属依限将收据存根送会结算清楚,以便续募;(二)所有各警察分局未□□三十五年度乞丐救济金收据一律缴会,以便应用;(三)凡未缴纳三十五年度乞丐救济金之商号工厂,均应继续补缴,已缴者免缴,但以有本会收据或该商号工厂簿册、付款凭证者为限;(四)继续征募三十五年度乞丐救济金,暂分二段举行,以警察第一分局至第六分局为第一段,第七分局至第十二分局为第二段,唯征募时,先以繁盛区域开始;(五)每段由会派收款员一人,贫民收容所所民二人,会同当地警察分局户籍员警按户征收之;(六)收款员不另委派,由会及贫民收容所各调一人办理。除分函汉口市警察局转饬各分局办理外,相应函达,即希转饬各业同业公会分知各商号工厂踊跃缴纳,俾便开展救济业务。"等由,准此。除分行外,相应函希查照转知为盼。

此致

汉口市各业同业公会

汉口市商会　启

2.汉口市商会关于参加第卅六次总理纪念周暨中央农工部武汉区工运干部训练班第一期开学典礼致汉口市各业同业公会函

(1946 年 9 月 4 日)

案奉中国国民党汉口特别市执行委员会通知开:"本部第卅六次总理纪念周暨中央农工部武汉区工运干部训练班第一期开学典礼,定于本月六日上午九时在本部大礼堂举行,相应通知查照,准时转知本党同志来部参加为荷。"等因,奉此。除分行外,相应函希查照,转知党籍同志准时前往参加为盼。

此致

汉口市各业同业公会

速!

汉口市商会　启

3.汉口市商会为查明本会理事韩万青被诬情形呈汉口市政府(附调查报告)

(1946 年 9 月 7 日)

案奉钧府市秘民字第一一五一九号训令,为转据胡有生等报称,本会理事韩万青于沦陷期间,曾以大量钢铁资敌一案,饬即详细查明,据实呈复,以凭核报。等因,附抄发胡有生等原代电一件,奉此。遵查本会理事韩君万青,世代经商,在汉开设韩安祥铁号有六十余年之久,韩君为国民党党员,领有第零五二零六号党证,抗战以前,历充公务人员,武汉沦陷时,随政府转至重庆。二十八年二月教育部专字第四十八号令,委为战区教育督导,秘密往返渝、港、沪、汉各地工作,有报告呈部可查。胜利以后,乃改习工商,继续经营祖业韩安祥铁号,本会成立,被选为理事。至韩安祥铁号,在沦陷前即已分批撤退四川万县、重庆营业,其残存于汉口市英商天祥栈之锅钏等件,系被日寇强力搬走,详情有该栈大班可质。叶南山廿九年在沪复担任农工银行职务,解之,并非韩安祥之伙友,曾于三十年五月被匪绑架,嗣以年老,突遭意外刺激,释出时即行病故,此皆确实情形。至于请求减免直接税一案,本系汉口全市商人之共同要求,并非韩君个人意见。其余为原代电所称诋毁党团、嫁祸无辜等语,均查无实据。奉令前因,理合据实查明呈复,伏祈鉴核转报,以免诬构。

谨呈

汉口市市长徐

(全衔)理事长　贺衡○

附:关于韩万青调查报告

韩万青,武昌人,年四十,上海复旦大学毕业。十九年加入国民党,党证字号第零五二零六号;二十一年任职湖北民政厅;二十二年就汉口市政府秘书职,嗣兼代市立第九完全小学校长;至二十七年武汉沦陷前二日,随市府职员撤退重庆,于二十八年二月十七日奉教育部专字第四十八号部令,委为战区教育督导,由渝飞港转沪,曾于二十九年十月及三十一年春秘密来汉调查,作有报告呈部在案。两次逗留旬余,即行返沪,在沪执行律师职务,借资掩护,领有三十年七月上海律师公会第二零四六号证书。至卅二年太平洋战事发生,日军进驻上海租界,同志□人被捕,工作即陷停顿状态,艰苦支持。迄今胜利,于去年十二月返汉,自惭十余年之公务人员生活,殊少特别贡献,兼之亲老负重、家庭浩劫,遂毅然攻习工商,继承祖业,徐图发展。查“韩安祥铁号”开设有六十余年之历史,武汉皆知,抗战军兴,即分批撤退四川万县、重庆营业,沦陷区一带夷为平地,片瓦无存。其未及撤□,残存特三区英商天祥栈之锅钏等件,于日军发动太平洋战争侵入特区之后,即被日寇浪人强力搬走,有该栈大班可资证明。前经理叶南山由渝到沪,经农工银行该经理之聘请改任银行职务,当时沪上土匪横行,于卅年五月间赴银行办公,途中被匪绑架,终以年老突遭意外刺激,释出病死。当时被绑之人报载日有数起,同乡姚玉堂等之被绑如出一策。在战前上海设有申庄,专司报告商务动态及调配零星货物运汉以齐花色,并不当地经售。战争期间以上海有国际关系,故有一部分家人老小迁居避乱,迄今胜利一年,尚未全部复归复业。凡此种种事实极为明显,今既有人捏词检举,想系此次万青参加社团,仗义直言,或有触动他人之处,固而挟恨诬控,律所不许,请即传讯原告人等对质公庭,以昭大白。

如万青有丝毫不明不白之处,愿受最重处刑,否则应处诬控人□入人证之刑,以符最高领袖三令五申,不得假名挟嫌诬控之旨也。

4.湖北高等法院检查处为查明熊幼珊汉奸一案致汉口市总商会函

(1946年9月12日)

查本院受理熊幼珊汉奸一案,内称该被告熊幼珊于武汉沦陷后勾结敌寇,以昭和、三井、黑獭、万谷等洋行为背景,供给敌人军用品、牛皮、五倍子、猪鬃等物质,大呈搜刮手段,吮吸国家物质,以供敌用情事。是否属实,无从悬揣,相应函请贵会查明见复,以凭核办为荷。

此致

汉口市总商会

首席检察官　毛家骐

5.汉阳县商会为函报本会理监事宣誓就职日期致汉口市商会(附当选理监事名册)

(1946年9月13日)

华商总字第001号

案查本会业于本年八月三十一日举行第一届第一次会员代表选举大会,蒙各主管机关派员莅会监选指导,各在案。计是日选举结果:华堂等十七人当选为理事,董时义等五人为监事,当场公推华堂等七人为常务理事兼票选华堂为理事长,董时义为常务监事,均经记录各在卷。惟华堂等自惭才识浅陋,当经固辞未获,乃偕同全体理监事于是日宣誓就职。承敌寇杂毁之余,值百业凋敝之际,关于协助本县经济之建设、市场之繁荣、金融之调剂、生产之振兴以及商业道德之提倡、商人痛苦之解除,诸大端事繁责重,深惧弗胜,尚冀我商界名夙,不齐臻玉,南针时赐,俾作圭臬,勉赴事功。除分别呈函外,相应检同理监事名册,函请查照为荷。

此致

汉口市商会

理事长　陈华堂

附:汉阳县商会第一届第一次当选理监事名册(中华民国三十五年八月三十一日)

职别	理事长	常务理事						理事
姓名	陈华堂	李伯高	萧良臣	张慕然	李少南	胡耀余	唐道生	徐超民
年龄	三六	三八	五三	三八	四□	五三	三九	四五
籍贯	汉阳	汉阳	汉阳	汉阳	汉阳	鄂城	宝庆	汉阳
营业种类	同盛源粮食行	兴昌油号	永丰米厂	太康酒厂	德太源汾酒厂	厚成炉场	唐德泰竹木号	徐永记煤号

（续表）

所属公会公司行号名称	粮食行业公会	杂货油盐业公会	米业公会	南酒业公会	汾酒业公会	单独商店	竹木商业公会	煤业公会
在公会公司行号工厂之职务	理事长	理事长	理事长	理事长	理事长	经理	理事长	理事长
教育程度	私塾	湖北省乡镇人员训练所毕业	私塾	私塾	晴川中学毕业	私塾	私塾	武昌勺庭学校毕业
是否党员	否	否	否	否	否	否	否	否
住址	集稼咀	西大街	西大街	南正街	杨家河	双街	鹦鹉洲荒五里	洗马长街

（续表）

职别	理事									候补理事
姓名	黄松庭	万炎卿	刘宝亭	邓鹤卿	周大和	徐福堂	张俊泉	张荣舫	余伯卿	陶锦堂
年龄	五四	五四	六二	四二	四□	四五	五六	五八	四六	四二
籍贯	汉阳	汉阳	武昌	汉川	汉阳	汉阳	湖南	沔阳	汉阳	四川乐山
营业种类	黄政昌竹木行	玉丰米厂	裕奉永杂货号	邓森茂煤油号	永利毛巾号	洪生兴粮食行	张永发竹木行	永昌祥猪行	华昌杂货号	
所属公司行号行会名称	竹木业公会	米业公会	襟货油盐业公会	单独商店	毛巾业公会	粮食行业公会	竹木行业公会	猪行业公会	襟货油盐业公会	四川商船业公会
在公会公司行号工厂之职务	理事长	常务理事	常务理事	经理	理事张	理事	常务理事	理事长	理事	理事长
教育程度	私塾	私塾	私塾	私塾	高中毕业	私塾	私塾	湖北私立法政大学毕业	私塾	旧制中学毕业
是否党员	否	否	否	否	否	否	否	否	否	否
住址	辰堤街	青石桥街	西大街	双街	缸甲岭	双街	腰路街	腰路正街	高公桥	百膳庙
备注										

（续表）

职别	候补理事				常务监事	监事				候补监事	
姓名	张钰珊	刘勤诚	全裕道	张汉卿	董时义	罗少达	杨霖阶	俞春臣	汪兴武	谭少臣	黄云樵
年龄	三□	四二	三六	二八	四四	二九	三八	二八	三二	四六	五七
籍贯	汉阳	黄陂	衡阳	汉阳	监利	汉阳	汉阳	汉阳	汉川	湖南	汉阳
营业种类	张万顺鱼行	刘万顺寿木号	全万顺竹木号	朱兴发面筋磨坊	董义兴猪行	罗益兴煤炭号	杨洪兴肉店	吉利生南酒厂	协泰祥鱼行	平利泰米厂	黄万顺煤炭号
所属公司行号行会名称	鱼行业公会	寿衣业公会	竹木商业公会	面麦磨坊业公会	猪行业公会	煤业公会	猪肉业公会	南酒业公会	鱼行业公会	米业公会	煤业公会
在公会公司行号工厂之职务	理事长	理事长	理事长	理事长	常务理事	理事	理事长	常务理事	常务理事	常务理事	常务监事
教育程度	晴川中学肄业	晴川书院卒业	旅鄂湖南中学毕业	中学	初中毕业	湖北省立十二中学堂毕业	私塾	私塾	私塾	私塾	高中毕业
是否党员	否	否	否	否	否	否	否	否	否	否	否
住址	南正街	高公街	鹦鹉洲辰堤大街	泗湾街	潜龙正街	显正街	三里坡前湾	工防街	潜龙正街	洗马长街	青石桥街
备注											

6.汉口市商会为依限查报战前及现在力资致各业同业公会

（1946 年 9 月 14 日）

案查前奉汉口市政府市秘字第 0543 号代电，以本市各商业公会查报战前二十四至二十七年码头力资基数，兹再电限文到五日内查报，并将各业八月上半月力资数额一并查报，以凭核定。现在力资一案，业分函请依限查报或径呈市府在卷，调查电催至急。复于本月八日召集各业公会座谈会，由本会高常理坤山、熊常监幼珊报告力资为各业切肤利害关系，切勿漠视。经决议:"请各业限三日内,将战前力资及本年八月上半月力资分别查报转呈,其已径报市府者,亦请再报本会汇案办理。"记录在案。除分达外,相应函达查照,务请依限查报,如已报战前力资、未报现在(八月上半月)力资及径报市府者,仍希分别克日速报汇呈,幸勿再延自误为要。

此致

汉口市各业同业公会

汉口市商会　启

7.新生活运动促进总会为派李祖辉等三同志前往负责筹设汉口市新生活运动促进会致汉口市商会函

(1946年9月16日)

汉口市商会公鉴:

查新生活运动自会长倡导以来,各地厉行,不遗余力,抗战期中颇著成效。兹当建国肇始,新运工作尤待发展,本会为健全各重要省市新运会机构计,特分派工作人员至各地筹备,期以普遍推展。兹派李祖辉、孔庆生、胡汉光三同志前往负责筹设汉口市新生活运动促进会,相应电请贵会惠予协助,以利进行,至纫公谊。

新生活运动促进总会总干事　黄仁霖　未艳京总文印

8.汉口市商会第二次临时代表大会议事日程

(1946年9月17日)

甲、报告事项

关于工商贷款一案,业经本会联合省商联会、工业协会推定□册人员各就立场拟具意见书,提出下次联席会议通过后再向有关当局作一致之呼吁,报请查照。

浙江省商联会为挽救当前工商业危机,抄同原呈稿件,嘱一致呼吁一案报请查照。

准湖北省商联会代电,以奉省府令,为公营牙行应自明年元旦起一律停办一案,报请查照。

乙、讨论事项

(一)奉市政府市社字第1857号训令,饬由本会就各工业同业公会及商业同业公会中各推代表一人为本市劳资评断委员会委员案。

(查本案系经过本会第四次理监联席会后提出讨论)

决议

奉市政府市财字第一二〇〇〇号训令,以奉院令,各地商会应从速报缴三十五年度所得利得税一案饬遵照案。

准财政部汉口直接税局汉直税一字第一二〇八号公函,为奉部令三十四年度所得利得税,现正积极筹办开征,请转知各商业同业公会一体遵照案。

(二)(三)两案经过本会第四次理监联席会议后提出并案讨论。

决议

查关于各业请免征二十五年九月份以前营业税一案,经本会呈奉财政部,京直二字第一四二〇号批，碍难照准，慰遵照案。

准财政部汉口直接税局汉直税三字第一三九〇号公函同前由，上案经过本会第四次理监联席会议后提出备案讨论。

决议

本市市政府市财字第一一七九五号训令，以据财政局签以附募房捐营业税、积谷款在未奉明令缓征以前仍应照征一案，饬转行各业公会通知各商店遵缴案。

（此案经过本会第四次理监联席会议后提出讨论）

决议

9.汉口市商会为转发战时军事管制实施纲要致汉口市各业同业公会函

（1946年9月18日）

案奉汉口市政府市社字第二三二号训令开：案奉国民政府主席武汉行辕利二字第九七一号未训代电，颁发《战时军事管制实施纲要》，饬遵照施行。等因，附发纲要一份，奉此。查是项纲要内关于“凡有怠工、罢工、停业、关闭及其他妨碍生产与社会秩序之行为，得由治安机关严行取缔制裁之”之规定，必予严厉执行，借以消弭工潮。本市各业工人及各公司、厂矿、行号劳资双方应密切合作互助，如因增加工资、解雇工人、减少学徒及其他问题而发生争议，应即报请本府调处，若调处未获结果，即静俟送交评断委员会处理，不得有怠工、罢工、停业及其他妨碍秩序之行动。至评断会之裁决，任何一方有不服从时，即予强制执行。倘双方有违反上项情事或对评断不遵照执行，即由本市警察局会同治安机关予以有效之制止，并依法严办。各业工人之思想、言论、行动应严密注意调查，如有鼓励工潮或其他轨外行为之不良分子，即予拘捕惩办。除分令外，合行令仰切实遵办，并将办理情形随时报核为要。等因，奉此。除分行外，相应函希查照转知，并随时将办理情形具报为盼。

此致

汉口市各业同业公会

汉口市商会　启

九月十八日

10.汉口市商会关于工资问题致汉口市各业同业公会函

（1946年9月18日）

汉口市政府市社字第一一三二号训令开：“案奉国民政府主席武汉行辕利二字第九七一号未训代电，颁发《战时军事管制实施纲要》，饬遵照施行。”等因，附发纲要一份，奉此。查是项纲要内关于凡有怠工、罢工、停业、关闭及其他妨碍生产与社会秩序之行为，得由治安机关严行取缔制裁之之规定，必予严厉执行，借以消弭工潮。本市各业工人及各公司、厂矿、行号劳资双方应密切合作互助，如因增加工资、解雇工人、减少学徒及其他问题而发生争议，应即报请本府调解，若调处未获结果，即静候送交评断委员会处理，不得有怠工、罢工、停业及其他妨碍秩序之行动。至评断会之裁决，任何一方有不服从时，即予强制执行。倘双方有违反上项情事或对评断不遵照执行,即由本市警察局会同治安机关予以有效之制止,并依法严办。各业工人之思想、言论、行动应严密注意调查,如有鼓动工潮或其他轨外行为之不良分子,即予拘捕惩办。除分令外,合行令仰切实遵办,并将办理情形随时报核为要。等因,奉此,除分行外,相应函希查照转知,并随时将办理情形具报为盼。

此致

汉口市各业同业公会

汉口市商会 启

11.市商会昨临代会讨论请免元月前营业税卅四、卅五年所得税亦请减免当推定代表六人向当局请求

(1946年9月18日)

[本报讯]汉口市商会昨日下午四时半在该会举行第二次临时代表大会,到各业代表一百五十余人,由该会理事长贺衡夫主席讨论请求减免三十五年元月份以前之营业税及三十四、三十五年所得税各案。按该会以三十五年元月份以前之营业税原经各业请求免征,经财政部批复,碍难照准,惟三十四年胜利以后四五个月,各业多在复员期中,营业尚未开展,殊难担负税缴。又,部令开征三十四年所得税及市财局奉院令饬报缴三十五年所得税,本市各业正值艰苦支持不景气中,所得亦极有限,国库收益自亦不多,倘能豁免,嘉惠商业不鲜。经并案讨论之结果,决议推举成禹门、吴千里、梅云章、罗宝珊、胡耀、车四如六人为代表,由贺理事长率同向直接税局及市政府请求豁免。

又,奉市府令,饬推选各同业公会代表一人参加劳资评断委员会案,决议推高坤山代表。

关于市府令附募房捐营业税、积谷款仍应征缴一案,因时间已届下午七时,决议保留。

[又讯]商会临时代表大会,因系讨论免税问题,各业代表到会者极为踊跃。贺理事长以商会经费枯竭透支,已在七千万元,欠中央、交通、农民等行借款各一千万元,今日亦已到期,殊不便久延,应请各业速照每权十万元之成议缴纳经费,经讨论后通过。

(《大刚报》)

12.商会请免营业税案直税局之平心论

(1946年9月19日)

关于市商会请求减免本年元月份以前营业税及三十四年、三十五年所得税一事,记者于本日走访汉口直接税负责当局。据称,本局应征各税,除财部别有规定外,奉令应本局成立之日开始起征,全国皆属如此。市商会前曾一度呈请减免元月份以前营业税,经已转呈财部批复未准者,盖以此事关通令,碍难照准。平心而论,去年十二月及本年元月份应纳营业税,其数甚微,现且币制已低,延至目前缴纳,负担不为太重。至于卅四、卅五年所得税减免一事,恐亦不能获得财部之准许,本市商民若有请求,本局格于命令,未敢擅决,自当请示财部,若仍不能获允时,当依法征收。(中经)

(《大刚报》)

13.汉口市商会为本市参议会第一届第四次大会致各业同业公会

（1946 年 9 月 20 日）

查本市参议会第一届第四次大会定于十月一日开幕，各业同业公会如有请求或建议事项可拟具提案，于本月二十五日以前送交本会，以便核转参议会。除分行外，相应函希查照，转知为盼。

此致

汉口市各业同业公会

汉口市商会　启

14.汉口市商会为电贺改选致汉阳县商会

（1946 年 9 月 21 日）

汉阳县商会代电

汉阳县商会公鉴：

大函暨理监事名册敬悉，查汉阳夙称名胜，工商为武汉三镇鼎足之一。此次遴选诸公，系一时硕彦，行见商业前途，不独恢复旧观，定可发扬光大，特电致贺！

汉口市商会理事长　贺衡夫　申马印

15.湖北高等法院检察处未查照熊幼珊被检举汉奸一案致汉口市商会函

（1946 年 9 月 24 日）

案准贵处鄂检纪字第三六九号公函，为受理刘茂银具状检举汉奸熊幼珊一案，所称是否属实，嘱查照见复。等由，到会。经本理事长查得：（一）该熊幼珊在民二十七年不及退出汉口者，确因家口众多，妻病垂危，各往来手续未了，负责无人之故；（二）二十七年至二十八年任何生意未做，居黄陂乡间时多，迨至二十九年，度日维艰，始恢复营业，仅在本街□□买□□卖零星土果药材或代卖挑贩客货；（三）往来交易仅有汉市各杂货店、海味号，绝无敌国商行交易情形；（四）经营货色种类，山货、土果、药材、黄花菜、木耳，并未经营其他货物。至于案内所述各节并未查得实据，相应复请查照为荷。

此致

湖北高等法院检察处

理事长　贺○○

16.汉口市商会为检查建筑材料及工资价目表致汉口市营造工业同业公会

（1946 年 9 月 24 日）

案准后方勤务总司令部第二补给区司令部经一字第七六五三号公函内开：本部兹为便利

核实所属建造工程费用起见,相应函请贵会检查建筑材料及工资公议价目表一份,以资参考为荷。等由,准此。相应函达贵会,即希检查一份送会,以便转案为盼。

此致

汉口市营造工业同业公会

（会章）启

17.中国国民党汉口特别市执行委员会代电为明了汉口市各人民团体文书人员一般情形致汉口市各人民团体函(附调查表式样)

(1946 年 9 月 25 日)

汉口市各人民团体鉴:

本会为求明了各团体现任文书人员一般情形起见,特制定调查表。兹随电附发,仰于电到三日内详细查填具报,以便汇核□□为要。

汉口特别市党部申有印

附调查表式一份。

附:汉口市各人民团体文书工作人员调查表

姓名		性别		年龄		籍贯	省　　县
出身							
经历							
现担任　何人民　文书,何　介绍,月　贴,各荷　否另有　职业,其　为何,是　员或团　证团证							

18.汉口市线索工业同业公会为依照《商业同业公会法》第二十六条取缔非会员陈兴记、黄云记抗不入会致市警察局

(1946 年 9 月 26 日)

查有非会员陈兴记、黄云记二店,曾经本会一再劝导警告,并召集本会开会,一味支吾,抗不加入一案,曾呈奉汉口市政府新字第 10234 号指令内开:"呈悉,准令饬警察局转饬该管分局,劝令入会,仰即知照。此令!"等因,奉此。理合呈请钧局鉴核,俯赐依照《商业同业公会法》第二十六条,予以停业之处分,并饬令加入本会为会员,以维会务而免效尤。

谨呈

汉口市警察局局长任

汉口市线索工业同业公会理事长　曾烈臣

19.汉口市商会为装置警铃致各有关公会

（1946 年 9 月 28 日）

兹准汉口市警察局送来装置警铃委员会第一次会议记录，关于装户应如何确定案，经决议：1.金银首饰业（资本较小者例外）、银行、钱庄等业，为必需装置之对象。2.公司、绸缎业、布匹店业等为次要装置之对象（资本小者不必装设）。3.由各业公会于本月二十九日前，将各该业应行装置各户列表，径送警察局督察处，并由警察局令各分局重行复查。等语。除分行外，相应函希查照办理为盼。

此致

汉口市金银首饰业同业公会

汉口市银行业同业公会

汉口市绸缎业同业公会

汉口市布匹店业同业公会

汉口市各会员同业公会

（会戳）启

20.汉口市市长为转发运输省田粮处军粮运费商讨会议记录令汉口市汽车运输商业同业公会（附会议记录）

（1946 年 9 月 28 日）

事由：令发运输省田粮处军粮运费商讨会议记录由

令汉口市汽车运输商业同业公会：

查本市汽车、驳船运输省田粮处、汉口聚点仓军粮运费，经召集各有关机关团体商讨决定，合亟抄发原记录，令仰该会遵照实施为要。此令！

附发商讨会议记录一份。

市长　徐会之

附：汉口汽车、驳船运输省田粮处、汉口聚点仓军粮运费商讨会议记录

时间：三十五年九月二十八日下午三时

地点：市府招待室

出席者：市党部袁梓兴、警察局陈连清、驳船公会李静园（杨鸿钧代）、汽车运输同业姜正明、汉口聚点仓库胡野郈、市政府张习之

主席：张习之

商讨意见：

一、关于汽车运输方面，凡商价已有规定者，一律按照商价以七折计算给价，凡未经规定者，由会方□仓库会同市府派员实地勘查，按照实际情形再议。

二、驳船运输方面：1.关于驳船运费问题，应照规定按商价七折计算给价。2.关于囤费问

题，仍以每船每日计算为原则，不得照运价加倍，其每船每天需价若干，由会方自议。

21.汉口市线索工业同业公会为本会发生种种困难无法支持会务恳予鉴核准予另行改选或予撤销呈汉口特别市党部、汉口市政府、汉口市商会

（1946 年 9 月 29 日）

1.案查有非会员陈兴记、黄云记两户，曾经一再劝告警告，并召集会议，多方狡赖，竟置不理，延不入会一案，业于本年七月六日呈请汉口市政府钧府依法核办。奉市社字第 10234 号指令内开："呈悉，准令饬警察局转饬该管分局，劝令入会，仰即知照。等因，奉此。迄今二月余日，尚未见该二店来会履行入会手续，复经召集理监事联席会议决议，如该二店来会加入时，应依□取以违约□□万元。"等语，在卷。据各会员论，如该二店既不加入亦援例抗不缴付任何费用，以致本会经费业生重大□慌。

2.查本会有商店牌名之会员均系半劳半商，对于自制自卖暨年龄未满十六岁之学徒均应加入职业公会为会员，一来曾呈奉汉口市政府钧府市社字第 13192 号指令略开："该工业同业公会，凡属半劳、有牌号店铺之雇主，均应加入会员；纯系雇用工人，依法应加入职业工会；年龄未满十六岁之学徒，未及合法手续年龄，自不应加入工会，等因，奉此。

3.遵即分转各会员查照，并召集线索职业工会筹备主任来会研商□□□□□藐视法令，加派工人，沿门劝逼登记，如有不登记者，即以武力对待。是此各会员为免除纠纷起见，忍辱登记，咸谓本会所发通知如废纸，纷纷责难，致将本会信誉全失。对于□认会费与商会借款三十万元亦莫不付给，均论为本会实无存在之必要。

4.综上情形，即收取会费发生问题，当然对于会务无法施展推进，经召集理监事联席会议，各理监事□太丰里不出席，□有出席，均请辞职。本会迫此无法挽救之问题，理应呈请钧部府会鉴核，准予特呈，将本会名义撤销，或另饬改选。

谨呈

汉口特别市党部、汉口市政府、汉口市商会

汉口市线索工业同业公会理事长　曾烈臣

常务理事　邓学英、张国宣

22.汉口市银行商业同业公会会员简明表

（1946 年 9 月）

行名	经理人姓名	行址	电话号码	备考
中国银行	赵祖武	保华街	二二三	
交通银行	邹安众	胜利街	四二九	
中国农民银行	蒋震扬	江汉路	二一九	
湖北省银行	熊裕	江汉路	一三二	
邮政储金汇业局	王致敬	南京路	二二二	

（续表）

行名	经理人姓名	行址	电话号码	备考
浙江兴业银行	徐维荣	中山大道	四〇四	
聚兴诚银行	刘志堂	江汉路	七〇九	
盐业银行	方桐滋	中山大道	二二〇	
金城银行	甘助予	中山大道	二一二	
上海银行	崔思恭	江汉路	三一四	
四明银行	叶启章	江汉路	三〇二	
浙江实业银行	黄征藻	中山大道	六四三	
中国实业银行	吴龙丞	江汉路	三〇八	
大陆银行	唐在均	中山大道	五一八	
中南银行	钱乃嵘	江汉路	四〇三	吴副理煦义代理
中国农工银行	汪克栽	江汉路	六〇七	
中国国货银行	李尔安	中山大道	二〇一	
四川美丰银行	王冠卿	扬子街	四一七	
广东银行	何家焯	扬子街	三三〇	
汉口商业银行	赵璧城	南京路		
川康平民商业银行	罗叔侨	鄱阳街		
新华银行	贺友梅	北平路	七二三	
和成银行	赵忍安	胜利街	五一三	
泰裕银行	龚榕庭	江汉路	七二二	
中国工矿银行	熊国藻	江汉路	五三一	
湖南省银行	王启美	南京路	七三四	
重庆商业银行	唐午园	胜利街	六二九	
长江实业银行	宋瑞贤	扬子街		
复兴实业银行	金企超	鄱阳街	六二三	
亚西实业银行	王克明	胜利街		
开源银行	张成熙	中山大道		
四川农工银行	金逊庵	扬子街		
通惠银行	蔡昂若	吉庆街		
川盐银行	李春禄	北平路		
四川建设银行	龙伯麟	胜利街		
巴川银行	王光炤	中山大道		
云南兴文银行汉口分行	马铨	民生路		

10 月

1.繁荣商场,健全组织,武市商会别具办法

(1946 年 10 月 5 日)

[本报讯]武昌市商会理事长李贡廷、常务理事周家泉等,因武昌市面各业组织紊乱,为繁荣商场、健全各业组织、推进会务起见,特拟具整理办法,呈请市政府核示。兹摘录办法如后:(一)各业同业公会呈请主管官署所办事件,一律报由本会核转,以免纷歧。(二)各业同业公会物价工价波动,随时报明本会,以便酌量情形分别转呈核办。(三)各业纠纷先经本会调解,如无效,转呈主管官署核办。(四)每月召集各业同业公会理事长开座谈会一次,报告上月工作之经过及本月份工作之标准,或于市政处所召集之工商座谈会内部举行。(五)本会逐月经临各费,每届月终,造其收支清册,送监事会审核,如有不敷,提交会员大会追加。(六)举办注册证分等收费一案,前经本会理监事及各业工会理事长联席会议决议通过,请各公会努力协助推进。(七)各公会□用书记,迅照另案通书填案,送由本会汇转。(八)各业同业公会所属之商店,均须遵章加入公会为会员,如有拒不加入,报请本会督促加入,倘再拒绝,呈请市政处核办。(九)各公会经临各费及会费、等级数额,经由会员大会讨论通过,并报由本会转呈市政处查核。如会员抗交会费,□经转呈本会核办。(十)关于市税问题,自拥议政府、便利商民为原则,协助征收。其要政如后:甲、营业牌照税。(1)三十五年度应缴税额,应由武昌市税捐征收处偕同商会及各业公会所派人员妥慎估计。(2)营业牌照税申请书,须加盖商会或公会之会戳,或呈请联商会所发注册证。乙、房捐。(1)本市现征房捐,较之战前已加一倍。若仍附收积谷款及抗属优待金,正附并计,未免过重,拟请政府将房捐项下附□捐款撤□,以苏民困,以示体恤。(2)房捐计算,应以租金实数为标准,估价办法即请撤销。(3)自住房屋,切实调查,旧式楼房不另加□。(4)经此次调整之后,商会及各业公会应即负责劝导商民自动上缴。

(《武汉日报》)

2.汉口市商会为转知收复区敌伪商标处理办法致各业同业公会函(附处理办法)

(1946 年 10 月 8 日)

案准经济部商标局函开:“查商标行政为本局法赋特权,不容窃取名义,随意树立,前次敌伪于占领区内所组织之商标机构,对于商标案件擅自非法处理,不独紊乱商标行政,抑影响商民权益,自应严予取缔,以正法统。兹经本局拟定《收复区敌伪商标处理办法》,呈奉经济部核准,着即公告施行在案。除登载《商标公报》公告外,合亟抄附原办法一份,希即查照,转饬遵照办理为荷。”等由,附《收复区敌伪商标处理办法》一份,准此。除分行外,相应抄同原办法,函希查照转知为盼。

此致

汉口市各业同业公会

附抄《收复区敌伪商标处理办法》一份。

汉口市商会　启

附:《收复区敌伪商标处理办法》

(遵京商字第九〇四九号令修正)

一、凡在收复区内,由敌伪组织审定注册之商标,无论属何国籍,一概无效。

二、敌伪组织所发商标注册审定书或争议案之审定书、评决书及有关公报文件,均不得作为依据《商标法》主张使用,或其他权益之证明。

三、中外商民执有中央政府商标注册机关发给之注册证或审定书,而经敌伪组织查验加盖戳记,或加注其他字样,或经换发文件者,应即呈缴经济部商标局查核,一律予以换发。

3.湖北高等法院检查处为查复李鼎安是否曾充伪汉口市商会会长致汉口市商会函

(1946年10月9日)

案准上海高等法院检查处冰代电,请协助调查汉奸李鼎安是否曾充伪汉口市商会会长职务,前来本处,无从悬揣,相应函请贵会查明,迅速见复为荷。

此致

汉口市商会

首席检察官　毛家骐

4.汉口市商会为转三十五年度双十节国庆纪念大会筹备会议决致汉口市各业同业公会函(附标语口号单一份)

(1946年10月9日)

三十五年度双十节国庆纪念大会筹备会通知,关于进行程序议决数点,照录于下:

(一)是日上午八时致祭首义烈士。

1.各机关团体、学校首长及辛亥首义同志于是日上午七时四十分前至大堆(球场正街后)首义烈士墓集合,由主席团率领致祭。

2.致祭仪式举行完毕后,参加致祭人员由市府备汽车二辆,送往中山公园出席致祭大会。

(二)是日上午九时在中山公园举行庆祝大会。

1.各机关全体参加。

2.各人民团体理监事会全体参加,会员至少参加三十人。

3.公益联合会所属之义勇消防队全体参加并欢迎参加游艺(龙灯、狮子灯等)。

4.中等学校员、生全体参加。

5.小学国民学校、代□国民学校职员及高年级学生全体参加。

6.各区公所职员及保甲长均全体参加,并以一户一人为原则,尽量发动民众参加并严守时间。

以上参加大会各机关、团体、学校,应于是日上午八时三十分以前,整队到达中山公园会场,以便编队举行庆祝(以改订时间为标准,务请遵守时间)。

(三)各机关、团体、学校应尽量发动献花圈、献锦旗及参加游艺节目等。

1.向首义烈士墓献花圈致祭。

2.向首义同志献锦旗致敬。

3.玩龙灯、狮子、高跷等。

(四)会后游行:自中山公园—经双洞门—直达中山大道—至林森路口为终点。

(五)是日,如遇天雨,大会及致祭仍照原定时间,改在民众乐园大舞台举行,各机关、团体、学校改派代表五人出席,保甲长、义勇消防队仍全体参加。

(六)兹随函检送国庆纪念标语、口号单一份。

1.标语照原文翻印张贴。

2.口号印发出席人备用。

以上各项除分函外,相应函请查照有关各项,分别踊跃参加为荷。

汉口市各业同业公会

附:标语口号单一份

国庆纪念标语

1.武昌首义,是中华民族自觉的表现!

2.武昌首义,是中华民主运动的创始!

3.武昌首义,是中华民国的诞生!

4.纪念国庆,要遵恪国父遗教!

5.纪念国父,要力行三民主义!

6.发扬辛亥革命精神!

7.完成国家统一!

8.反对割据,反对内乱!

9.努力建设,完成国民革命!

10.努力建设富强民主的新中国!

11.加强盟国合作,巩固世界和平!

口号

1.发扬辛亥革命精神!

2.恪遵国父遗教!

3.力行三民主义!

4.完成国民革命!

5.巩固世界和平!

6.蒋主席万岁!

7.中华国民党万岁!

8.中华民国万岁!

5.汉口市商会为候选人申请费事致汉口市各业同业公会

(1946年10月9日)

案奉中国国民党汉口特别市执行委员会汉人字第三七三〇号代电开:“查甲乙两种公职候选人申请检核关系最为重要,早经一再限期申请在案。顷准汉口市政府秘民字第四九四号公函节开,现奉中央改订证印邮费征收办法,无论甲种乙种各收证书工本费三十元、邮费五十元,合计每人应交八十元。”等因,准此。除分电外,合行电仰查照办理,并转饬所属遵照为要。等因,奉此。除分行外,相应函希查照。

此致

汉口市各业同业公会

汉口市商会　启

6.汉口市政府准汉口市营造工业同业公会呈请收回限制车运长大木料之成命的通知

(1946年10月10日)

汉口市政府三十五年十月七日市秘民字第一四一〇号指令内开:“本年八月三十日呈一件,呈请收回限制车运长大木料之成命,以利建设由。呈悉,经饬据警察局警刑字第一六〇六号呈称,案奉钧府本年九月十二日市秘民字第一二八九五号训令,为据营造业同业公会呈请收回限制禁运大木料之成命。等情。饬查酌事实,妥办具报为要。等因。查各种车辆辐辏,人烟密集之市区,最易影响交通,发生危害,各大都市之交通规章无不□为例,本局有鉴及此,□斟酌事实,仅对板车转运长大木料之时间及街段斟加限制,如装载其他物品,仍准其照常行驶,其已顾及本市实际情形。奉令前因,自应遵照。兹一律改为每日上午八时、下午七时后为板车转运时间,长大木料之行驶,其他仍旧。是否有当,理合具文呈复,仰乞鉴核示遵。”等因。除分知外,相应通知贵营造厂查照办理为荷。

7.省财政厅为举行座谈会致汉口市商会函

(1946年10月12日)

案奉主席谕,以准本省参议会函,以武汉房荒奇重,请设法救济,以利民居。等由。饬研究解决办法。等因。爰由本处、厅会同拟具解决办法,唯以□拟办法,执行或有困难,须再详加考虑。除以此意报府先行复告参议会外,兹订于十二月十六日(星期一)下午三时假汉口江汉路湖北省银行总行举行座谈会,共谋解决方法。届时务希拨冗或派员出席为荷。

此致

汉口市商会

社会处长　吴熙　财政厅长　吴嵩庆　同启

8.汉口市商会为转知登记加入汉口市人民团体文书工作人员联谊会致各业同业公会函

(1946 年 10 月 14 日)

兹准汉口市人民团体文书工作人员联谊会文字第二号公函内开:“敝会为推进团体工作效率及联系文书工作人员相互情感起见,业经依法呈准党政机关组织成立在案,并已在市商会二楼人民自由保障委员会内开始办公,积极推动会务,扩大征求会员。凡各人民团体文书工作人员均得照章加入本会,以资互相联系,而利工作效率。敝会刻正办理会员登记,深恐尚有遗漏向隅。除已刊登大中晚报通告外,相应函请贵会查照,转告所属各业同业公会文书工作人员来会登记,以利工商会务,而收联谊实效。尚希示复为荷。”等由,准此。除分行外,相应函希查照,转告各文书工作人员,如有未经加入该会者,迅即前往登记为盼。

此致

汉口市各业同业公会

汉口市商会　启

9.汉口市商会为明了汉口市各人民团体文书人员一般情形致汉口市各业同业公会函

(1946 年 10 月 14 日)

中国国民党汉口特别市党部组训处函开:“本部为明了汉口市各人民团体文书人员一般情形起见,特制定调查表一种,业经分发花粉、绒球等业五十九个公会(另表),其余会址变动,一时无法递送,用特检同该项调查表一百二十份,函请贵会迅予分发,限五日内由各该会文书径填送本部为荷。”等由,附调查表一百二十份,准此。除分行外,相应检同调查表一份,函希查照,交由文书人员,如限径填送市党部为盼。

此致

汉口市　业同业公会

汉口市商会

10.汉口市商会为制止改选或撤销请求致线索业同业公会

(1946 年 10 月 15 日)

案查前据贵会来呈,为会务发生困难,请准予改选或撤销一案,经呈奉汉口市政府市社字第一二八号指令开:“呈悉,查据呈陈兴记、黄云记两商号店延不入会一案,已再令警局迅饬登记入会具报。至线索业职业工会勒逼半资半劳有牌号之店主及未满十六岁之学徒登记,准予令饬制止,该会所请改选或撤销一节,应毋庸议,仰即转行知照。”等因,奉此。相应函希查照。

此致

汉口市线索业同业公会

汉口市商会　启

11.汉口市营造工业同业公会为检查建筑材料及工资价目表呈复汉口市商会

（1946 年 10 月 15 日）

案奉钧会三十五年九月二十四日商字第六〇七号函略开："为后方勤务总司令部第二补给区司令部需建筑材料及工资公议价目表一份，以资参考。"等因，奉此，自应遵办。兹谨将本会所知，如建筑材料、工资大概价目附呈于后。奉令前因。理合检同木砖瓦材料价目表一份，备文呈复，仰乞鉴核存转。

谨呈

汉口市商会

汉口市营造工业同业公会理事长　彭曜棠

12.汉口市营造工业同业公会转政府关于违章建筑训令的通知（附汉口市取缔营造厂暂行规则）

（1946 年 10 月 17 日）

汉口市政府三十五年十月十六日市工字第三七号训令内开：查本市违章建筑，虽系业主取巧，致酿纠纷，然承修之营造厂商藐玩法令（如无照兴工或不遵照核准图样实施），亦难辞其咎，兹将摘抄《汉口市取缔营造厂暂行规则》第十一、十二、十三、十四等四条文随令颁发。嗣后，如经发觉上项违章情事，定按照取缔规则处罚。除分令警察局遵照切实执行外，合行检发取缔条文抄件一份，令仰该会知照，并转饬各该厂商遵照为要。等因，自应遵办。除分知外，相应抄录原文送达贵厂查照遵办为荷。

此致

贵会员营造厂

理事长　彭曜棠

附摘录《汉口市取缔营造厂暂行规则》条文一份。

附：摘录汉口市取缔营造厂暂行规则（1943 **年** 12 **月** 6 **日**）

第十一条　凡承包建筑工程，未经领有建筑执照擅自兴工者，除令其停业三个月至一年外，并处以该项承包费百分之一至百分之二罚金；如属第二次违反者，即取消其营业执照，并□该承包建筑费百分之二至四罚金，但至少须罚五十元（上项罚款数额，按照结案时物价指数计算）。

第十二条　凡承包工程者如有下列情事之一，市政府得斟酌情形令其停业三个月至一年，或处以五十元至五百元（上项罚数额，按结案时物价指数计算）之罚金；如属第二次违反者，应即取消其营业。

一、不遵照市府核准之图样建筑者；

二、变更设计未经核准给照者；

三、越级承包者；

四、其他违背市政府定章，屡经通告仍不遵照者。

第十三条　凡偷工减料经市政府查明确实者，除先将违反部分责令该承包人拆除重建外，并依照第十二条规定处罚。

第十四条　凡违反下列各项情形之一者，处以二千元（上项罚款额，按照结案时物价指数计算）以下之罚金。

一、不悬挂修建执照或核准之图样者；

二、砌墙脚，扎铁筋，或工作完竣后，不分别具报者。

13.汉口市警察局应本市商户要求装置警铃及费用征收会议记录

（1946 年 10 月 18 日）

时间：三十五年十月十八日下午二时

地点：市警察局会议室

出席人：房地产业公会刘桂

警总队胡武、李萍、何文光

记者公会萧亮

金银首饰同业公会俞之甫

绸缎业同业公会何引年（余之甫代）

钱商业同业公会王荣寿（代）

公益联合会刘伯琴

警备部稽查处陈楚夷

市商会邹静轩

银行公会周昱久

警察局任建鹏

主席：任建鹏

记录：饶文治

甲、报告事项（略）。

乙、讨论事项：

一、据警察局调查，本市商户要求装置警铃者计一百七十九户，现面临冬□，此项装置似不宜缓究，应如何进行，请公决案。

决议：1.采用估价、议价办法。

2.由设计股通知富有装置经验、资本较大之电料行开单送会核定。

二、拟刻本会图记一颗，以利公务案。

决议：照办，文曰“汉口市警铃装置筹备委员会图记”。

三、各装户应缴纳之材料之资费应缴存何银行，请公决案。

决议：缴存交通银行。

四、本会杂支调用少数工作人员之津贴如何规定，请公决案。

决议：

1.每月由本会开支交通津贴，杂支各费总数不得超过三十万元。

2.广告费据实核销。

五、各装户应缴纳之材料之资费由银行代收，抑由本会经收，请公决案。

决议：1.由本会函请交通银行代收，其收据由会印发。

2.请交通银行每三日将所收之数字及装户名称通知本会，以便核催。

3.收据暂印五本（每本百张），收据上由兼主任委员及会计股长加盖名章。

六、拟修正第一次会议讨论事项第二案决议，本会设总干事八人，推警察局督察长倪永潮同志兼任，另设会计、设计两股，推银行公会周昱久先生兼任会计股股长，推警察局督察处内勤股长饶文治同志兼任设计股股长，当否，请公决案。

决议：通过。

14.汉口市市长为转发接待英美工商访华团座谈会记录致汉口市商会贺理事长函（附会议记录）

（1946 年 10 月 18 日）

径启者。查接待英美工商访华团第一次座谈会议，经决定由本府召集各有关机关团体负责人商讨材料之搜集整理及接待等问题。兹定十月十九日上午九时，在本府会议室商讨。除分函外，相应检送该项会议记录一份，函请查照，并希届时亲临出席为荷。

此致

汉口市商会贺理事长衡夫

附会议记录一份。

市长　徐会之

附：接待英美考察团座谈会议记录

一、时间：十月十五日下午三时

二、地点：本府市长室

三、出席人数：

武昌市商会范斌臣

汉口工商协会李国伟、华迩英、孙保基、王松波、周兹柏

进出口贸易公司夏鹤维

武昌市政府方善微

汉口市商会万少珊

江汉关林联芳

省商联高光达

汉口市政府徐会之、程发轫、丁幼泉、刘善和

四、主席：徐会之

记录:周慈仲

五、报告:(略)

六、讨论:

1.关于材料之搜集及整理以及接待等工作,推省商联会、汉口市商会、武昌市商会、工业协会、银行公会、进出口贸易公会、江汉关、建设厅、武昌市政府、汉口市政府,暨孙保基、宋立峰、华迩英、鲍鼎、黄文治、王松波、刘刚、李国伟等先生负责筹备,由汉口市政府召集。

2.关于该团来汉日期,由汉口市政府与上海市政府联络。

七、散会

15.汉口市政府因英国商务访华团接待事宜致银行公会(附接待英国商务访华团第二次座谈会议记录)

(1946 年 10 月 19 日)

径启者。查英国商务访华团接待事宜,业经本府召集各有关机关团体负责人于本月十九日上午举行第二次座谈会,商计议决案四项,记录在卷。除分函外,相应检同该项记录一份,函请。

此致

银行公会

附会议记录一份。

市长徐会之

监印陈绍仁

校对卢光鑑

附:接待英国商务访华团第二次座谈会议记录

时间:十月十九日上午九时

地点:本府市长室

出席人:

汉口工业协会宋立峰、孙保基、王松波、华迩英

江汉关林联芳

进出口贸易公会夏鹤维、杨宇衍

市商会陈焕章

建设厅罗一言

省商联高光达

武昌市政府龚汉卿

行辕政务处钟志超

汉口市政府徐会之、程发轫、丁幼泉、刘善和

主席:徐会之

记录:彭泽荣

报告(略)

讨论

(一)招待方面

1.以分别接洽德明饭店、汉口饭店或杨森花园作寓所为原则,由汉口市政府负责。

2.租用汽车三部常时备用(汉口市政府负责),余视需要,尽可能搭用出席人之汽车,武昌方面则请省政府设法备用。

3.欢宴日程决定:

第二日(十六日)由银行公会、工业协会、进出口贸易公会、武昌市商会、汉口市商会联名招待晚餐,并由银行公会主办。

第三日(十七日)由武汉行辕、武昌市政府、汉口市政府联合招待晚餐,并推由武汉行辕总务处与汉口市政府会同主办。

(二)资料搜集方面

1.本市历年进出口货物品种、数量与价值之资料,推由江汉关、市商会、省商联、进出口贸易公会负责搜集,并推江汉关为召集人(第一组)。

2.本市战前与现在工业状况暨今后所需国际援助之资料,推由工业协会、汉口市商会、省商联会、武昌市商会、进出口贸易公会负责搜集,并推工业协会为召集人(第二小组)。

3.有关交通运输之资料推由建设厅、航政局、招商会、江汉路局、粤汉路局、船政局负责搜集,并推江汉路局为召集人(第三小组)。

4.本市工商团体数目与劳工情形之资料,准由汉口市政府社会科、市商会、三协总三会负责搜集,并推由汉口市政府社会科为召集人(第四小组)。

(三)资料整理方面

由各单位分别整理资料列表说明(中英文各一份),概用打字机拍印,其纸张样式,由汉口市政府设计后分送各单位,纸张之购置则由市商会负责,并决定中文本由市商会负责打字装订,英文本由工业协会负责打字装订,资料限于月底前交齐,送由市政府转发商会及工协,务期于下月六日以前全部制订完竣,再送汉口市政府备用。其编目以上列分组别为次序,请徐市长作序,请武汉区域规划委员会作一市政设计,其排列次序则由汉口市政府与武汉区域规划委员会决定之。

(四)陪同参加

纺织:推由宋立峰、李国伟、程子菊三先生负责。

电气:推由孙保基、黄文治、洪长赞、尤□照四先生负责。

钢铁:推由刘刚先生负责。

运输:推由夏光宇、沈琼芳、王洸三先生负责。

粮食:推由尹静夫、华迩英、陈焕章、程发轫四先生负责。

贸易:推由杨守衍、邹安众、陈琼琨、贺衡夫四先生负责。

劳工:推由张恩泽、陈荣贵二先生及省府社会处、武昌市政府社会科、汉口市政府社会科负责。

轻工业:推由王松波、郭寿衡二先生负责。

散会

16.武汉各界建立忠烈祠筹备委员会为派员出席第十六次常务会议致汉口市商会函

（1946 年 10 月 19 日）

径启者。本会决定本年本月廿三日（下星期二）假湖北省党部大礼堂召开第十六次常务会议，务希届时派代表出席。除分行外，即请查照为荷。

此致

汉口市商会

17.三民主义青年团中央直属汉口区团商人分团部筹备处为依式填送本市各同业公会组织调查表致汉口市各业同业公会函

（1946 年 10 月 19 日）

案准三民主义青年团中央直属汉口区团商人分团部筹备处公函开："迭奉命令，以值此实施宪政之际，对于本市各同业公会组织调查表，函请各该公会依式填送外，相应备文附表，函请贵会转饬所属各业同业公会，于十月三十日以前填送本处，以凭汇报为荷。"

此致

汉口市各业同业公会

18.汉口市商会因调查日本企业致各同业公会函

（1946 年 10 月 21 日）

案奉湖北省政府十月七日省建三字第六二六六号训令开：案准经济部本年九月三日经商字第 09978 号代电开，准外交部本年八月鱼字第 5853 号代电开，准美国大使馆本年八月六日第 315 号略称，美国政府现正拟搜集有关各联合国人民投资于大规模日本企业之资料，以供给盟军最高统帅，于将来执行解散日本各垄断企业时对各联合国人民之持有物（如股票等）加以保护。兹奉美国政府训令，略请中国政府迅速供给有关资料三份，俾便盟军最高统帅对于中国人民在日产业有所保护，此项资料将立即转达最高统帅。美国方面，美国正经由舆论界转向美国公民，征求同样资料。等语，准此。相应电请查照，即希迅速送部，俾利汇转。等由，到部。除分行并登报公告外，相应电请查照，即希将我国人民投资于大规模日本企业（工矿电商）之资料迅速调查送部，俾便汇转。等由，准此。查事关我国人民权益，各该县市政府自应详细调查，报凭汇转，并限于令到五日内呈复。除分令外，合亟令仰遵照。等因。合行令仰于文到三日内迅即查明具复，以凭核转为要。

此致

汉口市各业同业公会

汉口市商会　启

19.汉口市商会为霓虹灯及荧光灯应如何计算致各业同业公会(附上海市开放霓虹灯及荧光灯办法)

(1946 年 10 月 21 日)

准经济部本年十月四日电 36 字第六三五八号代电,以查各地电厂近因用户要求装设霓虹灯及荧光灯,而是项霓虹灯及荧光灯之电费,究应如何计算,未奉规定,纷请核示,前来,本部当以此项用电消耗过巨,在厉行节约之际,不宜任意装置。惟为顾及事实需要起见,准由各电厂斟酌情形,予以变通办理。关于收取霓虹灯及荧光灯电费,可由各电厂视发电供应情形,先与用户商订,但此项电价不得超过本部原核定电灯最高价格之四倍。凡未装电表及未能另装电表者,即以装用瓦特数,照双方商订情形计算电费云。其装置办法暂难遵照上海市政府所拟《上海市开放霓虹灯及荧光灯办法》第二条规定及第三条规定办理上项电费,经双方签订后,应呈部核准,方得公布实行。除呈请行政院备案及通知各地电厂并分行外,相应附抄《上海市开放霓虹灯及荧光灯办法》第二条及第三条条文,电希查照。等由。除分令外,合亟抄同原办法第二、三条条文令仰知照。等因,附抄发《上海市开放霓虹灯及荧光灯办法》第二、三条条文一份,奉此。除分行外,相应抄同原条文,函希查照转知为盼。

此致

汉口市各业同业公会

附抄条文一份

附:上海市开放霓虹灯及荧光灯办法

二、所有屋内外新装霓虹灯、荧光灯,须装置电容器设备方得使用。

三、凡旧有霓虹灯及荧光灯,须在一个月内电气公司登记后,在六个月内加装置电容器。

20.汉口市商会为检查建筑材料及工资价目表复第二补给区司令

(1946 年 10 月 23 日)

案准贵部前为核实所属建造工程费用起见,嘱将建筑材料、工资公议价目表检查一份。等由。当经转函营造工业同业公会,去后,兹据该会呈奉建筑材料、工资大概价目表前来,相应检同原表函送贵部查收为荷。

此致

后方勤务总司令部第二补给区司令部

(会章)启

21.江汉关税务司公署为准备接待英国商务访华团一案开会研讨搜集资料事宜函请派员届时出席致汉口市商会

(1946 年 10 月 24 日)

查汉口市政府召集接待英国商务访华团第二次座谈会议决议,关于搜集本市历年进出口货物品种数量价值之资料,推由江汉关、市商会、省商联、进出口贸易公会负责搜集。并推江汉关为召集人(第一小组)等语。记录在卷。兹定于本月二十六日(星期六)上午九时,在本关会客室开会研讨搜集。除分函外,相应函请查照,派员届时出席为荷。

汉口市商会

江汉关税务司公署

22.汉口市各界献校祝寿运动委员会常务理监委员会联席会议记录

(1946 年 10 月 25 日)

汉口市各界献校祝寿运动委员会常务理监委员会联席会议记录

时间:三十五年十月二十五日下午二时

地点:市参议会会议厅

出席人:行辕政务处贾伯涛,市参议会张弥川、黄焕如

市商会贺衡夫,武汉警备司令部叶健,行辕政治部张导民

市党部陈时夫,汉口区团部林火文,市政府戴仲明、周芮香

市记者公会张四翼、萧亮,市警察局任建鹏(万咸熙代)

市公益会刘伯琴(文家卿代)、田子英

主席:贾伯涛

记录:蔡进春

甲、开会如仪

乙、报告事项

主席报告(略)。

丙、讨论事项

一、拟定监理会组织规则草案,请讨论案。

决议:照原案通过。

二、请推定监理会正副主任委员及各组正副组长案。

决议:交本会监理委员会商议推选。

三、请决定各区祝寿堂主持受献人员及献金台上监视人员案。

决议:

1.总祝寿堂请行辕程主任受献,市参议会张议长监献;

2.各区祝寿堂请各该区区长受献,各区负责辅导联络之参议员监献。

四、请规定公教人员献金标准案。

决议:保留。

五、总台献金柜如何设置,请讨论案。

决议:

1.设置献金柜两个;

2.由本会总务处组装、行辕总务处洽商布置。

六、关于招商局函,祝寿献金事宜已由总局统筹办理,不在汉口重献,是否可行,请讨论案。

决议：照各组长联席会议之决定，函请仍希重献。
七、请决定主席铜像图样及奠基典礼时间案。
决议：元首铜像奠基典礼定复兴节举行。
八、拟□大会预算，请公决案（附预算书）。
决议：
1.预算通过；
2.在不超过预算原则下，尽量撙节开支，并实报实销。
九、大会所用经费应于何处开支，请讨论案。
决议：在总献金数额内开支。
十、拟定建校预算书，请讨论案（附预算书）。
决议：俟本会监理会审核后再行决定之。
丁、临时动议
总台及分台献金时间应如何规定案。
决议：
1.总寿堂（行辕）祝寿时间：
（1）本月三十一日上午九时至十一时，本市中央各机关首长前往祝献；
（2）本月三十一日上午十一时至十二时，招待外宾；
（3）本月三十一日下午一时至五时，人民团体代表、各学校及各界自由祝献。
2.各区祝寿堂祝献时间：
（1）本月三十日上午九时至十二时、下午二时至五时，三十一日上午九时至十二时；
（2）各区分台应否向总台报告受献物品及献金数额，请公决案。
决议：
1.各区分台推派代表于本月三十一日下午二时至五时向总台报告受献数字，以便统计；
2.各区分台将受献物品、现金清算后，再向本会报告详细数字。
散会：下午六时

23.中国国民党汉口特别市执行委员会为转知主席蒋公六秩寿诞函请理监出席参加致汉口市各业同业公会函

（1946年10月29日）

案奉中国国民党汉口特别市执行委员会汉秘字第三六三五号通知开："十月三十一日为总裁蒋公六秩寿诞，遵照中央规定，表示崇敬与不耗费之原则，爰定是日（十月三十一）从上午八时起至下午六时止，在本部（黄陂路汉口特别市政府党部）举行签名致敬，用特通知遵照，并即转知所属全体同志集会，来部签名，事关向元首致敬，幸勿有误为要。"等因，奉此。除分函外，相应函请台端务于是日（卅一日）上午十时来会集齐，同前往市党部签名致敬为盼。

此致

24.汉口市商会为转知注意告发检举妨害治安之社会组织其中分子致汉口市各业同业公会函

（1946年10月30日）

案奉汉口市政府训令开："奉湖北省政府申陷省社二特字第五三六号代电开：据本府社会处案呈社会部本年申征电开，查长期抗战甫经结束，建国大业正待努力，民众组织急应充实与调整，迭经颁布各项办法，自当切实遵照办理。乃偶有少数地方团体，或则激于义愤，或则求治过切，一时期内主张速求行动，难免超越常轨，不合法度，殊违政府尊重民主、追求法治之至意。今后各法团对当地社会组织，或组织中之分子，如认为迹涉奸伪，或妨害治安情事，应向主管机关或法院告发检举，听候处置，以符法纪，是为至切。除分电外，合行电仰遵照。"等因，奉此。除分知外，相应函希查照。

此致

各业同业公会

汉口市商会　启

25.汉口市社会救济委员会为函请将派兼人员姓名列表送会以便开展工作致汉口市商会函

（1946年10月31日）

汉口市社会救济委员会公函　救秘字第013号

一、查本会常务委员、监察委员第一次联席会议讨论事项第一案，拟定本会各组负责人选请公决案决议第三项，查放组长由警察局调兼，副组长由商会委员派兼。等语，记录在卷。

二、本会会务亟待开展，所有各组人事应即决定，相应录案函达贵会，即将派兼人员姓名、年龄、籍贯、学历、经历、现任职务、住址列表送会，以便开展工作为荷。

此致

汉口市商会

主任委员　徐会之、副主任委员　张弥川

11月

1.汉口市商会以职业团体初选议员代表参加第一次会员选举大会致汉口市商会整理委员会

（1946年11月1日）

案奉迭准贵会大函，以职业团体市参议员初选代表三名，暨本月二十日出席贵会第一次会员选举大会代表五名,嘱查照早日办理表报。等由,过会。兹经于本月九日召集会员大会,分别票选,暨选派理监事,相应检齐造就会员代表名册各二份,委托书一份,理监事名册一份,暨初选票六十份,一并复请贵会查照办理为荷。

此致

汉口市商会整理委员会

汉口市商会

案奉迭准:附会员代表名册各二份,委托书一份,理监事名册一份,初选票六十份,本会开会通知单一份,市参议院初选代表当选名单一份。

理事长　韩〇〇

2.汉口市营造工业同业公会转市政府关于登记相关问题的紧急通知

(1946年11月1日)

汉口市政府三十五年十月二十八日市秘工字第一五号训令:"案奉湖北省政府三十五年十月七日省建字第九二八号训令略开:一、营造厂商资本额及工程累计数与登记费等项,仍依照前项规定数额办理;惟工程累计一项,应准呈验包工合约或承揽书所载数值,按订约时与现时物价折合现值计算。二、营造厂商之主任技师(副)如不易聘请,曾经登记合格之技师(副)□,准暂聘合格技师(副)资格者充任;惟各该技师(副)登记证以备缴验,如逾期仍未补办,技师(副)充任主任技师,应令缴销该营造厂商之执照,取缔该厂商继续营业。三、营造厂商之登记,应由各县市按照规定予以初核,自奉令之日起,按旬或按月汇转本府建设厅复核,发给合格登记证。关于上项应办初核手续,限于本年十一月底以前办竣,复核给证,则截至本年十二月底为止,自明年(三十六年)元月一日起,凡未经领有本府建设厅合格登记证之厂商,一律禁止营业。"等因。自应遵办,事关重要。除分知外,相应通知查照,迅即办理,幸勿延迟为要。

此致

贵会员营造厂

理事长　彭曜棠

3.国民宪政社湖北省分社为启用钤记日期致汉口市商会函

(1946年11月1日)

国民宪政社湖北省分社代电　宪研字第〇〇一号

汉口市商会勋鉴:

查本分社自奉南京总社派员筹备,业于九月十五日假汉口市商会正式成立,开始办公(往来文件暂由汉口市党部收转),复经第一次理事会议推定何成濬、孔庚、方觉慧、袁雍、喻育之、陈时、□衡令七人为常务理事。兹经刊就木质图记一颗,文曰"国民宪政社湖北省分社图记",即日启用。除分电外,特电敬请查照,并希惠予协助为荷。

国民宪政社湖北省分社戌东宪研印

4.黄冈县商会为电知本会理监事宣誓就职启用钤记日期致汉口市商会

(1946年11月2日)

汉口市商会:

本会呈奉黄冈县政府核准,于十一月一日假黄冈县党部大礼堂举行改选大会,并呈经党团军政各机关莅场监选。当选殷子嘉等为理监事,各记录在卷。现觅定本城头道巷三号为临时会址,于是日宣誓就职,启用钤记。除呈报暨分电外,特检附本会理监事姓名表一份,电请查照,尚希时赐南针,俾资借镜为荷。

黄冈县商会理事长　殷子嘉　常务理事　龙渭卿、王弼臣、卫海清、孙春廷　戌佳印

5.国民政府主席武汉行辕总务处为请详实填写调查表致汉口市商会

(1946年11月3日)

总字第二三一号

本行辕为与武汉区域内各机关首长及处、科长人员切取联系起见,兹制就调查表式一种,相应呈请查照,惠予详实填写,希即日送处,以便汇编付印为荷。

此致

汉口市商会

国民政府主席武汉行辕总务处

6.汉口市染织纱布业同业公会、职业工会劳资双方调整工资联席会记录

(1946年11月4日)

日期:1946年11月4日上午十时

地点:本会

出席人:染织纱布业同业公会代表

李伯平、杨俊亭、苏子庸(代表)、凌善庆

王正经、邓廷珠、葛梁臣

李聘卿(代表)、李根清、吴森培、曾瑞芝(代表)、曾亚东

染织职业工会代表

高奇、鲁清和、程海清

蔡惠山、朱济云、尹朋九

调解人:熊松青、潘秉衡

主席:李伯平

(代记录)查素亭

开会如仪

协议事项

(一)为调整工资案

决议:所定价目照劳资双方协议同意之调整,工资价目表增加六成(即百分之六十)。

(二)关于新定工资延算日期如何规定案

决议:(1)规定自国历十月十六日起计算。

(2)凡国历十月十五日以前未结算之工资,照各厂原有工资计算。

以上新订工资,经准双方同意签字在卷,由会分别通知各会员实行,并双方会衔呈请汉口市政府备案。

本记录双方各执一纸。

附调整工价表一份。

染织纱布业同业工会代表:

李伯平、杨俊亭、苏子庸(代表)、王正经、邓廷珠、葛梁臣

李聘卿(代表)、李根清、吴森培、曾瑞芝(代表)

染织职业工会代表:

高奇、周家藻、鲁清和、刘焕生、游云卿、程海清、李秀清

冷厚常、蔡惠山、刘正轩、左坤山、朱济云、印乔生、尹朋九

调解人:熊松青、潘秉衡

7.汉口市各同业公会应行合并商讨会议记录

(1946 年 11 月 5 日)

时间:十一月五日上午十时

地点:市商会会议室

出席代表:签名

市商会刘绍武、陈经畬、高坤山、张吉六

市党部罗振

市政府陈菘、李济苍

主席:陈菘

讨论事项:

1.因行号营业性质不同,不能合并组合,由市政府向内政部申述理由。

2.已决定应行合并之同业公会,由市商会召集各该公会负责人商讨合并办法,呈核。

3.依照重要商业分业标准,应行改名之同业公会,由市府先更改名称。

4.各行合并之各同业公会,俟商业登记办理完毕时再行合并。

8.汉口市政府为通知举行庆祝国父诞辰纪念大会筹备会致市商会(附筹备会结果)

(1946 年 11 月 6 日)

兹订于本年十一月八日(星期一)下午三时(准时)在本府招待室举行庆祝国父诞辰纪念大会筹备会。敬希届时派员出席为荷。

此致
汉口市商会

汉口市政府　启

附：汉口市政府举行庆祝国父诞辰纪念大会筹备会结果

已按时出席，兹将会议结果列后：

(1)会名：汉口市各界民众庆祝国父诞辰纪念大会。

(2)主席团：各机关及人民团体首长均为主席团，并推白司令为主席。

(3)时间地址：上午九时半，文化会堂。

(4)代表人数：各机关团体决定五人至十人。

(5)大会经费：暂以金圆五百元，由市政府筹付。

9.湖北省政府处理武汉区密报敌伪物资委员会为请推派代表参加委员会议致汉口总商会电

（1946 年 11 月 6 日）

汉口总商会：

案奉行政院武汉区特派员办公处代电，以奉行政院训令，据中华民国商会联合会筹备会呈送各省市商联会建议案三件，其第一案为全国各地设立敌伪资产处理局所组织之有关工商业之委员会请准，由各地商会派员参加协助办理。等语，转行到会，嘱参酌办理，等因。兹特电请查照，即希贵会推派代表一人，于本会每次举行委员会议时，到会列席，并希见复为荷。

湖北省政府处理武汉区密报敌伪物资委员会省资常处戌鱼印

10.汉口市线索工业同业公会为非会员陈兴记、黄云记两店抗不入会一案呈市警察局第一分局

（1946 年 11 月 7 日）

案查非会员陈兴记、黄云记两店，抗不入会，曾呈请市政府依法核办一案，业蒙钧局□□令，饬该两店入会，兹依奉来会登记。除由会登记外，理合呈请钧局鉴核，准予存转，将原案撤销。

谨呈
汉口市警察局第一分局

汉口市线索工业同业公会理事长　曾烈臣

11.汉口市营造工业同业公会转市政府关于换发开业登记证申请表的紧急通知

（1946 年 11 月 7 日）

汉口市市政府三十五年十一月六日市秘工字第七九号指令内开：“三十五年十月二十日

营字第二十五号呈一件,为奉转增订管理营造厂商注意事项,饬遵照办理一案。呈悉,该项申请换发开业登记证申请表,仍应由各该营造厂商迳向本府工务科领取,并应于三十五年十一月十五日以前填缴,以审核转送,仰即遵照,并转饬遵照为要。此令!"等因,奉此,自应遵办。除分知外,相应通知贵会员营造厂,仰遵令前往市府工务科(林森路四号)购领为要。

本市杨子街路9号楼杨子营造厂

汉口市营造业同业公会

理事长　彭曜棠

12.汉口市商会为推定张吉六为本会代表致湖北省政府处理武汉区密报敌伪物资委员会电及张吉六本人函

(1946年11月8日)

湖北省政府处理武汉区密报敌伪物资委员会赐鉴:

省资常处第九六六号鱼代电敬悉,兹推定张常务理事吉六为本会代表,列席贵委员会议,特电复查照。

汉口市商会理事长　贺○○　常务理事　陈○○代　戌庚印

又,案准湖北省政府处理武汉区密报敌伪物资委员会省资常处第九六六号鱼代电开:案奉行政院武汉特派员办公处代电云:"全录函至希见复。"等因。兹推定台端为本会代表,列席该委员会议。除电复外,相应函达查照为荷。

此致

张常务理事吉六

(会戳)启

13.汉口市商会为不得拒绝出动义勇警察之组织致汉口市各业同业公会函

(1946年11月8日)

案准汉口市义勇警察总队义总字第74号公函开:敬启者。查义勇警察之组织,原为辅助警察机关,维护地方安宁,用意至善。所有队员均系由各正式商号职员充任,工作与训练期间,每日平均不过两小时,对各商号业务并无若何重大妨碍,凡明智商人均应予赞助。迫近有少数店号或拒绝参加出动,或将已参加之店员借端斥革,似此情形不特影响本总队工作之推行,并且有违政府法令。值此"戡乱"救国时期,人各有责,务盼转知各商店行号负责人共体时艰,热心拥护,倘敢故违,则政府有法,勿谓言之不预也。相应函达,即请查照惠办见复为荷。等由。准此。除分行并函复外,相应函希查照转知各会员商号为盼。

此致

汉口市各业同业公会

汉口市商会　启

14.汉口市商会为缉获走私货物其告密人奖金致汉口市各业公会函

（1946 年 11 月 8 日）

案准江汉关税务司署送来第 112 号布告内开："查缉获走私货物，其告密人奖金原奉规定最高额，不得超过国币三亿元。兹奉总税务司本年十月二十三日□字第 129 号电令，略以转奉财政部令，为鼓励密报走私案件起见，原定限额应予改订，嗣后告密人奖金应按该缉获案件充公价款全部百分之三十发给，不加数额限制。仰遵照并布告周知。等因，奉此。除遵办外，合行布告周知，专布。"等由，准此。除分行外，相应函希查照。

此致

汉口市各业公会

汉口市商会　启

十一.八

15.汉口市商会为转知修改告密人奖金案致各业公会

（1946 年 11 月 8 日）

查缉获走私货物，其告密人奖金原本规定最高额不得超过国币三亿元。兹奉总税务司本年十月二十三日□字第 129 号电令，略以转奉财政部令，为鼓励密报走私案件起见，原定限额应予改订，嗣后告密人奖金应按该缴获案件充公款全部百分之三十发给，不加数额限制。仰遵照，并布告周知。等因，奉此。除遵办外，合行布告周知。等由，准此。除分行外，相应函希查照。

此致

汉口市各业公会

汉口市商会　启

16.汉口市商会为改订证印邮费征收办法致汉口市各业同业公会函

（1946 年 11 月 9 日）

案奉中国国民党汉口特别市执行委员会汉人字第三七三〇号代电开："查甲乙两种公职候选人申请检核，关系最为重要，早经一再限期申请在案。顷准汉口市政府市秘民字第四九四号公函节开，现奉中央改订证印邮费征收办法，无论甲种、乙种，各收证书工本费三十元，邮费五十元，合计每人应缴八十元。等因，准此。除分电外，合行电仰查照办理，并转饬所属遵照为要。"等因，奉此。除分行外，相应函希查照。

此致

汉口市各业同业公会

汉口市商会　启

17.汉口市商会为救济姚启遗属致汉口市各业同业公会函

（1946 年 11 月 9 日）

姚启一时患脑充血症，顷刻逝世。姚君对于本会会务，苦心擘画，勤劳不辞。尤其担任商会秘书，对于各同业公会公文之清□、商洽、拟撰，靡不悉心赶办，和蔼凝人，是与本会同仁有联谊之关系，自应发生特殊之感情，兹闻病故，同深惋惜。惟姚君家本清寒，负担颇重，生无以为养，死无以为殓，老妻弱子，形影堪怜，长女孀居，更失依赖，来日方长，何以为继。用特本诸联谊之情，发起告哀之书，尚望我同人慈善为怀，病疾在抱，念其尽□会务，悯其身后萧条，转同贵会理事长婉言劝募相助，解囊相助，或于公费项下略省一份消耗之资，可救数口孤孀之命，倘蒙给全□，即告知本会会计室，派员持据前来领走汇交姚启家属，如各同仁于向公会劝募以外私人感情甚厚，愿意另行捐助者，亦甚欢迎，隆情高谊，存殁均感。

此致

汉口市各业公会文书工作人员

汉口市商会常务理事

汉口市人民团体文书工作人员联谊会理事长　张立灏

敬礼

18.武汉行辕为电送接待英商访问团第三次座谈会记录致汉口市商会（附会议记录）

（1946 年 11 月 9 日）

汉口市政府代电市社字第 905 号

市商会公鉴：

查英国商业访华团访汉时之接待事宜，业经本府于本月四日下午二时第三次座谈会讨论有关事项五件，记录在卷。除分送外，相应检同该次会议记录一份，电请查照为荷。附接待英国商业访华团第三次座谈会议记录一份。

汉口市政府戌佳市府印

附：接待英国商务访华团第三次座谈会记录

一、时间：十一月四日下午二时

二、地点：本府秘书长室

三、出席人：

平汉路局夏光宇、黄兆桐

工协湖北分会王松波、孙保基

江汉关林联芳

市商会陈焕章

武汉区域规划委员会鲍鼎

汉口市政府程发轫

四、主席：程发轫

记录：彭泽荣

五、主席报告（略）。

六、座谈要点：

（一）交通运输方面

现第三小组召集人平汉路局已收到武昌市政府、湖北省政府建设厅、航政局、省公路局、平汉路局、粤汉路局六单位送来之有关交通运输概况及计划等资料多件，现正从事于整理与翻译工作中。其从事搜集与整理之资料，系根据于一英国现所亟欲获知之资料、二必须使其知道之资料二项原则办理者，凡不合于上二原则之资料，概备不予收罗。其内容计分铁路、航政、公路三大项目，并决定凡武汉市区以内之交通计划，并入市政计划内整理，推由武汉区域规划委员会主持。凡不属于武汉市区以内之一切有关交通运输之整理，推由平汉路局主持。

（二）贸易方面

其所搜集之资料计分二阶段：一、民国十八年至廿六年，每年进出口与转口货物数量与价值之统计。二、本年元月至七月，进出口与转口货物数量与价值之统计，并决定有关贸易方面资料之整理原则如次：

1.每时期之价值应一并列入，并将每时期货币价值折合英镑与美元之比率附及。

2.将今后可能出口之最大量作一约略估计，以及目前出口之困难所在加以说明（如原料之加工）。

3.所望于输入之物资。

（三）工业方面

早已分组搜集，现正整理中，因工协已订于本日晚开会商讨，故未作报告，仅决定：一、将战前英商在汉办理工厂之资料予以搜集。二、对复兴武汉工业所需外力之援助，亦应加以列述。

（四）劳工方面

已搜集之资料计有：一、各业战前与现在之工人人数。二、各业工人工资情形。三、工人团体数目等项。现正整理编制表格中。

（五）决议各小组之资料，应于本月七日以前整理完竣，送交市政府汇编后，再分别交由工业协会与市商会，用打字机拍印正本。

七、散会

19.汉口市营造工业同业公会关于加月捐等事的通知

（1946 年 11 月 11 日）

一、本会现以物价高涨，每月收入不均开支，于是提交第十、第十一两次会议决定，自十一月起，月捐照前加十分之五，即甲等月捐一万二千元，乙等月捐九千元，丙等六千元，丁等三千元。

二、奉令办理工商登记，业已通知各业，此经议决，以登记表由本会翻印加添一份存查，每份同原来一份，其工本费共收一千五百元。

三、奉劳工福利协会饬属每个会员收费四千元,经决定甲、乙两等会员于登记时照缴。
四、除分知外,相应通知查照办理为荷。
贵会员营造厂

理事长　彭曜棠

20.汉口市商会为转发汉口市政府代电致各业同业公会

(1946年11月12日)

案奉汉口市政府市秘民字第0978号戌铣代电开:奉湖北省政府本年十月省民二字第11002号训令开,案准考选委员会本年八月二十一日二十五京会公字第6773号公函内开,查公职候选人检票证印邮费,原规定甲种三十九元,乙种二十元,甲种证书由院发给,乙种证书由省市制发。嗣以物价高涨,邮费增加,各省以原定乙种二十,入不敷甚巨,纷请增加。经转呈奉考试院三十五年未列月日秘证字第111号指令,准予各省市考府按照实际所需数额自行拟订,报院备案,并经本会于本年三月六日以二十五渝公会字第4133号函通行各省市政府查照,各在案。现各区考诠处多已成立,乙种证书依法应由考诠处制发,为简化征收手续及免受物价影响时常改变征收数目起见。经规定:(一)印花改由证书持有人依印花税法规定数目自行购、贴,并于粘贴之印花上加盖私章,本会不再代收;(二)证书工本费,除未设有考诠处省份,乙种证书工本费暂仍由各该省自行拟订,数目报院备案外,其余无论甲、乙两种,一律征三十元(乙种以省政府经办,审查、汇转业务转交考诠处征收后改□);(三)邮费改为以邮政局所定每件单挂号费数(现高五十元)为征收标准,经呈奉考试院本年七月十二日秘证字第1136号指令,照准,相应函达,即希查照办理,并转饬所属遵照。等由,准此。除分令外,合亟令仰该市遵照并将办理情形具报备查为要。等因。查本府此次补办公职候选人检票,依照原案征收证印邮费甲种三十元,乙种二十元。兹奉改订征收办法,关于邮费单挂号现已定为每件二百五十元,甲种应补收二百五十元,乙种连同邮费应补收二百六十元。除分行外,特电请查照转饬所属申请检票人员,限于本月二十日以前补缴足额,以便汇转。等因,奉此。正核转间,复奉中国国民党汉口特别市执行委员会汉总字第3899号戌代电,同前因。除分行外,相应函请查照,并希转知各申请检票人员立即照数备缴足额为盼。

此致
各业同业公会

汉口市商会　启

21.汉口市商会为山货纸张商业公会不能与其他职业合并事呈市政府

(1946年11月14日)

商字第八六五号

案据山货纸张商业同业公会呈称:“窃查属会以山货纸张为名称者,盖以全体会员俱系经营外埠整批以山中竹子为原料所造各种土纸之故也,不但与经营肩挑零贩杂货之山货行业营业种类不同,而与中外纸张业专门零售文具纸、杂色纸业专卖颜色纸、纸商业专卖打钱纸三业营业性质尤有天壤之别,前奉钧会商字第五六六号公函,略以奉层峰指令,将属会一业分为两业,着分别与山货行业及纸商业合并云。本应遵办,无如属业本为经营整批山货造各种土纸一个业务,既非代卖零售杂货之山货行业,又非专卖打钱纸手工业现称为纸商业,一经合并,岂非风马牛不相及,殊有失□□属会便谋同业福利之本意也,本市当局有见及此,关于各公会合并问题,曾于十一月五日在钧会经有关当局商讨决议,因行号营业性质不同不能合并组会者,由市政府向社会局申述,故此属会补呈意见,仰祈鉴核,转请免予合并,维持原有名称,借谋福利。"等情,到会。理据情转呈鉴核示遵。

谨呈

汉口市市长徐

汉口市商会理事长 贺衡夫

常务理事长 陈焕章

22.汉口市政府为本市同业公会性质相似合并事令市商会

(1946 年 11 月 15 日)

案奉社会部本年九月廿三日京组三字第零八五三一号代电核示,本市各同业公会性质类似,应依法合并。等因。遵即于本月五日在该会会议室召集各有关机构商讨合并事宜,并当会决议第二项,已决定应行合并商业公会由市商会召集该会员负责人商讨合并办法,记录在卷。兹抄登应行合并之各同业公会一览表,令仰遵照办理,并将合并办法呈府,以凭核办。

此令!

附各同业公会应行合并一览表一份。

市长 徐

附:汉口市各同业公会应行合并一览表

应合并团体名称	合并缘由	合并后之名称
丝兰行商业同业公会 丝油苓粉行商业同业公会 山货行商业同业公会 山货纸张行商业同业公会 药油山货行商业同业公会	性质相同并经社会部核定	山货商业同业公会
杂货贩运商业同业公会 酱烛杂货商业同业公会 食品杂货商业同业公会	性质相同并经社会部核定	杂货商业同业公会
新式制革工业同业公会 熏皮工业同业公会	性质相同并经社会部核定	
芦柴商业同业公会 新木柴商业同业公会	性质相同并经社会部核定	□□商业同业公会

（续表）

应合并团体名称	合并缘由	合并后之名称
钟表眼镜唱械行商业同业公会 钟表眼镜商业同业公会	性质相同并经社会部核定	□□商业同业公会
编爆商业同业公会 闵阳编爆商业同业公会	性质相同并经社会部核定	编爆商业同业公会
械器工业同业公会 五金翻砂工业工业公会	性质相同并经社会部核定	械器工业同业公会
绍酒商业同业公会 南酒商业同业公会 汾酒商业同业公会	性质相同并经社会部核定	酒类商业同业公会
棉花商业同业公会 棉花贩运商业同业公会 棉花行商业同业公会	性质相同并经社会部核定	棉花商业同业公会
广货商业同业公会 百货商业同业公会	性质相同并经社会部核定	百货商业同业公会
转运商业同业公会 平汉路转运商业同业公会	性质相同并经社会部核定	承揽运送商业同业公会
竹木篙商业同业公会 木板商业同业公会 新旧屋料商业同业公会	性质相同并经社会部核定	木商业同业公会
瓷商业同业公会 南碗商业同业公会整理会	性质相同并经社会部核定	瓷商业同业公会
华洋桶篓工业同业公会 圆木油桶工业同业公会 木铁桶工业同业公会	性质相同并经社会部核定	圆木油桶工业同业公户
药材店商业同业公会 折药商业同业公会	性质相同并经社会部核定	药材商业同业公会
煤焦贩运商业同业公会 煤炭行商业同业公会 煤商业同业公会 柴炭商业同业公会	性质相同并经社会部核定	煤炭商业同业公会
估衣商业同业公会 衣服贩运商业同业公会	性质相同并经社会部核定	衣服贩运商业同业公会

（续表）

应合并团体名称	合并缘由	合并后之名称
家具工业同业公会 木器商业同业公会 木质家具工业同业公会	性质相同并经社会部核定	□□商业同业公会
食品工业同业公会 糖果工业同业公会	性质相同并经社会部核定	□□商业同业公会
中外纸张商业同业公会 杂色纸商业同业公会	性质相同并经社会部核定	纸商业同业公会
国货匹头商业同业公会 匹头贩运商业同业公会	性质相同并经社会部核定	□□商业同业公会

23.汉口市商会为拥护义勇警察组织致各业同业公会

（1946 年 11 月 18 日）

汉口市义勇警察总字第 74 号公函开：径启者。查义勇警察之组织，原为辅助警察机关，维护地方安宁，用意至善。所有队员均系由各正式商号职员充任，工作与训练期间，每日平均不过两小时，对各商号业务并无若何重大妨碍，凡明智商人，均应予以赞助。迫近有少数店号或拒绝参加出勤，或将已参加之店员借端斥革，似此情形，不特影响本总队工作之推行，亦且有违政府法令。值此“戡乱”救国时期，人各有责，务盼转知各商店行号负责人公体时艰，热心拥护，倘敢故违，则政府有法，勿谓言之不预也。相应函达，即请查照惠办见复为荷。等由，准此。除分行并函复外，相应函希查照转知各会员商号为盼。

此致

汉口市各业同业公会

汉口市商会　启

24.汉口市营造工业同业公会转市政府关于增资后之费用处理办法的通知

（1946 年 11 月 18 日）

汉口市政府三十五年十一月十五日市社字第六六〇号训令内开：“奉湖北省政府本年十月社二特字第五九一号代电，以据本府社会处案呈社会部本年九月二十三日京劳字第八五一七号训令开一案，准行政院秘书处本年八月十六日礼京九字第二一六〇号通知，以据上海市商会代电，为各营造厂因增资后之费用，请由委托营造人比例增给。案奉谕交社会部及上海市政府。等因，附抄代电一件，到部，查原代电所称各节，尚属实情。兹将该处理办法如下：一、已承包之工程尚未完工，工资经予调整者，如承包人先未将此项调整后增加之数额包括在内，应由承包商商请委托人酌予比例增加，或报社会行政机关调处；二、嗣后承包工程，应于契约中声明，如在工程进行中工资经予调整者，其建筑工程之招商承造者均应同此办理。除签复并分令外，合行令仰知照。”等由。“除分行外，合行电仰知照。”等因。“除分令外，合亟令仰知照。此令！”等因，奉此，自应遵办。除分知外，相应通知贵会员营造厂查照办理。

上通知

贵会员营造厂

理事长　彭曜棠

25.汉口市商会为保障债权致汉口市各业同业公会函

（1946 年 11 月 20 日）

案奉汉口市政府市社字第一〇八五号训令开：“查债权之保障，律有专篇，近有少数刁玩商民借口商业萧条，对债务责任多方规避，遂使赖债之风蔓延全市，守信美德毁弃无余者，不严加取缔，必至市面金融益形紊乱，商业周转愈趋不灵。兹特规定，嗣后凡属商业上正常往来与市面普通利率之债务，如有抵赖规避者，准由债权人申请各警察分局所试行调解，以息纠纷，而固债信。除分令警察局转饬所属分局所遵照外，合行令仰该会遵照并转行各同业公会遵照。”等因，奉此。除分行外，相应函希查照转知为盼。

此致

汉口市各业同业公会

汉口市商会　启

十一月廿日

26.汉口市商会为来华游历及过境旅客准予封存所带外币致各业同业公会

（1946 年 11 月 20 日）

案奉海关总税务司署本年十月二十三日第七一六一号通令，以关于来华游历及过境旅客，准予封存所带外币。期间经呈奉财政部财钱乙字第三五八四四号电令规定，一律不得超过四星期，其逾期不领之外币，中央银行予以收兑者，应即送中央银行兑换后，发还国币，其余无法兑换之外币，应急速送交中央银行保管，俟旅客出国提供证件后，向中央银行领回。等因。饬即遵照，并以所有来华游历及过境携带外币，如超过美金一百元或其等值之其他外币钞票，其超过部分，应准按照前项对封存保管办法办理，并饬遵照。等因，奉此，自应遵办。除分令外，合行布告周知。等语。除分行外，相应函希查照转知为盼。

此致

汉口市各业同业公会

汉口市商会

27.汉口市商会转经济部汉口工商辅导处为处理接受武汉区敌伪产业致汉口市各业工业公会

（1946 年 11 月 20 日）

经济部汉口工商辅导处汉发字第零一九六号代电开：案奉行政院处理接收武汉区敌伪产

业特派员办公处本年元月九日汉政特字第 25937 号代电开，奉行政院三十五年十一月十八日节京八字第 2198767 号训令开，查抗战胜利以来，各地汉奸产业多有为地方不良分子隐匿侵占，人民摄于声势，未敢举发，似此情形，不惟蔑视国家法令，亦且影响社会风纪，亟应限期严密清查，对于密报逆产者，待判决确定后分别依照规定核给奖金，隐匿、收买、寄藏或冒名代管逆产者，当依法科处罪行，以惩奸仇而维法纪。除分令外，合行令仰遵照办理。等因。除分行外，合行电希送办为要。等因，奉此。除分行外，希即遵照为要。等因，奉此。除分行外，相应函希查照，如有上项事情，应即函复，以凭转报为盼。

此致

汉口市各业工业公会

汉口市商会　启

28.汉口市蛋业职业工会为与蛋厂业工会不能合并呈市政府

(1946 年 11 月 22 日)

收　文　社字第 1475 号

呈为屡述蛋业职业工会与蛋厂业职业工会不能合并之理由及困难情形，恳请核夺事。缘属会自本年五月二十六日奉汉口市党部组字第二三一号指令呈一件，为呈组织蛋业职业工会，以资团结由。“呈悉，经主管官署准予组织并指令册列前七名黄振云等为筹备员，仰即知照。此令！”旋奉钧府第六八九号批示，呈一件，为请准成立蛋业职业工会乞核示由。“呈悉，经核，尚无不合，应准组织并准以黄振云等为筹备员，仰即克日召集会议，依法组织完成为要，此批！”又，本年六月间奉汉口市总工会颁发图记，“准予成立汉口市蛋业职业工会具报”。各等因，奉此。遵即具领图记成立具报，各在案。讵知蛋厂业职业工会理事长江桂山提出抗议，谓属会系与蛋贩业组织不合，复经总工会派员逐一详查，并非蛋贩，实系正式商人冠以“行号”二字为“行号蛋业职业工会”等，召集各工友商讨一致，否认冠以“行号”二字，谓汉口市自成立工会以来，属会始终一贯为蛋业职业工会，并无“行号”二字，无意成立。中断月余，嗣经总工会监事刘松樵、孙国栋二委员签字证明双方签订互不侵犯工作条约二纸，各执一纸为凭，仍恢复属会为蛋业工会名称，业经呈请钧府备案。正在候示之际，忽奉总工会通知：“于本月十八日召集讨论合并性质相同之公会，准时到会。”等因。属会当即遵照到会参加，讨论结果，当奉张理事长面谕，“性质相同之工会，如不愿合并者，限五日内提出理由及困难情形，呈候核转”。等因，自应遵办。但综上以观，属会与蛋厂业职业工会组织尚未健全，纠纷迭起，将来何堪设想，与其不免纠纷于将来，曷若解决于现在，一劳永逸之为□也，兹将双方不能合并之理由分陈如下：

一、属会自本年四月奉令筹备成立，即名为蛋业职业工会，与蛋厂业职业工会天然不同，况合并性质相同之工会内云，蛋厂业职业工会应合并蛋业职业工会，此属会不能并入蛋业职业工会者一也。

二、现在汉口各蛋厂尚未复业，既无工人，何有工会，况属会一致到底所请求者系蛋业职业工会名称，此次合并亦以蛋业职业工会为标准，此不能并入蛋厂业职业工会者二也。

三、在业务技能上，蛋厂工人可随时介绍工作，属会之工人非学三年徒弟后，看工作技能之高低，方可渐升正式工人，及达到技术纯熟，乃为终身职业。是以名为蛋业职业工会者，名副其实，非其他空泛泛名称所可同日而语也，此不能并入蛋厂业职业工会者三也。

四、请派员密查双方工会组织内容、实在情形，方知属会所云不谬，更为平允，否则仅凭揣测，处理纠纷愈多，此不能与蛋厂业职业工会合并者四也。

兹将双方不能合并理由及困难情形切实详述，是否有当，理合备文呈请钧府核夺，主持公道处理，以免后累，并乞赐示祗遵，实为公便。

谨呈

汉口市政府市长徐

汉口市蛋业职业工会筹备主任　黄振云

筹备员　刘仲清、朱汉清、马振骐、陈诗经、唐乾亨、李德江

29.汉口市商会为准填就本会理监事人员调查表致国民政府主席武汉行辕总务处

（1946 年 11 月 22 日）

案准贵处总字第二三一号公函，为"欲调查武汉区域内各机关首长及处(科)长以上人员，此次切取联系，嘱查填附表。"等由，附调查表式，准此。经将本会全体理监事依表填就，相应检同调查表，函复查照汇编为荷。

此致

国民政府主席武汉行辕总务处

理事长　贺衡夫(假)　常务理事　陈焕章(代)

30.汉口市商会为转发外侨组织商会及参加商业团体办法致各业同业公会

（1946 年 11 月 22 日）

□□□□□□外侨组织商会及参加商业团体办法，仰查收备用。等因。除分电外，合亟抄同该项办法，电仰知照。等因，附外侨组织商会及参加商业团体办法一份，奉此。除分行外，相应抄同原办法，函希查照。

此致

各业同业公会

汉口市商会　启

31.汉口市商会为缴纳冬季救济乞丐贫民救济金致各业工业公会函

（1946 年 11 月 22 日）

汉口市社会救济委员会救总字第五六号公函开："查严冬将届，本市乞丐贫民急待救济，本会为积极筹办是项救济事宜，特依据会议决定，按照资本金额订定乞丐救济金征募等级标

准,自三十五年十月份起,一年征募一次。凡资本额在五百万元以上者为甲等,每年应缴三万元;五百万元以下一百万元以上者为乙等,每年应缴二万元;一百万元以下十万元以上者为丙等,每年应缴一万元。各商店于接到本会通知单三日内,径向南京路汉口商业银行缴纳,至本会取正式收据,除征募详细办法另函,分饬所属商店遵照为荷。"等由,准此。查救济乞丐贫民为慈善事业之一,既可整饬市容,并能常年减除各商店门前索讨之烦。且各商店每年仅按照资本等级缴纳一次救济金,手续亦甚简单。除分行外,相应函希查照,转知各商店照办为盼。

此致

各业工业公会

汉口市商会

32.湖北高等法院为调查熊幼珊汉奸一案罪行请予见复致汉口市商会函

(1946年11月23日)

查本院受理熊幼珊汉奸一案,该被告熊幼珊于武汉沦陷后勾结敌寇,以昭和、三井、黑獭等洋行为背景,供给敌人军用品、牛皮、猪鬃、五倍子等物质,究竟有无其事,曾经本院检察处于本年九月十二日以鄂检纪字第三六九号公函,请予查复在案。迄今两月有余,未准函复。现在本案已由检察处提起公诉,亟待审结,相应函请贵会,即希查照前函,迅予查照见复,凭办为荷。

此致

汉口市商会

院长 朱树声

33.汉口市营造工业同业公会关于营业税问题的通知

(1946年11月24日)

一、查营业税案业经呈准,照战前办法征缴,已于昨日通知在案。兹恐同业或有遗忘,即将呈文所述战前办法详细抄录于下:战前营造厂请领修建执照时,工程费一万元以下者,营业税一次扣收;一万元至五万元者,分二次完纳;五万元至十万元以外者,分三次缴,第一次领工程费时缴三分之一,第二次工程进度一半再缴三分之一,最后工程进度十分之八时缴清。

二、奉令此次申请再核开业登记表,原定期限十一月十五日截止,业经请求再为展期,请各营造厂于三日内前往市政工务科领表填报。

三、技师副、正限制各厂应聘一人,甲、乙两等非聘不可,本会据报多数无技师可聘,凡属未能聘得技师之营业厂,请即日将厂印私章随带来□为商备文,请求设法以资补救,千万准临。

四、除分知外,相应通知贵会员营造厂查照办理。

理事长 彭曜棠

34.汉口市商会整理委员会为通知《收复区商营保险公司复员办法》致各业同业公会函

（1946 年 11 月 24 日）

案奉汉口市政府市财字第九六一号训令开："案奉财政部财钱巳代电开，兹为便利办理保险公司之复员起见，经由部制定《收复区商营保险公司复员办法》公布施行。除分行外，相应检附该项办法一份，电达查照并转饬所属一体知照为荷。等因。合行抄发该项办法一份，令仰知照并转饬各同业公会知照。"等因，计抄发《收复区商营保险公司复员办法》一份，奉此。除分函外，相应抄同原办法，函请即希查照为盼。

此致

贵业同业公会

附抄《收复区商营保险公司复员办法》一份。

汉口市商会整理委员会　启

35.汉口市商会整理委员会为迎接社会部官员致所属各会员函

（1946 年 11 月 26 日）

奉市长谕，社会部谷部长、贺局长明日（二十七）来汉，各工商团体整理会主任、整理员，限于明晨七时前来府集齐，编队列□，由本府陈股长率队前往王家墩机场欢迎。又，市商会、市工会代表人数不加限制，但须各自备汽车，以便随从。部长、局长皆赴德明饭店。等因。除分知外，相应通知贵会，即希查照办理，勿误。

上通知

市商会、同业公会

36.汉口市商会为戏院歌厅业与电影院业呈请合并组织剧业公会呈市政府

（1946 年 11 月 26 日）

商字九三二号

案据汉口市戏院歌厅商业同业公会呈称："查公会之组织原为政府推行政令，以谋团结而利改进。属会自奉令核准成立以来迄已数月，惟以会员日渐减少，危及十家单位，推行会务殊难做到理想上之改进。适以政府明令凡同一区域同一性质之人民团体进行合并。等因。属会全体有鉴及此，已与电影同业商得同意，爰于九月九日假民众乐园召集两业全体同业商讨进行事宜。佥以两业在战前原系合并组织，且自光复以来，两业复业者共仅十余单位，应以本战前成例并组织剧业商业同业公会，以副名实。等语，记录在卷。恳钧会转呈市党部、市政府准予明令撤销属会原有戏院歌厅公会名称，俾便合并组织，以符功令，而利团结。"等情。又，据汉口市电影院业会员林荣庆、胡光星、徐正道、余健予等联名呈请："为会务废弛，同业离散，申请撤销合并戏院歌厅业商业同业公会组织，以符政令，而利业务。窃属会自奉令成立以来，关于本会一切□□□事宜,不但毫未表现,而且无此计划,会员等愧未能稍尽协助建设之义务,为自心□责,殊不自安,且日常事务亦多置而未理,其原因系属会理事长李青山自上海戏院交代后,乏负责人与之接洽,且属会营业单位现仅四家会员,不足法定人数,与公会组织法令不符,徒负虚名,会员等外惭于面,内愧于心,适以政府明令有同一区域同一性质人民团体应行合并之规定,属会与本市戏院歌厅商业同业公会系属同一性质,会员等为挽救本业业务推进计,已与戏院歌厅公会商得同意,由两业合并组织汉口市剧业商业同业公会,理合备文,恳请转呈鉴核,命令撤销属会名称,以便合并组织而符功令。”等情,据此。查戏院歌厅业与电影院业性质相同,该两业既愿撤销原有公会合并组织汉口市剧业同业公会,似觉可行,除分呈外,理合转请鉴核令示,以便转饬遵照。

谨呈

汉口市市长徐

汉口市商会理事长　贺衡夫

常务理事长　陈焕章

37.中国进出口贸易协会云南分会为本会理监事宣誓就职日期并检同理监事名册函请查照致汉口市商会(附理监事名册)

(1946 年 11 月 27 日)

敬启者。本会自上年九月间呈奉中国进出口贸易协会核准筹组以来,早经遵章登记会员,领发证书,并一再召集会议,推定负责代表,积极筹备成立在案。现因会务筹备就绪,已于本年八月十五日午后一时假昆明市商会议事厅召开成立大会,同时通过章程,选举理监,当蒙各主管党政机关派员莅会指导。选举结果:会员严燮成、王振宇等十五人当选为理事,陈子量等五人当选为监事,遂于八月十七日召开第一次理监联席会议,当场互选王振宇、李琢庵、严燮成、马筱春、李梦白等五人为常务理事,陈子量为常务监事,并由常务理事中公推王振宇为理事长,均经即日宣言,一体先行就职,在案。除呈报并分函外,相应检同理监事名册,函请贵会查照,并希时赐南针,以匡不逮为荷。

此致

汉口市商会

附理监事名册一份。

理事长　王振宇

常务理事　李琢庵、严燮成、马筱春、李梦白

附:中国进出口贸易协会云南分会理监事名册

职别	理事长	常务理事	常务理事	常务理事	常务理事	理事	理事	理事	理事	理事	理事	理事	理事
姓名	王振宇	李琢庵	严燮成	马筱春	李梦白	甘汝棠	朱健飞	张相时	蔡松沄	李镜天	田君正	周润苍	邓和凤
年龄	四一	五三	五四	四一	四八	四三	四〇	五三	四〇	四三	三四	三八	五六

（续表）

籍贯	云南腾冲	云南大理	云南大理	云南昆明	云南鹤庆	云南晋宁	江苏兴化	云南鹤庆	云南腾冲	云南腾冲	四川重庆	西康西昌	云南曲靖
公司行号名称及所任职务	茂恒公司总经理	成昌	永昌祥	中国国货公司	南裕商行	大生物品社	云南纺织厂	恒盛公	华裕昌	永茂商行	聚兴诚银行	大道生	永和商行
公司行号所在地	崇仁街11号	云兴巷4号	崇仁街静定3号	正义路456号	南屏街	华山南路	南门外玉皇阁	崇仁街口3号	正义路413号	南屏街31号	南屏街	顺成街356号	圣善街272号
业务	黄丝棉纱	纱布	黄丝棉纱	百货	棉纱	文具百货	棉纱	棉纱	百货	丝纱		纱布	纱布
通讯处													

（续表）

职别	理事	理事	候补理事	候补理事	候补理事	候补理事	候补理事	常务监事	监事	监事	监事	监事	候补监事	候补监事
姓名	周禾书	赵如九	黄美元	张问因	许景虞	苏剑泉	朱季远	陈子量	林南园	杨克成	朱文高	杨丽东	董楚生	刘琨山
年龄	四八	五七	四三	三三	五二	五四	四三	四四	三三	三三	三六	四九	四七	五四
籍贯	云南腾冲	云南顺宁	云南建水	四川涪陵	云南腾冲	广东顺德	浙江余姚	云南昆明	云南保山	云南大理	云南昆明	云南大理	浙江	四川成都
公司行号名称及所任职务	汇昌企业公司	复协和	美兴和	和益公司	协树昌	诚德行	中国银行	兴盛	中国侨民银公司	永昌祥	老福源金店	鸿兴源	慎昌洋行	恒心久
公司行号所在地	新祥云街四荫里4号	西镇350号	金碧路	和成银行	崇仁街云龙巷5号	金碧路121号	护国路345号	崇仁街12号	南屏街87号	崇仁街静定巷3号	光华街4至6号	崇仁街静定巷6号	金碧路440号	宝善街恒益堆店
业务	百货	棉纱	锡砂布纱	纱布	丝纱	棉纱		棉纱	棉纱百货	黄丝纱布	金纱布匹	棉纱	纱布百货	百货
通讯处														

38.工商六团体昨日宴新闻界

（1946 年 11 月 28 日）

汉口市银行业同业公会、中国工业协会湖北分会、汉口市进出口同业公会、武昌市商会、汉口市商会、湖北省商联等六单位于昨日下午六时，假璇宫饭店联合欢宴本市新闻界，到各报外勤记者七十余人，徐市长亦应邀准时莅场。入席之前，徐市长并倩人一一与平素甚少谋面之记者群握手寒暄，状在愉悦。嗣汉口市商会常务理事代表理事长陈焕章起立致词，略谓："新闻界为沟通社会中各类微妙关系之桥梁，为社会繁荣计，工商界亦与新闻界取得极端密切之关系，过去以思虑欠周，至于上次在交通大楼招待英商访华团时，略滋误会，兹谨代表当日与会之六个工商单位深至歉意。"陈氏词毕，徐市长亦即席致词，中有句谓："工商事业乃繁荣都市之根源，其扶植与培灌，则有赖乎新闻界同人之协助，除兹盛会，谨借酒祝诸君健康，并□致要求新闻界多予工商事业以扶植之至意。"席间杯交错，八时觥许，宾主始尽欢而散。

（《大刚报》）

39.汉口市政府为据警局呈复黄云记、陈兴记两商店抗不入会一案令线索工业同业公会

（1946 年 11 月 28 日）

汉口市政府训令市社字第 1191 号

查该令呈报非会员黄云记、陈兴记两店抗不入会一案，业经令饬警察局劝令入会，并指令各在卷。兹据该局呈复，略以遵经令饬该管第一分局切实遵照办理，并饬取具该管商民等已入公会证明文件具办，凭转。去后，兹据该分局呈复略称："遵即分饬该商民等遵照，旋据线索业公会理事长曾烈臣报称，非会员陈兴记、黄云记两店现已依奉入会，请得原案撤销。等情。谨检同原报告一件，拟请鉴核。等情，前来。除指令外，理合缮具原报告，拟请鉴核备查。"等情。合亟令仰知照。

此令！

市长　徐会之

40.汉口市政府为各会名称更改令市绸缎商业同业公会、新式制革工业同业公会、布匹店商业同业公会、西法洗染工业同业公会（附致社会部代电）

（1946 年 11 月）

案奉社会部本年九月廿三日京组第〇〇八五三一号代电，核示该会名称应改为丝绸呢绒商业同业公会（丝绸用）、制革工业同业公会（新式制革用）、布商业同业公会（布匹店用）、洗染工业同业公会（西法洗染用），仰即饬遵。等因。除分知外，合亟令仰该会遵办具报，并以凭换□图记为要。

此令！

市长　徐

附：代电

中国国民党汉口特别市执行委员会、本市商会：

案奉社会部本年九月廿三日京组三字第〇〇八五三一代电，核示本市绸缎、新式制革、布匹店、西法洗染等业同业公会名称分别应改为绸缎呢绒、制革、布、洗染及图书教育用品等同业公会，仰即饬遵。等因。除分令外，相应合亟电请知照。

汉口市政府戌市社印

41.四川酉阳县商会为函知改选情形请予查照致汉口市商会函（附酉阳县商会第一届第二次当选职员表）

（1946 年 11 月）

查本会奉县府明令，饬于十月二十日召集会员代表大会，改选半数理监事一案，遵于是日举行。除前理事长赵硕甫离职，□冬当然弃权外，而代理事长□少恳，理事田祥光，监事冷克明、刘偶圭暨候补理监事吴开泰等同时退职，当经选出谢纯之、陈蒙正、田兴业为理事，谢采之、杨德三为监事，并选葛民为理事长，候补理监事亦合并选出。而义务所在，未敢谦让鸣高，致兴生平服务社会之夙愿相迟。故奉县府民社商一字第 1083 号训令后，所有当选人员俱于十月二十九日服从众意，莅会办公。惟值国运艰难，商务衰落之秋，而社会经济行将破产。我各级政府力谋工商业之改善，以安定民生而积极补救，乃本会增进商旅之公共福利而设。自应切实遵行，毋庸忽视，顾以葛民等无高才卓识，诚恳任重道远，力所难能，然不敢不竭尽其愚，矢勤矢廉，以赴事功。除呈报并分函外，相应检同改选后全体理监事姓名表一份，函达贵会，希烦查照，并盼时赐。

此致

汉口市商会

附理监事姓名表一份。

理事长　李葛民

附：酉阳县商会第一届第二次当选职员表

职别	理事长	理事	理事	理事	理事	理事	理事	监事	监事	监事	监事	候补理事	候补理事	候补理事	候补监事	候补监事
姓名	李葛民	谢纯之	陈蒙正	田兴业	杨晓霖	陈兴周	吴照临	谢采之	杨德三	袁梵僧	钟南轩	张伯群	万子玖	黄先庆	甘翼祥	倪嗣谦
性别	男	男	男	男	男	男	男	男	男	男	男	男	男	男	男	男
年龄	三五	三六	三二	五八	六三	三四	三二	六〇	三三	六三	四六	三五	六〇	五四	六二	三四
籍贯	酉阳	酉阳	酉阳	酉阳	酉阳	酉阳	酉阳	酉阳	酉阳	酉阳	湘	酉阳	酉阳	江西	酉阳	酉阳
营业种类	油业	布业	油业	油业	油业	布业	油业	油业	山货	油业	印刷	油业	油业	山货	山货	山货

（续表）

所属公司或公司行号名称	开济字号	纯记	集大	祥永和	元亨利	发继昌	瑞丰祥	恒生彩	青年团合作社	德厚福	琨记	群记	玖记	庆记	春祥	谦泰恒
职务	经理	经理	经理	经理	经理	经理	经理	经理	协理	经理	经理	经理	经理	经理	经理	经理
备注																

12 月

1.汉口市商会为转乞丐救济金征募等级标准致汉口市各业同业公会函（附暂行办法）

（1946 年 12 月 2 日）

汉口市社会救济委员会救总字第七一号公函开：附汉口市社会救济委员会征募乞丐救济金暂行办法。查乞丐救济金征募等级标准，前经本会订定，以救秘字 056 号公函请查照转饬办理在案。兹为征收款项周密起见，特拟定本会《征募乞丐救济金暂行办法》送请贵会查照转饬参照办理为荷。等由，附《征募乞丐救济金暂行办法》一份，准此。查该会□□□乞丐救济金征募等级标准经于十一月二十三日以商字第九一〇号函知在案。兹准前由，除分行外，相应抄同原办法，函希查照转知为盼。

汉口市各业同业公会

汉口市商会

附：汉口市社会救济委员会征募乞丐救济金暂行办法

一、根据本会第一次成立会议议决第八案第一款之规定特订定本办法。

二、乞丐救济金之征募事宜，统由本会筹募委员会专责办理之。

三、征募乞丐金救济之对象，以经准在本市开设店号工厂并领有正式营业税执照为主，但其营业情形合乎征募标准而未履行工商登记者，亦得征募之。

四、各商号工厂内捐款标准按照资本金额区分为甲、乙、丙三等，甲等捐额三万元，乙等二万元，丙等一万元，凡资本金额在五百万元以上者为甲等，五百万元以下五十万元以上者为乙等，五十万元以下十万元以上者列为丙等。

五、乞丐救济金自三十年十月一日起征募一次。

六、各商号工厂应缴纳之捐款统□委托本会指定之银行代收。

七、各商号工厂应缴纳之等级数目及缴纳之时间、地点悉凭本会缴款通知书之规定办理之。

八、各商号缴纳捐款时间，以接到缴款通知书三日以内为限，逾期即由本会派员或商请市商会及警察局户籍生催收之。如故意拖延，本会并得斟酌情形，函请政府予以适当之处分。

九、收到捐款应给正式凭样，为铅印之三联式，第一联为存根，第二联为缴款，第三联为收款，应由筹募委员会盖章、会计经收人员各盖章，名章以昭郑重。

十、捐款收到后，由本会总务组负保管全责，但现款必须存入本会指定之汉口商业银行。如有动员需要，应遵照本会收执款项办法之规定办理之。

十一、捐款册据之核册后捐款动支情形之稽核由本会审核组分定期及不定期两种方式行之，其详细的办法另有规定。

十二、本办法如有未尽事宜，得随时提请本会常监联席会议修正之。

十三、本办法经本会常监联席会议通过后施行。

2.汉市商会召开会议，讨论各业纳税问题

（1946 年 12 月 3 日）

［本报讯］汉口市商会为讨论本市各业纳税问题，经决定，召开税务座谈会，由各业公会出席代表一人至二人，各就本业对于目前政府公布之纳税方式，予自身之便利与否进行商讨。会期原定于昨日起连续举行三天，后以着手时间仓促，各业通知均未能于期前送达，以致原定计划未能实现。兹悉商会为急谋商人自身之力量能完成纳税之义务计，经该会赶办，已将各业通知于昨午分别发出，并决定于今日起开始举行，预料对于纳税问题将有详尽商讨。

（《武汉日报》）

3.汉口市政府为戏院歌厅与电影院两公会拟照战前习惯合并组织令市商会、戏院歌厅商业同业公会

（1946 年 12 月 4 日）

呈悉，经查尚合，应准如所请，原戏院歌厅与电影院两商业同业公会自即日起解散，另外筹组电影剧院商业同业公会。除筹备人员另案办理外，仰即分别转知为要。

此令！

市长　徐

4.汉口市商会为驻卫警察派遣致各同业公会函（附抄同《驻卫警派遣办法》一份）

（1946 年 12 月 6 日）

案准汉口市警察局警行字第二三三号公函开："奉湖北省政府本年十一月六日省民四字第 11859 号代电开，准内政部本年十月九日发文字第 1368 号代电开，案准国防部申有电，以首都金融及公营事业机关类多，自设自卫警察漫无限制，易生弊端，请为统一管辖。等由，准此。除令知首都警察厅遵照《驻卫警派遣办法》办理外，相应电请查照，转饬所属警察机关，对于辖

境内如有自设卫警情事,应予取消,并另行遵照《驻卫警派遣办法》统筹办理,具报见复为荷。等由。除分电各区专署、各县市政府、各直辖警察局暨鸡公山管理局外,特抄发《驻卫警派遣办法》,仰遵照办理具报。等因,附抄发《驻卫警派遣办法》一份,奉此,自应遵办。查本局前以本市各机关、团体、商店、银行自设警卫漫无限制,且素质既差,训练毫无。为统一指挥管训起见,经参照内政部二十八年十二月一日公布之《驻卫警派遣办法》,拟订《请愿警规则》一种,呈奉市政府本年六月二十八日市秘民字第九〇六三号指令修正核准实施,并于同年七月九日检同修正规则,电请贵会查照,转行知照在案。兹《请愿警规则》与内政部颁布《驻卫警派遣办法》内容□无抵触之处,仍应依《请愿警规则》参照实施。奉电前因,除呈复暨分行外,相应检同原办法,函请查照并转饬所属遵照为荷。"等由,附检送《驻卫警派遣办法》一份,准此。查《请愿警规则》经本会以商字第二五一号函转知照在卷。兹准前由,除分行外,相应抄同原办法,函希查照转知为盼。

此致

各同业公会

附抄同《驻卫警派遣办法》一份。

汉口市商会　启

附:驻卫警派遣办法

二十八年十二月一日内政部公布　三十五年十月九日　内政部发文字第一三六八号

一、政府机关驻卫警察之派遣及公私团体驻卫警察之请派,除法令别有规定外,依本办法之规定办理之。

二、中央各院部会及其所属各机关,由行政部警察总队或所在地警察机关派警常年驻卫。

三、省政府及各厅处由省会警察局或警察队派警常年驻卫。

四、县政府及各局由县警察机关派警常年驻卫。

五、驻华各国领事馆之警卫,由行政部警察总队或所在地警察机关派遣之。

六、上列公私团体得向所在地警察机关请求派警常年驻卫。

5.汉口市商会因章程草案招股简章及认股书致汉口市各业同业公会函

(1946 年 12 月 9 日)

案准湖北企业股份有限公司筹备处筹字第十八号公函开:"查本公司筹备,迄今已历月余,关于章程草案、招股简章及认股书现已汇印装订成帙。依照前省商联会大会议决案计,贵会应即代募股款七千五百万元。除分函外,相应检同章则认股书二百份,函请查照,于文到一个月内如数认股过处,如能多募,则更为欢迎。其款交湖北省银行转汇,俾得早观厥成,至纫公谊。"等由,附章则认股书二百份,准此。业经提交第三次临时代表大会讨论决议,由本会将招股书分送各业公会,请其转向会员尽力劝募,自由认股。等语,记录在卷。查湖北企业公司之设立,自在集合全省商人之力量推销本省各项出产及办理进出口贸易、仓库储运等业务,在营业时期,并可得政府贷款及优先运输之便利,对于本省工商业之繁荣大有裨益。兹准前由,相应检同章则认股书一份,录案函达,即希查照,转劝各会员群策群力,于文到二十日内自由认股，径行函知企业公司，并将股款送交湖北省银行收转为荷。

此致

汉口市各业同业公会

汉口市商会　启

6.汉口市政府为市粮食工厂有无分支机关或资产在日本致湖北田赋粮食管理处电（附汉口市商会呈市政府函）

（1946年12月11日）

湖北田赋粮食管理处公鉴：

案查前准贵会处田管字第一一二七八号代电，以粮食工厂有无分支机关设在日本或在日本存有资产，嘱查照见复。等由。当经转饬市商会遵照查报在卷。兹据该会商字第九四八号呈"如文"。等情。相应复请查照为荷。

汉口市政府亥寒

附：汉口市商会为市粮食工厂并无分支机关或资产在日本呈市政府

（1946年12月2日）

案奉钧府市财字第〇〇一二四号训令略开："准电，以粮食工厂有无分支机关设在日本或在日本存有资产，请查复。"等由。"转令查明具报。"等因。遵经函询有关各业。去后，兹据本市面粉工业及杂粮店商业两同业公会呈称："本市在战前并无日本粮食工厂。沦陷时，粮食受敌寇统制较大之五丰、金龙两面粉厂由日寇占据自制出品。虽有各小型粮食工厂，亦只能受其指挥工作，在此为平买平卖零星粮食，纯以门市为主，是以绝无分支机关设在日本或在日本存有资产情事。"等语，前来。经核所称各节，确系事实。至收复时，本会尚在整理期间，故未参加任何接收机关，乏案可稽，理合将情呈复鉴核汇转，实为公便。

谨呈

汉口市市长徐

汉口市商会理事长　贺衡夫（假）

常务理事　陈焕章（代）

7.汉口市政府为山货纸张行公会与纸业合并组会事令市商会

（1946年12月13日）

呈悉，查该山货纸张行公会会员所经营纸张亦系山货性质，似应与山货公会合并，业经令饬该会拟具合并办法呈核在卷，请免予合并一节应毋庸议，仰即转行知照。

此令！

市长　徐

8.汉口市商会为调查前日来各经济战犯搜集物资行为致武汉行辕军事法庭(附报告)

(1946 年 12 月 13 日)

顷准贵庭庭字第五〇五号咸代电,为抄附前日来经济战犯调查表及□书各一份,嘱详细搜集有关证据。等由。经证据调查员秘密详查报称:兹往有关各处,录到军用亦属实情。等语。前来,相应据情函复,即希查照为荷。

此致

国民政府主席审判战犯军事法庭

理事长　贺

常务理事　陈

附:报告

民国三十五年十二月十日

派密查行辕军事法庭电,查各经济战犯搜集物资有无借势强暴买物不给代价情弊一案。兹往有关各商业详加密查,据称所开各洋行战犯在沦陷时搜购物资,尚无借势强暴及买物不给价等事。但自民国三十二年后,敌伪所设商业统制会、取缔物资调查处所查获未登记没收之物资,伪各县合作社以少数盐、糖、烟换取多数农产物资(如大冶、阳新农产为换麻受损,竟将麻根铲除,改种杂粮,年后方可恢复),伪省市增产委员会强将商店铁栅门拆除献铁等类,皆系敌寇利用汉奸搜购之行为,似非该经济战犯各洋行所为,至日东所制麦粉完全供给军用,亦属实情,理合将所查情形报请秘书主任夏转报代理事长陈鉴核。

附一八〇六原电一件。

职　吴佩卿　呈

9.汉口市商会为南碗业公会呈请免予归并瓷业公会呈市政府

(1946 年 12 月 14 日)

案查前奉钧府市社字第一二三六号训令,为合并同业公会一案,当经分转各该公会。去后,兹据汉口市南碗商业同业公会整理主任王华山呈称:“查本业公会会员纯以经销南瓷、南碗发展工业,提倡国粹为宗旨,再求业务纪律化,爰于民二五年呈请层峰组织同业公会在案。事变后,武汉沦陷,会务因之停顿,抗战胜利,国土重光,本业亦随胜利而复业,为尊重商业法规及同业福利,自应复组本业公会,经全体会员并呈报层峰核备在案,本会自当整理筹备,岂悉西瓷商蓄意侵夺商权,行其卑劣手段,思欲统治本业,以遂其掠夺利权之目的。惟以西瓷、南碗虽统名为瓷商,而性质各异,倘使南碗归并于西瓷,无异置本业于死地,为求商业之发展及本身之权益,万难并归,受其统治。本业以正大理由已向法庭申诉判别外,并将种种不宜合并特殊情形呈请社会部核示祇遵。现时正待判决暨社会部之指令,恳请辨明商业性质,更请主持正义,调停两业之争,安定社会而□□。”等情,据此。理合据情呈请鉴核令示,以便转饬遵照。

谨呈

汉口市市长徐

汉口市商会理事长　贺衡夫

常务理事长　陈焕章

10.汉口市商会为电复并致贺忱致四川酉阳县商会电

(1946 年 12 月 18 日)

四川省酉阳县商会公鉴:

大函暨姓名表敬悉。贵会改选半数仍系英隽之士,珠联璧合,深庆待人,可为商业前途贺。

汉口市商会理事长　贺衡夫(假)

常务理事　陈焕章(代)　亥印

11.金口镇商会为本会改选理监事陈请查照致汉口市商会公函

(1946 年 12 月 21 日)

一、敝会于本月二十日改选理监事,呈请当地党政长官莅会监选。

二、选举结果以赵玉麟、朱家源、周基广、郃崇安、王云钦为理事,王启程、陈义华为候补理事,以朱幼生、汤少阶、张逊堂为监事,吴乐三为候补监事。

三、当由全体理监事互推赵玉麟为理事长,朱家源、周基广为常务理事,朱幼生为常务监事,以上各节除呈报各主管机关备查外,相应陈请贵会查照为荷。

此致

汉口市商会理事长贺衡夫

理事长　赵玉麟

12.汉口市商会为粮食行业公会呈报会员被驳船工人凶殴呈市政府、武汉警备司令部、国民政府主席武汉行辕

(1946 年 12 月 21 日)

案奉汉口市粮食行业同业公会呈称:“为预谋寻衅,阻交军粮,云云。至而重人命。”等情,据此。除分呈外,理合据情呈请鉴核,严加惩办,以维治安,实为公便。

谨呈

汉口市长徐、武汉警备司令部、国民政府主席武汉行辕

(会衔)理事长　贺　常务理事　陈

13.工商团体电呈中央,要求改汉为特别市

(1946 年 12 月 23 日)

本市各界民众对恢复直辖市要求极为迫切,本市各区区民代表主席及各法团负责人等,于

昨(廿二)日下午二时假参议会举行座谈会,到有各区区民代表主席胡绍轩、韩阳初、刘伯琴,各职业工会代表杨丹卿等卅余人,以黄副议长因赴中正区参加申新、福新两厂献校讨论会,由涂参议员少梅代表主席。开会时空气紧张,情绪非常热烈,各区代表相继发言,词多警策,一致主张迅电中央,即行恢复本市为直辖市,并通过各区区民代表联名致中央电文,次由商会贺理事长、工会张理事长、地产业公会柴理事长相继发言,并决议一致向中央呼吁,至六时散会。兹探志各区区民代表主席及市商会、市总工会、市房地产业公会呈中央电文原如次:

南京国民政府主席蒋,行政院院长宋钧鉴,查本市为全国四大商埠之一,向曾直隶中枢,人口稠密,工商繁盛,不幸沦陷七载,文化、经济被敌寇摧毁无余。现胜利已逾一年,依然百业凋敝,不仅复兴难望,浸至险象环生,倘不能迅谋救济,使能自力更生,将至失业恐慌日宜加重,影响建国前途,殊非浅鲜。本府参议会洞见人民疾苦与工商危机,接纳百万市民请求,吁请中央迅予恢复本市为直辖市,俾得集中人力财力,徐图复兴,且使本市百万民众之真正苦痛得以直达中央,博得各方同情救济。此不仅市民众之迫切要求,抑亦华中各省所共同期望。征诸往事,本市在十五年来,举凡工商建设以及教育、文化、政治、经济各方面,均呈蓬勃气象,适在本市正隶中央时期,而本市一切现代建设亦即于此时奠立基础。兹值建设伊始,百废待兴,果能恢复直辖市,制俾取之于民者用之于民,则复兴大业自可计日成功。倘迁就鄂省府昧于近利,剜肉医疮之偏见,则不仅本市永无复兴之望,且将同陷绝境。代表等心所谓危,缄默难安,谨代表全市百万民众,吁恳钧座俯顺舆情,迅予恢复本市为直辖市,俾本市民众痛苦得以根本解救,不胜迫切待命之至。武圣区区民代表会主席程立顺,宝善区区民代表会主席张楚信,汉正区区民代表会主席刘汉光,新安区区民代表会主席张尧萱,三民区区民代表会主席韩阳初,中山区区民代表会主席柴海楼,大智区区民代表会主席刘伯琴,汉景区区民代表会主席袁光普,和平区区民代表会主席吴光南,云樵区区民代表会主席胡绍轩,永清区区民代表会主席朱佑廷,张公区区民代表会主席刘耀南,复兴区区民代表会主席邓协唐,中正区区民代表会主席江文治。

市商会电:

南京国民政府主席蒋、行政院院长宋钧鉴,查汉口为全国四大商埠之一,向曾直隶中央,沦陷七载,文物摧毁殆尽,复员年余,因限于人力财力,不惟战前繁荣难复旧观,而市廛破碎,商业萧条,百业危机有加无已,瞻言来日,惄为心忧。倘能以市民之资,力谋本市之繁荣,自力更生,未始无望,加以中央协济,百业自可振兴,乃环顾市场房屋之破碎如故,贸易之凋零如故,即今不图,譬如久病之夫,憔悴可立而待救济之方,似应先保存此病夫之元气,即无参苓补剂可进,亦应使其元气不再损伤,必如此而后元气可复,借以徐致健康。汉口市今日情势无乃类是,是以市参议会一再吁恳钧座准予恢复汉口市为直辖市,俾以市民之输纳,谋本市之复兴,且使百万市民之痛苦得以陈诉,此乃全市民众一致之要求。谨恳俯顺舆情,迅赐批准,谨代表全市四十万商民,竭诚拥戴,肃电驰陈,不胜迫切待命之至。

汉口市商会理事长　贺衡夫暨各同业公会叩亥养

(《大刚报》)

14.河南罗山县政府为查卞奇□等在汉口市变卖武汉行辕赈米有无虚报函汉口市商会

（1946 年 12 月 24 日）

案查前奉武汉行辕拨发本县赈米四万市斤，赈济匪灾难民，当因运输困难，经地方士绅、党团公议，决定在汉口市就地变价，以免运输。本府派助理秘书卞奇□，县参议会派马恒光会同前往，洽领变价。后汇报于十月十一日将米如数出售于同盛兴粮行，每市斤为价百元。本府为慎重起见，复饬尚印生前往彻查。去后，兹据该员签呈称：遵即于十一月一日到达汉口，（一）赴聚穗粮仓对存粮与本县所领之粮均属同样花红川齐，虽为最近数月之存粮，然尚不霉烂；（二）赴汉镇街粮食同业公会调查十月十一日食粮价目，与武汉报载相同（每担重一百四十市斤，十月十一日花红川齐米每担二万四千元，折合每市斤一百六十□元之谱），本变价赈米每市斤系一百元，中间相差六十□元之多；（三）赴汉阳集稼嘴同盛兴粮行考查，该行十月十一日所售花红川齐米价格，每市斤均系一百五十八元三角，前后翻查是日并无本县售米账迹，嗣则执出清单质问该行司账及其行内各同人，均答谓：日前罗山马某来行交涉售粮，实有其事，系与行伙吴某洽商，但吴某假借本行名义，在外替人卖买军粮，私取佣金。经本行察觉，控诉吴某有案，且向同业公会声明，关于吴某假借本行名义，在外经手粮款，本行概不负责矣。此人已他去多日，至清单虽系本行戳记，实系吴某伪造。所以本行无是项出入账目。等语。查聚穗粮仓存粮为花红川齐，均不霉烂。十月十一日花红川齐米价格，武汉报载、同业公会评价，以及同盛兴行售米流水账，价目均属相符，该行既无此项收付账目，足证为黑市出售，无从彻查。奉令前因。理合检同原报告一件，碍难单据二纸，米样一小包，合并修文，呈请鉴核，务予彻查，实为公便。等情。当经提交县政会议报告议决，函汉口市商会查复。等语，记录在案。相应检同原米样一包，函请查照，彻查赐复为荷。

此致

汉口市商会

附米样一小包。

河南罗山县

15.汉口市政府为乡镇加入商会问题令市商会

（1946 年 12 月 26 日）

准湖北省政府社会处本年十二月九日社二字第七四七〇号代电，以兹抄送国民政府三十五年十月十七日第二六五一号公报所载社会部京组三字第一〇〇七七号代电一件，电请查照。等由。合亟抄发原电，令仰知照。

此令！

附社会部代电一件。

市长　徐

16.汉口市商会为估衣业与衣服贩运业性质各异碍难合并呈市政府

（1946 年 12 月 26 日）

商字第一一三九号

案查前奉钧府市社字第一二三六号训令，略以本市各同业公会性质类似，应依法合并，并附应行合并一览表。等因。经本会摘抽合并表，分别转知。去后，兹据汉口市估衣商业同业公会呈节称："查本业性质，凡有商店设备者，均得为本会会员，所有货物系在本市转运买卖，在过去时期多有货物，全依当□卖出，故此定名为估衣业公会，俾名实符合。况本业组织公会，迄今已有数百余年，实无与其他业务有性质相合之处。况衣服贩运业系流动客贩性质，亦无店铺之设备，且本业营业性质各异，准函前由，碍难合并。若遵令对于性质不能相同之业务合并，将来□□发生纠葛，不但不便，反而无形增加烦扰，理合呈复大会查核，准予转呈市政府备案，仍饬令分别保存原有公会名称。"等情，到会。理合据情转呈鉴核示遵。

谨呈

汉口市市长徐

汉口市商会理事长　贺衡夫

常务理事长　陈焕章

17.中国粮食工业公司五丰面粉厂为本厂由粮食部接收移交本公司接办该项调查表无法填报致市商会

（1946 年 12 月 26 日）

贵会十二月二十四日函，略以奉汉口市政府训令转奉层峰电令，为关于敌人战时在我国劫夺物资急需交涉归还一案，抄发调查表格式一份，嘱查照填报。等由，附调查要点表格各一份，准此。查本厂原系商办，沦陷后经敌人占用，并与原厂厂主合作，胜利后由粮食部接收，移交本公司接办，该项调查无法填报，相应函复，即希查照为荷。

此致

汉口市商会

中国粮食工业公司五丰面粉厂　启

18.汉口市商会为参加武汉各界庆祝三十六年元旦暨开国纪念筹备会致华洋百货业同业公会函（附抄有关事项条文）

（1946 年 12 月 27 日）

案准武汉各界庆祝三十六年元旦暨开国纪念筹备会，函送会议记录到会。除分行外，相应摘抄有关事项，函希查照转知为盼。

此致

华洋百货业同业公会

附抄有关事项条文一份。

汉口市商会　启

附：抄有关事项条文

（十二）……4.慰劳先烈遗属及荣军抗属，其工作分配如下：

（子）由青年区团负责召集妇女会、警察局组织慰问队，赴各陆军医院慰问伤患官兵，每院献赠花篮二个（总务组办），每一伤患官兵各赠购物优待券一张（每家抗属赠一张）。

（丑）由市商会通知各商店凭券八折优待荣军及抗属，并规定每一荣军及每家抗属各一张，每张限购日用品一件，每一商店限收两张（优待券由税务组印妥，交慰问队分别赠送。抗属人数由市警局调查清楚，通知市商会，其优待券并由市商会盖章）。

19.汉口市商会为搜集日方迫购或献纳铜元、镍币之证明文件函各同业公会（附外交部为搜集日方迫购或献纳铜元、镍币之证明文件报告）

（1946 年 12 月 27 日）

案奉汉口市政府十二月四日训令开："案奉行政院赔偿委员会戌梗偿京第〇〇二二四号代电开，云云，以凭汇饬为要。"等因，抄发原函一件，奉此。除分行外，相应抄同原函，函希查照饬知各会员，如有日方迫购或献纳铜元、镍币之情事，其足资证明之布告或文件，请即于文到七日内报会，以凭汇饬为盼。

此致

汉口市各同业公会

（会戳）　启

附：外交部为搜集日方迫购或献纳铜元、镍币之证明文件报告

（1946 年 12 月 14 日）

奉派调查市府令，查搜集日方迫购铜元、镍币证明文件一案，兹查据各业称，日寇沦陷武汉，在二十八九年间，系利用汉奸间接收买废铜烂铁之徒，以低价在市街收买，在卅一二年，系利用伪商业统制会成立经济调查处，凡搜集铜元、镍币或迫其献纳或没收（未登记者）。伪市府所设增产委员会亦有迫市民献纳之事，但当时均未得敢向其取得证明文件，等语。拟请函转各业公会转知会员，有关于迫购或献纳者据实报，由公会限期报会转呈，是否有当，理合报请秘书主任夏转报代理事长陈鉴核。

20.汉口市政府为南碗业请免予合并事令市商会

（1946 年 12 月 30 日）

呈悉查南碗系瓷业之一，依照《商业同业公会法》及社会部电令，仍应合并组织，仰迅即并案呈核。

此令！

市长　徐

21.武汉市区路灯调整装修座谈会记录

（1946 年 12 月 30 日）

时间：三十五年十二月十七日上午九时

地点：武汉警备司令部会议室

出席代表：汉口市政府科员荣樵生、武昌市政府股长陈世芳、既济水电公司组长唐绍桢、武昌水电厂协理刘时叙、汉口工业联合会理事长刘伯琴（文家卿代）、汉口市商会代表万少珊、宪兵第十二团警务员袁莘章、汉口市警察局股长袁执中、湖北省会警察局股长何祺、本部稽查处科员陈楚夷、本部参谋处主任赵惠、本部参谋处课长周泽鸿

主席：赵惠

记录：徐耀武

报告：（略）

决议事项：

一、汉口市路灯经费筹措办法如下：

1.大街路灯经常电费，按经济部规定，由水电公司负担百分之五十，其余由全市商民负担百分之三十，市政府负担百分之二十。

2.私人路灯（小巷里份）经常电费，由各该地区（各里巷）住户平均分摊。

3.大街路灯装修费，由水电公司负担百分之五十，其余由市商会负担百分之三十，市政府负担百分之二十。

4.私人路灯（小巷里份）装修费，由各该地区（里巷）住户平均分摊。

5.各轮船码头路灯装修费及经常电费，由码头主管公司负责。

6.装修费及经常电费，由公益联合会、水电公司、汉口市警察局、汉口市政府、汉口市商会会同收缴，收缴时由汉口市政府召集。

7.每月收缴各费，由市政府将收缴数字送各报馆公布。

二、武昌路灯费仍照原办法办理。

三、武昌、汉口两市区路灯整理办法如下：

1.武昌、汉口两市区原有路灯设置地点之数量及目前损坏情形，并应添置地点数量，由武昌省会及汉口市两警察局会同水电公司分别调查。

2.武昌、汉口两警察局调查后，列表径送既济水电公司或水电厂装修，并分报市政府及本部备查。汉口市并另须通知市商会（武昌已有装修计划，仍按原计划办理）。

四、大街路灯由警察局分别保管，私人路灯（里巷）由公益联合会保管。

五、此次会议决定各案，自三十六年元月一日起实行。

22.汉口市政府为同业公会合并事令市商会

（1946 年 12 月 31 日）

呈悉，查该会会员既兼营木篙业务，依法自应合并组织，业经饬商会查明议复在案，俟呈报

到府再行核示,仰即知照。

此令!

市长　徐

23.汉口市商会为三十六年元旦暨开国纪念致全体理监事函

(1946 年 12 月 31 日)

案奉汉口市商会通知:三十六年元旦暨开国纪念转瞬即届,中华民国宪法亦于是日公布,本市各界亟应热烈庆祝。关于大会进行秩序,已由本会筹备会议决如下:(一)元旦日派代表二十人,各人民团体全体理监事参加;(二)元月二日下午六时在中山公园举行提灯大会(下略)。等因。相应通知全体理监事准时参加为荷。

上通知

胡理事长季廷、牛常务理事蔚生、李常务理事文阶、杨理事昌平、叶理事干臣、成理事玉阶、吴理事正祝、张理事栋廷、熊理事汉祥、杨监事培

汉口市商会　启

24.汉口市商会为新式制革公会请免予合并呈市政府

(1946 年 12 月 31 日)

商字第一一六八号

案查前奉钧府市社字第一三三六号训令,为合并各业同业公会一案,当经分转各该公会。去后,兹据本市新式制革业同业公会呈节称:查新式制革为仿效西法之新式工业,与熿皮业公会其制法不同,成本轻重差别甚大,历史各异,若勉强合并,则彼此习惯既有不同,权利义务亦难期其平允,为求避免以上不便,实难遽予合并。为此呈明两层不能合并各缘由,呈请鉴核,并乞据情转呈。等情,据此。理合据情呈请鉴核示遵。

谨呈

汉口市市长徐

汉口市商会理事长　贺衡夫

25.汉口市商会为转汉口市直税局催缴营业税致各业同业公会函

(1946 年 12 月 31 日)

顷准财政部汉口直接税局汉直税三字第四六一号感代电开:“查汉市各商号三十五年六月以前应纳营业税遵限缴纳者,因居多数,而近未缴库者,亦复不少,本局为体恤商艰,一再宽限,未予罚办。现年度将国库结账在即,凡各商号已接获本局查定通知书者,统限于本年年底前缴库,倘仍延误不缴,三十六年度起,即将滞纳商户造册移送法院催缴,并依法处以滞纳罚款,决不放宽。事关各商利益,相应电请查照,迅即转饬各业会员商号照办理,并希见复为荷。”等由。除分函外,相应函希查照。

此致

汉口市各业同业公会

汉口市商会 启

26.汉口市商会为粮食行业公会呈报被驳船工人凶殴呈武汉警备司令部

（1946 年 12 月）

汉口市商会呈文

案据汉口市粮食行业同业公会呈称："为预谋寻衅，阻交军粮，寻殴行员，抛入河中，恳祈拘案严惩，以杜凶暴，而重人命事。属会员李仁山、刘南甫、陈亦梧、王宏治、郑瑞廷等，于本月二十日上午十时，在汉阳公议油栈码头□交中记、鲁记代办粮食，□□深虑之军米，正在过米之际，突有驳船工人李王堂、张先涛、丁良珍、明清泉等聚集流氓百余人，不问情由，将属会员持械斗殴，会员李仁山等莫名究竟，欲避其锋，乘船逃汉。讵料首犯李王堂等纠集凶徒，分布宗三□□圣祠天宝巷，即粮食交易场所，持械斗殴，致将会员李仁山、刘南甫、陈亦梧、王宏治、郑瑞廷等殴伤甚重，复将彼等抛入河中，而李仁山、刘南甫流至天□下码头始获遇救，然伤势奇重，业经汉口地方法院检验在卷。唯有陈亦梧至今尚无音讯，恐难生还。是此聚众寻衅，显系别具用心，阻交军粮，危害治安，轻视人命，莫此为甚。理合具呈请钧会转呈层峰，迅将李王堂等拘案严惩，以杜凶暴而重人命。"等情据此。除分呈外，理合据情呈请鉴核，严加惩办，以维治安，实为公便。

月份不详

1.汉口市政府指令为本市商会整理委员会选举理监事名额呈会员代表大会改为记名连选法

（1946 年）

令本市商会整理委员会：本年四月九日呈一件，为呈送拟定选举简则，请鉴核，准予备案。呈件均悉，查该《简则》第五条：此规定选举理监事名额，与《商会法》第十六条之规定尚合，应依法列入该会会章内，提交会员代表大会决定。《简则》第六条"本会理监事之选举应由会员代表大会用无记名连选法选出之"，依照《人民团体职员选举通则》第三条规定，应改为记名连选法。余准备查，仰即遵照。

市长 徐

2.汉口市商会整理委员会为选派代表事宜致各业同业公会函

（1946 年）

贵会查照迅即召集会员大会，就现任理监事中选派代表五名，依照后列格式造具会员名册二份、委托书一份，连同理监事名册一份，务于五月十日前送交本会，逾期不送者，即视同弃权。

等语,在卷。近闻各业公会对于上项会员名册(即代表名册)有将全体会员列入者,实属误解。查该会员名册代表栏内,仅填入此次选出之代表,无须造填全体会员。除分行外,相应函达。即希。

此致

汉口市各业同业公会

附会员名册(即代表名册)格式一份。

特速!

汉口市商会整理委员会　启

附:会员名册格式一份

<table>
<tr><td colspan="13">会员名册(即代表名册)　　年　　月　　日</td></tr>
<tr><td rowspan="5">公会名称</td><td rowspan="5">理事长及常务理事姓名</td><td rowspan="5">收入会费额</td><td rowspan="5">会费负担额</td><td rowspan="5">权数</td><td colspan="8">代表</td></tr>
<tr><td>人数</td><td>姓名</td><td>别号</td><td>性别</td><td>年龄</td><td>籍贯</td><td rowspan="4">会址</td><td rowspan="4">备注</td></tr>
<tr><td></td><td></td><td></td><td></td><td></td><td></td></tr>
<tr><td>营业种类</td><td>公司行号工厂名称</td><td>在公司行号工厂职务</td><td>教育程度</td><td>是否党员</td><td></td></tr>
<tr><td></td><td></td><td></td><td></td><td></td><td></td></tr>
</table>

3.汉口商会自民国以来至日寇投降止历届负责人名单

(1946 年)

汉口商会自民国以来至日寇投降止历届负责人名单				
年度	职别	姓名	所属业体或牌号	备考
清末—民元	市务总会经理	蔡辅卿	蔡同泰参燕号	
	副经理	孙迪甫	采彰绸缎号	
民二年	经理	李紫云	钱业土拽匹头纱厂牌号福康隆	
	副经理	盛竹书	兴业银行	
民四年	经理	吴干丞	春原油行	
	副经理	苏善天	苏福生广货号	
民六年	总商会会长	喻清臣	泰丰油行	
	副会长	王琴甫	匹头业	
民七年	会长	王琴甫	匹头业	修建市商联会比□□
	副会长	高泽生	钱业	
民九年	会长	高泽生	钱业	
	副会长	郑世松	海味业	

（续表）

汉口商会自民国以来至日寇投降止历届负责人名单				
年度	职别	姓名	所属业体或牌号	备考
民十一年	会长	周星棠	米业及银行业(聚兴诚)	连任三届至十七年改选
	副会长	郑燮卿	元记生药材号	
民十七年	特别市商会主席	黄文植	迅济盐号	设六常委
民廿年	特别市商会主席	贺衡夫	油业	设四常委
民廿二年	主席	陈经畬	义顺成广货号	
民廿四年	主席	黄文植	迅济盐号	由贺衡夫代理主席时已久,直到民廿七年日寇进武汉时

4.汉口市商会复员计划委员会各委员名册

（1946 年）

汉口市商会复员计划委员会各委员名单

职别	常务理事	常务理事	常务理事	常务理事	常务理事	建设委员	设计委员	设计委员	设计委员	设计委员
姓名	贺衡夫	鲁寿安	乐作霖	戴经麈	章剑慧	李荐廷	刘笃生	南经庸	吴伯池	王一鸣
备注		曹家巷47号		建华公司陕西街	申新纺织厂曹家巷	湖北省府办事处	新街2号	江汉公司陕西街		曹家巷47号

职别	委员	委员	委员	委员	委员	委员	委员	委员
姓名	蒲心雅	李月樵	蒋予勤	陈化平	余蓉樵	龚亦遂	苏汰余	陈绍畲
住址	林森路华记商行	兴家巷邹蒙楠转	曹家巷47号	育婴堂巷85号	九尺坎39号	申四路26号	裕华公司	蓝家巷47号
备注	电力公司上项系指							

职别	委员	委员	委员	委员	委员	委员	委员	委员	委员	委员
姓名	殷劲声	焦秀安	程度模	邓廷珠	孙瑞麟	杨懋卿	邹蒙楠	王璧双	柴海楼	周仲宣
住址	湖北省银行驻渝办事处	民生路47号	南岸马鞍山8号	南岸和兴染厂	裕华公司	兴隆巷	兴隆巷	曹家巷47号	湖北省银行	林森路华记商行
备注										

职别	委员	委员	委员	委员	委员	委员	委员	委员	委员	委员	委员
姓名	吴瑞澄	程镜朴	鲁履安	吴千里	叶波澄	应仁亲	周蔚伯	程锦章	项仁溥	刘金珊	程德模
住址			夫子池裕秦公司	义华化厂公司		小龙屯	民生经济公司	打铁街义春和	南岸道佐所8号	曹家巷77号	南岸马鞍山8号
备注					问江汉公司	不写					

5.汉口市商会复员计划委员会调查委员名单

（1946年）

姓名	业别	住址	备注
柴海楼	银行业		
熊秀安			
殷劲声			
刘联珂	旅栈业	本市青年路18号	
杨殿臣	餐饮业	本市青年路18号	中正路73号龙凤斋
陈尧澄	善联会	林森路	
黄子权	丐粉业	南岸施家河24号	
邹子显	杂皮业	民生路邹紫光阁	
马懋臣	铜货业	中山路44号	
王志刚	水果业	青年路18号	
张群权	油盐业	本市关店内感化善堂	
张东初	煤炭业	保安路139号	
潘明安	榨油业	民族路1014号万国鞋店	
徐向曦	绸缎业	民族路江汉绸缎商店	
徐正道	电影业	林森路10号	
徐连三	皮鞋业	都邮街天橡鞋店	
胡慕周	航业	林森路宝丰鼓楼	
徐雪轩	匹头业	南岸敦厚下段光大酒精厂隔壁天生机器厂	
陈炽展	匹头业	本市莲花街华大	
赵若斯	轮帮业	陕西街三北公司	
王仲三	百货业	陕西街信丰商店	
陈锦章	百货业	打铁街义泰和	
房惠振	五金业	林森路永利贸易行	

（续表）

姓名	业别	住址	备注
袁绳武	建筑业	青年路 18 号	
曹美成	粮食业	民国路育婴堂街 32 号	
蔡规明	印刷业	保安路 131 号	
郝秀贞	印刷业		
史树诚	皂烛业	江南肥皂厂	
李梦初		南岸觉林寺复兴猪鬃厂	
王民仆	印刷业	弹子石桥段 7 号	
程度模	花纱业	千则门街 47 号	
赵典之	牛皮业	南岸桂花园华胜	
万凤山	五金业	中正路 143 号	
马懋臣	杂货业	中正路 44 号	
罗修镛	五金业	邹容路 134 号	

6.汉口市商会驻渝办事处委员及职员名册

（1946 年）

职别	主任委员	委员	委员	委员	委员	委员	委员	委员
姓名	贺衡夫	龚亦遂	鲁寿安	苏汰余	乐作霖	李荐廷	余蓉樵	陈经畲
性别	男	男	男	男	男	男	男	男
年龄	59	45	48	60	51	49	60	66
籍贯	湖北	江西	湖北	四川	湖北	湖北	湖北	江苏
地址	民族路九尺坎 39 号	民族路九尺坎 39 号	民族路九尺坎 39 号	民族路九尺坎 39 号	民族路九尺坎 39 号	民族路九尺坎 39 号	民族路九尺坎 39 号	民族路九尺坎 39 号
备注	俟渝市手续料理完竣再为呈请	俟渝市手续料理完竣再为呈请	俟渝市手续料理完竣再为呈请	俟渝市手续料理完竣再为呈请	俟渝市手续料理完竣再为呈请	俟渝市手续料理完竣再为呈请	俟渝市手续料理完竣再为呈请	俟渝市手续料理完竣再为呈请

职别	主任委员	委员	委员	委员	委员	委员	委员	委员	委员
姓名	熊秀安	陈隆愚	潘铭安	罗恒昌	朱润民	乐惠林	王兰山	武克强	柴海楼
性别	男	男	男	男	男	男	男	男	男
年龄	60	28	58	26	44	33	51	40	55
籍贯	湖北	江苏	湖北	湖北	湖北	湖北	湖北	湖北	湖北

（续表）

地址	民族路九尺坎 39 号	民族路九尺坎 39 号	民族路九尺坎 39 号	民族路九尺坎 39 号	民族路九尺坎 39 号	民族路九尺坎 39 号	民族路九尺坎 39 号	民族路九尺坎 39 号	民族路九尺坎 39 号
备注	第二批赴汉接收委员	第二批赴汉接收委员	第二批赴汉接收委员	第一批赴汉接收委员	第一批赴汉接收委员	第一批赴汉接收委员	第一批赴汉接收委员	第一批赴汉接收委员	第二批赴汉接收委员

职别	委员	委员	委员
姓名	陈砚生	朱永辉	王耀春
性别	男	男	男
年龄	51	23	28
籍贯	湖北	湖北	湖北
地址	民族路九尺坎 39 号	民族路九尺坎 39 号	民族路九尺坎 39 号
备注	第三批赴汉接收委员	第三批赴汉接收委员	第三批赴汉接收委员

7.湖北省商会联合会役员名册

（1946 年）

职别	理事长	驻会常务				常务监事	主任秘书	秘书
姓名	沈岐生	杨理恒	谭云裳	王儒杰	胡菊芳	曹旭东	奚靖波	贺禋六
年龄	六〇	四五	五二	四六	五〇	四五	三一	三八
备考								

职别	会计主任	出纳		总务科长	科员			组训科长	科员		
姓名	张翠华	石侠斌	李韵秋	王思古	叶清泉	全旭东	池子清	卢方廉	张兴泰	何昌柏	范道一
年龄	三一	一九	一八	三三	三九	二五	二六	四〇	三一	二五	三〇
备考											

职别	调查科长	科员			研究科长	科员	组训科长		调查员	
姓名	王重山	耿剑非	朱克星	耿纯佑	王晓愚	陈自荧	李毓才	张国馨	郑利器	张梅情
年龄	三三	四〇	三四	三二	四三	二六	二三	二八	二五	二六
备考										

职别	调查员	录事					办事员			
姓名	朱鸣岐	全辉	赵新民	唐济□(静安)	张鸿盛	罗亚辉	任永翰	龚平权	张先同	罗志道
年龄	三二	二二	三八	三七	三九	四七	三六	二三	三四	二七
备考										

职别	公役	勤务						合计
姓名	董程鑫	谭年蜜	金延发	滕云华	雍清和	瞿朝纲	崔登银	四五人
年龄	二〇	三一	三六	三二	二五	二〇	二四	
备考								

8.汉口市各同业公会名称请免予更改缘由及申明业务情形报告表

（1946 年）

团体名称	钧部核定名称	不能更改缘由或申明业务情形
饼油行商业同业公会	饼油商业同业公会	查该业原系行商即经纪性质，货虽有牌名、店址，而与普通公司、商号业务不同，拟请保留，免予混淆
牛行商业同业公会	牛商业同业公会	同上
猪行商业同业公会	猪商业同业公会	同上
瓜菜薯行商业同业公会	瓜菜薯商业同业公会	同上
鱼行商业同业公会	鱼商业同业公会	同上
山货行商业同业公会	山货商业同业公会	同上
棉花行商业同业公会	棉花商业同业公会	同上
茶行商业同业公会	茶商业同业公会	同上
油盐商业同业公会	油盐分别组会	查本市情形特殊，凡经营盐商必兼售食油，并无单独买卖之商店，拟请免予分开组会
国货匹头商业同业公会、匹头贩运商业同业公会	均与布商业同业公会合并	本市布匹店商业同业公会业已令改为布商业同业公会，至国货匹头与匹头贩运两公会，因性质相类似，正依法合并组会中，但一为批发，一为零售商，势难与商业同业公会合并，拟请免予合组
铁商业同业公会	铁字下加“器”字	查该会会员，除经营一部分铁器外，并兼售毛铁，如加“器”字，似不能包括全部营业性质，拟请免加
五金商业同业公会、电料商业同业公会	合组五金电料同业公会	查本市五金商店并不兼售电料，电料商店亦不兼售五金，因营业种类不同，似难合并组会，拟请免予合组
皮革制品工业同业公会	改为制革工业同业公会	查该业专系制造皮箱及各种皮件，而制革系由生皮制成熟皮，与制品似有差别，拟请免予改名称

（续表）

团体名称	钧部核定名称	不能更改缘由或申明业务情形
牛肉商业同业公会、猪肉商业同业公会	合组为屠宰商业同业公会	查本市牛肉与猪肉在民国廿年以前原系同一公会，后因宗教关系发生纠纷，遂分别组会，迄今已逾十余载，势难再行合并，拟请免予合组及更改名称
米商商业同业公会	名称改为粮食商业同业公会	查本市米业公会会员其主要业务系利用机器碾米，为重要工业之一，依法已改为碾米工业同业公会，拟请免予更改名称
杂粮店商业同业公会	与米商商业同业公会合并组会，改称为粮食商业同业公会	查米商同业公会依法改为碾米工业同业公会，而杂粮商业同业公会会员专营新粮亦不兼食米，事实上不能合并，拟请免予合并更改名称
汽车运输商业同业公会	应将运输二字删去	查该业系专营汽车运输业务，并非买卖汽车，拟请免予删去运输二字
猪肉零售商业同业公会	名称应将猪肉改为屠宰	查屠宰二字，凡宰猪、宰牛、宰羊等均应包括，而该业专售猪肉，如改屠宰二字范围似觉扩大，拟免予更改而明业务性质
粮食行商业同业公会	应与粮食商业同业公会合并组会	因行与□商号业务性质不同
西法洗染商业同业公会	改为洗染商业	遵令删去西法二字，但该业系机器洗染，仍请改为工业
绸缎机器染工业同业公会	名称营业性质不明，应查报再核	查该业系机器漂染整理之工业，已依法改为机器染整工业同业公会
煤油面粉火柴商业同业公会	煤油系重要，应分别组会，面粉应加入粮食商业同业公会	查本市经营煤油商店多兼售面粉、火柴，无单独买卖之商店，事实上不可分开，拟请免予分别组会
号栈商业同业公会	该会未据填报经营何种业务，应查报再核	查旅栈系往来旅客临时居住，而号栈专系往来经纪人或客商长期居住，其性质区别甚大
五金旧货商业同业公会	应与五金电料商业同业公会合并组织	查五金与电料因营业种类不同，不能合并组会，上面业已申述，至五金旧货业系收卖五金货品，与经营五金业务不同，亦不能，拟请免合
棉花商业同业公会	应与棉花行合并组织棉花商业同业公会	因行与号之营业性质不同，拟请免予合并
皮商业同业公会	牛羊皮系山货范围应与山货商业同业公会合并组织	本市已成立山货行商业同业公会，该业系买卖皮之商号，非经济行商，拟请免予合组
色土布商业同业公会	应与布商业同业公会合并组织	查该业为经纪各色土布之行商名称，缮写时漏一“行”字，应为色土布行商业同业公会，拟请免予合并

（续表）

团体名称	钧部核定名称	不能更改缘由或申明业务情形
丝线棉纱商业同业公会	应与丝绸绒呢商业同业公会合并	查该业主要经营丝线,兼售棉纱,其资本额微薄,不能与丝绸绒呢商业同业公会合并,拟请免合
药油贩运商业同业公会	药油究系何种业务,查报再核	查该业系经营各种药材及桐油、皮油等项物品
长江轮船售票商业公会	如无公司、行号之设立,依法不得组织公会	查该业均有牌号及经营地点,拟请准予组织公会
染坊工业同业公会	应与洗染商业同业公会合并组会	本市西法洗染工业同业公会已饬遵令删去“西法”二字,但该业系利用机器洗染,而染坊业纯系手工,且资本额悬殊,拟请免合
车楦工业同业公会	车楦究何种工业,查报再核	查该业系专制造各纱布厂木锭、木杼、纱管、军用铁锹柄、电料圆木、斧柄、刀柄、车心及皮鞋楦头等项物品
猪鬃商业同业公会	猪鬃系重要输出业,应依据输出业同业公会法之规定组会	查本市经营猪鬃商人非直接出口货物,仍请依照《商业同业公会法》之规定组会
华洋桶篓杂末商业同业公会	应与杂货商业同业公会组织合并	查该业系收卖大小油桶篓,牛羊角及其麻油渣、锯末等杂末,与杂货业性质不同,拟请免合

9.汉口市商会转发王际清函略陈全国商会联合会筹备会议

（1946 年）

案查前奉中国国民党汉口特别市执行委员会汉组字第 2080 号训令,以奉中央组织部电,以与社会部商决,特准本会推派代表一人参加全国商会联合会筹备会议,特饬遵照。等因。遵经推定王委员际清为本会出席代表,业经赴京参加,兹据王委员来函,略称:

一、大会主席团共七人,计上海、南京、重庆、天津、北平、湖北、台湾,按东西南北中分配。南京为首都,台湾因五十年来未加入中国政治团体,故特殊。

二、全国会员共四十三个单位,已到单位三十一位。

三、大会开幕时,翁副院长、社会部谷部长、中央组织部陈部长、马市长等均参加,各有训示。

四、大会共开五日,提案共一百六十四件。而有关于税务者共三十三案之多,合并为九:

1.请求减轻营业税率,按照二十七年税率征收;

2.请将印花税改照二十七年办法征收;

3.请将货物税改照二十七年办法办理,并免贴税照;

4.请废除非常时期过分利得税;

5.请豁免三十四年所利得税;

6.出厂商已完货物税者,请免征营业税;

7.收复区在敌伪期间已完税者,应该不再重征;

8.请豁免收复区所利得税;

9.请豁免资本增值之所利得税。

五、大会组织章程草案内会员一项(各省商联会及院辖市商会均应加入本会为会员),又每一会员举派代表至多不得逾十一人。

六、此次出席代表均为本会筹备员,并推选王晓籁为筹备主任,王绎斋(南京)、周懋植(重庆)为副主任。

七、定本年秋季开成立大会,会前二月发通知。

以上所云,系摘其重要者,其他细情容回汉时报告。等情。相应函达,即希。

10.为转技术员工登记证注意事项致各业同业公会函(附抄请发技术员工登记证注意事项)

(1946年)

案准社会部劳动局豫鄂区劳动调查登记站鄂查字第〇〇九号公函开:“查本站奉令举办豫鄂区技术员工登记,旨在统计建国技术人才,以作政府人力运用之预计,并保障劳动者合法权益,以发展生产事业。兹特检附请发技术员工登记证注意事项及空白函各一份,送请查照办理。派员持函来站洽领各种表件,并请转告所属各技术员工,事关本身权益及政令推行,务希踊跃登记为荷。”等由。附请发技术员工登记证注意事项及空白公函各一份。准此。查此项技术员工,本会向未统计,如贵会厂、公司所属员工中有合于登记注意事项所载申请资格之一者,迅即依照办理见复,以便汇办。除分行外,相应函希查照为盼。

此致

各业同业公会

附抄请发技术员工登记证注意事项一份。

一、申请资格:须具备自下列资格之一而有证文件者:

1.曾在国内外专科以上学校或高级职业学校之理工、农医、会计、统计、工商管理等科毕业,或对上述各科有专门著作或发明者;

2.曾受前款各学科或具相关学科技术训练合格者;

3.曾任前款各科工作或修习前款各科技术二年以上具有相当经验者;

4.其他合于《专门技术人员考试法》所规定之资格者。

二、申请办法

1.在业及在校之技术员工,由属机关厂场、学校备函(附后)汇清登记其资格证明文件,由各属主管人员核审,不再缴验,但本站如认为有疑义时得调阅其证件;

2.自行开业及尚未就业之技术员工,可携带其证明文件自行来站履行登记。

三、申请手续

1.凡具备前列资格之技术员工,每人应填具调查登记表三份,简历表三份(二人以上得汇办),再粘附本人二寸半身相片或右手食指模(其大小与二寸相片相等)三张,以一份存所属机

关、学校、厂场,二份送交本站核发登记证;

2.申请时每人应照章缴登记证印制费一百元,至调查登记表、简历表、动态报告表等件,由本站代各申请机关厂场(个人)统筹印制,以资划一,按每人分发调查表三份、动态表二份、申请单位分发简历表三份计算,平均每人应缴工本费二百元。

四、登记后应注意事项

1.凡有技术员工之机关、学校、厂场,每三月应将其新到、离职或死亡之技术员工依照格式造具动态报告表二份,送交本站汇转备查;

2.凡领有登记证之技术员工,如其所属机关厂场许转业或离职时,应于登记证第二栏内将离职原因及日期注明,并加盖该营机关厂场之官章后,交其本人收执;

3.凡已领登记证之技术员工,如遇有下列情形之一者,所属厂场或机关应将登记证连同动态报告表缴送本站注销。

(1)因病或残废不能继续工作者;

(2)年高体弱不能继续工作者;

(3)因其他变故死亡者。

五、申请时限

自三十五年十二月起至三十六年二月底止。

六、申请地点

汉口大央街十方寺后楼社会部劳动局豫区劳动调查登记站。

七、附则

各机关厂场在申请登记后,如有新进技术员工,得专函请予补发。

11.汉口市政府为抗战期间征用民工暨日人强征民力伤亡数目调查令市商会(附抗战期间征用民工暨日人强征民力伤亡数目调查表)

(1946年)

汉口市政府训令　民国三十五年月日　市社字第一五五一号

令市商会:

案奉湖北省政府十一月廿二日省秘统字第七六八一号训令内开:“案准内政部酉有礼京电开,准国防部卅五年申马电饬行政院赔偿调查委员会电请,对于抗战期间动员民力损失一项,应包括征用民工死伤及沦陷区日人强征人力,嘱查明数字。等由。本部制定调查数目表式,于应电请转饬,分别按照附送表式查填,并限于文到一月内呈转送部,以凭办理。等由,准此。合行抄发原附送表式,仰该府于文到三周内查填报府凭转为要。”等因。附抗战期间征用民工暨日人强征民力伤亡数目调查表式一份。奉此。合行抄发附送表令。仰该会于文到二周内查填报府凭转为要。

此令!

附抄发抗战期间征用民工暨日人强征民力伤亡数目调查表一份。

市长　徐会之

抗战期间征用民工暨日人强征民力伤亡数目调查表							
类别	征用民工伤亡数			日人强征民工伤亡数			备考
项别/县市别	征用数	伤数	亡数	强征数	伤数	亡数	

说明：

一、本表以省市为单位。

二、各县市分别查填汇□该管省政府转报。

三、如省政府汇报时表式不敷填报可依式扩大。

四、查填死伤数目自抗战时起至胜利日止。

五、如有特殊情事在备注栏内载。

12.汉口市商会整理委员会为非常时期工商业提存特别准备金办法致本市各业同业公会函

（1946 年）

本市各业同业公会：

案奉汉口市政府本年（三十四年）十二月二十二日市财字第二二〇〇号训令内开："案奉湖北省政府三十四年十二月省建三特字第一三八号代电开，据建设厅案呈经济部三十四年十一月七日商字第五四一四二号训令开，查《非常时期工商业提存特别准备金办法》已由本部于本年十月十七日时废止，自三十四年度起，公司办理年终结算时，应停止提存特别准备金，其在该年度以前已依据该办法提存之特别准备金，应全部移做公积金，但原有提存之公积金已达资本总额□□□□时，关于已提存之特别准备金部分，得由公司提经股东会决议分配或予动用。除分令外，仰即知照由，并转饬各工商业一体遵照。等因。转请政府鉴核。除分行外合行电仰知照由，并转饬各工商业一体遵照为要。等因。合亟令仰知照并转饬各工商业一体遵照为要。"等因，奉此。除分电外，特电知照。

汉口市商会整理委员会主任委员　程子菊　子歌总印

13.汉口市线索业同业公会会员为业中不良分子任意刁唆同业学徒破坏他人利益致线索工业同业公会

（1946 年）

为呈报同业中有不良分子任意刁唆同业学徒破坏他人利益而有益于己，不顾同业，扰乱会规事。缘有本店学徒万性震（现化名宝玉），由本年二月间经人介绍并由彼自愿投到本店为徒,同业周知,为时三月,被同业向恒发(即向茂清)刁唆该徒卷款潜逃并窝藏,并由向茂清之弟汉卿送该徒暂避。当时因证据不足,伊又绝对否认。复经同业证明,解释此误会,依照会规,该徒永不能再营此业。向某亦不能容纳行会而藐视同业,等等。因伊之狡辩,其证据不足,又经同业解释,本人只得忍气之事实,其确实证据呈此,该向某不悟前非,胆敢欺骗,藐视同业,其本人收该徒容纳并将彼化名万宝玉,担保登记入会。似此行为若不整顿,将来对于本会务进行有所阻碍。准此。每家学徒可以任意被人刁唆出店,对新来之人□营本帮业务,因不熟一切,不照帮规,可以自由学习几日,再来入会,似此谁店愿收学徒?假使公会不办,任彼行为,将复有谁信仰公会?何况此又是同业会员向某之教唆、窝藏□把持,似此藐视会规,知法犯法,请贵会同人为了团体名誉,不容有此败类,照章查办整顿,并将本店所受损失以及向某代该匪徒所领之会员证一齐追缴,以伏公而利会规,实为两便。

此呈

14.职业团体选举程序

(1946 年)

甲、选举初选代表

一、编造候选人名簿

各同、职业公、工会应将全体会员依照本府规定格式编造选举人名簿二份,以一份在各该会所公告,以一份呈报总会,汇转本府转报选举监督,依照选举法十六条规定参加职业选举,以在选举期间依法成立之各职业团体之会员而实际从事该项职业三年以上为限。

二、选举初选代表

农、工、商会由理事督率各同、职业公、工会及区农户办理,自由职业团体由各该会理事长会同理监事办理,按照本府限期通知各该会全体会员报票。选举初选代表三名,以得票最多者为当选。选举事务由理事长主持,全体理监事协助投票并推举候选人三人至五人监察。

三、呈报初选结果手续

投票完毕立即开票,由理事长指定唱票、计票、监票、记录各三人,开票完毕,检查报票、废票、剩余票是否与总额相符,凡被选者无论一票、二票均须登记录簿,当场一概将得票最多者三人姓名及所得票数呈报总会转报本府汇转,选举监事,自由职业及教育会、渔会送报本府,其呈报文件证明书格式如次:

呈文格式

本会于　月　日　午时召集全体会员选举初选代表

开票结果如次:

一、应到会员　　人

二、实到会员　　人

三、投票　　张

四、废票　　张

五、余票　　张

六、当选人:○○○　得票　　张

○○○　得票　　张

○○○　得票　　张

除分别出给证书外,经合检同选举当选人名册呈报鉴核。

上呈

汉口市某公会

汉口市政府——自由职业团体、教育会、渔会

某会理事长○○○章

常务理事○○○章

常务监事○○○章

初选监事人○○○章

○○○章

○○○章

中华民国　年　月　日

证明书格式

汉口市○○会初选人证明书

兹有本会会员○○○当选为本会初选代表,代表本会出席选举市参议员,特出给证书以资证明,须至证明书者。

理事长○○○章

常务理事○○○章

常务监事○○○章

农、工、商会初选票由总会印发或由各该同业或职业区农会印送总会核实,加盖图记;自由职业由其自印送府核实加印。

乙、选举市参议员

选举单位

农、工、商会,教育会,渔会各为一选举单位,自由职业团体合为一选举单位,共计六个单位。除教育会、渔会采直接选举制外,□□须采复选制。

15.汉口市商会为造具候选人名册致汉口市政府民政科函

(1946年)

兹特截至现在止,已送来会之参议员候选人,造具候选人名册,函送(直接送府及□审合格者,请贵科代填)贵科,请烦查收备查为荷。

汉口市政府民政科

汉口市商会　谨启

16.汉口市商会整理委员会为江汉关货物验放致各业同业公会函

(1946年)

案准江汉关第九号通告开,查验收货物手续,应力求简捷,历奉层峰令饬遵照在案。际此

复员时□,尤应使货畅其流,嗣后出口及原货出口报单如于承运轮□结关时尚未验放或进口报单于交入总务课进口后之第三日仍未验放。准此。由各该商民前来本关总务课副总务司室面述事实,俾凭核办,如遇重大情节并得随时报由副税务司面呈本税务司核办,仰各通知。等因,前来。合亟照转,函达贵公会查照,希转知所属会员知照为荷。

此致

各业同业公会

汉口市商会整理委员会

1947 年

1 月

1.汉口市商会因战前订货解冻问题致汉口市各业同业公会函(附因受海运冻结法被日方扣留之货物解冻发还规章摘要一份)

(1947 年 1 月 2 日)

案奉汉口市政府(卅六)市社字第 4633 号训令开:案准行政院赔偿委员会卅六年十二月十日京 36 二亥灰代电开,准我国驻日代表团代电开,兹准盟军总部抄送关于战前订货解冻、发还规章,此案经译成中文,公告驻日侨胞,照抄在卷,相应抄同原文并译件即请查照备案,并转饬各省市商会查照。等由,附抄原件、译件及谈话录各一件,准此。查原译件规定我国人民前存日本之货物,因受一九四一年七月海运冻结法被日方扣留者,现可解冻发还。除分电外,相应抄附件原译解冻、发还规章摘要,电请查照转饬此属商会,通告商民。如有受海运冻结被日方扣留之货物,即可附证件呈转过会核转,洽还为荷。等由。附抄件原译因受海运冻结法被日方扣留之货物解冻、发还规章摘要一份。准此。合行抄发原件,令仰该会通告各业,如有上项情事,可速检附证件呈府,以凭核转,洽还为要,等因,附抄原译因受海运冻结法被日方扣留之货物解冻发还规章摘要一份,奉此。除分行外,相应抄同原件,函希查照转饬为盼。

此致

汉口市各业同业公会

附抄原译因受海运冻结法被日方扣留之货物解冻发还规章摘要一份。

汉口市商会　启

元月二日

附:因受海运冻结法被日方扣留之货物解冻发还规章摘要(三十六年十月二十日发表)

凡属同盟国及中立国人民之货物,前存日本,因受 1941 年七月海运冻结法限制,被日方扣留者,现可解冻发还。又,在战争爆发前(按指系太平洋战争)购买并已付款之商品或于日本

冻结法令施行时,属于转口至他国之商品均依本规章办理。此项货物之解冻发还必须具有下列之条件:

(一)在珍珠港事变前,同盟国及中立国人士或其经理人已取得该项货物之拥有权者。

(二)该项货物之装运系受冻结法令或其后因战争关系而遭阻止者。

(三)该项货物业已用外汇□□付清货价,或同盟国或中立国人士先前运货至日本,应由日人付出之日币货物抵货价。

(四)解冻发还之商品应无日人参与之股份。该项解冻发还货物,如非属业经规定应予输入日本之物品者,可获准许输出日本。如在申请发还之物品中有属于应输入之物品者,则总部得以协商方式购买之。而收应付之货价计入该物主所属之国家□内(按指该国得由日本输出其他同价值之商品作为交换)。

关于货物之处置及运输,应由申请解冻发还人或委托在日之代表人负责办理,盟总概不负责。凡属同盟国所有权之商品,在战前爆发时留存于日本者,在战争期中,大部分已被日方买卖处分,但该项商品如能查悉所在,亦得依本规章办理,归还于合法之物主。

附注:战前向日人订购物资已付一部分货价者,亦可提出申请与该部分价相当之船货,如经发现,亦可归还与原主。但若无实际上准备装船而被扣留之货物,可查寻者,不在此例。

2.汉口市商会为杂货贩卖业公会呈免合并呈市政府

(1947 年 1 月 4 日)

商字第一一八六号

案查前奉钧府市社字第一二三六号训令,为合并各同业公会一案,当经分转各该公会。去后,兹据汉口市杂货贩卖业同业公会呈请:"查合并表内开列酱烛杂货、食品杂货以及本会性质相同,应合并为杂货商业同业公会。等语。兹以上开三业之性质论,酱烛杂货业完全为杂货制造店,有酱园、糕饼、蜡烛等设备,资本雄厚。食品杂货业以制造点心、糕饼为主,杂货副之,资本亦相当伟大。本业商品则完全贩自酱烛业及食品业,不但性质各别,且营业一节囿于资本额,相距无异天壤,设将三业合并为一会则利害冲突甚多,尤其一切义务□□决难等量齐观,倘勉强凑合,定无良好结果。奉函前由,理合呈复大会鉴核转呈汉口市政府免予合并。"等情,据此。理合据情呈请鉴核示遵。

谨呈

汉口市市长徐

汉口市商会理事长 贺衡夫

常务理事长 陈焕章

3.汉口市商会为五金砂业更名事宜呈市政府

(1947 年 1 月 4 日)

商字第一一八五号

案查前奉钧府市社字第一二三六号训令,为合并各业公会一案,当经分转公会。去后,兹据汉口市五金翻砂工业同业公会呈节称："查本会同五金翻砂与机器性质固属相同而工作迥殊，铁翻砂供应机器，铜翻砂供应铜器。在二十七年前，翻砂业□厂汉阳组织有机器翻砂联合会之名称，汉口市翻砂一二家不能法定组织，只有五金机器业公会。兹奉前因，除召集现有同业三十余家，会议经决议遵命合并，应改会名为'汉口市机器翻砂工业同业公会'外，相应函请查核，并希转呈，恳准更名，转以便合并而利进行。"等情，据此。理合并据情呈请鉴核示遵。

谨呈

汉口市市长徐

汉口市商会理事长　贺衡夫

常务理事　陈焕章

4.汉口市政府为新式制革公会请免予合并令市商会

（1947 年 1 月 7 日）

呈悉，查新式制革与燻皮两业同系制革业务，制法与成本之悬殊不能为免予合并之理由，仰即并案办理，具报为复。

此令！

市长　徐

5.汉口市政府为五金翻砂公会呈请改名等情令市商会

（1947 年 1 月 9 日）

呈悉，查重要工业之解释规定五金翻砂系机器工业之一部分，俟该两会合并后，自应定名为机器工业同业公会，所请改名一节，应毋庸议，仰即知照。

此令！

市长　徐

6.汉口市政府为杂货贩卖业公会合并事令市商会

（1947 年 1 月 9 日）

呈悉，查杂货贩卖与酱烛杂货及食品杂货三业均系经营杂货业，饬依法应合并组会，据称有贩运与制造之别，仅依营业方式不同及其资本额之大小似与合并组会无关，仍仰并案□复，以凭核办为荷。

此令！

市长　徐

7.经济部汉口工商辅导处为调查□□对生产建设事业破坏情形致市商会

（1947 年 1 月 9 日）

汉口市商会：

案奉行政院处理接受武汉区敌伪产业特派员办公处上年十二月卅一日汉政特字第(5869)号代电开："案准经济部卅五年十二月十日京接字第(18686)号公函开，案准国防部本年十一月廿七日机宣字第(724)号戌俭代电开，本部为统一调查□□暴行全般详情起见，拟请将□□对于生产建设事业破坏情形，以及公私产业损失统计，连同其他□□暴行一并详述赐知，以便汇编。等由。除电饬本部东北冀热察绥及鲁、豫、晋等三区特派员查报并电复外，所有贵处辖境内生产事业被匪破坏详情，拟请惠予查复，相应函达，即希查照为荷。等由，准此。除函复并分电外，特转电该处遵照，希即查明详情，径呈经济部核办为要。"等因，奉此。除分电外，特转电该会，查明详情具复，以凭转为要。

经济部汉口工商辅导处汉子佳

8.中国国民党、中华海员特别党部汉口区执行委员会为转本区第一届党员代表大会选举执行委员情形致汉口市商会电

（1947 年 1 月 12 日）

汉口市商会勋鉴：

查本区第一届党员代表大会于三十五年上月卅一日举行，经蒙中华海员特别党部派程委员壮莅汉监选，结果杨震、李两田、夏锦章、刘鑫垣、李泽荣等五人当选为执行委员，贺福堂、董璋二人为候补执行委员，各在卷。除分列呈报暨分行外，相应电请查照，时赐指导为荷。

中国国民党、中华海员特别党部汉口区执行委员会常务委员　杨震　汉执子文印

9.汉口工商督导处为各地汉奸产业如有隐匿收买寄藏或冒名代管逆产者当依法科处罪刑致汉口市商会函

（1947 年 1 月 16 日）

汉口市商会：

案奉行政院处理接收武汉区敌伪产业专派员办公处本年元月九日汉政特字第(593)号代电开：奉行政院卅五年十一月十八日节京八字第(19876)号训令开，查抗战胜利以来，各地汉奸产业多有为地方不良分子隐匿侵占，人民慑于声势，未敢举发。似此情形，不惟蔑视国家法令，亦且影响社会风纪，亟应限期严密清查，对于密报逆产者，俟判决确定后，分别依照规定核给奖金，至隐匿、收买、寄藏或冒名代管逆产者，当依法科处罪刑，以惩奸宄而维法纪。除分令外，合行令仰送照办理。等因。除分行外，合行电仰送办为要。等因，奉此。除分行外，希即遵照为要。

经济部汉口工商辅导处子删印

10.汉口市商会因晚间治安问题致汉口市各业同业公会函

（1947 年 1 月 18 日）

顷准汉口市警察局警行字第〇〇九三号灰代电开："查时值冬防期内，本局为防杜宵小，查察奸宄，故不定期于晚间检查行人，以固治安。据报，近发现晚间行人携带金钱颇多，殊易启歹徒觊觎之心，慢藏诲盗，抢劫堪虞。特电达查照转知工商人民切实注意，如晚间携有款项，务须妥为包裹，以防意外为荷。"等由，准此。除分行外，相应函希查照。

此致

汉口市各业同业公会

汉口市商会　启

11.汉口市商会为固定银行人员取得军训及格不再征集兵役致各同业公会

（1947 年 1 月 18 日）

案奉汉口市政府市秘字第〇二一一四号真代电开："案准黄陂团管区司令部三十五年十二月廿三日明役一字第七五三号代电开，案奉国防部（卅五）役科一字第（3895）号亥元代电开，准中、中、交、农四行联合办事总处戌虞京秘代电，以中国、中央、交通、农民四行及中信局、邮储局同属国营银行，而青岛、鄞县等地既将邮政储金汇业局职员视同邮政员工缓召，其余各行局人员自应视同一律。等由。查邮政储金汇业局与中央信托局、中、中、交、农四行同属银行性质，其职员中之现役及龄男子，除曾在高中以上学校毕业取得军训及格证书者，视同备役干部不再征集外，其余概须应征。又，机关公务人员亦应比照上项规定办理。兹准前由，除分电并复知外，特电仰知照。等因。除分电外，特电知照，并转饬属遵照为荷。等因。除分电外，合行电仰知照。"等因，奉此。除分行外，相应函希查照。

此致

汉口市各业同业公会

汉口市商会　启

12.汉口市政府为调查人民投资日本企业资料令市商会

（1947 年 1 月 18 日）

案准湖北省政府上年十二月卅一日省建三特字第 1225 号训令开："案查前准经济部卅五年九月三日京六字第〇九九七八号代电，请调查境内有关我国人民投资于大规模日本企业之资料，送总部汇核案。经于本年十月七日以省建三字第六二六号饬造，并限于令到五日内呈复在卷，现时逾两个月迄未按报，该县究如有上项资料否。再令，仰迅送前令报核为要。"等因。查此案在卷，兹逾时□久，迄未报据本市有无此项资料，务仰迅速查明具报以凭核转，请勿再延为要。此令。

市长　徐会之

13.汉口市人力车业职业工会第十一次理监组联席会议

(1947 年 1 月 25 日)

时间:元月二十五日上午十时

地址:本会礼堂

出席:理监组共四十人

主席:赵世斌

记录:齐修恕

拟仪开会

一、报告事项(略)

二、讨论事项

(一)本会换会员证,原决议限期一月办理完竣,现期已满而换证会员尚未达到十分之一,应否展期及如何展期,请公决案。

决议:换证期限延长二十天,自二月一日至二十日止,并呈请警局清查三十六年新会员证。

(二)本会所领得救委会发来之衣物共计二千三百件,应如何分配发放案。

决议:由本会工作人员分段调查贫苦车工,清写名册,来会领取衣物,凭单赴指定地点领取衣物,发放地点在本会对面工人子弟学校,介绍及调查日期以二月四日为限,六日发放,随到随领,并于会员证上加盖发讫戳记。

(三)本会职员薪给应如何增加案。

决议:按原有薪给,外勤加六成,不供膳食,内部加五成,供给伙食,自二月一日起。

(四)赔偿评断委员会应如何产生案。

决议:本会选派委员五人,函知同业公会速予成立,经理监事公推郭海福、方继忠、杨吉和、汪祖华、王长勋。

(五)本会为加强基层工作拟加添组长,请公决议。

决议:以本市车工住处划分区域二十段,由各区域内选派组长,每区一人,由理监事推荐、组织股委派,于下月实行。

14.汉口市商会为各地汉奸产业如有隐匿收买依法科处致各公会暨公会会员函

(1947 年 1 月 28 日)

案奉经济部汉口工商辅导处汉发字第一九八号删代电开:“案奉行政院处理,照抄至希即送照为荷。”等因,奉此。除分行外,相应函希查照。如有上项情事,应即函复,以凭转报为盼。

此致

各业同业公会、工会会员(查案填)

(会戳)启

2 月

1.湖北高等法院检查处为查明张希麟汉奸嫌疑一案情形致汉口市商会函

（1947 年 2 月 1 日）

查本处受理张希麟汉奸嫌疑一案，据报该被告于敌伪盘踞武汉时代，曾任伪职，且曾对敌献金三千元，献铁二吨，有伪商会卷宗可查。等情。是否属实，无从悬揣。特此函请贵会查照见复为荷！

此致

汉口市商会

首席检察官　毛家骐

2.汉口市剧场商业同业公会为议决举行戏剧界新春同乐会致会员

（1947 年 2 月 4 日）

敬启者。案查武汉电影戏剧指导组检送第二次座谈会议决戏剧界新春同乐会定于三月四日举行，聚餐地点假璇宫饭店，同乐会假江汉联谊社。参加人数：电影院每院五六人（经理、技师），民众乐团平汉楚杂耍共四十人，平剧院每院十人，楚汉剧院每院十人至十五人，乐厅每厅二三人，各戏剧院头、二、三排主角及优良配角须一律参加，经费由参加者每人缴聚餐费十万元，由剧场公会负责办理。等因。经提交本会第四十八次会员大会决议，定本月二十五日下午一时，在本会召集各院前后台经理负责人，电影职业公会、楚剧同学会、汉剧公会负责人及名伶会商进行。等语。除分函外，相应函达，即请查照，届时出席共筹一切为荷。

此致

汉口市剧场商业同业公会　启

3.汉口市军民合作总站为成立军民合作站及各事项致汉口市商会电

（1947 年 2 月 5 日）

汉口市商会勋鉴：

一、本站为商人□意□□军事，需要广泛动员民力，加强军民合作起见，谨遵照行政院卅七四防字第五七三一二号代电及附发之《军民合作站组设办法》规定，组织成立并指定林大文为站长，徐鹏飞为副站长，于本月一日正式开始办公。二、合作站站址设中山大道汉口市商会内。三、除分别函电外，特电查照，并予随时赐予指导，至纫公谊为祷。

站长　林大文　副站长　徐鹏飞　丑印

4.汉口市商会为查复日本在台湾、东北所办各项事业及在日分公司之资产与投资呈市政府

(1947 年 2 月 10 日)

钧府市财字第九九三号训令:略为奉电调查日本在台湾、东北所办各事业及在日分公司资产等项,速查报呈转。等因。正调查间,复准行政院处理接收武汉区敌伪产业特派员办公处汉政府特字第五七三二号亥三筱代电,同前由。经派据调查员报称,"兹查日本在台湾、东北事业分公司资产及伪组织之存款两项,因接收日伪财产及接收伪组织、日伪金融事业,本会并未参加,无卷可查,且日侨均已遣送,现已无法查询。第二项战前机关、厂商已、未付款之订购合同,除机关方面已分行调查外,至本市各厂商经查询,尚无订购合同,亦无来会呈报案件"。等语,前来。除分函外,理合呈复鉴核转呈。

谨呈

汉口市市长徐

汉口市商会理事长　贺衡夫

5.空军第四军区司令部为请查空军特务旅二团二营有无贩运榨菜在汉口销售致汉口市商会函

(1947 年 2 月 12 日)

兹有查明空军特务旅二团二营于卅四年二月间,由四川贩榨菜百余缸运汉口销售情形□□,究竟该批运汉榨菜系由何商号出款购买、每缸价款若干,相应函请查照,烦即就汉口市南货业同业商店查明见复为荷。

此致

汉口市商会

司令　罗机

6.汉口市商会为张希麟汉奸嫌疑情形之报告

(1947 年 2 月 12 日)

奉派调查高等法院检查处函查张希麟汉奸嫌疑案,兹经详加调查,据各业公会会员称在敌伪时,系由伪市府令伪商会发动献金、献铁,经伪商会派定各业公会数额认缴,但各会情形不一,有已缴及迟未照缴者。复经往山贸行业各会员询查,据该业会员佥称:"张希麟在该业营业已久,对同业办事公正,故敌伪时一致推为公会理事长(胜利后仍被举为理事长),并未任他项伪职。在献金、献铁时,虽经伪商会摊派铁二吨、金三千元,由张希麟主张不缴,并未照缴市府,同业可以共证。"等语。理合将调查情形报请秘书主任夏转报理事长贺鉴核。

附二五四六号原函一件。

职　吴佩卿　呈

7.汉口市商会为调查张希麟汉奸嫌疑情形致湖北高等法院监察厅函

(1947年2月13日)

案准贵处鄂检纪字第三九号公函为受理张希麟曾任伪职对敌献有金、铁等物,嘱查明见复。等由,经据派调查员报称兹经详加调查,录至同业可以共证。等情,据此。相应函复,即希查照。

此致

湖北高等法院检查厅

理事长　贺衡〇

8.武昌中华大学为筹设商品陈列室函请赐赠会员表册致汉口市商会函

(1947年2月19日)

敬启者。敝校商学院为便利教学及研究起见,拟筹设商品陈列室一所。关于国内外农工矿各种优良产品,皆拟广为征求,借资参考,惟对于各种产品之厂名及地址均无由知,用特函请贵会赐赠会员表册一份,以便征求而利进行,不胜感荷。

此致

汉口市商会

启

9.调整机器同业组织第二次座谈会

(1947年2月26日)

时间:三十六年二月二十六日

地点:本处会议室

出席人:机器工业公会李长寿

翻砂工业公会张耀堂

工协代表郭寿衡、姜元生

汉口市政府李济苍

工商辅导处沙居辰

主席:曾主任秘书

讨论事项:武汉三镇组织机器业区公会如何筹备案。

决议:

(一)武汉三镇机器业同业公会区域名称呈请经济部核定之。

(二)负责筹备武汉三镇机器业同业公会之发起人由现有之汉口市机器业同业公会、汉口市五金翻砂业同业公会、全国工业协会湖北分会机器组就会员工厂中互推十五家工厂开始筹备,并推定工厂名称先行呈报工商辅导处及汉口市政府备查。

(三)负责筹备区公会之发起工厂,计由汉口市机器业公会互推七单位,翻砂公会互推三单位，机器组互推五单位，并推汉口市机器业公会负责召集进行改组。

散会

10.汉口市营造工业同业公会为财政部颁布所得税纳税行、住商申请登记办法暨特种过分所得税法通知

（1947 年 2 月 26 日）

案奉汉口市两会通知：案准财政部汉口直接税局直税一字第三二五、三五四号函，送财政部颁布《所得税纳税行住商申请登记办法》暨《特种过分所得税法》各一份，请查照转知。等由，准此。除分函外，相应抄发办法各一份，函希查照。等因，附抄各税法暨申请办法各一份，奉此。除分知外，相应抄发税法办法各一份，通知贵营造厂查照办理。

上通知

贵会员营造厂

附所得税纳税行住商申请登记办法暨《特种过分所得税法》各一份。

理事长　彭曜棠

11.制革工业同业公会为职业工会因征募国民党员特别捐及要求增加工资而纠众殴打各店主呈汉口市商会函

（1947 年 2 月 27 日）

为呈报事：

（一）本业工人组有制革业职业工会，由于要求本会增加工资十五成，本会召集理监事会于廿五日致函该工会，定于二十七日上午十时，请推派代表在本会开联席会，依据《国防部经济紧急措施》规定为合理解决，允加工资。不料该工会尚未答复，于廿五日率领工人径至各同业皮坊，向学徒征募国民党特别捐，学徒无法，即勒令学徒罢工。本会以待联席会共同解释，暂停罢工。

（二）廿六日该工会纠集工人百余人齐至单洞门内外及精武路，勒令全体罢工，并持器械殴打各店主，声势汹涌，显有背景。同时至单洞门内天锡成皮坊工人百余名蜂拥而上，当场将店主蒋振中及妇女殴打成伤，并将蒋振中以绑架式拖至中正路十二分局派出所。经讯明，肇事在十一分局辖境派枪警护送至十二分局，现在法院起诉。属会以情形严重，当经呈报市政府、宪兵队、刑警队、警备部弹压制止，有案。今晨奉市府社会科长谕，定卅一日召集双方解决，但工人方面仍在酝酿殴打店主，并准备各执洋灰袋伤害店主，恐滋事端，特请备案。

谨呈

汉口市商会

制革工业同业公会理事长　夏志成

12.汉口市商会为查询空军贩运榨菜在汉销售情形致各有关公会函

（1947 年 2 月 27 日）

分函　　字第　　号

案准空军第四军区司令部（卅六）法汉字第一七二号公函开："兹有查明空军特务旅二团二营于三十四年二月间，由四川贩榨菜百余缸，云云，至查明见复为荷。"等由，准此。除分行外，相应函请查照，于文到五日内代询见复，以凭转复为荷。

此致

汉口市酱烛杂货制造业、食品杂货业、杂货贩卖业、酱油酿造业同业工会

（会戳）启

13.汉口市商会整理委员会为国大代表与立法委员选举人如有增加时应造送补充名册一案致服装业同业公会函

（1947 年 2 月 28 日）

查国大代表与立法委员选举人如有增加时，应造送补充名册一案。业经选举事务所电知汉口市商会转知各业同业公会在案。兹以各业公会前次所造选举人名册多有未照规定人数造齐，甚至有完全未造者，以致选举人总数仅有四万余名，与市政府社会科定总数十万零三千八百五十九名，相差竞选五万余名之多，如不□予造送补充名册，则影响我商界选权甚大，特由汉口市商会□□国大代表与立法委员补充名册空白纸，分发各公会，漏夜分别给□各三份交会，每名津贴缮写费三百元一例，如选举人为一千名□□写国大代表补充名册三份，立法委员补充名册三份，津贴缮写费三十七元。除分行外，相应函希查照。即日按照应补选举人数七四名开始调查选举人姓名等项，并派员来会领取空白纸张，分别复写国大代表补充名册三份及□以□□□补充名册三份于十一月七日以前交会呈转，以重选权，万勿延误为盼。

此致

服装业同业公会

汉口市商会整理委员会　启

二月二十八日

附注：一、三十岁以上者均可造册。二、册内有无被选举权，系满二十三岁者填（有）字，不到二十三岁者填（无）字。三、参加选举之团体：□□商业同业公会填（商业团体），工业同业公会填（工业团体）。

14.酱油酿造业同业公会为函复查询空军贩运榨菜在汉销售情形致汉口市商会函

（1947 年 2 月 28 日）

贵会大函以准空军第四军区司令部函开："空军特务旅二团二营于三十四年二月间由川

贩运榨菜百余缸运汉销售，嘱查明此批榨菜由何商号购买，每缸价款若干，据实函复。”等因，准此。遵即派员分赴协记、中央同和、茂天生、永奉各代售榨菜店查询曾否购买此货。据称于三十四年二月间及三十五年二月间均无购买此货。等语，据此。相应据情函复贵会查照为荷。

此致

汉口市商会

启

15.汉口市各业同业公会为转知劫夺物资归还必须缴验证件致汉口市各业同业公会函

（1947 年 2 月 28 日）

经济部汉口工商辅导处汉发字第四六二号代电开：案奉经济部本年二月删代电开，并转知各有关会员遵照为要。等因，奉此。除分行外，相应函希查照转知为盼。

此致

汉口市各业同业公会

16.经济部汉口工商辅导处关于劫夺物资之归还一案致有关会员函

（1947 年 2 月）

汉口工商辅导处代电

为关于劫夺物资之归还一案敬恳转咨有关各方面，每案必须检寄证件两份

经济部汉口工商辅导处代电　中华民国三十六年二月　汉口市商会

案奉经济部本年二月删代电开：准外交部三十六年一月二十八日东 36 字第 21503 号代电，案据驻日代表团电称，查关于劫夺物资之归还，此间总部秉承华盛顿远东委员会议决案办理，至少必须缴交两项文件：甲、物权证明，乙、确实被剥夺时之证件。如此方可办理。国内请求物资归还之案件，大率证件不全，或毫无证件，以致迭次文件往还，或当面洽商，均难获得结果。敬恳转咨有关各方面，每案必须检寄证件，并希寄送两份为祷。等情。除分电外，相应电请查照并转知各有关机关为荷。等由。正办理间，复准行政院赔偿委员会二月一日京 36 二字第 21307 号函，同前由。除分电外，合行电仰遵照办理为要。等因。除分电外，特电知照，转知各有关会员遵照为要。

经济部汉口工商辅导处

17.汉口市人民团体文书工作人员联谊会会员名册

（1947 年 2 月）

（依照收到之入会表填造）

姓名	张立鹤	周彤清	姚心辅	王柏森	吴佩卿	丁隆昌	吴省巷	王耀春	陈以文	杨映雪	石克文	刘惠文
服务处所	汉口市商会	汉口市商会	汉口市商会	汉口市商会	汉口市商会	汉口市商会	汉口市商会	汉口市商会	汉口市商会	汉口市商会	汉口市商会	汉口市商会
姓名	宋之冈	陈荣佑	刘锦钦	刘浩然	聂雪岑	汪缉明	胡保身	王全斌	邱鹤卿	吴庄严	王静周	
服务处所	汉口市商会	汉口市商会	汉口市商会	汉口市商会	武汉人民自由保障委员会	颜料洋货业公会	贩运鸡业及自由业	糖果制造业	集粮店业	钱业	平汉陆运业及国货业	
姓名	万竹如	李达五	查素亭	胡献谨	李文基	胡云喜	许干卿	倪纲	倪年亨	阳子恒	李翰华	
服务处所	卷烟经理业及公益二十四分会	□业	染织纱布业及色土布行业	牛肉业	布匹店业	布匹店业	布匹店业	绸缎机器染业	绸缎机器染业	牛肉业	服装业	

（续表）

王俊之	熊尊卿	李春良	康仲生	傅化宣	夏祖瑞	罗有材	胡楚翘	张炳南	张梓琴	王柱石	雷德荣	刘文良
服装业	南酒业	市商会	医师公会	丝线绸纱业	国产纸张业	埵皮业	沙泥砖瓦、猪肉、木质　家具、蛋业	集粮业	水土果业	华洋百货业	□并估衣业	白铁制品业
余慕济	胡子鸿	张赛南	罗之翔	吴世东	李光海	刘耀南	徐松涛	郑德华	李道生	刘洪珊	林涤烦	陈景明
白铁制品业	草帽业及丝烟	沙泥碎砖石业	猪肉业	造船业	造船业	公益二九分会及木铁油桶业	鞋业	鞋业	汉口市商会	汉口市商会	中西药馆及食品制造业	中西药馆业
朱寿峰	熊华封	汪时英	胡衡初	吴稀巷	罗常五	胡月樵	龚振益	龚杰	张震	萧砥中	吴剑秋	吴大铮
中西药馆业	钟表眼镜唱机业	茶馆业	制香业	脚踏车业	棉花业	棉花业	汉口市商会	芦柴业	喜侨绸布扎彩业	煤炭行及烘烤制造业	木器业	杂货商业

（续表）

郑德华	徐松涛	周恩久	刘伯高	陆先达	邱子从	董世美	张幼庭	黄芝田	杨质夫	庄凤翔	萧敬安	罗创
纸盒业	洋货杂卖	银行业	银行业	银行业	银行业	银行业	轮船业	轮船业	猪肉业	猪肉业	笔料襟皮业	粮食行
韩佑海	陈君亮	雷泽民	李奉三	王国宝	冯新源	梁复春	吴文昌	吴佩卿	袁仰乔	方少南	萧竟吾	杨善屏
石灰业	西法洗染业	药油山货业	营造业、食品杂货业	营造业、食品杂货业	柴炭业	食品杂货业	公益联合十三分会	汉口市商会	转运业	麻袋业	五金翻砂、机器、麻袋、牛肉零售业	酱缸杂货业
程泳波	易升文	张霁光	黄梦石	彭静堪	熊吉康	陈伟	刘明清	董均树	邱睿清	桂鸿宝	龚桂远	岳毓奇
食品制造业	南资业	轮船业	跣布业	匹头贩运	匹头贩运	匹头贩运	匹头贩运	面粉磨坊业	面粉磨坊业	面粉磨坊业	戏院歌厅业	皮革制品业

（续表）

李焱华	胡恒均	周二南	郑慵	杨振飞	王织余	涂泽海	杨时济	袁元	朱叔文	裴新民	涂锦荣	倪良斌
皮货业	茶叶行业	制革业	药油贩运	度量衡器业	圆木油桶业	猪肉零售业	猪肉零售业	参燕、药材店业	油盐业	木器业	药材店业	木板业
张兆华	王律修	高明哉	贺芳开	吴济川	朱秉钧	夏淳	陈儒生	张超雄	王孟余	王绳武	刘经五	吴吉阶
木板业	新旧屋料业	钟表眼镜业	牛肉豆丝	公益联合十三分会	新药业	书业	汾酒业	板箱业	猪行、豆芽业	山货纸张	牙刷业	市商会
柯波澄	萧诚斋	张仲璋	敖良知	余育黄	王仲吾	谭光熙	韩振声	万兰亭	杨相德	王瑞峰	余绍棠	万栋丞
鱼行业	米业	米业	米业	油饼业	瓷业	煤业	煤业	煤业	煤业	粮食行业	染坊及衣服业	市商会

（续表）

徐尚觉	艾龙文	唐心余	熊钊	王慎修	韩耕圃	汪厚成	傅铭山	徐复	李霞章	梁静安	李德培	
饭馆业	饭馆业	广货业	广货业	水菜薯行、杂木业行	水菜薯行、杂木业行	水菜薯行、杂木业行	水菜薯行、杂木业行及生漆熟油	汽车运输业	汽车运输业	汽车运输业	汽车运输业	
李良汉	彭绍	黄有清	汪一忱	孙伯文	顾少云	潘碧岩	杨原辛	齐国栋	李后儒	张致和	胡逸	胡人杰
油漆粉刷业、玻璃搪瓷料果业	堆栈业	花粉绒球业	手工卷烟	折药	铁业	旅栈	雨伞木屐	肥皂、纱坊、篾器、车轮业	豆制食品、牛奶业	五金旧货	国药、兽力磨坊	跣布、沙泥石

（续表）

王德钦	戴焕章	刘维之	叶雯生	傅树滋	蔡益之	刘荣阶	吴丁琪	杨邑丰	何惠民	胡向荅	李芹堂	彭循先
报关	海味糖盐	帽业	中外纸张	中外纸张	寿木砖瓦	襟色纸	废旧白铁	废白铁	毛笔	棉花	绍酒	堆栈

（续表）

潘丕岩	杨信	陈高新	陈湘帆	范静庵	姚禹平	陈燮平	方常霓	鲍光汉	周贡三	叶幼建	邓君泽
旅栈业	旅栈业	旅栈业	旅栈业	纱业	纱业	纱业	绍酒	号栈	号栈	花粉绒球	轮船公会
杨鸿钧	高远一	李华茂	方松樵	彭采章	刘嵩山	吴道生	傅家宽				
轮船工会、中药泡制工会	粮食业工会	木作业工会	汽车驾驶员工会	公益联合十分会	电料业	电料业	石膏业				

18.中国国民党汉口特别市执行委员会财务委员会聘请刘秀山为党员特别捐劝募大队分队长之聘书

（1947 年 2 月）

兹聘

刘秀山同志为本市党员特别捐劝募大队第一中队第一一四分队长。

此聘

指导委员夏斗寅、方觉慧、唐式遵、孙蔚如、程潜、何成睿、万耀煌、苗培成、徐源泉、彭善

财务委员会主任委员邹安众、副主任委员石信嘉

劝募大队大队长徐源泉、副大队长彭善、贺衡夫

汉口市党部主任委员袁雍

中华民国三十六年二月

19.中国国民党汉口特别市执行委员会财务委员会为聘请黄可权为党员特别捐劝募大队分队长致黄可权函

（1947 年 2 月）

三十六年二月　汉财字第 4511 号

黄可权同志勋鉴：

案奉中央执行委员会京会字第一二四五六号训令内开，查本党第六次全国代表大会议决发动一次党员特别捐，以充本党经费基金一案。业经本会常务委员会第二十七次会议议决通过《党员特别捐实施纲要》一种，并饬据本会财务委员会先后推定吴委员敬恒为中央劝募总队总队长，陈委员果夫、徐委员堪为副总队长，暨总队所属各分队负责人员及议定各级党部配募数额表分别报会，各在案。复查此次党员特别捐为贯彻党员养党目的，建立党费自给制度之重大措施，凡我各级党部负责同志及全党党员应各深体此旨，踊跃认缴并努力劝募，以附表所定

分配数额为最低标准,悉力以赴,多多益善,务求扩大效果,一气呵成。除饬财务委员会遵照规定,积极实施,并将中央劝募总队于十月一日正式成立负责推行,暨分行外,合行检同应发各件,令仰该党部切实遵照办理,即日通行,务各依限集事,并于文到五日内,将直属劝募机构组织完成,十日内造具负责人员名单,径报本会财务委员会查核,勿稍逾延,是为至要。等因,附发《党员特别捐实施纲要》一份,各级队配募数额表一份,党员特别捐收据式样二纸,奉此。查配募数额清单,汉市党员特别捐配募数额为四万五千万元。经就汉市军政机关及工商团体各单位斟酌情形,拟定配募数额表,召开第二次财务委员会议通过。同时决议党员特别捐劝募大队中队长及分队长人选,按照各机关各团体负责人数□聘,各在案。台端为党致力,素著声称,谨聘为第一中队第二十二分队长,配募数额五百万元。兹检同聘书、《党员特别捐实施纲要》、党员特别捐收据一本,电请查照,务希悉力,就煤油面粉火柴业范围内劝募,多多益善,并乞于三月底前将募得捐款呈送在汉中国、交通、中国农民三行或中央信托局、邮政储汇局,取得收款单据连同党员特别捐收据存根递送本会呈转,合并叙明,竟希核察为荷。

中国国民党汉口特别市执行委员会财务委员会主任委员邹安众,副主任委员石信嘉,大队长徐源泉,副大队长彭善、贺衡夫丑(筱)印

附聘书一件,实施纲要一份,收据一本。

20.汉口市财务委员会党员特别捐劝募竞赛办法

(1947 年 2 月)

第一条　本办法依据《中央财委会党员特别捐劝募竞赛办法》第八条之规定制定之。

第二条　党员特别捐劝募竞赛项目为下列二款。

一、募额竞赛;

二、时间竞赛。

第三条　募额竞赛之及格分数为四十分,凡依照本会字第号代电配定数额募捐者为及格,不及配额者,每短少百分之四递减一分计算。凡配额超过不及一倍之余数,在百分之七十以上者,加给一分。凡配额超过四千万以上者每募额超过配额一倍,递加三分,凡超过不及一倍之余数,在百分之三十五分以上者,加给一分,在百分之七十以上者,加给二分。

第四条　时间竞赛之及格分数为二十分,凡各劝募中队于文到十日内劝募完成,各分队于文到十五日内劝募完成者为及格,每迟三日,递减一分,每提前三日,递加三分,前项时限以按各单位解款银行收据日期比算之。

第五条　第三、四两条分数合计满六十分为及格,超过六十分者以二分为一级,于劝募限期届满,由本会按照各单位超过级数多寡列案报请中央财委会核奖。

第六条　本办法由本会劝募大队负责执行并指定专人负责,随时统计其结果,于劝募限期届满后公布之。

本办法由财务委员会通过施行,并报请中央财委会备查。

中国国民党汉口特别市执行委员会财务委员会

3 月

1.黄陂祁家湾商民为告发祁先庭、王启刚利用职权作威作福鱼肉百姓致汉口市商会函

（1947 年 3 月 1 日）

汉口市商会会长及各界人士钧鉴：

黄陂县祈家湾有恶少祁先庭者，胸无点墨，专事敲诈，始而一面以恶势力威胁选举，一面以筵席诱贿选举，而攫取乡民代表地位，继而多方钻营，又谋得中心国民学校校长。于是狂妄益甚，如帝如天，利用职权，擅作福威，与乡长王启刚互相勾结，鱼肉乡民，狼狈为奸，通同舞弊，非法行为不胜枚举。近复图强占祁家湾商民陈友章之房屋，商通乡长于二月二十四日午后将陈友章非法逮捕，滥用私刑。该陈友章腿部竟负重伤，将成残疾，惨号之声，闻者鼻酸，其妻汪氏见夫无端遭此惨刑，通街呼冤，并向商会请求营救。全街商人，均为不平，力请会长亲往乡公所与之理论，不料会长未及开口，而该祁先庭竟破口辱骂。在此政府还政于民的民主时代，该祁先庭、王启刚竟敢使用其土皇帝之毒辣手段，并不容人理论。敝镇商民益为愤恨，除备文分呈黄陂县政府暨黄陂地方法院请求依法办理外，特代电向各界人士呼吁，请求主持正义，一致声援，锄暴除奸，以张民权而伸冤，仰为祷！

黄陂祁家湾商会会长李梦华暨全体商民同叩寅东

2.汉口市商会转发剥夺物资之归还之文件致汉口市各业同业公会函

（1947 年 3 月 4 日）

案奉经济部汉工商辅导处汉发字第四六二号代电开：案奉经济部本年二月删代电开，准外交部卅六年一月廿八日东 36 字第 1503 号代电，案据驻日代表团电称，查关于剥夺物资之归还，此间总部秉承华盛顿远东委员会议决案办理，至少必须缴交两项文件：甲、物权证明；乙、确实被剥夺时证件。如此，方可办理。国内请求物资归还之案件，大率案件不全，或毫无证件，以致迭次文件往还，或当面洽商，均难获得结果。敬恳转咨各有关方面，每案必须检寄证件，并希寄送两份为祷。等情。除分电外，相应电请查照并转知各有关机关为荷。等由。正办理间，复准行政院赔偿委员会二月一日京 36 二字第 130 号函，同前由。除分电外，合行电仰遵照办理为要。等因。除分电外，特电知照并转各有关会员遵照为要。等因，奉此。除分行外，相应函希查照转知为盼。

此致

汉口市各业同业公会

汉口市商会　启

三月四日

3.汉口市商会为转知行政院调查抗战期间所受损失致汉口市各业同业公会

(1947 年 3 月 4 日)

经济部□□□□"案奉经济部本年二月十八日京企字第 34165 号通令开:奉行政院卅六年一月卅日从八字第 2947 号训令开,查关于抗战期间全国人口及公司财产所受损失。前经拟定抗战损失调查办法及查报须知暨表式,迭经各机关遵照查报有案。关于该项损失之调查及向日索偿事宜,本院设有赔偿委员会,专门其事,各机关务应遵照规定办法,迅速切实调查,径报该会核办。除分令外,合亟令仰遵照,并转饬所属一体遵照。等因。查抗战损失,迭经转饬填报在案,如尚有遗漏或延迟未填报者,自应迅即遵办。奉令前因,除分令外,合行令仰遵照。等因,奉此。除分电外,特电遵照"。等因,奉此。除分行外,相应函希查照转知为盼。

此致

汉口市各业同业公会

汉口市商会　启

4.汉口市商会为汉口市政府订定本市《实施工资管制暂行办法》公布致汉口市各业同业公会(附抄本年二月份差额代金计算表)

(1947 年 3 月 5 日)

案奉汉口市政府社字第三九三八号训令开:查本府为遵照中央紧急措施方案关于物价、工资、事项等三条之规定,特订定本市《实施工资管制暂行办法》公布施行并令颁该会遵照,各在案。兹特检发本年二月份工人配发实物差额代金计算表一份,仰即转饬各业公会遵照为要。等因,奉此。除分行外,相应函希查照。

此致

汉口市各业同业公会

汉口市商会　启

附:抄本年二月份差额代金计算表一份

工人配发实物差额代金计算表				三十六年二月份	
品名	配售定量	单位	元月份价格	二月份价格	差额
米	五(市)斗	斗	六二〇〇〇〇	八〇〇〇〇〇	一八〇〇〇〇
煤球	一百(市)斤	百斤	一〇〇〇〇〇〇	一七〇〇〇〇〇	七〇〇〇〇〇
广布	一尺七寸	尺	七〇〇〇〇	一九八〇〇〇	一一九〇〇〇
合计					九九九〇〇〇

附注:

一、本表按照《实施工资管制暂行办法》第六项及第七项之规定计算。

二、□雇佣关系至工人工资按照管制暂行办法第九项之规定,本(二)月份应增百分之三十。

5.汉口市商会为汉口市政府关于本市码头力资审议委员会紧急会议记录致汉口市各业同业公会(附原案及调查表格式)

(1947 年 3 月 6 日)

案准汉口市政府社字第三九一八号训令开:据本府社会课□□本市码头力资审议委员会紧急会议记录一份,请予核示施行。前来。除将所议第一案中有与本府公布之《实施工资管制暂行办法》内相抵触,□当以市社字第(3869)号令饬遵外,关于第二案所议各项应准照案办理。除分令外,合行抄发原案,令仰遵照。等因,附原案等一份,奉此。除分行外,相应抄同原案并力资调查表格式,函希查照,于文到五日内查填二份送会(不用文),以凭存转,是为至盼。

此致

汉口市各业同业公会

附抄原案及调查表格式各一份。

汉口市商会　启

附:原案及调查表格式

<table>
<tr><td colspan="4">汉口市码头工人搬运商货力资调查表　　　　业同业公会</td></tr>
<tr><td colspan="4">盖图记</td></tr>
<tr><td>货物品名</td><td>重量单位</td><td>工作种类名目</td><td>工作地段起点与终点</td></tr>
<tr><td></td><td></td><td></td><td></td></tr>
<tr><td>三十六年十月份所请力资数目</td><td>超过地段如何付资</td><td>备注</td><td></td></tr>
<tr><td></td><td></td><td></td><td></td></tr>
</table>

标准力资审议原则应如何规定,请讨论案

决议:

1.以三十五年十月份力资为标准。

2.资料搜集由下列各单位分工合作。

(1)由商会搜集各商店资料。

(2)由工协搜集各工厂资料。

(3)由码头管理所会同工会搜集各小组资料。

3.各项资料限下月二日搜集齐全,下月整理完竣。

6.汉市物价评议会成立，日用品熟食力资旅栈浴室均在评议之列，各业每周议定一次

（1947 年 3 月 7 日）

［本报讯］汉口市物价评议会昨（六）日在市政府举行成立大会暨第一次会议。参加机构：市政府、市党部、区团部、市商会、市警察局、警备部、检察处、参议会、宪兵团，由市府召集。讨论决议事项三点：一、通过该会组织规则；二、决定每周下午二时例会一次，必要时将召集临时会议；三、决定应行议价之日用品为粮食、燃料（木柴、煤炭、煤油）、食油（麻油、菜油）、食糖、土布、熟食（饭馆、烧饼、油条），由各业自行议定，报该会核备者为码头工资、马车力资、人力车力资、手车板车力资、理发、澡堂、旅馆、其他有关日用品，由市商会督各同业自行议定报会核定。各业并规定每周一议定，周二公布其价格。

（《大刚报》）

7.汉口市营造工业同业公会关于防止承包商借资拒调工人工资的通知

（1947 年 3 月 8 日）

汉口市政府三十六年三月七日市秘社字第三九九〇号代电内开：案奉湖北省政府本年二月三日省社特字第七五三号代电，以社会处案呈社会部本年二月十二日京劳字第二三〇三号训令开，案奉行政院本年元月十四日从九字第一〇二二号指令，以处理承包工程如未完成期间工资调整之比例，增给承包金额一案，经邀集有关机关开会审查，饬照审查意见办理具报。等因。查工人工资，应按当地工人生活费指数随时调整，业经法令规定，原处理意见旨在防止承包商借资拒绝工资之调整，至承包商与委托人之承包工程，非系劳资关系，而为民法中之契约，不适用原签处理意见第一项之规定。倘未订有契约或契约中未载明工资部分者，似仍得适用是项之规定，准依下列标准办理：（一）承包人因延误完工期限而工资经予调整者，不得要求增加包价；（二）承包工程如期完工而中途工资经予调整者，得自工资调整之日起至契约规定完工时止，按未完工成数中所占工资数额商请酌予增减，并不得借词因商请增减包价而延误工程之进行；（三）承包人之工程，如委托人已预付包价若干成，其预付之成数，承包人自用以购存材料米粮，或其他货品或借贷生息，以免遭受物价工资变动之影响，故按未完工部分商请增减包价时，应将其中已预付之成数除外，不得因工资调整，而一并要求增减包价。因此，包商与委托人发生争执，依原处理意见第一点报请调处时，自当按上列分析理由，分别执行调处。复查原处理意见业于去年九月二十三日令知在案。奉令前由，除补充上项理由，呈复行政院并分令仰知照等由，查本案处理意见，前经本府于三十五年十月以省社二特字第五九一号代电饬知在卷，除分电本府各厅处局、各区专署人、各县县政府外，行电仰知照。等因。除分电外，合亟电仰知照。等因，奉此。自应遵办，除分知外，相应通知贵厂查照办理为荷。

上通知

贵会营造厂

理事长　彭曜棠

8.汉口市营造工业同业公会转财政部关于第一类营利事业所得税及特种过分利得税纳税义务人申报计算应纳税款通知

（1947 年 3 月 9 日）

财政部汉口直接税局三十六年三月四日汉直税一字第四六五号通知内开：案奉财政部直接税署本年二月二十日第二二七八九号电，以奉令实施政府紧急措施方案。兹规定三十六年度第一类营利事业所得税及特种过分利得税纳税义务人，应于三月十五日以前，将所得额向各当地主管征收机关申报。各地主管征收机关就其申报额计算应纳税款，通知先行纳库。其因特殊情形，未能于三月十五日以前申报，经呈报核准者，应先行估计应纳所利得税款，先缴百分之五十，但结算申报期限不得超过四月二十五日，有延不申报或申报不实及故为虚假之报告者，即依所得税法之规定，从重惩处。等因，奉此。除登报通告外，相应通知转饬各会员遵照办理为要。等因，奉此。自应遵办，除分知外，相应通知贵会查照办理为荷。

上通知

贵会员营造厂

理事长　彭曜棠

9.汉口市政府举办工商业登记暂行办法

（1947 年 3 月 9 日）

本府为保障商人权利及便于管理起见，遵令举办本市商业登记、工厂登记、公司登记，并参照《商业登记法》《工厂登记规则》《公司法》之规定订定本办法。

一、本市各种工商业之登记，除法令另有规定外，均适用本办法之规定。

二、凡在本市经营工商业之厂店，无论公营或民营，均应于本办法施行之日起至三十五年年底止，如限申请为创设之登记，逾限而不登记者得勒令登记，必要时并得酌予处罚或禁止其设立；凡沿门沿路及临时买卖之小规模营业者，免予登记。

三、凡法令禁止及危害公共秩序、善良风俗之营业不准登记。

四、各种商业申请登记应用规定之申请书与登记表，翔实填写，并由申请人签名盖章，送由主管之同业公会或市商会转呈核办。有同业公会组织之工商业，其登记书、表由同业公会汇转；无同业公会组织之工商业由市商会汇转。

五、各同业公会于所属会员申请登记表格填送齐全后，应即缮具总表四份（表式另行印制交市商会转发），连同所缴规费汇案转送市商会呈候核办；各会员应于本办法公布两个月内送齐表格，各公会应于各会员表格送齐后十日内汇转。

六、凡兼营两业或两业以上之工商业，应将兼营之业务详细填明于申请书内，送由其主要业务所主管之同业公会汇转，但须附具因营附带业务而加入其他同业公会之证明文件（前项但书之规定具附带营业，无同业公会组织者不受限制）。

七、工厂具有下列各款之一者（军用工厂不在此限），于申请登记时，应同时办理工厂登记：

1.实收资本在一万元以上者；

2.平时雇用工人在三十人以上者；

3.用机器动力制造出品者。

合于前条规定，其在本规则施行前，业经依法为工厂登记者，应检证件呈核。

八、各公司举办工商业创设登记时，应附具公司登记之证明文件；其未依照《公司法》办理登记者，应先向湖北省政府建设厅办理公司登记手续。

九、合伙经营之工商业，于申请创设登记时，应由全体合伙人出具委托书，委托合伙中之一人或代理人为之，并应同时附具合伙契约之正本或抄本，另行申请合伙登记。

十、外国公司其总公司设在外国而设立分公司于本市者，应于限期内依照《公司法》第八章之规定，向建设厅办理申请准许手续后，再办登记手续。

十一、外国公司在其本国并无总公司之设置而单独在本市组织公司者，须依照《公司法》如期先向建设厅申请登记。

十二、外国公司其总公司设于中国境内而设立分公司于本市者，须依照《公司法》第三百四十九条之规定，先向建设厅申请登记。

十三、下列业务之工商业，于申请创设登记时，应呈验主管事业机关核准之证件：

1.娱乐业；

2.奢侈、化妆、装饰、古玩品业；

3.迷信品业；

4.玩具乐器业；

5.婚丧仪仗爆竹业；

6.参茸燕桂银耳业；

7.烟酒售卖业；

8.饮食茶馆旅馆业；

9.海味果品糖食业；

10.拍卖业；

11.典当业；

12.理发浴室业；

13.牙行业；

14.其他经政府核定应行取缔之营业。

十四、外地工商业在本市设立之分支厂店，于申请创设登记时，应叙明其本厂店之所在地，并在所在地办理登记者，应附具本厂店登记之正本或抄本。

十五、两个以上之工厂，使用同一名称，营同样工商业者，于申请创设登记时，应各附具创设时间之证件，经确认创立在先者，始可排斥其他同业使用同一名称而令其更改；依照上项规定，其创设在后之厂店，在未更名称或未于其名称中附记足以区别之字样以前，其登记之申请无效。

十六、本市工商业另于市区内设立分支厂店者，应分别申请登记。

十七、申请创设登记之登记费，比照其资本额缴纳之，其规费表如下：

五万元以上十万元以下	一百五十元
三十万元以下	九百元
五十万元以下	一千二百元
八十万元以下	一千五百元
二百万元以下	三千元
三百万元以下	三千七百五十元
四百万元以下	四千五百元
四百万元以上	每多一百万元，加收七百五十元；其不满一百万元者，亦按一百万元计算

创设登记以外之各种登记，悉依法定规费征收之。

十八、登记申请书之填报，不得有隐匿虚伪情事，否则撤销其登记；依前项规定撤销登记者，视同未登记。

十九、各工商业经本府核准登记后，除公告及发给登记证外，并设置各项登记簿，分别记载其事实。

廿、略。

廿一、工商业领得之登记证，应悬挂于明显处所以备考；如登记证遗失，须登报声明作废，呈请补发，仍须照章缴纳规费。

廿二、工商业经核准登记后，如有转让、赠予、继承等情事，应依法申请变更登记；如有收歇或解散情事，应缴销其登记证，申请撤销登记。

廿三、申请创设登记时，除应缴纳法定规费外，并应附缴足额之印花税。

廿四、本办法规定限期届满后，新设立之工商业均应于开始营业后十五日内申请为创设登记。

廿五、《商业登记法》中所包括之限制行为能力人登记、法定代理人登记、经理人或代办商登记，悉依《商业登记法》及其施行细则办理；外国公司之申请准许与登记，悉依《公司法》办理，不适用本规定第四条、第五条、第六条所规定程序。

廿六、本办法如有未尽事宜，得随时修改之。

廿七、本办法自公布之日施行，并呈报湖北省政府备案。

10.汉口市商会为函复查询空军贩运榨菜在汉销售情形致空军第四军区司令部函

（1947 年 3 月 12 日）

公函　　字第　　号

案查前准贵部（卅六）法汉字第一七二号公函，为查询空军特务旅二团二营有无销售榨菜一案，当经分别函询各有关公会。去后，兹据汉口市酱油酿造工业同业公会函称："案奉贵会函，云云，至相应据情函复贵会查照为荷。"等情，据此。相应函复，即希查照为荷。

此致

空军第四军区司令部

理事长　贺

11.湖北高等法院为查复天门吴仲寅有无汉奸罪行致汉口市商会函

（1947 年 3 月 15 日）

查本院受理天门吴仲寅汉奸一案，业定本年三月二十六日下午二时审理，据报告吴仲寅声称民国三十三年曾为天门帮汉口棉业公会管账，否认是时为三井洋行天门出张所经理。等语。究竟该天门帮汉口棉业公司是否为敌伪组织？经理为谁？该吴仲寅曾否充任三井洋行天门出张所经理并有无为日敌以鸦片变换铜元，以伪钞换法币，借此收购棉花，以资敌用等情事。相应函请贵会查明见复，以凭核办为荷。

此致

汉口市商会

院长　朱树声

12.蔡甸镇商会为本会第一届第二次改选成立日期检同理监名册函请查照致汉口市商会函（附理监事名册）

（1947 年 3 月 15 日）

敬启者。查本会于光复期间奉令成立第一届第一次理监事。现因周前理事长自行辞职，提交会议公决，筹备改选就绪。业于三月九日举行第一届第二次会员代表选举大会，赞成全部改选，荷沐各主管机关派员莅会监选。依法选举耀庭等十一人为理事，蔡云陔等五人为监事。复于同日、□日依法由理事会选举耀庭等三人为常务理事，并推选耀庭为理事长。又由监事会推选蔡云陔为常务监事，均经记录在卷。耀庭等自惭才识浅陋，事繁责重，深惧弗胜，第以义务所在，固辞不获，于是日偕同理监事宣誓就职。除分别呈报暨通知外，相应检同理监事名册一份，函请查照，并希时赐南针，以匡不逮为荷。

此致

汉口市商会

附送理监事名册一份。

理事长　周耀庭

常务理事　张信成、李玉堂

附：汉阳县蔡甸镇商会第一届第二次改选理监事名册

职别	理事长	常务理事	常务理事	理事	理事	理事	理事	理事	理事	理事	理事
姓名	周耀庭	张信成	李玉堂	李逢辰	胡荣堂	徐青云	戴华生	聂秀章	萧后信	钱遵懿	李云亭
年龄	三七	四三	六二	四七	三二	六□	四一	四九	三三	五二	四七
籍贯	汉阳	汉阳	汉阳	汉阳	汉阳	汉阳	汉阳	汉阳	汉阳	汉阳	汉阳
营业种类	纸号	槽磨	茶	皮革	纸号	布匹	米粮	粮食	瓜菜	米粮	棉花

（续表）

所属公会或公司行号工厂之名称	纸业同业公会	橹磨业同业公会	茶叶同业公会	皮革业同业公会	胡永源号	布业同业公会	米粮业同业公会	聂太顺行	瓜菜业同业公会	钱正兴米店	李永兴号
在公会或公司行号工厂之义务	理事长	理事长	理事长	理事长	经理	理事长	理事长	经理	理事长	经理	经理
教育程度	中学	私塾	私塾	博文学校毕业	高小	私塾	私塾	私塾	小学	私塾	私塾
住址	蔡甸上正街	蔡甸后街	蔡甸三义街	蔡甸火路街	蔡甸蝙蝠街	蔡甸正街	蔡甸蝙蝠街	蔡甸陈家巷	蔡甸河堤街	蔡甸蝙蝠街	蔡甸蝙蝠街
备注											

（续表）

职别	候补理事	候补理事	候补理事	常务监事	监事	监事	监事	监事	候补监事	候补监事
姓名	严久安	胡幼田	胡志成	蔡云陔	李仁山	李会堂	刘质夫	易端诚	李能才	余华堂
年龄	四□	四一	四二	五二	六一	四八	七三	四九	三五	四六
籍贯	汉阳	汉阳	汉阳	汉阳	汉阳	汉阳	汉阳	汉阳	汉阳	汉阳
营业种类	南货	棉花	首饰	鞭炮	南货	布匹	杂货	粮行	豆干	南货
所属公会或公司行号工厂之名称	严万兴号	元记新号	新凤祥号	鞭炮业同业公会	李祥茂号	鸿兴祥号	杂货业同业公会	易森茂行	豆干业同业公会	余华记号
在公会或公司行号工厂之义务	经理	经理	经理	理事长	经理	经理	理事长	经理	常务理事	经理
教育程度	私塾	私塾	私塾	私塾	私塾	私塾	私塾	私塾	高小	私塾
住址	蔡甸蝙蝠街	蔡甸河堤街	蔡甸蝙蝠街	蔡甸蝙蝠街	蔡甸上正街	蔡甸上正街	蔡甸上正街	蔡甸正街	蔡甸上正街	蔡甸蝙蝠街
备注										

13.汉口市商会职员吴佩卿为调查钜源堂与柴锦德迁让房屋及拍卖行未开业原因一案呈报汉口市商会理事长（附呈湖北高等法院函）

（1947年3月17日）

经调查，高等法院函查钜源堂与柴锦德迁让房屋及拍卖行未开业原因一案，兹往详查，钜源拍卖行主之叔称：行主赴桂阳，原拟在巷内住宅旁一余屋内开拍卖行，因嫌小未开业□□。该□街邻居称该巷住宅在以前开过鸿兴拍卖行，内部尚有堆件及字样，现巷口改换钜源拍卖行牌名，则尚未开业，是否房屋嫌小，无从揣测，各等语。至柴锦德所租房屋距离该拍卖行尚隔门面屋一间,拍卖业尚无公会组织,无法入会(□不成问题),理合将查询情形报请秘书主任夏转报理事长贺衡夫核。

附二八一五号公函一件。

职　吴佩卿　呈

附:汉口市商户为钜源拍卖行是否开业一案呈湖北高等法院函

(1947 年 3 月 17 日)

送达机关:湖北高等法院

事由:为钜源拍卖行是否开业一案函复查照由。

理事长贺

主任秘书常理兼股主任秘书

中华民国三十六年　三月十七日盖印,三月十七日封发

启准贵院民义字第三二〇号公函嘱:“查钜源拍卖行是否开业已复。”等由。□□□□。据调查员报告称:“兹往详查据,抄函,无法入会,不成问题。”等语,前来。相应函请复印查照以复。

湖北高等法院

理事长　贺衡夫

14.吴佩卿为查卞奇□等在汉口市变卖武汉行辕赈米有无虚报报告

(1947 年 3 月 17 日)

奉派询查罗山县政府函查卞奇□等变卖赈米一案:“上年赴汉阳同盛兴粮行查询,据该行称,此事系行伙吴姓私人行为。前经罗山县派员来查该行,并无此项账目可证。现吴伙业已辞退赴乡,俟其来汉,再代查询。兹又赴该行查询,仍据称吴伙未来,该行内部已改组。”等语。查该粮行系汉阳县商会所属,以后请直函该处为盼。理合将前后往查情形报请秘书主任夏转报理事长贺鉴核。

附二一九七号函一件。

职　吴佩卿　呈

15.汉口市营造工业同业公会转湖北省政府关于领照摘要表及暂行标准的通知(附抄件)

(1947 年 3 月 19 日)

汉口市政府转奉湖北省政府令,发建设厅复核《各级营造厂领照摘要表》及暂行标准,当即转知。去后,兹据会员纷纷到会报告暂行标准条文有应行更正之处,摘要表降等殊不公允,请求奉本会设法办理。本会为此召集两次会议,决定推定代表数人,恭具折呈,即日前往建设厅面请变通更正,并决定无论如何,非达到会员目的不可。除分知外,相应抄同向建设厅呈稿一份送达查照为荷。

此致

贵会员营造厂

附呈建设厅文稿一份。

理事长　彭曜棠

附：抄件

谨呈前案，奉汉口市政府转奉湖北省政府令发钧厅复核，《各级营造厂摘要表》及《复核暂行标准》，到会。遵即印转全体会员。去后，各会员纷纷到会声称：上年会员等向汉口市政府、工务局请领临时执照后，已遵市府上年十月二十八日利工字第一五号令发办法办理，请领正式执照手续送核。彼时未奉复核标准，以致申请皆遵市府令发办法办理，本年始订上开复核暂行标准，即原有领有甲、乙等临时执照者，降为丙、丁等级，使各会员不能无□，自应呈请更正再核，复查《复核暂行标准》第七条规定，三十二年以前之执照，均依次递减一级计算，不知何所依据，核于行政院公布内政修正管理营造业规则不合，比照三十五年南京市营造开业登记临时办法，未见有此限制，更使会员多所疑虑。

胜利复员以来，营造业之未能恢复，事实俱在。武汉工商界一百数十帮均能维持本位，徐图发展，独自对于营造业加以除级之限制。对于国家纳税之义务与各□利等而盈利者之权利，独降低等级，殊不足以公允。武汉各会员，其有四五万家，所属泥、木、土、石各种工人不下数万之众，倘免用复核而停业，不仅数万工人之生活□□，与政府为国建设之政策，难免大受影响，应请变通更正，以免会员之业务有所动□。等情，据此。经提交本会第十九次理监代表联席会议，佥以各会员所陈痛苦均属实情，其请求不无理由，当推曜棠为代表，率谒钧座面陈下情，理合缮具折呈上，请鉴核□，乞俯允所请，明令祇遵，毋任感激待命之至。

谨呈

湖北省建设厅长　谭

16.汉口市营造工业同业公会关于政府向全体会员劝募发起组织全国营造业公会联合会等通知

（1947年3月19日）

一、奉中国国民党汉口特别市党部汉财字第□号电，请本会募党员特别捐五百万元，经提交第十九次理监代表联席会议决定，向全体会员劝募，并计为甲等捐洋二万元，乙等一万五千元，丙等一万元，丁等五千元，由本会收捐员收月捐时挨户募收。

二、准南京营造业公会函，为发起组织全国营造业公会联合会，嘱本会推派发起人共同筹备。经提交第二十次理监联席会议决定，推李丽泉（李丽记）、彭曜棠（彭荣泰）、鄢列臣（恒记）、周世昌（明巽）、李义龙（李盛发）、袁顺武（袁顺奉）、胡迪松（复兴）、项惠卿（□□）、韩禾青（禾记）等九人为筹备人，经费另筹。

三、市府交下乞丐救济捐簿，嘱募基金五百万元。经提交第二十次理监联席会议决定，根据当捐办法收甲等二万元，乙等一万五千元，丙等一万元，丁等五千元。

四、查工商登记一案（即市府社会科营业许可证），去岁通知办理在案，现经已办送呈核准之同业,有一四四家已办,表未送会者有五六十家,未办者有三百余家,希文到从速办理为要。

五、除分知外,相应通知查照办理。

上通知

贵会员营造厂

理事长　彭曜棠

17.宜昌县商会为函催惠予搜罗新近有关地方公典之一切条例章则以供参考而资借鉴致汉口市商会

(1947 年 3 月 20 日)

案查前请贵会设法检寄新近有关地方公典之一切条例、章则一节,经于本年二月廿八日以卿总字第(934)号函达在案,迄逾日久,尚未邀赐复,至为悬盼。兹更以本市筹备公典积极进行,亟须上项章则备供参考,用特再函奉读,请烦查照,惠予搜罗赐寄过会,俾资借鉴,是为至荷。

此致

汉口市商会

理事长　任子卿

18.汉口市商会职员为调查战后汉口市典当业情形致市商会(附原函)

(1947 年 3 月 21 日)

奉派调查重庆旧衣业公会函,查本市质当情形一案,"兹查本市沦陷后,原典业完全结束,胜利后因币值关系,对于利息、赎期非从新规定,万难复业。上年因高利贷弊害,市府曾拟定公典办法,以九分息(包括存仓保险),三个月赎期,因公家所定资金二亿元,原有典商不敢承办(恐开业不久必致停当)。目下典商因首都、扬镇等地新开典质有一角六七分息(包括各费),三个月赎期之规定,业援例呈请省府转请中央经济社会部核示,尚未奉到批示,□可邀准,大概本市典业当可逐渐恢复"。理合将情形报请秘书主任夏转报理事长贺鉴核。

附二七九七号函一件。

职　吴佩卿　呈

附:重庆市旧衣商业同业公会公函

民国三十六年二月二十五日

查渝市自廿八年遭敌机大肆轰炸之后,因货物保存颇感困难,物价复不断上涨,各公质当商遂被迫全部停业,迄今八年。现在抗战胜利,社会已较安定,为便利一般市民资金周转,敝会各会员拟恢复该项业务。惟八年以还,国内经济情况已有巨大变化,闻贵会典当业务颇为发达,相应函请将现行典当利息、质押期间及其他一切办法章则惠赐详告,以资借镜,仍希见复为荷。

此致

理事长　王晋恒

19.汉口市纸业职业工会为增加工资事呈市政府

（1947 年 3 月 22 日）

事由：为常年雇工工资自上年十一月份自行调整后，并未增加或更动，特转呈鉴核，请令饬资方照工资管制办法配发实物或补足其差额由。

拟办：查本案经询，据该工会理事长万松甫面述，资劳雇佣期限一以季计，在本季工人被雇佣之时，大约正物价开始高涨之际。关于工资，应暂保持原状，不予增加，俟届本年端午节时，再由该工会呈府，予以调整，业已取得该理事长同意，拟指饬遵照，当否，乞示。

社会科　丁幼泉

为呈报事，兹据属会一部分常年雇工迭次来会声称："关于属等自订工资于三十五年十一月、十二月份，自行调整以后。数月以来，虽经物价暴涨，而资方□按原价给付工资，未增加分角。层峰虽有政令《工资管制办法》之规定，而资方置若罔闻，既无实物之配发，复无差额之弥补，长此以往，生活前途，更行艰堪，情迫不已，只得申请大会转请补增。"等语。查该等所报情形，经查事实如此，理合据情转呈钧府鉴核，恳予令饬国产纸张同业公会迅照《工资管制办法》予以履行，仰或召集调解，以维生活，是否可行，伏乞示遵，实为公便。

谨呈

汉口市政府市长徐

汉口市纸业工会理事长　万松甫　谨呈

20.武汉行辕第四次经济会报记录

（1947 年 3 月 23 日）

时间：三十六年三月十三日下午三时至五时二十分

地点：行辕会议厅

出席人员：王天鸣（行辕）、周仲衡（行辕民事处）、高光达（省商联）、戴明德（田粮处）、吴德谦（中河公司）、史文中（武昌市府）、周世一（粮食仓库）、华周英（麦粉业代表）、李贡廷（武昌商会，成龙保代）、刘绍武（粮食公会）、杨汝梅（中央银行，刘照书代）、胡铁樵（金业公会）、沙居辰（工商辅导处）、严武（行辕执法处，刘采文代）、熊瑞华（行辕四处）、江晓安（米业公会）、贺衡夫（汉市商会）、吴嵩庆（财政厅）、邹安众（银行公会）、谢春墀（铁业公会）、程博龙（民事处）。

主席：王天鸣

甲、报告事项

一、主席报告

（1）本会因故隔六周未举行，其间一度以黄金风潮助百物涨风，使社会波动甚剧。中央特颁布经济紧急措施办法，武汉列为限价地区，对本办法如何因地制宜付诸实施，尚有待于缜密之商讨。今日特邀各位专家来此举行座谈会，请尽量发表高见，供本行辕参考。

（2）关于粮食问题，上月米价陡涨，本行辕曾规定限制粮食出境办法四项，实施以来，其效果如何？反响如何？愿取得各位报告，以作参考。至此项限制办法，今后应否继续实施，亦请讨论。

二、民事处报告

（1）检讨第三次座谈会决议各案执行情形。

（2）调制汉口市四十日来日用必需物价涨跌比较表，印发参考。

乙、讨论事项

一、限制粮食出境办法应否继续实施案（综合提案）。

决议：

（1）凡依法履行登记之粮商，准许合法营运。

（2）议价程序仍由武、汉二市政府暨汉阳县府严格执行，粮价以目下价格为订定市价标准。

（3）保留随时限制粮食出口权。

二、拟具挽救当前经济危机方案，请公决案（省商联会提）。

决议：将所拟办法转呈中央参考采择。

三、汉口市金银首饰业□□请变更取缔金饰办法，以维全体职工生计案（首饰业公会提）。

议决：将原提办法交汉口市政府查酌办法。

四、武昌市钱业六家拟请暂缓停业案（武昌市商会提）。

决议：保留。

21.汉口市商会为查卞奇□等在汉口市变卖武汉行辕赈米有无虚报复河南罗山县政府函

（1947 年 3 月 24 日）

案准贵政府友社字第四八九〇号公函为“嘱查复卞奇□等在汉口市变卖武汉行辕粮米，有无虚报情事”。等由。经派据调查员报称：“上年赴汉阳，抄至内部已改组。”等语，前来。查该粮行系汉阳县商会所属，以后请径函该会，相应并复，烦请查照。

此致

河南罗山县政府

理事长　贺

22.汉口市社会救济委员会为征募乞丐救济金告市民书

（1947 年 3 月 27 日）

查本市自经大难以后，市面乞丐为数甚多，啼饥号寒，沿门乞讨，各商店既不胜其烦，于市容观瞻，亦大有妨碍。收容乞丐，其责原在政府，唯以人力物力有限，未能大量收容。本会既经成立，即接收原有之贫民收容所扩大收容，现已收容八百余人。本市街头乞丐，虽未收容净尽，然其遗漏者，为数亦必甚微。今后各商店如发现有沿门乞讨之乞丐，希能就近通知岗警转送本会收容，务使流者有所容，而商者无所扰。

本会为各有关机关团体所组成,无固定之基金,对于各项慈善事业之筹办与维持,全赖各方捐助。关于乞丐收容经费,市商会决定由本市各商店每月捐助乞丐救济金,其意在集零星之施舍,作本会之教养基金,用意至善。然当本会成立之始,正值本市商业不景气之际,倒闭之声时有所闻,上项负担,为数虽少,本会亦实有不忍,而收容所之经费又必须宽筹支应。几经考虑,乃决定为减轻各商店之负担及烦扰,改为每年征募一次。由市商会依照各商店之营业情形,定为甲、乙、丙三等。甲等年收乞丐救济金三万元,乙等收二万元,丙等一万元。并由本会根据市商会所送之名册,分别填送通知书,由捐助人向银行直接缴款,要旨为各商店之方便着想。讵知推行以来,收数甚微,本会以人数有限,未能直接派员收取,乃委托警察局户籍员警向各商店代为征募。尚盼各商店本行仁救人之心,踊跃缴纳。区区之数,各商店自可勉力负荷,实则每年于各家门口所施舍者,其数合仅只此。本会仅代本市无依之乞丐,作诚恳之请求,并向各位祝福!

23.汉口市商会为请付招待新闻记者用费致武昌市商会函

(1947 年 3 月 27 日)

查本会上年为英商访华团到汉,曾会同武汉工商团体招待新闻记者,所有用费公摊,计由本会代垫。贵会费用六十万三千元,相应函达,即请查照,将该款交本会归垫为荷。

此致

武昌市商会

24.汉口市政府为驳船工友要求增加驳费致汉口市商会(附调解会议记录)

(1947 年 3 月 31 日)

汉口市政府市秘字第四二六三号训令开:“案据本市驳船业职业工会呈,略以物价高涨,工友生活艰苦,请将驳运费照原订价格增加百分之一百二十,以体工艰而资救济。”等情,附简则及名册各一份,据此。查是项驳费,业经本府召集调解,并决定增加成数,及记录在卷,除分别电令及通知会议记录一份,奉此。除分行外,相应抄同原记录,函希汉口市食品杂货业同业公会知照。

附抄记录一份。

汉口市商会

附:汉口市驳船工友要求增加驳费调解会议记录

地点:市政府招待室

时间:三十六年三月十五日下午二时

出席人:救济总署储运局胡天能,总工会郭海福,三民公司吴栋荪,鄂分署涂美卿,平汉路刘典之,湖北盐务办事处万卓然,汉口盐务分处谭予云,湖北盐运商办事处张瑞钦、李少光,福新第五麦粉厂厉光咎、丁树斌,驳业第二分会代表李本平,驳业工会李静国、黄楚斌、殷继文,既济水电公司陈殊肇、龚增益,市政府喻思九。

主席:喻思九

甲、报告事项(略)

乙、调解结果

1.普通货物驳运费按照驳价增加百分之三十五又加给百分之三十之实物差额,共为百分之六十五,即每吨驳费为五千九百四十元。

2.普通货物如系以件计资者,按原驳价仍照一项决定之标准增加。

3.救济物资驳运费,按照原驳价增加百分之三十又加给百分之三十之实物差额,共为百分之六十,即每吨驳费为四千八百元。

4.商盐驳运费按照原驳价增加百分之五十,即每吨为四千四百元,垫挡费按原价增加百分之五十,即轮船每船每日为十五万元,木船每船每日为十万零五千元。上列增加成数均有百分之三十为实物差额。

5.官盐驳运费及垫挡费照四项议定之标准增加以七折计算。

6.以上各项所列差额嗣后均应照市政府每月公布日配实差额之高下予以增减之。

7.此次调整之驳运及垫挡费额自三十六年三月十六日起施行。

丙、散会

万卓然、李静国

25.湖北省工业协会理事长为本市码头工人搬运货物力资计算标准表草案致各有关会员厂(附电文原文)

(1947 年 3 月 31 日)

各有关会员厂鉴:

案准汉口市政府社会科本年寅俭函以(抄原文)。等由,准此。兹检同原件随函转发,即希知照。

理事长　宋寅世　总印

案准本市码头力资审议委员会检送第二次会议记录一份到科,嘱照案办理。等由。兹依据其决议事项,附抄送原会议记录暨力资表草案与研讨要点各一份,务希查照办理,并将研讨结果于四月五日以前径送本科,以便移送审议为荷。

此致

工业协会湖北分会

附抄送会议记录、研讨要点、力资表草案各一份。

汉口市政府社会科　启

三.廿八

附一:汉口市统一评定码头工人标准力资审议委员会第二次会议记录

时间:三十六年三月廿八日上午九时

地点:市政府会议室

出席人:码头工会胡定山,管理所王法和、吴旭东,市总工会柯华阶,市商会罗宝珊,警察局

田亚丹,工业协会厉无咎,市政府陈菘

列席人:高芸苔

主席:陈菘

记录:高芸苔

报告事项:

由管理所列席人王法和说明拟订统一标准力资表情形(表见附件),余略。

发表意见:

田委员亚丹提本表原则,可依据通过各委员附议,将本表印发各委员一份,先期研讨,再行定期决定。

决议事项:

(1)增加招商局、仓库公会、转运公会、平汉路转运公会、进出口公会为本会委员。

(2)原拟草案以外,另拟征求意见要点,即日送下列单位集会研究结果,限四月五日以前径送社会科。

(3)由社会科召集有关单位成立整理小组,以整理各方提供之意见,以便提会讨论。

(4)下月十日以前召集第三次力资审议委员会会议。

(5)各商栈中劳资各方所有陋规,亦应由各单位尽量提供事实,送交本会研究后,送请市府整饬。

附二:码头力资计算标准草案研讨要点

(一)全草案在原则上是否合理。

(二)货物等级之区分是否与事实相符,货物种类是否完备。

(三)距离以华里为单位,重量以五十公斤为单位,是否适当。

(四)表内假定工资是否与现行工资相符,应增或应减若干。

(五)雇佣双方有何不合理之陋规,其事实真相为何。

以上各点,希即集会研讨,并将研讨结果于四月五日以前径送市府社会科。

26.汉口市商会为天门汉奸吴仲寅一案通知

(1947年3月31日)

奉湖北高等法院函查天门汉奸吴仲寅一案,“兹往天门帮经营棉线业杨鼎志君处查询,据称,吴仲寅为天门棉业商人所组之汉口棉业公司管账,并未赴天门为三井洋行出张所经理。至棉业公司早经解散,并非敌伪组织,其经理为谁,现无从查悉”。等情。理合据情报请秘书主任夏转报理事长贺鉴核。

附三六〇三号原函一件。

职　吴佩卿

27.汉口市商会为吴仲寅无汉奸罪行致湖北高等法院函

（1947 年 3 月）

案准贵院刑度字第三九八号公函嘱“查明天门吴仲寅有无汉奸罪行,见复”。等由。经派据调查员报称:“兹往天门帮,抄至现无从查悉。”等语,前来。相应函复,即请查照。

此致

湖北高等法院

理事长　贺衡〇

28.汉口市政府因提高棉价尽量收购以救农民一案致汉口市棉花商业同业公会

（1947 年 3 月）

案奉国民政府武汉行辕本年三月三日汉行民二字第〇〇〇四号代电,以案准中国纺织建设公司 36 建业字第 1669 号代电称:“案奉汉行政二字第七四三号丑东代电,以据鄂省商联会等电请本公司转饬汉口办事处提高棉价,并尽快收购以救农民一案,抄同成本计算表二纸,嘱查照办理见复。”等由。查本公司对于收购国棉,夙所注意,一以救济农村,一以撙节外汇。虽在运输极度困难之秋,仍在国内陕、豫、鄂各产棉区域努力收购,从未懈弛。所有收购价格,均照各地市价斟酌办理,未尝稍有抑低,众所共见。惟是任意抬高,势必引起民营厂家之反感,不能不兼顾。至于无限制收购一节,以限于财力,殊觉力不从心。且一地如此,其他各地亦必如此,否则一有轩轾,责难纷来。该商联□以本公司□汉处□惕收为言实,则截至最近为止,该处收棉已达二十二万担,为本公司各地收花之最多者。今后仍当本既定之方针,继续收购,以裕原料而维生产。兹奉前因,相应复请查照并转知为荷。等情。除分电湖北省商联会暨工商辅导处外,转电知照。等因。除分电外,合亟令仰知照。此令!

市长　徐会之

监印　陈绍仁

校对　卢光鑑

4 月

1.河南省商会联合会为请转呈社会部暨有关部院于厘定职业团体大选代表名额时予以应得席位致汉口市商会

(1947 年 4 月 1 日)

河南省商会联合会代电　联秘字第 684 号

汉口市商会公鉴:

顷上中华民国商会联合会一文,曰宪法须布民□开始,阅报载大选期限,政府已经决定各省市县选举事务所,统限于四月以内成立,职业团体选举自宜同时进行。查商会在职业团体中历史最久,商界同胞效忠国家,拥护主席,服膺三民主义,历数十年为一日,而在抗战过程中出钱出力,始终不懈,揆情度理,凡人民团体应参与之事项,均应与其他职业团体同等享受。惟默察过去事实,我商人团体在许多事件中,大多被当局忽视,甚而摒诸门外。复查第二十六条第二项载:"职业团体代表选举,其名额以法律定之。"等语。际此大选在即,选举法令行将制定之时,为未雨绸缪计,特电请钧会鉴核,并乞转呈社会部暨有关部院于厘定职业团体代表名额时,予以应得席位,以重民权而昭公允。临电不胜迫切翘企之至,事关全国商胞权益,用特电达,敬希一致响应为祷。

河南省商会联合会全体理监事同叩寅赚联秘印

2.湖北高等法院院长为请调查杨坤山与计定祥等请求确认买卖契约无效上诉一案致汉口市商会电

(1947 年 4 月 2 日)

汉口市商会公鉴:

查本院受理杨坤山与计定祥等请求确认买卖契约无效上诉一案,对于后开事件有调查之必要。(一)汉口市水塔旁椿和里(现名三余里)内第一号至第八号住屋双栋六栋,单栋两栋,又里外铺面屋,即中山大道第 1113 号双栋两栋,暨中山大道第 1111 号、第 1115 号、第 1117 号、第 1119 号、第 1121 号,单栋五栋,又过街楼一个,府东五路第 1 号附汽车室等余屋之三层楼西式洋房一栋,暨府东五路第三号铺面屋一栋(上开各屋除洋楼系三层楼外,余均系洋楼两层)。又各该房屋所占前抵中山里,后抵五常里,左抵府东五路,右抵蔼仁里之地皮,共计汉方一百三十二方丈八方尺。以上房屋及地皮在民国二十八年八月间可共值法币若干元;(二)各该房屋及地皮,在民国二十八年八月以前是否为汉口市伪维持会长计国桢所强占,相应电请查明,并希于四月十日以前见复到院为荷。

院长　朱梅声　卯冬印

3.汉口市政府为转发人民团体组训工作要点致汉口市各业同业公会函

（1947 年 4 月 3 日）

案奉汉口市政府市秘社字第 4313 号训令开："案奉湖北省政府本年三月八日省社二特字第 780 号训令开，查本省为加强推行人民团体组训工作起见，经由本府社会处拟定《各县市督导人民团体组训工作要点》，提经本省三十六年度一、二、三区各县行政会议决议修正通过在案。亟应通行实施，除分令各专署各县市政府外，合行抄发上项工作要点，令仰遵照办理为要。等因。除分令外，合行抄同工作要点，令仰遵照办理，并转知各同业公会遵办为要。"等因，附抄发《各县市督导人民团体组训工作要点》一份，奉此。除分行外，相应抄同原工作要点，函希查照办理为盼。

此致

汉口市各业同业公会

抄工作要点一份。

汉口市商会　启

四.三

4.汉口市政府社会科为派员准时出席调解帽业工友要求增加工资案致汉口市商会函（附调解经过记录）

（1947 年 4 月 4 日）

查本市帽业工友要求增加工资一案，定于本月七日上午八时在本府招待室举行调解会议。除分知外，相应通知查照，并请派员准时出席为荷。

此致

市商会

汉口市政府社会科　启

本月五日接准通知，订定四月七日上午八时出席调解帽业增加工资。仅将调解经过具报于下。

附：汉口市政府社会科调处汉口市帽业工友要求增加工资一案记录

日期：民国三十六年四月七日上午八时

地点：汉口市政府招待室

出席人：市党部王凌云，市政府喻思九

总工会周荣新，市商会邓廷珍

帽业资方代表理事长及代表两人（在卷）

帽业劳方代表刘谦怀、任百泉

调解结果

（一）照原有工资，每顶二百元，决定增加七十元。

自三十六年四月一日起实行，双方同意。

谨陈

汉口市商会理事长贺

理事　邓廷珍

三十六年四月七日

5.汉口市营造工业同业公会关于假汉口市商会召集第一届第二次会员大会的通知

(1947 年 4 月 4 日)

本会上年四月成立,照章每年开会一次。兹订于四月十日正午十二时,假座汉口市商会召集第一届第二次会员大会。除呈请有关机关派员监督指导并分知外,相应通知查照,准时到会出席为荷。

上通知

贵会员营造厂

理事长　彭曜棠

1947 年 4 月 4 日

6.市商会参加第八区机器棉纺织工业同业公会成立大会会议记录

(1947 年 4 月 5 日)

地点:汉口中山大道中央信托局三楼杨子联谊社

时间:三十六年四月五日午后二时

长官来宾及会员签名:汉口市党部田安新,汉口市商会贺衡夫,工业协会郭寿衡,裕华纱厂苏汰余、萧厚生、黄师让、孙瑞麟、樊寿予(以上四人苏汰余代),震寰纱厂刘梅生、梁仲毫、刘寿生、刘笃生、杨锡五,汉口第一纱厂程子菊、宋立峰、李贵庭、程佩瑜、黄建章,宝星纺织厂杨胜惠、郑星垣、张絜庵(以上二人杨胜惠代),经济部曾伯良,经济部工商辅导处沙居辰,申新第四纺织厂李国伟、华栋臣、厉无咎、朱学纯、华煜卿,湖南第一纺织厂傅锡禹(张燧□代),沙市纺织厂萧伦豫(李国伟代)、高鹏九,汉口市政府陈菘。

主席:李国伟

记录:费振行

(一)如仪开会

(二)主席报告

顷承诸位推举本席为临时主席,实不敢当。今日本会举行成立大会,蒙各机关长官惠临指导,各位嘉宾惠临赐教,本会同人殊深感幸。

本会于去年九月间发起筹备,依法成立筹备会,筹备期间一面调查同业现况并邀集入会,一面呈请主管机关备案并呈准经济部核定。本会名次为第八区纺织工业同业公会,原定以湘、鄂、赣三省为范围,今日上午八时忽奉经济部核定以鄂省为范围,自当遵照办理。各位对此如有意见,容另提出讨论,同时将发起筹备经过陈报上海□会。筹备以来,瞬已半年,今已筹备就绪,爰定今日举行成立大会。

民生以衣食为先,而粮食工业如碾米、磨麦所用机器尚属简单,我纺织工业则机器烦琐,需要资金尤大,应用技术亦高。欧美各国于纺织工业莫不力求发展,尤以英国为最,英国工业革命肇始于纺织工业,该发展品最发达,英国本土不过四千万人口,而拥有五千万枚纺锭,利用其殖民地之原料,制就精美之成品,大量倾销于世界各国,英国实以纺织工业奠定其国家经济之基础。反观吾国有四亿五千万人口,而迄战前仅有纺锭五百余万枚,其中五分之二尚为外商经营,而此次战争,纺织工业损失甚大,迄今日止,全国已复工之纺业连中纺公司□□之□厂在内,其计不过四百万枚,其与人口之比率与英国相较,诚有天壤之别。

第二次世界大战结束,吾得推为胜国,且居于五强之一,但国家经济之困难远过于战败国之日本,其危险情形犹与日俱增,今欲挽回此经济危机,皆在振兴工业,而我纺织工业尤应负起责任,迈步前进。

本会区域居全国之中心,且鄂省为产棉富饶之地。战前可靠统计每年产量最多时达四百万市担以还,并可再望扩充棉田,增加产量,而豫陕产棉,取给亦甚便利,制成品之运销,则东西有长江、湘汉水道之利,南北有平汉、粤汉两路之便,故本会区域实为发展纺织工业最理想之区域。本会会员鉴于本业有关国家经济,既如上述之重要,而所在区域又极擅地理之胜,故内迁者复员、新创者建厂,莫不积极进行。惟是机器之配备,技术之研究,院工之训练,运销之改进,及植棉之改良均由□彼此联系,相互协助,以是本会之成立不容再缓。

战前武汉纺织厂共有六家,纺锭三十二万枚,布机三千五百余台,战时内迁纺锭十五万枚,布机一千台外,今所遗存者,只纺锭八万枚,布机一千二百台,故战时所蒙损失计纺锭九万枚,约占总数百分之三十五,布机一千三百台,占总数百分之三十七,而其他原□机器,各种材料等损失自可请求政府与敌人赔款中予以补偿。又自政府发布经济紧急措施,以复规定国营轻工业均将出售,我同业似宜着手联络标购数厂,俾吾同业光复、恢复旧观,然后再谋扩展。而此种有关同业共同福利之事均为本会以后努力之任务。今日本会成立,本席竭诚期望今后时局能日就安定,政府亦能与本业相当之奖助,而吾同业更能互助合作,益加努力,庶几此种民生重要工业可望日益发旺,进而步武英国,借以奠定国家经济。然则本会之使命至重,且大端赖于政府长官与同业先进之领导与推进也,云云。

经济部代表曾伯良训词:

今天奉经济部命,代表出席第八区机器纺织工业同业公会成立大会,深感荣幸。按棉纺织工业之原料为棉花,我国为农业国家,照理此项原料尽可自给自足,但经八年之抗战,农村亦受敌人之破坏,棉花产量因亦锐减。顷闻主席报告过去汉口每年收棉花四百万担以供各纱厂之用,今虽缺精确统计,但可断定较战前减少甚多,且品质退化,远不如战前。贵会成立以后,对于改良棉种,增加产量一点,希望以全力推进,然后再进而研究改良技术达到原料能自给自足,产品能与世界各国竞胜于市场,云云。

市政府代表陈菘致词:

今天参加第八区机器棉纺织工业同业公会成立大会,非常荣幸。按纺织工业为民生必需之工业,有关国计民生甚大,过去我国之纺织业虽经纺织界努力经营,颇有成就,但因受帝国主义者之经济侵略,不能充分发展,致每年外货棉织品大量输入,资金外流,甚为可惜。现在抗战胜利,不平等条约已废除,政府正倡导以工业建国,今后我棉纺织业已可谋发展。汉口为华中产棉区之中心，所有湘鄂各地产棉均集散于此，取给原料甚便，交通四通八达，实最宜于棉纺织业之发展，今各同业组织公会互相□□，共谋业务上之改进与发展，此后本区内纺织业之发扬光大，前途诚未可量。

市党部代表田安新致词：

我国棉纺织工业在第一次世界大战时，曾见发旺，□□趋于衰落，因当时受不平等条约之束缚，帝国主义之经济侵略，以致我工业不能发展，经济亏竭。今则抗战已告胜利，不平等条约已废除，此后我纺织工业即可自由发展，进而步武英国。建国□□有重大民主民生问题解决，国家基础奠定，衣为民生必需之一，全国人民之衣被均赖于纺织工业，英纺织工业强盛基于纺织工业之发达。诸位为纺织界巨子，所负责任甚重，希望贵会成立以后，共同力量推进会务，发展纺织工业。本党之经济政策主张发展国家资本，同时希望发展人民资本。胜利以后官僚资本极甚猖獗，造成垄断之形势，故今后当力谋打倒官僚资本，以期国营、民营工业之发展。关于劳资纠纷之调处，本党向主劳资协调而不主张劳资斗争，希望资方能平日注意工人福利，预先弥补工人发生争端，对劳方则常□劝导，使明了劳资合作之利，不要杀鸡吃蛋，以致最后无蛋可吃。但生活问题为事实问题，不能空言解决，故本党调处劳资问题□是双方兼顾，力主调和，云云。

市商会贺衡夫理事长致词，略谓：

今天在座诸位大都为昔年旧友，现得重聚一堂，组织纺织业公会，商讨棉纺织改进事宜，本席感到非常荣幸，趁此机会本人特提出一点意见，请各代表注意，即此后亟应尽力设法改良棉种，前对改良棉种事曾组织机构主持其事，故战前鄂中棉花品质既佳，产量亦丰。抗战时期此事无人过问，以致棉种日益退化，目下鄂中产棉能合纺织、纱原料者为数甚少，故亟应设法改良此事，一方为救济农村，一方亦为各厂自谋，云云。

工业协会代表郭寿衡致词：

我国工业以棉纺织工业最前进、最有成就，过去曾一度衰落，此非棉纺织工业本身之不努力，实以现将工业□项各项工业相互配合，始有办法。例如机器工业不发达，纺织工业所用机械及配件不能自造，购用外货则有种种困难。因此，纺织工业即难求发展。就在整个工业言，希望各种工业均能平衡发展，互相配合，康克有济，而棉纺织工业自亦可更有进展，云云。

会员代表苏汰余演说：

今天本会成立，承党政机关长官惠临指教，甚为荣幸。本席参加今日之大会，诚有喜庆交并之感。回溯抗战时期各同业颠沛流难，受尽艰困，今日又重聚一堂，成立同业公会，衷怀快慰，非可言喻。但观察同业本身前途困难重重，不易解决，则又不胜其忧者。在抗战以前我同业受日本纱厂之压迫，日陷困境难生存，今日敌虽战败而麦帅犹在尽力辅助其纺织业之发展，恐我同业不久又将受日纱之压迫，且我棉产退化，原料不能自给，照目前国内所开纱锭，全年需用原棉至少一千七百万担，今国内产棉可合机用者至多七百万担。此不足一千万担之棉花，即须仰给于美棉，如美棉不能照数供给，各厂势必因原棉缺乏而停工，同时国内棉价必飞涨，而造成棉贵纱贱之现象，是以本席今日特提出两点要求：(1)请求政府协助改良棉种，因厂方资力有限，此一工作既甚亟切，并须普通推广，故应请政府机关主办其事，犹忆抗战前，襄河一带改良棉种颇著成效，今因八年抗战完全退化矣。(2)胜利后复员各厂均感资金不敷周转，因原料工价高昂，需要周转金庞大，而银行贷款限制甚严，各厂调度困难，银行对生产工厂放款应放宽限度。又因订购机器及物料需要外汇甚殷,但政府对各厂请结外汇限制严格,简直无法请到外汇,即使请到外汇,向外订购机器,犹难如期交货,故各厂筹备复工艰难万分,照目前情形不但无法发展,即维持现状亦甚困难,故要求政府对各厂请结外汇应尽量予以便利,云云。

讨论事项:

(一)本会章程草案提请修正通过案。

照案修正通过。

(二)纺织工业因购置机器及材料所需外汇应请政府尽量核结案。

理由:我纺织工业所用机器与若干纺料,现时国内尚未能完全自造,抗战时期本会会员厂因内迁及遭敌机轰炸,损失机器甚多,今胜利复员,需用机器及若干材料均须向外洋订购,需用外汇甚多,如政府不予核结外汇,即无法购得机器及材料,亦即无法复业。故应请求政府对我纺织工业因订购机器及材料所需外汇必须尽量核结。

办法:分电各地同业公会及全国棉纺织业总会作一直呼吁,同时用本会名义电呈经济部、财政部、行政院,恳切请求。

提议人:汉口申新第四纺织厂。

议决:照案通过,交理事会办理。

(三)本会发起筹备时,原以湘、鄂、赣为范围,今奉经济部令核定,以鄂省为范围,唯湖南第一纱厂今日已派代表出席,应如何办理案。

议决:遵照经济部核定区域组织,至湖南第一纱厂及九江兴中纱厂应否加入本会,另呈请经济部核示。

(四)选举理监事案。

票选结果:(1)李国伟(廿五票)、萧伦豫(廿五票)、刘笃生(廿五票)、刘梅生(廿五票)、厉无咎(廿五票)、杨胜惠(廿五票)、宋立峰(廿四票)、孙瑞麟(廿四票)、苏汰余(廿三票)、华栋臣(廿三票)、刘寿生(二十票),以上十一人当选为理事。杨锡五(二票)当选为候补理事。(2)程子菊(廿五票)、李贡廷(廿五票)、萧厚生(廿二票),以上三人当选监事。刘寿生(三票)为候补监事,但刘寿生已当选为理事,放弃候补监事。

散会

7.武昌市商会为送缴上年招待新闻记者用费一案致汉口市商会函

(1947 年 4 月 8 日)

武昌市商会为贵会上年招待新闻记者用费一案,现敝会经费困难,无法清缴,俟筹捐就绪再缴归垫,函复查照由。

接展华函,□悉,以是上年英商访华团到汉,联合招待新闻记者,敝会应摊款十六万三千元,贵会惠予垫付,久未□缴,实为歉仄。惟敝会经费困难达于极点,负债累累,无法清偿,前项垫款,一时难以偿还,俟筹措就绪,再缴归垫,迟延之愆,诸希鉴宥。耑此,奉复,并请查照。

此致

汉口市商会

武昌市商会

8.汉口市政府为纸业同业公会增加工资案令纸业职业工会

（1947 年 4 月 10 日）

指令：令本市纸业职业工会理事长万松甫：

本年三月二十二日呈一件，为常年雇工工资并未增加，请饬配发实物或补助差额由。呈悉。查本案经询，据该理事长面述资、劳雇佣期限拟以季计。等语。则本季工人被雇佣之时，约正物价开始高涨之际，于工资应皆保护原状，不予增加及免给差额，俟届本年端午节时再由该工会呈府予以调整，当已取得该理事长同意，仰即遵照。

市长　徐

9.汉口市草帽、席篁、毡货、扇帽工会同业公会为帽业工人纠众示威罢工持械毒打店主汪云山呈汉口市商会

（1947 年 4 月 10 日）

呈为帽业工人纠众示威罢工，持械斗殴伤重，请求钧会核予严惩，以制工潮而维商业事。窃属会为劳资纠纷一案，业经双方代表于四月七日由市政府暨总工会秉公调解，按照原有工资数目增加十分之三五，当得同意签字在案。不料帽业职业工会理事长周世全暨常务理事熊启元（即贱狗）、韩河清等回会通令罢工，成群示威，无法制止。同时据同业公□□派人来会报称，该工会周世全等率领工人百余人及其他不知姓名者多人蜂拥进店，不问情由，当即熊启元、韩河清等数十人持铁尺用武将店主汪云山打倒在地，遍身受伤如鳞，惟肾囊一伤险遭毒手。迨岗警赶至店中，该工人等飞奔无踪□□。受伤人汪云山至局检验伤害，后恐有危险，送市立医院诊治。等语，到会。据此查系属实，惟周世全等胆敢非法暴动，不但久为厉禁，违背议案，责无可逃，不蒙勒令复工，妨害营业，诚非浅鲜。除呈请市政府依法严惩外，理合联名备文，呈请核予严惩，并祈转请层峰解散该工会，以儆效尤，实感公便。

谨呈

汉口市商会主席贺

汉口市草帽、席篁、毡货、扇帽工会同业公会理事长　徐霁岑、夏海卿

10.经济部汉口工商辅导处为转发《工矿运输事业重估固定资产价值调整资本办法》致汉口市商会函

（1947 年 4 月 10 日）

经济部汉口工商辅导处汉发字第六〇七号通知开："案奉经济部三十六年二月廿二日京商（36）字第（34649）号训令开，关于本部与财政部拟定《工矿运输事业重估固定资产价值调整资本办法》，经已呈奉行政院，特奉国防最高委员会决议通过，并由本部会同财政部于卅六年二月十五日公布在案。除关于第四条所指应用各年份全国平均物价指数，俟呈奉核定□再行公布令知外，合行检发办法一份，令仰知照。等因。附发《工矿运输事业重估固定资产价值调

整资本办法》一份,奉此。正办理间,复奉本部本年三月十九日京商(36)字第(37021)号训令开,查《工矿运输事业重估固定资产价值调整资本办法》及本办法应用物价指数及估价倍数最高限额表,业由本部会同财政部公布施行在案。惟原办法对于固定资产得许重行估值仅作原则上之规定,其详细估算方法以及关于固定资产、原价、时价等条文之定义,解释尚得明白□□。兹复经本部会商财政部拟定补充估算方法六条,呈奉行政院核准备案,自应饬由各省市主管厅局通饬遵行,并将应行注意各重要事项分别指示如下:(一)本办法应用物价指数及估价倍数最高限额表,其所列指数及限额,系根据政府业已公布之统计资料拟定,并经呈奉核准,该项数字与各地情形虽不无参差,惟为全国各地物价平均计算值,结果务须一致。送□其中所列卅四年估价倍数最高限额恰为一倍,即按固定资产购置原价计算,不必再为重估。其于卅四年以前购置者必先就购置原价减除折旧,再按表列各购置年度之最高限额分年计算。至兼营与工矿运输事业本身无关之非生产事业者,其专用于非生产事业部分之固定资产不得重估;(二)本办法系为挽救生产事业之危机,使能增加资本,减低税负,并可增□资产折旧,以固事业之基础,各事业应体念此旨,妥为遵办,不得过量估值,徒将资本数额调高,反使资产呈虚浮数字,影响事业基础;(三)重估固定资产,首重□实翔确,凡受委托承办估值之会计师,应知责任重大,特别审慎自重,妥为处理,倘有错误与怠忽,或有不正当行为,一经检举查明属实,当即依法交付惩戒;(四)此种挽救生产事业危机之办法,关系国民经济至巨,各主管官署之审核批复应缜密迅速,切不可延搁留难。所有原办法及估价倍数最高限额表、补充估算方法等,各主管官署应即布告周知,并邀集当地商会及工商团体将办法要点及其应行切实遵守各事项详细晓谕宣示,务使各事业明了政府订颁此项办法之原旨,共体时艰,一体遵行,本部所属各地工商辅导处,尤应协助当地主管官署切实推行,迅赴事功。除分令外,合行检发估价倍数最高限额表及补充估算方法各一份,令仰该处遵照办理,仍将办理情形呈复备查为要。等因,附发估价倍数最高限额表及补充估价方法各一份,奉此。另行抄同原附各件通知遵照办理,仍将遵办情形呈复,以凭转报为要。"等因,附抄发《工矿运输事业重估固定资产价值调整资本办法》一份,又估价倍数最高限额表及补充估价方法各一份,奉此。除分行外,相应抄同原件,函希查照转知办理为盼。此颂公绥!

附抄件。

汉口市商会　启

11.汉口市营造工业同业公会关于更改搬运木料时间的通知

(1947 年 4 月 15 日)

汉口市警察局三十六年四月十日警行字第一〇五号训令内开:"据第五分局本年四月警行字第三五八号报称,窃查本分局地居要冲,人烟稠密,交通复杂。兹以春令将届,昼间日长,划撮板车运木料时间,原规定不下七时,但此时正值行人车辆甚多之际,如搬运木料,则有碍交通。拟请准予改定下午九时后为搬运时间,可否之处,理合报请鉴核示遵。等情。核尚可行,除指复并令饬各分局遵照,改时间执行取缔外,合行令仰遵照,并转饬各会员遵照,即定时间起运为要。此令!"等因,奉此。除分知外,相应通知查明遵办。

上通知

贵会员营造厂

理事长　彭曜棠

12.汉口市营造工业同业公会转营业税施行细则的通知

（1947年4月15日）

汉口市商会通知

案准湖北省汉口市税捐征收处征四字第三八三号寅巧代电开："查各商号每期应纳营业税款，依照营业税法施行细则第二十四条之规定，应于收到征收机关缴税通知五日内缴纳，如逾期延宕不缴者，依营业税法第十九条之规定应分别处罚。兹为收款便利起见，特拟定税款缴纳通知式样一种，除电请汉口市政府核备及分电各稽征所遵照外，相应检同税款通知式样一份，电请查照，并转行各业公会商号知照。"等由，附税款缴纳通知式样一份，准此。分行，相应抄同原通知式样，函希查照转饬为盼。等因，附税款通知式样，奉此。除分知外，相应检同税款缴纳通知式样一份送达。

贵会员营造厂

理事长　彭曜棠

附：通知式样一份

汉口市税捐征收处第　　稽征所税款缴纳通知（存根联）

该号应纳　　年　月至　月份营业税款，业经评定计国币　　元，请于五日内如数缴纳，逾期延宕不缴，依照营业税法第十九条之规定分别处罚。

上通知

商号

中华民国三十　年　月　日发出

汉口市税捐征收处第　　稽征所税款缴纳通知（通知联）

该号应纳　　年　月至　月份营业税款，业经评定计国币　　元，请于五日内如数缴纳，逾期延宕不缴，依照营业税法第十九条之规定分别处罚。

上通知

商号

中华民国三十　年　月　日发到

摘录营业税施行细则第二十四条条文及第十九条条文

第二十四条　营业税纳税期限依下列规定：

一、按月征收之营业，于每月接到查定通知书日起五日内缴纳之；

二、按照征收之营业及复查抽查核定之补税，于接到通知书日起五日内缴纳之。

第十九条　营业商号对于每期应纳税款延宕不缴者，依下列情形分别处罚：

一、逾限十日以上者，处以所欠税额十分之二之四罚款；

二、逾限二十日以上者,处以所欠税额十分之四之四罚款;
三、逾限三十日以上者,处以所欠税额十分之五之四罚款,并得停止其营业。

13.汉口市营造工业同业公会关于转汉口市政府关于准增加土石建筑业工会工人工资的通知

(1947 年 4 月 15 日)

汉口市政府三十六年四月十二日市社字第三七六八号训令内开:"案据本市总工会转呈土石建筑业工会请求增加工资以维工人生计。等情,查该业工人工资确有调整之必要。兹特核定该业工资实增为三千八百元,伙食增为二千元,另照本府本月公布配定差额之数字补助,其差额□本年二月份每工工资及差额。二月份差额系照工资增加百分之三十一,合为四千九百四十元,连同伙食,综其为六千九百四十元;三月份每工工资及差额(三月份差额系照工资加百分之十五)合为四千四百五十元,连同伙食,综其为六千七百五十元。准自本年二月六日起实行。嗣后工资务应依差额之高下,按月予以增减。除分令并□复外,合行令仰转行遵照。此令!"等因,奉此。除分知外,相应通知贵会员营造厂。

理事长　彭曜棠

14.汉口市商会为本市商户□□遮阳帐篷其颜色及悬挂方式规定办法致汉口市各业同业公会函

(1947 年 4 月 17 日)

案准汉口市警察局汉复(卅七)警行字第一四〇三号寒代电开:查迩来本市商户□□遮阳帐篷其颜色及悬挂方式均不一致,且多破烂。兹特规定办法如下:一、帐篷以蓝色、黑色、白色为原则,其他颜色一律禁止,并须保持整洁,不得破烂污秽。二、帐篷及其附件最低之处距离道面须在二公尺以上,其伸出宽度不得超过人行道。如系不满十公尺宽度之街道,帐篷应予直悬,不得伸出街面。三、悬挂帐篷,其枝干绳索不得就地面设置或歪斜及杆头伸出情事。四、帐篷之色质与面积,每一街道应尽量求其划一整齐。以上各项除分令各分局督促各商店切实改正外,希即转饬各商店切实遵照办理,以肃市容而利交通,并希见复为荷。等由,准此。除函复并分行外,相应函希查照转饬办理为盼。

此致
汉口市各业同业公会

汉口市商会　启

15.高等法院为霍振刚汉奸更审一案致汉口市商会文

(1947 年 4 月 18 日)

查本院受理霍振刚汉奸更审一案,经据该被告霍振刚供称:□民国三十三年间曾充汉口广货业同业公会候补监事,并称广货业同业公会系由汉口市商会所产生,并不受商统会之监督。

等语。究竟该业公会在沦陷时期系汉口伪商会所辖,抑属商统会所辖,相应函请查明见复为荷。

此致

汉口市商会

院长　朱树生

16.为关于准时参加汉口禁烟禁毒宣传大会致汉口市商会函

(1947 年 4 月 19 日)

案奉湖北省政府民秘特字第 1988 号训令,颁发禁烟宣传要点、宣传资料并饬于四月廿一日在中山公园举行汉口禁烟禁毒宣传大会。等因。兹遵于四月廿一日(天雨顺延,另行通知)上午九时(夏令时间)在中山公园举行宣传大会。除分函外,相应函请查照,届时全体参加(各区每甲推定三人),并希遵守时间,准时莅临为荷。

此致

汉口市商会

17.湖北高等法院院长为催查杨坤山与计定祥等请求确认买卖契约无效上诉一案致汉口市商会电(附吴佩卿调查报告)

(1947 年 4 月 19 日)

湖北高等法院快邮代电　发文民爱字第三六〇号

汉口市商会公鉴:

查本院受理杨坤山与计定祥等请求确认买卖契约无效上诉一案,曾于本年四月二日以民爱字第三二七号代电请查复,系争房屋地皮在民国二十八年八月间价值法币若干元等事项,在卷。兹以本案进行,亟待参阅,前项电所开各节,相应再行电请,希即见复到院为荷。

院长　朱梅声　卯皓印

附:汉口市商会职员吴佩卿为调查杨坤山等买卖契约无效上诉一案结果呈汉口市商会理事长

奉派调查高等法院代电,查杨坤山上诉计定祥买卖契约无效一案。兹往分别调查,除第一项物产、地产按照当时(二十八年八月间)估值,已由高院电本市产业公会办理,该会业秉公估价电复外,至第二项查,据原中人鲁方才、李云樵等面称,六合公司与杨坤山成立买卖契约时,卖主交出土地执照、蓝图及以前天主堂土地注册收据、杨坤山地价税收据、一九二九年保险单及杨本人卖款收据,请中人证明,税契委托书等件均完全,计国桢亦未住过该房屋,自无强占行为。等语。理合将查询情形报请秘书主任夏转报理事长贺鉴核。

职　吴佩卿　呈

18.汉口市政府为催促商民办理商业登记通告

（1947 年 4 月 19 日）

查商业登记之举办，旨在保障商民合法权益，借以加强工商业之管理。本府自三十五年十一月间开始办理以来，曾一再饬令各同业公会，并布告全市商民遵照办理在案。为时半载，其已依章登记者固多，而忽视政令、意存观望者亦复不少。兹为维护各中小商民之权益计，凡未办理商业登记之商店，不论已否参加同业公会为会员，均限于三十六年六月二十日以前补办申请手续，如再故延，即依法予以罚款或限制营业之处分，决不姑宽。仰各依照下列说明如限办理，勿迟为要：

一、除沿门沿路买卖者以外，凡是市区内大小厂店，无论公营或民营，均须办理商业登记。

二、已参加之同业公会之厂店，向其同业公会领取登记申请书，填写盖章后，送同业公会转呈；无同业公会组织者，向市商会领取登记申请书和填写须知，依照填写须知规定，将申请书填就盖章后，送市商会转呈（公司组织须附公司登记执照之影本，合伙组织则附合伙契约抄本）。

三、凡登记申请书送达同业公会或市商会时，应向该会索取收条以作已经办理登记之证明。

四、本年六月底初查，七月底复查，初查时遇有未办理者，处以罚款处分；复查时，如遇有仍没有办理者，则限制其营业。

汉口市政府印发

19.中国国民党汉口特别市执行委员会财务委员会为赶办劝募党员特别捐致各中队长、分队长函

（1947 年 4 月 23 日）

敬启者。查本市劝募党员特别捐一案，系为本党整个基金，并非本会用费，中央限定本年三月底完成。迭奉电催办理，并承慨允在案。兹四月份可将届满，用特函请查照，务希设法于本（四）月内赶办完竣，将捐款送交指定银行径行收解中央，并希将募款数额函知本会，以便转报，幸勿再延，至深感荷。

此致

各中队长

各分队长

主任委员　邹安众

副主任委员　石信嘉

20.汉口市政府为转发取缔违反限价议价条例致汉口市各业同业公会函（附条例）

（1947 年 4 月 23 日）

奉湖北省政府本月四日省建三字第 10395 号训令开：案查现行之取缔违反限价议价条例，前经以省建三字第一〇一四九号训令开，抄发送照在卷。兹准经济部三十六年三月八日京官

(36)字第三六〇六六号代电,略以上项条例尚有未尽适合之处,为求与经济紧急措施方案密切配合起见,经由行政院将该项条例酌予修正,并报奉国防最高委员会第二百二十次常务会议,决议照修正案通过,交立法院。除分电外,相应抄同原条例,电请查照。等由,附抄发取缔违反限价议价条例一份,准此。除分令外,合行附原条例、取缔违反限价议价条例一份,奉此。除分行外,相应抄同原条例,函希查照转饬为盼。

此致

汉口市各业同业公会

附抄条例一份。

附:取缔违反限价议价条例

三十四年二月十五日公布　三十六年二月国防公会二百二十次修正通过

本条例所称限价,系指政府对民生日用品加以限制之价格;称议价,系指民生日用品,由各当地政府就民意机关、同业公会或其他人民团体组织物价评议会议定公平价格,经当地主管机关核定实施之价格。限价议价之地区及物品种类,由政府以命令公布之。

本条例所称违反限价议价,指下列情事而言:

一、物品交易价格超过限价议价等;

二、收取工资超所议价等;

三、将已经限价议价之货物变名、变质、变量出售等;

四、出售物品不遵规定标明价格等;

五、藏匿货物秘密高价出售等。

前条所列各款,由当地之地方主管机关取缔之,在院辖市为社会局,在县市为县市政府。

凡检举人检举第二条所列各款之违反限价议价案件,应有足资证明之物,或其他文件。

关于限价议价有无违反情事,在设有警察机关之地,由警察机关负责调查,未设警察机关之地,违反限价议价依下列规定予以处分。

一、超过限价案件除工资运价之属于地方范围,考由该管县市政府科以超过限价数额十倍以上罚款,或七日以下拘留或罚役外,其他案件,应送司法机关依法办理。

二、超过议价、情节严重或成交货品、收受工资运价在五万以上者,应送司法机关办理。

三、超过议价而成交货品或收受工资运价仍不满五万者,由该管县市政府科以超过议价数额十倍以下罚款,得并科七日以下拘留或罚役。

四、有本条例第二条第三款情事之一者,由该管县市政府科以超过限价数额十倍以下罚款,或七日以下拘留或罚役,其情节重大者,应送司法机关依法办理。

五、有本条例第二条第五款情事者,由该管县市政府科以超过限价议价数额二十倍以下罚款,并科七日以下拘留或罚役,其情节重大者,应送司法机关依法办理。

六、有本条例第二条第六款情事者,由该管市县政府科以一千元以下罚款。

七、第一款至第六款情形于一年内再犯者,由该管市县政府加倍处罚,并得予以三个月以下之停业处分。

依本条例处理之案件,院辖市政府每月册报经济部备查,市县政府每月册报省政府转报经济部备查。

21.汉口市营造工业同业公会关于转汉口市税捐征收处营业税法细则的通知

（1947 年 4 月 25 日）

汉口市税捐征收处三十六年四月八日汉征四字第五四二号通知内开：“案准税捐征收处惶字第六〇一号函开，查《营业税法细则》第二十六条规定，营业之在各地设有本店或分支营业处所者，其应纳营业税应分别就地征缴纳。兹查营造厂商承包修建工程，其施工地点间有不在本厂所在地者，例如本厂设于上海而承包汉口工程，又本厂设于武昌而承包汉口工程，本厂设于汉口而承包武昌工程，各在其施工地点设一临时办事处，是项情形资本虽径行划分，而营业行为实已各别成立。□照。前奉湖北省政府财政厅本年三月十二日厅财二字六五一号训令，以收支系统改制后，营业税一律分别就地缴纳。”等因。“是各业营造厂商之承包修建工程，实应分别就其发生营业行为之施工地，照缴纳营业税。再查各营造厂商店，须先向施工地区之当地政府请领建筑执照，尤□其管辖范围，属于当地政府□缴纳税款，自应属于施工地区之征收机关，更无疑义。兹为防止厂商借词推脱，趁机偷漏起见，除通知武昌市营造业公会遵照办理外，用特函请贵处查照，转饬汉口市营造业公会遵办，并希惠予见复为荷。”等由。“自应照办，函复外，合行通知该公会，转饬各会员厂商遵照办理为荷。”等因，奉此。除分知外，相应通知查照遵照为荷。

上通知

贵会员营造厂

理事长　彭曜棠

22.汉口市商会因本市劝募党员特别捐一案致金银首饰业同业公会函

（1947 年 4 月 26 日）

本市劝募党员特别捐一案，系为本党整个基金，并非本会用费，中央限定本年三月底完成，迭奉电催办理，并承慨允在案。兹四月份又将届满，用特函请查照，务希设法于本（四）月内赶办完竣，将捐款送交指定银行径行收解中央，并希将募款额函知本会，以便转报。幸勿再延，至深感荷。等由，准此。查党员特别捐，系充中国国民党整个基金之用，以后不再捐献，务请于本月内，无论捐款多少，应随同原收据送交湖北省银行收□，其捐款数可报告汉口市党部，在原派捐额内抵消，事关要案，相应函希查照，如限办理为荷。

此致

金银首饰业同业公会胡理事长铁樵

贺衡夫

23.汉口市警察局为检送汉口市路灯水门管理委员会会议记录致汉口市商会（附会议记录）

（1947 年 4 月 26 日）

兹检送本市路灯水门管理委员会第一次常务委员会会议记录一份，敬希查照办理为荷。

上致

市商会

汉口市警察局　启

附:汉口市路灯水门管理委员会第一次常务委员会会议记录

时间:三十六年四月二十二日

地点:汉口市警察局

出席人:武汉警备司令部徐耀武、宪兵十二团(缺席)、市参议会(缺席)、市商会万少珊(李春良代)、既济水电公司钱仲超、市公益联合会王文智、市警察局任建鹏

列席人:民政科胡震中、柯克明、卢集霈、柯善训、袁执中

主席:任建鹏

记录:康昭锡

开会如仪

主席报告(略)。

讨论事项

提案一:关于附加征收路灯水门装修、保养等费,已登报公告,定于五月一日起委托既济水电公司代收,所收款项请指定银行存储案。

决议:

(一)事关公益,函请中国银行代收,并请免收手续费。

(二)在市民银行未成立前,暂存商业银行。

(三)向代收银行每周结算一次,每星期一拨存商业银行。

提案二:关于本市路灯水门如何着手装修,请详细讨论,以便实施案。

决议:

(一)关于水门部分:甲、水门损坏及待修者,一律限于五月底以前修复。乙、急待装修之水门,即日由工程组查勘、估价,送会审核后分别添装,均由既济水电公司一面修理,一面估报。

(二)关于路灯部分:待修之二〇五盏,由工程组商请既济水电公司一面垫款修复,一面估报。添装之六七二盏,工程组估价报会审核后添装。

提案三:凡装修完好之路灯水门,以后倘再有损坏时,可先由既济水电公司垫款先行修复,月终检据提交本会核付之,如何,请公决案。

决议:照付。但其所需用材料应由公益联合会分会或警察分局证明。

提案四:既济水电公司刻为便利装修路灯起见,特增设路灯股,专司其事,内部职员由该公司调用,不另支薪给。惟需用电工六人至十人,关于电工工津如何支付,请讨论案。

决议:保留。

提案五:关于既济水电公司垫付修理水门之材料费(计三十万零五千八百元),奉市政府指令,饬转函本市路灯水门管理委员会核办,是项垫款可否由本会如数付给,请讨论案。

决议:交审核组审核后,签请主任委员核付。

提案六:本市各交叉路口之红绿灯多已损坏,不能使用,拟请水电公司先行垫款修复,再检同单据报由本会审核归垫,以利交通,如何,请公决案。

决议:检同证明书,连同单据送会核付。

提案七:本市人烟稠密,交通频繁,各冲要路口尚须添设红绿灯二十五座,拟由会核拨款项,提前装置,可否,请公决案。

决议:由工程组会同警察局设计估价,报会核办。

临时动议

提案:本会办理财务需用会计员一人,传达公文需用公役一人。又,办公费如何决定,请讨论公决案。

决议:准用会计员一人,由财务、审核两组介绍,其待遇比照警察局会计员。准用传达一人,其待遇比照警察局三等警士。公费实报实销,均从五月一日起实行。

散会

24.汉口市商会为抄发《对出入境货物检查办法》致汉口市各业同业公会

(1947 年 4 月 28 日)

案奉武汉警备司令部本年四月十六日培字第一三〇号代电,附发《对出入境货物检查办法》一份,饬分转所属切实遵照。等因。自应遵照,除分行外,相应抄转原颁办法一份,即希查照,分转所属切实遵照为盼。

此致

汉口市各业同业公会

附抄原办法一份。

汉口市商会　启

25.汉口市商会为转汉口市政府遵照施行营利事业所利得税之紧急措施办法致汉口市各业同业公会函

(1947 年 4 月 28 日)

案奉汉口市政府财字第 1945 号训令开:案奉湖北省政府省财二字第 26384 号训令内开:案奉行政院从五字第 10695 号代电开,据财政部呈称,查营利事业所利得税之紧急措施办法,业经国防最高委员会核定,并经本部通饬所属各区直接税局遵照施行,各在案。各地商人过去每多联名请求减免,或为某项问题之要求,拖延纳税时间。兹为切实执行紧急措施办法,节省公文往返时间,并使税款迅速纳库起见,拟规定嗣后商人各地主管征收机关,请求减免税、缓缴或要求就□实行简化稽征办法、拒绝查账等,其所□文件除合税法规定外一律不予批示,并请钧院令饬各省市政府、全国商联会、全国工业协会等机关团体,转行遵照并电知各省参议会,以利当前国策之推行。等情。应准照办。除指复并分电外,转电遵照,并转饬遵照。等因,奉此。除分令各县市政府外,合亟令仰遵照并饬属遵照为要。等因,除分令外,合亟令仰遵照为要。此令!等因。正遵办间,接准财政部汉口直接税局汉直税一字第 88 号函。同前由,准此。除分行外,相应函转,并希查照转知,一体遵照为盼。

此致

汉口市各业同业公会

汉口市商会 启

26.汉口市旅栈商业同业公会为劝募党员特别捐一案致汉口市商会函

（1947 年 4 月 29 日）

顷奉大函，敬悉，查本市劝募党员特别捐一案，前准汉口市党部财务委员会函，额定旅栈业为二百万元，复奉万主席函送党员特别捐收据一□，嘱为劝募。各等由，准此。当经提交本会第三十六次理监会议讨论。佥以近数月来，本业担任之各项捐募过多，对于党员特别捐实属无力负担。会议结果，两方拟共认捐一百万元，等语，□据在卷。现在分向各会员劝募中，除俟收齐，当连同收据等送交湖北省银行汇缴外，特先复请查照，并希转知为荷。

此致

贺理事长衡夫

汉口市旅栈商业同业公会 启

27.湖南澧县津市镇商会为函达改选理监事致汉口市商会函

（1947 年 4 月 29 日）

查本会第三届理监事任期届满，奉令改选，业于本年四月一日召开第四届会员代表大会。票选喻兰生、赵本立、张一胤、周浮沧、胡彬生、金慕儒、汪文斋、陈松安、杨炳煌、黄愧吾、孟体仁、聂锡桂、王善庆、龚道广、王云龙等十五人为理事，崔润民、曾庆鸿、聂东海、苏傅财、张永刚、唐品三、曾舒荪等七人为候补理事，胡安邦、陈万玉、杨名海、王明富、汤惠源、曹友钦、朱叔钧、易鹤仙、任寿麟等九人为监事，罗世惠、饶德生、周桂臣、萧炳生等四人为候补监事，复由各理事票选喻兰生、汪文斋、赵本立、张一胤、周浮沧、金慕儒、王善庆等七人为常务理事，就各监事中选举陈万玉、朱叔钧、胡安邦等三人为常务监事。再由各理事就常务理事中票选喻兰生为理事长，分别记录在卷。兰生等自惭谫陋，蚊负不胜。值兹“戡乱建国”期间，商务兴衰足以影响国计民生，尚希在远时赐南针，免滋陨越。除另期补行宣誓外，特检送本届职员略历表一份，函请查照为荷。

此致

汉口市商会

理事长 喻兰生

常务理事 赵本立、金慕儒、张一胤

周浮沧、王善庆、汪文斋

28.郧西县商会为电达本会第二届改选情形暨宣誓就职日期检同简历表致汉口市商会电(附简历表)

(1947 年 4 月 29 日)

汉口市商会鉴:

查本会第一届理监事任期已满,自应依法改选,以符定章。爰于本年四月二十日召集全体会员代表开选举大会,并经呈请县政府县长、县党部书记长莅会指导监选。当场宣布选举结果,斗瞻等当选为本会理事,龚正禄等当选为本会监事,复经全体理监事互选斗瞻等为本会常务理事,龚正禄为本会常务监事,另由全体理事就常务理事中选任斗瞻为本会理事长。斗瞻谨于是月二十九日率同全体理监事在本会大礼堂举行宣誓就职典礼。等情,记录各在案。除呈报暨分别电知外,相应检同本会理监事姓名、简历表随电附达,请烦查照。惟斗瞻等猥以铨才,谬膺众选,尚希时赐南针,借匡不逮。

郧西县商会理事长余斗瞻,常务理事赵华三、余启亮、彭恕齐、杨桂馨　叩卯党印

附本会理监事简历表一份。

附:郧西县商会第二届当选理监事姓名简历表

民国三十六年四月

职别	理事长	常务理事	常务理事	常务理事	常务理事	理事	理事	理事	理事
姓名	余斗瞻	赵华三	余启亮	彭恕齐	杨桂馨	朱铭卿	李西园	胡道五	周敬之
性别	男	男	男	男	男	男	男	男	男
年龄	四三	五七	四九	四二	四四	三八	五六	三七	□□
籍贯	郧西	郧西	郧西	郧西	郧西	郧西	郧西	郧西	郧西
营业种类	油业	丝烟	雨伞	杂货	竹篓	国药	酒业	鞭炮	杂货
所属公会名称及职务	油业同业公会常务理事	丝烟业同业公会常务理事	雨伞业同业公会常务理事	杂货业同业公会理事	竹篓业同业公会常务理事	国药业同业公会常务理事	酒商业同业公会常务理事	鞭炮业同业公会常务理事	杂货业同业公会常务理事
教育程度	旧制中学毕业	私塾六年	高小毕业	私塾六年	私塾五年	高等学校及省训团毕业	高小毕业	小学毕业	中学毕业
是否党员	是	是	是	是	是	是	否	是	是
住址	南街	西横街	西街	东街	北街	北街	西街	东街	正街
备考									

职别	候补理事	候补理事	常务监事	监事	监事	候补监事
姓名	夏经川	柯得春	龚正禄	汪兆春	王明才	张子林
性别	男	男	男	男	男	男
年龄	三八	六七	四二	四六	三八	四二
籍贯	郧西	郧西	郧西	郧西	郧西	郧西
营业种类	国药	杂货	染业	杂货	丝业	土布
所属公会名称及职务	国药业同业公会监事	杂货业同业公会理事	染业同业公会常务理事	杂货业同业公会理事	丝业同业公会常务理事	土布商业同业公会
教育程度	私塾八年	私塾五年	私塾四年	私塾三年	私塾五年	私塾五年
是否党员	否	否	否	否	是	是
住址	北街	北街	南街	北街	北街	正街
备考						

29.汉口市商会为广货业公会是否属伪商会所辖一案报告高等法院

（1947年4月30日）

经调查高等法院□□三十三年间广货业公会是否属伪商会所辖一案，兹经觅具伪汉口特别市政府《四周年市政府概况》刊本载，伪汉口特别市商人团体表内列广货业同业公会。按照该刊所载“商人团体”字样，自属伪特别市商会所辖，理合报请秘书主任夏转报理事长贺鉴。

第三二七三号文件

30.汉口市警察局第四分局为派员出席藤器工业同业公会成立会议情形呈市警察局长

（1947年4月30日）

案准本市藤器工业同业公会筹备处藤字第〇〇四号代电，以该会定于四月二十六日下午二时假本市三民路会宾酒楼召开成立大会，请届时派员参加。等由。准经指派本分局户籍员吴广才届时前往参加。去后，旋据该员会后报称，奉批饬出席藤器工业同业公会成立选举理监事大会（该会址设十一分局府南一路），计到参加指导单位：市政府李修容、市党部孙杰雪、市商会李春良、市参会柯华阶。该会会员五十一人，届时举行开会仪式，旋由筹备主任朱松廷报告筹备经过，嗣由各监选员训词，来宾惠词，主席答谢毕，即开始投票，选举结果以王世勤、赵幼山等六名为理事，朱松廷、侯春山二名为常务理事，韩道才、辜明启二名为候补理事，徐立仁、赵宾安为监事，王秀中为常务监事，万耀卿为候补监事，再由王世勤等票选刘少元为理事长，当即宣誓就职，延至下午六时四十分散会。理合呈报钧座鉴核。等情，前来。除将各项人选分别登记外，理合据情报请钧局鉴核备查。

谨呈

局长任

副局长田

第四分局分局长　夏隆坪

31.行政院赔偿委员会为日本赔偿物资之分配提出意见通知全国工业协会湖北分会

（1947 年 4 月 30 日）

据本会本年三月廿九日鄂工协字第二九一号呈，为推派代表施之铨寄送鄂工协字第二六九号代电，为对日本赔偿物资之分配提出意见请鉴核一案。查第一批日本赔偿物资业经统筹分配运输计划亦经妥拟，所具意见，当留备参考，特此通知！

上通知

中国全国工业协会湖北分会

主任委员　翁文灏

32.黄陂县商会为第二届理监事改选情形致汉口市商会函（附理监事简历表）

（1947 年 4 月）

案查本会复员后第二届改组业于本年四月十五日举行会员代表选举大会，呈蒙黄陂县政府、党部派员莅会监选指导，依法票选文彬等九人为理事，段南屏等五人为监事，并经理监事票选文彬等五人为常务理事，段南屏为常务监事，复经常务理事票选文彬为理事长，均经记录在卷。文彬偕同全体理监事已于四月十五日宣誓就职。文彬等猥以辁才，谬膺众选，汲深绠短，覆食堪虞，尚希南针时赐，借匡不逮。除呈报并分函外，相应检同理监事简历表一份，函请查照为荷。

此致

汉口市商会

理事长　胡文彬

附：黄陂县商会复员后第二届当选理监事简历表（1947 **年** 4 **月** 15 **日**）

职别	理事长	常务理事	常务理事	常务理事	常务理事	理事	理事	理事	理事
姓名	胡文彬	刘达	吴启文	黄子聪	王炳南	夏香廷	郑子璋	杜景如	李晓初
年龄	三四	四六	三二	四〇	四八	五二	三二	五〇	四一
籍贯	黄陂	黄陂	黄陂	黄陂	黄陂	黄陂	黄陂	黄陂	黄陂
现在公会或公司号职务	茶药业同业公会理事长	曾充糕酱业公会主席	布匹业同业公会理事长	杂货业同业公会理事长	粮行业同业公会理事长	梼夌业同业公会理事长	香烟业同业公会理事长	药材业同业公会理事长	机器米业同业公会常务理事
教育程度	高中毕业	望鲁书院毕业	大公中学毕业	高中毕业	中学毕业	私塾	前川中学毕业	私塾	省立高中毕业

（续表）

住址	中正路八六号	芷江街五六号	芷江街四四号	芷江街三三号	芷江街七号	复兴街一号	芷江街五一号	芷江街二号	陆军大街五一号
备考									

职别	候补理事	候补理事	候补理事	常务监事	监事	监事	监事	监事	候补监事	候补监事
姓名	孙玉楼	刘少坪	常季芳	段南屏	冷子皋	刘韵卿	夏干卿	严浩	刘天成	王幼卿
年龄	五二	四一	四五	三三	五□	四六	六□	四□	三六	四七
籍贯	黄陂	黄陂	黄陂	黄陂	黄陂	黄陂	黄陂	黄陂	黄陂	黄陂
现在公会或公司号职务	协兴粮行经理	旅栈业同业公会理事长	杂货商业同业公会理事	布匹业同业公会常务理事	陆陈业同业公会理事长	川广业同业公会理事	糕酱业同业公会理事长	糕酱业同业公会常务理事	机器米业同业公会理事长	布匹商业同业公会理事
教育程度	私塾	中学毕业	中学毕业	中学毕业	望鲁高等学校毕业	望鲁书院毕业	望鲁书院毕业	前川中学毕业	储材中学毕业	私塾
住址	海军街四号	国防路□□号	芷江街二九号	海军街三三号	海军街五二号	中山路四四号	中山路□□号	芷江街二二号	中正路□□号	海军街三九号
备考										

33.麻城县宋埠镇商会为函报本会理监事宣誓就职日期致汉口市商会（附理监事简历表）

（1947年4月）

宋埠镇商佑字第10号

事由：为函报本会理监事宣誓就职日期由

案查本会第一届第三次改组，业于本年三月六日举行会员代表选举大会，承蒙麻城县政府、党部派员莅会监选指导，依法票选佑之等九人为理事，程慎余等三人为监事，并经理监事票选佑之等五人为常务理事，程慎余为常务监事，复经常务理事票选佑之为理事长，均经记录在卷。佑之偕同全体理监事已于三月十日宣誓就职。自惭才识谫陋，谬理商政，当此宪政实施之期，百端待理，事繁责重，弗堪胜任，尚希南针时赐，以匡不逮。除呈报并分函外，相应检同理监事简历表一份，函请查照为荷。

此致

汉口市商会

附送理监事简历表一份。

理事长　王佑之

附:麻城县宋埠镇商会第一届第三次当选理监事简历表

(1947 年 3 月 10 日)

职别	理事长	常务理事	常务理事	常务理事	常务理事	理事	理事	理事	理事
姓名	王佑之	黄菊存	罗润溪	程鹏远	戴馥村	何书亭	余耀廷	何瑞	操守仁
年龄	五八	三七	五一	五三	四五	三七	□□	五一	□□
籍贯	黄安	麻城	麻城	黄安	黄安	麻城	黄冈	麻城	麻城
经理业务及行号	永康百货店经理	汇康百货店经理	裕成百货店经理	益龄药号经理	益昌和匹头号经理	同盛永粮食行经理	济华广货经理	益安糕饼店经理	长发祥酒店经理
简历	曾充税务行政司法等职	曾充宋埠乡财委会主任委员	曾充汉口总公会主席	曾充宋埠商会监察委员	曾充宋埠匹头公会常委	曾充宋埠粮食公会常务理事	曾充宋埠商会常务委员	曾充宋埠糕饼公会主席	曾充宋埠酒业公会主席
备注									

职别	常务监事	监事	监事	候补监事	候补监事	候补理事	候补理事	候补理事
姓名	程慎余	周文轩	张海波	邹恩波	姜玉亭	胡海珊	屈子卿	程子文
年龄	六一	三三	六一	四七	五七	四一	四三	四三
籍贯	黄安	麻城	麻城	麻城	麻城	黄陂	麻城	麻城
经理业务及行号	东昌明酱园经理	畅源花布行经理	恒茂面粉店经理	恒盛永广货店经理	姜恒盛香店经理	道森堂文具店经理	泰新百货店经理	永昌福花布行经理
经历	曾充宋埠商会常务委员	曾充宋埠棉业公会常务理事	曾充宋埠面粉业公会主席	曾充宋埠商会执行委员	曾充宋埠香业公会主席	曾充宋埠文具公会主席	曾充宋埠百货公会常务理事	曾充宋埠棉业公会理事
备注								

34.汉口市营造工业同业公会三十五、三十六年文件统计表、收支报告表及税约

(1947 年 4 月)

汉口市营造工业同业公会三十五、三十六年文件统计表								
月份/类别	训令	□令	公函	通知	代电	其他	共计	备考
三十五年四月至八月份	21	5	12	72	2	2	114	
三十五年九月份	2	4	1	9	1		17	
三十五年十月份	5	2	7	21			35	
三十五年十一份	6	7	8	30	4		55	

（续表）

汉口市营造工业同业公会三十五、三十六年文件统计表								
月份/类别	训令	□令	公函	通知	代电	其他	共计	备考
三十五年十二月份	2	7	13	31	1		54	
三十六年一月份	1	2	14	17			34	
三十六年二月份	1		16	23	2		42	
三十六年三月份	5	1	18	34	5		63	
合计	43	28	89	237	15	2	414	
发文类								
	呈	通知	公函	共计	备考			
三十五年四月至八月份	31	40	12	83				
三十五年九月份	1		2	3				
三十五年十月份	8	11	5	24				
三十五年十一份	13	8	13	34				
三十五年十二月份	11	9	9	29				
三十六年一月份	3	3	8	14				
三十六年二月份	3	3	17	23				
三十六年三月份	7	13	14	34				
合计	77	87	80	244				
证明文件类								
名称	数目	备考						
会员检验证明	487 张	三十五年四月至三十五年十月						
会员检验身份		三十五年十月至三十六年一月						
联保切结								
名称	数目	送达机关		备考				
联保切结	507 张	前汉口市工务局		三十五年七月办理				

汉口市营造工业同业公会三十五年度
五、六、七、八、九、十、十一、十二月份收支报告表

借方		贷方
收入金额	科目	支出金额
	收入之部	
285200000	前□□会移来存款	

（续表）

借方		贷方
2010900000	工会费月捐乐捐	
348471827	利息收入	
22803500	特□收入	
24000000	房私收入	
13000000	暂垫款项	
	支出之部	
	薪水	223700000
	工资	68500000
	津贴	163200000
	文具	59298000
	印刷	48200000
	簿籍	12592000
	水电费	72955000
	灯只	1600000
	薪炭	47860000
	茶水	6459000
	消防	3980000
	房租	360000
收入金额	科目	支出金额
	邮费	1650000
	报告费	10823000
	旅费	2000000
	修缮	5016700000
	报纸	16350000
	杂支	75591000
	家具	120640000
	器皿	1098900000
	邮器	610000
	市商会	30000000
	暂整杂项	16000000
	特殊开支	27600000
2704375327	小计	7127568000

（续表）

借方		贷方
2704375327	本年外存	8274475327

汉口市营造业工业同业公会三十六年度
一、二、三月份收支报告表

借方		贷方
收入金额	科目	支出金额
	收入之部	
763184327	上年结转	
249854512	利息收入	
433400000	月捐入会费	
15000000	暂垫款项	
24000000	房租收入	
	支出之部	
	薪水	18000
	工资	5200
	津贴	8250
	纸张	144850000
	笔墨	40200000
收入金额	科目	支出金额
	簿籍	10320000
	杂	3120000
	邮费	12570000
	薪炭	39210000
	消防	28782000
	刊物	6800000
	房租	25754000
	设备物	980000
	茶水	2180000
	旅费	16475000
	报纸	132750000
	保四街卫生事业费	1340000
	奖资金	2600000

（续表）

借方		贷方
	其他杂支	11990000
	水费	11248000
	电费	30544000
	器皿	2320000
	图书	4280000
	广告费	2000000
	其他器具	375000
	宴会特别费	76440000
	救济性捐款	85000000
	交际特别费	15000000
	律师顾问费	100000000
1485438839	小计	73800300
	结存	747435839
1485438839	合订	1485438839

汉口市营造工业同业公会税约

甲、税约条款

第一条　本规定依据本会章程第四十七条之规定订定之，定为汉口市营造工业同业公会税约。

第二条　本会会员均有遵守本税约之义务。

第三条　凡在本市区经营营造业之公司厂号，除关系国防之公营事业或法令规定国家之专营事业外，开业之先应向本会申请登记入会，取得会员资格后方得营业。

第四条　凡会员入会时，须有同业二家以上之盖印介绍，经核准合格者方得入会。

第五条　有下列情事之一者，不准入会：

一、发生章程第九条载各款情事之一者；

二、无建筑技能与无土木工程经验者。

第六条　凡投标土木建筑工程，在开标后如有暗中跌价抢夺，攫为已有，经本会调查确实后，呈请主管官署停止该厂三个月工作外，并得处以该工程全部造价千分之五罚金。

第七条　凡属已经开工至工程中途或有业主变更计划，另行改请营造厂建造，但必须业主将承包人手续办理清白，方准接办，否则经查明后即行呈请官厅勒令停工（战前工程在内）。

第八条　会员如有假借牌号或署名顶替承包一切建筑工程者，经查明后呈请官厅勒令停止营业。

第九条　会员招收学徒三年满师后，服务听其自由；如未满师，其他厂家擅行雇用者，报由本会查实后，提交会议处罚。

第十条　会员承建工程不论大小,应将工程概况、造价多少填表送会,以便编制统计报告表,由本会制发之。

第十一条　会员承建工程如有隐匿不报或多报少报者,经查明后,按工程造价千分之一处罚之。

第十二条　本会会员分甲、乙、丙、丁四等入会费,规定于下:

一、甲等会员入会费国币八万元;

二、乙等会员入会费国币六万元;

三、丙等会员入会费国币四万元;

四、丁等会员入会费国币二万元。

第十三条　本会会员应缴月捐,规定如下:

一、甲等会员每月缴月费一万二千元;

二、乙等会员每月缴月费九千元;

三、丙等会员每月缴月费六千元;

四、丁等会员每月缴月费三千元。

以上入会费、月费得由理事□,随时增减之。

第十四条　本会办理本业学校,其费用在会员承包一切工程造价项下征收补助费,其收法规定如下:

一、不及一百万元者免收;

二、一百万元至一千万元者收千分之八;

三、一千万元至一亿万元者收千分之六;

四、一亿万元至五亿万元者收千分之四;

五、五亿万元至十亿万元者收千分之二。

第十五条　同业有不入会者,有不缴会费者,三个月以上与二次不缴补助者,违背会章与议决案者,应受下列之处分:

一、第一次书面劝告,第二次警告;

二、不服警告者,呈请官厅处以有时间之停业与永远之停业。

第十六条　会员如因营业发达,在主管官署改等升级者(如乙等升甲等),同时亦应报请本会换发会员证书,其费用照入会费减半征收,以示优异,余类推。

第十七条　会员退会时应将会员证缴销之。

第十八条　凡同业承包一切大小工程,须以同业二家作保,不准用非会员作保;如查有以非会员作保者,处以工程费千分之五之罚金,或呈请主管机关停止其营业。

第十九条　本规约如有未尽事宜,由本会大会修改后,呈请市政府备案。

第二十条　本规约自呈经市政府备案发生效力。

乙、讨论事项

第一提案　会员中华等三十四家提议,上年所有承包工程,当时物价比现在相差甚巨,营造厂由是亏累不堪,无法挽救,可否呈恳政府向委托人要求,不照现时物价加工程费,请公决案。

(事实)上年十月至今,物价增加比例表。

（办法）依照行政院本年元月十四日从字第一三二号指令办法，营造厂无呈请加价之余地。不过上年入秋以来，物价继涨增高，且有超过数倍者，考其原因：一由国内发生战争，通货膨胀，钞币贬值，交通不便，运输困难；一系营造所需各项原料，如砖、瓦、五金等等，均赖工造成，全由工资调整连带加价，所有与本会会员定约之原料与工资均已另约加价。此种特殊情形，不独营造厂无此远大眼光，即委托人亦非始料所及。如令遵守契约，营造厂势必由亏累所致，影响工程之进行，保人由赔偿而歇业，形成社会不安，委托人亦受到工程不能告竣之影响，计莫如呈请政府：

一、凡立项工程费几成到期，工程未达到几成者，不得借词加价；

二、凡工程费领齐而工程未能完成者，如有意拖延，不得借词加价；

三、凡领工程费一部分，如期完成部分工程者，其余未完成工程之费用未领，适其时市面发生如上述币制贬值、工资调整、物价波动之情形，应分别按照逐月物价比例增加。

（一）详细加价：按照工程所需各项物料现时价目增加之；

（二）统一加价：按照下□工程所需各项物料现时价目增加之。

照上开增加办法，如蒙层峰令准，庶免除工程受阻之弊害而能促建设之发展。

第二提案　本会规约草案业经拟就，特提请大会审查修正，俾便呈请备案施行案。

（事实）见规约草案。

（理由）查本市各业公会，均有同业规约之订定，原因系在团结精神，步趋一致，可以共谋业务上之改进，而营造业系协助政府建设，供社会人类住与行之安全，所负使命较任何业重大，更不可无规约，以一遵守，现已根据同业之意，将草案拟就请大会逐条审查修正后，呈请政府备案施行。

第三提案　奉汉口市政府转奉湖北省令发建设厅《复核营造厂摘要表》及暂行标准，降级与限制实属过严，应如何办理，请公决案。

（事实）见摘要表与复核标准。

（办法）查摘要表以缺乏证件者，一律降数级或一级，而暂行标准条文所载，以沦陷区营造厂申请登记，亦一律按照原等降一级，此种理想而不顾及事实之条文，殊令人不无疑虑。果若遵行，则甲、乙、丙等营造厂，即无生存之可望。所以提请大会，共谋办法挽救，最好呈请建设厅将暂行标准酌予变通，仍照会员申请登记等级，再行详细核复发照。

第四提案　凡承包工程应以同业二家作保，不准用非同业，是否可行，请公决案。

（理由）查非同业不明工程情形，对于被保者，有无营造能力，所保工程能否如期成功，均属茫然。所以有中途停工发生交涉者，甚有不能完工另行招标者，结果委托人与保人均有不利，并贻误工程之进行。如由同业作保，不□独首先即要审查承包人能力，与对该项工程能否成功，可保则保，否则不保，万一中途有发生其他情形不能告竣之工程。保人原为同业，亦可负责为之筑成。

第五提案　应否本会制订工程合同发由全体会员一致遵用，如有私自另订合同者，查出即提交会议处罚案（合同式样附后）。

本合同　　由　　　（以下称业主）与　　　（以下称承包人）

双方同意于中华民国　年　月　日订立之。

第一条　承包人履行业主所绘制之一切图样与施工说明书营造所包之工程。

第二条　第一条规定之工程其价为国币　元整。

第三条　承包人应于签合同日起　天内(休假日、积雨冻天不在内)将工程完全告竣,交由业主验收,否则应以逾限之日数计算,每日罚国币　元整,作损失赔价,由业主在承包人应得之款内扣除。

第四条　业主应照下列分期付款办法,每期日内付给承包人,如有应行变更及增减款项,或有延误工程等事若干,应恳由建筑师估定办理所有付款,各期分列如□。

第五条　承包人及业主皆为本合同之一部分,彼此两造,无论个人或代理人均在完全履行,至全工告竣为止。

第六条　在本合同有效期内,业主遇下列各项情事之一者,得将本合同规定之工程全部或一部收回,或另交他人继续。

1.承包人违背本合同任何之规定时;

2.承包人死亡时;

3.承包人宣告清理或破产时;

4.承包人脱逃时。

第七条　本合同一式三份,由业主、承包人及建筑师各执一份存照。

业主　　盖章　　住址

代表人　　签字盖章　　住址

承包人　　盖章　　住址

代表人　　签字盖章　　住址

建筑师　　签字盖章　　住址

中华民国　年　月　日

5 月

1.中国国民党汉口特别市执委会、财委会为协助劝募党员特别捐致黄可权函

(1947 年 5 月 2 日)

敬启者。查本市党员特别捐,前经本会以汉财字第四五一一及第四六九〇、第五〇七一号电请查照办理,并承慨允在案。兹四月份又过,中央电催赶办结束。关于贵会允募之款五百万元未荷送交银行,特派本会干事梅成保同志前来接洽,务希查照,将募足之款提前送交指定银行收解,并将已送银行数目连同收据函知本会为荷。

此致

黄理事长可权

主任委员　邹安众　副主任委员　石信嘉

2.中国国民党汉口特别市执行委员会、财务委员会为催党员特别捐致营造业同业公会理事长彭曜棠函

（1947 年 5 月 2 日）

敬启者。查本市党员特别捐，前经本会以汉财字第四五一一及第四六九〇、第五〇七一号函电请查照办理，并承慨允在案。兹四月份又过，中央电催赶办结束，关于贵会允募之款五百万元未荷送交银行，特派本会干事梅成保同志前来接洽，务希查照，将募足之款提前送交指定银行收解，并将已送银行数目连同收据函知本会为荷。

此致

彭理事长曜棠

3.汉口市纸盒业同业公会为纸盒业职业工会李斌臣等率带工人百余人打殴货物家具请转呈市政府令饬警局严缉打殴各犯转解军法处从严惩办并解散其工会致市商会

（1947 年 5 月 2 日）

窃以前准纸盒业职业工会函，以本会同业余永兴等十一家违反去岁调解案，多收学徒，请转知各该店，将多收之学徒裁去，以符原案。等由。经提交本月二十九日理监联席会议决定，公推孙光明等四理事，即日会同劳方代表按照上开各户调查明白，当场解决。等语，在卷。此时由双方代表上街共同调查，结果各同业均愿将新收之学徒解散，因值连日天雨，尚未遣散，不意本日上午十时，该工会李斌臣、刘长盛、周元茂等率带工人百余人蜂拥来店，不由分说，将店内货物家具一并打殴，适警察四分局第二所派警数名前来制止，目击可证。该李斌臣等□情众不服从，且敢肆意殴打杨巡长，扭夺枪支，抓毁肩章、制帽等件，似此行为，本行与本会同业何能营业。除分呈外，理合呈请大会鉴核，迅予转呈市政府，令饬警局严缉打殴各犯，转解军法处从严惩办，并解散其工会，以维商业而儆效尤。

谨呈

汉口市商会

汉口市纸盒业同业公会理事长　熊巨川

4.汉口市牙工业同业公会第一届改选成立大会记录

（1947 年 5 月 3 日）

时间：卅六年五月三日下午一时

地点：旌德巷本会

出席会员：五十八人

市府李监选济苍

市党部王指导凌云

市商会高指导坤山
警察第三分局殷代表立志
主席:刘谊全
记录:刘经五
选举结果

理事:胡启彬 50 票,万明高 42 票,李明启 30 票,谌长松 22 票,张东允 21 票,徐春甫 17 票,黄冠人 15 票,刘谊全 14 票,万明文 10 票。

候补理事:毛国荣 10 票,杨焕章 7 票,卢□清 2 票。

监事:陈银海 17 票,谌友松 14 票,朱正兰 12 票。

常务监事:朱正兰

候补监事:毛华山 10 票。

常务理事:胡启彬 8 票,李明启 7 票,刘谊全 5 票。

理事长:李明启

5.汉口市商会为三十三年间广货业工会属伪特别市商会所辖致湖北高等法院函

(1947 年 5 月 5 日)

启准贵院刑度字第六三八号公函,为三十三年间,汉口广货业同业公会究由汉市商会所辖抑属商统会所辖,嘱查明见复。等由。查本会□□以前文卷全部散失,无法稽考,经觅得伪市商会□□,相应函复。即颂查照以复!

湖北省高等法院

理事长　贺衡夫
常务理事　陈焕章代

6.汉口市国药同业公会、中药炮制业职业工会为劳资会订改善待遇条约呈市政府(附改善雇工待遇条约一份)

(1947 年 5 月 6 日)

窃查会等所属各号职工为物价高涨,生活难以维持,纷纷呈请汉口市中药炮制业职业工会设法救济。经函商,汉口市国药业同业公会转请各号增加职工薪资及改善待遇,并拟办法。复经国药业公会召集各号店东暨经理先行研讨,于本年四月二十五日在长堤街药王殿由两公会推派负责代表人签押。除分呈并会衔通告双方会员共同遵守履行外,理合抄录原约一份,备文呈钧府鉴核,并恳准予备案,以昭慎重。

谨呈

汉口市政府

汉口市国药同业公会理事长　徐海珊
汉口市中药炮制业职业工会理事长　曾禹山

附：汉口市国药同业公会、汉口市中药炮制业职业工会协议改善职工待遇条约

（1947 年 4 月 25 日）

一、兹为求本业劳资协调，兼谋工商共同发展及保障人类健康起见，双方互订之。

二、雇佣职工：凡各号雇佣职工应由中药炮制业职业工会介绍，但人事方面须经号方选择，按才聘雇，如非中药炮制业职业工会之会员或未在本业学艺之人员，号方不得雇佣。

三、雇佣职工□限：凡职工在各号服务期间以每年元、五、八月为退留之期，但当选中药炮制业职业工会之理监事，以会务任期满时各号再定去留，或在任期内如有不法情形有据者不在此限。

四、雇佣学徒：每号得用学徒一人，若超过职工七人以上者得增加一人，余类推，但收学徒时以三年卒业之期，须先报两会定期向先师真人举行礼仪，以昭尊重。

五、职工薪资：按各级职务规定，计头柜、头刀、大办做、司账，每职每人月薪二万六千元；二柜、二刀、二办做，每职每月月薪二万一千元；散同事每月薪一万六千；学徒服务五年以上者，每人月薪一万二千元。如充任□□以上各职务者，应按级实支薪资，但在学徒期间，每月有号方发给津贴一千五百元，其任正、副管事者之职薪最低额，正管事月支六万元，副管事月支五万元，倘各号有优待及特等号，本条各点不在此限。

六、职工米贴：米贴为职工补助生活之不及，得依照原例，在每日所售数额按二八提成，仍依据各号旧历分给，不得另生枝议。但参、银耳、药糕、木辰酒、加皮酒、西药不在提成之例。

七、红利：关于各号每届年终结算如有盈余，得按照实得盈余数额仍依素例以二八红分给职工，其分配法由各号酌级分配，并不得隐瞒。否则，准由该号职工书面报告中药炮制业职业工会转函国药业同业公会会同裁判之。倘各号除提红外，另有优待情形，另有酬劳不在此限。

八、所订各条经两会负责代表人签押后会同通告施行，并订由本年四月一日起双方遵守履行，但对第五条如遇市面物资价格转变时，得随时增减之。

以上各条经两会负责代表人签押后，会同通告施行外，并呈报各主管机关备案。

汉口市国药业同业公会理事长　徐海珊

汉口市中药炮制业职业工会理事长　曾禹山

7.天津市商会等为转知各职业团体本会等要求增加国大代表及立法委员致汉口市商会

（1947 年 5 月 12 日）

查行宪十大法规，业经立法院制定，并于上月三十一日由国民政府正式公布。关于职业团体代表名额，在《国大选举法》及《立委选举罢免法》中皆有明文规定。《国大选举法》中代表名额共计二千九百三十七名，职业团体代表计四百五十名，约占总额六分之一，较二十六年五月二十一日修正公布之《国大代表选举法》所规定之比例数为少，该法第二条所规定名额共一千四百四十人，依《职业团体选举法》选出者，共三百八十名，约占总额四分之一；《立法委员选举罢免法》第四条规定，总数约在五百七十余名，自职业团体选出立委仅有五十六名，较国防最高委员会所决定之一百一十九人减去大半以上，两项名额，以当前我国情势而论未免太少。查人民之权利、义务，系属于社会各个阶层，社会之进化，国运之兴隆，又以各个阶层之利益相互调和为其主要原动力,故只有由各个阶层人民直接选出之代表,始能代表各个阶层之意识,并且唯有如此,始能反映真正之民意。今日之中国社会日趋复杂,职业团体数额较往日增多,政府欲明了各种职业团体之实际情况,并使其各代表能为其所代表之团体谋得应享之权利,其代表名额最低限度应达到代表在会议中足以发挥作用之程度,似照公布之《国大选举法》职业团体代表数额实难达成此项任务。复查立法院为国家最高之立法机关,有议决法律案、预算案等重要事项之权,职业团体所选出之委员仅占五十六席,在立法机构中实无法产生预期作用,其最少之名额应在四分之一以上,依照《宪法》第六十九条规定,如果拥有立委全额四分之一以上,即可请求立法院召集临时会议,如此职业团体代表即可为其所代表之团体利益得以请求立法院付诸讨论。本会等为谋职业界各团体福利起见,爰于五月二日分别电呈国防最高委员会及立法院,请求对此两种行宪法规酌予修正,增加职业团体之国大代表及立法委员之名额,借以符合事实上之需要,相应函达,即希贵会转知各职业团体查照为荷。

此致

汉口市商会

天津市商会

天津律师公会

天津市中医师公会

天津总工会筹备委员会

天津市会计师公会

天津市第六区农会

天津市医师公会

天津市教育局

天津市新闻记者公会

8.汉口市贷款贮储民食会议记录

(1947 年 5 月 15 日)

时间:卅六年五月十五日午后

地点:市府财政科

出席人:房地产业公会华祝安

碾米工业同业公会涂炳炎

市政府李世鹤

市党部袁志成

参议会祝庸斋

市商会陈焕章

主席:吴文麟(李世鹤代)

记录:余前录

甲、报告事项(略)。

乙、讨论事项

案由:本府为调剂民食,前经函请四联分处贷借资金,兹准该处函复,以此案经呈奉总处,核准贷款五亿元,由当地粮商依照办理粮食押款押汇原则向各行局个别洽借,并推定中、农行代表嘱查照洽办。等由。现此项贷款已由省府省政座谈会议决,以本市积谷三千石押贷一部购储民食,所余之数无多,是否由粮商径行押贷,抑仍由续运到汉之积谷抵押,提请公决。

决议:粮商以手续过繁,时间亦不许可,暂不借贷,仍由继续运汉之积谷押贷购粮,以备紧急需要。

案由:拟以本市积谷向四联分处押款,俾便购粮调剂民食,提请公决。

说明:查近来粮价不断上涨,刺激物价,影响人民生活甚大。本府有鉴及此,经洽准四联总处允贷款五亿元购粮调剂民食。惟须照粮食押款押汇原则办理,复查本省各产粮县分处无国家银行押汇,既不可能押款,亦无粮食作抵。爰拟将本市积谷悉数向四联押款,向产区购粮运汉平价出售。经提请湖北省政府第廿五次省政座谈会通过在案。

办法:

1.推定负责机构积极办理贷借手续(暂以积谷三千石押贷)。

2.指定负责机关派员赴产区购运。

3.决定粮食运汉后储存或即出售。

决议:

1.由市府向四行洽借。

2.贷款成功后,由商会责成粮商采购。

3.储存及出售办法由市府草拟,提下次会议决定。

丙、散会。

9.汉口市商会为转饬《国民大会代表选举罢免法施行条例》致汉口市各业同业公会

(1947 年 5 月 16 日)

案奉汉口市政府市民字第 4505 号代电开:“奉湖北省政府本年五月三日省社三字第 856 号训令开,查《国民大会代表选举罢免法施行条例》业经立法院会议通过,其第九条第三项规定,职业团体、妇女团体及全国性职业团体、妇女团体之主管选举机关,应定期通告各该团体,于选举九十日前造报记载下列各款之簿册:(一)组织章程设立程序及其经过;(二)立案机关及立案年月日;(三)职员及其经历;(四)会员姓名、性别、年龄、籍贯、住所,并从事该职业之年期;(五)会员有同时为其他团体会员时,其他团体之名称并声明其择定参加选举之团体等项。各该县市关于前项簿册应行报造事项,应即赶速准备,以期如限完成。除分令外,仰即切实遵照办理为要。等因。查国民大会代表选举为期已近,奉令前因,除分行外,合亟电仰转饬各团体切实遵照办理,勿延为要。”等因,奉此。除分行外,相应函希查照办理为盼。

此致

汉口市各业同业公会

汉口市商会　启

10.汉口市商会为各团体造报簿册之事项致汉口市各业同业公会函

(1947 年 5 月 16 日)

案奉汉口市政府市民字第 4505 号代电开:“奉湖北省政府本年五月三日省社三字第 856 号训令开,查《国民大会代表选举罢免法施行条例》业经立法院会议通过,其第九条第三项规定,职业团体、妇女团体及全国性职业团体、妇女团体之主管选举机关,应定期通告各该团体,于选举九十日前造报记载下列条款之簿册:(一)组织章程设立程序及其经过;(二)立案机关及立案年月日;(三)职员及其经历;(四)会员姓名、性别、年龄、籍贯、住所,并从事该职业之年期;(五)会员有同时为其他团体会员时,其他团体之名称并声明其择定参加选举之团体等项。各该县市关于前项簿册应行报造事项,应即赶速准备,以期如限完成。除分令外,仰即切实遵照办理为要。”等因。查国民大会代表选举为期已近,奉令前因。除分行外,合亟电仰转饬各团体查照办理为盼。

此致

汉口市各业同业公会

汉口市商会　启

五月十六日

11.汉口市商会整理委员会为检发参议员正式选举人名册及检发候选人名册致汉口市各同业公会函

(1947 年 5 月 17 日)

案奉汉口市政府市秘民字第六三七九号训令内开:“查本市参议员正式选举,奉选举监督民木字第 4548 号代电,定本(五)月廿六日举行,仰将核定发还之选举人名册及检发之候选人名册于令到之日起,将该候选人于各该区会所榜示公告(不属该区会者不列榜,原册仅供参考)。市民对于公告之名册,如认为有错误或不确定者,得于选举前三日(廿二日)向登记处所申请更正,候选人中如有违市参议员选举条例第三条各款及有参加伪组织者,得依法检举,但须提出确实证据,出具真实姓名、住址及铺保,倘有诬告情事,依法反坐。惟各该区会办理更正,应特别慎重,详加考核,不得徇申请人之请求,任意变更,兹规定限制办法于次:(一)申请选举人名簿遗漏者,应提出公民证;(二)申请候选人遗漏者,应提出发表审核合格之报纸或本府证明书;(三)区域候选人申请转入职业团体候选者,应取具该职业团体之证明书,除自由职业、教育会由各该会理事长证明外,农工商所属各单位由各该总会之理事长证明;(四)如申请由区域转移者,应取具原住区域之警察分局户口迁移证及区公所之公民移转证明书(须盖有区公所之钤记及区长私章),查明在该区新立之户口属实。以上申请更正至迟须于选举前三日(二十二日下午二时以前)办理,逐日收到核实后加以签注,转报本府核办,须核准始能更正,务仰切实遵办,不得疏忽为要,此令!”等因。附发候选人名册全份,奉此,自应遵办。除将汉口市商会、市参议员候选人名榜示本会门首暨分行外,相应抄单函达,即希查照为荷。再,关于各商业公会市参议员初选代表尚有少数未遵送到会,务请于本月十八日以前赶速送会,以凭汇转,合并声明。

此致

汉口市各同业公会

附汉口市商会市参议员候选人名单一份。

汉口市商会整理委员会　启

12.汉口市商会为转汉口市政府关于催促商民登记公告训令致汉口市各业同业公会函

(1947 年 5 月 20 日)

汉口市政府市社字第六七九四号训令开:"查本府举办之商业登记,业经一再限期令饬各同业公会遵办在案。惟为时半载,其已遵章登记者固多,而忽视政令、意存观望者亦复不少。兹为普遍推行登记政令起见,再延限于六月二十日以前办理完竣,并于完竣后实行检查。特印就催促商民办理商业登记通告三万份,发由警察局径发各商店遵照,限期迫促。关于上项登记手续,凡未办理者,均须依限补办,已办而未领有登记证者,应迅即依照该通告说明第三项之规定,由会分别补给收到申请书收据,俾该属会员留作检查时之证明。除分行外,合行令仰遵照为要。"等因,附发催促商民办理商业登记通告一份,奉此。除分行外,相应抄同通告,函希查照,分转未登记各商店知照为盼。

汉口市各业同业公会

附抄《市政府催促商民办理商业登记通告》一份。

汉口市商会　启

13.汉口市商会为天津市职业团体通电要求增加国大代表及立法委员致汉口市各业同业公会

(1947 年 5 月 20 日)

案准天津市商会等团体连衔函称:"查行宪十大法,抄至查照为荷。"等由,准此。除分行外,相应函希查照。

此致

汉口市各业同业公会

(会戳)启

14.汉口市商会为转知请求增加职业团体之国大代表及立法委员名额致汉口市各业同业公会函

(1947 年 5 月 21 日)

案准天津市商会等团体连衔函称:"查行宪十大法规,业经立法院制定,并于上月卅一日,由国民政府正式公布。关于职业团体代表名额,在《国大选举法》及《立委选举罢免法》中皆有明文规定,《国大选举法》中代表名额共计二千九百三十七名,职业团体代表计四百五十名,约占总额六分之一,较二十六年五月廿一日修正公布之《国大代表选举法》所规定之比例数为少,该法第二条所规定名额共一千四百四十人,依《职业团体选举法》选出者,共三百八十名,约占总额四分之一;《立法委员选举罢免法》第四条规定,总数约在五百七十余名,自职业团体选出立委仅有五十六名,较国防最高委员会所决定之一百一十九人减去大半以上,两项名额,以当前我国情势而论未免太少。查人民之权利、义务,系属于社会各个阶层,社会之进化,国运之兴隆,又以各个阶层之利益相互调和为其主要原动力,故只有由各个阶层人民直接选出之代表,始能代表各个阶层之意识,并且唯有如此,始能反映真正之民意。今日之中国社会日趋复杂,职业团体数额较往日增多,政府欲明了各种职业团体之实际情况,并使其各代表能为其所代表之团体谋得应享之权利,其代表名额最低限度应达到代表在会议中足以发挥作用之程度,似照公布之《国大选举法》职业团体代表数额实难达成此项任务。复查立法院为国家最高之立法机关,有议决法律案、预算案等重要事项之权,职业团体所选出之委员仅占五十六席,在立法机构中实无法产生预期作用,其最少之名额应在四分之一以上,因依照《宪法》第六十九条规定,如果拥有立委全额四分之一以上,即可请求立法院召集临时会议,如此职业团体代表即可为其所代表之团体利益得以请求立法院付诸讨论。本会等为谋职业界各团体福利起见,爰于五月二日分别电呈国防最高委员会及立法院,请求对此两种行宪法规酌予修正,增加职业团体之国大代表及立法委员之名额,借以符合事实上之需要,相应函达,即希贵会转知各职业团体查照为荷。”等由,准此。除分行外,相应函希查照。

此致

汉口市各业同业公会

汉口市商会　启

15.湖北省汉口市参议会因有要事请汉口市商会理事长亲临参议会致市商会通知

(1947年5月22日)

敬启者。兹有要事奉商,敬请贵会理事长于本月二十二日(星期四)下午二时亲临汉口市参议会一叙为荷。

此致

市商会

湖北省汉口市参议会议长　何成浚、张弥川

16.汉口市政府为国药同业公会、中药炮制职业工会会订改善职工待遇一案指令

(1947年5月22日)

本年五月六日呈一件,为呈报劳资会订改善职工待遇条约,恳祈核备由。呈件均悉,既经双方会同协议,应准备案,查惟所订之“条约”应改为“规约”,除令外,仰即知照。此令!

市长　徐

17.汉口市商会为陕灾千元运动检送传单收据致汉口市银行业公会函

（1947 年 5 月 22 日）

查本月十三日，本会召开各业公会代表大会，讨论事项为救济陕北灾区千元捐助运动一案。经决议：本会分配传单收据十万份，每份捐款一千元，按照各业公会会员总数比例分发，由各公会于本月廿四日以前，将捐款汇缴本会传送，如有未发完之收据，可退回本会，以清手续（每人均为劝募对象，持有本会所发传单收据者，可免保甲重募）。等语，记录在卷。除分行外，相应检同收据三五〇份，函希查照，转发各会员，并限于本月廿四日以前汇缴捐款到会为盼。

此致

汉口市银行业公会

附送传单收据三五〇份。

汉口市商会

18.武汉各界救济陕北灾区千元捐助运动大纲

（1947 年 5 月 23 日）

一、为使民众普遍了解□□政治之错误及其罪行，并对陕北灾黎予以经济之援助起见，特发起武汉各界救济陕北灾区千元运动。

二、千元捐助运动党、政、军、团、参议会及各民众团体会同办理之。

三、千元捐助运动以个人为劝募对象，并按地区、职业及机关团体，分别组织为大队、中队或直属队，担负劝募之责。

四、各机关、法团、学校，以机关、法团、学校为单位组织直属队，由各机关、法团、学校首长为指导员，并指定高级幕僚一人为队长，就各该机关、法团所属员工劝募之。

五、各民众团体、商会、工会、农会组织大队，所属同业公会及职业工会组织中队，并以各该会理事长为大队长及中队长，分别就所属会员及其家属员工劝募之。

六、不属于机关、法团、学校及职业团体之住户，按照现时行政组织编为大队、中队，各以区长、保长为大队长及中队长，担负各该区、保辖区内住户劝募之责。

七、为使民众了解千元救灾运动政治及经济之两重意义，应制定标语及传单，由报章、杂志及电影公开刊布，以期扩大政治影响与经济之助力。

八、由千元救灾运动会印制小型传单分发各大队、中队转发各捐助人，除使捐助人明了捐助之意义及目的外，并作为收条（但经劝募队长盖私章以资识别），以免重复劝募。

九、劝募工作限半月内结束，并将劝捐结果登报公布后转汇陕西省政府转发陕北灾胞。

十、如有热心救济事业志愿多捐助者，可不受千元之限制，但其应得替代收据作用之小型传单的比例应增加。

19.汉口市政府为陕灾千元运动检送传单收据致汉口市商会函

（1947 年 5 月 23 日）

径启者。准汉口市商会函知,略以救济陕北灾区千元捐助运动。经决议,据□各业工会会员依数比例分发传单代替,每份捐款一千元,附发传单收据三百五十份,计共三十五万元,限于本月廿四日以前汇缴。等由,准此。该捐经由本会先于如数认缴,并于下月份预□摊收检查。此项捐款每人为劝募对象,抄有商会分发传单,代为收捐者,而免保甲重募,将收据三百五十份,据本会缴员比例分发,计中国、交通、农民、邮汇、湖北省五家,每家各分发十二份;商业银行四十三家,每家分发□□份,随函送达,函希查照,收存备抵为荷。

此致

为会共仰

（会戳）启

20.经济部汉口工商辅导处因申请归还日本劫物致各有关会员函

（1947 年 5 月 24 日）

汉口工商辅导处代电,为申请归还日本劫物未能提出证件者,应俟该项新案通过后办理。等由,电仰转知有关各会员知照由。

汉口市商会,案奉经济部本年五月十日京工 367 字第四二四八〇号工灰代电开:查申请归还日本劫物,前准外交部函知,应提出物权及被劫证件,业经分行在案。近以证件之提出发生疑义,曾经本部□请外交部解释。去后,兹准外交部三十六年四月二十三日东(36)字第〇八二六五号函节开,查申请归还劫物,应提出物权及被劫证件□远东委员会议。该项证件限于直接证件,如敌军收据、买卖契约等,间接提出人证不能生效。再查此项决议,在法理上虽无可议,但事实上困难甚多,实施以来,颇感窒碍,现该会正讨论新案,予以补救。拟由会员国各派代表组织机构,备盟军总部咨询,在申请归还劫物未能提出证件时,若经此咨询机构认为应予登还,仍应发还我方劫物。未能提出证件者,应俟该项新案通过后办理。等由,准此。除分电外,合行电仰转饬知照。等因,奉此。除分电外,合行电仰转知有关各行会员知照。

经济部汉口工商辅导处　(36)辰函

21.汉口市商会为转知申请归还日本劫物补救办法由

（1947 年 5 月 26 日）

为转知申请归还日本劫物补救办法由。

经济部汉口工商辅导处原函汉发字第八一八号代电开:案据经济部本年五月十日京工 367 字第四二四八〇号工灰代电开,云云。合行电仰转知有关各会员知照。等因,奉此。除分行外,相应函希查照转知为盼。

此致

汉口市各业同业公会

22.汉口市商会为捐款运动致汉口市各业同业公会函

（1947 年 5 月 28 日）

查警察任务为维护公共安宁，本市警察在任局长领导之下，成绩卓著，虽遭遇薪饷不能如期发给之困难，犹能勤慎厥职，不稍松懈，其服务精神至堪钦佩，尤以警长高金玉于五月八日晚间值勤中山路时，因军车伤人，奋勇追捕肇祸司机，致坠车殉职，取义成仁，良深悼惜。本市《武汉日报》曾发起各界捐助运动，并代收捐款。本市商界同人，对于慈善事业向不后人，自应同声响应，一致捐助。除函知警察局、《武汉日报》暨分行外，相应函希查照，转知各会员迅予踊跃捐款，径送《武汉日报》收转，以恤遗族而昭激劝为盼。

此致

汉口市各业同业公会

汉口市商会

23.汉口市商会为体恤高金玉遗属致汉口市各业同业公会函

（1947 年 5 月 28 日）

查警察任务为维护公共安宁，本市警察在任局长领导之下，成绩卓著，虽遭遇薪饷不能如期发给之困难，尤能勤慎厥职，不稍松懈，其服务精神至堪钦佩，尤以警长高金玉于五月八日晚间执勤中山路时，因军车伤人，奋勇追捕肇祸司机，致坠车殉职，取义成仁，良深悼惜。本市武汉于慈善事业向不后人，自应同声响应，一致捐助。除函知警察局，查照转知各会员，迅予踊跃捐助，并将捐款径送《武汉日报》收转，以恤遗族而昭激励为盼。

此致

汉口市各业同业公会

汉口市商会　启

五月廿八日

24.汉口市营造工业同业公会为筹备会捐费致营造厂会员

（1947 年 5 月 28 日）

查组织全国营造业同业公会联合会一案，本会前已决定指派代表参加，其费用由会另向会员筹收，早经通知在案。兹准□京营造同业公会陶理事长函以联合会现奉中央准予组织，嘱本会代表随带筹备费于六月一日赴京出席，开会推选筹备员、成立筹备会。于是提交第二十八次理监代表联席会议决定，所有代表赴京旅费及筹备等费预定为七百万元，由会员一次特捐，甲等每户四百万元，乙等三百万元，丙等二百万元，丁等一百万元，即日派员照收，以资应用，等语，记录在卷。除分知外，相应通知查照照付为荷。

此致

贵会员营造厂

理事长　彭曜棠

25.汉口市政府为派人前往参加禁毒大会致汉口市商会函(附汉口市“六三”禁烟纪念日宣传标语)

(1947 年 5 月 29 日)

查本市纪念“六三”禁烟日纪念办法,案经有关机关商讨,决定于六月三日上午九时(夏令时间),在本市民众乐园大舞台(即新市场)举行纪念代表大会。除分知外,相应通知查照,届时推派代表艺人前往参加,并附上标语一份即希缮贴为荷。

此致

市商会

附送宣传标语一份。

汉口市政府

附:汉口市“六三”禁烟纪念日宣传标语

一、纪念“六三”要发扬林文忠公光荣禁毒精神。

二、纪念“六三”奉行国父禁毒遗教!

三、纪念“六三”要恪遵主席禁烟训示!

四、纪念“六三”要宣扬政府禁毒政策!

五、纪念“六三”要遵守政府禁毒法令!

六、纪念“六三”要协助政府推行禁政!

七、纪念“六三”要人人负起检举烟毒责任!

八、种运售吸制藏烟毒者一律依法处办!

九、包庇纵容烟毒犯者依法处办!

十、今年为肃清烟毒之年!

26.汉口市商会为既济水电公司贴补待遇由致内战经济部电

(1947 年 5 月 31 日)

南京国民政府内战经济部部长张、陈钧鉴:

顷准汉口市水电事业指导委员会电开:查既济公司一再请求水电费暨煤价调整等情,云云,至以济当前公需。等由,准此。查既济水电公司为汉口市公用事业之一,关系民生甚大,所请每月□给沪煤五千吨,按京沪水电厂同等贴补待遇各节,确属必要。除分电外,理令电请鉴核施行,以维公用为祷。

汉口市商会理事长　贺衡夫

27.汉口市商会为公布实施维持社会秩序之临时办法六条致汉口市各业同业公会函

(1947 年 5 月 31 日)

案奉汉口市警察局警行字第一八四〇号代电开:案奉武汉警备司令部(卅六)辰养思字第八三五号代电开,奉武汉行辕主任程(卅六)辰马民字代电开,准国民政府文官处吴文官长府文辰政电开,奉国民政府本月巧日令开,迩来物价波动,影响民生,政府正积极筹措有效方案,以期安定。讵意京沪等地竟有若干学校学生及一部分工商界之职工,相率集众请愿,迭提过当之要求,出以越轨之行动,妨害公务,阻碍交通,显有意鼓动风潮,扰乱社会之秩序,破坏行政之措施。长此不戢,将愈使物价波澜,继长增高,而趋于紊乱,既违公众福利之目的,尤贻国家民族之祸害。当属明智者既不忍为,实亦政府既难坐视。查《妨害秩序与公务刑法》及《违反警罚法》均有明确之制裁。除将各有关条律条文择要公告,借彰警惕外,并经国民政府委员会国务会议第一次委员会议根据施政方针第十条之规定,通过下列维持社会秩序临时办法六条,自即日起公布施行。

1.凡人民团体或学校学生来向政府有所请求,应向当地主管机关呈请,主管机关不能解决时,应俟主管机关向其上级机关呈请核办,不能越级请愿。

2.凡人民团体或学校学生请愿时,应派代表向主管机关陈述意见,其代表人数以十人为限,不得聚众,胁迫者应依《刑法》第一百四十九条之规定,予以解散。

3.各学校学生如有以罢课或游行示威或其他扰乱公务情事,各该主管教育行政机关应采取必要之措施或予以解散。

4.各地人民团体如有罢业、罢工或游行示威或其他扰乱公务情事,各该管行政机关应采取必要之措施或予以解散。

5.凡人民团体或学校学生不遵守以上各条之规定,致妨害公共秩序,阻碍交通,妨害公务,毁坏公私财物或伤害他人身体者,当地政府应采取紧急处置,作有效之制止。其触犯刑法者并送由司法机关处理。

6.本办法自公布日施行。以上办法及有关法律条文之规定,应由各级主管机关切实执行并晓谕各机关团学校,一体遵照为要。

此令!

附有关法律条文:

(1)《刑法》妨害秩序罪第一千二百一十九条,公然聚众意图为强暴胁迫,已受该管公务员解散命令三次以上而不能解散者,在场助势之人处六月以下有期徒刑、拘役或三百元以下罚金,首谋者处三年以下有期徒刑;第二百五十条,公然聚众施行强暴胁迫者,在场助势之人处一年以下有期徒刑、拘役或三百元以下罚金,首谋者及下手实施强暴胁迫者处六月以上五年以下有期徒刑;第二百五十一条以加害生命、身体、财产之事,恐吓公众,致生危害于公安者,处二年以下有期徒刑。

(2)《刑法》妨害公务罪第一百三十五条,对于公务员依法执行职务时,施暴胁迫者处三年以下有期徒刑、拘役或三百元以下罚金;第一百三十六条公然聚众犯前条之罪者,在场助势之人处一年以下有期徒刑、拘役或三百元以下罚金，首谋者及下手实施强暴胁迫者，处一年以上三年以下有期徒刑。

(3)《非常时期农矿工商管理条例》第三十条，违反第十一条之规定，罢工、罢市或煽惑罢工、罢市者，处七年以下有期徒刑，并得科一千元以下之罚金。怠工或煽惑怠工者，处一年以下有期徒刑或拘役。

(4)《违反警罚法》第五十四条，有下列各款行为之一者，处七日以下拘留或五十元以下罚款。散布谣言影响公共之安全者(余略)。等因。特电查照，并转饬遵照。等由。特电查照，并饬各□遵照。等因。特电遵照。等因。除分电外，特电查照并希转饬各会员切实遵照。等因，准此。除分行外，相应函希查照转饬为盼。

此致

汉口市各业同业公会

汉口市商会　启

五月卅一日

28.汉口市政府为参加筹备"六三"禁烟纪念事宜商讨会的通知致汉口市商会函

(1947年5月)

汉口市政府代电　民国卅六年五月　日　市秘民字第04764号

市商会：

案奉内政部本年五月京禁三字第〇二九七八号辰寒代电开："查本年'六三'禁烟纪念日转瞬即届，业经本部电达各省市政府，届时援照成例，邀集当地党、政、军、学各界，发动民众隆重纪念，扩大宣传在案。关于贵市方面之纪念事宜，应由贵府主持办理，相应电请会商，本部禁烟特派员邀集各有关机关酌定办法，切实办理，□复为荷。"等因。兹定于本月廿四日下午三时在本府招待室举行筹备会议，商讨纪念事宜。除分电外，相应电请查照，届时派员参加为荷。

汉口市政府　秘民辰印

29.汉口市营造工业同业公会章程

(1947年5月)

第一章　总　则

第一条　本会定为汉口市营造业工会同业公会(以下简称"本会")。

第二条　本会以协助政府发展，增进同业公共利益为宗旨。

第三条　本会之区域，以汉口市行政区域为范围。

第四条　本会会址设于宫樵区吉庆街第九十六号。

第二章　任　务

第五条　本会之任务如下：

一、关于会员业务之指导、研究、调查及统计；

二、关于会员营业上必要时之维持；

三、办理合于第二条所示宗旨之其他事项。

第六条　凡在本区域内经营营造业之公司或□□，均应为本会之会员。

第七条　凡本会会员，有不正当行为致妨害本会名誉者，得以会员三人以上之联名报告，经理监会之调查属实，得分别予以警告或除名。

第八条　本会会员均有发言权、表决权及被选举权。

第九条　本会会员依入会之等级，分别享有之选举权、表决权如下：

一、甲等四权；

二、乙等三权；

三、丙等二权；

四、丁等一权。

第十条　本会会员应有下列之义务：

一、遵守本会会章及决议案；

二、缴纳会费。

第三章（略）

第四章　组织及职权

第十一条　本会设理事十五人，均由会员大会就会员中用记名连选法选任之。选举前项理监事，应为另选候补理事四人、候补监事二人，遇有缺额依次递补，以补足前任任期为限，未递补前得列席会议。

第十二条　当选理监事及候补理监事之名次，依多寡票数，相同以抽签定之。

第十三条　理事会议设常务理事七人，用记名选举法互选之，以得票最多者为当选常务理事，有缺额时由理事会补选之，其任期以补足前任任期为限。

第十四条　常务理事会就当选之常务理事中互选理事长一人。

第十五条　理事会之职权如下：

一、执行会员大会决议案；

二、召集会员大会；

三、执行法令及本章程规定应办之事务。

第十六条　常务理事会之职权如下：

一、执行理事会议决案；

二、处理日常事务。

第十七条　监事会之职权如下：

一、监察理事会执行会员大会之决议；

二、审查理事会处理之会务；

三、稽查财政出入。

第十八条　理事及监事之任期均为四年，每两年改选半数，不得连任，前项第一节之改选以抽签定之，但理事人数为奇数时，留任者之人数得较改选者多一人。

第十九条　理监事有下列情事之一者，应即解任：

一、会员代表资格丧失者；

二、因不得已事故向理事会辞职，准其辞职者。

第二十条　本会理事均为无给职。

第二十一条　本会设办事员若干人，办理本会日常事务，其办理细则另订之。

第五章　会　议

第二十二条　本会会员大会分定期会议及临时会议两种，均由理事会召集之。定期会议每月开会一次，临时会议理事认为必要时或经会员半数以上之请求召集时召集之。

第二十三条　召集会员大会，应于十五日以前通知之；紧急事项召集临时会议时，不在此限。

第二十四条　本会会员开会时，由常务理事组织主席团轮流主席。

第二十五条　本会会员大会之决议，以出席会员过半数之同意行之，如会员因事不能出席大会时，得以委托书交其代表出席，否则作弃权论。

第二十六条　本会理事会每月至少开会一次，监事会每月至少开会一次。

第二十七条　理事会开会时，须有理事过半数之同意方能决议，可否同意取决于理事长。

第二十八条　监事会开会时，须有监事过半数之出席，监事过半数之同意，决议一切事项。

第六章　经费及会计

第二十九条　本会会费分经常费及临时费两种。

第三十条　经常费由理监事会决定之（甲等八千元，乙等六千元，丙等四千元，丁等二千元），临时费由临时之需要请各会员捐助之。

第三十一条　本会会费之预算决算于每一年度终了，一个月以内编制报告书，提请会员大会通过，呈报主管官署并刊布之。

第七章　附　则

第三十二条　本会规约由会员大会议定后呈请汉口市政府备案。

第三十三条　本章程如有未尽事宜，经会员大会决议呈请汉口市特别市党部及汉口市政府修改之。

第三十四条　本章程经会员大会决议，呈准汉口特别市党部及汉口市政府备案施行。

30.湖北省会警察局第十分局辖内职业团体调查表

（1947 年 5 月）

分局长王念祖呈

团体名称	汉阳县粮食行业同业公会	湖南五邑米业商业同业公会	汉阳水上抽包过挡业同业公会	汉口驳船业职业公会第一分会	湖南安邑船商旅汉同乡会	湖南衡州旅汉同乡会筹备委员会	汉阳县花包脚花纱头业同业公会	汉阳县码头业职业工会	汉阳县棕绳业职业工会	四川旅汉阳县商船过载业公会	四川旅汉阳县商船同业公会	汉阳县粮食篼挖业职业工会	中华海员公会汉阳县海轮装卸厂
已否备案	已	已	已	已	已	已	已	已	已	已	已	已	已
成立日期	三十四年九月	三十四年九月	三十四年九月	三十四年九月	三十四年九月	三十五年十月	三十四年十月	三十五年二月	三十五年九月	三十五年九月	三十五年九月	三十五年七月	三十四年九月
负责人职别	理事长	理事长	理事长	理事长	会长	理事长	理事长	理事长	理事长	理事长	理事长	理事长	组长
负责人姓名	陈华棠	罗峤父	李俊卿	刘炳臣	王庆顺	关馥	徐善政	陈锦堂	潘性初	陶虞臣	陶锦堂	陶晓峰	田耀廷
性别	男	男	男	男	男	男	男	男	男	男	男	男	男
组织概况													
男会员数	21	27	23	31	17	20	40	107	35	100	300	200	12
女会员数													
工作情形													
所在地住址及门牌	集稼嘴 28 号	鲍二巷 35 号	鲍一巷 12 号	鲍一巷 7 号	双街 34 号	弹夹巷 15 号	高公街 40 号	洗马长街 49 号	高公街 72 号	白缮街 22 号	白缮街 22 号	白缮街 41 号	洗马长街 78 号
备考					代理								

团体名称	湖南岳阳旅汉阳县商船公会	汉阳县水豆腐业职业工会	汉阳县木业职业工会	汉阳县棕麻绳业职业工会	汉阳县建造轮驳业职业工会	汉阳县粮食箢挖□包工会第一分会	湖北省船商同业公会联合会	湖南末阳旅汉阳同乡会	汉阳县锯板业职业工会	湖南湘乡旅汉阳同乡会	江西临清旅汉阳同乡会	私立集稼嘴刘业天子弟学校筹备会	民族日报社
已否备案	未	已	已	已	已	已	已	已	已	已	已	已	已
成立日期		三十六年四月	三十六年六月	三十四年九月	三十六年六月	三十五年十月	三十六年九月	三十七年三月	三十六年	三十六年	三十六年	三十七年五月	三十七年五月
负责人职别	代表	理事长	理事长	理事长	理事长	理事长	会长	会长	会长	会长	会长	筹备主任	经理
负责人姓名	马成	江果能	吴楚贤	曾凤山	胡木	黄长清	刘上珍	谢昌和	胡道玖	李代衍	黄贵华	王子卿	李玉山
性别	男	男	男	男	男	男	男	男	男	男	男	男	男
组织概况													
男会员数	47	40	428	110	164	99	200	100	104	30	20	□□	□□
女会员数													
工作情形													
所在地住址及门牌	洋油街18号	洗马长街43号	补善巷10号	高公街24号	洋油街62号	泉隆河街88号	双街52号	弹夹巷15号	东正街219号	洗马长街43号	洗马长街61号	高公街60号	白缮街41号
备考													

31.汉口市商会为救济陕北水灾区千元捐款运动致各业同业公会

(1947 年 5 月)

查本月十三日本会召开各业公会代表大会讨论事项,为救济陕北水灾区千元捐款运动一案,经决议,本会分配传单收据十万份,每份一千元,按照各业公会会员总数比例分发,由各公会于本月二十四日以前,将捐款汇缴本会转送,如有未发完之收据,可退回本会,以清手续(每人均为劝募对象,持有本会所发传单收据者,可免保甲重募)。等语,记录在卷。除分行外,相应检同收据〇〇〇份,函希查照转发各会员,并请予本月二十四日以前汇缴捐款到会为盼。

此致

汉口市各业同业公会

(会戳)启

6 月

1.鼎泰饼油厂厂主为发还机件及厂屋致汉口市商会函

(1947 年 6 月 3 日)

事由:为转呈湖北省建设厅转饬汉阳第一炼油厂职员眷属居住厂屋克日迁让由

鼎泰饼油厂公函

径启者。敝厂自置之制饼油机件及厂屋基地创立于民国二十三年,厂设汉阳杨家河办事处,设汉口旧法租,略历有年所。抗战军兴,本欲迁移至渝,终以机器笨重,且当年交通工具困难,未能搬移。迨武汉沦陷,日敌拆毁厂屋,全部制饼油机件及家具夺运孝感郑家阁营房内制饼油。维时,敝厂处于淫威之下,无力抗阻。到敌寇投降光复后,呈请湖北省敌伪侵占人民财产委员会及各有关机关批令发还在案。除已派员往孝感接收清理,多有缺损。然该营房管理所催搬机件数次,以称驻兵,勿再延。唯厂屋被敌伪拆毁,大半所存未毁之办事房、堆栈、工人房、草栈、潮栈、大小厨房、门房、堆工房计大小十余间,必须修理,急欲将机件运回原址,以谋整理。其厂基屋,现仍由第一炼油厂职员眷属居住,一年有余,屡催竟未迁让。除呈请湖北省府建设厅外,用特函请贵会赐予分别转呈湖北省府建设厅转饬第一炼油厂职员眷属克日迁让,俾便敝厂将机件运回原址,以谋整理,无任企盼,至感公纫。

此致

汉口市商会理事长贺

鼎泰饼油厂厂主　赵焕章　启

地址:汉口复兴街七十五号

2.中国国民党汉口特别市执行委员会财务委员会为将担募之款克日收齐致彭曜棠函

(1947 年 6 月 5 日)

彭理事长曜棠勋鉴:

案奉中央财务委员会劝募总队财总字第〇八二〇号代电开:“汉口市党部并转党员特别捐劝募队公鉴,查此次党员特别捐为建立本党基础之紧要措施,意义重大,曾经再三申明吁请各级党部一致努力,积极推行在案。惟自发动以来,各级党部竭诚拥护,认真办理,获有大量超额及提前完成任务者,为数虽已甚多,而未能采取有效措施,再三因循,一味敷衍,视中央电令呼吁为具文者,亦复所多在有。举例言之,如各省党部中虽浙江、云南等二十六省均在积极解款之中,山东、山西解款大量超额;河北、陕西解款早足配数,合江、察哈尔亦且如期完成;而江苏、贵州等九省则尚分文未缴,敷衍之咎,当非过论。各市党部□□□即将满额,汉、青、渝、惠尚称积极;困难如大连,亦且能解款数百万元;而上海、天津、南京三市亦复分文未缴,因循之讥,岂可能免。铁路党部共计十六单位,解款者十三,满额者七,而仍有平汉、陇海等三单位毫无解款;公路党部共计七单位,其中六单位均已解款。第一区早缴超过,而环境最好之第四区,亦复未缴分文;工矿党部五,解款者四,满额者三,超额者二,大量超额者一,而唐山□□缴款;边疆党部九,解款者五,似属稍为落后,然热蒙及拉卜楞两区均已提前募足,且多超溢。举此大要,用观其余所可作为定论者。乃此项任务之能否完成,应视各地党部工作通知态度之是否积极,如态度积极者,虽动乱如晋、鲁、冀、察,穷困如宁夏,沦陷如合江,亦可提前募足,大量超额;态度敷衍者,则凭借如津、沪,首要如京、苏,亦复相形见绌,难免落后。总以此规则,尚有待于吾人再接再厉,急起直追者,盖已昭然。特再申二义,用勉各地同人:(一)此次特别捐目前收款,国内业已将及百亿,各地解款并复日见踊众。所希冀者,不仅为配募总额之收足,尤盼恳各级单位之系能成功而无一处之失败,故国内九十五单位、国外八十五单位中,有一单位不克完成其任务,尽到其力量者,总队工作决不结束,必谋协助其成功。(二)所有有关此次特捐之考核奖叙、结束征信等各项规定,劝募总队必将忠实执行,务使工作努力、认捐踊跃之同志其资□之心血、力量及所出之金钱有所□扬,而决不作敷衍模棱之结束,致蹈功过不分之往例,务望我各地工作同志切实体察党务之艰难,查照历次电令,各自严加检点。其业已缴足配额之单位,应即按照预定目标迅速催齐未收捐款,赶快结束手续;其尚未募足配额及尚未开始借款之单位,应予急起直追,迅速募齐赶□,用收桑榆之效,万勿再事迁延,俾利全案结束,无任盼企。”等因,奉此。查本市党部特别捐前承贵□□劝募,并限三月底完成,迄今数月,限期早届,迭经本会电请提前办理,派员催提在案。兹奉前因,用再电请查照,体念本党基础之紧要措施,意义重大,将贵队担任劝募之数克日收齐送交银行,以便转解而资结束,幸勿再延为祷!

主任委员邹安众,主任委员石信嘉,劝募大队长徐源泉,副大队长彭善、贺衡夫　巳微印

3.汉口市商会为简征营利事业所利得税召开各业公会临时大会致汉口市各业同业公会函(附上海市参议会为所利得税决议案)

(1947 年 6 月 7 日)

查本会第十一次理监事联席会议临时动议,为上海市参议会所提请财政部计算三十六年度营利事业所利得税采用标准简征办法,勿再普遍查账一案,应如何响应,提请核议案。定于本月十日(星期二)下午三时,召开各业公会临时大会,商讨办法,各公会对于本市各项税务,如有困难可用书面陈述意见,交回核议,等语。记录在卷,除分行外,相应抄同上海市参议会决议案及意见书格式,函希查照,并派负责人到会出席为盼。

汉口市各业同业公会

附抄上海市参议会决议案及意见书格式各一份。

汉口市商会

附:上海市参议会为所利得税决议案

由本会迅函市政府转电行政院暨财政部,主张下列各款,并函复市商会。

一、对于本市三十六年度营利事业所得税采用标准简征办法,勿再普遍查账。

二、请对财政部直税署明示本市三十六年度所利得税额预算,再由本市直接税局依据各业已申报应纳税额,会同各业同业公会,就各该业三十五年度实际营业状况,求得分类标准纯益率公告各业,再公平计算各业各商之应纳所得税额及过分所得税额。

三、对于三十五年度营利事业因生存起见,不得不借入高利贷,当时扣缴利息所利得税既势有不能,而现在令厂商赔缴,实力有未逮,应请准予免征,以恤商艰。

四、在未奉财政部批复前,由本会函市政府转请直接税局暂缓查账,其已□去之账册,即行还。

汉口市各业公会对于各项税务意见书(公会略)提	
案由	
对于税务意见	
办法	

4.汉口市政府社会部为举行座谈会请负责人准时出席致汉口市服装业同业公会函

(1947 年 6 月 7 日)

本市人民团体干训班第三期学员调训曾由府令饬商会转知该会遵照在案,自日已久,册报寥寥,唯恐多未明调训真相,特规定于六月九日(星期一)上午十时借中央电影院举行座谈会,务望贵会员负责人准时出席为荷。

此致

汉口市服装工业工会

汉口市政府社会部　启

5.民国三十六年美金短期库券、美金公债湖北区募销委员会为请踊跃认购第一期募销数额致汉口市商会(附两条例)

(1947 年 6 月 7 日)

案准《外汇所有办法》及各项章则早经公告周知。关于各地募销数额分配标准,计湖北区第一期为一五〇〇万美元,本会受政府委托之重,自应本此目标,努力劝募。爰于第二次委员会决定分组劝募计划,分配各业认销数额,计武汉商号业方面配额为二五〇万美元,劝募机构为武汉市商会,兹以第一期募销期限甚为迫促,端赖各业踊跃认购,庶易迅赴事功。除分函外,相应抄附三十六年美金短期库券及美金公债条例各一份。函请查洽,照顾推销,以宏功效为荷。

此致

汉口市商会

附件。

民国三十六年美金短期库券、美金公债湖北区募销委员会

附 1:《三十六年美金短期库券条例》

第一条　国民政府为稳定金融,鼓励储蓄,发行库券,定名为民国三十六年短期库券。

第二条　本库券定额为美金三亿元,分两期发行,于民国三十六年四月一日至十月一日,各发行半数,即美金一亿五千万元,按照票面,十足发行。

第三条　本库券为无记名式,票面计分为美金五千元、一千元、五百元、一百元、五十元、十元六种。

第四条　本库券依照中央银行美金牌价,以国币折合美金发售之。

第五条　本库券利率定为年息二分,自发行日起,每六个月付息一次。

第六条　本库券还本期限定为三年,自发行日起,每六个月平均还本六分之一,即美金五千万元,息随本减,并得提前偿还,收回本库券之一部或全部。

第七条　本库券还本付息,按照支付日中央银行美金牌价折算付给国币。

第八条　本库券还本付息基金,由国民政府就国营生产事业及接收敌伪产业中,指定若干单位,作为担保。

第九条　前条事业、产业出售之所得款项,应尽先拨充本库券每次到期还本付息基金,如基金不敷支付本息时,另由财政部拨款补足之。

第十条　本库券设基金监理委员会,负责办理基金之监理事项,由财政部、审计部、全国商会联合会、银行业同业公会、钱业同业公会及财政部聘请之人员组织之,其组织规程由财政部定之。

第十一条　本库券还本付息,指定中央银行及其委托之银行经理之。

第十二条　本库券得自由买卖、抵押,凡公务上须缴纳保证金时,得作为代替品,并得为金

融业之保证准备金。

第十三条　对于本库券有伪造或毁损信用之行为者，由司法机关依法惩治。

第十四条　本条例自公布日施行。

附2:《三十六年美金公债条例》

第一条　国民政府为充实外汇基金，调剂对外贸易，发行公债，定名为民国三十六年美金公债。

第二条　本公债定额为美金一亿元，分两期发行，于民国三十六年四月一日及十月一日，各发行半数，即美金五千万元。

第三条　本公债为无记名式，票面计分为美金五千元、一千元、五百元、一百元、五十元五种。

第四条　本公债照票面十足发行，购买人得依照下列方法缴付债款：

一、以美金存款或美金现币缴购。

二、以其他外币存款或现币，依照中央银行牌价，折合美金缴购。

三、以黄金缴购，其折合率由财政部以命令定之。

第五条　本公债本息由国民政府特定，一律以美金外汇给付。

第六条　本公债利率定为年息六厘，自发行日起，每六个月付息一次。

第七条　本公债还本限定为十年，自发行日起，每六个月抽签还本一次，每次还本二十分之一，即美金五百万元。

第八条　本公债应付本息，由国民政府令饬中央银行，于每次还本付息期前六个月，就该行外汇基金项下，按期预拨同数之美金外汇，存储备付。

第九条　本公债设基金监理委员会，负责办理基金之监理事项，由财政部、审计部、全国商会联合会、银行业同业公会、钱业同业公会及财政部聘请之人员组织之，其组织规程由财政部定之。

第十条　本公债还本付息，指定中央银行及其委托之银行经理之。

第十一条　本公债得自由买卖、抵押，凡公务上须缴纳保证金时，得作为代替品，并得为金融业之保证准备金。

第十二条　对于本公债有伪造或毁损信用之行为者，由司法机关依法惩治。

第十三条　本条例自公布日施行。

6.汉口市营造工业同业公会转汉口市政府关于取缔违章建筑通知

（1947年6月8日）

汉口市政府三十六年五月三十一日市秘字第七九七号训令内开：案查本府取缔违章建筑，迭经布告严禁在卷，讵料日久。近据报称，市民修建工程，每多违反规则，无照兴工，甚至侵占马路公地，似此相习成风，弃□法令，若不严加取缔，妨碍全市发展计划至巨。兹规定《取缔违章建筑处罚简则》如次：

一、凡违章建筑之业主，即建造人按照本市建筑规则第十二章罚则办理，处以建筑费千分之五十四罚金，必要时得拆除之。

二、凡违章建筑承建之营造厂商及受雇泥木工业会员，除按照本市《取缔营造厂暂行规则》办理外，其无照□□□之并追缴营业税。借故宕延，即由本府指派警察及工程队前往拆除，所需费用，则由建造人及承建人各负半数。

以上各项除登载公告通知并令饬主管科暨警察局随时切实制止外，合行令仰该会遵照转知同业各厂商一体遵照为要。此令！等因，奉此，自应遵办。除分知外，相应通知贵厂查照遵办为荷。

上通知

贵会营造厂

理事长　彭曜棠

7.汉口市警察局第四分局为派员出席本市重油提炼工业同业公会举行成立选举大会经过情形呈市警察局长

（1947年6月10日）

案准本市重油提炼工业同业公会筹备会六月五日下午一时假本市三民路会宾酒楼举行成立选举大会，函请届时派员出席指导。等由，准此。当经推派本分局户籍员吴广才届将出席。去后，兹据该员报称，奉交下批示，出席参加汉口市重油提炼工业同业公会召开成立选举理监事大会，计到市政府李济苍、市党部罗振、市商会王敬斋，该会会员二十人。届时振铃举行开会仪式，首由临时主席王旭东报告筹备经过，嗣由各鉴选员训词，来宾惠词，主席答谢毕，即开始投票。选举结果以胡敬齐、胡熏臣等七名为理事，陶开顺等二名为候补理事，杨汉臣等二名为监事，刘章福为候补监事，再由七理事长中互选王旭东等三名为常务理事，嗣由三常务理事互选王旭东为理事长，延至下午六时礼成，聚餐，散会。理合将经过情形呈报钧座核转。等情，前来。理合据情备文，报请钧局鉴核备查。

谨呈

局长任

副局长田

第四分局分局长　夏隆坪

8.湖北省工业协会为转知录用十名转业军官致各会员厂矿

（1947年6月10日）

湖北省工业协会快邮代电　鄂工协字第四〇九号

各会员厂矿公鉴：

案奉经济部汉口工商辅导处(36)卯文、辰陷、巳冬三代电，先后以奉经济部令，准国防部代电，遵照规定，各军官总队统考录取转业工矿管理员曹海清、范王风、刘智勇、郭力生、梁书剑、陈大麟、邱子权、吴荣华、骆伯常、陈华丰等十员，电嘱本会介绍各厂矿予以录用。为特电达，贵厂如需任用是项人才，即请函复本会，转电工辅处通知。事关军官转业，希请查照办理为荷。

湖北省工业协会代理事长　李国伟　巳灰总印

9.全国营造工业同业公会联合会发起人会议及筹备会会议记录

（1947 年 6 月 10 日）

时间:中华民国三十六年六月十日下午二时

地点:南京新街口银行公会

出席者:

各机关长官:

社会部指导员翟鲸身

中央组织部代表彭尔康

首都警察厅代表颜训谟

各公会代表:

南京公会陶桂林、缪金声、康俊

上海公会汤景贤、王子扬

青岛公会赵诗麟

重庆公会何本愚(陶桂林代)

兰州公会孙良忱(缪金声代)

杭州公会胡俊

汉口公会彭曜棠、李义龙、周世昌

吉林公会刘晓亭(缪金声代)

吴县公会徐福保

镇江公会余永泉、张树春

长沙公会袁绍棠(康俊代)

无锡公会项焕文、唐秋泉

广州公会吴瑞翘(陶桂林代)

武进公会吴子镛

天津公会祖展堂(陶桂林代)

主席:陶桂林

记录:汪国材

甲、公推陶桂林代表为临时主席

主席宣告开会。

乙、报告事项

主席报告开会意义及经过。

丙、长官致训

一、中央组织部彭代表致训词。

二、社会部翟指导员致训词。

三、首都警察厅颜代表致训词。

丁、讨论事项

一、请推举筹备员。

决议：推举彭曜棠、赵诗麟、汤景贤、王子扬、陶桂林、缪金声、余永泉、韩棠、傅全信、何本恩、吴瑞翘等十一人为筹备员。

二、推举筹备主任。

决议：公推陶桂林为筹备主任。

接开筹备会继续讨论。

三、推举本会章程草案起草员。

决议：公推汤景贤、王子扬、缪金声为会章起草员。

四、请决定本会成立大会日期。

决议：定于七月十日在南京召开成立大会。

主席宣告散会，五时五十分。

10.修复汉口主教大堂委员会为严令营造厂工业公会转饬何复兴营造厂依约完成工作致汉口市商会函

（1947 年 6 月 10 日）

敬启者。查汉口天主堂修复汉口主教大堂工程，系由汉口市营造工业公会会员何复兴营造厂经理人何志超承包，订立承包合约，彼此各执可据。讵该何复兴由承包合约订立以后，一再违约，延不履行，致敝会受迟延之重大损害，曾经函请营造工业公会执行监督权责，严令该会会员何复兴依约完成工作。等情。去后，迄未获复查。

贵会乃商界之领导地位，对于商誉必严加维护，似此该何复兴故意违约，经一再催促，竟不依限期完成工作，不独妨害敝会之工程，致受重大之损害，且有累及商场整个之信誉。又，该营造工业公会知情不理，亦不无纵容之嫌，特函请贵会主张正义，严令该营造工业公会转饬该何复兴营造厂，速急依约完成工作，以全信誉，不胜感盼之至。

此致

汉口市商会公鉴

11.汉口市商会为汉口市人民团体干部训练班第三期学员调训致汉口市各业同业公会函

（1947 年 6 月 11 日）

案奉汉口市政府社字第 7449 号巳文代电开："查本市人民团体干部训练班第三期学员调训一案曾于上月廿九日以市社字第 6943 号令，饬市商会转知在卷。兹规定：（一）自本（六）月十二日起至十四日正午十二时止为报到日期。（二）十四日下午三时编队。（三）十六日起正式上课。（四）务须遵照前令（附有调训办法、报到须知及册式一份），保送合格人员携带证件至训练班（观音阁民教馆内）办理各项手续。除分电外，合行电仰遵照。"等因，奉此。除分行外,相应函希查照办理为要。

此致

汉口市各业同业公会

最速件!

汉口市商会　启

六月十一日

12.汉口市商会为武汉社会安全促进会成立致汉口市各业同业公会函

(1947 年 6 月 11 日)

案准武汉社会安全促进会发起人函开:“敬启者。近来各地时有不良分子借端扰乱社会秩序,影响人民安全。武汉居全国中心,人口众多,难免阴谋破坏之徒潜匿其间,同人等为求武汉社会安全不受阴谋暴力威胁起见,特联合各社团及公正人士发起组织武汉社会安全促进会,兹定于本月十二日下午二时,假汉口市商会大礼堂开成立会,敬请贵商会推派代表,并转知各同业公会理事长届时出席为荷。”等由,准此。除派员出席并分行外,相应函希查照,准时出席为荷。

此致

汉口市各业同业公会理事长

汉口市商会　启

13.汉口市营造工业同业公会转汉口市政府关于丁炳乙等营造厂承包工程费范围扩大通知(附数额表)

(1947 年 6 月 14 日)

汉口市政府三十六年六月十四日市秘字第八五二号训令开:案查前据该会本年四月二十九日营字第九十七号呈请,准称丁炳乙等营造厂承包工程费范围扩大,乞示遵办,等情。经转呈湖北省政府鉴核在卷。兹奉本年六月十日省建四字第一二四五九号指令开:呈悉,查本案经照管理营造业规则第二十八条规定,由本府拟定变更该项规则第六、七、八、九及十九条各级营造厂商资本金额及承办工程总值数额表,函准内政部本年五月二十一日营字第(010160)号代电,准予备案在卷,兹特随令检发一份。其中资本一项并应至少需要五分之二以上为不动产之固定资本,并仰遵照办理为要。等由,附发本省三十六年变更营造业管理规则第六、七、八、九及十九条数额表一份,奉此。除遵办以外,合行抄发原表,令仰该会遵照并转行,一体遵照为要,此令!等因,附抄发原数额表一份,奉此。除分知外,相应检同数额表一份,通知贵会员营造厂查照办理为荷。

上通知

贵会员营造厂

附:抄发原数额表一份

本省三十六年变更营造业管理规则第六、七、八、九及十九条数额表

等级 / 项目	甲等	乙等	丙等	丁等	附注
资本额	50000000（五千万元）	15000000 元（一千五百万元）	10000000 元（一千万元）	5000000 元（五百万元）	较原标准约增加 50 倍
工程累计额	1000000000 元（十亿元）	400000000 元（四亿万元）	10000000 元（一千万元）		较原标准约增加 200 倍
承包工程金额（一切大小工程）	300000000 元（三亿元）	70000000 元（七千万元）	20000000 元（二千万元）		较原标准约增加 300 倍

14.汉口市营造工业同业公会为采用标准简征办法勿再普遍查账一案通知各会员营造厂

（1947 年 6 月 14 日）

汉口市商会本年六月十二日函开:“查关于三十六年度所得税一案,经于六月十日各业同业公会临时大会讨论:（一）由本会电上海市商会,营利事业所得税采用标准简征办法,勿再普遍查账一案四项主张,通电全国商会请一致响应;（二）如本会函请本市参议迅函市政府转电行政院,准照上项所请施行,以恤商艰。等语,记录在卷。除分别函电并分知外,相应照录决议案,先行函希查照为盼。”等因,奉此。除分知外,相应通知查照为荷。

此致

贵会员营造厂

理事长　彭曜棠

15.汉口市商会理事长为本会各业营业不力无力缴端阳节劳军费呈汉口市长

（1947 年 6 月 14 日）

案奉钧府六月十日函:以准国民政府主席武汉市行辕新闻处代电,为发动端阳节劳军运动一案,于本月十二日举行会议,饬派员出席。等因。兹据本会出席代表万常务理事少珊面称,须本会筹募三千万元劳军费。等语。查军人维护本市治安,洵属□□,值此端阳节,本应捐献款项,借示慰劳之忱。实如本会改组成立以来,将届一年,各同业公会对本会应缴之事务费,大多数迄未缴清,且多有分文未缴者,至应缴之事业费,收入更征,本会经临各费异常□□□□□达四千万元,此项劳军费,实无力筹缴。前各项临时捐款,如党员募捐、救济乞丐捐、陕北运动等曾经勉力筹措,而迁延时日,成绩毫无可为,□□属向各公会募集,无以各商店营业不但不愿负担,无能为力,且以中央迭次通令不准摊派为借口,置之不理。此项劳军费为数至巨,为期颇□,即予摊派无实效,事与愿违,殊深□账,理合呈请钧府俯察下情,免于筹缴,无任企祷。

谨呈

汉口市市长徐

汉口市商会理事长　贺衡夫

16.汉口市政府为染业工人请加工资已调处解决致染坊业同业公会函

（1947 年 6 月 14 日）

汉口市政府训令　市社字第 7221 号

案据本市染业职业工会呈,略以"工资微薄不能维持生活,请饬资方增加"。等情。查本案业经召集会议调处解决,并已由劳资双方代表签名表示赞同及记录在卷。除分别函令及指复外,合行抄发原调解记录,令仰转行遵照为要。

此令!

市长　徐会之

17.汉口市政府为已调处解决面粉工人请增加工资一案令汉口市商会（附会议记录）

（1947 年 6 月 15 日）

案据本市面粉业产业工会呈,略以"物价波动剧烈,请将工人工资提前评议"。等情。查该业工资问题,业经召集调处解决,并已取得劳资双方同意及记录在卷。除分别函令及指复外,合行抄发原调解记录,令仰知照。

此令!

附抄发原调解会议记录一份。

市长　徐会之

附:汉口市面粉工人请增加工资调解会议记录

地点:市政府招待室

时间:三十六年五月卅一日上午九时

出席人:市党部范曦,总工会萧子俊,市商会高坤山

面粉工业同业公会罗玉珊、陈子清,□□代表阎静安

面粉产业工会刘子云、刘顺海、蔡海山、黄志义

市政府喻思九

主席:喻思九

甲、报告事项(略)。

乙、调解结果:

一、照原工资数额增加百分之六十,不再配发实物差额代金。

二、此次增加之工资,自卅六年五月一日起实行,嗣后调整时□以三调为限。但物价有特殊波动时,可提前呈请调整。

面粉工业同业公会罗玉珊

面粉产业工会刘子云、刘顺海、蔡海山、黄志义

□□代表阎静安

丙、散会

18.汉口市政府为抄发货物驳运费调整会议记录令汉口市商会(附会议记录)

(1947年6月16日)

案据本市总工会转报豆货食品业职业工会呈,略以"物价日趋上涨,工人生活难以安定,请即调整工资,以苏工困"。等情。查该业工资业经召集调处增加,并已取得劳资双方同意及记录在卷。除分别函令并指复外,合行抄发原调解记录,令仰知照。

此令!

附抄发原调解会议记录一份。

市长　徐会之

附:汉口市货物驳运费调整会议记录

地点:汉口市政府招待室

时间:卅六年六月九日上午九时

出席人:万卓然、田字新、谭子云、钮芍农、张元吉

林德方、李静园、黄楚斌、刘振云、张银洲

李长清、胡立华、陈美卿、刘贤立、陈伟席

汤正高、喻思九、高坤山

缺席:汉口招商局、汉口实业分公司、汉口航空转运分公司、警察局

主席:喻思九

甲、报告事项(略)。

乙、调解结果:

1.普通货物驳运费,每吨增为一万零六百九十二元,其余依照原案办理。

2.驳运普通货物,如有拖驳拖带者,每吨按新定驳价减少五百九十二元,即每吨为一万零一百元。

3.商盐驳运费,每吨增为七千七百元;垫挡费,轮船每日增为二十六万二千五百元,木船每日增为十八万三千七百五十元。

4.官盐按新定商盐驳价七折计算。

5.救济物资驳费每吨增为八千四百元。

6.上列各项驳价均自卅六年六月九日起实行。

丙、散会

19.汉口市营造工业同业公会关于成立筹备会的通知

(1947 年 6 月 19 日)

查全国营造公会联合会业经本月十日在南京召集各省市代表大会,推出筹备员,成立筹备会。本会已派代表出席,当场决定七月十日开选举大会正式成立。本会复要派代表出席,计两次派遣代表赴京之费用,为数甚巨,经提交第三十三次理监事暨各段代表联席会议决定,两次费用一次募收:甲、乙两等捐款数目不定,自由乐捐;丙等会员二次共捐四万元;丁等二次共捐二万元。请由各段代表分途挨户募收。除分知外,相应通知查照。遇收款时,希予照付为荷。

此致

贵会员营造厂

理事长　彭曜棠

20.汉口市政府为已调处解决驳船工人请加油类驳运资一案令汉口市商会(附会议记录)

(1947 年 6 月 24 日)

案据本市驳船业职业工会呈,略以"近来物价暴涨,请将油类驳运资予以调整"。等情。查本案业经召集调处解决,并已取得劳资双方同意及记录在卷。除分别函令暨指复外,合行抄发原调解记录,令仰知照。

此令!

附抄发原调解会议记录一份。

市长　徐会之

附:汉口市驳船工人请加油类驳费调解会议记录

地点:市政府招待室

时间:卅六年六月十七日下午三时

出席人:驳船工会李静园,市党部范曦,市商会高坤山,总工会汤正高,驳船公会许福樵、罗云成,市政府喻思九,油盐业公会余松泉。

主席:喻思九

甲、报告事项(略)。

乙、调解结果:

桐油驳运费照原驳价增加百分之五十五,自卅六年六月份起实行。

余松泉、李静园

丙、散会

21.汉口市政府为禁毒复查通知致汉口市商会函

（1947 年 6 月 26 日）

汉口市政府代电　市秘民字第 5272 号　中华民国卅六年六月廿六日

汉口市商会公鉴：

查本市举行禁烟禁毒总复查一案，前经各□□□□□□□□□□□□□汉口禁烟禁毒联合检查团规定组织章程，并已将章程记录函送卷□□□□□□，定于本月三十日上午六时全市同时举行复查，除分别电令外，相应电请查照，依照前送之组织章程，于是日上午五时前往联合检查团部（市警局局长室）参加指导，并指派干员同时分赴各分队（各市警分局）指导为荷。

汉口市政府巳俭秘民

22.汉口市政府为已调处解决豆货食品业请增加工资案令汉口市商会（附会议记录）

（1947 年 6 月 27 日）

案据本市总工会转报豆货食品业职业工会呈，略以"物价日趋上涨，工人生活难以安定，请即调整工资，以苏工困"。等情。查该业工资业经召集调处增加，并已取得劳资双方同意及记录在卷。除分别函令并指复外，合行抄发原调解记录，令仰知照。

此令！

附抄发原调解会议记录一份。

市长　徐会之

附：汉口市豆制食品工人请增加工资调处会议记录

地点：市政府招待室

时间：卅六年六月十八日下午三时

出席人：市商会高坤山，市党部范曦，总工会郭海福、周达夫、彭士璜，同业公会代表夏福堂、苏双和、李六堂、陈万顺，职工工会负责人王木山、黄汉洲、李钧臣、孙长伢、彭光新，工友代表李士杰、张士金、熊长生、彭光新。

主席：喻思九

报告事项（略）。

调解结果：

工资每人每日增为七千五百元，自卅六年五月廿日起实行。

李士杰　王木山　熊长生　孙长伢　黄汉洲　李钧臣

刘和志　苏双和　夏福堂　陈万顺　李六堂　彭士璜　周达夫

23.承办汉口区日本赔偿工厂筹备委员会为日本赔偿纺织机拨交事呈经济部汉口工商辅导处、经济部、行政院赔偿委员会

（1947 年 6 月 28 日）

窃本会遵令组织，经由湖北省工业协会检以鄂工协字第四二九号巳皓文代电，五月廿三日以鄂工协字第三七八号呈文呈报成立日期、检送会议记录呈电请钧部、处核备在案。兹准湖北工业协会移送经济部、钧部六月十一日京工三六字第五一五三八批令函请查照。等由。因承者本会自应祗遵，何所异议，唯以本会原议案第三案赔偿工厂中拨交经纬公司之纺织机器制造厂由武汉机器业与纺织业联营一节，蒙经济、钧部批示“已交经纬公司主办，毋庸再为纷更”，本会容由下情，未能缄默，用敢不通缕呈检次：

一、武汉区机器工业具五十年以上之历史，技术研究与时俱增，抗战时期由内迁共计一百余厂，对国家民族不无贡献，复员以来，每苦缺乏工作，难于支持，若能配合纺织厂制造纺织机，必能胜任，且武汉地点适中，交通四达，华中各省运销方便。

二、经纬公司成立于三十二年，战时在后方开办，至活动地点限于桂林、重庆两省，与武汉纺织工业无历史上之联系，就国家民族工业前途，与地区实际需要，日本赔偿之纺织机制造厂似宜拨交武汉区机器、纺织两业购并建厂较为公允。

三、经济、钧部批令经由湖北省工业协会提交本会第二次会议讨论，咸以武汉工厂损失，以机器、纺织厂抵偿损失，合力经营，着本会呼请经济、钧部慎重考虑，以循舆情。

四、近准第八区机器棉纺织工业同业公会公函：略以湖北为产棉之区，□□亦为发展棉纺织工业最理想之地点，纺织机缺乏，原有各厂，迄未复工，拟申请当局将日本赔偿工厂中纺织机制造厂拨交武汉民间承办，自当量力赞助，是则投资当不乏人。

综上四端，关于日本赔偿工厂以纺织机制造厂拨交武汉筹办，洵属配合需要，非敢妄事纷议，仰维钧处辅导工商，体察隐征，恳请赐将经济部赔偿委员会准予所请，实为公便。钧部领导体念工商艰微，俯赐权衡考虑，收回成命，准予所请，实为公便。钧部总管□□必能量之，度地方需要，权衡赔偿质类，伏祈重为考虑，再事划配，准予所请，实为公便。

谨呈

经济部汉口工商辅导处、经济部、行政院赔偿委员会

（全衔）主任委员　王○○

24.程子菊为推广《武汉时报》致玉廷函

（1947 年 6 月 30 日）

玉廷先生惠鉴：

前有《武汉时报》定于三月一日正式复刊，□闻该报纯属民营，日出对开一大张，内容着重于工商记载，凡我商界同仁，嗣后如能按日阅读，当可增加商业知识。现为方便商界读者起见，特订优先订阅办法，照价七折收复，惟订费须先行一次缴租半年，实收□千二百万元。素仰先生热心公益，对于文化事业，料更乐于协助用转，介绍前来，请赐洽谈为荷。专此奉祺，顺颂！

程子菊　谨启

25.汉口市各团体负责人姓名及地址一览表

（1947年6月）

团体名称	理事长	地址
针线衣袜工业同业公会	刘甲山	长堤街二九号
印刷工业同业公会	蓝昌农	民族路五五号
米商业同业公会	江晓安	南木宫七四号
国药商业同业公会	徐海珊	利济路六四八号
榨油工业同业公会	金本祥	段家巷平安里二号
铁商业同业公会	韩万青	汉正街五六号
汽车运输商业	周堃珊	中山路一二四号
银行商业同业公会	邹安众	交通银行
钱商业同业公会	谢春墀	黄陂路广播电台对面
药油山货行商业同业公会	窦渭川	桥家横巷一号
参燕商业同业公会	熊英正	汉景街十七号
杂木柴行商业同业公会	邹明盛	樵德里十四号
皮革制品工业同业公会	曾绍藩	府东一路同益街远东一巷二号
煤商业同业公会	高坤山	义成东里七号
新货行商业同业公会	黄益荪	仁寿下巷五号
新式制革工业同业公会	夏志成	精武路六三号
猪鬃商业	殷柏涛	段家巷一九号
百货商业同业公会	刘明章	府东一路修心堂内
中西菜馆商业	黄锡良	清芬一路一三五号
广货商业同业公会	胡曜棠	沙家巷四一号
国货布头商业同业公会	梅斌臣	统一街清正巷二号
棉花商业同业公会	程子菊	满沙街二十号
绸缎商业同业公会	何引年	旧法租界悦新昌号
糖盐海味商业同业公会	袁钦目	大夹街油分巷二号
机器工业同业公会	祝渭潜	中山大道天道里三十号
颜料商业同业公会	张尧萱	汉正街瑞和颜料号
金银首饰商业同业公会	胡铁樵	模范区金业里二号
纱商业同业公会	彭少田	药帮巷十二号
面粉工业同业公会	罗宝珊	少夹街贻赓里二号

（续表）

团体名称	理事长	地址
棉花行商业同业公会	窦纯澄	五桂巷
进出口商业同业公会	龚亦遂	交通银行二楼
电料商业同业公会	邹茂堂	发花楼小董家巷三十六号
转运商业同业公会	龙海清	大夹街五桂巷六号
中外帮经商业同业公会	蓝熙周	民权路一八六号
旅栈商业同业公会	刘伯琴	旧法租界瑞华里四号
市商会	贺衡夫	中山路

26.汉口市商会第一届第一次会员选举大会非公会会员代表名册

（1947 年 6 月）

既济水电公司龚增益
第一纺织公司宋立峰
震寰纺织公司刘梅生
汉昌肥皂公司陈经畬
兴华建设事业公司胡文晖
庆华颜料化学厂吴曙初
汉森机器锯木厂周善华
惠康企业公司吴方城
裕民企业公司吴长荣
德昌号陈焕章
楚兴贸易行沈新三
陪都机器锯木厂李月樵
大中企业公司张立鹤
大通渝兴业公司王际清
楚华企业公司王穆吾
永年贸易公司张眉申
复兴实业公司贺衡夫
江汉商行时建常
中孚企业公司萧夔山
大中国实业公司叶观生
胜新面粉厂王一鸣
上海汉新公司万少珊
华中制革厂郝震
应城石膏公司邓启农

中贸企业公司
建华电器公司
新生贸易公司

27.汉口市政府为价配日本赔偿事令市商会

（1947 年 6 月）

案奉行政院本年巳马电开："据呈，为关于战前各厂商向日本厂商订购已付货款而未交货之器材或已付一部分费用而尚未终了之合同，亟待查照，以便向盟军总部交涉，责令日本购偿。"等情。除分电外，仰速登报，饬知各厂商或当事人切实查照，报由该市市政府陈外交部汇办，并分报本院备查为要。等因。除分令并登报通告外，合行令仰该会特饬，切实查办为要。

市长　徐会之

7 月

1.中国国民党汉口特别市执行委员会为开展总理纪念周活动致汉口市各业同业公会函

（1947 年 7 月 3 日）

中国国民党汉口特别市执行委员会汉宣字第一七一四号公函开：本市总理纪念周前奉中央明令，当地各机关、学校首长及主管单位工作人员，凡属本党党员均应参加，并规定每月第一周为扩大纪念周，请最高长官主持，曾经遵照奉行。兹七月份第一周扩大纪念，定本月五日上午九时，在文化会堂举行，请白总司令亲临主持。经奉白总司令意旨，关于今后华中武□建国工作以及政治、经济、文化各项措施，将于每月第一次纪念周时□所指示。盼本市各机关、学校暨人民团体首长、主管单位负责人一律照常参加外，各人民团体、首长、理监事均应出席参加。用特函请贵会转饬各同业公会准时前往参加，是为至盼。等由。复座谈会汉宣字第一七一三号东代电，同前由。除分函外，相应函希查照，转知各理监事届期准时前往参加为盼。

此致

汉口市各业公会

汉口市商会　启

2.汉口特别市党部为查郑超俊假冒名义招摇敛财致汉口市商会函
(1947年7月4日)

中国国民党汉口特别市执行委员会代电　汉秘字第5678号

汉口市商会公鉴:

案准中国国民党中央执行委员会宣传部新京(36)宪三字第二七四〇号快邮代电开:“据报,近有郑超俊者刻印‘中央宣传部新闻劝采处星审字第一〇二九九号代电’及‘中央宣传部新闻劝采处报刊杂志价目表’等在豫、皖各地以及津浦、陇海沿线勒订书报,诈欺敛财。等情,到部。查本部既无新闻劝采处之设置,《中央日报》亦无郑某其人,本部更未发出此项代电及派员勒订书报情事,显系假冒名义招摇敛财,殊属非法。除分电有关机关法宪查究外,相应电达,即希转饬所属,如有发现,即行送交治安机关究办为荷。”等由,准此。除分电外,特电达查照为荷。

汉口特别市党部午庚汉总印

3.汉口市商会为请抄寄最近会员名册致汉口市银行筹备处
(1947年7月4日)

顷接贵处笺函,为前送整理会委员及会员名册现在多有变动,嘱将最近会员名册另抄见复。等语。兹抄同本会所属各工商业同业公会理事长姓名,复希查照。至各公会理事长住址及营业牌号正清查中。

此致

汉口市银行筹备处

汉口市商会　启

4.汉口市商会关于严禁银币流通致汉口银行商业同业公会函
(1947年7月5日)

案奉汉口市政府市秘财字第2599号训令开:据市民王达呈称,窃查银币流通,市面单位经□,□属禁运来本市,钱摊林立,买卖硬币,似此扰乱金融,实属有违政令,若不严予制止,则法币形同为废纸。为此迫切呈请钧长,迅令警局严密查拿法办,并案取缔,以维法币信用而苏民困。等情。查买卖银币□□□□政府订有处罚专章,本府转饬所属严厉查究有案。兹据前情,除再饬警察局及各区公所一体严查法办外,合行令仰该会遵照严行禁止,以维法币信用为要。等因,奉此。除分行外,相应函希查照转饬严禁为盼。

此致

贵业同业公会

汉口市商会　启

5.聚兴诚银行汉口分行为查费正儒存款事致银行商业同业公会

（1947 年 7 月 8 日）

径复者。接准贵会通字第 1036 号大函，以准武汉警备司令部稽查处代电，请查费正儒存款，嘱即见复。等由。函悉，兹查敝行存款各户，并无费正儒户名，合应具函复明，即请查照汇复为备。

此致

汉口市银行商业同业公会

聚兴诚银行汉口分行　启

6.汉口市商会因有选举权之国民调查登记工作致汉口市各业同业公会函（附调查表式一份）

（1947 年 7 月 9 日）

案奉汉口市市秘民字第五三三二号支代电开：“准国民大会代表选举总事务所本年巳寝京代电开，查本年一月一日国民政府明令公布之《中华民国宪法》第一百三十条规定，中华民国国民年满二十岁者，有依法选举之权。除本宪法及法律别有规定者外，年满二十三岁者，有依法被选举之权。是在国民大会代表选举办理之始，必须应将有选举权之国民先予调查清查，方能按程推进，此项有选举权之国民调查登记工作极为繁重，区域选民应迅将具有选举权之国民即行着手切实调查登记。惟调查登记时，希予注意有选举权人之消□限制各项：一、犯刑法内乱外患罪经判决确定者；二、曾服公务而有贪污行为经判决确定者；三、剥夺公权尚未复权者；四、受禁治产之宣告者；五、有精神病者；六、吸用鸦片或其代用品者。各省市农工商等职业团体（计农会、渔会在内）、工会商会（航业公会在内）及其所属会员，均须着手调查清楚，统希贵市政府□，全市调查登记有选举权之区域国民总数及各该职业团体所属会员，依照附表查填。相应检附表式，电请查照，即希分别调查，尽速办理见复，以便核办为荷。等由，附表式一纸，到府。查本案第一项，经饬据各区公所已收区域选民总数汇转省府转报在案。其二项之农工商业职业团体所属会员人数，本府曾于本年五月十日电仰各团体迅速查填，现在选举期迫，各团体应送照前今各电，依据调查表式，漏夜赶办，务于文到一星期内报府，以便汇转为要。”等因，附调查表式一纸，奉此。查本案第二项之农工商业职业团体所属会员人数，本会曾于本年五月十六日函转办理在卷，兹奉前因。除分函外，相应抄同调查表式。函希查照，务于文到三日内赶办具复，以便汇转为盼。

此致

汉口市各业同业公会

附调查表式一纸。

汉口市商会　启

附：调查表式

○○省市职业团体调查表					
团体名称	立案机关	立案年月	组织概要	会员人数	备考

7.安康县商会为函送本会理监事名册致汉口市商会(附理监事名册)

(1947 年 7 月 10 日)

查本会理监事职员首届期满，应即改组，以符法案。于本年六月九日举行第二届改组大会，并呈请上级莅临监选。如仪，开会，当由主席报告筹备经过后依法选举完竣，复于七月一日上午九时举行宣誓就职典礼，由瑞周领导各理监事宣誓就职。除呈报并分函外，谨将本届当选理监事名册一份随函送请查照。惟瑞周等材惭下驷，时虞复悚，尚望时赐南针，以匡不逮，至纫公谊。

此致

汉口市商会

附理监事名册一份。

理事长　杨瑞周

附：安康县商会第二届当选理监事名册(民国三十六年七月一日选，民国三十六年七月五日报)

职别	姓名	别号	年龄	籍贯	营业种类	所属公司行号工厂	在公会职位	教育程度	住址
理事长	杨瑞周	以字行	62	安康	百货业	杨庆和	百货业公司理事长	旧式中等毕业	兴庸路
常务理事	毛焕丞	以字行	55	安康	纸业	广福堂	纸业公会理事长	日本同文大学毕业	安悦路
常务理事	曹凤洲	以字行	44	安康	绸布业	福庆允	绸布业公会常务理事	私立德甲学毕业	安悦路
常务理事	亢子钧	以字行	40	安康	行栈业	聚义行	行栈业公会理事长	高□毕业	鲁班巷
常务理事	邹家骏	以字行	35	安康	杂货业	森茂号	杂货业公会理事长	中等	金川路
理事	李仲辉	以字行	63	安康	百货业	福兴昌	百货业公会常务理事	中等	土地栈
理事	赖晋番	以字行	43	安康	杂货业	恒泰丰	杂货业公会理事	兴安联合中等毕业	康阜路
理事	梁子钰	以字行	55	安康	杂货业	复聚荣	杂货业公会理事	读书六年	安悦路
理事	陈扬名	以字行	38	安康	杂货业	德兴长	杂货业公会理事	读书八年	康阜路
候补理事	蔡明清	以字行	42	湖北	烟卷业	鼎新祥	烟卷业公会理事长	中等	石堤路
候补理事	陈汝舟	以字行	55	湖北	绸布业	联华	绸布业公会常务理事	中等	康阜路
候补理事	李天申	以字行	40	安康	绸布业	禄生荣	绸布业公会理事	中等	兴庸路
常务监事	骆一诚	以字行	53	安康	绸布业	恒茂森	绸布业公会常务理事	中等	兴庸路

（续表）

职别	姓名	别号	年龄	籍贯	营业种类	所属公司行号工厂	在公会职位	教育程度	住址
监事	李维国	以字行	48	安康	纸业	松林老	纸业公会常务理事	中等	安悦路
监事	冉冬青	以字行	35	安康	杂货业	天顺成	杂货业公会常务理事	中等	康阜路
候补监事	王良臣	以字行	62	安康	国药业	张协丰	国药业公会理事长	中等	兴庸路

8.全国营造工业同业公会联合会首次大会记录

（1947 年 7 月 10 日）

日期：三十六年七月十日

地点：南京洪武路介寿堂

时间：下午三时至五时

出席者：各地代表五十三人（见签名簿）

主席：王子扬、祖展堂

记录：裴吉明

甲、主席报告（略）。

乙、秘书处报告：

一、各地出席单位共计十九个，推定出席代表共六十六人，来京出席大会代表共计五十一人。

二、报告各地贺电及贺函。

三、报告各地同业公会来电。

丙、主席提议提请大会上电蒋主席致敬并致电，前经全体出席代表一致通过。

丁、讨论事项：

一、本会名称拟请改为“中华民国营造工业同业公会联合会”以资明显案。

决议：通过。

二、本会章程草案提请共同研讨案。

决议：修正第二条、第七条及第九条第三项（附修正本），其余自第四章起留待下次大会讨论。

9.全国营造工业同业公会联合会第二次大会记录

（1947 年 7 月 11 日）

日期：三十六年七月十一日

地点：南京洪武路介寿堂

时间：上午九时至十二时，下午三时至七时

出席代表：共计上午出席三十七人，下午出席四十人（见签名簿）

主席：傅全信、吴瑞翘

记录：裴吉明

秘书处报告出席大会人数。

秘书处报告(略)。

甲、讨论事项

一、本会章程草案请继续共同研讨案。

决议：

(一)修正第十八条理事名额增为二十五人。

(二)另增加第二十一条条文如下：监事会设常务监事一人，由监事会就监事中用无记名法互选，以得票最多数者为当选。

(三)第四十条入会费每一代表收国币一百万元。

(四)修正第四十条条文如下：

本会常年会费以各公会出席代表人数比例担任，每单位应缴会费数额由理事会决定之。

1.会员数额在二十五以下者为一单位；

2.会员数额在五十以下者为二单位；

3.照上推计会员数额一百以下为三单位，二百以下为四单位，四百以下为五单位，八百以下为六单位，八百以上为七单位。

(五)另有第四十五条条文如下：

1.本会公告方式以登载《中央日报》三天及书面通知。

二、本日大会因提案过多，为顾及时间关系，特将下午会议时间延长至七时，并将明日(十二日)开会时间提早一小时，请予通过案。

决议：通过。

三、上午讨论第一组(法规类)提案。

1.无锡公会提请求政府减免本业营业税捐案。

2.上海公会提拟呈请政府减低营业税率案。

3.广州公会提为营造业商纯为包工业体，关于一切建筑器材购入后即已终止营业行为，现行营业税法由包□业以“承包价额”为课税之根据，应请修正为“承包工额”，以工人部分为课税标准，以轻负担案。

审查意见：以上三案(即大会第九、十、十二案)拟请大会呈请政府予以减低税率，可否之处，提请大会公决。

决议：照审查意见通过。

4.无锡公会提工资增涨应归业主负担，随时照补。

5.桂林公会提请呈请经济部制定平等之工程合约格式通行遵照，以符法律平等意见案。

6.桂林公会提请呈请经济部规定嗣后业主不得扣存保国金，以免同业遭受无形损失案。

7.镇江公会提为物价时有波动，同业困难殊多，拟请设法改善案。

8.南京公会提工程合同应依平等原则订立，拟请大会厘定原则，通告全体同业注意，如以后业主仍有以不平等或片面之条文订□合同时，同业应拒绝签订，以争取契约及人格平等案。

9.南京公会提大会可否制定标准施工说明书及合同，呈请政府核准施用案。

10.南京公会提为现时营造业承办各机关修建工程所订立之合同多有不合目前环境之公允,拟请共同讨论改善议定一般守则案。

11.长沙公会提各处营造之合同多系偏重甲方,故近年以来全国各地之营造厂濒于整个崩溃,亟应共谋救济,以利生存案。

12.上海公会提拟订定标准合同式样,务使业主与本业双方无所偏益案。

13.武昌、汉口公会提合同修正案。

14.天津公会提于合同不平等之条款应争取合理之对策案。

15.杭州公会提为国家通货膨胀,物价增涨不已,拟将营造合同签订后,其未付各款应依物价指数按期比例增给,以恤商艰而维建筑案。

16.桂林公会提请呈请经济部规定各种各□之工料费以协议价额时之币值为准,倘议定后物价有波动时,应定期比照物价指数,随时增减,挽救本业危机案。

审查意见:以上十三条(即大会第十三、十六、十七、十八、十九、二十、二十一、二十三、二十四、二十五、二十六、二十七、三十二案)均为改善合同之提案,其原则拟请大会予以通过并即交付理事会参酌。桂林、南京、杭州等所提案意见会同全国工程师学会及建筑师协会共同订定一公平合理之标准合同,呈请政府切实遵行。

决议:照审查意见通过,交理事会办理。

17.长沙公会提请大会商讨央求财政部更改印花税率案。

18.重庆公会提关于印花税拟请大会呈请财政部予以修改案。

审查意见:以上二案(即大会第十一、六十三案)拟请大会根据最近部颁《印花税法》规定办法通知各会员知照,可否之处,提请大会公决。

决议:照审查意见通过。

19.重庆公会提拟呈请内政部重申前令,切实执行《营造业管理规则》第十八条之规定案。

20.桂林公会提请呈请经济部重订本业等级并仿五金机器各业经发证照办法发给执照,以资划一案。

审查意见:以上二案(即大会第六十、七十七案)拟交理事会酌量办理,当否,提请公决。

决议:照审查意见通过。

21.南京公会提拟请大会建议政府于制定营造法规时斟酌本会意见以臻妥善案(即大会第三十八案)。

审查意见:原则通过,拟交理事会办理。

决议:照审查意见通过。

22.长沙公会提请大会拟订营造业会员行规公约,通知全国各公会一体办理案。

审查意见:以上(即大会第四十案)原则通过,拟参照上海及南京市营造工业同业公会现行业规,由理事会即拟订营造工业同业守则,通告全国会员一致遵行,当否,请公决。

决议:照审查意见通过。

23.武昌、汉口公会提请提高丙丁同业承包工程范围案。

审查意见:以上(即大会第四十四案)丙丁同业承包工程范围业已调整,本会通告各地会员知照,当否,请公决。

决议:照审查意见通过。

四、下午讨论第二组(技术类)提案。

24.天津公会提拟请准备参与建国大业案。

审查意见:以上(即大会第七案)(1)人力的培养由各地同业公会视其需要情形设立干部训练班及特种技工训练班,必要时设法与当地职业学校合并办理;(2)现代工具设备由各地同业公会筹划,于必要时设法申请政府及社会人士协助进行。

决议:照审查意见通过,交理事会办理。

25.武昌、汉口公会提营造厂商自行设计绘图,请查照案。

审查意见:以上(即大会第四十一条)拟请保留。

决议:照审查意见通过。

26.上海公会提拟请政府准予免聘技师案。

27.武昌、汉口公会提主任技师兼副经理案。

28.武昌、汉口公会提主任技师兼职案。

29.天津公会提关于内政部营造法规应请求修正之案。

30.广州公会提为延续营造业残喘,促进政府建设,提请转请行政院改善新颁营造业管理规则,撤销建筑师为厂商代表人,仍照战前办理,划分技师与厂商分别执业,俾维业务而利建设案。

审查意见:以上五案(即大会第三十九、四十二、四十三、四十六、四十七案)原则通过,交理事会切实办理。

决议:照审查意见通过。

31.南京公会提拟请大会呈请政府对于都市建筑物新兴工程应注意防御工事案。

审查意见:以上(即大会第五十二案)原则通过,交理事会文字□□秘书处整理。

决议:照审查意见通过。

32.天津公会提关于地位之争取案。

33.天津公会提关于建筑技术上之研讨案。

审查意见:以上二案(即大会第五十四、五十五案)均保留。

决议:以上二案保留。

34.重庆公会提拟请呈请主管机关对于建筑材料质量、尺度之标准予以统一之规定案。

审查意见:以上(即大会第六十五案)原则通过,交理事会办理。

决议:照审查意见通过。

35.广州公会提为加强社会复员建设,迅请政府普遍协导、扶植工商建立各项机器制造、建筑材料厂,以资大量生产,广泛供应,重建灾区,繁荣工商市场案。

审查意见:以上(即大会第三十四案)照原案提请大会通过。

决议:通过。

10.汉口市营造工业同业公会关于调整工资拟定办法通知

(1947 年 7 月 11 日)

汉口市政府三十六年六月二十一日市社字第七五三〇号训令内开:奉湖北省政府本年六月六日省社三时字第九一四号代电开,据社会处案呈社会部,本年五月二十日京劳字第三一〇八号训令开,案查处理承包营造工程在未完工期间,因工资调整增给承包金额一案,前经遵照拟充办法呈复行政院,并于去年九月二十三日以京劳字第三一〇八号训令各省市社会处局各在案。兹奉行政院本年四月二日从九字第一一七二二号指令内开,呈悉,案经详加研讨后,拟定办法四项如下:(一)各机关在紧急措施方案颁行前与各包商所订立建筑合约,中途产生工资调整而有增加包价之必要者,□□□□□□□□,酌实际情形,准其增加,但以包商能履行合约义务者为限;(二)增加工资之计算,就工程未完竣部分之各项工资之不敷,自调整之日计算;(三)增加工资之标准,应以经主管机关核准调整者为准;(四)上项核准增加之工资,如各机关原请预算不敷时,得专案呈请追加,并函国防最高委员会秘书处。三十六年三月二十六日阅纪字第六九九一六号函复,以本案经陈奉批,准予备案。等由。除分行国民政府主计处审计部并分令饬知外,仰即知照。等因,奉此。除分令外,合行令仰知照。等由。查本案原处理意见上补充办法,经本府回复,以省社三时字第591753号两代电通行在卷。除分电外,合行电仰知照。等因。除分行外,合仰知照,此令!等因,奉此。相应录案通知查照为荷。

上通知

贵会会员营造厂

11.汉口市商会为各单位应缴纳茶点费五千元致各业同业公会函

(1947年7月12日)

查本市各团体欢迎贺次长君山第二次筹备会议记录业于五月二十七日分别通知在案。惟时逾月余,各单位参加人数及应纳茶点费五千元尚多未造册送达市商会,一直延未举行。除已收到参加人茶点费予以登记备参外,相应函请查照,迅予办理,幸勿再延为荷。

此致

各业同业公会

速!

汉口市商会　启

12.汉口市商会因柯大树战犯嫌疑一案致汉口市各业同业公会函

(1947年7月13日)

案奉武汉行营审判战犯军事法庭代电开:准汉口地方法院检察处本年六月十九日纪信字第二五九号函送台籍人民柯大树战犯嫌疑一案,经讯据该犯供认,于国民二十九年起充伪汉口市警察局秘书,三十三年任警察局经济警察处处长,三十四年调充伪湖北省物价调查取缔委员会调查组组长,三十四年任武、阳、汉各警察局经济警察联合办事处处长,各职及在职期间,奉日伪命令科罚商民,没收货物等情不讳,惟否认有敲诈商民及强奸妇女情事。查所称是否属实,并此外有何其他不法行为,特电请查照,统希详查其事实与犯罪之证据,迅予见复,以凭办理。等由,到会。除分行外,相应函达查照转知同业各商店,如有被害者,无论有无证据,迅即报告本会,以凭汇转。

此致

汉口市各业同业公会

汉口市商会　启

13.全国营造工业同业公会联合会第三次大会记录

（1947 年 7 月 14 日）

日期：三十六年七月十二日

地点：南京洪武路介寿堂

时间：上午九时至十二时，下午三时至五时

出席代表：上午四十二人，下午三十九人（见签名簿）

主席：赵诗麟、彭曜棠

记录：裴吉明

秘书处报告出席人数。

秘书处报告各地来电。

甲、讨论事项

一、上午继续讨论第三、四组福利，其他类提案（福利组）。

36.青岛公会提拟请组织联营社案。

审查意见：以上（即大会第四案）原则通过，交理事会研讨办理。

决议：照审查意见通过。

37.青岛公会提拟请设立同业子弟专门学校案。

审查意见：以上（即大会第六案）原则通过，拟交理事会研讨办理。

决议：照审查意见通过。

38.无锡公会提呈请政府公平□□工资、底薪以利建设案。

39.上海公会提拟请政府核减工资、底薪以谋职工及本业之共存案。

审查意见：以上二案（即大会第十四、十五案）以上海公会所提为主题并交理事会办理。

决议：通过，交理事会办理。

40.无锡公会提工程设标应废除押标金、取消图样费案。

41.南京公会提请大会呈请审计部决标时标价不应折扣案。

42.上海公会提请大会拟订同业投票规则案。

43.无锡公会提拟请政府订颁营造业投票法规案。

44.武昌、汉口公会提乙等投票限制案。

审查意见：以上五案（即大会第二十八、二十九、三十、三十六、四十五案）拟请大会将最近各地投票手续及决标办法总举不合理、不经济之弊，实应请主管机关及有关方面予以纠正，当否，请大会公决。

决议：照审查意见通过。

45.南京公会提拟请政府核准机关于建筑材料进口数量，营造业应有同业分配权利案。

审查意见：以上（即大会第三十一案）原则通过，拟交理事会办理。

决议：照审查意见通过。

46.广州公会提为建筑材料输入备受输出入管教会限制,亟应呈请行政院饬令改善,以免□□各地同业业务,以资增强社会复员建设而利重建计划之实施案。

审查意见:以上(即大会第三十五案)原则通过,交理事会研讨有无抵触法令之处,再行办理。

决议:照审查意见通过。

47.桂林公会提请转呈经济部转呈财政部规定各同业得与其他各种工业享有同等各项补助案。

审查意见:以上(即大会第四十八案)原则通过,交理事会研讨办理。

决议:照审查意见通过。

48.南京公会提拟请大会建议财政部及四联总处,嗣后对于民间建造房屋将以房地产抵押借款,以促进都市建设之繁荣案。

审查意见:以上(即大会第四十九案)原则通过,交理事会办理。

决议:照审查意见通过,并应会同当地房地产公会洽商办理。

49.南京公会提请筹设中国建设公司(或银行)辅助国家建设并调剂同业金融案。

审查意见:以上(即大会第五十一案)原则通过,交理事会研讨办理。

决议:照审查意见通过。

50.天津公会提拟请呼吁政府请呈平等待遇之□案。

审查意见:以上(即大会第五十三案)原则通过,由秘书处整理后交理事会办理。

决议:照审查意见通过。

51.青岛公会提关于银行贷款问题案。

审查意见:以上(即大会第五十六案)原则通过,提交理事会研讨办理。

决议:照审查意见通过。

52.杭州公会提为策励推销国家公债,减少营造业无谓损失,按将营造工业之投标保证金及工程合同上之末期工款,以国家公债代替交纳及抵领现金,俾可减轻同业负担,请公决案。

审查意见:以上(即大会第五十八案)照原案请政府厘定合理之百分比,明令规定。

决议:原则通过,交理事会办理。

53.重庆公会提拟呈请主管机关规定保国金于偿还时,各地市县福利计息或增值案。

审查意见:以上(即大会第六十一案)原则通过,交理事会研讨办理。

决议:照审查意见通过。

54.重庆公会提拟请转请社会部工资办法通令全国施行案。

审查意见:以上(即大会第六十四案)原则通过,交理事会办理。

决议:照审查意见通过。

第四组提案(其他类)

55.无锡公会提各地营造同业与工程所在地公会如何联系、分担义务案。

审查意见:以上(即大会第一案)原则通过,交理事会通知各会员遵行。

决议:照审查意见通过。

56.桂林公会提请呈请经济部明令规定各地同业公会名称、以示统一案。

审查意见:以上(即大会第三案)通过,交理事会通知各会员一律应称营造工业同业公会。

决议:照审查意见通过。

57.吴县公会提请规定本业公会统一名称案。

审查意见:以上(即大会第五十七案)与前案(大会第三案)并案办理。

决议:通过。

58.镇江公会提为经营营造业务之厂商应加入所在地营造业公会为会员,以资联系案。

审查意见:以上(即大会第二案)原则通过,办法第一项与第一案并案办理,第二项移请法规组研讨办理,第三项失去投票意见,拟请缓议。

决议:照审查意见通过。

59.吴县公会提请规定各地同业至外埠承包工程须凭原公会之证明书至工程所在地公会,加入为临时会员并照缴各项规定费用,以便管理而利会务案。

审查意见:以上(即大会第八案)原则通过,与第一案并案办理。

决议:照审查意见通过。

60.青岛公会提拟请保留会员职务位置案。

审查意见:以上(即大会第五案)应请遵章办理。

决议:照审查意见通过。

61.上海公会提拟运用代办工程制,以适应特殊环境而免双方多滋纠纷案。

审查意见:以上(即大会第二十二案)原则通过,交理事会详细申述办制优点,呈行政院通令各部会采纳施行。

决议:照审查意见通过。

62.南京公会提为有关建筑购料便利起见,对水泥一项,水泥公司售与特约商专利营业,致影响用户,采购不便,拟呈请政府取缔特约专营办法,准予自由买卖案。

审查意见:以上(即大会第三十三案)请大会向水泥业公会交涉后,各同业请购水泥得凭公会证明书直接向各地水泥厂优先平价配购。

决议:照审查意见通过,交理事会办理。

63.南京公会提拟请政府准予组织国外工程考察团以资出境案。

审查意见:以上(即大会第五十案)原则通过,交理事会办理。

决议:照审查意见通过。

64.重庆公会提为会员天福营造厂与业主订立合同不平等,请大会公决,另订立平等互惠条款案。

审查意见:以上(即大会第六十二案)拟交理事会办理。

决议:照审查意见通过。

二、临时提议

1.请决定明年大会地点案。

决议:地点在上海,并于春和日暖时举行。

2.武进公会提为就地驻军每多派工修建不给工资,同业不胜负担,拟请救济案。

决议:原则通过,交理事会办理。

3.武进公会提拟请营联会在□设立同业建筑材料采办所或代办所案。

决议:交理事会办理。

4.汉口代表康运华提议:(1)请大会编辑大会纪念刊;(2)请制发纪念章;(3)请各地代表留存通讯地址,以便通讯而资联络案。

决议:交理事会办理。

5.拟请以大会名义致送社会部习指导员纪念品案。

决议:通过。

6.拟聘请上海同业公会理事长张继光先生为本会顾问案。

决议:通过。

乙、选举理监事

一、当选理事及票数(计二十五名)

王子扬 43 票,彭曜棠 43 票,傅全信 43 票,
陶桂林 42 票,缪金声 42 票,袁绍棠 41 票,
徐福保 41 票,余永泉 41 票,赵诗麟 40 票,
吴瑞翘 40 票,汤景贤 39 票,祖展堂 39 票,
沈其堪 39 票,吴子镛 39 票,王颂孚 37 票,
吴勋丞 36 票,林孟武 36 票,康俊 34 票,
贺敬第 34 票,邓侠 34 票,黄继先 31 票,
杨惠卿 31 票,袁顺武 28 票,李燕飞 26 票,
韩燮棠 26 票。

二、当选监事及票数(计七名)

谢东衡 34 票,陆景伟 34 票,姚长安 31 票,
邓荫清 30 票,黄秀山 27 票,高依仁 26 票,
赵蓝田 15 票。

三、当选候补理事及票数

陆根泉 31 票,高鸿南 31 票,车炳荣 30 票,
沈士明 29 票,郑伯良 28 票,张树春 27 票,
项焕文 26 票,黄克奇 25 票,陈宝山 24 票。

四、当选候补监事及票数(计三名)

王汉平 37 票,康运华 22 票,尹昌达 16 票。

丙、宣誓就职

丁、大会闭幕

首次大会出席者:

陶桂林、赵诗麟、高鸿南、林玉武、吴瑞翘、陈宝山、余永泉、王子扬、
汤景贤、姚长安、康俊、贺敬第、张树春、彭曜棠、袁顺武、祖展堂、
黄克奇、何敬波、刘云峰、杨惠卿、尹昌达、陈仕进、吴子镛、陆绍云、
黄秀山、李义龙、康运华、黄继先、车炳荣、袁绍棠、陆景伟、陈金生、
沈其堪、傅全信、王惠亭、高依仁、丁宝赓、缪金声、徐福保、徐逸甫、
王汉平、项焕文、唐秋泉、邓侠杨、邓侠、苏朝栋、潘荆二、赵蓝田、
金生文、白汝为、王颂孚、韩燮棠、郑伯良。

第二次大会出席者(上午):

王子扬、车炳荣、祖展堂、傅全信、韩燮棠、项焕文、吴子镛、赵诗麟、高鸿南、沈其堪、张树春、贺敬第、余永泉、陶桂林、尹昌达、袁绍棠、高依仁、彭曜棠、袁顺武、丁宝赓、王惠亭、康运华、陈宝山、李义龙、吴瑞翘、陆景伟、王颂孚、陈金生、姚长安、康俊、汤景贤、徐逸甫、徐福保、王汉平、缪金声、黄秀山、林孟武。

第二次大会出席者(下午):

徐福保、韩燮棠、沈其堪、王惠亭、张树春、陈宝山、邓荫清、尹昌达、王颂孚、黄秀山、徐逸甫、唐秋泉、傅全信、康俊、赵诗麟、李义龙、袁绍棠、王子扬、汤景贤、缪金声、王汉平、陆景伟、高依仁、黄继先、高鸿南、袁顺武、陆绍云、陶桂林、贺敬第、邓侠、项焕文、陈金生、丁宝赓、余永泉、吴瑞翘、陈仕进、吴子镛、车炳荣、康运华、姚长安。

第三次大会出席代表(上午):

黄秀山、祖展堂、陈宝山、李义龙、康运华、陈逸甫、王汉平、吴子镛、缪金声、陆景伟、王颂孚、贺敬第、车炳荣、吴瑞翘、高鸿南、高依仁、徐福保、项焕文、陆绍云、沈士明、陈金生、邓侠、康俊、王子扬、赵诗麟、邓荫清、傅全信、王惠亭、韩燮棠、余永泉、陶桂林、谢东衡、姚长安、尹昌达、陈仕进、袁绍棠、沈其堪、丁宝赓、唐秋泉、张树春、黄继先、汤景贤。

第三次大会出席代表(下午):

余永泉、张树春、徐福保、王汉平、高依仁、丁宝赓、沈其堪、陆绍云、吴子镛、赵诗麟、陆景伟、陈金生、康俊、彭曜棠、袁绍棠、袁顺武、尹昌达、陈仕进、吴瑞翘、缪金声、沈士明、王子扬、陶桂林、吴子镛、韩燮棠、唐秋泉、项焕文、李义龙、车炳荣、贺敬第、高鸿南、姚长安、王颂孚、黄秀山、祖展堂、傅全信、王惠亭、邓侠、黄继先。

14.汉口市染织布工业同业公会第二届会员代表改选大会会议记录

(1947 年 7 月 14 日)

时间:民国三十六年七月十四日上午十时

地点:假三民路会宾大酒楼

出席人:计到会五百零二人,载签名簿

市政府监选员李济苍,市党部指导员杨雪凡,市商会代表王际清,三民团分团代表李青之,南区宪兵队代表王裕昆,西区宪兵队代表许震,警察四分局代表吴广才,警察一分局代表贾庆昌,刑事第一队代表余涛财,财政部汉口直接税局第一区办事处袁嘉会,新安区区长吴东

主席:邓廷珍

记录:查素亭

开会如仪

甲、报告事项：

主席报告会务经过、改选意义、收支状况。

乙、监选员、指导员暨各机关训词（略）。

丁、进行选举，当场选定。

理事：龙少伯 444 票，李伯平 352 票，徐明轩 196 票，吴荫明 114 票，张海清 109 票，倪杰臣 103 票，华世杰 76 票，陈沧泉 74 票，葛梁臣 68 票，孙玉珊 54 票，王正经 41 票

监事：徐元善 46 票，徐子章 31 票，黄时中 24 票

候补理事：吴性初 45 票，李聘卿 41 票

候补监事：萧纫卿 21 票

互选常务理事：龙少伯 9 票，李伯平 7 票，徐明轩 6 票

互选常务监事：徐子章 2 票

复选龙少伯为理事长。

戊、监选员宣布选举结果。

己、散会，下午五时。

15.汉口市党部为请准时出席“戡乱救国”运动会议致汉口市商会贺理事长电

（1947 年 7 月 16 日）

商会贺理事长鉴：

（略）。政府为维护主权领土之完整，下令动员讨伐，乃当前救国救民之要图。首都各人民团体，于举国纪念“七七”抗战之日，一致决议以七月二十日为“戡乱救国”运动日，并通电全国一致响应。我汉口市民自不容坐视，应予声援，特定于本月十八日上午九时，在本部大礼堂举行会议，商讨一切。除分电外，相应电请查照，至准时出席为荷。

中国国民党汉口特别市党部　午铣印

16.吉安县商会为请声援敝会争取商业团体国大代表名额致汉口市总商会（附原电）

（1947 年 7 月 16 日）

汉口市商会公鉴：

敝会为争取商业团体国大代表名额事，曾于本月十五日上国民政府及各院部代电一件。兹将原电稿抄附于后，即请查照声援，一致向政府力争，以维商界权益为荷。肃颂公祺。

附抄原代电。

吉安县商会　启

南京国民政府主席蒋、立法院院长孙、内政部长张、社会部长谷钧鉴：

报载中央社南京廿八日电，立法院第四届第三三〇次会议通过国大职业团体代表名额分配，计农渔业占百分之三十二，计一四四名；工人团体占百分之二十八，计一二六名；教育团体

占百分之二十，计九〇名；自由职业团体占百分之十三，计五九名；工商业团体占百分之七，计三一名，其中分配商业代表仅一三名。详阅整个职团代表分配比率，独我商业团体名额为最少，不无偏颇，失其持平，深为骇异。查我国人口总数，除农人公认占绝大多数外，当以商人占次多数地位，是依照全国人口比率为分配标准，我商业团体名额仅应少于农业团体，而多于其他职业团体，自无疑义。就国民纳税义务言，无论平时、战时，我商人每年所负担各种税款之数字，均较其他职业人民为大，义务与权利，自应相等。再就现代商业地位言，世界各国之能否自存自强，全恃国家力量之充实与否以为断，而经济力量之充沛与否，则与国内商业之发达，与市场之荣枯有绝大关系。倘漠视商人在政治上之地位而不予提高，甚或百计抑制之，是不啻直接予国内商业之打击，间接予经济力量之削弱。更就全民政治意义方面言，凡属国人，均应参与国家政治，以保障其赋予之权益，同时参与政治之机会，并应公允均衡，始可免为少数无政治道德者所把持、所掠夺。当此实施民主宪政之前夕，对于人民代表之产生与名额之分配，尤应公允合理，不能有丝毫偏颇，否则于全民政治之意义，固有不符，即宪政始基亦未敢期固如苞桑，安如磐石。本会为一县商民团体，深恐上项商业代表名额分配不均，有碍宪政之实施及普选之进行。理合电呈鉴核，俯赐饬院查□复核更正，以昭公允而资救济，毋任企祷。

吉安县商会理事长　邓玉麟

常务理事　刘梅林、万凝贞、蔡献廷、龚其泰、罗芝辉、张模良　未删叩

17.汉口市商会为转市政府社会科函迅缴陕北千元捐款致各业同业公会

（1947 年 7 月 18 日）

案准汉口市政府社会科科长函开本府前发起之救济陕北灾区千元捐助运动，云云，至是为至盼。等由，准此。查奉本案前经本会于七月九日函催未缴纳捐款同业公会，务于文到三日内，有钱交钱，无钱交据，以利结束在卷。兹以逾期多日，尚有未照办者。除分催外，相应再行，函希查照，迅予本月二十日以前，仍照上项办法结报到会，勿再延误为盼。

此致

汉口市各业同业公会

（会戳）启

18.中国国民党汉口特别市执行委员会财务委员会为协助劝募党员特别捐致刘秀山函

（1947 年 7 月 18 日）

汉财字第七十八号　民国三十六年七月十八日

敬启者。案查前奉中央财务委员会电令本市劝募党员特别捐四亿五千万元，连同中央驻汉委员个人担任劝募之数，共为八亿元，经于本年二月电承贵会慨允劝募，并限于三月底完成缴解，迄今逾限，为时已过四月，电催缴解，至为迫切。并经本会转请提前办理及派员催缴在案，总计现在解款银行者不过一亿三十余万元，距离中央配募八亿元之数相隔太远，用再函请查照。一本爱护本党慷慨输将之热忱，鼎力协助，将担任劝募五十万元之数克日收集，务于七

月底送交银行，以便转解而利结束为荷。

此致

刘秀山先生

主任委员　袁雍

财务委员会主任委员　邹安众

19.汉口市商会为报呈本会有党籍之理监事调查表致中国国民党汉口特别市执行委员会函（附汉口市商会有党籍之理监事调查表）

（1947 年 7 月 19 日）

市党部呈文　三十六年七月十九日

事由：为报呈本会有党籍之理监事调查表。

案奉钧会汉组字第七二号公函，饬依表填报本会首长及职员党籍。等因。遵经将本会有党籍之理监事表填就，理合呈复鉴检。

谨呈

中国国民党汉口特别市执行委员会理事长贺衡夫

附：本会有党籍之理监事调查表一份

机关名称	汉口市商会							
职别	理事长	常务理事	常务理事	常务理事	常务理事	常务理事	理事	理事
首长及职员姓名	贺衡夫	万文长	王际清	张立鹤	王静斋	张吉六	李荐廷	刘伯琴
别号	以字行	少珊	以字行	以字行	以字行	以字行	以字行	以字行
党证字号		特 67908	军露 0005 天	鄂 04694				宁字 03294
机关驻地或私人驻地	天津街怡庐三号	江汉一路璇宫饭店	胜利街一四四号	蔡锷路十四号	汉景路华商饭店	为春里五四号	洞庭街一九号	车站路铁路饭店
备考	未入党				赴申		赴申	

机关名称	汉口市商会									
职别	理事	理事	理事	理事	理事	理事	常务监事	常务监事	监事	监事
首长及职员姓名	龚亦遂	李月樵	韩万青	曾厚诚	王龙章	殷柏涛	杨庆山	戴震	刘绍武	张希麟
别号	慈叔	以字行	以字行	以字行	以字行	以字行	以字行	实生	以字行	以字行
党证字号	昆 019252				苏 4427	汉字 08966		汉字 4884	长字 119490	汉字 3603

（续表）

机关驻地或私人驻地	老联保里三号	咸安坊五号	云德里五号	大智路口老通成	交通路三一号	土垱小火巷三八号	府东一路修心堂内	永康里十七号	府南一路咏怀里一号	沈家庙河街三五号
备考				已入党，党证尚未发下		中国国民党汉口特别市党部				中国国民党汉口特别市党部

20.汉口市营造工业同业公会为本会会员何复兴与天主堂工程纠纷业已解除致汉口市商会

（1947 年 7 月 21 日）

案据本会会员何复兴营造厂经理何志超函称："敬启者。敝厂与天主堂工程纠纷一案，业经蒙钧会暨总商会于本月十九日调处解除，对于初与天主堂所订合约，自应无效。现因该合约已缴呈建设厅请领执照，以至无法缴出，用特报请钧会，转请总商会转函天主堂，自本月十九日起，该合约视为废纸，不生任何效用。"等情，据此。查该会员承包天主堂未完之工程，既经调处，解除承包手续，其缔结之合约自应从调解成立之日无效。据称前情，相应据情函请查照，并希转达天主堂知照为荷。

此致

汉口市商会

理事长　彭曜棠

常务理事　王海亭(代)

21.万县商会为电知本会依法改选检送第二届当选理监事职员表请查照致汉口市商会电(附当选理监事职员表)

（1947 年 7 月 23 日）

汉口市商会公鉴：

本会第一届理监事职员任期届满，奉令依法改选。业经筹备，于本年七月二十三日在本会大礼堂召集会员代表、举行改选事宜，呈经专署、县府、党部派员临场指导监选。票选结果：茎九等九人当选为理事，钟耆等四人为候补理事，海泉等三人为监事，大年为候补监事，复由理事互选茎九等五人为常务理事，由监事互选海泉为常务监事，就常务理事互选茎九为理事长。理监等猥以菲才，难胜重任，惟独桑梓义务，未便固辞，谨于同日宣誓就职，接收办公。除呈报分电通知外，用将检同第二届当选理监事职员表电达贵会，烦为查照，尚冀南针时赐，借匡不逮，至纫公谊。

附第二届当选职员表一份。

万县商会理事长　刘茎九　(三六)未真印

附:万县商会第二届第一次当选理监事职员表(1947 年 7 月 23 日)

民国三十六年七月二十三日选举

职别	理事长	常务理事	常务理事	常务理事	常务理事	理事	理事	理事	理事	候补理事	候补理事	候补理事	候补理事	常务理事	监事	监事	候补监事
姓名	刘茎九	柯壁光	刘伯仲	古陈夏	敬寿森	熊百禄	谭伯光	邹黎青	廖明远	刘钟耆	方鼎成	何子健	向翰钟	颜海泉	刘继光	魏荣卿	张大年
年龄	五六	四八	五三	五二	四七	四七	三四	□□	四七	□□	五三	三六	五一	六二	六四	五二	三六
籍贯	万县	江津	万县	梁山	成都	万县	万县	云阳	万县	万县	万县	万县	万县	永宁	江西	万县	万县
营业种类	糖业	金融业	药材	川表业	山货	棉花业	纺织	油业	颜料	纱业	百货	油业	粮食	绸布	航业	棉纱业	旅栈
所属公会名称职务	糖商业公会理事长	银行商业公会理事长	国药公会理事长	川表业公会理事长	牛羊皮猪皮输出业公会理事长	棉花业公会理事长	纱商业公会理事长	油商业公会理事长	颜料公会理事长	纱商公会常务理事	百货公会理事长	油商公会常务理事	粮食公会理事长	绸布公会理事长	轮船公会理事长	纱商公会理事长	旅栈公会理事长
住址	环城路天生元号内	二马路万有银号内	二马路兴隆街口	昙花寺十一号	雷家巷二三号	雷铺巷一六号	吉祥街特一号	太平街胜利路	西门坡	常铺巷十九号	电报路二五二号	臭水井萍庐	北山路三六号	二马路六四号	凉水井五号	胜利路四三号	磨子巷三号
备注																	

22.湖北汉口地方法院刑事庭为汉口皮革制品工业公会裁定书

(1947 年 7 月 24 日)

申请人:财政部汉口直接税局

被告:汉口皮革制品工业同业公会,设同益街远东巷二号

上列被告因违反印花税案件,经申请人申请处罚,本院裁定如下:

主文:

汉口市皮革制品业同业公会卅六年二、三、四、五等月份会费收据四件,不贴印花税票,各处罚款一千元;同年六月份,会费收据一件,不贴印花税票,各处罚款一千五百元,合并处罚款四千五百元。

理由:

按《印花税法》第十六条税率表第二目,银钱收据每件按金额每千元贴印花三元,不足一千元者,亦以一千元计。商业同业公会会费收据仍应贴用印花,亦经司法院解字第二八九六号著有解释本件,汉口市皮革二、三、四、五等月份会费收据四件各计金额一万二千元,按率各应贴印花税票三十六元;又六月八日出具同号六月份会费收据一万八千元,按率应贴印花五十四

元,均漏,未依法贴用印花。经申请人派员查获检同凭证,移请本院处罚。经查核无异,依有利行为人之法律,酌各处总纳税额二十倍以上罚款。违反印花税法所定情事在两件以上者,分别裁定合并处罚,但合并处罚之金额不得超过其情事最重之件应处罚之三倍,爰依旧《印花税法》第十八条、第二十条,《印花税法》第二十八条第一项裁定如呈文。

湖北汉口地方法院刑庭推事　叶荫汉

如不服本法裁定,得于送达后五日内,向本院提请□告湖北高等法院。

上正本证明与原本无异。

书记官　易起元

23.第十区机械工业同业公会为翻砂职业工友无故罢工影响营业商讨对待办法会议记录

(1947年7月24日)

地址:远东饭店四楼

日期:三十六年七月廿四日下午四时

出席人:汉利厂、民生厂、汉渝厂、梁恒记、建国、张连记、兴泰、韩鑫昌、张福记、王兴泰、协义、森昌、许新记、吕方记

讨论事项:

公议:拟即时派代表四人至市府面□,无故罢工,请求调解。

议决:公推梁恒□、俞荣竹、聂和卿、叶梓琴四位前往。

报告事项:刻即四位代表向市府社会科陈股长申述。翻砂工人七月廿□日无故罢工,请求调解,以维生产,盼立解决。当据陈股长指示,九时政府颁发总动员法,令工厂不得罢工、怠工。并据将鼓动工潮工人报府依法办理。

议决:机关公会文牍缮稿决定,明日送达。呈市府、行辕二处。

当再奉,九时翻砂工人□人发生罢工、怠工情形,此次决定继续依法办理,合人力财力共同一致,前进中途各同业不得回避及不理情事为荷。同意,请各同业签字盖章。

查此次市府调整工资,曾经召集调整在案,特将各项逐一通知于后:

一、关于三月份起至六月十五日止,所有实物差额未经付讫者,应接市府规定差额,按数补给。

二、自六月十六日起至七月廿一日止,按照市府调整会决定,以二月份原定工资增加百分之八十三,发给所有,此次罢工三日,经市府议定准予发给工资两日以示优待。

三、市府议定自八月一日起,所有工人工资业经酌予调整,甲等每日每工洋一万七千八百元,乙等每日每工洋九千元,其工资在超过此项范围以外,概不减除。

四、关于此次经市府调解以后,以三个月为限,如物价有特殊波动情形不在此限。

24.汉口各界"戡乱救国运动会"筹备会为费用账单致汉口市商会(附账单)

(1947年7月25日)

查"戡乱"大会业告结束,根据以前决议所需费用,以三百万元为基准,由商会、参议会、青

年团、市党部公摊,现大会已用去费用二百零二万元,除商会已交一百万元外,余数由参议会担任四十万元,青年团三十一万元,市党部三十一万元。除分知外,相应检附大会费用账单一份,即希查照为荷。

此致

汉口市商会

汉口市各界“戡乱救国运动会”筹备会　启

附:汉口市各界“戡乱救国”运动大会费用账单

一、付搭大会讲台连扎彩共支法洋一百三十万元;

二、付茶担二副连工伙食共付法洋二十二万元;

三、付市政府司机二人酒资共付法洋二万元;

四、付漂白竹布六尺共付法洋三万四千元;

五、付缝工法洋二千元;

六、职工来往搬运接洽车费洋三万九千元;

七、付竹篙二根共付洋五千元;

八、付印宣言口号共付洋四十万元。

以上八项共支法洋二百零二万元。

25.汉口各界救济陕北灾区千元捐助运动委员会为救济陕北灾区千元捐款一案惟未缴各户仍请派专人督催致市商会

(1947 年 7 月 26 日)

案准贵会卅六年七月九日商字第 2117 号公函,以送救济陕北灾区千元捐款五百二十万三千元之省行政收据一纸,退回捐款收据一万一千九百六十八张及已缴、未缴名册各一份,均经收悉。惟未缴各户,仍请派专人前往督催,于三日内报府,以资清结。除将所附各件移送劝募组结办外,相应复请查照为荷。

此致

汉口市商会

汉口各界救济陕北灾区千元捐助运动委员会

借戳　汉口市政府

26.汉口市商会为转汉口各界救济陕北灾区千元捐助运动委员派员督催救济陕北千元捐款致各业同业公会

(1947 年 7 月 29 日)

案准汉口各界救济陕北灾区千元捐助运动委员会函开:“函件均经收悉,惟未缴各户,仍请派专人前往督催,于三日内报府,以资清结。除将所附各件移送劝募组结办外,相应复请查照为荷。”等由,准此。查奉案迭经催缴,迄未清结。兹准前由,除派员分别转函督催外,相应函希查照，迅予三日内有钱无钱，据以凭转报，勿再延忽为盼。

此致

汉口市各业同业公会

（会戳） 启

27.汉口市染业工人增加工资调解会议记录

（1947 年 7 月 30 日）

时间：民国三十六年七月卅日上午九时

地点：本府社会科

出席人：市党部吴亨家、市总工会柯华阶

资方：李玉丰、彭玉彬、喻顺臣、丁汉臣、市商会高坤山

劳方：祝锦坤、丁怀亭、汪正直、黄家述、祝银洲、李家合、冯忠启、盛哈苟

市政府胡冠民

主持人：胡冠民

调解结果：

自八月一日起，按原工资等级调整为卅五万元、卅二万元、卅万元三种。

李玉丰、祝锦坤

散会。

8 月

1.汉口市商会为转知中国航空建设协会湖北省分会催促各同业公会会员踊跃入会致汉口市各同业公会

（1947 年 8 月 1 日）

案查前准中国航空建设协会湖北省分会征求总队公函，为催促各同业公会会员踊跃入会一案，业经本会于六月二十一日分函转催在卷。兹复准征求总队鄂征机第二六九号代电，略以改聘本会理事长为商会特别队征求主任，并催促所属各公会一律入会，于本年八月十五日以前，造具会员名册（格式前已抄发各公会）连同会费，一并转解过队，以便转报。等由，到会。除分行外，相应函催，即希查照依限办理过会，以凭汇转为盼。

此致

汉口市各同业公会

汉口市商会 启

2.五金翻砂工人请加工资调解会议记录

（1947 年 8 月 1 日）

地点：市政府招待室

时间：三十六年八月一日下午四时

出席人：市总工会柯华阶，市党部孙荣雪，市警察局陈砚白，市商会高坤山，机器业祝渭潜，会员代表段云卿，翻砂组梁福生，叶梓琴、俞荣卿、聂和卿，职业工会孙寿卿，市政府喻思九。

主席：喻思九

甲、报告事项（略）。

乙、调解结果：

一、工资甲级每人每日增为一万七千八百元，乙级每人每日增为一万四千七百元，丙级每人每日增为一万二千元，丁级每人每日增为九千元，自卅六年八月一日起实行。

二、嗣后工资调整期限以三个月为标准，但物价有特殊波动时不在此限。

梁福生、俞荣卿、聂和卿、叶梓琴、孙寿卿、聂荣卿、时孟刚

丙、散会。

3.汉口市营造工业同业公会为抄发土石建筑工人增加工资调解记录通知各会员营造厂（附汉口市土石建筑工人请加工资调解会议记录）

（1947 年 8 月 1 日）

事由：抄发土石建筑工人增加工资调解记录，请查照由。

案奉汉口市政府三十六年七月二十八日市秘社字第八六四三号训令开：案据本市土石建筑业职业工会呈，略以工资于本年二月间由双方协定后，迄今尚无□动。近因物价高涨，原有工资不独不能赡养家小，且个人之生活亦难维持，请迅予调整等情。经查，本案业经召集调处解决，并已取得劳资同意及记录在卷。除分别函令及指复外，合行抄同原调解记录，令仰转行遵照为要，此令！等因，附抄发原调解记录一份，奉此，自应照办。除通知外，相应抄同原记录送请查照办理为荷。

此致

贵会员营造厂

附调解记录一份。

理事长　彭曜棠

附：汉口市土石建筑工人请加工资调解会议记录

地点：市政府招待室

出席人：市党部范曦

时间：三十六年七月二十一日上午八时

出席人：童松卿、郭泰泉、高坤山、萧子俊、范曦、王海厅、冯柏春、喻思九

主席:喻思九

甲、报告事项(略)。

乙、调解结果:

1.关于营造业所付给之工资,每工增加为九千四百五十元(伙食在内),自三十六年七月十五日起实行。

2.土石工人在各营造工作之时间,一律以泥瓦及木作工人之工作时间为标准。

3.关于沙瓦碎杂石渣业所付给之工资,照本年二月份双方协议调整数,每方增加百分之七十六,亦自本年七月十五日起实行。

丙、散会。

4.汉口市商会为转发人民团体游行注意事项致本市各工业同业公会函(附《人民团体游行注意事项》)

(1947 年 8 月 2 日)

案准汉口市警察局警行字第〇九四二号午真警行代电开:"奉市政府市社字第九五七二号训令开,案奉湖北省政府省社二字第二六六九号代电开,准内政部本年五月二日渝警字第二一〇二号公函开,查团体游行管理稍有不慎,足以影响社会秩序与公共安宁,应防患未然,本部有鉴于此,特拟定《人民团体游行注意事项》一份,函请查照参考办理为荷。等因。除分电外,合亟抄发原《人民团体游行注意事项》一份,电仰知照,并饬属知照。等因。除函请宪兵十二团查照外,合亟抄同原颁注意事项一份,令仰知照,并饬属知照为要。等因。除饬属遵照并分电外,特抄同原颁注意事项,电请查照,并希通知所属会员一体遵照。"等由,附《人民团体游行注意事项》一份,准此。除分知外,相应知照,抄原颁游行注意事项一份,函希遵照为荷。

此致

本市各工业同业公会

附《人民团体游行注意事项》一份。

附:《人民团体游行注意事项》

一、为维持社会秩序,确保公共安宁起见,特订定本注意事项。

二、本事项所称团体游行,凡属机关、团体、学校,无论其具体有何种性质之集体进行以及民间之迎神赛会,均准此办理。

三、凡在各地团体游行者,其负责筹备人员须于事前叙明下列事项,呈报当地治安主管机关(警察局所或县政府),以便保护。

(一)负责筹备人姓名、年龄、籍贯、职业、住址;

(二)游行宗旨;

(三)集会地点;

(四)游行日期及时间;

(五)经过路线。

四、游行时间以白昼为限。

五、游行时如欲散发传单、印刷品，张贴标语者，须送经当地治安主管机关（警察局所或县政府）备考。

六、游行行列应按交通规则靠街道右边行进。

5.湖北省高等法院为转驻葡萄牙公使馆查询商事致汉口市商会

（1947年8月2日）

径启者。案准中华民国驻葡萄牙公使馆本年七月十六日来函，以据葡国商号函询 FRANCE IMPORT (HANKOW) THURIER & KOMR (HANKOW)现在是否开设，转请查复。等由。相应备函转询，希烦贵会查照，惠予代为查示，开明英文地址见复，以凭转复为荷。

此致

汉口市商会

上海市商会

理事长　徐寄庼

常务理事　骆清华、吴蕴初、寿景伟、金润庠

6.汉口市营造工业同业公会为抄发汉口市锯木工人请加工资调解会议记录通知各会员营造厂（附汉口市锯木工人请加工资调解会议记录）

（1947年8月3日）

汉口市政府三十六年七月三十一日市秘社字第八七五一号令开：案据本市锯木业职业工会呈，以工资低微，请调整与泥木工工资一致。等情。查本案业经召集调处解决，并已取得劳资双方同意及记录在卷。除分别函令及指复外，合行抄发原调解记录，令仰转行遵照为要。此令！等因，附抄发原调解会议记录一份，奉此，自应遵办。除分知外，相应抄同原记录，送请查照办理为荷。

上通知

贵会员营造厂

附调解记录一份。

理事长　彭曜棠

附：汉口市锯木工人请加工资调解会议记录

（1947年7月26日）

地点：市政府接待室

时间：三十六年七月二十六日上午九时

出席人：市党部范曦，市警局陈砚田，营造业王海亭、潘益卿、冯柏春，新旧房料业王律修，锯工业职业工会周应瑞、黄全忠，木板业公会敖作舟，市总工会柯华阶，市政府喻思九

主席：喻思九

甲、报告事项（略）。

乙、调解结果：

1.杉木工资每方增为二万一千元，松木、樺木及□□工资按照杉木工资数额比例增加。

2.此次调整之工资自农历本年六月初十日起实行，嗣后调整时期，仍以古历五、八、腊三节为准。

丙、散会

7.汉口市政府为关于原住地回民选举人名册依法单独造具致汉口市商会电

（1947年8月4日）

汉口市政府代电　市民字第〇〇〇三五号

汉口市市商会：

奉选举总事务所(36)午俭京代电开："查《国民大会代表选举罢免法》第四条第八项规定，内地生活习惯特殊之国民□出者共十名，按同法第三十条及其施行条例第五十二条规定所称，内地生活习惯特殊之国民，系指居住各地之回民而言，主管选举机关应将其选举人名册分别造具，是该项选举人名册应须单独造具，不与其他选民册相混。除分行外，特电查照转饬遵办为荷。"等因。除分行外，合亟转电遵照办理。

汉口市政府未市秘民印

8.汉口市政府为请注意职业团体会员代表选举权不能与区域选举权重复致汉口市总商会电

（1947年8月6日）

汉口市政府代电　市(36)民字第〇〇一四号

汉口市总商会：

奉选举总事务所(36)午俭京代电开，查《国民大会代表选举罢免法》第七条及《立法院立法委员选举罢免法》第八条规定，每一选举人只有一个选举权。于本法第四条各款，选举人有二个以上选举权者限参加一种，由选举人于登记选举人名册时自行声明。又各该法第十一条规定，选举人名册由各主管选举机关编制完成后，分别发给选举权证，以凭领取选举票。复按国大代表及立法委员选举罢免法施行条例第五条规定，依国民大会代表、立法院立法委员选举罢免法第七、八条之规定，每一选举人只有一个选举权，各主管选举机关于调查登记选举人名册时，如发现一个选举人有二个或二个以上选举权者，应令其自行认定一种，并通知有关机关备查。依照上列规定，为避免职业团体会员代表之选举权或与区域之选举权发生重复起见，应请惠予注意办理者：（一）应通令县市及其同等区域之主管选举机关造具选举人名册时，应将各种选举人名册分别核对，如查有重复，应令其择定一种，册上不得重复；（二）参加全国性职业团体选举者，主管选举机关应就其籍别分别通知，本籍选举机关应注意其不得重复（俟发选举权证时，如不在籍即行停发），如其回籍，应即令其声明择定一种，以符法令。除分行外，相应电请查照办理为荷。等因。除分行外，合亟转电遵照办理。

汉口市政府未市秘民印

9.汉口市商会为通知派代表出席代表会致汉口市各业同业公会函

(1947 年 8 月 7 日)

兹为商讨选举人名册暨营业税等案,定于本月十一日(星期一)下午三时,在本会开会员代表会。除分行外,相应函希查照,准时推派理事长或负责理事一人出席为盼。

此致

汉口市各业同业公会

速!

10.汉口市商会为赶造国大代表选举人名册致汉口市各业同业公会(附抄名册式样表)

(1947 年 8 月 7 日)

案奉汉口市政府市社(36)字第〇〇〇九〇号训令开:"查国大代表选举人名册,依照法定程序,应自七月二十三日起至八月二十六日止造报完成。现时间仓促,兹就报纸所载规定,拟定册式,先行造具底册,并一律采用国产毛边十行纸,以六裁纸为封面,借免凌乱。除分令外,合亟检发表式,令仰迅即转饬各同业公会赶造二份,并限于八月二十日以前,径送本府社会科凭办,逾限即以弃权论,万勿迟误为要。"等因,附名册式样一份,奉此。除分行外,相应抄同名册式样,函希查照,限于八月二十日以前以二份名册径送市府社会科,以一份名册送本会登记室(不用文),勿延为盼。

此致

汉口市各业同业公会

附抄名册式样表一份。

汉口市商会　启

附:国大代表选举人名册式样表

汉口市　　　会国民大会代表职业选举人名册　　　中华民国　　年　月　日							
姓名	性别	年龄	籍贯	住所	从事该业之年期	有无被选举权	备考

11.汉口市土布业同业公会为奉令改选告竣致汉口市商会

(1947 年 8 月 7 日)

查本会自成立以来,因会务无法推进,亟应提前改选,以重会务。经召开会员大会讨论决定,改选业已呈请汉口市政府核准,予以改选在案。经于七月十四日上午十时假三民路会宾酒楼召集第二届会员代表改选大会,计到会员五百零二人。荷蒙主管机关莅临监选指导,当选定龙少伯等十一人为理事,徐元善等三人为监事,吴性初等二人为候补理事,萧切卿一人为候补监事,互选龙少伯等三人为常务理事,徐子章为常务监事,再由常务理事复选龙少伯为理事长,当场宣布选举结果。等情,记录在卷。除分别呈报汉口市政府暨市党部备案外,相应缮具第三届当选理监事略历表及会议记录各一份,函达贵会备查为荷。

此致

汉口市商会理事长贺

理事长　龙少伯

12.商会电中央争选举名额

(1947 年 8 月 10 日)

[中央社讯]汉口市商会顷电呈国府,力争国大代表及立委名额,并吁请政府各有关部会长官予以援助暨分电全国各级商会一致主张。

[又讯]汉口市参议员万克哉,拟参加汉市立法委员竞选,刻已依据法令规定进行提名签署,以取得合法候选人资格,颇多市民以其年来服务地方,颇著劳绩,且两度参加赴京请愿改制,连日签署者极为踊跃,并已超出法定人数。

(《大刚报》)

13.汉口市商会为请全体理监事参加罗贡华先生讲"对时局内容之分析及其前途之推测"致汉口市各业同业公会函

(1947 年 8 月 10 日)

案准三民主义青年团武汉青年馆青汉业字第一一七号佳代电开:"本处鉴于日前时局之阴沉,为打破一般爱国青年思想之烦闷,定于本月十一日(星期日)上午十时假汉口维多利电影院聘请重要委员罗贡华先生讲'对时局内容之分析及其前途之推测',敬希贵会全体同仁届时前往参加,至所欢迎。"等由,准此。除分函外,相应函请贵会全体理监事准时前往参加为盼。

此致

汉口市各业同业公会

汉口市商会　启

14.汉市商会电呈国府,力争国代立委名额,并电全国商会一致主张

(1947 年 8 月 10 日)

[中央社讯]汉口市商会顷电呈国府,力争国大代表及立委名额,呼吁请政府各有关部会长官赐予援助暨分电全国各级商会一致主张,兹志其呈国民政府原电于后:(上略)报载立法院通过职业团体国大代表名额,商界仅分配十三名,立法委员名额商界仅分配五名。就数额而言,商界仅占国大代表千分之四,立委千分之六。再就职业界名额而言,商界亦仅占国大代表百分之三及立委百分之六。全国商业从业人员如此之重,而其分配比例竟如此甚少,究系何所依据,或系以会员之多寡,抑系以知识之高下,或系以地位之轻重,抑系以人格之优劣,令人百

思不得其解。矧吾国政治，乃系全民政治，商界之地位，固与农界、工界、新闻界、教育界有同等之重要。对于商界分配名额，理宜参考过去之标准，暨主管机关之统计与意见，比例增加，方昭平允，否则商界处此歧视压迫之下，万难忍受。我商业团体成立以来，已具有六十七年之历史，商民服务社会，爱护国家，从未后人，对于革命之捐献，救国运动之响应，北伐之效力，抗战之牺牲，以及国家历年捐税之担任，莫不成绩昭彰，在人耳目。方今动员"戡乱"之际，我商界正谋辅助政府，突破难关，迈进坦途，揆之权利、义务平衡之原则，似应特予优待，筹资激励。讵意立法院对于商界之国大代表与立委名额过于靳惜，是不独漠视商民历来贡献之义务，而且自削其建国之基础，后果将不堪设想。商会代表全市商民，为顾全商界人格、商界权利与国家前途，均未便壅于上闻，恳请对于立法院所决定商界之国大代表与立委之名额予以纠正，并令行主管部门在本问题未合理合法解决前，暂缓办理职业选举，不胜迫切待命之至。

（《武汉日报》）

15.汉口市商会为重申造册要点致汉口市服装业同业公会函

（1947年8月12日）

前奉汉口市政府令，当经抄转各业公会，并于各业代表会席上说明造册各要点在案。兹以限期迫近，特将造册要点重申于下：（一）各业会员人数已由市府社会科调查列表，各公会可依照该数将各会员开店之店员学生（年在十八岁以上者）一并加入造册；（二）采用国产毛边六裁十行纸，并以六裁纸为封面；（三）限于八月二十日以前，除自留底册一份外，以二份名册径送市府社会科，以一份名册送本会登记室（不用文），逾限即以弃权论；（四）册式中"有无被选举权"一栏，系指已否取得候选人资格而言。除分行外，相应再行抄附该册式，函希查照。依照该调查表所列贵会会员人数七四一人，如期造送名册，勿误为盼（如有疑难询问之处，可径往社会科洽询）。

此致

汉口市服装业同业公会

汉口市商会　启

16.汉口市商会因选举人名册式样要点致汉口市纱业同业公会函

（1947年8月12日）

查选举人名册式样，前奉汉口市政府令发，当经抄转各业公会，并于各业代表会席上说明造册各要点在案。兹以限期迫近，特将造册要点重申于下：（一）各业会员人数已由市府社会科调查列表，各公会可依照该数将各会员商店之店员学生（年在十八岁以上者）一并加入造册；（二）采用国产毛边六裁十行纸，并以六裁纸为封面；（三）限于八月二十日以前，除自留底册一份外，以二份名册径送市府社会科，以一份名册送本会登记室（不用文），逾限即以弃权论；（四）册式中"有无被选举权"一栏，系指已否取得候选人资格而言。除分行外，相应再行抄附该册式，函希查照。依照该调查表所列贵业会员人数四二五人，如期造送名册，勿误为盼（如有疑难询问之处，可径往社会科洽询）。

此致

汉口市纱业同业公会

附抄册式一份。

最速件!

汉口市商会　启

汉口市 会国民大会代表职业选举人名册 中华民国 年 月 日							
姓名	性别	年龄	籍贯	住所	从事该业之年期	有无被选举权	备考

17.厦门市商会为请一致主张力争国代及立委名额致汉口市总商会

(1947 年 8 月 13 日)

厦门市商会代电　雨未元秘字七九一号

汉口市商会惠鉴:

立法院违背国务会议决议,擅减职业团体国民代表及立法委员名额,凡我同业,咸深愤慨。本会□有分电国民政府及全国商联会,表示拥护全国商联会之主张及行动,请一致力争,共同主张,无任盼祷。

厦门市商会理事长　严焰(元)

18.霍山县商会为希同业一致呼吁争取商业团体国大代表名额致汉口市总商会(附呈国民政府主席电文)

(1947 年 8 月 13 日)

呈国民政府主席电文一件,原稿附呈查核。事关全国商界权益,如蒙赞同,即希同业团体一致呼吁力争,并乞各界赐予援助,无任企盼,专颂公祺。

原稿附后。

萧子瑜　敬启

代　电

南京国民政府主席蒋钧鉴:

报载立法院第四届第三三〇次会议,通过职业团体国大代表名额,计工商业团体共占百分之七,其中分配商业代表仅十三名,占职团代表总额百分之三,少于农业代表一一八名,少于工业一一三名,少于教育七七名,此项规定席次殊欠公允,商业同胞不胜惶惑。查我国工商业团体自抗战以来,关于民生物资之调剂,国防器材之供应,无不艰苦备尝,竭尽精力,犹复捐资纳税,担负重重,商人所尽义务,实较其他团体为多,所得权利独比其他团体为少,事之不平莫此为甚。夫中央立法定制,首谋适合国情,而决定代表名额,必须顾及全体民意,立委诸公宜深思熟虑,审慎周详,秉公分配,似不能稍存偏见,多寡悬殊。且国大选举首当注意各个阶层利益,求其平均发展，得有恭兴政治机会，今以此极少数名额，分散于全国三十六省十二市之广大商场，其办理手续困难，固不待言，而究其实际，与普选之原旨又未相符合。无论以商业会员人数，或战时供应及纳税义务为分配标准，代表名额均在百分之三以上，自不应少于其他团体。兹值行宪之初，政府刻正积极提倡经济建设，扶植工商为第一要务，断不忍使商业团体独遭歧视，使商民之权利、义务过于失平，群情惴惴，咸感不安。本会深虑及此，未敢缄默，理合电恳钧座鉴核，俯赐提交国务会议，转送立法院复议，修正增加商业代表名额，借资补救而恤商情，毋任叩祷之至。

安徽霍山县商会理事长　萧子瑜暨全体商民同叩　未冬

19.汉口市商会为通知参加空军节庆祝致各业同业公会函

（1947 年 8 月 13 日）

案奉（收文 640 号）汉口市政府（卅六）市总〇〇二二号通知开："查八月十四日空军节，武汉各界于是日上午九时在中山公园（大雨改在民众乐园）举行庆祝。用特通知查照，即请届时派员参加，并希转知各同业公会尽量参加为荷。"等因，到会。除派员参加并分行外，相应函希查照，尽量派员准时前往为盼。

此致

各业同业公会

汉口市商会　启

20.汉口市商会为函请装设本会各常务理监事电话致交通部武汉电信局

（1947 年 8 月 13 日）

查本会组织为理监事制，各常务理监事均须常年处理会务。现在本会事务甚繁，各常务理监事随时有要务接洽，电话极为需要，相应抄同住址，□请贵局查照，务希设法分别装设，以利公务，是为至贺。

此致

交通部武汉电信局

理事长　贺衡夫

21.汉口市营造工业同业公会关于成立大会通告贵会员营造厂

（1947 年 8 月 13 日）

查全国营造业联合会于本年七月十日在南京介寿堂举行成立大会，计到各地出席代表：南京营造业公会六人，上海七人，青岛三人，天津五人，武昌四人，汉阳三人，长沙一人，广州六人，杭州五人，无锡三人，昆山二人，吴县三人，武进二人，沈阳一人，桂林三人，重庆一人，镇江三人，长春三人。本会出席代表六人，有彭君曜棠、李君义龙、袁君顺武、康君运华、韩君禾青、周君世昌，总共出席代表六十余人。选举结果，本会代表彭君曜棠当选为联合会常务理事，李君义龙、袁君顺武为理事，康君运华为候补监事。选举后连续开会三天，当场通过有关同业应兴应革提案约六十件。所有通过之各案,其中必须有向政府呈请核请者,交由常务理事会负责办理。将来办理结果,俟接到联合会通知后即行分告。本会代表于七月八日去京,于二十六日乘轮返汉。此为本会代表出席联合会成立大会经过情形,相应函请查照为荷。

上通知

贵会员营造厂

22.汉口市银行商业同业公会湖北省银行总行国民大会代表职业选举人名册

(1947 年 8 月 14 日)

姓名	性别	年龄	籍贯	住所	从事该业之年期	有无被选举权	备考
熊裕	男	四五	礼山	汉口江汉路 28 号湖北省银行总行	三十六年六月		
郑逸侠	男	四七	孝感	汉口江汉路 28 号湖北省银行总行	三十六年三月		
王渐磐	男	五九	浠水	汉口江汉路 28 号湖北省银行总行	十七年十一月		
徐振麟	男	四六	浙江嘉兴	汉口江汉路 28 号湖北省银行总行	二十二年八月		

23.汉口市银行商业同业公会国民大会代表职业选举人名册

(1947 年 8 月 14 日)

姓名	性别	年龄	籍贯	住所	经营该业之年期	有无被选举权	备考
顾季勤	男	五五	浙江绍兴	胜利街 161 号	三十四年	有	
邱子诚	男	五七	安徽休宁	新成里新 8 号	二十年	有	

24.汉口市商会为开会商讨造报选举人名册致汉口市各业同业公会函

(1947 年 8 月 14 日)

查选举人名册关乎宪政之实施,而名册之造报,不独关系各团体之选举权利,且有关信誉甚大,兹以造册限期(八月二十日)逼近,必须如限完成工作。特再订于本月十六日(星期六)下午二时在市商会开会商讨办法。除分行外,相应函希查照,务必准时出席为盼。

此致

汉口市商会 启

25.经济部汉口工商辅导处因五金翻砂业劳资纠纷一案已由政府调解处理致第十区机器工业同业公会筹备处函

（1947 年 8 月 14 日）

查前据该会电呈五金翻砂业劳资纠纷一案，业经函请汉口市政府依法调处，并通知在卷。兹准汉口市政府本年七月卅一日市社字第 8986 号世市秘社代电节开："查本案纠纷症结系为增加工资，现工人早已全部复工，工资业已调支增加，并取得劳资双方同意及饬遵在卷，除勒令罢工分子已饬警察局查照法办具报并分别函令外，相应电复查照。"等由，准此。合行通知等照。

上通知

第十区机器工业同业公会筹备处

26.汉口市商会为督催造送名册致汉口市服装业同业公会函

（1947 年 8 月 16 日）

查选举人名册式样，前奉市府抄发，当经通函各业公会，务于本月二十日以前依照社会科调查会员人数如限造成在案。兹以限期将届，选举人名册关乎商业团体选举权利，自不能轻忽漠视。除指派本会职员分区督催造送名册外，特着职员持函前来贵会索取，务希查照，漏夜赶缮（以二份送市府社会科，以一份送本会），万勿延忽为盼。

此致

汉口市服装业同业公会

汉口市商会　启

27.汉口市商会为赶缮选举人名册致汉口市纱商业同业公会函

（1947 年 8 月 16 日）

查选举人名册式样，前奉市府抄发，当经通函各业公会，务于本月二十日以前依照社会科调查会员人数如限造成在案。兹以限期将届，选举人名册关乎商业团体选举权利，自不能轻忽漠视。除指派本会职员分区督催造送名册外，特着职员持函前来贵会索取，务希查照，漏夜赶缮（以二份送市府社会科，以一份送本会），万勿延忽为盼。

此致

汉口市纱商业同业公会

最速件！

汉口市商会　启

28.汉口市商会为转知催促上报抗战期间所受损失致汉口市各业同业公会

（1947 年 8 月 16 日）

案奉汉口市政府市社字第一〇九四七号训令开，案准行政院赔偿调查委员会午皓调京字第〇一三三号代电开，查我国战时公私财产损失及人口伤亡，迭经行政院及内政部分别电令收复区各省市政府，转饬所属限期查报。现距战争结束瞬二载，虽大多数省市业经办理完竣，然尚有少数省市或部分查报，或仅列报估计数字，以致本会汇编工作无法完成。现远东和平会议即将举行，上项损失亟待统计。用特电请贵省市政府，迅予饬属积极调查，统限于本年八月底以前，一律查报完竣。至未收复地区，一时不易进行调查，可先按照县市区域分别估列数字，一并于八月底以前报会汇编。案关损失赔偿，务祈如期办理为荷。等由。除分令外，合行令仰该会遵照办理，务于八月十八日以前报府，以资结束，逾期不再汇转为要。等因，奉此。除分知外，相应函希查照，迅予限期前报会为盼。

此致

各业同业公会

汉口市商会　启

29.汉口市商会为全国经济调查致汉口市各业同业公会函

（1947 年 8 月 20 日）

经济部汉口工商辅导处辅商字第 431 号梗代电开：案奉经济部本年八月二十日京调 36 字第五八八〇〇字号训令节开，查本部为深切明了全国经济状况，以供经济建设之参政，举办全国经济调查，设立全国经济调查委员会，由该会督同各工商辅导处实施调查。等因，附发调查表式、纲要、办法、须知等件，奉此。查武汉三镇有关商业部分，本处已派员分赴各业实地调查，合行电仰该会知照并希转知各商业同业公会，于本处调查人员到达时，尽量予以便利为要。等因，奉此。除分行外，相应函希查照，转知各同业，于调查人员到达时，尽量予以便利为盼。

此致

汉口市各业同业公会

汉口市商会　启

30.汉口市选举事务所为本所于本月二十日正式成立致汉口市商会电

（1947 年 8 月 20 日）

市商会：

奉选举总所未佳选电开：“贵市选所务希于未□以前成立，依法召开会议，并将各级所选委员人选迅速遴荐，电报本所核派。”等因。谨遵于本月二十日正式成立，并启用关防。除呈报暨分行外，特电知照。

汉口选举事务所未哿市民选印

31.汉口市商会为选举名册前应加附表一页致汉口市各业同业公会函

（1947 年 8 月 20 日）

案奉汉口市政府（36）市社字第 004114 号训令开：“准国民大会代表选举总事务所本年八月八日表字第 179 号代电，略以选举册内第一页应加注明该团体之名称、所在地、组织概要、设定程序、立案机关、立案年月日、重要职员经历等七项,以便查考。”等由。除分行外,合亟令仰该会转饬所属各团体送照办理为要。等因,奉此。除分行外,相应依据规定格式,函希查照。如有未将名册造送者,可依式于选举册内第一页逐项加注为盼(如名册已造送者,可照此格式填造三页,以二页送市府社会科订入册□,以一页送本会登记室,不用文)。

此致

汉口市各业同业公会

附格式一份。

最速件!

汉口市商会　启

32.联合勤务总司令部湖北供应局为派员出席副秣议价会议致汉口市商会电

(1947年8月20日)

兹定于本(八)月二十五日(星期一)上午九时在本局会议,邀请各地方政府机关、法团及驻武汉区内议价购补各单位举行九月份副秣议价会议。除分电外,希即届时派员携带物价调查表出席商讨为荷。

汉联勤总部湖北供应局局长　袁景凡　未巧供副

33.汉口市商会为参加邹公平恳谈会致本市各业同业公会函

(1947年8月20日)

陆军第十四军军长治安联总司令军总司令邹公平□为探询民情,解除民众痛苦,定于本月二十一日上午十时在第四区汉口大舞台与各界同胞恳谈。凡我商界同人,自应踊跃参加,表示拥护热忱。除分函外,相应函达查照,希贵会理事长暨全体理监事届时踊跃前往参加,奉勿延误。

此致

本市各业同业公会

汉口市商会　启

34.广州市商会为力争商界国大代表及立法委员名额致汉口市商会

(1947年8月21日)

汉口市商会公鉴:

本年未青代电,敬悉,关于力争商界国大代表及立法委员名额一案,本会经通电响应拥护全国商联会宣言有案。谨此电复。

广州市商会理事长　何辑屏　未马印

35.河北省商联会为一致力争商业团体国大代表及立委名额分配致汉口市商会函

（1947 年 8 月 21 日）

河北省商联会代电　省联秘字第二〇四号

汉口市商会公鉴：

查立法院违□擅专，通过之商业团体国大代表及立委名额殊欠公允，全国商联会曾代表全国商业团体提出十大理由，各省市商业团体亦均一致拥护，并吁请当局速予更正。兹复准云南省商联会电，以在名额问题未获得合法合理解决前决定罢选，以示反对。等由。查自呼吁以来，迄今两月，毫无结果，兹值大选在迩，时不我待，必须以坚决态度作最后奋斗，始克挽救，否则我商界之权利及政治地位将永久被人剥夺，遗祸之大，不可思议。因此本会代表全省商民一致响应云南省商联会之主张，不惜牺牲选权，而作最后努力。除径电国民政府要求早日合理解决并分电外，相应电请查照，希共同奋斗，以期于成，不达目的，誓不终止。

河北省商会联合会未马(36)印

36.汉口市商会为国民大会选举选举权重复办法致汉口市各业同业公会函

（1947 年 8 月 22 日）

案奉汉口市政府市(36)民字第〇〇一四号代电开："奉选举总事务所(36)午俭京代电开，查《国民大会代表选举罢免法》第七条及《立法院立法委员选举罢免法》第八条规定，每一选举人只有一个选举权。于本法第四条各款，选举人有二个以上选举权者限参加一种，由选举人于登记选举人名册时自行声明。又各该法之第十一条之规定，选举人名册由各主管选举机关编制完成后，分别发给选举权证，以凭领取选举票。复按国大代表及立法委员选举罢免法施行条例第五条规定，依国民大会代表、立法委员选举罢免法第七、八条之规定，每一选举人只有一个选举权，各主管选举机关于调查登记选举人名册时，如发现一个选举人有二个或二个以上选举权者，应令其自行认定一种，并通知有关机关备查。依照上列规定，为避免职业团体会员代表之选举权与区域之选举权发生重复起见，应请惠予注意办理者：(一)应通令县市及其同等区域之主管选举机关造具选举人名册时，应将各种选举人名册分别核对，如查有重复，令其择定一种，册上不得重复；(二)参加全国性职业团体选举者，主管选举机关应就其籍别分别通知，本籍选举机关应注意其不得重复(俟发选举权证时，如不在籍即行停发)，如其回籍，应即令其声明择定一种，以符法令。除分行外，相应电请查照办理为荷。等因。除分行外，合亟转电遵照办理。"等因，奉此。除分别外，相应函希查照，转饬为盼。

此致

汉口市各业同业公会

汉口市商会　启

37.汉口市政府为解释有无被选举权意义致汉口市商会

（1947年8月22日）

汉口市商会：

本年八月十八日商字第二二八八号呈一件，为呈请解释有无被选举权意义由。查本案可根据本府本年三月廿一日市民二字第三六〇六号代电，转奉国民大会选举事务所（卅六）丑回元字第四〇四三号代电指示，各项办理如仍有疑点，可将此栏缺而不填。仰即转行各业公会知照，并仰速将此项名册报府，勿得迟误为要。

汉口市政府未养市民二印

38.汉口市商会为通知职业团体选举权不能与区域选举权重复致汉口市各业同业公会

（1947年8月22日）

案奉汉口市政府市（36）民字第〇〇一四号代电开："奉选举总事务所（36）午俭京代电开，云云。至合亟转电遵照办理。"等因，奉此。除分行外，相应函希查照转知为盼。

此致

汉口市各业同业公会

（会戳）启

39.汉口市商会为汉口市政府关于《国民大会代表选举罢免法》第七条及《立法院立法委员选举罢免法》第八条有关规定致汉口市各业同业公会文

（1947年8月23日）

汉口市政府市（36）民字第〇〇一四号代电开，选举总事务所（36）午俭京代电开：查《国民大会代表选举罢免法》第七条及《立法院立法委员选举罢免法》第八条规定，每一选举人只有一个选举权。于本法第四条各款，选举人有二个以上选举权者限参加一种，由选举人于登记选举人名册时自行声明。又各该法第二十一条规定，选举人名册由各主管选举机关编制完成后，分别发给选举权证，以凭领取选举票。复按国大代表及立法委员选举罢免法施行条例第五条规定，依《国民大会代表》《立法院立法委员选举罢免法》第七、八条规定，每一选举人只有一个选举权，据各主管选举机关于调查登记选举人名册时，如发现一个选举人有两个或两个以上选举权者，应令其自行认定一种，并通饬有关机关备查。依照上列规定，为避免职业团体会员代表之选举权与区域之选举权发生重复起见，应请惠予注意办理者：（一）应通令县市及其同等区域之主管选举机关造具选举人名册时，应将各种选举人名册分别核对，如查有重复，应令其择定一种，册上不得重复；（二）参加全国性质职业团体选举者，主管选举机关应就其籍别分别通知本籍选举机关，应注意其不得重复（俟发选举权证时，如不在籍即行停发），如其回籍，应即令其声明择定一种，以符法令。除分行外，相应电请查照办理为荷。等因。除分行外，合亟转电遵照办理。等因,奉此。除分行外,相应函希查照转饬为盼。

此致

汉口市各业同业公会

汉口市商会

40.汉口市汽车材料业公会为报当选理监事造具略历表备文呈市商会

(1947 年 8 月 23 日)

案查本会于八月十五日上午十一时假江汉路普海春餐厅大礼堂举行第一届会员选举大会。蒙钧会派员高坤山莅临指导,并党政警各长官以及商会代表各来宾联袂参加,指示周详。当日计实到会员六十二人,开会如仪。公推大会主席杨士珮,记录方松樵,进行选举。结果以杨士珮、李明来、胡毛南、叶长茂、丁桂林、袁鑫甫、张开棋、唐扶舟、何冠群等九人得票最多,当选为理事。虞永高、赵锡生、顾饶山、张开永为候补理事,童云卿、郭昌贤、范英昌等三人当选为监事,王国和为候补监事。复由理事九人复选胡毛南、叶长茂、李明来等三人为常务理事,再由常务理事三人中互选李明来为理事长,监事三人中互推范英昌为常务监事,并经当场就职。旋于同月十八日召集第二次理监事联席会议商讨会员补行登记,日期决定限于九月十五日截止,各记录在卷。除呈报暨分行,理合造具理监事略历表一份,并备文呈请钧会鉴核,俯赐备查,实为公便。

谨呈

汉口市商会

汉口市汽车材料商业同业公会理事长　李明来

41.国民政府主席武汉行辕民事处为检水电加价会议记录致市商会(附会议记录)

(1947 年 8 月 24 日)

本行辕八月十六日为水电加价紧急会议记录,奉谕,即发各有关单位。等因。除分函外,兹特检同记录一份,函请查照为荷。

此致

汉口市商会

附记录一份。

附:国民政府主席武汉行辕为水电加价会议记录

时间:八月十六日上午九时半

地点:本行辕会议厅

出席人:刘参谋长(行辕),杨增华(武昌市政府),王副参谋长(行辕),阮齐(警备司令部),刘雅声(经济部工商辅导处),张弥川(参谋会),孙保基(既济水电公司),郑行驰(四联分处),胡敬修、彭亨(宪兵十二团),朱有骞、程太阿(行辕新闻处),刘国汉(总工会),杨继荣(交

通处),徐会之(市政府),周仲衡(行辕民事处),贺衡夫(市商会),程博龙(行辕民事处)

甲、报告事项

一、主席报告:本市既济水电公司因水电加价问题未能解决,已发生严重困难,值此“戡乱”紧急时期,加以炎暑逼人,需用水电尤亟,特召集各位共同商讨,务一面了解公司苦衷,一面顾及市民福利,迅谋一公允之解决,希各抒高见。

二、水电公司朱协理报告:现因煤价激涨,七月份到厂煤价平均每公吨五十八万余元,原核定标准煤价及煤价调整办法与实需成本相差过巨。经呈奉经济部核准,照武昌水电厂之标准办理,即按煤价每公吨变动一千元时,电价每度随之增减五元,并按照实际情形,将现在各级电价核加百分之二十,自来水燃料调整费为电灯、电力、燃料调整费之四成,已于本月一日登报公告,并照新增加率制单收费。乃不蒙各界谅解,纷起反对,迄今仅有十分之四用户照单缴纳。本公司以资金周转不灵,燃煤仅敷维持数日,又因开销工资及其他必需开支,刻向四联总处押汇十四亿,连前共八十亿之巨。银行付息,刻不容缓,加价既不能实行,势必被迫停电,影响军火、粮食之生产,以至全面“戡乱”之进行。欲免此危机,唯有请准继续照价标准收费,俾资维持。

三、水电公司孙总经理报告:(略)

四、市参议会张议长报告:关于水电加价,外间传本参议会与水电公司有所隔阂,故意捣乱。实则参议会为民意机关,自应代表民意建设政府,本无权管理该公司。乃一般市民意见,水电逐月涨价,纷纷责难本会,甚谓受贿情事。本来水电是一种公用事业,应以市民福利为前提,与当地政府意见为依归。人民出了力,应有权向公司查账,不能任凭层峰一纸命令,便强制执行或危言恐吓,置民生疾苦于不顾,形成一种垄断局面。前本市各机关、团体组织水电督导委员会,派员向该公司查账,横遭峻拒,以致激起市民反感。为今之计,宜仍候查账终结,使人民了解公司营业盈亏实际情形,始能考虑重新决定价格。目前仍应照六月份价收费,否则群情惶惑,万一激出事端,引起不良后果,本会恕不负责。

五、市政府徐市长报告:汉市人口多,所用水电量亦大,所以价格应较武昌低,想来行政机关及一般普通用户欠缴水电费时,均由市府警局负责,代为追讨。军事机关及部队方面,则由警备部负责。可见地方政府机关对于公用事业爱护之殷切,致该公司历年获利恒自百分之六十至百分之九十不等。月来水电价格有加无已,各机关团体关怀市民痛苦,特联合组织水电督导委员会,由本府主持,向该公司查账,第一次因言语冲突,未获结果。诚然在百货竞涨之下,公司本有困难,但复员以远,各股东并未增加一文新资本,机器不够,借债度日,银行利息甚有可说,公司若有困难,人民无法了解,故坚持主张先查账,复加债。现事成定局,希公司方面尊重民意,接受查账。人民方面亦了解公司困难,协同扶植民间公用事业之发展。

六、工商辅导处刘处长报告:本人之希望共有三点。

(一)水电供应无缺。

(二)市民及工厂均获廉价的水电供应,但使水电价格降低,从设法减轻其成本着手。

(三)水电加价与否为一事实问题,似宜着重事实,且唯有限于事实范围内,方能获得圆满的解决。

乙、决议事项

一、由行辕电经济部,请于官价燃煤中按月配给,给汉口公用事业百分之几,以平抑水电价格。

二、由行辕电请四联分处再贷与既济水电,俾充购煤周转之用。

三、各机关团体所组成之水电督导委员会委员,应于本月二十日以前莅水电公司,作技术上及经济上之查账。

四、由市政府分别通告市民及水电公司,七月份其所加之水电费准作暂借款,俾资维持,并登报声明,俟查账终结,从新议定价格后,多退少补。

五、为调整煤源、减轻水电成本起见,请工商辅导处转请经济部在汉设一燃料管理委员会分处。在该分处未成立前,由各机关团体共同设立一临时管制燃煤机构,所有过境之烟煤一律照议价收买十分之一,以补给水电公司。

丙、临时动议

徐市长提:既济水电公司负银行债款已达一百亿,月息甚巨,当然转嫁市民,致造成水电逐月加价之主要因素。嗣后应由该公司股东另筹新资本一百亿偿清债款,以轻市民负担,否则由本府自行筹借一百亿,以资弥补。

42.汉口市商会为转国民大会调查并登记年满二十三岁之国民有无被选举权致汉口市各业同业公会函

(1947 年 8 月 25 日)

案奉汉口市政府(卅六)市民字第二九二号代电开:“本年八月十八日商字第二二八八号呈一件,为呈请解释有无被选举权意义由。查本案可依据本府本年三月二十一日市民二字第三六〇六号代电,转奉国民大会选举总事务所(卅六)丑回元字第四〇四三号代电指示,各项办理如仍有疑点,可将此栏缺而不填。仰即转行各业公会知照,并仰速将此项名册报府,勿得延误为要。”等因,奉此。除分行外,相应函希查照办理,如有未将名册报府者,并盼速送为要。

此致

汉口市各业同业公会

急!

汉口市商会　启

43.汉口市商会为解释有无被选举权意义并盼造送名册致汉口市各业同业公会

(1947 年 8 月 25 日)

案奉汉口市政府(卅六)市民字第二九二号代电开:“本年八月十八日商字第二二八八号呈一件,云云,勿得迟误为要。”等因,奉此。除分行外,相应函希查照办理,如有未将名册报府者,并盼速送为要。

此致

汉口市各业同业公会

(会戳)启

44.汉口市商会为指导各项办理有疑点可空缺而不填致汉口市各业同业公会函

（1947 年 8 月 25 日）

案奉汉口市政府（卅六）市民字第二九二号代电开：本年八月十八日商字第二二八八号呈一件，为呈请解释有无被选举权意义由，查本案可根据本府本年三月二十一日市民二字第三六〇六号代电在案，转奉国民大会选举总事务所（卅六）丑回元字第四二九三号代电指示，各项办理如仍有疑点，可将此空缺而不填。仰即转行各业公会知照，并仰速将此项名册报府，□得查照办理。如有未将名册报府者，盼速送为要。

此致

汉口市各业同业公会

汉口市商会　启

八月二十五日

45.汉口市商会为关麟书汉奸嫌疑一案报告（附请调查关麟书汉奸罪行见复函）

（1947 年 8 月 26 日）

奉派调查高等检查处函，“查关麟书汉奸嫌疑”一案，兹径向本市各业详询，据纱布等业述称，除关麟书所任伪中央及省职无从知悉外，在本市所任伪商统武汉分会理事长一职，对于各业商民颇多维护，致招该会敌寇人员之不满，以致辞职，尚无凭借敌寇势力加害于人民之罪行。等语。理合将查询情事报请秘书主任夏转报理事长贺鉴核。

附四三八三号函一件。

职　吴佩卿　呈

附：请调查关麟书汉奸罪行见复函

（1947 年 8 月 13 日）

查本处受理关麟书汉奸嫌疑一案，该被告历任伪国民政府参谋次长、伪湖北省政府建设厅长、伪商统武汉分会理事长等职。该逆在职期间，有无具体犯罪事实，有调查之必要，相应函请贵会查明见复，以凭核办为荷。

此致

汉口市商会

首席检察官　毛家骐

46.汉口市政府为抄发面粉限额转口办法及公告等文件令市商会及面粉工业同业公会(附粮食部为面粉限额转口办法暨公告)

(1947 年 8 月 26 日)

案准粮食部粮管(卅六)字第二一五一一号未铣代电(如文)。等由。除分行外,合行抄发原办法暨公告各一份,令仰该会知照并饬各同业遵照为要。此告!

附抄发面粉限额转口办法暨公告一份。

市长　徐

附 1:粮食部为面粉限额转口致汉口市政府电

(1947 年 8 月 16 日)

汉口市政府公鉴:

查米、谷、小麦、面粉由沪报运转口,先后奉行政院令饬,一律须经本部核准。又本年四月间,江苏省米、谷、小麦、面粉四项粮食,因南北洋各帮大量采购外运,刺激粮价,经本部电达苏省通饬各县市,凡米、谷、小麦、面粉在江苏省境内及运京沪者,准其自由流通;其运往他省者,应一律须经本埠核准,各在案。近值小麦收获之后,京沪及苏省各面粉厂生产日增,供应各该地需要之外,尚有余剩,迭据各方请求将此项限制予以解除。本部为兼顾产销双方,经拟定《面粉限额转口办法》呈奉行政院本年七月卅日(卅一)五粮字第二九九四四号指令,准予照办。等因。今后各省市面粉运销应请依照该项办法办理。至于米、谷、小米三种粮食在沿江各省均应绝对自由流通,惟为配合国家动员法令,凡运往长江口外之其他沿海各省销售者,均比照面粉转口办法之规定,应先呈明购销地点数量,并检具粮商执照及采购证明,报经本部核准,通知当地海关或税务机关放行。除分行并公告外,特电请查照办理,并转饬船舶检查机关遵照办理,并希见复为荷。

粮食部未铣粮管二

附 2:粮食部公告面粉限额转口办法

(1947 年 8 月 15 日)

查本部为配合国家动员法令,对长江各省之粮食流通,应即加入管制,前以上海米、谷、小麦、面粉四项主要粮食,于去年光复,奉行政院令饬,须事先报经本部核准方得转口。又本年四月间,江苏省内上述四项粮食,因大量采购外运,刺激粮价暴涨。经规定,各县市凡谷、米、小麦、面粉在江苏省境内及运京沪者,准其自由流通;其运往他省者,应一律经本部核准,各在案。近迭据各方呈请弛禁,兹特规定:(一)上海米、谷外运,仍照院令核准之由沪报运米、谷转口办法办理;(二)上海小麦出口仍暂缓弛禁;(三)沿江各省粮食应绝对自由流通,惟运往长江口外之其他沿海省区销售者应报经本部核准始可出口;(四)京、沪两市及苏省面粉,自八月份起遵照行政院核准之《面粉限额转口办法》,由本部参酌产销情形,逐月公布转口数量,准予转口。合行连同《面粉限额转口办法》一并公布,仰即遵照。

附 3：行政院面粉限额转口办法

（1947 年 7 月 30 日）

（一）为充裕平、津、青、保、浙、闽、粤等南北各省市民食，并为发展面粉工业起见，自三十六年八月起，面粉转口采取限额报运转口办法。

（二）面粉报运转口制定以上海、镇江、南京三口岸为限。

（三）每月报运转口限额由粮食部查酌产销情形核定公布，并通知各有关机关团体查照。

（四）粮食部所核定每月转口限额交由第四区面粉业同业公会（以下简称“第四区面粉公会”）按各厂生产量公平分配，详细列具分配表，报请粮食部备核。

（五）凡属于第四区面粉公会会员，开设在江苏省内及京沪两地之厂商，均得申请报运转口。福新、阜丰、茂新、新华丰、裕通等五厂，由粮食部另行定额准运，不在此项限额分配之列。

（六）凡业经办理粮商登记，领有粮食部营业执照，经营粮食运销业务之各地粮商得购运面粉外销，但仍由承售厂商负责保证，各级政府机关对于当地粮商所发采运证一律无效。

（七）厂商申请报运转口，不论自运或售予合法粮商运销，其数量不得超过第四区面粉公会分配之数量，但上月份分配数量尚有余额时，准予合并计算。

（八）报运转口口岸由厂商自行选择，面粉起运前报请粮食部核转，转口地海关或税务机关查验，准予放行。

（九）前条所称海关税务机关在上海为江海关，在南京为金陵关，镇江为镇江货物税局。海关未接粮食部通知时，不予放行；镇江货物税局未接粮食部通知时，不予签发税单。

（十）凡合法厂商由本办法第五条规定地区以外之长江中上游各省市购运面粉，经长江口转运至沿海各地者，应先呈明购销地数量，并检具粮商执照及面粉厂证明报粮食部查核准许后，通知当地海关及税务机关放行。

（十一）粮食部调运面粉接济军粮民食由上海总仓库报请粮食部转知江汉关放行，不受本办法之限制。

附：八月份第四区面粉转口限额三十万袋。

部长　俞飞鹏

47.汉口市商会为转汉口市政府关于解决罢工等问题致各同业公会函

（1947 年 8 月 26 日）

汉口市政府社字第一一七二一号训令开：“案奉国民政府军事委员会委员长武汉行辕本年八月汉行政一字第〇一四七号训令内开，据报武汉区内时有劳资纠纷，未经合法程序调解，即遂行怠工、罢工，甚至聚众斗殴或组织纠察队四处捣乱情事。查武汉地当冲要，工厂林立，工人众多，此风不戢不独影响工业之发展，抑且危害地方治安，为此布告禁止。嗣后各工厂工人、各商店职工如因要求改善生活或调整工资，应呈由各同业公会、各职业工会报请各主管机关，予以合理合法之协商解决。如对调解条件认为未尽满意，可呈报本行辕裁决。倘不遵照此项规定，动辄以怠工、罢工，甚至聚众斗殴或组织纠察队四处捣乱、胁迫要挟者，即以捣乱治安，从重治罪。除布告并分令外，合行令仰遵照，切实办理。”等因，奉此。合行令仰遵照，并转饬所属一体遵照为要。等因，奉此。除分行外，相应函希查照转知为盼。

此致

各同业公会

汉口市商会　启

48.汉口市商会为查禁怠工、罢工致各业同业公会函

（1947 年 8 月 26 日）

案奉国民政府军事委员会委员长武汉行辕本年八月汉行政一字第○一四七号训令内开：据报武汉区内时有劳资纠纷，未经合法程序调解，即遂行怠工、罢工，甚至聚众斗殴或组织纠察队四处捣乱情事。查武汉地当冲要，工厂林立，工人众多，此风不戢不独影响工业之发展，抑且危害地方治安，为此布告禁止。嗣后各工厂工人、各商店职工如因要求改善生活或调整工资，应呈由各同业公会、各职业工会报请各主管机关，予以合理合法之协商解决。如对调解条件认为未尽满意，可呈报本行辕裁决。倘不遵照此项规定，动辄以怠工、罢工，甚至聚众斗殴、组织纠察队四处捣乱、胁迫要挟者，即以捣乱治安，从重治罪。除布告并分令外，合行令仰遵照，切实办理。等因，奉此。合行令仰遵照，并转饬所属一体遵照为要。等因，奉此。除分行外，相应函查并转知遵办。

此致

各业同业公会

汉口市商会　启

八月廿六日

49.汉口市商会为调查关麟书汉奸嫌疑情形致湖北高等法院函

（1947 年 8 月 28 日）

案准贵处鄂检字第二七六号公函，嘱调查关麟书汉奸罪行见复。等由。经派据调查员报称：“兹经向本市各业，抄至报请鉴核。”等情，据此。相应据情函复，即请查照。

此致

湖北高等法院检察院

理事长　贺衡○

50.汉口市商会为严禁选举舞弊树立民主政治基础以转移风气案决议致汉口市各业同业公会函（附原提案）

（1947 年 8 月 28 日）

汉口市政府市秘民字第五四二六号代电开：“奉湖北省政府本年七月二日省议字第一三九一号训令开，准湖北省参议会三十六年六月十六日省参议字第六一五四号公函开，本会第一届第三次大会第八次会议丁参议员铮域等三十五人提请政府，严禁选举舞弊，树立民主政治基础，以转移风气案，决议送请省政府办理，记录在卷。相应抄同原案，函达查照办理见复。等

由。除分令外,合行抄发原提案一份,令仰遵照办理。等因,附抄发原提案一份。除分行外,合亟抄发原提案一份,电仰遵照办理。”等因,附提案一份,奉此。除分行外,相应抄同原提案,函希查照转知为盼。

此致

汉口市各业同业公会

附抄原提案一份。

汉口市商会　启

八.廿八.

附:抄原提案第七四号

案由:请政府严禁选举舞弊,树立民主政治基础以转移风气案。

说明:查宪法业经公布,实施在迩,各种选举势将次第举行。惟少数人民不无缺乏民主政治之训练,对于选举之重要性实无相当认识,以故将来竞选者势必滥肆活动,或以酒食征逐,或则胁迫利诱。乡民无知,听其左右,“选贤与能”,成为具文,甚且因选举关系,互相攻击,酿成讼仇,全凭意气用事,以致正义不伸,是民主之功效未著,选举之罪恶已成,法纪荡然,良深浩叹。如不预谋挽救,则民主基础永难奠定。故严禁选举舞弊,实为当务之急。

办法:

一、严禁以宴会方式及金钱贿赂、武力胁迫竞选。

二、禁止地方政府公务员利用职权把持或操纵选举,如违即以妨害投票论,移送法院治罪。

三、对于有关选举之法令,应由政府广为宣传,务使家喻户晓,以期明了选举之重要性。

四、阐明选举真义,唯须“选贤与能”,替大众谋福利,否则唯利是图,不问被选人之才德如何,则人民失去选举权之价值,而为国家罪人。

以上所拟是否有当,提请公决。

提案人:丁铮域。

连署人:黄莲仙、成三□、刘虎生、李祖锡、李亚雄、秦祖培、许莹涟、胡楚藩、郑平五、张国和、宁井具、雷寅、王廷烈、郑南宣、徐明澈、艾毓英、曹旭东、潘龙霖、徐若霖、陈鹏、刘毅、刘树仁、刘叔模、刘俊、李延禧、胡篪五、吴兆庭、吴光铭。

51.汉口市商会为转奉市府令严禁选举舞弊致汉口市各业同业公会函(附原提案)

(1947 年 8 月 29 日)

案奉汉口市政府市秘民字第五四二六号代电开:“奉湖北省政府本年七月二日省议字第一三九一号训令开,准湖北省参议会三十六年六月十六日省参议字第六一五四号公函开,本会第一届第三次大会第八次会议丁参议员铮域等三十五人提请政府,严禁选举舞弊,树立民主政治基础,以转移风气案,决议送请政府办理,记录在卷。附提案一份,令仰遵照办理。”等因。“附抄发原提案一份。除分行外,合亟抄发原提案一份,电仰遵照办理。”等因,附提案一份,奉此。除分行外,相应抄同原提案,函希查照转知为盼。

此致

汉口市各业同业公会

附抄原提案一份。

汉口市商会　启

附:汉口市商会为请政府严禁选举舞弊树立民主政治基础以转移风气向汉口市政府提案

(1947 年 8 月 29 日)

说明:查宪法业经公布,实施在迩,各种选举势将次第举行。惟少数人民不无缺乏民主政治之训练,对于选举之重要性实无相当认识,以故将未竞选者势必滥肆活动,或以酒食征逐,或则胁迫利诱。乡民无知,听其左右,“选贤与能”,成为具文,甚且因选举关系,互相攻击,酿成讼仇,全凭意气用事,以致正义不伸,是民主之功效未著,选举之罪恶已成,法纪荡然,良深浩叹。如不预谋挽救,则民主基础永难奠定。故严禁选举舞弊,实为当务之急。

办法:

一、严禁以宴会方式及金钱贿赂、武力胁迫竞选。

二、禁止地方政府公务员利用职权把持或操纵选举,如违即以妨害投票论,移送法院治罪。

三、对于有关选举之法令,应由政府广为宣传,务使家喻户晓,以期明了选举之重要性。

四、阐明选举真义,唯须“选贤与能”,替大众谋福利,否则唯利是图,不问被选人之才德如何,则人民失去选举权之价值,而为国家罪人。

以上所拟是否有当,提请公决。

提案人:丁铮域。

连署人:黄莲仙、成三□、刘虎生、李祖锡、李亚雄、秦祖培、许莹涟、胡楚藩、郑平五、张国和、宁井具、雷寅、王延烈、郑南宣、吴光铭、艾毓英、曹旭东、徐明澈、徐若霖、陈鹏、潘龙霖、刘树仁、刘叔模、刘毅、李延禧、胡篪五、刘俊、吴兆庭。

52.重庆市商会为准贵会响应力争国大代表、立法委员名额致汉口市商会

(1947 年 8 月 29 日)

汉口市商会勋鉴:

案准贵会商字第二二四八号代电,为争取国大代表及立法委员名额,请一致响应。等由,准此。查此案本会业已电请国府主席蒋及行政院等核增矣,特复查照。

重庆市商会叩未艳印

53.汉口市政府为卅六年度第三次禁烟总复查致汉口市商会函

(1947 年 8 月 29 日)

汉口市政府代电　三十六年八月二十八日　(36)市民字第〇四〇号

为定于八月卅一日举行第三次禁烟总复查,请查照指派指导员参加由。

汉口市商会：

查汉口市卅六年度第三次禁烟总复查定于八月三十日（星期六）上午六时全市举行，其推行步骤已经召集会议决定在案。除分电各有关机关参加外，相应电请查照，仍照第二次举行办法，联合检查团部派团指导一人，于是日上午八时前集齐，警察局各分队各派队指导一人、宪兵四人于上午六时前到达各该警察分局集合，分别出发为荷。

汉口市政府　宋于民

54.广东省商会联合会为呼吁一致主张争取商界职业团体国大代表名额致汉口市商会函

（1947 年 8 月 30 日）

广东省商会联合会代电　省商二逊秘字第四三九号

汉口市商会勋鉴：

本年八月九日商字第二二四八号代电诵悉，关于争取商界职业团体国大代表名额，本会已以午江代电呼吁重予合理分配矣，特复查照，仍请一致主张，以期获致合理解决为荷。

广东省商会联合会理事长　蓝逊　未卅省商二逊秘印

55.河南省商联会为一致主张争取国代立委名额致汉口市商会函

（1947 年 8 月 30 日）

联秘字第一一五〇号

汉口市商会公鉴：

宪政实施首要选举，而选举事务必须公平合理，以显示平等待遇之精神，我全国商民于战时踊跃输将，供应军事，战后负担税额日有增加，其应尽之义务无从推诿。但立法院分配职业团体国大代表名额，商界仅占百分之三，立委名额亦仅占百分之六，与农工及自由职业团体相比较，此种分配，殊欠公平，若以权利、义务□同之义言之亦不合理。本会为全国商界利益计，除电呈国民政府，请饬立法院复议，增加商业代表及立委名额外，特电请一致主张，以期获得公平分配为荷。

河南省商会联合会常务理事　杨欣荣　未卅联秘印

56.汉口市商会修正商会法第二十九条第一项

（1947 年 8 月）

奉本会章程第三十六条第一项甲之规定，本会事务费，公会会员以其公会所收入会费总额十分之二充定之。爰于八月十一日，提经临时会员代表会议议决，由本会通函各业公会，限于将上年六月份起到本年七月底止，每月平均□计开支，计算数据实报，如公会系上年六月份以后筹备或成立者，即自筹备或成立之月份起以凭征收事务费，如有逾期未报者，由本会按其公会权数，每一权收事务费三十万元，俟该公会将计算数据报到后，再行多退少补。等语记录在卷。除分行外，相应录案并抄同表式，函希查照！勿于本月底以前，将每月平均开支计算数据实填表报会,以利公务,是为至盼。

此致

汉口市同业公会

附开支报告表式一份。

最速件!

汉口市商会

汉口市〇〇〇业同业公会每月平均计算报告表			
业别	筹备或成立年月	至三十六年七月底止每月平均开支计算数	备考

57.汉口市工商各业同业公会一览表

(1947 年 8 月)

名称	负责人姓名	会员家数	会址
银行商业同业公会	邹安众	五五	胜利街一九九号
碾米工业同业公会	涂炳炎	一四七	木兰宫六八号
汽车商业同业公会	周堃珊	二七三	中山大道一三七号
煤商业同业公会	高坤山	二九七	义成东里七号
煤油面粉火柴商业同业公会	黄子权	一四	长堤街二三号
煤焦贩运商业同业公会	郑昌	三八	洪益巷七三号
油盐商业同业公会	张吉六	九六	广货巷一号
服装商业同业公会	刘忠贤	一七四	生成南里四号
旅栈商业同业公会	刘伯琴	一一八	新成里七号
山货行商业同业公会	张希麟	一八九	大火巷一号
制革工商业同业公会	夏志成	一一	精武路六三号
笔料杂皮商业同业公会	邹承周	五五	大火巷一号
电料商业同业公会	周明清	二九	小董家巷三六号
新药商业同业公会	汪汉臣	一九	交通路一九号
棉花商业同业公会	程子菊	三二	同福里七号
国货匹头商业同业公会	梅斌臣	四四	清白巷二号
丝绸呢绒商业同业公会	何引年	三四	妙寿里街四二号
广货商业同业公会	胡耀棠	二九九	沙家巷五号
匹头贩运商业同业公会	梅云章	三一	花楼街三二号
五金商业同业公会	胡玉亭	一一	沙家横巷八号

（续表）

名称	负责人姓名	会员家数	会址
杂货行商业同业公会	黄益荪	一九	小夹街三号
猪鬃商业同业公会	殷柏涛	八一	段家巷一九号
印刷商业同业公会	蓝昌农	一三八	民族路五五号
针织衣袜商业同业公会	刘开山	四二七	上横堤街二九号
营造工商业同业公会	彭曜棠	四一三	吉庆街九六号
中外纸张商业同业公会	蓝熙周	一二四	□□□□□
钟表眼镜唱机行商业同业公会	程毅卿	二四	江汉路一七号
茶商业同业公会	易礼堂	五二	杨千总□三七号
□货商业同业公会	马汉三	三七	民权路□□□
粮油工商业同业公会	全本祥	二七	统一街三六二号
参燕商业同业公会	熊英三	三七	仁寿里二号
酱焗杂货商业同业公会	车心如	八六	大火路四四号
鞋商业同业公会	胡季运	八八	长堤街一四六号
钟表眼镜商业同业公会	易玉廷	一八	中山大道三二号
图书教育用品商业同业公会	王龙章	四九	交通路三一号
轮船商业同业公会	徐克成	二七	苗家码头
皮商业同业公会	韩惠安	四八	洋台子巷
面粉工业同业公会	罗宝珊	二四	利济路一九一号
皮革制品工商业同业公会	曾绍藩	一六八	远东一巷二号
肥皂工商业同业公会	吴千里	三一	交通路九号
猪肉商业同业公会	张荣程	九五	兴记里一七号
米器商业同业公会	章瑞卿	五三	洪益巷一号
薪炭商业同业公会	梅厚安	三六四	芦家二巷九号
麻袋商业同业公会	方汉文	八二	中山大道八二五号
粮食行商业同业公会	刘绍武	一三二	凌宵书院
中西菜馆商业同业公会	黄锡良	一三四	济芬二路一三五号
国药商业同业公会	徐海珊	五九一	长堤街巷六四八号
药油贩运商业同业公会	杨伯常	六三	小夹街三七号
食品工商业同业公会	张泽鎏	九五	笃安里一八号
饼油行商业同业公会	李桂森	七	广货巷一号
草帽席簟毡货商业同业公会	徐霁芩	三七	齐鲁公所
水土筑商业同业公会	伍耀廷	五二	小新码头四二号

（续表）

名称	负责人姓名	会员家数	会址
人力车商业同业公会	胡洪周	一八六	府西一路一号
转运商业同业公会	龙海清	二四	五桂巷
杂货贩卖商业同业公会	李仁山	二八	下横堤协□杂货店内
猪肉零售商业同业公会	林志卿	四二	保安里四六号
国产纸张行商业同业公会	吴遇贤	一二八	瑞祥里一四号
脚踏车商业同业公会	朱德昌	一八六	元德里二八号
菜馆商业同业公会	郑世新	五四八	蓝子街一七号
民船商业同业公会	胡寿荃	二五	黄陂商船公会(汉水街)
茶行商业同业公会	吴敬之	三四	延安下里一号
喜轿绸布扎彩商业同业公会	曹翰丞	四	汉正街七六三号
玻璃搪瓷料器商业同业公会	周子寅	一九	民族路五五号
机器染整工商业同业公会	鲍乾元	一七	余庆里二号
洗染工商业同业公会	刘照显	四一	大夹街口三□号
石膏商业同业公会	胡文敬	三四	卡□巷二三号
银器商业同业公会	阮华庭	八	港迪巷三号
仓库商业同业公会	叶子正	一八	汉和街一七六号
估衣商业同业公会	吕德福	七八	公益里五号
汾酒工商业同业公会	郑晋卿	三七	汉中路一六号
木质家具商业同业公会	徐礼臣	一三	利济路三二号
食品杂货商业同业公会	徐冠英	六四	江苏大巷□号
山货纸张行商业同业公会	屠鹤鸣	四二	聚福里三号
号栈商业同业公会	闵子清	五八	民族路五五号
平汉路转运商业同业公会	喻福田	四七	联怡里五号
报关商业同业公会	吴鹤亭	四	大蔡家巷五〇九号
南酒工商业同业公会	杨洪璋	六	公合里七号
绍酒商业同业公会	戚嘉盛	二二	□□里三号
生□熟油商业同业公会	刘秀山	二五	民族路一七号
保险商业同业公会	康□潮	二六	金城大巷太平保险公司
进出口商业同业公会	夏□雒	二八	青岛路六号
衣服贩运商业同业公会	冯仲康	一五	南岳巷一号
□粮制面工商业同业公会	陈汉屏	二七	三善巷三号
折药商业同业公会	陈淦川	二三	大夹街大生巷一号

（续表）

名称	负责人姓名	会员家数	会址
杂粮店商业同业公会	陈云峰	六三	汉正街四三三号
牙刷工商业同业公会	李相启	五五	淮盐二巷
饭馆商业同业公会	童华震	八九	清芬二路一三一号
毛笔商业同业公会	焦秀安	三三	新街口四五号
踹布工商业同业公会	黄春林	一四六	长堤街五九六号
扇帽工商业同业公会	夏海卿	五二	长堤街八一八号
机制卷烟工商业同业公会		二	南洋里六号
剧场商业同业公会	王学忠		民众乐园内
面筋粉坊工商业同业公会	刘作夫		福寿观巷内
刻字工商业同业公会	黄节庵	七二	木兰宫街黄春和内
棉花贩运商业同业公会	王际清		胜利街
油麻杂货代办商业同业公会	顾鉴权	一八	晒台巷八七号
牙骨制品工商业同业公会	杨炳铨		中山大道八三二号
蛋商业同业公会	吴于净		黄陂街五七号
粤汉产品代办商业同业公会	关文彬	二三	居巷两广同乡会内
藤器工商业同业公会		五三	府西二路
陶器商业同业公会	喻少芹	二九	汉水街一四四号
广告商业同业公会	孙澹厂		福忠里九号
家具商业同业公会	刘长兴	一五二	花楼街一五十六号
浏阳编爆商业同业公会	易恒章	一九	汉正街三四五号
手工卷烟商业同业公会	尹伯超		蓝子街一七号
报商业同业公会	万克哉	二七	新快报社内
粮商运销办事处	陈焕章	二二	贯忠里一号
机器锯木商业同业公会			瑞祥路一号
汽车材料商业同业公会	杨士珮		江汉四路二二三号
苎麻夏布商业同业公会			木兰宫
重油提炼商业同业公会	孙赞卿		交通路一九号
茶叶输出商业同业公会			
零售酒商业同业公会			首善里一号
盐业运销商业同业公会	董明藏		
白布行商业同业公会			
烟叶行商业同业公会			

（续表）

名称	负责人姓名	会员家数	会址
白铁制品工商业同业公会	周清君	三六九	乔家巷九号
圆木油桶工商业同业公会	熊守诚	二一	大夹街八九号
牛肉零售商业同业公会	马康裕	一六四	公益十分会内
油漆粉刷工商业同业公会	李伦发	二七	木兰宫街一〇〇号
染坊工商业同业公会	李玉峰	一一一	长堤街三九号
药油山货行商业同业公会	窦渭川	二六	乔家横巷二号
造船工商业同业公会	舒盛轩	七	老度平里一号
煤炭行商业同业公会	刘焕臣	四五	崇仁巷三九号
丝油苓粉商业同业公会	余希俊	六	黄白里一号
新旧屋料商业同业公会	严兴业	一五八	府东一路新一七二号
编爆商业同业公会	张汉臣	三三	文明公所
花粉绒球商业同业公会	叶樊臣	一三	大夹街二九号
牛行商业同业公会	阳少卿	二一	仁寿路二一号
贩运鸡商业同业公会	董金汉	八	平安里二号
牛肉商业同业公会	魏春山	三五	硚口路七一号
猪行商业同业公会	吴雪淦	二二	苗家码头八六号
线索工商业同业公会	彭世荣	一三	汉正街五二二号
丝烟商业同业公会	吴御臣	四九	燕山巷一九三号
沙泥碎砖石商业同业公会	冯家华	六六	犬智路韩家巷内
杂木柴行商业同业公会	邹明盛	八三	长堤巷二号
石灰商业同业公会	曾荣□	六四	□□巷九号
鱼竹商业同业公会	彭锦亭	七五	大通小巷
芦柴商业同业公会	李启复	五七	保安第八分会内
豆芽商业同业公会	李万铭	二三	硚口马路仙鹤茶楼
砖瓦商业同业公会	陈鸿韬	四二	长堤街五七三号
棉花行商业同业公会	窦纯澄	一八	五桂巷一号
牛奶商业同业公会	胡焱臣	三三	球坊街三九号
古玩珠宝行商业同业公会	徐菊生	二	保华街二七号
五金旧货商业同业公会	胡仪亭	一二四	长堤街五八号
棉絮卷花商业同业公会	周星棠	一一一	府西一路四十号
华洋桶篓杂木商业同业公会	胡耀庭	一八	下陈家湖三三号
色土布行商业同业公会	陈寿婷	二六	紫竹巷一六号

（续表）

名称	负责人姓名	会员家数	会址
生熟鸭子店商业同业公会	邵海青	二九	统一街顺兴福米厂三楼
鸭商业同业公会	吴海山	六	汉中西路八号
牛肉豆丝馆商业同业公会	李云龙	七五	长堤街三六六号
药材店商业同业公会	黄尧臣	一八	九如巷三三号
豆制食品工商业同业公会	李介堂	二一五	文书巷一二号
炒坊工商业同业公会	罗宝臣	六五	笃安里对面福寿长
度量衡器工商业同业公会	邓文卿	四九	花楼街七八号
寿木工商业同业公会	黄国义	三六	栖隐寺街五号
木板商业同业公会	刘汉梁	一四七	大水巷一六六号
糖果工商业同业公会	夏时喜	三九	桃源坊二三二号
板箱工商业同业公会	吴巨堂	一	二圣巷鲁班关
车楦工商业同业公会	方乐陔	六六	施德巷三二号
纸盒工商业同业公会	熊巨川	八八	三义街二一号
米铁油桶工商业同业公会	谭友三	四四	明星街六号
衣服工商业同业公会	萧良友	二一三	长堤街六六六号
瓜菜薯行商业同业公会	舒厚泽	四五	长堤巷一号
汤元面粉商业同业公会	曾厚诚	三八	长堤街一七九号
丝线绉纱商业同业公会	梁少甫	三六	天一巷二四号
废旧白铁商业同业公会	吴季超	二四	长堤街三四四号
杂色纸工商业同业公会	金润臣		
药材行商业同业公会	蔡于贞	一九	三皇殿
肠商业同业公会	杨保安	四	会通路四号
制胶工商业同业公会	傅列新	二一	新华路七号
篾篓工商业同业公会	胡少卿	一六	三义二巷
藤棕床工商业同业公会	黄云山	三	先贤巷一五号
制香工商业同业公会	黄青山	五二	青莲三巷四号
篾器工商业同业公会	李际可	一三六	旌德巷三二号
对联裱画工商业同业公会	邱梅轩	三八	长堤街三四四号
兽力碾面工商业同业公会	胡瑞兰	四五	中山大道一八一号
豆丝工商业同业公会	李永盛	三三	愿善堂
纽扣证章工商业同业公会	乐少卿	四	长堤街七四号
浴室工商业同业公会	段家声	四	汉寿里三五号

（续表）

名称	负责人姓名	会员家数	会址
照相工商业同业公会	李炳声	六五	保成路柳村照相馆
酱油酿造工商业同业公会	周亦兰	五	万寿宫□□□□□□□
丝茧行商业同业公会	蔡松泉	七	大夹街同昌行
糖坊工商业同业公会	邱桂芳	八八	长堤街六一三号
雨伞木屐工商业同业公会	张星元	三七	西关帝庙
熏皮工商业同业公会	彭鹏程	一二九	洪益巷孙祖阁
长江轮船售票商业同业公会	朱子柏	二二	黄陂街雄黄□八号
瓷商业同业公会	刘寿波	六一	大火路张家巷三号
南碗商业同业公会	蔡训蒙	一四	大新码头河边
缝纫工商业同业公会	李耀谟	一八二	下横堤二一号
花卉穿扎工商业同业公会	陈希平	一六	兰零路横路
理发商业同业公会	喻荆田	一五	单洞门同善堂内
竹木篙商业同业公会	熊润清	三一	武胜路河边茂盛祥
机制砖瓦工商业同业公会	余松龄		方正里特一号

58.汉口市营造工业同业公会关于抄录修正印花税法税率表的通告

（1947 年 8 月）

事由：抄录修正印花税法税率表第八项，摘录第十六条税率表第八项原文。

八、承揽承契据。凡承揽人与他方约定为他方完成一定之工作及一方在一万元以上未满五十万元者，贴印花税票一百元；满五十万元以上未满五百万元者，贴印花税票五百元；满五百万元以上未满五千万元者，贴印花税二千元；满五千万元以上一律贴印花税票一万元。负责贴印花者，由出据人每件金额未满一万者免贴。本目所称契据，包括各种承包工程、承印出版及代理加工等项，承揽各项收款收据应按钱收据例贴用印花税票。

9 月

1.汉口市泥瓦及木作工人请加工资调解会议记录

（1947 年 9 月 2 日）

地点：市政府指导室

时间：三十六年九月二日下午三时

出席人：

市商会高坤山、市党部罗振
警察局龙翥
市总工会王海亭、刘光汉、周业新
营造业潘益卿、韩木青
泥瓦工会孙国栋、黎国华、韩耀武、刘吉廷、车松廷
木作业工会郭玉山、徐平江、尹本仙、薛宝记、吴志祥
市政府喻思九
主席:喻思九
甲、报告事项(略)。
乙、调解结果
1.泥瓦及木作工人工资,每日增为二万七千元,伙食每日增为五千元。
2.该业工资,以古历五、八、腊三节调整之旧例,仍继续保留,但此次因情形特殊,上项新定工资自本年九月二日起施行。
签署者:营造业、泥瓦工会、木作业工会原出席人
散会

2.汉口市商会为因不明周宝山职业、籍贯请查询致湖北高等法院函

(1947 年 9 月 3 日)

案准贵处鄂检纪字第二八二号公函:“嘱调查周宝山有无汉奸罪行,见复。”等由。经派据调查员报称:“兹经往各业调查,抄至,理合报请鉴核。”等情,据此,相应据情复请查照。

此致

湖北高等法院检查处

理事长　贺衡○

3.汉口市碾米业工业同业公会为电恳解除限制食米运销呈汉口市市长电

(1947 年 9 月 3 日)

汉口市市长徐钧鉴:

顷接汉口市商会通知,以奉粮食部电令,为配合总动员法令,对于米、麦粉必须加以管制。凡麦粉外销,悉依上海麦粉转口办法办理,谷米只准在长江各省自由运销,如欲运销沿海各省,则须经粮食部之核准,嘱即知照。等因,奉此。查本会所属同业各会员,业司谷米加工零售及运销,深感粮食部对于谷米运销之限制,不但有碍米商之生存,即整个国民生计、农村经济亦将遭受莫大之创伤,可能因而引起极危险之后果,心所谓危,敢胪陈如次:

一、先就本业关系方面言,本市小型碾米工厂,除极少数未经入会登记不计外,共一百三十八家,每家员工平均五十八人,共约七千人。若连同眷属计,当在四万人左右,赖此为生。至于生产机米数量,如果货源充裕,每日可产两万市石,本市市民消费数量约三千市石,其余均须运销其他地区。每年秋收至翌年春初为本业旺盛季节,如果在此时期不能自由畅销,势必减少生

产，生产减少，不敷开支，必然趋于倒闭，如此则不特本业员工及其眷属生活发生问题，对于市民亦将□□，不堪想家人之情状。

二、湖北为产米区，以去岁歉收，武汉除川湘过境不计外，亦外销三百余万石。本年除少数县份外，为三十六年来所未有之丰收，湖南情况亦复相同，其他川、赣、皖、苏收成均较往年为特佳。古称“两湖熟，天下足”，则长江各省余粮当属可观，如果限制运销沿海各省，食米价格势必惨跌，在此八年抗战、两年内乱之余，农民出力之多，负担之重，其生活已坠入惨绝人寰之境地。今年丰收，诚属天不我弃，如果粮价无情下跌，则农村经济势必非完全破产不可。即就目前粮价而论，武汉附近乡区谷物每石不过四万元，以每亩田产谷三石计，价值不过十二万元。但每亩田栽秧、除草、割谷，所需之人工最少为六个，每工工资一万二千元以上，再加每天四五顿伙食费用，共在二万元以上。是每亩田产稻所得价值尚不敷开支工价，其他如牛力、种子、肥料、赋税及家庭生活均须赔出血本。值此情形，农民已经叫苦连天，大有不能从此再生产之虞，且在此时期，售出稻谷者均为极贫苦之农民，就国家立场言，绝无压低米价之理。今夏本会呼吁当局限制谷米出口，即足证本会所持立场绝对纯正也。现粮食部不察此种实情，在百物有涨无已之际，独谓新谷登场，米价不应上涨，而出此限制运销沿海各省之电令，其用意为爱护长江人民欤？抑将毁灭长江各省人民欤？其将专为都市人民着想而未忆及此绝大多数之农民，亦犹是政府之人民欤？吾人诚百思不得其解。

三、东北九省及华北各省人民现正遭受空前未有之天灾人祸，华南各省亦因今年水灾及秦越不靖关系，民食亦告欠缺，如为顾全南北各地人民，粮食正赖长江各省外运接济。主管粮政者在此情况下不特不应加以限制，反宜奖励正式粮商自动运销，予以便利，南北各省人民无饥饿之虞，沿江人民有稍苏之望，加之北方各省大军云集，需粮孔急，商民自由运销，亦可间接充裕大军之所需，否则军粮供应堪虞，而整个国民生计、人民生存亦必濒于绝境。政府其又何图？

四、（略）

汉口市碾米工业同业公会理事长　涂炳炎　叩申江印

4.汉口市政府为本市面粉工业同业公会出口不加限制以维工业致粮食部（附呈电）

（1947 年 9 月 4 日）

粮食部公鉴：

据本市面粉工业同业公会未卅代电呈称：“顷阅报载粮食部余管二公字第一号公告，并附面粉限额转口办法……云云。录函，不胜迫切，感祷之至。”等情。查此呈节尚属属实，在相应电请查照，希对本市面粉出口不加限制，以维工业，并希见复为荷。

汉口市政府　申财四印

拟办：查原定办法对本市面粉出口似未能兼顾，转请粮食部酌定出口数量当否。

批示：转请粮食部不加限制。

附:汉口市面粉工业同业公会为请勿加限制面粉转出长江口外呈汉口市市长电

(1947年8月30日)

汉口特别市市长徐钧鉴:

顷阅报载粮食部余管二公字第一号公告,并附面粉限额转口办法,对于长江上游各省市面粉转运出长江口外沿海各地加以管制,此后武汉面粉非经粮部批准不得出口。关于请运手续,并无明确规定,且每批出口均须呈请粮部。即使照准,则公牍往返旷费,事仍多窒碍难行,从此武汉面粉即陷于无形封锁。属会各厂深为恐慌,现属会会员共有三十余家,日产面粉约二万袋。在抗战以前,本埠销纳量日仅三千袋左右,其余向恃运销华北及华南一带。胜利后,本埠销纳量尚不及战前,良以疮痍未复,工商交困,购买力大不如前也。属会各厂其所以能维持开工者,仍赖运往长江口外至华北、华南各地为主要去路,借得苟延残喘。盖面粉一项,并非华中人民主要食粮,武汉又为小麦汇集之区,各粉厂就地收购小麦加工制粉,运销外埠,实□合货畅其流、调节有无之原则。今若限制出口,各厂势必在生产过剩之情势下,立即被迫停工,工人顿告失业。鄂中小麦亦将因去路受阻而遭垄断,其影响所及,后果严重,诚有不堪设想者。又按,粮部所颁办法对第四区(京津各厂)除代磨各大厂不受限制出口外,另准其他各厂每月出口三十万袋。惟对华中重要产麦区之武汉各厂面粉出口大加限制,尤为失当。除电请粮食部迅予另定补救办法外,特再电恳钧座迅赐转请粮食部,对武汉各厂面粉仍照常运销长江口外勿加限制,以维武汉民生必须之粮食工业,不胜迫切感祷之至。

汉口市面粉工业同业公会理事长　罗宝珊叩　未卅印

通讯地址:民生路磨子桥小巷五号(兴文银行隔壁进)

5.汉口市银行商业同业公会为勉借一亿四千万元为慰劳军士票款致汉口市商会函

(1947年9月4日)

敬启者。刻准贵会大函,以此为慰劳军士票款,约在五六亿左右,业经召集各同业公会分别摊任。唯因事关紧要,缓不济急,拟自银、钱两公会各透支三亿,以济眉急。等由,准此。当经召集全体理事会议商讨□以各行放款例须呈报总行核准,唯因事关劳军,复由贵会出面借款,经决议:(1)借垫一亿四千万元,由中国、交通、农民、湖北省、金城、四明、上海、和成、浙江实业、中南、聚兴诚、泰裕、大陆、美平等十四行各借垫一千万元;(2)并推省议员为代表征代理□付;(3)借款方式,由殷实商号出票承总担保并请商会贺理事长为承还担保人;(4)期限定为一月;(5)利息定为月息六分。等语,记录在卷。除分函各借款银行查照外,相应商议,即烦查照惠理为荷。

此致

汉口市商会

(会戳)启

九月三日

6.本市商会发动劳军

（1947 年 9 月 5 日）

[中央社讯]汉口市商会近以边境国军溽暑远征，特发起慰劳运动，该会已于四日午后召集全体理监事集议，决议组织汉口市商会临时慰劳委员会，下分总务、宣传、劝募、慰劳四组。克日开始募款，进行慰劳。

（《大刚报》）

7.青岛市商会为呼吁一致响应争取商界职业团体国大代表及立委名额致汉口市商会函

（1947 年 9 月 5 日）

青岛市商会代电　　商二字第一三一六号

汉口市商会公鉴：

未青代电敬悉，职业团体国大代表及立委名额分配不平，本市商仁不胜激愤，对贵会代表同业呼吁深表同情。除一致响应外，特此电复，即希查照为荷。

青岛市商会理事长　李代芳　申微印

8.汉口市商会为知照设立华盛顿国际商品展览所致汉口市各业同业公会（附原附件）

（1947 年 9 月 5 日）

案奉经济部汉口工商辅导处辅发字第一六九号未卅代电开："案奉经济部本年八月二十二日京国（36）字第五八九四七号训令开，据本部驻美商务参事处本年七月廿四日呈，略称，据华盛顿国际商务经理处函，拟在华盛顿设一国际商品展览所，邀请各国制造商参加展览，订有展览办法，并附展览所图样，请令饬各工商辅导处与工商界注意。等情。查此项商品展览，各国厂商借以互相观摩，对于促进国际贸易极有裨益。除分行外，合行抄发原呈一件，令仰知照。等因，附原呈一件，奉此。相应检同原附件一份，电请查照，转知各有关厂商注意为荷。"等因，附抄发原附件一份，奉此。除分行外，相应抄同附件，函希查照转知为盼。

此致

汉口市各业同业公会

附抄原附件一份。

汉口市商会　启

附：抄原呈一件

案据华盛顿国际商务经理处（Washington International trade-Relation Agency）来函称，拟在美京华盛顿设立一国际商品展览所，邀请各国制造商参加展览，并可由展览所代为推销，借以促进国际贸易。展览所之特性及其征费等办法如下：

一、展览所之特性

（一）永久性的商品展览——本展览所设于美京华盛顿，各国商品均可送入本所展览，俾美国商家于购买货物时，获一易于识别、比较、证明及选择之途径，如此则本展览所可能成为世界之购买中心（Shopping Center of the World）。

（二）生产者之商品表演——为求与上述展览相配合计，更用广告、出版物等普遍吸引美国消费者对于各国商品之注意，并刺激其兴趣，使其明了各国商品之特性。同时利用本所之服务（service）推销各该商品。

（三）交易合同之谈判——本展览所以有训练之人员照料送入展览之商品，并与全美国各市场中心之工商界保持联系，遇有商家需要购买时，则本所人员即可与之谈判此项交易，并代为订货，所有关于订货、付款、运货等手续，展览所皆可代办。

（四）特别服务之国际大本营——本所备有其他服务，如会议室书记及运输服务等供买卖双方之使用，使交易谈判时更为方便。

二、征费及其他

（一）本展览所之费用，将由参加展览之各商家负担，为求负担之公平，计其征费单位将按展览空间之立方英尺（cubic foot of display space）计算，每一单位每年征费由廿三美元至三十五美元，于商品陈列后缴付。商品自出产地点运至本所时之运输费用，由参加展览该商品之商行自行负担，此外则不收其他任何费用。展览品仍属参加展览之商人所有。

（二）参加之商家选定展览室，俟一切安排妥善后再行计算其所需空间之立方英尺数目，计算方法即为将其所占区域之长、阔、高三者相乘，所占区域之形状或长或平，或高或狭，可以任意，但求与展览品相适合。展览者可于任何时间送来新的展览品以替换旧的展览品，展览品所占空间至少须为一立方英尺，最大空间则无限制。

（三）展览品之陈列用最新式之玻璃柜，其玻璃装配严密，绝不使尘埃侵入玻璃柜，可以调节，庶使展览品能收引人入胜之效。如展览人要求采用其他式样之陈列设备，本展览所亦可供应。

（四）展览所之布置有如附图，计划分为十一室，每国占一室，可供十一国参加之用，各室所占空间单位多少不一，其应缴费用之数额图中已逐一加以注明。展览所中除展览室外，更有问事处、电话室、出纳室、售货室等，以供促进交易之用。

（五）本展览所之筹备工作，将于本年八月内完成，随即开始展览。

查奖励出口贸易，以充实外汇基金为我国政府既定政策之一，华盛顿国际商务经理处所定商品展览及经售办法，足以鼓励各国货品输美。故我国之制造厂与输出商行似可加以利用。为特陈明展览方式，如属可行，拟请令饬各工商辅导处与各地工商界予以注意。

驻美商务参事　刘大钧

9.汉口市商会为对于前方将士及过境军队购送物品致汉口市银行业同业公会函

（1947 年 9 月 6 日）

查迩来时局紧迫，威胁武汉，我商界同人对于前方将士及过境军队，理应购送物品，借表慰劳之忱，经本会第一届第十四次理监联席会议决议：组织慰劳委员会，推举全体理监事为“汉口市商会临时慰劳委员会”委员，设总务、劝募、慰劳、宣传四组，等语，记录在案。兹经各委员会商决定各大厂商、各业公会担任款项数目，迅交本会购买物品，运送前方慰劳。除分别通知外，相应函请查照，担任八千万元，即日将款如数送交本会会计室代收，以凭购物慰劳。事关鼓励士气，万勿延忽为盼。

此致

汉口市银行业同业公会

汉口市商会　启

九月六日

10.汉口特别市商会为将捐献之市政补助费缴送市银行收转致汉口市绍酒业同业公会

（1947 年 9 月 6 日）

案查前奉市长面谕，以改制伊始，百废待兴，救济事业，尤待筹济，加以时局紧张，措应非常，更需巨款，饬设法办理。等因。当于八月二十九日、九月三日一再邀集各有关同业负责人到会谈话。经转告后，各业负责人均深明大义，承诺劝导各业商店，按照本年上半年度一个月之营业税款数目捐献一次，以作市政补助费。等语，记录在卷。兹经呈奉汉口市政府(36)市财字第一八九号批开：“呈悉，该会召集各业负责人会谈，均能深明大义，自愿捐献市政补助费，急公之心，殊堪嘉许。兹指定市银行为收款处，仰即转饬速送，以便支配用途为要。”等因，奉此。除分行外，相应函希查照，迅予转知督促各商店将捐献款径送市银行收转为盼。

此致

汉口市绍酒业同业公会

汉口市商会　启

11.松滋县城区镇商会为函知本会第二届改选理监事结果请查照致汉口市商会

（1947 年 9 月 6 日）

查本会第二届理监事于九月二日假中心国民学校大礼堂召开会员大会，依法改选，并蒙各机关首长莅临监选指导。选举结果计：覃镒伯、杜俊、赵仲达等当选为理事，赵玉芳、廖莺卿、杨玉林、饶和万、周祥应等为监事，经互推覃镒伯为理事长，赵玉芳为常务监事。镒伯等自惭学识浅陋，深恐陨越，但值兹“剿匪戡乱”之际，惟一秉忠勤，勉尽绵薄，共谋商场福利而□大会委托，谨于本月四日补行宣誓就职。除分呈函知外，于应函请查照，并希时赐南针，借匡不逮为荷。

此致

汉口市商会

理事长　覃伯镒

12.汉口市政府为经济部举办全国经济调查令本市商会

（1947年9月8日）

汉口市政府训令　中华民国三十六年九月八日　市社字第1178号

令本市商会：

据本府社会科案呈经济部本年八月卅日京调36字第五九六七九号训令开：查本部为配合动员“戡乱建国”纲领，加强经济建设起见，特举办全国经济调查。所有各种调查表业经全部商定，颁发各地工商辅导处分别转发各业。诚恐各工商团体暨工商事业单位未尽明了调查意义，不免玩忽从事，应由各该市社会局□切晓谕转饬，切实遵照查填，依限径送各该地工商辅导处汇报。除分令外，合行令仰遵照，并将办理情形具报为要。等因。特请鉴核。等情。合亟令仰该会迅即转知各公会遵照办理为要。

此令！

市长　徐会之

13.察哈尔省张家口市商会为响应力争国大代表、立法委员名额致汉口市商会

（1947年9月10日）

察哈尔省张家口市商会快邮代电

汉口市商会公鉴：

未青代电奉悉，宪政实施，选举在即，乃工商团体国大代表、立法委员名额之分配，竟不顾本团体组织历史之悠久，单位人数之众多，更忽视平时战时对国家贡献之重大，规定名额比数，竟较其他职业团体相差远甚，殊深惶惑。为商民权利计，为国家前途计，自应起而力争，以求合理解决。除电呈政府有关院部会赐予援助，并电各省市商会一致主张外，谨此电复，敬希查照为荷。

察哈尔省张家口市商会理事长　褚世昌　申灰印

14.汉口市政府为应否解除限制粮食出口以利运销等情致粮食部电及令碾米工业同业公会

（1947 年 9 月 10 日）

代　电

粮食部公鉴：

案据本市碾米工业公会申江代电称："顷接汉口市商会通知，以递转粮食部电令，为配合总动员法令，对于谷、米、小麦、面粉必须加以管制，凡麦面外，悉依上海麦面粉转口办法办理……云云，录至迫切待命之至。"等情。查该会所指定各节不无理由，应否解除限制或另定变通办法之处，相应电文，请查照核办见复为荷。

汉口市政府　申财四印

指　令

令碾米工业同业公会：

本年九月五日代电一件，为电恳请转电粮食部解除限制食米运销沿海各省电令，以利运销而便民事由。代电恳准予转请粮食部核办，候复到再行饬遵照，仰即遵照。此令！

市长　徐

15.汉口市商会因市民尽量立置街灯以整市容而维治安致本市各同业公会函

（1947 年 9 月 11 日）

案奉陆军新编第二十一军司令部、武汉守备军总指挥部汉秘字第五三号训令开：查本市前以灯火管制及路灯遭受损坏，致每入黄昏，全市黝黑，宵小活跃，车马行人时生意外。值兹战争已告结束，灯火管制业已解除，凡我市民均可安居乐业。但在路灯尚未修复以前，仰该会长迅即通饬市民，自本（十一日）晚在黄昏以后，尽量立置街灯，以整市容而维治安为要。此令！等因，奉此，自应遵办。除通告并分函外，相应函请贵会转知同业各商店一体遵照。

此致

本市各同业公会

汉口市商会　启

九月十一日

16.杂货行业公会理事长黄益荪成立违章处罚会启事

（1947 年 9 月 11 日）

敬启者。益荪承蒙拥戴，忝为杂货行业公会理事长一职，自当努力从公，以图挽回利权，保全在业与失业会员福利。岂料开始未几，各位理监事均无献身精神，协助本人整理业务，致未立同业规约，因此孤掌难鸣，营业一落千丈，危机四伏。遂于去岁年终召集理监联席会议恳辞本职，并登报声明，呈报市府有案。复送报纸与客帮及同业，旋奉市府指令，推选继任人员，均置若罔闻。复经市府催办，亦无人出首，惟恐会务荒弃，贻笑外方，只有勉力支持，徐图发展。自本年九月十日起成立违章处罚会，经会议议决有案：兹有破坏私自营业者二家，均经分别处罚，计轻皮木耳五包，每包罚款一十五万元，共洋七十五万元，充作本会经费，以昭大公。此法实施以后，如再有违犯者加倍，每包三十万元罚金，决不姑宽，特立俗语数行，请阅后细察为要。

此致

行公鉴

附俗语数行以示警惕：

奉告各宝行，团结顾同帮；
营业为谋利，保全要久长；
生活衣食住，凭心自参详；
人格要尊重，信用为保障；
不能由性做，恐防自遭殃；
加价与放价，好比妇孺样；
休怪我直语，罚款要遵章；
阳奉阴违辈，良心作主张；
不把威信守，莫怨理事长。

黄益荪　启

17.汉口市营造工业同业公会奉政府关于证件重行登记等三案通告

（1947年9月11日）

一、三十六年九月十日，奉汉口市政府三十六市工字第〇七一号指令开：三十六年八月二十三日呈一件，为建设厅审核降级及尚未核定之各厂，恳准评补其证件，重行登记，以免失业由。呈悉，本市各营造商，前经湖北省建设厅核定，□发之登记证在有效期间，一律不得请求更改等级。其未领有登记证之厂商，应依限于本年元月底以前申请登记，即遵照转知为要。此令！

二、同日奉三十六市工字第一九二号指令开：三十六年九月一日呈一件，为请将各级营造厂资本额减低，以示体恤，请核示由。呈悉，查所称各节，尚属实情。兹经酌予核减，规定甲等营造厂资本为一亿元，乙等五千万元，丙等二千万元，丁等一千万元，仰即遵照转知为要。此令！

三、同日奉三十六市工字第一四八号训令开：案查汉口市《管理营造厂暂行规则》案经本府制定公布施行并登通告，各接受申请登记，令知该会在案。凡本市各级营造厂商未经依法登记者，限于三十六年九月三十日以前办理申请手续，逾期即饬停止营业；再，所有申请开业之各厂商，如仅持有各项过期或临时执照及登记证者，应一律无效，以资限制而杜冒滥，除布告通知外，合亟令仰该会遵照办理，并转行知照为要。此令！

四、以上三案，合行并案通知查照为荷。

上通告。

18.汉口市商会因催收营业税注意事项致汉口市各业同业公会函(附催收营业税注意事项)

(1947 年 9 月 12 日)

汉口市政府三六市财字第七九〇号训令开:查本市营业税积欠颇多,以致本府财政预算异常困难,经于九月三日由该会召集各业公会理事长商决,此有上年七至十二月税款统限三日内缴清,本年元、二、三月份已评各业限一星期内缴清,未评各业由评议会加紧评议,于一星期内评议竣□,仍于评议后一星期收清。本年四、五、六月份比照一、二、三月份数目并案清缴。等语,记录在案。兹经本府订定催收营业税注意事项,并规定自九月五日起开始催收。除分令警察局税捐处遵照外,合行检发催收营业税注意事项一份,令仰该会转饬各业公会,迅转各商号遵照缴纳为要。等因,附发催收营业税注意事项一份,奉此。除分函外,相应抄同附发原件一份,函希查照转饬为盼。

此致

汉口市各业同业公会

附抄发催收营业税注意事项一份。

汉口市商会　启

九月十二日

附:催收营业税注意事项

1.本市营业税上年七月至十二月份各业商号应纳税额早经评定,各税务员照册列评议额赶紧催收,于三日内收齐。

2.各业商号应纳上年税款,限三日内缴清。

3.三十六年一、二、三月份营业税已评部分,各税务员照数缴收,限一星期内收齐。未评各业一面由评议会赶办,令到后,仍限一星期征讫。如评议不及,则先按上年评议数征收,俟评定后补征。

4.四、五、六月份营业额比照一、二、三月份数目并案征收,统限一星期收齐。

5.税务员催收税款,如各商号借词推延,由警察协催;如仍滞纳,送请法院依法罚办。

6.各警察分局各派警士三名,随同各税务员协同征收,由警察局令饬各分局照派,由各所向各该管警察分局洽商,共同催收。

7.各税务员及警察对各商号态度务须和蔼。

8.各业商号应纳上年七月至十二月份以及本年元月至六月份各月税额,有已缴纳一部分者,有全部未缴者,各税务员应分户计算清楚,分月开票。

9.本府所借各业本年一至三月份营业税出有借据,应凭借据结算,多退少补。

10.各所税务员催收营业税,在限期内延长工作时间,每日上午八时前到所办理前一日手续,十时出发,下午六时止。

19.汉口市商会为转知催收营业税及其注意事项致汉口市各业公会函（附催收营业税注意事项）

（1947 年 9 月 12 日）

汉口市政府三六市财字第七九〇号训令开："查本市营业税积欠颇多，以致本府财政预算异常困难，经于九月三日由该会召集各业公会理事长商决，此有上年七至十二月税款统限三日内缴清，本年元、二、三月份已评各业限一星期内缴清，未评各业由评议会加紧评议，于一星期内评议竣□，仍于评议后一星期收清。本年四、五、六月份比照一、二、三月份数目并案清缴。等语，记录在案。兹经本府订定催收营业税注意事项，并规定自九月五日起开始催收。除分令警察局税捐处遵照外，合行检发催收营业税注意事项一份，令仰该会转饬各业公会，迅转各商号遵照缴纳为要。"等因，附发催征营业税注意事项一份，奉此。除分函外，相应抄同附发原件一份，函希查照转知为盼。

此致

汉口市各业同业公会

附抄发催收营业税注意事项一份。

汉口市商会　启

附：催收营业税注意事项

一、本市营业税上年七至十二月份各业商号应纳税额早经评定，各税务员照册列评议额赶紧催收，于三日内缴清。

二、各业商号应纳上年税款，限三日内缴清。

三、三十六年一、二、三月份营业税已评部分，各税务员照数征收，限一星期内收齐。未评各业一面由评议会赶办，令到后仍限一星期征讫。如评议不及，则先按上年评议数征收，俟评定后补征。

四、四、五、六月份营业额比照一、二、三月份数目并案征收，统限一星期收齐。

五、税务员催收税款，如各商号借词推延，由警察协催；如仍滞纳，送请法院依法罚办。

六、各警察分局各派警士三名，随同各税务员协同征收，由警察局令饬各分局照派，由各所向各该管警察分局洽商，共同催收。

七、各税务员及警察对各商号态度务须和蔼。

八、各业商号应纳上年七至十二月份以及本年元至六月份各月税额，有已缴纳一部分者，有全部未纳者，各税务员应分户计算清楚，分月开票。

九、本府所借各业本年一至三月份营业税出有借据，应凭借据结算，多退少补。

十、各所税务员催收营业税，在限期内延长工作时间，每日上午八时前到所办理前一日手续，十时出发，下午六时止。

20.汉口市商会为转发选举座谈会议事要点致汉口市各业同业公会函（附抄汉口市职业、妇女团体选务座谈会议事要点）

（1947 年 9 月 12 日）

兹奉市政府谕，各业团体选举人名之公告由市级农工商总会分别于九月十八日前办理完竣。等因。除分行外，相应摘录选举座谈会议事要点，函希查照，务于九月十八日前将选举人名之公告张贴本会或贵会门首，以符法定手续，勿误为盼。

此致

汉口市各业同业公会

汉口市商会　启

附：摘抄汉口市职业、妇女团体选务座谈会议事要点

（一）各业团体选举人名之公告由市级农工商总会分别于九月十八日前办理完竣；

（二）各业团体暨妇女团体之选举人应依照会员人数切实造报；

（三）生活习惯特殊国民选举名册依法单独造具，并即赶办，公告更正呈报等项；

（四）造册时选举人名不得重复。

21.汉口市商会为请公布选举人名于门首致汉口市各业同业公会函

（1947 年 9 月 12 日）

查选举人名册造报后，依法并应公告，兹奉市政府谕："各业团体选举人名之公告，由市级农工商总会分别于九月十八日前办理完竣。"等因。除分行外，相应摘录选举座谈会议事要点，函希查照，务于九月十八日前将选举人名之公告张贴本会或贵会门首，以符法定手续，勿误为盼。

此致

汉口市各业同业公会

汉口市商会　启

22.经济部汉口工商辅导处因汉口市棉花商业同业公会呈以对于棉花运输请转水陆交通机关尽量予以便利一案呈经济部

（1947 年 9 月 13 日）

案据汉口市棉花商业同业公会呈称，查发展国民经济原则，首在地尽其利、货畅其流。本年棉产丰收，约计湖北全省产量至低在二百万担以上，如能营运得宜，便乡村棉花多运一担至市场供应，则减少外棉之入口，节省外汇之流出，直接发展农村经济，间接争取外汇，裨益于国计民生至深且巨。近年以来，因水陆交通工具不足，对于争取外汇之棉花运输，未能为充分之供应，往往在乡村采购之棉恒数月不能运汉，存汉之棉亦恒数月不能运出，不独经营棉花业务者因货物之停积致流转资金益形扩大，成本益以增高，不能与外棉竞售。而农村所产之棉因不能源源运出,必致演成物贱伤农之后果,以致农村经济益趋衰落。故欲挽救目前经济危机,首在于货畅其流,而对于间接争取外汇之棉花运输,尤请政府积极援助之必要。为此呈请钧处鉴核,伏乞俯赐,迅与水陆交通机关商洽,嗣后对于棉花之运输,于每次车船开行时酌留若干吨位,并尽量予以运输上之便利,至为感荷。等情,据此。查该工会所称鄂省本年棉产丰收及水陆交通欠畅,影响棉业经营及农村发展各节,确属实在,拟请钧部鉴核,准予咨请交通部分饬平汉路局及国营招商局,嗣后对于棉花运输准于每次车船开行时酌留若干吨位,俾利疏运,并乞指令祇遵。

谨呈

经济部

经济部汉口工商辅导处处长　刘雅声

23.汉口市商会为选举人之选举权致汉口市各业同业公会函

(1947 年 9 月 13 日)

案准国民大会代表立法院立法委员汉口选举事务所申巧汉选一字第 076 号代电开:案奉选举总所选字第 1336 号申灰代电开,查国大代表选举罢免法第七条所列,每一选举人只有一个选举权。惟于本法第四条各款选举人有二个以上选举权者,限参加一种,由选举人于登记选举人名册时自行声明。根据上开各条释,明显系硬性规定,则选举人一经登记声明法定程序后,自不准撤销或变更。除分电外,特电查照。等因。除分电外,特电知照为要。等因,准此。除分行外,相应函希查照转饬为盼。

此致

汉口市各业同业公会

汉口市商会　启

九月十三日

24.汉口市商会为转知国大代表选举罢免法存在硬性规定问题致各业同业公会函

(1947 年 9 月 13 日)

案准国民大会代表立法院立法委员汉口选举事务所申巧汉选一字第〇七六号代电开:“案奉选举总所选字第一三三六号申灰代电开,查国大代表选举罢免法第七条所列,每一选举人只有一个选举权,于本法第四条各款选举人有二个以上选举权者,限参加一种,由选举人于登记选举人名册时自行声明。根据上开各条释,明显系硬性规定,则选举人一经登记声明法定程序后,自不准撤销或变更。除分电外,特电查照。等因。除分电外,特电知照为要。”等由,准此。除分行外,相应函希查照转知为盼。

此致

汉口市各业同业公会

汉口市商会　启

25.江汉企业股份有限公司为推定本公司常务理事刘逸吾为本公司对日贸易团代表致汉口市商会

（1947 年 9 月 13 日）

经济部核准，于卅四年一月廿七日发给设字第一六六九号执照。本公司所在地为汉口，非常时期暂在重庆营业，复于卅四年六月增设麦粉工厂，抗战结束，复于卅五年复原迁汉，并先后参加本市棉花商业同业公会，登记证棉会字第七号，及本市进出口商业同业公会，登记证第三十三号，总营棉花、桐油、麻及五金等进出口贸易业务。现对日贸易实行开放，本公司既营进出口业务，自应参加对日贸易。兹推定本公司常务理事刘逸吾为本公司对日贸易团代表，相应检照片三张、履历片三份，函请贵会查照为荷。

此致

汉口市商会

附照片三张、履历片三份。

江汉企业股份有限公司　启

26.汉口市商会为查报码头力资基数致汉口市各业同业公会函

（1947 年 9 月 14 日）

案查前奉汉口市政府市秘字第〇五四三号代电，以本市各商业公会查报战前二十四至二十七年码头力资基数。兹再电，限文到五日内查报，并将各业八月上半月力资数额一并查报，以凭核定。现□力资一案，业分函请依限查报或径呈市府在卷。嗣奉电催至急，复于本月八日召集各业公会座谈会，由本会高常务坤山、熊常监幼珊报告，力资为各业切身利害关系，切勿漠视。经决议，请各业限三日内将战前力资及本年八月上半月力资分别查报转呈，其已径报市府者，亦请再报本会汇案办理，记录在案。除分达外，相应函达查照，请依限查报。如已报战前力资，未报现在（八月上半月）力资及径报市府者，仍希分别克日速报汇呈，幸勿再延自误为要。

此致

汉口市各业同业公会

汉口市商会　启

九月十四日

27.汉口市营造工业同业公会为奉汉口市政府令发调整泥木工人工资记录抄送查照通知各会员营造厂（附泥瓦及木作工人请加工资调解会议记录）

（1947 年 9 月 16 日）

案奉汉口市政府三十六年九月十五日（三十六）市社字第一〇四〇号训令开：案据本市泥瓦业及木作业两业职业工会先后呈，略以物价波动甚剧，工人所有难维持生活，请迅予调整工资。等情。查本案业经本府召集调处增加，并已取得劳资双方同意及记录在卷。除分别函令暨指复外，合行抄发原调解记录，令仰转行遵照为要。此令！等因，附抄发原调解会议记录一份，奉此。除登《武汉日报》（十七、十八、十九）暨分知外，相应抄同原记录一份，送请查照为荷。

此致

贵会员营造厂

附记录一份。

附：泥瓦及木作工人请加工资调解会议记录

（1947年6月2日）

地点：市政府招待室

时间：三十六年六月二日下午三时

出席人：市商会高坤山，市党部罗振，警察局龙翥，市总工会刘光汉、周业新，营造业王海亭、潘益卿、韩禾青，泥瓦工会孙国栋、黎国华、韩耀武、刘吉廷、车松廷，木作业工会郭玉山、徐平江、薛宝记、吴志祥，市政府喻思九。

甲、报告事项（略）。

乙、调解结果：

1.泥瓦及木作工人工资每工增为二万七千元，伙食每日增为五千元。

2.该业工资，以古历五、八、腊三节调整之旧例，仍继续保留，但此次因情形特殊，上项新定工资自本年六月二日起施行。

丙、散会。

28.永昌商店因成立租约后无营业等情形呈汉口市商会请维持原约

（1947年9月17日）

顷复者，据准贵会九月十六日来函，仍以本年五月成立租约后，未将分租情形报告贵会。现在并非自住实际，以无营业为词停止租赁。等因。查临时分租，在未成立租约以前起诉，□迁在成立租约之际，诉讼迟延数月之久，有业可查。敝处因分租人占据铺面，不能营业，自住楼□□□执行封闭时，始行出□，此种经过中损失奇重，并未有所隐瞒。奉函前因。与真正事实绝不相符，用特复请查照，维持原约，是为至祷。

此致

汉口市商会

租户　永昌商店　启

九月十七日

29.汉口市商会因本市秋节筹措慰劳金致汉口市各业同业公会函

（1947年9月17日）

案奉汉口市政府37市社字第九一四四号训令开：查关于本市秋节劳军应由市商会、工业会负责筹措慰劳金金圆券一万元,其分摊标准为市商会占六分之五,工业会占六分之一,并限于农历八月十二日(即九月二十六日,星期二)前筹齐。经提交筹备委员会议决通过在案。现以呈献日期在即,是项慰劳金亟待缴齐应用。除分令外,合亟令仰该会即便遵照,迅予筹妥,克日缴齐为要。等因,奉此。除由筹借缴送并分催外,相应函希查照,将慰劳金即日缴齐到会为盼。

此致

汉口市各业同业公会

汉口市商会　启

30.汉口市商会为赶缮国大选举人公告名单致汉口市各业同业公会函

(1947年9月18日)

准国民大会代表立法院立法委员汉口选举事务所汉选一字第〇五九号函开:"查国大选举人之公告前经本(九)月十二日召集座谈会决议,由各该选举团体之市级总机构负责办理缮录事宜,并限于九月十八日前办妥,各节有案。现在限期迫切,相应通知查照,漏夜赶缮,并将缮竣之公告名单先行送交本所审查盖印后发还布贴为荷。"等由,准此。查本案业经本会于九月十三日通知各业公会照办在卷。兹准前由,相应函希查照办理为盼。

此致

汉口市各业同业公会查办

汉口市商会启　印

31.汉口市商会为抄转《汉口市公私团体民众集会及游行注意事项》及集会游行报告表式致汉口市各业同业公会(附报告表式及注意事项)

(1947年9月18日)

案准汉口市警察局汉复(卅六)警行字第七九五号真代电开:"案奉市政府九月四日(卅六)市社字第一一三二号训令开,案查前奉武汉行辕颁发《战时军事管制实施纲要》,下府,当经转发饬遵在卷。惟查是项纲要第十三项:凡妨害地方安宁与秩序之非法集会结社,应由治安机关严厉取缔,并缉捕其首要分子,严予惩处之规定,须切实遵办。该局应即严密侦查本市有无非法集会结社,如查有不合法定之活动与组织,即予取消解散,并将其首要分子逮捕严办,具报为要。等因。自应遵照执行。兹订定《汉口市公私团体民众集会及游行注意事项》及集会游行报告表式,随电附发,希即查照,并通知所属一体遵照是荷。"等由,附《汉口市公私团体民众集会及游行注意事项》及集会游行报告表式各一种,准此。除分行外,相应抄同各件,函希查照。

此致

汉口市各业同业公会

附抄发集会及游行注意事项及报告表式各一种。

汉口市商会　启

附 1:汉口市公私团体及民众集会、游行报告表

<table>
<tr><td colspan="1">名称</td><td colspan="6"></td></tr>
<tr><td rowspan="2">负责召集人(筹备人)</td><td>姓名</td><td></td><td>性别</td><td></td><td>年龄</td><td></td></tr>
<tr><td>籍贯</td><td></td><td>职业</td><td></td><td>住址</td><td></td></tr>
<tr><td>集会性质或游行目的</td><td colspan="6"></td></tr>
<tr><td>集会或集合地点</td><td colspan="6"></td></tr>
<tr><td>游行时集合出发地点与经过路线</td><td colspan="6"></td></tr>
<tr><td>参加人数</td><td colspan="6"></td></tr>
<tr><td>开会或游行日期及时间</td><td colspan="6"></td></tr>
<tr><td>有无宣传品</td><td colspan="6"></td></tr>
<tr><td>备注</td><td colspan="6"></td></tr>
</table>

中华民国　年　月　日　报告人

附 2:《汉口市公私团体民众集会及游行注意事项》

一、汉口市警察局为维持社会秩序,确保公共安宁起见,特订定本注意事项。

二、凡本市各公私团体、学校民众,无论其具有何种性质之集会或游行及民间之迎神赛会,均须依照本注意事项办理。

三、凡在本市各公私团体、学校民众集会或游行,其负责召集人或筹备人,须于事前三日叙明下列事项,呈报本局,以便保护。

1.负责召集人或筹备人姓名、性别、年龄、籍贯、职业、住址;

2.集会性质或游行目的;

3.集会地点或游行时集合出发地点与经过路线;

4.集合或游行预定参加人数;

5.开会或游行日期及时间。

四、集会或游行以白昼为原则。

五、集会或游行时,如欲散发宣传品者,须事前送经本局核备。

六、(原缺)

1.学校;

2.公司;

3.人民团体;

4.其他企业团体。

本条所称人民团体,系指工会、农商会而言。

七、各公私团体向所在地警察机关请派驻卫警察,应填具申请书注明下列各项:

1.团体之名称、地址;

2.负责人姓名、年龄、籍贯、住址;

3.请派驻卫警察人数及枪支、弹药数目。

八、各级警察机关接到各公私团体请派驻卫警察申请书后,应即依法派遣。如人数较多及原有警力不敷分配时,应即呈报上级机关核定增加之,所有增加警额所需招募训练费用,概由请派公私团体负担。

九、各公私团体所在地无警察机关时,得请由该管省市、县市政府指定附近警察机关派遣之。

十、各级警察机关派遣警察驻卫政府机关及各公私团体人数,每满十人,加派警长一人,满三十人应加派警官一人,其满百人者应由该管警察机关直接管理之。

十一、派遣各公私团体之警察人员之服务费用薪饷,应由各该公私团体担任,其服装费用及薪饷,应交由该管警察机关办理。

十二、驻卫警察之服务范围,应依照部颁警长、警士服务规程办理,不得担任其他职务。

十三、驻卫警察人员应受本管警察机关及驻在机关团体主管长官或负责人之指挥监督。

十四、驻卫警察人员如不称职时,驻在机关团体得叙述事实,通知本管警察机关核办。

十五、驻卫警察人员所有枪械,应由该管警察机关发给,其自备者,应依照《修正国民政府查验自卫枪炮及给照暂行条例》规定请领执照。

十六、驻卫警察人员,应依照部颁警士、警长教育规程之规定施以补充教育。

十七、凡各机关及各公私团体在本办法公布前自行招募之警卫,得由所在地警察机关轮流调训管理之。

十八、本办法自公布之日施行。

32.汉口市商会因航空建设协会湖北分会征求总队征求会员一案致汉口市各业公会函(附会员名册格式)

(1947 年 9 月 18 日)

查航空建设协会湖北分会征求总队征求会员一案,业经抄同会员名册格式及会费数目,先后函知各公会,征求会员在卷。兹以征求总队暨市政府一再催促未缴各公会迅缴会员名册及会费。前来。除分行外,相应抄同会员名册格式及会费数目,再行函达查照,名册四份连同会费缴由本会汇转为盼。

此致

汉口市各业公会

附抄会员名册格式一份。

汉口市商会　启

九月一八日

附:会员名册格式

(一)特别会员名册格式(一式四份,送会)

中国航空建设协会湖北省分会征求总队第〇大队〇〇中队〇〇分队机关团体或学校名称特别队第七届特别会员名册。

姓名	籍贯	年龄	性别	学历	经历	通讯处

（二）名誉及永久会员名册格式与特别会员名册亦均以一式四份合送。

附注：特别会员年纳会费五十元，名誉会员年纳会费一百元，永久会员一次缴纳会费五百元。

33.汉口市商会为转知解决劳资纠纷办法等事项致汉口市各业同业公会函

（1947 年 9 月 18 日）

案奉汉口市政府市社字第一一三二号训令开："案奉国民政府主席武汉行辕利二字第九七一号未迴代电，颁发战时军事管制实施纲要，盼遵照施行。等因，附发纲要一份，奉此。查是项纲要内关于凡有怠工、罢工、停业、关闭及其他妨碍生产与社会秩序之行为，得由治安机关严行取缔制裁之之规定，必予严厉执行，借以消弭工潮。本市各业工人及各公司、厂矿、行号劳资双方，应密切合作互助，如因增加工资、解雇工人、减少学徒及其他问题而发生争议，应即报请本府调解，若调处未获结果，即静候送交评断委员会处理，不得有怠工、罢工、停业及其他妨碍秩序之行动。至评断会之裁决，任何一方有不服从时，即予强制执行，倘双方有违反上项情事，或对评断不遵照执行，即由本市警察局会同治安机关予以有效之制止，并依法严办。各业工人之思想、言论、行动应严密注意调查，如有鼓动工潮或其他□外行为之不良分子，即予拘捕惩办。除分令外，合行令仰切实遵办，并将办理情形随时报核为要。"等因，奉此。除分行外，相应函希查照转知，并随时将办理情形具报为盼。

此致

汉口市各业同业公会

汉口市商会　启

34.汉口市商会为转汉口市政府严行取缔制裁怠工、罢工、停业、关闭及其他妨碍生产与社会秩序之行为致汉口市各业同业公会

（1947 年 9 月 18 日）

汉口市政府市社字第一一三二号训令开："案奉国民政府主席武汉行辕利二字第九七一号未迴代电，颁发战时军事管制实施纲要，饬遵照施行。"等因，附发纲要一份，奉此。查是项纲要内，关于凡有怠工、罢工、停业关闭及其他妨碍生产与社会秩序之行为，得由治安机关严行取缔制裁之之规定，必予严厉执行，借以消弭工潮。本市各业工人及各公司、厂矿、行号劳资双方应密切合作互助，如因增加工资，解雇工人、减少学徒等其他问题而发生争议，应即报请本府调解，若调处未获结果，即静候送交评断委员会处理，不得有怠工、罢工、停业及其他妨碍秩序之行动。至评断会之裁决，任何一方有不服从时，即予强制执行。倘双方有违反上项情事或对

所不遵照执行，即由本市警察局会同治安机关于以有效之制止，并依法严办。各业工人之思想言论行动，应严密注意调查，如有鼓动工潮或其他□外行为致不良分子，即予拘捕惩办。除分令外，合行令仰切实遵办，并将办理情形随时报核为要，转知并随时将办理情形具报为盼。

此致

汉口市各业同业公会

汉口市商会

35.汉口市商会为通知召开汉口市参议会第一届第四次大会致汉口市各业同业公会

（1947年9月20日）

查本市参议会第一届第四次大会定于十月一日开幕，各业同业公会如有请求或建议事项，可拟具提案，于本月二十五日以前送交本会，以便核转参议会。除分行外，相应函希查照转知为盼。

此致

汉口市各业同业公会

汉口市商会　启

36.汉口市商会为可拟具提案送交本会转参议会致汉口市各业同业公会函

（1947年9月20日）

查本市参议会第一届第四次大会定于十月一日开幕，各业同业公会如有请求或建议事项，可拟具提案，于本月二十五日以前送交本会，以便核转参议会。除分行外，相应函希查照转知为盼。

此致

汉口市各业同业公会

汉口市商会　启

九月二十日

37.汉口市商会为一周内造具三份选举人名册送汉口市选举事务所致汉口市各业同业公会

（1947年9月20日）

案准国民大会代表立法院立法委员汉口市选举事务所申巧汉选一字第〇七二号代电开："奉选举总事务所申佳总电开，密查各省市造报选举人名册，前经电饬办理在卷。惟近仍仅报一份，特再电请查照，未宥统电请备具同样二份报查为要。等由。除分电外，合行电仰遵照，于一周内各造具同样三份送所，以凭汇转，所需册纸由本所统筹印发。仰于文到一日内按照实际需要数目备具领据，派员来所领回，星夜赶办，送所凭转为要。"等由，准此。除分行外，相应函希查照，于文到一日内径往汉口选举事务所具领赶办为盼。

此致

汉口市各业同业公会

汉口市商会　启

38.汉口市商会因函知派员前往选举事务所领取选举人名册以便造送致汉口市各业同业公会函

（1947年9月22日）

案准国民大会代表立法院立法委员汉口选举事务所申巧汉选一字第〇七二号代电开："奉选举总事务所申佳总电开，密查各省市造报选举人名册，前经电饬办理在卷。惟近仍仅报一份，特再电请查照，未宥统电请备具同样二份报查为要。等由。除分电外，合行电仰遵照，于一周内各造具同样三份送所，以凭汇转，所需册纸由本所统筹印发。仰于文到一日内按照实际需要数目备具领据，派员来所领回，星夜赶办，送所凭转为要。"等由，准此。除分行外，相应函希查照，于文到一日内径往汉口选举事务所具领赶办为盼。

此致

汉口市各业同业公会

汉口市商会　启

速！

39.汉口市商会为转知开征本年度营业牌照税致各业同业公会函

（1947年9月23日）

案准汉口市税捐征收处财征三字第二二五号公函内开："案查开征本年度营业牌照税，前经函请转知各业造具调查清册在案。惟时逾两月之久，据送填报者仅有四十余业，其未遵办者尚多，亟待汇齐核办。相应函请查照转饬，迅即填报，勿延为荷。"等由，准此。除分函外，相应转希查照。

此致

汉口市各业同业公会

汉口市商会　启

40.经济部为日本物质赔偿事通知湖北省工业协会

（1947年9月23日）

通　知

湖北省工业协会：

案准行政院赔偿委员会三十六年九月十日京（卅六）二字第二一九〇号函，略以准驻日代表团报告盟军总部对赔偿物资分配方法，最近又决定将原拟由各国提出申请改为分批抽签。

等情。经邀集有关部会会商,以日本赔偿物资清单尚未作最后确定,将来我方抽得之物品种类、数量与前拟申请者自不免发生差异。又抽得之物资是否合于民营,愿否承受以及有否承受之力量,事前均难确定。爰商定每次抽得之物资由接收委员会迅即报告赔偿委员会召集有关部会共同洽商分配办法,将其可能提出之物资拟出价配民营。除报院并分函有关部会外,请查照。等由,到部。查我国应获取之日本赔偿物资,前经依照申请拆运办法,按诸我国应获取之比率分批提出申请,其第一批拟请价□,业经开具种类、数量连同理由提请拆运,并就该批物资中可能供给民营使用者,尽量价配民营,当经本部就价配民营部分之该项赔偿物资斟酌各种情势,分配各地设厂,通知该会召集有关各工商团体厂商联合组织团体集资承办在案。兹准前由,其日本赔偿各盟国物资既经盟军总部决定,改为分配抽签,其抽得之物资种类、数量应俟分批抽得之物资经逐次会商决定后由本部斟酌,按次通知各地办理。惟该项物资虽未确定,然于每次抽签后即须从事拆运,进行设厂,为免民营事业筹备不及有误进行起见,所有前此通知筹备各厂其已成立筹备会者应仍旧进行,以便该项价配物资确定,奉到通知后即可依照《民营事业申请价配日本赔偿物资办法》第三条之规定申请价配核转审定。其尚未成立筹备会者亦应早日成立报部,俾将来可以同样申请。又民营事业承办各厂派员赴日监督拆运事项,前定由各地工业协会推荐人员,再由部遴选派遣,现以物资分配未定,其任务无法确定,应暂停推荐。除分函各省市政府,并令本部各工商辅导处及通知各有关工商团体厂商知照外,特此通知。

41.汉口市商会为各业造具调查清册在案致汉口市各业同业公会函

(1947年9月23日)

案准汉口市税捐征收处财征三字第二二五号公函内开:案查开征本年度营业牌照税,前经函请转知各业造具调查清册在案。惟时逾两月之久,据送填报者仅有四十余业,其未遵办者尚多,亟待汇齐核办。相应函请查照转饬,迅即填报,勿延为荷。等由,准此。除分函外,相应转希查照。

此致

汉口市各业同业公会

汉口市商会　启

42.汉口市商会为转知踊跃订阅《中国时报》致药材行商业同业公会

(1947年9月30日)

案奉汉口市政府(卅六)市社字第一三九三号训令开:准国防部新闻局中国时报社武汉办事处中字第一一四号公函开:敬启者。查本报系国防部新闻局主办,旨在宣扬国策,对动员"戡乱"使命尤所注重,且以定价低廉,诚为华中唯一之宣传报纸,创刊以来,发行数目日增。近为扩大组织全国发行网起见,本处奉令正式成立,负责华中报章发行业务,特函前来,希对本报多予指示,并祈令饬所属各单位机构踊跃订阅,协助推行,至纫公谊。等由。查该报已在本市百子后巷第五二号成立□销处,定价低廉,消息正确,应准介绍订阅,俾广宣传。除分令外,合行令仰遵照,并饬属订阅为要。等因,奉此。除分函外,相应转函查照,转知所属各会员订阅为盼。

此致

汉口市药材行商业同业公会

汉口市商会　启

43.汉口市银行商业同业公会为苏北水灾惨重请各会员行会乐助通知

(1947年9月30日)

敬启者。淮江苏旅沪同乡会代电，□以苏北惨遭□□，近日洪水为灾，嗷嗷待哺，其状至惨，函请捐助巨款以救灾。等由，到会。经提第二十六次理监事会决议，尽量捐助。等语，记录在卷，相应函达，即希查照，惠予乐助为荷。

此致

各会员行会

(会戳)启

44.汉口市第十区机器工业同业公会为请予核减营业税致汉口市政府函

(1947年9月30日)

第十区机器工业同业公会代电筹机字第〇一一三号　中华民国三十六年九月廿三日

汉口市政府市长徐钧鉴：

查三十六年元至三月份营业税额评定后，迭据各会员纷纷来会，声称以业务不振，税额过高，实属无力担负，请转呈核减，以苏商窘。业经本会以筹机字第〇一〇五号电请钧长对机器工业之苦衷单独评议，俾轻担负在案，迄今未蒙示复。兹复据本会会员湖北省机械厂等三十三家联名报称："查胜利以还，会员厂商纷图复员，劫难之余，深感贫乏，费尽罗拙，始克成行。然于迁移途中工具损坏殆尽，复业几不可能，但为衣食问题，欲罢不能。虽在恐惧窘迫情形，全赖高利贷之削剥而勉强经营，奈以社会太不景气，生产锐减，工业凋零，致厂商尽成啼饥号寒之势，会员等适处一发千钧，奄奄待毙。此次市府评定税额系根据贩卖商人视同一例，似属有欠公允，恳予转请市府迅予从轻核减，俾便完纳。"等情。查该厂等自复员迁汉未久，损失綦重，元气已衰，自非核减税额，难以担负，并请分别调查，俾明真相。理合检同申请核减营业税报告表、停业未开业报告表及非会员报告表各一份，备文电请鉴核，俯赐准予从轻核减，俾轻担负而维工业。

第十区机器工业同业公会筹备主任　祝渭潜　申梗机秘叩

附呈报告表三份。

10 月

1.汉口市政府为办理粮食出口情形一案训令(附粮食部电)

(1947 年 10 月 2 日)

令碾米、面粉工业同业公会,粮商运销业同业公会,粮食行业同业公会:

案查前据呈请转函粮食部解除限制面粉出口规定以重工业一案,经以(卅六)市财字第一七四号代电,转请查照办理,在卷。兹准粮食部管(卅六)字二五一五七号申养代电"如文"。等由。除分令外,合行仰遵照为要。此令!

市长　徐

附:粮食部为解释粮食限额转口致汉口市政府电(1947 **年** 9 **月** 26 **日**)

汉口市政府公鉴:

(卅六)市财字第一七四号申支代电敬悉,查此案近据汉口市面粉工业同业公会径呈到部,当经以"查第四区面粉工业同业公会所属各会员厂商,分布京沪两市及江苏省境内者较多,产量亦较大,且京沪为全国最大消费都市,与各该粉厂之产销关系至密。本部为统筹民食、发展面粉工业起见,订定面粉限额转口办法,规定第四区面粉业公会所属会员、厂商在京沪及江苏省境内者,八月份得申请报运转口面粉为三十万袋,至于该公会所属各厂如果产量确多,自可照原办法第十条之规定办理,希即转知各厂遵办,并将该公会全体会员厂址、负责人姓名、产量、粮商执照、字号等项一并查照列表备核"等语,电复在案。再查本部此次规定粮食转口办法,旨在配合国家总动员法令,考核粮食动态,并无普遍限制或禁止转口之意,各地粮商自可依法营运,无须报请转口。本部自当力求迅捷,俾流通迅速,盈虚相济。准电前由。特电复请查照转知各业粮食公会知照为荷。

粮食部　粮管二印

2.经济部汉口工商辅导处为日本赔偿事致汉口区赔委会电

(1947 年 10 月 3 日)

汉口区赔委会:

案奉经济部本年九月廿三日京工站字第六二四三九号训令开:"查日本赔偿各盟国物资,前经盟军总部提出日本□□□可能提供赔偿物资清单,并规定由各盟国按照配分比率,就清单中所列物资提出种类、数量及经由申请拆迁。又规定就物资总额中先行□□出百分之三十中配中、菲、荷、英四国,我国在此项数额中占取一半,其余一半由菲、荷、英三国平均分配。我国物资已由各有关机关商定分批提出申请,其第一批拟获取之物资,已由各有关机关商定种类、数量,附具理由,申请拆迁。因该物资多系重工业设备,复经斟酌,其可由民营者尽量价配,民营事业□受由各部主持办理，当经本部就价配民营各物资斟酌各种情势分配，各地设厂。并分别通知中华民国商会联合会、中国全国工业协会、各地工业协会以及天原电化厂、天利氮气厂、久大盐业公司、永利化学工业公司、中国火柴原料制造公司等，饬就各项赔偿物资性质分别邀集该业厂商等联合组织团体集资承办各该项赔偿物资工厂及推荐派赴日本监督拆迁之人员，同时令行该处督饬各该项厂商团体，迅为筹备，各在案。兹准行政院赔偿委员会三十六年九月十日京(36)二字第2190号函，略以准驻日代表团报告盟军总部对赔偿物资分配方法。最近又决定将原拟由各团提出申请改为分批抽签。等情。经邀集有关部会等商议，日本赔偿物资清单尚未作最后确定，将来我方抽得物品种类、数量与前拟申请者不免发生差异。又抽得之物资是否合于民营、民营愿否承受以及有否承受之力量，事前均难确定。爰商定每次抽得之物资由接收委员会迅即报告赔偿委员会，召集有关部会共同商洽分配办法，将其可能提出之物资拨出价配民营。除报院并分函有关部会外，请查照。等由，到部。查日本赔偿物资之分配，既经盟军总部决定改为分批抽签。其抽得之物资种类、数量，自不可能与原拟出申请者相同，将来价配民营事业承办之日本赔偿物资种类、数量应俟分配抽得之物资经逐次会商决定后，由本部准酌，将按次通知各地办理。惟该项物资虽未确定，然于每次抽签后即须从事拆运，进行设厂，为免民营事业筹备不及有误进行起见，其各地原定价配各厂已成立筹备会报部有案者应仍旧进行，以便该项价配物资确定，奉到通知后即可依照《民营事业申请价配日本赔偿物资办法》第三条之规定申请价配核转审定。其尚未成立筹备会者，亦应早日成立报部，俾将来可以同样申请。至于前定各地推荐之赴日监督拆迁人员，以物资分配未定，其任务无法确定，应暂停推荐。除分别通知各工商团体及厂商外，合行令仰该处知照，并转知所管区内各有关团体、厂商暨各筹备会知照。此令！”等因，奉此。转电知照。

经济部汉口工商辅导处辅西江印

3.汉口市商会为国大代表名册报备致汉口市各业同业公会函

(1947年10月4日)

案准汉口市选举事务所汉选一字第一二一号申寝代电开：“查国大代表选举人名册，业经分别审查，发还各该业市级总机构负责赶造三份报备有案。凡造册各单位务须依照审查名册之人数及姓名与应注明各点，切实填报，不得添造一人或减漏一人或更动姓名填入，使与审查底册不相符合，影响选政。至于审查底册，尤须妥慎保存，不得散佚，以便送回查考。除分电外，电仰遵照办理，并转饬各承办人员切实送照。”等由，准此。除分行外，相应函希查照。

此致

汉口市各业同业公会

汉口市商会　启

十月四日

4.汉口市商会为附送选举注意事项案致汉口市纱业同业公会函

(1947年10月6日)

案准国民大会代表立法院立法委员汉口市选举事务所汉选一字七〇号笺函开：“兹检发

国大立委职业团体及妇女团体选举注意事项五十本,希请查照并转发为荷。”等由,准此。除分函外,相应检同原注意事项一本,函希查照。

此致

汉口市纱业同业公会

汉口市商会　启

附送国大及立委职妇团体选举注意事项一本。

5.汉口市商会为加造商业团体选举人名册一案致汉口市服装业同业公会文书李乾华函

(1947 年 10 月 8 日)

查加造商业团体选举人名册一案,已决定由汉口市商会负责召集各公会专办文书人员代缮,以便统一格式,每人酌给缮写津贴,限于最短期内完成。本会兹定于本月九日下午四时,假商会开会邀集各缮写人谈话,并说明格式,以便分发工作。除分行外,相应函希查照,前一时亲身来会,先至商会丁隆昌君处登记再行开会,如逾期不到或请人代表出席者,恕不分配工作,合并申明。

此致

汉口市服装业同业公会文书李乾华

会址:汉口市商会内

汉口市商会　启

十月八日晚

6.辛亥首义同志会函请贵会热忱捐洋救济辛亥革命寒苦同志致汉口市商会

(1947 年 10 月 8 日)

敬启者。本届双十节,为救济辛亥革命寒苦同志起见,决议推何成浚、夏斗寅、方觉惠、李春萱、徐源泉、熊炳坤、蔡汉卿、容景芳、尹呈辅、邱鸿钧等,自十月七日起,今向武、汉两市镇政府,武、汉两商会,各纱厂社会处筹□劝募捐金,分润各寒苦同志,□示救济。特函。即希贵会热忱捐助寒苦各同志津贴,□沾余润,实所感祷。

此致

汉口商会

辛亥首义同志会　启

7.国民政府主席武汉行辕第十次经济会报记录

(1947 年 10 月 9 日)

时间:三十六年十月九日下午三时至七时

地点:行辕大礼堂

出席人员：副主任孙，秘书长邓、熊国藻，省政府徐会之，汉市府邹安众，银行公会杨汝梅，四联分处夏光宇（范致远代），平汉路局刘作楷，江汉关贺衡夫，汉口商会高光达，省商联会陈菘，汉市府杨锦昱（黄耕野代），武昌市府苏芝庭，钱业公会陈则之，煤业公会高坤山，煤业公会陈焕章，粮运业公会刘绍武，粮食公会郑简，煤炭贩运业公会龙少伯，纱布公会曾光钺，经济部纱绸会陈煦，行辕程博龙。

主席：副主任孙

记录：涂翔宇

甲、报告事项（略）。

乙、决议事项：

一、关于粮食问题之决定。

（1）为节约粮食，取缔黑市，严禁碾售三道机米，由汉市政府认真执行。

（2）二道机米之售价仍按前订原则比例推算，由汉口市政府负责随时调查核定，公布实施。

（3）采购军粮、公粮以兼顾民食为原则，由行辕饬供应局及省田粮处查报采购情形，再行核办。

二、关于原料问题之决定。

（1）柴煤部分：

①责成源华、利华二公司每月供给全部产量二分之一，维持汉口市民用燃料需要。

②由煤业集资组织连销合作机构向产区统筹运销，其详细办法仍依去年市府核定原案办理，并由市府负责监督。

（2）烟煤部分：

①平汉路局及水电公司需用烟煤，由行辕电请经济部继续如期如数配发。

②电粤汉铁路，对于烟煤运输提前加速办理，以畅煤源。

三、关于金价问题之决定。

（1）饰金价格由汉口市政府查明，规定价格，核定公布，并依法严格取缔黑市。

（2）黄金买卖依法绝对禁止。

四、关于纱布问题之决定。

由经济部纱织事业调节委员会汉口办事处与纱布业公会会商具体办法核办。

8.汉口市商会为职业团体及妇女团体全国性选举国大代表、立法委员候选人登记补充办法致汉口市各业同业公会

（1947 年 10 月 9 日）

顷准汉口市选举事务所汉选一字第一四五号冬代电开：“案奉全国性职业团体及妇女团体选举事务所职二字第〇九七号申支代电开，查职业团体及妇女团体全国性选举国大代表、立法委员候选人之登记，为便于审查及核对起见，爰经订定补充办法三项如次：（一）国大代表及立法委员候选人申请登记时，除缴呈候选人提名签署书外，并应缴验本人会员证及从业证明文件；（二）凡在本所登记者，其候选人及签署人是否符合规定，由本所按其所属团体分别开列名

单，分交各省市选所查对具报本所外，其属于他省市者，由办理登记之选所分别开列名单，分送其他各省市选所查对，径报本所；(三)候选人所属团体之省市选所，于汇报候选人名册时，应将查对候选人情形填明，并加注意见。除分电外，相应电请查照办理。等因。除分电外，特电知照。”等由，准此。除分函外，相应函希查照转知为盼。

此致

汉口市各业同业公会

汉口市商会　启

9.汉口市商会为法人会员代表产生办法致汉口市各业同业公会

(1947 年 10 月 9 日)

案准汉口市选举事务所汉选一字第一五二号冬代电开：“奉全国性职业团体及妇女团体选举事务所申有职字第二三〇号代电开，先后接准湖南及陕西省选举事务所电，以法人会员代表如何产生，请核释。等语，前来。查职团法人会员代表，系以依法由各该区域内公司行号出席，同业公会或商会之会员代表为选举人，每人各有一选举权。除电复并分电外，特电希查照为荷。等因。除分电外，合亟电仰知照，并转饬知照。”等由，准此。除分行外，相应函希查照转知为盼。

此致

各业同业公会

汉口市商会　启

10.汉口市商会为转发回复工业矿业团体参加选举范围一案致汉口市各业同业公会函

(1947 年 10 月 9 日)

案准汉口市选举事务所汉选一字第 152 号冬代电开：“奉全国性职业团体及妇女团体选举事务所申有职字第 230 号代电开，先后接准湖南及江西省选举事务所电，以法人会员代表如何产生，请核释。等语。前来，查职团法人会员代表，系以依法由各该区域内公司行号出席，于同业公会或商会之会员代表为选举人，每人各有一选举权。除电复并分电外，特电希查照为荷。等因。除分电外，合亟电仰知照，并转饬知照。”等由，准此。除分行外，相应函希查照转知为盼。

此致

各业同业公会

汉口市商会　启

11.汉口市商会为工业、矿业团体参加选举范围致汉口市各业同业公会

(1947 年 10 月 9 日)

汉口市选举事务所汉选一字第一五三号冬代电开：“关于工业、矿业团体参加选举范围一

案，业经电奉全国性职业团体暨妇女团体选举事务所申有职字第二二九号代电开，径一字第四八号申铣代电悉，兹释复如次：(一)工矿团体系指各地工矿业同业公会，其会员为法人，应以依法出席同业公会或商会之代表即会员代表参加选举，其他非代表之主体人、经理人或职员参加区域选举，工人参加工会选举。(二)工矿团体虽或曾加入商会，但商业团体选举系以商业及输出业同业公会为参加选举团体，选举性质及范围迥有不同，二者并无混淆，但依法不能兼有两种选权。以上二项，即希查照转知为荷。等因。除分电外，合行电仰遵照，并转饬所属各会员暨单独会员一体遵照。"等由，准此。除分函外，相应函希查照。

此致

汉口市各业同业公会

汉口市商会　启

12.兴中学会武汉分会为本会成立经过情形电请查照致汉口市商会代电

(1947年10月11日)

汉口市商会公鉴：

本会为遵行国父遗教，发扬道义精神，研励学行，服务社会，协力建国起见，在上海成立兴中学会总会。经呈准社会部，以三十六年一月七日京组字第二一二〇〇〇号指令，发给社京字第二二六号人民团体立案证书在案。嗣以发展会务，爰在各地分别组设分会，于本年九月一日上午九时在汉口兰陵路新中国保险公司举行武汉分会第一届理监事选举成立大会。当呈请湖北省政府社会处暨汉口市政府派员莅场指导，选举结果计：吴大宇、李雨田、冯若夫、龚增益、李诗璜、张汝屏、周桂田、柯意欣、王建勋等九人当选为理事，余业宏、施真、李泽荣、范必康等四人当选为候补理事，夏锦章、王静斋、刘鑫垣等三人当选为监事，林实衡当选为候补监事。并于九月五日召集第一次理监联席会议，推定周桂田、李雨田、李诗璜等三人为常务理事，负责推进会务，各在案。除分电外，相应将本会成立经过情形电请查照，并希惠予指导为荷。

兴中学会武汉分会　酉真印

13.汉口市商会为抄送五一一号训令及所得税法、印花税法、营业税法、遗产税法致各业同业公会函

(1947年10月11日)

案查所得税法、印花税法、营业税法业经修正，遗产税法亦经制定，业经先后奉财政部令发饬遵。应自本年四月十六日国民政府公布之日起，一律施行，并奉京字第五一一号训令内开，分别规定实施要点。等因，附抄送五一一号训令一件，并检送前项税法各一份，函请查□翻印转饬所属一体遵照为荷。等由，附抄训令一份暨税法四份，准此。除分知外，相应翻印训令及税法，随函附送，即希查照。

此致

各同业公会

汉口市商会

14.汉口市商会为发调查概况表致纱业同业公会函

(1947 年 10 月 13 日)

查选举人名册首页“调查概况表”空白纸,已由选举事务所发交本会,按每一公会分发三张,缮齐后连同三份名册分别装订成册(封面与底面另由选举所加订),送交本会,换领缮写津贴费。除分行外,相应检同空白表三张,函希查照,即日办理为盼。选举事务所已审之底册,仍须缴还,合并申明。

此致

汉口市纱业同业公会

附空白表三张。

汉口市商会　启

15.汉口市商会为各种团体未满三个月之新进会员参加选举一案致汉口市各业同业公会函

(1947 年 10 月 14 日)

案准汉口市选举事务所汉选一字第一七七号申寝代电开:“关于各种团体未满三个月之新进会员参加选举一案,经电奉国民大会代表、立法院立法委员、全国性职业团体及妇女团体选举事务所职字第一八七号代电开,申元汉选一字第四〇号代电悉,凡在本年七月二十二日以后入会之会员不能参加职妇团体国大选举,特电查照。等因。除分电外,合行电仰知照并转饬一体知照。”等由,准此。除分函外,相应函希查照。

此致

汉口市各业同业公会

汉口市商会　启

16.汉口市营造工业同业公会关于泥瓦、木作及小工工资的通知

(1947 年 10 月 15 日)

汉口市政府三十六年十月十一日秘社字第五四四号训令内开:“查本年泥瓦、木作及小工工资案,经本府核定饬遵在案。惟本年三月份实物差额为二万三千五百二十元,只应照工资增加百分之二十五,计泥、木工资及差额合为一万五百元,连同伙食共为一万三千五百元;小工工资及差额合为二千八百七十五元,连同伙食共为四千八百七十五元。劳资双方应按此数收给。除分令外,合行令仰遵照,此令!”等因,奉此。除分知外,相应通知查照遵转为荷。

上通知

贵会员营造厂

理事长　彭曜棠

17.汉口市政府为转发积谷购储委员会会议记录致市商会电(附会议记录)

(1947 年 10 月 16 日)

汉口市商会:

查本市积谷购储委员会为商讨购谷事宜,经本月十六日召集会议,所有讨论事项业经记录在卷。除分电外,合行检发该项会议记录一份,电仰遵照办理具报为要。

汉口市政府　酉铣四印

附记录一份。

附:汉口市积谷购储委员会会议记录

时间:卅六年十月十六日午后三时

地点:市府财粮科

出席人:市参议会祝庸斋,粮行公会张德煊,市商会刘绍武,碾米公会涂炳炎、江晓安,米公会陈则之,汉口市房地产业公会刘柱代,市政府李尧鹏、胡照黎

甲、报告事项:

主席报告:

(一)二次会议决定由市政府、商会、碾米公会、粮行公会会同商定《购谷存储保证办法》一案,经于本(十六)日上午在商会商定,暂以只能购谷一千石分户存储,多则难负保管责任。

(二)截止九月底,市府共收积谷款约八亿元,除社会救济委员会拨用五千万元及本会支付积谷价款暨运杂等费共二亿二千一百万元外,尚存五亿二千九百余万元。

涂委员报告:

自十月十一日起至十六日止,已购积谷一千零一十三石五斗,交用价款一亿五千八百八十九万九千一百七十九元。

乙、讨论事项:

案由:本月九日本会议决第二案所有积谷款募□购谷如何办理,提请公决。

议决:

(一)采购方式:由碾米公会照市价采购,所有发票清单仍由粮行公会负责审核盖章,证明稻谷品质,以法定一〇八斤为原则购妥,□将购谷清单发票提会审核。

(二)仓库问题:由刘委员及江理事负责会同洽租,购谷归仓后,栈单、保险单等件,并应送会审核。

(三)监察事项:关于监察仓房与注意购储后谷质变态,由本会审核组(即市党部及房地产业公会)负责,必要时由会函请市府派员参加办理。

(四)借款拨付:请市府将积谷款先拨一部交本会专户存储市银行,而取款□□以本会主任委员、会计组长及刘委员绍武、涂委员炳炎等名章为原则。

(五)采购期限:自明(十七)日起逐日购买,限本月底购齐,价款暂先交用碾米公会借款,一面由会函请市府拨付。

(六)应用装谷器材:兴源积谷仓库所得器材照单交由刘委员及江理事点收使用。

案由:上次会议决定采购之一千石存储手续及账项清结,如何办理,提请公决。

议决:

(一)所购稻谷数量由碾米公会出具库单作现品送会保管。

(二)交用价款及运杂费用分别列表,检同发票清单等提会核结。

丙、散会。

18.汉口市政府为已调处解决驳船工人请调整纸张驳运一案令汉口市商会(附会议记录)

(1947 年 10 月 16 日)

案据本市驳船业职业工会呈,略以"物价高涨,驳运纸张工友收入微薄,数口之家难维生计,请即调整驳船运资,以资救济"。等情。查是项驳运资业经本府召集调处,决定增加原则并已取得劳资双方赞同及将调解结果记录在卷。除分行外,合行抄发原调解记录,令仰知照。

此令!

附抄发原调解会议记录一份。

市长　徐会之

附:驳船工人请调整山货纸张驳运资调解会议记录

时间:三十六年十月六日下午三时

地点:市府社会科

出席人:青年团李良辰,市总工会游味全、周荣卿,市党部范曦,市商会邓廷珍,驳船工会李静园、罗荣成,市政府喻思九

主席:喻思九

甲、报告事项(略)。

乙、调解结果:

山货纸张驳运资,每石暂定为二千元,自本年十月七日起施行,俟十月份工人生活指数公布后,再根据每石一千一百元之基本驳费,比照指数增加之倍数予以调整。

丙、散会

19.湖北省政府为送上招待英议会访问团会议记录致汉口市商会(附会议记录)

(1947 年 10 月 17 日)

径启者。兹送上招待英议会访问团会议记录一份,即希查收,并请按照决议各案分别办理为荷。

此致

汉口市商会

湖北省政府　启

附:招待英议会访问团会议记录

日期:三十六年十月十六日(星期四)下午二时

地点:本府会议室

出席人:邓翔海,汉口市政府刘普和,武昌市政府胡懋生,省府秘书处罗伯农,省参议会许任兹,武汉警备部范奔公、向阳,汉口市参议会冯自强

主席:邓翔海

记录:周绍虞

甲、报告事项(略)。

乙、讨论事项:

一、迎送人员如何推定案。

决议:推定何议长(习副议长代)、邓秘书长、徐市长、杨市长、张议长前往,其他人员不能参加。

二、食宿问题,拟租定汉口德明饭店为该团食宿之招待所,其地点是否适中,请讨论案。

决议:确定德明饭店为招待所,并请汉口市政府负责向该饭店接洽及招待。

三、交通工具,在武昌由省政府负责准备,在汉口由汉口市政府负责准备,但渡江差轮应如何决定,请讨论案。

决议:借用江汉关差轮应用,请汉口市政府随时接洽。

四、警卫方面,拟请警备部派便衣人员负责担任,是否可行,请讨论案。

决议:照办。

五、经费,拟暂定为一千万元,应如何摊派,请讨论案。

决议:省政府、汉口市政府各担任四百万元,武昌市政府担任二百万元,由省府先行垫用。

六、联络方面,拟请汉口市政府负责,就近与英领馆切取联络,可否,请讨论案。

决议:请汉口市政府担任。

七、拜会宴会及参观拜会各首长及参观地点之日程,应如何排定,请讨论案。

决议:

1.拜会:万主席、杨市长、徐市长。

2.宴会:万主席、何议长、杨市长共设宴一次。

徐市长、张议长共设宴一次。

3.参观日程:

十月廿八日下机休息后,旋即拜会徐市长、张议长及会晤本地英侨,并接触农工商界团体(汉口市商会、汉口总工会、省商联会、省工会、省农会)。

十月廿九日上午九时,武昌拜会万主席、何议长、杨市长,随即参观武汉大学(正午十二时应万主席、何议长、杨市长宴会),下午二时参观第一纱厂、水电厂、武大附属医院(下午七时应徐市长、张议长宴会)。

十月卅日参观汉口水电厂、市立医院、万国医院、协和医院。

丙、散会

20.汉口市商会为转知汉口市政府查抗战期间公私损失查报期限致汉口市各业同业公会

（1947 年 10 月 18 日）

汉口市政府市社字第二一六一号训令开，案奉行政院本年九月二十九日七法字第三九二六号训令开，查抗战期间公私损失查报期限前经本院规定本月月底截止，现限期业已届满，其有未能依期查报者，在所难免。兹再规定各地（绥靖区及匪区除外）查报公私损失限至本年十二月三十一日截止，以便统计。除分令外，合亟令仰饬属遵照，并饬切实布告周知，如期填报，不再延误为要。再，该项损失应径报本院赔偿委员会核办，如有问题，应径与该会洽办，并仰转饬遵照。等因，奉此。查此案前经本府转饬遵办，并布告周知，各在卷。兹奉前因，除布告周知外，合亟令仰遵照，并仰为□□照发颁之抗战损失调查办法暨查报须知、规定各节，查报汇饬为要。等因，奉此。除分行外，相应函希查照饬知为盼。

此致

汉口市各业同业公会

汉口市商会　启

21.汉口市国药商业同业公会、汉口市中药炮制业职业工会协议改善职工待遇规约

（1947 年 10 月 19 日）

一、兹为求本业劳资协调兼工商共同发展及保障人类健康起见，双方互订之。

二、雇用职工：凡各号雇用职工，应由中药炮制业职业工会介绍，但人事方面须经号方选择，按才聘雇；如非中药炮制业职业工会之会员，或未在本业学艺之人，号方不得雇用。

三、雇用职工期限：凡职工在各号服务间，以每年元、五、八月为退留之期，但当选为中药炮制业职业工会之理监事，以会务任期届满时各号再定去留，或在任期内如有不法情事有据者不在此限。

四、雇用学徒：每号得用学徒一人，若超过职工七人以上者得增加一人，余类推，但收受学徒时，以三年卒业之期，须先报两会，定期向先师真人举行仪礼，以昭尊重。

五、职工薪资：按各级职务规定，计头柜、头刀、大办做、司账每职人月薪三十一万二千元，二柜、二刀、二办做每职人月薪二十五万二千元，散同事每人月薪十九万二千元，学徒服务五年以上者每人月薪十四万四千元。凡充任以上各职务者，应按级实支上列薪资，但历例规定之月规（系津贴、剃头、洗衣费），上自正、副管事起，下至学徒止，每人每月由号方另给一万元。其任正、副管事者之职薪最低额，正管事月支七十二万元，副管事月支六十万元。倘各号另有优待及特等号，本条各店不在此限。

六、职工米贴：米贴为辅助职工生活之不及，得依照原例，在每日所售数额内，按二八（例如每万元号方得八千元，职工得二千元）提成，仍依据各号旧例分给，不得另生枝议。但参燕、银耳、药糕、木瓜酒、加皮酒、西药不在提成之列。

七、红利：关于各号每届年终结算，如有盈余，得按照实得盈余数额，仍依素例以二八（例如每万元号方得八千元，职工共分二千元）提红分给职工，其分配法由各号酌级分配，并不得隐瞒，否则准由该号职工书面报告中药炮制业工会转函国药商业同业公会会同裁判之。倘各号除提红外，另有优待情形及酬劳等情，不在此限。

八、本规约上列各项，于三十六年十月十九日经两会出席代表根据原规约会同改订各级职工薪资，自本年十月一日起，由两会会衔通告双方会员遵守履行。嗣后如遇市面物资价格转变时，得随时增减以上各条。经两会出席代表人签押后，已呈奏汉口市政府（卅六）市社字第三二九九号指令，准予备案，并通告两会会员共同遵守。

中华民国三十六年十月十九日复刊

22.江西全省商会联合会为函复本省商职国大提名情形致汉口市商会

（1947年10月20日）

案准贵会本年十月十八日商字第二六二六号公函，以商界国代立委名额业经修正公布，函请对于选务与本会联系，等由。查本省商职团体国民大会代表候选人业据南昌市商会所属会员王尚德等五百人提名签署，以王德兴为本省商业职业团体国民大会代表候选人，并经依法以签署书呈送江西省选举事务所，请予依法登记在卷。兹准前由，相应函复，至希查照，惠赐指导为荷。

此致

汉口市商会

理事长王德兴　公出

常务理事余厚基　代行

23.汉口市洪糕制面工业同业公会第二届选举会员大会记录

（1947年10月20日）

时间：三十六年十月二十日午后一时

地点：三民路老会宾楼

出席人：会员二百四十七名，实到一百七十六名

列席人：市政府李济苍，市党部黄超群，区团部李明馨，市商会吴佩卿，西区稽查处王裕晶，警五分局曾国业，警四分局吴三涛，《民族报》曾庆寿、雷醒华，《和平日报》王君，《汉口报》熊永涛，精诚社袁敬，益世社陈震

选举结果：

当选理事：田伯如125票、陈子清110票、刘克钧55票、马辉廷54票、姚□乾52票、董□□49票、严□芳47票、王鸿福41票、周本芝33票

当选常务理事：田伯如7票、陈子清6票、刘克钧4票

当选理事长：田伯如

当选监事：□锠源23票、韩昌华20票、汤德润17票

当选常务监事:韩昌华

24.汉口市商会参加市救济金委员会常监联席会第一次会议记录

（1947 年 10 月 21 日）

时间:十月二十一日下午二时

地点:市政府会议室

出席人员:汉口房地产业公会朱庆兴、汉口市商会贺衡夫(高坤山代)、粮食公会谢春墀、救济分署武汉办事处王道、汉口盐务办事处张春浩、汉口市参议会萧济生、银行业公会甘助予、汉口市政府徐会之(丁幼泉代)

列席人:丁幼泉

主席:徐会之

记录:周慈仲

报告:略

讨论事项:

一、拟定各组负责人选名单并请加派田主任秘书尔英为本会副总干事,请公决案。

议决:加派田主任秘书尔英为本地副总干事,各组负责人选照所拟名单修正如下:(1)总务组组长由田副总干事兼;(2)总务组副组长由市府职员调兼;(3)查放组组长由警察局调兼,副组长由市党部派兼;(4)审核组组长由萧参议员济生兼,副组长团部派兼;(5)会计组主任由市政府派兼。

二、拟具会同行总分署武汉办事处筹备贫民教养所及儿童教养院场抑书□案,请讨论案。

议决:照所拟办法会商救济分署武汉办事处筹办。

三、请确定商店乞丐救济金征收办法案。

议决:仍照上拟会议决定原则会商,市商会办理。

四、市□□娱乐附加一时尚难结束,拟即发动各游乐场所义卖一日,请公决案。

决议:(1)即发动各游艺场所义卖一日,除酌留最低必须开支外,所有收入□数捐献;(2)函请有关机关除基本捐外,所有捐税及附加一并献捐。

五、食盐代收救济基金一时尚难实现,拟在该项办法未获实施前,函请盐务机关及团体发动自由捐输,以一千万为度,请公决案。

决议:照案通过。

六、拟请成立筹募委员会,即日募集基金案。

议决:(1)即日筹备成立,并推汉口盐务办事处董主任明藏、王副主任卓华为筹募委员;(2)筹备会其他委员参照上年度武汉临时救济委员会前案办理。

七、拟定本会编制表,请讨论案。

决议:照原表修正通过。

散会

25.汉口市商会为速供给大规模日本企业之资料致汉口市各业同业公会函

(1947年10月21日)

汉口市政府市秘字第一二九号训令内开:案奉湖北省政府十月七日省建三字第六二六六号训令开,案准经济部本年九月三日经商字第〇九九七八号代电开,准外交部本年八月东字第五八五三号代电开,准美国大使馆本年八月六日第三一五号略称,美国政府现正拟召集有关各联合国人民投资于大规模日本企业之资料,以供给盟军最高统帅,于将来执行解散日本各垄断企业时,对各联合国人民之持有物(如股票等)加以保护。兹奉美国政府训令,略以中国政府尽速供给有关资料三份,俾便使盟军最高统帅对于中国人民在日产业有所保护。此项资料将立即转达最高统帅,美国方面,美国政府正经由舆论界转向美国公民,征求同样资料。等语,准此。相应电请查照,即希就贵部所属范围调查有关我国人民投资于大规模日本企业之资料尽速送□,俾利汇转。等由,到部。除分行并登报公告外,相应电请查照,即希将我国人民投资于大规模日本企业(工矿电商)之资料,尽速调查送部,俾使汇转。等由,准此。查事关我国人民权益,各该县政府自应详细调查,报凭汇转,并于令到五日内□复。除分令外,合亟令仰遵照。等因。合行令仰于文到三日内迅即查明具复,以凭核转为要。等因,奉此。除分行外,相应函希查照,迅即查复凭转为盼。

此致

汉口市各业同业公会

汉口市商会　启

十月廿一日

26.民乐戏院经理因青年军捣毁家具、殴打职员各情形致汉口市剧场商业同业公会函

(1947年10月23日)

为报告事,窃敝院于本月二十二日晚,有由四川泸县过溪青年军职业训练班二〇三师青年军,其所佩证章系黄色圆形当中嵌一交字,又白色梅形证章,中间三横,边缘火炬两种,共四五十人,强行入场,经敝院验票员婉言劝说,谓院中座位已满,少数尚可容纳,多数请明日先行通知留座。无奈该青年军不听,竟将验票员陈才旺、张云卿殴打,幸西区稽查所王组长、黄剑云暨警察十一分局府东路刘所长,会同该军传律中校队长解释,无事,以后绝无枝节,若有入院观剧者,先行通知留座,绝对负安全责任,有治安机关军警宪负责人可资证明。不料今日下午五时半,日戏终场时,青年军百余人各持铁棍、扁担蜂拥打入院中,所有柜台、桌椅、电灯、布景牌楼及糖果房货物器具均行捣毁,又重伤交际员阮杰三、闵善谋、杨化民三名,经军宪警□同摄有照片,以资证明。除将重伤由宪警维持送往医院救治外,理合谨特报请钧大会转请层峰严办,俾维治安。再本日夜戏,经军宪警维持并嘱仍照常排演,合并陈明。

谨上

汉口市剧场商业同业公会

民乐戏院经理　范中骏

27.汉口市商会为转复各种团体之会员参加选举是否比照延期至八月二十三日前入会之会员即为合格一案致汉口市各业同业公会函

（1947 年 10 月 25 日）

案准国民大会代表立法院立法委员汉口市选举事务所汉选一字第二〇八号代电开：查国民大会代表选举奉令延期一月，关于各种团体之会员参加选举是否比照延期至八月二十三日前入会之会员即为合格一案，经呈奉全国性职业团体及妇女团体选举事务所妇字第二九八号代电开，酉先汉选一字第一四五号代电，悉兹核复如后：（一）国代候选人登记日期比照延展；（二）各种团体之会员参选以八月二十三日前核准有案者为合格；（三）立委不延期，特电复查照。等因。除送照办理并分电外，合行电仰该会遵照。将本年七月二十日后八月二十二日前新增会员增补选举人名册三份，册式同前，如系超额会员，仍应向汉口市政府呈准备案，始能参加选举，并限于十月二十六日前报所核办，逾期停止接受为要。等由，准此。除分行外，相应函希查照。

汉口市各业同业公会

汉口市商会　启

28.汉口市商会为国代立委选举案致汉口市各业同业公会函

（1947 年 10 月 25 日）

国民大会代表立法院立法委员汉口市选举事务所汉选一字第二〇八号代电开：“查国民大会代表选举奉令延期一月，关于各种团体之会员参加选举是否比照延期至八月二十三日前入会之会员即为合格一案，经呈奉全国性职业团体及妇女团体选举事务所妇字第二九八号代电开，酉先汉选一字第一四五号代电，悉兹核复如后：（一）国代候选人登记日期比照延展；（二）各种团体之会员参选以八月二十三日前核准有案者为合格；（三）立委不延期，特电复查照。等因。除送照办理并分电外，合行电仰该会送照，将本年七月廿日后八月廿三日前，新增会员增补选举人名册三份，册式同前，如系超额，会员仍应向汉口市政府呈准备案，始能参加选举，并限于十月廿六日前报所核办，逾期停止接受为要。”等由，准此。除分行外，相应函希查照。

此致

汉口市各业同业公会

速件！

汉口市商会　启

29.工业会法

（1947 年 10 月 27 日）

国民政府三十六年十月廿七日公布

第一章　通　则

第一条　工业会以谋划工业之改良发展、增进同业之公共利益为宗旨。

第二条　工业会为法人。

第三条　工业会之组织分类如下：

一、某某县市某某工业同业公会。

二、某某省工业会。

三、某某区某某工业同业公会。

四、全国某某工业同业公会联合会。

五、全国工业总会。

第四条　县市工业同业公会之组织，其主管官署为县市政府；省市工业会之组织，其主管官署为省市社会处或社会局；各业区工业同业公会、全国某种工业同业公会联合会及全国工业总会之组织，其主管官署均为社会部，其目的事业依法受各该目的事业主管官署之指导监督。

第五条　工业会之任务如下：

一、关于生产之研究、改良与发展事项。

二、关于会员合法权益之保障事项。

三、关于技术原料器材之合作事项。

四、关于会员之事业保险及计划调整事项。

五、关于会员之设备制品及原料之检查、取缔事项。

六、关于工业产品之调查统计事项。

七、关于同业纠纷之调处公断事项。

八、关于会员公益事业之举办事项。

九、关于劳资合作之促进及纠纷之协助调处事项。

十、关于政府经济政策之协助推进事项。

十一、关于参加各项社会运动事项。

第二章　工业同业公会之设立

第六条　凡在中华民国领域内经营重要工业、合于《工厂法》所定标准之工厂在两家以上时，应按各业分布情形，依本法划区组织工业同业公会。前项重要工业之种类，由经济部定之。

第七条　区工业同业公会之区域及事务所所在地由经济部决定之，不在前项决定区域内之工厂，经济部得核定其加入某某区工业同业公会。

第八条　各县市境内经营未经经济部指定为重要工业之工业、合于《工厂法》所定标准之工厂在五家以上时，应以县市行政区域为区域，分业组织工业同业公会，院辖市亦同。

第九条　两类以上之工业，得经济部之核定，合组工业同业公会。

第十条　同一区域内之同业组织工业同业公会，以一会为限。

第十一条　工业同业公会之组织应经主管官署许可，组织完成时，应将章程连同职员略历、会员名册呈报主管官署立案，并由主管官署转送目的事业主管官署查核。

第十二条　工业同业公会之章程应载明下列事项：

一、名称。

二、宗旨。

三、区域。

四、会址。

五、任务。

六、组织。

七、会员入会、出会及除名。

八、会员之权利与义务。

九、理事、监事名额，权限，任期及其选任、解任。

十、会议。

十一、经费及会计。

十二、章程之修改。

第十三条　工业同业公会于其组织区域内，得因必要设置办事处。

第十四条　未依法经营之工业，不得组织工业会或参加工业同业公会。

第三章　工业同业公会之会员

第十五条　同一区域内合于《工厂法》所定标准之工厂，不论公营或民营，除国营专供军用之工厂外，均应为工业同业公会会员。其兼营两类以上工业者，应分别为各该工业同业公会会员。经依法登记之外国人所设工厂，亦应加入各该业同业公会为会员。前两项会员，应派代表出席工业同业公会，称为会员代表。

第十六条　工厂非因废业或迁出该业同业公会组织区域，或受永久停业处分者，不得退会。

第十七条　每一工厂之代表得派一人至七人，以负担会费之多寡分级定之。

第十八条　会员代表以工厂之主体人、经理人或代表厂主行使管理权之职员，年在二十岁以上者为限。

第十九条　有下列情事之一者不得为会员代表：

一、犯罪经判决确定或在通缉之中者。

二、褫夺公权尚未复权者。

三、受破产之宣告者。

四、禁治产者。

五、吸食鸦片或其代用品者。

会员代表发生前项各款情事之一者而丧失资格时，原派之会员应另派代表补充之。

第二十条　会员代表均有表决权、选举权及被选举权，每一代表为一权。

第二十一条　会员代表因事不能出席会员大会时，得以书面委托代理人，但代理人以代表一人为限。

第四章　工业同业公会之职员

第二十二条　工业同业公会设理事、监事，均由会员大会就会员代表中选任之，其人数在县市理事不得逾十五人，在区不得逾二十五人，监事名额不得逾理事名额三分之一。理事逾三人时，得互选常务理事一人至九人；常务理事逾三人时，并得由理事就常务理事中选举一人为理事长。监事逾三人时，得互选常务监事一人至三人。候补理事、候补监事之名额不得逾其理事、监事名额二分之一。

第二十三条　理事满三人时，应成立理事会；监事满三人时，应成立监事会。

第二十四条　理事、监事之任期均为两年，连选得连任。

第二十五条　理事、监事均为无给职。

第二十六条　理事、监事有下列各款情事之一者，应即解任，其缺额由候补理事、监事递补之：

一、会员代表资格丧失者。

二、因不得已事故，经会员大会议决准其辞职者。

三、依本法第四十四条、第四十五条解职者。

第五章　工业同业公会之会议

第二十七条　会员大会分定期会议及临时会议两种，均由理事长召集之。

第二十八条　前条之定期会议每半年至少开会一次。临时会议于理事会认为必要，或经会员代表十分之一以上之请求，或监事会函请召集时召集之，如一个月内不为召集时，得由监事会或会员代表呈请主管官署之许可召集之。

前项理事会或监事会之职权遇未成立理事会或监事会者，由理事或监事行之。

第二十九条　召集会员大会应于十五日前通知之，但因紧急事项召集临时会议时，不在此限。

第三十条　会员大会之决议，以会员代表过半数之出席，出席代表过半数之同意行之。

第三十一条　下列各款事项之决议，以会员代表三分之二以上之出席，出席代表三分之二以上之同意行之：

一、章程之变更。

二、组织之调整。

三、会员及会员代表之处分。

四、理事、监事之解职。

五、清算人之选任及关于清算之决议。

第三十二条　理事会每三个月至少开会一次，监事会每六个月至少开会一次。

第六章　工业同业公会之经费及会计

第三十三条　工业同业公会经费分下列两种：

一、会费:分入会费及常年会费。入会费于会员入会时一次缴纳之,常年会费分别依其性质以生产工具、出品数量或工人数额分为七等,累进缴纳,其标准由会员大会议定之。

二、事业费:由会员大会议决筹措。

第三十四条　工厂兼营两类以上工业,同时加入二个工业同业公会以上者,其会费之负担应分别依前条第一项第一款之标准核计缴纳之。其不便划分者,得依加入一会时所应负担之最高额自行划定缴纳之。

第三十五条　工厂应将其生产工具、出品数量或工人数额报告所属之工业同业公会。工厂设有分支厂,不在同一区域内,应各将其所在区域内之生产工具、出品数量或工人数额分报于所属之工业同业公会。

第三十六条　事业费之分担,每一会员至少一股,至多不得超过五十股。但因必要得经会员大会之决议增加之。事业费总额及每股金额应由会员大会决议,呈报主管官署,核转目的主管官署备案。

第三十七条　前条之事业费,会员退会时不得请求退还。

第三十八条　工业同业公会之预算、决算,每年须编造报告书,提出会员大会通过,分报社会行政官署及目的事业主管官署备案并刊布之。

第三十九条　工业同业公会兴办之事业,应另立预算、决算,提出会员大会通过,分报社会行政官署及目的事业主管官署备案。

第七章　工业同业公会之清算

第四十条　工业同业公会解散时,得依决议选任清算人,如选任后有缺员时,更行补选清算人。不能选任时,由工业同业公会事务所所在地之法院指定之。

第四十一条　工业同业公会所有财产不足清偿债务时,其不足额应按会员负担会费额比例分担之。

第四十二条　工业同业公会兴办之事业停止后,属于所属事业之财产应依法清算,其清算人由会员大会选任之。

第八章　工业同业公会之监督

第四十三条　工厂不依法加入工业同业公会,或不缴纳会费,或违反工业同业公会章程及决议案者,得经理事会之决议予以警告。警告无效时,得按其情节轻重,分别依本法第三十一条之规定程序为下列之处分:

一、缴纳章程所定之违约金。

二、一定期间之停业。

三、永久停业。

前项第二款、第三款之处分,非经主管官署商□目的事业主管官署同意,予以核准,不得为之。

第四十四条　工业同业公会理事、监事执行职务违背法令、营私舞弊或其他重大不正当行为者,依本法第三十条程序解除其职务,并通知其原派之会员撤换之。

第四十五条　工业同业公会有违背法令、逾越权限、妨害公益情事,或会务废弛者,主管官署得施以下列之处分：

一、警告。

二、撤销其决议。

三、撤免其理事、监事。

四、停止其任务之一部或全部。

五、解散。

前项第一款至第四款之处分，目的事业主管官署亦得为之。

第四十六条　工业同业公会理事、监事及清算人有下列情事之一者，得科以五千元以下之罚款：

一、不为本法所定呈请核准或登记之程序者。

二、为虚伪之呈报或隐匿其事实者。

三、不依法召集会员大会者。

四、不按年刊布预算决算者。

五、以工业同业公会名义，为本法所定任务以外之营利事业者。

前项罚款由法院裁定之。

第四十七条　区工业同业公会应兼受事务所所在地社会行政主管官署指导监督。

第九章　联合组织

第四十八条　各业区工业同业公会成立二区以上时，应合组全国各该业工业同业公会联合会。

第四十九条　省及院辖市辖境内各业工业同业公会应合组省市工业会。无县市工业同业公会之组织而合于《工厂法》所定标准之工厂，应直接加入省市工业会。各业区工业同业公会之会员工厂如有必要，得加入省市工业会。

第五十条　各业区工业同业公会全国联合会及省市工业会各达十单位以上时，应合组全国工业总会。无全国联合会之区工业同业公会应直接加入工业总会。

第五十一条　本法各种联合组织，主管官署得会商目的事业主管官署，指定其发起单位。

第五十二条　各种联合组织之团体会员会费，各由其会员以会费收入十分之一至十分之二缴纳之。工厂会员会费之负担，依其营业额分等缴纳，由会员大会议定之。

第五十三条　各种联合组织出席之代表，各就其会员代表中选派之。全国工业总会之职员，以会员代表中具有专门学识及经历者为原则。

第五十四条　省市工业会理事不得逾二十五人，各业区工业同业公会全国联合会理事不得逾三十五人，全国工业总会理事不得逾四十五人，监事人数不得逾其理事人数三分之一。

第五十五条　各种联合组织定期会员大会每年至少须开会一次，并应于会期前两个月通知，但临时会议得于一个月前通知。

第五十六条　各种联合组织除本章各规定外，准用本法第一章至第八章之规定。

第十章　附　则

第五十七条　矿业会适用本法之规定。

第五十八条　本法施行前已成立之工业同业公会,应于本法施行后一年内依本法改组之。
第五十九条　本法施行细则由社会部定之。
第六十条　本法自公布之日施行。

30.汉口市“戡乱动员委员会”为筹借警卫月捐致布商业公会函

(1947 年 10 月 27 日)

敬启者。本会为适应目前需要,维护武汉安全计,经召集汉市党国名流及各机关法团首长数度会商,成立武汉警备旅,并电蒙武汉行辕核准及转请国防部准予核查在卷。唯成立伊始,经费筹措当有赖于地方,复经本会劝募总队一再商讨,决定暂筹措基金五百亿元,在本市各同业公会及住户分借,贵会计借五亿元,此款在六个月内负责无息归还。又警备旅之经常费用约四十亿元,按本市商店住户分甲、乙、丙、丁四等分摊,由市政府代收警卫月捐。素仰贵会爱护地方,不遗余力,希鼓励捐输,如数筹措,而期早日完成,非独国家之幸,抑武汉百余万市民之幸也。专此函达,并希查照为荷。

此致

布商业公会理事长成禹门

主任委员　何成浚
副主任委员　徐源泉、夏斗寅

31.汉口市商会为旅客进出国境准带法币数额致汉口市各业同业公会

(1947 年 10 月 27 日)

案准江汉关税务司署送来汉字第一一〇号布告内开:“案奉总税务司本年十月十六日〇一二四号电令开,兹奉部令规定旅客进出国境每人准带之法币数额。除经本部核准持有护照证明者外,不得超过国币五百万元,其携带超过数额部分,应一律予以没收。等因。仰遵照,并于各出入口处所布告,俾众周知。等因,奉此。自应遵办。除另行外,合行布告周知。”等由,准此。除分行外,相应转希查照。

此致

汉口市各业同业公会

汉口市商会　启

32.汉口市“戡乱动员委员会”为筹募武汉警备旅经费致钱商业公会

(1947 年 10 月 27 日)

戡总劝字第三三号

径启者。本会为适应目前需要,维护武汉安全计,经召集汉市党国名流及各机关法团首长数度会商,成立武汉警备旅,并电蒙武汉行辕核准及转请国防部准予备查在卷。唯成立伊始,经费筹措当有赖于地方,复经本会劝募总队一再商讨,决定暂筹借基金五百亿元,在本市各同业公会及住户分借,贵会计借二十亿元,此款在六个月内负责无息归还。又警备旅之经常费用约四十亿元,按本市商店住户分甲、乙、丙、丁四等分摊,由市政府代收警备月捐。素仰贵会爱护地方,不遗余力,希鼓励捐输,如数筹借,而期早日完成,非独国家之幸,抑武汉百余万市民之幸也。专此函达,并希查照为荷。

此致

钱商业公会理事长谢春墀

主任委员　何成浚

副主任委员　徐源泉、夏斗寅

33.汾酒工资调解会议记录

(1947 年 10 月 27 日)

时间:卅六年十月廿七日下午三时

地点:市政府招待室

出席人:市商会刘绍武,市总工会周荣新,汾酒业同业公会郑晋卿、李少南,汾酒公会罗竹山,市府喻思九,警察局龙翥,市党部孙□

主席:喻思九

甲、报告事项(略)。

乙、调解结果:

一、汾酒业工人基期工资定为:作头每人每月廿三元,踩缸每人每月十四元,上甑每人每月十三元五角,水□每人每月十三元,照本年十月份工人生活指数调整,自卅六年十月廿七日起施行。

二、嗣后根据上项基期工资,按月照市府公布之工人指数计算调整之。

三、出槽、小菜、篓力等费照本年十月一日市府调解决定数增加百分之六十八,□自本年十月廿七日起施行。

郑晋卿、罗竹山

丙、散会

34.汉口市商会为《立法院立法委员汉口市选举人名册缮造办法要点》致各业同业公会(附办法要点)

(1947 年 10 月 28 日)

案准国民大会代表立法院立法委员汉口市选举事务所汉选一字第二一二号代电开:“奉选举总事务所酉霰电略开,以立委选举进程规定,九月二十三日至十月十六日为造具选举人名册期,十月七日至十月二十一日为该项名册公告更正及呈报之期,各主管选举机关应遵照酉尤代电所订办法办理。现在转瞬公告期满,特电请按规定办法报所核办。等因。遵经按照总所法字第二一二号酉尤代电所示办法,拟订《立法院立法委员选举人名册缮造办法要点》一种,提经本所第四次委员会决议修正通过,记录在卷。除分电外,特抄发原缮造办法要点一份,请遵照如期赶造补充名册暨更正名册各三份送所汇转为要。”等由。附《立法院立法委员选举人名册缮造办法要点》,查照办理为盼。

此致

汉口市各业同业公会

汉口市商会　启

附:抄《立法院立法委员汉口市选举人名册缮造办法要点》

一、立法院立法委员选举人名册除照规定利用国民大会代表选举人名册外,应造补充名册暨更正名册各三份。

二、凡属未参加国大选举而于立委选举时已改得合法资格者一律划、列入补充名册。

三、凡属参加国大选举而于立委选举时,因其离异、死亡、罪证等□去或不能参加选举者,一律列入更正名册。

四、补充或更正名册,一律分区分业,妇女等技师团体、医药团体并应分业□分别造送。

五、区域造送补充名册或更正名册之册式,与国大选举人名册同其更正原因填入备考栏。

六、各种团体缮造时,除更正名册与国大名册册式相同外,其补充名册之册式分为姓名、性别、年龄、籍贯、详细住址、从事该业年期、参加选举之团体、有无被选举权等八项。

七、缮造方法与缮造国大名册各项规定同。

八、各区或各团体缮造名册时,应分别附送补充暨更正之公告单各一份。

九、补充名册或更正名册暨其公告名单,统限于十一月十日前一律送所审查,逾期停止接受。

十、各区各种团体会员参加立委选举,非九月二十三日前入会会员,一律不得为选举人。

十一、各区九月廿三日以前因人事异动者可列入增补名单。

35.汉口市商会为转知严禁索取选举经费致汉口市各业同业公会

(1947 年 10 月 28 日)

案准国民大会代表立法院立法委员汉口市选举事务所汉选一字第二〇九号代电开:“奉国民大会代表、立法院立法委员选举总事务所选字第二八四一号酉齐代电,略以各省市选举经费已奉中央核定拨发补助,不容稍有法外收费情事。近闻各省有每张选证索价五百元,僻远县份尚不止此数,特电查照,随时督察,并转饬所属,从严查禁为要。等因。除分电外,特电遵照。”等由,准此。除分行外,相应函希查照。

此致

汉口市各业同业公会

汉口市商会　启

36.汉口市商会为选举投票时间致汉口市各业同业公会函

(1947 年 10 月 28 日)

案准国民大会代表立法院立法委员汉口市选举事务所汉选字第二一七号代电开:“案奉

国民大会代表、立法院立法委员选举总事务所选字第三〇三九号酉阮京代电开,准辽宁省选所三十六年九月三十日选字第三〇一号代电,以据抚顺县选所呈称,查此次国大、立委选举,对各机关团体及工厂之员工投票办法并无特殊规定,如仅利用午间休息及退班后时间,其有距离遥远或人数□□□□□□□选票率起见,可否由该主管机关法团或工厂自作适宜,规定分班投票办法,在投票时间并视为公假,通饬各有关单位照办。等情。请示前来查照,拟似甚允当,拟请准予通饬照办,可否之处,理合电请核示。等由。到所,经核,尚属可行。除电复准予照办并分电外,相应电达查照。等因。除分电外,特电知照。"等由,准此。除分行外,相应函希查照办理,并转知为盼。

汉口市各业同业公会

汉口市商会　启

37.汉口市商会为各省市选举经费致汉口市各业同业公会函

(1947 年 10 月 28 日)

案准国民大会代表立法院立法委员汉口市选举事务所汉选一字第二〇九号代电开:"奉国民大会代表立法院立法委员选举总事务所选字第二八四一号酉齐代电,略以各省市选举经费已奉中央核定拨发补助,不容稍有法外收费情事。近闻各省有每张选证索价五百元,僻远县份尚不止此数,特电查照,随时督察,并转饬所属,从严查禁为要。等因。除分电外,特电遵照。"等由,准此。除分行外,相应函希查照。

此致

汉口市各业同业公会

汉口市商会　启

38.汉口市商会为支持本会选举人致汉口市各同业公会理事长暨各理监事函

(1947 年 10 月 29 日)

汉口市商会代电　中华民国三十六年十月二十九日　商字第二六六九号

汉口市各同业公会理事长暨各理监事先生鉴:

此次大选,我中区五单位仅能产生立法委员一名、国大代表五名,兹经本会同人与鄂省商联会、武汉理监事暨各商会来汉代表商定,集中选票,共同支持本会理事长兼省商联常务监事贺衡夫先生竞选立法委员,省商联理事兼本会理事程子菊先生、本会常务理事兼省商联常务理事张立鹤先生竞选国大代表。复查此次选举,中区系共同开票,倘我省市选票不能划一集中,则名额必被他方占去,故名额商定贺君等三人参加竞选,至程、张两君之选票如何划分,容分配后另行函达。素仰台端望重乡邦,领袖群伦,务祈鼎力支持,惠予协助,是所至祷,特此电达诸维朗照。

汉口市商会叩　酉艳秘汉印

39.汉口市商会为商定贺衡夫竞选立委，程子菊、张立鹤竞选国代，请鼎力支持协助致湖北省各县市商会、汉口市各同业公会函

（1947 年 10 月 29 日）

代　电

湖北省各县市商会、汉口市各同业公会理事长暨各理监事先生勋鉴：

此次大选，我中区五单位仅能产生立法委员一名、国大代表五名，兹经本会同人与鄂省商联会、武汉理监事暨各商会来汉代表商定，集中选票，共同支持本会理事长兼省商联常务监事贺衡夫先生竞选立法委员，省商联理事兼本会理事程子菊先生、本会常务理事兼省商联常务理事张立鹤先生竞选国大代表。复查此次选举，中区系共同开票，倘我省市选票不能划一集中，则名额必被他方占去，故名额商定贺君等三人参加竞选，至程、张两君之选票如何划分，容分配后另行函达，素仰台端望重乡邦，领袖群伦，盼祈鼎力支持，惠予协助，是所至祷。特此电请诸维朗照。

汉口市商会叩　酉艳秘汉印

40.汉口市第十区机器工业同业公会为减半征收同业营业税致汉口市营业税评议会函

（1947 年 10 月 29 日）

为本会机械业关系国防民生至巨，请援酒精制造商之例，将同业营业税减半征收，以苏民困由。（1947 年 10 月 29 日）

第十区机器工业同业公会代电　机字第〇一六一号　中华民国三十六年十月廿九日

汉口市营业税评议委员会公鉴：

查上海《工商时报》本年九月卅日载（本报廿九日南京电），此间项获得财部批示，沪商会关于酒精与国防民生有关，其制造商之营业税准予减半征收，即按营业收入额征收百分之七点五。一、但贩卖商仍征收百分之一点五。二、酒精税已停止征收。三、营业税法规定免征营业税之工厂，以批发其已缴厂税之货品为限，但其兼营零售部分或转买、转卖者，仍应照征，等语。查本会同业均系机械工业，其关系国防民生，尤为重要，在抗战时期协助政府监制军需民用，收效宏大，似不亚于酒精。值兹“戡乱建国”，机械为首脑部门，洵有无机械不能“戡乱建国”。此次财政部批准沪酒精减半征收，本会同业关系綦重，似难例外，何况战前政府曾对机械优予免税，开工业之先河。现虽市政经费支绌之下，虽不能达到免税之可能，其减税似可实现。惟查年来，经过长期战乱，市内机械工业愈形衰败，加以交通梗阻，物价飞涨，营业一落千丈，艰苦日深，目前生活实难支撑。本会目击心伤，为减轻会员担负起见，恳请援照酒精制造商成例，予以减半征收，俾苏民困。特此电请查照，即希转请办理为荷。

第十区机器工业同业公会　酉赚机秘印

41.汉口市商会为转知国大参加选举严禁有法外收费情事致汉口市各业同业公会函

（1947 年 10 月 30 日）

国民大会代表立法院立法委员汉口市选举事务所选一字第二〇九号代电开："奉国民大会代表立法院立法委员选举总事务所选字第二八四一号酉齐代电，略以各省市选举经费已奉中央核定拨发补助，不容稍有法外收费情事。近闻各省有每张选证索价五百元，僻远县份尚不止此数，特电查照，随时督察，并转饬所属，从严查禁为要。等因。除分电外，特电遵照。"等由，准此。除分行外，相应函希查照。

此致

汉口市各业同业公会

汉口市商会　启

42.国药公会、中药炮制工会为寄核准规约及协议调整工资对照表呈汉口市政府（附规约及协议工资数额对照表）

（1947 年 10 月 30 日）

案查属会等于三十五年四月据各职工呈请调整待遇，经两会协议改善并订条约会议呈报，同年五月奉钧府市社字第四六八六号指令开："呈件均悉，既经双方会同协议，应准备查，惟所订条约应改为规约。除分令外，仰即知照。此令！"等因，奉此。自应遵照改正，并转知各该会员实施在案。本年二月因物资波动，两会应职工之邀请，为安定身心，以利工作计。经会同协议，根据上年核准规约之互订工资数额，暂予增加两倍，迄至本年十月，复因物价继续上涨，各级职工生活致使随之波动，据纷纷请求增加工资。于本月十九日由资方推定代表人徐海珊、李诗璜、萧焕堂、朱瑜亭、王曙东等，劳方推定代表人曾禹山、胡海涛、陶欣之、姚宝臣、吴润生等会同协议，提经双方出席代表按照本年二月改订工资数额，以四倍计算发给各级工资，其他各项仍照上年核准规约，统于十月一日起实施。等语，记录在卷。除合衔通告两会会员互遵履行外，理合检同原核准规约一份，并造具上年四月、本年二月及十月调整工资数额对照表一份，合衔呈寄鉴核备查。

谨呈

汉口市政府

汉口市国药商业同业公会理事长　徐海珊

汉口市中药炮制业职业工会理事长　曾禹山

附呈规约一份及协议工资数额对照表一份。

附 1：汉口市国药同业公会、汉口市中药炮制业职业工会协议改善职工待遇条约（略）

附 2:汉口市国药商业同业公会、汉口市中药炮制业职业工会会同协议调整各级职工工资数额对照表

职别	三十五年四月协议工资数额	三十六年二月协议工资数额	三十六年十月协议工资数额	备考
头柜、头刀、大办做、司账	二万六千元	七万八千元	三十一万二千元	每职每人月支如上数
二柜、二刀	二万一千元	六万三千元	二十五万二千元	每职每人月支如上数
散同事	一万六千元	四万八千元	十九万二千元	每职每人月支如上数
本店学徒服务五年以上者	一万二千元	三万六千元	十四万四千元	每职每人月支如上数
正管事	六万元	十八万元	七十二万元	每职每人月支如上数
副管事	五万元	十五万元	六十万元	每职每人月支如上数

43.汉口市人民团体文书工作人员联谊会为函知补造选举人名册致汉口市纱业同业公会函

(1947 年 10 月 30 日)

查国大代表与立法委员选举人如有增加时应造送补充名册一案,业经选举事务所电知汉口市商会转知各业公会在卷。兹以各业公会前次所造选举人名册,多有未照规定人数造齐,甚或有完全未造者,以致选举人总数仅有四万余名,与市政府社会科规定总数十万零三千八百五十九名相差竟达五万余名之多。如不迅予造送补充名册,则影响我商界选权甚大,特由汉口市商会赶印国大代表与立法委员补充名册空白纸,分发各公会,漏夜分别缮造各三份交会,每名津贴缮写费三百元(例如选举人为一千名,即复写国大代表补充名册三份,立法委员补充名册三份,津贴缮写三十万元)。除分行外,相应函希查照,即日按照应补选举人数二〇五名,开始调查选举人姓名等项,并派员来会领取空白纸张,分别复写国大代表补充名册三份及立法委员补充名册三份,于十一月七日以前交会汇转,以重选权,万勿延误为盼。

此致

纱业同业公会

速!

汉口市人民团体文书工作人员联谊会　启

附注:一、二十岁以上者均可造册;二、册内“有无被选举权”一栏,满二十三岁者填“有”字,不到廿三岁者填“无”字;三、“参加选举之团体”一栏,商业同业公会填“商业团体”,工业同业公会填“工矿团体”。

11 月

1.汉口市商会为协助支持贺衡夫、程子菊、张立鹤等竞选国代暨立委致各同业公会理事长暨各理监事电

（1947 年 11 月 1 日）

汉口市各同业公会理事长暨各理监事先生勋鉴：

此次大选，我中区五单位仅能产生立法委员一名、国大代表五名，兹经本会同人与鄂省商联会、武汉理监事暨各商会来汉代表商定，集中选票，共同支持本会理事长兼省商联常务监事贺衡夫先生竞选立法委员，省商联理事兼本会理事程子菊先生、本会常务理事兼省商联常务理事张立鹤先生竞选国大代表。复查此次选举，中区系共同开票，倘我省市选票不能划一集中，则名额必被他方占去，故名额商定贺君等三人参加竞选，至程、张两君之选票如何划分，容分配后另行函达。素仰台端望重乡邦，领袖群伦，务祈鼎力支持，惠予协助，是所至祷。特此电达诸维朗照。

汉口市商会叩　酉艳秘汉印

2.汉口市政府为粮食出口仍须维持粮食部原议一案令市商会

（1947 年 11 月 1 日）

案查前准粮食部代电，以粮食出口非经本部核准，一概不准外运一案，经以申元财四代电转请参议会审议。去后，兹准该会参秘字一六一七号公函“如文”。等由。除分令外，合行令仰该会、局知照。

市长　徐

3.汉口市营造工业同业公会因市泥木、土石等业工人要求调整工资评定工价办法通知各会员营造厂

（1947 年 11 月 2 日）

案奉汉口市政府三十六年十一月二日（二十六）市社字第二四五五号训令开：关于本市泥木、土石等业工人要求调整工资一案，业于十月二十九日召集双方代表，经劳资评断委员会评定工价如下：

一、泥木业

1.自本年十月二十五日起，泥木规定为每日五万元，伙食一万元；

2.在本年十二月底以前，无论物价如何波动及任何理由，均不得请求增加工资。

二、土石业

1.方口石每汉方底薪四元，照本年十月生活指数四九二四〇倍相乘为十九万七千元；

2.分口石每汉方底薪四元，照本年十月生活指数四九二四○倍相乘为二十二万一千六百元；

3.瓜米石每汉方底薪五元，照本年十月生活指数四九二四○倍相乘为二十七万元；

4.土工每日开底薪照本年十月生活指数四九二四○倍相乘为二万九千五百元；

5.自三十六年十月十六日起实行。

除分知暨登报通告外，相应函达，即希查照为荷。

此致

贵会会员营造厂

4.万载县商会为前理事长刘道文病故出缺经依法补选常务理事及理事长各一人致汉口市商会函

（1947 年 11 月 3 日）

万载县商会公函　美秘字第二○号

径启者。查本会前理事长刘道文病故出缺，所遗理事一职依法已由候补第一名鲍振扬递补。兹于本年十月二十九日召开理监事会，举行补选，经呈奉县府派员监视在案。结果选举鲍振扬为常务理事，复于常务理事中选举辛增美为理事长。增美才铨任重，深感不逮，只以群情难违，不得不勉承其乏。除呈报暨布告外，相应检同职员名册一份，函请查照，并希时赐南针，以匡不逮，至纫公谊。

此致

汉口市商会

理事长　辛增美

常务理事　汪玉波、鲍振扬

5.汉口市商会为赶造补充名册暨更正名册各三份致汉口市服装业同业公会函

（1947 年 11 月 5 日）

案准国民大会代表立法院立法委员汉口市选举事务所汉选一字第二一二号代电开："查缮造立法院立法委员选举人名册，系经订定缮造办法要点，以汉选一字第二一六号酉梗代电，饬即赶造补充名册暨更正名册各三份送所汇转在案。现为期多日，尚未报送前来，殊属迟误。除分电外，合行电仰遵照，于文到二日内漏夜赶造送所，以凭汇办为要。"等由，准此。查缮造办法业经本会于十月二十九日转饬在卷。兹准前由，除分行外，相应函希查照，于文到二日内，如有未到本会领取空白纸张者，速派员具领，如已领而未造送者，漏夜赶造三份，连同国代选举人补充名册三份，一并送会汇转，万勿延误为盼。

此致

汉口市服装业同业公会

汉口市商会会长　贺衡夫

汉口市商会　启
十一月五日

6.汉口市进出口商业同业公会为无力负担“戡乱动员委员会”募借金额请予从缓致汉口市商会

（1947 年 11 月 5 日）

案据本会会员四川畜产公司汉口分公司本年十一月一日汉字第十七号函称：顷接汉口市“戡乱动员委员会”戡总劝字第三十三号函，为成立警备旅嘱筹垫国币五亿元。同时复准贵会汉发字第四六八号函，为应本市“戡乱动员委员会”嘱筹警备旅经费，函嘱踊跃输捐。等由。查武汉警备旅之组设，旨在维护地方安全，凡我商民，宜其热忱拥护，踊跃输将，以期早日成立。惟敝分公司与贵会有组织上之关系，自应有首先响应贵会经筹输捐之义务，故敝分公司之向贵会认垫警备旅经费则为责无旁贷之事。对于贵会摊派之数目，自应如数照缴。惟当兹外销不振、营业陷于停顿之际，实无余力另外负担。务请贵会转函动委会，对于直接嘱垫警备旅经费五亿元一节，予以豁免，而恤商艰。等情。前来，办理间。复据会员中国植物油料厂汉口办事处本年十一月一日汉植字第二六六号函称：接准本市“戡乱动员委员会”戡总劝字第三十三号函，为成立警备旅嘱由本处筹垫五亿元。等由。查战后□患频仍，戡治当为急务，敌忾同仇，人咸比心，尤以时当本省边区被□侵犯，本市市民更当有所警惕，一本有钱出钱、有力出力之原则，踊跃输将，自动发起劝募，以期培编军旅，防患未然，毫无疑虑。惟本处□接贵会及粮食业公会通知，亦均须分别摊认，以本处业务范围言，在汉购运榨炼油料或为供应沪方出口，或系运供京沪公教人员食油，全为代办性质，当地毫无直接营运业务。进而论之，本厂出口货物所得外汇，又未经营进口货物从中渔利，悉数结予政府充实国库，是则本厂对于政府之贡献，已尽全力，而本处协助总厂争取外汇，供应限价、限售食油两均无利，勉为支持。职是之故，动委会所领导劝募之“戡乱”基金数额中，除在贵会及粮食业公会摊借额仍照认借外，对于动委会直接向本处募借五亿元案，拟请据情转请准予从缓，俾容喘息。各等情。查该公司等素营出口业务，从未兼营进口，前因抗战关系，元气已伤，复员以来，又因资金周转欠灵，每□借贷，以维现状，尤因物价疯狂上涨，国内出口物资价格早已超过国外市场若干距离，故经营出口者，动辄赔累，遑论牟利，苟非国家外汇关系，恐将无人为之。故目前经营出口事业，既非牟利，堪称为国家服务，而况我国出口事业战前悉操洋商之手，及至战后始由国人取而代之，在此萌芽时代，适当国内外局势复杂错综之秋，出口前途已濒绝境，虽蒙我贤明政府当局时加奖掖，无如阻碍过多，困难重重。故出口数字迄难加强，今出口商虽自顾不暇，而对于地方公益仍一本出钱出力之原则，踊跃输将。惟因限于资力，除本会经筹之警备旅经费，该公司等已照摊借数额如数认借外，对于本市“戡乱动员委员会”直接向该公司等募借各五亿元一案，实无力再行负担。务请据情转请“戡乱动员委员会”准予从缓，俾容喘息。除函动委会并函复该公司等知照外，特函奉达，即烦查照，至为感荷。

此致

汉口市商会

汉口市进出口商业同业公会　启

7.汉口市营业税评议委员会第一次会议记录

(1947年11月5日)

汉口市营业税评议委员会第一次会议记录

时间:十一月五日下午二时

地点:市政府会议室

出席人:市党部黄治世,市参议会王一之、吴文麟、宋朗如、陈邦涛、范鸿镡,汉口区团余士鉴,市商会何文炳,市政府程发轫

主席:程发轫

记录:王世淇

开会如仪

甲、报告事项(略)。

乙、讨论事项:

一、营业税评议困难,经草订办法是否可行,请讨论案。

决议:(一)甲项原则通过。(二)乙项照以下意见修正:1.申报表由所编号散发,取具章印凭证而免遗漏。2.申报表内各商号应注明是否会员及会员证字号。3.凡属各业同业公会会员商会,将申报表遵章填齐后,送各该管稽征所分业汇齐,送各该业公会审查,加具意见,送税捐征收处复查核。非各业公会会员商号,送各稽征所初查,送征收处复查后,一并转送评议委员会核议。4.各业同业公会会员名册请市政府核发式样,令饬各该公会抄写二份,并限期三日送评议委员会。5.将原办法上签注,二日内送还一份备查。

二、营业税申报表定何日开始填报案。

决议:定十一月十一日起发交各商号遵章填报,并请市政府布告登报周知。

三、布告印制及申报表转发应定期开始案。

决议:(一)布告由市政府立即印制。(二)申报表八号前发交征收处转发各所取领。

8.汉口市商会因速领空白纸张补造选举人名册致汉口市纱业同业公会函

(1947年11月6日)

国民大会代表立法院立法委员汉口市选举事务所汉选一字第二一二号代电开:"查缮造立法院立法委员选举人名册,业经订定缮造办法要点,以汉选一字第二一六号酉梗代电,饬即赶造补充名册暨更正名册各三份送所汇转在案。现为期多日,尚未报送前来,殊属迟误。除分电外,合行电仰送照,于文到二日内漏夜赶造送所,以凭汇办为要。"等由,准此。查缮造办法业经本会于十月二十九日转饬在卷。兹准前由,除分行外,相应函希查照,于文到二日内,如有未到本会领取空白纸张者,速派员具领,如已领而未造送者,漏夜赶造三份,连同国代选举人补充名册三份,一并送会汇转,万勿延误为盼。

此致

汉口市纱业同业公会

速件!

汉口市商会　启

9.湖南全省商会联合会为支持贵会贺衡夫等竞选并恳请支持陈芸田等竞选致汉口市商会

(1947年11月6日)

汉口市商会理事长暨理监事先生勋鉴:

准西艳秘汉代电,略谓贵公会推定贺理事长衡夫竞选立委,程理事子菊、张常务理事立鹤竞选国代,嘱为协助并函告敝省竞选人名衔,以便切取联系,等由,自应照办。查敝省亦经全体推定陈芸田(全省商联会理事长)竞选立委,林端生(全省商联会常务理事)、陈经镕(全省商联会常务监事)、欧柄堃(全省商联会常务理事)竞选国代。素念台端领导商运,望众群伦,祈本互助之精诚,作他山之维护,特并电复诸维霁照湖南全省商会联合会理事长陈芸田赴沪。

常务理事　邹水亭代行　戌鱼秘湘印

10.朱德昌为本会业已正式成立致市商会

(1947年11月6日)

查本会自奉准筹备以来,迄今将近三月,业于本(十一)月三日在本市民生路胜阳酒楼召集全体会员,并蒙各有关官署派员指导监选,已正式选举成立。当场票选朱德昌为理事长,刘俊超、李福森为常务理事,朱兴发、邹孝发、孔祥垣、夏少堂为理事,姚长兴为常务监事,熊源发、陈中仁为监事,柳啸沸、徐文章为候补理事,张顺才为候补监事,并同时宣誓就职,各记录在卷。除分别呈电暨函知外,相应检附全体理监事名册一份,函请查照为荷。

此致

汉口市商会

理事长　朱德昌

11.汉口市五金商业同业公会为奉发本业七至九月营业税清册并乞将过重之户降低等级开业停业各户增删致汉口市营业税评议委员会函

(1947年11月7日)

事由:呈为奉发本业七至九月份营业税清册一案检还原册呈祇鉴赐核减,并乞将过重之户降低等级,开业、停业各户分别予以增删,以维商业而杜纠纷由。

中华民国三十六年十一月七日

案奉汉口市政府本年十一月三日第二四九号训令略开:"查该业三十六年七至九月份营业税额业经核定。除分令外,合行检发清册,令仰该会转知各户遵照完纳为要。此令!"等因,附发清册一份,奉此。当经遵照转知。兹据各同业商店先后来会申请转呈各事项,分别陈明于次:

一、税额太巨无力负担：查原发清册内列全额，较之元、二、三月份，增加百分之一百六十成。以本业物价指数及其他业务评额比较，均属过高，当此业务萧条之际，商力实有不逮，应请赐准重评，予以核减，以示体恤。

二、过去税额过重之户，未蒙□□□□：查本业以前评额内有大华支店、三益、福昌、程万发、元记等五户，税额过重，无力负担，经于十月二十日遵照通知，造册呈请分别降低等级，以昭平允在案。惟此次所发清册，仍系原评数目平均增加，应恳查案分别调整，以杜纠纷。

三、开业、停业之户，未蒙分别增删：查本业停业及转入他会者计有德华等八户，开业者计有牛同兴等八户，其牌名及月捐等级亦经于十月二日分别造册呈报，此次所发清册，仍系根据原有底册，未蒙分别予以增删，尤有请求更正必要。

据报前情，理合检赍原发清册，备文呈请钧会鉴核，赐准重行评议，减低税额，并恳查案，将大华支店等五户降低等级暨将开业、停业各户予以分别增删，以维商业而杜纠纷，实为公便。

谨呈

汉口市营业税评议委员会

汉口市五金商业同业公会理事长　胡玉亭　谨呈

附呈原发本业七至九月份营业税金额清册一份。

12.汉口市五金商业同业公会开业停业暨税额过重各同业牌名清册

（1947 年 11 月 7 日）

牌名	张麻子	萧源兴	向森记	万源祥	元记	袁乾顺	长兆	胡兴发大房	董义兴	致和永
地址	中山大道一一五一号	延寿巷二八号	长堤街九九二号	长堤街一一八三号	长堤街一一二七号	长堤街一四二号	花楼街三四号	花楼街一二一三号	花楼街一二二五号	花楼街一一八三号
评级	丁等二级	丁等二级	丁等二级	丁等二级	丁等二级	丁等二级	丁等二级	丁等二级	丁等二级	丁等二级
营业额	洋五百三十万元	洋五百三十万元	洋三百二十万元	洋三百二十万元	洋八百万元	洋三百二十万元	洋三百二十万元		洋一百六十万元	洋三百二十万元
税额	洋七万九千五百元	洋七万九千五百元	洋四万八千元	洋四万八千元	洋十二万元	洋四万八千元	洋四万八千元		洋二万四千元	洋四万八千元
备考					此户原评额为丙等二级，税额过高，拟请减低为丁等二级			卅六年六月开业		

（续表）

荣昌	复兴祥	刘兴和	汪静友	信义	光明	胡兴发	建华	大华支店	牛同兴
花楼街一一号	中山大道一三九七号	清芬三路三号	清芬三路二八号	清芬三路三八号	清芬三路七号	长堤街九八号	长堤街一二一号	中山大道一一八号	汉正街七九八号
丁等二级	丁等二级	丁等二级	丁等二级	丁等二级	丁等二级	丁等三级	丁等二级	丁等三级	丁等三级
洋三百二十万元	洋一百八十万元	洋一百六十万元	洋一百六十万元	洋一百六十万元	洋一百六十万元	洋一百六十万元	洋一百六十万元	洋八百八十万元	
洋四万八千元	洋二万七千元	洋二万四千元	洋二万四千元	洋二万四千元	洋二万四千元	洋二万四千元	洋二万四千元	洋十三万二千元	
								此户原评为丙等一级，税额过重，拟请减低为丁等三级	卅六年四月开业

（续表）

郑德记（懋森改牌）	春生永	茂泰祥	开泰	汉兴	汉昌	永昌	荣兴	义和	玉记
江汉路一九六号	长堤街二号	公安路二四号	新直街二四号	黄陂街三八三号	长堤街一二七号	长堤街九四号	民生路一一四号	长堤街九五七号	长堤街六二七号
丁等三级	丁等三级	丁等三级	丁等三级	丁等三级	丁等三级	丁等三级	丁等三级	丁等三级	丁等三级
洋一百六十万元	洋一百六十万元	洋一百八十万元	洋一百八十万元				洋一百六十万元	洋一百六十万元	洋一百六十万元
洋二万四千元	洋二万四千元	洋二万七千元	洋二万七千元				洋二万四千元	洋二万四千元	洋二万四千元
				卅六年八月开业	卅六年六月开业	卅六年六月开业			

（续表）

德大	林记	鸿太	信源祥	陈恒兴	德泰和	义泰	李荣为
长堤街六三六号	长堤街二二号	长堤街三七号	长堤街一号	长堤街八九二号	长堤街一四三号	永宁巷一四号	长堤街九五号
丁等三级	丁等三级	丁等三级	丁等三级	丁等三级	丁等三级	丁等三级	丁等三级
洋一百六十万元	洋一百六十万元	洋一百六十万元	洋一百六十万元	洋一百六十万元	洋一百六十万元	洋一百六十万元	洋一百六十万元

（续表）

洋二万四千元	洋二万四千元	洋二万四千元	洋二万四千元	洋二万四千元	洋二万四千元	洋二万四千元	洋二万四千元

13.汉口市社会救济委员会为函送三十六年度第一次冬赈筹备会议记录致汉口市商会(附会议记录)

(1947 年 11 月 7 日)

查三十六年度第一次冬赈筹备会议记录,业经整理就绪,相应检同原记录一份,函请查照为荷。

此致

汉口市商会

汉口市社会救济委员会　启

附会议记录一份。

附:汉口市三十六年度第一次冬赈筹备会议记录

时间:十一月六日下午二时

地点:市政府招待室

出席人:新安区黄誉千,复兴区刘木青,武圣区杨泽宇,汉景区游文湘,中山区李泰,张公区陈甦,中正区罗开三,和平区潘永征,大智区喻汉清,永清区陈家福,三民区周成条,新安区吴东,云想区李荣庚,汉正区沈相善,参议会冯铎,红卍字会王界平,十字会戴吾惢,戏剧公会王学忠,行辕新闻处龚化夫,税捐处钱星秋,市党部黄华栋,宪兵十二团万永年,市警察局叶海涛,警备部曹如文,银行公会商旦光,钱业公会谢春墀,社会救济委员会李明辉,社会科危紫稻,市商会陈经畬、万少珊、苏汰余(萧传铭代),公益联合会刘伯琴(黄家峰代),市政府孙际旦,社会部汉口社会服务处杨春亭、马汉三,善联会梁少山、陈觉先、胡松年(经寿彬代),救济院杨传治、殷厚余,行辕民事处涂翔宇

主席:孙秘书长

记录:张承继

甲、主席报告(略)。

乙、讨论事项:

一、冬赈筹募组人选应如何推举案。

决议:(一)冬赈筹募组改为冬赈筹募委员会。

(二)冬赈筹募委员会设主任委员、副主任委员各一人,常务委员七人,委员若干人。

(三)推徐会之、张弥川、贺衡夫、杨庆山、朱涤华、邹静轩、成禹门、程子菊、柴海楼、陈经畬、焦秀安、彭曜棠、苏汰余、万克哉、徐斋廷、陈仙州、李荐廷、王际清、邹安众、高坤山、王学忠、马汉三、刘绍武、任建鹏、谢春墀、罗梦石、宋如海、杨显东、陈焕章、刘心如、万少珊、郎维汉、宋

漱石、刘威凤、冯钗飞、阮齐、周苍柏、黄□如、刘伯琴、袁雍、刘明章、梅云章、袁钦臣、车心如、胡铁想、窦纯澄、曾厚诚、龚亦遂、张吉六、蓝熙周、司徒壮、周堃珊、吴千里、韩万青、汪汉臣、彭少田、罗宝珊、江晓安、徐海珊、胡耀堂、黄锡良、孙际旦、梅斌臣、黄尧臣、祝渭潜、何□年、张尧萱、蔡子贞等六十八人为委员。

(4)推徐会之、张弥川、贺衡夫、杨庆山、陈经畬、袁雍、程子菊、邹安众、万少珊等九人为常务委员。

(5)推徐常务委员会之兼主任委员,张常务委员弥川兼副主任委员。

二、冬令救济经费定为三十六亿元,应如何筹措案。

决议:(一)本年救济对象增多,原定冬令救济经费三十六亿元,增为一百亿元,分以下九组项目筹措之:

(1)积谷代金及市政府拨支地方救济经费。

(2)各善堂筹募。

(3)市商会筹募。

(4)各娱乐场所及票社义演三日(照票额计算全部捐献)。

(5)函请各大轮船公司、各公司工厂堆栈及殷实富户捐助。

(6)发动春联及其他义卖。

(7)电请中央及国际救济协会、红十字会、红卍字会补助。

(8)发动市民节食一日运动。

(9)发动各校学生家长万元救济运动。

(二)以上各项款额由冬赈筹募委员会酌量情形分别募集。

(三)筹募委员会会议定于十一月十日以前召集。

三、冬令救济时间应如何起讫案。

决议:(一)各项筹款应于十一月底筹齐。

(二)冬令救济时间,自十二月一日起至次年二月底止。

四、筹募冬赈款项前应如何发动宣传案。

决议:(一)由会函请各大报出冬令救济特刊。

(二)函请各电影院放幻灯标语。

(三)聘请名人广播。

(四)定期招待新闻界。

五、冬令救济工作项目应如何办理案。

决议:除以上决议四案照决议办理外,其余各项工作项目实施手续等均照《汉口市社会救济委员会三十六年度冬令救济工作计划大纲》办理。

六、散会

14.汉口市政府为抄发谷米驳运费调解会议记录令汉口市商会(附会议记录)

(1947年11月9日)

查本市驳船工人要求调整谷米驳运费一案,业经召集调处增加,关于基期驳费数额及嗣后调整依据之原则,亦已详明确定,并已取得劳资双方赞同,暨将调解结果记录在卷。除分行外,合行抄发原调解记录,令仰转行知照为要。

此令!

市长　徐会之

附抄发原调解会议记录一份。

附:谷米驳运费调解会议记录

时间:卅六年十月廿七日上午九时

地点:市府招待室

出席人:市党部范曦,驳船工会李静园,驳船第一分会周福祥、胡荣卿,驳船第五分会黄汉舟、李焕斌、胡福廷,警察局龙翥,市总工会萧子俊,市商会刘绍武,米业公会江晓安、郑耀卿,市政府喻思九

主席:喻思九

甲、报告事项(略)。

乙、调解结果:

1.食米基期驳运费定为每石六分,稻谷基期驳运费定为每石五分五厘。照本年十月份工人生活指数调整,计食米每石为二千九百五十五元,稻谷每石为二千七百零八元七角,自卅六年十月廿二日起施行。

2.嗣后根据上项基期驳费,按月照工人指数计算调整之。

3.在硚口外,受□谷米原有习惯,应否另加驳费,由粮食行业公会证明决定之。

粮食公会　刘绍武

碾米公会　江晓安、郑耀卿、陈则之

驳船工会　李静园

附注:第三项决议经询明,在战前尚无另增驳费之习惯,为适应实际需要起见,暂决定在黄经堂以上受□谷米准另酌加驳费,其数目由劳资双方洽商议定之。

丙、散会。

15.汉口市书简刷印工业同业公会为呈报第一届选举结果暨当选职员略历表呈市商会

(1947 年 11 月 10 日)

案属会本月一日正午十二时在中山大道德华酒楼举行成立大会,出席者计六十五人,已过大半数。蒙钧部罗振监选,并各机关委员指导。选举结果计:黄辅臣、蓝熙周、邹宏宽、田利范、张伯钟、刘焕生、罗屏阶、陈国锦、李春山当选为理事,张彩臣、雷鸿宾为候补理事,方凤山、余明福、王天扬为监事,王为中为候补监事,并由理事互选黄辅臣、田利范、蓝熙周为常务理事,更由常务理事互选蓝熙周为理事长,由监事互选王天扬为常务监事,以上情形,记录在卷。特造具理监事略历表一份、选举报告表一份,呈报钧部鉴核备案。

谨呈

汉口市商会理事长贺

汉口市书简刷印工业同业公会理事长　蓝熙周

16.汉口市商会为国民大会代表立法院立法委员选举总事务所电核示公司会员代表离开代表岗位其本人是否仍保有选举权一案致各业同业公会函

（1947 年 11 月 12 日）

汉口市选举事务所汉选一字第二六一号代电开：“国民大会代表立法院立法委员选举总事务所(36)戌支京选字第四四一代电开，查前准申筛选职○六二号代电，核示公司会员代表离开代表岗位，其本人是否仍保有选举权一案。兹转社会部酉陷京组三字第四五九七八号代电，复以公司行号会员代表选举权依国大选罢法第七条及立委选罢法第八条之规定，每一选举人只有一个选举权，有两个以上选举权者，限参加一种，由选举人于登记选举时自行声明。各该公司行号代表既已代表公司行号行使选举权，其离开代表岗位时，不应再有选举权。准电前因，相应复请转知。等因。除分电外，相应转请查照为荷。”等因，合行电仰知照。等因。除分行外，相应函希查照转知为盼。

此致

汉口市各业同业公会

速！

汉口市商会　启

17.山货、纸张、豆饼等驳运费调解会议记录

（1947 年 11 月 13 日）

时间：卅六年十一月十三日上午八时

地点：市政府招待室

出席人：山货纸张业屠鹤鸣、油业□于卿、豆饼业公会李桂森、油业朱叔文、驳船工会陈月鑫、饼油李桂森、驳船工会杨鸿钧、饼油朱叔文、第三分会罗荣成、饼油李静园、第三分会许天元、市政府喻思九、第三分会陈永模、市党部范曦、第六分会许发元、市商会刘绍武、第六分会黎平安、警察局龙翥

主席：喻思九

甲、报告事项（略）。

乙、调解结果：

1.山货、纸张驳运费每石调整为三千元，其驳运基数每石定为六分一厘九毫，嗣后根据上列基数照工人生活指数调整。

2.饼油、豆饼驳运费，内河每百市斤调整为二千二百元，外河每百市斤调整为二千八百元；其驳费基数，内河每百市斤定为四分五厘，外河每百市斤定为五分六厘九毫，嗣后亦根据上列基数照工人指数调整。

3.驳运饼油、豆饼，无论到达目的地与否，需囤船延卸，除当晚不加囤船费外，若至第二晚

仍不□清时,则照驳费数增加百分之五十之囤船费,以后每多囤一日,加费百分之十,以加至百分之百为止。

4.以上议定各项自卅六年十一月十五起施行。

驳船业工会:李静园

饼油工会:李桂森(李竹青代)

山货纸张工会:屠鹤鸣

丙、散会

18.汉口市商会为函希来会领取选举权证转发各会员致汉口市各业同业公会

(1947年11月13日)

分函:查选举权证业经填写完竣,依照选举事务所座谈会议之规定:(一)发交各基层单位据领,转发各个审查合格之会员。(二)转发时应注意具领手续,并在具领人之身份证正面右角加盖蓝色"发"字。(三)选举权证以贴具照片为原则,无照片者一律加盖右拇指模。等由。除分行外,相应函希查照,即日派员持同领据来会领取选举权证,依照规定迅速转发各会员为盼。

此致

汉口市○○○业同业公会

(会戳)启

19.汉口市商会为选举权证填写规范致汉口市服装业同业公会函

(1947年11月13日)

查选举权证业经填写完竣,依照选举事务所座谈会议之规定:(一)发交各基层单位据领,转发各个审查合格之会员。(二)转发时应注意具领手续,并在具领人之身份证正面右角加盖蓝色"发"字。(三)选举权证以贴具照片为原则,无照片者一律加盖右拇指模。等由。除分行外,相应函希查照。仰令派员持同领据来会领取选举权证,依照规定迅速转发各会员为盼。

此致

汉口市服装业同业公会

汉口市商会 启

20.汉口市银行商业同业公会因请求支援邹安众致汉口市服装业同业公会函

(1947年11月15日)

敬启者。本会理事长邹安众先生顷已由政府提名为中区商业团体国代候选人,准备参加竞选。唯以力量绵薄,端赖众擎。除已函请市商会介绍外,相应函达,即烦台端鼎力支援,至成美举为荷。

此致

服装业公会理事长刘忠贤先生

汉口市银行商业同业公会 启

21.国民大会代表、立法院立法委员汉口市选举事务所为聘任吴佩卿等为各投票所监察员管理员唱票员致汉口市商会函

（1947 年 11 月 15 日）

汉选一字第三八九号　三十六年十一月十五日

事由：为聘任贵会职员吴佩卿等为各投票开票所监察员、管理员、唱票员等，检奉名册一份，电请查照转知，各员准时到各投票开票所服务。

市商会公鉴：

查本所前因大选期间事务繁重，原有人员不敷应用，特聘任各机关团体职员饬助各投票开票所工作。曾以汉选一字第〇二三号申有代电，请造册送所在案。现本市国大代表选举定于十一月二十一、二十二、二十三日分别举行，特聘任贵会职员丁隆昌等为监察员，吴佩卿等为管理员，李春良等为唱票员，□□□等为计票员，增逸等为事务员，□□□等为检查员，□□□等为报告员。除分行外，相应检同聘任人员名册一份，电请查照，转知各员准时赴指定各开票投票场所服务，以重选政，并请对聘任各员勿以旷工论为荷。

国民大会代表、立法院立法委员汉口市选举事务所主席委员　徐会之　戌删汉选二印

22.汉口市肥皂工业同业公会为请求赞助吴千里致汉口市服装业同业公会函

（1947 年 11 月 17 日）

敬启者。本会理事长吴千里先生顷已由政府提名为华中区商业团体国大代表候选人，本会同人引以为幸，一致敦促参加竞选。吴先生赋性豪迈，品学兼优，从事工商业务有年，抗战时期在大后方增加生产，协力抗战，颇多贡献，对于民生大计、社团福利尤具热忱，用特介绍，敬烦台端鼎力支援，予以赞助，无任感荷。

此致

服装商业同业公会理事长刘忠贤先生

汉口市肥皂工业同业公会　启

23.汉口市警察局第五分局为市硝制杂皮业职业工会召开改选会情形检同选举结果及原件等呈市警察局长（附选举结果）

（1947 年 11 月 17 日）

一、案奉钧局交下汉口市硝制杂皮业职业工会理事长张海堂呈一件，以奉令定期召集会员代表举行改选，请派员监选一案，批饬派员届时出席并将改选情形具报。等因。

二、遵经饬派巡官林翰届时出席，并将改选情形具报。去后，兹据该员报称，窃职奉派监护本市硝制杂皮业职业工会改选大会，遵于昨（十二）日前往该会参加监护，查会员□子很整齐，会场秩序颇良好，以会员杨焱森当选为理事长。理合将监护情形暨该会选举结果单一份一并报请鉴核。等情。

三、理合检同选举结果及原件等备文呈复钧局鉴核备查！

谨呈

局长任

第五分局局长　朱瀚

附：汉口市硝制杂皮职业工会第一届会员改选大会选举结果

杨焱森君　八八票　康品山君　三三票　唐德享君　六四票　毛福廷君　三二票

梅南山君　四六票　王尖卿君　三十票　柯登山君　四三票

以上七人当选为理事。

余光海君　十五票　王金海君　十一票

以上二人当选为候补理事

康本喜君　二十三票　范成仁君　十九票　王荣卿君　六票

以上三人当选为监事。

王相卿君　四票

以上一人当选为候补监事。

唐德享君　五票　杨焱森君　二票　梅南山君　二票

以上三人当选为常务理事，并互推选□□杨焱森君为理事长。

中华民国三十六年十一月十二日

24.河南省商会联合会常务理事杨欣荣为选举事务鼎力支持以收事功等致汉口市商会函

（1947 年 11 月 17 日）

会秘字第一〇五号

汉口市商会贺理事长衡夫兄并转子菊、立鹤诸兄勋鉴：

商字第二六七〇号酉艳秘汉代电奉悉，兄等望重德隆，贤能具备，欣荣定当鼎力支持，以收事功。相应电复查照，时予联系为荷。

河南省商会联合会常务理事　杨欣荣　戌文会秘印

25.天门县商会为如何办理各县投票手续未奉选所指示致汉口市商会函

（1947 年 11 月 18 日）

天门县商会代电　天商字第〇〇三四号

汉口市商会理事长暨各理事、监事先生钧鉴：

本年十月二十九日商字第二六六九号艳秘代电奉悉，此次诸公等应商界同仁之爱戴，参加本省职业团体竞选，窃以公等领袖商场，誉满鄂渚，际兹普选期届，为商人福利计，为建国前途计，自应拥护贤能，出任艰巨。惟各县投票手续未奉选所明令指示，究应如何办理，无所遵循。除已分别通知有关各商会一致协助外，用特电复，希予查照。

天门县商会理事长　倪用乡
常务理事　余渭民、万华乡、黄翼之　叩戌佳印

26.汉口市商会为请予注意刘梅生致汉口市服装业同业公会函

（1947 年 11 月 18 日）

查工矿团体国大代表湖北省及汉口市候选人刘梅生先生，本市各工业同业公会会员及各工矿厂商代表选举时应予注意。除分行外，相应函希查照，转知各选举人注意为盼。

此致

汉口市服装工业同业公会

汉口市商会　启

27.汉口市商会为请求支持邹安众致汉口市各业同业公会函

（1947 年 11 月 18 日）

案据汉口市银行商业同业公会函称："敬启者。本会理事长邹安众先生顷已由政府提名为华中区商业团体国代候选人，准备参加竞选。唯以力量绵薄，深惧弗胜，至希贵会鼎力协助，惠予函介绍各业公会，并电各埠商会一致予以支援，俾收圆满效果。"等情。据以自应照办。除分别函电外，相应函希查照，转知各选举人注意为盼。

此致

汉口市各商业同业公会

汉口市商会　启

28.汉口市商会驻渝办事处为请转告各选举人注意商业团体、工矿团体国大候选人姓名致本省各县市商会及湘、赣、豫商联会

（1947 年 11 月 18 日）

各县市商会、湖南省商会联合会、江西省商会联合会、河南省商会联合会公鉴：

本会酉艳代电谅达，兹又经选举事务所公告，本会常务监事杨庆山先生、汉口市银行商业公会理事长邹安众先生，由国民党提名为中区商业团体国大代表候选人，又震寰纱厂总经理刘梅生先生为中区工矿团体国大代表候选人。除分电外，特电请查照，转知贵省各县市商会，转告各会员选举人予以注意为荷。

湖北省商会联合会理事长　高光达
汉口市商会理事长　贺衡夫　戌皓会印

29.汉口市商会为请求支持鲁寿安致汉口市各工业同业公会函

（1947 年 11 月 19 日）

案据汉口第一纺织公司汉纺字第一一五号函称："敬启者。本公司董事兼副总经理鲁寿

安先生现奉中央核准为工矿团体国大代表候选人。相应函达查照,敬希转函各有关职团于选举时予以注意为务。”等情,据此,自应照办。除分行外,相应函希查照,转知各选举人于选举时予以注意为盼。

此致

汉口市各工业同业公会

汉口市商会 启

30.汉口市商会为国大选举投票日期致汉口市新货贩卖业同业公会函

(1947年11月19日)

查国大代表选举投票日期为本月二十一日、二十二日、二十三日,每日上午八时至下午六时,各商业团体、工矿团体会员选举人投票场所已由选举事务所登报公告。关于贵业选举人投票所系指定花楼街四号太平会馆。相应函希查照,转饬各选举人,务于该投票日期内分班各持本人选举权证前往指定投票所投票一次(候选人名单在投票所张贴)。投票毕,仍将选举权证保存,以备下次选举立法委员时再用。事关选权,万勿延误,是为至盼。

此致

汉口市新货贩卖业同业公会

汉口市商会 启

31.汉口市商会为通知国大代表选举投票日期及场所致汉口市电料商业同业公会

(1947年11月19日)

查国大代表选举投票日期为本月二十一日、二十二日、二十三日,每日上午八时至下午六时,各商业团体、工矿团体会员选举人投票场所已由选举事务所登报公告。关于贵业选举人投票所系指定在花楼街四号太平会馆。相应函希查照,转知各选举人,务于该投票日期内(廿一日上午)分班各持本人选举权证前往指定投票所投票一次(候选人名单在投票所张贴)。投票毕,仍将选举权证保存,以备下次选举立法委员时再用。事关选权,万勿延误,是为至盼。

此致

汉口市电料商业同业公会

汉口市商会 启

32.汉口市“戡乱动员委员会”为筹建自卫武力经费致成禹门函

(1947年11月19日)

成禹门先生大鉴:

“戡乱委员会”之成立,原为策动民众积极参加动员,并协助政府筹建地方自卫武力,以保障本市百万市民之生命财产安全为职志。其筹建自卫武力经费,系向本市各行业绅户筹借,此项配借数目早经通知台端，谅邀洞鉴，刻自卫武力业已着手组织，武汉外围国防工事亦已动员构筑中，诸□进行，需款孔急，万望体念时艰，共襄义举，将所配借之数即速缴送本会指定之收款银行，以备提用。专此布意祇颂。

时绥！

何成浚、徐源泉、夏斗寅　启

十一月十九日

汉口市“戡乱动员委员会”

今收到国币六十万元整，此据成理事长禹门台照。

中华民国三十六年三月十一日

忠勇月刊社武汉分社收据

33.汉口市商会为转知筹建汉口市“戡乱动员委员会”经费致汉口市各业同业公会

（1947 年 11 月 19 日）

案准汉口市“戡乱动员委员会”戡字第七〇号代电开：查本会成立，原为策动民众积极动员，并协助政府筹建地方自卫武力，以保卫本市百业、市民之生命财产之安全为职志。其筹建自卫武力之经费，系向本市各行业及绅户筹借，此项配借数目早经通知各单位，并经派员个别宣导，为时既久，送缴者固属不鲜，而仍观望拖延者为数尚多，影响整个计划进行。至大查□□窜扰武汉外围，情势日益紧张，自卫武力亟待成立，以应事机。务希转告贵会各业同仁，共体时艰，洞明大义，激发自救救国之良知，即将配借之款如数缴送指定银行，以济急需。特此电达，即希查照办理示复为荷。等由，准此。兹定于本月二十日下午三时召集各借款人，在本市开谈话会。除分行外，相应函希查照，如系借款人，即于是日派负责人出席为盼。

此致

汉口市各业同业公会

汉口市商会　启

34.汉口市新药业同业公会为“戡乱”借款致汉口市商会函

（1947 年 11 月 19 日）

敬启者。前奉汉口市“戡乱动员委员会”戡总劝字第三三号公函，略以成立武汉警备旅，嘱敝会筹借十亿元，如数捐输，以期早日完成。等因，奉此。窃思国家兴亡，匹夫有责。兹□□蔓延猖獗、全面动员“戡乱”之时，凡属血气之伦，允宜本牺牲小我之精神，作“戡乱”至上之大计。汉臣等分属商人，爱国之念，曷敢后人，唯有不能已于言者。本会分担等级与洋纱、匹头、颜料、银楼等业并，实失平允。本市新药商业仅贩卖沪港各埠成药暨一般配方业务，既无制造厂商，范围自甚狭小。而我国广大农村问病求医，均系国药，新药市场仅少数都市分子、知识分子而已。其业务之小，尤不难想象。今与洋纱、银楼等巨业相提并论，汉臣等个人诚无所矜惜，然巧妇难为无米之炊，唯有从呼负负而已。故自接奉函命后，集议多次，寝食莫安，佥以竭全体会员之绵薄,作劝导最大之努力,尽力劝募,俾期两全。至于不足之数,仍望挹此注彼,裁增他业。除函复外,爰为函恳大会惠予体念商艰,准即转请酌减,俾利进行,最为公感。

谨上

汉口市商会理事长贺

汉口市新药业同业公会理事长　汪汉臣

常务理事　邵养新、张企新

三十六年十一月十九日

35.吴佩卿因汉口市炒坊工业同业公会第二届改选大会致组训股函(附呈文及会议记录)

(1947 年 11 月 19 日)

奉派出席炒坊业公会改选大会,届期前往,由市政府李济苍监选,市党部范曦指导,未抽签,经会员大会决议,全部改选。计选出王昌庆等九人为理事,项品山等三人为监事,王昌庆为理事长,黄谷、罗宝臣为常理,项品山为常监。附呈记录一份,报请兼组训股主任张转报理事长贺鉴核存查。

职　吴佩卿　呈

附原呈、记录各一件。

附:为本会定期改选请派员指导由

查本会成立快将两年,业经呈报汉口市政府暨汉口市党部,准予十一月十五日下午一时假三民路老会宾楼举行改选大会,理合报请钧会鉴核,并恳派员指导,至为公便。

谨呈

汉口市商会

汉口市炒坊工业同业公会理事长　罗宝臣

常务理事　黄国萍、谢树德

附:汉口市炒坊工业同业公会第二届改选大会记录

时间:卅六年十一月十五日下午一时

地点:三民路老会宾楼大礼堂

出席会员五十一人

市政府监选李济苍、市党部指导范曦、市商会代表吴佩卿、警局代表吴少南、警四分局吴席才、精诚永兰社雷醒华

记录:刘经□

报告事项(略)

选举理事结果:

王昌庆 32 票、黄谷 31 票、罗宝臣 28 票、王子山 27 票、蔡□银 26 票、黄国萍 25 票、屠志山 24 票、李能纯 23 票、袁凤山 17 票

选举监事结果:项永山 11 票、殷庆煜 11 票、叶明山 9 票
常务理事:王昌庆、黄谷、罗宝臣
常务监事:项品山
候补理事:黄和清、殷学栋
候补监事:石昌仁
理事长:王昌庆

36.汉口市钟表眼镜机行业同业公会为请转恳减借警卫经费致汉口市商会

(1947 年 11 月 20 日)

为呈请转恳减借警卫经费事。兹奉汉口市"戡乱动员委员会"本年十一月八日戡劝字第五八号通知,催缴借垫警卫经费法币一亿元等由,按此为确保地方安全,增强自卫武力,筹借警卫经费,自□急要之务,属会力之所及,宁敢后人。无如属会会员家数殊少,全体仅二十五家,内四五家虽外貌较大,其内容多系空虚,唯赖高利贷周转,而以维持目前场面,其余全恃修理为生,仅谋衣食而已。丁兹时局,我物价不断高涨,人民生计尚嫌不足,敝业物品既非日用品必需,营业是以清淡。综之敝业资力既薄,营业又□,对于派借一亿元之款,实觉心□力绌,殊深惶悚。除另文呈请汉口市"戡乱动员委员会"体念敝业困情尽予减借外,用特检附会员经济状况册一份,具呈钧会鉴纳下情,准予转恳减借,属会是当竭尽绵薄。

谨呈

汉口市钟表眼镜机行业同业公会理事长　程毅卿

附会员经济状况册一份。

37.汉口市商会为公司会员代表离开代表岗位不应再有选举权致汉口市各业同业公会

(1947 年 11 月 21 日)

案准汉口市选举事务所汉选一字第二六一号代电开,奉国民大会代表立法院立法委员选举总事务所(36)戌支京选字第四四一代电开,查前准申筛选职〇六二号代电,请核示公司会员代表离开代表岗位,其本人是否仍保有选举权一案。兹转准社会部酉陷京组三字第四五九七八号代电,复以公司行号会员代表选举权依国大选罢法第七条及立委选罢法第八条之规定,每一选举人只有一个选举权,有两个以上选举权者限参加一种,由选举人于登记选举时自行声明。各该公司行号代表既已代表公司行号行使选举权,其离开代表岗位时自不应再有选举权。准电前因,相应复请转知。等因。除分电外,相应转请查照为荷。等因。合行电仰知照。等因。除分行外,相应函希查照转知为盼。

此致

汉口市各业同业公会

汉口市商会　启

38.仙游县榜头镇商会为理事长郑清静携巨款经福州被匪劫杀灭尸兹已缉获电请主持正义致汉口市商会函

(1947 年 11 月 21 日)

汉口市商会公鉴:

本会理事长郑清静此次在台湾携带巨额公款、货款、汇票,路经福州,被同邑友人张良栋、吴超、傅秀英等劫杀灭尸,该犯潜回,向□江仙游省银行冒支汇款。案发后,三要犯均在本县缉获,此辈匪患前在台湾卷逃财物,伪造税单,冒收公款,俱经通缉有案。今敢在法治之区横行劫杀,破坏省会治安,更属罪大恶极。近闻该匪恶在仙游散布党羽,利用劫资积极谋财,敢请主持正义,力为声援,俾万恶匪凶得以早日解省归案严办,人道幸甚!

仙游县榜头镇商会 叩(寒)

39.汉口市各同业公会调整第二次会议

(1947 年 11 月 21 日)

(因社会、经济内部核示,原则有出入)

时间:十一月廿一日

地点:社会科

出席人:曾伯云(工商辅导处)、林荣葵(社会部)、陈菘(市政府)

主席:陈菘

决定事项:

(一)关于经济部推定各点,除制革部分应由市商会明令熏皮与新式制革两业公会依照《工业同业公会法》有关重要工业部分合并组织革工业公会外,至造币与面粉部分应请工商辅导处向经济部作以下申复:

1.面粉工业已筹起组织区同业公会,至买卖面粉商均系兼营煤油、火柴,仍爰保留本市煤油、面粉、火柴商业同业公会。

2.造币业本市只有华中制币公司一家,依法尚不能组织公会。

(二)关于社会部核定各项,除牙业行组部分应补叙事实上之困难,请林帮办荣葵电请社会部复核后再行办理外,理合依将定原则,克日由市府督饬合并。

散会

40.汉口市商会因抄发动员"戡乱"期间劳资纠纷处理办法致汉口市各业同业公会函(附《动员"戡乱"期间劳资纠纷处理办法》)

(1947 年 11 月 21 日)

案奉汉口市政府(36)市社字第三四四五号训令开:案奉行政院本年十一月一日六经字第44932 号训令开。查《动员"戡乱"期间劳资纠纷处理办法》业经本院制定公布,应即通饬施行,并将《复员期间劳资纠纷评断办法》予以废止。除分令外,合行抄发该办法并仰饬照。专令！ 等因。计抄发《动员“戡乱”期间劳资纠纷处理办法》一份,奉此。除分令外,合行抄发原办法,令仰知照并转行知照。等因。附抄发《动员“戡乱”期间劳资纠纷处理办法》一份,奉此。除分行外,相应抄同处理办法,函希查照转知为盼。

此致

汉口市各业同业公会

汉口市商会　启

附抄发《动员“戡乱”期间劳资纠纷处理办法》一份。

附:《动员“戡乱”期间劳资纠纷处理办法》

第一条　本办法依《动员“戡乱”完成宪政实施纲要》第五条及第十五条之规定制定之。

第二条　动员“戡乱”期间,凡工矿、交通公用事业发达之地区,为谋劳资问题之迅速处理,以安定生产秩序,均得呈准设置该地区劳资评断委员会,隶属于市县政府。

第三条　劳资评断委员会职权如下:

(一)关于工人待遇调整事项。

(二)关于劳资纠纷□□□□处理事项。

(三)关于交通□□□□□□□事业劳资纠纷之处理事项。

第四条　劳资评断委员会设委员九人至十五人,由县市政府就当地社会、经济、治安、粮食、卫生、行政主管人员及参议会、商会、总工会暨重要同业公会、产业职业工会及其他有关机关负责,分别聘派充任之,以社会行政主管人员为主任委员,综理会务,并得互推三人为常务委员,处理日常会务。主任委员于劳资发生纠纷时,得指定有关之同业公会及产业职业工会负责人充任临时委员。

第五条　劳资评断委员会应因事实之需要,随时开会,开会时遇有必要时,临时通饬有关之劳资双方派代表列席会议。

第六条　劳资评断委员会应依照当地适用之有关法令之规定,随时考察企业营业及工人生活状况,为适当之调整,以安定工人生活,维持生产,防止纠纷。

第七条　雇主或工人在未经劳资评断委员会评断以前,不得因任何劳资争议停业关厂或罢工、怠工。

第八条　劳资评断委员会之裁决,任何一方有不服从时,主管机关得强制执行,其情节重大者,并得依照《妨害国家总动员惩罚暂行条例》惩罚之。

第九条　本办法自公布之日施行。

41.汉口市财政局为第十区机器工业同业公会会员停业及未开业一案令税捐处(附第十区机器工业同业公会申请核减税额报告表)

(1947 年 11 月 22 日)

汉口市财政局局字第○二四三号

事由:为据第十区机器工业同业公会会员停业及未开业一案令仰查报凭核由。

中华民国卅六年十一月廿二日

令税捐征收处：

案奉市长徐交下第十区机器工业同业公会本年九月二十三日筹机字第〇一一三号申校机总代电，请核减会员湖北省机械厂等三十三家三十六年元至三月份营业税额一案，并附呈会员申请核减税额报告表，会员停业、未开业报告表，非会员各户报告表各一份。关于请减税额部分另案办理外，查无呈该会会员停业及未开业报告表，应由该处逐一查明是否属实，并有无欠税情事，其确系停业而应纳税款尚未完清者，应即追缴。除批复外，合行检发原附停业及未开业报告表一份，令仰遵照办理，具报为要。

此令！

局长　汤〇〇

附第十区机器工业同业公会会员申请核减税额报告表，停业、未开业报告表，非会员各户报告表一份。

第十区机器工业同业公会会员申请核减税额报告表

厂名	湖北省机械厂	顺泰	正记同益造船厂	仁昌	建国工业社	自强翻砂厂	汉渝铸造厂	民生
厂址	大智路75号	胜利街259号	公安街12号	两仪街3号	郝梦麟路	府南二路16号	武圣街	民族路90号
每月原纳税金额	九十六万元	四十五万元	三十万元	三十九万元	三十九万元	十五万六千元	十五万六千元	十五万六千元
申请减让缴税额	二十万元	五万九千元	三万一千元	三万一千五百元	十五万元	三万元	七万五千元	九万元
备考								

厂名	合兴	宝丰	新华	洪泰	李锦泰	义兴	德昌永	吴金记	聂兴隆	山泰翻砂厂
厂址	民族路90号	民族路90号	武圣街	民族路90号	府东一路106号		江汉二路80号	府东五路22号	府西路79号	沈家庙板厂巷20号
每月原纳税金额	三十万元	九万九千元	十五万六千元	十五万六千元	三万六千元	十五万元	三万一千五百元	三万九千元	三十九万元	三十万元
申请减让缴税额	三万九千元			二万四千元	二万五千元	一万元	一万五千元	一万五千元	请求免税	七万二千元
备考										

厂名	刘洪盛	彭宝泰	扬子机器厂	群力机器厂	汉益	尤顺兴	汉森	胜利	彭祥泰	张福记
厂址	大智门交易所40号	府南一路180号	扬子街25号	汉水街204号	华商街45号	公安路75号	江汉路160号	江汉二路154号	新直街53号	清芬一路58号
每月原纳税金额	四万五千元	十五万元	三十万元	四万八千元	四万五千元	四万三千五百元	六万三千元	十二万元	三万一千五百元	七万二千元
申请减让缴税额	一万五千元	二万元	八万五千五百元	二万四千元	一万五千元	二万八千元	四万二千元	八万五千五百元	二万一千元	四万五千元
备考										

厂名	协义兴	汉利	许新记	张连记	江炳兴
厂址	安乐巷17号	新马路47号	府南二路49号	自新巷11号	钟台街32号
每月原纳税金额	七万二千元	七万二千元	七万二千元	七万二千元	三万六千元
申请减让缴税额	四万五千元	四万五千元	四万五千元	四万五千元	二万四千元
备考					

原呈件检发稽征处照抄存底

第十区机器工业同业公会会员停业、未开业报告表

厂名	恒昌	义兴	方复兴	大江	炎记	湖北民生机械公司	国光	企新
厂址	长堤街61号	花楼街96号	紫竹正巷49号	南京路97号		保华街会通路口	南京路74号	江汉二路86号
每月营业流水额	二百六十万元	二百万元	一百万元	六十万元	六十万元	六千四百万元	二千六百万元	三千万元
每月纳税金额	三万九千元	三万元	一万五千元	九千元	九千元	九十六万元	三十九万元	四十五万元
不能缴税原因	停业	停业	停业	停业	停业	停业	停业	停业
备考								

厂名	顺记民生	瑞东	裕隆	义华电器厂	源锠	和兴	协记	公记联益	永固	同昌
厂址	利济路110号	江汉路54号	中山大道461号	江汉四路10号	汉水街204号	民族路92号	民族路92号	南京路29号		府东一路166号
每月营业流水额	二千万元	一千零四十万元	一千万元	一千万元	一百三十万元	一千零四十万元	一千零四十万元	四百万元	一千万元	一千零四十万元
每月纳税金额	三十万元	十五万六千元	十五万元	十五万元	一万九千五百元	十五万六千元	十五万六千元	六万元	十五万元	十五万六千元
不能缴税原因	停业	停业	停业	未开业	未开业	未开业	未开业	未开业	未开业	未开业
备考										

厂名	复华	发昌	元昌翻砂场
厂址		明星路9号	府北一路后巷
每月营业流水额	一千万元	三百三十万元	二百四十万元
每月纳税金额	十五万元	四万九千五百元	三万六千元
不能缴税原因	未开业	停业	停业
备考			

第十区机器工业同业公会非会员各户报告表

厂名	三北造船厂	汉祥	新新	民生造绳翻砂厂	力行啄石厂	力生	魏锦荣	中南汽材公司
厂址	三德街三北公司三楼	华商街41号	华商街75号	府东二路30号	府南二路3号	利济路37号	中山大道1463号	胜利街252号
每月营业流水额	五千六百万元	一千零四十万元	一千零四十万元	二千万元	五百七十万元	一千零四十万元	一百八十万元	六百八十万元
每月纳税金额	八十四万元	十五万六千元	十五万六千元	三十万元	八万五千五百元	十五万六千元	二万七千元	十万二千元
备考	非会员，营业状况不详	非会员，营业状况不详	非会员，营业状况不详	非会员，营业状况不详、地址不详	非会员，营业状况不详	非会员，营业状况不详	非会员，营业状况不详	非会员，营业状况不详

厂名	中星材料行	华盛顿	远东	飞轮	国际	新光华	汤永兴	梁永兴	张复兴	荣兴
厂址	合作路29号	大智路117号	大智路81号	保成路94号	清芬一路100号	公安路10号	洪益巷138号	存仁巷10号	利济路32号	交易横街14号
每月营业流水额	六百八十万元	六百六十万元	六百六十万元	三百二十万元	三百二十万元	一百八十万元	一百八十万元	一百三十万元	一百三十万元	三百万元
每月纳税金额	十万二千元	九万九千元	九万九千元	四万八千元	四万八千元	二万七千元	二万七千元	一万九千五百元	一万九千五百元	四万五千元
备考	非会员，营业状况不详	非会员，营业状况不详	非会员，营业状况不详	非会员，营业状况不详	非会员，营业状况不详	非会员，营业状况不详	非会员，营业状况不详	非会员，营业状况不详	非会员，营业状况不详	非会员，营业状况不详

厂名	福昌工厂	义发昌	明昌	合昌	友昌	李同昌	永丰	协丰	王兴泰	荣大
厂址	胜利街265号	长堤街870号	二曜小路52号	大江家巷3号	公安路25号	三义巷13号	大智路99号	保成路35号	清芬一路52号	江汉二路38号
每月营业流水额	四百万元	八十万元	二百一十万元	二百一十万元	二百六十万元	三百万元	二百一十万元	六百六十万元	二百六十万元	四百万元
每月纳税金额	六万元	一万二千元	三万一千五百元	三万一千五百元	三万九千元	四万五千元	三万一千五百元	九万九千元	三万九千元	六万元
备考	非会员，营业状况不详，地址亦不确	非会员，营业状况不详，地址亦不确	非会员，营业状况不详，地址亦不确	非会员，营业状况不详，地址亦不确	非会员，营业状况不详，地址亦不确	非会员，营业状况不详，地址亦不确	非会员，营业状况不详，地址亦不确	非会员，营业状况不详，地址亦不确	非会员，营业状况不详，地址亦不确	非会员，营业状况不详，地址亦不确

厂名	正太	永泰	铨成	袁鑫记	鑫记	张鑫记	戴成记	方友记	顺记	何记
厂址	黄陂路307号	保成路76号	江汉二路42号	江汉二路34号	中山大道446号	府东四路35号	三义街4号	清芬一路26号	吉庆街134号	苗家码头62号
每月营业流水额	二百一十万元	二百一十万元	二百一十万元	二百一十万元	二百一十万元	二百一十万元	三百万元	三百万元	四百万元	二百一十万元

（续表）

每月纳税金额	三万一千五百元	三万一千五百元	三万一千五百元	三万一千五百元	三万一千五百元	三万一千五百元	四万五千元	四万五千元	六万元	三万一千五百元
备考	非会员，营业状况未详，且地址不确	非会员，营业状况未详，且地址不确	非会员，营业状况未详，且地址不确	非会员，营业状况未详，且地址不确	非会员，营业状况未详，且地址不确	非会员，营业状况未详，且地址不确	非会员，营业状况未详，且地址不确	非会员，营业状况未详，且地址不确	非会员，营业状况未详，且地址不确	非会员，营业状况未详，且地址不确

厂名	宋春记	运昌	鸿兴	合记义兴昌	惠通	李新周	李万发	宋文山	中华磅厂	南方
厂址	清芬一路29号	天津路20号	江汉四路11号	堤街139号	中山大道484号	中山大道1647号	中山大道600号	中山大道1843号	黄陂街	黄陂街381号
每月营业流水额	二百一十万元	一百二十万元	三百万元	一百一十万元	一百一十万元	二百一十万元	一百三十万元	二百一十万元	二百一十万元	二百一十万元
每月纳税金额	三万一千五百元	一万八千元	四万五千元	一万六千五百元	一万六千五百元	三万一千五百元	一万九千五百元	三万一千五百元	三万一千五百元	三万一千五百元
备考	非会员，营业状况不详，地址亦不确	非会员，营业状况不详，地址亦不确	非会员，营业状况不详，地址亦不确	非会员，营业状况不详，地址亦不确	非会员，营业状况不详，地址亦不确	非会员，营业状况不详，地址亦不确	非会员，营业状况不详，地址亦不确	非会员，营业状况不详，地址亦不确	非会员，营业状况不详，地址亦不确	非会员，营业状况不详，地址亦不确

厂名	赓基行	周德顺	立天	万昌	金义兴	杨文记	张森记	毛兴盛	邹汉昌翻砂厂	曹泰昌翻砂厂	汪永兴翻砂厂
厂址	南京路17号	长堤街740号	南京路44号			扬子总巷5号	扬子总巷23号	新直街25号	德润里48号	二曜小路55号	黄孝河3号
每月营业流水额	二百二十万元	二百二十万元	四百六十万元	一百万元	一百六十万元	一百六十万元	六十万元	一百二十万元	二百四十万元	一百万元	二百四十万元
每月纳税金额	三万三千元	三万三千元	六万九千元	一万五千元	二万四千元	二万四千元	九千元	一万八千元	三万六千元	一万五千元	三万六千元

（续表）

备考	非会员，营业状况不详，地址亦不确	非会员，营业状况不详，地址亦不确	非会员，营业状况不详，地址亦不确	非会员，营业状况不详，地址亦不确	非会员，营业状况不详，地址亦不确	非会员，营业状况不详，地址亦不确	非会员，营业状况不详，地址亦不确	非会员，营业状况不详，地址亦不确	非会员，营业状况不详，地址亦不确	非会员，营业状况不详，地址亦不确	非会员，营业状况不详，地址亦不确

42.汉口市营造工业同业公会因调整工人工资一案通知各会员

（1947 年 11 月 22 日）

案奉汉口市政府三十六年十一月十七日（三十六）市社字第二七一二号训令开：据工业职业工会呈请调整工人工资一案，业经本市劳资评断委员会于十一月八日第四十六次会议执行评断决议，杉木锯工工资规定，底薪每方一元二角，伙食在内（松、柳、杂木等工资，根据原有惯例比照上项杉木底薪推算）；点工八角八分，伙食二角，自三十六年十月二十四日起，按月依照市府公布之工人生活指数调整。等语，记录在卷。除分令外，合行令仰该公会转饬所属各业一体遵照为要。此令！等因，奉此。除分函外，相应录案通知查照为荷。

此致

会员

43.汉口市营造工业同业公会为奉市府令转发调解泥木工人工资办法抄同原记录请查照办理通知各会员营造厂（附汉口市泥瓦及木作工人请加工资调解会议记录）

（1947 年 11 月 22 日）

汉口市政府社字第七四四四号指令开：呈悉，本案业经召集调处解决，并已取得劳资双方同意及记录在卷。除分别函令外，特抄录原调解记录，仰即迅行遵照为要。此令！等因，附抄发调解会议记录一份，奉此。泥木工人增加工资，本会前见奉市工人报载有是项消息，曾以营字第一一五号通知在案，兹奉前令，相应抄同原记录一份送请查照办理为荷。

上通知

贵会会员营造厂

理事长　彭曜棠

附抄发原记录一份。

附：汉口市泥瓦及木作工人请加工资调解会议记录

（1947 年 6 月 13 日）

地点：市政府招待室

时间：三十六年六月十三日下午三时

出席人：范曦、周荣新、潘益卿、冯柏椿、陈茂卿、韩禾青、徐国栋、刘告廷、袁郎纪、郭玉山、

冯汉清、杨宏安、喻思九

主席:喻思九

甲、报告事项(略)。

乙、调解结果:

1.泥瓦及木作工人工资每日增为一万六千元,伙食每日增为三千元。

2.此次调整之工资,自农历三十六年五月初一日起实行,嗣后调整时间仍照旧例,以农历五、八、腊三节为准。

丙、散会。

44.汉口市商会为转知禁止使用“联合国”为徽记及名称致汉口市各业同业公会

(1947 年 11 月 24 日)

案奉汉口市政府市社字第三三〇六号哿代电开:“据本府社会科案呈经济部京商字第六六〇六一号训令开,案准外交部卅六年八月十一日条三六字第一六六九一号函,以准联合国秘书处来函,请我国对防止联合国徽记及名称之滥用采取适当措施一案,请查照办理见复。等由。查该案暨经联合国大会决议通过,我国自当切实遵守。兹特规定,凡以营利为目的而为公司或商号之设立者,一律不得使用‘联合国’(United Nations)字样为名称,其商品并不得以联合国徽记为商标。除分行外,合行令仰遵照,并饬属遵照。等由。合行电仰遵照,并饬属遵照。”等因,奉此。除分行外,相应函希查照转知为盼。

此致

汉口市各业同业公会

汉口市商会　启

45.武汉经济调查委员会为请尽量供给票据交换资料致汉口钱业公会函

(1947 年 10 月 24 日)

查本会调查工作进行以来,荷承各界热烈协助,所获宝贵资料甚多。惟对票据交换之有关资料尚未收集,兹特派本会金融物价组杨士英同志前来,即请查照,将有关事项资料惠予尽量供给,并赐指导为荷。

此致

汉口钱业公会

武汉经济调查委员会　启

46.汉口市“戡乱动员委员会”为南酒同业公会呈请豁免借款仍希设法筹集致汉口市商会

(1947 年 11 月 25 日)

径启者。十一月二十一日大函诵悉,该南酒同业公会困难各节自属实情,本会亦深具同感。唯以□压境，足以危害吾人生命财产之安全，岂能坐视，自应遵照政府指示，及时筹组自卫武力，以赴事机，仍望一本救人自救之初衷，共体时艰，勉力从事。该公会所借之数即希设法筹集汇缴，以济急需，用特函复，即希转饬查照办理，毋任盼祷。

此致

汉口市商会

主任委员　何成浚

副主任委员　徐源泉、夏斗寅

47.汉口市商会为各业商议捐献警卫基金致汉口市“戡乱动员委员会”函

（1947年11月26日）

公　函

案准贵会戡总劝字第九〇号代电，为借助警卫经费基金，抄同借户名册副本一份，嘱协助催缴。等由。业于本月二十日召集各业公会代表来会商议，经衡夫报告借助基金意义暨贵会各委员致辞后，同伸感戴，佥以建设自卫武力保护地方，商人极表拥护，均愿自动捐献警卫经费基金，不必采用借助办法，以免将来重费筹措还款之手续。按照目前商业环境，依据借款数务恳减为三成缴纳，原谅商业之凋敝，俯准下情。惟自经决定之后，各业愿负责收齐缴纳，如有不明大义、顽固拖延者，则由各公会开具牌名、地址及应摊认捐献之数，报请“戡乱动员委员会”予以协助，或作有效收取之办法，以便应用。等语，记录在案。准电前由，相应录案函达，请烦查核办理见复为荷。

此致

汉口市“戡乱动员委员会”

理事长　贺衡夫

48.汉口市银行商业同业公会第二十八次理监联席会议记录

（1947年11月27日）

时间：三十六年十一月二十七日（星期四）下午二时

地点：本会会议室

出席人：叶启章、龚榕庭（严保三代）、赵忍安、黄卓如、崔思恭、刘志堂、王秀培、吴煦义、陈安性、邹安众、甘助予（曾明章代）、周勉、徐振（以到会先后为序）

主席：邹安众

记录：周息久

甲、报告事项

本会房租刻与房主万诵芬堂订妥租约，自三十七年起每月租金二百万元，期限一年，一押一租，今年行□两租业已一次付讫。

乙、讨论事项

一、本周日□如何拟订，请讨论案。

决议：无变动。

二、汉口直接税局对于特种营业税，限于本（十一）月底以前申报本会，已电银联会请示，可否俟得银联会复电，再行转知讨论案。

决议：除电银联会外，并函复税局。

三、本会十二月份预算经财务委员会审核，请通过案。

决议：通过。

四、汉口市“戡乱动员委员会”以武汉国防工事建筑需要，迫切□向本会洽借二十亿元，由该会认息归还，等由。如何摊借，请讨论案。

决议：先决定摊借原则如下：

（1）战前开□之银行及总行在汉者为甲级；

（2）复员后第一二年内复业之银行为乙级；

（3）今年开业之银行为丙级；

（4）省银行照甲级三倍，市银行照甲级二倍；

（5）请理事长洽商借款数目及借款方式并担保手续后再提会议。

临时动议：

一、战前存款既可由存户请求增加给付，各行战前放款可否援例□□，以资救济，请讨论案。

决议：电银联会请示，并请转呈政府速定处理办法。

二、本会联营处交易时间现与前会时间略有冲突，可否改为下午一时半至二时半，请讨论案。

决议：通知各行照办。

丙、散会。

49.武穴商会为电知本会第二届理监事就职日期致汉口市商会代电

（1947 年 11 月 27 日）

汉口市商会公鉴：

查本会第一届理监事任期届满，经呈准于本年十一月二十五日在本会大礼堂召开会员代表大会，依法改选。当场票选卢鉴千、魏象文、张沛成、廖炳星、伍子钧、吴品珍、胡承有、金辅南、任寿彭等九人为理事，互推卢鉴千、魏象文、张沛成三人为常务理事，复互推卢鉴千为理事长。又票选程青云、刘寿眉、胡贤彬、吕坤光、刘志诠等五人为监事，复经互推程青云为常务监事，记录在卷。鉴千等均于同日就职。除呈报暨分电外，相应电请查照，敬希时赐南针，以匡不逮是荷。

武穴商会理事长　卢鉴千　戌感印

50.汉口市银行商业同业公会临时理监联席会议记录

（1947 年 11 月 28 日）

日期：三十六年十一月二十八日（星期五）下午二时

地点:本会会议室

出席人:王秀培、赵忍安(李自中代)、吴煦义、叶启章、黄卓如、龚榕庭(严保三代)、刘志堂(朱鹏飞代)、崔思恭、邹安众、王冠卿(魏伯周代)、甘助予(曾明章代)、熊裕(徐振代)(以到会先后为序)

主席:邹安众

记录:周息久

甲、报告事项(略)。

乙、讨论事项

一、汉口市"戡乱动员委员会"借款本会摊借原则业经昨日例会决定,惟认借数额亟待解决,应如何推销认借,请讨论案。

决议如下:

(1)函复认借十五亿元。

(2)照第二十八次理监会议决定原则,省银行摊借一亿三千三百万元,市银行摊借八千一百万元。

战前设立及总行在汉者,浙兴、聚兴诚、盐业、金城、上海四明、浙贵、中宝、大陆、中南、中国、农、工、中国国货、四川美丰、广东文孚、汉口商业、川康平民、新华、泰裕、永利、同济信托公司等二十一家,每家各摊借四千一百万元,共为八亿六千一百万元。

三十四、五年设立者,和成、中国工铁、重庆商业、长江、复兴、亚西、开源、四川农工、通惠、川益、四川建设、巴川、兴文、聚康、济康等十五家,每家各摊借两千一百万元,共为三亿一千五百万元。

三十六年设立者,华康、孙康、昆明、和平、谦太豫、汇通、建业、茂华、中国侨民、益叶等十家,每家各摊借一千一百万元,共为一亿一千万元。

共总一十五亿元。

(3)期限以一个月为限。

(4)推省银行为代表行,并由代表行向该会洽妥借款方式及利息等项。

(5)以市政府出面借款。

(6)市银行为承还保证人。

(7)以自卫特捐及自卫经常捐为还款来源。

(8)利息四分五厘。

二、汉口市工商小本贷款委员会决定:贷款基金六亿元由银、钱两业各认借二亿五千万元,分两期交款。查去岁武汉工商小本贷款本会分配贷款办法,系由国家银行五家共认一半,商业银行三十三家共认一半,此次贷款究应如何摊借,请讨论案。

决议:

(1)中国、交通、农民、邮政、合作金库、湖北省六家共认一半,计一亿二千五百万元,每家各摊借二千零八十三万三千三百三十四元;

(2)商业银行四十七家(外商未计)共认一半,计一亿二千五百万元,每家各摊借二百六十五万九千五百七十五元。

三、本会联营处交易时间已改为下午一时半至二时半,以后例会可否改为下午三时开会,请讨论案。

决议:照办。

丙、散会

51.湖北全省商会联合会工作人员简历册

(1947 年 11 月)

职别	理事长	代理事长	书记兼主任秘书	秘书	科员	第一科科长	会计员	出纳员
姓名	沈岐生	胡菊芳	郑正	王思古	陈自荧	梁欣忠	柳孝成	范侠斌
性别	男	男	男	男	男	男	男	女
年龄	□□	□□	三二	三三	二七	三三	三二	一九
籍贯	巴东	黄陂	恩施	恩施	光化	昌平	黄陂	浙江
学历	日本明治大学毕业	汉口青年会商业专校毕业	杭州之江文理学院中国文学系毕业,军委会战时工作干部训练团毕业	大夏大学文学系毕业	国立师范学院肄业	北平市立一中毕业,中央军校第十四期毕业	省立第一高商毕业,国立师范学院肄业	国师毕业,会计班毕业,师范专□肄业
经历	曾任国会议员及县长等职	曾任商会理事长、清江中学校董	曾任编译战区政治部中校秘书、视察专员、县府主任秘书、省府社员股长秘书	曾任县府科长、师司令部秘书	曾任教员及教务主任	曾任连长、营长、团副、政治指导员等职	曾任省府财厅科员、六战区招训所主办会计、省田管处会计员	曾任会计佐理员
备注								

(续表)

职别	科员	科员	事务员	录事	录事	录事	录事	常务理事兼第二科科长	科员	科员
姓名	沈子清	陈克忠	张光同	唐济美	许永成	高学广	陈冠雄	奚靖波	全辉	叶清泉
性别	男	男	男	男	男	男	男	男	男	男
年龄	二七	二四	二九	□□	二六	二五	□□	三一	二五	二八
籍贯	竹山	公安	江陵	四川	陕西	枣阳	恩施	光化	竹山	鹏峰

（续表）

学历	省立第八高中及农学院毕业	湖南沣县中学毕业，军委会军训部西南游干训班第七期毕业	行伍	初中肄业	县立初中肄业，四九师军事连一期毕业	南阳中学、省干训团社会班毕业	恩施县立初中毕业		初中毕业，行政及训练班毕业	中学及省干训团党政班毕业
经历	曾任青年团股长	曾任排长、连长、上尉副官、中队长、区队长、科员	曾任省干训团特务长及采办员	曾任文书、上士、雇员、办事员等职	曾任文书、上士、准尉、司书少尉、录事中尉、处员	曾任乡合作社副理	曾任雇员职务		曾任教员及训练处科员	曾任鹤峰、采凤县府科员等职
备注										

（续表）

职别	常务理事兼第三科科长	科员	商事公断处处长	评议员	评议员	评议员	评议员	评议员	评议员	评议员
姓名	胡菊芳	谢邦钰	吴屏卿	魏连三	陆昨青	施炳煌	胡荣卿	袁隆希	武星三	萧颖生
性别	男	男	男	男	男	男	男	男	男	男
年龄	□□	二五	三八	四二	三六	五八	五六	四三	□□	五二
籍贯	黄陂	潜江	恩施	均县	竹溪	安徽	荆门	枣阳	保康	兴山
学历	中学及省干训团党政班毕业	第二□师毕业	上海港大学城区商业学院毕业	武昌商科大学	初中毕业	中学毕业	不详	高等小学毕业	襄阳初中毕业	私塾
经历	曾任鹤峰、采凤县府科员等职	曾任教员、科员等职	曾任宜昌商业学院教员、《申报》通讯员、商会理事长	曾任连长、区长、商会主席及理监事等职	曾任委员	前商会执委	曾任宜城财委会委员长、县银行筹备主任	曾任商会会长	曾任保康财务保管委员及商会主席	现任商会主席
备注										

中华民国三十六年

52.汉口市国药商业同业公会、汉口市中药炮制业职业工会为改善职工待遇通告

(1947 年 11 月)

查本业劳资情谊向极融洽,素本互助、互爱、互信之精神,共同维护业务之扩展。前为货物膨胀,影响职工生活,于三六年四月两□准各级职工之请求,协议改善职工待遇,订立规约。经呈奉市府核准实施,由两会会衔通告各会会员遵行在案。于本年二月复受物价波动,暂行酌予调整,以符政令。继因本年九、十两月份各种物价继续上涨,更行剧烈。各职工为生活无法维持,呈请增加工资,以维生计。复经两会本劳资兼工、□及精诚合作之初衷,由双方推派代表数度研讨,旋经协商,自十月份起,按照本年二月份暂时调整各级工资数额,以四倍计算,分别发给。关于检米贴(即提成)暨一年终酬劳、红利,仍照原规约实施,但各号另有优待各级职工情形不在此限。除已经两会会衔通告实施外,并呈报市府备案。旋奉汉口市政府(卅六)市社字第三二九九号指令内开,为呈寄劳资协定改善职工待遇规约及调整工资表,请签核备查。等情。呈件均悉,准予备查,仰即知照。此令!等因,奉此,自应遵照。除受两会会同协定规约另行分□外,合亟录令,再行会衔通告。仰我劳资双方会员仍本历年互助、互爱、互信之初衷,共同遵守,以示团结,共图业务进展为要。此告!

汉口市国药商业同业公会理事长　徐海珊　常务理事长　萧焕堂
汉口市中药炮制业职业工会理事长　曾禹山　常务理事　胡海涛

53.汉口市商会为抄送《修正营业牌照税法》及《修正房捐条例》致各业同业公会(附《修正营业牌照税法》及《修正房捐条例》)

(1947 年 11 月)

汉口财政局卅七财字第 0059 号公函内开:"案奉财政部三十六年十一月廿□日财参字第一九〇三四号训令开,查《营业牌照税法》《使用牌照税法》暨《房捐条例》业经国民政府分别命令修正公布,刊载本年十一月十四日第二九号《国民政府公报》。除分令外,合行抄发各该修正税法暨条例,遵照并转饬遵照。此令!等因。附抄发《修正营业牌照税法》《修正使用牌照税法》暨《修正房捐条例》各一份,奉此。查各该项税捐,依据征收条例,均系按季或按年查征。本年度行将终了,不及实施,经提请汉口市政府第十三次市政会议讨论议决,自三十七年一月一日起施行,记录在卷。除令饬本局各税捐稽征处遵照办理外,相应抄送各该修正税法暨条例,函请查照转饬知照为荷。"等由,准此。除将《修正使用牌照税法》函知有关公会请查照外,相应抄同《修正营业牌照税法》及《修正房捐条例》各一份,函希查照转知为盼。

此致

汉口市各业同业公会

汉口市商会　启

附抄送《修正营业牌照税法》及《修正房捐条例》各一份。

附 1:《修正营业牌照税法》

三十六年十一月　国府公布

第一条　各市县征收营业牌照税依本法之规定。

第二条　各种商业均征收营业牌照税,但不得以其他任何名目增收附加税捐。

第三条　凡经营商业者,应于营业开始前开具下列事项,申请营业牌照,税收征收机关调查登记,制定税额征收款,发给营业牌照后方得开业。

一、营业税种;

二、商号名称及所在地;

三、营业人姓名、籍贯及住所;

四、营业资本额;

五、如公司组织,其公司注册之年月日及登记号数。

前项营业牌照每年换发一次,于每年度开始第一个月内换发之,继续营业之商号于换领营业牌照时,应重行申报其资本额。

第四条　营业牌照税,应按资本额及营业种类划分等级课税。前项资本额,以其原报资本额或实收股本加入公积、准备、盈利、滚存等项合并计算之。

第五条　营业牌照依前条分级课税,其税率最高级不得超过其资本总额千分之三十。

第六条　凡同一商号兼营数种营业其税级不同者,以其中最高税级之营业课税。但资本、账簿、会计能完全划分者,得分领营业牌照分别课税。

第七条　下列各种营业得分别减免其营业牌照税。

一、纯粹官营之各种商业照原税额减除百分之二十;

二、产销合作社专销其社员产品者照原税额减除百分之十;

三、依公司法组织注册登记者照应纳税额减征百分之二十;

四、消费合作社专对社员营业者及监狱工场或慈善团体附设工场之销售所专销其手工产品者,均免征营业牌照税,但仍须请领牌照,酌收工本费。

第八条　工场就其厂内屯售产品免征营业牌照税,但设立门市部零售产品或于厂外另设营业所者,仍应照征营业牌照税。

第九条　官商合营之各种商业,均应照征营业牌照税。

第十条　营业牌照税按年征收,其在年度开始半年以后开业者减半征收之。

第十一条　营业牌照不得转卖、让与或借用。

第十二条　凡歇业者,应将牌照缴还注销,其迁地营业、增资、改组、变更营业种类,或由承继人继续营业者,应将旧照缴销另行纳税,重领新照,但增加资本或变更营业种类者,其原纳税额得扣除之,迁地营业者得□收工本费。

第十三条　征收机关对应纳营业牌照税之营业,必要时得检查有关物件、簿册、书据等项。

第十四条　违反本法第三条第一项之规定,未经请领营业牌照便行营业者,除勒令停业外,并处以应纳税款二倍至五倍之罚款;违反本法第三第二项之规定,于年度开始后□□迁地营业、增资、改组、变更营业种类而未换领新照者,除责令补缴应纳税款换照外,并处以应纳税款一倍至三倍之罚款。营业人申报资本额不实或蒙报营业种类希图短税者,除责令补税换照外,处以短纳税额二倍至五倍之罚款;依照前二项之规定经责令补充换照,而不于十五日内缴税换照者，得勒令停业；违反本法第十一条之规定转卖、让与或出借营业牌照者，处以五十万元以下之罚款；歇业而不将原牌照缴销者，处以十万元以下之罚款；对于征收机关依本法第三条之规定实施检查如抗拒者，处以五万元以下之罚款，情节严重者，并得勒令停业。前三项之罚款，不适用罚金罚款提高标准条例之规定。

第十五条　本法之罚款由法院以裁定行之。对于前项裁定得于五日内抗告，但不得再抗告。法院得酌定期限令受罚人缴纳罚款，逾期不缴者强制执行之。

第十六条　营业牌照税征收细则由各省市政府依照本法分别拟定，请财政部核定之。

营业牌照税之征收率由市县政府依法分别拟定，提经市县参议会议决，呈转财政部备案。

第十七条　税源不旺地区，得经市县参议会议决，由省政府核定免征之，并转报财政部备案。

第十八条　本法自公布日施行。

附 2:《修正房捐条例》

三十六年十一月　国府修正公布

第一条　各市县征收房捐，依本条例之规定。

第二条　凡未依土地法征收土地改良税之市县政府所在地及其商业集镇之房屋，均得征收房捐，其征收范围及免征标准由市县参议会议决，经市县政府呈省政府核准，并报财政部备汇，院辖市应经行政院核准。

第三条　房捐向房屋所有人征收之，其设有典权者，向典权人征收。

第四条　房捐率如下：

一、营业用房屋出租者，不得超过其全年租金百分之二十，自用者不得超过其房屋现值千分之二十。

二、住家用房屋出租者，不得超过其全年租金百分之十，自用者不得超过其房屋现值千分之六。

凡发生房屋恐慌之都市，经市县参议会之议决，得征收空房捐，分别按营业房屋、住家房屋比照前项各类自用房屋捐率加倍征收之，征收空房捐之都市与□□征收空房捐期间新筑之房屋应免征其房捐一年。

第五条　房捐依地方习惯得按月或按季定期征收之。

第六条　出租房屋应征捐额以其租约新载之租金及押租利息合并计算，其以实物为押租者，按时值估定之。自用房屋应征捐额，依前项押租利息，应参照当地银行、钱庄定期存款利率计算前项租金或房屋现值，征收机关认为不实时，得予估定。如有争执，得交由房屋评价委员会评定之，房屋评价委员会组织、规程由财政部定之。

第七条　凡转租之房屋，其转租租金超过原租金者，其超过部分应纳房捐由转租人负担。

第八条　出租或转租之房屋应纳房捐得由承租房客代缴，抵付房租。但第七条应纳之房捐向转租人征收之。

第九条　出租房屋应自出租之日起十日内，由出租人申报租额。自住房屋应自居住之日起十日内申报房屋现值，房主申报之。

第十条　房屋所有权人或其典权人隐匿房屋不报或以不正当方法希图短漏捐额者，除责令补缴应纳捐额外,并照短缴捐额处以三倍以下之罚款,转租人隐匿不报或短漏捐额时亦同。

第十一条　房捐逾征收期限延宕补缴者,依下列情形分别加收滞纳金,逾期三个月以上者,主管征收机关并得移请法院追缴之。

一、逾限一月者照所欠捐额加征滞纳金十分之二;

二、逾限二月者照所欠捐额加征滞纳金十分之五;

三、逾期三月以上者照所欠捐额加征滞纳金一倍。

第十二条　本条例之罚款,由法院裁定行之。对于前项裁定得于五日内抗告,但不得再抗告。法院得酌定期限令受罚人缴纳罚款及应追缴之金额,逾期不缴者,强制执行之。

第十三条　房捐征收细则由省市政府依本条例分别修订,送请财政部备案。房捐之征收率由各县市政府依法分别拟定,提往市县参议会议决,由省市政府报请财政部备案。

第十四条　本条例自公布日施行。

54.汉口市商会为请造送选举人名册案致汉口市纱业同业公会函

(1947 年 11 月)

查选举权证业经填写完竣,依照选举事务所座谈会议之规定:(一)发交各基层单位具领,转发各个审查合格之会员。(二)转发时应注意具领手续,并在具领人之身份证右角加盖蓝色“发”字。(三)选举权证以贴具照片为原则,无照片者一律加盖右拇指模。等由。除分行外相应函希查照,即日派员持同领据,来会领取选举权证,依照规定迅速转发各会员为盼。

此致

汉口市纱业同业公会

速!

汉口市商会　启

今领到汉口市　　业同业公会选举权证　　份。

(会戳)　　具　月　日

经手人

55.华中区商业团体国大代表候选人吴千里简历

(1947 年 11 月)

华中区商业团体国大代表候选人

姓名:吴千里

年龄:四十一岁

籍贯:河北

学历:河北高等工业学校毕业

简历:

曾任重庆大同贸易行总经理、

诚信贸易行总经理、

大兴工业公司总经理、
华南印刷公司总经理、
义华化学工业公司总经理
现任汉口市肥皂工业同业公会理事长、
美华化学工业公司总经理、
湖北省工业协会理事、
湖北省工业协会工资审议委员会主任委员、
汉口市孤儿院董事、
汉口市冬赈救济委员会委员、
长江农产运销公司总经理、
建成印刷公司监察
尊重神圣选政,实行民主,发挥选举真谛,替商业同仁争取光荣!
崇尚节约,不作无谓应酬为竞选工具。
通讯处:汉口统一街三二九号

56.汉口市旅钱商业同业公会为请“戡乱动员委员会”减让本市自卫基金之借助致各旅社、饭店、客栈函

(1947 年 11 月)

通知,案准汉口市商会函开,查筹备自卫基金一案前经本会于十一月二十日召集各业代表会议决议,请减少数目,以捐作借,拟捐献三成。等语。经函准汉口市“戡乱动员委员会”戡总字第 126 号代电复开,公函诵悉,查贵会各同业对此项本市自卫基金之借助,申请变更,认捐三成一节与本会历次决议案不符,未便照办。本会原定劝借基金总额为五百亿元,如以贵会三成捐助例推,则杯水车薪,无济于事。须知□□流窜无常,保卫地方为当前急务,本市国防工事业已开始建筑,需费尤属孔急,贵会应洞悉皮之不存毛将焉附之古训,本“戡乱”第一、自救救国之旨,全力以赴,似不能袖手旁观,因循拖殆。兹准前由,姑予照原配借额以八成计算捐助,订于文到一星期内向指定银行、钱庄缴足,万勿再延,致有碍“戡乱”工作进行。希即转知各同业,共体时艰,如限捐助见复为盼。等由,准此。复于十二月三日召集各借款人在本会开谈话会,经决议,通知各借款人先按原筹借额捐献五成,限于十二月十五日以前送缴指定银行、钱庄,其余之数要求“戡乱动员委员会”减让。如有逾限不缴款者,由各借款单位开列牌名、地址、款数,送交“戡乱动员委员会”直接催收等语,记录在案。除转函汉口市“戡乱动员委员会”并分行外,相应录案,函希查照,迅予办理,万勿延忽。等由,准此。查筹备自卫基金一案,原定本案担任一亿元,并经会议决定,各按旅栈捐数三倍摊派,于本年十一月十日分别通知,照缴在案。现在商会既经决定,各借款人应按原筹借额捐献五成,并限十二月十五日以前送缴指定之银行、钱庄。商业银行、市银行、泰裕银行、钱业公会自应遵照缴送。兹查贵处应缴之五成,相应函希查照办理,或仍送由本会收转亦可。

此致

旅社、饭店、客栈

汉口市旅钱商业同业公会　启

12 月

1.汉口市钱庄业同业公会为整借自卫经费基金二十亿元一案致各钱庄银号函

（1947 年 12 月 2 日）

案查汉口市“戡乱动员委员会”向本会处借自卫经费基金二十亿元一案，迭经开会讨论在案。本月一日复嘱该会十一月十九日函□开，刻自卫武力业已着市组织，云云，以备提用。等由，到会。事关本市治安，未容再事犹豫，经提经本会本月二日第四十三次理监联席会议议决，暂垫借十亿元，每庄号分担一千万元，其不足之数由会凑齐。等语，记录在卷，自应照案实行。除分知外，相应函达查照，希即将该款如数送会，以凭汇缴为荷。

此致

钱庄、银号

（会戳）启

钱庄、银号暂垫“戡乱”自卫武力经费国帑一千万元整。

此据

年　月　日

2.汉口市商会为转知行政院第三十次会议决议致各业同业公会

（1947 年 12 月 3 日）

汉口市政府 36 市军字第一〇四八号代电开：案奉行政院 36 年四防字第四三六三号训令开，查豫、鄂、湘、赣、皖、苏六省“剿匪”检讨会议，中国国防部□□组织各省市县“戡乱建国动员委员会”案，业经提出，本拟十一月十八日本院第三十次会议决议：一、中央动员□务由行政院主办，不另设机构。二、各省（市）县准成立“戡乱建国动员委员会”，以民意机关之□□为主持人，其组织由各省市县自定之。三、“戡乱建国动员委员会”之任务如下：（一）加强民众组训与地方自卫武力；（二）发动地方人力、财力、物力从事于“戡乱建国”；（三）鼓励人民从军；（四）沟通军民关系，加强军政配合；（五）慰劳国军、救济难民；（六）推行绥靖政策。等语，记录在卷。除分行外，令仰遵照，并转饬遵照。等因。除分行外，电仰遵照并转饬遵照为要。等因，奉此。除分行外，相应函希查照。

此致

汉口市各业同业公会

汉口市商会

3.汉口市商会为筹借自卫基金一案致汉口市纱商业同业公会函

(1947年12月5日)

查筹借自卫基金一案,前经本会于十一月二十日召集各业代表会议决议,请减少数目,以捐作借,拟捐献三成。等语。经函准汉口市"戡乱动员委员会"戡总字第一二六号代电复开:公函诵悉。查贵会各同业对于此项本市自卫基金之借助,申请变更,认捐三成一节与本会历次决议案不符,未便照办。本会原定劝借基金总额为五百亿元,如以贵会三成捐助例推,则杯水车薪,无济于事。须知□□流窜无常,保卫地方为当前急务。本市国防工事业已开始建筑,需费尤属孔急,贵会当应洞悉皮之不存毛将焉附之古训,本"戡乱"第一、自救救国之旨,全力以赴,似不能袖手旁观,因循拖殆。兹准前由,姑予照原配借额以八成计算捐助,仰于文到一星期内向指定银行、钱庄缴足,万勿再延,致有碍"戡乱"工作进行。希即转知各同业,共体时艰,如限捐助见复为盼。等由,准此。复于十二月三日召集各借款人在本会开谈话会,经决议,通知各借款人先按原筹备额捐献五成,限于十二月十五日以前送缴指定银行、钱庄,其余之数要求"戡乱动员委员会"减让。如有逾限不缴款者,由各借款单位开列姓名、地址、款数,送交"戡乱动员委员会"直接催收。等语,记录在卷。除转函汉口市"戡乱动员委员会"并分行外,相应录案,函希查照,迅予办理,万勿延忽为盼。

此致

汉口市纱商业同业公会

最速件!

汉口市商会　启

4.汉口市商会为按原定方法筹借自卫基金致药油贩运业同业公会

(1947年12月5日)

查筹借自卫基金一案,前经本会于十一月二十日召集各业代表会议决议,请减少数目,以捐作借,拟捐献三成,等语。经函准汉口市"戡乱动员委员会"戡总字第一二六号代电复开:公函诵悉。查贵会各同业对于此项本市自卫基金之借助,申请变更,认捐三成一节与本会历次决议案不符,未便照办。本会原定劝借基金总额为五百亿元,如以贵会三成捐助例推,则杯水车薪,无济于事。须知□□流窜无常,保卫地方为当前急务。本市国防工事业已开始建筑,需费尤属孔急,贵会当应洞悉皮之不存毛将焉附之古训,本"戡乱"第一、自救救国之旨,全力以赴,似不能袖手旁观,因循拖殆。兹准前由,姑予照原配借额以八成计算捐助,仰于文到一星期内向指定银行、钱庄缴足,万勿再延,致有碍"戡乱"工作进行。希即转知各同业,共体时艰,如限捐助见复为盼。等由,准此。复于十二月三日召集各借款人在本会开谈话会,经决议,通知各借款人先按原筹借额捐献五成,限于十二月五日以前送缴指定银行、钱庄,其余之数要求"戡乱动员委员会"减让。如有逾限不缴款者,由各借款单位开列姓名、地址、款数,送交"戡乱动员委员会"直接催收。等语,记录在卷。除转函汉口市"戡乱动员委员会"并分行外,相应录案,函希查照,迅予办理,万勿延忽为盼。

此致

汉口市药油贩运业同业公会

汉口市商会　启

5.汉口市机制卷烟工业同业公会为筹备自卫基金一案致汉口市商会函

（1947 年 12 月 6 日）

案准贵会本年十二月五日函，以筹备自卫基金一案，复于十二月三日召集各借款人在本会开谈话会，经决议，通知各借款人先按原筹借额捐献五成，限于十二月十五日以前送缴银行、钱庄，其余之数要求“戡乱委员会”减让。等语，记录在卷。嘱即查照，迅予办理。等由，准此。查本案前准汉口市“戡乱委员会”本年十一月八日戡字第五八号通知，以警卫经费基金分派本会负担十亿元，嘱早日如数借助。等由。当经召集全体会员大会商讨认借数目及分配办法，经决议，佥以此项借款系为“戡乱救国”保护地方之用，本会会员自当尽力以赴，俾符有钱出钱、有力出力之旨。唯以本业现虽有二十八家，其中已开者仅十余家厂，且各厂资本额高者不过二三亿元，低者数千万元。加之近来原料高涨，销路阻碍，由此而停工者亦有数厂。兹奉派十亿元之借款，每厂需摊负数千万元，实感数目过巨，委属无力担负。经会商，恳汉口市商会转请汉口市“戡乱委员会”核减为三亿元，以轻担负而舒缓商困。等语，记录在卷。准函前因，相应函达，即希贵会查照，俯赐转请核减本会担负该项借款为三亿元，以恤商艰为祷。

谨致

汉口市商会理事长贺

理事长　司徒壮

十二月六日

6.汉口市脚踏车商业同业公会为呈请从轻议减派款致汉口市商会函

（1947 年 12 月 6 日）

窃属会奉令成立迄今已届两载，陆续除收歇外，现有加入同业共计一百八十五家，而正式批发车行仅有同昌、应元记、裕昌、得利、老升大五家，贩卖为业，下余一百八十家多数开设里巷口，并无行牌，专以修理附带租赁维持生计。每家脚车旧式六辆，按照上年度评定资本额，以每家计算，不过一百数十万元，合而计之，不及一家正式商店之资本雄厚，且行主多系工友出身，除五家批发勉力负担，而多数小同业每家应摊一百数十万元资本缴纳数十万元借项，不但无力负担，而以劳力之资贫乏，生活不无走上绝境。况属会所辖脚车业务，毫无生财可言，与其他任何业务难以比□，虽会属商业，完全工业性质。只得将同业状况以及痛苦代表呼吁，恳祈转咨，从轻议减，俾得遵章缴纳，以恤小本营生而维“戡乱”，不胜待命之至。

谨呈

汉口市商会理事长贺

汉口市脚踏车商业同业公会理事长　朱德昌

7.汉口市商会为印出《中华民国宪法草案修正案》致各业同业公会

(1947 年 12 月 6 日)

华中图书公司汉口分店笺函称:“国民大会已在首都开幕,近日进入讨论先发阶段,本公司鉴于宪法性质之重要,特将立法院通过、提请国民大会讨论之《中华民国宪法草案修正案》即日印出,以利读者之阅读与保存。兹特郑重函告,敬祈惠予介绍。等语,并附价目,前来。如有需要者,可往交通路向该店购阅。”相应函希查照为盼。

此致

各业同业公会

汉口市商会

8.汉口市营造工业同业公会关于政府指派本会同业分组分段承建某项工程的紧急通知

(1947 年 12 月 8 日)

政府指派本会同业分组分段承建某项工程(包工不包料),并定即日开工,两星期完成。经本会临时理监事暨代表会议决定,成立协助建筑委员会,领导同业全力以赴。凡我会员,务须在本月十日以前来会登记,参加工作,逾期即以弃权论。将求有权利、义务之处,担任本工程之厂家当有职责,其有未参加之同业亦应有分摊损失之义务。等语,记录在卷。除分知外,相应通知查照为荷。

上通知

各会员营造厂

9.汉口市商会为脚踏车业公会呈请从轻议减派款致汉口市“戡乱动员委员会”函

(1947 年 12 月 8 日)

公　函

案据汉口市脚踏车商业同业公会呈称:窃属会奉令成立迄今,云云,而维“戡乱”。等情,据此。查该会会员,除正式批发车行数家外,其余多系以修理租赁为业,规模极小,此次派款,似有误会,可否改派其他较大车行之处,相应函达,即请查照核办见复为荷。

此致

汉口市“戡乱动员委员会”

理事长　贺衡夫　常务理事　□□□

10.湖北省石首县藕池镇商会为国大立委选举依照办理致汉口市商会函

(1947 年 12 月 10 日)

湖北省石首县藕池镇商会代电　　价会一字第一八五号

汉口市商会公鉴:

未青代电敬悉,职业团体国大代表及立委名额分配不平,本市商人不胜激愤,对贵会代表同业呼吁深表同情。除一致响应外,特此电复,即希查照为荷。

青岛市商会理事长　李代芳　申微印

汉口市商会公鉴:

酉艳秘代电奉悉,国大选举本会已照电示票选程、张两君立委,以贺理事长衡夫竞选,声望事功,商界同钦,允称得人。本会届时一致投票,自无问题。知注特复,并希转达为荷。

理事长　刘价屏暨全体理监事　亥蒸印

11.汉口市面粉工业同业公会为送慰劳费洋四百万元致汉口市商会

(1947 年 12 月 10 日)

汉口市面粉工业同业公会公函　宝字第四二四号

窃自敌寇降伏,□祸方炽,"戡乱"军兴,动员全面,□求达到澄清内患、完成行宪之旨,非集中全国军民力量不为功。本会深悉皮之不存毛将焉附之古训,故在联合勤务总司令部第二粮秣厂于八、九两月两次电请代磨军用豆粉四十八万斤供给前方将士。既然接受委派,华中等五面粉厂继续赶制,所有各该承制厂之折息、折旧等项损失,由全体会员摊付补偿,共耗洋一亿零二百五十万元。斯时接准大会函,以组织慰劳委员会慰劳过境部队,指派本会担任该项用费五千万元,并嘱即日筹缴,自应竭诚响应,共襄盛举。无如本业前已尽若大贡献,而又各大粉厂除外,另派碍难着手,不得已勉强从事集议分摊。讵各该会员以代制军粉已尽商民救国衷心,再行派征,未免重加负担,迁延至今,迄无结果。本会歉负领导之责,特□缴四百万元,聊表拥戴之热忱,尚祈查收,并希鉴宥是幸。

此致

汉口市商会理事长贺

理事长　罗宝珊

附送缴慰劳费四百万元。

12.为筹借自卫基金一亿元一案致汉口市商会函

(1947 年 12 月 10 日)

汉口市商会理事长贺钧鉴:

案查本会迭奉汉口市"戡乱动员委员会"代电与钧会通知,饬筹借自卫基金一亿元一案,案关自卫武力之建立及国防工事之构筑,不容踌躇。惟本会会员之汽车,因迭被雇充军用,损失巨大,曾经公诸报端,并报钧会备案。创匪痛深,未复原而供雇军用之责任尚未解除,而后之损失如何,尚难预卜。故本业情形特殊,实难与他业相比,拟请钧会转行“戡乱动员委员会”,免向本会借,一轻负担,是否可行,谨电请鉴核示遵。

理事长　周堃珊　辛灰叩

13.汉口市棉花商业同业公会为“戡乱”动员筹备自卫基金一案致汉口市商会函

(1947 年 12 月 10 日)

案奉大会函知,略以“戡乱”动员筹备自卫基金一案,饬将所派借垫款项于十二月十五日以前送缴指定银行、钱庄查取。等因,奉照。查动员“戡乱”关系地方安全意义甚重大,凡属商民自当仰体有钱出钱、有力出力之旨,竭诚拥护。迭经开会商讨进行,以棉花业务在表面上观察,似较大业务,然按之实际情形,自抗战以来,棉业业已完全停顿,胜利复员之后,各地棉商以残喘将更生之力,勉强复业不过二十余家,大都营业萧条,难继现状。即以本市棉业范围而论,大部分已为中纺公司及中国农民银行等所垄断,经常所余少数棉花,又为本市棉花贩运业百余商号所购销营运,故本会同业二十余家营业更一蹶不振。此次分派筹备“戡乱”基金,棉花贩运业派四亿元,而于本会派二十亿元,以极少数会员派极大数额垫款,未免有失平衡。况本会较负声望之会员,又已个别另行摊派。如本会理事长程子菊派二十亿,会员华中棉业公司已派十亿,其余各会员大都力量薄弱,抑且家数无多,即照大会拟定,照五成借垫亦属心余力绌,无法办理。又兼本会程理事长因事赴京未归,本案益无从解决。经决议,将本会困难情形先行函复,俟理事长回汉后再行议决办理。等语,记录在卷。用特函恳大会俯赐亮查,无任感祷。

谨上

汉口市商会

汉口市棉花商业同业公会　启

十二月十日

14.汉口市商会为通知推选贺衡夫等人为本会出席全国商联会代表致十一位理监事

(1947 年 12 月 11 日)

查本市业经改隶院辖,依照规定,本会应加入中华民国商会联合会为会员,兹经函请加入。去后,嗣准复电,检同入会书表空白式样三份,请推派代表一至十一人,依式填注,连同本年度预算及会员名册送会。等由。经提交第十六次理监事联席会议,决议推选本会理事长贺衡夫君,常务理事张立鹤君、王际清君、万少珊君、王静斋君,理事李荐廷君、程子菊君、韩万青君、王龙章君,常务监事杨庆山君,监事刘绍武君等十一人为代表。等语,记录在案。除填具入会书表及本年度预算、会员名册等件函送全国商会联合会并分知外,相应录案函达,即希查照。

此致

贺理事长

张常务理事立鹤、王常务理事际清、万常务理事少珊、王常务理事静斋

李理事荐廷、程理事子菊、韩理事万青、王理事龙章

杨常务监事庆山
刘监事绍武

（会戳）启

15.汉口市营造工业同业公会成立临时协助国防工事建筑委员会通知

（1947 年 12 月 11 日）

敬启者。查本会此次奉政府命令，指派同业建筑碉堡工程，实属紧急，责任重大。经第四十三次理监暨代表联席会议决定，成立一临时协助国防工事建筑委员会，公推台端为委员，并记录在卷。除呈报并分知外，相应抄录委员名单一份送请查照，并希即到会办事为荷，不可贻误，致于政府未备。

此致！

16.汉口市营造工业同业公会为承建碉堡紧急通知各会员（附会员名单）

（1947 年 12 月 11 日）

奉查本会同业此次奉政府指派承建碉堡工作，业以营字第二七九号通知，来会登记在卷。兹事关重大，又属紧急，权由本会派定贵厂两家共建碉堡一座（包工不包料），由厂主持负责办理，所有施工地点及开工日期现已决定。除分函外，相应通知，即日来会接洽，勿延为盼，通知会员。

承建碉堡会员名单

彭荣泰、刘炳记、益泰恒 11 号
阮顺兴、陈顺记 9 号
恒兴和、罗万顺 10 号
杨泽昌、刘泰记 43 号
泽协盛、章意兴 4 号
李丽记、泽祥泰 12 号
六合、张德鑫 21 号
陶记、泰昌 31 号
袁瑞泰、秦东兴 16 号
明巽、潘正泰 17 号
后兴海记、洪泰 6 号
西南、洪昌 20 号
致远、向云记 11 号
泽合顺、王福顺 18 号
久记、福昌隆 5 号
渝隆、刘永茂 8 号
中南、彭元顺 3 号
中华公司、胡三泰 4 号

恒记、胡森记 3 号
建达山、益记 13 号
钱梅记、毛永祥 29 号
景隆、张万发 15 号
广兴、熊康记 32 号
禾记、周利昌 33 号
康生记、张义发 9 号
赵和升、李万兴 35 号
顺兴祥、张洪兴 34 号
泽云记、张洪发 25 号
永年、杨义兴 40 号
正基、余祥兴 6 号
王岳记、刘业兴 14 号
袁顺泰、萧银记 12 号
孙公安、吴荣泰 38 号
龙后、泰钟德记 37 号
李洪顺、田又兴 36 号
陈春记、黄善记 17 号
罗森泰、吴永兴(二房)16 号
李洪发、张桂记 42 号
何茂记、李同发 11 号
永茂隆、王恒泰 39 号
泽祥记、陈仁记 20 号
袁秀记、林福兴 44 号
信孚、泽华 15 号
任协记、大业 41 号
永利盛、洪发 17 号
华成、孙万顺 7 号
夏洪泰、李国记 30 号
智成、萧万兴 2 号
大来、程洪兴 46 号
元亨、宝鑫 22 号
杨子(元记)、李兴发 18 号
良记、正基刘源兴 5 号
大明、杨洪发 45 号
兴记、泽口分厂(义记)、福泰祥 26 号
冯顺兴、潘永和 22 号
信丰、向义顺 2 号

力成、利生祥 28 号
庆泰、永安 7 号
协泰、胡兴记 1 号
正大、王新泰 27 号
美坚、闵恒泰 14 号
南兴、余兴昌 19 号
李盛发、张万顺 13 号
刘万顺、李发记 24 号
胡美华、冯万兴、袁鉴兴 10 号
孙仁记、丁和顺 8 号
胡兴发、吴协盛 21 号
后兴严记、隆华 23 号

17.汉口市榨油工业同业公会为“戡乱”捐款致汉口市商会函

（1947 年 12 月 13 日）

案查前奉汉口市“戡乱动员委员会”本年十月二十七日公函，为劝募自卫基金，嘱本会摊借国币一亿元，又奉贵会本年十二月五日函，以筹借自卫基金一案，前经召集各业代表会议决议，请减少数目，以捐作借，拟捐献三成。等语。经函准汉口市“戡乱动员委员会”戡字第一二六号电复，准照原配借额，以八成计算捐助。等由。复将会商决议，先按原筹借额捐献五成，限十二月十五日前缴送余数，要求动员委员会减让，函希查照办理。各等因，奉此。查照此项捐献款项，固为武汉商民应尽之义务，本应如数照缴，仰副我政府动员“戡乱”与保卫地方之重要决策。惟本业在复员时期，全体会员计二十八家，分机榨与木榨两种。复员后原料高于产品，同业均亏累不堪，兼受高利贷压迫，更形危致，倒闭及停业者已达十余家，余存之数摇摇欲坠，虽有勉力挣扎者仅木榨九家，系沦陷时期物资遭受管制，来源不能畅流，农民故自乡村搬运到汉，借供民食之需，本市方有木榨之设立。值兹情况下，□□无人承受搬迁，而陈设之工具等于废弃，且地点均在球场外旁偏僻区域，全系仍以自工自做，每家资本仅三五百万元之□，而榨油不能维持成本，故改做榨糖代替□□，苟延残喘，至销售尤感不畅，即将整个罄售，亦难凑足上项巨额。机榨方面，均以此业为副业，因原料高于产品之牵制，早经停业或退会。然本市各种食油之来源均靠河南、边江、襄荷等地为大宗，并不仰给于本业。质言之，即产销两方互感困难，以故业务异常萧条，早为汉市油盐业及杂粮行业深知详情，并非饰词掩蔽。去冬评议营业税，政府亦在洞鉴之中，事实不难一查即明也。谨将本业详细事实呈请大会鉴核，俯查下情，请主管机关将本业上项捐款数目酌予核减，则实不胜感祈待命之至。

谨呈

汉口市商会

汉口市榨油工业同业公会理事长　金本祥

十二月十三日

18.汉口市参议会为指派负责人员参加第十一次临时大会审议本市征收货物运销自卫捐暂行办法草案致市商会

(1947 年 12 月 13 日)

案准本市"戡乱动员委员会"戡总字第一四五号代电,略以召集本市各有关机关会商拟定《汉口市征收货物运销自卫捐暂行办法草案》,函电检附一份,审议见复。等因,过会。经提交本会各组召集人第十四次联席会议决议:"推参议员萧济生等五人审查后,提请大会讨论。"复经审查会议决定:(一)原办法第二条第一项有关中、英法令审查人去□签注意见;(二)原办法第二条第四项及第五项,提请临时大会讨论,并请本市"戡乱动员委员会"及商会各指派负责人员出席说明,借便审议。等语,记录在卷。兹定于本(十二)月十五日(星期一)下午三时,在本会会议厅召开第十一次临时大会。除通知并分函外,相应函请贵会查照,指派负责人员准时列席说明为荷。

此致

汉口市商会

议长　张弥川

副议长　黄焕如

19.汉口市营造工业同业公会为办理会员所得税申报手续紧急通知

(1947 年 12 月 13 日)

汉口直接税局主管科负责人面谕,关于本会同业三十五年年度所得税,本年多未申报,殊属不合,为体恤商艰起见,责由本会即日开始办理会员所得税申报手续,如再延迟,即行由局估计征收。等语。查纳税为商民应尽义务,申报时不可隐匿,尤不宜迟缓。兹由本会暂行制定所得税申报表送请各同业,将三十五年度营业多少以及有无盈亏,依照表式,务须据实填齐,于本月十八日以前送交本会,以凭汇转,逾期本会不负责任,即由直接税局自行办理。除分知外,相应申报表一份,通告如上。

此致

20.汉口市政府为中药炮制业职业工会维持劳资协调案批示(附中药炮制业职业工会维持劳资协调案呈汉口市政府)

(1947 年 12 月 13 日)

事由:为据情呈请召集评判,以维劳资协调,俾利工运而解倒悬由。

拟办:查该案改善职工待遇协约调整工资表,前曾据国药业工会及该工会会衔报府,业经□□,准予备案,各在案。拟令请国药公会饬函,请陈天保药号依照原协议及协定之工资额实行。

批示:如办。

附：中药炮制业职业工会维持劳资协调案呈汉口市政府

（1947 年 12 月 10 日）

窃会员等前以物资上涨，生活困难，曾纷纷呈请设法救济，经钧会会同汉口市国药商业同业公会根据劳资协调原订规约，双方协议调整薪资，由两会会衔呈奉汉口市政府指令核准，并通告自十月一日起实施在案。（略）先该号东陈淦川系现任参议员，不但拒绝且借势谩骂会员等。迫不得已联名呈请转函该会，饬令该号按照规约履行，以重政令而维两会信誉。然该号迄未履行，该会亦无答复。兹再呈恳设法救济，以解倒悬。等情，据此。查该会会员等所呈属实，复查两会会同协议订立规约，系遵照劳资协议调整，令以维劳资共同发展，所订□已呈奉核准实施在案。然该号自甘违反政令，破坏劳资协调互订规约，造成劳资纠纷，如此重大责任应归该工会与该号负完全责任。理合据情备文呈请鉴核俯准，迅予召集评判，辨明是非，维护劳资协调，尊重政令，以利工运，借解倒悬。

谨呈

汉口市政府市长徐

汉口市中药炮制业职业工会理事长　曾禹山

21.汉口市中药炮制业职业工会临时代表大会记录

（1947 年 12 月 14 日）

时间：三十六年十二月十四日中午十二时

地址：本会

出席人：六十三人（见签名簿）

主席：曾禹山

记录：杨鸿钧

开会如议

甲、报告事项

主席报告（略）。

乙、讨论事项

一、本案规约系根据劳资协调工商共同发展之原旨而订之，经呈奉市府核准，当为法定规约，应为维护，请公决案。

议决：一致拥护到底。

二、会员应得权益（1.薪资；2.提成；3.红利；4.酬劳）应如何保护案。

决议：一致保护，否则据理力争。

三、本业规约已实行，惟陈天保药号店东陈淦川蓄意破坏，如何办理案。

议决：交理监会办理。

四、对于服务陈天保药号之各会员应如何援助案。

议决：援助该会员等生活，并一致罢工，以资援助，不达目的不止。

五、对于非会员从事本业者应如何办理案。

议决：由会员检举交会办理。

六、对于会员合法保障期间，可否由本会聘请常年法律顾问，尚请公决。

议决：由会聘请常年法律顾问依法保障。

七、对于会员应得权益，如薪资、提成、红利、酬劳，有不照规约合算或隐匿等情，可由本会聘请常年会计顾问，请公决案。

议决：由会聘请常年会计顾问依法清算。

丙、临时动议

本会经济困难，为聘请常年法律、会计两顾问，其费用如何筹措案。

议决：暂时收各会员会费一月以资办理，设有不敷再行继续加收。

丁、散会。

22.汉口市社会救济委员会为举行义卖以充冬令救济金等事宜致各业同业公会（附暂行办法）

（1947 年 12 月 15 日）

汉口市社会救济委员会救总字第一一一六号代电开：案准汉口市社会救济委员会救总字第一一一六号代电开，查入冬以来，天气严寒，贫民缺衣乏食，觳觫可悯，冬赈工作刻不容缓。唯以经费困难，物资缺乏，业务未能开展。经召开第一次冬赈筹募会议决议办法第八项之规定，发动春联及其他义卖，以充冬令救济金。等语，记录在卷。并经据定义卖办法一种，除春联义卖由本会径行办理外，相应检同各项义卖暂行办法一份，电请查照转饬。各大商店举行义卖，所有义卖捐款统迄于十二月底以前送交本会会计室或汉口市银行（汉口市社会救济委员会专户）收存，仍盼惠复为荷。等由，附义卖办法一份，准此。除分行外，相应抄同义卖办法，函希查照转知为盼。

此致

汉口市各业同业公会

汉口市商会

附抄义卖办法一份。

附：汉口市冬赈筹募委员会三十六年度及冬赈期间举办各项义卖暂行办法

一、本办法依据本市冬赈筹募委员会第一次会议决议办法第八项之规定订定之。

二、本年度冬赈期间，各项义卖除春联义卖外，悉依本办法办理之。

三、各种义卖项目暂定如下：

1.商店义卖；

2.书报义卖；

3.字画义卖。

四、所有义卖除本金应提出外，全部盈余均捐给本会办理冬赈事项。

五、应行举办义卖商店，由本会与商会商酌规定之。

六、各商店义卖款项缴本会后，除由本会会计室制给收据外，并登报公布之。

七、本办法如有未尽事宜，得随时呈请修改之。

八、本办法经核准后施行。

23.汉口市商会为知照物价问题座谈会议事项致汉口市猪肉业同业公会（附会议记录）

（1947 年 12 月 15 日）

案奉汉口市政府三六市社字第四三四二号训令开："查近日物价涨风甚炽，经由本府于本月五日召集物价问题座谈会议，对于议价办法及检查机构均予重新详密拟订。除呈报并分令外，合行抄发决议事项一份，令仰遵照为要。"等因，奉此。除分函外，相应抄同原决议案一份，函希查照转知为盼。

此致

汉口市猪肉业同业公会

汉口市商会　启

附抄发物价决议案一份。

附：物价问题座谈会记录

时间：十二月五日上午十时

地点：秘书长室

出席人：任建鹏、程发轫、王子江、汤之镇、孙际旦、丁幼泉

主席：秘书长

讨论结果：

一、属于议价者

（一）黄金、外币、银元依照中央法令实施严格管制。

（二）食粮。

1.严禁制售三道机米。

2.依据机米进价加各项费用及合法利润，议定二道机米以下各级米价，各厂商悬牌销售。

3.呈准行辕。（1）凡外埠来汉购粮，应向本府洽办或径赴产区采购；（2）凡在本市运粮出境者，必须有主管官署之证明文件，始可报关放行；（3）视河下到米情形得随时管制外销，以充裕本市经济他埠为原则。

4.鼓励各面粉厂增加生产代替白米，济销东北及华南。

5.检查粮食仓库，严禁囤积居奇。

（三）纱布。

议价工作仍由中央银行会同纺管会主持，本府派员参加。

（四）日常用品及其他。

食油、猪肉、娱乐场所均由各该业公会议价，转请本府核定。

（五）工资。

1.仍照促进劳资双方共存共荣之原则，根据工商业实际状况，参照工人生活费指数合理评议各业工资之原则按月公布，指数作适当之调整。

2.有低于指数之约定者从其约定。

3.码头力资由码头管理所议定,呈奉本府核准后公告。

4.人力车、运货板车、□车力资,由该工会议定,报府核准公告。

(六)煤。

1.疏浚来源,力求产运销配合。

2.必要时呈准行辕禁止出口。

二、属于机构者

(一)加强物价评议会。

1.改聘及增聘委员。

2.雇员二人遴用足额。

3.简化议价手续,适时调整,根绝黑市。

(二)成立经济检查队,由任局长兼队长,并在财政局、警察局各调二人,社会科或秘书处调一人为队员,负督导议价之实施及经济检查等工作,所调人员之服务情形由各主管官员连带责任。

24.汉口市政府为中药炮制业职业工会维持劳资协调案再批

(1947 年 12 月 16 日)

饬特书,依照原协约及协定之工资额实行由。雇主陈天保药号不照原协定之工资额履行。等情。指令从照原协约及协定之工资实行矣,仰即知照。此令!

市长　徐

25.汉口市商会为函复在伪商会时并无王如华其人致湖北高等法院检查处函

(1947 年 12 月 17 日)

案准贵处鄂检纪字第三〇三号公函:"为查询王如华是否充任伪商会秘书。"等由。查伪商会文卷无存,职员星散,敝会无从根查,惟询据以前工役声称,在伪商会时,并无秘书王如华其人。准函前由,相应函复,即请查照为荷。

此致

湖北高等法院检查处

理事长　贺衡〇

常务理事　〇〇〇

26.汉口市商会为查明各业捐献自卫基金一案致钱业同业公会

(1947 年 12 月 18 日)

查各业捐献自卫基金一案,经本会通知各捐款单位迅于十二月十五日以前送缴指定银行、钱庄,逾期未缴者,即由各单位开列牌名、地址、款数,径送汉口市"戡乱动员委员会"直接催收。等语,在卷。兹以限期已逾,各捐款单位中如有尚未缴款者,应即日将未缴之牌名、地址、款数开列名单，径送汉口市“戡乱动员委员会”核办，以清责任，而免代人受祸。除分行外，相应函希查照，即日查明办理，万勿忽视为盼。

此致

钱业同业公会

汉口市商会　启

27.汉口市中药炮制业职业工会因陈天宝药号不遵照劳资协调规约履行发生劳资纠纷一案解决办法通告各会员

（1947 年 12 月 19 日）

查本业陈天宝药号因不遵照劳资协调规约履行，发生劳资纠纷一案。兹经汉口市国药商业同业公会于本月十八日在该会召集双方代表举行调解会议，业经双方代表在□□之下共同解决，合亟抄发调解办法通告本会各会员周知。

附调解办法一份。

理事长　曾禹山

28.汉口市冬赈委员会为组织“汉口市冬赈委员会”致成禹门函

（1947 年 12 月 20 日）

查时届冬令，本市贫民如鳏寡孤独、老弱残废较之往年为数增多，筹办赈济诚为当务之急。爰由市商会、房地产业公会、公益联合会、善堂联合会四团体同于本月八日在菜根香柬请各大善士，商讨进行。当经决议，援照成例，共同组织“汉口市冬赈委员会”，并公推台端为委员，商借市商会开始办公。等语，记录在卷。除呈报并分函外，相应奉达，即希查照为荷。

此致

成委员禹门

汉口市冬赈委员会

29.汉口市冬赈委员会为募集捐款致成禹门函

（1947 年 12 月 20 日）

本会成立伊始，筹办赈济本市穷黎，刻不容缓。关于募集捐款施赈，实□切要。素仰台端慈祥在抱，悲悯为怀，维护善举，不遗余力。用特检送捐簿本，伏恳鼎力，迅予广为劝募，踊跃输将，如蒙募有成数，盼于三十七年元月十日以前，径交各代收捐款处为荷。

此致

成禹门先生

附送新字第一号捐簿一本。

杨庆山

常务委员　贺衡夫

30.经济部汉口工商辅导处为再电饬查报日本对华债券债务资料致汉口市商会函

(1947 年 12 月 22 日)

汉口市商会本月十七日商字第二八八九号呈悉,查辅工字第一〇一〇号佳代电,所饬查报日本对华债券债务之资料,系指日人在华其工矿电商各事业发行债券债务而言,前汉字第一七号戌齐代电则系调查抗战期间被敌破坏之损失情形,并非一□。据呈前情,合再电释,仍仰遵照辅工字第一〇一〇号佳代电查照速报为要。

经济部汉口工商辅导处　亥养印

监印　高士铎

31.汉口市商会为按期具报选举人补充更正名册致汉口市雨伞木屐业同业公会

(1947 年 12 月 31 日)

案准国民大会代表立法院立法委员汉口选举事务所汉选一字第五二七号代电开:“查立法院立法委员选举期限转瞬即届,关于选举人补充更正名册,业据各单位造送到所,经核尚合。除呈报外,合行电仰该会各按补充名册,于本月卅一日依法表列公告,俟公告确定后,即于三十七年元月五日派员□□来所领取选举权证,并限于元月十日以前填发完竣。除更正剔除人数另案办理外,特电遵办具报为要。”等由,准此。除分行外,相应函希查照,如期按照所造补充名册办理公告手续为盼。至选举权证俟本会填竣,即行分发。

此致

汉口市雨伞木屐业同业公会

汉口市商会　启

32.汉口市“戡乱建国动员委员会”为转复榨油业同业公会呈请酌减借助自卫费致汉口市商会函

(1947 年 12 月 31 日)

准贵会本月十五日商字第二八七五号函:“以据转汉口市榨油业同业公会呈,略以该业经营不振,请酌减借助数目,转请查照核办。”等由。查该业配借数额经予核减有案,自应照五成计算捐助,毋得再事烦渎,并准前由,相应复请查照,希转饬该业迅即办理为荷。

此致

市商会贺理事长

主任委员　徐源泉

33.汉口市商会为改组本市劳资评断委员会致各业同业公会

（1947 年 12 月 31 日）

案查前奉汉口市政府训令，为改组本市劳资评断委员会，派本会张常务理事立鹤、刘监事绍武为评断委员会委员。等因。业经转知，并加推高常务监事坤山为本会出席代表，各在案。唯以劳资评断有关各同业公会会员切身利益甚大，本会各代表委员为期彻底明了资方意见计，嗣后各业同业公会如有劳资争议交付评断时，应派负责人先行与本会出席各委员说明内容及意见，以免隔阂。除分知外，相应函希查照转知为盼。

此致

汉口市各业同业公会

汉口市商会　启

34.经济部汉口工商辅导处为检送各同业公会调整案致汉口市政府

（1947 年 12 月）

案准贵府本年十一月二十六日市社字第三八七六号代电，检送汉口市各同业公会调整第一次会议记录，嘱即查照办理。等由。自应照办，除呈部申复外，相应复请查照为荷。

此致

汉口市政府

经济部汉口工商辅导处

35.国民政府武汉行辕为抄发武汉国防工事构筑会议记录致汉口市营造业同业公会函

（1947 年 12 月）

事由：为抄发武汉国防工事构筑会议记录由。

送达机关：各省市公会。

发文：商字第二八〇五号　十二月二日。

案奉国民政府主席武汉行辕交下武汉国防工事构筑会议记录原件。除分行外，相应抄同原记录，函希查照转知为盼。

此致

汉口市营造、木板、器械、锯木、砖瓦、铁商、五金、新旧屋料、汽车业同业公会

36.汉口市社会救济委员会为转送征募冬令救济金办法及捐册致汉口市商会函

（1947 年 12 月）

汉口市社会救济委员会公函　中华民国三十六年十二月　日救总字第一一二一号

查入冬以来，天气严寒，贫民缺衣乏食，觳觫可悯，冬赈工作刻不容缓。唯以经费困难，物资缺乏，业务未能开展。经召开第一次冬赈筹募会议决议办法第七项之规定，函请各大轮船公司、各公司工厂堆栈及殷实富户捐助。等语，记录在卷，并经拟《征募冬令救济金暂行办法》一种，除各大轮船公司、各公司工厂堆栈征募事宜由本会径行办理外，特检同征募办法及捐册各一份，送请惠予捐助，并广为募化。素稔台端慈善为怀，救人义举谅不后人，专函奉垦，敬候惠复为感。

此致

邹安众先生

主任委员　徐会之

副主任委员　□□□

附征募办法及捐册各一份。

速！

37.汉口市第十区机器工业同业公会为请将本会同业营业税依照财政部核示仍祈减半征收致汉口市财政局函

（1947 年 12 月）

事由：为电请将本会同业营业税依照财政部核示仍祈减半征收由。

第十区机器工业同业公会代电　区机（36）字第○二○九号　中华民国三十六年十二月二十九日

汉口市财政局赐鉴：

案奉钧局本年十一月二十二日财二字第○○○四号批开：“两呈暨附件均悉，所请核减税额，仰候查明各商营业情形再行核夺，至请减半征收一节，核与规定不合，碍难照准，并仰知照。”等因。查本月二十五日本市《华中日报》略载（本年十二月二十四日南京电），财政部已分别核定各业营业税减半，征收范围□国防者，有焦煤、石油、柴油、冶炼、动力机器等业务，至关于民生者，有棉花、面粉、制革等业务。等语。查财政部既经核定本会同业减半征收营业税之举，自应援例申请核减。除由本会另行按各会员厂商营业实况分为甲、乙、丙、丁、戊五等级，造具等级名册，并拟定等级缴税数额，呈请核定援例减半征收外，理合先行电请鉴核，俯准将同业营业税减半征收，借培税源而维功令为祷。

第十区机器工业同业公会理事长　郭寿衡　亥赚机秘叩

月份不详

1.中华民国商会联合会为联系华中区其他商业团体协商国代立委选举事宜致汉口市商会

（1947 年）

快邮代电

汉口市商会公鉴：

查我商业团体国大代表及立法委员名额，前以分配标准未臻平允，迭经向有关当局据理力争，其间历遭波折，饱经困难，卒赖我全国各地商业团体之群策群力，团结一致，用能博舆论之同情，获政府之附从。现我商界国代立委名额，业经国府明令修正公布，计增加国大代表为四十四名，立法委员为十名。争取结果虽尚未能十分圆满，然亦勉可告一段落。兹以行宪在迩，所有选举事宜亟应积极筹备。爰经本会第十次常务理事会商讨，决定拟根据社会部所划分全国七个选区内每区指定一地点适中、交通便利之市商会，负责联系该选区内其他商业团体，协商国代立委选举事宜。务以经济合理之办法，达选贤任能之目的，以免无谓之征逐，而树选举之模楷，庶几不负此次争取之意义。等由，记录在卷。并经推定贵会为中区负责商会，查华中区所辖，计湖南、湖北、江西、河南四省，汉口一市，依照部令规定，国大代表为五名，立法委员为一名。务祈鼎力主持，以竟事功。除分电外，相应电请查照，并希将办理情形随时见告为荷。

中华民国商会联合会　王晓籁　齐印

2.湖北省商会联合会发起人略历册

（1947 年）

姓名	吴屏卿	袁鹤笙	武星三	孙舜卿	胡菊芳	张望孙	杨理恒	赵幻生
性别	男	男	男	男	男	男	男	男
年龄	三八	四七	□□	□□	□□	三八	四五	四六
籍贯	恩施	竹溪	保康	建始	黄陂	江西	枣阳	巴东
学历	上海沪江大辩子城区商业学校毕业	旧制高小毕业	襄阳中学毕业	高中毕业	汉口青年会商业学校毕业	私塾	北平中国大学毕业	北平大学农学院农业系毕业

（续表）

经历	曾任宜昌商业学校教员、《申报》驻宜昌金融通讯职员、恩施县商业补习学校校长，现任恩施县绸布业公会理事长、暂代商会理事长	曾任竹溪商会主席、第二区区长、团务委员	现任保康县商会理事长	曾任科长、区长、特党部干事，历任商会理事，现任理事长及建始县党部、区党部书记	曾任恩施县商会主席、恩施清江中学校董，现任恩施县商会常务理事	曾任主席、常务委员、慰劳会主任委员、区党部书记、县参议	曾任区长、合作社理事长、县长	曾任县商会董事、省府县长、技工、宜昌师范教员、湖北省银行及平价供应处督导
现在职务	商	商	商	商	商	商	商	商
是否党员	是	是	是	是	是	是	是	是
通讯处	恩施商会	竹溪商会	保康商会	建始商会	省商联会	宜昌商会	省商联会	巴东商会
备注								

姓名	周惠生	彭香泉	奚靖波	谭云裳	朱伯平	冯旭东	孙瑞麟	夏明达	王儒杰	孙健侬
性别	男	男	男	男	男	男	男	男	男	男
年龄	三七	四一	三一	五二	五九	四四	三八	二六	四六	三一
籍贯	谷城	秭归	光化	四川达县	宣恩	竹山	山东滕县	南漳	襄阳	房县
学历	武昌高级商业学校毕业	彝陵中学毕业、自治讲习所毕业	私塾	私塾	湖北陆军测量专科毕业	郧山中学毕业	山东柳城师范学校毕业	武昌艺术专科学校及省干训团党政班毕业	鹿门中学毕业	西北军校毕业
经历	曾任县商会主席、党部计划委员、县银行经理	曾任秭归财产保管员、团务委员、财委会出纳、审校主任、区长等职	曾任河口商会书记、区党部执行委员、区分部书记	曾任河口商会四届连任主席、理事长及光化县参事	曾任湖北测量局局长、县银行经理、县参事	曾任县参议员、镇民代表、区分部书记	曾任咸丰酒商业公会主席、商会主席、理事长等职	曾任青年团南漳分团股长、省卫生处科员	十八年为商联会执行委员，现任商会常务理事	房县商会理事长
现在职务	商	商	商	商	商	商	商	商	商	商

（续表）

是否党员	是	是	是	是	是	是	是	是	是	是
通讯处	谷城商会	秭归商会	省商联会	河口商会	宣恩商会	竹山商会	咸丰商会	南漳商会	省商联会	房县商会
备注										

姓名	陈善辉	曹旭东	周敬之	马海翘	黄觉非	张自固	杨春芳	戴慎滋
性别	男	男	男	男	男	男	男	男
年龄	三八	四五	三四	四九	□□	□□	四六	四六
籍贯	江西	均县	郧西	甘肃	麻城	郧县	天门	宜城
学历	金陵大学毕业	山西大学毕业	郧县第十一中学毕业	私塾	私塾	中华大学毕业	高中毕业	旧制中学毕业
经历	曾任沙市商会常务理事及恒春懋药材号经理	曾任中学教员、科长、区长、军委会五战区资源委员及商会主席、理事、监事及县参议员等职	曾任商会常委及常务理事	曾任商会执行委员、公会主席，现任监事	曾任商会主席、常务理事，银行董事长		在利川经商多年	曾任县商会主席、常务理事，县财委会委员、□参会副议长
现在职务	商	商	商	商	商	商	商	商
是否党员	是	是	是	是	是	是	是	是
通讯处	长阳商会	均县商会	郧西商会	老河口商会	老河口商会	郧县商会	利川商会	宜昌商会
备注								

3.李罗氏为汉奸季明元李良臣等杀害李振之等四命致汉口市商会函

（1947 年）

汉口市商会暨各军政团党警法机关长官、各团体、各报馆钧鉴：

缘氏夫李振之，世居江陵县李家埠，经营农商，颇有盈余，一家小康，洵可乐也。祸根起于民国二十九年夏，敌占荆沙，地痞季明元、李良臣、麻敬齐等认敌为父，甘做走狗。良臣闻充敌军侦缉队长，明元、敬齐闻充敌军密侦正副组长，狼狈为奸，为虎作伥，无风生波，择肥而噬，惨杀善良，难以指数。明元尤为残忍，至亲发妻，亦遭毒杀。至民国三十一年五月初，良臣请王文炳带恐吓信与氏夫振之，意图诈财，继因求不遂欲，大祸由起。六月初二日，良臣勾串明元，同□密侦副组长麻敬齐等，乘敌军用汽车，蜂拥而来，捉氏同夫振之暨本街李允钦、叶世才、萧六齐等至沙市黑水塘明元密侦组办事处，吊拷灌水，酷刑备受。可怜氏夫振之等，体无完肤，一息仅存。氏先幸有金镯、戒跪送，麻敬齐得六月初八日放出，脱离天罗地网，而氏夫振之等四人，当时因无巨款买命，是夜被季明元惨杀，投尸江中，骨肉无存。似此万恶汉奸，惨无人道，血海冤仇，呼天无告！幸去秋国土光复，氏冒死光复，呈诉前驻沙七十六军军部、湖北省政府、湖北第四区专署、江陵县政府、湖北第四高等分院、沙市地方法院各层峰，请求将狼狈杀人没尸之汉奸季明元、李良臣、麻敬齐等，依法判抵在案，均沐庭讯。虽事实昭著，奈案悬未定，死不甘心，妾氏一介女流，生于世族，拖一群儿女五人，因历被抄抢，谋生不易，若果季明元、李良臣、麻敬齐等非杀夫仇人，决不致抛头露面，时上公庭，与极恶汉奸对质也，且季、李奸恶，皆荆沙一带汉流头领，手下哥弟众多，行凶杀人，视为常事。现确闻欺氏孤寡，派党暗害，以免控告传说，氏实不胜惊惶，为此哀恳各长官、各仁人怜孤恤寡，主张正义，俯赐援助，秉公锄奸，依法判抵，庶生者快心，死者瞑目。

江陵县李家埠场　孀妇李罗氏　叩

4.汉口市商会为经济调查时尽量予以调查人员便利致汉口市各业同业公会函

（1947 年）

经济部汉口工商辅导处辅商字第四三一号梗代电开："案奉经济部本年八月二十日京调（36）字第五八八〇〇号训令节开，查本部为深切明了全国经济状况，以供经济建设之参考，举办全国经济调查，设立全国经济调查委员会，由该会督同各工商辅导处实施调查。等因，附发调查表式、纲要、办法须知等件，奉此。查武汉三镇有关商业部分，本处已派员分赴各业实地调查，合行电仰该会知照，并希转知各商业同业公会于本处调查人员到达时，尽量予以便利为要。"等因，奉此。除分行外，相应函希查照转知各同业，于调查人员到达时尽量予以便利为盼。

此致

汉口市各业同业公会

汉口市商会　启

5.国民大会代表汉口市银行商业同业公会选举人名册

（1947 年）

中国银行：赵祖武（男，57 岁，江苏洞庭街，三十三年从业，有选举资格）、陈从周、邹祖恒

交通银行：邹安众、曹权、杨书家

中国农民银行：蒋震扬、钱伯源、周勉

邮汇局：曾昭六、徐育华、陈光泽

湖北省银行：熊裕、郑逸侠、王惭磐

浙江兴业银行：徐维荣、陈夷清

聚兴诚银行：朱鹏飞、刘惠堂

盐业银行：方培民、葛筱山

金城银行：甘助予、程本固

上海银行：崔思恭、马公谨

四明银行:叶启章、曹延祥
浙江实业银行:黄卓如、游万方
中□银行:徐芳田、许新源
大□银行:唐在均、王秀培
中南银行:吴照义、伊善成
中国农业银行:汪信夫、夏承柏
中国国货银行:李尔安、胡善守
美丰银行:王冠卿、陈季明
广东银行:何家焯、李焕才
大孚银行:罗静远、郭藏村
□□□□:王理原、史器之
□□□□:罗升侨、邓寿康
新华银行:俞光祖
和成银行:赵忍安、李自中
泰程银行:龚裕庭、严际鉴
中国工矿银行:熊国恭、张微昆
湖南省银行:邓振麟、李梦侠
重庆商业银行:唐午园、杨仲珍
长江实业银行:朱瑞贤、黄祥麟
浚兴实业银行:金企起、龚畅之
正西实业银行:王克明、王德辉
银源银行:黄永康、张梅生
四川农业银行:金逊庵、杨福田
通惠银行:蔡昂若、李伯夷
川盐银行:李春禄、马心禄
四川建设银行:龙伯麟、刘利生
巴川银行:王光焰、刘明远
兴文银行:马铨、唐理凌
聚康银行:朱德钧、李寿椿
济康银行:孙杰夫、罗彭年
康利银行:苏光勤、贺若荪
华康银行:董燕祁、戴寿甫
盛康银行:杨毓崃、张敦新
昆明商业银行:孙子清、赵梅中
和平银行:汪克明、刘宅安
康泰惠兴业银行:吴崇忠、康培根
同济信托公司:田泽生、葛楚材
汇通银行:杨正举、刘职夫

6.职业团体(商)国大代表候选人简介(程子菊)

(1947 年)

姓名:程子菊
年龄:四十四岁
籍贯:湖北黄安
学历:大同大学毕业
简历:现任中华民国商联会监事、
湖北省商联会理事、
汉口市商会理事、
湖北工业协会理事、
汉口市棉业公会理事长、
华中棉业公司董事长、
湖北企业公司总经理、
汉口第一纺织公司总经理
竞选区域:湖北省暨汉口市
竞选种类:国大代表
通讯处:汉口南京路商业大楼第一纱厂办事处

7.汉口市商会为举行郝梦龄将军、刘家骐将军殉国九周年纪念大会致汉口市商会函

(1947 年)

发给各同业公会有关各种节日纪念和会议及其他文件等　漆字第二一一号

查本月十六日上午九时为郝将军梦龄、刘将军家骐殉国九周年纪念大会,在本商会举行追悼。除分函外,相应函达查照,准时派员前来参加为荷。

此致

汉口市各业同业公会

汉口市商会　启

8.汉口市禁烟协会为第一次理监事联席会议致市商会函

(1947 年)

抄送禁烟协会第一次理监事联席会议记录一份,函请将有关主管部门拟具计划提交下次会议讨论由。

查本市第一次理监事联席会议业于三月二十七日在市参议会举行,相应抄送会议记录一份,函请查照,并请将有关主管部门拟具计划提交下次会议讨论,俾便实施为荷。

此致

市商会

汉口市禁烟协会(借戳)

汉口市政府

附会议记录一份。

9.汉口市商会为转知限制进出口旅客携带金饰券等有关规定致各业同业公会函

(1947 年)

江汉关送来汉字第九四号布告内开,案奉总税务司本年十月二十四日汉字第八四九六~一九一三四九号训令,为奉财政部令,以准侨务委员会函,据返国华侨诉称,对禁止流通办法多未明了,致所带外币辄被海关没收,转请解□到部,饬于核查时先向侨胞说明,或在码头公告周知,以便旅客自行呈报登记。等因。转饬遵照。等因,奉此。旅客出国携带金饰及国币限制暨禁止外国币券流通办法,前经第八四九六布告周知在卷,兹奉前因。除饬属遵照外,为便利旅客计,合再将限制进出口旅客携带金饰、券有关各节,摘列如次:

甲、关于法币者

一、凡是国内各地前往香港或其他国境以外地区者,每一旅客携带之本国货币除经财政部核准颁有护照者外,不得超过国币五十万元,其携带超过规定数额者,所有超过数额部分一律予以没收。

二、凡港、澳二地或其他国外口岸者,每一旅客携带之国币除经财政部核准颁有护照者外,不得超过国币五十万元,其携带数额超过规定者,所有超过部分应即扣留核办。

乙、关于外币者

一、中外人民出国境携带外国币券每人不得超过美金一百元或其等值之他国币券,超过数额时应没收其超过部分。

二、中外人民入国境随身携带之外国币券应向海关报明登记,于入境之日向当地中央银行或其他委托之□□兑换国币,隐匿不报者没收之。

丙、关于金饰者

一、旅客携带金饰出国境者,每人不得超过□称二两以上,超过者没收充公。

二、黄金进口应一律缴验部颁护照,方准放行,旅客携带金饰入口,得照下列规定查验放行。

(1)金饰系指具备饰物形状,全部或一部为金所制成者而言。

(2)金饰确供旅客本人现时服饰或准备自用者。

(3)所携带金饰,其所含纯金总量不得超过三□七九九四公分,违者应将所带黄金或金饰悉数扣留,报部核办。

仰各周知,等由。准此,除分行外,相应函希查照。

此致

汉口市各业同业公会

1948 年

1 月

1.汉口市中药炮制业职业工会聘请法律暨会计常年顾问及登报筹措费用等情致全体会员通告

（1948 年 1 月 6 日）

查本会临时代表大会为求维护协议规约及会员合法保障计，聘请法律暨会计常年顾问以资依法保障其经费，当经议决“暂时加收各会员会费一月，以资办理，设有不敷，再行继续加收”，并经本会全体理监事联席会议议决“向各会员征收特别费每人一万元，其任正副管事者每人两万元”各等语，记录在卷及征收在案。兹查聘请法律暨会计常年顾问及登报与其他交际、印刷一切用费，□存需款所收特别费相差甚远。复经决议，遵照代表大会议决案，继续加收，按照各会员每月会费数额征收两月份　元，两月随同会费一并收取，以利工作而竣事功。等语，记录在卷。合亟录案通告各会员遵照缴纳（此款□收支报告，以昭大公），事关各会员本身权益，切切勿误为要。

理事长　曾禹山

2.汉口市机制卷烟工业同业公会为请转呈“戡乱动员委员会”豁免宇宙公司重捐“戡乱”捐款致汉口市商会函

（1948 年 1 月 6 日）

案据敝会会员宇宙实业公司汉口烟厂函称：查敝公司前已遵照大会分派缴交“戡乱”捐款在案，现又迭据“戡乱动员委员会”向敝公司借助自卫基金，计国币二十亿元。唯敝公司刻在筹备，尚未开业，又因许昌战事，敝公司损失奇重，目下几经缩小范围，勉强支持，将来能否开工，实难预测，为此沥陈困难情形，函请查照。即希大会代为证明敝公司已缴“戡乱”捐款，转请豁免重捐，用体商艰。等情，前来。查敝会“戡乱”借款依照贵会三十六年十二月五日函知会议决议办法应缴五亿元，该公司计摊交四千二百四十五万元，业经汇缴汉口市银行收讫，取得汉戡字第一六一二号收据，并呈报“汉口市戡乱委员会”备案在卷。据称前情，相应函达贵会察照，敬希转呈，准予豁免重捐，以恤商艰为荷。

此致

汉口市商会理事长司徒壮

3.汉口市“戡乱建国动员委员会”为函复汽车材料业公会转请减轻自卫基金致汉口市商会函

（1948 年 1 月 6 日）

案准贵会卅七年元月三日商字第二九六二号公函：“以据汉口市汽车材料商业同业公会呈，以该公会会员甚少，且多为手艺工业，资本微末，□业不振，关于配借自卫经费基金，实属无法筹足，除已筹缴二千万元外，其余三成实无力再行筹措，呈准转请格外宽宥。等情。相应转请查核办理见复。”等由，准此。查汽车材料商业同业公会配借之自卫经费基金，业经贵会与本会磋商决定，自愿照配借数目认捐五成，实属无法再予减少，相应函复贵会查照，仍请转饬该会共体时艰，照原额五成如数缴齐为荷。

此致

汉口市商会

主任委员　徐源泉

4.汉口市新药膏业同业公会为所派捐款似嫌过巨可否酌予减少致汉口市“戡乱动员委员会”函

（1948 年 1 月 8 日）

案据汉口市新药膏业同业公会函称：敬陈者，前奉抄函，实为公戴。等情，前来。查是会各会员平日营业，仅系贩卖各埠成药及零星配处方剂，并无制造厂商，范围极其狭小。而贵会此次所派捐款似嫌过巨，可否酌予减少，以示体恤。相应转函□请查照核办见复为荷。

此致

汉口市“戡乱动员委员会”

理事长等签奉

一月八日

5.汉口市“戡乱建国动员委员会”为筹借自卫基金致汉口市棉花贩运商业同业公会代电

（1948 年 1 月 8 日）

汉口市棉花贩运商业同业公会理事长：

据三十六年十二月三十一日呈，以棉花贩商被蹂躏，所□借助自卫经费基金二亿元，除已认缴五千万元外,余数实属无力筹缴,恳予核减,以恤商艰。等由。以备筹借自卫基金,事关全市治安大计,自经商定,即不得以任何理由申请减免,仍希善体时艰,迅予如数认缴为荷。

主任委员 徐源泉 子戡劝照印

6.汉口市广货商业同业公会为据会员悦华东联等商店呈以三十六年七、八、九月营业税评议过高不堪负担请转呈核减致汉口市财政局函

(1948 年 1 月 11 日)

汉口市广货商业同业公会呈广字第八三号

中华民国三十七年元月十一日

案据本会会员悦华、东联等商店呈称:商等顷奉钧会通知,以转奉汉口市政府令,以评定商等三十六年七、八、九各月营业税额,嘱遵照缴纳。等因。查商等营业范围狭小,每月收入向不及人,兹评议会评定悦华营业税每月为国币七十一万四千元,东联营业税每月为国币五十一万六千元,如此之巨,商等实有不堪负担,理合据情具文呈请转请核减,以轻负担而恤商艰。等情,据此。查该悦华、东联等两商店所称各节确属实情,而以该商等营业之狭小,实不堪担负如此庞大之税额。兹据前情,理合据情具文,呈请鉴核,俯赐核减,以轻负担而维商艰,实为公便。

谨呈

汉口市财政局局长汤

汉口市广货商业同业公会代理事长 赵铭华

7.上海实业公司汉口分公司为请转函"戡乱动员委员会"减免派借十亿元基金致汉口市商会函

(1948 年 1 月 13 日)

径启者。敝公司于上年十二月廿五日接奉汉口市"戡乱建国动员委员会"戡总字第二二九号公函,嘱筹借"戡乱"基金十亿元。等由。窃查敝公司系分公司性质,经济完全独立,资本仅三亿元,曾于上年六月向汉口市政府商业登记有案,业务方面以代理业务为主。值兹冬令,江水日浅,轮舶货运减少,收入更微,但对于汉口市"戡乱建国动员会"经费之输将曾不后人,计于上年十二月八日经由汉口轮船业同业公会捐助国币一千万元,同月十一日经由汉口进出口业公会捐助五十万元,同月十三日经由粮商运销处捐助一百廿万元,同月十五日经由盐业运商办事处捐助四百七十六万元,后四笔亦可谓已勉尽绵力。兹奉函嘱筹借十亿元,超过敝公司资金三倍,实属无力负担。为此函请贵会转函汉口市"戡乱建国动员委员会",务请赐准减免此次派借之数。惟敝公司仍当追随各业同业之后,继续量力输捐,以尽国民一分子之责任。耑此函陈,并盼赐复为荷。

此致

汉口市商会

上海实业股份有限公司汉口分公司黄谨 启

8.汉口市中药炮制业职业工会为管账职务者核算勿受愚弄、隐匿数字、伪造账据通告各会员

（1948 年 1 月 14 日）

查本会代表大会全体代表为维护协议规约及会员合法权益计，决议聘请常年法律顾问暨常年会计顾问，案经聘就及登报公告与通告各会员在案。复查上列两顾问均系遵照法律作各会员合法权益之保障。凡我会员务必遵守法令，设有侵害自当依法办理，决不能有非法行为。本会暨两顾问亦不能违法而作□法之保障。时届年终结算之期，各会员中任管账职务者，自应尽忠职责，但对于同事中应得权益更应遵照协议规约，详加核算以昭公□，切勿受愚弄、隐匿数字、伪造账据，侵占各同事应得权益，若经查出，本会决报请当局依法严惩，幸勿自误为盼。此告！

附公告一份。

理事长　曾禹山

9.汉口市第九区面粉工业同业公会成立大会选举理监事姓名票数单

（1948 年 1 月 18 日）

日期：三十七年一月十八日上午九时

地点：汉口沿江大道一〇一号本会

各机关代表：

经济部曾伯良先生、

社会处秦智荣先生、

汉口市政府李济苍先生、

警察局陈砚田先生、

警察六分局覃祥善先生、

市商会陈焕章先生，

会员代表人数五十二人，实到代表人数四十六人

主席：李国伟

选举结果：

理事十五人：

罗宝珊 44 票，陈尧轩 38 票，张志尧 37 票，彭金观 35 票，徐光辉 34 票，刘智孚 33 票，华迩英 29 票，潘惠民 27 票，徐信臣 27 票，竺锦乡 26 票，陈宪章 24 票，赵厚甫 24 票，华栋臣 23 票，吴樾青 23 票，朱楚辛 22 票

监事五人：

李国伟 25 票，陈子清 23 票，王一鸣 22 票，李树堂 18 票，殷柏涛 17 票

候补理事三人：

张一乐 21 票，商泽如 18 票，罗伯陶 17 票

候补监事一人：
谢恩绶 5 票
常务理事五人：
罗宝珊 14 票，华迩英 13 票，赵厚甫 8 票，彭金观 8 票，陈尧轩 7 票
常务监事：
李国伟 4 票
理事长：
华迩英

10.经济部汉口工商辅导处电送本市调整同业公会会议记录一案致市政府

（1948 年 1 月 21 日）

汉口市政府公鉴：

案查前奉贵府卅六年十一月廿六日市社字第三八七六号代电："检送汉口市各同业公会第二次调整会议记录，嘱查照办理见复。等由。查本案当经呈核示，并函复查照各在卷。兹奉经济部卅七年一月十九日京商三七号字第〇一五一四号指令开，呈件均悉，查粮食业□经本部指定之重要商业，举凡买卖面粉杂粮等业□□，所有买卖面粉之公司行号必须督导依法加入粮食商业同业公会为会员，以符规定，余准备查，仰饬遵照。此令！"等因。奉此。相应电请查照，并转饬遵照焉。

经济部汉口工商辅导处卅七子马

11.汉口市财政局为转据悦华东联等商呈请核减卅六年七、八、九月份营业税一案批示应毋庸议致汉口市广货商业同业公会函

（1948 年 1 月 22 日）

汉口市财政局字第〇〇二四八号　中华民国卅七年元月廿二日

批汉口市广货商业同业公会：

卅七年元月十一日呈一件，为据悦华等商店呈，以卅六年七、八、九月营业税评议过高，请倡核减，以恤商艰由。

呈悉，查卅六年其七至九月份营业税额系按照物价指数增加评定，至为公允。该悦华等商呈请减轻一节，事关通案，应毋庸议，令转饬知照。

此批！

局长　汤

12.汉口市银行商业同业公会理事长为武汉国防工事借款准予通融展期一月呈汉口市政府

（1948 年 1 月 24 日）

查建筑武汉国防工事借款十五亿元,业经钧府与代表行湖北省银行所□承借,该款业于本(一)月廿二日到期。兹准汉口市“戡乱建国动员委员会”代电,请予展期一个月归还。等由,到会。经提本会第六十三次理事会商讨,决予通融展期一月,惟请先将到期之一月利息付清。除已函发“戡乱建国动员委员会”查照及函原代表行湖北省银行转洽外,理合呈请钧府俯赐鉴核为祷。

谨呈

汉口市政府

（会衔）理事长　邹

13.汉口市银行商业同业公会理事长为武汉国防工事借款准予通融展期一月致湖北省银行

（1948 年 1 月 24 日）

敬启者。查武汉工事借款十五亿元,前由贵行代表与汉口市政府所□贷款,该款业于本(一)月廿二日到期,兹准汉口市“戡乱建国动员委员会”子皓代电,请予展期一个月归还。等由,到会。经提第六十三次理事会商讨,勉予通融展期一月,惟请先将到期之一月利息付清,以后不再展期,仍□在卷。除已函发查照暨呈请市府鉴核外,即烦贵行惠予洽办,并希见复为荷。

此致

湖北省银行

（会戳）　启

14.汉口市银行商业同业公会理事长为武汉国防工事借款准予通融展期一月致汉口市“戡乱建国动员委员会”

（1948 年 1 月 27 日）

敬启者。接奉贵会戡总字三二七号子皓代电,以武汉国防工事借款十五亿元业经到期,因目前无款归还,嘱予展期一个月后自捐收成数予行清偿。等由,准此。经集议商讨,佥以农历年关系贷款紧缩之期,本难照办,唯以事关“戡乱”,情形特殊,重特为贵会所嘱,通融展期一个月,应请先将到期之一月利息付清,以后不再展期。等语,记录在卷。除呈市政府及函原代表行湖北省银行洽办外,相应函复,即烦查照为荷。

此致

汉口市“戡乱建国动员委员会”

理事长　邹

15.第二税捐稽征处为遵令收清银行业应纳三十五年七月份至三十六年四月份之营业税额致汉口市财政局函

（1948 年 1 月 27 日）

汉口市财政局第二税捐稽征处呈

中华民国卅七年一月廿七日

案奉钧局本年一月五日财二字第〇一〇〇号训令，附发银行业三十五年七月至三十六年四月应纳营业税额清册一份。以此案系前税捐征收处任内经办未了事件，饬专责办理，借利事功。等因，奉此。遵即派税务员林渭璜按册分别征收。去后，兹据报称："查银行业应纳之营业税款经已照册征收，惟汉口商业银行一户系由前第三稽征所代收，并掣有察字第一三八一号及一三八六号及一三九三号税票共九张，计自三十五年十月起至三十六年四月止，其余四十一户均经按数分别收讫，共计税款八千一百八十六万，业已如数缴库。"等情。据此，查汉口商业银行缴纳营业税案件已奉钧局财二字第〇一六一号训令□该行，函询到处，并经转饬查报在案，应俟另案呈复，理合先将奉令征收银行业三十五年七月起至三十六年四月止营业税情形呈复鉴核。

谨呈

汉口市财政局局长汤

汉口市财政局第二税捐稽征处处长　吴文麟

中华民国三十七年一月二十七日

16.汉口市银行商业同业公会为营业牌照税经议定以一亿元为缴税总额由商业银行平均认缴致汉口市财政局函（附清单）

（1948 年 1 月 28 日）

汉口市银行商业同业公会公函　中华民国三十七年元月二十八日会公字第一八一一号

敬复者。接奉大局三十六年十一月廿九日财二字第〇〇一九号大函，略以营业牌照税急待整理，嘱将各会员应纳营业牌照税额申报汇转，以凭核办。复经大局第二科检发三十六年度营业牌照税调查清册格式到会，遵经依式填报在案。嗣因贵局长以各行所报资本多系战前或战时之数字，应予重行估定，经商准仍仿照营业税简化课征办法由本会拟订缴税标准送核，爰召集全体理监会议商讨议决一亿元为缴税总额，不再另估资本。除中国、交通、农民、邮汇、合作金库、省市两行外，由商业银行四十六家平均认缴，惟外商银行三家仍请按照原报资本额课征，记录在卷。除已通知各行照缴外，相应检附清单一纸，随函奉复，敬烦查照，转知税捐征收处按单列税额，径向各行洽收为荷。

谨致

汉口市财政局

理事长　邹安众

附清单一纸。

附:汉口市银行商业同业公会各会员行营业牌照税缴税清单

中华民国三十七年一月二十七日

行名	应缴税额(元)	行址	附注
浙江兴业银行	2173915	中山大道	麦加利资本额五十万元,汇丰资本额四十万元,东方汇理资本额一百万元
聚兴诚银行	2173915	江汉路	
盐业银行	2173915	中山大道	
金城银行	2173915	中山大道	
上海银行	2173915	江汉路	
四明银行	2173915	江汉路	
浙江实业银行	2173915	中山大道	
中国实业银行	2173915	江汉路	
大陆银行	2173915	中山大道	
中南银行	2173915	江汉路	
中国农工银行	2173915	江汉路	
中国国货银行	2173915	中山大道	
四川美丰银行	2173915	扬子街	
广东银行	2173915	扬子街	
大孚商业储蓄银行	2173915	胜利街	
汉口商业银行	2173915	南京路	
川康平民商业银行	2173915	鄱阳街	
新华信托储蓄银行	2173915	北平路	
和成银行	2173915	胜利街	
泰裕银行	2173915	江汉路	
中国工矿银行	2173915	江汉路	
重庆商业银行	2173915	胜利街	
长江实业银行	2173915	扬子街	
复兴实业银行	2173915	鄱阳街	
亚西实业银行	2173915	胜利街	
开源银行	2173915	中山大道	
四川农工银行	2173915	扬子街	
通惠实业银行	2173915	吉庆街	
川蓝银行	2173915	胜利街	
四川建设银行	2173915	胜利街	

（续表）

行名	应缴税额	行址	附注
巴川银行	2173915	中山大道	
兴文银行	2173915	民生路	
聚康银行	2173915	中山大道	
济康银行	2173915	胜利街	
永利银行	2173915	黄陂街口	
华康银行	2173915	扬子街	
豫康银行	2173915	南京路	
昆明商业银行	2173915	中山大道	
和平银行	2173915	江汉路	
谦泰豫兴业银行	2173915	南京路	
同济信托公司	2173915	胜利街	
汇通银行	2173915	胜利街	
建业银行	2173915	江汉路	
茂华银行	2173915	江汉路	
中国侨民银公司	2173915	民生路	
益华银行	2173915	民生路	
合计	100000000		

17.汉口市“戡乱”经费筹募座谈会记录

（1948 年 1 月 29 日）

时间:民国三十七年一月廿九日下午二时

地点:汉口市银行

出席人:徐会之、张弥川、阮齐、袁雍、任建鹏、贺衡夫、杨庆山、张家驹、邹静轩、陈淦川、万少珊、王静斋、高坤山、冯麟华、万启熙、王序平、陈焕章、许孟甫、王子江、涂培人

召集人:徐会之

报告事项:(略)

商讨事项:

本市“戡乱”经费如何加紧筹募,以应亟需,请讨论案。

决定:(1)各商户营业税一次加征十倍,由商会召集各同业公会负责人员加以解释后即行起征。(2)行税自三月一日起至五月一日止一次加征一倍。(3)不属于营业税范围者由汉口市财政局召集,由机关团体会同造具征收底册,比照起征。(4)已缴“戡乱”经费各户得凭缴款收据扣抵。(5)征收“戡乱”底册由汉口市财政局造具后送“戡乱动员委员会”审议,并由商会召集各同业会同商讨,以昭公允。(6)征收底册一俟确定,即由“戡乱动员委员会”执行小组会

同商会及各同业公会负责人员开始征收。

18.汉口市商会转汉口市“戡乱动员委员会”因自卫武力经费筹借召集各借款人开会致各业同业公会函

（1948 年 1 月 29 日）

案准汉口市“戡乱动员委员会”戡劝字第七〇号代电开：“查本会成立，原为策动民众积极动员，并协助政府筹建地方自卫武力，以保卫本市百业市民之生命财产之安全为职志。其筹建自卫武力之经费，系向本市各行业及绅户筹借，此项配借数俾经通知各单位，并经派员个别指导，为时已久，送缴者固属不鲜，而仍观望拖延者为数尚多，影响整个计划进行。至大查□□窜扰，武汉外围情势日益紧张，自卫武力亟待及时成立，以应事机。务希转咨贵会各业同仁共体时艰，洞明大义，激发自救救国之良知，即将配借之款如数缴送指定银行，以济急需。特此电达，即希查照办理为荷。”等由，准此。兹定于本月二十日下午三时召集各借款人在本会开训话会。除分行外，相应函希查照，如系借款人，即于是日派负责人出席为盼。

此致

汉口市各业同业公会

汉口市商会　启

19.汉口市商会为“戡乱动员委员会”筹募捐款修改致汉口市参议会函（附通知）

（1948 年 1 月 29 日）

抄件 1 月 29 日〇一二

案查本市前为建立地方自卫武力，建筑国防工事，原规定向各业借款后三个月归还，旋即改借为捐，由各业照所派“戡乱”经费捐献五成。嗣因经费不敷，又改为有营业税、坐税者，比照营业税、坐税捐献十倍，无营业税、坐税者，比照营业税、行税捐献百分之五十，由行代扣代缴，自三月一日起征收，两个月为限。各业正在照缴之际，复准汉口市“戡乱建国动员委员会”抄发建立保安旅及国防工事经费筹募委员会各区分会主委联席会议记录，规定营业税比照捐献停止，原已收之营业税比照捐献可于本次统一捐献时，掣原收据抵缴。至于本捐献标准，住户分一百万、二百万、三百万三级，商户分五百万、一千万、二千万三级。等语。经转饬知各业。去后，迭据各业纷纷来会呈报，以据各会员陈称：（一）此次缴纳统一捐献时，关于前已缴过之营业税比照捐献，虽持有市银行收据，各□捐献时，有超出二千万元以上之所谓特级捐者。（二）同一店主新设之商户及其□□业行之堆货地点，有重复捐献情事。（三）行税捐献与营业税捐献本为一体，而行税商人在本市已同时负担商户及住户统一捐献。现在营业税比照捐献既已停止征收，已收者并可抵缴，则行税比照捐献亦应援例停止征收，已收者亦应援例抵缴，以免行税商人有同时负担两重捐献之义务。各等语，前来。查筹款建立保安旅及国防工事，□在保卫地方，商人绝对赞同，惟是捐献办法，应求确定，以昭信守，力避轻易更改，致人民无所适从，有损办事效率。据陈前情，确属实在，相应函达，请烦查照，提交大会审议后，转请汉口市

"戡乱建国动员委员会",仍照决议原案之抵缴办法切实实行,并请对于滥收、重收等事,予以改善,暨将行税比照捐献援例停收,已收者援例,以免纷扰而利自卫捐献,是为至荷。

此致

汉口市参议会

附:汉口市商会致各同业公会筹募捐款修改的通知

1 月 29 日〇一二收字第一七八号

查"戡乱动员委员会"筹募捐款曾经分转知照在案,兹因,奉令将前派捐款半数原议改为照营业税、坐税加十倍缴纳,行税则由三月一日起四月底止加倍抽收。两个月以前未派各业现时一律照派,其无缴纳营业税之户则作为特户,听候另派。等因。兹特定于一月三十日(星期五)下午二时召开会议,事关紧急。除分函外,相应函希查照,届时希望负责人出席为盼。

此致

汉口市各业同业公会

急件!

汉口市商会　启

一月廿九日

20.湖北省银行总行为武汉国防工事借款请将先到期一月利息付清致汉口市银行商业同业公会

(1948 年 1 月 31 日)

案准贵会会字第一七九九号函,以本行前代表与汉口市政府订约,贷与武汉国防工事款十五亿元,因到限届满,由"戡乱委员会"电,经贵会商决,勉予展期一月,惟请先将到期之一月利息付清,以后不再展期,函请洽办见复。等由。又准汉口市政府(37)市财字第八八号子养代电,请将上项借款展期至本年二月二十三日归还。等由。正洽办间,于一月二十六日准汉口市银行送还本会五亿元,并将原借十五亿元在一月廿六日以前之利息一并送行。经将归还本金一部及一月廿六日以前息金,分送各原承借行查收在账。除复请汉口市政府来函说明余款十亿元已商允展期至二月二十三日归还,另函汉口市银行,请其来函继续保证,并分函各原承借行查照外,所有洽办情形相应函复查照为荷。

此致

汉口市银行商业同业公会

湖北省银行总行　启

21.陈淦川等为解散炮制业职业工会改组国药商业同业公会事呈市政府

(1948 年 1 月 31 日)

事由:呈为蒙准组织非法团体,实行清算政策,企图妨害社会安宁秩序,吁恳俯准履行取缔,勒令解散汉口市炮制业职业工会暨改组汉口市国药商业同业公会,以维法纪,而免事态扩大由。

窃吾国自有史以来，即有中药、中医，注重道德，为济世活人之张本。故赤贫者，中医、中药均有免费施舍善举。此中医、中药之道德传统，由来久矣。惟中药商店以大量资金集购地道药材，悉赖店员炮制后，始能陆续出售，因之店员绝对服从店东之指挥，店东与店员本互爱互助精神，有不可分离之关系。洎至民十六年，宁、汉分裂，□□盘踞，武汉公会林立，□□专政，遂有店员工会第一分会之组织，店员工人纷纷加入□□，咸以高压手段，反宾为主。店东横遭殴辱，甚至被迫游街示众，种种不堪忍受之现象，皆非笔墨所可形容。斯时曾禹山即为□□之中坚分子，组织第一工会。各该店员均属知识分子，大都受禹山煽惑，加入□□，该禹山即为第一工会五大执委之一。堪幸中央军克服武汉，遂将李逢元等两委员执行枪决，该禹山与朱华卿等两委员均已漏网，幸免于死，各激烈分子悉被淘汰。嗣后药业之道德传统、店东与店员之情感，亦相继恢复。迨日寇肆虐，武汉沦陷，多数店东逃避后方，所有商店类皆寄托店员维持，乃曾禹山东山再起，死灰复燃，于二十七年参加伪汉口市党部，充任干事，借口营业萧条，勾结同党萧焕堂组织店员工会，易名为炮制业职业工会，假借敌伪权力机会，向各店东威胁，公开通告演讲。略谓"汪主席原意取缔中医、中药，本人以最大努力，力求主席保留，并召集各店员，务须团结一致，店东应以二成日生流水分给店伙，年终红利亦提二成，而底薪一律照付，如任何店东不听忠告，本人即以党员立场，报请政府勒令停业"等语。因之各店东在敌伪铁蹄淫威之下，不得不委曲求全，勉为忍受。及日寇投降，国军光复武汉后，该禹山等仍暗示各店员等，待机再图活动。上年中央明令组织人民合法团体，该禹山等四出活动，力图恢复炮制业职业工会，竟蒙蔽社会当局，批准成立。遂不惜丧心病狂，变本加厉，一再向资方威胁，并向各工友利诱，更复居间挑拨离间，破坏宾主情感，勾结同业公会理事长徐海珊狼狈为奸，佯为调协待遇，恢复二二提成之互惠条件，勒令各店员、店东按各店底薪□增六倍，怂恿店员怠工及煽惑罢工，以资要挟。继复大登启事，聘曾昭昇律师及叶永树会计师为法律顾问（见一月四日《武汉日报》），组织清算，清算汉口各药店账项。该曾禹山为陈天保仁德堂等药店之劳资纠纷，竟敢于三十六年十二月十四日召开会议，由曾禹山主席报告，情辞激烈，声色俱厉，并高呼一致罢工，誓不达到加薪、提成、红利、酬劳之目的不止，有该工会记录可查。该禹山为一中医耳，既非店员，何能□充炮制业工会理事长。该曾禹山于本年一月十八日曾手令陈天保各工友到会调解，勿受愚弄，私相签字，并限各工友急□，亦有曾禹山亲笔手令可查，复勒收店员月费数千万元，系该禹山等是否渔利中饱，仰别有用途，实有根究必要。丁兹动员"戡乱"之非常时期，□□窜扰武汉外围，难免有潜伏市区、企图指挥扰乱之虞。该职业工会理事长曾禹山与国药商业公会理事长徐海珊等朋比为奸，煽惑利诱，汉市五百余工友以全体怠工、罢工为要挟加薪、提成、酬劳之勾当，并组织清算，固向各店东□制宰割，竟置各店东之成本、房租、税捐、伙食、日常开支等等于不问，核其清算名称，与□□在沦陷区内借清算实行屠杀人民之政令，如出一辙。矧曾禹山劣迹昭著，罪证确凿，似此气焰嚣张，显有颠覆政府、妨害社会安宁秩序之企图，其目无法纪，莫此为甚。不沐钧府立予拘押重办，辞状其非法团体，则大武汉虽军警林立，警卫森严，已有□□潜伏，实行清算之举动，若不即谋制止，恐星星燎原，滋蔓难图。武、汉两市各商店店东，惊悉之余，均慷慨免□。查店员非工业从业工人，不得加入工会，在商法上为商业使用人，其性质与店东同属商人，应于取得公司行号代表资格后，分别参加同业公会，迭经社会部三十五年十一月十四日京组二字第○三一二四号及同年九月二十五日京组二字第八六○九号代电，饬遵各在案。稽以京津沪港各大商埠,亦无此项工会之设立。且炮制业工会为前伪市府之名称,复员后已无存在之余地,应请钧府社会科核前代电,严行取缔该非法组织之汉口市炮制业同业工会暨改组不伦不类之汉口国药同业公会。除分呈各有关机关外,谨缕陈痛苦暨抄呈该工会通告等文件九份,呼恳俯准,立将该职业工会理事长曾禹山、常务理事长胡海璜、理事朱华卿,连同汉口市国药公会理事长徐海珊、常务理事萧焕宗、理事朱瑜亭等拘案,分别主从,严行究办,则淦川等率汉市全体会员,无不□香祷祝者也。

谨呈

汉口市政府市长徐

附抄呈炮制业工会通告、记录、手令等九份。

具呈人　陈淦川(住汉正街九六五号)

李诗璜(广益桥益东□□号)

(以下均亲署)

金道五、陈兰成、王海楼、盛福雍、邓竹生

萧胜珊、黄锦轩、叶焕九、李镇初、韩明福

张文济、孙祺舫、刘承谟、邓子安、吴承年

毛六峰、王翁濂、陈□龙

22.汉口市纱商业同业公会等为请改订派缴“戡乱”捐款致汉口市商会

(1948 年 1 月)

事由:为凭述困难情形,恳祈转请改订派缴“戡乱”捐款案。

查募收“戡乱”捐款一案业于元月卅日经大会召集各业代表会议,即希恭聆徐市长、阮司令恺切训示,按照卅六年度七至九月份营业税额十倍缴纳,并蒙晓谕,如认为有不妥之处,或有其他较善办法,尽可提出补充,以期完成“戡乱”任务,借昭负担公允。等因,奉此。查事关“戡乱”要政,属会等未敢稍行忽视,经即分别召集同业来会详加商讨,劝导筹缴。当据各会员纷纷声称“戡乱”捐款按营业税额加十倍缴纳,殊欠公允。且现值废历年关,紧迫之际,各同业多已循例将营业作一结束,回籍度岁,此时再行筹款,殊非易事。各等语。归纳所提意见,约有下列各点,谨陈述如次:

一、查“戡乱”动员既为全民之责,则我全民自应本诸出钱出力原则,恪尽厥职。现筹募捐款似宜有全面计划,普通施行,庶符有钱者出钱之旨,以昭平允,借示大公。原定之五百亿元捐款,属会等业蒙大会转奉层峰,体恤商艰,将原定配借额减为半数捐助,遵于万难之中,已勉为筹缴有案。是我各业商民已略尽职责,其不足之数似应另为筹划。查本市尚不乏殷实富户,即就房产业主而言,上次仅捐助一月租金(约合四十亿元),尚非由业主整个担负,其实力并不亚于我。商业范围以外各方面之摊派而未缴,或应派未派、缴而不足,□□请按总成数分摊负担,以求公允。

二、再查本市,据悉尚有多数商业上次未予派捐者,此项差额自可查明,所有未派各业予以派缴,以期负担平允。

三、本市营业税额原蒙市府简化手续,均系采取评议方式,原属过渡办法。其评额公允者固多,但因税率过高,其不胜负担者亦复不少,属业等负担特重,事实俱在。今将负担原欠平允者一律按十倍缴捐,其权利义务之不公,自不言而喻,似不应削足适履,必须兼顾事实,截长补短,以求担负合理。再查报载"戡乱委员会"在市银行召集紧急会议所决定之收齐自卫经费办法第六项有"财政局征收底册呈经市府核阅后,转送市商会召集各同业公会会商研究,以昭公允"之规定。根据上项办法,应请大会召集各业详加研究,公平摊派。至所谓武昌市系按营业税额派缴一节,查武昌市不惟商业业务单纯,且营业范围亦均狭小,欲求完成配额,自须加缴十倍。本市营业范围之大远非武昌可比,证明此次派缴捐款额自可勿庸援例以营业税额为标准,且"戡乱"动员原为全民之责,似亦不应专以营业者为负担捐款对象,致由偏袥。

综上所述,此项以营业税额为派缴捐款标准似欠公允,且处此废历年关,商场循例结束之际,筹措偌大数额确属万难应缴。总之,事关"戡乱"大计,凡我国民均应恪尽职责,力之所及者自当竭诚以赴。为求迅赴事功起见,似应另订合理办法,公平派缴,以示平允。奉谕前因,理合据情会衔呈请大会鉴核,转请层峰□□改订派缴办法,实为公便。

谨呈

汉口市商会理事长贺

汉口市布匹店商业同业公会理事长　成禹门
汉口市纱商业同业公会理事长　彭少田
汉口市布匹匹头贩运商业同业公会理事长　梅云章
汉口市国货匹头商业同业公会理事长　梅斌臣
汉口市颜料商业公会理事长　张尧萱
汉口市百货商业同业公会理事长　刘明章
汉口市中外纸商业同业公会理事长　蓝熙周

2 月

1.汉口市商会为缴送"戡乱"捐款致汉口市各业同业公会函

(1948 年 2 月 1 日)

查"戡乱"捐款一案,前于元月三十日由本会召集各业代表到会商议,当经徐市长、阮司令出席致辞,并说明各点:(甲)完纳营业税、坐税各户,照上年七、八、九月份税额,作捐十倍,一次缴足。(乙)行户完纳营业税、坐税者,亦照上年七、八、九月份税额,作捐十倍,一次缴足。(丙)行户代客扣税,延至三月一日起,按照所扣营业税额代扣一倍,以两个月为限。(丁)银行、钱庄及无营业税各厂商,以及只买不卖号商,由"戡乱会"另议派认。以上办法均经"戡乱会"议定并申明,以前已缴送之自卫捐款,在此次派款办法内扣抵。等语。旋经大会集议,佥以废历年关已届,金融紧迫,实无法担任如此巨款。最后经商请市长同意,准于一星期内,前已缴送捐款各业,暂照上年七、八、九月份营业税额缴送三倍,但不抵扣前次已捐之款,至前次未曾捐款各业,照上年七、八、九月份营业税额缴送五倍,统限于二月六日以前缴齐。如届时仍不缴清,由“戡乱会”执行小组催收。等因。本会以商业困难情形,曾经迭次呈述层峰,已蒙洞悉。现在“戡乱”经费需用甚急,亦属实在,兹规定废历年关内,暂照上述办法办理,以后如何决定,俟上元节后,再行共同集议。除分行外,相应函希查照,迅速办理为盼。

此致

汉口市各业同业公会

最速件!

汉口市商会 启

二月一日

2.汉口市纱商业同业公会为“戡乱”捐款难以缴纳致各宝号紧急通知

(1948 年 2 月 2 日)

案奉汉口市商会本年二月一日函开:查“戡乱”捐款一案,前于元月三十日由本会召集代表到会商议,当经徐市长、阮司令出席致辞,并说明各点:(甲)完纳营业税、坐税各户,照上年七、八、九月份税额,作捐十倍,一次缴足。(乙)行户完纳营业税、坐税者,亦照上年七、八、九月份税额,作捐十倍,一次缴足。(丙)行户代客扣税,延至三月一日起,按照所扣营业税额代扣一倍,以两个月为限。(丁)银行、钱庄及无营业税各厂商以及只买不卖号商,由“戡乱会”另议派认。以上办法均经“戡乱会”议定并申明,以前已缴送之自卫捐款,在此次派款办法内扣抵。等语。旋经大会集议,佥以废历年关已届,金融紧迫,实无法担任如此巨款。最后经商请市长同意,准于一星期内,前已缴送捐款各业,暂照上年七、八、九月份营业税额缴送三倍,但不抵扣前次已捐之款,至前次未曾捐款各业,照上年七、八、九月份营业税额缴送五倍,统限于二月六日以前缴齐。如届时仍不缴清,由“戡乱会”执行小组催收。等因。本会以商业困难情形,曾经迭次呈述层峰,已蒙洞悉。现在“戡乱”经费需用甚急,亦属实在,兹规定废历年关内,暂照上述办法办理,以后如何决定,俟上元节后,再行共同集议。除分行外,相应函希查照,迅速办理为盼。等因,奉此。查本业应缴捐款,依照上列办法计标,共需二十七亿元之巨,数目庞大,确难筹措,当经历述本业困难情形,函祈转请豁免有案。惟此项捐款需用迫切,恐难邀获减免。除另行商订办法定夺暨分行外,相应先行转知查照为荷。

此致

○○宝号

汉口市纱商业同业公会 启

3.汉口市纱商业同业公会为“戡乱”借款致汉口市商会函

(1948 年 2 月 2 日)

案查前奉大会函知汉口市“戡乱动员委员会”配借本业“戡乱”借款国币十亿元一案,当以数字庞大,无法筹借,蒙转奉层峰体恤商艰,改借为捐,减为五亿元。饬遵下会,业经如数□缴,掣有收据在案。兹奉元月廿九日大会以捐献办法奉令变更,改按卅六年度之七至九月份营业税十倍送缴。复奉本月一日函,饬于旧历年底内暂按上年七、八、九月份营业税额缴送三倍。

各等因,奉此。查事关“戡乱”大计,自应本诸出钱出力原则,踊跃输将,以期早日戡平□患。无如事实确有困难未能遵缴者,盖本业原属贩运性质,向仗各地农村织户为销售市场,去岁自入秋以来,各处匪患频仍,乡人均裹足不前,以致营业极度萧条,入不敷出。数月来,函报停业者已达数十家。前此奉派捐助“戡乱”费五亿元时,本即无法筹措,唯以事关要政,未敢忽视,故于万分困难之中仍多方设法筹借送缴。现此款虽已遵命缴齐,但至今本会犹负债一亿元,每日且须认缴利息,尚未筹得款项归垫。兹查改定按卅六年度七至九月份营业税额加十倍缴纳之办法,本业计需缴纳二十余亿元,而本会向为本巨利微之业务,非他业可比。故在战前,我营业税率仅为千分之二点五,较其他任何业务均低,盖税务当同深知我业之困苦情形。胜利后,一改旧章,税率骤增为千分之十五,当平时即感难以负担,今按十倍缴捐,是一次即缴纳十个月营业税,却非各同业力量所可负荷。刻又当此旧历年关紧逼之计,多数同业均已循例将营业作一年度结束,回籍度岁,即暂缴三成亦需七八亿元之巨,事实万难筹缴。奉前因,理合将困难情形呈请大会鉴核,俯赐转请豁免,以恤商艰,实为公便。

谨呈

汉口市商会理事长贺

汉口市纱商业同业公会理事长　彭少田

二月二日

4.汉口市商会为送缴“戡乱”借款致汉口市各业同业公会函

（1948年2月2日）

查“戡乱”捐款一案前于元月三十日由本会召集各业代表到会商议,当经徐市长、阮司令出席致辞,并说明各点:(甲)完纳营业税、坐税各户,照上年七、八、九月份税额,作捐十倍,一次缴足。(乙)行户完纳营业税、坐税者,亦照上年七、八、九月份税额作捐十倍,一次缴足。(丙)行户代客扣税,延至三月一日起,按照所扣营业税额代扣一倍,以两个月为限。(丁)银行、钱庄及无营业税各厂商以及只买不卖号商,由“戡乱会”另议派认。以上办法均经“戡乱会”议定并申明,以前已缴送之自卫捐款,在此次派款办法内扣抵。等语。旋经大会集议,佥以废历年关已届,金融紧迫,实无法担任如此巨款。最后经商请市长同志,准于一星期内,前已缴送捐款各业,暂照上年七、八、九月份营业税额缴纳三倍,但不抵扣前次已捐之款,至前次未曾捐款各业,照上年七、八、九月份营业税额缴送五倍,统限二月六日以前缴齐。如届时仍不缴清,由“戡乱会”执行小组催收。等因。本会以商业困难情形,曾经多次呈述层峰,已蒙洞悉。现在“戡乱”经费需用甚急,亦属实在,兹规定废历年关内,暂照上述办法办理,以后如何决定,俟上元节后,再行共同集议。除分行外,相应函希查照,迅速办理为盼。

此致

汉口市各业同业公会

最速件!

汉口市商会　启

二月二日

5.汉口市丝绸呢绒商业同业公会为“戡乱”自卫捐款致汉口市商会函

(1948 年 2 月 2 日)

案准贵会二月一日公函,即以“戡乱”自卫捐款变更办法,经徐市长、阮司令到会说明,其完纳营业税、坐税各户照上年七、八、九月份税额(应为七、八、九月平均数字之一个月)作捐十倍,并限于二月六日以前缴送三倍。等由,准此。查本会捐款,本会前于奉到贵会暨“戡乱委员会”通知以后,虽当时因款额过巨,负担不胜。然为拥护“戡乱”大计,不得不劝导各会员勉力输将,当经依照原案派捐数字一次缴纳在案。此次变更以前,派捐原案以营业税比例增收,不但农历年关在迩,金融紧迫,各会员正苦年度结束,无法渡此难关,对于突来之巨额捐款,实属无力筹应,抑且按照营业税比例科捐,自非有钱出钱之原则。至若中途易辙更张,未免有损威信,从使遵守原案尽先踊跃缴捐者益加负担,倍增惶惑,况负担之不均,显然有失事理之平。本会对于“戡乱动员委员会”此项变更办法之措施,既无法筹缴,亦未甘缄默。为特函请贵会查照,希予转请“戡乱动员委员会”维持以前派捐原案,收回营业税比例科捐及年内筹缴三成之成命,以恤商艰而昭大信,并盼见复,至纫公谊。

此致

汉口市商会

汉口市丝绸呢绒商业同业公会理事长何引年(常务理事朱泽民代)

二月二日

6.天生和等商号为曾禹山误诉□□嫌疑公恳交保开释呈汉口市政府(附店主乔开昌为曾禹山确系本店监工证明书)

(1948 年 2 月 2 日)

事由:为事关劳资纠纷误诉□□嫌疑公恳交保开释。

拟办:查本案业经关系方面调解,双方误会冰释,本件拟存查,不予批复。

窃查汉口市国药商业同业公会及汉口市中药炮制业职业工会均经先□,奉市府命令成立有年,其协议改善职工待遇规约,亦经呈准备案,有市府(卅六)市社字第三二九九号指令可凭,双方相安无事。近有少数店东以利害相交之故,误诉炮制业工会理事长曾禹山□□嫌疑由。钧队将该曾禹山拘捕收押在案,商等素知曾禹山为人纯正,绝无□□色彩,本案完全系由劳资纠纷所酿成,不忍坐视事件之扩大,为特联名,公恳钧府俯顺舆情,准即将曾禹山交保开释,以便调处而免争执,实为公便。

谨呈

汉口市警察局刑事大队队长

具呈人:天生和,中山大道一三三一号

寿昌祥药号,住友益街一五五号

达仁堂,住中山大道一一三五号

仁寿堂,花楼街二五八号

汉口吴寿康,民生路一六六号
九芝堂,汉正街六六九号
万鹤龄,汉正街六二三号
叶开泰,大夹街二四四号
乙太陈,民权路一六四号

附:店主乔开昌为曾禹山确系本店监工证明书

证明书

兹证明,曾禹山确系本店监工,负监督工人配置丸、散、膏、丹、饮片一切技术责任,特此证明。立证人九芝堂。

地址:汉正街六九九号　　店主:乔开昌

中华民国三十七年二月七日

7.汉口市商会为据粮商行请援例免征粮食营业税致汉口市政府函

(1948 年 2 月 2 日)

汉口市商会呈　商字第三〇四一号　中华民国三十七年二月二日

案据汉口市粮食行商业同业公会呈称:"案据上海中华民国粮食商业同业公会全国联合会代电开,各省市参议会暨各地粮食商业同业公会公鉴,沪市粮食营业税自经本会会同沪市粮业公会向当局力请免征以来,业于元月九日市政会议中决议缓征,呈部备案,获达目的,为全国树先声。等由。足见我贤明当局与当地民意机构采纳群言,仍本体念民生之德意,准予缓征,以苏民困而安社会。伏思我武汉之商艰民困,当十倍于沪,理合据例吁请钧会转请市政当局采择民意,援例议决,予以缓征,而慰群情,伫待示遵。等情,据此。查上海市政会议既经决议缓征粮食营业税,汉口事同一律,应邀援例办理,以苏民困,理合据情转请鉴核示遵。

谨呈

汉口市市长徐会之

汉口市商会理事长　贺衡夫

8.汉口市轮船商业同业公会请求简化营业税及特种营业税致汉口市财政局函

(1948 年 2 月 3 日)

汉口市轮船商业同业公会代电　汉文字第一〇〇三号　中华民国三十七年二月三日

汉口市财政局钧鉴:

案准中华民国轮船商业同业公会联合会本年子世电开:"关于轮船业营业税及特种营业税请求简化税征一案,顷按直接税署王署长抚卅函,略以关于课征特种营业税部分,已拟定轮船业课征特种营业税补充规定,按吨位计税,由总公司汇缴。现在签部呈院中。等由。除再电请定案施行并候复□另案奉告外,特电洽照。”等由。除分函外,理合电请鉴核为祷。

汉口市轮船商业同业公会丑江汉文

9.汉口市财政局为鉴核本市银行业应纳卅五年七月至卅六年四月份之营业税令第二税捐稽征处函

(1948 年 2 月 4 日)

武汉市财政局字第五八三号

中华民国卅七年二月四日

指令财二字第　号

令第二税捐稽征处:

本年元月廿七日税文二字第七六号呈一件(同来文由),呈悉,准予备查,惟该处缴库数字有已请明为银行业营业税者共四三一二〇〇〇〇元,未请明者仍仰遵照查明具报为要。

此令!

10.汉口市政府为紧急筹措自卫经费案训令棉纱商业同业公会

(1948 年 2 月 5 日)

查自卫经费关系地方治安,需用孔亟。前次派认之捐款不敷应用,商住户缴纳之月捐又缓不济急。准“戡乱动员委员会”嘱由本府台请各机关法团集议商定,紧急筹措办法如下:

一、住商完纳营业税、坐税各户,依照上年七、八、九月份评定税额,以一个月金额为标准,按十倍缴纳。

二、行商完纳营业税、坐税者,比照前项办法办理。

三、行商代客扣缴行商营业税者,自三十七年三月一日起,按照所扣营业税额加扣一倍,以二个月为限。

四、上年七至九月份住商普通营业税未经核定之各业商户(棉花商、运输商、出口商等)及完纳特种营业税之各业商户(如银行、钱庄等)与免税普通营业税之各厂商,由“戡乱动员委员会”另议派认。

五、上列各业应捐纳之款(第三项按照规定时间办理)统限于废历年底前缴纳五成,如前次派认捐款已经缴纳者,则先缴纳三成,其余应缴之各成一律须在国历二月底前缴清。再,各业户倘前次已认捐借款者,可提出条据,在清缴尾数时扣抵。

六、各业户此次应缴之款,由各业公会收转,径送“戡乱动员委员会”核收。倘届时不清缴者,由“戡乱动员委员会”执行小组催收。

上列各项除分令市商会及各业公会外,该会应缴捐款计二亿六千四百六十六万元。合行令仰遵照,迅即转知各会员遵照缴纳,勿延为要。此令!

市长　徐会之

11.第八区机器棉纺织工业同业公会为“戡乱”捐款一案致汉口市商会函

（1948 年 2 月 6 日）

径复者。接准贵会函示，关于“戡乱”捐款一案，“戡乱会”所定办法甲、乙、丙、丁四项，查原办法中系照上年七、八、九月份营业税额作捐十倍，而本业各厂所担负之税额，系属于统税部分，向不缴纳营业税。对于是项规定，自不适用现在各厂，业已照“戡乱会”所指派捐额遵缴足数。兹经本会与各会员厂共同集议，佥以本业在抗战时期损失奇重，自胜利后，复厂工作因时局影响及种种困难，迄今未及开工，生产陷于停顿状态，各厂之艰窘情形至为复杂不一，对于专项捐款额数问题，若径由“戡乱会”分途与各厂直接交涉，意见难趋一致，不易获得具体解决。为求永久问题之单纯统一起见，今后拟由本会负责斟酌各厂情形，集中同业意见，取得一致，统由本会联络办理，较之分途交涉，便利实业。准函前因，特此函请贵会将上述意见转达“戡乱委员会”鉴核赐复，无任感盼。

此致

汉口市商会

第八区机器棉纺织工业同业公会　启

二月六日

12.汉口市财政局为筹借自卫经费应缴款项应比照六项捐款办法办理致棉纱商业同业公会函

（1948 年 2 月 7 日）

查紧急筹借自卫经费六项办法，前经市府通令饬遵在卷。兹查市府该项令文内所称贵会应缴之捐款，系指贵会上年七至九月份详定营业税额之一个月份金额而言。至贵会各会员营业户此次应缴纳捐款，应依议定之六项办法比照办理。除分行外，相应函达，即希查照并希转知各会员知照，克日缴纳为荷。

此致

棉纱商业同业公会

局长　汤之镇

13.汉口市棉花商业同业公会为“戡乱”捐款致汉口市商会函

（1948 年 2 月 7 日）

案奉大会二月一日函，略以“戡乱”捐款一案业于元月三十日召集各业代表到会商议。当经徐市长、阮司令出席说明甲、乙、丙、丁四点，其丙项内称，行户代客扣税延至三月一日起按照所扣营业税额代扣一倍，以二个月为限，嘱即迅速办理，等因，奉此。遵查本会各会员对于“戡乱”捐款，业经勉力筹缴四亿一千万元，至本会各会员经营棉花业务，如有营业行为，向例由花行经手过秤成交，至应缴之营业税均系由花行于每次交易时照奉代扣代缴，毫无遗漏。此次改定“戡乱”捐款办法，本会各会员属于丙项范围，自应依照该项办法办理，所有本会员应缴之“戡乱”款，应请大会直接向棉花行业公会洽收，以资简捷。除通知各会员查照外，用特函陈大会察核办理，至为公谊。

谨上

汉口市商会

理事长　程子菊

二月七日

14.河南私立嵖岈山农业专科学校为请转第九兵站总监部迅速提前发还被征粮食致汉口市商会

（1948 年 2 月 7 日）

汉口市商会公鉴：

敬启者。前以嵖岈山农业专科学校于客岁十一月间，为安全储存基金而购成芝麻、黄豆两千大包，启运来汉，为汉口供应局验查，当由押运人员申明，并由张董事长翼三先生电总监部证明，而执行人员仍征去一次芝麻二百五十五大包、二次黄豆三百大包、三次芝麻二百六十一大包。但以遂平沦陷日久，本校师生、教职员眷属逃难来汉者日众，嗷嗷待哺，急需此等食粮救济。爰经具文呈请，乃蒙第九兵站总监部总监王批准，全数发还。惟此等收购事宜，系与贵会会同推行，用特函请贵会查照，并请贵会转饬第九兵站总监部，迅速提前发还，借以拯救本校师生于饥寒。事急燃眉，匪仅延续教育生命已也。幸甚！专颂工绥！

河南私立嵖岈山农专校长　魏朗斋　谨

15.联合勤务总司令部为奉令成立武汉过境部队招待所致汉口市商会函

（1948 年 2 月 11 日）

一、奉联勤总部材智六〇〇〇三四号训令，转奉□长陈（卅六）亥梗署□六代电，核定武汉区成立甲种编制过境部队招待所一所。

二、本关奉颁□防一颗，文曰“联合勤务总务司令特种勤务处武汉过境招待所”，业于二月一日启用。

三、奉所□□十二员，士兵二十一名，已于二月九日抵汉，在江汉路开始办公，专组一切。敬乞贵会赐予指导协助为荷。

16.汉口商会为“戡乱会”电复仍请勉力筹措自卫基金由致上海实业公司汉口分公司函

（1948 年 2 月 16 日）

案查前接贵公司来函，为转请减免“戡乱”自卫基金一案，经函准汉口市“戡乱建国动员委员会”戡劝字第三四九号代电开：“准贵会公函，以据上海实业股份有限公司，云云，劝募勿观望为荷。”等由，准此。相应函希查照。

此致

上海实业股份有限公司汉口分公司

17.汉口市商会为据杂粮店商业公会代电转请缓征粮食营业税致汉口市政府函

（1948年2月17日）

汉口市商会呈　商字第三〇四九号　中华民国三十七年二月十七日

案据汉口市杂粮店商业同业公会子卅代电称，案准汉口市粮食行商业同业公会子代电开：“案据上海中华民国粮食商业同业公会全国联合会筹备会代电开，各省市参议会暨各地粮食商业同业公会公鉴，沪市粮食营业税自经本会会同沪市粮食业各公会向当局力请免征以来，业于元月九日市政会议中决议缓征，呈部备案，获达目的，为全国树先声，所望各地闻风兴起，继续迈进，援例请免。等由，据此。已据例电请市政有关各机关援例议决缓征，以苏民困而安社会。况武汉现势与夫商艰，当十倍于沪，当能邀免。除分别函呈外，相应函希贵会查照，一致响应援例进行，以达全面缓征目的，俾利民生而安社会。等由，据此。窃粮食一项与军需民食、民生大计至关重要，一日征收重累纷繁，国家收入有限而人民负担加重，况奸匪窜乱，农村荒芜，军需民食至关□□，相应电请钧会力请市政当局援例免征，以维民生而安社会，不胜感祷之至。”等情，据此。查此案前据本市粮食行商业同业公会呈请到会，当经转呈鉴核在卷，兹据前情，理合备文呈请钧府俯赐并案核示祗遵。

谨呈

汉口市市长徐会之

汉口市商会理事长　贺衡夫

18.汉口市百货业同业公会因免照营业税额征收“戡乱”捐款一案致汉口市商会函

（1948年2月19日）

准贵会三十七年二月三日商字第三〇五三号公函，以据百货业同业公会函请免照营业税额征收“戡乱”捐款一案，函请查照办理见复。等由，准此。当经提交本会第五次常会讨论决议，仍请勉力捐输。等语，记录在卷。相应函复查照，仍请转知该公会共体时艰，勉力捐输为荷。

此致

汉口市商会

主任委员　徐源泉

二月十九日

19.汉口市棉纱商业同业公会为增缴“戡乱”借款致汉口市纺织公司函

(1948 年 2 月 20 日)

送达机关:第一公司。

事由:为奉会增缴“戡乱”捐款案。

公函:查关于本会前以奉配借“戡乱”借款案,本会业经筹缴五亿元有案,兹于旧历年终后奉令再缴五亿元备用,当以时机迫切,未容缓延。□向汉口市银行折借垫缴,现因□约归还日期时届,□提交本会第七十三次理监联席会议商讨决议,仍按上次缴捐办法。在第一公司售□内之同业,应得□□扣用款,据收案□□,为免遗漏起见,由理事长径向第一公司负责联络,请营业处验得本会所给之款收据后方予掣给领贷凭单。等语,记录在卷。查事关“戡乱”大计,相应函请查照,惠予照办,以期事半功倍,而免贻误事机,至纫公谊。

此致

汉口市纺织公司

理事长 □□

20.汉口市广货业公会为请求核减悦华号上年六至九月底税比例稽征致汉口市财政局函

(1948 年 2 月 23 日)

呈据属会会员商店悦华号呈称,窃小号悦华百货商店开设中山大道第一二三一号,地段偏僻,生意凋零,故于前年十二月以前营业基本税额五万二千五百元,上年(即三十六年)业经遵照调整比例增加税额,已缴至上年六月份止,每月所缴税款二十四万三千元,并给有收据可证。查小号所缴税款曾比街邻同业同级之商店已重四分之一强,除三十六年十二月二十五日具呈同业公会请求转呈,暨三十七年二月二日又经具呈汉口市第二稽征处请求比例减轻上年六至九月底税外,为此再祈钧会垂念商艰,具情转呈汉口市财政局,赐予按照本街上下同业同级之商店即乞核减比例稽征,俾符昭示,以免偏颇而轻负担,不胜感激待命之至。各等情,据此。查该悦华号地近偏僻,生意较清,具呈各节均属实情,理合据实转呈钧局鉴核,赐予比例减轻该悦华号上年六至九月底税照例稽征以示体恤,无任感戴。

谨呈

汉口市财政局

广货业公会理事长 胡耀堂 谨呈

21.南洋烟厂工人工资核定谈话会笔录

(1948 年 2 月 24 日)

时间:民国三十七年二月二十四日下午二时

地点:市府招待室

参加者：

市府胡冠民，机业同业公会代表王汇川，纸烟产业工会代表李福田、查鹏程，南洋烟厂张杰谋、张渭铨、黄发枝、胡江林、贺忠廉、郑鹤、朱济安、袁江，税工会周济平

主席：胡冠民

谈话内容：劳方以基期工资应以十二月份指数求得资方坚执履行

原调解案（略）。

调解折中：

（一）为顾及劳资双方情感，经出席调解人折中，以八万倍作指数，按十二月份下半月工资额求基期工资。自元月一日起，以指数八九五二二倍计算，嗣后按月照市府工人生活指数发给。

（二）自此次工资调解后，嗣后如有因工资劳资发生纠纷时，应由此次出席工人代表负完全责任。

周济平、王汇川、李福田、查鹏程、张杰谋、张渭铨、黄发枝、贺忠廉、胡江林、袁江。

22.汉口市各界庆祝三十七年度农民节纪念大会结束会议记录

（1948年2月26日）

时间：二月二十六日下午二时

地点：市政府

出席人：市党部王凌云、总工会郭海福、市警备局熊仲明、市商会万少珊、宪兵第十二团蒋希辅、地政科曾昭鸿、社会科袁圣立、中央合作金库胡培元

讨论事项：关于本届农民节大会收支情形，请审核案

决议：照收付用费表通过

汉口市三十七年度农民节大会收付用费表

科目	收入金额(元)	支出名称	金额(元)
农民银行	一五〇〇〇〇〇〇〇	影棚、茶水炉工人	三二五〇〇〇〇〇〇
市党部	三〇〇〇〇〇〇〇	大前门香烟、茶点	五五〇〇〇〇〇
合作金库	一五〇〇〇〇〇	租鲜花、□花	三六〇〇〇〇〇
市商会	一〇〇〇〇〇〇〇〇	文具纸笔	五一九〇〇〇〇〇〇
市政府	一二〇〇〇〇〇〇〇	乐队、□□□□□□□□	八五〇〇〇〇〇
计	五五〇〇〇〇〇〇〇		五五二九〇〇〇〇〇

23.财政部湖北盐务办事处为配合动员“戡乱”补助地方自卫武力经费增收食盐附加税致汉口市商会函

（1948年2月27日）

汉口市商会公鉴：

案奉财政部财盐财三三一号丑感电：兹为配合动员“戡乱”，补助地方自卫武力经费，经国

务会议议决,自电到日起,食盐每担征收附加税十万元,渔农盐每担五万元,工业用盐免征,随□国库,由中央统筹支配。所有地方政府随盐附征之任何名义附加一律停征,仰即奉电及遵施,日形□核。等因,奉此。自应遵办。所有官仓存盐补差办法,仍应遵照上次盐税补差规定办理。除分行各属遵照,会同地方警保人员分头查明补征,并函请各有关机关饬属一体协助办理外,相应电请查照。案关国务会议决议配合动员"戡乱"补助地方自卫武力经费,即希转知各盐业商民一体遵照为荷。

财政部湖北盐务办事处丑勘

24.汉口市政府为汉口市银行业同业公会因"戡乱委员会"借款请求展期批示

(1948 年 2 月 28 日)

汉口市银行业同业公会

前准贵会函,以本市"戡乱委员会"借款权予展期一月计,至二月二十三日到期。等由。当经转达在案,兹准该会戡秘总丑条电复称:查本会前以构筑国防工事需款孔急,曾向四联总处借款二十亿元,银行公会十亿元,合计三十亿元,刻以所收之自卫经费大部分拨作国防工程费用,本会尚无存款可还。等情。转函四联总处等,准予转期,即烦办理见复为荷。等由,准此。经查确属实情,复以案关建筑国防工事之重要款项,弗能周转,实系不得已之情形。除饬市银行先行送还息金外,相应电请查照,惠予展期,并见复为荷。

汉口市政府丑俭马市财一印

25.汉口市财政局为函请转催各同业公会于本年二月底以前将应缴自卫经费缴齐致汉口市商会函

(1948 年 2 月 28 日)

案查本市紧急筹措自卫经费六项办法,前经市政府令饬各同业公会遵照缴纳,并经本局函达查照在案。兹查各业所缴捐款为数甚微,殊难应付,案关地方自卫经费,需用万急,各同业商号应即仰体时艰,迅将应缴捐款遵照规定数额于三十七年二月底以前如数缴齐,以供支应。相应函请查照,即希督催缴纳,并盼见复为荷。

此致

汉口市商会

中华民国三十七年二月

局长　汤

26.汉口市政府为紧急筹措自卫经费令花粉绒球商业同业公会

(1948 年 2 月)

令

查自卫经费关系地方治安,需用就亟,前次派认之捐款不敷应用,商住户缴纳之月捐又缓不济急，经准“戡乱动员委员会”嘱由本府召请各机关法团集议商定紧急筹备办法如下：

一、住商完纳营业税、坐税各户，依照上年七、八、九月份评定税捐额，以一个月金额为标准，按十倍缴纳。

二、行商完纳营业税、坐税者，比照前项办法办理。

三、行商代客扣缴行商营业税者，自三十七年三月一日起，按照所扣营业税额加扣一倍，以二个月为限。

四、上年七至九月份住商普通营业税未经核定之各业商户（如棉花商、运输商、出口商等）及完纳特种营业税之各业商户（如银行、钱庄等）与免征普通营业税之各厂商，由“戡乱动员委员会”另议派认。

五、上列各业应捐纳之款（第三项按照规定时间办理）统限于废历年底前缴纳之，各业一律须在国历二月底前缴清。再，各业户倘前次已认捐借款者，可提出条据，在清缴尾数时扣抵。

六、各业户此次应捐缴之款，由各业公会收转，径送“戡乱动员委员会”核收。倘届时不清缴者，由“戡乱动员委员会”执行小组催收。

以上各项除分令市商会及各业公会外，该会应缴捐款计七十三万二千元，合行遵照，迅即转知各会员遵照缴纳，是为要。此令！

市长　徐会之

3 月

1.武汉各界联合助学运动委员会为代为催缴电影院及戏园等娱乐场认捐二亿元作为助学金致汉口市商会函

（1948 年 3 月 3 日）

汉口市商会贺理事长勋鉴：

查武汉电影院、戏园等娱乐场认捐二亿元作救济湖北□区学生之用，业经本会第五次会议议决在案。兹为需用孔殷，特电查照。请烦饬人代为催缴，俾资应付，并希见复为荷。

武汉各界联合助学运动委员会武联助印

2.汉口市政府社会科为调查人力车商业公会呈请调整车租一案致汉口市商会函

（1948 年 3 月 3 日）

援本市人力车商业公会呈请调整车租一案，兹定于本月三日下午二时在本科召集调处。除分函外，相应函请查照，届时派员出席为荷。

此致

汉口市商会

汉口市政府社会科　启
三月三日

3.汉口市营造工业同业公会理事长为黎国华等擅自统众凶毁损伤害扰乱治安等情形呈汉口市商会电

(1948 年 3 月 5 日)

汉口市商会理事长贺钧鉴:

本日午后三时,本市泥瓦业工会理事长黎国华率领泥工百余人蜂拥至本会,首先把守电话机,四处寻捕理事长及各理监事未获,遂捽毁全部器具,殴伤职员孟国斌,撕毁总理遗像及委员长玉照,一时秩序大乱,行同奸□。本会全体理监事因奉令承建国防碉堡,各负建碉一座之重责,限于本月十四日完工,不得不亲督工作,虽奉市府通知,本日开会调整泥瓦工资,亦无暇出席讨论,该黎国华等擅自统众凶毁损伤害,扰乱治安,妨害建碉,难免奸□煽惑嫌疑,迫恳迅赐保护,从严惩办,并乞示遵,实为公便。

汉口市营造工业同业公会理事长　彭曜棠　寅微叩

4.汉口市商会为通知召开商谈"戡乱"经费谈话会致汉口市各业同业公会函

(1948 年 3 月 6 日)

兹为商谈"戡乱"经费事,定于本月八日(星期一)下午二时在本会开各业及单独会员谈话会,并请徐市长届时出席。除分行外,相应函知,务希查照,准时派员来会为盼。

此致

汉口市各业同业公会

汉口市商会　启

5.汉口市政府为抄送物价评议会议记录令汉口市猪肉商业同业公会(附记录)

(1948 年 3 月 8 日)

汉口市政府指令　市社字第四五八二号

呈悉,业经交由本市物价评议会(卅七)年第四次会议评定。除分电并令饬本市警察局及经济检查队切实检查取缔抬价外,合亟检同物价评议会议记录一份,令仰遵照,转知各会员恪遵议价,悬牌销售,毋得高抬为要。

此令!

附发物价评议会记录一份。

市长　徐会之

附:汉口市物价评议会(卅七)年第四次会议记录

时间:三十七年三月八日下午三时

地点:市府会议室

出席人:警备部稽查处左子烺,市商会高坤山,理发业公会喻荆田、朱之镛、詹金山,马车业公会江国治、李文秀、余术木,油商业公会余松泉、张佑民,煤焦业刘云生,猪肉商业公会胡楚翘,薪炭商业公会梅厚安、王耀卿,剧场业公会林荣庆,猪肉零售业公会林志卿、熊少坪、熊连子、熊汉臣、张一卿、闵少玉、胡光远、孙仁卿,米业公会彭金观,猪行业公会王孟余,市党部全本权,市政府丁幼泉,市警局秦美才,杂米柴行公会陈庆忠,粮行公会刘绍武(张德煊代)

甲、报告事项:(略)

乙、讨论事项:

议定各项物价如次:

(1)猪肉:行盘每斤四万元,批发每斤四万六千元,零售每斤五万元。自三月九日实施,嗣后猪行及批发市场由市府令饬经济检查队随时派员督导。

(2)麻油:上麻每斤六万二千元,次麻每斤六万元。

(3)煤球:每石□十二万元。

(4)理发:甲等六万元,乙等四万八千元,丙等四万元,丁等三万元(搽油、吹风一并在内)。

(5)马车:按原核定价增加百分之一百五十,由社会科制表,以府令分发。

(6)各剧场:

①京剧:特座不得超过十万元,余座递减。

②电影:楼上不得超过六万元,楼下不得超过四万元。

③地方剧(汉剧、楚剧):特座不得超过五万元,余座递减。

④乐所:清唱不得超过二万元,彩排不得超过三万元。

⑤歌所:茶资不得超过三万元。

⑥民众乐园:门票二万元。

以上六项由剧务商业同业公会照各同业营业状况分别调整、制表,呈报市府核准后实行。

(7)木□价目:俟市府调查后再行核定。

(8)机米:二道机米每石二百万元,一道机米每石一百九十万元,尾米每石一百八十万元。以后米价会报改每周二、五举行。

(9)汽车运输价由市府调查后核定。

6.汉口市“戡乱建国动员委员会”为商议缴纳“戡乱”捐款办法致汉口市各业同业公会函

(1948年3月8日)

查“戡乱”捐款一案,前经本会元月三十日召集各业代表大会,当由徐市长说明办法,略以(一)完纳营业税、坐税者,照上年七、八、九月份税额,作捐十倍,一次征收;(二)行户代客扣税,自三月一日起,按照所扣营业税额代扣一倍,以二个月为限;(三)无营业税者,由“戡乱会”另议派认。等语。当于二月二日由会通函各业公会及非公会会员知照在卷。兹以旧历年关已过,国防工事需款甚急,而该项捐款亦多未收齐,爰于三月八日再行召开各业代表会议,并请徐市长出席,说明国防工事建筑情形。此项捐款即系应付国防工事之用,与报载中央统筹地方自卫经费一案纯属两事。嗣经商议并呈奉市长面允:(一)完纳营业税、坐税者,仍照上年七、八、九月份税额,作捐十倍,一次征收,限于十日内由同业公会收缴,前次已缴之款可予扣抵;(二)行户代客扣税,自三月份起按照营业税之一倍减半征收捐款,其办理日期以满足两个月为限;(三)本年元月份起,停收自卫月捐,去年十一、十二月份自卫月捐未缴者仍须补收。等语,记录在案。除分别呈函市政府、"戡乱动员委员会"备案并分行外,相应录案,函希查照转知办理为盼。

此致

汉口市各业同业公会

呈

查"戡乱"捐款一案,后经本会于三月八日召开各业代表会议,并蒙钧长莅会训示,当经商议决定,并陈奉面允:(一)完纳营业税、坐税者,照交稿录函。等语,记录在案。除函请"戡乱会"备案暨分行各公会外,理合录案呈请鉴核备案。

谨呈

汉口市市长徐

汉口市"戡乱建国动员委员会"理事长　贺衡夫

7.汉口市商会因"戡乱"捐款致汉口市各业同业公会函

(1948 年 3 月 10 日)

查"戡乱"捐款一案,前经本会于元月三十日召集各业代表大会,当由徐市长说明办法,略以(一)完纳营业税、坐税者,照上年七、八、九月份税额,作捐十倍一次缴收。(二)行户代客扣税,自三月一日起按照所扣营业额代扣一倍,以二个月为限。(三)无营业税者,由"戡乱会"另议派认。等语。当于二月二日,由会通函各业公会及非公会会员知照。在卷。兹以旧历年关已过,国防工事需款甚急,而该项捐款亦多未收齐,爰于三月八日,再行召开各业代表会议,并请徐市长出席,说明国防工事建筑情形。此项捐款即希应付国防工事之用,与报载中央统筹地方自卫经常费一案,纯属两事。嗣经商议并呈奉徐市长面允:(一)完纳营业税、坐税者,仍照上年七、八、九月份税额,作捐十倍,一次征收,限于十日内由同业公会收缴,前次已缴之款可予扣抵。(二)行户代客扣税,自三月份起,按照营业税额之一倍减半缴收捐款(即十分之十五,此函到达时,已扣千分之廿者,须退还千分之十五),其办理日期,以满足两个月为限。(三)本年元月份起,停收自卫月捐,去年十至十二月份之月捐未缴者仍须补收。等语,记录在案。除分别呈函市政府、"戡乱动员委员会"备案并分行外,相应录案,函希查照转知办理为盼。

此致

汉口市各业同业公会

汉口市商会　启

三月十日

8.汉口市钱业同业公会为催缴本业所负"戡乱"经费致钱庄银号

(1948 年 3 月 11 日)

查本市钱业应负担"戡乱"经费为数原为二十亿元,除已缴十亿外,尚欠缴十亿。迭准催缴,势难再延,经提经本会第五十次理监联席会议议决,按五十八家摊派,业经第三十三次会员大会追认,各在卷,自应照案执行。上项经费,每庄号应担认一千七百二十四万二千元整。除分知外,特函达查照,惠予如数交会,以凭汇送为荷。

此致

钱庄(东二除外)、银号

(会戳)启

9.承办汉口区日本赔偿工厂筹备会为抄发经济部价配日本赔偿事致各业同业公会电(附公告)

(1948 年 3 月 11 日)

各工业同业公会公鉴:

案奉本经济部处理日本赔偿物资委员会本年丑马函开:"查首批日本赔偿物资分由本部价配民营之工具机,现已陆续运达。我国其价配办法业由本部订定价配日本赔偿工具机办法,于本月五日□等京、沪、汉、惠、渝各报公布,并定自公布日开始申请,至本年三月十五日截止在案。该会若须申请价配上项机件,应即备价向本司或该工商辅导处索取工具机详细清册及《民营事业申请价配日本赔偿物资办法》,并依照参附表规定手续办理齐全,呈送本部该□审定配售。亦检发本部公告,抄附一份布告,希查照为荷。

承办汉口区日本赔偿工厂筹备会主任委员　王一鸣　寅齐总印

附:经济部价配日本赔偿工具机公告

查首批日本赔偿我国之工具机,经配交本部价配民营事业使用者共二千三百六十二部工具机,除约有三分之一因缺乏附件暂未接收外,其余均已装箱,将陆续运达上海,凡在指定范围内之国内民营事业均可遵照行政院所颁《民营事业申请价配日本赔偿物资办法》及附属办法、契约书表等之规定,备具申请书及建厂或扩充厂计划书各三份,径向本部申请价配,候汇核转送行政院赔偿委员会审定后,再行订立契约,缴款提货。兹将价配范围及机器种类、数量、价格、区域、限期等项公告于次。

一、价配范围:首批日本赔偿物资暂以下列民营事业为分配对象:

(1)制造或修理纺织机具之工厂;

(2)制造或修理造币机具之工厂;

(3)制造或修理电器机具之工厂;

(4)增产煤斤需用工具之矿厂。

二、工具机种类及数量:计有镗床二十部,钻床一百八十一部,切纸机十三部、磨床一百六十三部,车床一千三百零七部,铣床二百五十六部,龙门刨床十九部,牛头刨床及其他一百八十三部,弯摺机十二部,水压机二部,机器压机三十二部,平压机一百三十一部,剪刀机及冲眼机十七部,锻工机械二十四部,线丝成形机二部,共计二千三百六十二部,各工具机另印有详细清单。

三、工具机价格。各项工具机之价格由经济部、财政部及全国性工商团体各派代表合组评价委员会依照行政院令颁评价办法切实评议,送由行政院赔偿委员会审定。

四、价配地区。(1)绥靖区暂行缓配;(2)偏远地区视交通情形酌配;(3)未受战争损失地区依需要情形酌配;(4)其他地区依照《民营事业申请价配日本赔偿物资办法》所定标准尽先核配。

五、申请限期。自登报公布之日起开始申请,以卅七年三月十五日为截止收受申请书日期,其在截止期后递交之申请文件均留俟第二批价配物资案内汇核审定,各申请厂矿务须自行斟酌,邮递迟速,赶于期前递到。

六、印刷品项目。(1)工具机详细清单;(2)民营事业申请价配日本赔偿物资办法;(3)领货缴款办法;(4)申请书表格式;(5)建厂计划书格式。

以上各项印刷品共收工本费十万元,各申请人可依价径向本部或上海、汉口、天津、重庆、广州各工商辅导处索取。

10.汉口市财政局为该悦华商店税额准予改征批示知照致广货业同业公会函

(1948 年 3 月 13 日)

中华民国卅七年三月十三日

批广货业同业公会理事长:

卅七年二月廿二日呈一件,为呈请核减悦华号税额由。呈悉,准自卅六年七月份起,据照该号同街同级之谦益祥百货商店税额征收,七至九月改征营业税为三十八万三千五百元,十至十二月份每月改征九十一万八千元。惟据称卅五年十二月份以前税额为五万二千五百元,卅六年元至六月份为二十四万三千元,已缴至六月份止。等语。查该商卅五年七至十二月份每月税额为二十四万三千元,卅六年元至六月份每月税额为三十四万零二百元,核与所报已缴数不符,仰即转知该号,一并补缴齐全以凭核销为要。

此批!

局长　汤

11.汉口市商会因三十六年度利得税向汉口直接税局申报通知各会员

(1948 年 3 月 15 日)

案准财政部汉口直接税局汉直税一字第 1028 号公函开:查所得税法第三十一条规定,第一类营利事业及第二类甲项业务或技艺报酬之所得,应由纳税义务人于每年度结算后一个月内将所得额呈报主管征收机关。现申报限期早已届满,所有本市营利事业及自由职业者应迅将三十六年所得额于本年三月十五日以前申报来局,以凭核课。除公告并分行外,相应函请查照,转饬各商公会会员,一体遵照办理为荷。等由。相应函请查照。等由,准此。除分知外,相应录案径请查照,即日将三十六年度所利得税向汉口直接税局申报,以凭核课,万勿延误,致于处罚为要。

上通知

会员

12.汉口市营造业同业公会因增加会费通知各会员

(1948 年 3 月 15 日)

查物价波动,币制低落,本会经常费用亦随之增加,经第四十四次理监联席会议议决,将入会会费及会员月捐分别调整如下:

一、甲等厂家入会费暂定国币一百万元,乙等六十万元,丙等四十万元,丁等二十万元。

二、甲等会员每月月捐暂定国币二十万元,乙等十二万元,丙等八万元,丁等四万元。

以上调整办法从三十七年三月份实行。

汉口市营造业同业公会

13.汉口市商会为价配日本赔偿工具机通知工业协会湖北省分会

(1948 年 3 月 17 日)

承办汉口区日本赔偿工厂筹备委员汉偿(37)字第二七号代电开:案在经济部处理日本赔偿物资委员会,云云,希请查照为荷。等由,附公告一份,准此。案关系价配民营工厂工具机,相应抄同原公告,函请查照,饬知有关工厂为荷。

此致

工业协会湖北省分会

汉口市商会　启

14.汉口市政府关于遵照对第十区机器工业同业公会呈报机器公会之危机之所作决议的训令

(1948 年 3 月 18 日)

事由:据第十区机器工业同业公会呈报机器公会之危机并决议三项意见鉴请意见恳请核办等情令仰遵照由。

汉口市政府训令　字第一七五九号　中华民国三十七年三月十八日

据第十区机器工业同业公会呈称,查我国机器工业战前已露萌芽,抗战军兴,所有国防工事以及交通工具与支援抗战而生产之国防工矿、厂场之修建、制造、装配,我机器工业已竭尽其应尽之责任,政府始知机器工业为强盛国家之要素。胜利以还,原可期发展,无如时势日非,交通梗阻,建设无法推进,经济愈趋紊乱,致使机器工业每况愈下。政府迭次救济及贷款,机器工业均有向隅之憾。本同业既深感在战时纯知效力国家,不欲发国难之财,胜利后忠于推动工业建设,复不谙囤积操纵之术,以致日益贫窘,更使地位衰落。月前经济部陈部长莅汉,目睹汉口机器工业之衰落,奄奄一息,故于旋京之日与林局长崇荣苦心孤诣,变通办法,准予收购机器成品,以解济机器工业之倒悬。令行所至,本同业如大旱之获云霓,感慰莫名。兹者汉口收购工作开始,业已月余,其收购手续较诸贷款尤繁,且传闻有一二认识不足人员参与调查与评议工作,不明政府德意,以坐井观天知识任意取舍评价,殊失公平救济之主旨,缘此,承申请收购之机器工厂,不过四十余家,只为本同业会员工厂十分之一。纵使全部收购,其总值百亿元,杯水车薪,本不足以复兴本业,然冀以一线生机借延残喘,讵意空谷来风,谓请求收购数量之中竟被剔除三分之二,□工其价格或予核减或将延期解决。本同业固深信金融当局诸公维护之苦衷,应无此举,但际此烽烟遍地,荆棘丛生,生活高涨之际,产品日愈滞销,但工资势必倍增,以维劳□□□□□□□□□□□□□□办迟滞,否则有入狱之危。本同业实感迫不及待,长此因循,势必出于休业,爰经□□□□□□□□□□□□□□□□。一、收购成品,务请依据同业申请数量(同业所申请之价格系上年年底之时价)□□□□□□□□□□□□□□□准由本会派员会同审议。二、政府开放工贷时,恳请准予本会参加审定,贷款方式拟援照小本借贷办法联合保证。三、一切捐税应请仿各国先例概予豁免。谨将录案电请鉴核。等情。查该会决议意见第三项,应由该局核办。除分电外,合行令仰遵照。

此令!

市长　徐会之

15.汉口市营造工业同业公会关于调整工人工资的通告

(1948 年 3 月 18 日)

汉口市政府三十七年三月十五日(37)市社字第一三六二号令开:据本市泥木两业职业工会分别呈请调整工人工资一案,业经本市劳资评断委员会二月八日第二届第六次会议议决,报行评断决议:(一)泥木两业工人基期工资,核定为每工一元,外加伙食两角,嗣后于每月十六日照市府公布之当月工人生活指数调整;(二)两业工人限本月八日下午二时□□依工,由况认泥木两工会理事长负复工责任,前项核定原则,自复工之次日开始实行,本月九日至十五日之工资,照本年二月份工人生活费指数计(即工资为十四万三千三百五十五元,伙食二万八千四百七十一元,两共十七万零八百二十六元)。等语,记录在案。嗣后,据该泥木两业工会理事长会呈,以工人生活指数,须俟月中公布后始得调整工资,为顾全厂方损失及工人目前生活,恳请自二月九日起十五日止,改为□工二十万元,伙食另由劳资协议,嗣后仍照订□□规定底薪,按工人生活指数计算。等情,到府。经核于评断决议第一项原则,尚无变更,应准予所请办理,以恤工艰。除分别函令外,合行令仰该公会暂饬所属会员一体遵照为要。此令!等因,奉此。□兹将前后各案择要分告于后:

一、三十七年三月八日以前,泥木□□□□□□□伙食一万六千元,合计十万元。

二、三十七年□□□□□□□□□□□□□□□□□□□□□□□□□,伙食在外,□劳资□□。

三、三十七年三月十六日起,经照汉口市政府编制三月份工人生活指数,□□□□□□,每工工资即为二十二万三千五百二十八元。

查照办理为要。

16.汉口市响应中央号召慰劳“戡乱”将士鞋袜劳军运动座谈会议记录

（1948年3月19日）

时间：三十七年三月十九日下午二时

地点：参议会会议室

出席人：武汉行辕民事处张天则，市政府程发轫，市商会刘绍武，市警局陈舜齐，市社会科夏保□，警备司令部陈畴，中正区区公所罗国三，大智区区公所郭云，汉正区区公所严竞先，宝善区区公所丁振山，云樵区区公所罗家宝，武圣区区公所王新，张公区区公所刘耀南，永清区区公所赵采炼，新安区区公所张□萱，汉景区区公所秦俊三，市警第七分局陈叔懿，市警第十分局苏天纯，市警第十一分局周锐龙，市警第十三分局蔡元善、潘仲素、韩阳初、刘伯琴、马步云、卢霈、陈达夫、方端甫、艾梅民、黄竹青、林大文、李整戎、龚巽叶、袁光普、晏克武、黄钟毅、朱佑□

主席：张弥川

记录：李静

主席报告：（略）。

讨论事项：

甲、组织布鞋劳军运动征募委员会，以市党部、市政府、参议会、“戡乱委员会”、市商会、市工会、市警察局、市妇女会、市教育会、各区区长、各警察分局局长、各区代表会主席、记者、公会等单位组织之，各派高级职员一人为委员，负责筹措布鞋劳军事项。委员会设主任委员一人，以“戡乱委员会”主任委员兼任，另设劝募、宣传、保管三组，由主任委员聘请。

决议：照案通过。

乙、征募对象拟定于下：

一、本市各保甲户；

二、各机关团体；

三、绅富巨商及银行、钱庄公司行号；

四、党员及学生。

决议：照案通过。

丙、布鞋征募数量及其式样拟定于后：

一、数量为十□双。

二、面用青布，底用皮或白布，以坚固为佳。

三、尺寸大小，计大号八寸五分，中号七寸五分，小号为七寸。

决议：照案通过。

丁、布鞋集中地点：各户送甲，由甲送保，保送区公所，由区公所送“戡乱委员会”，各机关团体及绅富巨商径送戡委会，戡委会则一方收集，一方缴送行辕汇转前方战士。

决议：照案通过。

戊、布鞋征募：以每一区为一组，设组长、副组长若干人，由区长、分局长、区代表会主席、市参议员、各士绅参加组织之。

决议：照案通过。

己、按区之贫富征募为原则，由区保甲长负责，秉公办理，并向民众说明征募意义，以期迅予完成，赤贫应予免征。

决议：照案通过。

庚、布鞋除收现品外，为便利一般无法制作之公务员起见，得改收代金，其标准按市价缴代金二十万元，由征募组代为购缴，款存市银行。

决议：照案通过。

辛、代金收据有戡委会印发。布鞋征募完成时间，限定自□月起一月完成。

决议：照案通过。

散会。

17.经济部为对日贸易出入品记账应纳手续费事通知汉口市商会

（1948 年 3 月 19 日）

查对日贸易指导委员会第十一次会议关于各商务代表每批输出入货品申请记账应纳手续费之数额一案，经决议，暂定手续费为千分之五，进口以美金征收，出口以国币征收，试行三个月，嗣后酌量贸易情形再议增减。等语。当由本部将上项决议案呈奉行政院，本年三月五日（卅七）六财字第一〇五九四号指令略开："准予照办，除行知中央信托局外，仰即知照。"等因。除通知已核定各商务代表外，特此通知。

18.汉口市平汉路转运商业同业公会为呈报推举合并组织公会筹备员名单呈市政府（附筹备员名单）

（1948 年 3 月 20 日）

案查前奉钧府社会科谕示，以本会依法应与本市转运公会合并组织，□即推举筹备员六人报府，以便开始筹备合并组织事宜，以应遵办。兹经推举喻福田、杨丹阶、蔡贞樵、朱少香、吴彬阶、涂志清等六人为筹备员，理合检同筹备员名单，备文呈送钧长鉴核备案。

谨呈

汉口市政府市长徐

附呈筹备员名单一纸。

汉口市平汉路转运商业同业公会代理理事长　喻福田

附：汉口市平汉路转运商业同业公会筹备员名单

姓名	年龄	籍贯	住址
喻福田	五五	黄陂	罗斯福路一九八号
杨丹阶	四〇	汉阳	罗斯福路二〇五号
蔡贞樵	四五	汉阳	车站路一二九号
朱少香	六二	汉口	车站路一二九号

（续表）

姓名	年龄	籍贯	住址
吴彬阶	四七	黄陂	南京路一四五号
涂志清	四七	江西	罗斯福路二二〇号

19.李春良为调查王宜春藐犯法纪私行盗取国家汽油致汉口市商会

（1948年3月21日）

奉交下空军第一大队情泽字第九七号代电，为查复王宜春藐视法纪，私行盗取国家汽油一案，饬查报。等因。经职会同该大队陈课长前往详询，陈课长□往之空军第一中队王上士之原及赵射击士国斌之案云。约在二月前仅见王耀春（即王宜春）未得陈课长家中人同意，持一小瓶，取少许汽油洗涤衣服上油渍，并未见其有取油之情事。等语。查王耀春既未得物主家人之同意，略取少许汽油一次洗涤污衣，亦属常情，并未藐视法纪，亦绝无死刑盗取之行为，理合将查核情形签请鉴核。

谨呈

理事长贺

职　李春良　谨签

20.检送布鞋劳军座谈会记录一份函达查照并请迅予办理由

（1948年3月22日）

通知　三十七年三月廿二日于本会

查布鞋劳军座谈会记录业经整理就绪，除分送外，相应检附该项记录一份，函达查照，并请迅予办理为荷。

此致

市商会

附记录一份。

21.汉口市商会为王宜春藐犯法纪私行盗取国家汽油调查结果致空军第一大队函

（1948年3月23日）

贵队卅七情泽字第〇〇九七号代电，为据课长陈志滨报称：本会职员王宜春盗取其吉普车内汽油，多次嘱制止查□。等由，当经派员调查，去后。兹据报称，遵经会同第一大队陈课长前往云云，函签请鉴核。等语，前来。经核属实，相应函复即请查照为荷。

此致

空军第一大队

理事长　贺衡夫

22.汉口市薪炭商业同业公会为俯顺舆情仍照原案自行成立公会不与合并组织呈汉口市政府

（1948 年 3 月 23 日）

案据全体会员报称：窃会员等日前奉召出席会议时，理事长报告，市府前天召集□□前往。奉面谕以来，奉社会部合饬本会与煤焦贩运、煤商、炭行合并组织，自应遵照推出三人，共同筹备。等由。会员等当场一致未予承认，兹将不能合并之理由谨为陈明如下：

1.名义不同，实质各异：查本会明为薪炭商业同业公会，早经政府规定，与煤焦贩运、煤商、炭行之名称完全不同，毫无冲突。实质上，薪炭业会员均系小本家庭手工店，与富有资本、大量贩运之煤焦贩运、煤商业及代客买卖之炭行业确有不同。实质既已不同，意见则万难一致，意见不合者，合之必有损而无益，此不能合并组织者一。

2.遵照宪法：伏思人民有集会之自由，为宪法所公布，现当行宪时期，应请市府转请社会部俯顺舆情，依照宪法准许会员等不与该三会合并，照旧自行以原名成立公会，此不合并组织者又一。

3.合并有切身之害：查会员等与煤焦贩运、煤商有贫富之不同，与炭行有业务上行为之各异。所谓齐大非偶，物以群分，况薪炭业甲等会员不够焦、煤二业丁、戊、己等会员之资格。内而会中之各项捐款，外而政府机关各项税收，以为同会会员，莫不同一看待，纵令派最低级数目，会员等承认则力难负荷，不承认则不独违背命令，抑且违背会章。与其合而有害，所以决定不合，且会员等本不愿合并，必欲令之合并，意见早已不一，纠纷定必愈多，则政府为减省单位统一指挥之德意，恐变为不免多演纠纷督导费力之麻烦，此不能合并组织者□□。

以上情形，特为报请，分途请求社会部暨市政府俯顺舆情，准予会员等原名之公会照旧成立。等情，据此。除分呈外，理合呈请鉴核，仰乞俯允所请，毋任迫切，屏营待命之至。

谨呈

汉口市政府市长徐

汉口市薪炭商业同业公会理事长　梅厚安

23.汉口市政府为呈报不能与煤焦业合并理由致社会部

（1948 年 3 月 25 日）

呈悉，查该业系属重要商业，应依照经济部规定分业标准，仍应与煤业合并组会，自无特电社会部核定之必要，应迅推筹备人选报府，以凭办理。

市长　徐

24.汉口市政府为平汉路转运与贩运两业依法合组公会令平汉路转运商业同业公会、贩运同业公会

（1948 年 3 月 26 日）

查本市平汉路转运与贩运两业依法合并组会一案，业经召集双方商定备案人选，当由平汉

路转运业推定喻福田、杨丹阶、蔡贞樵、吴彬阶、涂志清等五人，贩运业推定刘中杰、赵守中、吴大纯等三人为筹备员，呈报在卷，并指定喻福田、刘中杰会同召集筹备，至该会名称应依法修正为承揽运送商业同业公会。

市长　徐

25.天津市商会为电请一致否认政府将选举权转让有失保障民权行宪致汉口市商会函

（1948 年 3 月 26 日）

汉口市商会公鉴：

准本会赵常务理事遂初函开："上顷南京社会部职妇选所谷主任齐代电开，阅七日天津各级公告，职业团体国民大会代表名单将北区商业团体得票最多第一名当选人赵遂初让为候补第四，不胜诧异。查遂初系以无党籍之公民，依法由选民五百人以上之签署竞选而当选者，并选举之权在选民，罢免之权亦在选民，遂初本人尚属无权转让。除已向南京最高法院提起诉讼外，特电否认，亟希查照。中华民国公民民选国民大会代表赵遂初齐印。等语。窃查遂初谬承我津市商界选民之厚爱，选为代表，自应拥护宪法，保障民权，以尽我神圣之天职，誓于力争，尚望贵会振臂疾呼，□组选民护宪会，通电全国，一致否认，以维正义而保民权。"等由，准此。查本会赵常务理事遂初系以无党籍之公民资格，依法由选民五百人以上之签署而竞选，并承全市各业商民之拥护，得有正确之票数而当选者，此次政府令将选举权转让，殊有失保障民权行宪之宗旨。除分电外，相应电请查照，务希维护正义，一致否认而保民权为荷。

天津市商会寅寝印

26.汉口市禁烟协会第一次理监事联席会议记录

（1948 年 3 月 27 日）

时间：三十七年三月二十七日下午二时

地点：汉口市参议会

出席人：市参议会苏尚文，市总工会柯华阶，市理教会文子敬，市公益会刘伯琴，汉口律师公会周基杰，市党部田祖铭，市商会李春良，永清区民代表会朱佑，新安区民代表会张萱，汉正区民代表会严竞先

主席：苏尚文

记录：罗尊仁

报告事项：（略）

讨论事项：

一、各组负责人如何推定案。

决议：1.推参议会为理事主席、永清区民代表会主席为监事主席。

2.总务组推市参议会总任，宣传组推市党部担任，施戒组推西□师公会担任，救济组推市商会担任，纠举组推律师公会担任。

二、禁烟协会经费如何筹措案。

决议：应俟各组拟定工作实施计划后再行商讨筹措办法。

三、禁烟协会应否雇佣专任人员或指定调用人员负责办理会务案。

决议：暂行商调市府、参议会各一人负责办理。

四、禁烟协会图记及会牌如何刊置案。

决议：禁烟协会图记及会牌请市政府颁发。

五、理监事会期如何决定案。

决议：理监事联席会议暂定一月召集一次，遇有必要时得临时召集之。

六、今后禁烟工作如何展开案。

决议：由各组拟具方案提交下次会议讨论。

七、本会会员应如何扩大征求案。

决议：（一）由本会函请本市各法团为团体会员；（二）函请各区公所吸收辖境内戒绝断□烟民及热心禁□人士为个人会员。

八、散会。

27.经济部汉口工商辅导处为市煤焦贩运、薪炭、商炭行业三公会合并致市政府

（1948 年 3 月 27 日）

案据汉口市焦煤贩运商业同业公会三十七年三月廿三日呈，为本会与薪炭、商炭行业三公会历陈不能合并理由六点，请赐核示。等情，到处。拟办间，复据汉口市商会三十七年三月廿五日商字第三二五六号代电，以特据该同业公会呈，同前由，请核示。等情。查该项商业公会合并系由贵府主办，相应抄同该公会原呈暨市商会原代电各一件，函请查照核办见复，以凭转知为荷。

此致

汉口市政府

附抄送原代电一件。

处长　刘德声

附：汉口市政府为煤焦贩运公会呈请不能与薪炭、煤商、炭行三业合并代电（中华民国卅七年三月廿三日）

经济部汉口商辅导处准贵处本年三月廿七日辅商第一六六号函，以据本市煤焦贩运同业公会呈请不能与薪炭、煤商、炭行三公会合并理由，请核办见复。等由。查此案前据该会径呈到府，业经指令该业与薪炭、炭行及煤商业同系经营煤炭业务，且系重要商业之一，依法不能分别组会，仍应遵照合并。等语，饬知在卷，相应电复，查照为荷。

汉口市政府卯齐市社印

28.汉口市碾米工业同业公会为呈请援例缓征粮食营业税致汉口市商会函(附四川山东准予缓征三十七年粮食营业税代电二通)

(1948 年 3 月 28 日)

汉口市碾米工业同业公会呈　炎字第九五号　中华民国三十七年三月廿八日

案准本会常务理事彭金观由沪来电,略云上海粮食营业税沪市商会于三月十九日奉到市政府沪秘四(卅七)字第二三〇四号训令即开:经提交一〇九次市政会议决定,暂缓开征本业营业税,希向汉口市政府请求援例缓征。等因。窃粮食一项为民食所关,值此粮价飞腾之际,再行征税,影响民生至巨,上海、四川、山东等处既已缓征在先,本市事同一律,实有援例办理之必要。理合抄同四川、山东两省准予缓征代电,呈请钧府鉴核。俯念民食维艰,将营业税援上海等处之成例,予以缓征,并祈指令祗遵。

谨呈

汉口市政府

附抄四川、山东准予缓征三十七年粮食营业税代电两通。

汉口市碾米工业同业公会理事长　涂炳炎

附 1:四川省政府代电　卅七财三营字第二二六七号抄件一

中华民国粮食商业同业公会全国联合会筹备会子删代电,悉查粮食营业税业经本府委员会会议决议,仍准继续缓征,并通令各县市遵照办理各在案,特此电复。

主席　邓锡侯　丑铣

附 2:山东省政府财政厅代电　卅七财一甲字第八二号抄件二

上海中华民国粮食商业同业公会全国联合会筹备会公鉴卅七

联电字第一五号代电诵悉,关于本省粮食营业税,业经电请财政部缓征在案,特复查照为荷。

山东省财政厅卅七子迥财一甲　印

29.贺衡夫为送达修理汉口监所捐款及捐册致各会员函

(1948 年 3 月 30 日)

公　函

〇〇先生公鉴:

前因汉口地方法院修建监所一案,曾函送第〇〇号捐册,代请募捐在案。兹以为时过久,各募捐人多已缴送捐款、捐册到会,此案急需结束,特再函达,务希台端于四月十日以前将捐款、捐册清缴过会,以了悬案,并希即送,是为至荷。顺颂公祺!

贺衡夫　启

30.汉口市商会为延长申请日本赔偿工具机之截止限期致汉口市各工业同业公会函

(1948 年 3 月 31 日)

汉口市政府(卅七)市社字第二一七五号寅有代电开:“案准经济部本年三月十六日京赔(卅七)字第〇七三六号函,以查本部□国内各地民营事业使用之首批日本赔偿工具机,其中谓截止限期前定为本年三月十五日,曾经公告登报周知,并检同该公告函请贵市政府查照,转饬各民营厂矿知照在案。兹为便利各地民营事业之申请或补办手续起见,特将前定限期延至本年四月十五日为止。除公告并登报外,相应检附延期公告一份,函请查照转饬知照为荷。等由。查此案业经本府以市社字第八三六号代电饬知在卷,准函前由。除分电外,合行抄发原公告一份,电仰知照。”等因,抄发公告一份,奉此。除分行外,相应抄同原公告,函希查照转知为盼。

此致

汉口市各工业同业公会

附抄原公告一份。

汉口市商会　启

三月卅一日

31.汉口市政府为派员参加销毁春药海狗丸改定时间令市商会

(1948 年 3 月)

汉口市政府训令市　字第〇二四号

令市商会:

查本府前订于本(三)月二十九日下午二时假中山公园足球场销毁春药海狗丸一案,刻查是日系黄花岗七十二烈士纪念日及国民代表大会开幕,未便举行,兹改订本(三)月三十日下午二时(地点未改)举行,届时派员参加为要。

此令!

汉口市政府

中华民国三十七年　月

市长　徐会之

4 月

1.湖南会同县洪江镇商会为改组宣誓就职请查照致汉口市商会函（附当选职员名册）

（1948 年 4 月 1 日）

查本会奉会同县政府核准改组，经于本年三月十八日召开会员代表大会，依法选举。当经选定吴克成为理事长，刘寿山、刘运心、聂子健、邹水亭为常务理事，许毓昆、罗承宣、曾伯琳、熊芝生为理事，汪鑫森为常务监事，彭玉珊、王鹿鸣为监事，并于同日宣誓就职。除分别呈函通告外，相应检同当选职员名册一份，函达查照。尚希时赐南针，借匡不逮为荷。

此致

汉口市商会

理事长　吴克成

常务理事　刘寿山、刘运心、聂子健、邹水亭

附：湖南会同县洪江镇商会当选职员名册（1948 **年** 3 **月** 31 **日**）

中华民国三十七年三月十八日选举

中华民国三十七年三月三十一日填报

职别	理事长	常务理事	常务理事	常务理事	常务理事	理事	理事	理事	理事	常务监事	监事	监事	候补监事	候补理事	候补理事	候补理事
姓名	吴克成	刘寿山	刘运心	聂子健	邹水亭	许毓昆	罗承宣	曾伯琳	熊芝生	汪鑫森	彭玉珊	王鹿鸣	罗谷秋	田捷诠	黄可俊	张列偕
别号	建勋	琨甫			代森											
年龄	五八	六二	三四	五二	五二	五二	三八	五二	四二	三六	五二	四七	□□	□□	三四	□□
籍贯	江苏	江西	江西	江西	合阳	湘乡	武冈	合阳	江西	安徽	江西	合阳	衡阳	泸溪	江西	泸溪
营业种类	盐	药材	绸布	洪油	百货	南货	瓷	百货	银楼	绸布	簻席	书纸	南货	粮食	书纸	烟
所属公会及商号名称	非公会会员富湘盐号	药材业公会同庆福	绸布业公会永盛恒	洪油业公会刘安庆	百货业公会	南货业公会应昌	瓷商业公会胜泰昌	百货业公会集利华	银楼业公会熊泰华	绸布业公会信昌	簻席业公会和平	书纸业公会华利长	南货业公会慎则昌	粮食业公会同顺利	书纸业公会黄元昌	烟商业公会张复盛
在公会或商号职务	店主	理事长店主	理事长店主	常务监事经理	理事店主	理事长经理	理事长店主	理事长店主	理事长店主	常务理事经理	理事长经理	理事长经理	常务理事店主	理事长店主	常务理事店主	理事长店主

（续表）

教育程度	高等	中等	高等	中等	高等	高等	中等	中等	中等	中等	中等	中等	中等	中等	中等	中等
住址	花古巷	太平街	吉庆街	龙船冲	余家坪	乾元街	洪盛街	一甲巷	松林街	三甲街	太平街	姜鱼街	廖码头	三甲米厂街	老街	吉楼街
备考																

2.汉口市商会为价配日本赔偿工具机限期延长事通知各有关公会

（1948 年 4 月 1 日）

案奉汉口市政府(卅七)市社字第二一七五号寅有代电开:案准经济部本年三月十六日,云云,电仰知照。等因,附抄公告一份,奉此。除分行外,相应抄同原公告,函希查照。

此致

汉口市○○○○工业同业公会、

第一纱厂

震寰纱厂

裕华纱厂

申新纱厂

源华煤矿公司

利华煤矿公司

各面粉厂

汉口市商会　启

3.本市粮食业合并组会谈话记录

（1948 年 4 月 2 日）

时间:四月二日

地点:本府招待处

参加人:粮商运输业陈焕章;粮行业公会刘绍武;杂粮店业公会潘云甫、陈泽生、胡歆生;米粮零售业邱鹏□、张桂山、王幼甫

主席:李济苍

商决事项:1.筹备员共十五人,粮运商及粮食行各五人,杂粮店三人,零售商二人;2.筹备办公地址江汉路□中里十号;3.本月廿二前将筹备员名单报府。

散会

4.汉口市商会为转抄各县市督导人民团体组训工作要点致各业同业公会(附工作要点)

(1948 年 4 月 2 日)

案奉汉口市政府市秘社字第 4213 号训令开:"案奉湖北省政府本年三月八日省社二特字第 780 号训令开,查本省为加强推行人民团体组训工作起见,经由本府社会处拟定各县市督导人民团体组训工作要点,提经本省三十七年度一、二、三区各县行政会议决议修正通过在案,即应通行实施。除分令各专署、各县市政府外,合行抄发上项工作要点,令仰送照办理为要,等因。除分令外,合亟抄同工作要点,令仰遵照办理,并转知各同业公会遵办为要。"等因,附抄发各县市督导人民团体组训工作要点一份,奉此。除分行外,相应抄同原工作要点,函希查照办理为盼。

此致

汉口市各业同业公会

附抄工作要点一份。

汉口市商会　启

四.二

附:为拟定各县市督导人民团体组训工作要点请公决案

说明:查人民组训为社会建设之中心工作,本省早经规定各县市完成职业团体组织最低标准及本省人民团体训练计划,通饬各县市实施在案。兹以实行宪政为期迫近,加强组训益形重要,为各县市加强推行组训工作起见,拟定各县市督导人民团体组训工作要点,由各县市切实办理,以期完成社会建设之健全基础。

办法:

一、各县市职业团体、自由职业团体及妇女团体限于四月底以前,一律完成并辅导社会团体之发展。

二、各县市政府对于各种人民团体应于五月一日起举行总清查,其应行注意之点如下:

(一)县(市)总工会、县(市)农会、县(市)(镇)商会、县(市)渔会,以各设置会址一所为原则,其所属会员应分别单独设置,或联合设置会址。

(二)会名牌应依照人民团体挂牌式样及实施办法之规定制悬之。

(三)立案证书及图记应由各该管县市政府依照人民团体立案证书颁发规则及人民团体图记颁发规则之规定办理,其不合规定者一律换发,未有者应即颁发,并依照规定完成各团体之立案备案手续。

(四)各团体应各备有完备之会章,其理监事名册、会员名册应由各管县市政府规定册式编制或制成图标,以备查考。

(五)各团体会员应由各该团体依照人民团体会员证式样制发会员证,以凭认别。

(六)各团体除法令另有规定外,均应于年度开始,应就各该管团体业务实际情形配合政令妥拟年度中心工作计划、实施进度及经费概算,并于年度终了时将实施情形编造工作报告及收支报告,呈报该管县市政府备查。

三、各县市人民团体训练应依照本省人民团体训练计划切实推行。

四、各县市人民团体组训工作本年应以健全农会组织为重心,并应以推进农民福利事业为健全组织之基点。

5.汉口市商会为修正码头业务受理办法致各业同业公会、非公会会员函(附会议记录及管理办法)

(1948 年 4 月 3 日)

案准汉口市政府秘书处(卅七)市秘字第 0098 号函开:兹检送本府码头业务整理会议记录暨修正《汉口市码头业务管理办法》各一份,请查照为荷。等因,附记录及管理办法各一份。准此。除分行外,相应抄同原件,函希查照。

此致

汉口市各业同业公会、各非公会会员

附抄会议记录及《汉口市码头业务管理办法》各一份。

汉口市商会　启

附 1:码头业务管理会议记录

时间:三月十九日下午二时

地点:本府市长室

主席:徐会之

记录:周正芳

出席者:汉口市参议会周齐予

汉口特别市党部范曦

武汉警备司令部李澄中

汉口市警察局任建鹏

长江区航政局牟龙骧

汉口地方法院刘泽民、邹传理

汉口地方法院检察处刘文渝

汉口市商会陈焕章、高坤山

码头工会殷启周、吴少东

码头管理所汪近勇、陈健

武汉行辕民事处王化南

汉口市总工会柯华渭

社会部汉口社会服务处成思泉、邹峻

本府秘书处宛直陶

财政局郭畴代

一、报告事项(另详附件)

二、讨论事项

市政府提:兹制定本市码头业务经营管理办法,请查议案。

决议:修正通过。

附 2:汉口市码头业务管理办法

第一章　总　则

第一条:汉口市政府为管理码头工人工作,维护工人合法利得,整饬码头秩序,解除商旅困难,增进运输效力起见,特制定《汉口市码头管理办法》(以下简称本办法)。

第二条:市政府为整理码头业务及管理码头工人便利起见,特设码头业务管理机关,其组织规定另定之。

第三条:本市各水陆码头及码头工作权统由市政府依法管理支配,不得视为私有。

第四条:凡在本市水陆码头从事劳力搬运,经核准登记者称为码头工人,应遵守本办法之规定。

第五条:市政府为解除工人痛苦,增进运输效率,得提倡现代运输工具,渐次代替人力搬运。

第二章　工作权之取得与丧失

第六条:本市各水陆码头工人应依本办法,向管理机关呈请登记,经市政府核准发放工作证后即取得工作权,其未经核准登记者,不得参加工作。

第七条:码头工人工作证应随时注意检验,每届年终并普遍检查一次。工人伤病或遇失丧□有增补必要时,得由管理机关呈经市政府核准,举办临时登记,其办法另定之。

第八条:码头工人之工作以本人自用劳力搬运为限,并限于一人一权,不得雇用佣工暨请人顶替或将工作证转卖租让。

第九条:码头工人因不得已事故暂行停止工作,应报请码头工会注册转报管理机关酌情保留,其期以四个月为限,逾期如仍不能工作,即丧失其工作权。但因病未愈或担任工会职务得酌情延缓。

第十条:凡年老力衰之码头工人不能担任工作时,付给一次退休金,其办法另定之。

第三章　码头工作之分配管理及力资

第十一条:码头工人工作区域由市政府于总登记或临时登记时统筹分配。各码头工人与工作比例因市场情况变更致失平均时,得由码头工会呈由管理机关转呈市政府核准,临时重新支配。

第十二条:码头工人工作区域以登记证所明定者为限,其因市场致发生新工作,应由码头工会呈由管理机关,另派已登记之失业工人工作,其他码头工人不得干预。

第十三条:各码头工人已呈准市政府登记之工作区域内,如因工作过剩,必须他组工人协助时,不得从中抢夺力资。

第十四条:码头工人搬运货物由甲地至乙地,乙地码头工人不得干涉。

第十五条:凡各公司、行号、厂商、堆栈以长年雇工自行移转零星货物时,码头工人不得干预。

前项长年雇工应报由码头管理机关查核登记给照以识别,其办法另定之。

第十六条:各住户搬家或旅客携带行李物品,其本人能自运者,码头工人不得干预。

第十七条:凡帆船运载货物或行李抵岸停泊,如须用驳船驳转或旅客自行挑抬往其他码头起卸时,码头工人不得干预。

第十八条:各码头工人应分区编组,每组设组长一人,由工人选举之,任期一年,连选得连任两次。同一区域在三组以上者,得由各组长互推联组主任一人,综理该区日常事务暨调处各组相互间一切纠纷。前项经推选之主任、组长均应报请码头管理机关核派,其有工作不力或管理不当者,管理机关得核饬改选换派。

第十九条:管理机关为便利管理起见,必要时得呈经市政府核准,将全市码头工人分区编队,实施军事管理。

第二十条:码头工人服务时,须佩带市政府颁发之登记证及袖章及管理机关制发之钥牌,以备旅客索验留质。

第廿一条:各码头工人各月力资由市政府会同各有关机关团体组设力资评议委员会,按照生活指数评定,呈市政府核准公布施行。

第廿二条:码头工人搬运商货自起运点至目的地,只收一次力资,由联组主任或组长依照规定力资表核计之。各组工人不得以工作种类不同为借口,向货主分别需索,其统计力资办法另定之。

第廿三条:各码头行李工人力资,由管理机关于各码头设置力资牌,按月公告之旅客,依路途远近规定付资,码头工人不得额外需索。

第廿四条:码头工人如因力资与商旅发生争执,应先将货物运达目的地,再行报请管理机关核办,但不得为难客货。

第廿五条:联组主任及组长所得力资不得超过每个人所得,但联组主任得预支办公费,其数额须由管理机关按各联组事务繁简分别核定之。

第四章　码头纠纷之调处

第廿六条:码头工人因互争工作发生纠纷,经双方组长或联组主任调解无结果时,应即报请码头工会调解,码头工会调解仍无结果时,应报请码头管理机关调处。前项纠纷在未解决前,该双方码头工人不得械斗滋事,其所争工作由管理机关指派其他工人暂行承做。

第廿七条:码头工人与公司行商、旅客发生争执,组长及联组主任不能解决,应即报请管理机关核办,不得有斗殴或罢工情事。

第廿八条:码头工人与公司、厂楼、商号间或工人相互间因工作权发生争执,经管理机关调处不能解决者,应转报市政府提交码头纠纷公断委员会评断。前项公断委员会组织规程另定之。

第五章　奖　惩

第廿九条:码头工人有下列各款情形之一者,由组长、主任或工会报请管理机关核奖。

1.拾获商旅财物报请招领者。

2.于车船发生紧急危难时,曾冒险抢救客货者。

3.密报商旅私运违禁物品而确案者。

4.于一年内未向商旅额外需索力资或与商旅暨其他工人发生纠纷者。

第卅条:码头工人组长、联组主任领导工人任满一年未与其他码头工人或商旅发生纠纷者,由工会转请码头管理机关核给奖金或其他奖品。

第卅一条:码头工人不服管理者,视其情节轻重,予以停止工作若干月日或撤销其工作权。

第卅二条:码头工人违反本办法第七条之规定者,撤销其工作权。

第卅三条:码头工人有下列各款情形之一者,管理机关得按其情节轻重,停止其工作若干月日或撤销其工作权。

1.违反本办法第十二、廿一、廿二各条之规定,勒索商旅或剥削工资者。

2.违反本办法第廿五、廿六各条规定,鼓动或参与械斗者。

3.违反本办法第十一、十三、十四、十五、十六、廿三各条规定,致妨害秩序者。前项行为涉及违警或犯罪者,分别依法移送警局或法院。

第卅四条:码头工人组长或联组主任违反本办法第十一、十二、十三、十四、十五、十六、廿一、廿二、廿三、廿五、廿六各条规定者,依本办法第卅条规定从重惩办。

第卅五条:码头工人组长或联组主任违反本办法第廿四条规定者,管理机关得予撤职,其情形严重者,并得停止或撤销其工作权。

第卅六条:不服码头管理机关处分者,得予处分决定后三十日内向市政府提出起诉。

第六章　附　则

第卅七条:本办法自公布之日起施行,如有不尽事宜,得随时修正之。

6.汉口市财政局为本市政府对第十区机器工业同业公会之危机所作决议令第十区机器工业同业公会

(1948年4月3日)

汉口市财政局字第01613号

事由:为本市政府令以据该会第十区机器工业同业公会呈报该业之危机并决议三项意见,请核办一案,饬遵照。等因。令仰知照由。鉴核由。

中华民国三十七年四月三日　训令　财二字第　号

令第十区机器工业同业公会:

案奉汉口市政府本年三月十七日市秘字第一七五九号训令,以据该会呈报该业之危机并决议三项意见请鉴核一案,关于第三项意见饬核办理。等因,奉此。查此案前据该会呈请减半征收营业税,到局,经核,与规定不合,以财二字第〇〇〇四号批复,不准□□,复据呈请前来。当以该业属于有关民生制造业,兹按照财政部规定,该业批发部分可予减半征收营业税,零售部分如添配零件及加工改造等业务,应不在减征之列。又上项规定应自本年元月起实行,经以财二字第〇二〇〇号批复各在案。兹奉前因,该会请豁免一切捐税一节,以格于规定,实未便照准。除呈复外,合行令仰知照。

此令

呈财二字第　号

7.汉口市商会为转知注意散兵或流亡学生滋扰致汉口市各商业同业公会

(1948 年 4 月 4 日)

武汉警备司令部稽查处本年三月廿七日中二字第 728 号代电开:"一、查散兵游勇滋扰市面,为害社会安宁秩序特甚。二、除本处联合治安执勤队按时巡查纠正外,尚恐耳目未周,希贵会转饬商场人士,遇有散兵或流亡学生滋扰情事,随时通知,以便缉办为荷。"等由,准此。除分知外,相应函转,即希查照,分转各会员知照是荷。

此致

各商业同业公会

汉口市商会　启

8.汉口市碾米工业同业公会第二届改选大会记录

(1948 年 4 月 8 日)

汉口市碾米工业同业公会第二届改选大会记录

地址:本会

时间:卅七.四.八.下午一

出席者:应到会员 154,实到会员 139

参加者:市政府李济苍、市党部闵进善、市参议会、市商会刘绍武、市粮行业公会、市警察局秦美才、杂粮业彭柏青、大刚报杨坤潮、新快报尹经纬、诚报张静之

临时主席:彭金观

(甲)报告事项

主席报告略云:今天是本会依法改选的大会,本人不善辞令,又无准备,所以实无贡献,请大家原谅。溯本会两年以来,所做的事许多不能达到理想,也是应该改选票选贤能的同业来负责会务,替同业谋发展。其次,我们经营机米,自去岁起,决定议价也不能按期实行,使同业吃亏,完了。

市政府代表李济苍训词略云:在贵会第一次成立的时候,是本人参加,这次又是本人参加,这是很荣幸的。刚才主席将贵会两年以来会务情形略为报告一下。近来各同业公会普遍的情形是经济困难,其次就是理监事不负责。本人相信贵会的负责人不是这样,因为贵会义务是民食,政府处此"戡乱"期中,对于米粮限价是不得已的措置,希望各位原谅。本人今天的任务是监选,仅能说今天的任务。现在工会法已由中央颁布来汉,贵业已经列入工业会。其次,贵业理事原定九人,因贵会事务太繁,刚才与各位负责人商量,理事增为十一人,监事仍为三人,请切实注意之,云云。

市党部代表闵进善训词略云:本人今天代表市党部来参加贵会改选,很荣幸的。今日各业

参加改选,以今日贵会为踊跃,这是值得钦佩的。本党向以服务为宗旨,本党以后更应帮助政府宣达法令,并扶持人民团体发展,云云。

警察局代表秦美才训词(略)。

市商会代表刘绍武惠词略云:本人以市参议会、市商会、杂粮公会三方面代参加贵会改选大会,眼见各同业为此踊跃,实是难能可贵,云云。

武昌米业公会代表张筱川惠词略云:本人代表武昌米业参加贵会改选大会,很是荣幸。刚才主席报告,食米利润原是百分之五十,经行辕十一次经济会报,改为百分之卅五。武昌尚要再低,所以武昌米业更觉吃亏。我们武昌每次为米价来会讨论,各理监总在会中办公,足见贵会负责。诸公能负责任,武昌同人实沾光不小,云云。

当选理事姓名票数列后:

彭金观君得 87 票、江晓安君得 80 票、涂炳炎君得 80 票、郑耀卿君得 78 票、徐光辉君得 63 票、周君愚君得 69 票、陈福珊君得 60 票、赵福卿君得 58 票、潘惠民君得 54 票、刘凤喈君得 48 票、潘百川君得 49 票

当选候补理事姓名票数列后:

刘万寿君得 34 票、高仁篪君得 34 票、张宝卿君得 32 票、潘渭滨君得 30 票

当选监事姓名票数列后:

童少斋君得 19 票、戴茂卿君得 14 票、童子玉君得 13 票

候补监事姓名票数列后:

查树堂君得 19 票

彭金观、涂炳炎、刘凤喈三人当选为常务理事,并互选彭金观为理事长,童少斋当选为常务监事。

9.汉口市粮食行商业同业公会为粮业合并筹备人员事宜呈市政府(附筹备员名单)

(1948 年 4 月 9 日)

汉口市政府市长徐钧鉴:

查粮食商业团体合并一案,经钧府召集各单位交换意见,并指示筹备事宜,自应遵令办理。关于本会筹备人员经提交第二七次理监联席会议议决,在全体理事中推定刘绍武、韩瀛洲、曾宝珊、张德惠、颜绳武等五人为筹备员,记录在卷。相应录案,电呈鉴核备查,并祈指示祇遵。谨电。

汉口市粮食行商业同业公会理事长　刘绍武　叩卯佳印

附:五筹备员名单

姓名	年龄	籍贯	牌号	地　址
刘绍武	四一	汉阳	刘鸿昌	沿河大道 345 号
韩瀛洲	五五	汉口	万丰昌	沿河大道 174 号

（续表）

姓名	年龄	籍贯	牌号	地　址
曾宝珊	四二	汉阳	裕泰	沿河大道 8 号
张德惠	四五	汉阳	复胜新	沿河大道 407 号
颜绳武	三九	汉口	勤奉	球坊街 1 号

10.汉口市参议会为全国花纱布管理委员会核办直接委托办理花纱布统购致汉口市棉花商业同业公会、棉花贩运商业同业公会

（1948 年 4 月 10 日）

案查，前准电嘱转咨经济部转饬花纱布管理委员会准予直接委托办理花纱布统购，以免滞窒一案，当经据情转电经济部查照见复，并函复在卷。兹准经济部京管字第八八三四号寅陷代电，以此案前准汉口市政府电，同前由，到部。经于本年三月十三日以京管(37)字第七〇七七号训令，转饬全国花纱布管理委员会核办在案，电复查照。等由，过会。相应函达，即希查照为荷。

此致

汉口市棉花商业同业公会、棉花贩运商业同业公会

汉口市参议会　启

11.汉口市粮食零售业为同业公会合并事呈市政府

（1948 年 4 月 11 日）

窃查永森等在本市区域内经营粮食零售业务，均系供应市民日食之需要，亟应组织团体，以期发展业务，谋护福利，并矫正营业□害为宗旨，业于本（四）月三日奉市政府社会科召集谈话，谓本业与粮食性质相同，各业依法合并组织，并指定本业推派筹备员二人参加筹备。等因。于本月九日遂召集各零售同业讨论，当经公推张桂山、李文新等为本业筹备员，记录在簿。理合将各业签盖名册一并呈赍鉴核，恳请准予备案，并祈示遵。

谨呈

汉口市政府市长徐

汉口市粮食零售业同业公会

汉口市商会　启

12.汉口市商会为函知汉口市“戡乱建国动员委员会”建立保安旅及国防工事经费筹募委员会各区分会主委联席会议记录致各业同业公会函（附会议记录）

（1948 年 4 月 12 日）

案准汉口市“戡乱建国动员委员会”送来建立保安旅及国防工事经费筹募委员会各区分

会主委联席会议记录一件,到会。除分行外,相应摘抄原记录要点,函希查照转知为盼。

此致

汉口市各业同业公会

附摘抄原记录一份。

汉口市商会　启

附:汉口市"戡乱建国动员委员会"建立保安旅及国防工事经费筹募委员会各区分会主委联席会议记录

时间:四月六日下午二时

地点:市参会礼堂

出席人:王子江、田亚丹、任建鹏、徐世骐、林大文、陈济民、徐会之、郑大纶、张家驹、袁雍、阮齐、胡文晖、戴仲明、黄焕如

主席:徐会之

记录:周幸之

一、拟具《汉口市"戡乱建国动员委员会"建立保安旅及国防工事经费筹募实施办法》提请修正通过案。

修正条文

(一)本会为加速建立本市保安旅及完成国防工事,强化自卫力量,统一自卫捐献,特订定本办法。

(二)本会原订之自卫月捐及行税比照捐献、营业税比照捐献、绅富捐四种,除行税比照捐献及绅富捐继续催收外,自本办法实行后,其自卫月捐、营业税比照捐献一律停止,原已收之营业税比照捐献及自卫月捐可于本次统一捐献时,掣原收据抵缴。

(四)各区设立保安旅及国防工事经费筹募委员会分会,由本会推定主委,其委员人选得请该区区长、警察分局局长、区代表会主席、市参议员、各士绅、各区民代表、中心小学校长、各保长及有关机关首长充任之,并由委员中推定十一人至十五人为常务委员。

(六)本捐献标准,住户分一百万、二百万、三百万三级,商户分五百万、一千万、二千万三级,商户比照营业税标准分配办理。其公教人员,除□任级最低认捐一百万元,其余公教人员一律各捐献十万元,由各机关扣缴。

(八)本捐献限一个月内收齐,缴存指定之银行(随收随缴)。

(九)捐款限用于建立保安旅及建筑国防工事,不得作其他用途。

六、统一捐款存放何银行,请决定案。

决议:存放汉口市银行。

散会

13.汉口市商会为征收自治营业税及自治牌照费及积谷款问题致各业同业公会

(1948 年 4 月 12 日)

汉口市府市财字三三七七号训令内开:案奉湖北省政府省财五特字第七〇五〇号代电开,据奉府财政厅□呈以财政部驻鄂所属各机关第四次业务会报决定事项第一案,湖北区直接税局提□各县税务局,征收自治营业税及自治牌照费,商民多认为本税与营业税重复,应如何办理,请公决案。经决定请湖北省政府重申前令,切实查禁,同时通饬各属之政府,转知商会及各同业公会新属商户知照,并分电武、汉两市,转知各该市商会知照,记录在卷。查本省各属市自治财政税课征收入,在湖北省建立自治州财政办法第三条甲项一目,已有规定,并另订本省各县市自治税捐率简明表,通饬所属遵照有案。原订自治税捐科目有营业牌照税,其征收范围及方法与营业税完全不同。此外修正《本省建仓积谷实施办法》第十一条派募积谷之标准第三项:商号按照营业征收方法,以其营业全额百分之二五或资本额百分之二征募积谷款,此项积谷款仍应购谷归仓,以为救灾备荒之用。经另订收据征收,并无征收自治营业税及自治牌照费名称,各该县市所属征收机关,不得巧立名目,于自征收。除代电武、汉两市各区专署、各县政府外,合行电仰遵照,转饬商会及同业公会知照。等因。查本市征收各种税捐,均系中央规定科目,并未征收自治营业税及自治牌照费,奉电前因。合行令仰知照,并转各同业公会知照。等因。贵公会查照为盼,希转所属知照为荷。

此致

汉口市各业同业公会

汉口市商会　启

14.贺衡夫等为募款修理汉口地方法院看守所致袁钦臣函

(1948 年 4 月 12 日)

查汉口地方法院看守所年久失修,设备缺乏,汉口监所协进会发起筹款修理房屋,调整卫生设备,并建立小规模工厂,分向各界劝募基金。曾由泽民等联名宴请,当场报告意义,已邀洞鉴,特检送捐册一本,函请台端广为劝募,共襄义举,所募捐款并请随时送交汉口市商会会计室代收,当掣取法院印存收据,同深感荷之至。

此致

袁先生钦臣

附送捐册一本。

贺衡夫、刘泽民、郑大纶、陈焕章　拜启

15.汉口市政府为商会改选事代电及指令(附社会部代电)

(1948 年 4 月 12 日)

代　电

南京市社会部鉴:

查本市商会成立为时两载,依照《商会法》规定二年应改选半数,现《商业公会法》即将颁布,在上项公会法颁布之前,应各□□似照《商会法》改选,相应电请贵部迅赐核夺见复为荷。

汉口市政府

指　令

令本市商会:

呈悉,查《商业公会法》即将颁布,在该项法令颁布前,又□似照商会代□选举,经电请社会部核夺,俟复到后再行饬知,所请应经缓议,仰即知照。

附:社会部代电

汉口市政府公鉴:本年四月十二日(卅七)市社字第 0820 号代电敬悉,查《商会法》草案正在征询各地意见中,□成立法程序尚须相当时日。在新法未正式公布前,除工业同业公会应依本部社(37)组三字第六九〇一号函规定办理外,商会及各商业同业公会仍应依照现行法规改选。至各工业同业公会退出商会后,如影响原商会组织时,应依法办理。如原任商会职员者,其退出后之缺额,由候补递补之,如尚有缺额时,依法补选。如候补之□尚不足法定开会人数时,得开临时会员大会选举之。准电前由,相应电复查照为荷。

社会部

16.汉口市政府为据呈请援例缓征粮食营业税一案批复遵照致汉口市碾米业工会函

(1948 年 4 月 13 日)

汉口市财政局字第 02003 号

为据呈请援例缓征粮食营业税一案批复遵照由。

中华民国卅七年十三日批　市财字第　号

本年三月廿八日炎字第九五号呈一件,为呈请援例缓征粮食营业税由。

呈暨附件均悉,查此案前据市商会及各粮食业先后呈请前来,经函准财政部本年一月廿三日地三字第二三六五〇号函复,略以粮食业营业税为地方重要税收,现免征期限届满,应自卅六年十月一日起恢复征收,各粮商如确有特殊困难请求免征,应由本府斟酌地方财政及粮市情形核议。等由。并经分别转复,据呈前情。查本市财政收支未趋平衡,粮食营业税为本市重要税收,一旦缓征,则税源减少,将更感不敷支应,有碍市□进展,所请未便照准,仰即遵照为要。

此批附件存。

市长　徐会之

17.汉口市商会为据粮食行商业等公会呈请援例缓征粮食营业税致汉口市政府函

(1948 年 4 月 14 日)

为据粮食行商业等公会呈请援例缓征粮食营业税由

汉口市商会呈　商字第三三二四号　中华民国卅七年四月十四日

案据汉口市粮食行商业同业公会呈称:略以准全国粮联会总字第六〇号代电,为请求缓征粮食营业税一案,历经会同各地区商会粮食业公会代表晋京请愿暨代电全国各地省市政府参议会代表,民意立场一致,声援沪市,已经市政会议决议缓征,呈部备案,为全国树一先声。兹准四川、山东等省府电复,亦已缓征,请为查照,共同努力,吁请以竟事功。等由。用特援例呈请转乞汉口市政府予以缓征。等情,到会,正核转间,接据汉口市粮商运销业同业办事处及杂粮店商业同业公会呈同前情,并附四川、山东等省代电二件,据此。查此案前经迭据该会等具呈转请钧府继续缓征,未蒙核准,现时川、鲁两省既已令准缓征粮食营业税,本市商场凋敝情形更较川、鲁两省及沪地为甚,自可援例办理,理合抄附原代电,备文呈请鉴核,俯赐准予缓征,以苏商困为祷。

谨呈

汉口市市长徐会之

附抄四川、山东省府代电二件。

汉口市商会理事长　贺衡夫

附 1:四川省政府代电〈卅七〉财三营字第二二六七号抄件〈一〉

中华民国粮食商业同业公会全国联合会筹备会子删代电,悉查粮食营业税业经本府委员会会议决议,仍准继续缓征并通令各县市遵照办理,各在案,特此电复。

主席　邓锡侯　丑铣

附 2:山东省政府财政厅代电〈卅七〉财一甲字第八二号抄件〈二〉

中华民国粮食商业同业公会全国联合会筹备会公鉴:

(卅七)联电字第一五号代电,诵悉关于本省粮食营业税,业经电请财政部缓征在案,特复查照为荷。

山东省财政厅卅七子迴财一甲印

18.汉口市财政局第二税捐稽征处为据盈康商号呈以一业核定两种税额请查明实际以便纳税一案转报鉴核示遵致汉口市财政局函(附呈盈康号百货业会费收据一纸)

(1948 年 4 月 15 日)

汉口市财政局第二税捐稽征处呈

中华民国三十七年四月十五日

案查前据长怡里十二号盈康商号呈称:窃商号经营百货业,原系加入百货业公会,三十六年七月至九月每月评定税额为七六五〇〇〇元,正拟完纳中,忽钧处税务员前来征收广货业公会评定税款,计每月为一三二三〇〇〇元。查本号自开业以来,仅加入百货业公会,并未加入广货业公会,请查明事实,仍按百货业课税。等情。正核办间,复据本处税务员皇甫景履报称,同前情,并谓"该商坚以历来系加入百货业公会,不愿缴纳广货业税款,以至延迟,迄未征收,应依据何种税额课征,理合签请核示。"等语。经饬派税务员尹炎、黄昌平前往查明报核,兹据复称"查盈康号系加入百货业公会,领有华明字第八五号会员证书,并未加入广货业公会,兹饬检具百货业公会会费收据一纸签请鉴核"。等情,据此。经查税册评定,该商三十六年七月至九月百货业税额,每月为七六五〇〇〇元,广货业税额每月为一三二三〇〇〇元。又十月至十二月百货业税额,每月为一八三六〇〇〇元,广货业税额每月为三一七五〇〇〇元,是百货业税额比广货业税额较轻,几至一倍。据报前情,该商加入百货业并未加入广货业公会,可否按照评定该商百货业税额征收之,理合检同原证件,转报鉴核示遵。

谨呈

汉口市财政局局长汤

附呈盈康号百货业会费收据一纸。

汉口市财政局第二税捐稽征处处长　吴文麟

今收到百明字 No.0001191 九月份会费法币一万八千元,盈康宝号,台照,经手人。

中华民国三十六年九月　日汉口市百货商业同业公会收条

19.汉口市政府为工资调解会议令染业同业公会(附调解会议记录)

(1948 年 4 月 15 日)

汉口市政府训令　　市社字第 2898 号

案据本市染业职业工会呈,略以工友生活困窘,请照工人生活指数增加工资。等情,附原工资单一份,据此。查该业工资,业经本府召集调处增加,并已取得劳资双方同意,暨将调解结果记录在卷。除分行外,合行抄发原调解记录,令仰转行遵照为要。

此令!

附抄发原调解会议记录一份。

市长　徐会之

附:染业工资调解会议记录

时间:三十七年四月十日上午九时

地点:市政府社会科

出席人:市商会刘绍武,市党部王凌云,总工会萧子俊

染坊业工会喻顺臣、彭玉彬、罗宇华、丁汉臣

染业职业工会祝锦坤、丁怀亭、黄家述、李家和、沈长江、祝银洲、盛君兴、程恒福

市政府喻思九

主席:喻思九

甲、报告事项(略)

乙、调解结果

1.工资基数定为普通工人每月十六元一角,月工廿二元一角,作缸十九元一角,掌作、煮青、掌锅廿二元一角,照本年三月份工人生活费指数二二三五二八倍计标调整,自本年三月一日起施行。

2.工资嗣后依据上项基数,按月照市府公布之工人指数调整之。

染业职业工会祝锦坤、丁怀亭

染坊业公会喻顺臣、彭玉彬、罗宇华

丙、散会

20.汉口市商会为遵令合并组织瓷商业同业公会补呈理由两项呈市政府

(1948 年 4 月 16 日)

案奉钧府三十七年四月三日市社字第二三五三号训令,以据市商会转呈西瓷与南碗两业合并组织同业公会商订之各条意见,核准办理。等因,奉此。自应遵照履行,兹再补呈两项,应请政府依法保障并恳支持:一、行业、店业两组织应保持原有之行店设立,除持有政府原检发之行业执照者外,不准随便增设行店;二、合并组织改选时,其瓷店两组之理监事候选名额应平均分配,以求两组之权利义务平衡发展。谨此列呈,敬祈核示祗遵。

谨呈

21.汉口市商会为国产纸张行业同业公会与中外纸、染纸公会合并事呈市政府

(1948 年 4 月 17 日)

商字第三三四五号

案据汉口市国产纸张行业同业公会呈称:“窃属会于卅六年十二月十四日奉市政府社会科通知召集座谈会,饬属会与中外纸、染色纸公会合并组织一案,当以事体重大,于同月卅日召集全体会员大会,佥以属会在民元以前即有组织为烧纸币,其时系行店职工联合,设有币董,虽营业行店只十余家,亦列居八大帮之一。民初各行业领□营业,组织亦未变更。迨国府奠都南京,严密人民团体之组织,各业成立大会,由各公会产生商会,以本会营业性质纯系代客买卖,只取佣金,货价无多,利润与各地纸张营业不同,故予单独组织称为国产纸张行业同业公会。

抗战后，就原有机构加以整理，申请发给人民团体许可证，卅五年六月间正式成立。此本会沿革已有深长，理事未能予以合并。查中外纸与染纸，其用途之大，销路之广，不独遍及全国，而且有关中外，应在国营事业之列，其资本雄厚更不待言。染色纸乃重要之手工业，均与本会行店代客买卖之性质有别天渊。本业所营纸张系鄂南土产，销路仅鄂中黄、孝一带，聚全业资金不及中外纸与染色纸一家，似不能徒以同为纸张名称，遽然予以合并。再以税务而言，最近虽非领用部帖，而佣有佣金税，客货有营业税，门市有一时所利得税，对于应尽义务□不切实际。但一业有一业之习惯，一行有一行之行规，一旦合并，将来枝节发生，后患不堪设想。且本业会员单位较战前增加一倍，依法亦可单独组织，至公会本身开支，因会员资本有限，较任何一业简单，临时各项捐派亦较任何一业减少，一旦与资本雄厚之业务合并，其开支与各项负担诚恐非穷苦会员所能胜任。是政府欲简化人民团体组织，体恤商艰之美意，适足以滋烦扰，加重负担，此属不能参加合并之实际情形。除分呈外，理合吁恳鉴核，转请汉口市政府维持原案，免予置议，是为商便。再属会前呈四月十三日改选，已遵市府令暂缓，俟期定妥后再行呈报，合并陈明。”等情，据此。理合呈请鉴核示遵。

谨呈

汉口市市长徐

汉口市商会理事长　贺衡夫

22.汉口市棉花行商业同业公会为棉花商业与棉花贩运业合并呈市政府

(1948 年 4 月 18 日)

案奉钧府三十七年四月五日(卅七)市社字第 2609 号指令，为呈报四月十日改选、附赍会章、理监事名册及会员名册，祈派员监选由。奉令开，呈件均悉，查该会依法应与棉花贩运业及棉花商业合并组会，自不应改选，应听候府令召集，所请派员监选一节，应毋庸议，至该会会章伺合并后再行议定，仰即知照。此令！会章发还。等因，奉此。自应遵照，曷敢再渎。惟查属会与棉花商业及棉花贩运业性质不同，业务各异，一旦强予合并，前途实多纠纷，谨向钧长陈之。

查属会业务，为《民法债编》第十二节之“居间商人”，就其业务之性质言之，为报告订约之机会，或为订约之媒介，纯为代客买卖。就其报酬之性质言之，则为对于业务之结果支给报酬，而棉花商业与棉花贩运业之业务则为《民法债编》第一节之“买卖商人”，其业务纯为当事人间约定，一方移转财产于他方，他方支付价金之契约，双方性质不同，业务各异，名虽类似而实则非，如果强予合并，无异剥夺居间商人之业务。此就彼此性质论，是属会与棉花商业暨棉花贩运业之不能合并者一。

次查属会成立于前清咸丰年间，原名“棉花行商会”，迩时赣、皖、苏、浙四省棉商齐集汉市，因棉花行商代客买卖，信用素孚，曾经共同协议，校准秤砠，特于砠上铸西淮苏浙字样，嗣后度量衡改制，砠字依照新制改铸，以为棉花买卖进出之标准，保留迄今，百有余年。民初改为“棉花行业公会”，十九年又改为“棉花行业同业公会”，嬗递至今。直接会员数近千人，间接恃其生存之家属当以万记，如果强予合并，无异断绝居间商人之生命。此就行商生计论，是属会与棉花商业、贩运业之不能合并者一。

复查三十六年九月二十六日经济部京商字(35)第一二〇九七号咨复社会部原函,系以商业同业公会之组织,应以经营业务之种类为对象,释明批发与零售商人并非构成足以组织同业之要素,并未指定居间业与贩运业或商业必须合并,即钧府(卅六)市社字第1236号训令颁布之合并一览表,亦无棉花商业,或与棉花贩运合并之规定,更无与丝兰行、丝油苓粉行、山货行、山货纸张行、药油山货行合并之可能性,文件俱在,可供覆按。此依政府命令论,是属会与其他行业不能够合并者又一。

总之,棉花行商业同业公会会员纯系代客买卖,而棉花商业、棉花贩运业同业公会会员则为自己经营,名虽类似,实则相反,况经济、社会两部对于属会与其他行业同业公会,既未核定性质相同,复未规定应予合并。是钧府指令所示,依法合并组会,不应改选似与商情未洽,尤与政令违背,从而属会具有独立性质,更堪认定。现在理监事任期已经届满,自应依法改选,兹仍拟定期召集全体会员,依法改选,理合沥陈下情,并再检同会章,呈请钧长俯赐鉴核:(一)收回卅七市社字第2629号依法合并不得改选之明令;(二)准予依法改选;(三)并恳派员指导监选。是否有当,仍候。

谨呈

汉口市政府市长徐

附赍呈会章一件。

汉口市棉花行商业同业公会理事长　窦纯澄

23.汉口粮食零售业筹备会为遵令合并组会筹备事宜呈市政府

(1948年4月18日)

查本案经奉准与粮食公会合并组织,自应遵照办理。唯因敝业纯系零售性质,一经合并,诸多棘手。拟组织分事务所,先行筹备以收资效而利进行,业于本月九日下午五时假府东二路九十八号召开同业临时会议,商讨筹备进行事宜。当经公推张桂山等为筹备员,并推喻方文为筹备主任,各记录在簿。理合造具筹备员名册一份,一并呈赍鉴核,恳请准予组织筹备,不胜翘首企待之至。

谨呈

汉口市政府市长徐

附筹备员名册一份。

汉口市粮食零售业筹备会筹备主任　喻方文

筹备员　张桂山、李文新、闵起福、王幼甫、胡鹏程、张贤臣、胡光辉、王作勤

本业筹备处　府东二路一〇〇号钧记米店

24.汉口市商会因转经济部为商人对日贸易签证记账办法致汽车运输业同业公会

(1948年4月20日)

案奉经济部京国(37)字第一〇九二六号通知开:“据对日贸易指导委员会案呈《商人对日

贸易签证记账办法》，经本部呈奉行政院本年四月七日（卅七）六时财字第一六五三六号代电审定，兹抄发上项办法一份，特此通知。”等因，附抄发《商人对日贸易签证记账办法》一份，奉此。除分行外，相应抄同原办法，函希查照转知为盼。

此致

汉口市汽车运输业同业公会

汉口市商会　启

25.汉口市薪炭商业同业公会为暂缓合并呈市政府

（1948 年 4 月 22 日）

窃本会前据会员全体呈，为不愿与煤焦等三公会合并一案，请求转恳免予合并一案，旋奉钧府三十七年三月二十七日指令开：“呈悉，查该业系属重要商业之一，依照经济部规定分业标准，仍应与煤业合并组会，自无转呈社会部核定之必要，应迅推筹备人选报府，以凭办理为要。此令！”正拟遵照办理，忽据全体会员来文，请代向社会部要求，本会未便有拂众意，已于日前呈请核示矣。理合呈请鉴核，仰乞俯允暂缓合并，一俟奉到部令后，再行遵办。

谨呈

汉口市政府市长徐

汉口市薪炭商业同业公会理事长　梅厚安

26.汉口市商会参加社会救济委员会第六次常监委员会会议记录

（1948 年 4 月 23 日）

时间：三十七年四月廿三日下午二时

地点：本会会议室

出席人：徐会之（孙际旦代）、贺衡夫（高绅山代）、萧佐汉、张弥川（田子英代）、袁雍（仝李□代）、高坤山、孙际旦、萧济生、田子英、马礼铭、李明辉、丁幼泉、杨沛、冯铎、杨浩

主席：徐会之（孙际旦代）

记录：梁唯智

开会如仪

报告事项（略）。

讨论事项

一、本会改组日期及交代办法如何决定，请公决案。

决议：本会定于四月底结束，五月初改组，并由本会监察委员监交。

二、本会育幼院收容教养所如何筹措，请公决案。

决议：贫民收容教养所自五月一日起划归救济院，育幼院在本市社会局未成立前仍暂隶属本会。

三、本会对外借款如何结案，请公决案。

决议：并函各借入机关惠拨为救济捐款。

四、本会三十六年十至十二月经临费计算书审查已竣,提请核销案。

五、本会本年一至三月份经临费清册审查已竣,提请核销案,以上两项合并讨论。

决议:照案核销。

六、三十六年度冬赈筹款收支清册复核公布案。

决议:照案核销并登报公布。

七、本会剩余不适用物资应如何处置案。

决议:照第五次联席会议决议,除麻袋留一〇〇个存用外,由原推定人员会同变卖。

附抄第五次联席第七案:以本会员所呈以所领奶粉不堪食用请变卖充作福利一案,指□公案,及第八公案以本会库存一部分物资已过食用时间,不能食用,应如何处理案,以上两案合并讨论。

决议:(1)所有不能食用物资概行出售;(2)推冯委员济生、高委员坤山、杨委员庆山、马副主任礼铭负责,由冯委员召集;(3)所有出售价款悉作筹办贫民习艺之工厂基本金。

八、本会编余职员如何资遣,请公决案。

决议:编余职员请市政府于救济院中安置,无法安插者,照规定发给资遣费。

九、本会各庇寒所拟一律交贫民收容教养所保管,请公决案。

决议:照案通过。

十、临时提议:

马副主任提议洪兴□店承包贫收所、育幼院冬服,裁缝误期,请求免罚之款,并酌加工资以备体恤案。

决议:准免罚款,以示体恤。

十一、散会

27.汉口市颜料商业公会第一届第二次改选大会记录

(1948 年 4 月 26 日)

日期:三十七年四月二十六日

时间:午后一时

地点:假会宾酒楼(原会址在乔家巷二十六号)

监选长官:汉口市政府代表李济苍、汉口市党部代表闵进吾

汉口市商会代表邓廷珍、汉口警察四分局代表程天化

出席代表:应到九十九人,实到八十人。

临时主席:张尧萱

记录:汪缉明

开会如仪

甲、讨论事项

(1)本会此次选举依法应行改选半数理监事,惟大多数会员代表主张全部改选,究竟是改选半数,抑或普选,应请公决案。

决议:全体举手赞成全部改选。

乙、进行选举

(1)发票;(2)选举;(3)唱票;(4)计票。

丙、选举结果

当选理事:张尧萱得 73 票,胡少周得 58 票,汤静安得 54 票,孙履元得 48 票,毛谦三得 43 票,刘肇侬得 41 票,袁吉祥得 34 票,华嵩得 32 票,罗介霞得 33 票。

当选监事:程佑人得 19 票,黄兰庭得 19 票,吴南屏得 10 票。

当选候补理事:栾其俊得 30 票,陈继业得 21 票,陈质纯得 10 票。

当选候补监事:汪寿吾得 7 票。

当选理事长:张尧萱

当选常务理事:汤静安、胡少周

当选常务监事:程佑人

丁、散会

28.蔡甸镇商会为本会举行第二届改选检同理监事名册致汉口市商会

(1948 年 4 月 26 日)

径启者。查本会在复员期间奉令成立,现因易前理事长端诚自行卸职,经提交会议公决,定于四月二十二日举行第二届第二次会员代表改选大会。承各主管机关团体派员莅临指导监选,依法选举耀庭等十一人为理事,严久安等五人为监事,继由理事会票选耀庭等三人为常务理事,并选耀庭为理事长,董曦、陈荣根为常务理事。又由监事会推选严久安为常务监事,均经记录在卷。耀庭自愧才识谫陋,此次荷沐众选,再作凭归,当兹时艰责重,信凛渊冰,第以义务所在,固辞弗获。于是日偕同全体理监事宣誓就职。除呈报并分别函知外,相应检同理监事姓名册,函请查照,并希时惠箴言,以匡不逮为荷。

此致

汉口市商会

理事长　周耀庭

常务理事　董曦、陈荣根

29.宜昌县商会为改选就职致汉口市商会

(1948 年 4 月 27 日)

宜昌县商会公函　卿组字第 92 号

查本会奉令改组,业于本年三月十五日举行第五届会员代表大会,依法选举,经蒙党政军机关首长莅临监选指导,选举结果计:子卿等二十一人当选为理事,张燕佐等十一人为监事,并由理监事中复选子卿等七人为常务理事,张燕佐为常务监事,复由全体理事互选子卿为理事长。自惭材轻任重,深虞陨越。惟值兹"戡乱"行宪之际,自当一秉忠勤,竭尽绵薄,以负"戡乱"之任务,并谋商界之福利。谨于三月十六日先行就职任事,以重会务。除分别呈报函知暨另期宣誓外,相应检送本届理监事简历表一份,函达查照,并希时赐南针,借匡不逮为荷。

此致

汉口市商会

理事长　任子卿

常务理事　秦心一、何元干、胡修明、张懋周、刘代耕、居子香

30.汉口市政府为工业公会改组事通知

（1948 年 4 月 28 日）

查本市各工业同业公会亟应依照《工业会法》分类实施改组，兹检送实施改组资料以供参考并□检。五月一日下午三时在本府招待室商讨改组办法，即希届时派员出席为荷。

此致

湖北省政府社会处、汉口特别市党部、汉口市商会、湖北省工业协会

附实施改组资料一份。

汉口市各工业同业公会依照《工业会法》分类实施改组简表

合于组织工业公会标准者			不合于组织工业公会标准者		
应依《工业会法》改组者	已依《工业会法》改组者	职员任期未满者	应依《商业会法》改组者	已改组者	职员任期未满者
针织	碾米	第八区机器棉纺织	寿木、线索	棉絮、卷花、皮革制品	糖果、炒坊
印刷	食品	第十区机器	圆木、油桶、南酒	篾篓、白铁制品	油漆、粉刷、豆制食品
榨油×	机器锯木	第九区面粉	扇帽、板箱	染坊	烘糕、制面、洗染
制革		牙刷	车楦、磨坊	度量衡器	重油提炼、三轮车
肥皂		电池×	汾酒、制胶		剪业、印染花布
机器染整		染织纱布×	杂色纸○、木铁桶		板车制造
营造			服装、纸盒		
机制砖瓦			家具×、藤棕床		
机制卷烟			豆丝、对联裱画		
			制香、纽扣证章		
			造船×、糖坊		
			面筋粉坊、缝纫		
			花卉×、穿扎、刻字		
			篾器、书简刷印		
			花粉、绒球		

附注:(一)合于组织工业同业标准之工业同业公会而未依法改组者,应于五月二十日以前改组完竣,已改组者应将章程、职员略历及会员名册各缮二份呈府存饬,职员任期未满者应照《工业会法》改订章程,并补报职员略历及会员名册。(二)不合于组织工业同业公会标准之工业同业公会,应一律更名为商业同业公会,职员任期届满者,依《商业会法》公布后再行改组,其已于最近改选或职员任期未满者,依《商业会法》公布后再行改组,其已于最近改选或职员任期未满者,依《商业会法》公布,再行选报章程、职员略历册及会员名册。(三)名称上有"×"符号者应更名如下:1.榨油应更名为植物油制炼;2.电池应更名为电工器材;3.染织纱布应更名为土布(系社会部核定);4.家具应更名为家具制造;5.造船应更名为木船修造;6.花卉、穿扎更名为花卉。(四)名称上有"○"符号之杂色纸与书简刷印两业同业公会应与中外纸张业合并组织纸业商业同业公会,不另改组。

31.汉口市商会为转《对出入境货物监察暂行实施办法》致汉口市各业同业公会函(附《对出入境货物监察暂行实施办法》)

(1948 年 4 月 28 日)

武汉警备司令部本年四月培字第一三〇号代电,附发《对出入境货物监察暂行实施办法》一份,饬分转所属,切实遵照。等因,自应遵照。除分行外,相应抄转原颁办法一份,即希查照,盼所属切实遵照为盼。

此致

汉口市各业同业公会

汉口市商会

附:《对出入境货物监察暂行实施办法》

一、为防止奸宄偷运军用物资或利用商货藏匿军火(及反动刊物)及违禁物品,私运出入辖境而影响治安起见,除依照各种有关法令办理外,特增订本办法。

二、凡出入境货物,应先报关行,逐日将报关行之商货分别列表送交本部,各□合派出检查组,以便抽查。

三、凡经营货物打包及装箱之厂商,由稽查处设内线密探,随时侦查有无藏匿非法物品情事,绝对禁止暴露其身份,□由派厂商于包箱上加盖保证书"绝无藏匿非法物品"等字,以便检查。

四、加强检查车船码头及要道口之出入境货物。

五、各检查人员在执行检查勤务时,应态度和蔼,不得故意留难,尤不得借故勒索。

六、各检查人员对出入境货物检查时,应邀同宪警联合实施,任何执行人员不得有单独行动。

七、如发现违禁货物及影响治安案件,各检查组应依法呈报办理,不得擅自处置。

八、如违二三四五六七之规定者,一经察觉,即依法从严惩处。

九、各检查组不另组设机构,即以本部稽查处联合派出检查组兼办之。

十、在同一检查地区内如有其他检查机关,应尽所能与本部各联合组协同实施,以减少货客之烦扰。

32.第十区机器工业同业公会为请予豁免捐献保安旅及国防工事经费致汉口市政府函

(1948 年 4 月 29 日)

中华民国三十七年四月二十九日第十区机器工业同业公会代电

汉口市政府钧鉴:

查本同业胜利复员,且因连年之匪患频仍,成品滞销,生产疲惫,以致亏累日甚,休业频增,政府固曾目及本同业之□□,允予收购成品以为救济,讵意收购机构力存挑剔,收购竟成泡影,工贷开放无期,处此千钧一发、危殆堪虞、欲罢不能、求生乏术之际,忽接市商会函送汉口"戡乱建国动员委员会"建立保安旅及国防工业经费筹募委员会各区分会主委联席会议修正筹募经费实施办法,下会,聆悉之余,倍增惶恐,缘以上项办法第六条内载商户捐献标准分五百万元、一千万元、二千万元三级,商户比照营业税标准分配办理。等语。依本同业目前经营之窘迫,实难担负巨额之捐献,即以应缴之营业税而论,虽蒙财部减半征收尚难应付,自可佐证本同业之力不能胜。本会目睹同业之艰难,未敢安于缄默,迫不获已,理合电请鉴核,伏乞体念下艰,准予豁免,无任感祷待命之至。

第十区机器工业同业公会理事长 郭寿衡 印迥祝秘叩

33.汉口市政府为免予合并等情令棉花行商业同业公会

(1948 年 4 月 30 日)

呈件均悉,查棉花业系重要商业之一,依照《商业工业公会法》第十二条规定,系包括同一区域内之商业同业公会行号,其行商自不能脱离组会,所请免予合并于法不合,未便照准,该会章程暂时退还,俟合并后再行呈核,仰即知照。

此令!

市长 徐

34.经济部汉口工商辅导处为抄发商人对日贸易签证记账办法致汉口市进出口商业同业公会函

(1948 年 4 月)

经济部汉口工商辅导处通知 中华民国三十七年四月辅商字第 1737 号

为奉颁商人对日贸易签证记账办法通知照由。

案奉□部三十七年四月十三日京□37 字第一〇九二七号训令内开:"据对日贸易指导委员会案呈商人对日贸易签证记账办法,经呈奉行政院本年四月□六财字第一六五三号代电审定,兹抄发上项办法,令仰知照。等因,附发商人对日贸易签证记账办法一份,奉此。合行抄发原办法通□知照,附抄发商人对日贸易签证记账办法一份。

上通知

进出口贸易同业公会

附商人对日贸易签证记账办法

35.汉口市各界庆祝“五一”劳动节纪念大会筹备会为举行劳动节纪念大会致汉口市各业同业公会函

（1948 年 4 月）

径启者。本市各界庆祝“五一”劳动节纪念大会定于五月一日上午九时在民众乐园大舞台举行，随函附奉来宾证一枚，至祈届时惠临指导是荷。

此致

汉口市商会

附来宾证一枚。

汉口市各界庆祝“五一”劳动节纪念大会筹备会　启

5 月

1.汉口市猪肉商业同业公会筹备会为军需猪肉价格致第一事务所各屠宰场、第二事务所函

（1948 年 5 月 3 日）

汉口市猪肉商业同业公会筹备会通知　并筹字第 7 号

案奉联合勤务总司令部第九兵站总盟部 37 经一副发字第七五五号代电开：“查五月份副秣按议价发款购补，各单位业经邀集有关机关法团及各受补单位议定，军需猪肉每市斤七万五千元，嘱转知各会员遵照。”等因，奉此。查军需用肉，须有主管长官出具证明条据，即按每市斤七万五千元发售，此为舍本表示崇敬国军之意。惟猪油既无明文规定，仍应按所售市价计算。除分行外，用特通知，即希查照，并转饬各会员知照为要。

此致

第一事务所各屠宰场

第二事务所

筹备主任　张荣程

2.汉口粮商运销业同业公会为筹备事宜呈市政府

（1948 年 5 月 3 日）

案奉钧府社会科召集粮食商业公会合并改组一案，经本处推选筹备员五人参加合组在卷。遵即召集常委会决定印具会员名单及选举票，分送全体会员，选举筹备员五人，以得票多数当

选,以昭慎重。当即发出选举票一百零六张,送到处者计六十八票。唱记结果,选出陈焕章、包钧安、陈树霖、颜子衡、陈方佑五人为筹备员,记录在案。理合造具筹备员略历表二份,备文呈请鉴核祇遵。

谨呈

汉口市市长徐

汉口市粮商运销业同业办事处主任　陈焕章

3.汉口市粮食运销业同业办事处筹备员略历表

(1948 年 5 月 3 日)

姓名	陈焕章	包钧安	陈树霖	颜子衡	陈方佑
性别	男	男	男	男	男
年龄	五四	五一	四九	四七	四三
籍贯	汉阳	浙江	浙江	黄陂	浙江
学历	私塾	私塾	私塾	私塾	私塾
本处现职	主任	常务负责人	常务负责人	常务负责人	常务负责人
会员牌号	德昌	晋德	厚德	和新	顺泰德
住址	崇山路二号	胜利街三三号内三号	上海村十七号	同仁里十七号	义成东里一号
电话	三九三九	三二三五			

4.汉口市政府为同业公会合并新闻事致《民族日报》

(1948 年 5 月 4 日)

前阅贵报本年四月廿九日第四版标载“猪牛肉业合并,市府命令似欠考虑”新闻一则,查与实不符。缘本市猪牛肉两业原各有批发与零售公会设立,本府为依照社会部规定,□请两业批发与零售分别予以合并,并非猪牛肉两业合并。且牛肉业公会业已合并,其毫无纠纷,尚希予以更正。

此令!

《民族日报》

5.汉口市银行业同业公会为警备司令部征用地皮青苗费经决议摊派请察鉴致各会员函

(1948 年 5 月 5 日)

径启者。准警备司令部稽查处函知,以建筑过境部队营房业由□□旅栈、菜□等公会出资捐建,惟征用丹水池地皮之青苗费□计法币二亿元,议由银行业、钱业、纱业、烟业、山货五公会平均捐助，每公会认捐四千万元，□即克日照缴。等由，到会。□□五月三日临时理监会议商讨议决，除外商银行外，按照缴费比例摊缴，记录在卷。计中国交通、农民、邮汇、湖北省合作金库、中□局五家每家各摊征国币一百卅一万□□银行四十七家，每家各摊征国币六十万五千元。除将收据送交永成银行代□外，相应函达，即希查洽为荷。

此致

各会员□

(会戳)启

五月四日

6.汉口市警察局局长为劝赠本市警察学校教学设备及医药器材致汉口市书店商业同业公会电

(1948年5月5日)

本市书店商业同业公会理事长鉴：

查本局为遵照实施中央建警方针，特在本市设立警察学校一所，期能育成优良干部，服务地方，并以适应国家当前"戡乱建国"需要。唯以市库短绌，诸种设备皆多陋简，素稔贵会各会员对于警政建设极为热心，用特电达贵理事长转知全体会员，热烈捐输所需用品，并盼见复是荷。

局长　任建鹏　汉复(卅七)寅支警行印

7.汉口市商会因古玩玉器义卖券展期开奖一案致汉口市各业同业公会函

(1948年5月5日)

汉口市政府本年五月三日(38)汉民字第1012号代电内开："查古玩玉器义卖券展期开奖一案，经以辰冬代电饬知，兹为顾虑各区推销困难起见，已商准武汉区敌伪产业处理委员会再延至本月六日下午二时，仍在原地举行开奖。全部券根、券款限于五日上午十二时以前一律送府汇缴。除分电外，合行电仰知照，转饬知照。"等因。相应转函，即希查照为荷。

此致

汉口市各业同业公会

汉口市商会

8.汉口市政府为请援例缓征粮食营业税一案指复遵照令汉口市商会

(1948年5月5日)

汉口市财政局字第02387号

中华民国卅七年五月五日

指令　市财字第　号

令汉口市商会：

本年四月十四日商字第三三二四号呈意见，为据粮食行商业等公会呈请，援例缓征粮食营业税由。呈悉,查粮食营业税为本市较大税收,值兹市库支绌,经费月有增加,若一旦免征,将更感无法支应,有碍市政进展,转呈各情,应俟本市财政稍裕后,再行酌办,仰即遵照转知各该公会仍勉力负担为要。

此令!

市长　徐会之

9.所得税六倍估缴汉商会力请改善希望申报纳税或简化稽征贺衡夫已赴京沪探寻真相

(1948年5月7日)

[本报讯]三十七年度所得税,依照税局稽征办法,系用六倍估缴制度,汉市各业商人纷纷请求商会,转向直接税局洽商改善办法,或实行申报纳税,或实行简化稽征。汉市商会各理监事曾为此案向直接税局商洽多次,尚无具体结果。汉税局表示:京沪各地已照六倍缴纳,本地不能改更。市商会于本月四日召开理监联席会议,决议分函京沪商会查询是否已照六倍缴纳及一切办理情形。贺衡夫理事长并于本月四日晚乘轮赴沪,探询京沪各地所得税实际情形,俟京沪各地商会函复暨贺理事长电知到汉后,再行通知各业。

(《大刚报》)

10.汉口市政府为公会合并事宜令粮食运销同业公会

(1948年5月7日)

呈悉,准予备查。除饬令有关合并各公会外,兹收粮食行业所呈筹备员五人刘绍武、韩瀛洲、曾宝珊、张德惠、颜绳武及杂粮店业三人潘云甫、陈泽生、胡歆生与零售业二人张桂山、李文新,一并录知,并指定刘绍武为第一次召集人,仰即依法成立筹备会,克日推定筹备员,报府备查。

此令!

市长　徐

11.汉口市工业会筹备会为报告成立经过检送筹备员名单呈汉口市政府(附筹备员名单、会议记录)

(1948年5月8日)

窃查筹组本市工业会一案,经由发起人第八区机器棉纺等七工业同业公会暨中国植物油料厂等单位于五月五日正午十二时召开发起人会议。出席单位计八区纺织、九区面粉、十区机器及本市锯木、肥皂、卷烟、印刷等工业同业公会及非公会会员之既济水电公司、华新水泥公司、中国植物油料厂、燧华火柴厂、湖北汉口化工厂各重要工厂负责人,假汉口中山大道中央信托局汉口分局二楼扬子联谊社开发起人会议,推定筹备人。经由钧府社会科陈督导、李股长济苍暨社会部李专员中英莅临指导,公推李荐廷为主席,当场推选李荐廷等十五人为筹备员,并推李荐廷为筹备主任、李国伟为筹备副主任,当即正式成立汉口市工业会筹备会,并假中信局二楼湖北省工业协会原址开始办公,理合将成立经过、会议记录暨当选筹备人名单呈请鉴核备查。

谨呈

汉口市政府

附呈会议记录暨筹备人员名单一份。

汉口市工业会筹备主任 李荐廷 谨呈

附1:汉口市工业会筹备员名单

(民国三十七年五月制)

职务	姓名	代表单位
筹备主任	李荐廷	燧华火柴厂董事长
筹备副主任	李国伟	第八区机器棉纺工业同业公会理事长
常务筹备委员	王一鸣	第九区机制面粉工业同业公会
常务筹备委员	周兹柏	第十区机器工业同业公会
常务筹备委员	盛今杰	中国植物油料厂
筹备员	张国和	汉口市机器锯木工业同业公会
筹备员	吴千里	汉口市肥皂工业同业公会
筹备员	郭寿衡	第十区机器工业同业公会
筹备员	华迩英	第九区机制面粉工业同业公会
筹备员	司徒壮	汉口市机制卷烟工业同业公会
筹备员	蓝昌农	汉口市印刷工业同业公会
筹备员	孙保基	汉镇既济水电公司
筹备员	茅伯笙	华新水泥公司
筹备员	朱光祖	湖北省汉口化工厂
筹备员	张幼卿	汉口市机制卷烟工业同业公会

附2:筹备汉口市工业会发起人会议记录

时间:卅七年五月五日正午十二时

地点:汉口中央信托局二楼扬子联谊社

指导人:社会局专员李中英

汉口市政府陈菘、李济苍

出席人:第八区纺织工业公会李国伟、程子菊、鲁寿安

第十区机器工业公会郭寿衡(陈惠卿代)、周兹柏

锯木工业同业公会张国和、黄寿亭、贺尔梅

肥皂工业同业公会吴千里(吴任启代)、陈经畲

机器卷烟工业公会王汇川、丁叔国、叶儒君、张幼卿

印刷工业公会蓝昌农、龚少斋、吴兴岚、林澄波

华新水泥公司茅伯笙(陈希圣代)

中国植物油料厂盛今杰

燧华火柴厂李荐廷

省化工厂朱光祖

工业协会刘梅生、厉无咎、王伯和、余舍堂

主席：李荐廷

记录：吴传启

一、主席报告(略)。

二、社会部李专员祝词(略)。

三、市府陈督导训词(略)。

四、讨论事项

1.《工业会法》及施行细则早经政府颁布，而社会局正督率全国各地短期内分别成立省市工业会。汉口市各工业同业公会及各区工业公会正在社会局李专员及市府社会局督导之下，分别依照《工业会法》及《工业会法施行细则》进行改组。为加速汉口市工业会之筹备工作，应即正式成立汉口市工业会筹备会，请讨论案。

决议：今天出席代表已达合法单位，为迅赴事功，应即正式成立汉口市工业会筹备会。

2.据前案，各筹备员应如何推举，请讨论案。

决议：(1)筹备员名额为十五席；(2)公推李荐廷、李国伟、郭寿衡、司徒壮、张国和、吴千里、华迩英、蓝昌农、孙保基、朱光祖、茅伯笙、盛今杰、王一鸣、周兹柏、张幼卿等十五人为筹备员。

五、散会

附 3：汉口市工业会筹备会第一次会议记录

时间：五月五日下午三时

地点：汉口中央信托局三楼扬子联谊社

指导人：李中英

出席人：李荐廷、李国伟、华迩英、王一鸣、郭寿衡(陈惠卿代)、吴千里(吴任启代)、张国和、司徒壮、茅伯笙(陈希圣代)、蓝昌农、盛今杰(王伯报代)、朱光祖、张幼卿、周兹柏。

主席：李荐廷

记录：吴传启

一、请推选本筹备会常务筹备员及正副主任案。

决议：

1.公推李荐廷、李国伟、王一鸣、周兹柏、盛今杰等五人为常务筹备员。

2.推李荐廷为筹备主任，李国伟为筹备副主任。

二、本会职员应如何聘请案。

决议：聘厉无咎为总干事，余舍堂为副总干事，王伯和为秘书，吴传启为主任干事。

三、本会筹备期间经费及办公地应如何筹措案。

决议:在筹备期内一切经费,暂商请湖北省工业协会垫支,办公地点亦商借工协原址。

四、为便利本会工作,公□其可否聘请各工业同业公会负责人及工业协会理监事为各业筹备员,请讨论案。

决议:通过。

五、主席提议应否成立总务及联络两组,以推进会务案。

决议:推请盛今杰为总务组长,张幼卿为联络组长。

六、本会尚未成立公会之各业如火柴、化工、打包制冰等业,应如何推动组织案。

决议:分别予以协助,由联络组负责。

七、本会公议应如何进行,请讨论案。

决议:每星期三开会一次。

12.安徽省怀宁县商会为本会改选告竣理监事就职函请查照致汉口市商会函(附职员表)

(1948 年 5 月 9 日)

案查本会奉令改选,遵于四月二十三日举行会员代表大会,当蒙怀宁县政府派员监选暨各机关首长兹临指导。依法票选理事十五人、候补理事五人、监事五人、候补监事三人,旋即互选夏锦文、汪孝伯、吴木天、路刚健、王之祥五人为常务理事,柯润林为常务监事,复选锦文为理事长,以轻才难胜重任,□荷各方敦促至殷,只得勉竭绵薄,即日就职。除分别呈报外,相应函请查照,并希时赐箴言,以匡不逮,无任企祷。

此致

汉口市商会

理事长　夏锦文

常务理事　汪孝伯、吴木天、路刚健、王之祥

附:安徽省怀宁县商会第二届改选职员表

职别	理事长	常务理事	常务理事	常务理事	常务理事	理事	理事	理事	理事	理事	理事	理事	理事
姓名	夏锦文	汪孝伯	吴木天	路刚健	王之祥	胡子穆	米厚启	郎克明	查茂章	潘先彤	韩芝庭	萧松年	曹志道
年龄	五二	四八	四八	四一	四十	五七	五四	三六	六一	四八	五八	六一	四一
籍贯	怀宁	怀宁	怀宁	怀宁	怀宁	怀宁	怀宁	怀宁	怀宁	怀宁	怀宁	怀宁	怀宁
所属公会业别	花纱业	粮行业	酒业	盐商业	绸布业	酱业	颜料业	新药业	南货业	油铁业	旅馆业	银楼业	糖纸杂货业

（续表）

职业	同康和经理	恒和祥经理	天泰号店东	源丰号店东	永安公经理	胡玉美经理	芦记号店东	大陆号经理	查万和店东	大顺号店东	元泰栈经理	正泰吕庄记经理	大道生店东
住址	新义街31号	古牌楼24号	同安门23号	盐店巷47号	国货街9号	近圣街25号	大观亭42号	国货街32号	育才街14号	盐店巷52号	钱牌楼	国货街13号	西内正街15号
留任或新选	新选	留任	留任	新选	新选	新选	留任	新选	留任	新选	留任	留任	留任
备注													

（续表）

职别	理事	理事	候补理事	候补理事	候补理事	候补理事	候补理事	常务监事	监事	监事	监事	监事	候补监事	候补监事	候补监事
姓名	刘久和	夏育之	洪逸梅	韩幼甫	白凤翔	唐菊存	张林伯	柯润林	陈玉山	潘孝慈	方树棠	王家义	汪道存	胡达夫	鲁经邦
年龄	五九	五九	三八	五四	三八	五三	四四	五九	五四	四四	五七	五八	四五	五四	三二
籍贯	怀宁	怀宁	怀宁	怀宁	怀宁	怀宁	桐城	怀宁	怀宁	怀宁	怀宁	怀宁	怀宁	徽州	怀宁
所属公会业别	碱腊业	酱业	帽篾席业	糖纸杂货业	南货业	国药业	皮革业	米业	炒坊业	浴室业	华洋百货业	饮食业	浴室业	绸布业	纸业
职业	万兴和经理	天源号经理	洪裕隆店东	义太兴经理	天翔号店东	唐立生店东	皮革生产合作社经理	复丰号经理	陈复盛店东	馥园池经理	德泰号店东	社会食堂经理	大中华经理	天新号经理	鲁荣泰经理
住址	近圣街5号	北正街34号	西外正街44号	西外正街16号	西内正街	三牌楼18号	民生路83号	司下坡	大观亭11号	大沟巷	西外正街	府正街	市政街	国货街24号	西外正街
留任或新选	留任	新选	新选	新选	新选	新选	新选	新选	留任	留任	新选	新选	新选	新选	新选
备注															

13.汉口市商会筹备会为参加国父诞辰纪念庆祝大会致各业同业公会筹备会函

（1948 年 5 月 10 日）

查本月十二日为国父诞辰纪念，各界庆祝大会定于十二日上午九时在中山公园开会举行庆祝仪式，本会全体委员暨各业公会全体筹备员自应尽量参加。除公函外，相应函请台端于十二日八时（以江汉关时间为准）径行前往参加，并希严守时间为荷。

此致

本市各业公会筹备会全体筹备员

附注：如遇天雨，改在旧法租界大舞台举行代表会。

汉口市商会筹备会

14.汉口市商会为转汉口市政府关于人民团体调训办法训令汉口市各业同业公会（附调训办法、报到须知及名册格式）

（1948 年 5 月 10 日）

查本府主办人民团体干部训练班第二期行将结束，第三期即将筹备开始。依照训练办法规定，第三期应调训各同业公会理监事，合亟检发该项办法一份，令仰于文到三日内，转知各公会遴选理监事二人，照调训人员名册格式造报，以凭办理，勿得稽延为要。等因，附汉口市人民团体干部训练班调训办法、报到须知及名册格式各一份，奉此。除呈复并分行外，相应抄同原附件，函希查照，于文到二日内，遴选理监事二人，照名册式样造报市政府社会科核办，幸勿延忽为要。

此致

汉口市各业同业公会

附抄调训办法、报到须知及名册格式一份。

汉口市商会　启

附 1：汉口市人民团体干部训练班调训办法草案

本市各业工会团体计调训二百四十名，农、商、公益、自由职业等团体共调训三百六十名，每期训练一百五十人，共计分四期训练之。

各人民团体训练名额，其分配之标准如下：

一、工人团体

1.会员不足一千人者调训一人；

2.会员一千人以上者调训二人；

3.会员在二千人以上者调训三人。

职产业工会性质重要或分业较繁者，其调训名额得呈准本府，酌量增加之。

二、其他团体

1.农人团体每会二人至三人；

2.商人团体每会□人至五人；

3.公益团体每会二人至三人；

4.自由职业团体每会一人至二人。

三、调训人员各团体应就下列人员中择优遴选之：

1.理监事或候补理监事；

2.分会干事；

3.书记。

四、调训人员必须具备下列各条：

1.在担任职业之各该团体中之在业人员（因办理会务而离业者不受限制）；

2.粗通文字并且有活动能力；

3.年龄在二十五岁以上、身体健壮、能刻苦耐劳者。

五、调训人员由各业团体依照本办法第三条第四条之规定，照分配名额加倍遴选，呈核本府核定之，或由本府径自指名调训。

六、各职业团体呈送遴选受训人员名册时须具履历，其项目如下：

1.姓名、年龄、籍贯；

2.学历（未入学校者可注明私塾几年）；

3.工作经历（须注明起讫年月及现在□之厂店名称及地点）；

4.担任人民团体职务、经历；

5.入党年月日及党团证字号；

6.通讯处。

七、各业团体保送人员名册送齐后，由本府召集关系机关集会审核，必要时得个别咨询决定之。

八、调训人员除由本府发给书籍讲义外，其伙食及其他必须费用与在受训期间应得之工资均由该保送团体筹给之。

九、受训时间为两周，每日上午□时起至十二时止。

十、本办法公布之日施行。

附2：汉口市人民团体干部训练班学员报到须知

一、凡各人民团体保送人员应持各该人民团体之证明文件，向本班教务组报到注册，于训育组填具受训人员调查表件。须携带衣物如后：

1.米黄色制服（学生式帽泡，边以国徽作帽花）一套；

2.黄皮鞋一双；

3.洗面具全套；

4.铅笔一支；

5.抄本拍纸簿各二本；

6.毛笔、墨盒各一件。

二、受训人员应遵时到班报到、教务组注册，训育组发给调查表件后，应即持报到证至中队部参加编队。

三、受训人员一经报到，即遵照队部规定，不准擅自外出，如因重要事故必须办理者，应遵照规定,请按手续呈明事故,经核准者始得外出。

附 3:汉口市(某某业公会)保送调训人员名册

年　月　日						
理事长〇〇〇						
姓名	年龄	籍贯	学历	工作经历	所担任之职务	入党
通讯处	备注					
己未年　月　日						

说明:(一)学历:如未入学校,可注明入私塾若干年;

(二)工作经历:须注明起讫年月及现在业之厂店名称及地点;

(三)所担任之职务:即担任该人民团体之理监事或书记、干事等;

(四)根据应调训人数表,该会调训人数加倍填报。

15.汉口市商会为筹募建立保安旅及国防工事之捐献标准致汉口市各业同业公会

(1948 年 5 月 10 日)

查筹募建立保安旅及国防工事经费一案,原定捐献标准:住户分一百万、二百万、三百万三级,商户分五百万、一千万、二千万三级,业经转知各业在卷。嗣闻市面传言,捐献时另有特级捐五千万元之事,本会当即函询汉口市“戡乱建国动员委员会”有无此项新规定,去后。兹准戡总字第 484 号公函复开:“查第三次各区主委联席会议记录,各分会对各区较大之工厂及殷实商店住户捐献,由各区分会主任委员比照绅富捐办理。等语,在卷。惟函前由,相应函复查照办理为荷。”等由,准此。除分行外,相应函希查照转知为盼。

此致

汉口市各业同业公会

汉口市商会　启

16.为请求减免汉区救济特捐募集委员会所派特捐通知各宝号

(1948 年 5 月 10 日)

案查本会前据会员华裕棉业公司等先后来函声称,因汉区救济特捐募集委员会所派各该公司商号特捐数额过巨,无力负担,恳予转陈该公会分别减免。等情,到会。当经汇案详列不能负担该项特捐。理由分陈汉口市商会及特捐委员会,请予分别减免,并推邵理事善器、彭理事华庭等与该会接洽,请求减免在案。兹奉汉区救济特捐募集委员会通知开。等因,奉此。除分知外,相应通知查照办理为荷。

此致

宝号

理事长　程子菊

17.汉口市政府据因筹报发起筹备工业会请鉴核备查等情令工业会筹备会

（1948 年 5 月 13 日）

本年五月　日呈件，为呈报发起筹备工业会，请鉴核备查由。

呈悉，准予组织，并应推定筹备员十五人，呈请核备，仰即遵照。

此令！

市长　徐

查本市工业会组织等经本府准筹备在案，兹据呈送推定筹备员十五人名单，拟备查，并拟派员。

民国卅七年五月十三日　拟稿

18.所得税催缴急如火市商会再谋对策，昨开大会推定代表十五人向税局请求暂缓限期缴纳

（1948 年 5 月 13 日）

［本报讯］本年度所得税先照六倍缴纳问题，本市商会曾分函京沪商会查询实际情形，并由贺理事长赴沪采访各节，业志本报前讯。闻该会复于昨（十二）日下午三时召集各业代表大会，到各业代表一百余人，由该会代理事长陈焕章氏主席向各代表报告该会理监事历次为本案向税局一再洽商、税局未允变更之详细经过，现在税局催缴六倍甚急，如不照缴，即将处罚，而京沪商会与贺理事长尚无函电到会，究应如何办理，请各代表发表高见。旋经各代表纷纷起立发言，情绪激昂，多以纳税为人民应尽天职，绝对愿意按照本身力量缴纳税款，以裕国库。政府亦须顾及商人实际情形，应先由商人申报所得额，经过查账后，按照实际盈利数额完税。其中小商人不能实行会计制度者，即请税局简化稽征，但不能不问力量如何，即先缴六倍。再者本市去年所缴税款，即已估收过多，较上海所收税额比例尤有过之，今年税款又照去年底额增加六倍，更属不能负担。汉口商场自较上海为小，仍应静候京沪方面来信后，再行商讨本市纳税问题，在本案未能解决前，并请税局对于本市商人免以滞纳税款处罚，以恤商艰。最后决议，加推十位代表会同该会原推五位理监事共十五位，向税局据理请求，代表姓名为陈焕章、万少珊、王静斋、高坤山、刘绍武、程子菊、马汉三、鲍殿丞、董□□、董凤翔、周恩久、贺尔梅、朱文叔、彭具廉、吕少秋，并推举陈焕章为召集人，定于今日召开小组会议后，即前往税局洽商云。

［本报讯］当前本市营利事业所得税稽征情形，昨（十二）日据财政部汉口直接税局负责人谈："本年度营利事业所得税，系依照部颁《三十七年度营利事业所得税稽征办法》之规定，先按各纳税义务人上年所纳所利得税总额六倍计算估缴，其在三十六年新开业之商号，先按资本实额百分之一二，六倍估缴，俟依法查定实际应纳税额，再行通知退补。本局已于本年三月十五日以前全部填发缴款书，计估缴单位一万五千余户，均经分别送达纳税义务人，限自送达之

日起三十日内全部纳库,其拒收缴款书或逾限抗不缴纳者,经分别移送法院罚办中,现正催促各公司商店迅即申报上年所得额,以期实施查账工作。"

(《大刚报》)

19.汉口市中外纸张商业同业公会为商讨公会合并呈市政府

(1948 年 5 月 13 日)

案奉钧府社会科函,召属会理事长蓝熙周到科商讨公会合并改组事,饬推举筹备员报府。等因。自应遵命办理,为慎重推举筹备人选起见,经于五月十二日召集书简门售店会员全体会议,当场公推解善成、华光发、李干卿等三人为筹备员,理合报请。

谨呈

汉口市政府

汉口市中外纸张商业同业公会理事长　蓝熙周

20.陈诚为批答空军车辆代运商货呈请收回成命一案致汉口市商会理事长

(1948 年 5 月 14 日)

一、三十七年元月二十九日商字三〇三三号呈悉。

二、兹据本部空军总部呈复称:1.军车长途空驶之浪费,包括油料、机件、旅费等,若不有适当之利用,以资取偿,则公家损失甚巨。此种损失诚如该会所称"间接为人民血汗",换言之,即减少公家之损失,亦即减少人民血汗之负担。2.军车回空既然必须利用,本部对于利用之办法顾虑亦颇周密,该办法内容系规定:①先带运本军军品;②如无本军军品,承运陆军军品;③再无陆军军品,承运行政机关公物;④准装运商货,协助地方货物之交流,在此运输困难之情形下,诚属有利全民之举。3.前项办法之拟定在抗战时期已有《航空委员利用回空车辆实施办法》,此次仅系加以修订,亦非新创,目的为利用回空或放空,非营业性质可比。4.他如防止驾驶士兵私载客货与补助商车运力之薄弱及间接防止商车之垄断产生黑市运价,尤为该办法之优点。

三、基上所述,并见该会尚未明了利用回空车辆之全般情形,所请应予免议。

参谋总长　陈诚

21.汉口市国产纸张行业为公会不能合并理由呈市政府

(1948 年 5 月 14 日)

窃查属会前以沿革习惯不能合并情形呈报在案。本月四日钧府社会科召集座谈会商讨合并问题,复经召集会员大会,佥以(一)本业经营纸张系鄂南土产,销于鄂境各县,范围极为窄小,战前只十八家行店成一机构,现已扩充至三十八家,团体且不能存在,诚令人百思莫解。(二)山货兼营纸张者,曾有一部加入属会,今以山货、纸张兼合并于山货、油丝、牛皮等业,而以属会并于中外纸张、书简店业,是将业务相同者划分,以性质不同者合并,将来龃龉横生,必至影响营业。(三)属会在三十五年与职工会发生工作纠纷,虽一再评断,讫未解决,一旦合并,雇用工友、学徒以及临时裁打工作,更将受职工会之压迫,而任其宰割矣。(四)属会与中外纸张业、书简店业性质不同,平素□不发生关系,一旦合而为一,实属齐大非偶,将来各种税捐之摊派、会内经费之负担,属会夹于两会之间,势必卷入包围,被其磨灭,与其磨灭于后,不如解散于前。(五)各业合并为一公会,又分类事务所,是公会需雇用员役,各业仍不能免,各业有双重费用,会员有双重负担,实在不堪其扰。且公文上多一层转□时间,既不经济,会员人数过多,集会又感困难,以各业现有之困难,变为无头绪之组织。如谓简化,则一商场有一商会足矣,何必各设同业公会,既为同业公会,势非业务相同不可。况行宪时期,人民有集会结社之自由,各业公会均遵照《人民团体组织法》而成立。行宪政府何能以命令变更法律?以上各端,为各会员之意见,理合转呈钧府鉴核,伏祈体恤商艰,转呈社会部重为审议,不胜翘首待命之至。

谨呈

汉口市政府

汉口市国产纸张行业同业公会理事长　吴遇贤

常务理事长　袁介卿、范幼安

22.怡兴昌银号汉口分号为本市“戡乱”经费募捐前经认缴有案嘱勿再事缴纳一案致钱商业同业公会

(1948 年 5 月 15 日)

迭准贵会四月三十日、五月十三日两函,为本市“戡乱”经费,前准戡委会摊派二十亿,业经缴齐,嗣后如再以上项名义劝募者,希即婉拒。各等由。查本号位于市内大智区,该区内之汉口市“戡乱建国动员委员会”大智区建立保安旅及国防工事经费筹募分会曾于四月二十六日(即贵会来函前四日)由区长、警察分局长、区民代表主席暨士绅等一行十余人来号劝募,当时本号认捐两次,原案及收据等申明既已认缴,婉请免于重缴,交涉达数小时之久,迄无结果。该分会遂比照特种商户标准劝募八千万元,本号处此情形之下,实感进退维谷,不得已勉于认捐三千五百万元,当荷该会掣给收据有案。

按本号与贵会暨各同业对于报效国家从不后人,唯以负担綦重,实有难言之苦。近见《武汉日报》四月十二日载称,戡委会又将发动募捐,钱业每家分担八千万元一节,若果属实,似将加重本业负重能力。贵会高瞻远瞩,当有统筹善策,足资取则。应请惠予通知,以便处理。相应函达,即烦查照见复为荷。

此致

汉口钱商业同业公会

代经理　戴显声

23.估缴营利所得税商会请求四点,代表陈焕章等昨赴税局洽商,适逢局长外出,未获具体结果

(1948 年 5 月 15 日)

[本报讯]关于营利事业所得税六倍估缴问题,汉口市商会代表陈焕章等十五人昨(十四)

日上午十时前往直接税局洽商，并提出四点请求：一、在全国未妥善解决本案以前，请汉口直税局对于已送法院罚办者，即日撤回，未送法院者，免予追究。二、对于预缴六倍者不再查账。三、无力负担六倍各业，请查账申报。四、如资金周转困难，一时无法筹缴者，盼能准许分期缴付。适逢税局吴局长因公外出，由罗帮办代表接见，允将诸代表之意见转达云。

[本报讯]据悉，上海营利事业所得税六倍估缴纠纷，官民之间顷已取得协议，大要为：一、六倍估缴制不废。二、估缴在二亿以下者展期至六月十五日以前缴纳。三、估缴在二亿以上者分六月十五日、六月二十五日两期缴纳。四、二亿以下者以六月十五日为最后期限，二亿以上者以六月二十五日为最后期限。闻此系上次财部俞部长莅沪时与商界代表洽谈后确定者，正式公文已抵沪商会。

（《大刚报》）

24.汉口市钱业同业公会为停止摊派募捐致常务理事函

（1948年5月17日）

顷准会员怡兴昌银号汉口分号本年五月十五日公函，迭准贵会四月三十日、五月十三日两函，为本市"戡乱"经费，前准戡委会摊派二十亿，业经缴齐，嗣后如再以上项名义劝募者，希即婉拒。各等由。查本号位于市内大智区，该区内之汉口市"戡乱建国动员委员会"大智区建立保安旅及国防工事经费筹募分会曾于四月二十六日（即贵会来函前四日）由区长、警察分局长、区民代表主席暨士绅等一行十余人来号劝募，当时本号认捐两次，原案及收据等申明既已认缴，婉请免予重缴，交涉达数小时之久，讫无结果。该分会遂比照特种商户标准劝募八千万元，本号处此情形之下，实感进退维谷，不得已勉予认捐三千五百万元，当荷该会掣给收据有案。按本号与贵会暨各同业对于报效国家从不后人，唯以负担綦重，实有难言之苦。近见《武汉日报》四月十二日载称，戡委会又将发动募捐，钱业每家分担八千万元一节，若果属实，似将加重本业负重能力。贵会高瞻远瞩，当有统筹善策，足资取则。应请惠予通知，以便处理。相应函达，即烦查照见复。等由，到会。查本会前以关于"戡乱"经费，本业已认缴二十亿元，如有再以此项名目向庄号劝募者，自须婉辞拒绝。经分函会员查照并呈请汉口市转饬保甲，勿再向庄号摊派在案，尚未奉复。兹准前由，拟请台端于十八号下午三时会同两常委前往市府，力陈本业负担过重，对于上项捐款自无力一认再认，务求停止摊派，以苏困难。除分知外，特函达查照办理为荷。

此致

常务理事

启

五.十七

25.汉口市钱业同业公会为请前往政府务求停止摊派致常务理事函

（1948年5月17日）

顷准会员怡兴昌银号汉口分号本年五月十五日函开，迭准贵会四月三十日、五月十三日两函，为本市"戡乱"经费，云云，即烦查照见复。等由，到会。查本会前以关于"戡乱"经费，本业已认缴二十亿元，如有再以此项名目向庄号劝募者，自须婉辞拒绝。经分函会员查照并呈请汉口市政府转饬保甲，勿再向庄号摊派在案，尚未奉复。兹准前由，拟请台端于十八号下午三时会同苏、张、龚三常委前往市政府，力陈本业负担过重，对于上项捐款自无力一认再认，务求停止摊派，以苏困难。除分知外，特函达查照办理为荷。

此致

龚常务理事、苏常务理事、张常务理事

（会戳）启

26.汉口市政府为公会合并筹备事宜令国产纸张行同业公会

（1948 年 5 月 17 日）

本年五月十二日呈，以根据会员意见，坚决不能合并理由，特饬社会部重为审议。

呈悉，查该会应与中外纸业及染色纸业合并组合，早经本府同社会部驻汉人员及经济部工商辅导处□定，并经一再劝导，该会终究坚持不愿合并，于法殊有不合，该会组织着即撤销，即另行推定合并筹备人选报府核办。

此令！

市长　徐

27.汉口市营造工业同业公会关于生活指数通知

（1948 年 5 月 18 日）

查汉口市政府本年五月十六日公布生活指数三九八八三八倍，比四月份增加百分之四三五，即每工工资为三十九万八千八百三十八元，伙食在外，特通知如前。

28.汉口市汽车商业同业公会为奉函造报未尽义务者名册致汉口市商会函

（1948 年 5 月 18 日）

汉口市商会理事长贺衡夫钧鉴：

贵会商字第 3454 号大函所示各节，均经奉悉。除已分饬知照外，惟所嘱造报未尽义务者名册，以凭征收见复一节，自应遵办。查本会自奉令征调车辆，经大会议决，系秉有力出力、有钱出钱之旨，平均义务为原则，按照记录案办理。凡业经合法为本会会员之车辆或市区经营汽车运输商行以及出租小型轿车之车行者，均以先后一律按照已经登记编组之规定，依次轮派，尽得应尽之义。复查实际履行义务情形，系各会员自奉本会通知轮派义务之日期后，而有自行将车辆驶至汉口市政府报到，而有自行出钱另行雇佣其他会员车辆代为报到。应征者之各汽车运输商行有车者，亦如前情，而无车辆可派者，亦另行照例摊派。

因上项义务而损失范围内之补助费，凡在本市经营汽车业务之商行或车主而执有本会会员身份证或本会营业登记证者，确已平均尽得应尽之义务，从无有规避侥幸脱逃之情形，似此对嘱造名册一节，拟恳贵会转请从免造报，并祈征统一之捐献。主管机关或其经收主办人员，凡持有本会会员证件者，概准在免收之列。如查有混□情形之处，均请严予查办。理合电复，可否之处，祇祈核示为祷。

汉口市汽车商业同业公会理事长　金德钦　辰巧叩

29.缴纳所得税商会进行劝导

（1948年5月18日）

［本报讯］三十七年度所得税问题，前经汉口商会开小组会议，决定四项请求原则，并推举代表十五人前往税局洽商，已志本报前讯。兹闻税局方面对于商会之请求，允在法令事实并顾之下，能变通者可自变通。该会于明（十九）日召开各业代表大会，劝导各业从速解决本案，以裕库收云。

（《大刚报》）

30.汉口市钱商业同业公会为呈请转饬保甲对于钱业庄号勿再摊派“戡乱”捐款致汉口市政府函

（1948年5月19日）

中华民国三十七年五月十九日

查关于本市“戡乱”捐款前准“戡乱委员会”配□钱业二十亿元，业由本会会员庄号分担缴足汇取收据在案，此次保甲筹收上项捐款既系以一般住户为对象，则钱业庄号自当不在其列，乃顷据庄号纷纷报称仍有向之募收，是项捐款者显系一捐再认，非能力所能堪，理合备文呈报鉴核，俯赐转饬各保甲，对于钱业庄号勿再摊派，以恤商艰。

谨呈

汉口市政府

汉口市钱商业同业公会理事长　谢春墀

31.中国国际经济协会国际贸易咨询所为希惠示贵会会员名册一份以供应用致汉口市商会函

（1948年5月20日）

商行等不时向本所函询我国进出口商家名称、地址，以利贸易之进行。兹复接经济部商业司来函，以我国驻美大使馆商务参事处应美国贸易界之需要，查询我国进出口商行名录及地址，转嘱本所代为搜集。素仰贵会领导国内贸易界，声誉素著，至希惠示贵会会员名册一份，以供应用，不胜感荷。

此致

汉口市商会

中国国际经济协会国际贸易咨询所　启

32.第九区面粉同业公会会务报告

(1948 年 5 月 21 日)

1.前言

夫国以民为本,民以食为天,欲求国家之兴盛,首重建立经济之根本,求民生之丰裕,尤贵乎奠定工业之基础,庶几国富民强,上下相安,可进大同。吾国地大物博,以农为本,文化历史虽悠久,科学则素不发达,驯致人民墨守旧章,工业未能振兴。宝藏在地,开发无人,而消耗类增,民生日苦。在数十年间,欧风东渐,识者均知其不发展工业无以裕民生,故近三十年来,吾国之轻工业始能略具基础。乃八年抗战,我沿海及内地工业区陷敌者十之八九,备遭摧残。今者胜利复员,虽□国家复兴可期,然"戡乱"未已,殷尤堪虑,如何克复当前之困难,实全民应有之责任。我面粉同业占国家工业之中心,为军民食用所胥赖,且吾鄂向系产麦之区,而面粉工业之建立有悠久之历史,惟在抗战中遭受损失最惨。迨胜利复员,恢复困难,迄今二载有奇,即恢复者,亦不过战前十分之三四。同业为谋米麦事业之开展,深感有组织同业公会之必要,故于三十五年三月先成立汉口市面粉工业同业公会。嗣以环境严重,事实上需要更大之合作,遂于本年元月扩组为本会。至今已越四月,为时虽短,而本会所办之业务,与夫各同业权益之争取,如麻袋进口、面粉转口、请求恢复工贷、开放麦贷,等等,均曾作最大之努力,而略有贡献。基于上述之成就,使本业渐呈苏醒复兴之状态,其已复工者,正竭力扩大生产中,而规模较小者,亦尽量在生产及技术上求其改进。预计一个月后,日产量可由一万九千包增至三万余包,此固本会同人所深感欣慰者。今后亦决本初衷,以百折不回之精神,期达繁荣本业之愿望。但当此国家多事之秋,实乃有赖于政府之辅助。兹奉令改组,召聚同业于一堂,将未来之工作与夫"戡乱建国"之责任重加检讨,以求足食足兵,完成使命,则国家幸甚!本会幸甚!

第九区面粉工业同业公会理事长　华迩英

2.第九区面粉工业同业公会章程

第一章　总　则

第一条　本章程依据《工业同业公会法》及其施行细则订定之。

第二条　本会定名为第九区面粉工业同业公会。

第三条　本会以谋同业业务之改良发展及矫正弊害为宗旨。

第四条　本会之区域以湖北省及汉口市行政区域为范围。

第五条　本会事务所设于汉口沿江大道一〇一号。

第二章　任　务

第六条　本会任务如下:

一、关于会员工厂设备、制品标准、原料检查及事业上必要之推进;

二、关于会员制品之共同□售、原料之共同购入及其他与会员事业有关之共同设施;

三、关于会员业务之指导、研究、调查、统计。

第三章　会员及会员代表

第七条　凡在区域内有机械动力之设备或平时雇佣工人三十人以上，经营机械面粉工业之工厂，均应为本会会员。前项会员推派代表出席本会，称为会员代表。工厂加入本会为会员时，应填送会员工厂详细状况表，以备考查。

第八条　本会会员代表以工厂之经理人、主体人或工厂职员充之，人数依下列之规定：一、每日产分量不满三百包者一人；二、三百包以上不满一千包者二人；三、一千包以上不满三千包者三人；四、三千包以上不满六千包者四人；五、六千包以上者五人。工厂设有分厂，不在同一区域者，得将产量分别计算。

第九条　本会会员代表以有中华民国国籍、年在二十岁以上者为限。

第十条　有下列情形之一者，不得为会员代表：

一、背叛国民政府，经判决确定或在通缉中者；

二、曾服公务而有贪污行为，经判决确定或在通缉中者；

三、剥夺公权者；

四、受破产宣告尚未复权者；

五、无行为能力者；

六、吃食鸦片或其他代用品者。

第十一条　会员代表丧失国籍或发现前条各款情事之一时，原派之会员应撤换之。

第十二条　会员代表有不正当行为致妨害本会名誉信用者，得以会员大会之议决通知原推派之会员撤换之。

第十三条　会员推派代表时，应给以委托书并另填具履历，以书面通知本会，经查合格后方得出席会务，改派时亦同。

第十四条　会员之表决权、选举权比例与其缴纳会费单位额由其所派之代表共同行使之，每一单位一权。会员代表因事不能出席会员大会时，得以书面委托其他会员代表代理之。

第十五条　会员迁移其他区域或自动停业或受永久停业之处分者，不得退会。

第十六条　同业工厂不依法加入本会或不缴纳会费或违反章程及决议者，得经理事会之决议予以警告，无效时，得按情节轻重依《工业同业公会法》第十七条及第四十一条规定程序处分之。

第四章　组织及职权

第十七条　本会设理事十五人组织理事会，监事五人组织监事会，均由会员大会就代表中用记名选举法选任之。选举前项理监事时，得票次多数三人为候补理事，一人为候补监事，遇缺额依次递补，以补足前任任期为限，未递补前不得列席会议。

第十八条　当选理监事之名次依得票多寡为序，票数相同时以抽签定之。

第十九条　理事会设常务理事五人，由理事会就理事中用无记名选举法互选之，以得票多数者为当选。监事会设常务监事一人，由监事会就监事中用无记名单选法选任之，以得票最多数者为当选。常务理监事有缺额时，由理监事会分别补选之，其任期以补足前任任期为限。

第二十条　理事会就当选之常务理事中用无记名单选法选任理事长一人，以得票满投票人之半数者为当选;若一次不能选出时,应就得票最多数之二人决选之。

第二十一条 理事会之职权如下:(一)执行会员大会决议案;(二)召集会员大会;(三)执行法令及本章程所订定之任务。

第二十二条 监事会之职权如下:(一)监察理事会执行会员大会之决议;(二)审查理事会处理之会务;(三)稽核理事会之财政出入。

第二十三条 常务理监事之职权如下:(一)分别执行理监事会决议案;(二)处理日常事务。

第二十四条 理监事之任期均为四年,每二年改选半数,连选得连任一次。

第二十五条 理监事有下列情形之一者,应即解任:(一)会员代表资格丧失;(二)因不得已事故,经会员大会议决准其辞职者;(三)依《工业同业公会法》第四十二条保解职者。

第二十六条 本会理监事均为无给职。

第五章 会 议

第二十七条 本会会员大会分定期会议及临时会议两种,均由理事会召集之。定期会议每年开会二次,临时会议于理事会为必要或经会员代表十分之一以上之请求或监事会函请召开时召集之。

第二十八条 召集会员大会应于十五日以前通知之,但有《工业同业公会法》第二十六条、第二十七条之情形,或因紧急事项召集临时会议,不在此限。

第二十九条 本会会员大会时,由常务理事组织主席团轮值主席。

第三十条 本会会员大会之决议,以会员代表过半数之出席,出席权数过半数之同意行之;出席权数不满过半数者得行假决议,在三日内将其结果通知各代表,于一星期后两星期内重行召集会员大会,以出席权数过半数之同意,对假决议行其决议。

第三十一条 下列各款事项之决议,以会员代表三分之二以上之出席,出席权数三分之二以上同意行之;出席权数不满三分之二者,得以出席权数三分之二以上之同意行假决议,在三日内将其结果通知各代表,于一星期后两星期内重行召集会员大会,以出席权数三分之二以上之同意,对假决议行其决议:(一)变更章程;(二)会员之处分;(三)理监事之改职;(四)清算人之选任及关于清算事项之决议。

第三十二条 本会理事会每二月至少开会一次,监事会每二月至少开会一次。

第三十三条 理事会开会时须有理事过半数之出席,以出席过半数之同意方得决议,可否同意取决于主席。

第三十四条 监事会开会时须有监事过半数之出席,以出席过半数之同意决议一切事项。

第三十五条 理监事开会时因故不能出席时,不得委托代表出席。

第六章 经费及会计

第三十六条 本会经费分会费及事业费两种。

第三十七条 会员会费比例以报会固定产量分担之,前项会费比例分配标准由会员大会决议之;执行本章程第六条任务时,得以必要经会员大会之决议增加会费单位额。

第三十八条 会员迁移其他区域或自动停业或永久停业时,会费概不退还。

第三十九条　本会会费之预决算于每年年度终了一个月以内编制报告书，提出会员大会通过刊布，并呈报社会部备案。

第四十条　会计年度以每年一月一日始至同年十二月三十一日止。

第四十一条　事业费之分担每会员至少一股，至多不得过五十股，但因必要时得经会员大会之决议变更其最多之限制。事业费总额及每股数额由会员大会决定，呈请经济部核准。

第四十二条　前条之事业费，会员非于迁移其他区域或自动停业或受永久停业之处分时，不得请求退还；请求退还事业费，须于年度终了时为之请求。退还事业费之会员与本会之结算，应以退股时本会财产之状况为准。请求退还事业费会员之出资，不问其种类，均得以金钱抵□退还事业费。关于本会所兴办实业内之事务有未了结者，□了结计算并分别其盈亏。

第四十三条　本会会员对于本会兴办事业之责任得依兴办之决议，于担任股额外，另负定额之责任。迁移其他区域或自动停业或受永久停业之处分会员，对于前项之保证责任于退还事业费后经过一年始得解除责任。

第四十四条　本会事业费之预算决算，依本章程第三十九条之程序办理。

第四十五条　本会事业费总额及每股金额之变更、保证责任规定或本会事业之停业，均应依法决议，呈请经济部备案。事业停止后，凡属所营事业之财产应依法清算，清算人由会员大会推定之。

第七章　附　则

第四十六条　本章程未规定事项悉依《工业同业公会法》及其施行细则办理。

第四十七条　本章程如有未尽事宜，经会员大会决议，呈请社会部及经济部修改之。

第四十八条　本章程经会员大会议决，并呈准社会部及经济部备案施行。

3.大会成立经过

武汉区面粉工厂同业当抗战前有福新、胜新、五丰、金龙等厂，每日总产量约二万五千袋，同业间仅向市商会登记而无公会之组织。迨抗战军兴，武汉沦陷，各厂纷纷内迁，或因此而停止业务，或另辟厂址而从事挣扎，所受损失难以统计。抗战八年，国土重光，各大工厂相继复员，中小厂亦添设甚多，乃由五福面粉厂经理陈克轩、宝新新记面粉厂经理罗宝珊、同义面粉厂经理彭金观等发起筹组汉口市面粉工业同业公会，于三十五年三月正式成立。旋福新、胜新、金龙等厂相继回汉复业，五丰面粉厂亦由中粮公司接收复工，参加市商会，互相合作，共图业务之进展。上年八月，同业各厂为适应环境之需要，并秉承政府之指导，由福新第五面粉公司经理李国伟先生发起筹组区面粉工业同业公会。十月九日召开筹备会，推定华迩英、朱楚辛、王一鸣、严宝珊、李树堂、张志尧、刘智孚等为筹备委员，并推举华迩英为筹备主任。经呈奉经济部、社会部核准，以湖北省及汉口行政区域为范围，指定名次为第九区，于本年一月十八日召开成立大会。在各机关首长莅临指导下，本会于焉告成。当即由各会员代表中互选理监事及理事长、常务理监事(名单另列)，并设总干事、文书主任、会计员、事务员各一名，办理日常事务。会址设沿江大道一〇一号，每月召开常务理监事联席会议，必要时得随时召开常务理事会议。

附 1：第九区面粉工业同业公会会员代表名册

厂名	代表姓名	年龄	籍贯	在厂担任职务	地址
福新第五面粉公司	李国伟	五五	江苏无锡	总经理	沿江大道 101 号
	华栋臣	五八	江苏无锡	副经理	沿江大道 101 号
	华迩英	五十	江苏无锡	副经理	沿江大道 101 号
	华煜英	四十	江苏无锡	总管理处总务组副组长	沿江大道 101 号
胜面	王一鸣	四四	湖北	总工程师	洞庭街口
瑞华	陈宪章	三八	汉阳	监督	沿江大道 144 号
	魏忠礼	四三	汉口	厂长	沿江大道 144 号
沙市正明福记	佘尧明	四七	四川	经理	沙市节孝坊 8 号
	万致中	三八	四川	副理	
沙市信义长	周汝锋	四五	湖北黄安	总经理	沙市三民路 301 号
天丰面粉厂	刘智孚	五十	黄陂	经理	汉正街 100 号
	刘悦青	三一	上海	财务主任	
宝新面粉厂	罗宝珊	五三	汉阳	总经理	中山大道 1094 号
	吴焕章	四二	汉阳	业务主任	
德泰面粉厂	陈子清	五五	汉阳	总经理	球场街 40 号
	罗云山	五十	汉阳	厂长	
宝泰面粉厂	罗伯陶	三八	汉阳	经理	芦席街 68 号
	方达夫	四四	汉阳	业务主任	
五福	陈尧轩	四四	汉阳	总经理	汉正街 566 号
福民	殷柏涛	四四	黄陂	经理	统一街小火巷 28 号
华中	竺锦卿	四三	浙江	总经理	汉正街 462 号
同春	黄振熙	二七	黄陂	经理	中山大道 1745 号
同盛	彭金观	三七	黄陂	总经理	汉正街 870 号
傅万丰	傅植巷	五一	孝感	经理	汉正街 454 号
兆泰	刘万寿	五三	黄陂	经理	汉正街 676 号
信记新	潘惠民	三五	黄陂	经理	球场街 24 号
济和	徐琳	三八	广济	经理	汉阳工防街 9 号
裕民	徐光辉	三四	黄陂	经理	汉正街 390 号
德兴法	倪玉山	三十	鄂城	经理	陈家湖 94 号
徐恒盛	徐国璋	三九	鄂城	经理	永清街 170 号
裕泰公记	罗伦	三十	汉阳	经理	芦席街 74 号
方正兴	方乐臣	四九	黄陂	经理	中山大道 799 号

（续表）

厂名	代表姓名	年龄	籍贯	在厂担任职务	地址
慎昌	李瀚洲	三二	武昌	经理	中山大道 550 号
玉新	梁自忠	二一	武昌	经理	三民路 71 号
鸿展	张凤岐	五五	武昌	经理	球场街 17 号
公记	徐新臣	五三	鄂城	经理	中山大道 640 号
夏长发	夏际维	三二	鄂城	经理	新马路 60 号
天盛	曹云卿	三七	黄陂		
甘永昌	甘如恒	二一	黄陂	经理	新马路 53 号
万成	熊玉卿	五三	鄂城	经理	万民街 63 号
洪盛	鄢远池	三五	鄂城	经理	永清街 125 号
正兴	王治儒	四九	黄陂	经理	中山大道 2139 号
友记	王友青	四八	黄陂	经理	中山大道 2189 号
新华	江自安	五六	汉阳	经理	汉正街 908 号
徐恒圣	徐国卿	三五	鄂城	经理	造纸后街 147 号

附 2：第九区面粉工业同业公会理监事名册

职别	姓名	性别	年龄	籍贯	在厂担任职务	出身	经历
理事长兼常务理事	华迩英	男	五十	无锡	福新第五面粉公司副经理	美国宾省大学学科学士	历任福新第五面粉公司总工程师及副经理等职
常务理事	罗宝珊	男	五三	汉阳	宝新新记面粉厂总经理	私塾	经营煤焦业三十年
常务理事	赵厚甫	男	三九	武昌	胜新丰记面粉公司经理	大学	曾任上海大公报行总行经理
常务理事	彭金观	男	三七	黄陂	同盛面粉厂总经理	高中	曾任米业同业公会理事长
常务理事	陈尧轩	男	四四	汉阳	五福面粉厂总经理	中学	经营纸业廿六年
常务理事	朱楚辛	男	四二	浙江	五丰面粉厂厂长	大学	曾任合川及重庆面粉厂厂长
理事	吴樾青	男	四二	安徽	金龙面粉厂业务主任	高中	曾任礼和洋行进口经理
理事	张志尧	男	二五	江苏	瑞华面粉厂总经理	高中	曾任永康号经理
理事	徐光辉	男	三四	黄陂	裕民面粉厂经理	中学	经营米业十五年

（续表）

职别	姓名	性别	年龄	籍贯	在厂担任职务	出身	经历
理事	刘智孚	男	五十	黄陂	天丰面粉厂经理	大学	经营粮食业三十年
理事	潘惠民	男	三五	黄陂	信记新面粉厂经理	中学	经营米业十年
理事	徐信臣	男	五三	鄂城	徐公记面粉厂经理	私塾	经营面粉业廿年
理事	竺锦卿	男	四三	浙江	华中面粉厂总经理	中学	曾任七十五军粮秣科科长
理事	陈宪章	男	三八	汉阳	瑞华面粉厂监督	中学	经营面粉、香烟、煤油业二十年
理事	华栋臣	男	五八	无锡	福新第五面粉公司副经理	大学	曾任上海银行经理
常务监事	李国伟	男	五五	无锡	福新第五面粉公司经理	国立唐山大学毕业	申新第四纺织公司经理等职
监事	陈子清	男	五五	汉阳	德泰面粉厂总经理	私塾	经营面粉业廿年
监事	王一鸣	男	四四	黄陂	胜新丰记面粉公司总工程师	大学	任汉口区日本赔偿工厂筹备委员会主任委员
监事	李树堂	男	五三	汉阳	金龙面粉厂总经理	私塾十年	鸿祥匹头公司董事长
监事	殷柏涛	男	四四	黄陂	福民面粉厂经理	大学	汉口市商会理事
候补理事	张一桑	男	六十	杭州	五粤面粉厂副厂长	大学	久大盐业公司经理

33.汉口市政府为市工业同业公会分类实施改组事代电

（1948 年 5 月 24 日）

社会部：

案查本市工业会业经筹备组织在案，惟本市各工业同业公会会员有不合工厂法所规定的标准，经本府与贵部驻汉专员李中英会同商定，将各同业公会依照《公会法》分遴实施改组，以符法令。除分饬应行改组各工业同业公会迅即遵办外，相应检附实施改组简表二份，电请查照，并希饬电经济部备查为荷。

汉口市政府　辰市社印

附：汉口市各工业同业公会依照工业会法分遴实施改组简表二份。

34.汉口市商会为汽车商业公会电请免收统一捐献致“戡乱动员委员会”函

（1948 年 5 月 24 日）

案查前准贵会戡劝字第四九八号代电，为汽车商业同业公会请免收统一捐献一案，经转知后，兹接该公会电称：大函所知各节，均经奉悉，云云，函祇核示为祷。等情，据此。相应函请查核办理见复为荷。

此致

汉口市“戡乱建国动员委员会”

理事长贺衡夫

常务理事

35.汉口市棉花行商业同业公会为与棉花贩运同业公会商业性质业务不同恳免予合并呈市政府（附诉愿书与答辩书）

（1948 年 5 月 24 日）

窃属会与棉花贩运及棉花商业性质不同，业务各异，前经呈请免予合并，本年五月一日接奉钧府（卅七）市社字第 3331 号指令，据行《商业同业公会法》第十二条，认为行商不能脱离组会，所请免予合并于法不合，未便照准。不仅未洽商情，尤嫌违背政令。除提起诉愿外，为此依法照《诉愿法》第六条第一项，检同诉愿书副本呈请钧府俯赐鉴核，准予依照《诉愿法》第六条第二项规定办理，并乞批示送达祇遵。

谨呈

汉口市政府市长徐

附呈诉愿书副本一件。

汉口市棉花行商业同业公会理事长　窦纯澄

附 1：诉愿书

诉愿人：汉口市棉花行商业同业公会（设汉口市五桂巷一号）

法定代理人：窦纯澄（男，年五十九岁，住汉口五桂巷一号）

（甲）原处分或决定之官署

汉口市政府：缘属会前因呈报改选赍呈会章及理监事名册暨会员名册呈请派员监选。接奉汉口市政府（卅七）市社字第 2609 号指令，认为依法应与棉花贩运及棉花商业合并组会，不应改选，应听候府令召集。即经沥陈彼此性质不同、业务各异各情形，恳予收回成命，依法改选。兹于卅七年五月一日接奉汉口市政府（卅七）市社字第 3331 号指令开“呈件均悉，查棉花行系重要商业之一，依照《商业同业公会法》第十二条规定，系包括统一区域内之商业同业公会行号，其行商自不能脱离组会，所请免予合并于法不合，未便照准，该会章程暂时发还，俟合并后再行呈核，仰即知照。此令！”等因。

（乙）诉愿之事实及理由

查属会业务，为《民法债编》第十二节之“居间商人”，就业务之性质言之，为报告订约之机会，或为订约之媒介，纯为代客买卖。就报酬之性质言之，则为对于业务之结果支给报酬，而棉花贩运业与棉花商业之业务则为《民法债编》第一节之“买卖商人”，其业务纯为当事人间约定，一方转移财产于他方，他方支付价金之契约，双方性质不同，业务各异，名虽类似而实则非，如果强予合并，无异剥夺居间商人之业务。此就彼此性质论，是属会与棉花贩运业及棉花商业之不能合并者一。

次查属会成立于前清咸丰年间，原名“棉花行商会”，迩时西、淮、苏、浙四省棉商齐集汉上，因棉花行商代客买卖，信用素孚，曾经共同协议，校准秤砠，特于砠上铸西淮苏浙字样，嗣后度量衡改制，砠字改铸，以为棉花买卖进出之标准，保留迄今，百有余年。民初改为“棉花行业公会”，十九年又改为“棉花行业同业公会”，嬗递至今。直接会员数近千人，间接恃其生存之家属当以万记，如果强予合并，无异断绝居间商人之生命。此就行商生计论，是属会与棉花商业、贩运业之不能合并者一。

复查三十六年九月二十六日经济部京商字(35)第 12097 号咨复社会部原函，系以商业同业公会之组织，应以经营业务之种类为对象，释明批发与零售商人并非构成足以组织同业之要素，并未指定居间业与贩运业或商业必须合并，即钧府(卅六)市社字第 1236 号训令颁布之合并一览表，亦无棉花商业，或与棉花贩运合并之规定，更无与丝兰行、丝油苓粉行、山货行、山货纸张行、药油山货行合并之可能性，文件俱在，可供覆按。此依政府命令论，是属会与其他行业不能够合并者又一。

总之，棉花行商业同业公会会员纯系代客买卖，而棉花商业、棉花贩运业同业公会会员则为自己经营，其业务报酬，显不相同。矧成立迄今百有余年，获有相当信誉，具有悠久之历史。况中央主管各部□□属会与其他行业同业公会无性质相同之核定，无应予合并之明令，乃汉口市政府曲引《商业同业公会法》第十二条指示应予合并组会，不仅未洽商情，尤嫌违背政令，从而属会具有独立性质，更堪认定。

(丙)证据

(一)经济部京商字(35)第 12097 号咨文;(二)汉口市政府(卅六)市社字第 1236 号训令;(三)汉口市各同业公会应行合并一览表。

基于以上事实、理由与证据，自应提起诉愿以求保障，为此依照《诉愿法》第二条第五款及第四条第一项备具诉愿书，呈请钧长俯赐鉴核:(一)撤销汉口市政府(卅七)市社字第 3331 号“所请免予合并于法不合，未便照准”之指令;(二)准予仍旧组织“汉口市棉花行商业同业公会”。(三)函知汉口市政府查照，应予派员指导，依法改选;(四)并乞先行批示航邮寄递，俾资遵照。

谨呈

社会部张

附呈

经济部京商字(35)第 12097 号咨文抄件一件。

汉口市政府(卅六)市社字第 1236 号训令抄件一件。

汉口市各同业公会应行合并一览表抄件一件。

航邮寄递批示邮票。

诉愿人:汉口市棉花行商业同业公会
法定代理人　窦纯澄
中华民国三十七年五月二十二日

附 2:答辩书

1.查本市经营棉花业务有棉花商业与棉花贩运及棉花行三同业公会之设立,本府为依法调整棉花业公会之组织,令饬三公会予以合并,而棉花行商业同业公会以不服本府(卅七)市社字第 3331 号指令之不准免予合并,提起诉愿,并经呈送诉愿书副本。该行业公会自认为□买卖商性质不同,业务各异,不应与棉花贩运及棉花商业两公会合并。等语。依据《商业同业公会法》第十二条所载,同一区域内之商业同业公司行号均应为商业同业公会会员,并同法第五条所载,在同一区域内以一会为限规定,不仅该行业应与该业买卖商会合并,而且不能单独组会,甚为明显,所请毫无理由,应予答辩者一。

2.据诉愿书第二项理由,该行业公会历史悠久,为图业务生存计,不能合并。等语。查公会组织,政府自有权衡,具有法令,依据其历史悠久与业务生存不能为单独成立公会之理由,应予答辩者二。

3.据诉愿书第三项理由"以经济部规定重要商业,仅包括批发与零售,并未指定居间业与贩运业或买卖商合并组会"。查棉花业系重要商业之一,其棉花行、棉花贩运与棉花行业虽经营方式不同,而经营种类则依商业同业公会第五条规定仍应合并组会,经贵部京组三字□四六四七七号代电内第六项,□以该市棉花行仍应遵照本部规定,并入棉花商业公会有案,应予答辩者三。

综上三端,该会之抗不合并及诉愿情形,本府认为毫无理由,应请贵部查钧办理,仅就以上□实及法令所呈情形答辩。

36.汉口市商会理事长为呈述办理三十七年度所得税经过情形并请核示致汉口市市长函

(1948 年 5 月 25 日)

汉口市商会呈　商字第三四九〇号　中华民国卅七年五月二十五日

查三十七年度所得税前准财政部汉口直接税局函送稽查办法,按照去年所利得税总额估缴六倍,当经转知各业,去后。嗣据各业纷纷来文或来会陈述种种困难情形,并由本会各理监事迭次向汉口直接税洽商改善办法,终无结果,乃由本会理事长向税局负责人□□,本案为全国性之办法,现在全国各地均在请求改善之中,在未得整个解决以前,本市应如何办理,请俟查询京沪详细办法后再行决定。等语。当即乘轮去沪,并分电京沪商会,正候查复间,忽闻汉口直接税局将本市商户济生等十七家送交汉口地方法院,以滞纳处罚。本会当即召开各业代表大会商议,佥以纳税为人民应尽之天职,绝无避税之意,唯以本案既已由全国各地请求改善,并由商会理事长面商税局。俟京沪查复后,本市即行决定。是本案在未获整个解决以前,税局不应遽尔送交法院处罚,且法文规定,滞纳罚金系因一般商户按期纳税而少数商户故意稽延,故处以罚金,以示儆惩。此次政府不问各个商户纯所得究有若干,概以六倍计税值,此货币贬值、各业不景气时期，虚赢实税，不堪负担。全市商人正期待解决，致未缴纳税款，何独对于济生、衍源、鸿大、新德、长裕、瑞隆、福源、长太、康成、康润、谦记、泰来、荣康、九大、鸿祥、鸿彰永、华中第一纱厂等十七家商户认为滞纳，而必处以罚金，是不惟漠视商会与全市商人之请求，抑且有失公允。群情异常愤激，当经公推陈焕章、万少珊、王静斋、高坤山、刘绍武、程子菊、鲍殿丞、周恩久、董明藏、董凤翔、彭其康、贺尔梅、朱文叔、马汉三、吕少秋等十五位代表开小组会议洽商四项原则，再向税局请求，同时一再函请汉口地方法院在全案未解决以前，免以故意滞纳处罚极少数商户在卷。现在本市商人已决定照六倍缴纳税款，并规定缴款限期，是商人对于政府六倍估缴法令业已遵行，所有在未解决本案以前，送交法院之少数商户应请税局从宽撤回免罚。于理于法，两得其平，不意各代表赴局请求毫无结果，莫不表示愤慨，诚恐酝酿日久，势将引起不良后果，对于社会治安、市面营业将有莫大影响。本会心所谓危，难安缄默，以钧府为本市地方最高行政机关，唯有竭诚呼吁，俾消弭隐患于无形，理合呈请鉴核示遵。

谨呈

汉口市市长徐

汉口市商会理事长　贺衡夫　假

常务理事　陈焕章　代

37.汉口市轮船商业同业公会为汉昌轮船局已在汉口市报缴营业税不可重复课征致汉口市财政局函

（1948 年 5 月 28 日）

汉口市轮船商业同业公会代电

汉文字第一三〇九号　中华民国三十七年五月二十八日

汉口市财政局局长汤钧鉴：

案准本会会员汉昌轮船局报称，本局营业地址系设在汉口市洞庭街 101 号，有汉阳客轮一艘，临时行驶汉蔡线，所有应完营业税向钧局报缴，并掣给营税字第〇〇二九九二号税票收执在案，兹准汉阳县税捐稽征处第二稽征分处（驻蔡甸）函，派税务员杨怀清来局查账课征。惟本局既已在汉口市报缴营业税，则驶经内河各县，似不可重复课征，如行驶省际线之三北、大通、大达等公司，仅在上海缴税而汉口直接税局不再课征，事无二致，特报请大会转电证明。等由。过会，查所称系属实情。除电汉阳稽征处依例免征外，特电请鉴核，准予转电汉阳县税捐稽征处免予重征，以恤商艰为祷。

汉口市轮船商业同业公会　辰〈俭〉印

38.湖北省会警察局第十二分局辖内职业团体(公会)调查表

(1948 年 5 月 31 日)

分局长　田益善

团体名称	下洪歧阜杨泗会竹木搬运业职业公会	歧埠木业支会	洪歧竹木支会	汉阳县造船业职业公会	湖南桂郡木业支会	湖南汈帮木业支会	湖南下梁塆搬运公会	湖南上梁塆搬运公会
已否备案	已	已	已	已	已	已	已	已
成立日期	三十二年	三十五年	三十五年	三十五年	三十七年一月十日	三十七年一月十日	三十七年一月十日	三十七年一月十日
负责人职别	代表	会长	会长	会长	理事长	代表	代表	代表
负责人姓名	沈光前	崔宝南	谌廉夫	鄢云龙	邓剑霞	张福明	李大元	崔世华
性别	男	男	男	男	男	男	男	男
组织概况	组合木棒工友	组合木棒工友	组合木棒工友	组合木棒工友	组合木棒工友	组合木棒工友	组合木棒工友	组合木棒工友
男会员数	60	100	50	200	20	36	30	30
女会员数	无	无	无	无	无	无	无	无
工作情形	办理本会各种业务	办理本会各种业务	办理本会各种业务	办理本会各种业务	办理本会各种业务	办理本会各种业务	办理本会各种业务	办理本会各种业务
所在地街道及门牌	潜龙正街 70 号	潜龙正街 64 号	潜龙正街 22 号	洲尾河沿	洲 尾 街 40 号	潜龙正街 34 号	潜龙正街 45 号	潜龙正街 85 号
电话号码	无	无	无	无	无	无	无	无
警察管区	本分局	本分局	本分局	本分局	本分局	本分局	本分局	本分局
备考				三十七年六月二日迁出				

团体名称	湖南清埠木商支会	湖南常德木商支会	汉阳县湖南竹木业公会源群支会	汉阳县湖南竹木业公会安化分会	汉阳县湖南竹木业公会桃源支会	汉阳县湖南竹木业公会上宝庆支会	汉阳县宝庆木业商会	汉阳县丝绵线索业职业公会	汉阳县常德竹木搬运业支会	汉阳县洲头竹木搬运支会
已否备案	已	已	已	已	已	已	已	已	已	已

（续表）

成立日期	光绪年	三十五年六月一日	三十五年五月五日	三十五年五月五日	三十五年五月五日	三十六年三月二十日	三十五年四月一日	三十五年九月一日	三十五年九月一日	三十五年九月一日
负责人职别	会长	理事长	理事长	理事长	理事长	理事长	理事长	理事长	会长	会长
负责人姓名	符星丹	周昌达	黄勋丞	李崇量	郭树生	申长庚	王本福	曾庆杰	徐生贵	常维友
性别	男	男	男	男	男	男	男	男	男	男
组织概况	组合木棒工友	组合木棒工友	组合木棒工友	组合木棒工友	组合木棒工友	组合木棒工友	组合木棒工友	组合木棒工友	组合木棒工友	组合木棒工友
男会员数	50	50	120	13	200	3	100	40	50	40
女会员数	无	无	8	1	无	3	无	无	无	无
工作情形	办理本会各种业务	办理本会各种业务	办理本会各种业务	办理本会各种业务	办理本会各种业务	办理本会各种业务	办理本会各种业务	办理本会各种业务	办理本会各种业务	办理本会各种业务
所在地街道及门牌	瓜堤正街30号	荒童后街5号	荒童河街10号	荒童河街33号	荒童河街42号	荒童河街42号	杨泗正街35号	腰路正街14号	崇善正街86号	崇善正街72号
电话号码	无	无	无	无	无	无	无	无	无	无
警察管区	本分局	本分局	本分局	本分局	本分局	本分局	本分局	本分局	本分局	本分局
备考										

团体名称	汉阳县两天竹木搬运支会	汉阳县马家洞竹木搬运支会	汉阳县安益五帮竹木搬运支会	汉阳县湖南竹木业同业公会	汉阳县湖南益阳竹木商业支会	汉阳县上益竹木商业支会	汉阳县二里竹木商业支会	汉阳县敷圻竹木商业支会	汉阳县永顺竹木商业支会	汉阳县辰洲竹木商业支会
已否备案	已	已	已	已	已	已	已	已	已	已
成立日期	三十五年九月一日	三十五年九月一日	三十五年九月一日	光绪年	三十五年	三十五年	三十五年	三十五年	三十五年	三十五年
负责人职别	会长	会长	会长	会长	会长	会长	会长	会长	会长	会长
负责人姓名	郑凯山	马先堂	温秋云	王本福	蒋楚勋	莫盛实	萧荫棠	李崇量	李瑞轩	张仲楷

（续表）

性别	男	男	男	男	男	男	男	男	男	男
组织概况	组合木棒工友	组合木棒工友	组合木棒工友	组合木棒工友	组合木棒工友	组合木棒工友	组合木棒工友	组合木棒工友	组合木棒工友	组合木棒工友
男会员数	70	40	100	30	40	50	30	30	30	80
女会员数	无	无	无	无	无	无	无	无	无	无
工作情形	办理本会各种业务	办理本会各种业务	办理本会各种业务	办理本会各种业务	办理本会各种业务	办理本会各种业务	办理本会各种业务	办理本会各种业务	办理本会各种业务	办理本会各种业务
所在地街道及门牌	西湖正街83号	西湖正街20号	西湖河沿37号	西湖正街2号	西湖正街110号	西湖河沿	崇善正街2号	崇善河街8号	西湖河街37号	西湖河街37号
电话号码	无	无	无	无	无	无	无	无	无	无
警察管区	本分局	本分局	本分局	本分局	本分局	本分局	本分局	本分局	本分局	本分局
备考										

团体名称	汉阳县围樑竹木商业支会	汉阳县长衡竹木商业支会	汉阳县同利竹木商业支会	汉阳县二都竹木商业支会	汉阳县锯柴业职业工会	汉阳县竹木搬运业公会	马埠商会	汉阳县木工会二分会	汉川旅汉同乡会鹦鹉洲办事处	汉阳市区农会	汉阳县柴贩业公会
已否备案	已	已	已	已	已	已	已	已	已	已	已
成立日期	三十五年三月十五日	三十五年三月十五日	三十五年三月十五日	三十五年三月十五日	三十五年九月一日	三十五年元月	三十五年元月	三十六年三月	三十六年三月二十八日	三十六年五月十日	三十六年五月一日
负责人职别	理事长	理事长	理事长	理事长	理事长	理事长	理事长	常务理事	主任	会长	代表
负责人姓名	唐子英	全裕道	龚沛霖	夏心舒	黄栋山	罗彩麟	李佐才	邹松林	章文庭	吴直齐	万明山
性别	男	男	男	男	男	男	男	男	男	男	男
组织概况	组合木棒工友	组合木棒工友	组合木棒工友	组合木棒工友	组合木棒工友	组合木棒工友	组合木棒工友	组合木棒工友	组合木棒工友	组合木棒工友	组合木棒工友
男会员数	30	20	160	300	230	4218	29	140	287	244	100

（续表）

女会员数	无	无	无	无	20	无	无	无	无	无	无
工作情形	办理本会各种业务	办理本会各种业务	办理本会各种业务	办理本会各种业务	办理本会各种业务	办理本会各种业务	办理本会各种业务	办理本会各种业务	办理本会各种业务	办理本会各种业务	办理本会各种业务
所在地街道及门牌	西湖河街 28 号	瓜堤正街 189 号	瓜堤正街 82 号	瓜堤正街 111 号	杨泗正街 58 号	瓜堤正街 161 号	瓜堤正街 129 号	瓜堤正街 159 号	瓜堤正街 24 号	瓜堤后街 127 号	崇善后街 31 号
电话号码	无	无	无	无	无	无	无	无	无	无	无
警察管区	本分局	本分局	本分局	本分局	本分局	本分局	本分局	本分局	本分局	本分局	本分局
备考											

39.汉口市机器锯木工业同业公会等同业公会为发起筹组工业会呈市政府

（1948 年 5 月）

窃属会等于五月一日奉钧府函召，参加关于筹组本市工业会集议，经推定第八区机器棉纺织工业等同业公会为发起人。兹拟定假汉口中信局二楼扬子联谊社召开发起人会议，并分别约请其他各工业同业公会派员出席，共同讨论筹备汉口市工业会事宜，理合呈请核准指导备查。

谨呈

汉口市政府

筹备汉口市工业会发起人：

汉口市肥皂工业同业公会理事长吴千里

汉口市机器锯木工业同业公会理事长张国和

第九区机制面粉工业同业公会理事长华迩英

第八区机器棉纺工业同业公会理事长李国伟

第十区机器工业同业公会理事长郭寿衡（周兹柏代）

中国植物油料厂经理盛今杰

燧华火柴厂董事长李荐廷

华新水泥公司副经理茅伯筌（胡暮甲代）

40.汉口市政府为同业公会合并及推定筹备员令汉口市书简刷印、杂色纸业同业公会及呈社会科

（1948 年 5 月）

呈悉，查该会与杂色纸、书简刷印公会依法合并组会一案，业经核定合并。该会名称定为书简刷印商业同业公会，推以书简刷印业黄辅臣、田和范、邹宏宽及杂色纸业陈云山、童文卿等五人为筹备员，并以黄辅臣为第一次会议召集人，组织筹备会从事筹备。除分令外，合行令仰遵办具报。

此令！

市长　徐

训　令

查本市杂色纸业与书简刷印业依法合并组会一案，业经核定两合并组会之名称为书简刷印商业同业公会，并以书简刷印业之黄辅臣、田和范、邹宏宽及杂色纸业之陈云山、童文卿等五人为筹备员。

此令！

市长　徐

签呈　五月廿六日

查中外纸张、杂色纸、国产纸张行及书简刷印等业，业经本府会同社会部驻汉人员商定合并组会在案。除国产纸张行业因经营本地土纸，系属山货范围，自愿呈请与山货行业合并，公会正签请核准外。至于中外纸业与书简刷印及杂色纸等三公会一部分为批发商，一部分为手工业作坊，合并组会，困难太多，经一再召集商谈，迄今仍无结果，且易引起无谓纠纷等。顾及法令与实施起见，拟将中外纸业公会原有组织保留，名称修正为纸商业同业公会，其书简刷印与杂色纸两业纯系手工作坊，性质接近，拟仍合并组织为书简刷印商业同业公会，以免争执。拟准书简印刷业推定黄辅臣、田和范、邹宏宽三人及杂色纸业推定陈云山、童文卿二人为筹备员，指定黄辅臣为召集人，饬组织合并筹备会，是否有当，谨签请鉴核示遵。

可！

五.廿八

社会科　签

41.汉口市商会为各同业公会报称会员因受时局影响各有停业致会务无法维持请求停止活动等情致各业同业公会

（1948 年 5 月）

汉口市政府本年五月三日 37 谭社字第一一〇八号训令内开：“查迩来迭据各同业公会报称，会员因受时局影响，各有停业，致会务无法维持，请求停止活动。等情。查会员停业，固不无实际困难，惟际兹非常时期，团体任务尤属重要，仍仰共□劝勉维持为要。”等因。相应函转，即希查照为荷。

此致

汉口市各业同业公会

汉口市商会

6 月

1.汉口市商会为调解杂货业工资案谈话会记录

（1948 年 6 月 4 日）

时间：三十七年六月四日下午三时

地点：本会会议室

出席人：资方——食品杂货业徐冠英、王瑞森、汪青舫、朱竞秋、左履廷、刘子衡、黄波亭、马汉卿，酱烛杂货业车心如

劳方——余海庭、刘子厚、杨少泉、舒益斋、吴贤杰、关竹山、杨仁山、熊纯德、黄光裕，市警局刑事大队樊树三，市商会万少珊、高坤山，市总工会柯华阶、周荣新、萧子俊

主席：柯华阶

记录：陈荣佑

调解结果：

一、工资按市府每月工人生活指数计算，分五级基数。兹订定五级基数等级如下：

甲级　每月基数　二十二元五角

乙级　每月基数　二十一元五角

丙级　每月基数　二十元〇五角

丁级　每月基数　十九元五角

戊级　每月基数　十八元五角

二、自阴历四月十五日起实施，以后照案办理，不得变更。

认可人——杂货业职业工会余海庭、黄光裕、吴贤杰、关竹山、熊纯德、杨少泉

食品杂货业马汉卿、汪青舫、刘子衡、黄波亭、左履廷、朱竞秋、王瑞森、徐冠英

酱烛杂货业公会车心如

市商会万少珊、高坤山

市警局刑事大队樊树三

市总工会萧子俊、周荣新、柯华阶

2.汉口市茶馆商业同业公会为缮具当选理监事名册致汉口市商会

（1948 年 6 月 4 日）

本会于本年五月二十日上午十二时假三民路会宾三楼大礼堂举行第二次会员选举大会，

蒙汉口市政府、市党部、市警察局暨贵会派员出席监选指导。当场票选郑世新、朱燮卿、吴清明、冷耀卿、王春山、夏明卿、李尚卿、汪炳堂、蔡炳臣、胡玉松、夏云卿、张钰卿、闵福山、章诗银、陈少山十五人为理事,陈少卿、夏新臣、张汉卿、王海山、钟玉山五人为候补理事,王桂山、文志卿、李明庆、高明新、邓剑候五人为监事,李锦章、梅玉山二人为候补监事,复由理事十五人互选郑世新、朱燮卿、冷耀卿、王春山、吴清明五人为常务理事,并复选郑世新一人为连任理事长,监事五人互选王桂山一人为常务监事。除分别呈函外,相应缮具当选理监事名册,函请查照是盼。

此致

汉口市商会

汉口市茶馆商业同业公会理事长　郑世新　谨启

3.汉口市营造工业同业公会关于筹备改选委员会致会员的通告

(1948年6月6日)

查本会第一届理监事任期业已届满,依法行改选,于本年五月二十六日第四十七次理监会议决定,成立改选筹备委员会,推举李义龙、王海亭、阮顺亭、袁吉武、周世昌、卢炳生、邬烈丰、胡迪松、张怀德、周任宣、赵善根、许熊春、余景仲、李文华、孙国栋、韩未青、康运华、孙干康、潘益卿、马柏春、王岳林、陈茂卿、刘丹田、罗文卿、杨明相、马茂林、刘汉源、陈玉鸿、刘鸿斌、成禹门、余成俊、李玉琳、张登富等三十三人为筹备委员,互推李义龙为筹备主任,康运华为副主任,记录并分别呈报在案。旋奉市政府六月四日指令,仰即决定选期报核。等因。当开第二次筹备会,决定六月十六日举行改选大会(会场决定后再通知)。至于改选费用,际兹物价高涨时,预计不在少数,决议照会员等级分别摊派,计丁等每厂改选费一百万元,丙等二百万元,乙等三百万元,甲等五百万元,亦经记录在卷。查本会改选日期既已决定,自应积极进行,以符法令,但筹办改选,首先需要经费。贵厂热心会务,向不后人,此次按级别应缴改选费　元。务希于本月八日以前送交本会,以便筹办一切事宜,时间迫切,万勿延误为荷。

此致

会员

汉口市营造工业同业公会

4.黄机福为请叶开泰药号邮寄购买参桂鹿茸丸致汉口市总商会

(1948年6月6日)

报告事由:窃机福于本年四月十二日由邮汇寄法币一百万元,向汉口市大夹街叶开泰药号购买参桂鹿茸丸,及同月十六日接收双挂号收件回帖,叶开泰于回帖上盖有招牌章,得悉叶开泰信、币均已收到。延至五月九日,丸货未见寄来,又寄普通信一封,诘问延缓理由。又同月二十六日函催,依照当时药价,从速将参桂鹿茸丸投邮寄来,以昭信守。讵叶开泰丧失商人信用,任其函问,无只字答复。本拟在武汉登报催督,手续烦难,又恐对叶开泰丧失信用,失却商人资格。

钧会总理商政,领导商人,对于信用注重讲守,公余赐条通知叶开泰老板依照当时价目,将参桂鹿茸丸投邮寄来,以便治疗,不啻二天。

谨呈

汉口市总商会钧鉴

具呈人　黄机福

住湖南桂阳县城内北正街卢氏宗祠

5.汉口市商会为函知标购汽油空桶致各有关公会

(1948 年 6 月 7 日)

公函　字第　号

案准黄泛区复兴局河南省业务管理处汉字第十号公函开:“案奉本处豫管秘(卅七)二一八号辰有电开,云云,至指导为荷。”等由,附空白表五份。除分行并派员外,相应检同原表一份,函希查照,转知会员,届时前往看样办理标购手续为盼。

此致

汉口市油商业、废旧白铁业、木铁油桶业、旧货五金业同业公会

附空白表一份。

(会戳)启

6.黄泛区复兴局河南省业务管理处为标购汽油空桶致汉口市商会(附废料出售比价单两份)

(1948 年 6 月 7 日)

案奉本处豫管秘(卅七)二一八号辰有电开:“将存汉汽油空桶比价出售,邀请汉市商会监视,并将办理情形具报。”等因,奉此。查存汉损破空桶五百五十八只,拟一次比价出售,兹定于六月八日上午十一时在江汉路国际饭店二楼四号当众比价出售,烦请查照,惠予介绍,以利让售。相应检同空白表五份一并函送,并请届时派员莅临监视指导为荷。

此致

汉口市商会

驻汉专员　张睿

附 1:黄泛区复兴局河南省业务管理处废料出售比价单

废料名称	空汽油桶	编号		规范	(53)加仑	标识	单边	单位	只	数量或重量	五百五十八
最低单价		仟一百四十万千元				标购价		仟　百　拾　万　仟元			
交纳押金额		亿七仟□百四十二万元				上项押金倘已比价得标,即抵作份款之一部分,如未得标,凭据无息退还					
备注	比价得标后,遵照规定日期,五日内将全部价款一次交清提货,否则情愿放弃所交押金及一切得标权利,并得由贵处以次得标者承购,所填标单是实。										

提标人姓名　　　　　　住址

商号

年　　月　　日

附 2：黄泛区复兴局河南省业务管理处废料出售比价单

废料名称	汽油空桶	编号		规范	(53)加仑	标识	双边	单位	只	数量或重量	五十五
最低单价		仟二百八十万千元				标购价		仟　百　拾　万　仟元			
交纳押金额		亿一仟五百四十二万元				上项押金倘已比价得标，即抵作份款之一部分，如未得标，凭据无息退还					
备注	比价得标后，遵照规定日期，五日内将全部价款一次交清提货，否则情愿放弃所交押金及一切得标权利，并得由贵处以次得标者承购，所填标单是实。										

提标人姓名　　　　　　住址

商号

年　　月　　日

7.汉口市商会为布告晓谕依法取缔少数人民团体及民众请愿时有越轨行动致汉口市各业同业公会函

（1948 年 6 月 8 日）

案奉汉口市政府（卅七）市秘一字第 243 号训令开：查迩来本市少数人民团体及民众请愿时有越轨行动，破坏社会秩序，影响“戡乱建国”工作。本府为维持地方治安起见，经与武汉警备司令部会衔布告晓谕，依法取缔。除分令外，特抄同原布告一纸，令仰知照，并饬属知照为要。等因，附布告一纸，奉此。除分行外，相应抄同原布告，转希查照。

此致

汉口市各业同业公会

附抄布告一纸。

8.汉口市商会职员谢郢伯为报告标购汽油空桶复汉口市商会理事长等函

（1948 年 6 月 8 日）

奉派参加黄泛复兴局河南省业务管理处比价出售破损汽油桶五百五十八只，当即呈往，计出标单商号共六家，开标结果，以木铁油桶业会员三泰号比价，计双边每只二百八十二万元，单边一百四十二万元为最高价标及标。除该号依限履行手续出资外，理合将参加情形报请鉴核，并请函复俾该管理处呈报，是为公便。

上呈

秘书主任夏转请代理事长徐

附原件二件。

职　谢郢伯

9.汉口市商会为转知禁止请愿时有越轨行动致各业同业公会

(1948 年 6 月 8 日)

汉口市政府三十七市秘字第 243 号训令开:查近来本市少数人民团体及民众请愿时有越轨行动,破坏社会秩序,影响"戡乱建国"工作。本府为维持地方治安起见,经与武汉警备司令部会衔布告晓谕,依法取缔。除分令外,特抄同原布告一纸,令仰知照并饬属知照为要。等因,附布告一纸,奉此。除分行外,相应抄同原布告,转希查照。

此致

汉口市各业同业公会

汉口市商会　启

10.汉口市商会关于"戡乱"统一捐献之决议致汉口市各业同业公会函

(1948 年 6 月 9 日)

查"戡乱"统一捐献一案,前经本会分陈意见,函请汉口市参议会提交大会审议。去后,兹准(卅七)参秘字第 4146 号巳征代电复开:公函敬悉,查"戡乱"统一捐献一案,业经提交本会工商建设组第十一次暨财政金融组第九次组务联席会议讨论决议:1.转"戡乱建国动员委员会"办理。2.行税比照捐献援坐税例停止征收。等语,记录在卷。除函"戡乱建国动员委员会"办理外,相应录案电复查照为荷。等由,准此。除分行外,相应抄同本会原函稿,函希查照转知为盼。

此致

汉口市各业同业公会

附抄原函稿一件。

汉口市商会　启

六月九日

11.汉口市汽车运输业同业公会为知照第二届理监事改选情形致汉口市商会

(1948 年 6 月 9 日)

中华海员总工会汉口分会代电　汉理总字第 2 号

汉口市商会公鉴:

本会改选第二届理监事,业于本月巳假汉口市商会大礼堂举行会员代表大会,承蒙各机关首长莅临监选指导。计到会员代表一百七十二人。选举结果:杨庆山、李雨田、夏锦章、夏炳南、严寿山、高复珊、张少南、潘世卿、刘鑫垣、吴大林、刘宗清等十一人当选理事,李泽荣、张玉山、胡传珍、贺福堂、冯先玉等五人当选候补理事,喻崇德、朱少廷、张行山、喻早卿、李玉森等五人当选监事,康垂斌、童厚恺二人当选候补监事,记录在卷。除分别呈报及分行外,相应电请查照为荷。

理事长 杨庆山 常务理事 李雨田代行 汉理总巳佳印

12.汉口市商会为抄附“戡乱”统一捐献一案会议决议致汉口市各业同业公会(附原函)

(1948年6月9日)

查“戡乱”统一捐献一案,前经本会分陈意见,函请汉口市参议会提交大会审议。去后,兹准(卅七)参秘字第4146号巳征代电复开:公函敬悉,查“戡乱”统一捐献一案,业经提交本会工商建设组第十一次暨财政金融组第九次组务联席会议讨论决议,1.转“戡乱建国动员委员会”办理;2.行税比照捐献援坐税例停止征收。等语,记录在卷。除函“戡乱建国动员委员会”办理外,相应录案电复查照为荷。等由,准此。除分行外,相应抄同本会原函稿,函希查照转知为盼。

此致

汉口市各业同业公会

附抄原函稿一件。

汉口市商会 启

附:汉口市商会为“戡乱”统一捐款一案致汉口市参议会

案查本市前为建立地方自卫武力,建筑国防工事,原规定向各业借款,候三个月归还。旋即改借为捐,由各业照所派“戡乱”经费捐献五成。嗣因经费不敷,又改为有营业税、坐税者,比照营业税、坐税捐献十倍;无营业税、坐税者,比照营业税、行税捐献百分之五十,由行代扣代缴,自三月一日起征收两个月为限。各业正在照缴之际,复准汉口市“戡乱建国动员委员会”抄来建立保安旅及国防工业经费筹募委员会各区分会主委联席会议记录,规定营业税比照捐献停止,原已收之营业税比照捐献可于本次统一捐献时掣原收据抵缴。至于本捐献标准,住户分一百万、二百万、三百万三级,商户分五百万、一千万、二千万三级。等语。经转知各业。去后,迭据各业纷纷来会呈报,以据各会员陈称:(一)此次缴纳统一捐献时,关于前已缴过之情事;(二)各商户缴纳统一捐献时,有超出二千万元以上之所谓特级捐者;(三)同一店主所住之商户及其无营业行为之堆货地点,有重复捐献情事;(四)行税捐献与营业税捐献本为一体,而行税商人在本市又已同时负担商户及住户统一捐献。现在营业税比照捐献既已停止征收,已收者并可抵缴,则行税比照捐献亦应援例停止征收,已收者亦应援例抵缴,以免行税商人有同时负担两重捐献之义务。各等语,前来。查筹款建立保安旅及国防工事,旨在保卫地方,商人绝对赞同。惟是捐献办法应求确定,以昭信守,力避轻易更改,致人民无所适从,有损办事效率。据陈前情,确属实在,相应函达,请烦查照,提交大会审议后,转请汉口市“戡乱建国动员委员会”,仍照决议原案之抵缴办法切实施行,并请对于溢收、重收等事予以改善,暨将行税比照捐献援例停收,已收者援例□□,以免纷扰而利自卫捐献,是为至荷。

此致

汉口市参议会

13.汉口市政府为检送青年军复员暨中央各院校学生过境招待座谈会议记录一份致汉口市商会函

(1948年6月10日)

一、查中央各院校迁复在即,关于过境员生接待事宜,亟应筹划进行,已于本月九日上午九时召请有关机关在本府会议室举行座谈会,研讨并决定办法,记录在案。

二、兹检是项记录一份,送请查照为荷。

此致

贺理事长

汉口市政府　启

六月十日

14.汉口市碾米工业同业公会推派出席职员代表名册

(1948年6月10日)

职别	理事长	常务理事	常务理事	常务理事	常务理事	理事
姓名	涂炳炎	陈则之	江晓安	彭金观	郑耀卿	周若愚
性别	男	男	男	男	男	男
年龄	50	48	47	34	47	47
出身	晴川中学	上海大夏大学	中学	武昌中华大学高中部	中学	中学
经历	汉口市碾米业公会理事长兼任附设代用国民学校校长,面粉业常务,黄陂同乡会常务等职	贵州省政府视察,又一二两区专署秘书科长,□川县□粮处长,兴江县县长等职	武汉特别市总工会总干事,□□业理事长,碾米业理事长,五战区采办军报事务主任	汉口市碾米业理事长又常务理事,面粉业常务理事,黄陂同乡会常务理事	汉口市碾米业理事又常务理事等职	中国健康福利会汉口分会总干事,汉口米业公会常务理事
备注						

15.汉口市商会关于人民团体干部训练班第三期学员调训事宜致汉口市各业同业公会函

(1948年6月11日)

案奉汉口市政府市社字第7449号巳代电开:查本市人民团体干部训练班第三期学员调训一案,曾于上月廿九日以市社字第6943号令,饬市商会转知在卷,兹规定:(一)自本(六)月十二日起至十四日正午十二时止为报到日期。(二)十四日下午三时编队。(三)十六日起正式上课。(四)务须遵照前令(附有调训办法、报到须知及册式),报送合格人员携带证件径至训练班(观音阁民教馆内)办理多项手续。除分电外,合行电仰遵照。等因,奉此。除分行外,相应函希查照办理为要。

此致

汉口市各业同业公会

最速件!

汉口市商会　启

16.汉口市商会为函知标购汽油空桶复黄泛区复兴局河南省业务管理处函

(1948年6月12日)

公函　字第　号

案准贵处汉字第十号公函,为定于六月八日比价出售破损汽油空桶,嘱介绍商号,并派员监视,等由。业经分知各有关同业公会转知会员前往标购,并派员届时参加,兹据职员谢郢伯签称,以出标单商号共六家,开标结果以木铁油桶业会员三泰号比价,计双边每只二百八十二万元,单边每只一百四十二万元,为最高价格得标。除该商号依限履行手续出货外,报请鉴核。等语。相应函复,即请查照为荷。

此致

黄泛区复兴局河南省业务管理处理事长贺

常务理事

17.汉口市工业会筹备会因举行成立大会及选举理监事事呈汉口市政府代电

(1948年6月14日)

汉口市市长徐钧鉴:

本会筹备汉口市工业会为时月余,仰荷钧府督导,筹备工作行将就绪,谨定六月二十日(星期日)下午一时,假汉口江汉路冠生园三楼举行成立大会,并选举理监事,恳请钧长莅临指导,至深感祷。

汉口市工业会筹备会筹备主任　李荐廷　三七巳寒总叩

呈阅

本科拟派陈菘股长前往监选

18.汉口市商会为本市各业同业工资调整致各业同业公会

(1948年6月15日)

汉口市政府卅七市社字第510号代电开:"查本市各业工资,凡系报经本府调整者,均已确定其基期工资数额,俾便按月照工人生活指数调整,借以安定劳工生活及消弭劳资纠纷,以求劳资双方之共存共荣。是项基数如系经调解决定者,已取得劳资双方赞同,若系由评断裁决者,依法亦应强制执行。现各产业职业工会纷纷呈请提议,并有以发动工潮为威胁者,而各同业公会亦有申请减低者，均有未合。嗣后本市公、工各会对于已定之基期工资，应尽量保持原状，不得任意变更。市商会及总工会如遇有增减基期工资之要求，应彻底开导与制止工人或商人。倘因增加或减低基期工资之请求未遂，而有罢工、怠工或停业、罢市之要挟行为，以致影响治安秩序，应即电由宪警机关依法从严究办。除分电外，合行电仰切实遵照为要。"等因，奉此。除分行外，相应函希查照，转知为盼。

此致

汉口市各业同业公会

汉口市商会　启

19.汉口市总商会为黄机福请叶开泰药号邮寄购买参桂鹿茸丸致汉口市国药业同业公会函

（1948 年 6 月 17 日）

顷据黄机福呈称："窃机福于四月抄至不啻二天。"等因。特前来，相应函希查照，转知叶开泰将参桂鹿茸丸据当时价格，径寄湖南桂阳县城内北正街卢氏宗祠黄机福收为盼。

此致

汉口市国药业同业公会

（会戳）启

20.汉口市烟商业同业公会全体会员代表改选理监事大会

（1948 年 6 月 18 日）

时间：三十七年六月十八日（星期五）上午十时。

会场：汉口市商会大礼堂。

官署代表：汉口市政府李济苍、汉口市商会高坤山、汉口市党部闵进吾、汉警五分局王凯。

会员代表：计四百九十六人（详签字簿）。

公推主席团：陈仁寿、陈德存、刘伯琴、邹焕延、叶钰山。

记录：万竹如。

开会如仪

甲、报告事项

一、主席报告会员代表改选大会意义。

二、理事长曾厚诚报告两年来会务经过情形以及经费收支状况。

乙、会员提案

一、大连烟号代表王文智提：关于本业公会理监事改选半数问题，拟邀全体会员同意，要求政府准予本会全部改选，并增加理监事额数，为理事长一人，监事七人，以利会务。等语。

二、裕新□□烟号代表周国华提：1.希冀本会当选理监事会后请向各公司交涉，按照本会会员户数，普遍派烟。2.本业交换组既由同业公会组设，不应拒绝小同业入场交换，以示平允。

三、森盛恒烟号代表刘子荣提：对于本业公会两年来经费收支报告内容有数点□□糜耗同业公会公款之处,拟邀请同业公推代表组织清算会,俾资格审核,云云。

丙、讨论事项

一、关于会员代表王文智提议,对于第二届理监事人数或全部改选暨增加理监事额数,如何决定案。

决议:(一)改选全部理监事。(二)理监事额数为理事廿一人,监事七人,常务理事七人,通过。

二、关于会员代表周国华提议,会后应向各公司交涉,按会员名册普遍派烟及入组交换不应拒绝情形,如何决定案。

决议:俟本会改选竣事,理监会成立后再行讨论。

三、关于会员代表刘子荣提议,拟邀请同业推举代表组织清算委员会,应设组织案。

决议:公推刘子荣、徐光臣、程应山、范春云、王文智、程竹轩、高季仁等七人组织清算委员会。

丁、改选结果

一、理事:王文智　三九四票

陈仁寿　三二三票

杨炳南　二九五票

陈德存　二六〇票

叶钰山　二三二票

罗子明　二二五票

刘伯琴　二〇四票

王直哉　一七六票

祁绍奎　一六七票

王树臣　一五七票

吴开武　一五四票

张康平　一四三票

朱俊吾　一三一票

李寿山　一一三票

曾厚诚　一一〇票

刘子荣　一〇八票

笪海山　一〇七票

李耀章　一〇〇票

曾楚成　〇七六票

李佑清　〇七四票

祁斌臣　〇七一票

二、监事:万韵余　一一八票

邹焕延　〇八六票

周元林　〇七八票

李献青　〇七四票

杨寅齐　〇四五票

李荣华　〇四〇票

三、候补理事:徐光臣　〇七〇票

文祯祥　〇六五票

罗化明　〇六二票

张功卿　〇六〇票

池少鹏　〇四八票

徐光武　〇四八票

四、候补监事

范于云　〇二七票

范春云　〇二七票

以上全体当选理监事均经当场宣布,复因当选理事、监事、出席人数不足法定人数,故定于七月一日下午二时假大智路老通成食品店楼上召集当选理监事续选常务理事及理事长。

兹将当日续选结果记录列后:

五、常务理事

刘伯琴　十五票

曾厚诚　十二票

张康平　十一票

王树臣　一〇票

祁绍奎　〇九票

李耀章　〇八票

曾楚成　〇八票

六、常务监事

邹焕延　〇六票

七、理事长

曾厚诚　十四票

戊、全体当场就职,礼成,散会

21.汉口市商会关于联席会议酒席问题致汉口市各业同业公会函

(1948 年 6 月 19 日)

案奉汉口市政府市社字第八一六四号训令开:案准武汉警备总司令部本年六月九日章字第三一六四号电,为奉令推行节约运动,嘱即召开联席会议,决定议决每席菜价,以便彻底实施节约并执行检查。等由。业经本府于本月十三日下午二时召开联席会议,决议酒席、西餐各三种价格,记录在卷。除电请武汉行营鉴核、武昌市政府筹备处查照及分令遵照外,合函抄同原记录一份,令仰遵照,并转饬一体遵照为要。此令!等因,附发议定武汉酒席会议记录一份,奉此,自应遵办。除分知外,相应抄同原会议记录。函希查照,转行同业各商店一体知照。

此致

汉口市各业同业公会

附抄送记录一份。

汉口市商会　启

22.汉口市商会因议定武汉酒席价格会议致汉口市各业同业公会函(附议定武汉酒席价格会议记录)

(1948 年 6 月 19 日)

汉口市政府市社字第八一六四号训令开:“案准武汉警备司令部本年六月九日章字第三一六四号电,为奉令推行节约运动,嘱希召开联席会议,议决每席菜价,以便彻底实施节约并执行检查。等由。业经本府于本月十三日下午二时召开联席会议,决议酒席、西餐各三种价格,记录一份,令仰遵照,并转饬一体遵照为要。此令!”等因,附发议定酒席会议记录一份,奉此。自应遵办,除分知外,相应抄同原会议记录,函希查照,转行同业各商店一体知照。

此致

汉口市各业同业公会

附送记录一份。

汉口市商会

附:议定武汉酒席价格会议记录

时间:六月十三日午后二时

地点:市政会议厅

出席人:武昌中西酒业公会王芝屏,汉口市饭馆业工会童华震、韩□,市中西蒸饭业公会林涤烦,武昌市政筹备处张起凡,汉口市商会万少珊,汉阳区菜馆熟食业公会李伯纯,汉口市政府丁幼泉。

主席:丁幼泉

记录:邓涛

主席报告(略)。

议案:请依据目前物价指数规定每席菜价,以凭转请节约检查总队执行检查案。

议决:武阳酒席价格分四种,各分三级,其标准如下:

六菜一汤二万元,二万五千元,三万元;

四菜一汤一万三千元,一万六千元,二万元;

三菜一汤一万元,一万二千元,一万五千元;

以上连饭□□□□□□均在此。

西菜一菜一汤一饭二千元、二千五百元、三千元。

23.汉口市政府为布业同业公会合并组会一案令匹头贩运、国货匹头、色土布行、布匹店商业同业公会、白布行业同业公会(附座谈会记录)

(1948年6月22日)

查本市布业合并组会一案,业经本科于本月廿二日下午四时召开座谈会,商讨合并办法并记录在卷,兹抄发原记录一份即希。

此致

匹头贩运商业同业公会、国货匹头商业同业公会

色土布行商业同业公会、布匹店商业同业公会

白布行业同业公会

附抄发记录一份。

社会科　戳

附:本市布业合并组会座谈会

时间:六月廿二下午四时

地点:本府社会科

出席人:

匹头贩运业公会徐雪轩

国货匹头业公会梅斌武(王静周代)

白布行业办事处王竟成

色土布行业公会陈寿卿

主席:李济苍

商决事项:

1.筹备员定为廿一人,布匹店、国货匹头、匹头贩运三公会各推五人,色土布行商业公会及白布行业办事处各推三人。

2.筹备员名单限本月廿五日以前径送社会科汇办。

24.汉口市营造工业同业公会关于第二届改选费用的通告

(1948年6月25日)

查本会第二届改选费用,系按照会员登记摊派,贵厂为甲等会员,应摊派改选费五百万元,曾经函达在案。惟越时甚久,未见掷下,至为悬念,相应再行函请将应缴改选费即日交会,以便开销为盼。

此致

杨子会员

汉口市营造工业同业公会　启

25.汉口市工业会第一届第一次理监事联席会议记录

（1948 年 6 月 25 日）

时间：卅七年六月廿五日下午七时

地点：中央信托局二楼本会

监选人：社会部李专员中英、汉口市政府社会科李股长济苍

出席人：应到数卅二名，实到数廿八名（另有记录簿签名备查）

主席：李荐廷

记录：吴传启

甲、报告事项

一、主席报告筹备会及成立大会经费收支状况，计差额五千八百六十万元，由筹备主任李荐廷□付清讫。

二、筹备期间，由工业协会全体员工分别办理所有筹备工作，信极辛劳，虽未为尽善尽美，当无任何各人指摘之处，希望选出未来负责人有所表示，以□贤劳。

乙、讨论事项

一、王一鸣理事提议：本会理监事每月召开理监事联席会议一次，请由此次成立大会落选各单位理事长列席，以资增强各方联系，请讨论案。

决议：于下次全体理监事联会讨论。

二、社会部专员李中英指示：全国工业总会即于下月初开始筹备，本会出席代表七人，据成立大会决议，授权理事会办理，请速确定人选案。

决议：推选李常务理事荐廷赴京参加总会筹备工作，其余六代表待总会成立大会日期确定后再行推派进行选举。

计当选常务理事七人，如下：

李国伟君得 21 票，李荐廷君得 21 票，程子菊君得 21 票，

孙保基君得 21 票，王涛君得 17 票，盛今杰君得 16 票，

张大谋君得 11 票

计当选常务监事三人，如下：

韦福如君得 4 票，罗宝珊君得 3 票，陈则方君得 2 票

李国伟君由全体理事投票，计以十九票当选为理事长。

以上各理监事暨理事长同时宣布就职。

三、九时半散会

26.汉口市人民团体、汉口市工业会指导监选报告

（1948 年 6 月 26 日）

团体名称	汉口市工业会
开会地址	冠生园
开会日期	六月廿日
到会人数	九十三人
主席名称	李荐廷
开会目的	成立
到会机关代表名称	市党部袁主委、警察局任局总、市商会王际清
指导及监选概况	指导选举手续
开会结果	选举李国伟为理事长，程子菊、李荐廷、盛今杰、孙保基、王涛、张大谋为常务理事，彭金观、王一鸣、张泽鎏、司徒壮、华迩英、李义龙、陈福椮、郭寿衡、华煜卿、厉无咎、贺尔梅、刘梅生、茅伯笙、王伯和、苏汰余、杨保廉、刘甲山、蓝昌农为理事，韦福如、罗宝珊、陈则方为常务监事，钱忠超、周世昌、杨胜惠、胡慕伊为监事

民国卅七年六月廿六日　　填报人：陈菘、李济苍

27.汉口市工业会第一届第二次全体理监事联席会议记录

（1948 年 6 月 29 日）

时间：卅七年六月廿九日下午六时

地点：中央信托局二楼本会

出席人：应到数卅二人，实到数卅人（另有记录簿备查）

主席：李国伟

记录：吴传启

甲、报告事项

主席报告（略）。

乙、讨论事项

一、本会组织规程应如何草拟，请讨论案。

决议：公推王伯和、王一鸣、俞梅生、茅伯笙、厉无咎、吴传启等六人草拟，并推由厉无咎、吴传启主稿。

二、本会筹备时间为时一月又半，工协同人参加工作，信极辛劳，应如何致酬，请议决案。

决议：授权常务理事会办理。

三、在组织规程未确定以前，本会工作不能停顿，应如何办理案。

决议：有关总干事方面事务，先推由王一鸣先生负责推进；有关文书方面事务，先公推华煜卿先生负责推进。一俟组织规程通过后，再行分别决定。

四、散会

7 月

1.汉口市工业会第一届第一次常务理监事联席会议记录

（1948 年 7 月 1 日）

时间：卅七年七月一日正午十二时

地点：中央信托局二楼本会

出席人：应到数十人，实到数七人（另有记录簿备查）

列席人：华煜卿、吴传启

主席：李国伟

记录：吴传启

甲、报告事项

一、主席报告：关于响应各地工业界对于征收财产税问题之一致抗议。

乙、讨论事项

一、请拟定征收会费、入会费基数标准，以便提请全体理监事会议通过案。

决议：拟定□常费每月每权七元，入会费十元，再以市府工人生活指数乘算之，提下次理监事会议通过后施行。

二、本会办公地址应如何确定，是否与省工业会会署办公，双方联系，请讨论案。

决议：暂借工协原址办公，将来是否添租房，应授权理事长斟酌办理。

三、本会筹备时间，工协同人参加工作，历时一月又半，信极辛劳，应如何致酬，请讨论案。

决议：请理事长斟酌办理。

四、本会常务理事会，依照会章应负责处理日常事务，应否逐日轮值，请公决案。

决议：常务理事以会议方式行使职权，定每星期三十二时开常务会一次，由各常务理监事轮流招□便飧。

五、本会筹备会务事，关于出席参加市府码头工人力资评议会委员人选，曾由筹备会暂推由王一鸣先生出席，俟本会正式成立后，再行公推。应如何办理，请公决案。

决议：仍推由王一鸣先生出席。

六、查限额输入问题与本会会员关系密切，应如何洽商推派代表参加"输出入管理委员会华中区办事处限额分配顾问委员会"，请公决案。

决议：备文输管会，要求派员参加顾问委员。

七、加推出席参加全国工业总会筹备工作人选，请公决案。

决议：增推王涛、郭寿衡两先生出席参加，再提请下次会议追认。

2.汉口市政府因检发第五次经济会报致市商会(附第五次经济会报记录)

(1948 年 7 月 1 日)

查本市第五次经济会报经于本(六)月二十五日在府举行,所有议决各项,业经整理就绪。除分行外,合行检发记录一份,仰即知照。

此致

市商会

附:汉口市第五次经济会报记录

时间:三十七年六月二十五日上午十时

地点:市府会议室

出席人:

徐会之

武汉绥署政工处伍俨

花纱布管委会汉口办事处卢平林、刘国理

第九兵站总监部□楼

汉口市参议会田子英、王鼎成、任建鹏

粮食审核组周根基

市府社会科丁幼泉(危紫稻代)

市商会刘绍武

工商辅导处刘雅声

四联汉分处郑行健

财政局郭畴

警备部徐世维

武汉区储运处朱傅伟

汉口市党部全本权

主席:徐会之

记录:邓文渠

甲、报告事项(略)。

乙、讨论事项

一、本府制定之核发粮食外运证办法,粮食部以不合内地粮食自由流通原则,嘱予废止。等由。如何办理,提请讨论案(市政府提)。

决议:武汉谷米囤各□粮省区,禁止粮食出口,致来源短少。在新谷未登场以前,暂不准出口,并函请省市参议会再电粮食部说明理由,仍准审核给证办法。

二、为黄金、硬币黑市猛涨,影响物价,刺激人心,请讨论制止办法案(市政府提)。

决议:由市政府另行邀集专家及有关机关举行座谈会专业讨论。

3.汉口市政府为准经济部代电规定小麦每石重量并取缔旧制度量衡令市商会

（1948 年 7 月 1 日）

汉口市政府训令　（卅七）市社字第 5914 号

案准经济部本年六月廿二日京工（卅七）字第一八八五五号公函开“准农林部本年五月二十七日设推（卅七）字第一一八六三号代电开：据面粉工业同业公会全国联合会理事长杜庸本年四月十六日面全（37）字第三九号呈，略以现在各地小麦买卖重量单位有以一百市斤为单位者，有一百七十二斤者，有一百四十余斤者，有二百市斤者，殊不一致，拟请规定一律以一百市斤为单位。等情，到部。查原呈所请系属贵部主管范围，除电复外，相应电请查照办理见复。等由，准此。查《度量衡法》第六条，对于市用指定各秤及定位，规定每石等于一百市斤，该项《度量衡法》早经国府明令公布，由前工商部通令，于民国十九年一月一日起全国一致施行，各地各种旧度量衡制度及器具并迭经通令禁止使用，各在案。现在各地小麦买卖重量单位悬殊不一，当系各地仍有沿用旧制与市斤制折合所致，于法不合，自应严予取缔。事关全国度量衡划一，除电复暨分函外，相应函达，希即查照，通令所属一体遵照为荷”。等由，准此。除分令外，合行令仰遵照，并饬属一体遵照为要。此令！

市长　徐会之

4.汉口市商会为节约用电致各业同业公会函（附《节约用电办法》）

（1948 年 7 月 1 日）

案奉汉口市政府市社字第八九二三号训令内开：“案据汉镇既济水电股份有限公司既业字第一一四五号呈，略以本市各商店用电浪耗甚多，每一商店装灯辄达数十盏至百余盏之多，于室内照明以外，又于店门之外层楼窗户、走廊及屋顶密结电灯，以求光明炫耀，且不按时关闭。现值燃煤来源不甚充裕之时，自应予以限制。况本市商店用电尚未完全开放，尤应力求节省，以资平均燃用。兹拟具《节约用电办法》呈恳鉴核，布告市民一律遵守。等情，附《节约用电办法》，据此。查现值节约运动厉行时期，各项浪费设施自应严予取缔，该公司所呈尚属切要。除分令及布告并指复外，合行摘录原办法，令仰该会迅即通知各公会转行照办。”等因，附发摘录《节约用电办法》一份。奉此。相应抄同原附办法，函希查照转知为盼。

此致

汉口市各业同业公会

附抄《节约用电办法》一份。

汉口市商会　启

附：节约用电办法

一、商号营业处装设电灯以足供照明为限。凡不影响照明之灯，如窗户、走廊、屋顶或供广告用之电灯，均应一律关闭。

二、每一商店门灯、每一橱窗灯各以一盏为限，均应于午夜十二时后一律关闭。

三、各里巷路灯天明后务须关闭。

四、由本市市政府令饬市警察局派警至各商号或里巷检查，凡未照本办法办理者，应即劝告，经劝告三次仍不照办者，由警察局通知水电公司停止供电。

5.汉口市商会关于既济水电公司问题致汉口市各业同业公会

（1948 年 7 月 1 日）

案奉汉口市政府市社字第八九二三号训令内开：案据汉镇既济水电股份有限公司既业字第一一四五号呈，略以本市各商店用电浪耗甚多，每一商店装灯辄达数十盏至百余盏之多，于室内照明以外，于店门之外层楼窗户、走廊及屋顶密结电灯，以求光明炫耀，且不按时关闭。现值燃煤来源不甚充裕之时，自应予以限制。况本市商店用电尚未完全开放，尤应力求节省，以资平均燃用。兹拟具《节约用电办法》呈恳鉴核，布告市民一律遵守。等情，附《节约用电办法》，据此。查现值节约运动厉行时期，各项浪费设施自应严予取缔，该公司所呈尚属切要。除分令及布告并指复外，合行摘录原办法，令仰该会迅即通知各公会转知照办。等因，附发摘录《节约用电办法》一份，奉此。相应抄同原附办法，函希查照转知为盼。

此致

汉口市各业同业公会

附抄《节约用电办法》一份。

汉口市商会　启

附：节约用电办法

一、商号营业处装设电灯以足供照明为限，凡不影响照明之灯，如窗户、走廊、屋顶或供广告用之电灯，均应一律关闭。

二、每一商店门灯、每一橱窗灯各以一盏为限，均应于午夜十二时后一律关闭。

三、各里巷路灯天明后务须关闭。

四、由本市市政府令饬市警察局派警至各商号或里巷检查，凡未照本办法办理者，应即劝告，经劝告三次仍不照办者，由警察局通知水电公司停止供电。

6.汉口市碾米工业同业公会为呈请援例缓征粮食营业税致汉口市政府函

（1948 年 7 月 2 日）

汉口市碾米工业同业公会呈　炎字第一〇号　中华民国三十七年七月二日

窃查本会前奉中华民国粮食商业同业公会全国联合会三十七年五月十五日秘字二七〇号代电开，汉口市碾米业同业公会公鉴：本会吁请免征粮食营业税案，前经国民大会审议通过，送请政府转令主管机关切实办理，本会以本案为我全体会员所关切，将办理情形以秘字一九五号往俭代电奉达在案。兹为完成本案之立法程序，刻正依据国民大会通过之办法，电请立法院修改营业税法，将免征粮税一节于营业税法中明白规定，列为专条知注，谨闻详情□告。全国粮联会理事长万墨林卅七辰删印。等因。窃以粮食营业税既经全国粮联会吁请国民代表大会通过免征，并电请立法院完成立法程序在案，而本市财政局催征甚急。查粮食一项为民食所关，若蒙免征营业税，即可减轻民众一份负担，值此灾害频仍，民生凋敝达于极点之际，减轻人民一份负担，即保存国家一分元气，安辑流亡，莫逾于此，古人所谓抚字急于催科，即此意也。理合呈请钧府鉴核，令饬财政局尊重国大决议，并顾及本市物资狂涨，升斗小民无法生存，对于粮食营业税援川、沪成案予以免征，以苏民困。

谨呈

汉口市政府

汉口市碾米工业同业公会理事长　涂炳炎

7.汉口市色土布行商业同业公会为具报筹备员名单致市政府社会科

（1948 年 7 月 4 日）

筹备员姓名	年龄	籍贯	牌照	住址
陈寿卿	六八	黄冈	泰北祥	涂家厂 3 号
林善甫	五六	黄冈	华兴	花楼街 53 号
周治九	五二	黄冈	永兴和祥记	紫竹巷 60 号

谨呈

汉口市政府社会科

汉口市色土布行业同业公会具报

8.汉口市国药商业同业公会为重申本业与药材折药等业不能合并之困情恳祈核予辅助并转呈市府准予收回成命呈市政府卫生科

（1948 年 7 月 5 日）

窃查本会前奉市政府社会科通知，饬与药材行店、折药等业合并，并限期推定筹备员以凭办理。等因。前经本会召开临时会员代表大会详加研讨。本业与该业等名义似近，实际事实及性质却有不同，尤为本业倘与卫生无关之业务合并，必碍卫政实施，自不能与该业等合并。经分别申述事实，呈请钧科核予转呈市府，准予所请，免碍卫政。等情，在案。本会为职责攸关及改进前途计，经复召理监事小组联席会议决，为执行大会议案起见，拟转请卫生行政机关核予辅助，以收施行卫生之效果。等语，记录在卷。兹查我国宪法第十三章基本国策内第四节社会安全第一五七条所载“国家为增进民族健康，应普遍性推进卫生保健事业及公医制度”等项，既经宪法规定，亟应施行。然实施要素当以制成药品为普遍推行卫生之重心，则本业亦有重大职责，今后会务更加频繁。况本业与主管卫生机关乃脉息之关，嗣后更不能间离，并时须密切联系。对于饬办及应呈等事项，应迅速办理始得收实效。倘与不相关之业务合并，限于卫生普遍推进之效，并间接影响民族健康，尤为与实施宪政原则有碍。同时本业改进前途，亦有莫大之妨害，似此绝不能与该业等合并。理合录案，并重申困情，复恳钧座核予辅助，并乞转呈市政府收回成命，以收卫生普遍推行之效。俾本业得以改进之机，借资实施宪政。

谨呈

汉口市政府卫生科科长靳

汉口市国药商业同业公会理事长　吴洪

9.汉口市国药商业同业公会为重申本业不能与药材折药等业合并之困情恳祈核准呈市政府

（1948 年 7 月 5 日）

案奉钧府卅七市社字第五九三一号指令开，“呈悉，凡属贩运经营药材之公司、行号，遵照法令均应合并，所呈不能合并情形碍难照准，仰即遵照，推定筹备员报府凭办为要”。等因，奉此。查药材、折药等业均为贩卖及经营性药材者，系同一种类之业务，其所售货物，仅草本木质，售之不负任何责任，故卫生机关不予管理，依法自应合并组织。惟本业所售饮片、丸、散等药品，系以禽兽、水族、昆虫、五谷、珍石、五金以及人兽血质，附以草木等种类，经取其精液加之以人工炮制，配成熟药，供应病者之需，且负国人生命及健康之责，自不能与该业等论为同一种类之营业。且经政府将本业划归卫生机关所管辖，论为实施保健要政之基本机构，并予提倡借资发扬我国数千年富有历史及文化性之国粹，加以督导改进。显见本业业务关系卫生行政，为特殊性质之业务，非该业等仅以普通性之业务，当不得以名义似近事实却为不同者论为一体。况我国宪法第十三章基本国策内第四节社会安全第一五七条所载“国家为增进民族健康，应普遍性推进卫生保健事业及公医制度”等情事之规定，负卫生行政之机关，当依照此法，予以实施。然实施要素应以制成药品为普通推进保健事业之重心，则本业当负有重大之职责。而今后会务更加频繁，尤为值兹实施宪政之时，亟应普遍推行保健事业，其主管与附属乃脉息之关，自不能间离，并应时须联系，始收实效。倘与不相同之业务合并组织，则一切应办事项，务经转达，无形时日延滞，如遇急施事项，倘不能直接饬办或报呈，则直接有碍卫生普遍性推行之效力，间接影响民族健康，且与宪政实施有碍，同时与本业改进前途亦有莫大之妨害。似此困情，故本业绝不能与该业等合并组织，理合具情，复恳钧府俯允，收回成命，准予单独组织，以收实施保健事项之效，俾便本业得以改进之机。

谨呈

汉口市政府

汉口市国药商业同业公会理事长　吴洪

10.汉口市商会为催促筹备改选事宜等致染坊业同业公会（附会员代表名册格式）

（1948 年 7 月 5 日）

查本会为筹备改选，前经拟具会员代表名册格式，于三月十九日函知各业同业公会，照前年参加本会选举时所派代表人数（前年未派者，即照所认本会会费权数，每权派一人，五权以上者，至多推五人）推举会员代表报会（每一改选或合并之公会，派出代表至多不得过五人）在案。兹以数月以来，报会者并不踊跃，尚有多数公会已经改选并未报会，或未改选亦未报会者。现在本会已定于七月二十日改选，所有未报代表各公会限于七月十二日以前依法由公会理监事中推派代表，造具会员代表名册二份送会。每一单独会员推举代表一人造册报会。除分催外，相应抄同会员代表名册格式，函希查照，务于七月十二日以前推举代表造册报会，是为至盼。

此致

汉口市染坊业同业公会

附抄会员代表名册格式一份（即出席商会之代表名册）。

汉口市商会　启

汉口市商会会员名册　　三十七年七月十三日填表（盖公会图记）

公会名称理事长及常务理事	收入会费额	会费负担额	权数	代表										会址	备注
				人数	姓名	别号	性别	年龄	籍贯	营业种类	公司行号工厂名称	在公司行号工厂职务	教育程度	是否党员		
染坊工业同业公会，彭玉彬、丁汉臣、罗宇华			三权	三人	彭玉彬		男	六二	黄陂	染坊	义生昌	经理	私塾	否	长堤街	
					丁汉臣		男	五九	孝感	染坊	□□	经理	私塾	否		
					罗宇华		男	三四	孝感	染坊	谦信	经理	私塾	否		

11.汉口市国药业同业公会为所属会员叶开泰与黄机福购丸事复汉口市商会函（附湖北邮政管理局通知）

（1948年7月5日）

径启者。接奉贵会商字第三五九三号函开，略以据桂阳黄机福呈，谓于本年四月十二日由邮汇法洋一百万元给大夹街叶开泰购买参桂鹿茸丸，已接邮局挂号收款回单，因未收到此丸，经催该号，货信全无，并预登武汉各报催督。请贵会转饬该号，照当时价格迅予交寄指定地址。等由，过会。"经转知该号办理，兹据报称，奉钧会转知本号对于桂阳黄机福邮购之参桂鹿茸丸延不寄交，不守信誉。等因。读悉殊为诧异。查本号开业已达三百余年之久，承全国各地各界人士光顾，从无欺骗，并坚守信用，否则何有数百年之历史。奉此。当嘱专司外埠营业人员，详查账载，本年四月十六日第三五号黄机福汇款已收，除寄费四万元外，即以九十六万元计算当时该丸价格，应购数量计重三两五钱六分，于次日（十七）交邮局寄出，并取有邮局第二八八九号国内包裹详情单一纸，批明连皮计重一四〇公分，应缴寄费五万元（不足寄费已由本号负担）。正查之际，复由市警四分局派员到号调查事实，□论为本号无欺骗顾客情形。去后，本号即函询邮局。据复接湖南邮局函，告此货在湖南衡阳车站被窃失（附抄原文二份）。以上各情显见本号毫无欺骗及不守信用之情形，本号为酬答顾客计，对于外埠营业另派专员分别担任各项责任，并限于款到次日交寄，否则即予处罚。复查黄机福既经函催，本号已复，仍未收到此货，可以挂号信件再知本号，当自有具体答复，何呈报本市有关机关团体，反指责本号不守信用，似此举动，诚与人格有关。除将事实函知外，理合具情报请钧会，转请市商会转知黄机福，将其具报迅予更正。不胜感戴。”等情，据此。诚与商人信誉有关，相应函复查照，并希转知该具呈人本□事实，迅予更正为荷。

此致

汉口市商会

附邮局函原文二件。

理事长　吴洪

附：湖北邮政管理局通知

（1948 年 6 月 22 日）

湖北邮政管理局丕字第七九三号通知开：

事由：贵号发寄桂阳县黄机福收第二八八九号小包邮件被窃失

收文者：叶开泰□号

相关文件：湖南邮政管理局卅七年五月七日五六○七号公函

（一）贵号于本年四月十七日在本局交寄上开邮件，经本局处往衡阳转递去讫。

（二）前准湖南邮政管理局上函，以该小包已于本年四月廿四日至衡阳车站被窃失。

（三）请查照。

湖北邮政管理局　启

12.汉口市政府社会科为本市布业合并组织呈市政府

（1948 年 7 月 6 日）

查本市布业依法合并组会一案，业经召集布匹店、国货匹头、匹头贩运、色土布行及白布行同业公会办事处等单位商谈合并事宜，并推定筹备员呈报在卷。拟推以成禹门、高峻峰、李振卿、徐筱山、陈杰卿、梅斌武、程菊山、邝燮卿、丁文卿、高笃庵、梅云章、王干庭、徐雪轩、徐一诚、吴之厚、陈寿卿、林善甫、周治九、王竟成、乐德清、刘渭清等廿一人为筹备员，并拟指定成禹门为第一次会议召集人，将各原有组织撤销，成立筹备会，拟分令遵照，并令商会知照。

社会科　签

13.汉口市政府为本市布业合并组织令市商会

（1948 年 7 月 6 日）

查本市布业依法合并组会一案，业经本府召集布匹店、国货匹头、匹头贩运、色土布行等公会及白布行业同业办事处商讨合并事宜等，各推定筹备员呈报在卷。经核准，以成禹门、高峻峰、李振卿、徐筱山、陈杰卿、梅斌武、程菊山、邝燮卿、丁文卿、高笃庵、梅云章、王干庭、徐雪轩、徐一诚、吴之厚、陈寿卿、林善甫、周治九、王竟成、乐德清、刘渭清等廿一人为筹备员，组织筹备会从事筹备。至各原有组织应即裁撤,并指定成禹门为第一次会议召集人。除分令分会,亟令仰知照。

此令!

市长　徐

14.汉口市政府为本市布业合并组会一案令匹头贩运业、国货匹头、色土布行、布匹店商业同业公会、白布行同业办事处

(1948 年 7 月 6 日)

查本市布业依法合并组会一案,业经召集商谈,并各推定筹备员呈报在卷。准以成禹门、高峻峰、李振卿、徐筱山、陈杰卿、梅斌武、程菊山、邝燮卿、丁文卿、高笃庵、梅云章、王干庭、徐雪轩、徐一诚、吴之厚、陈寿卿、林善甫、周治九、王竟成、乐德清、刘渭清等廿一人为筹备员,组织筹备会筹备,并指定成禹门为第一次会议召集人,筹备办理。至原有组织应即撤销,并应将原有图记、□角缴销,仰即切实遵照,具报为要。

此令!

市长　徐

15.汉口市商会为所属会员叶开泰与黄机福购参桂鹿茸丸复黄机福函

(1948 年 7 月 7 日)

案查前报来呈,为邮汇国币一百万元,向本市叶开泰函购参桂鹿茸丸,因时久尚未收到,请代查询。等语。经转询,据汉口市国药商业同业公会函复节称:"经转知该号,抄至迅予更正。"等情,附抄送邮局函二份,据此。相应检附原抄邮局函一份,转希查照。

此致

黄机福君

附原抄邮局函一份。

(会戳)启

16.汉口市政府为工业会补呈理监事略历表及会员代表名册令市工业会

(1948 年 7 月 7 日)

令本市工业会:

理监事情形附办理理监事名单、大会提案、章程以备查,由代电暨附件均悉,准予备查。至该会理监事略历表及会员代表名册应予补呈一份,以备查核,仰即知照。此令!件存。

市长　徐

17.汉口市工业会第一届第三次常务理监事联席会议记录

(1948 年 7 月 7 日)

时间:卅七年七月七日正午十二时

地点:中央信托局二楼本会

出席人:李国伟、陈则方、李荐廷、张大谋、盛今杰、罗宝珊、王一鸣、厉无咎

列席人:吴传启

主席:李国伟

记录:吴传启

甲、报告事项

一、因会费尚未开始征收,本会开办期间费用,经决定由李理事长先行垫支一亿元,常务理事各垫支两千万元,常务监事各垫支一千万元,已于昨日开始分收。

二、关于响应全国工业界吁请当局对财产税之罢议案,已由省商联会、市商会、省工业会、八区棉纺织公会、九区面粉工业公会、十区机器业公会暨本会等单位,联衔电呈总统府、立院、政院、工商部、社会部等有关机关。

三、顷奉经济部汉口工商辅导处通知,为据台湾碱业有限公司函送产品名称、规格一览表,请介绍洽购一案,特为介绍并转介各会员厂商洽购由。

乙、讨论事项

一、奉市府函:本会派员担任本市工人生活指数审议委员,应如何推派人选经常参加,请讨论案。

决议:公推华煜卿先生担任。

二、接省工协会函:该会会址向中信局缴纳押金暨收电费,特分函省、市两工业会推认,应如何办理案。

决议:请由理事长酌办。

三、据本会第二次全体理监事会议议决,推定人选起草本会组织规程暨办事细则。兹以拟定草案,请分别讨论后再提交全体理监事会议通过实施。

决议:修正通过。

四、湖北省工业协会移送汉口市工商小本贷款委员会函:请推派人选出席参加,应如何办理,请讨论案。

决议:公推张常务理事大谋参加。

五、散会

18.汉口市工业会第一届第三次全体理监事联席会议记录

(1948 年 7 月 8 日)

时间:民国三十七年七月八日下午二时

地点:中央信托局二楼本会

出席人:应到卅二名,实到廿六名(另有记录簿备查)

主席:李国伟

记录:吴传启

甲、报告事项

一、因经费尚未开始收取,本会办□期间费用,经决定由李理事长先行垫支一亿元,常务理

事各垫支两千万元，常务监事各垫支一千万元，已于六日开始分收。

二、关于响应全国工业界吁请当局对财产税之罢议案，已由省商联会、市商会、省工业会、八区棉纺织公会、九区面粉工业公会、十区机器业公会暨本会等单位，联衔电呈总统府、立院、政院、工商部、社会部等有关机关。

三、经由本会第一次及第二次常务理监事会决议，公推：

1.张大谋先生出席参加本市工商小本贷款委员会。

2.华煜卿先生出席本市工人生活指数审议委员会。

3.王一鸣先生出席本府码头工人力资评议委员会。

四、本会办公地址，由常务理监事会议决议，暂借中信局工协原址办公，房屋押金及其他费用，经由常会议决，请由理事长酌办。

五、□参加本会筹备期间工作同人略致酬劳案，经由常会议决，请由理事长斟酌办理。

六、本会成立后，应办文件及手续均已办理完竣。

七、本会已函输管会华中办事处限额分配顾问委员会，要求参加顾问委员一席。

乙、讨论事项

一、依照大会决议案，关于会费及入会费基数标准之拟定，授权理监事会办理。兹经常务理监事会拟具为经常费每权每月七元，入会费每权十元（再分别以汉口市政府逐月发表之工人生活指数乘算之），请讨论通过案。

决议：照案通过，并定每月十日以前缴者根据前月份下半月指数乘算之，逾期者照缴费时指数计算之。

二、本会出席全国工业会代表，前经推定李常务理事荐廷就近在京参加筹备工作，复经第一次常会议决，再加推王涛、郭寿衡两先生参加，请追认案。

决议：通过。

三、请拟具本会组织规程暨办事细则草案，请分别讨论通过案。

决议：1.组织规程修正通过。2.办事细则修正通过，如有与组织规程相抵触者，授权常务理监事会修改之。

四、理事长提：聘请王一鸣先生担任总干事，华煜卿先生担任秘书，吴传启先生担任总务主任，请通过案。

决议：通过。

五、蓝理事昌农提：应如何向市府争取劳资纠纷评断委员会委员席次案。

决议：向市府争取三席，并公推张大谋、厉无咎、彭金观等三位代表本会出席。

六、散会

19.汉口市烟商业同业公会全体理监事联席联欢会

（1948年7月9日）

时间：七月九日下午四时

地点：老群宴三楼

出席理事：计二〇人（在列签到簿）

出席监事:计七人(在列签到簿)

参加人:李树菜、程竹轩

缺席理事:吴开武

主席:曾厚诚

甲、报告事项

主席报告召集全体理监事联欢会及今后推进会务谋取同业业务福利情形(略)。

乙、讨论事项

一、关于本会组织章程,请逐条检讨案。

决议:通过并报市政府备案。

二、关于本会事务,应召各组办事及组名称及各组人选,如何确定选任案。

决议:1.确定总务、财务、业务、组训、交际、调查等六组。2.票选总务组刘伯琴(八票),财务组王树臣(八票),业务组张康平(八票),组训组曾楚成(四票),调查组祁绍奎(八票),交际组李耀华(六票)。

丙、临时动议

张常务理事康平提:关于本会可否另行设立业务福利委员会暨财务保发委员会,俾资推进会务而谋业务发展案。

决议:以十四位理事分别担任为两会当然委员,一、推定罗子明为业务委员会主任委员,叶钰山副之。另推陈法存、刘子荣、祁斌臣、王文智、关开武等五人为业务会当然委员。二、推定陈仁寿为财务会主任委员,杨炳南副之,另推朱俊吾、李寿山、王直哉、笪海山、李佑清等五人为财务会当然委员。三、另由全体理监事介绍同业中热心分子参加为名誉委员,由理事会函聘。

丁、聚餐散会(下午九时)

20.汉口市政府为工业同业公会事令汉口市商会

(1948 年 7 月 9 日)

令汉口市商会:

查本市工业会业经成立,关于针织、印刷、榨油、制革、肥皂、营造、碾米、食品、牙刷、电池、染织、纱布、机器、机制砖瓦、机制卷烟、机器锯木等工业同业公会均依照《工业会法》分别改组并加入市工业会为会员,依法应退出商会会员地位。至于既济水电公司、各大药厂及□色等厂,业经依法加入市工业会为工厂会员,亦毋庸加入商会以符法令。拟令知商会,并饬转行知照。

此令

市长　徐

代　电

南京社会部公鉴:

兹检同本年八月份以前本市各工业及商业同业公会改选暨□□总报告表计共一百三十二份,电请查核为荷。

汉口市政府(东)市社印

21.汉口市古玩珠宝商业同业公会选举第二届理监事会议记录

（1948 年 7 月 9 日）

日期：三十七年七月九日下午三时

地点：三民路会宾大酒楼

各机关代表：汉口市政府李济苍先生、汉口市党部闵进吾先生、汉口市商会高坤山先生

应到会员八十四名，实到会员五十四名

大会临时主席：饶君啸梅

记录：尹君光复

开会如仪：

选举结果：理事九名、监事三名、候补理事三名、候补监事一名

当选理监事姓名及所得票数列后：

理事长陈钰阶四七票，理事九人互选，得五票应选

常务理事：吴方鼎君四八票、徐菊生君四二票

理事：饶啸梅君四〇票、姚衡平君三三票、邹稚威君三一票、周善贵君二五票、朱仁甫君二〇票、陈瑞生君二〇票

候补理事：容干卿君一五票、范纪常君九票、刘启厚君一四票

监事：尹光复君一八票、吴楚扬君一二票、达黎捷君一四票

候补监事：方文钦君六票

22.汉市商会将改选理监事

（1948 年 7 月 9 日）

［本报讯］市商会自卅五年五月改选理监事以来，迄今已满二年，应即依法改选。该会兹定七月廿日为改选理监事之期，并通知各业公会在七月十五日以前改选完竣，推举代表报会，以便如期改选，□市商会已着手整理房屋，大门内外各处均油成灰色，届时当有一番盛况。

（《大刚报》）

23.汉口市营造工业同业公会通告工人生活指数

（1948 年 7 月 12 日）

一、工人生活指数，由汉口市政府编制，提交本市工人生活指数审议委员会通告后，嗣后每半个月公布一次。

二、汉口市政府三十七年七月十日（三十七）市社字六五〇八号公告，公布七月份上半月工人生活指数为一五五五一一四倍，即每工工资为国币一百五十五万五千一百一十四元。

三、七月份上半月伙食经本月份第二次理监事会议决定，每工定为国币五十万元。

四、小工照例折半，并仰知照。

照抄！

24.汉口市烟商业同业公会第一次理监事联席会议

(1948 年 7 月 12 日)

时间:七月十二日下午六时

地点:本会

出席人:计理事十九人,计监事七人(名列签到簿)

主席:曾厚诚

甲、报告事项(略)。

乙、讨论事项

1.常务会提:关于总务组提议本会每月经常费开支已拟订,七月份预算计法币三亿三千九百万元,如何办理案。

决议:暂以七月份之收入额作为支出预算。

2.关于第一次理事会议第一案对商会出席代表五人之推选,经决议,召集理监事会议决定,应如何推举,请讨论案。

决议:(1)理事会推举理事四人,监事一人。(2)票选曾厚诚(十二票)、刘伯琴(十二票)、王文智(七票)、叶钰山(七票)计四位为理事会推举之出席代表。监事会周元林(三票)为监事会推举之出席代表,共计五位,通过。

3.常务会提:关于财委会提议,嗣后本会征收会员会费,可否□定以已入交换组者分为特、甲两等,未入交换组者为乙等,请讨论案。

决议:暂以本会原订等级征收。

4.常务会提:今后本会开支浩繁,对于会员每月会费应否增加为十二倍,于七月份起征收,请追认案。

决议:暂按本会原订等级,□定特等每月会费一万万元,甲等五千万元,乙等或四千万元。

5.关于财委会对于本会所属各项收支财政是否由财委会统筹支配,请决定案。

决议:财委会有统筹支配本会一切收入支出、管理责任。

6.关于在本会改选时,未缴改选费之□成会员,应否取消会员权,请决定案。

决议:取消会员权,并通知各公司及本业交换组,取消派烟权及交换权。

7.关于发联烟公司不守信用,破坏本会业务,致使同业遭受亏累,应如何交涉,请讨论案。

决议:(1)由会致交汇组停止该公司货品交换。(2)由业务组积极前往,俟公司交涉出结果时,并制止同业缴款出烟。

丙、散会

25.汉口市钱业同业公会理事长为请准予太康钱庄职员江光美就原处参加组训致汉口市永清区第十七保保长

(1948 年 7 月 13 日)

汉口市钱业同业公会　　钱春字第 116 号

顷据本会会员太康钱庄报称:窃江光美自供职太康钱庄以来,已随同本庄其他员工列报○○区第○保○甲户口内有案。现据永清区第十七保第六甲通知,参加该处组训。等因。事关功令,本应遵照。惟本同业人员已函请中山区组训,拟请转呈准予参加中山区编组,以免贻误。等语。查本市各钱庄及本会营业人员应编组受训者在五十人以上,已由本会依据《民众组训实施方案》第四条之规定,函请中山区准予就原处编训在案□□。该员江光美拟请转呈准予随同本会其他员工一并就原处编训,以免贻误。

此致

汉口市永清区第十七保保长

理事长　谢春墀

26.汉口市工业会为转知遵照议价、打击黑市及囤积居奇办法致各会员单位

(1948 年 7 月 14 日)

汉口市工业会公函　　汉工业(37)字第 29 号

案准汉口市警察局汉复(37)警行字第三〇五二号代电开:查各项生活必需品议价原件,根据各该业商人进货成本、增加各项费用及合法利润合理议定,并随时视一般物价升降情形予以调整,商艰民困,兼筹并顾,该商业自应切实遵照议价销售。惟近据报该业商对于议价仍有阳奉阴违、度盾度量或故意抬价制造黑市情事,不独加重市民负担,抑且影响其他物价。等情。值此全面"戡乱"时期,本局负有安定后方之责,对此玩忽法令、刺激人心之徒,自应执法以绳,严加取缔。经规定:(一)各业商对于议价物品应切实遵照议价悬牌供应市销,不得有度盾度量或任意抬价情事;(二)各业商出售粮食,不论多少,均应给以发票,载明品名、数量及单价(若无正式发票者,便条内注明品名、数量、单价,盖店章亦可),以便查考,并策动市民购买粮食索取发票,检举黑市及囤积居奇。以上两项,除分饬所属遵照执行并普遍实施检查及令有关各公会转饬所属各会员一体遵照外,相应电请贵会转知全体会员,协助检举黑市及囤积居奇,以期消灭黑市而维市场秩序是荷。等由,准此。除分函外,相应函请查照,并饬属遵照。

此致

各会员单位

理事长　李国伟

27.汉口市工业会第三次常务理监事会议记录

(1948 年 7 月 14 日)

时间:民国三十七年七月十四日正午十二时

地点:汉口中信局二楼扬子联谊社

出席人:应到十人,实到六人(另有记录簿签名备查)

主席:李国伟

记录:吴传启

甲、报告事项

一、本会会费及入会费仍按照上月指数六十二万倍征收,已于前日函知各会员缴纳。

二、本会筹备会参加工作同人酬金,已由理事长垫支国币一亿五千万元。

三、向各公会通知推荐参加本会专门委员人选公函已于十一日发出。

四、本会会址应付中信局房屋押金已会同湖北省工业会付出国币一亿零四百万元。

五、本会各组工作同人,已由秘书总务主任□同,请准理事长分别任用,以严吉支君为事务组长,姜岱东君为会计组长,方骏君为调查组长,何培德君为事务组办事员。

六、全国工业会成立大会即将召开,本会已着手准备资料及提案,并分函各会员填报表格,拟送提案。

七、奉市府训令,为准社会部电释《工业会法》第十五条疑义——外国人所设工厂亦应加入本会——详收文 21 号。

八、请张常务理事大谋报告小本贷款委员会情形。

九、请华理事煜卿报告出席本市审议工人生活指数会议情形。

乙、讨论事项

一、据化学工业公会来函,以该会经济困难,拟请由三权改为一权,以轻担负,应如何办理,请讨论案。

决议:各单位权数为筹备期间公议,并征得各单位负责人同意,事属定案,无法变更,应据情函复该会,勉为其难。

二、直接税局曾派员来洽关于卅六年度所得税问题,本会应如何办理,请讨论案。

决议:函复直接税局,以关于三十六年度税务原由市商会办理,本会于本年六月底始行成立,对过去情形不能备悉。

三、据华理事煜卿报告,关于本市工人生活指数审议情形,与本会关系深切,应如何办理,请讨论案。

决议:由本会搜集资料,将目前工业困难情形□请当局解救。

28.汉口市工业会为推派代表参加全国工业总会筹备工作呈汉口市政府

(1948 年 7 月 15 日)

汉口市政府钧鉴:

依照属会决议公推李荐廷、王涛、郭寿衡代表属会出席全国工业总会,参加筹备工作,其余代表,俟总会成立日期确定后再行推选,谨此电呈,恳赐核备。

汉口市工业会理事长　李国伟

29.汉口市商会为缓征粮食税不宜有主食杂粮征免之分呈汉口市政府

（1948年7月15日）

汉口市商会呈　商字第三六八八号　中华民国卅七年七月十五日

案据汉口市粮食行商业同业公会代电称：查粮食业缓征一案，京、沪、川、鲁各地早经先后施行，湖北省府亦急其直追援例施行，亦抑配合总体战之紧急措施。我汉市政府鉴于大势所趋，亦有缓征之措施，原则虽似，而实施之范围则独异，有主食杂粮之分、征免之别，似此情形，反滋纷扰，似不宜征免有别，其理由有四：爰依目前实际情形，分别列后。查粮食业营业税之迭次免征，皆无此例，此为不宜征免互异者，一也；再查粮食二字，乃包括各种粮食之谓，并无主食杂粮之分，此为不宜征免有别者，二也；京、沪、川、鲁各地皆有免征成例，均系包括一切粮食而免征，此为不宜与众独异、节外生枝之措施者，三也；武、阳仅一水之隔，而征免不同，则贩运商转地售卖，是使本市粮商之交易趋于没落之途，凡从事于有关粮食职工胥蒙影响，危及其生活，此为不宜征免有别者，四也。基上理由，合据情电请钧会转请市府仍援中枢迭次免征成例施行，免滋纷扰，既符政令，尤合事实。等情，据此。查所陈缓征粮食业营业税不宜有主食杂粮之分、征免之别各情形确属实在，理合据情呈请鉴核示遵。

谨呈

汉口市市长徐会之

汉口市商会理事长　贺衡夫

30.汉口市政府为代客碾制粮食收取手续费之碾坊不在免征营业税之列致汉口市碾米工业

（1948年7月16日）

汉口市政府字第04284号

中华民国卅七年七月十六日批市财字第　号

具呈人　汉口市碾米工业同业公会

本年七月二日炎字第一〇号呈一件，为呈请援川沪成案予以免征营业税由

呈悉，查本市粮食业营业税，前经本府核准，自本年六月廿一日起至八月底止免征在案。惟免征范围依照财政部卅六年五月六日财地三字第一二四九〇号函规定，凡代客碾制粮食而收取手续费之碾坊，皆属另一营业行为，仍应依法课征营业税，不在免征之列，所请未便照准，仰即知照。此批！查照核办为荷。

此致

财政局

社会科　启

汉口市政府

31.汉口市政府为检发《本市工人生活费指数审议委员会组织简则》,第一、二次会议记录,指数表令汉口市商会(附简则、会议记录、指数表)

(1948 年 7 月 16 日)

查《本市工人生活费指数审议委员会组织简则》调整工资起讫日期办法暨七月份上半月工人生活费指数业经分别拟请该委员会第一、二次会议审议暨本府核定通过。除分别电令外,合亟检同该委员会组织简则,第一、二次会议记录暨指数表各一份,令仰知照,并切实遵行为要!

此令!

附检发《本市工人生活费指数审议委员会组织简则》,第一、二次会议记录暨指数表各一份。

中华民国三十七年　月　日

市长　徐会之

附 1:汉口市工人生活费指数审议委员会组织简则

第一条　汉口市政府为安定劳工生活,促进工商业发展,以消弭劳资纠纷,特组织汉口市工人生活费指数审议委员会(以下简称审委会)。

第二条　审委会设委员十一人,以下列各机关法团指派人员充任之。

1.武汉警备司令部;

2.宪兵第十二团;

3.汉口市党部;

4.汉口市参议会;

5.汉口市警察局;

6.汉口市政府;

7.汉口市商会;

8.汉口市工业会;

9.汉口市总工会。

前项各机关法团,除总工会应指派二人(一人代表产业工会,一人代表职业工会)外,其余均各指派一人。

第三条　审委会设主任委员一人,由汉口市政府指派人员充任之,主任委员及各委员均为无给职。

第四条　审委会之职权如下:

1.关于指数中采用物品标准之鉴定事项;

2.关于指数中采用物品价格之调查事项;

3.关于指数编制之审查及建议事项。

第五条　物品价格由市政府、市总工会、市商会、市工业会指派之委员会同实地调查,必要时,得由审委会另行指定人员复查之。

第六条　指数由市政府依据审委会调查之价格,每半月编制一次,并于制定后即送交审委会审议之。

第七条 上半月之指数,以每月八日之物品价格为编制根据;下半月之指数,以每月二十三日之物品价格为编制根据。

第八条 审委会以每月九日及二十四日为开会日期,必要时得由主任委员随时召集会议。

第九条 审委会对指数之审议,如因出席委员意见不得协调时,得报由市政府作最后之核定。

第十条 指数由市政府于每半月登报公布一次,其公布日期定为每月十日与二十五日。

第十一条 指数经审定或核定公布后,各业工人工资应切实照此调整,如劳资任何一方有违反情事,得呈请市政府强制执行之。

附 2:汉口市生活费指数审议委员会第一次会议记录

时间:三十七年七月三日上午九时

地点:本府招待室

出席人:警备司令部李澄中、宪兵第十二团蒋希辅、市总工会柯华阶、市商会刘绍武、市党部吴亨家、市政府丁幼泉(吴旭东代)、市总工会王荃

主席:丁幼泉(吴旭东代)

记录:李骥

主席报告:(略)。

讨论事项:

一、关于本会组织简则,请公决案。

决议:照本会组织简则草案通过(条文附后),并请市政府公布施行。

二、全体委员建议今后调整工资起讫日期如次:

1.按月计资及按工按件计资按月结算者,每月一日至十五日,照上半月指数调整;十六日至月底照下半月指数调整之。

2.按件与按日计资按日结算者,于公布指数之日(上半月为十日,下半月为廿五日)起调整之。

决议:建议市府采择施行。

三、关于调查及审议时间,请公决案。

决议:甲、每月八日、廿三日上午九时在市府集齐,由市府指定人员会同实地调查,当日将调查结果□表□市府编算。

乙、每月九日、廿四日上午九时全体委员在市府举行审议会。

丙、以上调解人员与出席审议委员按时到会,不另通知。

散会

附 3:汉口市生活费指数审议委员会第二次会议记录

时间:三十七年七月九日上午九时

地点:市府招待室

出席人:警备司令部康□锡,市党部吴亨家,宪兵团蒋希辅,总工会萧子俊、鲁文山,市政府

陈菘,市商会刘绍武,工业会华煜卿

主席:陈菘

记录:李骥

主席报告(略)。

讨论事项:

市府提出依据市府指派人员会同劳资双方代表实地调查物价而编制之三十七年七月份上半月指数提请审议案。

决议:照市府所提该项总指数一五五五一一三九〇审议通过(即一五五五一一四倍,以二十六年上半年为基期)。

散会

附 4:汉口市工人生活费指数

(三十七年七月份上半月)

基期二十六年上半年平均　100　　　　采用加权综合法

物品类别名称	计算单位	权数	二十六年一至六月(基期)		三十七年七月份上半月	
			价格(元)	消费值(元)	价格(元)	消费值(元)
食物类						
中等熟米	市斗	7	1.000	7.00	1.500.000	10.500.000
中等菜油	市斤	3	0.190	0.57	440.000	1.320.000
猪肉	市斤	3	0.240	0.72	360.000	1.080.000
鸡蛋	个	4	0.015	0.06	25.000	100.000
盐	市斤	3	0.160	0.48	100.000	300.000
豆腐	块	60	0.008	0.48	30.000	1.800.000
青菜	市斤	3	0.030	0.07	92.000	276.000
衣着类						
本色土布	市尺	1	0.030	0.03	80.000	80.000
厂布	市尺	1	0.150	0.15	98.000	98.000
燃料类						
煤球	市斤	60	0.010	0.60	20.000	1.200.000
火柴	小盒	1	0.010	0.01	20.000	20.000
杂项类						
肥皂	块	4	0.060	0.24	170.000	680.000
丝烟	十支	8	0.044	0.352	85.000	680.000
茶叶	两	2	0.060	0.12	100.000	200.000
烧酒	市斤	1	0.180	0.18	560.000	560.000

（续表）

物品类别名称	计算单位	权数	二十六年一至六月(基期)		三十七年七月份上半月	
			价格(元)	消费值(元)	价格(元)	消费值(元)
房租类						
房租	平方市尺	2	1.000	2.00	625.000	1.250.000
总消费值	13.082				20.344.000	
指数	100				155.511.390	

材料来源:(一)基期材料,根据湖北省银行经济研究室调查所得。

(二)本月份上半月材料,按社会部规定办法,以每月八日实地调查,价格代表该月份上半月价格。

编制机关:汉口市政府社会科。

32.汉口市政府为抄发海员薪资调解会议记录令汉口市商会(附会议记录)

(1948 年 7 月 18 日)

案据中华海员总工会汉口分会汉理二总字第 227 号代电,略以"内河轮驳船员请求调整薪资一案,迭经向轮船业公会洽商,久无具体答复,致使船员无法生存,拟一致自请长假,请核鉴"。等情。查该案业经本府召集调处解决,并已由劳资双方代表签名表示同意及将调解结果记录在卷。除分行外,合行抄发原调解记录,令仰知照。

此令!

附抄发原调解会议记录一份。

中华民国三十七年七月　日

市长　徐会之

附:海员薪资调解会议记录

时间:卅七年七月十一日上午十时

地点:市府招待室

出席人:市警局陈砚田,海员工会刘鑫垣、李雨田,工人代表张少南,湖北省水上警局雷宪武,海员工人代表李玉珊、陈汉卿、王玉斌、朱坤山、吕仁斋、杭得洲、肖安兴,航政局秦福钧,航业公会代表卢醒农,市政府喻思九,市党部徐□□

主席:喻思九

甲、报告事项(略)。

乙、调解结果

1.内河商营轮驳海员薪资自卅七年七月份起比照湖北省航业局内河轮驳船员待遇及等级之标准调整,不得差异。

2.本年六月份物价波动剧烈,内河海员待遇低,由资方根据轮船业公会及海员分会协商决定贴补之原则,予以补助。

3.省航业局船员底薪数字,由劳资双方查明列表,呈报市府查核。

海员分会代表李雨田、刘鑫垣、张少南

工人代表李玉珊、陈汉卿、吕仁斋、杭得洲、朱坤山、王玉斌、卢醒农、秦福钧、徐□□

湖北省水上警局雷宪武、陈砚田、喻思九

丙、散会

33.汉口市商会为转发武汉商运工作座谈会办法致各同业公会

(1948年7月20日)

案奉中国国民党汉口特别市执行委员会汉组字第二七四二号代电开:"准湖北省党部巳艳代电开,兹为明了武汉工商业实际情况,并策划改进起见,特订定武汉商运工作座谈会办法一种,相应检送一份,电请查照,希转饬有关各级团体遵照。等由,准此。兹抄录办法一份,电仰遵照。"等因,附办法一份,奉此。正办理间,奉汉口市政府市社字第九八五七号训令,同前因,遵经推定本会张常务理事立鹤为参加该座谈会代表。除呈复市党部暨分函外,相应抄同原办法,随函送达查照。

此致

本市各同业公会

汉口市商会 启

34.汉口市商会为转武汉商运工作座谈会办法致本市各业同业公会函

(1948年7月20日)

中国国民党汉口市特别市执行委员会汉组字第二七四二号代电开:准湖北省党部巳代电开,兹为明了武汉工商业实际情况,并策划改进起见,特订定武汉商运工作座谈会办法一种,相应检送一份,电请查照,希转饬有关各级团体遵办。等由,准此。兹抄录办法一份,电仰遵办。等因,附办法一份,奉此。正办理间,奉汉口市政府市社字第九八五七号训令开,前因,遵经推定本会张常务理事立鹤为参加座谈会代表。除呈复市党部暨分函外,相应抄同原办法,遣函送达查照。

此致

本市各业同业公会

汉口市商会 启

附:武汉商运工作座谈会办法

一、为明了武汉工商业实际情形并策划其改进起见,特定本办法。

二、商运工作座谈会每周举行一次,由湖北省党部、汉口特别市党部、社会处轮流召集,除湖北省党部、汉口特别市党部、建设厅、社会处、武昌市政筹备处、市党部、汉口市政府、武昌市商会、汉口市商会各派代表一人暨湖北省商联会出席全国商联会全体代表应每次出席外,汉口各重要工商业及输出业同业公会代表出席顺序如下:1.粮食、碾米、油盐、糖、面粉薪炭、煤等业同业公会。2.民船、轮船、人力车及其有关交通器材承揽运送等业同业公会。3.五金、电料、锡铁、机器及其他有关建筑材料等业同业公会。4.国药、新药、制药、火柴、皮革及其他有关工业同业公会。5.印刷、教育、图书用品、纸等业同业公会。6.旅栈、浴室、理发等业同业公会。7.银行、钱业及银楼等业同业公会。前项未列之同业公会或无同业公会之公司行号,必要时得由召集机关通知参加。

三、参加座谈会之各业同业公会或无同业公会之公司行号代表应于开会前准备各该业之实际情况资料、改进意见,于出席座谈会时报告之。

四、座谈会应由召集机关就商定事项、会议记录,分送地方政府及其有关机关,分别实施,有国家之事项,应建议中央实施之。

35.汉口市商会为征收选举费用呈市政府

(1948 年 7 月 22 日)

查本会定于八月二十日改选理监事,业经分别呈函在案。兹以物价剧涨,关于筹备选举之用费,如印刷选票、代表名册、出席证、收支报告及招待代表香烟、膳食、杂用等开支款甚巨,而本会本年又未征收会费,爰于七月十七日召开第二十三次理监联席会议,并呈请钧府派员出席指导。经议决"本会即日征收选举费用,每权收百万元,不缴选举费用者,不得参加本会选举"。等语,记录在卷。除分别呈函外,理合呈请鉴核备查。

谨呈

汉口市市长徐

36.汉口市政府为篾器业工资已调整令汉口市商会(附会议记录)

(1948 年 7 月 23 日)

案据本市篾器业同业公会呈,略以工人以罢工要挟增加工资,请依法制裁。等情。查该业工人已经复工,工资业由本府召集调处增加,并已由劳资双方代表签名,表示赞同,及将调解结果记录在卷。除分令外,合行抄发原调解记录,令仰知照。

此令!

附抄发原调解会议记录一份。

中华民国三十七年　月　日

市长　徐会之

附:篾器业工资调解会议记录

时间:三十七年七月十五日上午九时

地点:市府招待室

出席人:武汉警备司令部稽查处王剑峰,市党部孙荣雪,市警局栾锐斌,篾器公会李际可,篾业工会程元贵、杨宪卿、吴业传,公会代表徐源泉、夏纪生、王传照、刘凤杰、袁金海,市总工会周荣新,市商会高坤山,市政府喻思九

主席:喻思九

报告事项(略)。

调解结果

1.篾器业基期工资根据战前惯例,比照碾米业工人待遇,定为每工四角,自三十七年七月一日起,每半月按照市府公布之工人生活指数调整。

2.目前资方营业状况较为发达,自三十七年七月一日起至三十日止,由资方每工补助十二万元,嗣后劳方不得援例要求。

散会

37.汉口市政府为调解踹布业工资令汉口市商会(附会议记录)

(1948 年 7 月 24 日)

案据本市踹坊业职业工会呈,略以“物价高涨,工资低微,不能维持生活,请予调整”。等情。呈悉,查该业工资业经本府两度召集调处增加,并已取得劳资双方赞同,及将调解结果记录在卷。除分行外,特抄发原调解记录,令仰知照为要。

此令!

附抄发第二次调解会议记录一份。

附:踹布业工资第二次调解会议记录

时间:卅七年七月十九日下午四时

地点:市政府招待室

出席人:市总工会柯华阶,市党部王凌云,市商会刘绍武,市政府喻思九、张坤臣、王平章

主席:喻思九

甲、报告事项(略)。

乙、调解结果

1.踹布业工资自三十七年六月廿二日起,季工每季调整为一亿二千五百五十万元,月工每月四千二百五十万元,日工每日一百六十四万元。

2.该业工资嗣后比照踹布价格增加成数,及日□调整,不得差异。

丙、散会

张坤臣、王平章

38.汉口市政府为抄送物价评议会会议记录令汉口市猪肉商业同业公会(附会议记录)

(1948 年 7 月 26 日)

汉口市政府指令　　市社字第 701□□□号

呈悉:查本市各项主要物品价格,业经本市物价评议会(卅七)第四次委员会分别评定。除分别电令外,合亟检同该项会议记录一份,令仰遵照,转知各商悬牌销售,不得擅自抬价为要。

此令！

附物价评议会(卅七)第七次谈话会记录一份。

市长　徐会之

附：汉口市物价评议会(卅七)第七次谈话会记录

时间：三十七年七月廿三日下午四时

地点：市府社会科

出席人：警察局陈舜齐(熊仲明代)

市商会高坤山

煤商业公会涂炳炎

米业公会郑耀卿

粮食业陈焕章

猪肉公会方学全、林志卿

财政局慈克振

决议事项：

(一)煤球价格应如何调整案。

决议：煤球每石售价为三百五十万元。

(二)猪肉价格应如何调整案。

决议：零售每斤六十四万元，批发五十八万元，行盘五十二万元。

(三)木柴价格应如何调整案。

决议：照呈赍价格调查表通过。

(四)民众乐园票价应如何调整案。

决议：门票准售二十四万元；大舞台票价，特座准售六十万元，余座递减。

(五)新记大舞台票价应如何调整案。

决议：新记大舞台特座准售七十万元，余座递减。

(六)歌厅茶券应如何调整案。

决议：歌厅茶券准售五十万元，乐厅四十万元。

(七)麻油价格应如何调整案。

决议：上麻每斤为八十万元，次麻为七十四万元。

(八)门市机米应如何调整案。

决议：门市机米议价依据河下齐米成交价格，每石二千四百五十万元折算，二道机米议价每石为三千万元，仍分三级，每级递减二百万元。“谨检附单据呈核。”

39.汉口市政府为迅速清缴统一捐款致汉口市钱业公会函

(1948年7月26日)

汉口市钱业公会：

准汉口市“戡乱建国动员委员会”本年午灰戡总字第五八五号代电开：“查本会前发动统

一捐献,关于银行及钱庄配额提经本会第四次联席会议第七案决定:一、请银行公会捐助五十七亿元;二、钱庄同业每户捐助八千万元。”等语,记录在卷。除分函外,特电请查照,□予转催速缴,以利工作,至纫公谊。等由,自应照办。除分电外,合行电仰遵照,迅予清缴为要。

汉口市政府午寝市财印

40.汉口市银行商业同业公会为已缴送剩余统一捐献致汉口市政府函

(1948 年 7 月 28 日)

拟函戡委会查照办理

汉口市银行商业同业公会代电　中华民国三十七年七月二十八日　会公字第二四二七号

汉口市政府钧鉴:

顷奉午寝代电,以准“戡乱建国动员委员会”午灰代电,嘱将银行业统一捐献五十七亿转催速缴。等因。敬悉。查本案前经集议,外商银行向不派捐捐献,总额应为五十四亿,除已捐款二十五亿外,此次应缴之二十九亿业于今日(廿八日)如数缴送汉口市银行核收,掣有戡建会收据在卷,奉电前因,敬请查照转知为祷。

汉口市银行商业同业公会理事长　邹安众　午俭

41.汉口市营造业工业同业公会为泥瓦业工资致杨子营造厂紧急通知

(1948 年 7 月 28 日)

顷据本市泥瓦业工会理事长黎国华亲手送来公函一件,大意谓每月整理工资麻烦特多,常伤情感,拟由双方协商,谋一平允方法,互相遵守,定于本月二十九日下午四时请本会派员前往该会共同商议。等由。查调整工资,关系重要,特定明日下午一时召集理监事临时会议商讨办法。除分函外,相应函请贵厂届时派员来会参加为荷。

此致

杨子营造厂

汉口市营造业工业同业公会

42.汉口市泥瓦营造两会协同工资记录

(1948 年 7 月 30 日)

时间:三十七年七月三十日下午三时

地点:营造公会

出席人:泥瓦公会黎国华、涂家行、汤新成、杨玉宝,营造工会袁顺武、余景计、孙国栋、杨义卿、张禹门

主席:袁顺武

记录:许忠志

讨论事项:

市府公布三十七年七月份下半月生活指数二六二八一九一倍,泥瓦业工会以物价高涨,不

能维持生活，经双方协议，在指数之外，另厂方每工补贴七十三万一千〇九元，共计每工工资三百三十六万元外，伙食每工八十四万元，由七月十六日至七月底止□议通过。本案通过后，由各会通知会员遵照。等由。两会□呈报市府备案施行，呈文由泥瓦业起稿。

黎国华、袁顺武

43.汉口市政府为依照财政部规定办理粮食业营业税之征免令汉口市商会

（1948 年 7 月 30 日）

指令市财字第　号

令汉口市商会：

本年七月十五日商字第三六八八号呈一件（同来文由），呈悉，查该业营业税之征免系依照财政部规定办理，原呈所称各节理由殊不充分，所请碍难照准，仰即知照转知为要。

此令！

市长　徐会之

44.汉口市油商业同业公会第一次改选大会当选职员名册

（1948 年 7 月 30 日）

职别	姓名	性别	年龄	籍贯	学历	略历	住址	党籍	备注
理事长	余松泉	男	46	汉阳	高中	泰顺新经理	汉正街 1067 号	无	
常务理事	汪香波	男	39	汉阳	私塾八年	森大经理	汉正街 1052 号	无	
常务理事	张吉六	男	46	武昌	中华大学	鼎升恒义记经理	汉正街 660 号	国民党员	
常务理事	李友三	男	47	汉阳	私塾十年	同丰永副理	花楼街 100 号	无	
常务理事	陈训卿	男	50	汉口	私塾十年	久泰副理	花楼街 212 号	无	
理事	陈桐青	男	49	汉阳	高中	盛昌经理	聚仙巷	无	
理事	李汉章	男	47	汉阳	高中	成丰经理	汉正街 1090 号	无	
理事	张利生	男	36	汉口	高中	永生副理	方正里 48 号	无	
理事	廖显坪	男	42	汉阳	初中	恒利经理	汉正街 789 号	无	
理事	张佑民	男	42	武昌	高中	鼎升恒谷记经理	光裕街 242 号	无	
理事	徐竹葆	男	50	鄂城	初中	懋泰经理	汉正街 811 号	无	
理事	夏汉清	男	57	南京	私塾十年	永安经理	汉正街 1042 号	无	
理事	孙在礼	男	35	汉口	初中	恒利总理	汉正街 789 号	无	
理事	余柏延	男	54	江苏	大学	颜记经理	汉正街 653 号	无	
理事	李子卿	男	58	汉阳	初中	大昌副理	汉正街 1072 号	无	
常务监事	贺衡夫	男	62	汉阳	私塾十年	乾昌总理商会理事长	民生路 152 号	无	
监事	陈经畬	男	70	南京	私塾六年	义恒泰总理前商会主席	方正里 10 号	无	

（续表）

职别	姓名	性别	年龄	籍贯	学历	略历	住址	党籍	备注
监事	俞秀庭	男	61	汉阳	私塾六年	亦昌经理	方正里 45 号	无	
监事	朱有孚	男	57	汉阳	中学	其昌经理	方正里 11 号	无	
监事	刘叔芳	男	32	武昌	中学	刘荣记经理	民族路 153 号	无	
候补理事	鲍建文	男	46	武昌	中学	同源经理	汉正街 281 号	无	
候补理事	胡友三	男	40	汉阳	私塾六年	益丰经理	汉正街 110 号	无	
候补理事	高星甫	男	62	江苏	私塾六年	同丰永经理	花楼街 100 号	无	
候补理事	唐友于	男	55	南京	中学	春源经理	方正里 37 号	无	
候补理事	闵伯纯	男	47	汉阳	中学	兰丰经理	汉正街 1012 号	无	
候补监事	陈衡开	男	53	汉阳	私塾	聚生经理	方正里 48 号	无	

45.汉口市图书教育用品同业公会为报告抗议市商会征收选举费呈市政府(附抗议市商会征收选举费为出席之条件呈)

（1948 年 7 月 31 日）

事由:为报告抗议市商会征收选举费为出席之条件详情由。

拟办:拟收□□市商会办理情形□呈。

案据市商会七月二十一日通告略称:“查本会定于八月二十日改选理监事,业经分别呈函在案。兹以物价剧涨,关于筹备选举之费用,如印刷、选举代表名册、出席证、收支报告及招待代表香烟、膳食、杂用等开支需款甚巨,而本会本年又未征收会费。爰于七月十七日召开第二十三次理监联席会议,并呈请市政府派员出席指导。经议决本会即日征收选举费用,每权收八百万元,不缴选举费用者,不得参加本会选举。”等语,准此。遵即提交本会第五次理事会研讨,业经议决:“此项收费实违背《商会法》及一般选举法,应向商会提出严重抗议。在未合理答复之前,拒绝出席。”等语,记录在卷。因查该会通告,特别声明钧府派员参加,以示该项决议案必须强制执行之意。除向该会正式提出抗议书外,理合将该项抗议书缮具一份,备文呈请鉴核,准予备案,实为德便。

谨呈

汉口市市长徐

附:汉口市图书教育用品同业公会为抗议市商会征收选举费为出席之条件呈文

查《修正商会章程准则》第十条“公会之会员及非公会会员均得奉派代表出席本会,称为会员代表”。第十五条下节“出席代表有表决权、选举权及被选举权”。依据上列之规定,不论任何会员大会,本会有选派代表出席行使职权之权。于今贵会通告加以严重之限制,妨碍本会代表出席权,应行提出抗议请求答复者,一也。再查商会章程全部条约,并无会员担任选举费用之义务字样,于今贵会提出,应行抗议请求答复者,二也。再查商会准则第三十二条规定,变更章程“以会员代表表决权数三分之二以上之出席,出席权数三分之二以上同意行使之”,又

第三十六条规定会员会费项下“公会会员以其所收入会费总额十分之□充之”，足见公会会员应以公会收入为纳费之标准，依据纳费之多寡而定权数。今先任意规定同业公会权数分担会费，已属倒果为因，而今更变名为选举费，显□变更商会章程之规定，依法亦应由大会先行决议，今竟未经大会之决议而由理事会强制实行定数，违章之甚，此应提出抗议而请答复者，三也。本会对于会费之缴纳一向依章，就本会之收入缴付百分之二十，并预□历年以来均按年缴纳，各在案。至于出席代表之权数及应派代表之人数均无丝毫成见。可由贵会依据纳费之标准决定后，通知遵办。惟对于贵会此次之通告实无法接受，当经提交本会第五次理事会从详研讨，当经议决“此项收费实违背《商会法》及一般选举法，应向商会提出严重抗议，在未获合理答复之前拒绝出席”。等语，记录在卷。除向市政府申叙缘由外，特向贵会提出抗议。在未获贵会答复之前，本会保留拒绝出席之权，准函前由，特此奉达，即希查照见复为荷。

46.汉口市商会为商会选举代表事呈市政府

（1948 年 7 月 31 日）

查本会定期改选，业经通知各业公会依法推举会员代表报会，一俟报□，即行造具名册呈报钧府审核。兹有武汉中国国货公司推举代表魏吉甫，震华兴纪制线厂推举代表张振辉，楚华企业公司（营业纱花杂粮）推举代表王穆吾到会。该公司等可否为本会会员，理合呈请鉴核示遵。

谨呈

汉口市市长徐

汉口市商会理事长　贺衡夫

47.汉口市营造工业同业公会为调整月费致会员通知

（1948 年 7 月 31 日）

查近来物价波动，币制低落，本会收入因之减少，影响经费，入不敷出。经第二届第三八次理监联席会议，佥谓应行调整月费，以资维持，尤应采基数调整，一劳永逸，以免日后麻烦。决议甲等会员一月月费定为基数四元，乙等二元，丙等一元，丁等五角，按照□工半个月汉口市政府公布之生活指数计算收取，如有故意滞纳，则以缴纳时之生活指数计算，定三十七年八月份起实行。等语，记录在卷。查上项规定基数比较战前各级厂家所完月捐数目尚属为少，自觉可行。除分行外，相应通知，查照办理为荷。

此致

会员

汉口市营造工业同业公会　启

48.汉口市工人福利事业协进会扩大征求会员办法

（1948 年 7 月）

一、本办法根据《汉口市工人福利事业协进会组织简则》第三项之规定订定之。

二、本会为扩大征求会员，得设征求会员总队，置总队长一人，副总队长二人，由本会主任委员暨常务委员分别兼任之，下设六个大队。

1.市民大队——置大队长一人，由市政府民政科科长兼任之。下设十四个中队，各置中队长一人，聘各区区长兼任之。各队下设若干小组，各该组长由各区区长指定保长兼任之。

2.商业大队——置大队长一人，聘市商会理事长兼任之。下设若干中队，各置队长一人，聘各业公会理事长兼任之。

3.劳工大队——置大队长一人，聘总工会理事长兼任之。下设若干中队，各置队长一人，聘各业工会理事长兼任之。

4.党政大队——（包括自由职业）置大队长一人，聘市党部组训处长兼任。下设若干中队，由该大队长自行拟定，并提出人选提会决定后聘任之。

5.青年大队——置大队长一人，聘青年团汉口区团组训科长兼任。下设若干中队，由该大队长自行拟定，并提出人选提会决定后聘用之。

6.妇女大队——置大队长一人，聘妇女会理事长兼任。下设若干中队，由该大队长自行拟定，并提出人选提会决定后聘用之。

三、本会征求会员得分期办理，第一期预定征求会员三万人，根据前列各队实际情形分配征求之。

四、本会会员分为赞助会员、普通会员、基本会员、团体会员四种。

1.凡属机关首长及人民团体理事长或公司商号经理、赞助工人福利事业者，得为赞助会员。

2.凡属公教人员、学生及一般市民，协助工人福利事业者，得为普通会员。

3.凡属公私法人之合法团体或机构，得为团体会员。

4.各业工友为基本会员。

五、本会会员对本会所兴办各项福利事业，有监督及决定之各权利，并对本会有发言权、选举权及被选举权。

六、本会会员有缴纳一次入会费之义务，其标准如下：

1.赞助会员缴纳会费一万元，均于入会时一次缴足。

2.普通会员缴纳会费二千元，均于入会时一次缴足。

3.团体会员缴纳会费二万元，均于入会时一次缴足。

4.基本会员缴纳会费一千元，均于入会时一次缴足。

七、征求成绩最佳之大、中队由会给予奖状。

八、各级征求人员概为无给职。

九、本办法经汉口市工人福利事业协进会常务委员会通过施行。

49.汉口市工业会办事细则

（1948 年 7 月）

第一章　总　则

第一条　本细则依本会章程及本会组织规程订定之。

第二条　本会各级职员所掌一切事宜，除章程中另有规定者外，悉依本细则之规定。
第三条　各级职员，其职权与责任发生疑义或抵触时，由秘书陈明理事长决定之。
第四条　各级职员处理各项事务，应依规定分层负责。
第五条　各级职员对本会事务在未经公布前，均应严守秘密。

第二章　任　务

第六条　专门委员会之任务如下：
一、参加常务理事会，发表意见；
二、检讨理事长及常务理监事会之咨询事项；
三、处理理事长及常务理监事会请办事项。
第七条　总副干事之任务如下：
一、处理理事长交办事项；
二、执行理事会与常务理事会决议事项。
第八条　秘书之任务如下：
一、处理理事长交办事项；
二、督导会内职员处理日常会务；
三、保管本会钤记。
第九条　事务主任之任务如下：
一、处理理事长及总副干事、秘书交办事项；
二、支配各组组长及办事员职务；
三、督导各组组长及办事员处理日常会务。
第十条　总务组之任务如下：
一、组长之任务：
1.督导办事员主办文书、出纳、庶务事项；
2.秉承秘书之意旨，办理人事进退、迁调、考核、奖惩之登记事项；
3.印章之刊发及典守事项。
二、关于文书方面者：
1.往来文件之收发事项；
2.各种文件之保管、编档事项；
3.各种文件之撰拟、缮校事项。
三、关于出纳方面者：
1.经收会费、捐款事项；
2.办理付款事项；
3.登记收支款项簿籍；
4.保管应备现金。
四、关于庶务方面者：
1.一切会议之□□、收发、保管、整理事项；
2.会议之管理事项；

3.同仁福利事项；
4.不属于其他各组之事项。
第十一条　财务组之任务如下：
一、组长之任务：
督导办事员主办会计、编审事项。
二、关于会计方面者：
1.会计规程之拟订、修改事项；
2.账表、簿籍之记载、保管事项；
3.会费、捐款以及各种摊款之计算事项；
4.其他有关会计事项。
三、关于编审方面者：
1.预算、决算之编制、审核事项；
2.账表、簿籍、契约、单据之审核、复核事项；
3.稽核收支款项簿籍；
4.关于其他应行稽核事项。
第十二条　调查组之任务如下：
一、组长之任务如下：
督导办事员主办调查、注册、统计事项。
二、关于注册方面者：
1.各业工业公会或工厂申请入会事项；
2.会员登记事项。
三、关于调查方面者：
1.工厂之调查事项；
2.工业经济之调查事项；
3.工业物资之调查事项；
4.工业人才之调查事项；
5.工资、力资之调查事项；
6.物价涨落之调查事项。
四、关于统计方面者：
1.工厂之统计事项；
2.工业经济之统计事项；
3.工业物资之统计事项；
4.工业人才之统计事项；
5.工资、力资之统计事项；
6.物价指数之编造事项；
7.其他足资工业上研究或参考之统计事项。

第三章　附　则

第十三条　本细则如有未尽事宜,得随时修正之。

第十四条　本细则经理监事联席会议通过后施行,修改时同。

50.汉口市车棺商业同业公会第二届理监事略历册

(1948 年 7 月)

汉口市车棺商业同业公会第二届理监事略历册　　三十七年七月　日

理事长方乐阶

职别	姓名	年龄	籍贯	学历	经历	住址	是否党员	备考
理事长	方乐阶	□□	黄陂	县立中学毕业	方祥发车棺店经理	长堤街九七号	是	
常务理事	李正海	五八	孝感	私塾六年	李兴发车棺店	大火路八九号	是	
常务理事	李玉林	三二	汉阳	私塾六年	李成记车棺店	大火路五一号	是	
理事	王斯志	四九	黄陂	私塾六年	王洪发车棺店经理	大火路四号	是	
	蔡海山	三九	汉口	私塾六年	蔡义兴车棺店	万安巷五十九号	是	
	王坤安	□□	黄陂	私塾六年	王复顺车棺店	老官巷八三号	是	
	段耀洲	四九	黄陂	私塾六年	段祥泰车棺店	汉正街三六四号	是	
	乐公荣	□□	黄陂	私塾六年	乐荣发车棺店	汉水街三四三号	是	
	彭柏林	四二	黄陂	私塾六年	彭复兴车棺店	长堤街一二八号	是	
候补理事	张仁志	□□	黄陂	私塾六年	张义兴车棺店	大火路六一号	是	
	余刚祥	三二	黄陂	私塾六年	余复兴车棺店	大火路二七号	是	
	余正财	五七	孝感	私塾六年	余洪发车棺店	大夹街五半里	是	
常务监事	田佐柏	五二	孝感	私塾六年	田鸿发车棺店	大火路四三号	是	
监事	蔡华廷	四四	黄陂	私塾六年	蔡恒发车棺店	老官巷九二号	是	
	岳东云	四二	黄陂	私塾六年	岳洪发车棺店	大火路三五号	是	
候补监事	田佐华	四一	孝感	私塾六年	田同兴车棺店	大火路二六号	是	

51.汉口市钱业同业公会为输纳统一捐款致汉口市"戡乱建国动员委员会"函

(1948 年 7 月)

案准贵会勘劝字第五八四号之函,为录案再行函请输纳统一捐款,嘱查照见复。等由。经提本会第五次理监事联席会议详加商讨,□以关于本市"戡乱"经费在□"戡乱动员委员会"之函,摊配本会□时借款二十亿元,改作捐献则减为十亿元,业经函照捐款十亿元,旋接之函仍应按照原定二十亿元缴纳,复经遵照补缴十亿元,是本会对于"戡乱"动员经费已经一再认缴,在各项捐募频繁、捐募数字庞大之今日,本会实已尽最大之努力。若此外尚须每户捐助八千万元之巨数,实非庄号力能胜任,因议决"查案并申述困难情形,函复查照,请予免除。等语,记录在案。相应函复,即希查照为荷。

此致

汉口市"戡乱建国动员委员会"

理事长　钱○○

8 月

1.汉口市商会征收选举费,书业公会提出抗议

(1948 年 8 月 1 日)

[汉潮社讯]汉口市商会定于本月二十日举行改选大会,并通告各公会限期缴纳选举费,每权以八百万为计。该项办法并无章程根据,亦未经会员大会之公决,仅由市商会理监事会之决议。依据该项决议办法,如不缴纳选举费,即不得出席,抑即被剥夺一切选举与被选举权。本市图书教育用品业公会对于此项通告,经理事会研讨,认为违背商会章程,决予提出严重抗议。据悉,该项抗议书于昨(七月三十一日)送达市商会,市商会并将原抗议书报告市政府备案。

(《武汉日报》)

2.中兴棉业公司汉口分公司为核示转请停征救济特捐一案致棉花商业同业公会

(1948 年 8 月 2 日)

案前该业已单独担任本省棉花特捐,为数颇多,且凡经营管制数月,委实毫无业务之可言。等情,函请减免在案。近闻救济特捐委员会有不准邀免之说,事关救济,唯有勉为其难,担认特捐三亿元,即此已竭尽绵薄,力难再认其余之款。伏祈据情转函,要求准予核免,无任感荷。

此致

汉口市棉花商业同业公会

拟并要案转请商会记该会减免。

中兴棉业公司汉口分公司　谨启

3.汉口市政府为准予征收选举费用并不得剥夺不缴纳费用会员之选举权令汉口市商会

(1948 年 8 月 2 日)

本年七月廿二日商字第 3728 号呈,以征收选举费用,请鉴核由。呈悉,所请征收选举费用,准予备查。至不缴纳会费之会员,仍应劝导缴纳,不得剥夺其选举权。此令!

市长　徐会之

4.民主时代另一新作风，汉市商会公开纳贿，不缴选举费无权参加选举，二十余公会联合提出抗议

（1948 年 8 月 2 日）

［本报讯］汉口市商会定于本月二十日改选理事会，于日前发出油印通知，略谓："本会即日征收选举费用，每权收八百万元，不缴纳选举费用者，不得参加本会选举，并限期七月底以前照章（三权收二千四百万，五权收四千万元）径送本会会计室登记，填给收据，再凭收据发给代表出席证，以便参加选举。如不缴费，即系自行弃权，事关选举，请勿自误。"等语。各业接获此项通知，首先抗议者为图书用品等，已分送抗议书，认为该商会强制收取费用，不缴选举费，即不得出席，即剥夺选举与被选举权。继由广告公会、剧场业公会等二十余公会群起响应。认为收选举费为一事，会员出席证一事，不能因不先期缴选举费，而欲扣发出席证与选举票。处此民主时代，该商会竟欲扣发出席证，显系违法，或系另有作用，并请该会理事长贺衡夫公开答复，否则一致不出席本届改选理监事会，情形严重。记者昨走访该会会员、广告业公会理事长孙□厂，渠谓广告公会为一弱小会员，拥有三权，计会期前应缴选举费二千四百万元，因继缴不及，拟公开售出选票，不加利润，乃取成本费二千四百万元。如欲当理事者，可向该会洽购，既可拥戴大贾腹为理事长，又可出席本届改选会。虽系愤语，亦云惨矣。

《武汉日报》

5.湖北高等法院复商户济生等十七家滞纳所得税案业经裁定无从救济致汉口市商会

（1948 年 8 月 3 日）

贵会本年六月七日商字第三五五五号公函，以商户济生等十七家滞纳所得税案，并未逾越税局通知之缴款期限，惟该十七家已由局方送请汉口地方法院□所有裁定，似应撤销，以免偏袒，而昭公允。等由，准此。刻已饬□汉口地方法院呈复□□均裁定案件一经确定，在现行□□并未救济办法，仍应照原裁定执行，业经本院呈奉司法部核示有案。兹准前由，于应函复，即希查照为荷。

此致

汉口市商会

院长　魏大同

6.汉口市政府为检发第六次经济会议令市商会（附第六次经济会报记录）

（1948 年 8 月 3 日）

令市商会：

兹检附本市第六次经济会报记录一份，令仰知照。

此令！

附《第六次经济会报记录》一份。

中华民国三十七年七月

市长　徐会之

附:汉口市第六次经济会报记录

时间:三十七年七月二十七日上午十时

地点:市政府市长室

出席人:徐会之(孙际旦代)

工商部汉口工商辅导处

财政局(张宗闵代)

武汉区粮食储运处

汉口金管局(蒋良栋代)

市参议会田子英

市商会陈焕章

粮食公会刘绍武

庄纱布管委会卢平林、刘国理

四联汉分处郑行继

经检队唐组

警备部徐耀武

主席:徐会之(孙际旦代)

记录:邓文渠

一、报告事项(略)。

二、讨论事项

(一)为粮源日竭,粮荒可虑,应如何预为储备,以维军粮民食案。

决议:

1.由市政府函请湖北省政府发严令,产区各县对粮食绝对自由流通,不得阻禁。

2.奖励粮商向外埠运销,由粮商业公会拟具办法,呈报市政府核办。

3.再电行政院,请将武汉增列为配粮区。

4.严密审核食粮外运。

5.电请粮食部迅即配足武汉区军粮,并预为储备一月之需。

6.由市政府重申前令,严禁制售三道机米。

(二)为鉴定齐米制成二道机米成数及核算所需成本,提请讨论案。

决议:核定为百分之四十。

7.武汉高等特种刑事法庭为聘台端为监所囚粮购置委员会委员抄同办法一份连同聘书一件函请查照致汉口市商会理事长函

（1948 年 8 月 3 日）

武汉高等特种刑事法庭公函：

查本庭成立业经四月，人犯日渐增多，关于囚粮需用甚繁，函应依法成立囚粮购置委员会，办理采购事宜。兹参照监所囚粮采购办法第十三条第五款之规定，特聘台端为本会委员，相应抄同监所囚粮采购办法一份，连同聘书一件，函请查照为荷。

此致

汉口市商会理事长贺

附送监所囚粮采购办法一份、聘书一件。

庭长　唐守仁

8.选举要钱市商会有所说明

（1948 年 8 月 3 日）

[本报讯]汉口市总商会昨日下午三时召集理监事联席会议，讨论所谓八百万元选举费及大会筹备事宜。据贺理事长语记者云：外传所谓八百万元选举费者，因当发通知时字句未加详细斟酌，以致以讹传讹，竟酿成笑话。贺谓市商会本身即系一无钱机关，按照《商业法》，各同业公会应将全年经费十分之二为总商会经费，自本届理事长膺选二年以来，总商会向各同业公会前后共收三亿余元。平时要收公费，殊为困难，故此次就开大会之便，拟每权一次收八百万，因开大会时，一切均须用钱，及准备出席代表聚餐用。记者复与其他若干负责人士，询以如果有若干同业不如期缴送，将来是否无“权”选举，渠等均笑谓：当不致如此严重吧！并闻迄日前为止，已报到之代表有四百余人，已收选举费则只四亿余元，甚多同业公会尚在观望中云。

9.汉口市政府为重申不得剥夺不缴纳费用会员之选举权令汉口市商会

（1948 年 8 月 4 日）

查本(二)日《武汉日报》第五版刊“民主时代另一新作风，汉市商会公开纳贿”新闻一则。其内容指明该会有因会员无力缴纳选举费而扣发出席证情事。兹查本案前经该会呈报到府，时经以市社字第 7100 号指令，饬知不得剥夺选举权在案。据载前情，特再令仰该会迅即遵照前令切实办理，并将办理情形申复备查。此令！

市长　徐会之

10.汉口区面粉工业同业公会为本会遵照社会部令颁工业会法及其施行细则等规定,业经改组,并呈奉工商部批示原“第九区”名称改为“汉口区”致汉口市商会(附职员名单)

(1948 年 8 月 6 日)

粉 37 字第 409 号

查本会业经遵奉社会部令颁《工业会法》及其施行细则等规定,于五月二十一日召开会员大会,曾蒙湖北省政府社会处暨汉口市政府派员莅临指导。当即遵照规定修改章程,改选理监事。经录案通过,并分别呈报主管官署备查各在卷。兹奉工商部本年七月二十八日京工(37)字第七一四二六号批示,本会呈为奉令改组,检呈会章册表,祈鉴核由。内开,呈件均悉,该会改组应改名为汉口区面粉工业同业公会,仍以湖北省及汉口市行政区域为范围,设事务所于汉口沿江大道一〇一号。除函社会部外,仰即知照。等因,奉此,自应照办。业经呈请社会部将原颁“第九区面粉工业同业公会”图记换发备用,但未颁发到会以前暂行借用原有图记。除分别呈函外,相应函请查照为荷。

此致

汉口市商会

附职员名单一份。

理事长　华迩英

附:汉口市面粉工业同业公会职员名册

职别	理事长兼常务理事	常务理事	常务理事	常务理事	常务理事	常务理事	常务理事	理事	理事	理事	理事	理事	理事
姓名	华迩英	罗宝珊	赵厚甫	彭金观	陈尧轩	朱楚辛	吴樾青	张志尧	徐光辉	刘智孚	潘惠民	徐信臣	竺锦卿
年龄	50	53	39	37	44	42	42	25	24	50	35	53	43
籍贯	无锡	汉阳	武昌	黄陂	汉阳	浙江	安徽	江苏	黄陂	黄陂	黄陂	鄂城	浙江
代表之工厂	福新面粉公司	宝新新记	胜新面粉公司	同盛	五福	五丰	金龙	瑞华	裕民	天丰	信记新	公记	华中
在工厂之职务	副经理	总经理	总经理	总经理	总经理	厂长	业务主任	经理	经理	经理	经理	经理	经理
通讯处	沿江大道 101 号	中山大道 1074 号	洞庭街 59 号	汉正街 210 号	汉正街 566 号	沿江大道 119 号	黄兴路 17 号	联益里 31 号	汉正街 390 号	宁波里 5 号	球场街 211 号	中正大道 640 号	汉正街 462 号
备注													

职别	理事	理事	常务监事	监事	监事	监事	监事	候补理事	候补理事	候补理事	候补监事
姓名	陈宪章	华栋臣	李国伟	陈子清	王一鸣	李树堂	殷柏涛	张一乐	商泽如	罗伯陶	谢恩绶
年龄	38	58	55	55	44	33	44	60	38	38	35
籍贯	汉阳	无锡	无锡	汉阳	黄陂	汉阳	黄陂	杭州	汉口	汉阳	江苏
代表之工厂	瑞华	福新面粉公司	福新面粉公司	德泰	胜新面粉公司	金龙	福民	五丰	胜新面粉公司	宝泰	五丰
在工厂之职务	监督	副经理	总经理	总经理	总工程师	总经理	总经理	副厂长	副理	经理	副厂长
通讯处	沿江大道 144 号	沿江大道 101 号	沿江大道 101 号	球场街 40 号	洞庭街 59 号	黄兴路 17 号	统一街小火巷 28 号	沿江大道 49 号	洞庭街 59 号	芦苇街 68 号	沿江大道 119 号
备注											

11.省市工商法团电请工商部保留工商辅导处，力陈三点理由说明辅导处重要

（1948 年 8 月 7 日）

［本报讯］省市工商法团汉口市工业会、鄂省工业会、省商联会、汉口市商会等团体，顷因工商辅导处行将撤销，特分电立院、政院、工商部等机关请予保留，全文于次。钧鉴：顷阅报载工商部各地工商辅导处行将撤销，窃会等阅悉之余，特电呈三点，请予保留，以利工商。窃以：一、工商辅导处成立两年来，对于各地工商业之调查与研究各业困难之了解与协助以及推行政府之经济政策，等等，均有建树。各地工商，无论直接间接获益良多，同时使中枢对于各工商业境况之惨淡欣荣，随时有深切之了解，俾能发展建设，解救危机，事实俱在，无用赘陈。二、回忆战时工矿调查处之成立，使后方工矿生产事业一度振兴，对于抗战之能获得最后胜利，贡献甚伟，际兹战乱未已，经济动荡，不但应保留工商辅导机构，而且应请加强权责，以利事业而救危急。三、若一旦撤销工商辅导处，则京沪各地犹可由中枢就近直接辅导，而其他各地工商事业境况之荣枯，必逐渐与中枢隔膜，于政府人民均有不利，若为节省公帑，则全国可以裁撤之繁冗机构甚多，何至及于工商事业之辅导机构。事关国民经济之荣枯，应请审慎置理。用特电请根据事实需要，保留工商辅导处，并加强权责，以符公意而合实情。湖北省商会联合会、汉口市商会、湖北省工业会、汉口市工业会（三七）未鱼同叩。

（《大刚报》）

12.汉口市商会第一届第二次会员选举大会新会员代表预备会议记录

（1948 年 8 月 7 日）

时间：三十七年八月七日下午三时

地点：本会大议厅

出席人:各公会会员代表二百余人(凭签到簿)

指导:市政府李济苍

市党部闵进吾

主席:贺衡夫、王际清

记录:丁隆昌

甲、报告事项

一、本会理事人数原为二十一人,监事原为七人。兹因本市已改称院辖市,再查重庆、天津等市商会,理事均为二十五人,监事均为七人。本会已呈请市政府,准将本会理事增为二十五人,监事仍为七人,以期一律。现尚未奉指令,报请查照由。经各代表当场通过,仍提请八月二十日会员代表大会商议。

乙、讨论事项

一、本会定于八月二十日改选,因会内经费极感困难,负债甚巨。经第二十三次理监联席会议决议:征收筹备改选费用,每权收八百万元,兹拟订预算书,提请核议案。

决议:每权八百万元照收,选举票仍照常按权分发。

二、汉口市政府指令,为所请征收选举费用,准予备查。至不缴纳会费之会员,仍应劝导缴纳。等因。提请核议案。

决议:并前案。

三、本市图书教育用品业公会函,为征收选举费一案,提出抗议。等语。提请核议案。

决议:并前案。

四、本会此次改选,其选举方式,究应抽签改选半数,抑应全数改选,提请核议案。

决议:通过理监事全数改选方式,并提请八月二十日会员代表大会追认。

五、仓库业公会呈为原定六权,兹因营业清淡,请减为三权,以轻负担,其余尚有二十余公会来表请减权数,提请核议案。

决议:授权理监事会办理。

六、缝纫业公会原为三权,兹推举代表五人,增为五权;人力车业公会原为六权,来表增为七权;熟食业公会原为三权,来表增为四权,提请核议案。

决议:授权理监事会办理。

七、散会:下午七时

13.武汉城防工事委员会筹募组为本组人员配备依照奉颁编制组成通知汉口市商会理事长

(1948 年 8 月 9 日)

来文:武汉城防工事委员会筹募组

事由:为本组人员配备依照奉颁编制组成由

武汉城防工事委员会筹募组通知

顷奉武汉城防工事委员会本年八月二日会文字第一号代电,略以各组室应即按照核定编制遴员列册报核,以便分别调派。等因。遵查本组人员配备依照奉颁编制,关于筹募组组员三人经遴定由武、阳、汉三商会理事长组成，出纳课课员三人由省市两银行总经理组成，审核课课员三人由汉口银、钱两业公会理事长组成。除分别通知并候定期召集商讨进行方案呈报外，特此通知。

上通知

汉口市商会理事长贺衡夫先生

市长兼筹募组组长　徐会之

14.汉口市商会为函催照缴本会筹备改选费用致汉口市各业同业公会

（1948 年 8 月 9 日）

查本会定于八月二十日改选，为征收筹备费用，每权收八百万元一案，业经提交八月七日第一届第二次新会员代表预备会议，决议：每权八百万照收，选举票仍照常按权分发，并呈奉汉口市政府 37 市社字第七一〇〇号指令，准予备查。至不缴纳会费之会员，仍应劝导缴纳。等因，各在卷。兹以改选日期已近，各项开支需款甚急，本会又已负债甚巨，实难为无米之炊，务望各业于八月十五日以前按权交款，以利应用。除分行外，相应函希查照，迅予办理为盼。

此致

汉口市各业同业公会

（会戳）　启

15.汉口市烟商业同业公会第二次理监联席会议

（1948 年 8 月 11 日）

时间：八月十一日下午七时

地点：交换组

出席理事：计二十一人

出席监事：计七人

缺席理监事：无

主席：曾厚诚

甲、报告事项（略）。

乙、讨论事项

1.关于本会监事会常务监事邹焕建提：□报本会理事中有人买华裕公司香烟，应如何办理，请讨论案。

决议：依据王理事文智发表：（1）通告又卖出有华裕公司之烟，同业限于本月十三日前自发将数目函报本业公会登记。（2）登记后送本会监事会议处，罚金充作公会经费。（3）如不依限登记者，业务、调查、组训三组查明后交监事会，依章从法议处。（4）另行函华裕公司交涉，并请交际组办理。

2.关于会员请求为码头力资混乱，实为各公司任意增加所致，应如何交涉案。

决议：推请曾理事长、刘常务伯琴、王理事文智、叶理事钰山、李常务理事耀章等五位，前往码头管理所洽办，并由理事长定期召集。

16.中国国民党汉口特别市党部主任委员暨汉口市商会理事长为陈报改选结果并请转请解释任期疑义检同名册暨章程呈市政府

（1948 年 8 月 11 日）

查本会第一次会员改选大会已于七月二十日呈函请钧贵府、部、会派员莅会举行，为应实际需要将理事增为十五人，松泉等当选，监事增为五人，贺君衡夫等当选，并拟具章程，全部改选，均经提交大会通过，记录在卷。此次改选，依《商业同业公会法》第十九条之规定，只应改选半数，因恐有能力者抽签落选，影响会务。故大会决议全部改选，以资救济，惟任期依法不无疑义。此后两年应否改选，或四年举行，或由会员大会决议变更章程，将任期缩为二年，均有呈请转请解释分饬本市各业统一组织必要。至本会组织，为切合现实，已将章程第二十二条提经会员大会决议修改为“理事及监事之任期均为二年，得连选连任”，所以免会务与章程脱节之故，是否有当。除分别呈函外，理合相应检具当选职员名册、会员名册暨章程各三、二、二份，呈函请鉴核备查查照，转请解释。

谨呈！

此致

市长徐

中国国民党汉口特别市党部主任委员　袁

汉口市商会理事长　贺

17.河南开封商会为送本会改选结果并送职员名册致汉口市商会（附理监事名册）

（1948 年 8 月 12 日）

汉口市商会公鉴：

查本会奉令改选，于本年七月二十日召开全体会员代表改选大会，并呈蒙主管党政首长莅临指导监视，当场宣布选举结果：肖泉等当选为本会理事，梁杰臣等当选为本会监事。复经互选肖泉等为本会常务理事，就常务理事中选任肖泉为理事长，监事中选王世昌为常务监事，即席敬谨就职。唯以本市遭匪沦陷，各业损失惨重，虽即收复，而元气大伤，善后非易。肖泉等猥以轻才，谬膺重任，汲深绠短，复悚堪虞，尚希不遗在远，时赐南针。附呈本会理监事姓名简历表一份，并希鉴照。

开封商会叩

附：河南开封商会三十七年改选理监事名册（1948 年 7 月 20 日）

民国三十七年七月二十日选举

职别	理事长	常务理事	常务理事	常务理事	常务理事	常务理事	常务理事	常务理事	常务理事	理事	理事	理事	理事
姓名	胡肖泉	朱敬式	邓继善	罗少卿	沈安卿	郝文达	戴月秋	朱严吾	王星耀	王子良	黄德长	张永福	卢嗣庆
年龄	四六	四九	五八	六七	四六	五四	三五	四〇	三六	四五	五六	六三	六九
籍贯	舞阳	开封	浙江	郑县	绍兴	冀县	开封	天津	汜水	冀县	开封	孟县	孟县
所属公会或公司行号职务	新药业公会理事长	颜料业公会理事长	银楼业公会理事长	益丰面粉公司经理	酱课业常务理事	同丰号经理	南化货业理事长	盐业公会理事长	图书教育用品业公会理事长	百货业公会理事长	鞋业公会理事长	陶布业公会常务理事	杂货业公会理事长
教育程度	医药专校毕业		高中毕业	私塾五年	高中毕业	私塾三年	高中肄业	中学毕业	师范毕业		私塾二年	私塾四年	私塾三年
住址	鼓楼街 115 号	西大街 64 号	马道街 17 号	南关车站	河道街 1 号	马道街 24 号	南书店街	北书店街 84 号	北书店街 69 号	马道街 62 号	马道街 27 号	寺后街 58 号	中正路中段 25 号
备考													

理事	理事	理事	理事	理事	理事	理事	理事	常务监事	监事	监事	监事	监事	监事	监事
汪泽圃	李玉璋	傅拂尘	胡子立	李茂亭	郑子善	李汝梅	褚士良	王世昌	杨春生	李开泰	梁杰臣	寇华亭	刘汉亭	齐铭贤
六六	四八	五二	五四	四一	四八	五二	四六	五五	五六	六二	五四	四九	四一	四六
郾县	北平	开封	陈留	永城	开封	武安	汜水	开封	开封	开封	温县	冀县	开封	开封
新药业公会常务理事	国药业公会常务理事	印刷业公会理事长	粮业公会理事长	南纸业公会理事长	旅栈业常务理事	丝绸呢绒业公会理事长	五金业公会理事长	□馆业公会理事长	土芋业公会理事长	浴业公会理事长	碎货业公会理事长	茶叶公会理事长	棉花业公会理事长	木业公会理事长
私塾六年	私塾五年	私塾十年	法政专校毕业	私塾五年	私塾五年	私塾六年	私塾四年	私塾三年	私塾三年		私塾五年	私塾三年		私塾四年
马道街 68 号	寺后街 15 号	寺后街 41 号	中正路南段	南书店街 77 号	寺后街 36 号	马道街 76 号	马道街 33 号	中山路中段 82 号	中山路南段	自由路两街	相国寺内	鼓楼街 55 号	平等街 31 号	新华街 30 号

（续表）

候补理事	候补理事	候补理事	候补理事	候补理事	候补理事	候补理事	候补监事	候补监事	候补监事
刘润章	郑崇周	贾绍甫	刘强三	张效衡	傅雅轩	陶梅岭	刘岐周	李允康	王叔杰
四二	四九	五二	四一	五〇	四九	二三	五一	四六	五一
河北永清	开封	开封	宁普	杞县	汜水	长垣	北平	开封	汜水
钱业公会理事	浴业公会常务理事	益丰面粉公司副理	新药业常务理事	面店业公会理事长	南纸业公会理事长	牲畜业公会理事长	照相业公会理事长	大金台旅社经理	南纸业常务理事
大学毕业	私塾三年	私塾十年		中学毕业	私塾		私塾	高中	私塾三年
寺后街23号	鼓楼街29号	南关车站	马道街77号	中山路中段205号	南书店街	南关新骡马市场西街	北书店街	鼓楼街	南书店街

18.汉口市立民众教育馆为请赐颁本馆发行三周年纪念特刊题词致汉口市商会理事长程电

（1948年8月13日）

汉口市商会理事长程赐鉴：

窃查本年十月十一日为本馆复员三周年纪念之期，兹为报告施教概况，检讨工作得失，拟于是日发行纪念特刊，以求就正于社会，策励于将来。谨电请颁赐题词（请于九月底以前赐下），□资指示，俾有遵循为祷。

汉口市立民众教育馆馆长　周方楠　未真印

19.武汉区工人生活费指数编制会议记录

（1948年8月16日）

时间：三十七年八月十六日（星期一）下午四时

地点：汉口市政府

出席人：社会处吴暇熙、李定余

省统计处阙家骆、陈鸿谟、刘明鑫

汉口市商会高坤山

汉口市工业会王一鸣、华煜卿

湖北省工业会王伯和、杨锡五、周兹柏

武昌市政府邱□鼎

武昌市总工会王财要、陈九九

武昌市商会张益桂

汉阳县总工会黄锦堂、胡舜卿

汉口市政府统计室张益坚

汉口市政府社会科丁幼泉、陈菘、吴旭东

汉阳县政府谢□三

省总工会张华山

主席:吴龈熙

记录:李骥

主席报告:“……以前武、汉工人生活费指数分别由两市社政主管机关遵照社会部规定编制。但在七月份起,因两市办法不一致,有参差,武、汉一江之隔,相差过巨,易□纠纷。社会部有鉴及此,一方面分别函请汉口市政府及湖北省政府将编制此项指数办法划一,并由湖北省政府统计处负责编制《武汉区工人生活费指数》,以备武、阳、汉三镇有关机关应用。同时,在南京由社会部、统计处、劳动局召集中央有关机关商讨工资问题,有一决定名为‘工资问题商讨决定事项’,分函各社政机关参考施行。本件业已抄送到会,各机关先予研究。今天到会各代表对此问题请多多发表意见。”

决议事项:

一、指数公布日期及适用地区如何规定,请公决案。

决议:每月十日公布上半月指数,二十五日公布下半月指数,月底前公布全月指数。适用地区:武、阳、汉三镇一律适用。

二、调查物价日期如何决定案。

决议:上半月物价以八日物价为准,下半月以二十三日为准。

三、参加调查物价单位如何决定案。

决议:武昌方面,由湖北省政府统计处、社会处,武昌市政府社会科,武昌市商会,湖北省工业会,武昌市总工会等六单位负责会同调查,由省统计处负责召集;汉口方面,由汉口市政府统计室、市社会科、汉口市商会、汉口市工业会、汉口市总工会等五单位负责会同调查,由市统计室负责召集。

四、各项物品之计算期价格如何规定案。

决议:各项物品计算期价格采用武、汉两地平均数。

五、有议价之物品物价应如何决定案。

决议:有议价之物品应采取议价为主。

六、指数审议机构应如何定名,如何组成及会议日期如何决定案。

决议:指数审议机构定名为“武汉区工人生活费指数审议委员会”,由省统计处、省社会处、汉口市政府社会科、武昌市政府派员组成,每月九日及二十四日为会议日期,由省社会处、汉口市政府轮流主持。

七、指数公布程序如何决定案。

决议:由“武汉区工人生活费指数审议委员会”按期公布。

八、八月份指数如何决定案。

决议:八月份上半月指数,汉口方面,照已公布之工人生活费指数办理,下半月由省统计处编制,武、阳方面,另行会商决定。

20.汉口市商会定期开大会,武市各业开始改选

(1948 年 8 月 18 日)

[本报讯]汉口市商会定本月二十日上午十时在本市中山大道第一零七五号该会大礼堂举行第一届第二次会员代表大会,并将改选理监事,已分别函请各机关团体首长届时惠临指导云。

[本报讯]武昌市商会自整理筹备以来,理监事任期均已届满,积极筹备改选,特于本月十六日起改选各业公会,定本月底改选完毕。前、昨两日已有六业改选完竣,据两日来改选结果,各负责人均为原负责人□联,决无竞选而引起纠纷云。

(《武汉日报》)

21.汉口市商会为开会员选举大会函请担任招待致何文炳等七位理监事

(1948 年 8 月 19 日)

本会定于八月二十日上午九时举行第一届第二次会员代表选举大会。业经分别通知各会员代表届时出席,并呈报在案。兹经第二十五次理监联席会议决议:请全体理监事担任招待。除分行外,相应检同证章一枚,函希查照,准于是日上午九时以前佩带入场为荷。

此致

何文炳先生、李凤樵先生、李荐廷先生、王龙章先生、龚亦遂先生、邓廷珍先生、韩万青先生

附证章一枚。

(会戳) 启

22.汉口市商会为推荐主席团并招待人员函希出席致贺衡夫等廿一位理监事

(1948 年 8 月 19 日)

本会定于八月二十日上午九时,举行第一届第二次会员代表选举大会。业经分别通知各会员代表届时出席,并呈报在案。兹经第二十五次理监联席会议决议:推举台端为总主席/主席团,并担任招待。相应检同入场证一枚,函希查照,准于是日上午九时以前佩带出席为荷。

此致

贺理事长(总主席)

邹静轩先生、张希麟先生、殷柏涛先生、张立鹤先生

王静斋先生、万少珊先生、王际清先生、乐子涛先生

程子菊先生、刘伯琴先生、陈焕章先生、陈经畲先生

曾厚诚先生、许益甫先生、高坤山先生、杨庆山先生

刘绍武先生、张吉六先生、陈淦川先生、戴□先生

(会戳) 启

23.汉口市工业会为恳请实施社会部议定工资问题讨论决定事项第三项补救艰危呈汉口市政府

（1948 年 8 月 20 日）

窃查工资问题于劳资双方关系深切，前奉钧府转发社会部议定工资问题讨论决定事项第三项（三）物价继涨，工人生活费指数不断提高，工资随生活费指数增加，以后如厂房生产机营业情形不佳，无力负担时，应采取何种补救办法：决议（1）仍采取折扣及减成办法，先由劳资双方自行协议，如协议不成，再由劳资评断会实际调查各该业或各该厂生产成本与营业状况，如确无力负担者，予以折扣或减成之评断；（2）督饬各厂提高生产效率，改善工厂管理；（3）加强劳工组训工作，强调劳资共存共荣之重要性。等因。兹以属会会员正感环境恶劣，担负重叠，而营业惨淡，生产萎缩，计无所出，部发决定事项第三项所述各点，切中时弊，确为解救陷于困境之各工业单位之唯一办法，为特恳请钧府体察艰巨，俯赐准予依照部发上项决议各点，明令实施，以轻负荷而维工业。

谨呈

汉口市政府

汉口市工业会理事长　李国伟　谨呈

24.汉口市钱商业同业公会会员名册

（1948 年 8 月 20 日）

牌名	负责人	地址	电话	备考
太康庄	谢春墀	南京路四十七号	三七二	
信丰恒庄	苏芝庭	南京路四十五号	二七五九	
惠工庄	曾炽斋	南京路四十一号	三七八	
瑞险新记庄	张榕初	六也村十一号	二六五二	
正裕银号	艾瑞庭	中山大道一八九号	二六七二	
长裕庄	周资琛	中山大道一一二号	二七六二	
成城银号	余仁勋	中山大道一二一一号	三一五二	
同义信记庄	吴证三	中山大道一二八五号	二九一二	
均裕银号	连澄甫	中山大道一二七三号	二六二	
怡兴昌银号分号	戴显声	中山大道一三一九号	三八	
永生庄分庄	龚林修	中山大道一七七号	三三四八	
正泰银号	龚榕庭	江汉路一五号	二三八二	
新德庄	曹国钧	江汉路八十六号	二三五二	
中胜银号	罗瑟希	江汉路四十一号	三三六二	

（续表）

牌名	负责人	地址	电话	备考
祥和盛庄	王味青	江汉路四十五号	二五三八	
祥发庄	王胜青	江汉路一一号	二三七二	
晋和庄	赵雨亭	江汉路七十号	二一五二	
义丰庄分庄	盈明镜	江汉路三十号	二一四二	
永庆庄分庄	刘石安	江汉路三十号	三四一八	
益民庄分庄	葛明阶	江汉路三十号		
葆和庄	余凌霄	江汉路六十八号	三一七八	
鸿大庄	吴春藻	扬子街十号	二七五二	
懋通庄	邝柏琴	扬子街新德里六号	三六三二	
济生庄	武干臣	扬子街新德里三号	二七五二	
国裕庄	方照鑫	鄱阳街五号	二九八二	
志城庄分庄	萧杰文	鄱阳街十四号	三一九八	
衍源庄	康步云	江汉村五号	二二六二	
福源长庄	沈锷斋	江汉村八号	二八七二	
和丰庄	蒋静波	宁波里二十号	三三五二	
祥孚庄	卢安楚	宁波里十八号	三三五八	
宝兴生记庄	余砥澄	胜利街一三六号	二八五二	
裕安恒记庄	万象华	胜利街八十二号	二四八二	
协昌庄	王际清	胜利街一四四号	二四五八	
吉成庄	周耀青	统一街口	二四八八	
晋安庄	范浙门	联保里九号	二二五八	
衡康庄	李馥庭	友益街一三四号	三三八	
祥丰庄	苏季芳	水培横马路一号	三九八	
福利庄	赵瑶堃	兰陵路二十三号	二一八二	
中道庄	王炳堂	保华街十九号	二一七八	
谦通银号	张性恒	民生路一七二号	二四七二	
汇康庄	王歆成	交通路八号	二二六八	
裕农庄	徐悦安	交通路七号	三九二	
福安庄	孙伯衡	交通路十七号	二二二	
谦裕庄	徐奉纲	交通路四号	三二九二	
理裕商银号	胡永芳	黄陂路三十号	三八八	
同裕庄	余茂堂	黄陂路文记里一号	三六二	

（续表）

牌名	负责人	地址	电话	备考
同胜庄	朱勉之	汉润里十六号	三三九二	
长胜庄	周达三	汉润里十二号	三三八二	
利民银号	陈华堂	汉润里八号	三三七二	
恒孚庄	余友谦	汉润里十一号	三三六八	
长源庄	姜栋成	汉润里二十号	三三七八	
惠民庄	曹仁庵	后花楼街二七四号	三三一二	
常丰庄	陈地山	后花楼街二九号	二二三八	
瑞怡庄	何瑞世	后花楼街二号	二四九二	
万盛庄	章春珊	后花楼街二四五号	二二八	
德安银号	萧和卿	后花楼街方正里四十五号	三三二八	
元和顺记庄	陶惟一	咸安坊德永里四号	三八二	
协记庄	徐志先	前花楼街	三二二八	
衡源银号	彭生辉	生成南里七号	三六五八	

25.汉口市商会第一届第二次会员代表选举大会选举结果

（1948年8月20日）

当选理事　二十五人

张尧萱君　得五九七票　　张东初君　得三九四票

贺衡夫君　得五九五票　　许益甫君　得三九四票

陈淦川君　得四九九票　　王静斋君　得三八九票

万少珊君　得四八八票　　马汉三君　得三七七票

高坤山君　得四八四票　　成禹门君　得三七六票

胡耀棠君　得四七二票　　徐一诚君　得三七〇票

程子菊君　得四五二票　　黄石君　得三六〇票

刘绍武君　得四三七票　　张康平君　得三五六票

曾厚诚君　得四三二票　　刘明章君　得三五五票

殷柏涛君　得四二四票　　曾绍藩君　得三三四票

刘伯琴君　得三九九票　　赵鸣洲君　得三三二票

陈焕章君　得三九八票　　张希麟君　得三二〇票

董凤翔君　得三九七票

当选监事七人

杨庆山君　得五二六票　　向从周君　得二七〇票

程锦章君　得三六四票　　万克哉君　得二四九票

王文智君　得三四一票　　曹瀚丞君　得二四二票

熊幼珊君　得三一一票

候补理事十二人

王际清君　得三〇九票　　邹静轩君　得二一八票

李桂森君　得三〇一票　　刘文炳君　得二〇三票

张咸熙君　得二七六票　　郭浩然君　得一九三票

张吉六君　得二六七票　　谭友三君　得一三七票

张立鹤君　得二五二票　　彭少田君　得一二一票

邹承周君　得二三四票　　唐性天君　得八二票

候补监事三人

车心如君　得二三一票　　陈经畬君　得一八六票

陈仁寿君　得二二二票

26.汉口市商会为函知本会第二次会员代表选举大会选举结果致汉口市各业同业公会

（1948 年 8 月 21 日）

查本会第一届第二次会员代表选举大会，已于八月二十日举行，计选举张尧萱、贺衡夫、陈淦川、万少珊、高坤山、胡耀棠、程子菊、刘绍武、曾厚诚、殷柏涛、刘伯琴、陈焕章、董凤翔、张东初、许益甫、王静斋、马汉三、成禹门、徐一诚、黄石、张康平、刘明章、曾绍藩、赵鸣洲、张希麟等二十五人为理事，杨庆山、程锦章、王文智、熊幼珊、向从周、万克哉、曹瀚丞等七人为监事，王际清、李桂森、张咸熙、张吉六、张立鹤、邹承周、邹静轩、刘文炳、郭浩然、谭友二、彭少田、唐性天等十二人为候补理事，车心如、陈仁寿、陈经畬等三人为候补监事，记录在案。除分知暨另行定期互选常务理事及理事长外，相应抄同选举结果，函希查照为荷。

此致

汉口市各业同业公会

（会戳）　启

27.汉口市政府为检发市商会第二届理监选举大会会场警备布置商讨会议记录致汉口市商会（附商讨会议记录）

（1948 年 8 月 21 日）

查本市总商会第二届理监事改选大会业于本（八）月廿日举行，关于会场之警卫及布置事宜，经于本（十八）日分别召调各治安机关商讨，记录在卷。兹检发是项记录一份，仰即遵照办理为要。

上通知

本市总商会

附记录一份。

汉口市政府

附:汉口市商会第二届理监选举大会会场警卫与布置商讨会议记录

时间:卅七年八月十八日上午十时

地点:市府招待室

出席人:市商会万少珊、王寿斋

宪兵十二团周维

市警局冯□华

市政府陈菘

稽查处阮成龙

主席:陈菘

记录:周□□

甲、报告事项(略)。

乙、讨论事项

一、关于市商会第二届改选理监事大会会场,应如何警卫,请讨论案。

决议:(一)警卫部分

1.警卫单位:请警备部稽查处、宪兵十二团及警察局三单位负责,并推警备部稽查处担任警卫组长,宪兵团、警察局担任副组长。

2.警卫人数:稽查处派官长二员,宪兵十二团派武装宪兵六名,警局派武装警察十六名,便衣二十名。

3.关于警卫布置由警卫组决定之。

4.出入会场人员以佩有大会符号者为限。

二、关于会场布置应如何办理,请讨论案。

决议:1.商会之侧门及后门,于选举日予以关闭,一律由大门出入。

2.由商会将制就之大会各色符号式样用玻璃框嵌置会场正门,以资识别。

3.便衣警卫人员,由商会送职员符号二十枚佩用。惟须另用大头别针以别于其他职员。

4.签到处应由商会派得力人员担任工作。

5.缮票场应书明入口、出口,并设置够三百人写票之桌子及笔砚,分行连接排列,每行距离以一尺六寸为限。

6.理事计票分为五组,监事计票只设一组,每组由商会派得力人员六人担任,并指定一人为组长。如有错讹,由组长负责,此项计票人员于开票时入场,事前不得在场内妨害秩序。

7.由商会准备警卫人员休息室二间,一设楼下作士兵休息室,一设楼上电话室附近,为官长休息室。

8.签到处对面设置代表委托书查验处,由市府及商会各派职员一人担任查验事宜。

28.汉口市政府为准予备查会员代表预备会议通过本会理监事全数改选令汉口市商会

(1948 年 8 月 23 日)

本年八月十四日呈一件,为会员代表预备会议通过本会理监事全数改选,呈请鉴核备查由。呈悉。准予备查,仰即知照。

此令!

市长　徐会之

29.宝成银楼经理为军队强制进入商店驻扎致汉口市商会函

（1948 年 8 月 23 日）

查商店于本月二十一日下午六时,突有黄陂团管区第一新兵大队第二中队队长董保廷令军士三十余人强制进入商店驻扎,经再三交涉,请求移驻,毫无结果,并经报请西区宪兵队派员阻止,亦未生效。窃查白总司令莅汉之后,早有军队不得占住民房之明示,而况汉正街为本市商业繁盛之区,商店系经营银楼之正当商业,如此任意进驻,不特妨碍业务,抑且影响安全,廷不获已,唯有具文呈请查核,准予转呈"华中剿匪总司令部"、警备司令部、宪兵第十二团,迅赐转令该队军士克日移驻他处,以维安全而恤商困,不胜迫切待命之至。

谨呈

汉口市商会理事长贺

宝成银楼经理人　胡枫年

30.汉口市布匹负贩布业福利会人民团体指导监选报告表

（1948 年 8 月 25 日）

团体名称	布匹负贩布业福利会
开会地址	三民路
开会日期	八月廿四日
到会人数	
主席姓名	江荣臣
开会目的	成立
到会机关代表姓名	
指导及监选概况	
开会结果	江荣臣等九人当选为理事,并互推胡宗道为理事长,杨荣记等三人当选为监事。
备考	

31.湖北省工业会为首批日本赔偿工具机电请减价配价延长事呈工商部汉口工商指导处

（1948 年 8 月 28 日）

工商部汉口工商辅导处钧鉴：

案本（卅七）未寒代电，以本工商部京配（37）字第（72116）号训令，抄发关于日本赔偿工具机提货等须知一份，电仰转知有关厂矿。等因。窃查本案由前经济部办法价配日本赔偿工具机公告一件，虽载有工具种类、数量，然各项规格无由详悉，且申请日期限于本年三月十五日截止收受，嗣后继续请者，留条第二批会审。等因。而起价一节，传闻以美金计算，为价□昂，本会为谋各□申购物资切合实用计，亦思将起价优予减轻，借获赔偿之实。仰以复员以来，各厂矿疲于复归建厂，迄未恢复战前旧观，故生产萧条，工业萎缩，事实俱在。是首批申请时限，允有俯予延长，以资苏息，本电前因，谨请电呈伏祈鉴核。

32.义丰钱庄汉口分庄为转呈自卫大会缓征本庄两职员集训致汉口市钱业公会

（1948 年 8 月 30 日）

义丰钱庄汉口分庄函　　总字第六二号

径启者。顷奉自卫大队命令，嘱敝庄职员唐光棂、张海君于本日上午八时前往中央信托局广场编队集训。查该唐、张二君年龄应为第三期受训者，且全身染痼疾，一为痣漏，一为便亘，身体孱弱，行动为艰，特函贵会转呈自卫大队，对敝庄唐光棂、张海君缓征集训，一俟病势好转，再行报命。

此致

钱业公会

义丰钱庄汉口分庄　启

33.汉口市商会第一届第二次理监事复选常务理监事名单

（1948 年 8 月 31 日）

当选常务理事七人

万少珊君得十九票，程子菊君得十九票，刘绍武君得十六票

殷柏涛君得十六票，陈焕章君得十五票，王静斋君得十四票

高坤山君得十三票

当选常务监事三人

万克哉君得七票，杨庆山君得五票，熊幼珊君得四票

复就常务理事中选举理事长

程子菊君得二十三票，当选理事长

34.汉口市商会为依法改选竣事检同理监事名册致汉口市房地产业公会（附理监事名册）

（1948 年 8 月 31 日）

汉口市商会公函　　37 市商字第一号

查敝会第一届第二次改选理监事大会，业于八月二十日在主管机关指导监督之下举行，依会员代表大会决议，并呈奉汉口市政府令准，实行全数改选，计票选张尧萱等二十五人为理事，杨庆山等七人为监事，王际清等十二人为候补理事，车心如等三人为候补监事。嗣于同月三十一日举行复选，当选定万少珊等七人为常务理事，复就常务理事中选定子菊为理事长，并就监事中选定万克哉等三人为常务理事，赓即宣誓就职视事。惟子菊等猥以菲材，谬膺重任，汲长绠短，深惧弗胜，尚望时赐南针，借匡不逮。除呈报暨分函外，相应检同理监事名册一份，函请查照为荷。

此致

汉口市房地产业公会

附送当选理监事名册一份。

理事长　程子菊

常务理事　万少珊、刘绍武、殷柏涛、陈焕章、王静斋、高坤山

附：汉口市商会第一届第二次当选理监事名册（附候补）

（中华民国卅七年八月卅一日改选，中华民国三十七年九月十日填报）

职别	理事长	常务理事					
姓名	程子菊	万少珊	刘绍武	殷柏涛	陈焕章	王静斋	高坤山
别号							
性别	男	男	男	男	男	男	男
年龄	四六	四八	四二	四一	五四	五十	五三
籍贯	黄安	汉口	汉阳	黄陂	汉阳	江苏	汉阳
营业种类	棉花	旅栈	粮食	猪鬃	粮食	转运	煤炭
所属公会或公司行号工厂名称	棉花商业同业公会	旅栈商业同业公会	粮食商业同业公会	猪鬃商业同业公会	粮食商业同业公会	转运商业同业公会	煤炭商业同业公会
在公会或公司行号工厂职务	理事长	理事长	理事长	理事长	常务监事	理事	常务理事
教育程度	大学	私塾	法专	专科	私塾	商专	私塾
是否党员	是	是	是	是	否	是	否

（续表）

住址	沿江大道一一五号	生成南里六十七号	府南一路咏怀里一号	统一街小火巷三十号	贯忠里一号	同兴里十六号	公安路十一号
备考	电话二九三九	电话二六三四	电话三七六四	电话二六八	电话三九三九	电话三八五九	

职别	理事								
姓名	张尧萱	贺衡夫	陈淦川	胡耀棠	曾厚诚	刘伯琴	董凤翔	张东初	许益甫
别号									
性别	男	男	男	男	男	男	男	男	男
年龄	四六	六二	五五	四四	六三	五一	五三	五二	四五
籍贯	安徽	汉口	鄂城	安徽	汉阳	江苏	咸宁	黄陂	汉阳
营业种类	颜料	桐油	国药	百货	烟	烟	海味	煤炭	纱
所属公会或公司行号工厂名称	颜料商业同业公会	油商业同业公会	国药商业同业公会	百货商业同业公会	烟商业同业公会	烟商业同业公会	海味商业同业公会	煤炭商业同业公会	纱商业同业公会
在公会或公司行号工厂职务	理事长	常务监事	常务理事	常务理事	理事长	常务理事	理事长	理事长	常务理事
教育程度	中学	私塾	中学	中学	中学	专科	中学	中学	高中
是否党员	是	否	否	否	是	是	否	否	否
住址	大夹街二九一号华中颜料号	天津街怡庐三号	汉正街沈家庙陈天保	中山大道保成路口东方百货店	大智路口继诚烟号	车站路二十二号	汉正街一六八号	洞庭村十号	联保里二十四号
备考		电话二九	电话三四四九			电话三三一	电话三六六转		电话三五四一

职别	理事								
姓名	马汉三	成禹门	徐一诚	黄石	张康平	刘明章	曾绍藩	赵鸣洲	张希麟
别号		浪平		汗青		敦伦			福卿
性别	男	男	男	男	男	男	男	男	男
年龄	五九	六五	四二	□□	五四	四八	五三	五二	四六
籍贯	河南	通山	鄂城	孝感	汉阳	黄陂	汉阳	鄂城	汉川

（续表）

营业种类	皮货	布	匹头	电影	西服	百货	证券	铁	山货
所属公会或公司行号工厂名称	皮货商业同业公会	布商业同业公会	布商业同业公会	剧场商业同业公会	服装商业同业公会	百货商业同业公会	证券商业同业公会	铁商业同业公会	山货商业同业公会
在公会或公司行号工厂职务	理事长	常务理事	理事	理事长	理事长	常务理事	常务理事	理事长	理事长
教育程度	中学	私塾	中学	大学	高中	私塾	私塾	中学	大学
是否党员	否	否	否	是	是	否	否	否	是
住址	中山大道一六号	汉正街生计布店	民权路一八七号仁和公司	蔡锷路三号	中山大道一一五五号	统一街一五三号	中山大道一四一五号	沿河大道四十一号	沈家庙下河街十四号
备考	电话三二六六	电话二八九四	电话二八五七	电话二九七二				电话三六五五转	电话三六二九

职别	常务监事			监事				候补理事	
姓名	万克哉	杨庆山	熊幼珊	程锦章	王文智	向从周	曹瀚丞	王际清	李桂森
别号							元		
性别	男	男	男	男	男	男	男	男	男
年龄	四七	六二	五二	四八	三七	五一	三八	四二	四八
籍贯	武昌	黄陂	黄陂	汉阳	咸宁	黄陂	汉阳	沔阳	汉川
营业种类	报馆	汽车	山货	百货	烟	估衣	喜轿扎彩	棉花	油饼
所属公会或公司行号工厂名称	报馆商业同业公会	汽车商业同业公会	山货商业同业公会	百货商业同业公会	烟商业同业公会	估衣商贸同业公会	喜轿绸布扎彩商业同业公会	棉花贩运商业同业公会	油饼行商业同业公会
在公会或公司行号工厂职务	理事长	常务理事	常务理事	理事长	常务理事	理事长	理事长	理事长	理事长
教育程度	大学	私塾	高中	中学	中学	大学	高中	专科	高商
是否党员	是	是	是	否	是	否	是	是	是
住址	泰宁街新快报社	黄兴路天福里二号	油皮巷二十二号	统一街一八七号	中山大道一一三七号怡太公司	民权路一七六号	汉正街七六四号曹景云	胜利街一四四号	汉正街金庭二巷李裕森饼行
备考	电话二六一一	电话二五七	电话三五九		电话二七四一	电话三六八四	电话二一二四	电话三四五八	电话三九二七

职别	候补理事								
姓名	张咸熙	张吉六	张立鹤	邹承周	邹静轩	刘文炳	郭浩然	谭友三	彭少田
别号				文绪				云龙	
性别	男	男	男	男	男	男	男	男	男
年龄	五一	四七	四六	四七	五三	□□	五九	四二	六五
籍贯	江西	武昌	江陵	江西	江西	黄陂	江西	孝感	汉阳
营业种类	钱	油	陶器	笔料杂皮	金银首饰	藤棕床	证券	木铁桶	纱
所属公会或公司行号工厂名称	钱商业同业公会	油商业同业公会	陶器商业同业公会	笔料杂皮商业同业公会	金银首饰商业同业公会	藤棕床商业同业公会	证券商业同业公会	木铁桶商业同业公会	纱商业同业公会
在公会或公司行号工厂职务	常务理事	常务理事	常务监事	理事长	常务理事	理事长	理事长	理事长	理事长
教育程度	私塾	大学	大学	高中	高中	大学	私塾	商中	私塾
是否党员	否	是	是	否	否	是	否	否	否
住址	中山大道正裕银号	如寿里五四号	蔡锷路十四号	胜利街一八号	中山东路邹协和	黎黄陂路二十三号	生成南里四十六号	汉景区五福小路八号	利济路一四七号
备考	电话二六七二		电话二九一	电话三三一四	电话三五九	电话二五五三			

职别	候补理事	候补监事		
姓名	唐性天	车心如	陈仁寿	陈经畬
别号			樵夫	
性别	男	男	男	男
年龄	四八	四十	五三	七十
籍贯	浙江	汉阳	黄陂	南京
营业种类	图书用品	杂货	煤油	桐油
所属公会或公司行号工厂名称	图书教育用品商业同业公会	杂货商业同业公会	煤油商业同业公会	油商业同业公会
在公会或公司行号工厂职务	理事长	理事长	常务理事	监事
教育程度	大学	中学	中学	商专
是否党员		否	否	否
住址	交通路三十六号华中图书公司	民权路一三九号义顺新总号	汉正街九八九号	方正里十号
备考				电话三五三一

35.汉口市商会为依法改选事检同理监事名册致武昌市政府

（1948 年 8 月 31 日）

汉口市商会公函　　37 市商字第一号

查敝会第一届第二次改选理监事大会，业于八月二十日在主管机关指导监督之下举行，依会员代表大会决议，并呈奉汉口市政府令准，实行全数改选，计票选张尧萱等二十五人为理事，杨庆山等七人为监事，王际清等十二人为候补理事，车心如等三人为候补监事。嗣于同月三十一日举行复选，当选定万少珊等七人为常务理事，复就常务理事中选定子菊为理事长，并就监事中选定万克哉等三人为常务监事，赓即宣誓就职视事。惟子菊等猥以菲材，谬膺重任，汲长绠短，深惧弗胜，尚望时赐南针，借匡不逮。除呈报暨分函外，相应检同理监事名册一份，函请查照为荷。

此致

武昌市政府

附送当选理监事名册一份。

理事长　程子菊

常务理事　万少珊、刘绍武、殷柏涛、陈焕章、王静斋、高坤山

36.汉市商会今选理事长

（1948 年 8 月 31 日）

［本报讯］汉口市商会理监事业于本月二十日选定，唯常务理监事及理事长尚未选出，商界暨社会人士均甚关心。兹悉该会已定于今（三十一）日下午二时，召集各理监事在中山大道市商会内选举常务理监事及理事长，并于选出后即行宣誓就职。闻市府已派定社会科科长丁幼泉出席监选。

（《大刚报》）

37.汉口市负贩布业同业福利会为成立恳颁发会照及图记模样呈汉口市市长（附候补理监事及常务理监事名单）

（1948 年 8 月）

呈为呈报会务成立并恳颁发会照及图记模样，以便进行工作事。窃属会于八月二十四日假三民路德华楼召集全体会员开选举大会，蒙钧府特派罗委员振莅场监选，同日又蒙市党部萧处长济先生，市商会刘监事绍武先生临场训导。当时由罗委员监督唱票，被选理监事者九人，旋奉罗委员面谕，由被选九人再选常务理事三人，复由常务理事三人推举宗道为理事长，所有当选常务监事及候补理监事名单另册附呈。兹因成立伊始，工作频繁，应恳钧府迅予颁发会照，指示图记模样，以便进行一切工作，是否有当，鉴核示遵。

谨呈

汉口市市长徐

汉口市负贩布业同业福利会理事长　胡宗道　谨呈

附：常务理监事及候补理监事名单

常务理事：江荣臣、徐秉民

理事：张子华、尹光祥、胡常伦、江培清、王立洪、李建成

候补理事：叶德高、江炎子、张道义

当选监事：杨荣记、傅远金、吴坤记

候补监事：吕清记

38.汉口市政府为制定本市人民团体财务检查要点亟应公布施行令丝线棉纱商业同业公会(附财务检查要点)

(1948 年 8 月)

案查本府为管制人民团体财务，曾经颁行办法，通饬遵办在卷，兹制定财务检查要点八条，亟应公布施行。除分令外，合亟抄发要点，令仰遵照办理为要。

此令！

附抄发财务检查要点一份(附表)。

中华民国三十七年八月

市长　徐会之

附：汉口市各人民团体财务检查要点

一、本市各职业团体财务检查除另有规定外，悉依本要点办理。

二、本市每三个月派员检查各团体之产业及款项收支一次，必要时得随时抽查。

三、检查各团体财务应依照《工会法》第二十六条及市府颁发监督规则办理。

四、担任检查人员由市府社会科指派。

五、各团体账表经检查后，由检查员在起讫处盖章以资证明。

六、检查人员于任务完毕后，应将详情填表报核(附表式)。

七、担任检查人员不得接受各职业团体之招待。

八、各团体财务人员所承办业务均适合规定在两次以上者得分别予以嘉奖，如违反规定者，得按情节轻重予警告或记过处分，但如触犯刑法者，依刑法之规定处断。

39.汉口市政府为加强实施爱民拥军教育方案令汉口市商会

(1948 年 8 月)

案准教育部本年七月廿七日训字第四三〇九九号代电开：1.准国防部(卅七)敦弘字第一九九号代电内开，查军队爱民、民众拥军为“剿匪戡乱”之必要条件，而欲造成此项风尚，发挥军民合作力量，首先□向军民实施爱民拥军教育，方可克有济。2.本部经订定加强实施爱民拥

军教育方案一种,并已分颁所属军事机关部队学校一体遵办,同时责令会商当地有关机关、学校、团体等协同推行拥军教育,期收军民配合之效果,竟"剿匪戡乱"之功。3.除分电外,嘱查照转饬遵办。等由,检附前份方案一份,准此。除分令并电复外,相应电请查照并转饬所属学校及社教机关遵照为要。等由,附《加强实施爱民拥军教育方案》一份,准此。除分令外,合行抄附上项方案一份,遵照有关各项切实办理,具报以凭付报为要。

此令!

附抄发《加强实施爱民拥军教育方案》一份。

中华民国三十七年八月

9 月

1.汉口市工业会第一届第八次常务理监事会议

(1948 年 9 月 1 日)

时间:民国三十七年九月一日正午十二时

地点:汉口中山大道中央信托局二楼扬子联谊社

出席人:应到人　实到人　(另有记录簿签名备查)

主席:李国伟

记录:吴传启

甲、报告事项

一、奉市府函,为检送码头工人力资评议委员会第一次会议记录由。

二、奉市府代电:为准台湾省举办国货展览转电抄发《国货样品展览征集办法》,希转各厂知照由。

三、奉市府训令,为检发本市八月份上半月工人生活指数由。

四、奉市府训令,为各业应将八月份上半月工资应领法币折合金圆之数列表报核由。

五、准第十区机器工业公会函:为奉令改为汉口区机器工业同业公会,以汉口、汉阳、武昌为区域范围,函请本会惠寄会章,俾资借镜由。

六、奉市府训令,为准社会部派技正孙其文前来检查工矿安全卫生设施由。

七、奉市府训令,为检送本市执行整理财政及加强管制经济办法措施要点,令仰遵照由。

八、请工业经济研究委员会余主委金堂报告前次理监会委□第三案办理经过。

乙、讨论事项

一、准湖南省工业会代电,为吁请全国各省市工业会,一致主张工业界国大代表如被聘"戡乱"委员,应拒绝支用公费,以示工业界人士之正气,希予响应。等由。本会应如何办理,请讨论案。

决议:代电响应。

二、准汉口市电工器材工业同业公会函,为奉令饬将各项物价报价报备,以原料无形增加百分之五十强。除呈复外，特检同单节电池成本估价表及售价表，函请查照本会，以此案关系生产事业之生存，应如何妥善补救办法，吁请政府扶植工业以维生产，请讨论案。

决议：(1)函请各会员单位填报因冻结于八月十九日□价所发生之困难情形，限于文到三日内送会。(2)请由工业经济研究委员会同时搜集资料，草拟呼吁文件。

三、兹草拟本会各种专门委员会简则，请讨论修正案。

决议：修正通过。

四、本会专门委员会亟应早日成立，以便推动各部门事宜，请公决案。

决议：各专门委员会简则即日起实施，再提请下次全体理监事追认。

五、关于本会会址问题应亟筹划，应如何早日推动案。

决议：(1)成立汉口市工业会筹建会址计划委员会。(2)公推王一鸣、华煜卿、吴千里、□山盈、厉无咎、胡季岚、蓝昌农、赵铭华、彭曜棠、龙少伯等先生为委员，常务理监事为当然委员，并推王一鸣、张大谋两先生为召集人。

六、立法院即将复会，关于工商辅导处之存撤问题应否再度电请立法院重新讨论，予以保留案。

决议：再度电请立院，坚请保留并加强工商辅导处之职权。

下午三时散会

2.市商会新任理监事就职，程子菊当选理事长

(1948年9月1日)

[本报讯]汉口市商会新任理监事宣誓就职，及互选常务理监事与理事长大会于昨午二时举行□开会行礼后，即宣誓就职。嗣进行选举，计程子菊、万少珊、刘绍武、殷柏涛、陈焕章、王静斋、高坤山等七人当选常务理事，万克哉、杨庆山、熊幼珊等三人当选常务监事，并互选程子菊为理事长。新旧接交印信，到会者多人致词，五时散会。

(《大刚报》)

3.湖北省高等法院为函请查明三菱洋行在汉口开设年数及营业情形致汉口市商会

(1948年9月1日)

查本院受理王育之汉奸更审一案，讯据该被告王育之供称：我在三菱洋行开设之龙口出账所司账，三菱洋行在抗战以前就开设多年，收购棉花。等语。究竟该三菱洋行于抗战前是否在汉口开设，如已开设，是否专买棉花。又，汉口沦陷后之三菱洋行究系日商所设，抑由敌政府开设，□偿收买棉花，作何用途。兹定九月十一日审理。除票传外，相应函请贵会查照，即希于审期以前，将上述事项调查明白，函复过院，以凭核办为荷。

此致

汉口市商会

院长　魏大同

4.社会部为汉口市工业会呈报章程及理监事名册等件除章程应饬修正外准予备案致汉口市政府

（1948 年 9 月 2 日）

案据汉口市工业会 37 午东汉工字第三号代电，呈报该会章程及理监事名册，请鉴核备案。等情。该会章程第七条前限依《工业会法》组织之“工业同业公会”上应加“县市各县”四字，第十四条修正为“每一公会会员得派代表一至七人，以负担会费多寡定之，每一工厂会员限派代表一人”，第二十九条“有本章程第卅一、卅二条之情形”一项应删，第卅一条、卅二条“阅于假决议”部分应删，除第卅六条“入会费及常年会费基数”均应订明，第八条“工厂会员之会员代表”，“员”误为“贝”，并应改正。余核尚合，准备案，相应函请查照转饬知照为荷。

此致

汉口市政府

部长　谷正刚

5.武昌市商会理事长为电贺程子菊等膺选汉口市商会理事长暨理监事致汉口市商会

（1948 年 9 月 2 日）

汉口市商会程理事长暨全体理监事诸公勋鉴：

查汉市居全国中心，万商荟萃，国际贸易观瞻所系。台端致力会务有年，久著勋绩。此次群情钦戴，当选为理事长。仰长才之擘划，促百业以繁荣。理监事诸公均皆商界名流，出而赞助，群策群力，振兴商廛，企瞻前途，曷胜忻颂。敝会一江之隔，萧规曹随，尚希时赐南针，以匡不逮。耑奉电贺，即希睿照。

武昌市商会理事长李贡廷暨全体理监事申冬印

6.汉口市布匹负贩同业福利会为呈报图记模样暨启用日期并会章、名册呈汉口市市长（附汉口市布匹负贩同业福利会会章及会员名册）

（1948 年 9 月 3 日）

窃查属会业经依法组织成立，早已呈报在案，兹奉颁图模刊刻图记一项，文曰“汉口市布匹负贩同业福利会图记”，已于八月二十八日正式启用。理合检同印模一纸及会章二份、会员名册总报告表三份，报请鉴核备查。

谨呈

市长徐

汉口市布匹负贩同业福利会理事长　胡宗道

附 1：汉口市布匹负贩同业福利会会章

(1948 年 9 月 9 日)

社会团体章程准则(汉口市布匹负贩同业福利会理事长胡宗道)

第一章　总　则

第一条　本会定名为“汉口市布匹负贩同业福利会”。

第二条　本会以发展业务、健全同业组织、谋取同业福利为宗旨。

第三条　本会设汉口市清芬路国强旅社。

第二章　任　务

第四条　本会之任务如下：

(一)关于业务之发展事项；

(二)关于同业福利之增进事项；

(三)关于同业之联系及互助事项；

(四)关于同业身份之审议事项；

(五)关于同业其他一般福利事项。

第三章　□　□

第五条　凡赞同本会宗旨，经会员二人以上之介绍，经本会理事长之通过，得为本会会员。

第六条　凡有违反本会之会章行为者，得由理事长提请会员大会分别予以警告或除名。

第七条　本会员应享权利如下：

(一)发言权及表决权；

(二)选举权及被选举权；

(三)本会所举办各种事业上之利益；

(四)其他应享之权利。

第八条　本会会员应有下列之义务：

(一)遵守本会会章及决议案；

(二)担任本会所指派之职务；

(三)缴纳会费。

第四章　会　议

第九条　本会以会员大会为最高权力机关，在会员大会闭会期间，理事会代行职权。

第十条　本会理事六人、候补理事三人、监事二人、候补监事一人，由会员大会选举之，组织理事会、监事会，理事会得互选常务理事二人，组织常务理事会；监事会得互选常务监事一人，组织常务监事会。

第十一条　本会得置理事长一人，就常务理事中推选之。

第十二条　本会理监事均为义务职。

第十三条　本会理监事任期均为一年，连选得连任之。

第十四条　本会理监事如有下列各款之一者,应予解任:
(一)不得已事故,经会员大会议决准其辞职者;
(二)旷废职务,经会员大会议决令其退职者;
(三)职务上违反法令或其他重大不正当行为,经会员大会议决,依法令其退职或由主管机关令其退职者。
第十五条　本会得设置各种委员会。

第五章　职　权

第十六条　本会会员大会之职权如下:
(一)审议理事会、监事会之会务报告;
(二)通过本会章程;
(三)选举理监事;
(四)决定经费预算;
(五)其他重要事项之决定。
第十七条　本会理事会之职权如下:
(一)对外代表本会;
(二)对内处理一切会务;
(三)召集会议;
(四)执行会员大会决议;
(五)核准会员入会;
(六)办理监事会移付执行案件。
第十八条　本会常务理事会之职权如下:
(一)执行理事会决议;
(二)办理日常会务;
(三)召集理事会议。
第十九条　本会监事会之职权如下:
(一)监事会员履行义务之事项;
(二)经济之稽核事项;
(三)办理其他有关监察事项。
第二十条　本会常务监事会之职权如下:
(一)执行监事决议;
(二)召集监事会议;
(三)办理日常事务。
第二十一条　本会会员大会每年举行一次,必要时得经呈准举行临时会。
第二十二条　本会理监事每三个月开会一次,常务理事会□□临时会。

第六章　附　则

第二十三条　本会会员由本会制发会员证,以资识别而昭慎重。

第二十四条　本会未尽事宜□随增补之。

第二十五条　本章程经会员大会通过后施行,并呈报市政府备案。

附 2:汉口市布匹负贩同业福利会会员姓名清册

(1948 年 9 月 9 日)

姓名	年龄	籍贯	职业	现在住址
江本洪	□□	沔阳	商	汉口同庆里六十八号汉兴昌号
许记柏	三六	沔阳	商	汉口同庆里六十八号汉兴昌号
张道义	二五	沔阳	商	府西一路舞台巷第一八二号
江汉臣	三八	沔阳	商	府西一路舞台巷第一七九号
李保清	二二	沔阳	商	府西一路舞台巷第一七九号
李菊清	□六	沔阳	商	府西一路舞台巷第一七九号
赵花子	□□	沔阳	商	府西一路舞台巷第一七九号
江海保	三二	沔阳	商	府西一路舞台巷第一七九号
杨全发	□□	沔阳	商	府西一路舞台巷第一七九号
李次青	□□	沔阳	商	府西一路舞台巷第一七九号
江新六	三二	汉川	商	汉口药帮巷第三号
江前保	四五	汉川	商	汉口药帮巷第三号
江培清	三二	汉川	商	汉口府西四路二十七号
李得记	□□	汉阳	商	汉口府西四路二十七号
王金明	二八	汉阳	商	汉口府西四路二十七号
杨金记	三八	汉阳	商	汉口府西四路二十七号
刘永康	三五	天门	商	汉口府西四路二十七号
赵生廷	□□	天门	商	府西一路舞台巷一七三号
江云成	□□	沔阳	商	府西一路舞台巷一八二号
尹善州	二八	沔阳	商	府西一路舞台巷二九号
杨新同	四二	沔阳	商	府西一路舞台巷二九号
艾明山	□□	监利	商	府西一路舞台巷一八一号
尹光祥	□□	沔阳	商	府西一路舞台巷一八三号
杨牛忍	三二	沔阳	商	府西一路舞台巷一二八号
张祖泽	三六	沔阳	商	府西一路舞台巷一四八号
尹光洪	□□	汉川	商	府西一路舞台巷一八三号
王立洪	三八	沔阳	商	同庆里六十八号
王立宗	二二	沔阳	商	同庆里六十八号

（续表）

姓名	年龄	籍贯	职业	现在住址
高金炳	三六	沔阳	商	同庆里六十八号
邓和斌	二八	沔阳	商	同庆里六十八号
曾庆恩	三五	沔阳	商	同安□□里一号
娄柏清	三四	沔阳	商	同安□□里一号
吴前德	□□	天门	商	同庆里六十八号
吴前炳	二八	天门	商	同庆里六十八号
柳善甫	四五	沔阳	商	同庆里六十八号
柳松云	二八	沔阳	商	同庆里六十八号
曹安廷	二二	汉川	商	同庆里六十八号
刘若银	□□	汉川	商	同庆里一号
朱德炳	三六	沔阳	商	同庆里一号
张义廷	□□	沔阳	商	同庆里一号
胡进祥	二四	沔阳	商	同庆里一号
傅子成	□□	沔阳	商	同庆里一号
刘申贞	三二	潜江	商	同庆里一号
胡佑堂	二八	潜江	商	同庆里一号
谢甫堂	二八	潜江	商	汉口五桂巷九号
许小汉	三六	黄陂	商	汉口五桂巷九号
李东州	二五	黄陂	商	汉口五桂巷九号
程为玉	二八	黄陂	商	汉口五桂巷九号
傅远恒	三六	天门	商	汉口五桂巷九号
龚同甫	二三	天门	商	汉口五桂巷九号
许俊堂	□□	天门	商	汉口五桂巷九号
许芳安	二八	天门	商	汉口济生巷左二十号
胡会生	□□	天门	商	汉口济生巷左二十号
周伯山	四二	天门	商	汉口济生巷左二十号
王九斤	二七	天门	商	汉口济生巷左二十号
傅远法	二五	汉川	商	汉口济生巷左二十号
王松林	五五	汉川	商	汉口济生巷左二十号
钟海清	□□	汉川	商	观音阁九号
李国家	四六	沔阳	商	观音阁九号
娄天海	二五	沔阳	商	汉口陈家湖一八一号

（续表）

姓名	年龄	籍贯	职业	现在住址
伍廷波	□□	沔阳	商	汉口陈家湖一八三号
吕清记	五六	沔阳	商	汉口陈家湖一八二号
江银甫	□□	汉川	商	府西一路一六二号
陈和记	三五	汉川	商	府西一路一六二号
江正廷	四二	汉川	商	府西一路一六二号
江正生	三八	汉川	商	府西一路一六二号
江正安	三六	汉川	商	府西一路一六二号
傅远金	五二	汉川	商	府西一路一六二号
傅文新	二九	汉川	商	府西一路一六二号
刘定银	□□	汉川	商	府西一路一六二号
傅三元	四八	黄陂	商	府西一路一六二号
傅元坛	二七	黄陂	商	汉口武胜路口一三号
李柏林	二九	黄陂	商	汉口武胜路口一三号
鄢富章	二二	汉川	商	汉口武胜路口一三号
程楚法	二五	汉川	商	汉口武胜路口一三号
江贤木	□六	汉川	商	汉口武胜路口一三号
王培金	□□	汉川	商	观音巷一九号
张长生	四六	汉川	商	观音巷一九号
李贤记	四六	沔阳	商	汉口观音阁一九号
周银山	三二	沔阳	商	汉口观音阁一九号
黄先辉	二八	沔阳	商	汉口观音阁一九号
李玉廷	五四	沔阳	商	汉口药帮巷五号
陈详讯	□□	天门	商	汉口药帮巷五号
胡正兴	六五	天门	商	汉口药帮巷五号
龚同甫	二五	天门	商	汉口药帮巷五号
杨志成	三二	天门	商	汉口药帮巷五号
戴生羊	五二	天门	商	汉口同安下里八号
胡柏林	三二	天门	商	汉口同安下里八号
陈文祥	□□	沔阳	商	汉口同安下里八号
廖松柏	四六	沔阳	商	汉口同安下里八号
胡锦堂	二六	沔阳	商	汉口同安下里八号
伍正元	四六	沔阳	商	汉口小火路九号

（续表）

姓名	年龄	籍贯	职业	现在住址
王忠汉	四六	沔阳	商	汉口小火路九号
傅国均	四六	沔阳	商	汉口小火路九号
陈得炳	四八	沔阳	商	汉口小火路九号
李少远	三二	汉川	商	汉口小火路九号
江炳新	五三	汉川	商	汉口小火路九号
李顺贞	二四	汉川	商	汉口小火路九号
江炎子	三二	沔阳	商	汉口同家巷一四二号
江顺才	三一	沔阳	商	汉口同家巷一四二号
萧阳春	四二	沔阳	商	汉口同家巷一四二号
萧信山	三二	沔阳	商	汉口同家巷一四二号
江东林	四八	沔阳	商	汉口同家巷一四二号
杜子芳	二八	沔阳	商	汉口同家巷一四二号
朱兴发	五二	沔阳	商	汉口同家巷一四二号
刘列元	三六	沔阳	商	汉口同家巷一四二号
杨左堂	三六	沔阳	商	汉口同家巷一四二号
江敦洲	□□	沔阳	商	汉口同家巷一四二号
江保生	三八	沔阳	商	汉口同家巷一四二号
罗香江	五七	沔阳	商	汉口五桂巷六号
陈贤水	三五	沔阳	商	汉口五桂巷六号
叶年生	□□	沔阳	商	汉口五桂巷六号
叶瑞炳	四五	沔阳	商	汉口五桂巷六号
鄢润香	□□	沔阳	商	观音巷六号
叶德高	□□	沔阳	商	观音巷六号
沈泽音	二五	沔阳	商	观音巷六号
鄢世孝	二五	沔阳	商	观音巷六号
鄢维楚	二七	沔阳	商	观音巷六号
张子华	三六	沔阳	商	汉口陈家湖一八二号
王丙炎	□□	沔阳	商	汉口陈家湖一八二号
吴铁山	三二	沔阳	商	汉口陈家湖一八二号
田水清	□□	沔阳	商	汉口同庆里六十八号
杨志方	二八	沔阳	商	汉口同庆里六十八号
熊大发	□□	沔阳	商	汉口同庆里六十八号

（续表）

姓名	年龄	籍贯	职业	现在住址
陈斌娃	三二	沔阳	商	汉口同庆里六十八号
李焕新	三五	沔阳	商	汉口同庆里六十八号
李新林	□□	沔阳	商	汉口同庆里六十八号
李汉臣	三二	沔阳	商	同庆里一号
李培林	□□	沔阳	商	同庆里一号
马坤山	三六	沔阳	商	同庆里六十八号
刘锺保	四二	沔阳	商	同庆里六十八号
林祥发	三二	沔阳	商	汉口宝善巷九号
陈贻丙	三六	沔阳	商	汉口宝善巷九号
甘家栋	四二	沔阳	商	汉口宝善巷九号
吴贤坤	四三	沔阳	商	汉口宝善巷九号
胡宗道	五八	沔阳	商	汉口清芬路国强旅社
李建目	三六	沔阳	商	汉口宝庆码头
合计	一百三十七名			

理事长　胡宗道

7.汉口市烟商业同业公会第一次理监事及会员代表联席紧急会议记录

（1948 年 9 月 3 日）

时间：九月三日下午二时

地点：交换组

出席理事：计　名（见签到簿）

出席监事：计　名（见签到簿）

出席会员：计　名（见签到簿）

参加人

主席：曾厚诚

记录：万竹如

甲、报告事项（略）。

乙、讨论事项

关于本会组训组签称，略谓自币制改革，限制物价，同业因遵照定价售货十余日以来，行将存货售尽，无货可卖。因恐受政府干预，应如何办理案。

决议：依据邹常务监事焕延建议，须与各公司及厂商作一次商谈或交换意见，始能有效一致通过，并经推定常务理事刘伯琴、李耀章、张康平、曾楚成，理事刘子荣、王文智、罗子明，监事万韵余、殷长、刘仁庆、吴御臣、周国华等十一人向各公司商谈。

尚有议案数起,暂予保密,下次会议讨论。

丙、散会

8.汉口市商会关于力资问题致汉口市各业同业公会函

(1948年9月4日)

汉口市政府(37)市秘字第〇五七一号训令开:兹定于九月三日(星期五)上午九时在本府举行力资评议委员会第二次会议,仰即派负责人准时参加,并协同商货部分二十六年力资基数及本月份上半月各业力资数额有关资料送府,以凭提会评议为要。等因,奉此。遵经派员出席决议,限本会转知有关各业,于文到一星期内,搜集各该业战前(二十六年)力资底价报府作议价标准。等语。除分行外,相应函达,即希查照,如有关于力资底价,务于文到一星期内,查明径报市府,勿延为盼。

此致

汉口市各业同业公会

速!

汉口市商会　启

9.汉口市房地产业公会为电贺诸公众望所归同膺新选理事长暨理监事致汉口市商会

(1948年9月6日)

汉口市商会程理事长并转理监事先生钧鉴:

此次贵会改选完成,诸公众望所归,同膺新选,受商民之重托,谋商业之繁荣。江汉双流,□慰无似,本会领导房地产业,向承贵会声气相投,以后仍希惠予赞助,毋任跂感,专肃电贺,不尽依依。

汉口市房地产业公会理事长　柴海楼　申鱼印

10.汉口市政府为实施工资决定事项令本市工业会

(1948年9月7日)

社8165指令

三十七年八月廿日呈一件,为呈请实施工资问题讨论决定第三项由。呈悉,查币制自改行全国之日起,所有按生活指数发给薪资案已一律废止。本市工业会落实惨淡,生产萎缩固属事实,然各产业工人生活艰苦,自无不可否认。拟请以工资实行折扣减成一节,应暂行缓议,仰即遵照。

市长　徐

11.汉口市政府因社会部以该会章程应饬修正令本市工业会

(1948 年 9 月 7 日)

中华民国卅七年九月七日拟稿

准社会部本年九月二日社(37)组三字第二四四六八号公函开,抄录全文。等由。合行令仰遵照。

此令!

市长　徐

12.市商会代表昨向市府请愿取缔黄牛党避免经检苛扰

(1948 年 9 月 7 日)

[本报讯]汉口市商会于日昨举行首次理监事联席会议,理事长程子菊主席,讨论该会组织规程、办事细则、开会日期,均经修正通过云。又,该会于昨(六日)午后四时,推派代表程子菊、贺衡夫、王静斋、马汉三、徐一诚、熊幼珊、张尧萱等赴市政府请愿,并报告本市商业情形。当由徐市长及社会科长丁幼泉接见,各代表就目前商场现象陈述甚详,并说明二点:一、市上已发现黄牛党徒套购货物,企图囤积居奇。二、请市府对零售商贩之经济检查问题应注意避免苛扰情事。徐市长当表示今后对黄牛党之取缔决饬所属执行,以免扰乱商业。至于经济检查工作,如有流弊,准受害人检举,当依法惩办。

(《武汉日报》)

13.吴佩卿为调查三菱洋行在汉开设年数及营业情形报告汉口市商会

(1948 年 9 月 7 日)

奉派调查三菱洋行在汉开设年数及营业情形一案,经向各业详加查询。据称,日商三菱与三井日信在汉设行历有多年,经营业务进口洋纱、匹头、糖、海味等类,出口棉花、杂粮、猪鬃等类,并兼营轮船。其在本市或产区采买棉花,系供销该国国内及上海日侨所办纱厂原料之用。抗战军兴,日侨全部撤退回国,自沦陷后原有日商行店复来汉营贸,当时在敌伪之下,仍系三菱等行派员赴各产区采买棉花,其仍否供销纱厂,或作何用途,本市商人实莫能查悉。等语。理合将所查情形报请理事长程鉴核。

职　吴佩卿

14.汉口市商会为调查三菱洋行在汉开设年数及营业情形复湖北省高等法院

(1948 年 9 月 7 日)

公函　　字第　　号

案准贵院刑二仁字第一一六九号公函,嘱查照三菱洋行在汉口开设年数及其营业情形见复。等由。兹经派员调查,据报:“经向各业详加查询,云云,至理合将所查情形报请鉴核。”等语,前来。相应据复,即请查照为荷。

此致

湖北高等法院

理事长　程

15.上海市商会为商营银行调整资本办法致汉口市商会电

(1948 年 9 月 8 日)

汉口市商会公鉴:

查本年九月八日行政院公布之商营银行调整资本办法,增资期限定为于本办法公布后二个月内增达规定标准,期限本极局促。惟依照民国二十一年十二月二十三日国民政府公布之法律施行日期条例,凡法律明定自公布日施行者,各省市以刊登该法律之公报或公布该法律之命令依限到达该省市最高主管官署之日起发生效力,并查同年月日国民政府公布之法律施行到达日期表,苏省为十五日;皖、浙、鲁、豫为二十日;赣、冀、鄂、闽为二十五日;湘、粤为三十日;陕西为四十日;甘肃、四川为六十日。是九月八日公布之调整资本办法,仍须依照条例所定到达之日起算,并查此项法律施行日期条例,依照三十七年一月二十一日司法院院解字第三八二四号解释有云,兹经本院统一解释法令、会议议决,法令施行及废止生效日期仍依法律施行日期条例之规定。等语。是该项条例现仍有效,可资依据。以上情形均载于敝会主编之《工商法规》第十五号,唯恐各省银行钱庄未尽注意,爰特电请贵会分别转告并随附《工商法规》第十五号一册,请为查阅。再,《工商法规》为本会商业月报社编印,每星期发行两次,刊载关于工商经济之法令,解释有关机关之公告、通告及工商消息,正确详尽,可供参考。现定售价为三个月金圆券二十元(平寄邮费在内),贵会如需自创刊号起补订,亦可照办,顺以奉闻。

上海市商会叩申

16.汉口市商会为请免征粮食营业税致汉口市政府函

(1948 年 9 月 8 日)

汉口市商会代电　市商字第二五号　中华民国卅七年九月八日

汉口市市长徐钧鉴:

案准杭州市商会代电称:查粮食为人民所必需,非可视同商品,迭经各省市县民意机关一致要求免征营业税,且曾经国民大会议决免征,复经立法院金融委员会咨请行政院通饬办理有案。是其不应征税之原则,均经全国最高民意机关同意决定,各省政府□未便再行变更,即立法院对国民大会之决议,亦当尊重其意见而加以考虑。兹本省参议会议决定征收粮食营业税一案,已予通过并定下月即将开始征收,值此米价狂涨,影响民生问题极为严重,自应继续豁免,以纾民困。爰经提出本会第一届第四次会员代表大会讨论,当经一致决议通过,记录在卷。除分电外,相应电达,即希查照,采取一致行动,务达免征目的为止,以利民生。查食为民天所关,极为重要,免征营业税一案,既经国民大会暨立法院金融委员会通过,自应照案豁免,以利民食。除函复响应外,特此电请鉴核,免征为祷。

汉口市商会理事长　程子菊　卅七申齐叩

17.汉口市烟商业同业公会第四次理监联席会议

（1948 年 9 月 8 日）

时间：九月八日下午八时

地点：本会

出席理事：

出席监事：

列席人：

主席：曾厚诚

甲、报告事项（略）。

乙、讨论事项

1.关于新申请入会之同业□或于徐家，应否交调查组调查后准其入会案。

决议：由组训组交各段各组初步调查再交调查组，复查合格后入会。

2.关于已经调查合格而未缴费之同业，现时来会缴费，应否开收案。

决议：缴款入会。

3.在改选时未缴选费之同业公会是否另缴入会费入会，或抵缴欠费，恢复原有会员资格案。

决议：并入第一案决议办理。

4.关于派烟级别纠纷，应如何调整，及新入会同业之级别是否列入各段各组另订级别，请确定案。

决议：依照陈理事仁寿建议，将调查合格同业与原有会员牌名一并选册送各公司，由各公司自编级别，派烟通过。

丙、临时动议

1.刘常务理事伯琴建议：关于此次派烟同业门售，因黄牛党拥挤购买，本人已将此种情形报告警局，随时□获各烟，本会应出通告登报，并呈警局，转饬各分局，随时协助，请通过办理案。

决议：迅予呈报及通告同业照办。

2.李常务理事耀章建议：(1)今后各公司派烟须将数量报会。(2)由本会再行印发通告，各组转告同业。(3)出烟缴款期间，限三天为限，可否照此函致各公司办理案。

决议：通过。

丁、散会

18.汉口市市长为检发码头工人力资评议会第二次会议记录致市商会函（附会议记录）

（1948 年 9 月 9 日）

兹检发码头工人力资评议委员会第二次会议记录一份，关于第三案决议各项，仰切实遵照办理,并将各业战前力资基数及本年八月上半月力资有关资料,于文到七日内报府,以凭各会评定为要。此令!

附会议记录一份。

市长　徐会之

附:码头工人力资评议委员会第二次会议记录

时间:三十七年九月三日上午九时

地点:汉口市政府会议室

出席人数:管理所席介眉

警察局秦美才代

码头工会王晋臣

参议会熊幼珊

社会科王德和

工业会王一鸣

总工会柯华阶

社会服务处邹峻

市商会高坤山

秘书处饶崇优

列席人:十二分会行李部分代表李春山,信货部分代表戴伯超,八分会下河部分代表余海清、徐同兴

主席:宛直陶

记录:郑德配

甲、报告事项(略)。

乙、讨论事项

主席交议

一、为中央财政经济紧急处分令公布后,本会前次决定依照《生活指数按月调整力资办法》已不适用。顷奉市政府市社字第 8257 号训令,码头力资由码头管理所参酌战前标准及本年八月上半月价格折合金圆,提交码头力资评议委员会通过后,呈府核定施行。经饬据码头管理所拟订行李力资表前来,查码头行李力资复员以来迄未评定,本年八月上半月行李力资需索高昂,漫无标准,自应参酌战前标准办理。惟战前标准如何折合金圆,拟具甲、乙两案,提请公决:

甲案:照战前一元折合金圆二元计算。

乙案:照战前一元折合金圆一元五角计算。

决议:

1.照甲案通过。

2.行李以九十四斤为一担,四十七斤为半担,四十七斤以上不足九十四斤者以一担计,四十七斤以下以半担计。

二、为武汉行辕撤销,本会组织简则第三条第一项应予修正案。

决议:第三条第一项修正为“华中剿匪总司令部”政工处。

三、商货力资如何评定，请讨论案。

决议：

1.商会资料尚未收集送府，无法讨论，由市政府令市商会尽速召集各同业公会开紧急会议，收集战前基数及本年八月上半月力资有关资料，于七日内报府，再行召会评定。

2.在商货力资未评定前，各同业公会与码头工会应参酌战前基数及本年八月上半月力资标准，相互协议折合金圆计算。不能成立协议者，报请本会评定。

3.码头工人不得因力资争议罢工、怠工。

19.后方勤务总司令部第二补给区司令部为检查建筑材料及工资价目表致汉口市商会函

（1948 年 9 月 9 日）

径启者。本部前为便利核实所属建造工程费用起见，相应函请贵会检查建筑材料及工资公议价表一份，以资参考为荷。

此致

汉口市商会

20.汉口市商会为速缴慰军捐款致汉口市绍酒业同业公会

（1948 年 9 月 9 日）

查本会前为慰劳过境军队及前方将士，业经分别函请各大厂商、各业公会担任捐款，购物慰劳。去后，嗣于本月八日，召集各捐款单位负责人来会商讨进行事宜，佥以事体重大，时间迫促，所定各单位捐款数目不容稍有减少，并须于最近三日内，将款如数筹齐，缴送本会，以凭购物运送前方慰劳。等语，通过，记录在卷。除分行外，相应录案，并派本会职员前来贵会面催，务希查照。于文到三日内迅交捐款到会，万勿迟延为盼。

此致

汉口市绍酒业同业公会

汉口市商会　启

21.汉口市商会为召集各捐款单位负责人来会商讨慰劳过境军队致汉口市油盐业同业公会函

（1948 年 9 月 9 日）

查本会前为慰劳过境军队及前方将士，业经分别函请各大厂商、各业公会担任捐款，购物慰劳。去后，嗣于本月八日，召集各捐款单位负责人来会商讨进行事宜，佥以事体重大，时间迫促，所定各单位捐款数目不容稍有减少，并须于最近三日内，将款如数筹齐，缴送本会，以凭购物运送前方慰劳。等语，通过，记录在卷。除分行外，相应录案，并派本会职员前来贵会面催，务希查照。于文到三日内迅交捐款到会，万勿延迟为盼。

此致

汉口市油盐业同业公会

最速件!

汉口市商会　启

22.汉口市烟商业同业公会第五次理监事联席会议

(1948 年 9 月 10 日)

时间:九月十日下午

地点:本会

出席人:计廿一人(均见签到簿)

主席:曾厚诚

记录:万竹如

甲、报告事项

主席报告略谓:据刑警队唐队长派员来会索取会员名册情形。

乙、讨论事项

1.关于刑警队索取本会全体会员名册,应否选择案。

决议:请组训组召集各厅组会议,决定办法,限下星期一答复。如各会员延不答复,则照□□□所查报名册再呈复。

2.关于各上等烟应否呈请市府准许调整价格,以维成本而制黑市,请公决案。

决议:依据各项事实呈报核夺。

3.关于本会会务及各会员营业状况,应否定期招待新闻界报告概况,以明真相案。

决议:公推刘伯琴、王文智、张康平、罗子明、叶钰山、曾厚诚、陈仁寿,另请程竹轩、张佑卿二先生出席招待。日期定于本月十一日,假老群宴楼。

4.关于新同业来函申请入会者计六十八家,应否允可参加入会,请决定案。

决议:准予入会并请业务、组训、交际、调查四组办理。

丙、散会

23.白总司令定今召开城防工事座谈会汉市商会定期向白氏献旗

(1948 年 9 月 11 日)

[本报讯]"华中剿总"白兼□司令崇禧返汉后,对武汉城防工事极为关注。特定今日下午四时,在该部召集张主席、保安司令部陈副司令、武昌杨市长及汉口徐市长等举行座谈会,讨论一切有关城防工事兴建事项云。

[本报讯]汉口市商会于昨(十)日下午三时召开各业理事长座谈会,到有各业理事长百余人,由该会理事长程子菊主席报告该会前为冻结物价推举理监事十三人向市府陈述意见之经过情形暨其他案件后,进行讨论议案。兹志通过要案如下:一、为中秋节近,各界发起劳军运动,该会以白总司令担任华中方面□□任务以来,节节胜利,武汉治安日趋紧固,各业商人感激

万分,决定以全市商人名义,电白总司令致敬并献旗,同时参加各界劳军工作。二、市财政局请借营业税款金圆三十万元一案,授权商会接洽办理。三、通电响应上海市商会请财政部停征三十六年度所得税六倍以外之补缴税款案。四、转知各业劝赠警察学校教学设备。五、通知各业公会,于三日内填报现在货价表,项目计有货名、单位、进货成本、运杂费、税捐、营业开支及市府核定价格等栏,连同成本、运杂费、税捐各单据报由商会备案核转,以期改善商场情形。至七时许始散会云。

(《武汉日报》)

24.汉口市商会为填交货价调整表致各业同业公会(附货价调查表式样)

(1948年9月11日)

查本市物价自实行冻结以来,各业均已遵守,惟以近来发生来源困难,汇水调整,运费税捐增加等等情事,以致影响成本甚大。迭据各业纷纷陈述困难前来,经提请第一次各业理事长座谈会决议:拟具货价调整表,分发各业公会,于三日内填具二份,连同各项单据报告本会,以凭汇转市府,如有意见须附带陈述者,可另加书面。等语,记录在卷。除分行外,相应抄同货价调查表式,函希查照,于文到三日内办理为盼。

此致

汉口市各业同业公会

附货价调查表式样一份。

汉口市商会　启

<table>
<tr><td colspan="10">汉口市　　　　业会员三十七年　　　月　　　日填报货价调查表</td></tr>
<tr><td rowspan="2">货名</td><td rowspan="2">单位</td><td rowspan="2">进货成本(附单据)</td><td rowspan="2">运杂费(附单据)</td><td rowspan="2">税捐(附单据)</td><td rowspan="2">营业开支</td><td colspan="2">市府核定价格</td><td rowspan="2">备考</td></tr>
<tr><td>单位</td><td>价格</td></tr>
<tr><td></td><td></td><td></td><td></td><td></td><td></td><td></td><td></td><td></td></tr>
<tr><td></td><td></td><td></td><td></td><td></td><td></td><td></td><td></td><td></td></tr>
<tr><td></td><td></td><td></td><td></td><td></td><td></td><td></td><td></td><td></td></tr>
<tr><td></td><td></td><td></td><td></td><td></td><td></td><td></td><td></td><td></td></tr>
</table>

25.汉口市工业会为抄发码头工人力资评议委员会第二次会议重要记录致各委员单位函

(1948年9月11日)

汉工业(37)字第142号

兹摘抄汉口市政府九月三日召开码头工人力资评议委员会第二次会议重要记录(一)(三)两案如后,希请查照为荷。

此致

各委员单位

汉口市工业会　启
九月十一日

附:码头工人力资评议委员会第二次会议记录

一、为中央财政经济紧急处分令公布后,本会前次决定依照《生活指数按月调整力资办法》已不适用。顷奉市政府市社字第 8257 号训令,码头力资由码头管理所参酌战前标准及本年八月上半月价格折合金圆,提交码头力资评议委员会通过后,呈府核定施行。经饬据码头管理所拟订行李力资表前来,查码头行李力资复员以来迄未详定,本年八月上半月行李力资需索高昂,漫无标准,自应参酌战前标准办理。惟战前标准如何折合金圆,拟具甲、乙两案,提请公决:

甲案:照战前一元折合金圆二元计算。

乙案:照战前一元折合金圆一元五角计算。

决议:

(一)照甲案通过。

(二)行李以九十四斤为一担,四十七斤为半担,四十七斤以上不足九十四斤者以一担计,四十七斤以下者以半担计。

二、商货力资如何评定,请讨论案。

决议:

(一)商会资料尚未收集送府,无法讨论,由市政府令市商会尽速召集各同业公会开紧急会议,收集战前基数及本年八月上半月力资有关资料,于七日内报府,再行召会评定。

(二)在商货力资未评定前,各同业公会与码头工会应参酌战前基数及本年八月上半月力资标准,互相协议折合金圆计算。不能成立协议者,报请本会评定。

(三)码头工人不得因力资争议罢工、怠工。

26.广州市商会为电知本会理监事宣誓就职日期致汉口市商会

(1948 年 9 月 11 日)

本市各机关团体、各省市镇商会、本市各同业公会公鉴:

本会于申支召开第三次会员大会,依章改选第一届半数理监事,选举结果:关能创、江洛、尤毅、钟一鸣、何信泉、何叔荣、王明兴、梁善朝、陈志寰、陈凤济、何锦文、叶肇基等十二人当选为理事,林德中、关栋材、吴瑞翘、陈玉潜、邹殿邦等五人当选为监事,何辑屏、张香圃、谭棣池、何佐治、梁继焜、谭杰南、张泽卿、梁九峰、姚文辉、袁国华、仇启光、何国华、何郁文等十三人为留任理事,陈慕贞、兰文璋、黄笏南、李荣璨等四人为留任监事。业于申皓举行新任理监事宣誓就职,随由第一次理事会议选出关能创、何辑屏、张香圃、仇启光、何信泉、谭棣池、梁善朝等七人为常务理事,并互选关能创为理事长,并由第一次监事会议互选吴瑞翘、关栋材、林德中等三人为常务监事。能创等经于申帑视事,自谓德薄能鲜,谬承全市商人重托,材轻任重,陨越堪虞。除经将选举结果呈报核备暨分电外,特电查照,尚祈时赐南针,以匡不逮为祷。

广州市商会理事长关能创暨全体理监事同叩(37)申〈卷〉能一总印

27.汉口市线索商业同业公会为请求改变属会性质呈市政府

（1948 年 9 月 11 日）

寅线字第 377 号

查本业纯属小型手工业，所有线索出品，均向系自搓自制，多数会员□具有摇纺机器设备，经常雇聘工人技师，研究制造，生产颇良。乃本会自奉令由工业公会改为商业工会后，职业工会即认本会系属商业范围，不得再有自制情事，以致多所隔阂，常生纠纷。加之本市纱号如□□，颇受原料缺乏之影响，中纺公司独对染织布业、针织袜业予以顾及，配售棉纱原料，而对本会无视为商业性质，不予配给，以致营业陷于停顿。本业枉感困苦，会员等为化除上项纠纷及期与染织布业、针织袜业同样享受物资供应，故于九月四日申请召集理监事会议决议。钧府准将本会仍予恢复为“工业公会”，获名实相符，是否有当，理合呈请鉴核示遵。

谨呈

汉口市市长徐

汉口市线索同业公会理事长　张

常务理事　鄢钜钏、张和平

常务监事　周良奎

文书股长　邓学炎

28.汉口市商会为转发市政府催缴营业税致各业同业公会函

（1948 年 9 月 12 日）

查本市营业税积欠颇多，以致本府财政异常困难，经于九月三日由该会召集各业公会理事长商决，所有上年七至十二月税收统限三日内缴清。本年元、二、三月份已评各业限一星期内缴清，未评各业由评议会加紧评议，于一星期内评议竣事，仍于评议后一星期收清。本年四、五、六月份比照元、二、三月份数目并案清缴。等语，记录在案。兹经本府订定催收营业税注意事项，并规定自九月五日起开始催收。除分令警察局税捐处遵照外，合行检发催收营业税注意事项一份，令仰该会转饬各业公会，迅转各商号遵照缴纳为要。等因，附发催缴营业税注意事项一份，奉此。转知为盼。

此致

汉口市各业同业公会

附抄催收营业税注意事项一份。

汉口市商会　启

29.汉口市工业会为钧府嗣后集会通知电请按表列地址呈汉口市政府电（附通讯表）

（1948年9月13日）

汉工业(37)146号

汉口市政府钧鉴：

本会推派出席钧府各委员会委员，咸以散居市区，距会遥远，迭奉钧府集会通知，时限急迫，深有承转不及之感，为免贻误事机计，谨填具各该委员现时通讯表一份，嗣后集会，敬乞按表列地址径行通知。惟各该会每次会议记录，则仍请径寄本会以资查考为祷。

汉口市工业会理事长　李国伟　(37)申元总叩

拟交科收存及付达，望登记如下。

附：汉口市工业会推派出席钧府各委员通讯表

（卅七年九月十三日）

会别	职务	姓名	通讯地址
劳资评断委员会	委员	蓝昌农	本市西商跑马场大光机器厂
劳资评断委员会	委员	张大谋	本市江汉二路九号民族日报社代收
人力车工商转业辅导委员会	委员	张大谋	本市江汉二路九号民族日报社代收
码头力资纠纷调解委员会	委员	王一鸣	本市洞庭街59号

30.汉口市工业会为秋节劳军摊付金额致汽水机冰同业公会

（1948年9月13日）

汉工业字第一四七号

径启者。奉市府本月十一日函召会议，以秋节劳军，由本市工商界共同担认一万金圆。除由市商会担认六分之五外，由本会担认六分之一，计一千六百六十七金圆，并经本会十三日召开常务理监事及各单位负责人会议议决，斟酌各业负担能力共同负担，并议定请贵会、贵处担认金圆二十七元四角八分。希于十五日以前如数送会，以凭汇转为荷。

此致

汉口市汽水机冰同业公会

汉口市工业会　启

31.汉口市工业会为秋节劳军摊付金额致各会员单位

（1948年9月14日）

紧急通知

案准汉口市工业会汉工业字第147号函，以奉汉口市政府派定工业会担认秋节劳军费一千六百六十七金圆,经理监会议决,酌由各业就负担能力共同负担,并议定汽水机冰工业担认金圆二十七元四角八分,希于本月十五日以前如数送缴。等由,准此。按照本会各会员固定十五权之数,平均每权摊缴一元八角四分,计贵厂　权,应缴金圆　元　角　分,务盼即时如数交付,来人发转,以便如期汇转为荷。此致!

会章　启

32.社会部为筹办全国工业总会致汉口市政府电

(1948年9月15日)

沪、汉等省市工业会十七单位在京举行座谈会,商讨全国工业总会发起筹组事宜,经商定凡依法组织之市工业会及各区公会、全国联合会均列为发起单位,每单位推派代表一人至三人,预定酉东在京举行发起人会议,特电仰饬具报为盼。

社会部组三申寒

33.宜昌县商会为函知理事长改选暨宣誓就职日期致汉口市商会

(1948年9月16日)

径启者。本会理事长任子卿因病坚请辞职,业经召开理监事联席会议,勉予照准,遗缺并经票选居子香继任在案。爰于九月十二日假中美文化餐厅举行宣誓就职典礼,本会理监事暨各业公会理事长均已到会,并蒙党政军机关首长莅临监誓训词。子香遵照宣誓,当于同日就职。除呈报并分函外,相应将宣誓就职日期函达查照,并希南针时赐,借匡不逮为荷。

此致

汉口市商会

理事长　居子香

34.汉口市商会为欢迎国军盟军进驻武汉致郑监事晋卿函

(1948年9月17日)

顷悉国军盟军定于九月十五日上午八时进驻武汉,由硚口开始行动,本会全体理监事、顾问及各公会理事长均应前往欢迎。除分函外,相应函请台端于十五日上午七时在本会集合,以便整队前往欢迎。

此致

郑监事晋卿

汉口市商会　启

九月十二日

35.汉口市政府为该会不合同业公会法规定令线索商业同业公会

(1948年9月18日)

呈悉,查工业同业公会构成之要素,依据《同业公会法》第十一条之规定,“凡有机械动力之设备,或平时雇佣工人三十人以上之工厂"方可加入该会,所有会员经核与法令规定不合,转请恢复工业组织一节,即应毋庸议。

此令!

市长　徐会之

36.汉口市沙泥碎砖石商业同业公会特别队第七届特别会员名册

(1948 年 9 月 18 日)

姓名	冯家华	丁顺庭	王春山	朱福田	王林斌	袁庆三	萧治安	金忠才
籍贯	汉口	黄陂	黄陂	黄陂	黄陂	黄陂	黄陂	黄陂
年龄	41	47	54	74	46	54	32	48
性别	男	男	男	男	男	男	男	男
学历	中学毕业	中学肄业	中学毕业	私塾六年	私塾六年	私塾六年	私塾六年	私塾六年
经历								
通讯	公安路三四号	三义三巷八号	汉士奇里二八号	大陶家巷八号	造纸楼街一二二号	中山大道一六五一号	铭新街裕润里一号	府北一路五号

姓名	张北镜	陈润廷	姚志启	沈猋安	胡玉山	汪焕亭	伍万忠	汪静安	周裕坤	邹天雄
年龄	56	38	55	38	42	74	50	55	40	52
籍贯	黄陂	孝感	河南宜城	黄陂	黄陂	黄冈	黄陂	黄安	黄陂	汉口
性别	男	男	男	男	男	男	男	男	男	男
学历										
经历										
通讯	硚口站邻街五四号	华清街后太平街二四六号	龙家巷一四九号	新马路二七号	中山大道四九八号	球场街二九号	大智区辅仁里五号	流通巷三号	流通巷一五号	老君二巷五号

37.汉口市商会为通知召开所存物资办理各项手续座谈会致汉口市各业同业公会

(1948 年 9 月 19 日)

查本市自实行经济紧急措施以来,关于各仓库暨营业处所存放之物资检查、登记、转移、运输,等等手续,各业尚有未尽明了之处,定于本月二十一日下午三时召集各业公会负责人在本会开谈话会,并请任局长兼经济检查队总队长出席说明。除分行外,相应函希查照,准时派负责人出席,再,届时并商谈所得税事宜,幸勿吝□为盼。

此致

汉口市各业同业公会

汉口市商会　启

38.“华中剿匪总司令部”为电复并申谢致汉口市商会

（1948 年 9 月 20 日）

汉口市商会程理事长并请转全体理监事暨全市各业诸君钧鉴：

申篠商秘代电，敬悉秋高气爽，节序欣逢。领导商廛，看万民之乐业，主持会务，增全市之繁荣。缅维声华，至深欣慰。特电复谢，并颂均绥！

白崇禧　申巧办秘印

39.秦智荦为宣传推广拥戴勤俭建国运动致俞梅生、王伯和

（1948 年 9 月 20 日）

梅生、伯和吾兄赐鉴：

蒋总统所倡导之勤俭建国运动已获得全国各地一致热烈响应，本省各人民团体似应有所拥护表示。奉谕，函请吾兄会商高敏之兄，以省工业会、省商会联合会、省总工会、省农会、教育会、妇女会等团体名义通电响应。如兄等同意时，请由省工业会主稿发电，并将原电文抄送中央通讯社及各报社发表新闻，以广宣传。除省教育、农工、妇女会由弟通知外，特达，敬请卓办见复为祷。专此，敬颂勋祺！

弟　秦智荦　谨启

40.汉口市商会为电复并申谢致湖北省“戡乱建国动员委员会”江陵县分会

（1948 年 9 月 20 日）

湖北省“戡乱建国动员委员会”江陵县分会：

申巧代电，敬悉〇〇才识谫陋，谬膺众选，汲深绠短，覆悚堪虞，尚希时赐南针，借匡不逮。特电奉复，并申谢忱。

汉口市商会理事长　程子菊　常务理事　万少珊代　酉庚印

41.湖北省工业会、湖北省商联会为表示拥戴勤俭建国运动呈大总统府

（1948 年 9 月 23 日）

大总统睿鉴：

钧座以勤俭建国运动昭告国人，凡属国民同声欣感。当兹“戡乱”方殷，此种□□风气之社会运动，实是促进心理团结、行动一致，解除民族生存之威胁，扫荡国家建设之障碍。本会等恪恭拥戴，竭诚奉行，报效国家，肃电下忱，伏乞垂鉴。

湖北省工业会、湖北省商联会（37）（申）（梗）敬叩

42.汉口市浴室商业同业公会为过境军队占据招待所致汉口市商会函

(1948 年 9 月 23 日)

案据友益街会员东华团报称,缘敝浴室自四月二十三日岭东军管区奉过境军队招待所之命,暂驻敝室楼上以来,因此竟成过境军队之营房,此去彼来,不胜其扰。青年军 208 师独立第一大队之一部约 40 名驻进敝室楼上,迄今月余,尚未离去。因近天气炎热,全体青年军会集门口纳凉,且门口站立武装门卫,使胆小之浴客不敢进门,以致敝室营业一落千丈。处此“戡乱”时期,各种捐税增重,如是以往,敝室势必破产,全室五十六名之工职人员亦有失业危险。特此函呈贵会,并恳请转达过境部队招待所,急速将青年军迁出,而苏商困。等情,据此。理合呈请钧会鉴核,仰乞俯赐转请过境部队招待所饬青年军迁出以维营运。

谨呈

汉口市商会

汉口市浴室商业同业公会理事长　段家声

43.汉口市商会关于营业牌照税问题致汉口市各业同业公会函

(1948 年 9 月 23 日)

案准汉口市税捐征收处财征三字第 225 号公函内开:案查开征本年度营业牌照税,前经函请转□各业造册调查清册在案,惟时逾两月之久,据送填报者仅有四十余业,其未遵办者尚多,函待汇齐核办。相应函请查照转饬,迅即填报,勿延为荷。等由,准此。除分函外,相应转希查照。

此致

汉口市各业同业公会

速!

汉口市商会　启

44.汉口市商会为转知“华中剿匪总司令”电复谢忱致汉口市各业同业公会及本会各理监事

(1948 年 9 月 25 日)

查本会第一次各业理事长座谈会决议电白总司令致敬一案,经照办。去后,兹奉“华中剿匪总司令部”申巧办秘字第〇四一五号代电开:“汉口市商会程理事长,并请转全体理监事暨全市各业诸君钧鉴,云云,至并颂均绥。”等因,奉此。除分行外,相应函希查照。

此致

汉口市各业同业公会

本会各理监事

(会戳)　启

45.汉口市商会为本会第一次各业理事长座谈会决议致汉口市各业同业公会函

（1948 年 9 月 25 日）

白总司令致敬一案，经照办。去后，兹奉“华中剿匪总司令部”申巧办秘字第〇四一五号代电开：汉口市商会程理事长，并请转全体理监事暨全市各业诸君钧鉴，申篠汉商秘代电敬悉，秋高气爽，节序欣逢。领导商廛，看万民之乐业，主持会务，增全市之繁荣。缅维声华，至深欣慰。特电复谢，并颂均绥。”等因，奉此。除分行外，相应函希查照。

此致

汉口市各业同业公会

汉口市商会　启

九月二十五日

汉口市商会理事长　贺衡夫

46.浠水县兰溪商会为电达本会理监事宣誓就职日期致汉口市商会

（1948 年 9 月 26 日）

汉口市商会理事长程鉴：

（一）查本会第一届选举理监事，经于本月二十二日会员代表大会，选举结果：竹村被选为理事长，□□□、胡燮屏、任治三当选为常务理事，郁馥、王惠巷、王晋可、孔昭、李云龙、冯□、叶封屏、景镜清、胡焕卿、邓美宏、胡仲明等为理事，柯俊、胡世众、胡修满等为监事，均记录在簿。（二）竹村等同时举行宣誓就职典礼，荷蒙浠水县政府汤监选员、县党部李监选员及各机关首长暨各界来宾先后赐训惠词，仪式极为隆重。（三）除分电外，相应电达查照，并希时赐南针，以益联系为荷。

浠水县兰溪商会理事长　程竹村　申寝印

47.汉口市商会为转抄绥靖区人民团体组训工作纲要致汉口市各业同业公会

（1948 年 9 月 27 日）

汉口市政府（37）市社字第 8953 号训令开：案准社会部本年九月市社 37 组三字 24844 号代电开，本部为加强绥靖区人民团体组训工作，以期配合总体战之实施，业经订定《绥靖区人民团体组训工作纲要》，以为实施依据。除呈报行政院备案并分电外，相应检附该纲要一份，电请查照为荷。等由。合亟抄附原纲要一份，令仰该会切实遵照办理为要。等因，附组训工作纲要一份，奉此。除遵办并分行外，相应抄转原纲要一份，即希查照办理为盼。

此致

汉口市各业同业公会

汉口市商会　启

48.市政府为转发行政院修正处理禁运□区物品办法令汉口市商会(附办法)

(1948 年 9 月 27 日)

案奉行政院本年九月十四日四防字第 40620 号训令内开:准总统府参军长未贺枢慎代电内开,奉总统手谕,为鼓励对缉获破坏起见,行政院原颁《处理禁运□区物品办法》第九条可修改为"第三类物品,拍卖所得款项,以百分之二十充作举报人之奖金,百分之四十充作缉获人之奖金及破案费用(由破案机关领用),其余百分之四十充当地救济及公用事业之用。"等因。特请查照办理,等由。经遵将原办法第九条及其他各条应行修正之处,除分行外,合行抄发修正办法,令仰遵照,并转饬所属遵照。附抄发修正《处理禁运□区物品办法》一份,等因。下府,自应遵办。除分令外,合行抄发原修正办法一份,令仰遵照,并转饬遵照。此令!

附《办法》一份。

市长　徐会之

附:处理禁运□区物品办法

一、本办法依据□区交通经济封锁办法第五条第三款订定之。

二、本办法所称之禁运□区物品,系指违反《□区交通经济封锁办法》第五条第一款所规定之物品。

三、为处理便利起见,特将禁运□区物品分类如下:

第一类　凡与军事及军需工业有直接关系之物品;

第二类　金、银、钞币、铜元、制钱;

第三类　除第一、二两类外之物品。

四、地方团警及乡镇保甲人员,于缉获禁运□区物品,应尽速缴交其就近之封锁机关或地方政府,取据收执,听候处理。

五、部队于缉获禁运□区物品,应尽速缴交其就近之封锁机关或地方政府,取据收执,听候处理。同时并需汇报该管"剿匪总司令部"(或绥靖公署、绥靖区司令部)备查。

六、封锁机关或地方政府对其缉获及照第三、四两条所缴收之禁运物品,在设有海关地方,应将物品移交海关处理,并报该管"剿匪总司令部"(或绥靖公署、绥靖区司令部)备查,在未设海关地方,应妥为保管,并按周汇报该管"剿匪总司令部"(或绥靖公署、绥靖区司令部)核办。

七、"剿匪总司令部"(绥靖公署、绥靖区司令部)对禁运物品应按照下列办法处理之:

(一)第一类禁运物品应向各该缉获之封锁机关或地方政府提缴保管,并报国防部转电财政部核办;

(二)第二类禁运物品应向各该缉获之封锁机关或地方政府会同当地民意机关及商会就地公开拍卖。

八、举报并缉获第一、二两类禁运物品之奖金,由各主管部核发;

九、第三类禁运物品拍卖所得款项,百分之二十当作举报人之奖金,百分之四十充作缉获人之奖金及破案费用(由破案机关领用),其余百分之四十拨充当地救济及公用事业之用。

以上款项于支出后，由各该封锁机关或地方政府按月报据，连同当地民意机关、商会之证明文件，汇报“剿匪总司令部”（绥靖公署、绥靖区司令部）核查。

十、“剿匪总司令部”（绥靖公署、绥靖区司令部）应将其缉获禁运物品之种类、名称、数量及处理经过情形，按月汇报国防部备查。

十一、本办法自公布日施行。

49.汉口市商会为被劫物资申请归还相关事项致汉口市各业同业公会

（1948 年 9 月 30 日）

汉口市政府本年九月廿二日市社字第八九三〇号通令内开：“案准行政院赔偿委员会本年九月四日京（卅七）二字第 6524 号代电开，关于被劫物资申请归还期限一案，前经摘译美政府所领归还劫物临时指令第二三七段原文，以京（37）二辰霙第 5632 号代电，请查照转知，限至本年九月底止申报在卷。兹又准外交部代电开，据驻美大使馆以关于归还劫物远东委员会赔偿小组所拟，并经指导委员会通过之新草案 FEC—11\40 已在大会通过。我代表已提声明，日海以外被劫沉船问题仍应另立专案速予解决。美代表亦提声明，谓凡盟总认为原属日人所有之金银，业经代行将指定充作生产基金者，一概不受本案影响。我代表已要求美方就日人所有之金银数额及参与劫掠之金银比例提供消息，美允查明报告。等情。查此次通过之归还劫物新案规定：（一）日海以内被劫沉船打捞修理费用，由日本政府负担（旧案及临时指令规定，此项费用由日方先行垫付，但须在收来接收国赔偿账内扣除）。（二）劫物事先未经申请因而被划作赔偿物资时，须已经交付赔偿品接收国，劫物原主方不得再行申请归还（旧案及临时指令规定，劫物一经划作赔偿物资，无论业已交付赔偿品接收国与否，劫物原主均不得再行申请归还）。（三）可以变卖之不能证明原主劫物，包括不能证明原主之金银珠宝（临时指令规定，可以变卖之不能证明原主劫物，应将金银珠宝除外）。（四）申请归还劫物所缴证件有疑问时，应根据法律公道及常识判断应否归还（旧案及临时指令规定，劫物应否归还，以所缴证件为唯一判断根据）。（五）申请归还劫物期限，仍定为自新案通过，交由美政府制为指令，颁发盟总之日起八个月，即实际将临时指令规定之八个月期限再延长四个月（因临时指令已施行四个月）。（六）日海以外被劫沉船打捞问题，由有关国家协定办理，其打捞费用由何方负担未明白规定（与旧案及临时指令规定相同）。（七）其余规定仍照旧案及临时指令。兹抄同新议决案原文，即请查照核办。等由。附抄远东委员会归还劫物新议决案，到会。查此项新议决案第十四条，仍规定申请归还劫物期限为美政府训令盟总执行之日起八个月，比照前次临时指令规定之期限应延长四个月，所有我国人民（包括外侨）战时被日人劫夺物资申请归还期限，即展至卅八年一月底止。除分行外，相应抄同新议决案译文，电请查照转饬所属，并公告人民遵照填表检证，赶于限期以前报送到会，恳转洽办为荷。等由。除分令并公告外，合行抄发新议决案译文，令仰该会转饬所属遵照填表检证，赶于限期以前报送，以凭汇转为要。”等因。附发归还劫物新议决案译文一份，奉此。除分行外，相应抄转新议决案译文，希即转知□会员。如有于战前曾被日人劫夺物资者，可于限期内填表检证，报请汇转为盼。

此致

汉口市各业同业公会

附抄转归还劫物新议决案译文一份。

汉口市商会　启

50.汉口市染坊商业同业公会为查禁私染伪色通告各会员

（1948 年 9 月）

汉口市染坊商业同业公会通告　字第 100 号

查本会同业私染伪色危害业务一案，迭经劝告，旋因良莠不齐，经由劳资双方拟订处罚伪色办法，会衔呈奉市府，令准查禁在案。当即通告各会员切实遵照亦在案。近查遵照不染伪色者固多，而阳奉阴违者亦复不少，似此害群之马若不铲除，不足以维业务而谋生存，爰经会议决定，对于私染伪色必须加强检查工作，遴选劳资双方人员充任负责。检查时应绝对服从，不得有反抗行为。兹为慎重取缔伪色起见，特再通告并实贴于各同业坊内，倘有明知故违者，本会决不徇情，定援案呈候市府核办。除记录在卷外，希各会员自爱，本会有厚望焉。

上通告

会员

理事长　彭玉彬

常务理事　丁汉臣、罗宇华

51.联合勤务总司令部武汉运输指挥部为改订九月份单品力资给予表呈报总司令部

（1948 年 9 月）

受文者：总司令部总司令郭

依照招商汉局九月份商品装卸力资，仍以八月下半月价目计算，改订武汉区三十七年九月份单品装卸搬运力资支给标准表。

谨检呈四份，报请核备。

本件抄副本呈“华中剿匪总司令部”，并分送空军第六供应分处及武汉各补给兵站单位及有关机关码头公会等。

指挥官　林逸圣

10 月

1.汉口市工业会为工业原料缺乏请定期召开有关工业座谈会呈汉口市政府电

(1948 年 10 月 2 日)

汉口市政府钧鉴:

自总统颁布改革币制大令后,本会一致拥戴并通函各会员一致遵行。惟迩近市场各种工业原料咸以价受限制来源稀少,感以交通滞碍到货无多,致各厂原料奇缺,产量锐减,甚至产品脱售。遵照规定非特难获利润,抑且亏折成本,长此以往,前途堪虞。本会迭据各工业同业公会暨各厂纷纷函述困难,沥陈艰巨,请予转恳政府救济。爰经提付第十次常务理监事会讨论,当经决议,"呈请钧府召集有关工业困难问题座谈会,共策解决办法。"等语,记录在卷。谨特据案电恳钧府俯赐定期召开座谈,解救困难,至深感祈。

汉口市工业会理事长　李国伟　(37)酉冬总叩

2.汉口市商会为抄发《处理禁运□区物品办法》致汉口市各业同业公会(附修正办法)

(1948 年 10 月 2 日)

案奉汉口市政府(卅七)市社字第九三七一号训令开:"案奉行政院本年九月十四日(卅七)四防字第四〇六二〇号训令内开,准总统府参军长(卅七)未贺枢慎代电内开,奉总统手谕,为鼓励对奸破获起见,行政院原颁《处理禁运□区物品办法》第九条可修改为'第三类物品,拍卖所得款项,以百分之二十充作举报人之奖金,以百分之四十充作缉获人奖金及破案费用(由破案机关领用),其余百分之四十充当地救济及公用事业之用'。等因。特请查照办理。等由。经遵将原办法第九条及其他各条应行修正之处,除分行外,合行抄发修正办法,令仰遵照,并转饬所属遵照。附抄《修正处理禁运□区物品办法》一份,等因。下府,自应遵办。除分令外,合行抄发原修正办法一份,令仰遵照,并转饬遵照。"等因。附发《修正处理禁运□区物品办法》一份。奉此,自应遵照。除分行外,相应抄转原修正办法一份,希查照并分转遵照为盼。

此致

汉口市各业同业公会

附抄《修正办法》一份。

汉口市商会　启

《处理禁运□区物品办法》

(行政院绥靖区政务委员会寅江秘指〈卅六〉字第一三二九号代电颁行,本部寅文〈卅六〉

收容字第三〇二二号代电转领实施)

一、本办法依据《□区交通经济封锁办法》第五条第三款订定之。

二、本办法所称之禁运□区物品,系指违反《□区交通经济封锁办法》第五条第一款所规定之物品。

三、为处理便利起见,特将禁运□区物品分类如下:

第一类　凡与军事及军需工业有直接关系之物品;

第二类　金、银、钞币、铜元、制钱;

第三类　除第一、二两类外之物品。

四、地方团警及乡镇保甲人员,于缉获禁运□区物品,应尽速缴交其就近之封锁机关或地方政府,取据收执,听候处理。

五、部队于缉获禁运□区物品时,应尽速缴交其就近之封锁机关或地方政府,取据收执,听候处理,同时须会报该管“剿匪总司令部”(或绥靖公署或绥靖区司令部)备查。

六、封锁机关或地方政府对其缉获及照第三、四两条所缴之禁运物品,在设有海关地方,应将物品移交海关处理,并报该管“剿匪总司令部”(或绥靖公署或绥靖区司令部)备查;在未设海关地方,应妥为保管,并按周汇报该管“剿匪总司令部”(或绥靖公署或绥靖区司令部)核办。

七、“剿匪总司令部”(或绥靖公署或绥靖区司令部)对禁运物品,应以下列办法处理之:

(一)第一类　禁运物品应向各该缉获之封锁机关或地方政府提缴保管,并报国防部转电财政部核办。

(二)第二类　禁运物品应向各该缉获之封锁机关或地方政府会同当地民意机关及商会就地公开拍卖。

八、举报并缉获第一、二两类禁运物品之奖金,由各主管部核发。

九、第三类　禁运物品拍卖所得款项,以百分之二十充作举报人之奖金,以百分之四十充作缉获人之奖金及破案费用(由破案机关领用),其余百分之四十拨充当地救济及公用事业之用。以上款项于支出后,由各该封锁机关或地方政府按月报据,连同当地民意机关、商会之证明文件,汇报“剿匪总司令部”(或绥靖公署或绥靖区司令部)备查。

十、“剿匪总司令部”(或绥靖公署或绥靖区司令部)应将其缉获禁运物品之种类、名称、数量及处理经过情形,按月汇报国防部备查。

十一、本办法自公布日施行。

3.汉口市棉花商业同业公会为“戡乱”捐款一案致各宝号通知

(1948年10月2日)

查本会前奉咨市商会通知为“戡乱”捐款一案,规定办法四项,其丙项规定行户代客扣税延至三月一日起,按照所扣营业税额代扣一案,以二个月为限。本会各同业应照丙项办理,业于二月六日以棉字第四七号通知查照在案。本月八日,市商会为催缴“戡乱”捐款,召开各业公会理事长座谈会,本会派王座办□□代表出席。据报,是日徐市长及贺理事长出席说明,中央统筹自卫费为一事,本市认捐之“戡乱”捐款系做本市国防工程,如碉堡壕沟之类,须于三月底以前完成上项捐款,仍须从速缴纳。惟自卫月捐,自本年元月份起暂行停收,听候中央统一筹办。等语。当有本会代表出席人与贩运业代表□□□□，向贺理事长陈明本会各同业，由行户代扣捐款，因现在物价高涨过甚，如照原定标准代扣，各同业负担过重，请予核减，并经贺理事长当场转向市长请求本市各行户代扣捐款一律照与上规定标准减半扣缴，如有不足总额，仍由各同业负责筹足，已邀市长允许。等语。除分知外，相应通知查照。

此致

××宝号

公会　启

理事长　程(彭代)　彭华庭

4.汉口市棉花贩运业同业公会为请求撤销棉花救济特捐一案经推定台端为本会向省参议会请愿致王际清等函

(1948年10月2日)

径启者。案查本年十月一日本会第二十二次理监事联席会议讨论事项第案，以据两会会员称，自湖北省财政厅开征棉花临时救济特捐以来，迄已数月，所收捐款总额已接近预定数额，而政府对此项临时性质之特捐尚无撤销之表示。近复借币制改革之际，提高捐率，会员实不堪负担，曾于九月二十八日两□常务理事联席会议时提议由两会各推代表三人向省参议会请愿，请转咨省府限期撤销一案，应否照办，复请公决案。当经决议照办，并公推王际清、林厚周、王河清三先生为本会代表，会同棉花商业公会代表台端，经会议公推　为本会代表，相应录案函达查照为荷。

此致

王际清先生

林厚周先生

王河清先生

会戳　启

1948年10月2日

5.合理调整物价汉商会电政院，请求并请转饬市府疏导物资来源

(1948年10月3日)

[本报讯]汉口市商会以币制改革，物价冻结后，商人遵照当局规定限价买卖，实为义不容辞者。惟自实行以来，若干事实上亦有所困难，因根据事实列举要点，电请行政院各院部令饬汉口市政府按照八一九以前本市银元黑市价格(四百零五万元)及比照沪汉汇水，渗合物价，从速予以调整，并请政府本货畅其流之旨，切实晓谕人民，仰体时艰，照常营运各种物资，以裕来源。

(《武汉日报》)

6.汉市商会电呈政院,要求调整限价,据说八一九银元仅四〇五万,物价比照银元根本无利可图

(1948 年 10 月 3 日)

[本报讯]汉口市商会顷致本报快邮代电一通,要求政院令饬汉市府照实际情形调整物价,并请本报予以响应,大意说:“经济紧急措施实行时,武汉银元黑市仅四百〇五万。因银元价格遽行提高,商人如限制照银元未提高时之市价销售物品,不惟无利可图,且存品销售后,成本亏损,无力再为购进。”他们的理由是“(一)八一九后,没有合法利润;(二)产地成本高,申汇没有好处,来货不易;(三)要到匪区抢购物资,必须有大利,所谓‘重赏之下必有勇夫’;(四)市府硬性规定物价,所以市场混乱”。因此,他们希望并建议:一、请政府速令汉口市政府依照八一九以前,汉市银元黑市价格(四百〇五万元)及比照沪汉汇水,渗合物价,从速予以调整,借苏商困;二、请政府本货畅其流之旨,切实晓谕人民,仰体时艰,照常营运各种物资,以裕来源。

(《大刚报》)

7.调整限价需拟具成本表再呈政院,市府前曾转请已有复示,除纱布外均需缓日再议

(1948 年 10 月 3 日)

[本报讯]汉口市政府以近来政府声言,将调整八一九之各地限价,市场闻讯后,各种物价似有蠢动之趋势,商号对于货物,亦有隐匿不售及提前打烊之情事发生。是项情形,影响市场甚大,除饬令经济检查队加强展开全面监视工作外,特于昨上午奉行“执行物价管制”检讨会议。到各科室负责人、经检队正副队长及市商会代表,对币改后物价管制情形讨论甚详。闻关于各业纷请调整限价,已决定饬市商会转饬各业拟具成本计算表,汇转行政院核示。

[又讯]汉市府前以各业公会纷纷请求调整限价,前曾据情转请行政院核示,顷据市府负责人语记者谓:政院业已有复电指示,略谓:除纱布准予按实际情形提高限价外,其余未至必需时,暂不予以调整,缓日再议。

(《大刚报》)

8.汉口市工业会为造缮会费预算呈汉口市政府电

(1948 年 10 月 7 日)

汉口市政府钧鉴:

本会接准钧府社会科社字第(416)号通知略开,奉社会部令以全国工业总会发起筹备,预定十一月初完成组织。为迅赴事功起见,该市工业会会费预算应于十月十日以前核实,分报社会部及全国工业总会筹备会,以凭依法核定各单位出席代表名额。等因。相应通知,希即径报,并呈钧府备查。等由。准此。除分电外,兹谨造缮本会会费预算一份,电请钧府俯赐备□。

汉口市工业会理事长　李国伟　(37)酉虞总叩

9.汉口市第八次经济会报记录

(1948 年 10 月 7 日)

时间:卅七年十月七日上午十时

地点:市府会议室

出席人:武汉警备部陈瑞辉,汉口金管局王克孝(代),财政局汤之镇(张宗闵代),经检队唐组淮,市总工会王荃,市商会陈焕章、丁幼泉、陈菘

列席人:油商公会汪香波、朱叔文,米业公会周若愚、陈弗山、郑耀卿

主席:徐会之(孙际旦代)

报告事项

主席报告(略)。

讨论事项

甲、请确定应行调整价格物品之范围案。

决议:

(一)调整范围如下:(1)因汇率或税率变更而成本增加者;(2)因原料价格或工资增高而影响生产者;(3)因产地价格增高,来源稀薄,确定影响市民生活者(如米麦等项);(4)因其他物价增加致营业开支确属不能维持者;(5)因季节关系在八一九当时供过于求,所限价格确属不敷成本者。

(二)关于碾米业存量之多寡应不在检查之列。

(三)由汉口市政府迅即函请湖北省政府,通令所属各县解除粮禁,俾利粮源而维民食。

乙、如何取缔金银黑市案。

决议:

(一)金银黑市买卖绝对禁止及市面流通,并查禁汉正街、统一街一带之黑市场,严密注意各行业代客收卖银元。

(二)金号收入余金必须照规定售出,存金可留备周转。

(三)绝对禁止条块买卖。

(四)对纸烟、花纱各业及川陕客帮商人之高价收买金银者,应特别注意。

(五)金号应否准其停业,由金管局召集会议再行商讨。

(六)前项决议全案录送金管局参考。

散会

10.重视市场混乱情势,经济会报决定补救办法,重要日用物品合理调整价格,取缔金银黑市,严禁携带出境

(1948 年 10 月 8 日)

[本报讯]市府对近日市场混乱之情势颇为注意,唯各商店货物大半已售空,部分转入四乡,经检队已无用武之地。昨日上午十时,市府为目前物价问题临时举行经济会报。经检队、

金管局、四联总处、市商会及各工商业工会均派有代表出席,由秘书长孙际旦主持,各代表纷纷发表意见。工业界对政府限制收购成品的价格而不能控制成品颇为不满;商业界对只顾限价而不顾物资来源亦表遗憾,如不再作彻底解决,市场情形将更不可设想。孙秘书长对工商界之意见甚表同情,当即决定补救办法数点如下:一、为不致使物资来源断绝,规定米、棉花、麻油、烟煤及其他重要日用品,应予合理调整价格,唯限于下列各点原因者:①因汇率增加之商品;②因工资增加,原料涨价之制成品;③产地价高,来源稀少之物品;④因受其他物价影响,不能维持现状之商品;⑤因开始限价供过于求,忍痛牺牲,目前不能维持成本者。二、金银黑市应严格取缔,密切注意统一街、汉正街一带少数抬价收买金银的情势予以取缔,并绝对禁止银元流通,并禁止川陕客商及香烟、棉花、纱布等商人高价收买金银,携带出境。

(《大刚报》)

11.汉口市勤俭建国运动促进会筹备会为召开筹备会议致汉口市商会函

(1948 年 10 月 12 日)

查勤俭建国运动座谈会讨论事项第二案关于成立汉口市推行勤俭建国运动促进会筹备会一节,经议决,推定“剿匪总部”政工处等十七单位负责筹备。等语,记录在卷,相应录案函请查照,并订于本月十三日(星期三)上午十时假汉口市政府会议室召开第一次筹备会议,商讨有关各项进行事宜。除分函外,特函台端届时莅临出席为荷。

此致

市商会程理事长

汉口市勤俭建国运动促进会筹备会　启

12.汉口市商会参加社会救济委员会成立三周年会议记录

(1948 年 10 月 12 日)

时间:本年十月十二日下午二时

地点:本府会议室

出席人:武汉行辕政务处贾处长相涛(钟志超代),武汉警备司令部机要室刘主任先云(叶建代),汉口市特别市党部袁主任委员雍(熊仲三代),三民主义青年团中央直属汉口区团部涂书记兴梅,汉口市参议会会议长张弥川、参议员萧济生、冯铎,社会部汉口社会服务处刘主任叶景,善后救济总署湖北分署周署长苍柏(柯南山代),救济分署武汉办事处长王道,中国红十字会刘剑雄,中国红卍字会唐□山,汉口市政府市长徐会之,汉口市政府秘书长程发轫、参事王子江,汉口市政府社会科长丁幼泉,汉口市政府兼代民政科长戴仲贤,汉口市警察局田副局长亚丹,汉口市商会贺理事长衡夫、常务监事高坤山,汉口市救济院长张兆理,公益联合会刘理事伯琴,善堂联合会杨理事长庆山(胡松年代),房地产业柴主任委员海楼(朱庚世代),银行业同业公会甘常务理事助予,新闻记者公会常务理事万克哉(伍昌明代)

主席:徐会之(程发轫代)

记录:贺子厚

报告(略)。

讨论事项

(1)本会名称原拟定为“汉口市社会救济委员会”,近奉社会部令,各省市应筹组社会救济事业协会,应否更名为“汉口市社会救济事业协会”,请公决。

议决:仍定名“汉口市社会救济委员会”。

(2)拟具《汉口市社会救济委员会组织简则》,提请讨论案。

决议:修正通过(附修正《汉口市社会救济委员会组织简则》一份)。

(3)请推定本会委员案。

议决:推贾伯涛、刘先云、张弥川、袁雍、郎维汉、周苍柏、王道、李荐廷、米涤华、徐会之、王子江、戴仲明、丁幼泉、任建鹏、贺衡夫、萧泽生、冯铎、刘业景、张兆理、刘伯琴、杨庆山、柴海楼、甘助予、谢春墀、万克哉、高坤山、张春浩等二十七人为委员。

(4)请推定本会常务委员及监察委员案。

议决:推徐委员会之、张委员弥川、贺委员衡夫、杨委员庆山、柴委员海楼、甘委员助予、王委员道、谢委员春墀、张委员春浩为常务委员,袁委员雍、郎委员维汉、萧委员泽生为监察委员。

(5)请推定本会主任委员、副主任委员案。

决议:推徐常委为主任委员,张委员弥川为副主任委员。

(6)请推定本会总干事及各组织负责人选案。

议决:推丁委员幼泉为总干事,各组负责人选由正副主任委员及总干事拟定名单,提常务委员会决定。

(7)请决定本会会址,以利办公案。

决议:暂在市政府或市参议会办公,另觅固定会址,由常务委员会决定之。

(8)本会救济经费如何筹措,请讨论案。

议决:①依照市商会前定之原则,一年一次征收各商店乞丐救济金,其办法及标准如下:甲等商店三万元,乙等商店二万元,丙等商店一万元;②前项救济金之征收由各同业公会代办或由本会依照各业名册直接收取,自十月份起实行;③娱乐捐之附加,嗣后市二中建筑费附加届满后,援照成例,附加救济基金,以募足一亿元为限,或发动各游艺场所义卖一日,前项办法□□参议会办法;④食盐之附加,商请盐务办事处于出仓之每担盐斤中代收救济基金五百元;⑤公开劝募及请求补助,公开劝募以自由捐助为原则,商请行总鄂行分署补助基金或实物。

(9)本会基金在未筹募前所有紧急开支如何筹措,请讨论案。

议决:商请银行、钱业两公会于十月二十日前各筹借五百万元(计一千万元)。

(10)拟先筹设乞丐收容所,是否可行,请公决案。

决议:即日开始筹备,于十一月份成立,并定名为“汉口市贫民收容教养所”于先收容乞丐。

萧参议员济生临时动议:

本会救济经费之收支及救济工作之实施情形必须经常于报纸上辟专栏公布。

散会

13.汉口市政府为发武汉城防工事委员会征购材料暂行办法致汉口市商会函

（1948 年 10 月 12 日）

案奉汉口市政府(37)市民字第 4527 号代电,附发《征购武汉城防工事材料暂行办法》一份,饬遵照,并转饬遵照。等因。除分行外,相应抄送原办法一份,即希查照是荷。

此致

汉口市商会

存查 13/10

汉口市商会　启

十月十二日

14.汉口市政府为呈报该业困艰应准定期召集会议共商解放办法等情令本市工业会

（1948 年 10 月 13 日）

本年十月二日汉工业字第 172 号呈件,为呈述工业困难,恳准定期召集会议,共商解救办法由。

呈悉,准自行定期召集开会并报由本府派员参加,仰即遵照。此令!

市长　徐

15.汉口市工业会为更正会费预算书呈汉口市政府代电

（1948 年 10 月 14 日）

汉口市政府钧鉴:

属会前以汉工业(37)字第(179)号,并报会费预算书中收入总额为一七九〇〇〇元。惟最近武汉火柴公司入会,本会会员应为二十七单位,会费收入总额应为一八〇一四七元,因于前文漏列,特电请更正。

汉口市工业会理事长　李国伟　(37)酉字总叩

16.社会部为工业会会费应十月十日以前报核令汉口市政府社会科

（1948 年 10 月 14 日）

查各省工业会及各业区工业同业公会、全国联合会多已先后成立,全国工业公会亟应依法筹组。本(九)月十日,上海等省市工业会及各区公会联合会负责人曾在京举行座谈会,商讨全国工业总会发起筹组事宜,经决定:凡依法成立之工业会及各区公会、全国联合会均为发起单位,并预定十月一日在京举行发起人会议,业经本部以申删电饬转知在案。查该项发起人会议举行后,筹备会即可成立全国工业总会,并预定十一月初完成组织。为迅赴事功起见,该市工业会会费预□应于十月十日以前核实,分报本部及全国工业总会筹备会,以凭依法核定各单位出席代表名额。除分令外,仰即转饬。此令!

部长　顾正纲

17.汉口市工业会为属会理事苏汰余逝世所遗缺额应由胡季岚递补呈汉口市政府

(1948 年 10 月 14 日)

窃属会理事苏汰余因病逝世,所遗缺额应予补足。兹查本会前于成立选举时,候补理事中以胡季岚票数最多,依法应由胡季岚递补,以符法定人数,借襄会务。理合备文呈请钧府俯赐核备。

谨呈

汉口市政府

汉口市工业会理事长　李国伟　谨呈

18.汉口市政府为成立负贩布业同业福利会批

(1948 年 10 月 14 日)

批具呈人江云臣等:

呈一件,为呈请准予组织汉口市负贩布业同业福利会,乞核示由。

呈悉,准予组织,仰即知照。此批!

推完筹备人员,报备为要。

市长　徐

事由:呈为奉令组织汉口市负贩布业同业福利会,遵即会议公推胡宗道为筹备主任,江荣臣为副主任,许炳义等九人为筹备员,报请备查,仰祈核示由。

拟办:拟准备查。

19.汉口市商会为遵守限价措施办法致各业同业公会

(1948 年 10 月 16 日)

案准汉口市警察局本年十月十二日警行治字第四七六六号代电开:案奉汉口市政府本年十月六日市社字第九五〇三号训令开,案奉“华中剿匪总司令部”本年九月二十日政诚字第四三七号代电,以据报本市各种物价仍在继续暗中上涨,各业商店迄未遵照悬牌或标价出售,妨害经济方案之推行,影响国策。饬即依照原定各种限价,严令各商切实标售应市,违则严办。等因。查《限价措施办法》迭经本府令饬遵照在卷。兹奉前因,除呈复外,合并令仰该局依照规定,严予取缔为要。等因,自应遵办。除分令本局所属各分局遵照,严饬各业商店,不论出售任何物品,凡属已经市政府核定者,应即依照核定价格,将品名单价悬牌,挂于显明处所,并分别标价于物品上出售。凡尚未经核定者,统依照八一九出售法币价折合金圆数,依照前项办法办理,并规定自通知一日后起实施普通检查,如有不遵规定标明价格,或有变名变质变量出售物品者,统依法严予取缔外,相应电请查照,转饬各商业同业公会一体遵照为荷。等由。相应转请查照,转知纠正为盼。

此致

各业同业公会

汉口市商会　启

20.汉口市商会为转抄《汉口市勤俭建国运动座谈会记录》致各业同业公会(附座谈会记录)

(1948 年 10 月 16 日)

案准本市警察局汉后(卅七)警行字第 4717 号代电,抄附《汉口市勤俭建国运动座谈会记录》,内市长综合意见、提供办法六项,请查照办理。到会,相应抄转办法,即希查照办理为荷。

此致

各业同业公会

汉口市商会　启

附:勤俭建国运动座谈会记录

一、1.市民黎明即起。2.自卫队七时上操。3.商店八时前开市,晚十时收市。4.娱乐场所十一时停止营业。

二、饮食宴客应加限制,均以六菜一汤为原则。

三、公共集会不备香烟、点心,非宴客不招待香烟。

四、严禁赌博(府辖公务员绝对禁止打牌)。

五、提倡国货,避用洋货。

六、奖励节约储蓄。

21.汉口市糖坊商业同业公会为本业与海味糖商因交易纠纷业已商洽解决请转呈市府致汉口市商会

(1948 年 10 月 16 日)

案奉大会调解委员会通知解字第一号书开:"为奉市政府交下糖坊公会与海味糖商大丰、豫丰、立兴、裕隆等因交易纠纷一案,为召集双方会商调解,务希贵理事长或推派代表出席是荷。"等因,奉此。查本业与海味糖商因交易纠纷一案,经已于九月十日推派理事黄振傅、曾金圆、朱宏丰等三人前往会商海味糖业负责人豫丰代经理。双方商洽,每百斤减价一元,仍按市秤照算给价,各同业先后收讫糖稀价款,并否认有拍照相片之实行。现双方均相安无事,理合备文请予转呈结案,市政府请免关怀。

谨呈

汉口市商会

汉口市糖坊商业同业公会理事长　胡南廷

22.汉口市政府为拟呈更正该会会费预算书令本市工业会

（1948 年 10 月 16 日）

查此案前据该会呈到府，曾以市社字第一〇四七六号指令饬在案，仰即仍遵前令办理为要。

市长　徐

23.汉口市政府据为理事苏汰余逝世遗缺胡季岚递补核备等情令本市工业会

（1948 年 10 月 18 日）

本年十月十四日呈一件，为所属理事苏汰余逝世遗缺，以胡季岚递补，呈请核备由。呈悉，准予备查，仰即知照。此令！

市长　徐

24.汉口市汽车商业同业公会为组设汉阳联管处并聘周本树为主任致汉阳县政府（附联营计划及组织规程）

（1948 年 10 月 18 日）

汉阳县政府公鉴：

本会为适应国策暨当前需要，以期配合动员“戡乱”力量，俾得统一指挥调派灵活起见，特拟具车商联管计划及联管会组织规程、联管处简章办法，均经先后提交本会会员代表暨理监事联席会议决议通过，记录在卷，并经先后呈奉国民政府主席武汉行辕及武汉绥靖公署修正，电准实施，同时抄副本分送武汉各军政治处与交通主管机关知照，各在案。查汉阳所有公路各线商营汽车多系本会管辖会员，车商际此“戡乱建国”期间实有施行联管之必要，爰依照联管会组织规程第十一条之规定，特在汉阳月湖新街第六十九号组设本会联营管理委员会汉阳联营管理处，并聘周本树为该处特约主任，负责推行联管使命。除分行暨饬遵外，理合检附修正计划、规程简章各一份，电请备查，并祈惠予协助办理，以维交通而利联管为祷。

汉口市汽车商业同业公会理事长　金德钦　午巧印

附件如文计三份。

附 1：修正汉口市商车分组联营计划

（汉口市汽车商业同业公会拟）

甲、方针

为适应政府“戡乱”体制，遵照国民政府主席武汉行辕三十六年十一月二十日贞二字第二六二八号代电，附颁联合勤务总司令部湖北供应局征雇公商车辆座谈会记录之要旨，及汉口市汽车商业同业公会（以下简称本会）三十六年十一月二十五日理监事组长及各商行负责人联席会议议决之办法，实施汉口市商车分组联营，以期团结一致，指挥灵活，统计便利，义务平均。

乙、实施要领

(一)编组

1.现在汉口市营业之商车必须一律加入本会为会员。

2.本会会员商车每二十辆自动认编为一组。

3.凡一运输商行(公司)最低限度必须具有商车一组,不足一组商车之运输商行(公司)应即自动并编。嗣后凡不足一组商车之运输商行(公司)一律不准设立。

4.现已设立之各运输商行(公司)合于前条规定者,应于本计划奉准实施之日起三日内将所有商车编组造册报告本会(册式另订)。

5.不属于运输商行(公司)之商车,亦不得自动联合,二十车编成一组,并得设立行牌营业。于本计划奉准实施之日起三日内造册报告本会。

6.每组设组长一人、副组长一人,由各该商行(公司)之经理、副经理兼任,具有二组以上商车之商行(公司),各该组之组长、副组长则由各该组内之车主互推之。各组编成后倘余车不足编为一组时,则余车暂隶联营会直接指挥,至车辆增加至足一组之数时,立饬组为一组。

7.各组编成后,本会对会员之通知事项均发各组长转知。惟会员对本会之申请陈述或建议得不经组长径报本会。

8.各组编成后,该组各车应缴之会费,应由该组长负责按月汇缴,倘有拖延得依《商业同业公会法》之规定予以惩处。

9.本会会员商车全部编组之后,由全体组长互推管理委员若干人组设商车联营管理委员会(以下简称联管会),专负实施本计划之责任(联管会之组织办法另订之)。

10.联管会隶属于本会理事会,不直接对外。

(二)营业

1.各组编成后仍以所设商行(公司)名义营业。

2.各商行(公司)对加入商行(公司)联营之商车,于每次营业时得收取佣金,以充该行(公司)之开支,但不得高于运价5%,各组所需之经费由商行(公司)支付之。

3.各商行(公司)承运客货之运价,必须依照同业公会□定之价格,不得任意增减,否则加入该行(公司)联营之组长或组员得依实报请联管会究办,必要时得退出该行(公司)营业,并得由本会予违章之商行以惩罚(惩罚办法另订之)。

4.各商行(公司)对于加入该行联营之商车,必须依定次序编□营业,不得私□□□□□。

5.倘某商行(公司)因营业繁忙致加入该行(公司)联营之商车不敷应用时,得临时商雇他行(公司)之商车。

6.各商车倘未经商行(公司)之介绍,自行接得营业时,仍应依照本章第二条之规定办理。

(三)调派

1.嗣后□转勤总□部,依照征雇公商车辆座谈会议记录之规定,派往本会会员商车时,即由联管会按□平均轮流调派。

2.各组内亦应以平均派车为原则。

3.各组每日必须以完好堪用之汽车一辆留置市区营业,以备随时派雇,并以先一日将车□报告联营会备查。

4.各组于接到派车之命令后必须派车,按规定时间到达指定地点,集中出发,不得延误,否则该组长应负一切责任。

5.各派雇之商车,倘有意外损失,除由本会申请各征雇机关按区时价优予补偿外,若仍不足时本会以会议决定另行设法补偿之,务期义务平均。惟倘因司机之技术不良所生之损失不在此例。

6.各组内之车辆倘不服该组长公平之调派时,该组长得报告联管会扣留其行车证,并层转有关主管机关强制调派。

7.倘某组不遵公平之调派时,联管会得报由本会以最迅速之手段通报武汉警备司令部所属各出口检查人员,禁止该组全组车辆出口强制调派,并予该组长以严厉之惩处。

(四)管制

1.为使在汉口营业之商车全部编组,无所逃避起见,已编组之车辆均以车门及车尾墙板上油漆联管标识,以组别编号,并每车由本会另发行车证一本(标识及行车证式样另订),以资识别。

2.报请国民政府主席武汉行辕,另行湖北省公路局及武汉警备司令部并汉口警察局,对无联营标识及行车证或行车证与联营标识及牌照不符之车辆,一律不准放行出口,亦不准在市区行驶。又,并请另行湖北省公路局武汉监理所,对在汉口区域以内之商车,如在申请检验换照时必须持有本会所开之行车证,否则不予换发。

3.各商车之行车证由本会联管会印妥,依照各组之清册填齐,发给各组长具领。于各该组之车辆开出时,由组长临时发给。返汉后仍缴回组长收存(但该行车证除工本费外不取任何其他费用,以示普及而昭大公)。

4.各组中每车之行动组长、公司行号应逐次记录按日天之车辆动态表(表式另订)报告联管会。联管会考核汇计,按月统计转报□□层转各有关主管机关备查。

5.各组商车倘有转卖情形时必须请该组组长到场证明并报由本会于契据上加印证明始能生效(此条应先行登报公告后实施)。又,新购车之车主以仍加入该车之原编组为原则,倘必须转入他组时应申述理由,报经联管会核可后始准转组。

6.倘某组因车辆报废或转组致不足二十辆时,应立即设法补充或有联管会指定车辆补入。

(五)与外埠同业之联系

1.本计划实施之后立即通报与汉口有公路相通各埠之同业公会,请仿照本计划规定油漆标识之行车证,以便各该埠之商车来汉时易于识别及检查,免生误会。

2.可能时与各外埠同业公会协议划定派雇商车之区域,逾区互相接运,以免车辆过远不易控制。

丙、附载

(一)本计划未规定事项由联管会依照本计划之要旨适当处理。

(二)本计划经呈报国民政府主席武汉行辕核准后分别行文各有关机关及本会全体会员定期实施。

附 2:修正联营管理委员会组织规程

第一条　本规程依照《修正汉口市商车分组联营计划实施纲要》第九项之规定订定之。

第二条　为照章执行汉口市商车合组联营计划起见,组织汉口市汽车商业同业公会联营管理委员会(以下简称本会)。

第三条　本会直隶汉口市汽车商业同业公会,其任务除经常执行联营计划外,其余均依照公会之所示,并得召集组长会议。

第四条　本会会址均附设于工会事务所之所在地。

第五条　本会以依照汉口市商车联营计划编成之组长为当然委员。

第六条　本会经常由当然委员暨公会理事中票选常务委员九人,互选主任委员一人,副主任委员二人,负责分掌会务,主任委员综理,副主任委员辅助之,并于必要时得请公会聘请专门人才理之。

第七条　本会设总务、运务、车务三股,各股设股长一人,股员若干人。

第八条　总务股之职掌如下:

1.关于□办文稿及收发缮校事项;

2.关于会议记录及决议案之整理事项;

3.关于印信之典守事项;

4.关于档案之规划及保管事项;

5.关于会计出纳庶务事项;

6.关于交际事项;

7.关于员工进退之登记及考核事项,其他有关总务事项。

第九条　运务股之职掌如下:

1.关于运费调整事项;

2.关于业务统计事项;

3.关于油料分配事项;

4.关于营业计划事项;

5.其他有关运务事项。

第十条　车务股之职掌如下:

1.关于调配车辆应付公差事项;

2.关于督导指挥车辆之行驶事项;

3.关于检查车辆事项;

4 关于调解纠纷事项;

5.其他有关车务事项。

第十一条　本会于舵落口、戴家山两进出口经常派员参加军警宪联合检查站,分别检查有关商车联营事项,为避免市区内各商行车辆逃避服务,得随时纠查之,并在各地设立联营管理处,并归公路局各站之监督指导,其办法另订之。

第十二条　本会经费由公会在会费项下拨给,按期依照会计法规之所定以实报实销之原则办理之。

第十三条　本会常务委员之任期依照公会会章及人民团体组织法之规定办理之。

第十四条　本会常务委员、股长、股员除必要之复员外,均以义务制论。

第十五条　本会办事细则另订之。

第十六条　本规程自呈准之日起公布实行。

25.和平商业储蓄银行汉口分行为募集汉口市民众自卫队经费致汉口市银行商业同业公会函

（1948 年 10 月 18 日）

敬启者。顷准汉口市三民区民众自卫总队部区卫字第二三八号公函开：案奉汉口市民众自卫队司令部本年十月六日处二字第〇六九五号训令，以各区总队经费经市训委会第六次会议决议，关于自卫队经费在统一募集办法未实施以前，暂准各区邀同区民代表会及区训练分会自筹。等因。查本区遵照规定于组训之五个大队内须编成建制大队一个，大队□□、请领武器及建筑该大队营房所需经费共计六万元，应一并筹集。业经本区区民代表会训练分会第一、二次会议决议，自本区各公司、行号、住户募集，并决定开始募收日期。惟现以情况吃紧，本市地方自卫武力之建立刻不容缓，除已由本区全体参议员、区民代表、士绅、保长会同警局派警分组出□募收外，夙仰贵行热心公益，对此自卫武力建立工作谅荷赞助，计须贵行担任经费五百元，用特函请查照，惠予掷下，至纫公谊。等由，准此。查是项捐款与“戡乱剿匪”有关，理应拥护，唯以本市以往有关各项捐款，均由贵会统筹或指示办理，此次捐款，当局虽属划分地区，系由区保甲硬派性质，数额如是之巨，谅本会各同业亦被派有相当数款。处此业务萧条之际，各同业恐亦难于应付之感。况硬性派捐之风一开，前途实深堪虞。复闻钱业公会为此已讨论应付办法，贵会为同业利益计，是否亦可采取同样步骤，以谋本会各同业共同应付之方。故特拟请参照商讨善策及分区分级缴付数额，并请予通知各同业，俾使一致应付，是否有当，仍希赐示为荷。

此致

汉口市银行商业同业公会

函复！

□十.十九

中华民国 37 年 10 月 18 日

26.汉口市商会为商民在江汉关报送卷烟需附自卫特捐收据致汉口市各业同业公会函

（1948 年 10 月 19 日）

案准江汉关第一六五号布告开：查自卫特捐业经“华中剿匪总司令部”政务委员会决定，自本年十月十一日起开始征收，除捐收项目及捐率规定已另由委员会布告周知外，兹规定自即日起，凡商民来关报运进口及转口国产及舶来卷烟，应随同报单（及税据）附送自卫特捐收据，一并呈验，核对无讹，方予放行。除饬属遵照外，合行布告周知。等由，准此。除分行外，相应函希查照为盼。

此致

汉口市各业同业公会

汉口市商会　启

十月十九日

27.汉口市商会为卷烟征收自卫特捐方予放行致汉口市各业同业公会

(1948 年 10 月 19 日)

案准江汉关第一六五号布告开:查自卫特捐业经"华中剿匪总司令部"政务委员会决定,自本年十月十一日起开始征收,除捐收项目及捐率规定已另由委员会布告周知外,兹规定自即日起,凡商民来关报运进口及转口,国产及舶来卷烟,应随同报单(及税据)附送自卫特捐收据,一并呈验,核对无讹,方予放行。除饬属遵照外,合行布告周知。等由,准此。除分行外,相应函希查照为盼。

此致

汉口市各业同业公会

汉口市商会　启

28.汉口市商会为催缴慰劳负伤将士捐款致汉口市花包纱头业同业公会

(1948 年 10 月 20 日)

案准"华中剿匪总司令部"荣誉军人管理处荣字第六五号公函开:"本处为前方徐蚌会战负伤将士转运来汉及过境者,使其安慰而表武汉各界之热忱,并增我前线将士斗志,特于今(十月十八日)下午召集武汉各界对于前方负伤将士返汉慰劳座谈会,兹将本会经讨论结果议决通过要案:1.武汉募款慰劳荣军,一切均由湖北省府及汉口市府负责;2.武汉前预募之款(一百万金圆),限于本月二十五日前如数筹齐,以便转购手巾、袜子等,就近慰劳过境负伤将士;3.迅速组织武汉各界慰劳荣军过境招待所,由湖北省政府与汉口市政府主持办理。特函查照。"等由,准此。查本案业经本会两次函催各业公会缴送慰劳捐款在卷。兹经荣管处限期催缴在即,实属不能再缓。除分行外,相应函希查照,务于本月廿三日以前如数筹缴,以便汇送购物,是为至盼。

此致

汉口市花包纱头业同业公会

汉口市商会　启

29.武汉高等特种刑事法庭为请将本市麻袋价目表检送一份致汉口市商会电

(1948 年 10 月 20 日)

武汉高等特种刑事法庭代电　特检之字第 544 号

汉口市商会公鉴:

本市麻袋在限价时是何价格,有几种价?希即检同价目表迅予见复为荷。

武汉高等特种刑事法庭首席检察官陈锡畴　特检侦元酉铣印

30.研商工资贴补原则座谈会记录

（1948 年 10 月 25 日）

时间:三十七年十月二十五日下午二时

地点:汉口市政府招待所

出席人:武昌市总工会陈光德、汉口市工业会叶煜卿

省总工会王财安、汉口市工业会罗宝珊

省总工会张炼九、汉口市工业会司徒壮

省总工会万汉民、汉口市工业会王一鸣

汉口市商会王静斋、汉口市工业会孙宝葵

汉口市商会王耀春、汉口市工业会尹伯平

省统计处刘敬鑫、湖北省工业会刘笃生

汉阳县政府萧执中、湖北省工业会杨锡五

武昌市商会胡云卿、湖北省工业会王伯和

省社会处秦智荣、湖北省工业会鲁寿安

武昌市政府张天元、汉口市政府社会科吴旭东

主席:吴旭东

记录:喻思九

甲、报告事项(略)。

1.各业正式工资仍应维持,按最后指数(即以八二五物价所编制之工人生活费指数)调整之数额不予变更,但因目前物价波动剧烈,情形特殊,并体□工人最低生活不能维持,暂准按上述指数增加之工资数字最高限度加给百分之百之补贴。

2.各工商业营业状况如极为衰落,上列贴补成数应酌予核减,劳方不得借故反对与拒绝,并不得以任何理由作超过上项最高标准之要求。

3.各业工资贴补成数由劳资双方在互助合作、并筹兼顾之原则下自行协商决定之。

4.施行补贴日期暂定为本月(十月)十六日,如已由双方协定,自本月上旬起,施行者不受限制。

5.嗣后粮价如有调整,则另行决定补贴增减之成数,若粮食恢复到八一九之□,限价贴补即予取消。

乙、散会

31.汉口市商会为抄送研商工资贴补原则致各业同业公会

（1948 年 10 月 25 日）

准湖北省汉口市政府社会处通知,附抄研商工资贴补原则座谈会记录一份,请分知。等由。除分行外,用特抄转查照为盼。

此致

汉口市各业同业公会

附送记录原文一份。

汉口市商会　启

32.“华中剿匪总部”为举行各业公会代表谈话会致汉口市各业同业公会理事长函

(1948 年 10 月 25 日)

兹奉“华中剿匪总部”谕:定于本月二十六日(星期二)上午九时在华商街政务委员会(市参议会内)召集各业同业公会理事长暨市商会全体理监事开谈话会。除分行外,相应函希查照,准时前往出席为荷。

此致

汉口市　　业同业公会理事长

请严守时间。

特速!

启

33.汉口市警察局为“华中剿匪总部”颁发限制物价布告致汉口市商会电(附布告)

(1948 年 10 月 25 日)

汉口市商会:

奉武汉警备司令部泽字第四一〇号代电,颁发“华中剿匪总部”限制物价布告三千五百份,饬分别张贴。等因。除饬属遵办外,兹随电送是项布告二份,希收布告转所属会员,切实遵照为荷。局长任建鹏汉复(37)酉马警行治印布告二份。

附:“华中剿匪总司令部”为限制物价布告(1948 年 10 月)

“华中剿匪总司令部”布告　字第　号

中央此次颁行财政经济紧急处分命令及各项办法,实施财政经济改革,关系“戡乱建国”大计,全国上下,自应共体时艰,恪守不渝。乃近查奸匪存心破坏,冀图扰乱治安,少数奸商亦故意隐匿物资,造成黑市。本市竟至发生挤购抢米事件。若不迅予戢止,危害社会安宁,殊非浅鲜。本部为完成“戡乱”,巩固后方治安起见,除饬属严格依照《非常时期取缔日用重要物品囤积居奇办法》办理外,合亟布告周知,嗣后如再有前项情事发生,一经查获,即以《“戡乱”时期危害紧急治罪条例》治罪,至商□各业匿货不市或无故停止营业者,亦当从严办□,决不宽贷。切切!此布告。

兼总司令　白崇禧

34.汉口市工业会第一届第十二次常务理监事会议

（1948 年 10 月 27 日）

时间：民国三十七年十月二十七日正午十二时

地点：汉口中央信托局三楼扬子联谊社

出席人：应到九人，实到五人（另有记录簿签名备查）。

主席：李国伟

记录：吴传启

甲、报告事项

一、奉工商部通知，为联合国亚洲及远东经济委员会愿提供远东区各国以专家协助其经济发展，检附申请供给专家协助表一份，通令知照由；

二、奉汉口市政府训令，为本市物价评议会改组，仍聘本会华总干事煜卿担任委员，仰遵照转知由；

三、本会于上次第五次全体理监事会议票选李理事长国伟、张常务理事大谋等七位为本会出席全国工业总会成立大会代表，复经本会分别函征同意，兹已先后接准复函，均表如期出席；

四、奉汉口市政府指令，为拟□呈以候补理事胡季岚先生递补理事苏汰余先生缺额一案，准予备查由；

五、奉汉口市政府指令，为据本会呈以工布成本加高，限价减低一案。令知，已重行调整，径饬遵照由；

六、奉汉口市政府指令，为本会造缮会费预算一案，应依人民团体财务收支监督规则办法，并附规则，仰遵照由；

七、请王一鸣先生、华煜卿先生报告出席市府工资座谈会情形。

乙、讨论事项

（一）兹由各单位送来关于提交全国工业总会成立大会提案数件，请审查案。

决议：请由华煜卿先生审查后寄出。

（二）本会会费依工人生活指数按月调整，现以迩近市府对于工资补贴调整办法有规定，本会会费应否重予调整，请讨论案。

决议：会费及入会费均照十月份调整一倍，自十一月份起征。

（三）本会出席全国商联会成立大会代表赴京日期，请确定案。

决议：请由各代表自行决定。

下午三时散会

35.庆祝商人节市商会筹备中

（1948 年 10 月 27 日）

［本报讯］十一月一日为第二届“商人节”，闻汉口市商会届期将举行庆祝仪式，并发行特刊，刻正积极筹备，并经分别函请南京各院部首长，武汉各机关首长，暨各大商埠商会题词，或

惠赐论文,并欢迎武汉各热心商务人士,如有关于发展商业、解除商人困难之作品发表,希于十月三十日以前,将原稿送交该会秘书室汇编云。

(《武汉日报》)

36.商人节将到　商会筹备忙

(1948 年 10 月 28 日)

[本报讯]十一月一日为第二届“商人节”,汉口市商会届期将举行庆祝仪式,并发行特刊,刻正积极准备中。

(《大刚报》)

37.湖北高等法院检查处为李馥荪汉奸嫌疑一案致汉口市商会函

(1948 年 10 月 28 日)

查本处李馥荪汉奸嫌疑一案,关于该被告在沦陷时于合成里四号开设寿康参号,曾否充三井洋行买办及为日军采办粮秣情事,有调查之必要,相应函请贵会查明见复,以凭核办为荷。

此致

汉口市商会

首席检查官　全钧霖

38.汉口市商会为商人节事致汉口市市长函

(1948 年 10 月 30 日)

汉口市商会呈　中华民国卅七年十月三十日　市商字第三一四号

查十一月一日为“商人节”,本会定于是日上午十一时在会内大礼堂奉行庆祝典礼,请各机关团体首长暨各业公会代表出席。除分别呈函外,理合呈请鉴核莅临为祈。

谨呈

汉口市市长徐

汉口市商会理事长　程子菊

常务理事　万少珊

39.汉口市工业会会费收入预算书

(1948 年 10 月)

1.本会会员二十六单位,其中公会会员十九单位,工厂会员七单位。

2.本会依照工业会之规定,分别评定各单位之单位名额,每一代表为一权,合计会员代表一百五十六人。

3.经本会成立大会通过会章,决定本会经常费每月每权七元,入会费每权十元(原按指数乘算)。

4.币制改革后指数取消,本会经常费每月共收金圆一千七百九十元。

40.汉口绍酒商业同业公会为同业公会筹备合并事宜致市政府

(1948 年 10 月)

呈为本令,呈报两业合并,推定筹备人选,祈鉴核备查事。窃奉钧府第二四五号指令,除原文免录外,遵即推选筹备员七人,计酱油公会推定周亦兰、沈天民、陶租增、王荣奎四人,属会推定戚嘉成、陈英夫、方静安三人,共同推定筹备汉口市绍酒酱油商业同业公会改选事宜,并订于四月二十六下午三时在属会开筹备会议,一俟筹备就绪,再行呈报改选日期。除分知外,理合呈请鉴核备查,资为公便。

谨呈

汉口市政府

汉口绍酒商业同业公会理事长　戚嘉成

41.汉口市参议会全体参议员通讯处

(1948 年 10 月)

三十七年十月秘书处制

姓名	张弥川	黄焕如	黄亚东	刘柏如	张人骥	程幼华	刘新原	杨宗文	王启宏	成禹门	邹静轩	陈淦川	向从周	陈渝民	罗梦石
通讯处	长春街八一号	泰兴里三号	觉生院一街第一市场协和巷	刘家庙长堤下街一六号	洞庭街七四号	球场造纸后街三八号	武圣路汉水街五六号汉口报社	汉正街德隆里二号	汉正街六六五号	汉正街六一号	汉正街九八五号	汉正街九六五号	民权路一七六号	花楼街二二号	兰陵路汉口报社
电话号码	二九四四	二五九			二五五三转			三六九四		二八九四	二九六	三四四九	三六八	三八	二二三一转
姓名	周齐平	张希麟	潘国斌	张楚信	鲍述初	萧济生	王一之	田安新	李正己	韩昌言	柴海楼	赵世斌	涂少梅	祝庸斋	韩惠安
通讯处	洪益巷九十八号	沈家庙河街三五号	朱家巷二四号	明星电影院右侧	六合里十三号	云樵路二九号	鄱阳里三号	长春街一三二号	长堤街上段静室巷二六号	信英里八号	洞庭街六也村四号	府西一路一五号	友盐街太平里十二号	巴黎街二十号	新成里二三号

（续表）

电话号码		三六二九		二九九一		二六六九	三七七九	三六六四			二二二七		二七六九	三四〇九	三五三九

姓名	林大文	刘绍武	熊秉谦	陈远超	尹绍良	柯普阶	苏尚文	张恩泽	张吉六	刘光汉	龚亦遂	李国蛟	程哲樵	刘治康	姚瀚清	彭清堪	张承懋
通讯处	林森路八号	府南一路咏怀里一号	八元里三巷十二号	清芬路仁德堂	生成南里三十五号	宪政路二一四五号	清芬二路汉墀里三号	云樵路六号	如寿里二七号	大治石灰窑邮局	联保里二号	生成南里三十八号	崇正里四号	崇正里四号	成昌三烈街七二号	花楼街三十二号	中山大道同丰里九号
电话号码	三四一四	三七六四			三三二三	三七七四	二五一		二八二三转		三三八九	三七八六					
姓名	张运汉	邹平	焦秀安	王鼎成	杨庆山	王璧双	郭燮清	万克哉	张宝生	甘助予	熊幼珊	朱伯熏	汪永辉	周恩久	吴远铮	方福廷	
通讯处	同兴里一六号	友谊街辅仁里八号	合作路二三号	庆平里二二号	大智区天福里二号	南京路四一号	四达瑞茶庄内	江汉路新快报社	府北一路仁厚里内两仪里八号	金城银行	花楼街油皮巷三六号志丰永行	合作路三八号	汉正街文章巷三号	银行公会	华商街八八号	樊宝前街十六号	
电话号码	三五五四			三四四四	二五七	三七八		二六一一		二一二	三五九			二四一一转			

42.汉口市勤俭建国运动促进会筹备会为第一次会议改期举行致汉口市商会函

（1948 年 10 月）

通知　三十七年十月

查本筹备会第一次会议前经通知于十月十三日上午十时举行。兹因一所发各单位通知，多无专人接收，诚恐不足法定人数，拟即改期举行。除分知外，特请查照为荷。

此致

市商会

汉口市勤俭建国运动促进会筹备会　启

十月十二日

11 月

1.汕头市商会为本会第一届理事长暨理监事定期举行宣誓就职典礼致汉口市商会

（1948 年 11 月 1 日）

本会奉令改选第一届半数理监事，经于十月二十八日召开会员代表大会依法选举，结果：张声彤、萧觉民、赖次风、陈少文、萧茂基、杜观因、陈惠怀、林继予、刘纯卿等九人当选为新任理事，魏子家、李象堃、唐伯言三人当选为新任监事，并即分别召开第一次理监事会议，互选张声彤、赖次风、杜观因为常务理事，魏子家为常务监事，并推张声彤为理事长。经于十一月一日在会举行宣誓就职典礼。自维德薄能鲜，谬膺重任，绠短汲深，陨越堪虞，尚希时赐南针，借匡不逮。除呈报及分函外，相应函请查照。

此致

汉口市商会

理事长　张声彤

2.武昌市花包脚花纱头业同业公会为函送会员牌号表祈赐核阅并祈维护业务致武昌第一纱厂（附会员牌号表）

（1948 年 11 月 1 日）

查敝会会员前于抗战期间备受敌人摧残，损失奇重，而业务停顿，竟达八年之久。迨抗战胜利后，同业先后复归，爰经呈奉主管机关核准，成立武昌市花包脚花纱头业同业公会，所有会员开设之商号均经报由敝会转请武昌市商会准予注册并向武昌市政府办理商业登记及核发营业牌照，各在案，是敝会会员经营斯业，均已取得合法之营业凭证。兹为健全会务发展业务起见，用特将各会员开设商号之牌名缮表一份，送请核阅（会员证刻正印制，俟印就再将式样送请备查），俾贵厂对于敝会会员牌照有所识别，得以洽商价格，并祈赐予便利，随时销售，以维业务而资发展，至纫公谊，无任感荷。

此致

武昌第一纱厂

业务处长张

附会员牌号表一份。

理事长　周玉昌

附:武昌市花包脚花纱头业同业公会会员牌号表

牌名	周升昌	曾洪盛	周和昌	周怡记	徐培记	项焕记	尹直记
牌名	汪元记	胡谦记	刘发记	周裕记	汪顺记	永昌隆	万幼记
牌名	甘德昌	曾乾记	义厚祥	顺兴和	张万顺	邱文记	朱盛记
牌名	李恒太	袁鹤记	杨洪茂	林新记	周元昌	汪恒记	曹源记

共二十八户

3.商人节沉重渡过商业领袖感慨万千

(1948 年 11 月 2 日)

[本报讯]昨日为第二届商人节,本市商业界在市商会举行庆祝会,到党政军首长及本市各商业代表百余人,代理商会理事长万少珊为大会主席,万氏在开会词中感慨万千。他说,八一九限价后,弄得商业萧条,同业们个个愁眉苦脸,整日为应付抢购所苦,往年这是商业的旺季,商人都打算在这个季节赚点钱,但今年都想尽办法,如何可以少亏点本,如何生存。接着,各同业公会代表亦纷纷陈述本身□困难,唯各机关首长,仍希望各商人自尊自爱,能支持政府,推行新经济政策,纵使亏本亦为短期的事,请能暂时忍耐。大会于十二时半散会。

(《大刚报》)

4.汉口市烟商业同业公会第七次理事会议

(1948 年 11 月 3 日)

时间:十一月三日上午十时

地点:老群宴楼

出席理事:计

列席人:

主席:刘伯琴

记录:万士乐

甲、报告事项

1.主席报告:本人承各位理监事在第九次理监事会中推定本人代理本会理事长,但在此代理期中,尚须各位以群策群力,帮同推进会务,本人亦秉承各位意见去办。今天召集开会,意义就是关于本案问题,因限价解除,今后议价办法以及各烟厂、烟行及公司派价标准不须讨论(略)。

乙、讨论事项

1.关于物资限价,现经政府解除,本业今后烟类价格及各烟厂、烟行及公司派烟数量派价问题如何办理,请讨论案。

决议:(1)对各烟厂、烟行及公司之派烟数量须以现存之烟金数派与同业经售。(2)对于派价由各烟厂、烟行及公司提送价格,本会决议后函请市府核定。(3)今后各烟厂、烟行及公司派烟须限期□派烟数量,函知本会,由本会分派同业经售,不得由各公司自由派售。(4)由会制发派烟证。(5)公推刘理事长、张康平、罗子明、刘子荣、陈德存、李耀章、王文智、叶钰山、陈仁寿九位负交涉及决议价格任务，并收前四项决议情形，函知各烟公司知照。

2.关于此利润税应如何确定同业百分额纳税案。

决议：组设评议委员会，其人选依照第九次理监事会第二案推定人选办理，通过。

3.关于综合所得税额，现经直接税局认为税额过少，如何增收案。

决议：并第二案决议办理。

4.关于营业税自九月份起加成数为六一二成计税，应否通知同业照缴案。

决议：并第二案决议办理。另推刘理事长、陈德存、刘子荣、王文智、叶钰山、罗子明、张康平七人办理。

5.关于申请入会之新同业计一百六十余家，应如何办理案。

决议：凡新同业须先申请市府，须有登记证后再行入会。

6.关于市府前嘱本业劝募冬赈捐款尚未缴齐，应如何催收续缴案。

决议：推祁少奎、叶钰山、李耀章、张康平、王文智五位协助税务员上街催收。

丙、临时动议

1.王理事文智提：关于本业同业未领有市府商业登记证、商会登记证及财政总营业证者，应如何办理案。

决议：由会统筹办理。

丁、散会

5.汉口市商会为本市工人福利事业协进会扩大征求会员一案致函

(1948年11月4日)

查关于本市工人福利事业协进会扩大征求会员一案，经本会造具各有关公会负责人员名册函达该会，并通知在卷。兹准协进会福缴字第〇〇六号代电节开：“查关于商业大队征求会员办法，经本会九月七日第一次常务委员会决议，就办理工商登记时，即便征求各登记商店为本会特别赞助会员，每员缴纳入会费四千元，以利业务进行。等语，记录在卷。并经函达在案。准函前因，相应依照所附名册，检附聘书四十八份，及第一次常务会议记录一份，电请查照转发，至征求会员入会费收据，容另案检送，事关工人福利，□令□劳资调协及共荣关系至巨，特电复请查照办理见复。”等由，附聘书四十八份，会议记录一份，准此。除分函外，相应抄录会议记录连同聘书一并函达查照，转送为盼。

此致

附抄送会议记录暨聘书各一份。

汉口市商会　启

十一月四日

6.汉口市商会为转请调查李馥荪汉奸嫌疑案见复致参燕业公会函

(1948年11月5日)

案准湖北高等法院检查处本年十月廿八日鄂检纪字第二九八号公函开“云云。”等由。查被告李馥荪兹原为贵业会员,在沦陷时是否充三井洋行买办及为日军采购粮秣情事,贵会知之必详,相应转请查照见复,凭转是荷。

此致

参燕业公会

会戳

7.财政部汉口金融管理局为出席会议商讨组织办法令汉口市银行业同业公会

(1948年11月6日)

令汉口市银行业同业公会:

案奉"华中剿匪总司令部"政务委员会本年十一月六日会经字第一九二号训令略开:"查收购豫南粮食济销武汉一案业经提出,本会十一月三日临时会议议决:1.关于贷款部分,应由金融管理局负责组织银钱两业成立银团办理贷款,并由中央银行办理□贴现转抵押,以活泼市面金融,记录在卷;2.除分令外,合函令仰该局遵照,迅予组织具报为要。"等因,奉此,自应遵照。兹订于本月八日下午二时在中央银行会议室举行会议,商讨组织办法。除分行外,合行令仰知照,并迅速转知该会常务理事届时出席为要。

此令!

局长 陈□

8.汉口市百货商业同业公会因筹垫八千元致本会第一事务所喻主任干事函

(1948年11月8日)

案准华一字第一号中华民国卅七年十一月八日收到"华中剿匪总司令部"及武汉高等特种刑事法庭先后函开:"请本会按照八一九价格代购官兵及员工日用品。"等因,自应照办。惟亏损甚巨,当经提交本会第三次理监事联席会议讨论,决定由两事务所负责收集款项,各先筹垫八千元,限本月十日以前交会办理,如将来不足之数多退少补。等语,记录在卷。除分函外,相应函请查照,迅即办理为荷。

此致

本会第一事务所喻主任干事

汉口市百货商业同业公会 启

中华民国三十七年十一月八日

9.汉口市参燕商业同业公会为调查李馥荪汉奸嫌疑一案函复查照致汉口市商会函

(1948年11月8日)

按准贵会(37)市商字第三三五号函开:"案准湖北高等法院检查处本年十月二十八日鄂

检纪字第二九八号公函开”，查本处受理李馥荪汉奸嫌疑一案。关于该被告在沦陷时于合成里四号开设寿康参号，曾否充三井洋行买办及为日军采办粮秣情事，有调查之必要，相应函请贵会查照见复，以凭核办为荷。等由。“查该被告李馥荪原为贵业会员，在沦陷时曾否充三井洋行买办及为日军采购粮秣情事，贵会知之必详，相应转请查照见复，凭转为盼。”等由。查敝会成立系在三十四年全面胜利之后，关于李馥荪事件，仅悉其在战前于汉正街一九〇号寿康参号充任经理，附带销售日商三井洋行高丽参，二十七年武汉沦陷后，仍然带销三井洋行高丽参，并无充任三井洋行买办及为日军采购粮秣情事。准函前由，相应函复，即希查照办理为荷。

此致

汉口市商会

汉口市参燕商业同业公会谨　启

十一月六日

10.汉口市商会为函复嘱查李馥荪汉奸嫌疑一案致湖北高等法院检查处函

(1948 年 11 月 9 日)

案准贵会本年十月廿八日鄂检纪字第二九八号函，以受理李馥荪汉奸嫌疑一案，关于该被告在沦陷时是否充三井洋行买办及为日军采办粮秣情事，嘱查明见复。等由。经饬据本市参燕商业同业公会查复称：本会成立系在卅四年全面胜利之后，关于李馥荪事件，仅悉其在战前于汉口汉正街一九〇号寿康参号充任经理，附带销售日商三井洋行高丽参；廿七年武汉沦陷后，仍然带销三井洋行高丽参，并无充任三井洋行买办及为日军采购粮秣情事。等情。准函前由，相应函复，即希查照为盼。

此致

湖北高等法院检查处

理事长等签奉

11.汉口市工业会为转知实行节约用电致各会员单位(附水电紧急会议记录)

(1948 年 11 月 9 日)

汉口市工业会代电　汉工业 37 字第二四一号

各会员鉴：

案奉汉口市政府本年戌鱼(37)市民字第 5208 号代电开：“据本市既济水电公司十一月一、二两日(37)济材字第 727、731 号电呈，略以存煤不继，拟自本月七日起实行节约用电，祈赐核准。等情。经于十一月五日召开水电紧急会议，通过节约用电办法，记录在卷。除分电外，理合抄录会议记录一份，电仰知照。”等因。兹抄附原会议记录一份，随电检发，至希知照。

汉口市工业会(37)戌佳总印

附：汉口市政府召开水电紧急会议记录

时间：三十七年十一月五日下午四时

地点:市政府招待室
出席人:警察局袁执中,工务科俞学宽
水电公司孙保基,参议会张希麟
缴费总部政工处叶自成
警备部周振国,工业会华煜卿
市商会陈焕章,报联会万克哉
参议会张楚信、萧济生、尹纪良、张运汉
市政府孙际旦、冯驿
主席:市长(孙秘书长代)
记录:桂博文
主席报告(略)。
决议事项
一、一般区域午夜十二时起至中午十二时止停止供电,其余时间照常供电。
二、报馆区域上午九时起至下午六时止停止供电。
三、工厂用电时间,中午十二时至下午六时止,下午六时以后绝对禁止。
四、治安机关等处接用路灯线二盏,作为紧急灯。
五、路灯通宵供应。
六、任何人不得在路灯线上擅自接火。
七、严禁私自接用电炉(以上六、七两项呈请"剿总",布告严禁)。
八、自本月七日起实行。
九、饮水照常供应。
十、运煤有相当成效,存量增加后,即恢复原状。
散会

12.汉口市国药业商业同业公会附设代用国民学校三十七学年度第二学期教职员名册

(1948 年 11 月 9 日)

职别	校长	教导主任	事务主任	教员	教员	教员	教员	教员
姓名	金溥临	徐宗铸	胡芳洲	王杰	周平	胡启煊	萧楚平	曾兰斌
性别	男	男	男	男	男	男	男	女
年龄	三四	二五	五一	三七	三二	二七	二四	二三
籍贯	汉口	武昌	汉口	武昌	汉阳	汉口	汉阳	汉阳
学历	中华大学经济系毕业	湖北省立师范学校毕业	晴川中学毕业	中华附中毕业	湖南省高修业	汉市一中高中毕业	孝感高中毕业	汉口市一女中高中毕业

（续表）

经历	汉口市云樵区第五代用国民学校校长、工商日报社长	本校主任四学期	汉口市国药公会文书	服务教育有年	本校教员一年	本校教员一年	服务教育有年	本校教员一年
担任学科		公民、童子军、体育、常识		历史、地理、算术、珠算	国语、常识	国语、美术、常识	国语、算术、自然	国语、算术、工作
月支薪俸	义务	九六元	九六元	八元	八元	八元	八元	八元
到差月日	八月十六日	八月十六日	八月十六日	八月十六日	八月十六日	八月十六日	八月十六日	八月十六日
备考		十一月份支薪	十一月份支薪	十一月份支薪	十一月份支薪	十一月份支薪	十一月份支薪	十一月份支薪

职别	教员	教员	事务	工役	工役
姓名	张循吉	王莹婉	方筱春	王守宜	王守安
性别	女	女	男	男	男
年龄	二四	二八	五九	二八	二四
籍贯	汉阳	汉口	武昌	黄陂	黄陂
学历	汉口市二女中高中毕业	湖南八师毕业	私塾	私塾	私塾
经历	本校教员一学期	服务教育有年			
担任学科	国语、常识、工作	音乐、唱游、算术			
月支薪俸	八元	八元	六元	四元	四元
到差月日	八月十六日	八月十六日	八月十六日	八月十六日	八月十六日
备考	十一月份支薪	十一月份支薪	十一月份支薪	十一月份支薪	十一月份支薪

13.昆明市商会为回复前日贺电致汉口市商会

（1948年11月9日）

汉口市商会程理事长勋鉴：

接诵酉庚代电，辱承藻饰，殊觉惶愧，益当自勉，以副盛意，特复致谢！

昆明市商会理事长　赵永年

常务理事　严燮成、梁杰三、何劲修、吴瑞生　同叩酉卅印

14.汉口市烟商业同业公会第八次理事会议

（1948 年 11 月 9 日）

时间：十一月九日下午三时

地点：本会

出席人：计　（名列签到簿）

主席：刘伯琴

记录：万竹如

甲、报告事项（略）。

乙、讨论事项

1.关于市府预拨一万五千元急救公薪人员，以税收作抵押，应如何筹划，请讨论案。

决议：预备一万元，先行向各大同业收缴。

2.关于劝募总部训令：为收购豫南粮食济销□汉，请应由卷烟业供卷烟一百箱，如何办理答复案。

决议：呈复劝募总部，直向制烟公会交涉。

3.本会房屋破漏，是否备理，家具是否添置，以资办公，为一劳永逸计，是否建筑新会址案。

决议：破漏备理，家具添置，新会址建筑亦进行办理。

4.本会会员月捐增加案。

决议：按原额多加十倍，□□以十一月份起。

5.近来物价飞涨，本会职工薪金缴薪不足维持，应否调整案。

决议：请财务委员会会同财务组办理。

6.关于有正式门面之同业申请登记入会者，请本会出具证明，应如何办理，请讨论案。

决议：暂予保密。

7.关于交换组业务是否恢复，请讨论案。

决议：（1）恢复交换。（2）选定王直哉、张康平、朱俊吾、李耀章、李佑清、祁绍奎、刘子荣等七位为交换组评议会委员，并选定张康平为评议长，通过。

丙、散会

15.汉口市工业会为转知辅助平抑物价办法致各会员单位

（1948 年 11 月 9 日）

汉口市工业会代电　汉工业 37 字第二四〇号

各会员鉴：

案奉汉口市政府本年戌鱼市经字第 66 号训令开：案奉“华中剿匪总司令部”十月十二日代电开，一、据汉口市公民龙青云建议书称，为辅助平抑物价，特建议如下办法：（一）令各商店凡售出任何一件，其值满金圆三角以上者，必须开具发票，并须贴足印花；（二）购买货品值满前项规定，无发票者，禁止携带，必须取得正式商店发票始可许其通行；（三）发票式样最好由官订;(四)由金管局或有关机关派员随时考查,并重奖努力工作者;(五)以上四点虽曰办法,实为一原则,至详密之办法,请钧部或指定一有关机关拟定之;(六)办法一经拟定后,即请严格执行。理由:自政府金圆券发行,并严禁物价上涨之令颁布后,在初半月之间,各个商店因慑于政令,以为犯者必受严惩,故处恒戒心,物价如此尚能平稳一时。乃时至今日,既未见政府惩办一店,又未闻查究之严,于是先尚悬牌售货者及今处已取消,而各货价格暗中极为活跃,涨风之炽虽不如以前之烈,然来日堪虞。所以然者,实未有根绝涨风之法,不良公民管见及此,故拟请令各商店今后出售货品必须开具发票,并鼓励市民向指定机关检具发票,举发不法商店,予以严办,以儆效尤,则庶于平抑物价不无效益,国家幸甚,市民幸甚。等情。二、希查照参办为要。等因。查商店出售货品,依照正常规定应开具发票,不仅便于检查货价,杜绝黑市,亦可增加国家印花税收。现本市各商店处无发票,殊有未合。除分令外,合行令仰转饬各工厂、公会会员,嗣后出售货物应一律开具发票,并应予发票上载明货品、数量、单价及合计四项,加盖号章,以便检查而利管制,否则以黑市论处,毋违为要。等因。兹抄附原建议辅助平抑物价办法各点,随电检发,即希查照,并转属知照为要。

汉口市工业会(37)戌佳总印

16.汉口市商会因各商店嗣后出售货物应一律开具发票致汉口市各业同业公会函

(1948年11月10日)

汉口市政府本年十一月六日市经字第六六号训令开,案奉"华中区剿匪总司令部"十月十二日代电开:一、据汉口市公民龙青云建议书称,为辅助平抑物价,特建议办法如下:(一)令各商店凡售出任何一件,其值满金圆三角以上者,必须开具发票并须贴足印花;(二)购买货品值满前项规定而无发票者,禁止携带,必须取得正式商店发票始可许其通行;(三)发票式样最好由官订;(四)由金管局或有关机关派员随时考查,并重奖努力工作者;(五)以上四点虽曰办法,实为一原则,至详密之办法,请钧部或指定一有关机关拟定之;(六)办法一经拟定后,即请严格执行。理由:省政府金圆券发行,并严禁物价上涨之令颁布后,在初半月之间,各个商店因慑于政令,以为犯者必受严惩,故多怀惩,物价以此尚能平稳一时。乃时至今日,既未见政府惩办一店,又未闻查究之严。于是先尚悬牌售货者及今多已取消,而各货价格暗中极为活跃,涨风之炽虽不似以前之烈,然来日堪虞,所以然者,实未有根绝涨风之法,不良公民管见及此,故拟请令各商店今后出售货品必须开具发票,并鼓励市民向指定机关检具发票,举发不法商店,予以严办,以免效尤。则庶于平抑物价不无效益,国家幸甚,市民幸甚。等情。二、希查照参办为要。等因。查商店出售货品,依照正常规定应开具发票,不仅便于检查货价,杜绝黑市,亦可增加国家印花税税收。现本市各商店多无发票,殊有未合。除分令外,合行令仰转饬各商店,嗣后出售货物应一律开具发票,并应于发票上载明货品、数量、单价及合计四项,加盖号章,以便检查而利管制,否则以黑市论处,毋违为要。等因,奉此。相应遵照,即希查照转知为盼。

此致

汉口市各业同业公会

汉口市商会

17.汉口市大选投票场装置收音机谈话会记录

（1948 年 11 月 10 日）

时间：十一月十日下午三时

地点：市警察局

出席人：电料商同业公会理事长周明清

电料业职业工会理事长涂肇明

选举事务所吴旭东

汉口市警察局秦美才

决定事项

一、各选场收音机如何洽借案。

决定：1.由各辖区警察分局照需要数向住户、商号洽商；

2.借妥后，由电料职业工人负责拆装，以免损坏；

3.拆装时，由各该区警局负责领导指挥。

二、拆装日期如何决定案。

决定：本月十九、二十两日装竣。

三、装置材料如何筹借案。

决定：由电料同业公会分配各该□业借用，由选举事务所分别给予奖状。

四、拆装工人如何酬劳案

决定：由职业工会分配工人义务拆装，由选举事务所给予奖金一百元，交由职业工会据领统筹转发，表示慰劳。

五、关于拆装工作分配联系案。

1.选举事务所于本月十二日将投票所地点列表，送警局及电料同业公会、职业工会。

2.各警察分局于本月十三日前向各辖区将收音机借妥（每投票所装收音机一具，统计表详□行政科通知）。

3.同业公会、职业工会于本月十五日前将拆装工友分区，按选举场分配，列具姓名清册二份，分送市警局行政科及选举事务所。

4.选举事务所于本月十八日将拆装工友符号送职业工会，分别转发配用。

5.拆装工友由同业公会、职业工会通知，准于本月十九日上午九时分别赴各指定警察分局报到，以便会同工作。

散会

18.广州市商会为电贺诸公荣膺新选致汉口市商会

（1948 年 11 月 13 日）

汉口市商会程理事长子菊暨全体理监事勋鉴：

接准贵会本年八月三十一日（37）市商字第一号公函，欣悉诸公荣膺新选，众望所归，硕划荩筹,商运有赖。谨电复贺,诸维荃照。

广州市商会理事长　关能创　叩(37)(戌)(元)印430号

19.昆明市商会为抄送市面抢购情形建议案一份致汉口市商会(附建议案)

(1948年11月13日)

汉口市商会公鉴:

接读申谦代电,敬悉,□是敝会同仁极表赞同,特抄送建议案一份,复请查照,并冀随时赐教为祷。昆明市商会理事长赵永年,常务理事严夔成、梁杰三、何劲修、吴瑞生同叩酉珊印。附建议案一份。昆明市商会以日来市面买货者增加,颇有供不应求之势,且发现抢购情形,如不设法补救,□成有无问题,关系严重。该会有见及此,昨日(六日)邀集各业负责人开会,详密研讨,由赵理事长永年主席报告近日市面商场状况,并申述对于各业商品供销情形及以后补救问题,经由会分别拟具,请各业理事长、理监事详密讨论,如有不尽者,并请补充,俾便建议政府参考采择,以维市面而资调剂。旋由百货、纱业、肥皂、笔墨、纸张、运输、川烟、证章等业理事长及该会各理监事先后发表意见,最终议决办法如下:(一)建议政府分电上海、重庆各市及川黔湘粤桂等省,准滇省驻商凭证择购日用货品运昆供市,并请政府统一购办本省工业原料运昆,配给各厂商,俾资生产(采购证由昆明市政府或商会发给,配发运证由当地政府及经检队或商会发给),而商品得合法交流。(二)建议政府督饬各厂商、批发商及存户,与各行业密切配合,将所出产品及存货尽量供给门市、铺户、商店销售。(三)建议政府筹组物价评议会,针对供求需要缓急情形,及产地成本酌量提高,免因供求问题而影响来源,造成黑市。(四)建议政府增加警察,维持市场秩序,并请严密取缔非用户及黄牛党零散抢购商品,以杜操纵而维治安。(五)建议政府实行计口定量配售日用物品,以杜抢购囤积,拟请先由昆明市推行,然后普及全省各县。(六)建议政府限制运输事业,如空运、汽车、船只、驮马、铁路、力夫等业,不论国营、私营,应服从政府管制,不得任意增加运费,牵动物价上涨。(七)建议政府转行央行增发金圆券小额钞票流通,□□□□□□□□则质外县小钞缺乏,其大钞换须打折扣。(八)建议政府,请政府大量铸兑硬币,增加人民对金圆信心,使囤货保质心理一空,市场即可稳定。

以上八项经会通过议决,并案建议政府参考办理,至六时散会。

20.汉口市烟商业同业公会第十次理监事联席会议

(1948年11月13日)

时间:十一月十三日正午十二时

地点:中南云

出席理事:计　　人

出席监事:计　　人

主席:刘伯琴

记录:万竹如

甲、报告事项(略)

乙、讨论事项

1.关于市府预备借本营业税款一万五千元之经理,可□决定向各大同业商号借一万元付缴,应推何人负责收缴案。

决议:请罗理事子明、叶理事钰山、李理事耀章、祁绍奎四位负责办理。

2.奉市府训令:关于香烟由公会议价派拨物品,成本从严,拟定价格,列表报府审核,应如何办理,请讨论案。

决议:得到上海情形后再行呈复。

3.关于所得税,准商会函,须于□内造册凭转,否则税总收径自决定,应如何确定等级登报,请讨论案。

决议:依据第九次理监事联席会讨论事项第二案决议办理。

4.关于刘代理理事长此次出席上海全国商联代表大会,其代理理事长一职应请何人代理,请公决案。

决议:由各位常务理事负责。

5.监事会提:关于理事会原设立各组,应立业务规则案。

决议:由各分组召集会同税局□并监事会共同推具□案,经提会追认。

6.监事会提:关于本会交换组恢复理应注意各条,请讨论案。

决议:请监事会收条文送会,提交理事会研讨。

7.监事会提:关于交换组设之评议委员会,应请增加监事两人,万监事韵余、李监事子荣案。

决议:通过函交换查办。

丙、临时动议

1.李理事耀章提:(1)南泽公司此次还货,抬高货价并通知本会,应如何办理案。(2)大东南公司经交涉,曾允许还货,迄今未见实行,应如何办理案。(3)来节公司以及其他公司分别经来函,仍未还货,应如何办理案。

决议:以上三项统由常务委员会及业务组共同办理。

2.刘理事伯琴提:(1)各运销商还货,其价格数量均不通知本会,应如何办理案。(2)本会同业之会员,未经本会通知,擅自向各公司购货,应如何办理案。

决议:上两项暂予保密。

21.汉口银钱业粮贷银团组织规程

(1948 年 11 月 15 日)

银团代表第一次会议通过

一、本银团奉财政部汉口金融管理局命令组织之,办理武汉粮商粮食质押贷款事宜,定名为汉口银钱业粮贷银团。

二、凡汉口市银钱业两公会之会员行庄均参加本银团。

三、本银团以贷放武汉已加入粮食业同业公会之会员并领得粮食采购证之粮商为对象,且经中国农民银行审核后确需周转资金者为限。

四、本银团贷放总额以金圆七百万圆为度,除由本团向中央银行办转抵押总额七百万圆按八折转押五百六十万圆外,其余一百四十万圆贷额由各行庄分配承贷之。

五、本银团贷款方式应以短期质押放款方式办理,每笔发放期限最多以十五天为限。

六、本银团办理此项贷款系为采购军民粮食之用,应向中央银行洽办转抵押,俟合约签订后本银团始可办理贷放。

七、本银团贷放款项利率逐笔按照贷放日放款利率计息。

八、本银团贷放款手续悉依照银行办理质押放款规定手续办理。

九、本银团由银钱业两公会推定五人为代表,主持本银团贷款事宜,并由各代表推定一人为召集人。

十、本银团设总干事、副总干事各一人,会计主任一人,办事员、助理员各若干人,均由汉口银钱业联合准备会调兼之。

十一、本银团办理贷款之收付及转抵押等手续,均委托汉口银钱业联合准备会代办之。

十二、本规程经本银团代表会议通过,并呈报财政部汉口金融管理局核准施行。

22.通城县商会理事长为改选理监事完竣致汉口市商会

(1948年11月20日)

汉口市商会公鉴:

查本会第四届改选理监事大会业于本月五日在主管机关指导监督之下举行,计票选熊魁梧、王俊才、黎炳麟、黎逢寿、邱东屏、王璨基、易庆甫、钟瑞馨、胡文瑞为理事,关义长、杨道荣、彭国栋为监事。赓于同月八日举行复选,当选定熊魁梧、王俊才、王璨基为常务理事,并互推璨基为理事长。惟璨基等猥以辁材,谬膺众选,汲深绠短,深惧弗胜,尚冀时赐南针,用匡不逮。除呈报暨分电外,相应电请查照为荷。

通城县商会理事长　王璨基　戌通商印

23.经济部汉口工商辅导处为对日物资赔偿致汉口区日本赔偿工厂筹备委员会

(1948年11月21日)

承办汉口区日本赔偿工厂筹备委员会:前据该会卅六年十二月电陈对日本赔偿物资请求三项一案,当经转呈核示。去后,兹奉经济部三七年一月廿六日京工37字第02230号指令开,呈悉,查第一批首次抽签分配之日本赔偿物资仅二千三百余部,而其中尚约有三分之一缺少附件及不合实用。比我国驻日接收委员会暂未予以接收,实际上可供配售者不过一千六百,为数无多,应以利用发展一二项重要工业,免其分散力量为主。经决定,首为纺织工业,凡制造或修理纺织机等工厂均可优先价配。其次为制造纸机及电机工业,至因增产煤斤需用工具之煤矿,亦可请求配售,其余各项工业则暂缓价配。第二批抽得工具机□□再行办理。又,该项工具机系由抽签获得,与前次申请□□种类、数量不相符合。各地需要何项机器无从预定,因之不能按照前次所定分区配售办法,而由各地厂矿按照价配民营使用之工具机详细清册所载种类、数量自行选择其适用者。依照院颁民营事业申请价配日本赔偿物资办法各规定填具申请表及建厂计划书呈部汇核,送由行政院赔偿委员会审定后始配售。该项工具机既未能预为配售,无从先行指运何地,现决定概行先运上海,俟申请配售厂矿审定后,再由各该厂矿自行内运。仰即知照,并仰饬知为要。再工具机详细□□正付印,就再行检发该处,并仰知照。此令!等因。奉此,合行饬电知照。

经济部汉口工商辅导处(卅七)

24.汉口市商会关于提高码头工人力资致汽车运输同业公会函(附会议记录)

(1948 年 11 月 23 日)

案奉汉口市政府市社字第五六九号训令开:案据本市码头职业工会呈,略以物价日渐增涨,转□汽车租金□□原规定起下,原规定之力资实属低微,请予增加,以恤工艰。等情,正核办间。并准财政部湖北区汉口盐务分处电,希调整到府,当经召集各有关机关及团体研商酌增,并已由出席代表签名赞同暨记录在卷。除分别电令外,合行抄发记录,令仰知照。等因,附抄发码头工友起下盐斤力资调整会议记录一份,奉此。除分函外,相应抄同原记录,函希查照为盼。

此致

汽车运输同业公会

汉口市商会　启

附:抄发码头工友起下盐斤力资调整会议记录

(前略)

乙、经研商调整力资如次

一、关于码头工友起下盐斤力资部分。

1.商盐每百斤由河起仓之力资,按原力资增加百分之五十,即为五百一十元,由仓下河亦按原力资增加百分之五十,即为八百二十五元,各仓一律,下堆、按包、上磅、扶磅、下磅、上堆等均在内,根据盐务处码头单净重计算;

2.起下商盐如自招商局运至七码头者(三北码头),其汽车费每包最低一百六十元至最高二百元为原则,在本码头起下者,不得给汽车费;

3.商盐水上龙□□包括抽包、过垱、转口、装仓等,每包力资七百元,至工作范围,码头工人及海员依照原有习惯不得侵越;

4.商盐装帆船力资每包(二百市斤)二百元,装铁驳船力资每包二百八十五元,各码头一律;

5.起盐靠海船垫垱,每船每日十万元,提盐、靠坡、垫垱费每船每日七万元;

6.商盐出仓费每包(二百斤)原力资一百九十元,现加百分之五十,计为二百八十五元(包括在运费内);

7.由仓或由海船运盐至火车站者(大智门、循礼门),其力资每百斤定为九百五十元,包括下包、上车、上磅、过磅、肩包及汽车费等项在内。

二、关于码头工友起下官盐力资部分。

1.官盐起下力资按新定商盐力资价格七折计算付给；

2.其他各项力资及杂费，亦按新定商盐价目七折计算付给；

3.□列各项自本年十一月十五日起施行；

4.嗣后起下官商盐斤力资，按生活费指数三个月调整一次。

丙、散会。

25.汉口市工业会为转知仍暂恢复编制工人生活指数致各会员单位（附本市工人生活指数审议会组织简则及工资起讫日期计算办法）

（1948 年 11 月 23 日）

汉口市工业会公函　汉工业（37）字第二五四号

案奉汉口市政府市社字第一一七五〇号训令开："查本府奉颁执行改善经济管制补充办法实施解冻物品限价后，各项价格均纷纷上涨，本市各产职业工人如仍冻结工资，势将引起严重工潮，纷乱社会秩序。经决定，仍暂恢复编制工人生活指数，以'八一九'指数折合金额为基础数，自十一月份起，每半月按指数之升降调整增减，俾工人得以维持最低生活。除电请社会部备查并分行外，合行检发本市工人生活指数审议会组织简则及工资起讫日期计算办法各一份，令仰遵照，并转饬知照为要。"等因，暨附件，奉此。除分函外，为特抄同原件各一份，函请查照为荷。

此致

各会员单位

附本市工人生活指数审议会组织简则及工资起讫日期计算办法各一份。

理事长　李国伟

附一：汉口市工人生活费指数审议委员会第一次会议拟定之调整各业工资日期起讫办法

顷业经市府采纳并通令施行。兹志该项办法如次：

（一）按月计资及按工、按件计资，按月结算者，每月一日至十五日，照上半月指数调整；十六日至月底照下半月指数调整之。

（二）按件与按日计资，按日结算者，考核公布指数之日（上半月为十日，下半月为廿五日）起调整之。

附二：汉口市工人生活费指数审议委员会组织简则

第一条　汉口市政府为安定劳工生活，促进工商业发展，以消弭劳资纠纷，特组织汉口市工人生活费指数审议委员会（以下简称审委会）。

第二条　审委会设委员十人，以下列各机关法团指派人员充任之。

1.武汉警备司令部　　2.宪兵第十二团

3.汉口市党部　　4.汉口市参议会

5.汉口市警察局　　6.汉口市政府

7.汉口市商会　　8.汉口市工业会

9.汉口市总工会

前项各机关法团,除总工会应指派二人(一人代表产业工会,一人代表职业工会)外,其余均各指派一人。

第三条　审委会设主任委员一人,由汉口市政府指派人员充任之,主任委员及各委员均为无给职。

第四条　审委会之职权如下:

1.关于指数中采用物品标准之鉴定事项。

2.关于指数中采用物品价格之调查事项。

3.关于指数编制之审查及建议事项。

第五条　物品价格由市政府、总工会、市商会、市工业会指派之委员会同实地调查,必要时得由审委会另行指定人员复查之。

第六条　指数由市政府依据审委会调查之价格,每半月编制一次,并于制定后即送交审委会审议之。

第七条　上半月之指数以每月八日之物品价格为编制根据,下半月之指数以每月廿三日物品价格为编制根据。

第八条　审委会以每月九日及廿四日为例会日期,必要时得由主任委员随时召集会议。

第九条　审委会对指数之审议,如因出席委员意见不得协调时,得报由市政府作最后之核定。

第十条　指数由市政府于每半月登报公布一次,其公布日期定为每月十日与廿五日。

第十一条　指数经审定或核定公布后,各业工人工资应切实照此调整,如劳资任何一方有违反情事,得呈请市政府强制执行之。

第十二条　本办法自公布之日起施行。

26.汉口市社会救济委员会为聘任本年冬赈筹募会劝募委员致邹安众委员函

(1948 年 11 月 24 日)

中华民国三十七年十一月二十四日　济秘字第 573 号

查入冬以来,天气严寒,贫民缺衣乏食,觳觫可悯,冬赈工作刻不容缓。唯以经费困难,物资缺乏,业务未能开展。经召开本年冬赈筹募会议决议,聘请本市各重要同业公会理事长及士绅富户为本会劝募委员,负责筹募款物。等语,记录在卷。素仰台端慈善为怀,救人义举谅不后人。除分行外,相应检同聘书暨捐册,函请查照,并予广为劝募,于本年十二月以前转募款径交汉口市银行,取据后连同回单捐册送会为荷。

此致

邹委员安众

附送聘书一纸。

第 36 号捐册一本。

主任委员　徐会之

副主任委员　张弥川

27.汉口市银行商业同业公会为摊派三十七年度冬令救济金致各会员行函

(1948 年 11 月 24 日)

敬启者。准汉口市社会救济委员会三十七年度冬令救济委员会函,以筹募本年冬令救济金检附捐册,为予广为劝募。等由,到会。经提本会第十三次理监联席会议决议,按照缴费单位比例摊派。除外商银行外,每单位担任金圆二百圆,记录在卷。计中国、交通、农民、邮汇、湖北省行、合作金库、中信局七家每家各摊捐金圆四百元,高等银行四十六家(外商未计),每家各摊捐金圆二百圆。除开具收据送请□成饬转代收外,相应函达,即希查洽为荷。

此致

各会员行(外商除外)

(会戳)启

十二月十八日

28.汉口市百货商业同业公会裕源商店等五家营业税等级业经核定呈请鉴核俯赐编列致汉口市财政局函(附评议裕源商店等营业税等级说明表一份)

(1948 年 11 月 25 日)

汉口市百货商业同业公会呈　百商字第六四号　中华民国三十七年十一月二十五日

案据本会会员裕源商店等五家先后报称,各该商店均已先后开张营业。关于营业税等级请分别核报。等情。当交本会理事联席会议秉公评议(列表说明于后),决定等级,记录在卷。理合呈请钧局鉴核,俯赐编列,以维税政而裕库收。

谨呈

汉口市财政局

附呈评议裕源商店等营业税等级说明表一份。

汉口市百货商业同业公会理事长　刘明章

附:汉口市百货商业同业公会评议会员商店等五户营业税等级说明表

申请商店	裕源	联合橡胶发行所	胜新橡胶专家	黄义发	汉昌祥
营业所在地	统一街 94 号	民族路 115 号	民权路 199 号	公安巷 21 号	三镇市场 9 号
开业日期	九月份	十月十日	八月十六日	未报	未报
税额相等商店	福和	晴雨商店	晴雨商店	李祥记	李祥记
原载税册	百货业	广货业	广货业	广货业	广货业
备考					

29.汉口市财政局为裕源商店等五家营业税等级业经核定致汉口市百货商业同业公会函

(1948 年 11 月 25 日)

致批财二字第　号

具呈人汉口市百货商业同业公会

三十七年十一月廿五日百商字第六四号呈一件,为裕源商店等五家营业税等级业经核定,呈请鉴核,俯赐编列由。

呈件均悉,经本局派员查明,兹分别核示如下:(一)裕源号因店主人当未到汉故,迄未开业,应暂缓核定税额。(二)联合橡胶发行所已于□□□□□□□□□□□□卅七年八月份开业,均应比照该业之晴雨商店税额核定,自开业之月份起征。(三)黄义发毛巾店于卅七年元月份起营业,业经分征所将该号卅七年元至六月份税额征收,掣有税票,准予仍按原基数核定,照该号各月份加成数计征。(四)汉昌祥号系于卅七年三月份开业,应比照该业之李祥记税额核定,自三月份起征。除饬税捐稽征处照征外,合行抄发裕源等五户开业月份、营业税额表一份,仰即遵照转知照缴为要。

此批!

附发裕源等五户开业月份营业税额表一份。

局长　程○○

附:裕源等五户开业月份营业税额表

商号	裕源	联合橡胶发行所	胜新橡胶专家	黄义发	汉昌祥
地址	统一街 94 号	民族路 115 号	民权路 199 号	公安巷 21 号	三镇市场 9 号
开业日期		卅七年九月	卅七年八月	卅七年元月	卅七年三月
比照相等商店税额		比照晴雨商店九月份税额法币二十二元一角	比照晴雨商店八月份税额法币十六元另六分		比照李祥记三月份税额法币三十三万四千八百元
备考	查该商户尚未开业			查该号三十七年元至六月份税业由稽征所征收掣存税票仍按原基数计征	

签呈三十七年十二月二十三日于第二科

窃职等奉派复查裕源等五商户营业额、资本额及开业日期一案,遵于本月十九日前往复查,谨将复查所得情形分呈于后:

一、统一街 94 号裕源号。据该号店员面称,因店主人在上海候轮,尚未来汉,故至今未能开门营业,大约半月内或可来汉。等语。经职查得该号门面未修,尚无交易可言,确系实在,对于该号营业额拟予从缓核定。

二、联合及胜新两胶鞋店。联合号门面较大,生意较淡,胜新门面较浅,生意较盛,其营业情形均与该业公会所比照之晴雨商店相等,拟准予所请,比照晴雨商店(九月份税额金圆二十二元一角)核定。惟联合应自九月份(按该号自九月份即已营业)起征,胜新号自八月份起征,以符实际。

三、黄义发毛巾号。经查该号于本年元月份起营业,至三月份税每月一百二十万元,四至六月份税每月九百万元,均经稽征所以营字五〇〇四一及五〇〇四二号税票,于本年十月二十三日征收,核与该业公会所比之李祥记税额并无多大距离,拟请准予比照核定。

四、汉昌祥号。该号系本年三月间开业,与人分租,□边房屋营业范围甚小,生意并不发达,拟如该会所请比照李祥记(三月份税额法币三十三万四千八百元)税额核定,自三月份起征。

右项当否,敬乞核示。

附缴呈原呈一件。

职　张竹青、谢东藩　谨签

百货商业公会申请开业各商店复查表

商号	裕源	联合橡胶发行所	胜新橡胶专家	黄义发	汉昌祥
地址	统一街 94 号	民族路 115 号	民权路 199 号	公安巷 21 号	三镇市场 9 号
开业日期		九月份	八月份	元月份	三月份
比照相当商店税额		比照晴雨商店九月份税额法币二十二元一角	比照晴雨商店八月份税额法币十六元另六分		比照李祥记三月份税额法币三十三万四千八百元
备考	查该商户尚未开业			查该商户本年元至三及四至六月份税由稽征所征收并持有营字第五〇〇四一及五〇〇四二号税票	

30.汉口市政府为抄发武汉城防工事委员会征集城防等物资实施办法致汉口市商会函

(1948 年 11 月 26 日)

事由:抄发武汉城防工事委员会征集城防等物资实施办法一份及附件五份,电仰转知各有关公会知照由。

报办:拟报告理监会并转知各有关公会。

汉口市商会:案奉武汉城防工事委员会本年十月二十日会文字第〇一〇号代电开:“一、兹检发本会征集城防工事物资实施办法一份,附件五份;二、希遵照督饬确实实施具报;三、本件副本分送武、汉两市各县及汉阳县、大别、琴台、鹦鹉各镇及省市各警察分局。”等因,附检发征集城防工事物资实施办法一份,奉此。合亟抄发原办法,电仰该会转知各有关同业公会知照为要。

汉口市政府戌(寝)37 秘□印

附抄发《武汉城防工事委员会征集城防工事物资实施办法》一份。

31.武汉民众防奸服务总队为复汉剧总字第一一四五号代电仍希将欠经费五百元迅予补缴致汉口市剧场商业同业公会函

(1948 年 11 月 27 日)

一、本月二十四日汉剧总字第一一四五号代电悉。

二、关于防奸组训经费系奉令转由该会以每月义演(包括影商演员)一日所得筹募之,复经自九月份起按月缴纳在案。兹各该剧场自本月份起,票价调整,防奸组训经费自应援例增缴,不得借任何理由减少。

三、仍希将尚欠经费五百元于本月底前补缴。

兼总队长　余克剑

请通知各会员于本月廿九日下午二时开会。

32.汉口市政府关于调整本市洗染业工人工资令市商会(附汉口市洗染业工资争议调解记录)

(1948 年 11 月)

汉口市政府训令　市社字第 11864 号

令本市商会:

案据本市洗染业职业工会呈,略以工资低微,工人不能维持生活,请予调整。等情。查该业工人工资问题业经召集调处解决,并已将调解结果记录在卷。除分行外,合行抄发原调解记录,令仰知照。此令!

附抄发调解记录一份。

中华民国三十七年十一月

市长　徐会之

附:汉口市洗染业工资争议调解记录

时间:三十七年十一月九日下午三时

地点:本府招待室

出席人:本市警察局陈砚田

职业工会苏鹏发、张大鹏(工人代表)、李玉登(常理)、杨春山(理事)、熊群山(工人代表)、戴诗葵(工人代表)

同业公会刘照显、贺照(王□代)、曾宪荣

主席:吴旭东

甲、调整报告(略)。

乙、调整结果

一、十一月以后劳资双方自行协定，上半月照资方收洗中山服一套，价格为最高每工工资，其余比照原基数推算递减。自上月份下半月以后，照资方收洗西服一套，价格为最高每工工资，其余比照原定基数推算递减，至调整日期以资方调整收洗西服价格之日起计算。

二、嗣后绝对遵守上项原则调整，不得变更。

33. 中华民国商会全国联合会会员登记表

（1948 年 11 月）

<table>
<tr><td>会员名称</td><td colspan="3">汉口市商会</td><td rowspan="2">会所</td><td>地点</td><td colspan="3">汉口中山大道 1075 号</td></tr>
<tr><td>立案证书字号</td><td colspan="3"></td><td>电话</td><td>2430</td><td>电报</td><td></td></tr>
<tr><td rowspan="21">主要职员</td><td rowspan="2">职别</td><td rowspan="2">姓名</td><td rowspan="2">年龄</td><td rowspan="2">籍贯</td><td colspan="4">住址</td></tr>
<tr><td colspan="2">详细地点</td><td>电话</td><td>电报</td></tr>
<tr><td>理事长</td><td>程子菊</td><td>四六</td><td>黄安</td><td colspan="2">汉口沿江大道 115 号</td><td>2939</td><td></td></tr>
<tr><td rowspan="7">常务理事</td><td>万少珊</td><td>四八</td><td>汉口</td><td colspan="2">汉口成南里大七号</td><td>2634</td><td></td></tr>
<tr><td>刘绍武</td><td>四二</td><td>汉阳</td><td colspan="2">汉口府南一路咏怀里 1 号</td><td>3764</td><td></td></tr>
<tr><td>殷柏涛</td><td>四一</td><td>黄陂</td><td colspan="2">汉口统一街小大巷 30 号</td><td>2606</td><td></td></tr>
<tr><td>陈焕章</td><td>五四</td><td>汉阳</td><td colspan="2">汉口贯忠里 1 号</td><td>3939</td><td></td></tr>
<tr><td>王静斋</td><td>五十</td><td>江苏</td><td colspan="2">汉口同兴里 16 号</td><td>3859</td><td></td></tr>
<tr><td>高坤山</td><td>五三</td><td>汉阳</td><td colspan="2">汉口公安路 11 号</td><td></td><td></td></tr>
<tr><td>程子菊</td><td>四六</td><td>黄安</td><td colspan="2">汉口沿江大道 115 号</td><td>2939</td><td></td></tr>
<tr><td rowspan="11">出席本会代表</td><td>万少珊</td><td>四八</td><td>汉口</td><td colspan="2">汉口成南里大七号</td><td>2634</td><td></td></tr>
<tr><td>刘绍武</td><td>四二</td><td>汉阳</td><td colspan="2">汉口府南一路咏怀里 1 号</td><td>3764</td><td></td></tr>
<tr><td>王静斋</td><td>五十</td><td>江苏</td><td colspan="2">汉口同兴里 16 号</td><td>3859</td><td></td></tr>
<tr><td>贺衡夫</td><td>六二</td><td>汉口</td><td colspan="2">汉口天津街怡庐三号</td><td>2009</td><td></td></tr>
<tr><td>刘伯琴</td><td>五一</td><td>江苏</td><td colspan="2">汉口车站路 22 号</td><td>3301</td><td></td></tr>
<tr><td>董凤翔</td><td>五三</td><td>咸宁</td><td colspan="2">汉口汉正街 1068 号</td><td>3660</td><td></td></tr>
<tr><td>杨庆山</td><td>六二</td><td>黄陂</td><td colspan="2">汉口天福里二号</td><td>2507</td><td></td></tr>
<tr><td>王文智</td><td>三七</td><td>咸宁</td><td colspan="2">汉口中山大道光太公司</td><td>2744</td><td></td></tr>
<tr><td>马汉三</td><td>五九</td><td>河南</td><td colspan="2">汉口中山大道 1060 号</td><td>3266</td><td></td></tr>
<tr><td>赵鸣洲</td><td>五二</td><td>鄂城</td><td colspan="2">汉口沿河大道 41 号</td><td></td><td></td></tr>
</table>

（续表）

会员商会数目	一百五十九业同业公会		
每年会费收入总额		每年应摊本会会费	二百五十元
备考			

12 月

1.汉口市工业会第一届第十四次常务理监事会议

（1948 年 12 月 1 日）

时间:民国三十七年十二月一日正午十二时

地点:汉口中山大道中央信托局三楼扬子联谊社

出席人:应到　人,实到　人(另有记录簿签名备查)

主席:李国伟

记录人:吴传启

甲、报告事项

一、请李理事长报告赴京出席全国工业总会成立大会经过情形。

二、奉汉口市政府训令,为□发改善经济管制补充办法措施要点条文由。

三、奉汉口市政府训令,为□转执行改善经济管制补充措施要点由。

四、奉市财政局批,为据本会电请关于七至九月营业税意见三点一案,经送营业税审查委员会审核由。

五、奉市府函,为检发勤俭建国运动促进会筹备会第一次会议记录由。

六、奉工商部通知,为抄发奥国公使馆致外交部关于经纬仪器节略价目表由。

七、奉市府训令,为抄发度量衡等法规罚款,改收金圆数额表由。

八、奉“华中剿匪总司令部”政工处检发武、阳、汉各界慰劳徐州前线将士筹备会记录由。

九、奉市府代电:一、定期召开水电研究会议,二、检发上项会议记录。

十、奉市府训令,为抄发营利事业资本额折算金圆变更登记办法由。

十一、奉市府代电,为抄发内政、工商、国防各部会拟都市水电节约办法由。

十二、本会会员南洋、美高美、美达美、华南明宝龙、宇宙……致送全国工业总会成立大会,除兴模货香烟已交大会秘书处,由副秘书长田和卿在大会中报告致谢。

十三、请会计组报告依照第五次全体理监事决议募收本会基金情形。

十四、本会会费原依工人生活指数按月调整,币制改革后,照基数改收金圆,现以限价开放,指数恢复,今后本会会费仍旧按月依照指数调整,已函知各单位查照。

乙、讨论事项

(一)准食品公会函,为转据会员纷呈奉直接税局通知,催缴三十七年度下半年度所得税,恳转税局豁免。等由。应如何办理,请讨论案。

决议：推请理事长蓝理事昌农，贺理事尔梅，张理事泽鎏，王理事一鸣四位于三日上午十时会同赴直接税局洽办。

（二）请决定召开全体理监事会议日期案。

决议：定于下星期三（八日）下午三时召开。

下午二时散会

2.汉口特别市党部为发动一致拥护政府“戡乱剿匪”方针致汉口市商会函

（1948年12月1日）

汉口市商会鉴：

奉中央执行委员会戌有密电开：×密，查“剿匪戡乱”为保障民生利益，反抗国际侵略之神圣战争，最后必获胜利。迩来因东北军事稍受挫折，匪谍分子乘间散布谣言，致使人心浮动，社会不安。总裁于出席本月八日中央纪念周时对此曾痛予驳斥，并昭示目前关于政治、经济、军事三者仍极稳固，□□相较，均居优势，政府“戡乱剿匪”之方针早已确定，必以全力贯彻到底，盼望党、政、军同志坚持信念，集中一切力量，早日获取最后胜利。等语。我各级党部，应即发动各级地方民众团体响应拥护，借以振奋民心，鼓舞士气。特电知照，仰即送办，并密饬所属送办为要。等因，奉此。特电饬查照，迅即发动一致拥护为要。

汉口特别市党部戌（东）印

3.汉口市商会为向豫籍流亡学生捐助或借贷致汉口市银行业同业公会

（1948年12月2日）

案奉“华中剿匪总司令部”政务委员会会教字第八〇号代电开：“据中原临时中学嵩云联立中学曾衔戌皓代电，呈以该校收容豫籍流亡学生六千余人，学生每月所领主副食费仅能维持三五日之伙食，且学生半数缺少棉衣，饥寒交迫，纪律无法维持，请转知银钱业同业公会捐助或借贷金圆二十万元，作为购运粮米基金，用其盈余以资补垫，保持本金随时购运，以免再有断饮之虞。等情。查关于向汉市殷商富户筹募款项救济该校学生一案，经于本月廿一日以会教字第六五号代电，商请查照办理在卷。兹为解决该校学生迫切需要起见，在该项捐款未募集以前，请转知汉口市银钱业同业公会酌予借贷，以济急需。该项贷款俟捐款募集后再行扣除。除电复外，相应电达查照办理见复。”等因，奉此。查豫籍流亡学生缺乏衣食，自应设法救济，奉电前因。除分函钱商业同业公会外，相应函请查照，酌予借贷，见复为荷。

此致

汉口市银行业同业公会

汉口市商会　启

4.汉口市商会为转发既济水电公司收支失衡燃料短缺问题会议记录致汉口市各业同业公会函(附会议记录)

(1948 年 12 月 3 日)

十八日(37)济会字第 887 号呈,为收支失衡、燃料短缺呈请迅赐会商有效办法,以维水电供应。等情。经于戌养电呈“华中剿匪总司令部”政务委员会兼主任白,并分电有关机关派员会商办法在案。经于十一月廿三日在本府举行会议,商谈办法。除分电外,合行抄发会议记录一份,仰即知照。等因,附发会议记录一份,奉此。除分行外,相应抄同记录,函希查照,转知为盼。

此致

汉口市各业同业公会

附抄会议记录一份。

汉口市商会　启

附:汉口市政府召开水电研究会议记录

时间:三十七年十一月二十三日

地点:市政府招待室

主席人:“华中剿总”政务委员会孟学思、市参议会涂少梅

市党部全本权、市商会陈焕章、市工业会华煜卿

报业公会万克哉、市政府孙际旦、市警察任建鹏

社会科李济苍、工务科邱志道、既济水电公司孙保基

主席:孙秘书长

记录:桂博文

主席报告(略)

决议事项

一、由既济水电公司根据成本拟就水电价,呈由市政府计本核偿;

二、准向本市工商界提早收取下月水电费;

三、由“剿总”、市政府再向本市国行为既济水电公司呼吁贷款购煤。

散会

5.汉口市财政局税捐稽征处为遵令查报益新百货商店修理房屋起讫日期请鉴核致汉口市财政局函(附证明单一纸)

(1948 年 12 月 3 日)

汉口市财政局税捐稽征处呈　中华民国三十七年十二月三日

案奉钧局本年九月十八日(卅七)财二字第一七九九号训令,饬查明中山大道九五○号益新百货商店修理房屋起止日期,报凭核办。等因,奉此。遵经饬本处税务员张维德、李世权等查报。去后,兹据该员等签称:“奉令交下财政局本年九月十八日财二字第一七九九号训令,

以据汉口市百货商业同业公会(卅七)申齐代电略开,以中山大道九五〇号益新商店因房屋年久失修,于八月二十六日暂停营业,动工修理期间,请免征营业税一案,饬查明起止日期,报凭核办,等因,奉此。遵即前往查询,据该店负责人声称,该店系于本年八月二十六日停业,十月底装修,工竣于十一月一日开始复业。等语。并检呈该管保长证明单一纸,据此。谨将经查情形签请鉴核。”等情,附呈证明单一纸,据此。奉令前因,理合检同原呈证明单备文报请鉴核。

谨呈

汉口市财政局局长汤

附呈证明单一纸。

汉口市财政局税捐稽征处处长　陈治平

中华民国三十七年

监印　杨正祥

校对　朱先正

敬启者。本店自八月廿六日开始动工装修店铺,已函汉口市百货商业同业公会备案,停业于十月底装修工竣,于十一月一日开始营业,特此函陈汉口市营业税局台核。

益新百货商店谨　启

证明人

6.九江县商会为贺各理事荣膺新选致汉口市商会

(1948 年 12 月 3 日)

汉口市商会程理事长暨诸常务理事勋鉴:

接准大函,欣悉诸公等众望所归,荣膺新选,匪特汉市共庆得人,而浔埠亦同仰英士,谨申燕贺,诸维荃照。

九江县商会理事长　熊渭　亥虞印

7.四川省商会联合会为依法改选竣事电贺汉口市商会

(1948 年 12 月 3 日)

汉口市商会程理事长子菊暨各理监事同仁勋鉴:

顷获鹊报,忻悉诸兄荣膺公选,领导工商。望重山丰,百业咸资保障,才长经济,万商定卜繁荣。遥瞻骏树,伫竢鸿规。特电申贺,并颂新祺。

四川省商会联合会理事长　王秉钧　叩(卅七)亥江印

8.汉口市商会为转知商讨解决既济水电公司问题办法致汉口市各业同业公会(附会议记录)

(1948 年 12 月 3 日)

案奉汉口市政府十一月二十六日 37 市工字第一四九四号代电开:前据既济水电公司十一月

十八日(37)济会字第887号呈,为收支失衡,燃料短缺,呈请迅赐会商有效办法,以维水电供应。等情。经于戌养电呈"华中剿匪总司令部"政务委员会兼主任白,并分电有关机关派员会商办法在案。经于十一月廿三日在本府举行会议,商讨办法。除分电外,合行抄发会议记录一份,仰即知照。等因,附发会议记录一份,奉此。除分行外,相应抄同记录,函希查照,转知为盼。

此致

汉口市各业同业公会

附抄会议记录一份。

汉口市商会　启

附:汉口市政府召开水电研究会议记录

时间:三十七年十一月二十三日

地点:市政府招待室

出席人:"华中剿匪"政务委员会孟学思、市参议会涂少梅

市党部全本权、市商会陈焕章、市工业会华煜卿

报业公会万克哉、市政府孙际旦、市警察局任建鹏

社会科李济苍、工务科邱志道、既济水电公司孙保基

主席:孙秘书长

记录:桂博文

决议事项

一、由既济水电公司根据成本拟就水电价,呈由市政府计本核价;

二、准向本市工商界提早收取下月水电费;

三、由"剿总"、市政府再向本市国行为既济水电公司呼吁贷款购煤。

散会

9.汉口市商会为摊派慰劳徐州将士金额致汉口市颜料业同业公会函

(1948 年 12 月 3 日)

政工处十一月二十四日政亲字第八五二号函,送武、阳、汉各界慰劳徐州将士筹备会议记录第三案,决议本市担任之慰劳金不得少于六十万元。等语。业经本市各界筹募会议决定,本市所出之慰劳金六十万元,由市商会担任三十五万元,工业会担任十万元,其余十五万由各机关摊派。等语,记录在卷。查徐州前线将士需用实物甚感迫切,是项慰劳金即应解缴"剿匪"总部汇购实物,转送徐州前线将士应用。除分令外,合亟令仰遵照,迅将该项金额限于三日内送交本府总务科汇转,不得延误为要。等因,奉此。业经理监联席会议推举代表,审核各业同业公会分摊慰劳金额,计贵会应摊金圆七十元,相应函希查照,迅于十二月五日以前将该项慰劳金缴送本会汇转,幸勿延误,是为至盼。

此致

汉口市颜料业同业公会

汉口市商会　启

10.汉口市商会为转武、阳、汉各界慰劳徐州前线将士筹备会会议记录致汉口市各业同业公会函(附记录一份)

(1948 年 12 月 4 日)

案奉“华中剿总”司令部政工处函,抄发武、汉、阳各界慰劳徐州前线将士筹备会议记录一份,到会。除分行外,相应抄同原记录,函希查照转知为盼。

此致

汉口市各业同业公会

附抄记录一份。

汉口市商会　启

十二月四日

附:武阳汉各界慰劳徐州前线将士筹备会

时间:三十七年十一月二十三日下午二时

地点:政工处会议厅

出席者:省总工会张华山

汉口市政府王德和

省参议会胡伯产

中国国民党湖北省党部王森炎

汉口市工业会司徒壮

湖北省公会姜岱东

汉口市党部樊明

政工处萧昭文

汉口市参议会林大文

汉口市妇女会刘彩章

汉口市教育会杜泽尧

湖北省政府顾义方

汉口市总工会王荃

省妇女会杨若霞

武昌市政府李殖

湖北省教育会、武昌市商会胡云卿

主席:程式(张介僧代)

记录:罗伯谦

开会

主席报告(略)。

讨论事项

1.武、阳、汉各界慰劳徐州作战将士,如何筹办案。

决议:武、阳、汉分别筹募慰劳金,集中办理。

2.慰劳方式如何决定案。

决议:筹募慰劳金购买实物(香烟、毛巾、牙刷、手套、鞋袜等)交请联勤总部以最迅速方法输送徐州前线。

3.武、阳、汉慰劳款额如何决定案。

决议:总数定为一百万元,省会不得少于四十万元,汉口不得少于六十万元。

4.慰劳金如何筹募案。

决议:由省市府分别负责召集各机关法团负责筹募之。

5.集款时间如何决定案。

决议:限本月底以前募集齐全,否则由省政府负责向省市银行借垫。

6.慰劳团是否组织案。

决议:由省市府召集各机关讨论决定。

7.如组织慰劳团,是否应准备报刊物、传单等精神食粮,同时输送前线案。

决议:如组织慰劳团时,由省市府同时妥筹办理。

散会

11.汉口市剧场商业同业公会为一切义演公演或非应纳之税捐款致汉口市商会函

(1948 年 12 月 6 日)

为本会联席会议议决,嗣后一切义演公演或非应纳之税捐款等苦□接受,检同武汉日报一份报请鉴核由

敬启者。奉唯钧会本年十二月三日函照抄发防护业务策进会记录第九案第三四两项,略以筹募防护基金以本市各戏院暨公共娱乐场所为主,随每入场券附加收捐款金圆一元。等因。窃查本会等虽性属娱乐,实为社会教育文化宣传之一环,平时除应纳政府税捐外,举凡义演公演或社会救济等捐款,无不勉力□事,争先响应,事实俱在,历历可查。但常因无票入□并强占已售出之对号座位等情事,稍不遂意,动辄捣毁院□,殴伤员工,生命财产之危险,莫此为甚!兼以本会前为遵汉政府限价,业经亏累甚巨,近复以物价一再上涨,营业步入惨淡时期,演职员工最低生活亦无法维持。本会等为图挽救难关,经于本月八日联席会议议决,嗣后一切义演公演,或非应纳之税捐款等,苦□接受。除登报呼吁及分呈外,奉令前因,谨检《武汉日报》一份,报□□难遵办为祷。

谨上

汉口市商会

汉口市剧场商业同业公会　启

十二月六日

12.汉口市商会为发动一致拥护政府“戡乱剿匪”方针致汉口市各同业公会函

（1948 年 12 月 7 日）

密奉中国国民党汉口特别市执行委员会本年十二月一日汉宣字第一八八一号代电开：奉中央执行委员会戌有密电开，×密。查“剿匪戡乱”为保障民生利益，反抗国际侵略之神圣战争，最后必获胜利。迩来因东北军事稍受挫折，匪谍分子乘间散布谣言，致使人心浮动，社会不安。总裁于出席本月八日中央纪念周时对此曾痛予驳斥，并昭示目前关于政治、经济、军事三者仍极稳固，□□相较，均居优势，政府“戡乱剿匪”之方针早已确定，必以全力贯彻到底，盼望党、政、军同志坚持信念，集中一切力量，早日获取最后胜利。等语。我各级党部，应即发动各级地方民众团体响应拥护，借以振奋民心，鼓舞士气。特电知照，仰即送办，并密敕所属遵办为要。等因，奉此。特电饬查照，迅即发动一致拥护为要。等因，奉此。除分行外，相应转达，即希查照遵办为盼。

此致

汉口市各同业公会

汉口市商会　启

13.汉口市商会为转中央执行委员会坚持信念集中一切力量不日获取最后胜利等情形致各业同业公会

（1948 年 12 月 7 日）

中国国民党汉口特别市执行委员会本年十二月一日汉宣字第一八一号代电开：奉中央执行委员会戌有密电开，×密。查“剿匪戡乱”为保障民生利益，反抗国际侵略之神圣战争，最后必获胜利。迩来因东北军事稍受挫折，匪谍分子乘间散布谣言，致使人心浮动，社会不安。总裁于出席本月八日中央纪念周时对此曾痛予驳斥，并昭示目前关于政治、经济、军事三者基础仍极稳固，□□相较，均居优势，政府“戡乱剿匪”之方针早已确定，必以全力贯彻到底，盼望党、政、军同志坚持信念，集中一切力量，早日获取最后胜利。等语。我各级党部，应即发动各级地方民众团体响应拥护，借以振奋民心，鼓舞士气。特电知照，仰即遵办，敕所属遵办为要。等因，奉此。特电转查照，迅即发动一致拥护为要。等因，奉此。除分行外，相应转遵，即希查照遵办为盼。

此致

汉口市各业同业公会

汉口市商会　启

14.汉口市市长徐会之为修正有关国防工业专门技术员工缓召适用范围令汉口市工业会（附适用范围）

（1948 年 12 月 7 日）

据本府社会科案呈工商部本年十二月二日京工（37）字第 83578 号训令开：“奉行政院三

十七年十一月八日(37)四防字第四九八四一号训令开,据国防部代电,为拟具修正有关国防工业专门技术员工缓召适用范围项款,请核示。”等情,核属可行。“除分行外,合行抄同修正缓召适用范围,令仰遵照并转饬遵照。”等因,附件,奉此。“除分令外,合行抄发原件,令仰遵照。此令!”等情。合亟抄发原件,令仰遵照为要。

此令!

附抄发原修正有关国防工业专门技术员工缓召适用范围一份。

中华民国三十七年十二月

市长　徐会之

附:有关国防工业专门技术员工缓召适用范围

行政院三十六年五月九日从荒字第一七五六四号训令公布

国防部三十六年五月二十六日成栈字第五九一七号代电分行

(一)依《兵役法》第二十六条第一款所称,有关国防工业之专门技术员工,以具有下列资格之一者为限:

1.曾往国内外专科以上学校或高级职业学校之理工科(包括技术管理)毕业,在工厂、矿场担任实际工作,或任技术机关之职务,经审查核定者。

2.曾受前款各学科或具相当学科技术训练合格,现任技术工作,经审查核定者。

(二)前项所称之专门技术员工分类如下:

1.兵工。

2.军需。

3.交通。

4.场工。

5.矿工。

6.盐工。

7.水利技术员工。

8.测绘技术员工。

9.测候技术员工。

(三)兵工技术员工之范围规定如下:

1.设计及检验员工。

2.制造枪炮员工。

3.制造弹药员工。

4.制造兵工器材员工。

5.制造光学器材及械弹附件员工。

6.制造化学兵器及原料员工。

7.制造兵工钢铁及采冶之技术员工。

8.制造样板工具员工。

9.管理动力之技术员工。

10.修理械弹及机器员工。

11.整理废品技术员工。

(四)军事技术员工之范围规定如下:

1.配制原料及制造成品之技术员工。

2.制造机械修理机械技术员工。

(五)交通技术员工之范围规定如下:

1.制造、装配运输通讯工具器材之技术员工。

2.铁路、公路之技术员工。

3.空运、水运之技术员工。

4.邮电、通讯之技术员工。

(六)场工技术员工之范围规定如下:

1.冶炼工业之技术员工。

2.机器及电器工业之技术员工。

3.机器纺织染工业之技术员工。

4.制药及制造医疗器材之技术员工。

5.有关作战之化学技术员工(如制造酸碱磷、铔糖、漂粉、酒精、代汽油、橡胶、玻璃及机器制造纸等是)。

6.制造机车及船舶之技术员工。

7.制造水泥及耐火材料之技术员工。

8.机制面粉之技术员工。

9.制造科学仪器之技术员工。

10.制造机械动力农具之技术员工。

11.电气、煤气及自来水事业之技术员工。

12.铸币及印刷有价证券、教科书、日报之技术员工。

13.管理动力之技术员工。

(七)矿工技术员工之范围规定如下:

1.煤矿业之技术员工(如使用机器员工及井下工人是)。

2.石油及天然瓦斯矿业之技术员工。

3.有关作战之金属矿业及非金属矿业之技术员工(如钢铁、铝、钨、铜、锆、磷、锌、锑、锡、汞、硫磺、硝岩、盐各矿是)。

(八)盐工技术员工之范围规定如下:(卷内无下文)

15.汉口区机器工业同业公会为请仍按原配额供给柴油致德士古煤油公司大班

(1948 年 12 月 7 日)

德士古煤油公司大班 J.B.Mccreang 先生勋鉴:

案准贵公司卅七年十二月四日第 Nom-165 号公函开,“查敝行柴油存货低微,加之政府对进口继续限制,敝行对贵会会员十二月份之 1889 中质柴油配额将减为五吨,来年元月份配额将视当时存货情形为转移,嗣后情势转佳,立即另行通知。过去及目前每承关顾,□□□□保证敝行常能作优良之服务也。”等因,准此。查敝同业承按价分配柴油,各业数月动力畅通无阻,生产倍增,良深感佩。值此“戡乱”紧张,业奉“华中剿匪总司令部”令,饬交办城防工事工程正夥,亟待昼夜赶制,兼因本市电力仅供半日动力,不能全日开动,俟非借重柴油引擎以赴事功,尤以此时需用柴油较往昔更甚。如贵公司□本会价配柴油减为五吨,实属不敷需用甚巨。且本会武、阳、汉三镇会员数达三万余家,其配额仅五吨,亦无法分配,情不获已,相应电请查照,当祈体会机器工业之艰难,惠予仍按原配额每月十五吨价配,以应目前需要为祷。

汉口区机器工业同业公会亥虞机印

16.汉口市烈士陵园修建委员会成立会议记录

(1948 年 12 月 8 日)

时间:三十五年十二月二十七日下午

地点:汉口市政府

出席人:倪政方汉口区团部

刘浩然市农会

刘松市房地产业公会

刘石瑛行辕政治部

王复兴中医师公会

王化南行辕政务处

李春萱辛亥同志会

周万清市党部

李春良市商会

袁圣立、陈正武市政府

主席:李春萱

报告事项(略)。

讨论事项

一、本市烈士陵园修建委员会组织简则草案,提请公决案。

决议:修正通过。

二、根据组织简则第三条之规定,请推定常务委员及主任委员案。

决议:推市党部、市政府、武汉行辕、区团部、市参议会、市商会、辛亥首义同志会等七单位为常务委员,并另推市政府为主任委员。

三、本会办公地址应如何觅定案。

决议:暂订于市政府内。

四、请推定各组组长案。

决议:(一)总务组由市政府担任。

(二)筹募组由武汉行辕担任。

(三)设计组由辛亥首义同志会担任。

五、各组干事应如何调用案。

决议：由常务委员会参酌实际情形，向各有关机关调用。

散会

17.汉口市工业会第一届第六次全体理监事联席会议记录

（1948 年 12 月 8 日）

时间：民国三十七年十二月八日下午三时

地点：汉口中山大道中央信托局三楼扬子联谊社

出席人：应到　　人，实到　　人（另有记录簿签名备查）。

主席：李国伟

记录：吴传启

甲、报告事项

一、请李理事长报告出席全国工业总会成立大会经过情形。

二、奉汉口市政府训令：为本市物价评议会改组，仍聘本会理事华煜卿先生担任委员。

三、奉汉口市政府训令：为令发全国总工会提议，切实保障国营事业工人工作权及年资，以免移交时向隅，仰知照由。

四、奉市府训令：为抄发度量衡等法规罚款改收金圆数额表由。

五、奉市府训令：为检发水电会议记录由。

六、奉市府训令：为抄发营利事业资本额折算金圆变更登记办法由。

七、关于本市直接税局催缴三十七年度下半年度所得税一节，□本会十四次常务理监事会议决：推举代表于本月三日上午十时赴税局洽商，为明了税局上半年度之征收比额情形起见，已函请各单位将所属会员厂家所收到税局通知情形函知本会，以便汇交税收研究委员会研议。

八、本会会费原依工人生活指数按月调整，币制改革后，照基数改收金圆，现以限价开放，指数恢复，今后本会会费仍照成立大会决议，按月依指数调整，已函知各单位查照。

九、奉汉口市政府训令：为准电以前调经检督导组工作之各队，仍驻原地区服务一案，仰知照由。

十、准汉口市警察局代电：为抄送武汉警备司令部义字第 846 号布告一份，电请查照转知由。

十一、请会计组报告依照上次全体理监事会议决议案，募集本会基金情形。

十二、请会计组报告本会十、十一两月收支状况。

十三、武汉特种刑庭前向本会劝募寒衣布料黑布二十四匹，由李理事长垫付价款，经上次会议决议，依照秋节劳军款征收办法办理。现在办理情形，共计收到华新水泥公司等十三单位计金圆四百七十六元整，此款以十一月份收支失衡，移作会务开支，尚未归垫。

18.汉口市工业会筹备会第四次会议议程

(1948 年 12 月 8 日)

甲、报告事项

一、奉汉口市政府指令:为本会刊制图记赍送印模暨启用日期报备,令准备查由(本会收文第五号)。

二、准湖北省工业协会移咨各点如下:

(一)奉汉口工商辅导处代电:为奉令以准比大使馆□□□□一九四六年七月八日法令延长之各项发明权利期限,应于本年六月三十日终止一案,饬知照。等因。电仰知照由(原收文 1159 号)。

(二)奉汉口工商辅导处代电:为奉令指定钍、镄、锆、锶四矿列入《矿业法》第二条内,并将钍矿列入《矿业法》第十条内,并□全国锆矿、钍矿及其他含原子能之矿所在区作为国家保留区,禁止探采。转电知照由(详原收文 1160 号)。

乙、讨论事项

(一)兹草拟汉口市工业会章程初步草案,请讨论修正案。

(二)本会成立大会应行准备各项事宜如何规定,请讨论案。

19.“华中剿匪总司令部”政工处为抄录慰劳徐州将士会议记录致汉口市各业同业公会(附会议记录)

(1948 年 12 月 9 日)

“华中剿匪总司令部”政工处函,抄发武、汉、阳各界慰劳徐州前线将士筹备会议记录一份,到会。除分行外,相应抄同原记录,函希查照转知为盼。

此致

汉口市各业同业公会

附抄记录一份。

附:武、阳、汉各界慰劳徐州前线将士筹备会

时间:三十七年十一月二十三日下午二时

地点:政工处会议厅

出席者:省总公会张华山、汉口市政府王德和、省参议会胡伯廉、中国国民党湖北省党部王森夫、汉口市工业会司徒壮、湖北省公会姜岱东、汉口市党部樊明、政工处萧昭文、汉口市参议会林大文、汉口市妇女会刘彩章、汉口市教育会杜泽尧、湖北省政府顾义方、汉口市总工会王荃、省妇女会杨若霞、武昌市政府李殖、湖北省教育会、武昌市商会胡云卿

主席:程式(张介僧代)

记录:罗伯谦

一、开会

二、主席报告(略)。

三、讨论事项

1.武、阳、汉各界慰劳徐州作战将士,如何筹办案。

决议:武、阳、汉分别筹募慰劳金,集中办理。

2.慰劳方式如何决定案。

决议:筹募慰劳金购买实物(香烟、毛巾、牙刷、手套、鞋袜等)交请联勤总部,以最迅速方法输送徐州前线。

3.武、阳、汉慰劳款如何决定案。

决议:总数定为一百万元,省会不得少于四十万元,汉口不得少于六十万元。

4.慰劳金如何筹募案。

决议:由省市府分别负责召集各机关负责筹募之。

5.集款时间如何决定案。

决议:限本月底以前募集齐全,否则由政府负责向省市银行借垫。

6.慰劳团是否组织案。

决议:由省市府召集各机关讨论决定。

7.如组织慰劳团,是否准备□报刊物传单等精神食粮,何时输送前线?

决议:如组织慰劳团时,由省市府同时筹办。

20.汉口市百货商业同业公会为金城商店改业呈请注销册籍并转饬税捐稽征处知照致汉口市财政局函

(1948年12月9日)

事由:为金城商店改业呈请注销册籍并转饬税捐稽征处知照由。

汉口市百货商业同业公会呈　百商字第七五号　中华民国三十七年十二月九日

案据本会第二事务所会员金城商店报称:"查本店住大新街二四号,现因营业不振,已于本年十月间将百货业务改为服装业,并经参□改为金城治记服装店。除向汉口市服装店业同业公会申请登记为会员外,相应检同会员证书暨汉口市政府市商会登记各一份一并函达,即希查照注销,并希分转主管机关及税捐征收处备查为荷。"等情,据此。查该商店加记改业属实,理合具文,转呈钧局鉴核,准予注销册籍,并转饬税捐稽征处知照,以昭慎重。

谨呈

汉口市财政局局长程

汉口市百货商业同业公会理事长　刘明章

21.汉口市粮食商业同业公会为部分会员拒缴会费事呈市政府电

(1948年12月9日)

汉口市政府市长徐钧鉴:

案据属会零售业事务所自组织成立以来,尚有少数借故抗缴会费,影响会务推进,殊非浅鲜。兹将抗不缴费之和顺堃记等十几家及非会员四家,特此造具名册两份,存转市府,依法严予惩处,以儆效尤。等情,过会。查该所自成立以来,迄今已逾数月,会员异常复杂,对本会一切捐费无法收缴,至所报之抗费会员查属实在,若不从严惩处,则该所业务无法进展。自据前情,理合附呈名册一份,电祈鉴核,并请迅予转令警局分令各分局依法分别查办,勒令停业,以彰公令而维法令,曷胜感祷。

附会员名册一份。

汉口市粮食商业同业公会理事长　刘绍武　亥(佳)叩

22.汉口市烟商业同业公会第十一次理监事联席会议

(1948 年 12 月 9 日)

时间:十二月九日下午二时

地点:交换组

出席理事:计　　人

出席监事:计　　人

主席:刘伯琴

记录:万竹如

甲、报告事项

主席报告(略)。

乙、讨论事项

1.关于武汉警备旅“戡乱”经费三千万元由武汉三市商人担任,现□以烟业二百万元,本会同业须摊三分之一,应如何办理,请研讨案。

决议:向市府要求在每箱烟价格内加征。

2.关于各烟公司及运销商筹组同业公会,应否请求市府撤销或其他办法制止,请讨论案。

决议:函知各公司及各运销商依法加入本会为会员,并推邹焕延、罗子明、王文智、刘伯琴、陈德存、陈仁寿、张康平等七位前往该联谊会磋商。

3.关于警察学校劝募经费四百元,经常务会决定支付,应否通过案。

决议:照付追认。

4.(略)

5.关于战士慰劳捐一万二千二百元,应否捐献案。

决议:由刘理事长向商会交涉后再行办理,并推邹焕延、王文智会同前往。

6.关于本会房屋现赁就(明星戏院附近)需价五十两黄金,可否决定案。

决议:通过。并推理事刘伯琴、罗子明、李耀章、祁少奎、朱俊吾、叶钰山,监事邹焕延、杨寅齐、李献青等九位负责办理,并请李树棻、徐师律参加。

7.关于新开业同业函请入会者,究应如何办理案。

决议:凡有正式铺面之新同业经调查确实后,准予照章入会并案。各派人审查。利济路以上叶钰山,新街以上陈德存,三民路以上内线朱俊吾,中山大道上段李耀章,民生路以上笪海山,江汉路以上李荣华、杨寅齐,法界以上祎明山、万献清,法界以下祁绍奎、王直哉等,各负各段审查责任。

8.关于曾理事长继续请假一月，代理事长任务应如何决定案。

决议：仍由刘常务理事伯琴继续代理，通过。

9.关于码头力资现又须调整，应如何办理案。

决议：推刘伯琴、叶钰山、王文智三位办理。

10.关于新同业入会费，应如何确定案。

决议：入会费仍照原案二百元，另收临时建筑费一千元，通过。

丙、散会

23.汉口市商会为禁止抢劫事件发生致各业同业公会（附布告）

（1948 年 12 月 10 日）

汉口市警察局本年亥支警行治代电开："兹抄发送武汉警备司令部十一月二十八日义字第 846 号布告一份，希即查照，并转饬各会员一体遵照为荷。"等由，准此。除分行外，用特抄转，即希查照，转知所属会员知照为荷。

此致

汉口市各业同业公会

附抄转布告原文一份。

汉口市商会　启

附：武汉警备司令部布告

查迩来物价急剧暴涨，生活艰困，举国皆然。凡属国民均宜共体时艰，勿作轨外行动，免予奸匪以可乘之机。乃查本警备区旬日以来，罢工、罢课层出，一般不法之徒竟敢乘机抢米、抢衣，此种行为无论其为生活所迫，抑系受匪谍所利用，均属不法，此风不戢，妨害治安，殊非浅鲜。兹特郑重告诫，嗣后倘再有此类事件发生，无论军民人等，一经查实，定予严惩罚办，决不瞻循。除分令所属遵照外，合行布告周知！

兼司令　陈明仁

24.汉口市工业会为抄发武汉警备司令部十一月廿八日布告致各会员单位（附布告）

（1948 年 12 月 10 日）

汉口市工业会代电　汉工业（37）字第二七三号

各会员鉴：

案准汉口市警察局亥支汉总警行字第六一二〇号代电开："兹抄送武汉警备司令部十一月廿八日义字第八四六号布告一份，希即查照，并转饬各会员一体遵照为荷。"等由。兹抄送武汉警备司令部十一月廿八日义字第八四六号布告一份，电请查照，并转属各会员一体遵照为要。

附布告一份。

汉口市工业会(37)亥灰总印

附:武汉警备司令部布告

义字第八四六号

查迩来物价急剧暴涨,生活艰困,举国皆然。凡属国民均宜共体时艰,勿作轨外行动,免予奸匪以可乘之机。乃查本警备区旬日以来,罢工、罢课层出,一般不法之徒竟敢乘机抢米、抢衣,此种行为无论其为生活所迫,抑系受匪谍所利用,均属不法,此风不戢,妨害治安,殊非浅鲜。兹特郑重告诫,嗣后倘再有此类事件发生,无论军民人等,一经查实,定予严惩罚办,决不瞻循。除分令所属遵照外,合行布告周知!

兼司令　陈明仁

中华民国三十七年十一月　日

25.财政部汉口金融管理局为转知《"戡乱"时期危害国家紧急治罪条例》令汉口市钱商业同业公会

(1948 年 12 月 13 日)

案奉财政部三十七年十二月三日财钱庚三字第 000643 号训令开:案奉行政院三十七年十月三十日(卅七)七法字第 48509 号训令开,兹制定《"戡乱"时期危害国家紧急治罪条例》施行于全国,除由院明令公布通饬及呈报总统备案外,合行令仰知照,并转饬知照。等因,奉此。除分令外,合行令仰知照。等因,奉此。合行令仰知照,并转饬知照。此令!

局长　李应兆

26.青岛市商会为电告本会改选职员致汉口市商会

(1948 年 12 月 13 日)

汉口市商会公鉴:

查本会成立以来,瞬经二载,依法呈奉本市社会局核准,于本年十二月一日举行第一届改选大会在案。经大会选举结果,代芳仍被选为理事长,并改选留任理监事半数,选举新任理监事多人。值此"戡乱建国"期间,责任异常艰巨,代芳等猥以菲材,陨越堪虞,敦祈箴教时赐,借匡不逮是幸。除呈报并分电外,相应检附本会职员名册一份,电达查照为荷。

青岛市商会理事长　李代芳暨全体理监事　37 亥元印

27.汉口市商会为速缴慰劳过境荣誉军人款致汉口市花包纱头业同业公会

(1948 年 12 月 15 日)

案奉汉口市政府 37 市社字第一二六六〇号训令开:"查武、阳、汉各界慰劳徐州将士一案,顷经"剿匪"总部政工处工作会报,决定改由各该地区人民团体就地慰劳过境荣军同志。关于本市慰劳事宜，业与荣管处商定慰劳办法如下：(一)慰劳对象以过境荣誉军人为限；(二)慰劳物品以毛巾、牙刷、牙膏、肥皂为主；(三)慰劳方式由荣管处通知领取慰劳物品，交由第九补给区司令部，转赠各过境荣军同志；(四)每次慰劳详细数字，由荣管处逐一登报公布之。查该会认缴之慰劳款项尚未如数缴府，兹以陆续过境之荣军同志日众，亟须购办实物前往慰劳。除分令外，务仰迅将是项慰劳款于三日内解缴本府总务科，以凭办理，不得再延为要。”等因，奉此。查慰劳徐州将士捐款，业经本会奉令于十二月四日通知各业公会照缴在卷。兹奉前令，改为慰劳过境荣誉军人，并限于三日内将慰劳款缴付，自不能再事延忽。除分催外，相应函达，务希查照，迅于三日内将慰劳款如数缴付本会汇转，以应急需，是为至盼。

此致

汉口市花包纱头业同业公会

汉口市商会　启

28.汉口市商会为催缴汉口市三十七年度下期营利事业所得税致汉口市各业同业公会

(1948 年 12 月 15 日)

案准汉口直接税局汉直税一字第七一〇二号公函开：“查本市本年度下期营利事业所得税各同业公会所属会员应纳税款业经次第核定，填发缴款书，先后送达。遵限缴库者固多，而故意宕延者亦复不少。用特函请查照，希即转知各同业公会，迅赐所属会员克速纳库，以补国用，不得滞延，致于罚办为荷。”等由。除分行外，相应函希查照，分别转知为盼。

此致

汉口市各业同业公会

汉口市商会　启

29.汉口市工业会为抄发汉口市财政局三十七年十至十二月份营业税审查委员会会议记录致各会员单位(附会议记录)

(1948 年 12 月 15 日)

汉工业(37)字第二八〇号

径启者。顷准汉口市财政局十二月十三日检送该局本年十至十二月份营业税审查委员会记录一份，到会。查该会议记录内讨论税收各点，于各会员关系深切，用特抄附该原会议记录一份，随函检上，至希查照为荷。

此致

各会员单位

汉口市工业会　启

附：汉口市财政局三十七年十至十二月份营业税审查委员会会议记录

日期：三十七年十二月十日下午三时

地点:本局会议室
出席人:市工业会华煜卿、蓝昌农
市商会陈焕章、万少珊
市参议会张希麟、祝庸斋
财政局程发轫、吴文麟
税捐处陈治平(张师锡代)
主席:程发轫
记录:李继序
报告事项(从略)
审议事项

十月份后,各业物价波动甚剧,早已超过八月十九日限价,自十一月份起,公务员待遇调整,因之市府开支几增加七倍。爰拟根据各业上期营业额,一律暂增加七倍征收,俟十至十二月份物价指数□出后,再行审定,多退少补,请公决案。

决议:根据各业上期营业额,一律暂按五倍借收,俟十至十二月份□出后,再召集会议审定,多退少补。

散会

30.汉口市财政局第二税捐稽征处为据百货业维新合记商店呈报修理房屋请免征停业期间营业税一案报请核示致汉口市财政局函

(1948 年 12 月 15 日)

汉口市财政局第二税捐稽征处呈
中华民国三十七年十二月十五日

案据维新百货商店本年十二月二十八日呈称:"呈为转请豁免税捐事,窃商在本市大夹街一九三号经营维新百货商店历有余年,刻因本店店堂中梁年久失修,内部因被白蚁蛀朽,形将圮塌,时在抢购期间未便停业。旋经江汉区区长刘汉光、市警察三分局局长封宝麟、区代表严竞先诸先生证明会同查验属实,方于十月八日停止营业,雇工整修,以免圮塌之虞,迨此将届两月。理合报请鉴核,俯赐转呈豁免停业期间捐税,一俟正式复业再行呈报开征,实为公便。"等情。到处,经饬本处税务员罗振凡查明具报。去后,兹据该员签称:"案奉钧长批交下本段大夹街一九三号维新百货商店三十七年十一月二十八日呈报,以该商店店堂中梁年久失修,内部被白蚁蛀朽,形将圮塌,危险堪虞,乃经当地机关证明属实,于十月八日停止营业雇工修理,迄届两月,请转报豁免在停修期间税捐一案,令仰查报凭转。"等因,奉此。经查该商中梁确被蚁蛀毁及修理内部期间完全停止营业,理合将该商取得该管警察三分局及汉正区公所证明书二纸,一并赍请鉴核转报。等情,附呈证明书二纸,据此。理合检同原警察三分局及江汉区公所证明书二纸,备文呈祈鉴核示遵。

谨呈

汉口市财政局局长程○○

汉口市财政局税捐稽征处处长　陈治平

校对　朱先正

31.汉口市财政局为据呈报维新百货商店修理房屋起讫日期请查核一案令税捐稽征处

（1948 年 12 月 16 日）

汉口市财政局字第 0057 号　中华民国卅七年十二月十六日　指令财二字第　号

令税捐稽征处：

本年十二月漏日处二字第〇六四四号呈一件（同来文由）。呈件均悉，应准在该商停业期内免征营业税，仰即遵照。

此令！

附件存。

局长　程〇〇

32.辛亥首义伤军委员会冬赈办事处为转知各会员踊跃认销冬赈戏券致汉口市钱商业同业公会

（1948 年 12 月 16 日）

辛亥首义伤军委员会冬赈办事处公函　赈字第〇三七号

查本会伤军等早岁献身戎旅，参加革命，于辛亥首义、阳夏诸役出入锋镝，负伤残废，迄今衰老无依，困窘万状，幸蒙政府特准每年年终自行举办冬赈有案。兹以三十七年度冬令已届，准订于三十七年十二月二十日起至二十七日止仍假汉口民众乐园暨武昌首义舞台援例举办冬赈义演。除奉准汉口市政府 37 市社字 11827 号令开："除分令财政局免税暨各工商业团体协助售票"在案外，相应函请查照，烦为转知各会员踊跃维护，认销戏券，则本会同人借免冻馁之苦，不胜感祷为荷。

此致

汉口市钱商业同业公会

附冬赈戏券五百张（未收）。

主任　陈光汉

33.汉口市工业会为辛亥首义铁血伤军委员会举办冬赈义演致各工业同业公会、各单位函

（1948 年 12 月 16 日）

汉口市工业会公函　汉工业（37）字第二八一号

案奉汉口市政府市社字第 11827 号代电开："据辛亥首义铁血伤军委员会本年十一月十五日首字第 249 号呈称，'查本会伤军均系早岁献身戎旅，参加革命，于辛亥首义、阳夏之役出入锋镝，负伤残废，迄今年岁衰老，景况困窘万状。幸蒙政府悯念下情，早经准予每年自行举办冬

赈有案，相沿成例廿余年。兹以三十七年度冬令已届，仍借汉口民众乐园美成大戏院及武昌首义大戏院援例举办冬赈义演，以其票款所得救济全体首义伤军，借免冻馁之苦。除义演日期另案呈报外，理合呈请钧府鉴核赐准并批示，祇遵。’等情。除批令准予援例举办并分电外，合行电仰该会予以协助售票，俾资救济为要。”等因，奉此。除分函外，为特函达，希请查照为荷。

此致

各工业同业公会、各单位

理事长　李国伟

34.汉口市工业会为协助冬赈义演致各工业同业公会、各单位

（1948 年 12 月 16 日）

汉工业(37)字第二八一号

案奉汉口市政府市社字第 11827 号代电开：“据辛亥首义铁血伤军委员会本年十一月十五日首字第 249 号呈称，查本会伤军均系早岁献身戎旅，参加革命，于辛亥首义、阳夏之役出入锋镝，负伤残疾，迄今年岁衰老，景况困窘万状。幸蒙政府悯念下情，早经准予每年自行举办冬赈有案，相沿成例历二十余年。兹以三十七年度冬令已届，仍于汉口民众乐园美成大戏院及武昌首义大戏院援例举办冬赈义演，以其票款所得救济全体首义伤军，借免冻馁之苦。除义演日期另案呈报外，理合呈请钧府鉴核赐准并批示，祇遵。等情。除批令准予援例举办并分电外，合行电仰该会予以协助售票，俾兹救济为要。”等因，奉此。除分函外，为特函达，希请查照为荷。

此致

各工业同业公会、各单位

理事长　李国伟

35.辛亥首义铁血伤军委员会冬赈办事处为承销义演戏券致汉口市汽水机冰工业同业公会

（1948 年 12 月 17 日）

辛亥首义铁血伤军委员会冬赈办事处公函　赈字第〇二一七号

敬启者。查本会伤军早岁献身戎旅，参加革命，于辛亥首义、阳夏诸役出入锋镝，负伤残废，迄今衰老无依，困窘万状。幸蒙政府特准，每年年终自行举办冬赈有案。兹以卅七年度冬令已届，业经呈奉湖北省政府、汉口市政府核准，订于卅七年十二月二十日起至二十七日止，仍假汉口民众乐园（即新市场）暨武昌首义舞台援例举办冬赈义演，以其票款所得，除应有之开支外，全部赈济首义伤军，借免冻馁之苦。兹随函送上冬赈戏券卅张，敬请查收，惠予承销为荷。

此致

汉口市汽水机冰工业同业公会鉴

附冬赈戏券卅张。

筹备主任　陈光汉

36.汉口市汽水机冰工业同业公会为碍难承销义演戏券致辛亥首义铁血伤军委员会冬赈办事处

(1948 年 12 月 17 日)

敬复者。顷准贵处函,嘱承销冬赈义演戏券卅张。查本会对于各赈事宜已由汉口市工业会统筹办理承销矣,碍难再予承销。兹将戏券卅张如数奉还,即希查收为荷。

此致

辛亥首义铁血伤军委员会冬赈办事处

附戏券卅张。

公会章　启

37.汉口市政府为呈和顺坤记等十六户拒缴会费一案令警察局

(1948 年 12 月 17 日)

市粮食商业同业公会本年十二月九日(粮武字第 367 号录全文等情)除指复外,合行抄存拒缴会费及会员名册一份,令即转饬各该管分局查明办理具报。

此令!

38.汉口市百货商业同业公会为协昌商店营业税等级业经评定仰祈鉴核俯赐编列致汉口市财政局函

(1948 年 12 月 17 日)

汉口市百货商业同业公会呈　百商字第八九号　中华民国三十七年十二月十七日

案据本会会员协昌商店呈称:"查本店已于本年十月开业,业经向钧会登记为会员,领有会员证备查在卷。兹以营业税未蒙核定,理合呈请转呈核定以便完纳。"等情,据此。查该店地址居惠安里巷口,即汉正街九四六号,营业狭小,其税额等级应以钧局三十六年度十至十二月份所评定之四四级计法币九万元之数字相等,理合据情转呈钧局鉴核,俯赐编列以重税收。

谨呈

汉口市财政局局长程

汉口市百货商业同业公会理事长　刘明章

39.汉口市钱业同业公会为筹募出征壮丁安家补助费办法致各钱庄、银号

(1948 年 12 月 17 日)

汉口市钱业同业公会紧急通知

查关于汉口市兵役协会筹募出征壮丁安家补助费一节,业经汉口市政府于本日召集各机关团体首长会商决定,由市政府统筹办理,以简化手续在案。嗣后会员、庄号遇有募收上项费

款时，自可婉为拒绝，其已出者，即□原区保甲取回，以免参差重复。除分知外，特此通知，即希查照为荷。

此致

××钱庄

××银号

（会戳）启

40.汉口市商会为转市政府令催慰劳款致钱业同业公会

（1948 年 12 月 17 日）

汉口市政府 37 市社字第一二六六〇号训令开，查武、阳、汉各界慰劳徐州将士一案，此项经费经总部政工处工作会报决定，改由各该地区人民团体就地慰劳过境荣军同志，关于本市慰劳事宜，业与荣管处商定慰劳办法如下：（一）慰劳对象以过境荣誉军人为限；（二）慰劳物品以毛巾、牙刷、牙膏、肥皂为主；（三）慰劳方式由荣管处通知领取慰劳物品，交由第九补给区司令部转赠各过境荣军同志；（四）每次慰劳详细数字由荣管处逐一登报公布之。查该会认缴之慰劳款项尚未如数缴府，兹以继续过境之荣军同志日众，亟须购办实物，前往慰劳。除分令外，务仰迅将是项慰劳款于三日内解缴本府总务科，以凭办理，不得再延为要。等因，奉此。查慰劳徐州将士捐款业经本会奉令于十二月四日通知各业公会照缴在卷。兹奉前令，改为慰劳过境荣誉军人，并限于三日内将慰劳款解府，自不能再事延忽。除分催外，相应函达，务希查照，迅于三日内将慰劳款如数缴付本会汇转，以应急需，视为至盼。

此致

汉口市钱业同业公会

41.汉口市百货商业同业公会为维新合记房屋工竣已正式复业转请鉴核备查呈汉口市财政局

（1948 年 12 月 17 日）

汉口市百货商业同业公会呈　百商字第八八号　中华民国三十七年十二月十七日

查本会会员维新合记商店前因修理房屋，转报停业在卷，兹据该商店呈称："查本店前以修理房屋停止营业，经呈报核转在卷，兹以房屋修理工竣，已于十二月九日正式复业，理合报请鉴核，赐转备查。"等情，据此。经查属实，理合据情转呈钧局鉴核，俯赐备查并转饬第二稽征所查照办理，实为公便。

谨呈

汉口市财政局局长程

汉口市百货商业同业公会理事长　刘明章

42.武汉各界公祭黄伯韬将军筹备委员会会议记录

(1948 年 12 月 18 日)

来文:武汉各界公祭黄伯韬将军委员会

事由:检送武汉各界公祭黄伯韬将军筹备委员会第一次会议记录一份,请查收办理由。

拟转知各理监事

时间:三十七年十二月十八日上午九时半

地点:汉口市党部

出席人:第九补给区司令部黄振声,省警局罗超群,汉口市政府萧廷福,海军江防船队司令部雷□□,宪兵第十二团赵宝田,湖北省党部王炎森,汉口市工业会华煜卿,汉口市商会黄石,湖北省参议会朱泽民,湖北省保安司令部廖新□,省政府夏楚屏,湖北省妇女会吴祖义,武昌市政府唐大永,空军司令部陈继实,汉口市参议会黄焕如,武昌市党部殷普明,汉警局任建鹏、周思久(银行公会),汉口特别市党部袁雍、涂少梅

主席:袁雍

记录:吴汝詹

甲、报告事项

主席报告(略)。

乙、讨论事项

一、请确定大会名称案。

决议:定名为武汉各界公祭黄伯韬将军大会。

二、请推定大会筹备委员人选案。

决议:以"华中剿总"政工处、湖北省政府、湖北省党部、湖北省参议会、湖北省保安司令部、湖北省省会警察局、湖北省农会、湖北省总工会、湖北省教育会、湖北省妇女会、两湖监察□署、湖北省高等法院、武昌地方法院、汉口市政府、汉口市党部、汉口市参议会、汉口地方法院、武汉警备司令部、宪兵十二团、空军第四军区司令部、江防船队司令部、第九补给区司令部、汉口市总工会、汉口市农会、汉口市教育会、汉口市妇女会、汉口市报联会、省商联会、省工业会、汉口市工业会、武昌市政府、武昌市党部、武昌市参议会为筹备委员。

三、请确定公祭日期及地点案。

决议:定于十二月二十八日上午十时公祭(由典礼组另排公祭秩序),假汉口市商会举行。

四、请确定大会经费数目及如何筹措案。

决议:暂定金圆一万元,由省、市政府各捐一千元,省、市工业会各摊一千五百元,汉口市商会四千元,武昌市商会一千元。

五、大会拟设正副主任委员各一人,总干事一人,并分设总务、文书与典礼、警卫四组,请推定人选案。

决议:推省府张主席为主任委员,市府徐市长为副主任委员,推市党部袁主委为总干事,文书组推市党部涂委员少梅,典礼组推市参议会黄副议长焕如,警卫组推市警局任局长建鹏、龙团长驭,总务组推市商会黄委员石负责。

六、请推定主祭官案。

决议:推白总司令为主祭官,推李副总司令品仙、何议长雪竹、徐中委克成、陈副总司令明仁、徐参谋长祖贻、袁秘书长守谦、刘常委士毅、张主席笃伦、方主委觉慧、王监委鸿禧、李监委梦彪、魏院长大同、朱司令鼎卿、林指挥官逸圣、罗司令械、徐市长会之、张议长弥川、袁主委雍、唐院长守仁、刘局长华冕、任局长建鹏、夏局长光宇、刘副局长传书、李局长惠芬、涂局长先成、尤局长箕照、李理事长万廷、李理事长国伟等为陪祭官。

七、拟出纪念特刊,如何征文案。

决议:分函各机关首长及社会贤达赠送。

丙、散会

43.汉口市财政局税捐稽征处为维新百货商店修理房屋工竣业于本年十二月九日复业报请核备呈汉口市财政局

(1948年12月18日)

汉口市财政局税捐稽征处呈　中华民国三十七年十二月十八日

案查前据维新百货商店呈,以修理房屋时经两月,全未营业,请免征停业期间营业税一案,经饬查属实,并检同当地机关证明两纸,以处二字第七一九号呈请核示在案。复据该店本年十二月十三日呈报修理工竣,业于本年十二月九日正式复业,请核备。等情,据此。理合具文呈报鉴核备查。

谨呈

汉口市财政局局长程〇〇

汉口市财政局税捐稽征处处长　陈治平

中华民国三十七年十二月

44.汉口市烟商业同业公会第十二次理监事联席会议记录

(1948年12月21日)

时间:十二月廿一日下午二时

地点:交换组

出席理事:计　　人(名列签到簿)

出席监事:计　　人

主席:刘伯琴

甲、报告事项

主席报告:关于卅七年度上半年所利得税迄今未办,税局拟照章科罚情形(略)。

乙、讨论事项

1.关于本年上半年度所得利税经会议决定未办,现税局拟照章科罚,应如何办理,请公决案。

决议:(1)推员审查各同业捐税等级,以达到税款数字。(2)推全体理监事为审查委员。

(3)定本月廿一日开始审查(不另通知)。

2.关于汉口市社会救济委员会函附捐册,应如何筹募案。

决议:推交刘代理理事长、邹监事长、王常务理事文智负责筹募(不另通知)。

3.关于市长面谕筹借三万元,应如何办理案。

决议:推刘代理理事长出面,陈理事德存负责借款,由王财务树臣、朱理事俊吾负责保证。

丙、临时动议

(一)关于本会员牌号间有发生私相授受,应如何制止处理案。

决议:1.会员牌号如有过户者,须先行报会批准后,方可成交(转称者不再此限)。2.并转饬全体会员知照。

(二)关于本会员未经本会函各公司而直接取烟,各公司派烟不通知本会,应如何办理案。

决议:1.各公司所货价格,本会拟定价格并先日通知派货日期及数量,始得派货。2.通告会员,未经本会通知,不得自行前往购货,否则□□。3.再□工商部及市府商讨后切实执行。

(三)关于新同业入会问题,应如何办理案。

决议:1.前由调查组将已申请入会者于三日内完成调查手续。2.经调查确有铺面者准予入会,并按第十一次理监事会第十案决定,令□□□□。

(四)关于德孚公司派凤凰牌烟不公,应如何办理案。

决议:据会员报称情形,函该公司交涉。

(五)关于本会之会员月费暨所有财务应否审查案。

决议:函请监事会审查。

丁、散会

45.汉口市政府为转庆祝三十八年元旦筹备会会议记录致市商会函

(1948年12月22日)

来文:市政府

事由:检送本市各界庆祝三十八年元旦纪念大会筹备会第一次会议记录一份,即希查照,分别办理由。

拟转饬各业公会

查本市各界庆祝三十八年元旦纪念大会筹备会第一次会议业经如期举行。兹随函附送是项会议记录一份,即希查照有关各案,分别办理为荷。

此致

市商会

附会议记录一份。

汉口市政府

汉口市庆祝三十八年元旦筹备会

46.汉口市财政局为据呈以维新合记商店修理房屋请豁免停业期间税捐一案批复遵照致汉口市百货商业同业公会函

（1948 年 12 月 22 日）

汉口市财政局字第 0094 号　中华民国卅七年十二月廿二日　批财字第　号

具呈人汉口市百货商业同业公会

本年十二月一日百商字第七二号呈一件（同来文由）。呈悉，经派员查明该商于停业之先既未报请查验，复业时又不呈报，且报验时该商当正营业。所请免征一节，应予不准，仰即遵照，转知为要。

此批！

局长　程〇〇

派往查维新百货商店修理房屋停业期间请免征营业税一案，遵于十四日前往，见该店已复业，据负责人云，该店自十月八日起至十二月九日止拆修房屋共计两月之久。等语。查该店修理房屋，停止营业，事先既不呈报，动工初期又未呈请，虽修理房屋属实，是否全部停业无法查明，现在既已复业，又未呈报，所请免征一节一应不准，当否，谨呈。

职呈　十二月十五日

47.新生活俱乐部为庆祝复兴节举行晚会呈请核示呈汉口市政府

（1948 年 12 月 23 日）

批示：拟存。

中华民国三十七年十二月二十三日

窃查十二月二十五日为民族复兴节，全国各大都市例于斯日盛会庆祝，借以纪念云南起义泽迹并彰我总统蒋公之德威，兹以佳日瞬届，不能无所点缀。本俱乐部拟于本日举行晚会一次，用示庆祝，理合备文，呈请钧府鉴核。

谨呈

汉口市政府

新生活俱乐部经理　闵少彬　呈

48.汉口市商会为转发《违反粮食管理治罪条例》致汉口市各业同业公会（附条例）

（1948 年 12 月 24 日）

案奉汉口市政府（卅七）市秘一字第〇九四六号训令开：“案准粮食部（卅七）管粮字第三五三五七号亥江代电开，案奉行政院（37）五粮字第五一七二〇号训令开，查《违反粮食管理治罪条例》业经总统于三十七年十一月十日公布，《非常时期违反粮食管理治罪暂行条例》亦于同日明令废止，合行抄发《违反粮食管理治罪条例》，令仰知照。此令！等因，附发《违反粮食管理治罪条例》一份,奉此。除遵照办理外,相应抄同原条例送请查照,并转饬所属遵照为荷。等由,附《违反粮食管理治罪条例》一份,准此。除分令外,合行抄同原件,令仰知照。”等因,附《违反粮食管理治罪条例》一份,奉此。除分行外,相应抄同原条例,函希查照转知为盼。

此致

汉口市各业同业公会

附抄原条例一份。

汉口市商会　启

附《违反粮食管理治罪条例》

第一条　凡违反粮食管理之治罪,依本条例之规定,本条例未规定者,适用其他法令之规定。

第二条　本条例所称粮食,系指谷、米、小麦、面粉、其他经政府公告管制之杂粮而言。

第三条　有下列各款情形之一者,以囤积居奇论:

一、非经营粮食业而购囤粮食营利者。

二、经营粮食业之商人购囤粮食,不遵粮食主管机关规定出售者。

三、粮户或农户之余粮,经粮食主管机关规定出售而规避藏匿者。

前项第三款所称余粮,系指所有存粮减去应缴积谷、应存种子及保持至下届收获时之食用粮而言。

第四条　囤积居奇者依下列各款处断:

一、谷五千市石以上或小麦三千市石以上者,处死刑或无期徒刑。

二、谷三千市石以上、五千市石未满,小麦一千八百市石以上、三千市石未满者,处无期徒刑或七年以上有期徒刑。

三、谷一千市石以上、三千市石未满,或小麦六百市石以上、一千八百市石未满者,处三年以上七年以下有期徒刑。

四、谷五百市石以上、一千市石未满,或小麦三百市石以上、六百市石未满者,处一年以上三年以下有期徒刑。

五、谷二百市石以上、五百市石未满,或小麦一百市石以上、三百市石未满者,处六个月以上一年以下有期徒刑。

依前项处断之案件,并没收其粮食之全部,谷二市石等于米一市石,小麦一市石等于面粉一百市斤,杂粮折合率于公告管制时由粮食部以命令定之。

第五条　民户存有自食粮超过三个月以上之需要量,而未依法向粮食主管机关陈报者,没收其趋过量;公私机关团体存有自食粮趋过二个月以上之需要量,而未依法向粮食主管机关陈报核准者,没收其趋过量。

第六条　经营粮食业之商人,不依照粮食主管机关下列规定之一,而售卖或购运粮食者,科以相当于粮价总额之罚金。

一、地域。

二、期限。

三、数量。

四、价格。

第七条　经营粮食业之商人购进售出粮食,不遵照规定登记或报告者,科以粮价半数以下罚金。

第九条　公务人员或军警不依法令,擅行封闭□仓者,处五年以上十年以下有期徒刑。

第十条　公务人员或军警执行管理粮食或征购粮食时,如有借端勒索或其他营私舞弊情事者,依《惩治贪污条例》治罪。

第八条　公务人员用职务上权力机会或方法,为自己或他人违反粮食管理法令者,依本条例之规定从重治罪。

第十一条　对于违反本条例之规定者,无论何人得向各级粮食主管机关秘密检举,主管机关对于检举人姓名保守秘密。

第十二条　检举人如有挟嫌诬告情事,应依刑法治罪。

第十三条　依本条例判处之罚金或没收之粮食,照规定价格折合之□物,于执行终结后,依下列标准提给奖金。

一、由检举人检举而查获者,检举人给予百分之二十,查获人给予百分之五。

二、由执行机关径行查获者,给予百分之十,奖外之余款,应由县市粮食主管机关专案解交国库,备作食米平价资金。

第十四条　依本条例治罪之案件,除被告为现役军人应送由有军法审判权之机关审判外,其余均应送法院处理。

关于没收罚金之执行及提奖,由原审判机关移送当地粮食主管机关执行之。

第十五条　本条例实施地区以命令定之。

第十六条　本条例自公布之日施行。

49.汉口市商会为黄祝民曾在汉口经营汽车证明书

(1948 年 12 月 24 日)

兹据黄祝民申请书称:"本人于民国十七年十二月在汉口市特三区二码头开设武汉汽车公司,经理美国通用汽车公司出品汽车及汽车配件材料,并自任该公司总经理,至民国二十五年七月,因病停业。兹以公司文件战乱中损失殆尽,上项经营企业资历,拟恳准赐查明给证,理合申请查核施行。"等情,据此。查所称在汉口开设武汉汽车公司,经营汽车及材料,并自任总经理及年月各节,核属实在,特此证明。

理事长　程子菊

50.汉口市政府为转发《违反粮食管理治罪条例》的通知致汉口市各业同业公会函

(1948 年 12 月 24 日)

案奉汉口市政府(卅七)市秘一字第〇九四六号训令开:案准粮食部(卅七)管粮字第三五三五七号亥江代电开,案奉行政院(37)五粮字第五一七二〇号训令开,查《违反粮食管理治罪条例》业经总统于三十七年十一月十日公布,《非常时期违反粮食管理治罪暂行条例》亦于同日明令废止,合行抄发《违反粮食管理治罪条例》,令仰知照。此令! 等因,附发《违反粮食管理治罪条例》一份,奉此。除遵照办理外,相应抄同原条例送请查照并转饬所属遵照为荷。等由,附《违反粮食管理治罪条例》一份,准此。除分令合行抄同原件令仰知照,等因。附《违反粮食管理治罪条例》一份,奉此,除分行外,相应抄同原条例,函希查照转知为盼。

此致

汉口市各业同业公会

附抄原条例一份。

汉口市商会　启

十二月廿四日

51.汉口市商会为年关发放双薪致汉口市各业同业公会函

(1948 年 12 月 24 日)

顷接汉口市人民团体文书工作人员联谊会文字第十九号公函开:“查本市各人民团体每届年关多有发放双薪之例,敝会去年年底曾经分别函请各人民团体查照,并承照案办理,同深感荷。兹以本年年关又至,各文书人员之生活,因物价高涨,较去年更为清苦,拟援例转请各人民团体仍于本年年关发放双薪,以示体恤。除分行外,相应函请查照,转行各同业公会核办为荷。”等情,前来。除分函外,相应函希查照,仍援例核办为盼。

此致

汉口市各业同业公会

汉口市商会　启

52.汉口市商会为转知汉口市政府房户特捐征收捐额训令致各业同业公会

(1948 年 12 月 25 日)

查本市房户特捐征收捐额,业经提交本市房户特捐审议委员会第三次委员会议议决,按全部捐额(三千万元)分配,并以商业团体、工业团体、房地产业等三单位为征募对象,商业团体按全部捐额十分之五,工业团体十分之二点五,房地产业十分之二点五,共计三千万,并于本月二十八日以前先筹一部以应急需。由市商会按照各大业务捐额在二万元以上者,共筹二百五十万,工业会先筹七十五万,均于本月二十八日以前由各该公会收齐,送本市市银行房户特捐专户核收。特据分令合行令仰遵照办理为要。等因,奉此。自应遵办,业于本月二十六日召集各有关同业公会负责人到会商讨,经议决,本案系为房户特捐垫款,遵照市政府明令规定各业十月份营业税额在二万元以上者,房户特捐两个月(例如营税总额为二万元者即借垫捐款四万元),业于十二月二十八日以前由各该公会收齐,送本市市银行房户特捐专户核收制据,将来即在应缴房户特捐项下扣抵,并多退少补。等语,记录在案。除分行外,查市府特捐底册内列有贵业十月份营业税额,为决议案应借垫特捐,相应函希查照,务于十二月二十八日以前送本市市银行专户核收制据,将来即在应缴房户特捐项下扣抵,多退少补,以利自卫,万勿延误,是为至盼。

此致

同业公会

汉口市商会　启

53.汉口市服装商业同业公会为本会会员金城治记服装店业经本会核定为戊等会员仰乞鉴核备查致汉口市财政局函

(1948 年 12 月 27 日)

汉口市服装商业同业公会呈　总内字第八十四号　中华民国三十七年十二月二十七日

查本会金城治记服装店原营百货业务,后因营业亏拆资本,周转不灵,无力维持原业,故乃改业服装业务,退出百货业公会,转入本会为会员。比经本会派员调查其资本设备结果,经本会核定为戊等会员(按本会本年原有甲、乙、丙、丁、戊、己六个级)。兹以该会员将被征课税额之际,为此理合具报,请求鉴核备查,以供课征该金城治记服装店之营业税,至感公私两便。

54.汉口市财政局为金城治记服装店核定为戊等课税批示汉口市服装商业同业公会

(1948 年 12 月 27 日)

批财二字第　号

具呈人:汉口市服装商业同业公会

卅七年十二月廿七日总内字第八四号呈一件,为本会会员金城治记服装店业经核定为戊等,乞核备课税由。

呈悉,经本局派员查明该商卅七年十月份营业额为三一八二元,十一月份为四四一九元,十二月份为六二九八元。除分令税捐稽征处照征外,仰即遵照,转饬照缴为要。

此批!

局长　程○○

55.汉口市工业会第一届第七次全体理监事会议

(1948 年 12 月 27 日)

时间:民国三十七年十二月二十七日下午二时

地点:汉口中山大道中央信托局三楼扬子联谊社

出席人:应到　人,实到　人(另有记录簿签名备查)。

主席:张大谋

记录:吴传启

甲、报告事项

一、接准财政部汉口金融管理局代电:为准本会与省工业会会同电请举办紧急工贷五亿金圆,并对武汉水电事业□三月存煤贷款一案,已电知汉口中央银行查酌核办由。

二、奉汉口市政府训令,为令仰督促办理营利事业资本额折算金圆变更登记由。

三、奉汉口市政府训令,为奉令据橡胶工业全国联会请通饬采用国货以节外汇一案,令知尽量采用由。

四、奉汉口市政府训令,为再令仰将慰劳捐款如数解缴以凭转送由。

五、奉汉口市政府训令,为元旦日除国拜外,不得再行个别拜年,仰遵照由。

六、请税则研究委员会蓝主任昌农报告关于直接税洽办经过。

七、请华煜卿先生报告关于呼请开放工贷及□进经过。

乙、讨论事项

(一)主席提议:迩近税则研究委员会工作繁重,与全体会员利害深切,兹拟聘请贺尔梅先生为副主任委员,并应如何加强职责,应请讨论案。

决议:1.聘请贺理事尔梅为副主任委员通过。

2.授权税则研究委员会代表本会理监事会对外洽办税务。

(二)汉口市政府召集会议,本会由张大谋、华煜卿两先生出席,关于房户特捐,本会派额为金圆七十五万,此项捐款应如何办理,请讨论案。

决议:1.力争商会、工业会五与一之比。

2.五分之一比例争得后,按照旧例摊派。

3.公推在汉各常务理事及王一鸣、蓝昌农、茅伯笙、贺尔梅、司徒壮、厉无咎、张泽鋆、胡季岚诸先生于廿八上午十时赴市政府面陈当前工业苦衷。

下午三时半散会。

56.汉口市五金业同业公会为房户特捐一案致汉口市商会

(1948年12月27日)

事由:奉大会函,以奉市府训令,为本市房户特捐先照各大业务捐款在二万元以上者,共筹二百五十万元一案,函请大会赐予派员按照数额向本业各商店个别收取由。

时间:1948年12月27日

案奉大会本月二十六日公函,以奉汉口市政府训令,为本市房户特捐先照各大业务捐款在二万元以上者,共筹二百五十万元一案,饬遵照政府明令规定,按十月份营业税额借垫两个月计四万九千三百四十八元二角,于二十八日以前收齐,汇送本市市银行专户核收。等由。事关自卫,理应遵办。无如本会理事长林博齐在本月中旬因年老力衰,旧病复发,日益加重,乃径向汉口市政府请撤回□□,不及等候市府指令及推定代理人员,即行回乡医病,以致会务无人主持,对于工商借垫项无法收齐。惟此款关系重要,而又未敢忽视,思维再四,唯有据情面请大会敬请查照,赐予派员按照所派数额,向本业各商店个别收取,或由税务机关附带收取,以免有背功令,是所感荷。

谨致

汉口市商会

汉口市五金业同业公会　启

57.全国省银行汉口联合通汇处为通知垫款房户捐款等致汉口市商会

（1948 年 12 月 27 日）

贵会规定本月二十六日上午十时召开会议，因该函系二十七日始行送到，不及派员参加。查此项借垫捐款系为谋整个地方自卫措施，原应照办。惟本处系省营机构，奉行政院及财政部令，办理各省取汇收交，不得经营存款借款等业务，实为省外省立机构，与其他商业团体有别，此项借垫款项有妨功令，碍难照办，尚祈见谅。准函前由，相应函复，即请查照。

此致

汉口市商会

全国省银行汉口联合通汇处　启

58.汉口市进出口商业同业公会为呈请对猪鬃皮革二次出口物资在自卫特捐未确定豁免以前准予先行免捐出口致“华中剿匪总司令部”法务委员会函

（1948 年 12 月 27 日）

□核示□由

谨呈，考查关于猪鬃、桐油、皮革等出口物资，按百分之十营价征收自卫特捐一案，本会前经于本年十二月十七日及二十日先□恳请准予豁免，并于二十四日呈请对桐油一项，在自卫特捐未确定豁免前，准予先行免捐出口，以利输出各在案。前据各经营猪鬃、皮革之出口商纷纷来会声称，以猪鬃、皮革等物资之出口，因受征收自卫特捐之影响，已完全陷于停顿状态，□伏国家及出口业，双方均业经受重大之损失，若自卫特捐问题再不迅予解决，则出口业必归无人经营，而国家经济前途□必不堪设想。□为打破目前出口业之难□，伏猪鬃、皮革出口物资能□供源输出以争取外汇起见，拟请特呈“华中剿匪总司令部”法务委员会，对于猪鬃、皮革二项出口物资，在自卫特捐未确定豁免以前，准由公会或银行、钱庄负责担保，先予免捐出口，以免输出中断，而□外汇来源。等情，到会。查所请□当可行，即合据情转请鉴核，对猪鬃、皮革二项出口物资，在自卫特捐未确定豁免以前，准由公会或银行、钱庄负责人担保，先予免捐出口，□□输出，而恤商艰，可否之处，仍乞核示祗遵。

谨呈

“华中剿匪总司令部”法务委员会

59.汉口市商会为筹缴房户特捐呈汉口市市长

（1948 年 12 月 28 日）

查奉本市房户特捐征收捐额，云云，到合行令仰遵照办理为要。等因，奉此。查房户特捐全部捐额为三千万元，商业团体分到十分之五，即一千五百万元，遵照严令须先筹二百五十万元。已于本月二十二日召集十月份营业税总额在二万以上之各有关同业公会，暨特种营业税各单位负责人到会谈话，经议决，分别按照各该业十月份营业税两倍数款作为特捐垫款，特种营业税各单位则酌量分配垫款,均在将来应缴房户特捐项下扣抵,并多退少补。等语。当即分别通知,于本月二十八日以前收齐缴送本市市银行专户核收。去后,兹据营业税单位内有铁业、五金业等公会来函,声称以各商店十月份税额,尚不明了,公会无法代收,请由本市财政局分户汇收,特种税单位有全国省银行汉口联合通汇处及第一信用合作社、第二信用合作社来函声称,以此项垫款碍难照办。各等语。到会,关于此项垫款可否请由市财政局按照垫款派额,分户派员汇收,以期敏捷便利,暨不缴垫款各单位,应如何办理之处,拟请钧府分别核示办法,理合检同该项垫款底册呈请签核,指令祇遵。再关于商业团体分配捐额一千五百万元,本会以定于本月二十九日下午三时召集各公会代表到会商讨分配办法,俟有结果,再行呈报,合并注明。

谨呈

汉口市市长徐

附呈垫款数目底册一份,并退还营业税额底册一份。

(会衔)理事长　程子〇代

常务理事　万少〇代

60.汉口市商会为关于呈请"华中剿总"对猪鬃桐油皮革等出口物资准予豁免自卫特捐一案致各出口会员

(1948年12月29日)

查"华中剿匪总司令部"对猪鬃、桐油、皮革等出口物资,按百分之十营价征收自卫特捐一案,本会迭□□即呈请该部准予豁免□□□□。等因,奉此。除再呈请该部准予尽量减低,俟□再行特□□,相应函希查照为荷。

此致

各出口会员

(本会会务章)启

61.汉口市工业会第一届第八次全体理监事会议

(1948年12月30日)

时间:民国三十七年十二月三十日下午一时

地点:汉口中山大道中信局三楼扬子联谊社

出席人:应到　人,实到十九人(另有记录簿签名备查)

主席:张大谋

记录:吴传启

甲:报告事项

主席报告(略)。

乙、讨论事项

(一)关于汉口市政府摊派本会房户特捐七十五万金圆一案,经上次会议决议办法并推定人选赴市府陈述工业苦衷,请予减免,惟无具体结果,应如何继续呼吁,请讨论案。

决议:按照商会、工业会五与一之比,以三十万元总数,援照秋节劳军摊派办法通知□□如数迅予向汉口市银行房户特捐户缴款。

(二)本会理事长因公离汉,在未返汉以前,请推定代理理事长案。

决议:推定张大谋、李万廷、王松波、孙保基、盛今杰、程子菊六位常务理事依次轮流代理。

(三)本会常务理事应否轮流值日案。

决议:就全体理监事人数排表轮值。

下午三时半散会。

62.汉口市烟商业同业公会十二月卅日理监段组联席会议

(1948 年 12 月 30 日)

时间:下午二时

地点:本业交换组

出席人:计　　人(名列签到簿)

主席:刘伯琴

记录:万竹如

甲、报告事项(略)。

乙、讨论事项

(一)关于本会第十三次理监事联席会议决定:1、会员不遵从本会决议案,取消会员权并呈主管处吊销牌照。2、关于□□□□决定在案追认案。

决议:追认通过。

(二)关于上次理监会决议,本会财务清算问题审查亦由财务组将账项提来,请监事会派员监□清算案。

决议:再行定期办理。

(三)关于文书工作联谊会函,以近来物价狂涨,文书工作人员待遇微薄,请援每年旧历,发给双薪。查本会向有此例,是否发给案。

决议:照例发给。

(四)本会之费虽经自十一月份起,调整增加十倍,但最近物价狂涨不已,本月份是否再予调整,请讨论案。

决议:编制预算表后再行决定增加数字。

丙、临时动议

1.关于本会财务收入额如非存放银行、钱庄时,应如何办理案。

决议:由此次清算委员会清理,如已存放银行及钱庄,认为合法。如存放私人店铺者为违法。

2.吴段长御臣提:关于曾理事长现况不佳,为便利工作,可否请刘代理事长继续负责,请公决案。

决议：公推刘代理理事长伯琴继续并提请理监会决定。

丁、散会

63.汉口市商会为证明黄祝民曾在汉口经营汽车致李荐廷函（附证明书）

（1948 年 12 月）

荐廷先生大鉴：

顷准台函，为黄祝民申请给证明文件。等由。经提出第十一次常务理事会议讨论，佥以本会战前档案损失无余，黄君经营汽车各节，无从稽考，难以证明。惟重以雅嘱，勉为遵办，兹出具证明书一纸，随函送请查收核办为荷。顺颂勋祺！

附证明书一纸。

（会戳）启

附：汉口市商会证明黄祝民曾在汉口经营汽车证明书

（1948 年 12 月）

兹据黄祝民声称："查申请人于民国十七年十二月在汉口市特三区二码头开设武汉汽车公司，经理美国通用汽车公司出品汽车及汽车配件材料，并自任该公司总经理，至民国二十五年七月因病停业。兹以公司文件战乱中损失殆尽，上项经营企业资历拟恳准赐查明给证，理合备文申请，查核施行。"等情。据查，黄君在汉口开设武汉汽车公司经营汽车及材料业务，供应华中交通需要，规模宏大，声誉卓著，所称经营及自任总经理年月，均属实在，合予证明如上。

会长

64.黄祝民为曾在汉口经营汽车申请书

（1948 年 12 月）

申请书

申请人：黄祝民，年四七岁，广东开平人。

现住上海真如车站筑路机械管训处。

查申请人于民国十七年十二月在汉口市特三区二码头开设武汉汽车公司，经理美国通用汽车公司出品汽车及汽车配件材料，并自任该公司总经理，至民国二十五年七月因病停业。兹以公司文件战乱中损失殆尽，上项经营企业资历拟恳准赐查明给证，理合备文申请查核施行。

65.交通部公路总局筑路机械管理处为证明黄祝民曾在汉口经营汽车致汉口市商会

（1948 年 12 月）

查本处处长黄祝民，于民国十七年十二月在汉口市特三区二码头开设武汉汽车公司，经理美国通用汽车公司出品汽车及汽车配件材料，并自任总经理，至民国二十五年七月因病停业。

兹以接筑路机械管理处急需该项文件,凭叙官阶。除由该员以个人名义填具申请书一件随函附陈外,用特函请贵会赐予补发,以利铨叙为祷。

此致

汉口市商会

处长　黄祝民

66.汉口市社会救济委员会三十七年乞丐救济金征收办法

(1948 年 12 月)

一、本办法依据本市参议会第一届第四次大会议决之规定订定之。

二、本会征募三十七年乞丐救济金,除别有规定外,悉依本办法办理之。

三、各商号工厂资本额之规定,以营业牌照所列资本金额为凭,如所列资本金额不合实际者,则由收款机关按照实际市情规定之,无营业牌照之商号工厂亦同。

四、各商号工厂应纳乞丐救济金标准,按照资本金额区分为甲、乙、丙三等,凡资本金在一千万元以上者,列为甲等,年捐五万元,五百万以上者列为乙等,年捐三万元,五百万元以下者,列为丙等,年捐二万元。

五、征募对象、乞丐救济通知书、收据及名册,由本会制定,送请本市税捐稽收处,饬属依照□领户册,分别填写通知书,随同三十七年度元月份营业税一次征收之,如各商号工厂接到通知书后,延不缴纳者,则收款人不给奖营业税票,以利征收。

六、各商号工厂对于本会三十五、三十六两年度应缴乞丐救济金延未缴纳者,应随同三十六年度营业税一次缴纳之,惟三十五年度得仍按甲等三万元,乙等二万元,丙等一万元缴纳。

七、各收款人收到各户乞丐救济后,应制给本会正式收据,交纳捐人收执,并将所收款项逐目汇齐,速同收据缴复,送交本会会计室,制给本会正式收款收据。

八、各收款人送款来会时,得由本会按路程远近酌支给车费。

九、本会得随时派员赴各经募处所稽核缴募情形,并得查阅收据存根及各有关册据,各收款人不得借故拒绝。

十、各收款人经收款不得延缴及挪用,否则本会得函请市政府依法惩办之。

十一、征募期间,三十七年度自元月一日起至三月底止,除有特殊情形者外不得延期。

十二、各收款人在征募期间应将全部征募手续办理完竣。

十三、各收款人将全部征募手续办理完竣后,应将名册及收据存根全部送交本会会计室,以凭核对。

十四、本办法如有未尽事宜,得随时商同本市税捐稽收处呈请修改之。

十五、本办法经核准后施行。

月份不详

1.贺衡夫等为陈焕章竞选汉口市商会理事作宣传介绍

（1948 年）

介绍我们所认识的陈焕章先生

商会是全市商人的集团，也是全市商人的喉舌。每个商人的痛苦，商会都有代为陈诉的义务。因此，商会的职员非深切了解每个商业的内容，不能明白说出。陈焕章先生，他做过行商、零售商、批发商、贩运商，确是不折不扣的纯粹商人。各种商业的情形，他都非常明白。假使他能在商会再度当选理事，作商人喉舌，我们相信任劳任怨的精神，必会有增无减，绝少枯润之弊。

为我们商人本身利益计，希望诸公在选择之中投他一票！

介绍人：贺衡夫、陈经畬
刘绍武、张吉六、梅云章

2.汉口市各职业团体财务监督规则草案

（1948 年）

第一章　总　则

第一条　汉口市政府（以下简称市府）为严密监督本市各职业团体之财务，特订定本规则。

第二条　各职业团体办理财务事项，除依照各项有关法令施行外，并须遵照本规则办理之。

第二章　财务人员

第三条　各职业团体设财务理事一人，由常务理事中推定，兼充负保管资产暨经临费收支之责。

第四条　各职业团体应就各该会原区组织各股中增设财务股（如未分股组织者，得另设财政股），其股长由财务理事承充，必要时得设办事员一人或二人，应受财务理事之指挥，办理一切财务事宜。

第五条　财务理事暨财务办事员须检同履历表呈报市府核备。

第六条　财务人员交代时，应援照公务员□□□。

上两条之规定，将经营资产及经临费列册移交取具后□交代清结证明书，会同报告监事会审核后，转报市府备案。其交代清册式样见附表一。

第三章　各职业团体资产

第七条　各职业团体在本规则施行时置有产业或存有资金,应编造清册呈报市府备查。

第八条　各职业团体之产业及一切收益,非经会员大会决议,呈奉市府核准,不得转核或变更及动支公款。

第四章　经费及会计

第九条　各职业团体征收会费应备用三联收据:第一联掣给会员收执,第二联汇报本府查核,第三联存会备查。其式样另定之(附表二)。

第十条　各职业团体应于会计年度开始前两个月造具收支预算书,提经会员大会通过后,呈报市府核定,并于每三个月后(如一至三月或四至六月等)造具决算书,连同原始凭证交监察委员会审核,提付会员大会通过后,呈报市府核备(附表三)。

第十一条　决算应依核定预算经临费之规定办理之。

第十二条　各职业团体之经临费,由该会财务股备具应用簿记、传票及编造预算,统收统支,不负出纳现金责任(附表四)。

第十三条　各职业团体所用经临费有关会计簿据表册,其式样均由市府规定颁发之,以示统一。

第十四条　临时费之收支,应参照修正公会法第二十三条之规定,并经会员大会决议,呈奉市府核准,不得征收或动支。

第十五条　经费预算之追加,应经会员大会决议,呈报市府核准后方可支用。

第五章　附　则

第十六条　本规则自公布之日施行。

3.汉口市工人福利事业扩大规划

(1948 年)

一、筹设营养站

(一)筹设所数:预定筹设四至六所。

(二)设置地点:观音阁一所,硚口一所,江边二所,循礼门、刘家庙各一所。

(三)供应对象:工人子女。

(四)设置办法:□、商请行总湖北分署经常供给奶粉。

□、开办费及经常费商请湖北分署协助。

二、筹办工人食堂:平价供应食品

甲、筹办工人食堂

(一)筹设所数:暂设两所,分期完成。

(二)设置地点:球厂、江边各一所。

(三)供应对象:码头工人、人力车工。

(四)设置办法:

1.觅租房屋或建简便之房屋,连同必要之设备费,商清行总湖北分署拨款或拨面粉补助。

2.商请行总湖北分署经常供给平价面粉。

乙、特约餐馆发行餐券,平价供应饭食

(一)在工人食堂未普遍设置前,于工人较多地区□特约餐馆,由本会发行餐券平价供应饭食。

(二)前项平价差额,由本会商请湖北分署价拨面粉弥补。

三、筹办工人保健、医药治疗

甲、筹办工人诊所,使陆续扩充为工人医院

(一)觅定所址。

(二)遴选具有服务热忱之专家进行筹备。

(三)商请湖北分署拨发病床、药品、医疗器械及必需之设备费、房屋修缮费。

(四)筹划专款作为该所基金。

乙、特约医院免费治疗

(一)特约公私立医院三至五所。

(二)制发免费诊疗证,凡经登记之工人,均须领用。

(三)制发免费生育证,凡经请准之工人眷属,可凭证住院生育,其住院费用由本会负担。

(四)凡经诊断必需注射或其他服用药品必须自备者,概由特约之医院免费供给,其所需费用由本会结账。

丙、保健

(一)普遍检查身体,制成健康记录卡片。

(二)体格衰弱或有特种疾病者,供给必要之营养品或补剂。

四、发展工人子弟学校及筹设简易职业学校

甲、发展工人子弟学校

(一)协助各业工会筹办子弟学校,以一业一校为原则。

(二)筹办示范工人子弟学校一所:

1.觅定校址。

2.指定□人进行筹备。

3.商请湖北分署划拨专款充实设备。

4.筹划专款作为该校基金。

乙、筹设简易职业学校

(一)采半工半读制筹设简易职业学校一所。

(二)施教对象以工人眷属及童工为原则。

(三)商请湖北分署拨发必需之机件,并协助充实其设备。

(四)力求学校工厂化,以达到自给自足。

五、筹办工人紧急救济及贷款

(一)筹划工人紧急救济金基金,办理紧急救济。

(二)筹办工人紧急贷款。

(三)筹划专款办理工人退休养老。

六、筹建工人乐园

(一)商请有关机关就汉水仓库原址指定相当范围作为建设工人乐园基地(如系民产由本会办理承租手续)。

(二)工人乐园之内容如下:

1.食堂、浴室、理发室。

2.康乐室及运动室。

3.阅览室。

4.露天电影。

5.各种补习班及学习小组。

6.工人大会堂及其他可能之设备。

(三)前项建设经费,除商请湖北分署拨助外,并请社会部补助。

七、筹办平价物品供销

(一)商请湖北分署经常低价供给面粉及其他物品。

(二)设所供销。

八、筹设工人托儿所

(一)暂就硚口批发市场原址筹设一所。

(二)初期名额暂定为五十名,陆续增加。

(三)各项设备除商请湖北分署拨助外,并请红十字会、红卐字会、善堂联合会、公益联合会、市商会补助。

(四)筹划专款作为该所发展基金。

附注

(一)前项事业之实施办法及进展另行拟定,以力之所逮□□。

(二)兴建工人休息室已有市政府工务局、社会科会商湖北分署拨款修建,故不列入。

4.汉口市政府为据呈报成立暨筹备员名册请备查情形令汉口工业筹备会电

(1948 年)

呈件均悉,准予备查,并派社会科股长李济苍为临会指导员,仰即。此令!

市长　徐

社二　代电　汉工字第三号

汉口市政府钧鉴:

窃本会成立大会已于伪汉口冠生园地心举行,并于巳寝复伪汉口中央信托局二楼扬子联谊社选举常务理监,先后蒙社会部、汉口市政府派员监选。兹以选举竣事,理会检呈当选理监事名单、大会提案暨修正章程各一份,电请鉴核备案为祷。

汉口市工业会理事长　李国伟　37 午东总叩

5.汉口市工业会成立大会提案

（1948 年）

提案一

案由:吁请政府重视内地工业案。

理由:胜利两年来,内地工业未能与京沪区工厂享受同等待遇,如(a)上海工厂享受□暨其他日用品之配给,武汉区则无;(b)上海工业可享受一定比额之限额输入,内地工业申请则困难万端;(c)沪京各地均有燃管会之组织,工厂可享受优质燃煤之配给,而武汉之燃煤问题,虽迭经呼吁,但从未得到政府有效之协助,以致一度迫使白天停电,使各厂遭受严重之损失。

办法:(1)由本会电政院工商部说明内地工厂重要性并不减于沪区,请政府对一切经济政策从全盘着眼,从根本着手,并力争待遇一律;(2)通电全国各地工业会,请求一致呼吁;(3)为全国工业总会成立大会提案。

提案人:王一鸣、王伯和、厉无咎。

决议:通过。

提案二

案由:吁请政府解决当前工业危机案。

理由:近一年来,工业处境愈益艰困,诸如工资、原料、成品市场、周转资金等再生产,等等,困难千万,正迫使民族工业摇摇欲坠。

办法:(a)以大会各业电请政院迅速开放工贷,普遍举办定货、贷款;(b)由大会电翁院长,请仿效战时生产局办法,迅速成立类似机构对生产事业作有效而切实扶持;(c)电请当局加强"戡乱",确保治安。

提案人:华煜卿、蓝昌农。

决议:通过。

提案三

案由:请不断争取限额输入武汉区比额案。

理由:沪、津、□、江、浙等地均有限额输入之固定比额,武汉同为重要工业区,何以独付阙如。

办法:(1)由大会电中央银行引外汇管理委员会华中区办事处询问(a)成立半年来工作成绩(b)审核数额;(2)由本会联络湖北省工业会不断向输管会请求;(3)吁请地方政府协助呼吁。

提案人:盛今杰、刘梅生。

决议:通过。

提案四:请大会吁请政府扶植武汉区机械工业危机案。

理由:武汉区域机械工业战时受尽摧残,而在后方曾经协助政府重建工业、维护交通、制造杀敌武器,对于国家民族贡献至大。复员以来,殊未获得政府协助或贷款。际以整个工业不景气局面下,机械工业所遭遇之困难,如政府不速予扶植,势须走向崩溃之途。

办法:(a)由大会电请工商部迅速实行机械业订购纺织之诺言;(b)电政院说明机械工业

崩溃之原因及严重后果,迅以紧急工贷救济。

提案人:王伯和、余舍堂

决议:通过

6.汉口工业会全体理监事名单

(1948 年)

理事长:李国伟

常务理事:李荐廷、程子菊、王涛、孙保基、盛今杰、张大谋。

理事:彭金观、蓝昌农、王一鸣、司徒壮、华迩英、张泽鎏、李义龙、陈福袗、郭寿衡、华煜卿、厉无咎、贺尔梅、刘梅生、茅伯笙、王伯和、苏汰余、杨保廉、刘甲山。

候补理事:胡季岚、祝渭潜、龙少伯、王汇川、余舍堂、刘笃生、赵铭华、张国和、吴千里。

常务监事:罗宝珊、韦福如、陈则之。

监事:钱仲超、周世昌、杨胜惠、胡慕伊。

候补监事:毛炎松、陈尧轩、赵义高。

7.汉口市负贩布业组织同业福利会发起人名册

(1948 年)

姓名	年龄	籍贯	职业	住址
江云臣	□□	沔阳	布贩	汉口府西一路舞台巷一八二号
张子华	三二	沔阳	布贩	汉口球场陈家湖一八二号
吕清记	五二	沔阳	布贩	汉口球场陈家湖一八二号
魏香记	三二	沔阳	布贩	汉口球场同庆里六八号
伍廷波	三四	沔阳	布贩	汉口球场陈家湖二二号
胡汉祥	□□	沔阳	布贩	汉口球场陈家湖一七号
张忠学	三五	沔阳	布贩	汉口球场陈家湖一七号
黄宗敬	三六	沔阳	布贩	汉口球场同庆里六八号
徐永富	三九	沔阳	布贩	汉口球场路二一号
刘祥记	四二	沔阳	布贩	汉口同安上路里一号
邓鹤斌	三五	沔阳	布贩	汉口同安上里一号
王立洪	三八	沔阳	布贩	汉口同安上里一号
付银海	三二	沔阳	布贩	汉口同安上里一号
王松记	三七	沔阳	布贩	汉口沈家庙福来祥栈
王家振	□□	沔阳	布贩	汉口沈家庙福来祥栈
林芳兰	三七	沔阳	布贩	汉口三圣街二号

（续表）

姓名	年龄	籍贯	职业	住址
王义发	□□	沔阳	布贩	汉阳高公桥月湖街一八号
鲁中元	三九	沔阳	布贩	汉阳渣砖厂一号
黄□脐	三七	沔阳	布贩	汉阳月湖后街六号
倪良茂	□□	沔阳	布贩	汉口宝庆码头枝厂四巷第三十四号
许炳义	三六	沔阳	布贩	汉阳永丰堤九号
杨牛忍	三八	沔阳	布贩	汉口府西一路一八二号
陈德秉	□□	沔阳	布贩	汉阳永丰堤七二号
刘中珍	三二	沔阳	布贩	汉阳永丰堤七二号
江炎子	三七	沔阳	布贩	汉口黄陂街新昌号栈
吴坤记	三五	沔阳	布贩	武昌江陵路第八号
陈银山	三一	沔阳	布贩	汉口宝庆码头三四号
胡藻银	三二	沔阳	布贩	武昌江陵路第八号
冯银舫	三八	沔阳	布贩	武昌江陵路第八号
叶德高	三七	沔阳	布贩	武昌江陵路第八号

8.为议定各物合理价格致汉口市各业同业公会函

（1948 年）

汉口市政府本年二月十日市社字第六二七号训令内开："查自春节以来，因少数不良分子制造谣言，致银元黑市猛升，各物随即比照上涨，影响社会秩序匪浅。经有关当局及本府采取紧急措施后，银元已不断回跌，而各项物价则鲜能比照回跌，殊有未合。既银元□价已经钱业公会议定，本（五）日每元派为金圆五百元，各项物价自应比照抑低，合行令仰该会迅即议定各物合理价格，标码出售为要。"等因。除分行外，相应转函，即希查照，迅速商同各同业议定各物合理价格，标码出售为盼。

汉口市各同业公会

9.汉口市财政局为汉阳蔡甸征收处免收轮船营业税致汉阳县税捐稽征处函

（1948 年）

公函字第　号

案据汉口市轮船商业同业公会辰俭代电称：准本会会员汉昌轮船局报称（云云，录原文）。等情。查院辖市汽车轮船运输在普通营业税纳税范围，此应以省内线为原则，曾经呈奉财政部财地三字第二〇八四五号释示在卷。该局局址及营业地址均在本市，自应向本市纳税，如未在贵县蔡甸设置分支机构或虽设机构而未发生营利行为，似应免征营业税。除批复外，相应函达，烦为查照赐复为荷。

此致

汉阳县税捐稽征处

局长　汤○○

签　呈

兹将交通运输事业纳税标准签具意见如下：

1.院辖市汽车轮船运输在普通营业税范围,此应以该省内线为原则,曾经呈请核示在卷。

2.该汉昌轮船局局址及营利事业均在汉口,而未在汉阳蔡甸设置分支机构,发生营利行为,应免征营业税。

3.该汉昌轮船局各在蔡甸设有分公司或支处,依营业税法施行细则第十七条之规定,应分别就地缴纳营业税。

4.若依该局呈请援特种营业税成例向总公司驻在地汇缴税额,而其他分支公司不再课征,拟饬检具该项会文呈□,转请通令照办。

5.拟以一二两项转函汉阳县税捐稽征处查照,以一至四项批复该同业公会,当否,收签鉴核。

右签呈

科长吴

秘书张

局长汤

职　李道仪　收签

10.汉口市财政局为轮船业本年元至三月份营业税照特种营业税税率并照上海市成例课征令第二税捐稽征处函

(1948 年)

训令财二字第　号

令第二税捐稽征处：

案据本市轮船商业同业公会本年五月廿六日汉干字第一二九八号代电称:“案奉钧局本年五月财二字第 1041 号批示,录原文至实所企祷。”等情,据此。查该业上年十至十二月份营业税额,前经本局核定,令饬该处遵照征收在案。兹据前情,除以该业本年元至三月份营业税税率准予依照特种营业税税率并比照上海市成例,按千分之十五课征,至元至三月份税额应按上年十至十二月份税额增加百分之百核定。等词。批复外,合行令仰,遵照征收为要。

此令!

11.汉口市财政局为轮船业营业税简化稽征办法之施行致长江区航政局函

（1948 年）

公函财二字第　号

案奉财政部本年二月七日财直字第七二一九七号代电，略以据中华民国轮船商业同业公会联合会拟具《轮船业营业税简化稽征办法》请求采纳施行一案，当以"轮船业营业税一律缴纳特种营业税，再向中央估□就特种营业税项下拨补地方"一节，不仅与税法抵触，且以现行特种营业税与普通营业税税率不一，课征划拨均感困难。为使中央与地方税源划分公允起见，仍应按照各轮船公司登记航行国际、省际或省内之路线，及其船只吨位与营运收入分别报缴特种或普通营业税。呈《轮船业营业税简化稽征办法》，修订为《轮船业特种营业税课征补充规定》。值该业应纳普通营业税，仍应依照营业税法之规定分别就地课征，饬知照。等因，奉此。查轮船商完纳普通营业税，应以院辖市省内航线为征收范围，本局对于行驶所在地登记之省内航线之轮船公司，当无登记案可稽。兹为明了各轮吨位与营运状况起见，兹派本局营业税股长李道仪前来洽商，相应函请查照，惠将行驶省内航线之轮船公司、船名、吨位、各船划定行驶航线及其他有关资料检交一份，以作参考为荷。

此致

长江区航政局

局长　汤○○

12.汉口市第十区机器工业同业公会为据洪泰机器厂请求依照原报资本额征收牌照税致汉口市财政局函

（1948 年）

事由：为据会员洪泰机器厂请求按照原报资本额征收牌照税祈核复由

第十区机器工业同业公会代电　区机(37)字第○二一五号　中华民国三十七年□月五日

汉口市财政局赐鉴：

案据本会会员洪泰机器厂经理张祖良报称："查会员前奉钧会三十六年十二月二十日函，以三十六年度营业牌照税原报资本额五千万元，现依分等调整为一亿元课缴税额。等因。查会员于三十三年四月在重庆社会局所领商业登记证资本额为五十万元，并领有社设字第 01077 号登记证可资证明，故此次所报资本额系按照目前物□呈报，资本为五千万元，似不能按调整办法办理。恳请钧会转电财政局，仍请按照原报资本额五千万元缴纳税款，以昭公允。"等情，据此。查该会员所称各节确属实情，理合据情电请鉴核俯准，仍按原报资本额五千万元缴纳税款为祷。

第十区机器工业同业公会理事长　郭寿衡　子佳机秘叩

13.汉口市财政局为复汉口市政府对第十区机器工业同业公会之危机所作决议致汉口市政府函

(1948年)

案奉钧府倍捻三月十七日市秘字第一七五九号训令,略以据第十区机器工业同业公会呈报该业之危机,并决议三项意见请鉴核一案。关于第三项意见,饬核办。等因,奉此。查该业营业税前据该会呈请减半征收,到局,经核与规定不合,以财二字第〇〇〇四号批复,不准□□,复据呈请前来,当以该业属于有关民生制造业。兹按照财政部上年十二月十七日财第字第〇二〇二〇九号令规定,该业批发部分可予减半征收营业税,零售部分如添配零件及加工改造等业务,应不在减征之列。又,上项规定,财政部于上年十二月廿五日始领到局,该业批发减征部分,应自本年元月起实行,经以财二字第〇二〇〇号批复各在案。兹奉前因,以该会所请豁免一切税收一节,以格于规定,未便照准。等语。令饬知照外,理合具文,呈请鉴核。

谨呈

汉口市政府市长徐

汉口市财政局局长　汤〇〇

查此案前据该会呈请减半征收营业税,到局,经核与规定不合,批复:不准□□。复据呈请前来,当以该业属于有关民生制造业。兹按照财政部上年十二月十七日财第字第〇二〇二〇九号令规定,该业批发部分可予减半征收营业税,零售部分如添配零件及加工改造等业务,应不在减征之列。又,上项规定财政部于上年十二月廿五日始领到局,该业批发减征部分应自本年元月起实行,经批复各在案。兹奉前因,查与规定不合,拟仍照原案,不准当□请。

职　李继序签　三月廿二日

14.汉口市政府为申明不在免征粮食营业税之营业行为致汉口市参议会函

(1948年)

公函市财字第　号

案准贵会本年七月十七日参秘字第四二六九号公函,以据本市粮食行商业同业公会电,以免征粮食营业税,不宜有主食杂粮征免之分一案,嘱核办见复。等由,准此。查本市粮食业营业税,前经本府核准,自本年六月廿一日起至八月底止免征,惟免征范围应依照财政部卅六年五月六日财地三字第一二四九〇号函,以米麦面粉及充主食之杂粮与以此等杂粮制成粉类之贩卖业及制造业为限。其以粮食加工制成食品之糕饼店或代客碾制粮食而收取手续费之磨坊、碾坊及从事间接买卖粮食之经纪行等,皆属另一营业行为,应依法课征营业税,不在免征之列之规定办理,经报财政部□查在案。兹准前由,查该业营业税之征免,乃根据财政部规定办理,该会所称各节理由殊欠充分,所请不准,相应函复,即希查照谅察为荷。

此致

汉口市参议会

15.汉口市财政局为不在免征粮食营业税之内之营业行为请核示致汉口市政府函

（1948 年）

签呈七月日于财政局

查本市粮食业营业税前经签奉钧座核准，自本年六月二十一日起至八月底止免征，惟免征范围应依照财政部三十六年五月六日财地三字第一二四九〇号函，以米麦面粉及充主食之杂粮与以此等杂粮制成粉类之贩卖业及制造业为限。其以粮食加工制成食品之糕饼店或代客碾制粮食而收取手续费之磨坊、碾坊及从事间接买卖粮食之经纪行等，皆属另一营业行为，仍应依法课征营业税，不在免征之列之规定办理，经令饬各税捐稽征处遵照，并公布暨报财政部备查，各在案。查该业营业税之征免，乃遵部令办理，各地想均一致，原呈所请各节，理由殊不充分，似应不准，谨签请核示。

谨呈

市长徐会之

职　汤之镇　谨签

16.汉口市商会为转抄码头工作方案及统一码头力资等办法致汉口市各业同业公会函

（1948 年）

汉口市政府本年十二月二十日市警字第六五五一号训令开：案据本市警察局签转本市《整理码头工作方案》《统一码头力资办法草案》《码头工人总检验办法草案》暨《码头工人临时登记办法草案》等四项，经于本年十一月二十三日提交本府第五十三次府务会议审核修正通过，记录在卷。除呈报"华中剿匪总司令部核备并分令外，合行检发《整理码头工作方案》及《统一码头力资办法》等项，令仰遵照，并饬属遵照为要。"等因，附发《整理码头工作方案》《统一力资办法》《码头工人总检验办法》《码头工人临时登记办法》一份，奉此。除分行外，相应抄转统一力资办法一份，即希查照，分转所属知照是荷。

此致

汉口市各业同业公会

汉口市商会

17.湖北省汉口市宝善区户口调查

(1948 年)

称谓	姓名	性别	年龄	出生	本籍
户主	乔开昌	男	二五	民十年元月廿七	南京
监工	曾禹山	男	五二	前二十一年四月廿八	汉阳
头柜	杨泽生	男	五七	前十六年二月廿七	汉阳
店员	戴晋平	男	四八	前二十五年六月廿八	汉阳
店员	高云青	男	四八	前二十四年八月一日	汉阳
店员	廖文清	男	四五	前二十八年十月八日	汉阳
店员	何云山	男	三五	民元年三月十四日	汉阳
店员	萧敬和	男	三二	民四年五月廿一日	汉阳
店员	孙绪国	男	二八	民八年三月十八日	金华
店员	熊毛清	男	二一	民十年五二月十一日	黄陂
店员	陈波臣	男	三十	前九年九月九日	黄冈
店员	周润卿	男	二□	民十六年五月九日	汉阳
学徒	何辉武	男	十五	民二十一年八月十日	汉阳
学徒	孟鸿柄	男	十四	民二十二年十二月十一日	咸宁
厨司	郭正夫	男	五二	前二十一年七月十日	汉阳
杂役	苏望生	男	四八	前二十五年八月卅日	孝感
印工	程宝林	男	二八	民八年三月廿日	黄陂
车夫	李邦春	男	三四	民二年十月廿五日	汉阳

18.汉口市人民团体文书工作人员联谊会为函请筹给调训学员费用致汉口市各业同业公会函

(1948 年)

查市政府调训各人民团体文书人员一案，业经府电并抄同调训办法及学院报到须知分别通知各人民团体遵照在卷。兹以调训办法第八项规定“调训人员除由本府发给书籍讲义外，其伙食(三万元)及其他必需费用与在受训期间应得之工资均由各该保送团体筹给之。”又，报到须知第一项规定“凡各人民团体保送人员并须携带衣物如后：1.黑制服(学生式帽泡，边以国徽作帽花)一套；2.黑皮鞋一双；3.洗面具全套；4.铅笔一支；5.抄本拍纸簿各二本；6.毛笔墨盒各一件。”各等语。现在报到受训期近(十五日报到，十七日编队)，关于学员之伙食、服装及其他必需费用，自应即日由各该保送团体筹给，以利调训。除分行外，相应函达，即请贵会查照，迳与调训学员接洽为荷，并希转知文书工作人员于本月十六日上午九时务必来会商谈调训事宜。

此致

汉口市各业同业公会

会址市商会。

理事长　张立鹤

19.汉口市工业会为秋节劳军摊付办法致汽水机冰同业公会

（1948 年）

汉口市工业会函　汉工业(37)字第二七二号

径启者。前准过境部队招待所代电暨奉市府训令,以秋节慰劳过境部队,本会应捐金圆二千元,本会经电复市府恳照全额六分之一（全额七千元）缴纳。嗣奉市府指令,以勉遵前令认缴。又奉市府训令,为准"华中剿总"政工处函,以武、阳、汉各界慰劳徐州将士筹备会第三案决议,本市府所定慰劳金六十万元内,本会应担认一十万元,令限三日内缴府汇转。各等因。经提交本会第六次全体理监事会讨论后决议:"慰劳过境部队二千金圆,连同慰劳徐州将士费共为十万另二千元,照秋节劳军办法办理。"等语,记录在卷。按照贵公会秋节劳军摊付办法,应担认金圆一千六百六十五元整,相应录案,函请惠予,即日付下汇转,至深感荷。

此致

汉口市汽水机冰公会

理事长　李国伟

20.汽水机冰同业公会为难以收缴摊付秋节劳军费致汉口市工业会

（1948 年）

敬复者。案准贵会汉工业 37 字第二七二号函,嘱照案缴纳慰劳徐州将士及过境部队各费一千六百六十五元,以便汇转。等由,准此。查本会各会员工厂因时届隆冬,业经全部停工,各负责人亦均他往,前以会费难收,曾经函恳贵会免予派缴在卷。至此次摊派之慰劳费,更无从筹收。相应函请查照,另向其他各会员单位补收为感。

此致

汉口市工业会

机冰工会　启

21.军事委员会青年军委员会湖北省分会为举行第二次委员会议致贺衡夫函

（1948 年）

敬启者。本会定于本月廿七日（星期四）上午九时在本会（熊廷弼路省立图书馆）办公厅举行第二次委员会议,商讨会务进行,务请台端届时出席为荷。

此致

贺委员衡夫

主任委员　万耀煌

22.白崇禧为遵照组织成立收购粮食委员会致各单位

(1948 年)

一、查收购豫南粮食济销武汉一案,业经提出,本会十一月三日临时会议议决:由“剿总”政务委员会、湖北省政府、汉口市政府、汉口金融管理局、平汉铁路局、中国农民银行、农业供销公司、盐务办事处、中纺公司、银行公会、钱业公会、粮食业公会、盐运商办事处、卷烟公司、碾米业公会等机构负责,统筹成立收购粮食委员会。记录在卷。

二、除分令外,合亟令仰遵照,组织成立,具报为要。

兼主任委员　白崇禧

23.汉口市商会因检发汉口市码头业务整理办法致汉口市各业同业公会函(附修正汉口市码头业务整理办法)

(1948 年)

案准汉口市码头业务管理所管字第四二号未齐代电开:“案奉汉口市政府卅七年七月二十三日市社字第一〇四三一号训令开,查关于《码头业务整理办法》及《整理工作纲要》业经本府根据码头现时情形加以修正,呈经核准在案。兹特随令检发,仰即遵照办理。等因。除布告通知暨分行外,相应抄同原颁整理办法,电请查照为荷。”等由,附《码头业务整理办法》一份,准此。除分行外,相应抄同原附办法,随函送达,即希查照。

此致

汉口市各业同业公会

附发办法一份。

汉口市商会　启

附:修正汉口市码头业务整理办法

第一条　汉口市政府为管理码头工人工作,整饬码头秩序起见,待订定汉口市码头业务整理办法(以下简称本办法)。

第二条　本市各水陆码头及码头工作,应由市政府依据法令管理支配其码头,□不得视同私人所有。

第三条　凡在水陆码头担任挑担负荷及一切以人力搬运之工作,而□私人特定常年雇用契约者,均称为码头工人,应遵守本办法规定。

第四条　市政府为整理码头业务及管理码头工人便利起见,得设立专管机关,其组织另定之。

第五条　码头工人每届满二年举行登记一次,办法另定之。

第六条　码头工人以□人原有工作所在地为范围，不得随牌号为转移，但有特殊惯例、经管理机关许可者，不在此限。

第七条　码头工人搬运货物由甲地至乙地时，乙地码头工人不得干涉。

第八条　码头工人除与雇主有工作习惯者外，如雇主本人或其长年雇工担任工作时，码头工人不得干涉。

第九条　凡与雇主有工作习惯之码头工作，如雇主本人或其长年雇工担任□□□。

第十条　码头工人之工作，如雇主因业务上之必要减少工作或变更运送方法时，码头工人不得阻止，但雇主须于事前一个月通知码头工人并报市府备查。

第十一条　码头工人执行业务时，须佩带市政府颁发之登记牌证。

第十二条　码头工作之工作，以本人工作为限，不得将牌证转卖、出租或请人替顶。

第十三条　自依照本法举行登记后，凡未经呈准登记之码头工人，即丧失其工作权。

第十四条　码头工人之工作已放弃者不得请求恢复，但因不得已之事故暂行停止工作者，得报请码头工会注册保留工作。其期以六个月为限，逾期仍不能担任工作，即丧失其工作权。如系因病未愈或担任码头工会职务者，准其呈明原因酌予延长。

第十五条　各码头工人人数与工作之比例，因市场情况变更显失平均时，码头工会得随时呈请市政府将各该关系码头工人工作从新支配。

第十六条　各码头工人之工作，在市政府未新定支配办法以前，得暂就各工人□有工作范围分派，各码头工人不得侵占争夺。

第十七条　凡有新辟之码头工作或原有码头工人因故出缺而须补充者，得由码头工会呈请市政府优先筹派已登记之失业工人担任之，仍不敷用时，市政府得另行登记新工人补充之。

第十八条　码头工人除本办法第三条前半段规定工作种类之分别外，以前□籍、帮口等类名称与上包、上料、抽包、过垱等不必要或不适用劳力之码头恶习，概行取消。

第十九条　各码头工头制度一律取消。

第二十条　各码头工人得依其人数分为若干组，以五十人为一组，但不满五十人者亦得成立一组，每组设组长一人，由工人互选之。必要时码头工会得就各该组工人中遴选派充并呈报市政府备案。组长负管理本组人及领导工作之责任，□一年，得连选连任，其执行业务办法另定之。

第二十一条　各组所得力资，由工人与组长按照人数（组长在内）平均分配，组长所得力资不得超过每个工人所得之数。

第二十二条　审议委员会议定公布雇工与工人均应遵照规定数目收付，前项力资审议委员会组织规程另定之。

第二十三条　前条力资有不能维持工人生活或雇主不易担负时，市政府得召集力资审议委员会从新审定议定之。

第二十四条　各码头工人因互争工作或因雇用条件发生纠纷，须报请码头工会调解，如调解无结果时，转呈市政府核办。

第二十五条　在前纠纷未经正式解决以前，各该码头工人应维持工作原状，不得有怠工、罢工或争斗情事。

第二十六条　各码头工人因互争工作事件，不服市政府调解或处分时，应付码头工人争议公断委员会裁决,由市政府执行之,前项公断委员会之组织另定之。

第二十七条　码头工人违反本办法第七条至第十二条、第十六条、第二十一条、第二十二条、第二十五条者,得由码头工会呈请市政府酌予处罚或取消其工作权,其行为触犯刑章者,并请送法院依法惩办。

第二十八条　本办法自公布之日施行。

24.汉口市各界纪念"六三"禁烟宣传大会为通知参加"六三"禁毒日纪念宣传大会致市商会函

(1948 年)

查"六三"禁毒日纪念宣传大会,业经决定于六月三日上午九时在本市民众乐园举行,并推举行辕、民事处、市党部、武汉警备司令部、宪兵十二团、市政府、市参议会、汉口地方法院、汉口市禁烟协会、市商会、工会、农会、妇女会、教育会等机关首长为大会主席团,徐市长担任总主席。除分函外,相应检送红绫符号一枚,函请查照,届时出席为荷。

此致

市商会

附红绫符号一枚。

汉口市各界纪念"六三"禁烟宣传大会　启

25.汉口市冬赈委员会常务委员贺衡夫为发动募捐致胡季廷函

(1948 年)

本会成立伊始,筹办赈济本市穷黎,刻不容缓,关于募集捐款施赈实属切要。素仰台端慈祥在抱,悲悯为怀,维护善举,不遗余力,用特检送捐簿本,伏恳鼎力,迅予广为劝募,踊跃输将。如蒙募有成数,盼于三十七年元月十日以前,径交各代收捐款处为荷。

此致

胡季廷先生

附送和字号第 13 号捐簿一本。

杨庆山

常务委员　贺衡夫

26.汉口市商会为转知延长查报抗战期间公私损失期限等致汉口市各业同业公会

(1948 年)

案奉汉口市政府市社字第二一六九号训令开:"案奉行政院本年九月二十九日七法字第三九二六号训令开,查抗战期间公私损失查报期限,前经本院规定本年八月底截止,现限期业已届满,其有未能依期查报者在所难免,兹再规定各地(绥靖区及匪区除外)查报公私损失限至本年十二月三十一日截止,以便统计。除分令外,合亟令仰饬属遵照,并饬切实布告周知,如期填报,勿再延误为要。再,该项损失应径报本院赔偿委员会核办,如有问题,应径与该会洽办,并仰转饬遵照。等因,奉此。查此案前经本府转饬遵办,并布告周知各在卷,兹奉前因。除布告周知外,合亟令仰遵照,并仰为遵照发领之抗战损失调查办法暨查报须知规定各节查报汇转为要。"等因,奉此。除分行外,相应函希查照转知为盼。

此致

汉口市各业同业公会

汉口市商会　启

1949 年

1 月

1.汉口市工业会第一届第九次全体理监事会议记录

（1949 年 1 月 1 日）

时间：民国三十八年元月七日正午十二时

地点：汉口江汉路管生园三楼

出席人：应到　人，实到二十三人（另有记录簿签名备查）。

主席：李国伟

记录：吴传启（姜岱乐代）

甲、报告事项

一、准汉口市机制卷烟工业同业公会函，为函知该会已于上年十二月二十六日召开第二届会员大会，改选理监事，并送普选名单由。

二、请税则研究委员会蓝主委昌农报告关于三十七年所利得税洽办经过情形（略）。

三、请理事长报告出席房户特捐审议委员会第四次会议经过（略）。

乙、讨论事项

一、关于房户特捐送经本会，大会奔走呼吁，除已由理事长报告经过外，应如何继续办理，请讨论案。

决议：总额五百万元，俟市府通知到达后，仍照第八次全体理监事会议决案办理。

二、准汉口市化学工业会函：为该会本市府训令，为令依据工业会法第十五条之规定，发起筹组制旧染料暨涂料油漆□工业公会，已于上年十二月二十八日召开会员代表大会，决议遵令□□，本会有无意见，请讨论案。

决议：请化学公会将结果经过文件送会，由本会研究意见提供社会部及市府参政，请求不□结果。

三、本市府训令，为令知自卅八年一月份起，征收棉花特捐，改在本市自办一案，本会有无意见，请讨论案。

2.汉口市糖商业同业公会为本会会员陈宁、周逸民等被武汉警备司令部羁押一案函请大会赐予转函警备司令部准予保释致汉口市商会

(1949 年 1 月 2 日)

案据本会会员立丰、大成商号函称，窃商号等在汉经营砂糖海味业务有年，素安本业，奉公守法，向不外干。前立丰号受台湾同顺公司之托，自台湾运汉中砂糖一千二百包，由台湾基隆报装招商局海文轮船运申，转装江宁轮船来汉。在台湾启运时，即已注明，□附在汉完纳。迨江宁轮抵埠后，当即遵章分别报关报税，并请核定应纳正附税税款，如数缴解中央银行汉口分行国库支库验收，制发税单有据，一切手续具备。讵十一月十六日正由海关批发税单之际，突奉武汉警备司令部稽查处派员传唤立丰号经理陈宁、大成号经理周逸民等商民，等以手续完备，坦然到案。讵商民自被传后，即加羁押，至今四十余日，未蒙讯问真相，不明惶惑。奚似商民等均为正当商人，且为各号之负责人，值此年尽岁迫，店务家事均待处理，今罪嫌不明，久经羁押，陷身囹圄，痛苦万状，合家惶惶，不知所措。为此备函大会，恳请迅予转呈市商会转请武汉警备司令部，俯察下情，准商民等先行备具妥实捕保，赐予保释，嗣后自必随传随到，静候案情大白，实纫公谊。等情，据此。查该号所称各节确系实情，相应函请大会鉴核，赐予转函警备司令部准予保释，无任感荷。

此致

汉口市商会理事长程

理事长　姚茂青

1949 年 1 月 2 日

3.市商会换发各业登记证

(1949 年 1 月 4 日)

[本报讯]汉口市商会以前发之商业登记证为时过久，兼之该□全体理监业经改选，所有各商户之登记证极应换发。闻该会已于昨日通知各业公会转知各商户办理手续，近期即可换颁。

(《武汉日报》)

4.“华中剿匪总司令部”政务委员会自卫特捐筹募委员会湖北区筹募处为减免捐率致汉口市商会函

(1949 年 1 月 6 日)

汉口市商会公鉴：

案奉“华中剿匪总司令部”政务委员会卅七年十二月卅日会佳字第(782)号代电内开：“查桐油、猪鬃、皮革三项开征自卫特捐，从价百分之十一案，实行以来，迭据汉口进出口商业同业

公会及万载县植物油输出业同业公会、重庆市油商业公会文电，纷请减免捐率。业经筹募委员会缕叙情形，签呈总司令白核示，奉批‘减为百分之五。’等因。自应遵照，除指复及分令外，合亟电仰该处遵照，即将桐油、猪鬃、皮革三项捐率减为□价征收百分之五，并将办理情形具报为要。”等因，奉此。查此案前经本处以处征字第三五三号电达在案，兹奉前因，遵于本年（子）（江）下午起照减征收。除呈报暨分行外，相应电达查照，并希转饬各该商业公会遵照。

湖北区筹募处子（鱼）处征印

汉口市商会　启

5.武汉警备司令部官兵消费合作社为请惠予协助物资致汉口市商会电

（1949 年 1 月 6 日）

汉口市商会公鉴：

案奉武汉警备司令部官兵消费合作社政秘字第 203 号聘书内开：兹聘刘醒尘为本部官兵消费合作社总经理，胡汉为副总经理。各等因。遵于同月交日到职。当兹“戡乱”期间，物资常感波动，若不力谋官兵生活之比较安定，殊不足以应□势之需。惟醒尘等材力绵薄，自惭不足以赴事功，但物资之供求，端赖工商两界之扶植，始无竭乏之虑。素仰贵会领导、商厂对合作事业向具热忱，敝社之衷心，希求必荷，惠予赞助也。除呈报并分电各有关机关外，特电奉达，敬乞分转查照为荷。

6.汉口市商会为恳赐准保释糖商陈宁、周逸民等致武汉警备司令电

（1949 年 1 月 6 日）

武汉警备司令陈钧鉴：

案准本市糖商业公会卅八年元月二日函称云云。等由。准函，经查，该糖商自被羁押以来，全家确属困苦异常，情至怜悯□称，值年尽岁迫，店务、家事、□场均待处理，确属实情，准函前由，谨特电恳合核，体念下情，赐准保释，随传随到，□□示复，实为公感。

汉口市商会理事长　程○○公　何常务理事代　叩商印

7.汉口市百货商业同业公会为据庆祥棉织厂汉口发行所声报停业转呈注销营业税仰祈鉴核俯赐允准致汉口市财政局函

（1949 年 1 月 8 日）

汉口市百货商业同业公会呈　百商字第一一二号　中华民国三十八年一月八日

案据本会第一事务所会员庆祥棉织厂汉口发行所报称：“窃本所近因事务清淡，奉上海总公司令即时停业，将汉口全部移转上海，业于十二月三十日宣告停业，办理结束，特此报请大会转呈财政局，准予将本所营业税注销。”等情，据此。查属实在，理合据情转呈钧局鉴核，俯赐允准将该所营业税注销，实为公便。

谨呈

汉口市财政局局长程

汉口市百货商业同业公会理事长　刘明章

8.汉口市商会为转武汉警备司令部函复转请保释周逸民等一案致糖商公会

(1949 年 1 月 8 日)

准贵会本年元月二日函,请转函武汉警备司令部准予保释糖商周逸民等一案,经于子鱼代电转恳,去后。兹奉三十八年元月十五日划二勋字第〇九八号批开:查阅逸民案情重大,新请保释一节,碍难照准。等因。特□办,希查照是荷。

此致

糖商公会

汉口市商会　启

9.江苏省工业会为一致主张限额订货不能照规定比率结汇等情形致汉口市工业会理事长

(1949 年 1 月 10 日)

江苏省工业会代电

汉口市工业会理事长李勋鉴:本会于去年十二月二十五日上书行政院孙院长、工商部刘部长及中央银行刘总裁文,自本会等经办江苏省各类工业输入限额货品分配事宜,自第四季至现在之□□□季,均遵章悉心办理,所属各有关会员工厂亦莫不仰承政府之厚意,倍感振奋,努力生产。惟本年十月限价尚未开放,正值物资抢购恐慌之际,各生产工厂承接订货亟待赶制,而原料奇缺,欲购无从,即经汇合,依照配额向沪上各外商洋行接洽,委托订货,分别签订合同,以便依法办理结汇。不料合同甫订,金圆券与美汇比率即由原定四圆顿升至二十圆,而最近复规定一律须用外汇移转,日来市价美汇□元竟合至金圆券百廿余元之巨,照此计算,订货价格已高出现货□倍。各工厂既与沪上外商洋行签订委托合同,于前履约结付,则吃亏太巨,无力负担,倘与洽商解约,则佣金部分业已牺牲,此项无名损失亦甚可观。夫政府核准限额分配原为扶掖工业生产,遽加以外汇移转证变相提高汇价,各受配工厂形成进退维谷、焦头烂额之境。本会迭据武进县机器工业同业公会以宗字第一三九号快邮陈明,认为言之痛心。又准吴县制草工业同业公会以惠字第二八号公函,呼吁指出重要工业因此重见萎缩。此外踵门相告、电话、报道者惶惶无所见略同。本会有整于下情之必须上达,深信政府既有限额嘉惠工业,当一贯维护,第五、六两季业已配出之品名,劝导各业静候许可证,第七、八两季协议签署事项照常次第进行。上述困难情节用敢一一沥述,候请鉴核。凡直接配与工厂之各类限额,即日起仍照法定比率结汇,以维持政府信用,而使限额稍受实惠。临电不胜迫切待命之至。等由,在案。事关限额订货休戚相共,谅其同情,用特抄电奉陈,尚祈一致主张,并盼将贵省、市限额分配情形见示,俾资联系,实深翘企。江苏省工业会理事长荣尔仁叩(38)子江查明本市限额分配之情形,作同样之呼吁。

伟(1 月 10 日)

10.人力车租调解会议记录

（1949 年 1 月 10 日）

时间：卅八年元月十日下午二时

地点：市府社会科

出席人：

警备部稽查处陈楚韦

警察局李永颐，市党部王凌云

车业公会陈天青、何方池、李华卿、张连觉、黄彩廷、陈福□

车工会赵世斌、郭海福、杨吉和、姜光和

市总工会柯华阶，市府喻思九

主席：喻思九

甲、报告事项（略）。

乙、调解结果

1.人力车租汽胎轮每辆每日调整为十七元，硬胎轮每辆每日调整为二十元。

2.人力车业子弟教育费定为六角（希劳资双方各出三角），福利费四角，公会经常费一元，共为两元。不分车辆种类，在上项车租内按每辆车每日二元之数字，由车商代收代付。

3.此次新定车租自卅八年元月十日起施行，后调整期限以两个月为准。

车工会赵世斌、杨吉和、姜光和

车业公会陈天青、李华卿、黄彩廷

丙、散会

11.为金城商店将百货业务改为服装业务请注销百货业牌名并课征服装业营业税一案批复令仰遵照致汉口市百货商业同业公会函

（1949 年 1 月 11 日）

汉口市财政局字第 0257 号　中华民国卅八年一月十一日　批财字第　号

具呈人汉口市百货商业同业公会

卅七年十二月九日百商字第七五号呈一件，为金城商店自十月改业，请注销册籍，并转饬知照由。呈悉，经本局派员查属实在，应准注销。除饬税捐稽征处遵照外，仰即知照，并转饬该商将营业牌照缴销为要。

此批！

局长　程〇〇

12.汉口市商会为转知汉口市换发国民身份证(准购证)施行交通管制要点致汉口市各业同业公会函(附交通管制要点)

(1949 年 1 月 11 日)

案奉汉口市政府(38)市民字第○七三号代电开:“查本市户口总复查,同时验盖国民身份证戳记,经各有关□□会商决定,于本月十五日下午八时至十二时举行,并施行交通管制,全市保持静态,各业商店均应于是日下午七时以前停止营业,门灯及霓虹灯仍照常开放,等候检查。除分电本市警察局分饬各分局遵照外,特检发交通管制要点一份,仰即遵照,迅转各同业公会转知各业商店遵照,并将办理情形于十三日前报核为要。”等因,附发交通管制要点一份,奉此。除呈复并分行外,相应抄同交通管制要点,函希查照,转知各商店遵照为盼。

此致

汉口市各业同业公会

附抄交通管制要点一份。

汉口市商会　启

附:汉口市换发国民身份证(准购证)施行交通管制要点

一、汉口市政府为配合“戡乱”军事需要,确保地方治安及举办配给制度起见,特定于元月十五日(即阴历十二月十七日)换发全市国民身份证(准购证)。

二、在核发国民身份证(准购证)期间,依照本要点施行全市交通管制。

三、元月十五日下午六时正发第一次预备警报三分钟,各复查员(甲长)应分别集中各该区公所分领应用物品后,分赴各甲巡查,指挥组设于本市黄陂路汉口广播电台,各区巡查队(市府派定)集中各该区警察分局,准备出发。

四、同日下午七时正发第二次预备警报三分钟,所有商店摊贩公共及娱乐场所一律停止营业,市民亦请立即分别回原住宅,机关人员如居住服务处所,即回返原服务处所,各区巡查队同时出发。

五、同日下午七时三分起,大车不得入站,所有军车、公交汽车、出租汽车一律停驶,未进口船只不准进口停泊,市区船只应不准上下客货。

六、同日下午八时正,发一长声及连续发短声之封锁警报五分钟,直至解除警报止,期间除复查人员、巡查队及特许之车辆外,所有交通一律封锁。

七、各甲复查人员于听到一长声及连续短声之警报后,即同时开始,复查人员均须佩带市府制发之复查证。

八、市民于复查员到达时,须将旧身份证缴交复查员。如有户籍登记申请书者,应一并缴交,并将新身份证交给复查员查核对照相比后,由复查员于新身份证上分别盖骑缝图章,剪下口卡仍交市民执存,新身份证手续即告完成。

九、当晚在邮电机关、报馆及工厂值夜工作者,即于各该工作场所候查或请领。

十、在复查时间内,每一住户应随时准备一人开门候查。

十一、本市外侨身份证附准购证之发给另行办理,不在调查之列。除有如中国籍之仆人或同住者,仍须候查。

十二、预定当夜十二时所有复查工作全部完成。必要时得缩短或延长,届时发一长声之解除警报三分钟。

十三、市政府为使市民充分明了复查手续,报告复查动态,并解答有关复查之问题起见,自十五日下午七时起至十二时止,于汉口广播电台设指挥台,广播有关事项,欢迎市民收听。复查人员遇有临时紧急事项或疑难时,须就近摇电话至指挥台,请示处理办法或解答。

十四、交通管制动员人数表册及交通联络图另定之。

十五、本要点经市府会议及有关各机关会商决定后,遵请武汉警备司令部转知有关机关执行,并呈报“华中剿匪总司令部”备查。

13.汉市商会呼吁和平

(1949 年 1 月 12 日)

[中央社讯]汉口市商会顷上蒋总统及中央各院部会首长,并通电立监委员、各省市参议会、各公团体及中共毛泽东等□请停战议和,原电云:南京蒋总统、李副总统、五院院长、副院长钧鉴,各政务委员、立法委员、监察委员、各部首长勋鉴,各省联参议会暨全国各团体、各商会公会,延安毛泽东、林□□两先生,并转朱德、周恩来、彭德怀、董必武、叶剑英暨中国共产党员公鉴:漱自卢沟桥□海水□飞浴血八年,终降丑□,乃抗战胜利之完成。而国是之参差未一,途使风云再扰,蒸庶争流,玉弩用□,金悯将坠。总统悲天悯人,图挽浩劫,毅然于元旦发表文告,宣示和平。凡兹□□藏□之伦,□不同深感□,窃意数年以来,全国人民所遭受之战祸,直为亘古所未有。不惟老弱转平沟壑,壮者散于四方,而国家元气之□丧,民族生存之垂危,凡有血性,莫不痛心。事穷则变,理所固然,民心所向,背之不吉,唯有转移一念,乖戾即可化为祥和。而无战争,即为和平,际此全民望治,举国薪平之际,本会谨掬悃忱,务祈双方当局,即令前线,各就现地立时停战。并推派代表协国和议,只许成功,即亡羊补牢,犹可挽救,脉民命于万一。苟仍迷信武力,一意孤行,姑不论水深火热,民不堪命,而哀哀诸公,其将何以见谅于国人。本会□居华中,商业重心,瞻念国家之难危,愿尽匹夫之责任,披沥肝胆,伏祈垂察。

汉口市商会全体理监事暨全市商民同叩皓印

(《武汉日报》)

14.汉口市银行商业同业公会会员简明表

(1949 年 1 月 12 日)

行名	经理姓名	行址	备考
中国银行汉口分行	赵祖武	中山大道	汉正街
汉口交通银行	邹安众	胜利街	汉正街
中国农民银行汉口分行	蒋震扬	江汉路	
邮政储金汇业局汉口分局	曾昭六	南京路	

（续表）

行名	经理姓名	行址	备考
湖北省银行总行	王渐磐	江汉路	汉正街
浙江兴业银行汉口分行	徐维荣	中山大道	
聚兴诚商业银行汉口分行	朱鹏飞	江汉路	
盐业银行汉口分行	方振民	中山大道	
金城银行汉口分行	甘助予	中山大道	
上海商业储蓄银行汉口分行	崔思恭	江汉路	
四明银行汉口分行	叶启章	江汉路	
浙江第一商业银行汉口分行	黄卓如	中山大道	
中国实业银行汉口分行	徐芳田	江汉路	
大陆银行汉口分行	唐在均	中山大道	
中南银行汉口分行	吴煦义	江汉路	
中国农工银行汉口分行	丁廷椝	江汉路	
中国国货银行汉口分行	李尔安	中山大道	
美丰商业银行汉口分行	王冠卿	扬子街	
广东银行汉口银行	何家焯	扬子街	
大孚商业储蓄银行总行	罗静远	中山大道	
汉口商业银行总行	何成浚	南京路	
川康商业银行汉口分行	马骏声	鄱阳街	经理尚未到汉
新华信托储蓄银行汉口分行	王瑞琳	北平路	
和成银行汉口分行	赵忍安	胜利街	
泰裕银行汉口分行	李绍衣	江汉路	
重庆商业银行汉口分行	徐季良	胜利街	
长江实业银行汉口分行	周宗鲁	扬子街	
复兴实业银行汉口分行	汪慕符	鄱阳街	
亚西商业银行汉口分行	王克明	胜利街	
开源商业银行汉口分行	黄永康	中山大道	
四川商业银行汉口分行	金逊庵	扬子街	
通惠实业银行汉口分行	蔡昂若	吉庆街	
川盐银行汉口办事处	李春禄	北平路	
四川建设商业银行汉口分行	龙伯麟	胜利街	
巴川银行汉口分行	谢群	中山大道	
兴文银行汉口分行	段成祜	民生路	

（续表）

行名	经理姓名	行址	备考
聚康银行汉口分行	朱德钧	中山大道	
济康商业银行汉口分行	孙杰夫	胜利街	
永利银行	贺友梅	黄陂街口	
华康商业银行汉口分行	程康溥	扬子街	
麦加利银行汉口分行	白礼士	洞庭街	
豫康银行汉口分行	杨毓崃	南京路	
昆明商业银行汉口分行	孙子清	中山大道	
和平商业储蓄银行汉口分行	高云集	花楼街	
谦泰豫商业银行汉口分行	吴崇忠	南京路	
同济信托公司	邹静轩	泰兴里	
汇通商业银行汉口分行	杨正莘	胜利街	
汇丰银行汉口分行	瑞华莱	沿江大道	
东方汇理银行汉口分行	叶佛礼	沿江大道	
中央合作金库湖北省分库	马怀璋	北平路	
建业银行汉口分行	王启美	沿江大道	
茂华商业银行汉口分行	顾季勤	江汉路	
中国侨民商业银行汉口分行	徐新平	汇通路	
益华商业银行汉口分行	徐郁夫	汇通路	
汉口市银行	吴仲樵	胜利街	
中央信托局汉口分局	彭开煦	中山大道	

15.汉口区机器工业同业公会为通知携款前往汉口胜利街十六号润记经理处缴款提油致各会员工厂

（1949 年 1 月 14 日）

查柴油核配业经与德士古煤油公司润记经理处洽商，仍照上次原数价配三十八年元月份中质柴油五吨。本会以油料甚微，不敷分配，仍照上月份配数分配贵厂中质柴油，务于即日携款前往汉口胜利街十六号润记经理处缴款提油。如不按时价领，恐有停配之虞，权利所趋，尚祈查照办理是荷。

此致

各会员工厂

汉口区机器工业同业公会　启

16.武汉过境部队慰劳委员会为电请贵同业捐助慰劳会派员前来洽取并希先行惠垫致钱业同业公会

（1949 年 1 月 19 日）

汉口市钱业同业公会谢理事长鉴核：

本会为提高士气鼓励忠勇起见，特发起慰劳过境部队，经第四次委员会议决议，预定慰劳会金圆一百万元、毛巾一百打、牙刷五千把、牙粉五千袋。上项款物除分别向有关各业筹募外，兹议定贵商业同业捐助慰劳会金圆六万元，特派本会组长余成之携据前来，请即分饬各庄号共解义赈，慷慨捐输。刻以慰劳期迫，务希贵会先予惠垫，以竟事功，实纫公谊为荷。

武汉过境部队慰劳委员会手印汉慰印

17.汉口市百货商业同业公会为密盛兴王义丰等商店报称营业范围狭小请转呈据情核减营业税等级致汉口市财政局函

（1949 年 1 月 21 日）

百商字第一二九号　中华民国三十八年元月二十一日

案据本会会员密盛兴、王义丰等商店先后报称，略以各该店营业范围狭小，关于营业税额估计过高，无力负担，请转呈据情核减。等情，据此。当经饬派本会职员前往查明，兹具报称，该商店所称各节尚属□，并经拟定密盛兴之税额核与刘福记相等，王义丰之税额核与陈协顺相等，记录在卷，所有拟定同等税额情形是否有当，理合呈请钧局鉴核，俯赐编列，以便祇遵而肃税纪。

谨呈

汉口市财政局局长程

汉口市百货商业同业公会理事长　刘明章

18.汉口市财政局为庆祥棉织厂汉口发行所于十二月卅日停业转请注销营业税一案令仰遵照查明具报令税捐稽征处

（1949 年 1 月 21 日）

汉口市财政局字第 1123 号训令财二字第　号

令税捐稽征处：

案据本市百货商业同业公会本年一月八日百商字第二二号呈称，案据本会第一事务所会员庆祥棉织厂汉口发行所□称(录原文至)，将该所营业额注销，实为公便。等情，据此。查所称是否属实，合行令仰遵照，查明其确切停业日期及原址、现改营何业，并追缴各月份欠税，吊销其营业牌照具报为要。

此令！

局长　程〇〇

19.万载县商会为本会理监事改选结果致汉口市商会

（1949 年 1 月 21 日）

敬启者。案查本会第四届依法改选，业经先后呈请县政府、县党部派员监视，并指导在案。当于三十七年十二月十五日举行抽签，结果：理事中辛增美、鲍振扬、刘复兴、常振汉、李生庆等五名抽得留字，监事中彭炳兴、杨昭文二名抽得留字。于同月二十日依法选举，结果：选举辛乾、李科、胥宏道、□致远四名为理事，汪玉波一名为监事，复于理事中选举乾为常务理事，汪玉波为常务监事，并选任乾为理事长。自惟才力薄弱，绠短汲长，其何能胜，固辞未获，只得竭驽骀之力，继之以公忠，俾期无负全市商民倚托之重。爰于本年一月二日上午十时宣誓就职，敬谨视事。除呈报暨布告外，相应检同理监事名册一份，函请查照，并希时赐箴言，以匡不逮为荷。

此致

汉口市商会

理事长　辛乾

20.武汉军粮督察组为抄登粮食消费节约办法请查照办理致第九区面粉业同业公会代电

（1949 年 1 月 22 日）

第九区面粉业同业公会公鉴：

案奉粮食部粮管（卅七）字第（37915）号亥陷代电开："查关于面粉加工成率，经行政院本年十一月公布《粮食消费节约办法》明文规定，每百市斤纯净干燥之小麦最低应磨制面粉八十五市斤在案，所有军粮民食均应依照上项规定办法办理。除分电国防部联合勤务总司令部饬属遵照并分饬储运处暨各省田粮处转饬所属遵照外，合行抄发该项办法一份，仰即切实督导执行，并具报为要。"等因，附《粮食消费节约办法》一份，奉此，自应遵办。除分电外，相应抄同原办法一份，电请查照、转知各会员、商店、工厂切实办理并随时见复为荷。

武汉军粮督察组子哿汉督印

附粮食消费节约办法一份。

21.汉口市财政局为大成永一大马来之商户税款等级一案批示百货业同业公会函

（1949 年 1 月 25 日）

汉口市财政局字第 379 号　中华民国卅八年一月廿五日

批百货业同业公会：

卅七年十二月十四日百商字第八二号呈一件，录来文由。呈件均悉：（一）查大成永号税额，前据该号呈报开业，当经本局予以核定，于上年十二月十八日以财二字第〇〇四九号批示并训令税捐稽征处照征在案,自不再重核。(二)一大商号经派员查签,于上年十一月十一日开业,为两大开间门面,主业胶鞋,副业呢帽,营业状况不悉,所呈以刘万顺号为相等,税额似嫌太轻,应比照其同业晴雨商店同等核定数目,开业之日起征。(三)马来橡胶行据查签,系于上年八月二日开业,虽系半开门面,专营胶鞋,但他比□中营业较优,所请比照晴雨商店相等核税亦嫌不当,应比照其同业民生号(民权路一七四号)税额核定,自卅七年八月起征。除饬交遵照分别征收外,仰即遵照转知照缴为要。

此批! 件存。

局长　程○○

22.汉口市商会为转发汉口直接税局关于薪资所得税之起征额调整致各业同业公会(附定额薪资所得税税率及计算公式)

(1949年1月25日)

案奉财政部三十七年十二月三十日财国一(一)字第三七七一五号代电,略以文武职、公教暨各业准备人员,薪资所得税之起征额及课税级距,前拟定不分区域,统按五倍计算划整一案,业经呈奉行政院核准在卷。除分电外,合行检发该项起征额及税率级距表一份,仰自三十七年十二月份起实施为要。等因,奉此。除分电外,兹检奉该项税率及计算表一份,电请查照,即希自三十七年十二月份起照章扣缴,并转饬所属遵照办理为荷。等由,附所得税税率及计算公式一份,准此,自应照办。除分行外,相应检同表式,函希查照办理为荷。

此致

汉口市各业同业公会

汉口市商会　启

附:定额薪资所得税税率及计算公式

三十七年十二月份适用

(甲)起征额:每月所得额满金圆两百元者

(乙)税率

1.所得额在金圆二百元以上未满金圆七百五十元者,就其超过额课税百分之一。

2.所得额在金圆七百五十元者以上未满金圆一千五百元者,就其超过额课税百分之二。

3.所得额在金圆一千五百元以上未满金圆三千元者,就其超过额课税百分之三。

4.所得额在金圆三千元以上者,就其超过额课税百分之四。

(丙)计算公式

1.每月所得额在金圆200-750者应纳税额$=x\times0.01-1.00$

2.每月所得额在金圆750-1500者应纳税额$=x\times0.02-7.50$

3.每月所得额在金圆1500-3000者应纳税额$=x\times0.03-24.50$

4.每月所得额在金圆3000以上者应纳税额$=x\times0.04-54.50$

23.汉口市市长为转知按时缴齐城防工事房户特捐令汉口市商会

（1949 年 1 月 25 日）

奉武汉城防工事委员会兼主任委员白面谕："关于汉口应担负城防工事、房户特捐，务于春节前一律缴齐解会，逾期即加十倍征收，决不宽贷。"等因。合行令仰该会遵限全数缴纳，勿再延忽为要。此令！

市长　徐会之

24.汉口市商会为转市政府催缴城防工事房户特捐令汉口市各业同业公会

（1949 年 1 月 26 日）

案奉汉口市政府（三八）市秘字第〇〇七三号训令内开："奉武汉城防工事委员会兼主任委员白面谕，关于汉口应担负城防工事、房户特捐，务于春节前一律缴齐到会，逾期即加十倍征收，决不宽贷。"等因。"另行检发原令三百份，令仰该会分饬遵限全数缴纳，勿再延忽为要。"等因，附发原令三百份，奉此。除召开大会，希于限期如数清缴，分发原令并分行外，相应通知查照，务于春节前（即农历十二月三十日）如数缴纳，免贴伊戚而轻负累为荷。

此致

汉口市各业同业公会

25.汉口市财政局为协昌商店税款一案应比照衡丰号核定批复知照致百货业商业同业公会函

（1949 年 1 月 26 日）

汉口市财政局字第 464 号

事由：一、为据呈协昌商店税款一案，应比照衡丰号核定批复知照由。二、为协昌商店税款一案，业经核定令所遵照征收由。

中华民国卅八年一月廿六日

批百货业商业同业公会：

卅七年十一月十七日百商字第八九号呈一件，录来文由，呈悉。经派员查照该号营业状况，所请依照卅六年十至十二月份所评定之四四级计法币九万元，似嫌太少，应予比照与该商大小相同之同业衡丰号（汉正街 1031 号）税款（卅七年九月份税卅三元七角七分）核定，自十月份起征。除饬交遵照征收外，仰即转饬遵照为要。

此批！

局长　程〇〇

2 月

1.汉口市人民和平促进会第一次理事会议

（1949 年 2 月 7 日）

时间:卅八年二月七日下午三时

地点:汉口市商会大礼堂

出席人:(见签到簿)

主席:陆德泽

记录:王柏森

主席报告后,即讨论推举常务理事十九人办法。

推举张德年、邱鸣钧、程子菊、张弥川、李国伟、尹绍良等六人为小组,推定常务姓名,提出通过。

1.常务干事名单业经推定,请表决案。

决议:计陆德泽先生

陈经畬先生

邱鸣钧先生

尹绍良先生

刘菊村先生

柯竺僧先生

万克哉先生

潘正遵先生

甘助予先生

朱柏青先生

程子菊先生

李国伟先生

贺衡夫先生

顾若昭先生

邹安众先生

程起德先生

马汉三先生

赵忍冬先生

王民□先生

以上十九人业经公推为常务干事。

2.关于省市联合和平促进会及全国性和平促进会参加办法,应如何办理案。

决议:拟推常务干事会全权办理。

3.关于本会章程第五条二项规定“常务干事会下设主任秘书一人,另设总务、宣传、联络三组,各组各设主任干事一人。”应如何办理案。

决议:拟推常务干事会全权办理。

4.关于本会章程第七条规定会费“本会会费由各团体会员筹措,并请个人会员乐捐。”应如何办理案。

决议:拟推常务干事会办理。

5.参加省市联会和平促进会代表人选案。

决议:推陆德泽、邱鸣钧、程子菊、贺衡夫、陈经畬五常务干事出席参加。

6.参加全国和平促进会代表人选案。

决议:暂撤销,不讨论。

7.推举常务干事召集人案。

决议:陆德泽、邱鸣钧、程子菊为召集人。

2.“华中剿匪总司令部”政务委员会为银元买卖组织银元价格审查委员会核议致汉口银行同业公会函

(1949 年 2 月 7 日)

中华民国卅八年二月七日　治计字第 488 号

一、查近日银元黑市猖獗,刺激物价剧烈上涨,市场情形极为紊乱。

二、本会为稳定银元市场,抑平物价起见,特依据修正《人民所有金银外币处理办法》第一条之规定,准许银元公开买卖。

三、已令饬有关机关指导组织银元买卖业同业公会,并订定管理办法,另案公布实施。

四、关于银元价格,自即日起由财政部、汉口金融管理局、汉口中央银行、湖北省银行、汉口市银行、省市财政厅、汉口市商会、银钱两业公会组织银元价格审查委员会,按照国内各重要市场情形及当地之供需实况随时议定,交钱业公会挂牌公布。

五、除分行外,合电仰遵办具报为要。

兼主任委员　白崇禧

3.汉口市银行业公会、钱业公会为本会免参加银元价格审查委员会一案致“华中剿匪总司令部”政务委员会函

(1949 年 2 月 8 日)

“华中剿匪总司令部”政务委员会钧鉴:

奉钧会二月七日治计字第四八八号代电略开:本会为稳定银元市场,抑平物价起见,接录“关于银元价格,函交钱业公会办理□”,电饬遵办具报。等因,奉此,自应遵办。惟查银钱业本身业务绝对不得受授或买卖银元,本□大会为免滋误会起见,拟请准免参加此项组织。再查银钱业□□会均系汉口市商会之会员,市商会既已参加为委员,本□公会拟请准免参加为委

员。又市商会地处全市中心，拟请逐日评价审定后交由市商会挂牌□，俾全市商场更深便利。所以请准免本公会参加委员会组织，拟请改在市商会□□备，是否有当，理合电请鉴核示遵为祷。

汉口市银行业公会钱业公会丑齐

4.汉口市商会为汉口市职业团体文书工作人员管理暂行办法致汉口市各业同业公会函

（1949 年 2 月 10 日）

案奉汉口市政府 38 审社字第六〇九号训令开：查本府为遵照“华中剿匪总司令部”政务委员会第十五次省市经济委员会□□，兹拟定《汉口市职业团体文书工作人员管理暂行办法》。除分电“华中剿匪总部”政委会暨社会部备案外，合行抄发该项办法一份，令仰转饬遵照为要。等因，附《汉口市职业团体文书工作人员管理暂定办法》一份、文书工作人员详历表一份，奉此。除分行外，相应抄同原件，函希查照转呈为盼。

此致

汉口市各同业公会

汉口市商会　启

5.武汉区敌伪产业处理委员会第一次会议

（1949 年 2 月 11 日）

时间：三十八年二月十一日上午十时

地点：政委会会议室

出席人：李品仙、程发轫、辜仁发、季凌云、孟学思、李鸿毅、沈质清（贺锡祥代）、程子菊、钟朴生、马策、张弥川、李国伟、李贡廷、万少珊、张小溥、高光达

列席人：熊文翰

缺席人：艾议长毓英、谢理事长春墀、汤副秘书长明炤、邹理事长安众、彭经理开熙、曾副处长昭华

主席：李常务理事品仙

记录：熊文翰

一、开会如仪

主席报告开会意义

武汉区敌伪产业已由中央信托局敌伪产业清理处清理完竣，数量甚多，尚未处理。现由本会接收，负责处理是项产业，作有效之使用。此项敌伪产业，白总司令曾指示，应迅速处理，特组织本处理委员会，并聘请张议长弥川为主任委员。

目前各项经费均感困难，而需要迫切利用此项产业作为有效之运用，务使此项产业由财产处理成经费，以充实军需。此项产业其中最大部分为房屋，仅有小部分物资，希望各位委员以服务社会之精神迅速处理此项产业。

张主任委员弥川报告

本会主任委员一职原应由行政首长兼任，在新任市长未接手前，暂由本人兼任。本会主要任务在接收处理武汉区敌伪产业，希望各组主管尽力为本会服务，并各位委员多提供宝贵意见，务使处理迅速完善。

二、报告筹备经过

孟委员学思

1.本会组织规程已拟定就绪，由“华中剿匪总部”业务委员会颁布实施。

2.本会之钤记、印章已自行刊刻启用，呈报备案。

3.本会内部组织亦已确定，在委员会之下分设总务、处理及保管清理三组，并由马委员策兼任主任秘书，其余各重要职员亦经分别派之。

4.处理敌伪产业办法采用发行奖券方式迅速处理，至敌伪产业房屋部分，奉总司令指示：现居住该屋之住户可一律迁出，凡中奖之奖券持有人，总部可负责交付房屋。

三、报告与敌伪产业清理处初步接洽经过

马委员策——本人曾与敌伪产业清理处作初步接洽，据钟处长表示，该项敌伪产业已清理者占百分之九十，本会接收处理应无问题。惟各主管人员宜慎重选定，俾利工作进行。

钟委员朴生——本处奉令于一月底结束，所有本处已清理敌伪产业均有清册可查，并有专人负责保管，不致发生任何纠纷。本会接收及处理此项产业既已呈报行政院备案接收处理，自无问题。

四、讨论事项(略)。

1.请决定接收日期案。

决议：定于本月(二)十二日起开始接收。

2.请决定接收程序案。

决议：接收以敌伪产业为限，本会办公房屋及应用各项家具由原敌伪产业清理处借用。

3.请规定委员会例会日期案。

决议：例会每星期举行一次，必要时临时召集之。

4.处理业务如何着手进行案。

决议：(1)单□及较大之建筑物，应另案办理。(2)普通住宅、小洋房、铺面房屋等采用发行奖券方式处理，并先选择无纠纷之房屋作第一期奖品。(3)敌伪之物资采用摸彩方式处理。(4)推定高委员光远、李委员国伟、万委员少珊、邹委员安众会同主管组季委员兼组长凌云拟定处理办法，呈核后实施。

五、临时动议

本会组织规程第五条规定尚未详尽，应如何修正案。

决议：修正案如次，本会置主任秘书一人，由委员兼充，承主任委员之命，处理日常会务，置秘书一人、组长三人、组员九人、办事员若干人，均由政务委员会派充之，并得酌用雇员。

六、散会

6.汉口市警察主食费临时补助筹募委员会座谈记录

(1949 年 2 月 13 日)

日期:三十八年二月十三日下午二时

地点:汉口市商会二楼

出席人:张弥川、朱佑廷、刘伯琴、程子菊、甘助予、张大谋、万少珊(李国伟代)、贺尔梅、韩阳初、陈经畲

请假人:陆德泽、贺衡夫、柴海楼、谢春墀

主席:程子菊

记录:丁隆昌

讨论事项

一、为补助汉口市警察主食费如何筹募,请核议案。

决议:

(1)照房户特捐底册按四万元银元筹款,缴款时得按照银元牌价折收金圆。

(2)以元为单位,角以下免收,不满十元者不派。

(3)分三期收款,以一月为一期。

(4)由筹募委员会刻木章,分函各单位缴款,印制收据,函请汉口市银行代收,暨函请汉口市警察局协助派员催缴。

(5)由各公会各单位汇缴市银行。

(6)市银行每日将收到之款随时送由市警察局处理。

(7)一切开支在所收之款项内动支。

(8)请市银行暨市警察局每日将办理情形列表告知本会。

散会:下午三时半。

7.程子菊被控案各方面的看法

(1949 年 2 月 14 日)

[本报讯]昨天本市各报及街头巷尾都发现有萧兴武控诉市商会理事长程子菊父子的传单,市民都纷纷评论这件牵延了六年的悬案。本报记者为了使大家明了真实情况,特于今日上午十一时到复兴街六十九号萧府访问。六十九号就在明星电影院右侧,入大门是小天井,上台阶登楼,由一女工进去通报,萧百龄医生正在和他的大公子在阳台上午餐,当请记者进入室内。房里摆设不很堂皇,家具却很精致,乌木桌凳,玻砖立橱,都显示主人并不穷困。经记者说明来意后,萧医生叹了口气说:"这件事情的真相,都在传单内说明白了,六年前,程子菊的儿子把我儿子的眼睛打瞎,当时他也确曾送到万国医院诊治过,诊不好,才由内人亲自送到北平协和医院去诊。程子菊那时害怕万一出了意外,就利用敌伪势力,强迫我成立和解,我拒绝了,并向当时伪法院控诉,他使用金钱,买通了,没能起诉。胜利后,我搜集了许多他的劣迹证据再向法院控诉,虽然得到了判决,并令假执行,然而法院院长刘泽民,又被疏通,没有执行,拖到现在。

我这个聪明活泼的儿子,瞎了一只眼,前途算完了。仗势玩法的人反成了社会闻人,怎不令人气愤。”谈到这里记者问他现在主要的意思在哪里?他说没别的,“第一、要他负责诊好我儿子的眼睛。第二、要看司法界究竟还有尊严没有。”此时刚好又有客来访,记者便告辞,顺道到长清里三号戴楠村处访问,想从这位曾经受屈的调解人口里得点资料。恰戴先生出外,由他太太接见。谈到这件事,她先声明戴先生前年已□离开了第一纱厂,这件事起初还全是小孩子玩耍闹出来的。萧兴武原来还是程子菊的干儿子,出了事,程子菊答付了点钱,后来就不晓得了。记者辞出来后,又从各方面探听程子菊对这事的态度,据说是置之不理。去年四月十五日四卷七期读者半月刊上曾经为这事有篇报道,今年不过是旧事重提。现在萧百龄仍在上诉,他仍然希望法律给他以保障和安慰,许多旁观的人,也都希望程子菊能够对萧家有种安慰的表示,免得落个为富不仁的骂名。

(《大刚报》)

8.汉口市警察主食费临时补助筹募委员会为补助警察主食费致汽水机冰工业同业公会

(1949 年 2 月 16 日)

查临时补助本市警察主食费筹募款项,案经于本月十三日召开座谈会,决议各项办法。除分别函知外,关于贵业筹募之款,按照房户特捐额金圆七六六三元,以五〇〇比一再打八折,计应缴银元一二二元。相应抄同会议记录,函希查照转知,并依照决议案缴款为荷。

此致

汽水机冰业

附抄记录一份。

汉口市警察主食费临时补助筹募委员会 启

9.汉口市商会因各同业公会及职员公会人数与交通工具数目统计致汉口市各业同业公会函

(1949 年 2 月 19 日)

案准本市警察局本年二月十四日警行字第〇四七三号代电开:顷奉“华中剿匪总司令部”政务委员会本年二月十二日治理字第一七四号代电开,一、为明了各同业公会及职员公会人数与交通工具数目起见,特制发统计表二种,限文到七日内切实查明填报;二、表式二份随发,仰即遵办。等因。除分电外,兹特抄同商业同业公会统计表一份,电请查照,希于文到三十日内依式将所属各会员□□□□送局,以便汇转,希勿稍延为荷。等由,附统计表式一份,准此。相应抄附原表式,函希查照,克日查填齐全,送会凭转,幸勿迟延为盼。

此致

汉口市各业同业公会

附抄统计表式一份。

汉口市商会

10.汉口市工业会第一届第十次全体理监事会议记录

(1949 年 2 月 19 日)

时间:民国三十八年二月十九日下午二时

地点:汉口中信局三楼扬子联谊社

出席人:应到　　人,实到十六人(另有记录簿签名备查)。

主席:李国伟

记录:吴传启

甲、报告事项

一、主席报告(略)。

二、本会财务组报告本会元月份收支状况(另表见记录簿)。

乙、讨论事项

(一)准汉口区机器棉纺织公会函,为关于请求派员参加武汉工人生活指数调查及审定一案。奉省府代电指示各点,经该会决议,函请省、市两工业会请求派员参加各所属区域之工人生活指数调查事项,函请查照,推派代表向市府调查指数机关洽商。等由,请讨论案。

决议:公推华煜卿先生分别洽办。

(二)准汉口市商会函,为检送汉口市工商自卫团组织规程及原提案,函请查照办理,请讨论案。

决议:公推李理事长、王理事一鸣、华理事煜卿、蓝理事昌农、贺理事尔梅五位详为研讨洽办。

(三)准私立武昌华中大学函,为时会艰难,为远道困苦学生劝募食米二百五十石,恳慷慨玉成。等由,请讨论案。

决议:请由理事长以乐捐方式分别劝募。

(四)本会经费近感异常拮据,收支不敷甚巨,应如何办理案。

决议:以后会费以基数,按照收费日之银圆牌价折算征收。自三月份起实行员工薪给,仍照工人生活指数发给。

下午三时半散会。

11.汉口市百货商业同业公会为胶鞋应以何种样式列为军用品请加解释致市商会

(1949 年 2 月 19 日)

本年二月十日接准贵会转奉武汉警备司令部本年元月二十五日泽字第八六三号代电内开,拟定《军用物资管制办法》(略),转知会员切实遵办。等由,准此。当经抄录原办法及附表六份,转知本会各会员遵照办理在卷。兹准本会第一事务所函称:案准贵会二月十四日函,以准市商会二月十日函,抄发《武汉警备区军用物资管制办法》一份,饬转知遵照办理一案。查管制办法内第二条,对于本业所售之胶鞋,已列为军用物资之一。复查胶鞋有晴雨鞋(即力士鞋)、套鞋、球鞋三种之分,究系何种应列为军用物资,并未分析详明。况晴雨鞋(力士鞋)、套鞋、球鞋乃市民必需用之物,若列为军用物资,对于市民购用时,不无发生影响。相应函达查照,请转呈,予以分析详明规定,以便转知各会员商店遵照为荷。等由,准此。相应函希查照,予以解释,以便转知遵照为荷。

此致

汉口市商会

理事长　刘明章

12.汉口市商会为请解释何种胶鞋列为军用品致武汉警备司令电

(1949年2月24日)

武汉警备司令刘钧鉴:

案奉钧部本年元月二十五日泽字第八六三号代电,附发《军用物资管制办法》,饬令分转,切实遵照。等因。遵经抄附原件,分饬本市各商业公会转发各会员遵照在案。兹接百货商业公会本年二月十九日函称,云云。等情。理令转请赐予解释,俾资转达遵照为盼。

汉口市商会理事长　程○○　叩丑(敬)市商会

13.湖北省会警察局第四分局辖内同业公会统计表

(1949年2月25日)

分局长　胡挥血

公会名称	主管人	同业人数	交通工具	地址	备考
杂货业同业公会	蒋锦章	一一五	无	粮道街265号	
西法洗染业同业公会	刘宝卿	二二	无	占刹巷11号	

14.湖北省会警察局第八分局辖内同业公会统计表

(1949年2月25日)

分局长　宗哲宣

公会名称	主管人	同业人数	交通工具	地址	备考
武昌市铁□转运业同业分会	郭曙南	四二		堤街七十八号	同业人数系以各公司商行经理人而言其他人未计

15.武昌市商职业同业公会统计表

（1949 年 2 月 26 日）

第五分局长　徐心正

公会名称	武昌煤炭行同业公会	武昌市旅栈业同业公会	武昌市脚踏车业同业公会	武昌市□业同业公会	武昌市纺织业同业公会	武昌市汽车业同业公会	武昌市民船业同业公会	武昌市医师业同业公会
主管人	李席珍	何金城	吴小山	邹新垓	陈金祥	张次彭	吴世东	胡襄阳
同业人数	四二	七六	二六	四九	七五	二三	九	九
交通工具	无	无	无	无	无	无	无	无
地址	楚材街5 号	斗级营43 号	青龙巷43 号	胡林翼路186 号	楚材街69 号	张江陵路204 号	胡林翼路195 号	胡林翼路140 号
备考								

16.汉口市参议会因征收棉花临时特捐事宜致汉口市商会

（1949 年 2 月 26 日）

兹定于下（三）月一日（星期二）下午二时在本会会议厅召开财政金融组第廿三次暨工商建设组第廿四次联席会议，商讨本市征收棉花临时特捐事宜。除分函外，相应函请查照，转知常务理事及有关公会理事长参加列席为荷。

此致

汉口市商会

汉口市参议会　启

17.汉口市商会为参议会商讨棉花特捐事致汉口相关各业理事长函

（1949 年 2 月 27 日）

事由：为参议会商讨棉花特捐事宜函希参加由。

案准汉口市参议会（38）参秘字第四九八五号函开：兹定于三月一日（星期二）下午二时，云云，至参加列席为荷。等由，准此。除分行外，相应函希查照，准时前往参加为荷。准时派员前往参加为盼。

此致

各常务理事

汉口市棉花业同业公会

汉口市商会　启

18.武汉警备司令部为胶鞋应在被管制物资致汉口市商会理事长

（1949 年 2 月 28 日）

受文者：汉口市商会理事长

一、三十八年市商字第八〇四号代电悉。

二、查本市警备区军用物资管制办法第二条规定，胶鞋应在被管制物资之内，其意系指凡属用胶质制成之鞋物，均应一律管制，免资□用。

三、指复知照，并希转饬，严格遵守上项规定为要。

司令　刘盼

19.湖北省会警察局第三分局辖内同业公会统计表

（1949 年 2 月）

分局长　王念祖

公会名称	主管人	同业人数	交通工具	地址	备考
无					辖内无同业公会

20.武汉区敌伪产业处理委员会为另组武汉区敌伪产业处理委员会办理接收处理事宜致汉口市钱业公会函

（1949 年 2 月）

汉口市钱业公会公鉴：

案奉“华中剿匪总司令部”政务委员会三十八年二月六日洽讨字第四八四号代电节开：查武汉区敌伪产业及物资业经本会召集有关单位负责人会商，决定另组武汉区敌伪产业处理委员会，办理接收处理事宜。兹核定艾毓英、张弥川、马策等十八人为该会委员会，并指定张弥川为主任委员。除电饬武汉区敌伪产业清理处克即移交外，饬即召集委员会议，积极进行具报。等因，奉此。经于本年二月十八日召开第一次委员会议正式成立，暂假汉口市华商街六十一号三楼办公。呈报并分电外，相应电达查照为荷。

武汉区敌伪产业处理委员会主任委员　张弥川

3 月

1.汉口市工业会为转知各税征收办法致各会员单位

（1949 年 3 月 1 日）

汉口市工业会公函　　汉工业(38)字第三六三号

案准财政部汉口直接税局三月一日汉直税一字第四五九号函开:案奉"华中剿匪总司令部"政务委员会卅八年二月廿五日治计字第六六三号代电,核定本局各税征收办法,兹节录该办法要点如后:(一)营利事业所得税,卅八年度上期营利事业所得税依照各单位卅七年度下期税款数额先行估计征课,令其缴纳,俟将来稽征办法颁到依法核定后,再行退补,缴款书交由市商会、汉市工业会负责,于三日内送达各纳税人,如期纳库。(二)财产租赁所得税,参照房捐等级估定其租金收入额先行核课本年一至六月份所得税款,一次缴库。(三)印花税规定:1.有账而不开发票者,每月按其营业额依率贴足印花于账簿上。2.立有账据并有发票存根者,得将其已开发票部分之数额减除计算贴花,或开填缴款书纳库。3.不立账据者,令商会转饬限期设立,其未遵办者,查获后处罚其补贴印花税票二千元,并令于五日内遵章设立,如仍不遵则送请政务委员会核办。(四)特种营业税,税法规定六个月查征一次,现改为每月查征,并先照上月份税款预行缴纳。(五)凡本局主管各类税款,纳库限期统改为接到缴款书次日起五日内缴清,逾期一日增课其应纳税额十分之一,一日以上以此类推,逾期十日未缴税款及不遵缴增课税额者,送请政务委员会核办。奉电前因,相应函达,即希查照,并迅转饬所属一体遵照为荷。

2.湖北省会警察局第六分局辖内同业公会统计表

（1949 年 3 月 1 日）

湖北省会警察局第六分局长王锡侯

公会名称	武昌市第一纱厂纺织产业公会	武昌市震寰纱厂纺织产业公会	武昌市土布业同业公会	武昌市织布驳□公所第二分会
主管人	陈兆森	陈协强	杨重卿	雷恒记
同业人数	四八二八	一三六九	一六	三五
交通工具				
地址	汉汇里 7 号	上新河 8 号	积玉桥街 17 号	凯字营 2 号
备考				

3.湖北省会警察局第七分局辖内同业公会统计表

(1949 年 3 月 2 日)

分局长王绍虞

公会名称	武昌市祁常木商业同业公会	武昌市木商业同业公会	武昌市木行业同业公会	武昌市柴炭行业同业公会	武昌市瓜菜行业同业公会
主管人	陈雨森	姚明洪	杨华堂	王文舫	刘东山
同业人数	六	四	四八	三二	二五
交通工具	无	无	无	无	无
地址	堤前街 98 号	阮家巷 51 号	冻家巷 35 号	解缆堤街 20 号	解缆堤街 20 号
备考					

4.人力车租调解会议记录

(1949 年 3 月 3 日)

时间:三十八年三月三日下午二时

地点:社会科会议室

出席人:警察局李永欧,武汉警备稽查处李远

车工会赵世斌、姜光和、杨吉和、郭海福

车商工会陈天青、杨登炳、毛国余、何方池、黄彩庭

市总工会汤正高,市党部王凌云

市政府喻思九

主席:喻思九

甲、报告事项(略)。

乙、调解结果

一、人力车租价:汽胎轮每辆每日调整为金圆三百八十元,硬胎轮每辆每日调整为金圆二百元。

二、人力车子弟教育费十元(系由双方各出五元),福利费六元,工会经常费十六元,不分车辆种类,在上项车租内按每辆车每日三十二元之数字,由车商切实负责代收代付。

三、此次新定车租,自三十八年三月三日起施行,嗣后物价如有剧烈波动,可随时呈请酌予调整。

职业工会代表孙正成、赵世斌、姜光和、杨吉和、汪祖华、郭海福、刘顺庭、李五喜、甘永森、危共才、董福堂、樊炳卿、王长勋、彭少臣。

车业同业公会陈天青、杨登炳、黄彩庭、何方池。

5.汉口市商会为商讨武汉警备司令部官兵合作社筹集基金一案致程子菊等会员

（1949 年 3 月 6 日）

兹为商讨武汉警备司令部官兵合作社筹集基金一案，定于本月七日上午十时在本会谈话。除分行外，相应函希查照，准时出席为荷。

此致

程子菊　邹等泉　马怀泽　贺衡夫

理孟东　鲁森安　张弥川　李国伟　刘梅生

万少珊　谢春墀　柴海楼先生

（会戳）

1949 年 3 月 6 日

6.汉口市商会为捐助保安旅士兵所用腰皮带、毛巾、黑袜等物致汉口市钱商业同业公会

（1949 年 3 月 8 日）

案准湖北省保安旅邓旅长函开："衡夫吾兄理事长勋鉴，此次本旅成立，荷承指导，并由各商业同业公会赠致士兵用物多种，群贤爱护，感荷良深。唯以时间匆促，脱漏甚多，而弟处收到腰皮带、毛巾、黑袜各物数量短缺，不敷分配。兹再检奉未参加捐助各同业名册一份，敬祈吾兄振臂再呼，俾成完璧。保境安民，情势紧急，而士卒艰辛，备极困苦，为兵请命，故敢一再呼吁。以吾兄敬恭桑梓之热忱，当必有以应弟西江水仄之渴望也。"等由，到会。查保安旅成立时，曾经柬请各业公会暨本会理事长与各常务理事，当即赠送士兵所用腰皮带、毛巾、黑袜等物。兹准前由，以贵会等尚未参加捐助，请为呼吁，自应照办。除分行外，相应函达，务希查照，酌予赠送，以资点缀而振士气为荷。

此致

汉口市钱商业同业公会

汉口市商会　启

7.汉口市财政局税捐稽征处为奉令查报庆祥棉织厂汉口发行所停业情形复请鉴核致汉口市财政局函

（1949 年 3 月 8 日）

汉口市财政局税捐稽征处呈　中华民国三十八年三月八日

前奉钧局本年一月二十一日财二字第二〇一号训令略开，以据本市百货商业同业公会呈报庆祥棉织厂汉口发行所于上年十二月三十日停业，饬查明该厂有无欠税各情。等因，奉此。经吴前处长派程礼钧前往查核，据签以该厂确于上年十二月三十日停业，其经理耿昌荣已离汉

赴沪，所欠十至十二月份税款及牌照无法追缴。等情。前来，除该厂所欠十至十二月份税款令饬该段稽征员负责追缴外，理合将查报情形复请钧局鉴核。

谨呈

汉口市财政局局长郑

汉口市财政局税捐稽征处处长　南举心

中华民国三十八年三月

8.汉口市商会为转赠送士兵所用腰皮带、毛巾、黑裤等物致汉口市花粉绒球业同业公会函

（1949 年 3 月 8 日）

湖北省保安旅邓长函开，衡夫吾兄理事长勋鉴，此次本旅成立，荷承指导，并由商业同业公会赠致士兵用物多种，群贤爱护，感荷良深。唯以时间匆促，脱漏甚多，而弟处收到腰皮带、毛巾、黑裤各物数量短缺，不敷分配。兹再检奉未参加捐助各同业名册一份，敬祈吾兄振臂再呼，俾成完璧。保境安民，情势紧急，而士卒备极困苦，为兵请命，故敢一再呼吁。以吾兄敬恭桑梓之热忱，当必有以应弟西江水仄之渴望也。等因，到会。查保安旅成立时，曾经柬请各业公会暨本会理事长与各常务理事，当即赠送士兵所用腰皮带、毛巾、黑裤等物。兹准前由，以贵会等尚未参加捐助，请为呼吁，自应照办。除分行外，相应函达，务希查照，酌予赠送，以资点缀而振士气为荷。

此致

汉口市花粉绒球业同业公会

汉口市商会

9.湖北省会警察局第二分局辖区同业公会统计表

（1949 年 3 月 8 日）

分局长何足寿

公会名称	武昌市杂粮行业同业公会	武昌市五金废货业同业公会	武昌市牛肉业同业公会	武昌市猪行业同业公会	武昌市制革业同业公会	武昌市土水果行业同业公会	武昌市鱼行业同业公会	武昌市糖坊业同业公会	武昌市橡皮板车业同业公会
主管人	叶炎臣	石元春	李家万	刘建初	冯焕臣	冯炳臣	柏辛亥	许秀舫	朱恒昇
同业人数	三十	四二	六	十五	二一	二一	二八	三六	一百八十
交通工具	无	无	无	无	无	无	无	无	板车 420 辆
地址	寿山寺 9 号	保安街 97 号	梅隐寺 20 号	三烈士街 49 号	起义街 74 号	敦义堂街附 8 号	张之洞路 122 号	张之洞路 122 号	张之洞路 122 号
备考									

（续表）

公会名称	武昌市竹绳篾棕绳业同业公会	武昌市竹器业同业公会	武昌市豆芽业同业公会	武昌市花色脚花纱头业同业公会	武昌市牛肉零售业同业公会	武昌市照相业同业公会	武昌市米业同业公会	武昌市卷烟经理业同业公会	武昌市竹木厂床椅业同业公会	武昌市马车业同业公会	武昌市猪肉业同业公会
主管人	唐德生	王永刚	王维刚	周玉昌	徐相臣	严吉堂	毛松涛	杨静之	艾协贵	骆兆庆	孙炎恕
同业人数	五二	一五二	二一六	四四	六七	四	一二七	二七	二七		
交通工具	无	无	无	无	无	无	无	无	无	马车四十辆	无
地址	保安街226号	张江陵路128号	卧佛巷1号	敦义堂街19号	保安街254号	中正路143号	广里堤41号	广里堤41号	张江陵路124号	张江陵路141号	三烈士街58号
备考											

10.汉口市商会为转知注意散兵游勇向商民敲索致汉口市各业同业公会

（1949年3月8日）

案准联合勤务总司令部特种勤务署汉口过境部队招待所本年三月一日明营字第六二号代电开："一、查迩来散兵游勇甚多，间有借词向商民敲索情事。本所为顾全声誉，并维护商民计，业经电请警备部严密侦查在案。二、嗣后遇有上项情事，敬希贵会转知各业商民随时向警备部密报，俾增商民福利为荷。"等由。除分行外，相应转希查照，分知所属会员为盼。

此致

汉口市各业同业公会

汉口市商会　启

11.汉口市商会为转联合勤务总司令部特种勤务署汉口过境部队招待所代电致汉口市各业同业公会函

（1949年3月8日）

案准联合勤务总司令部特种勤务署汉口过境部队招待所本年三月一日明营字第六二号代电开：一、查迩来散兵游勇甚多，间有借词向商民敲诈情事。本所为顾全声誉，并维护商民计，经电请警备部严密侦查在案。二、之后遇有上项情事，敬希贵会转知各业商民随时向警备部密报，并查照悉知属会员为盼。

此致

汉口市各业同业公会

汉口市商会

12.汉口市商会为填送商业同业公会统计表致汉口市各业同业公会函

(1949年3月9日)

案查前准本市警察局代电,以奉"华中剿匪总司令部"政委会本年二月十二日治理字第一七四号代电,附商业同业公会统计表式,请转饬查填送局凭转。等由。当经函抄原表,希即如期填报,以便转送,并于二月二十五日催请赶办,各在卷,兹后准警局代电催办过会。经查是项统计表前据填送甚多,已予先行汇转,其余未报之会,仍盼于文到三日内漏夜赶填交会,以凭转送,悬案以待,万勿延宕为要。

此致

汉口市各业同业公会

特速件!

汉口市商会　启

三月九日

13.汉口市商会为奉"华中剿匪总司令部"政委会催填商业同业公会统计表致汉口市各业同业公会函

(1949年3月9日)

案查前准本市警察局代电,以奉"华中剿匪总司令部"政委会本年二月十二日治理字第一七四号代电,附商业同业公会统计表式,请转饬查填送局凭转。等由。当经函抄原表,希即如期填报,以便转送,并于二月二十五日催请赶办,各在卷,兹后准警局代电催办过会。经查是项统计表前据填送甚多,已予先行汇转,其余未报之会,仍盼于文到三日内漏夜赶填交会,以凭转送,悬案以待,万勿延迟为要。

汉口市各业同业公会

特速件!

汉口市商会　启

14.汉口市商会为商讨解决敲诈商民有效办法致汉口市各业同业公会函

(1949年3月10日)

案准联合勤务总司令部特种勤务署过境部队招待所明总字第〇七〇号代电开:"查迩来常有不肖之徒,假借部队名义前往各商民房,且有借端敲诈情事。本所为顾全声誉计,业经电请警备处严行取缔在案。本所为维护商民起见,决于本(三)月十一日(星期五)下午三时假贵会会议室商讨上项事情有效应付办法,敬请贵所即日转知各业负责人届时出席,并请查照见复为荷。"案由,准此。除分行外,相应函希查照。

此致

汉口市各业同业公会

汉口市商会　启

15.汉口市工业会为各税征收办法致各单位委员函

（1949 年 3 月 10 日）

案准财政部汉口直接税局三月一日汉直税一字第四五九号开：案奉"华中剿匪总司令部"政务委员会三十八年二月二十五日治计字第六六三号代电，核定本局各税征收办法。兹节录该办法要点如后：（一）营利事业所得税，三十八年度上期营利事业所得税依照各单位三十七年度下期税款额先行估计征课，令其缴纳。俟将来稽征办法颁到依法核定后，再行退补，缴款书由市商会、市工业会负责，于三日内送达各纳税人，如期纳库；（二）财产租赁所得税，参照房捐等级估定其租金收入额先行核课本年一至六月份，所得税款令一次缴库；（三）印花税规定：1.有账而不开发票者，每月按其营业额依率贴足印花于账簿上；2.有账据并有发票存根者，得将其已开发票部分之数额减除计算贴花、或开填缴款书纳库；（三）不立账据者，令商会转饬，限期设立，其未遵办者，查获后处罚其补贴印花税票二千元，并令于五日内遵章设立，如仍不遵，则送请政务委员会核办；（四）特种营业税税法规定六个月查征一次，现改为每月查征，并先照上月份税收预行缴纳；（五）凡本局主管各类税款，纳库限期统改为接到缴款书次日起五日内缴清，逾期一日增课其应纳税额十分之一，一日以上以此类推。逾期十日未缴税款及不遵缴增课税额者，送部政务委员会核办。奉电前因，相应函达，即希查照，并迅转饬属一体遵照为荷。等由，准此。除分函外，为特函达，务希查照并转所属遵照为荷。

此致

各委员单位

理事长　李国伟

16.汉口市商会为转知汉口市职业团体文书工作人员管理暂行办法等致各业同业公会函

（1949 年 3 月 11 日）

汉口市政府（38）市社字第六〇九号训令开：查本府为遵照"华中剿匪总司令部"政务委员会第十五次省市经济联席会报决议，从管理文书工作人员入手订一办法，报政委会备查。兹拟定《汉口市职业团体文书工作人员管理暂行办法》。除分电"华中剿匪总部"政委会暨社会部备案外，合行抄发该项办法一份，令仰转饬遵照为要。等因，附《汉口市职业团体文书工作人员管理暂行办法》一份，文书工作人员详历表一份，奉此。除分行外，相应抄同原件，函希查照转知为盼。

此致

汉口市各业同业公会

附抄暂行办法一份、详历表一份。

汉口市商会　启

17.汉口市浴室商会同业公会为军队任意住宿浴室妨碍营业呈请严令制止致市商会

（1949 年 3 月 11 日）

案据全体会员报称，连日有军队或十余人或数十余人以及百余人，任意到会员等各浴室，自由住宿，自由沐浴，所有物品自由拿用，不讲卫生，各浴室营业因而大受影响。若不设法制止，不独使浴室业务均告停业，且恐非常时期，军队自由出入，发生意外，各浴室受其牵连，特为来会报请办理。等情，据此。查军队住居居民房，即已不合，至住商人营业店内，更属有触禁令。据报前情，理合呈请钧会鉴核，仰乞俯允，迅令住居各浴室之军队即日迁出，并恳出示禁止军队任住居浴室，毋任感激待命之至。

谨呈

汉口市商会

汉口市浴室商会同业公会理事长　段家声

18.汉口市商会抄发市府颁布文书工作人员管理办法致汉口市各业同业公会函（附汉口市职业团体文书工作人员管理暂行办法）

（1949 年 3 月 13 日）

案奉汉口市政府（38）市社字第六〇九号训令开：查本府为遵照“华中剿匪总司令部”政务委员会第十五次省市经济联席会报决议，从管理文书工作人员入手，订一办法，报政委会备查。兹拟定《汉口市职业团体文书工作人员管理暂行办法》。除分电“华中剿匪总部”政委会暨社会部备案外，合行抄发该项办法一份，令仰转饬遵照为妥。等因，附《汉口市职业团体文书工作人员管理暂行办法》一份，文书工作人员详历表一份，奉此。除分行外，相应抄同原件，函希查照转知为盼。

此致

汉口市各业同业公会

附抄暂行办法一份、详历表一份。

汉口市商会　启

三月十一日

附：汉口市职业团体文书工作人员管理暂行办法

1.汉口市政府为健全职业团体组织并督促其业务之进行订定本办法。

2.本办法所称文书人员，系指各职业团体中负办理文书□□之主任秘书、秘书、书记、文牍而言，襄理文书及缮写事务人员，不受本办法之限制。

3.职业团体文书人员由各该团体遴选资历相符者任用之，并填具详历表，报由本府备查并发给任用，更换时亦同，各重要职业团体之文书人员，本府认为必要时得进行派用。

4.职业团体文书人员须遵守下列之规则：（1）服从各该团体之命令及本府之指示。（2）不得旷废职务。(3)不得营私舞弊。(4)对于公共款项、文书册据,不得私擅支用、遗失或毁弃。

5.职业团体文书人员如有违反本办法第四项之一者,得由本府令饬各该团体撤换之。

6.职业团体改选改组时,其文书人员不得随人事更选为进退,尤不得无故免职、停职或降级。

7.职业团体文书人员由本府每年考绩一次,视其成绩之优劣分别奖惩之。

8.职业团体文书人员之薪给由各该团体支给之,其支给标准不得低于行政机关之雇员,但文书人员能力特优或另有兼职者,不受此项支给标准之限制。

9.各职业团体已任用之文书人员,应于本办法公布后七日内依照规定格式填具详历表报核。

10.本办法自公布之日施行,并呈报"华中剿匪司令部"政务委员会备查。

19.汉口市工业会第一届第二十次常务理监事会议记录

(1949 年 3 月 16 日)

时间:民国三十八年三月十六日正午十二时

地点:汉口中信局三楼扬子联谊社

出席人:应到　人,实到　人(另有记录簿签名备查)

主席:李国伟

记录:吴传启

甲、报告事项

一、奉"华中剿匪总司令部"代电,为据市商会请拨运输工具案,电复知照由。

二、奉全国工业总会函,为请求增加外汇限额及改正分配办法一案,奉批转知由。

三、奉湖北省社会处代电:为关于本会请求由工业团体派代表参加工人指数调查及审定一案,电复查照由。

四、准汉口市兵役协会函,并公推本会理事长为该会常务委员,检附第一次征兵会议记录由。

五、奉汉口市政府代电:为检送代购各部队马秣柴草价格差额会议记录一份,仰遵照由。

六、奉汉口市政府训令,为改订文书工作人员管理办法,仰遵照由。

七、准汉口市土布业公会函,为该会理事长龙少伯辞卸职务,请予核备由。

八、准财政部汉口直接税局函:为奉电规定三十八年度上期营利事业所得税申报及估税方法,请查照由。

九、准汉口直接税局函:为锯木业请免本年上期所得税一案,碍难照准,复请查照由。

十、准汉镇既济水电公司代电:为屡述困难及预收水电费调整基价,请预支□□施行由。

十一、准江西省工业会代电,为一致反对货物税征施办法由。

乙、讨论事项

一、奉全国工业总会代电:为政府公布财政金融改革方案内关于货物税改征实物一点,实为变相增税,□电反对实施,抄附原稿。希一致主张,以示坚决,本会应否响应暨如何办理案。

决议:联合省、市工业会联络代电响应,并照原意酌予补充理由。

二、准既济水电公司代电，为屡述困难及继续预收水电费与请求调整基价，希力予支持施行。等由。又，准碾米业公会□□预缴电费，因业务不振，万难办到。等由。应如何办理并请讨论案。

决议：1.请求各业理事长分向会员劝导。2.照蓝理事昌农建议办法办理，(a)价格提高至足够成本；(b)资金不足预缴一次；(c)工商住户请一律待遇；(d)请求对非法使用水电者严予取缔。3.由本会负责向各有关方面呼吁。

三、奉市政府代电：以本市军民合作社代购过境部队副食马秣价格差额，决议在未证实、未筹办前，暂由市商会与本会借垫，而本会配额为七百万元，并限五日内先行筹借七成存市银行，本会应如何办理，请讨论案。

决议：历陈工业苦况，请予免筹借。

四、关于工贷问题，前准中央银行汉分行电复，可按贴放章则规定，个别填表送由当地国家行局核对，贴放会办理，本会已分转各会员知照，惟如何协助推进，请讨论案。

决议：请本会出席审核贷款委员会代表督促，从速办理。

丙、临时动议

一、关于本会与省工业会借用工协所租房屋，工协已接中信局函知：是项房屋租约于二月底满期，今后参照市况及物价比率改订为年租一百二十万元，于立约□次预收，不收押金，上项租金以三月九日银元市价三千元为准，再按缴款日银元市价比例调整，本会对此如何办理，请讨论案。

下午二时半散会。

20.湖北省会警察局为电赍武昌市各同业公会及职业工会调查统计表二份致“华中剿匪总司令部”政务委员会兼主任委员白(附统计表)

(1949 年 3 月 17 日)

“华中剿匪总司令部”政务委员会兼主任委员白：

本年二月十二日代电，附颁各同业公会及职业工会调查统计表二种，饬查填具备一案。刻已办理完竣，谨将上项统计表电赍签核。

湖北省会警察局局长(38)寅省警察行叩

附：武昌市各业同业公会统计表(中华民国三十八年)

湖北省会警察局局长　吕广雄

公会名称	武昌市贸易人力车业同业公会	武昌市煤炭业同业公会	武昌市糖果食品业同业公会	武昌市广货业同业公会	武昌市中医师公会	武昌市石灰业同业公会	武昌市房屋产地业同业公会	武昌市西药业同业公会	武昌市山货土水果行业同业公会
主管人	甘静域	吕杏林	周家泉	余羽仪	陆维韩	李揆生	夏子章	郑叔让	曾美成
同业人数	六	一二	四	一六	七二	一七	二三	八	八

（续表）

交通工具	人力车七百辆								
地址	后长街23号	扎珠中街22号	中正路259号	扎珠中街26号	大成路39号	彭刘杨路255号	杏祥巷13号	中正路477号	中正路259号
备考									

公会名称	武昌市金业同业公会	武昌市绸缎布匹业同业公会	武昌市律师业公会	武昌市纸张文具业同业公会	武昌市砖丸业同业公会	武昌市中西酒菜面馆业同业公会	武昌市军西服业同业公会	武昌市棉絮卷花业同业公会
主管人	王瑞廷	董筱轩	李邦骥	钱新之	万泄余	张镛卿	甘大松	万尧卿
同业人数	二	一六	一一四	二三	二二	三四	二八	三二
交通工具								
地址	黄鹤楼道12号	扎珠中街26号	后长街31号	中正路347号	花堤街38号	中正路259号	中正路389号	中正路259号
备考								

21.白崇禧为明了组训情形致图书教育用品商业同业公会

（1949年3月18日）

一、关于本辖区内各种社团活动情形，本会亟待明了。

二、该会名称、负责人姓名、组织概况、活动情形、成立年月应即分别详表具报。

三、该会以后举行各种会议应先行呈请本会，届时派员参加。

四、各种会议记录，应于每次会议后一日内报核。

五、该会对于会员组训情形及人事动态应随时报会备查。

六、以上各点仰即遵照办理为要。

兼主任委员　白崇禧

22.军民合作总站为供应各部柴草马秣一案奉政府以差额无法弥补责成商会暂借垫筹购致汉口市商会函

（1949年3月18日）

奉市政府38汉民字第三五九号令开："查该项差额除已令财政局办理，自□征实以后弥补外，其过渡办法曾于三月九日召集各有关单位会商，代赔各部队马秣柴草价格差额筹措事宜。经决定，暂由商会、工业会借垫三千万元，限期缴齐。"等语，记录在案。惟该会迄今从未依限垫缴，事关军需，仰即依照垫款数分别开□马秣柴草粮食，责成商会、工业会负责人分别筹购，借以抵补垫款。等因。

一、除通知委托代购各部队径向贵会洽领柴草马秣外。

二、特电查照办理为荷。

总站长　林大文

23.武汉警备司令部官兵合作社为缴送筹集提倡股金致汉口市工商各户

(1949 年 3 月 22 日)

敬启者。关于本社筹集提倡股金一案,业于本月十一日在商业大楼第一纱厂办事处召集本市工商及金融代表开会讨论,议决依照《警察局主食补助费筹集办法》向本市工商各户分别筹集在案。兹规定贵社筹集提倡股金银元　元。相应函请查照,即希于本(三)月底以前,按照当日牌价折合金圆缴送汉口市银行,或北平路中央合作金库湖北分库代收,至为感荷。

此致

武汉警备司令部官兵合作社　启

24.汉口市政府为青年节纪念大会希汉口市商会所属各公会应派代表三百人按时出席参加致市商会函

(1949 年 3 月 22 日)

事由:定于三月二十九日上午十时在中山公园体育馆举行青年节纪念大会,即希贵会暨所属各公会应派代表三百人按时出席参加由。

查本年总司令部为砥砺士气,振奋人民精神起见,特定于是日上午十时在中山公园体育场举行汉口市三十八年度青年节纪念大会,由白总司令亲临主持。经筹备会议决定,市商会暨所属各同业公会应派代表三百人参加,由市商会负责派定,指定集合地点,率领于上午九时以前到达会场,按划定位置列队。如遇天雨,改在民众乐园(即新市场)大舞台举行代表大会,派代表六十人参加。合亟通知,即先行切实准备,按时出席参加,至为切要。

右通知

市商会

汉口市政府　启

25.武、阳、汉工资座谈会记录

(1949 年 3 月 22 日)

时间:三十八年三月二十二日

地点:民政厅会议室

出席人:吴旭东、杨锡五、吴惠畴、刘鑫、张华山

王财安、周西松、吴天福、余学诗、靖正初

主席:彭旷高(柏联班代)

记录:陈兴扬

甲、报告事项:(略)。

乙、商决事项:

修正武、阳、汉工人生活费指数,编制应用办法如次:

(一)武、汉、阳工人生活费指数由湖北省政府统计室统一编制。

(二)工人生活费指数,每月十七日通告上半月指数,次月二日通告前月之下半月指数。

(三)前项工人生活费指数,武、汉、阳三镇一律适用。

(四)调查物价日期,上半月物价以十五日物价为准,下半月以卅一日(月小以卅日)为准。

(五)调整物价单位,武昌方面,由武昌市政府统计室负责调查;汉口方面,由汉口市政府统计室负责调查,并由湖北省政府统计室负责复查。

(六)上项调查之物价,上半月于十六日午前,下半月于次月一日午前,分别由汉口市政府及武昌市政府送由湖北省政府统计室汇编。

(七)各项物价计算期间,价格采用武、汉两地市价平均数。

(八)每次编定之工人生活费指数,由湖北省政府统计室按次通告,应用各厂各业。于指数通告之日起,以五天内计发工资为原则,如遇物价波动过大时,得由主雇双方自行协商,另依日报指数备发百分之五十至百分之百工资,并于下次发给工资时扣还。但各厂各业有因生产及营业情形不佳,无力负担,得采取抵扣及减成办法,先由主雇双方自行协议,不成再由劳资评断会实际调查各该业或各厂生产成本与营业状况,其确无力负担者,予以抵扣或减成之评断。

(九)前项修正办法自本年四月份起实施。

丙:散会

26.邹济之为报明本市友益街潞安里口金店又被抢劫损失情形等呈汉口市商会

(1949 年 3 月 24 日)

窃济之本市开设两家金店,一设花楼街笃安里口,一设潞安里口,牌名均为邹老协和。本年二月四日,花楼街之店被匪捻抢劫,并枪死学徒,业经报请钧会转请治安当局缉案法院在案。迄今仍然杳无消息,生者受损,死者含冤。不料本月二十一日下午四时,友益街之店中又被抢劫,似此一波未平,一波又起,重重劫难何能生存,何能营业,谨将十日被抢情形陈明于下。按是时正值交易畅旺之时,友益街店员接待顾客参观货色之际,突来便衣一人,亦佯作看货模样,本店员不疑其他,与接谈间,旋有身着军服七八人,鱼贯而入,其中两名随将店门铁栅拉拢,出枪示威,禁止出入,扬言检查,三名把守楼梯,其余各匪与便衣一匪汇和,一面将最先到店之顾客驱至厕屋紧闭,并举枪吓示店员,不准张声,不准动脚,一面从入柜房,尽量搜劫,历二十分钟之久,临去时复举枪厉声曰:“你们敢出来,即行打死!”本店店员慑于上次花楼街店中枪劫死人事,故心犹惴惴,今见其恶色,聆其厉声,不由魂飞天外,只得唯命是从,无力抗拒,任其洗劫而去。迨其去后,始敢报请缉凶,检查损失,计金饰、旧金多件,合重三十七两七七分三厘,又银元四百三十二元。除分报外,理合具文报请钧会鉴查,俯赐转呈治安机关,务必获凶重惩,追还失物,勿再任逃法网,商店幸甚!地方幸甚!

谨呈
汉口市商会

具呈人　邹济之

27.武汉警备司令部稽查处为注意散兵游勇或流亡学生滋扰致汉口市商会

（1949 年 3 月 27 日）

一、查散兵游勇滋扰市面，为害社会安宁秩序特甚。

二、除本处联合治安执勤队按时巡查纠正外，尚恐耳目未周，希贵会转饬商场人士，遇有散兵或流亡学生滋扰情事，随时通知，以便缉办为荷。

处长　陈大中

28.汉口市商会为通知派代表参加汉口市三十八年度青年节纪念大会致汉口市各业同业公会

（1949 年 3 月 27 日）

案奉汉口市政府(38)汉教字第〇〇三七八号通知内开："查本年三月二十九日青年节，"剿匪总司令部"为砥砺士气，振奋人民精神起见，特定于是日上午十时在中山公园体育场举行'汉口市三十八年度青年节纪念大会'，由白总司令亲临主持。经筹备会议决定，市商会暨所属各同业公会应派代表三百人参加，由市商会负责派定，指定集合地点，率领于上午九时以前到达会场，按划定位置列队。如遇天雨，改在民众乐园（即新市场）大舞台举行代表大会，派代表六十人参加。合亟通知，仰即先行切实准备，按时出席参加，至为切要。"等因。除分知外，相应通知查照，准时由各负责人前往参加为荷。

此致
汉口市各业同业公会

汉口市商会　启

29.汉口市工业会为转知派员参加汉口市卅八年度青年节纪念大会致各会员单位

（1949 年 3 月 28 日）

汉口市工业会代电　汉工业(38)字第三八九号

各会员公鉴：

案奉汉口市政府寅寝(38)汉教字第〇〇三七八号函开："查本年三月廿九日青年节，"剿匪总司令部"为砥砺士气，振奋人民精神起见，特定于是日上午十时在中山公园体育场举行'汉口市卅八年度青年节纪念大会'，由白总司令亲临主持。经筹备会议决定，市工业会暨所属各业公会应派代表一百人参加，由市工业会负责派定，指定集合地点，率领于上午九时以前到达会场，按划定位置列队。如遇天雨，改在民众乐园（即新市场）大舞台举行代表大会，派代

表四十人参加。合亟通知,仰即先行切实准备,按时出席参加,至为切要。”等因。届时希请贵会指派四人参加。如遇天雨,则改派两人,于二十九日上午八时半至中山大道中央信托局二楼本会集合出发。特此电达,即请查照办理为荷。

汉口市工业会(38)寅俭印

30.汉口市工业会为汉口市三十八年度青年节纪念大会致各会员函

(1949 年 3 月 28 日)

汉工业(38)字第三八九号　中华民国三八年三月二十八日

各会员公鉴:

案本汉口市政府寅寝(38)汉教字第〇〇三七八号函开:“查本年三月二十九日青年节,‘剿匪总司令部’为砥砺士气,振奋人民精神起见,特定于是日上午十时在中山公园体育场举行‘汉口市三十八年度青年节纪念大会’,由白总司令亲临主持。经筹备会议决定,市工业会暨所属各业公会应派代表一百人参加,由市工业会负责派定,指定集合地点,率领于上午九时以前到达会场,按预定位置列队。如遇天雨,改在民众乐园(即新市场)大舞台举行代表大会,派代表四十人参加。合亟通知,仰即先行切实准备,按时出席参加,至为切要。”等因。届时希请贵会指派四人参加,如遇天雨,则改派两人,于二十九日上午八时半至中山大道中央信托局二楼本会集合出发。特此电达,即请查照办理为荷。

汉口市工业会(38)寅俭印

31.汉口市工业会为商讨认缴国军副食马秣费召开紧急会议致各单位负责人

(1949 年 3 月 31 日)

紧急通知

查国军副食马秣费总额银元一百三十一万五千元,闻市府拟分配本会认缴二十八万余元,并由其径行核定各业数额。兹为商讨上项问题,特定于四月一日下午一时召集各单位负责人临时紧急会议。除请贵理事长或负责人准时出席参加,俾筹商应付方针,事关切身利害,幸勿忽误为要。

此致

各单位负责人

汉口市工业会　启

32.大上海为敝店被军队常年驻宿电请设法制止呈汉口市商会

(1949 年 3 月 31 日)

汉口市商会理事长程鉴:

窃敝店开设本市黄陂街三八二号大上海菜馆,历经三载,差可维持,借资生理。溯自内战发生,徐州战后,汉口乃长江水道交通要冲,而黄陂街紧接长江,毗邻轮船坞头,军队过境,留宿敝店,不知凡几,暂住数日者,尚在例外,而常年驻宿者,现有川东师管区,万县团□每次征送新兵,无一不强驻于此。又,现有四四军军士队,占住二楼,收容残军,全楼住满,已有月余。是敝店形同营房,影响营业,暗中损失,不可言喻。业经一再呈请中西菜馆业同业公会转呈层峰,迅予设法救济在案,迄今已久,置若罔闻,而中枢一再布告,晓谕军队勿入市区占住民房,此种文告视同废纸。最令人莫解者,即筵席税并自卫特捐及各种□费加倍缴纳,而军队占驻民房不加制止,此种政治措施,无异于揠苗助长,敝店已感受莫大痛苦,故敢直陈。谨电敬闻,恳请设法制止,以解倒悬,无任企祷。

大上海负责人　邵之琪　寅世叩

33.武汉警备司令部为部队强住等解决办法致汉口市商会

(1949 年 3 月 31 日)

一、卅八年三月八日市商字第八六三号代电悉。

二、经派员调查批报:"所住部队已合法迁让他往,现请求发给禁止护照,以杜后患。"等情。

三、查非国营事业一律不发牌示,嗣后如再有部队强住,可迅报本部制止。

司令　刘盼

34.工业会法施行细则

(1949 年 3 月)

第一条　本细则依《工业会法》(以下简称本法)第五十九条制定之。

第二条　依本法第六条划区组织之工业同业公会之区域,视交通或其他情形,以便于实行任务为准,不以行政区域为限,其名称冠以地区名称。

第三条　发起组织区工业同业公会之工厂,应拟定区域,造具本区域同业工厂名册,连同区域及事务所所在地说明书,一并呈请社会部核转经济部决定之。区工业同业公会名称、区域及事务所所在地,经经济部决定后,咨社会部核准组织,并派员指导。

第四条　发起工厂应于许可组织后一个月内,召集本区内各工厂推定筹备员,设立筹备会。

第五条　筹备会以本区内各工厂各推定筹备员一人至三人组织之。

第六条　筹备会之任务如下:

一、调查区域内同业工厂详细状况。

二、筹垫筹备费。

三、拟定入会费及常年会费缴纳标准。

四、决定成立大会日期,至迟不得逾设立后两个月。

五、审查出席成立大会代表资格。

六、拟定章程草案。

第七条　筹备会应于同业公会成立后,理监事就任时结束。发起及筹备时之费用,应由成立大会追认。

第八条　本法第九条所称两项以上之重要工业，以其出品在制造上或营业上有密切关联者为限。

第九条　依本法第十一条呈报之章程、职员略历及会员名册(式如附表)，应各缮具二份，改组或改选时亦同，但改选时章程及会员无变更者，仅送职员名册。区工业同业公会立案后，应检同章程及前项表册呈报事务所所在地之社会行政官署，并应将核定区域业别、事务所所在地，列表分报区域内各县、市社会行政公署。

第十条　依本法第十三条设置之办事处，须经会员大会之议决，呈报主管官署及目的事业主管官署暨办事处所在地之社会行政官署备查。

第十一条　本法第十五条所称两类以上工业，系指同一工厂有不同主要产品之制造者。但副产品须经过不同之加工制造者，视同主要产品。

第十二条　本法第十八条所称代表厂主行使管理权之职员，系指在业务上、人事上之主管人员。

第十三条　工厂指派或撤换代表时，应以书面通知同业公会。

第十四条　会员大会开会前，应根据本法第十七条至第十九条及本细则第十三条审查会员代表之资格。前项代表资格之审查，由理事会、监事会共同为之。

第十五条　工业同业公会理事及监事，由会员大会就会员代表中分别用记名连举法选任之。各以得票多数者为当选，次多数者为候补，其名次依得票多寡为序，票数相同以抽签定之。前项理事、监事遇有缺额，分别由候补理事、监事依次递补，以补足前任任期为限。未递补前不得列席会议。

第十六条　一人同时当选理事、监事时，以得票较多之职为准。票数相同时，任其自择不同职务。正式与候补同时当选时，以正式者为准。

第十七条　理事或监事开会时，须有理事或监事过半数之出席，出席理事或监事过半数之同意，方可决议可否，同数时取决于主席。

第十八条　理事或监事因事不能出席会议时，得以书面委托会员代表代理之，但代理人以代表一人为限。每次会议之代理人不得超过出席人之半数。

第十九条　理事会之常务理事及监事会之常务监事之选举，均用记名连选法选举之，以得票多数者为当选。

第廿条　理事会就常务理事中选举理事长，用记名单选法选举之，以得票最多为当选。

第廿一条　常务理事或常务监事或理事长有遗缺时，分别由理事会或监事会补选之。

第廿二条　理事及监事选出后，应于十日内就任，但遇有特殊事故，得呈准主管官署延长之。

第廿三条　工业同业公会得聘用或雇用办事人员。

第廿四条　会员大会开会时，以左列方式组织主席团轮流主席。

一、成立大会时由筹备会就会员代表中推选之。

二、会员大会时由理事会、监事会共同推选之。

第廿五条　工业同业公会为本法第卅一条之决议时，应于五日内呈报主管官署及事务所所在地社会行政官署备案。其关于一、四两款之决议，并应分报各该级目的事业主管官署备查。

第廿六条　工业同业公会会费标准议定后，应呈报主管官署备案。

第廿七条　各会员工厂之生产工具、出品数量或工人数额有变更时,应报告所属之工业同业公会,增减其常年会费。

第廿八条　事业费总额及每股金额有变更时,应依法议决后,附具财产目录、资产负债表,呈报主管官署核转目的事业主管官署备案。

第廿九条　主管官署依本法第四十五条施行处分时,如有关目的事业之事项,应先商得各该主管官署同意。目的事业主管官署依同条第二项规定为处分时,以有关目的事业之事项为限。其施行第一项第三款、第四款之处分时,应先商得主管官署同意。

第卅条　本法第四十九条省及院辖市工业会之组织,应由各该省(市)境内已成立之工业同业公会半数以上之发起,呈经主管官署许可。

第卅一条　县市工业同业公会核准立案后,由县(市)政府颁发图记及立案证明书。省(市)工业会核准立案后,由省(市)社会处(局)颁发图记及立案证书。工业同业公会及联合组织核准立案后,由社会部颁发图记及立案证书。前项图记工本费,于呈请立案时呈缴。

第卅二条　工业同业公会或工业会,对于非主管官厅在业务范围内有所请求或陈述时用呈,其他事项行文得变通之。至工业同业公会、省(市)工业会、全国工业总会及各种同业公会,彼此往来用函。办事处对于官厅之关涉事项,由所属之同业公会行之。

第卅三条　省工业会之事务所不以省政府所在地为限。

第卅四条　全国工业总会之事务所应设于国民政府所在地。

第卅五条　本细则第十三条至廿四条,于联合组织准用之。

第卅六条　本法施行前成立联合组织,应于本法施行后一年内依本法改组之。

第卅七条　不合于工厂法所定标准之工厂,得准用商业会法之规定,依该法组织商业同业公会。

第卅八条　本细则自公布之日施行。

4 月

1.汉口市工业会为知照选举情况致汉口市政府电

(1949年4月1日)

汉口市政府钧鉴:

查属会常务理事盛今杰、常务监事陈则之先生等均以事离汉,曾先后坚辞本职。惟以会务艰繁,所遗各缺未便久悬,爰经于三月三十日第十一次全体理监事会议,依照会章票选王理事一鸣担任常务理事,原王理事缺根据成立大会选举结果名列程序,应以候补祝理事渭潜递补,原常务监事缺应以钱监事仲超递补,原钱监事缺应以毛候补监事炎松递补。关于上项人事更异,业经会议分别记录在卷,理合电请钧府鉴核,准予分别更正焉。

汉口市工业会代理事长　张大谋　(38)卯东叩

2.汉口市烟商业同业公会为筹集警备部官兵合作社股金一案数字何所依据致汉口市商会

（1949 年 4 月 4 日）

径启者。查筹集警备部官兵合作社股金一案，兹经本市工商及金融界代表会议决定，依照《警察主食补助费筹募办法》，向本市工商各户分别筹集在卷。查补助警察主食费，本会应摊数字为四万元，折合银元为三百余元。闻此次补助警备部合作社股金，本会应摊派为一万五千元，兹准该社函嘱筹集银元三百元，不知何所依据，究应筹集若干，相应函请贵会即希查照查复，并请转知该社更正应派股金若干数字为荷。

此致

汉口市商会

汉口市烟商业同业公会　启

3.汉口市商会为转知注意散兵游勇或流亡学生滋扰致汉口市各商业同业公会

（1949 年 4 月 4 日）

案准武汉警备司令部稽查处本年三月廿七日中二字第 728 号代电开："一、查散兵游勇滋扰市面，为害社会安宁秩序特甚。二、除本处联合治安执勤队按时巡查纠正外，尚恐耳目未周，希贵会转饬商场人士，遇有散兵或流亡学生滋扰情事，随时通知，以便缉办为荷。"等由，准此。除分知外，相应函转，即希查照分转各会员知照是荷。

各商业同业公会　启

4.汉口市国军副秣差额筹募会第二次会议记录

（1949 年 4 月 4 日）

时间：三十八年四月四日下午三时

地点：市府会议室

出席人：叶毕从（马士英代）、华祝安、袁雍（吴芝生代）、程理倡（胡茂馨代）、甘助予、张大谋、王一鸣（代李国伟）、邹安众、黄焕如、傅养荪、李经世、华煜卿、晏勋甫、杨锦昱、万少珊、贺衡夫、吴椵熙、谢春墀、万克哉

主席：晏勋甫

讨论事项：

主任委员提：国军副秣差额原筹募办法中，收款机关为中央银行，拟修正为中央银行或市银行，可否，请讨论案。

决议：通过。

主任委员提：国军副秣差额各业摊配总额如何确定，请讨论案。

决议:市商会所属营业住商、各同业公会及特种营业各会员百分之五十。市工业会所属会员百分之十六点六。房地产联合会百分之二十五。不属各工商团体之公司及其他特户百分之八点四。

5.汉口饭馆商业同业公会为工友逼迫推翻政府协定工资劳方份子激烈对付资方伏乞召集劳资双方合理合法调整呈汉口市政府(附呈第一支部自缮协约书二份)

(1949 年 4 月 5 日)

呈为遭受工友逼迫推翻政府协定工资。自三月三日接酒饭面馆职业工会转(饭馆帮)第一支部工友代表提高工资函,于九日函复并未继续□□。中间两次奉总工会通知,召集双方调解,性质界限,未便列席,即于二十一日备文申叙此次增加工资不合法手续呈报钧府,静候示遵。工友迫不及待,于三月三十日上午九时,第一支部代表纠合百余人在全市(饭馆业)喝令在职工友停止工作。虽未关门,营业大受损失,混乱三日(计十余家)。并勒逼资方馆主,如贪图生意,出盖铺章,为自动赞成非法涨价凭据。正拟签呈层峰求救,工友代表调换手□,哄理事长李镇东至民族路长盛茶楼诱令威胁。窃本会历次调整工资,均系书面往返。理事长在此严重之下,谁不爱惜身命,只得口头接受四月二日上午十时第一支部缮就协约两份。因时间超过,拍桌暴跳,以高压凶状迫令正式盖章。理监接到通知,刚至公会门首,惊闻上情,未敢参见,结果理事长盖章。工友代表嘱本会未到理事监,令收捐员挨名盖章。群情愤愤,受此摧残。本(四)月五日,紧急开会,所有逼迫答应公会数字一律否认。伏乞市座迅予召集双方合理合法调整,否则激烈分子对付资方,隐忧堪虞,公会不能存在,合并声明。

谨呈

汉口市政府市长晏

附呈第一支部自缮协约书二份。

汉口市饭馆商业同业公会监事　呈

理事长　李镇东

附:理事长被迫盖章不合法协约书二份

汉口市饭馆商业同业公会、汉口市酒饭业职业工会第一支部劳资协约(一)

第一条　工资

甲、掌作、堂头每月工资银洋六元五角

乙、砧板、笼上、堂上每月工资银洋五元五角

丙、打杂每月工资银洋五元

第二条　其他最小之饭馆按原定工资,照此类推

第三条　其余均照原有协约履行

第四条　本协约自国历三月一日起实行

资方:

理事长:李镇东

常务理事长：田家才、刘先成

理事：袁希林

监事：童志明、袁求善

劳方：

理事长：张树庭

理事：王玉山、方炳目、陈华清、杨明森

第一支部常务干事：童金南

干事：陈万卿、萧运高、施保山、李东山

中华民国三十八年四月

汉口市饭馆商业同业公会、汉口市酒饭业职业工会第一支部劳资协约（二）（内容同上，略）

6.汉口市商会为具报本辖区内各种社团活动情形致汉口市各业同业公会函

（1949年4月9日）

案奉“华中剿匪总司令部”政务委员会本年三月一日治学字第（250）号代电内开：“关于本辖区内各种社团活动情形，本会亟待明了。一、该会名称、负责人姓名、组织概况、活动情形、成立年月应即分别详细列表具报；二、该会以后举行各种会议，应先行呈请本会，届时派员参加；三、各种会议记录应于每次会议后一日内报核；四、该会对于会员组训情形及人员动态，应随时报会备查；五、以上各点，仰即遵照办理为要。”等因，自应遵照。除分行外，相应抄转，即希查照办理为盼。

此致

汉口市各业同业公会

汉口市商会　启

7.汉口市商会为详知辖区内各种社团活动情形致汉口市各业同业公会

（1949年4月9日）

案奉“华中剿匪总司令部”政务委员会本年三月一日治学字第（250）号代电内开：“一、关于本辖区内各种社团活动情形，本会亟待明了；二、该会名称、负责人姓名、组织概况、活动情形、成立年月应即分别详细列表具报；三、该会以后举行各种会议，应先行呈请本会届时派员参加；四、各种会议记录应于每次会议后一日内报核；五、该会对于会员组训情形及人员动态，应随时报会备查；六、以上各点，仰即遵照办理为要。”等因，自应遵照。除分行外，相应抄转，即希查照办理为盼。

此致

汉口市各业同业公会

汉口市商会　启

8.汉口市工业会为召开会议讨论国军副秣差额摊派问题致各工业同业公会理事长、各单位负责人、全体理监事、各正副主任委员

(1949 年 4 月 9 日)

汉工业(38)字第四〇〇号

径启者。兹定于四月十一日(下星期一)下午二时假中信局三楼扬子联谊社召集各业公会理事长及各单位负责人暨全体理监事会议,讨论关于国军副秣差额摊派问题,事关切身利害,务请准时出席为荷。

此致

各工业同业公会理事长、各单位负责人、全体理监事、各正副主任委员

汉口市工业会　启

9.武汉各界代表慰问受伤官兵

(1949 年 4 月 9 日)

[本市讯]花园战役,国军陆空协力,奋勇作战,获致辉煌战果,参加作战受伤官兵已运来武汉各后方医院治疗。武汉各界慰劳团袁雍(市党部),钱江潮、帅鸿动(长官公署),刘绍武(市商会)、胡海樑(总工会)及市一女中学生代表一行二十人,由袁雍率领,于立日下午二时,赴硚口第二一八后方医院,对住院受伤官兵致殷切之慰问,并由女学生代表分别敬献鲜花。至慰劳物品,已拨交主管军部分别转发,住院官兵均表感激。又,慰劳团于同日下午三时,齐至南京路空军第四军区司令部慰劳此次参加花园作战之空军将士,携有猪肉四百斤,牛肉四百斤,罐头一千听,白锡包香烟一百条。袁雍致简短慰问辞以后,女学生代表献花,由该部第四处副处长何咏棠代表接受,并致谢意。(中央)

(《大刚报》)

10.商会举行重要会议

(1949 年 4 月 9 日)

[本市讯]汉市商会为加强指导各业公会进展,讨论今后重要任务,决定九日下午三时,在该会会议室,举行各业负责人会议,有重要相商,并已通知各业公会负责人出席讨论(国民)。

(《大刚报》)

11.汉口市工业会第一届第十二次全体理监事会议

(1949 年 4 月 11 日)

时间:民国三十八年四月十一日下午二时

地点:汉口中信局三楼扬子联谊社

出席人:应到　人,实到　人(另有记录簿签名备查)

主席:张大谋

记录:姜岱东

甲、报告事项

一、奉全国工业总会函:为转录对英镑集团国家易货办法,希查照由。

二、准汉口市慰劳分会函,为检送会议记录由。

三、奉汉口市政府指令,为本会选举常务理监事,令准备查由。

四、张代理事长报告出席国军副秣差额摊派会议情形。

乙、讨论事项

一、关于士兵副食马秣差额所派本会数额,应如何摊认,请讨论案。

二、迩近本会所属单位有申请退会或停止办公等情形,对前案摊派应否分认,请讨论案。

12."华中剿匪总司令部"为发行本票致汉口市商会函

(1949 年 4 月 11 日)

"华中剿匪总司令部"政务委员会治计字第一三一六号代电内开:"一、据汉口市中央银行汉文字第一四三九号代电称,查近来运输艰困,钞荒情形日益严重,爰于本月三日召集武汉各有关机关汇商解决途径。佥以解决目前钞荒,惟有发行本票与金圆券同行,使流通市面,当经决议,由本行尽速发行面额五类,□千、一万、五万、十万四种本票。昨日搭□各项应付款项流通市面,视同现金,银钱业并可以此抵充库存,国营、公营、生产、交通等事业机关以及税收机构尤应首先倡导,欣然收纳。工商各业对上项本票亦应十足收用,不得贬低折扣或拒收。据请转饬式样,警备司令部,汉口、武昌市政府出示晓谕,工商各界暨全体市民一体懔遵,如有故违,即予严惩。并恳通饬各国营、公营、交通、本市业机构暨税收机关遵照,十足收受,以□币信为祷。等情。二、查所称各节应准照办。三、除分行外,合电遵照。四、本件抄副本送汉口中央银行。"等因,奉此,自应遵办。除分行外,相应函希查照转知,一体遵办为荷。

此致

汉口市商会

13.饭馆业同业公会为劳方协约逼迫盖章工资实行银元会员无力担负公会等于虚设仰祈鉴核救济呈市政府

(1949 年 4 月 12 日)

拟办:本案经一再通知该同业公会理事长来科查询,均无法径到,查原订劳资协定,确据称系威迫签字,但各饭馆已照办,相安无事。惟工资确以银元规定,似未□公开指复,本案拟予暂存档。

窃自上月三日,接酒饭面馆职业工会转(饭馆帮)第一支部函,提高工友待遇、工资改为银元,彼此书面相商,未得谅解,工友迫不及待,走入极端(详细载四月一日汉口商报)。除三月二十一日呈报钧府示遵外,复于本(四)月五日备闻,附送劳方协约二份,赍呈。

劳方呈文

登核所有劳方轶外行动，资劳一□隐不举发，兹七日复进一步，又自缮协约二份，无须资方监理盖章，只工、公两会理事长接受签盖，不合法协约，奇耻大辱，明知同业不能担负，但大错铸成。各会员接到劳方通知，果真工资实行银元，群情愤懑，责难理监庸懦，公会等于虚设，纷纷请求退会，停止义务。枝叶既经摧折，会务势必中断，月费源绝，职员不能枵腹从公，房租无出。推测原因，劳方造成。理监等唯有自请处分，以谢同业贤明。市座鉴此苦情，恩予救济，挽既倒之狂澜，维已坠之会务，不胜迫切待命之至。

谨呈

汉口市政府市长晏

汉口饭馆商业同业公会理监　呈

理事长　李镇东

14.汉口市商会为函复补助警备部官兵合作社股金摊派数字依据等情致汉口市烟商业同业公会

(1949 年 4 月 12 日)

兹接贵会诚二字第二四五号函，为查询补助警备部合作社股金何所依据，究应筹集若干，并转知该社更正应派股金若干数字。等语。经查武汉警备司令部官兵消费合作社送来本会之筹募文件，内称系依照《警察局主食补助费筹募办法》之原则，向本市工商各户分别筹集，至于筹集数目，则系合作社酌量摊派，并未依照主食补助费之标准。所询应派若干数字，兹查原则，贵会所派股金，实系银元三百元。相应复希查照为荷。

此致

汉口市烟商业同业公会

(会戳)　启

15.汉口市百货商业同业公会为派担警察主食费与房户特捐数目不符致汉口市警察局函

(1949 年 4 月 12 日)

呈警察局　百商字第 217 号

案查前准汉口市警察主食费临时辅助筹募委员会二月十八日函开，以嘱本所抄照房户特捐额金圆三八四五五〇元，以五〇〇元比一再打八折计算，应缴银元六一五元，迅即筹缴一案。查本会共计实际房户特捐为二九二九六七元，按照上列比例折算，应摊缴警察主食费为银元四百六十八元二角，奉嘱派担认六一五元一节，实相隔甚巨。近值业务清淡之时，又兼歇业甚多，更难增加负担。呈请鉴核查照，照实征收，以恤商艰。

谨呈

汉口市警察局长李

(全衔)理事长　刘〇〇

卅八.四.十二

16.“华中剿匪总司令部”政委会为筹募副秣差额补助费致汉口市政府函

（1949 年 4 月 12 日）

该市应筹缴副秣补助费仰经交汉央行代收并报会由　中华民国三十八年四月十二日

汉口市政府治计字第一四一二号：

一、本年三月廿二日治计字第一一五二号代电计达。

二、该项副秣差额补助费，原定由该市负责筹缴，本会转发，兹为便利缴解，经改由汉口中央银行代收。

三、除电知汉央行并分行外，合电仰于本月十五日前如数筹缴该行据收，不得延误，并另报会备查为要。

兼主任委员　白崇禧

17.武昌市政府维护第一纱厂工作临时座谈会记录

（1949 年 4 月 13 日）

时间：中华民国三十八年四月十三日下午二时

地点：市政府会议室

出席人：蒋铭

第一纱厂工人代表：周西松、高华头、王财安、张大发、陈汉卿、袁道华、张正祥、赵南樵、瞿凤州、何润宽、谢大洪、胡云齐、夏兴海、熊少卿、江新泉

省政府民政厅：秦智荣

市总工会：张华山、蔡干卿、陈大生、高华头

市政府：李殖、靖正福、张天元

记录：靖正福

主席：蒋市长

主席报告（略）。

商决事项

1.限厂方于本月十四日前购进棉花及原料并复工。

2.先行由厂方负责□发四月初上半月工资，以维工人最低生活。但工人应共体时艰，不得作过分之要求。

3.现存厂内原料及存品与售货所得现金以维持恒久开工及维持工人最低生活为原则，暂不得作其他任何开支。

4.由工人加强工会组织，协助厂方维护生产安定、工人生活，并由民政厅秦智荣、市府李殖会同监督。

5.关于厂方对内对外一切债权、债务由厂方负责即日清理。

散会

18.汉口市钱商业同业公会为陈明本市警保队拘逮理事长谢春墀情形请查照致汉口市商会函

（1949 年 4 月 13 日）

汉口市商会代理事长王勋鉴：

查警察职责，消极的为维持社会安宁，积极的为增进人民幸福。其组织之健全与否，关系人民至为巨大。本市参议会张议长等（包括本会理事长谢春墀在内）鉴于市库空虚，警察生活清苦，特倡议临时筹募款项，补助警察主食费用，组织汉口警察主食费临时补助筹募委员会专司其事（本会理事长谢春墀亦为筹募委员之一），并先后决定筹募标准，分三期缴纳，及将按照银元牌价折收金圆改为实收银元。本会依据筹募委员会通知，应缴牌价银元一千三百三十六元，计第一期三月七日送缴银元四百四十五元四角，按当时银元牌价“一千八百元”，折合金圆八十万零六千一百七十四元；第二期四月一日实缴银元五百一十元，均经取得汉口市银行收据可凭，下欠尾数银元三百八十元零六角。因本会本年三月廿五日第十九次常务理事会决定，按照当时银元市价，以每元八千五百元折合金圆实收，按银元市价逐日波动，原收之数不敷购现缴，同时第一期按照牌价银元折缴之金圆，亦须照市价银元补足。本人遂一面向同业加募补足差款，一面亲向本市警察局局长李经世询问第一期缴费应补差额，以便一并清缴；李局长答以“不知”。四月八日，午后一时，虽有警察局刘君来会询问此事，但经本会王庶务说明刻正筹缴情形后，随即辞出。讵四月九日正午，突有本市警保队短枪警兵一人，长枪警兵六人，驰至本人经营之太康钱庄内，声势汹汹，不由分说，竟将本人拘逮以去。嗣经本会龚常务理事榕庭、苏常务理事芝庭走访警察局李局长，始悉为欠缴警察主食补助费事。贵会王代理事长静斋亲往拘禁本人之警保队缓□，始获释，然已被拘禁达二小时矣。窃查人民身体之自由应予保障，在我国宪法已有详细规定。且此项警察主食补助费，系本市商民自动认募之款，绝非法定税款可比。法定税款之抗缴滞纳，亦应由法院处罚，或对物执行，不得对人加以逮捕。兹警保队对于并未滞纳抗缴、无法律义务之捐款，抑且始终负责筹募之人士，擅行被捕，以致激起理事长辞职。值兹艰困，陷本会于解体状态，于法于情，似均不合。爰经本年四月十一日本会第二届第十二次会员大会决议理事长辞职慰留，关于横受侮辱一节，由本会呈报华中军政长官公署，请作公平之□落，并分函市商会、市参议会、银行公会暨各业同业公会，请作正义之声援。等语，记录在案。除分别呈函外，请代电达贵会查照，即希主持正义，俾得公平之理落，以维法纪而重人权为荷。

汉口市钱商业同业公会叩卯文

19.汉口市商会为钱业公会理事长谢春墀被警保队拘禁二小时情事致汉口市警察局函（附回函）

（1949 年 4 月 15 日）

查敝会本月九日为商讨税务事项召集各业公会代表座谈会时，据钱业公会理事长谢春墀声称，略以本市警察主食费补助捐款原决定分三期缴纳，按银元牌价折收金圆，嗣改为实收银元。钱业公会应缴纳银元一千三百三十六元，计第一期三月七日送缴银元四百四十五元四角，按当时银元牌价，照钱业公会来电云云函，擅自被捕，于法于情，似均不合，请主持正义，俾得公平之理落，以维法纪而重人权。等语。经决议，应函请警察局将拘禁情形及理由函复。等语，记录在卷。相应函达，即请查核见复为荷。

此致

汉口市警察局

理事长　程子〇

附：汉口市商会回函

案准贵会卯文代电，为陈明本市警保队拘禁理事长谢春墀情形，请主持正义。等语。查本案业经依照本月九日各公会代表税务座谈会议决案，函请汉口市警察局将拘禁之情形及理由函复矣。相应复请查照为荷。

此致

汉口市钱商业同业公会

（会戳）启

20.摊派国军副秣差额工商界无力负担商会代表今赴市府签请减低

（1949年4月15日）

汉口市商会于昨（十四日）下午三时开第四次理事会议，计到理事黄石、赵鸣洲、刘明章、王静斋、张尧萱、董凤翔、胡耀棠、马汉三、高坤山、陈焕章、曾绍藩、万少珊、陈淦川、许益甫等，由王静斋主席。讨论案件中，最重要者，为顷据各业公会代表纷纷来会报称，以今（十四）日接到市政府通知，为摊派国军副秣差额，各业须缴纳银元自数百元至数万元不等，且限于本月十五日以前缴齐，逾期五日者罚十分之五，逾期十日者罚十分之十。各业接到通知之后，以限期仅有一日，不独不及召集会员开会讨论即向各会员收款，亦因时期迫促，无法收齐。况以时局不靖，交通阻隔，购买力薄弱，各业多已纷纷停业，市面萧条之至，实属无力负担此项巨额捐款，请予转请设法救济。等情，请核议案。经决议：推举马汉三、陈焕章、陈淦川、曾绍藩、王静斋、高坤山、胡耀棠、刘明章、贺衡夫九位理事，会同工业会代表华煜卿、蓝昌农于今（十五）日上午九时在商会齐集，前往市政府申述各业困难情形，请求宽展限期，并减低款额云。

21.汉口市商会因摊派国军副秣差额派捐致各业同业公会理事长

（1949年4月16日）

查国军副秣差额摊派捐款一案，业经本会理事会议推举代表于本月十五日前往市政府申述各业困难情形，暨无力负担之苦衷，请求宽展限期，并减低款额，当蒙□两点：（一）数字不能少；（二）期限四月底以前缴三分之一，各有困难情形以及摊派数字不均之处，以第一期之款缴清后，再行磋商调整。等因。兹定于本月十七日下午二时在本会召集各业公会理事长开谈话会，并请市长出席。除分别致函外，相应函希查照，准时出席为荷。

此致

汉口市各业同业公会理事长

汉口市商会　启

22.汉口市中山区区公所为尽快缴纳应征之劳军布鞋或代金致汉口市钱业同业公会

（1949 年 4 月 17 日）

汉口市中山区区公所公函　区治所字第 650 号

查响应中央号召,慰劳前方将士,征募布鞋劳军事宜,前经汉口市“戡乱建国委员会”议决定,分区设组征募。兹复准该会戡秘宣字第四五〇号代电,附送征募布鞋收据五千份,应担任布鞋五万双,嘱于最短时间征募完成,以便转解。等由,自应照办。爰于本年四月十四日召开中山区布鞋劳军第二次会议,商讨征募办法。经决议:除银行、钱庄由区公所统筹办理外,其余公司、商号、住户则分组征募,其征募等级为甲等二百双,乙等一百五十双,丙等一百双,丁等七十双,戊等五十双,己等三十双(大公司、商号不得少于甲、乙、丙三等),并限于一星期内完成,以便转解(布鞋以收现品为原则,其不愿出现品者,可按戡委会规定,以二十万元代金折缴)。等语,记录在卷。除分知外,相应函请查照。所有贵会属于本区辖地同业,计应担任布鞋一万双,希即将应征之布鞋或代金,统于一星期内径缴来所掣据,并希先将分配各同业布鞋数目列册,于三日内见复凭办为荷。

此致

汉口市钱业同业公会

区长兼组长　杨海龙、柴海楼

副组长　任岳松、潘仲素

23.汉口市政府为副秣差额分三期缴解令汉口市进出口业公会

（1949 年 4 月 18 日）

查国军副秣差额经筹募委员会第三次会议决议,通知各业依照摊配总额分三期缴解,第一期五十万元,限四月廿五日以前缴清;第二期五十万元,限五月十日以前缴清;第三期其余尾数,限五月廿日以前缴清。等语,记录在卷。除分行外,合行令仰该会遵照,依期缴纳,勿误为要。此令!

24.中央通讯社武汉分社为所询有关贵会消息一则请往警备部政工处询问致汉口市商会

（1949 年 4 月 18 日）

大函奉悉。所询有关贵会消息一则,系警备部政工处送来嘱为刊发者,请往一询便知究竟。

此致

汉口市商会

中央通讯社武汉分社　启

25.鲁寿安、程子菊财产到底多少

（1949 年 4 月 20 日）

因为有不少的人主张查封程子菊和鲁寿安的产业，记者探悉有人已经作了初步的调查，特将所得的材料附录于后，借供参考。鲁寿安在汉口的产业：一、厚前街一处约值现洋六千余元；二、洞庭村一处价值二千余元；三、辅堂里一处约值三四千元；四、车站路两处约值六千元；五、丹水池基地约有六十亩；六、黄鹤州基地约有六十亩。

程子菊在汉口的产业：一、关道街一处约值二千元；二、地方厅一处约值二千元；三、三义里一处约值七八百元；四、大龙家巷一处约值一千五百元；五、胜利街两处（德明饭店）约值十万元；六、军站路两处约值五六千元；七、辅仁里一处约值二千余元；八、胜利街一处约值万余元；九、黎黄陂路两处约值万余元；其余钱庄、工厂多处均未估入。除了上面所列，据说还有些代名的，没有列入，许多人都觉得他们两人拥有这些资产，是如此不顾信用，实在可惜，而居心也不可测。

（《大刚报》）

26.汉口市商会为本会并未接获恐吓信呈警备司令部

（1949 年 4 月 20 日）

窃查本市各报四月十七日均登载中央社讯“本市商会接获恐吓信，索现洋二百万元，警备部正在彻查中”消息一则，殊非事实，本会并未接得任何恐吓信件，当经函请中央通讯社武汉分社发表更正消息，转致各报登载。去后，兹准中央通讯社武汉分社复函开：“所询有关贵会消息一则，系警备部政工处送来，嘱为刊发者，请往一询。”等由。理合呈请鉴核，赐予更正，并请转知中央社暨各报更正为祷。

谨呈

武汉警备司令部

（会衔）理事长　程子菊

27.汉口市商会为抄录春季劳军会议记录及办法致各业同业公会

（1949 年 4 月 21 日）

汉口市慰劳分会（38）汉社字第一〇七五号代电开：查汉口市各级春节劳军座谈会业经如期举行，兹随电抄附是项会议记录及商订劝募办法一份，希即查照有关各案，迅予分别办理为荷。等由，附记录及劝募办法各一份，准此。除分行外，相应抄同原件，函希查照，有关各业迅予分别办理为盼。

此致

汉口市各业同业公会

附记录及劝募办法各一份。

汉口市商会

1949 年 4 月 21 日

28.汉口市商会为催缴第一期国军副秣差额致汉口市各业同业公会

（1949 年 4 月 23 日）

顷奉市长面谕:“国军副秣差额第一期应缴之数,限本月二十七日以前缴清,违抗不缴者,由各公会理事长于廿八日将欠缴户及应摊缴数目开列报市府,以便派警催缴。”等因,奉此。查国军副秣差额第一期之款,亟应照缴。除分行外,相应函希查照转知,如期缴清,否则即将欠缴户名及应摊数目造册报府,是为至盼。

此致

汉口市各业同业公会

汉口市商会　启

29.华中军政长官公署政务委员会为检发武汉区敌伪产业处理委员会第一期房地义卖券配销单及义卖券致函(附武汉区敌伪产业处理委员会第一期房地义卖券配销单)

（1949 年 4 月 23 日）

一、据武汉区敌伪产业处理委员会呈,为第一期房地义卖券一百万张,拟于即日起发售,五月十日开奖,关于销券事宜经依照《发行房地义卖奖券办法》规定,由汉口市商会等团体认购,所有各单位认购奖券数额除提请本会第七次委员会议决定外,并召集各认购团体负责人于本月二十一日举行座谈会议议决,各在案。特开列配销清单一份,连同已印妥之奖券五十万张呈请核定,先饬遵办。等情。

二、经核尚属可行,除复准照办外,查该会此次发行奖券旨在筹措本区军粮,当此军事紧急之时,各经销单位应于即日起积极设法将配额十足销毕。如在开奖前推销尚不足额,本会仍认为已全部销出并限于五月七日前将全部券款缴交该会指定银行代收。

三、兹先就原配额检发奖券半数,仰即查收,切实遵照办理勿延。附发该项奖券配销清单及领单各一份,希即具领盖章,具报备核为要。

附发配销单一份,房地义卖券七万张,及领单一份。

兼主任委员　白崇禧

附:武汉区敌伪产业处理委员会第一期房地义卖券配销单

经销单位	配销比例	张数	售出方式	附注
汉口市商会	百分之十四	十四万	自行决定	

（续表）

经销单位	配销比例	张数	售出方式	附注
汉口市工业会	百分之八	八万	自行决定	
汉口市各职业公会	百分之十五	十五万	由市商会分配各公会决定	
汉口市房地业公会	百分之四	四万	自行决定	
粤汉铁路工会	百分之二	二万	自行决定	
汉口海员工会	百分之三	三万	自行决定	
慈善联合会	百分之一点五	一万五千	自行决定	
各团体各公司行户	百分之三	三万	由商会统筹	
汉口各区市民及殷实富户	百分之二十四	二十四万	由市政府召集警察局及区公所决定	
汉口市区零售	百分之四	四万	限钱业公会委托各行庄公司代售	
武昌市	百分之十四	十四万	由市政府决定	
汉阳县	百分之三点五	三万五千	由县政府决定	
粤汉铁路	百分之三	三万	由路局随一、二等车票记售汉至衡者一张，汉至粤者二张。又货与行李满三吨者一张，逾五吨者累进记售之	
各轮船公司	百分之零点五	五千	由轮船业公会转交各公司随国统以上票记售，汉至京者一张，汉至沪者二张，□□加倍，货与行李满五吨者一张，逾五吨者累进记售之	
餐馆	百分之零点五	五千	由食品业公会分发餐馆（按筵席每□记售一张）	
合计		一百万		

附注：

（一）本券不售与任何外国人，如冒购中彩亦不给奖。

（二）各单位售券如发现号码重复、脱落等情事，随时知本会更换。

（三）铁路、轮船、餐馆须切实记售，本会逐日派员对账，如有漏记，由各该单位自购。

（四）各经销单位每日实收券款（银币）应于次日内连同券根送交本会。

（五）义卖券之领取以领单为凭。

30.汉口市肥皂工业同业公会为通知讨论摊缴副秣差额费召开会员大会致各会员工厂

（1949 年 4 月 24 日）

通　知

兹以国军副秣差额费催缴急迫，特订于本月廿五日下午二时，在交通路九号召开会员大会,讨论摊缴问题,相应通知查照,务希届时出席。如逾时不参加者,本会以默认论,径行决定。事关军需处切身利害,幸勿延误为荷。

此致

各会员工厂

汉口市肥皂工业同业公会　启

31.汉口市工业会为转知踊跃缴纳国军副秣差额致各会员单位

(1949 年 4 月 25 日)

汉工业(38)字第四三三号

径启者。据本会出席国军副秣差额筹募委员会代表面称:“关于士兵副食马秣差额各方派额催缴办法,准自第二期起改按警察主食费征募办法予以修正。惟第一期(四月廿五日)应缴数额务希各方勉为其难,踊跃缴纳。”等情,到会。除分函外,相应函请查照为荷。

此致

各会员单位

汉口市工业会　启

32.东北同学学友会为请求东北流亡学生赴粤旅费事呈钱业同业公会

(1949 年 4 月 26 日)

为呈请东北流亡学生赴粤旅费事,窃生等五十七名因避炮火之袭害及觅读之境所,弃了白山黑水温暖家庭,备尝离辛,辗转各地,由东北步入华北平津区。其时本不欲远离家乡,无奈战火延炽日烈,遂不得不再□辛途劳,渡洋南下至京。孰料教育业已南迁,一切愿望又成空影,只好再乘车赴粤,但所备旅费穷尽,无法前进,现被阻于鄂省,前功尽弃,为了要贯彻离乡时之目的,只可乞求各界父老资助。等久仰汉口市为湖北省文化交流地,商业繁荣,甲于全省。今敝同学会特派代表赴经贵同业公会,恳请双金之助,望父老一洒同情之泪,慨解义囊,借表仁怀,送生等达志愿之境。如是吾群苦难学生,不但目前之难可解,即未来之愿亦可达矣,我等幸莫大焉。望贵公会秉人类同情心,准生等之请。因时局动荡,更祈早日恩准是幸。

敬呈

钱业同业公会理事长公鉴

东北同学学友会理事长　孙伟麟

1949 年 4 月 26 日

33.汉口市钱商同业公会为配销房地义卖券一案致政务委员会函

(1949 年 4 月 29 日)

案奉华中军政长官公署政务委员会卅八年四月廿三日处理字第二三九号代电开:据武汉敌伪产业处理委员会呈,为第一期房地义卖券一百万张,拟于即日起发售,五月十日开奖。关于销券事宜,经依照《发行房地义卖奖券办法》规定,由汉口市商会等团体认购,所有各单位认购奖券数额，除提请本会第七次委员会议议决外，并召集各认购团体负责人于本月廿一日举行座谈会议决：1.各在案，特开列配销清单一份，连同已印妥之奖券五十万张呈请核定，先饬遵办。等情。2.经核尚属可行，除复准照办外，查该会此次发行奖券旨在筹措本区军粮，当此军事紧急之时，各经销单位应于即日起，积极设法将配额十足销毕。如在开奖前推销尚不足额，本会仍认为已全部销出，并限于五月七日前将全部券款缴交该会。3.兹先就原配额检发奖券半数，仰即查收，切实遵照办理勿延。附发该项奖券配销清单及领单各一份，希即具领盖章，具款备核为要，等因。附发配销单一份，房地义卖券一百本，计一百万张，及领单一份到会，自应遵照。查此项义卖券系配由银、钱两公会委托行庄公司代售之，原配额为四万张，经政委会先就原配额检发奖券半数，计两万张。照案配银、钱业两公会委托各行庄、公司代售各两万张计，银元一元每本计义卖券一百张，相应检同义卖券□□张暨本会配券，贵行代售领单，并抄同敌伪产业处理委员会第一期配销单，送请查收。即日在贵行大门前贴代售义卖券字条以便代售，并请于五月五日以前将已售券及未售券函致本会，以资汇转。又，政委会电令内第二段中"如在开奖前推销，尚不足额，本会仍认为已全部销出"之规定，经洽明系对配销券之规定，代售券不受此限制，合并附明为荷。

此致

34.汉口市商会为转知分三期缴清国军副秣差额致汉口市各业同业公会

（1949年4月29日）

查本会前为国军副秣差额一案，业经陈述商业困难情形，于四月十五日呈请汉口市政府减缴在卷。兹奉汉口市国军副秣差额筹募委员会(38)汉财字第二九五号批开："呈悉。查案关国军部队所需，所请未便照准，仍仰遵照市政府汉财字第〇三三三号训令，分三期缴清，切勿违延为要。"等因，奉此。除分行外，相应函希查照转知为盼。

此致

汉口市各业同业公会

汉口市商会　启

35.汉口市商会为转知筹募国军副秣差额办法致汉口市各业同业公会

（1949年4月29日）

案准汉口市财政局(38)财享字第〇一九三号公函内开："查本市为遵奉华中军政长官公署电令，限期筹募国军副秣差额，业经组织筹募委员会订定筹募办法，并规定摊配比额，通知各单位筹缴在案。兹依照筹募办法第六项规定，以汉口市银行为缴纳银元捐款地点。等语。相应函请查照，并转知各业公会遵照缴纳为荷。"等由，准此。除分行外，相应函希查照，并转知为盼。

此致

汉口市各业同业公会

汉口市商会　启

36.汉口市工业会为分别认销奖券致各会员单位

(1949 年 4 月 30 日)

径启者。本会奉华中军政长官公署政务委员会颁发配销武汉区敌伪房产义卖奖券四万张。到会,经于本月廿八日召开全体理监事暨各公会理事长、各单位负责人联席会议商讨办法。旋以出席人数不足法定,当即改开座谈会,广泛换交意见,□意办法。现先按本会□□□□摊派六与一之比成例,暂行分配各单位认销余数,再由本会呈请核示处理。查该券为限期有价证券,未便存会,用特函达,希请贵处克日派员来会具领,毋延为荷。

此致

37.汉口市政府为转政委会训令为依期送缴副秣差额补助费令汉口市商会

(1949 年 4 月)

自 1949 年 4 月起至 1949 年 4 月止

代电政委会训令市商会等为筹募副秣差额补助费应经解汉口央行代收案由。

中华民国卅八年四月十二日

代　电

“华中剿匪总司令部”政秘委员会兼主任委员白钧鉴:

治计字第一四一二号代电敬悉,除分令汉口商会、市工业会及房地产业联合会依法缴汉口中央银行代收外,谨电奉请鉴核。

汉口市汉财铣印　市长　晏勋甫

训　令

令汉口市工商业房地产联合会:

案奉“华中剿匪总司令部”政秘委员会治计字第一四一二号代电内开。等因,奉此。除令外,合行令仰该会遵照前(38)汉财字第二六〇号训令所派数款依期汇缴汉口中央银行代收,且无延误。

此令!

市长　晏勋甫

5 月

1.汉口市商会为呈请免予筹缴城防工作工人救济捐款呈市政府

(1949 年 5 月 2 日)

钧府(38)汉民字第七八二号代电,为救济泥瓦、木作两业参加城防工作工人,饬将捐款克日筹缴。等因。查本市商场,自经历年战争以后,元气大亏,近来时局紧张,市面益形萧条,停业者日必数起,加之捐税过重,名目繁多,商人确有不胜负荷之苦。且城防工事,商人均已直接、间接贡献财力、物力,如摊派巨额房户特捐及征用工事材料与运输工具,等等,所受损失并无救济。至于本会经费,向极空虚,上月份员役薪给,迄今犹未发给。综上各情,所有城防工作工人之捐款,实属无法筹募。

2.国军副秣筹委会第五次会议记录

(1949年5月2日)

时间:三十八年五月二日下午八时

地点:市府会议室

出席人:叶碧从、郑逸侠(黄维中代)、谢春墀、陈焕章、晏勋甫、邹安众、胡武、高坤山、李经世、王静斋、董凤翔、程理昌(胡茂馨代)、傅养荪、胡耀棠、萧儒君、蓝昌农、夏鹤雏(章文代)、刘绍武、孟学思、华煜卿、王一鸣

主席:晏勋甫

记录:郑德配

报告事项

主席报告(略)。

决定事项

特户留汉者,由财政局派人分组催收,逾期不缴者,通知警察局拘捕,并加倍罚款,离汉者代收其产业收益。

由工、商两业即日通知各会员切实缴纳第一期所派之款,并由工、商两业责成各同业公会理事长负责催收,限五月八日缴清,逾限不缴者,由各理事长核列名单,送请军警机关拘捕,并加倍罚款。

由市政府委托中央、中国、交通、农民四行及汉口市银行代收捐款,并由工、商两业分别通知各会员在指定之银行缴纳。

通知中、中、交、农四行及汉口市银行于缴款人缴款时,应注明所属工、商两业分户。

房地产业所摊派之款,缴纳办法如下:以房屋为对象者,分商户与普通住宅两种缴纳。

商户三层以上者缴八元,三楼五元,二楼三元,平房一元,由同业公会理事长通知各会员自行按照比例,连同第一期所派之款一并缴纳,所垫缴之房屋捐款,准予抵销租金(缴款人向银行缴款时另取收据)。

普通住宅,按照商户比例改为一、二、三、四元,由财政局连同房捐附收。通知书规定所缴之款第一期未缴者,准抵缴第一期款,第一期已缴者,准留待第二期缴款时再行抵缴。

此次催缴队应以支出之方□缴款通知书暂行保存,其他已照通知书规定,应缴之款第一期未缴者,准抵缴第一期款;第一期已缴者,准待第二期缴款时再行抵缴。

3.汉口市商会为征收三十八年事务费致钱商业同业公会函

(1949年5月3日)

查本会前为准备征收三十八年事务费,业于三月十二日分别函请各业公会于三月底以前

列表报告每月收支数目，到会。以凭依照商会法征收本会事务费，但届时报会者，仅二十业（不及全市商业同业公会百分之十三），其中并有未将收支数目填报者，致本会无从依据征收事务费。现在本会经费极为空虚，一切正当开支均已无法应付，爰经第八次理监联席会议推举理监事开审查会，决定向各业公会暂借三十八年事务费，先收上半年度济用，计请贵会暂借三十八年全年事务费银元三百五十元，先收上半年度银元一百三十五元。相应函达，即请查照，务希于本月十日以前，将该款缴送本会，以应急需，是为至荷。

此致

钱商业同业公会

汉口市商会　启

五月三日

4.汉口市商会为汉口中央银行库存镍币搭发军政费用一案致汉口市各业同业公会函

（1949 年 5 月 3 日）

案奉华中军政长官公署政务委员会治计字第一六六七号代电开："关于汉口中央银行库存镍币搭发军政费用一案，因市场对镍币使用作价不一。经令饬该行斟酌市场实际情形，规定比价报□核夺在卷。兹据呈复到会，除指复准予备查并公布施行外，合行抄发原记录，电仰遵照，辅助推行为要。"等因，附抄发记录一份，奉此。除分行外，相应抄同记录，函希查照，转知各会员协助□行为盼。

此致

汉口市各业同业公会

速！

附抄记录一份。

汉口市商会　启

五月三日

5.汉口市工业会为国军粮秣副食差额摊派款项处理办法致各会员

（1949 年 5 月 4 日）

汉口市工业会代电　汉工业(38)字第四六〇号

各会员公鉴：

关于国军粮秣副食差额摊派款项一案，本会于昨日派员出席市府召开会议，经讨论决定，上项派款第一期银币五十万元，由商会及本会转知各同业公会于本月八日以前交清，如逾期不能缴清，应由各该业理事长详列未缴各户名单，呈报市府催收（详载三日武汉日报）。再，本会各会员如有接到房字副食差额派款通知单者（即根据警察主食派款基数所发之 120、80、40 元数字者），在第一期派额未付清前，可予缓缴，如已缴者，可抵缴第一期派额。为特函请查照，希将已缴数字函复本会，以便办理为荷。

汉口市工业会(38)辰支印

6.汉口市商会为抄发国军副秣差额筹募委员会第五次会议记录致汉口市花匹纱头业同业公会

(1949 年 5 月 4 日)

案奉汉口市政府(38)汉秘二字第〇五二号训令内开:“兹抄发国军副秣差额筹募委员会第五次会议记录一份,仰即切实遵照办理为要。此令!”等因,附记录一份,奉此。查此项缴款办法,已由本会于本月四日各业负责人座谈会中说明,奉令前因。除分行外,相应抄附记录,通知查照,于限期(五月八日)内收第一期应缴之款,持□指定之中国农民银行,如数缴纳。军粮紧急,幸勿延误为荷。

此致

汉口市花匹纱头业同业公会

汉口市商会　启

7.汉口市肥皂工业同业公会为通知讨论副秣差额筹缴问题召开会员大会致各会员工厂

(1949 年 5 月 4 日)

通　知

兹订于本月五日下午三时在交通路九号召开全体会员大会,讨论副秣差额筹缴问题,相应通知查照,即希准时出席为荷。

此致

各会员工厂

汉口市肥皂工业同业公会

8.汉口市工业会为缴纳本年四月份营业住税事项致各会员

(1949 年 5 月 4 日)

汉口市工业会代电　汉工业(38)字第四六一号

各会员公鉴:

案准汉口市财政局辰东(38)财亨字第〇二二四号函开:“查本年四月份营业住税亟应开征,所有各业四月份应缴税额应根据原核定三月份税额缴收银元,着五月一日起,仍由各该同业公会负责摊缴。如逾五日不缴者,一面由各征收人员挨户严加催收,并得依法处以滞纳罚款。除分别函令外,相应函请查照,烦为转饬所属一体照缴为荷。”等由。特电转请查照,并转属知照。

汉口市工业会(38)辰支印

9.汉口市工业会为继续维持会务活动致各会员

(1949年5月5日)

汉口市工业会代电　汉工业(38)字第四六四号

各会员公鉴:

案奉汉口市政府辰江(38)汉社字第一一〇八号训令开:"查迩来迭据各同业公会报称,会员因受时局影响,多有停业,以致会务无法维持,请求停止活动。等情。查会员停业固不无实际困难,惟际兹非常时期,团体任务尤属重要,仍仰共体时艰,勉力维持为要。"等因。特电转达,即希查照为要。

汉口市工业会(38)辰微印

10.汉口市商业同业公会筹备会为助国军副秣差额捐款致盐业销商各同业函

(1949年5月6日)

案奉汉口市国军副秣差额筹募委员会单字第(0008)号核定副秣差额捐款通知书内开:"案奉华中军政长官公署令,为补助国军副秣差额,饬征收差额捐款。等因。遵经核定盐商公会认捐银元三万六千三百六十九元,限于四月十五日前径缴沿江大道南京路口中央银行如数核收。如无银元缴纳,准以实物兑条送市政府,本会抵缴银元,取具收款(收物)印据备查。倘有违延或拖欠逾限五日者加征十分之五,逾限十日者加征十分之十捐款,特此通知。案关部队副秣所需,切勿违误为要。"等因,奉此。查此项捐款遵照汉口市政府(38)汉社字第(981)号指令,应由湖北区盐业运商办事处及汉口盐业销商办事处各摊银元一万八千一百八十二元,业经分别函请依限送交本会汇缴。除运商摊缴办法另有规定外,接准销商办事处本年四月十五日财字第八号函复,嘱向各会员直接摊收。根据本会第十六次筹备会议决议案,按原登记销商会员九百五十九家平均摊派,每家应摊国军副秣差额捐款银元九十元〇五分,为三期缴纳,每期各缴三分之一,现第一期捐款限定五月八日缴齐,请贵会即将本期应缴捐额银元一百〇三元三角五分如数交会汇缴。倘逾限不缴本会,唯有造列清册,报请汉口市国军副秣差额筹募委员会直接征收,以免延误而济军粮。除分函外,相应函请查照办理为荷。

此致

销商各同业

汉口市商业同业公会筹备会　启

11.汉口市商会为湖北省防空指挥部改组为华中区民防司令部遵于四月一日改编成立致各业同业公会

(1949年5月6日)

案准华中区民防司令部卅八中办字第四〇号代电开:"准空军总司令部转奉国防部制为字第三四一号代电开,将湖北省防空指挥部改组为华中区民防司令部,遵于四月一日改编成立,假武昌三道街特一号开始办公,同时启用关防。除分别呈报外,相应电请查照,并转饬所属一体知照。”等由,准此。除分行外,相应函希查照为盼。

此致

汉口市各业同业公会

12.汉口市商会为国防部空军司令部假武昌三道街特一号开始办公致各业同业公会函

(1949 年 5 月 6 日)

华中区民防司令部三十八中办字第四〇号代电开:“准空军总司令部转奉国防部制为字第三四一号改编成立,假武昌三道街特一号开始办公,同时启用关防。除分别呈报外,相应电请查照,并转饬所属一体知照。”等由,准此。除分行外,相应函希查照为盼。

此致

汉口市各业同业公会

汉口市商会

13.汉口市商会为转知华中区民防司令部改编办公致汉口市各业同业公会

(1949 年 5 月 6 日)

华中区民防司令部卅八中办字第四〇号代电开:“准空军总司令部转奉国防部制为字第三四一号代电,着将湖北省防空指挥部改组为华中区民防司令部,遵于四月一日改编成立,假武昌三道街特一号开始办公,同时启用关防。除分别呈报外,相应电请查照,并转饬所属一体知照。”等由,准此。除分行外,相应函希查照为盼。

此致

汉口市各业同业公会

汉口市商会　启

14.武汉区敌伪财产清理委员会为房地义卖券改为推销与搭销两方式发售致钱庄业同业公会函

(1949 年 5 月 9 日)

一、查第一期房地产义卖券前经华中军政长官公署政务委员会分于四月廿三日及廿八日先后以处理第字 234、277 号代电,请贵会配销一案各在案。

二、本会为明了推销情形起见,复经于五月四日召开各经销团体负责人座谈会,议决开奖日期延长十天,改为五月廿日等在案外,并将奖券改为推销与搭销两方式登售。其搭销以货物(主要民间食品除外)为对象,实施细则则由各团体自行决定,速办理。等语,记录在卷。

三、除录案曾报华中军政长官公署委员会备案外,兹特电请查照,迅予决定有效搭销办法,切实办理,请勿延误为荷。

15.汉口市商会因召集各业公会负责人在本会开会致汉口市各业同业公会函(附汉口市商会各业同业公会代表座谈会决议案)

(1949 年 5 月 10 日)

奉市长面谕,为时局紧张,市库空虚,公教警务人员薪饷犹未发清,需款孔急,饬设法筹款。等因。当于本月十日召集各业公会负责人在本会开会,经决议六项办法,记录在卷。除分行外,相应抄同决议案,函希查照办理并转知,万勿延误,是为至盼。

此致

汉口市各业同业公会

附抄决议案一份。

汉口市商会

附:汉口市商会各业同业公会代表座谈会决议案

(1949 年 5 月 10 日)

一、奉市长面谕,为市政府需款孔急,应如何筹款,请核议案。

决议:(一)六月份警察主食补助费以房捐为标准,到六月份时再行核议征收,五月份未收齐者应速予追缴;

(二)四月份营业税与营业牌照税未缴者,在本月十三日以前向武汉市银行缴清,不得故意拖延;

(三)除大业务照规定数目缴纳营业牌照税外,如中小各业营业牌照税有困难者,中等业务应先缴七成,小业务最少必须先缴五成,缴讫后,再请商会转向财政局接洽。

四、国军副秣差额补助费,市政府准以三成镍币七成银元搭缴,须即日缴纳。

五、营业税与营业牌照税仍准以三成镍币七成银元搭缴。

六、关于市面镍币流通问题,由商会呈请政府设法限制之。

16.市商会昨日座谈会决议案件计有六项

(1949 年 5 月 11 日)

[本报讯]昨(十日)汉口市商会各业公会代表举行座谈会,决议:六月份警察主食补助费以房捐为标准,到六月份时再行核议征收,五月份未收齐者应速予追缴。四月份营业税与营业牌照税未缴者,在本月十三日以前向汉口市银行缴清,不得故意拖延。除大业务照规定数目缴纳营业牌照税外,如中小各业营业牌照税有困难者,中等业务应先缴七成,小业务最少必须先缴五成,缴讫后,再请商会转向财政局接洽。国军副秣差额补助费,市政府准以三成镍币、七成银元搭缴,须即日缴纳。营业税与营业牌照税仍准以三成镍币七成银元搭缴。关于市面镍币流通问题,由商会呈请政府设法限制之。

(《大刚报》)

17.汉口市商会为催缴营业税暨营业牌照税决议案呈市政府(附汉口市商会各业公会代表座谈会决议案)

(1949 年 5 月 13 日)

案查前奉钧长面谕:时局紧张,市库空虚,公教警务人员薪饷犹未发清,需款孔急,饬设法筹款。等因。遵于本月十日召集各业公会负责人到会座谈,经议决六项办法,记录在卷。除已于十日抄同决议案通知各业公会办理外,理合抄录原决议案呈请鉴核。

谨呈

汉口市市长晏

附抄呈原决议案一份。

汉口市商会代理事长　王静斋

附:汉口市商会各业公会代表座谈会决议案

(1949 年 5 月 10 日)

一、奉市长面谕,为市政府需款孔急,应如何筹款,请核议案。

决议:(一)六月份警察主食补助费以房捐为标准,到六月份时再行核议征收,五月份未收齐者应速予追缴。(二)四月份营业税与营业牌照税未缴者,在本月十三日以前向汉口市银行缴清,不得故意拖延。(三)除大业务照规定数目缴纳营业牌照税外,如中小各业营业牌照税有困难者,中等业务应先缴七成,小业务最少必须先缴五成,缴讫后,再请商会转向财政局接洽。(四)国军副秣差额补助费,市政府准以三成镍币七成银元搭缴,须即日缴纳。(五)营业税与营业牌照税仍准以三成镍币七成银元搭缴。(六)关于市面镍币流通问题,由商会呈请政府设法限制之。

18.汉口市治安维持会为共同推进治安工作致汉口市商会函

(1949 年 5 月 15 日)

紧急通知

为策定汉口整个市民安全与解除人民水火起见,敝等不避锋刃,出而组织治安维持会,几经筹划,已有健全组合。第以事机迫切,工作亟待展开。用特通知,敬希贵会即时组合同仁,镇静心理,一致向治安□□及个人事业前途作事实之表现。举凡主管机构文卷公物应一律妥为保持,并须加强团结互助,共同推进治安工作,良机在还,幸勿自误为荷。

此致

市商会请转各同业公会

汉口市治安维持会　启

19.程子菊拆骗遗祸连累晏市长九个流亡学生亦大受损失

（1949 年 5 月 15 日）

［本报讯］昨日五分局受理了一件因一纱厂拆骗而牵累的纠纷案。

原来有位河南人崔恭智，同老河口的九个流亡学生合资在沙市买了棉花一七一包，三月底运到汉口，便同积庆里二十二号慎昶棉花经理江履平接洽。当时讲好棉花一万六千八百零九斤（值现洋五十万零四千二百七十元），掉二十磅轻纱二十三件。先付八十元，余开二十三件细纱存条一纸，定期四月二日交货。但是直到昨日止，并未兑现，并且存有静待局势变化、徐图赖骗的意思。崔恭智等因为现在穷到吃烧饼钱也没有了，便向五分局提出控诉，该局便于昨日上午传讯江履平讯办中。

［又讯］第一纱厂有数个债权人昨天在棉花公会共同集议，认为晏市长与程子菊有伙同拆骗的嫌疑，理由是晏市长先曾担保程子菊不会逃走而程子菊终于逃走，逃走后，市府虽然派人追缉，但直到今日，仍未缉捕到案。以此案与郁文案相比，郁文能缉捕回来，为什么程子菊捉不到呢？显系有伙同拆骗的嫌疑。故他们准备在最近几天内招待记者，请求予以声援。

（《大刚报》）

20.汉口市治安维持会为组织人民纠察队致汉口市商会函

（1949 年 5 月 16 日）

径启者。查武汉为商业中心，原有驻防军队业已全部撤退，本会奉命组织人民纠察队，负责维护武汉治安，严防宵小及阴谋活动。所有武汉商民团体希能切实合作，随时检举不法分子，俾能确保武汉治安，相应函达查照，并即转知所属知照为荷。

此致

汉口市商会

委员　邹名材、孙仲夫　启

21.汉口市商会为函知欢迎贺次长君山筹备会议记录致汉口市各业同业公会函（附会议记录）

（1949 年 5 月 27 日）

查本市各团体欢迎贺次长君山筹备会议业于五月二十六日下午三时在汉口市商会举行，所有决定事项均经记录在案。除分别通知外，相应检同会议记录一份，函请贵会查照办理，并希迅转所属单位知照，幸勿延误为荷。

此致

汉口市各业同业公会

附筹备会议记录一份。

汉口市商会　启

附:欢迎贺次长君山筹备会议记录

时间:五月二十六日下午三时

地点:汉口市商会

出席人:善堂联合会胡松年、中医公会萧季芳

助产师公会余明诗、公益联合会王文智

律师公会陈贞干、市商会贺衡夫

镶牙公会曾超群

主席:贺衡夫

记录:丁隆昌

讨论事项

一、关于推举市级团体负责筹备案。

决议:推市商会、公益联合会、善堂联合会三团体负责筹备,由市商会总其成。

二、拟定市级团体参加人数案。

决议:各市级团体理监事全体参加,其所属单位各派代表一人参加。

三、各单位参加人是否先期通知市商会,以备考查案。

决议:各单位参加人数务于六月三日以前通知市商会,并注明团体名称及参加人姓名。

四、茶点费应如何规定案。

决议:参加人员各纳茶点费五千元,并应于造送名册时一并缴送市商会。

五、欢迎地点及时间如何规定案。

决议:欢迎会地点及时间俟择定后,由负责筹办团体另期通知。

散会

汉口市商会　启

22.市商会讨论改选事宜

(1949 年 5 月 28 日)

[本报消息]汉口市商会昨日召开理监事联席会议,因为在武汉未解放前那些同白匪及蒋匪勾结的,如程子菊、万少珊、万克哉之流,□知末日已到,都逃命到桂林、广州、香港去了。因此商会的理监事仅剩下几个人,在推动会务上颇为困难,昨日联席会议中,作初步交换意见,如另增加理监事人数,或重新改选,都要听候市政府指示。

(《大刚报》)

23.武昌市政府推销敌伪产业义卖券令各工商团体区公所(附武昌市政府奉□记武汉敌伪产业奖券各同业公会认销数目表)

(1949 年 5 月)

中华民国卅八年五月二日
训令字第　号

令各工商团体(另附单)区公所:

奉华中军政长官公署政务委员会理字第二三九号代电,检发武汉区敌伪产业处理委员会第一期房产义卖券及义卖券配销单,指定本市配销十四万张,并饬以该会此次发行奖券旨在筹措本区军粮业。此军事紧急之时,各经销单位应于即日起积极设法将配额十足销毕。如在开奖前推销尚不足额,本会仍认为已全部销出,并限于五月七日前将全部券款缴交该会。等因。除分会配销外,兹规定该区公所配销房产义卖券并随令先发一千五百张,其□之数亦应自本月四日起按日来府领取二千张,并随令检发半数计,仰于本月五日以前推销完毕。至其半数亦应于该区住户分别推销,务于本月七日以前办理完竣,其所销价款应连同本月五日前派员具领,统限于本月七日办竣,并将价款券根缴到府。上项义卖券之配销,系供军粮之用,限令至为严切,务仰积极设法办理,十足销毕,如推销不足额时,本府仍认为已全部销出,转粮核办,并仰遵照为要。

此令!

附义卖券　张。

市长　蒋○

附:武昌市政府奉□记武汉敌伪产业奖券各同业公会认销数目表

名称	武昌市橡皮板车业公会	武昌市沙泥石渣业公会	武昌市杂粮行业公会	武昌市电料业公会	武昌市鞭炮业公会	武昌市熟食业公会	武昌市木竹业公会	武昌市旅栈业公会
理事长姓名	朱恒升	孙幼山	叶炎良		唐德生	胡师礼	邓华堂	何金城
住址	张之洞路一六二号	张之洞路一六二号	武太闸	胡林翼路荣华巷行	十字正街二一号	明伦街四三号	白沙洲	斗级营
等级	丙	戊	乙	丙	戊	戊	丁	丁
张数	1000	200	3000	1000	200	200	500	500
备考								

名称	武昌市木板业	武昌市国药业	武昌市马车业	武昌市营造业	武昌市牛肉业	武昌市猪肉业	武昌市金银首饰业	武昌市油漆业	武昌市图书业	武昌市布店业
理事长姓名	万绍鄂	陈其年	骆非庆	廖定天	李家万	孙炎恕	王瑞廷	胡明山	刘钦华	董小轩
住址	胡林翼路三一三号	保安门一九六号	平阅路二六二号	胡林翼路廖义昌	梅阴寺街一一号	扎珠中街十三号	中正路四四号	油漆公路	胡林翼路三号	中正路四三四号
等级	戊	乙	戊	丁	丁	丙	甲	丁	丁	甲
张数	200	3000	200	500	500	1000	4000	500	500	4000
备考										

名称	武昌市印刷业	武昌市水果行业	武昌市碾米工业	武昌市米业	武昌市针织业	武昌市土布业	武昌市照相业	武昌市圆木业	武昌市瓜菜业	武昌市汾酒业
理事长姓名	钟新之	冯炳臣	游为琨	毛松涛	叶理黄	董方湛	冯载华	陈国泰	刘东山	郑晋卿
住址	中正路三五一号	南局后街四三号	中正路四四号	大兴发初六一号	胡林翼路三五九号	积玉桥	粮道街一五号	十字街	解院后街	福寿庵二二号
等级	丙	丁	甲	甲	戊	丁	丙	戊	戊	丙
张数	1000	500	4000	4000	200	500	1000	200	200	1000
备考										

名称	武昌市南酒业	武昌市山货水果业	武昌市香烟业	武昌市棉絮卷花业	武昌市靴鞋业	武昌市西服业	武昌市猪行业	武昌市寿木业	武昌市糖坊业	武昌市西法洗染业
理事长姓名		曹美成	喻金山	万尧卿	曾泽卿	李英爽	刘健初	谢永智	许秀舫	刘宝卿
住址		保善社	中正路三九四号	大佛巷三号	胡林翼路	中正路三五四号	敦义堂后街四四号	扎珠中街	张之洞路一六二号	粮道街
等级	丁	丙	戊	丁	丁	丁	乙	丙	戊	戊
张数	500	1000	200	500	500	500	3000	1000	200	200
备考										

名称	武昌市染坊业	武昌市人力车行业	武昌市转运业	武昌市钟表眼镜业	武昌市浴室业	武昌市初营木商业	武昌市卷烟经理业	武昌市木商业	武昌市柴炭行业	武昌市煤炭行业
理事长姓名	高海波	甘静域	郭曙南	范桂棠	邓维铨	陈雨森	杨静之	张斌臣	王文舫	吴继寿
住址	十字街二七号	后长街二三号	徐家棚堤街	胡林翼路	平阅路	白沙洲		白沙洲	保安门三五四号	彭刘杨路七八号
等级	戊	戊	丙	丁	戊	丁	丙	丙	戊	乙
张数	200	200	1000	500	200	500	1000	1000	200	3000
备考										

名称	武昌市茶叶业	武昌市糖果食品业	武昌市中西酒菜面馆业	武昌市煤炭业	武昌市鱼行业	武昌市粮食行业	武昌市华洋百货业	武昌市杂货业	武昌市西药业	武昌市榨坊业
理事长姓名		周家泉	张镛卿	吕杏林	柏辛亥	张俊三	余羽仪	蒋锦章	郑德僧	张杰相
住址		新志生号	汉斌酒楼	扎珠中街22号	武胜门菜市场	王惠桥29号	中正路维新	粮道街源泰	中正路郑大有	张江陵路2号
等级	丙	丁	丙	丙	丁	甲	甲	甲	丁	乙
张数	100	500	1000	1000	500	4000	4000	4000	500	3000
备考										

名称	武昌市杂木柴业	武昌市玻璃业	武昌市石灰业	武昌市酱园业	中西木器家具业	牛肉零售业	汽车运输业	中西衣庄业	制革业
理事长姓名	胡仲涛	赵子斌	李撰生	付初	杨建华	徐柏臣	张次彭	何锦纯	陈咸墀
住址	社稷坛街五号	梳妆台二号	十字正街五一号	粮道街90号	胡林翼路100号	保安门三五四号	张之洞路一六二号	中正路	十字横街
等级	丁	戊	戊	丙	丁	戊	丙	丙	丙
张数	500	200	200	1000	500	200	1000	1000	1000
备考									

8 月

汉口市银行商业同业公会为《华中日报》三周年特刊送特刊费五百万元致《华中日报》

（1949 年 8 月 19 日）

敬复者。顷准大函，以贵社创刊瞬将三载，于本月二十八日发行三周年特刊，聊示庆祝，并将特刊预征书一份，嘱即填交，以便安排。等由。查贵社创刊三年，服务新闻之精神良堪钦佩，此次举办三周年特刊，无任庆祝。本会致送特刊费五百万元，聊表庆祝之意。兹连同预约书一份，并随函拾奉，即希查收见示为荷。

此致

华中日报社

会衔　启

9 月

1.汉口市商会为推销最新型喷雾灭火机致各业同业公会函

（1949 年 9 月 12 日）

顷接上海中华国际贸易行驻汉推销处呈称："窃查我国自抗战以还，消防设备遭遇严重破坏，添置无门，尤以胜利后本市人民剧增，致迩来火患频频，损失浩大。更以本市环境复杂，人人自危，而负责消防机构因恪于人力、物力，且所辖地区辽阔，虽疲以奔命，尚感难以应付。查扑灭火患贵乎于火势初起之时即行灌救，毋任蔓延。窃行因见及此，特自美国标购大批最新型喷雾灭火机，轻便灵活，超过其他灭火机之效能，射程高远，用途甚多，价目奇廉，已分销来汉。为广推消防公益安全起见，用上情检赍该机说明书一份，报请钧会赐予提倡，饬属劝导各同业商店购备，俾资防范，而利公益。"等情，据此。除分函外，相应函希查照，转知各会员。如需购备，可径向本市中山大道一一六八号该办事处接洽为盼。

此致

汉口市各业同业公会、□□会员

汉口市商会　启

2.汉口市商业会昨召开理监事会议商讨营业税与所得税问题

(1949 年 9 月 27 日)

[本报消息]武汉市七、八、九三个月营利事业所得税与营业住税业经武汉市税务局召集全市工商界人士,以民主评定方式,议定三镇应负担之配额。内营业住税汉口分配九十五万分,营利事业所得税汉口分配九十三万七千分,应由汉口工商界分别负担。汉口工业会与商业会为商定各方应负配额,曾数度会商,各方各执己见,未能获得协议。旋经武汉市税务局方面调解,市商会于昨日下午特召开全体理监事会议,经反复磋商,并经税局唐副局长从中解释,始决定遵照税局方面意见,工业会方面缴纳汉口全部营利事业所得税配额的百分之十五点六六,营业住税全部配额的百分之十点七五。余者由商业会方面担负。至此,汉口市工商界对于营利事业所得税与营业住税的问题,始暂告一段落。商会方面为传达昨日(廿六日)关于分配税额问题的决议,定今日下午二时在市商会召开各同业公会代表大会,并请税局唐副局长出席指导。

(《大刚报》)

3.市商业会议定税额分配办法

(1949 年 9 月 30 日)

[本报消息]市商会于前日下午召开全体理监事会议。市税务局唐副局长、全科长亦邀请出席参加,会中对各公会负担七、八、九三月份营业住税及所得税分数评议办法,予以决定:即定十月一日(即明日)先将本市全体同业公会分成四组,分在棉花、布匹店、电器、广货四业同业公会内召开初次评议会。每组均将全体同业公会应负担之分数配额予以评定,同时,商会内部理监事亦于是日召开理监事会,同时将各同业公会应负担之分数配额予以评议,然后商会将四组所评定全体同业公会之各个不同之分数汇齐。由商会定期集合四组评议代表将各组评议结果再开总评议会,并参照各组评议所得提出复审,决定各业公会应该负担之确实分数,予以公正之评定,然后再将该项评定分数转呈政府核示。至此,评议工作方告完成。

(《大刚报》)

10 月

1.商会税额分配今日举行议评

(1949 年 10 月 5 日)

[本报消息]市商会曾于本月一日集合各业公会分成四组,将卅八年度七、八、九三月份之营业住税及所得税集体评议,一讯已志前日本报。顷悉,该项评议工作各组业已完成,市商会定今日上午九时再召集各组评议代表举行总评,并请税务局派员参加。届时当将四组各同业公会分配评议比额,个别提出总评,作最后之决定,然后再将总评结果呈送税务局核办。

(《大刚报》)

2.商界税额分配已告顺利完成

(1949 年 10 月 9 日)

[本报消息]关于本市商业界七、八、九三月所得税与营业住税分配工作,市商会曾于日前召集各组代表举行总评。顷悉,该项总评工作业于前日顺利完成,已将各业公会负担之千分比予以评定。同时,本市外商配额部分亦已评定,刻商会已将总评结果造具表式呈送税务局核办。一俟税务局核准,即可按总评所得启征。

(《大刚报》)

3.营业税所得税定十五日开征

(1949 年 10 月 11 日)

[本报消息]武汉市七、八、九三个月营业住税及所得税经税务局核定各为一百万分,并以民主评议方式评定武、阳、汉三地负担配额。三镇市商会及工业会根据评定比额,曾前后召集各该会之同业公会,再行将各公会应负担分数予以评议,现此项工作,三镇均已评定完竣,业将评定结果呈送税务局核办。兹悉税务局将在明后(十二至十三)两日内,作最后之评定,并决定自本月十五号起开始启征。至二税款额若干,将各业比额俟最后评定后方予公布。

(《大刚报》)

12 月

关于各业店号负责人座谈会紧急通知

(1949 年 12 月 25 日)

接准武汉市工商联合会筹备会议筹字第二三四号通知内开:“兹为传达武汉市各界人民代表会重要议案,定于本月二十六日(星期一日)上午九时,假本市花楼街大华电影院举行各业店号负责人(即经理)座谈会,相应函达查照,即希转知所属每一会员,最少派员负责人一人准时赴指定会场参加,为荷。”等情,到会。相应录案函达,希贵负责人(请不要派学徒)于十二月二十六日上午九时以前,亲往本市花楼街大华电影院内签到参加(过时不补行签。),□签到簿缴工商备查。唯事关重要,请勿缺席迟到为荷!

此致

月份不详

1.湖北省工业协会第二届全体会员大会提案

（1949 年）

一、请政府于最短期内颁布工业会法案。

理由：中国今日经济问题，厥为社会普遍贫困，人民生活艰危，根本之图，唯有增加生产，发展民族工业，则工业会法实有早日颁布之必要，俾能代表民族工业意志，赞襄国策，以促进我经济工业化之早日实现。尤其本年普选在即，如当我工业界以数十年来艰苦奋斗之经验贡献国家，更有所依据。查欧美先进工业国家，无不早有工业会之设立，盖不如此不足以配合整个经济政策之推进。

办法：以大会名义请立法院早日公布。

提案人：郭寿衡、华煜卿、厉无咎、周兹柏、王一鸣。

二、请政府严格执行迁让军队占用厂房之诺言。

理由：厂房为工厂之根本设备，占用则施工无地，何由生产。本会去岁成立之际，即曾为此事一再呼吁，但一年以来，据本会调查，截至月前止，本会会员被占用之厂房多未迁让，应请顾念当前民族工业之处境艰危，对于被占用厂房，严格履行政府一再之诺言。

办法：以大会名义再电国防部及武汉行辕，饬令迁让。

提案人：华煜卿、刘梅生、厉无咎。

三、吁请政府力争拆迁日本纺织机作为赔偿物资。

理由：据东京电讯所传，麦帅总部拟使日本纺织业达到一九三四年九百三十余万纱锭之水准，则日本纺织业膨胀，结果势必使我国萌芽中之轻工业首先遭受摧残。且纺织业向为日本重要轻工业，战后破坏无□，如纺织业仍能保持战前水准，则日本经济将不免再蹈法西斯经济路线上之覆辙，故必须拆迁其纺织机作为赔偿物资，以防微杜渐，事关我国民族之安危□福，切身利害，应请据理力争。

办法：以大会名义电请行政院赔偿委员会转麦帅总部，力主限制日本本土在十年以内拥有纱锭最高额不得超过三百万锭，其超过之数，应一律折迁盟国，作为赔偿物资，并发动各地工业协会响应，唤起国内及世界舆论之督率。

提案人：宋立峰、李国伟。

四、吁请政府注意中小型工厂困难案。

理由：当此整个工业萧条，中小型工厂困难多多，诸如资金周转不灵，市面资金太大，而国家行局低利贷款及于中小型工厂者甚微，有之则手续苛繁，难得实惠。然而中小型厂对于今日之国民经济，仍居重要地位，中小工厂之危机，绝不能有所忽视。

办法：以大会名义向有关方面呼吁，扩大中小型工商贷款银元范围数额，并简化贷款手续，并请工商辅导处向四联贷款举办中小厂生产原料之配给。

提案人:周兹柏、施之铨、厉无咎、陈惠卿。

提案:工厂购置机器及材料所需外汇,应请政府尽先核结案。

理由:工厂所用器械及若干材料,现时国内尚未能完全自造,抗战时期,本会会员工厂,因内迁及遭敌机炸轰,损失器械甚多,今胜利归来,复厂需要新器械及若干材料,均需向外定购,需用外汇甚多,如政府不予核结,即无法购得器械及材料,即无法复工,故应大声疾呼,请求政府对我生产工厂因定购器械及材料所需之外汇,必先尽须准予核结。

办法:(一)用大会名义代电经济部、财政部、行政院、立法院请求。(二)用大会名义代电各地工业协会,作一致之呼吁。

提案人:李国伟、刘梅生、苏汰余、宋立峰、杨胜惠、孙保基、厉无咎、王一鸣、周兹柏。

2.汉口市商会为转发关于意大利国、意大利人及意大利法人应行停止事项表致银行业同业公会函

(1949年)

查《管理金融机关暂行办法》第十一条条文内载:"财政部认为公益上有必要时,得颁布关于金融机关业务之命令。"等语。兹以欧洲情势转变,关于在华之意大利国、意大利人及意大利法人之交易,除金融机关另有规定者外,自应酌予停止,所有应行停止事项,业经本部于本年九月十一日以部令公布施行,并呈请行政院备案各在案。除分行外,相应抄同事项表一份,令仰该公会知照,并转知各会员银行一体照行。此令!

附抄件。

部长

3.为紧急通知查本会各会员商号所有本年收支各种账目

(1949年)

政府法令一律改为公历(即阳历)十二月底止为清算结账时期,以昭划一。如未经立账,同业会员统限于一九五〇年元月一日起开始设立账簿,如不照案办理,嗣后税务机关查账时(答称未立账),本会不负一切责任。事关营业本身利害关系,请勿疏忽。除分行外,即希本会同业会员查照。

4.汉口市财政局为核定大成永一大马来之商户税款等级令税捐稽征处

(1949年)

汉口市财政局字第379号　中华民国卅八年一月廿五日

批百货业同业公会:

卅七年十二月十四日百商字第八二号呈一件,录来文由。呈件均悉:(一)查大成永号税额,前据该号呈报开业,当经本局予以核定,于上年十二月十八日以财二字第〇〇四九号批示并训令税捐稽征处照征在案,自不再重核。(二)一大商号经派员查签,于上年十一月十一日

开业,为两大开间门面,主业胶鞋,副业呢帽,营业状况不悉,所呈以刘万顺号为相等,税额似嫌太轻,应比照其同业晴雨商店同等核定数目,开业之日起征。(三)马来橡胶行据查签,系于上年八月二日开业,虽系半开门面,专营胶鞋,但他比□中营业较优,所请比照晴雨商店相等核税亦嫌不当,应比照其同业民生号(民权路一七四号)税额核定,自卅七年八月起征。除饬交遵照分别征收外,仰即遵照转知照缴为要。

此批!件存。

局长　程○○

5.汉口市百货商业同业公会为缴付警察局主食补助费致各会员函

(1949 年)

通知　华字第 61 号

案查前准汉口市百货商业同业公会百商字第二〇一号函开:“案准武汉警备司令部官兵消费合作社函,略以本社筹集提倡股金一案,经开会议决,依照警察局主食补助费筹募办法,向本市工商各户分别筹集在案。兹规定贵业募集提倡股金银元五百元,相应函请查照,即于三月底以前缴清。”等由,准此。复经本会呈请业务困难情形,请予减免。讵准该社复函不能减免,并限克日即设法如数送缴,同时派员来会督索。本会处此无法设想之间,只得根据成例由军务所平均负担。等由,准此。既事出迫促,实不能再延,自应照办,并经按照本所各会员会费登记,每级收取三倍半。除分知外,相应函希查照,务盼勉为其难,照予缴付为荷。

此致

本所各会员函□

(所□戳)启

卅八.五.七

先油印,暂勿分发,必要时再行收款。

6.为依限缴补警察主食费临时补助费致生漆熟油业同业公会函(附汉口市警察主食费临时补助筹募委员会临时会议记录)

(1949 年)

查汉口市警察主食费临时补助筹募款项一案,业经分别函知在卷。兹以员警生活艰苦,本案亟应从速办理,后经会商决议办法。除分行外,相应抄同记录,函希查照,依限缴补为荷。

此致

生漆熟油业同业公会

附注:警察局规定二道机米每石现洋八元八角整。

附抄记录一份。

附:汉口市警察主食费临时补助筹募委员会临时会议记录

日期:三十八年三月十三日下午二时

地点:汉口璇宫饭店餐厅

出席人:万少珊、刘梅生、邹安众、刘绍武、李国伟、王静斋、高坤山、陈经畲、甘助予、贺衡夫、张弥川、贺尔梅、李经世、张大谋

主席:李经世

主席报告目前员警生活艰苦之情形。

讨论事项:

一、原规定照银元价摊收金圆,核与事实不符,应如何救济案。

决议:自三月十四日起(星期一)照所派数改收银元。

二、已缴者之差额应如何办理案。

决议:已收之款,照缴款日期之牌价及米价计算,不敷数应予照补。

三、本案应如何从速进行案。

决议:(1)所有款额应于三月底以前收清。(2)各区已收各户数目由警察局查明告知主食费委员会扣抵。(3)收款对象由同业公会理事长负责,如有困难,由理事长造具花名册及款额,交警察局挨家催收。(4)推定万少珊、张弥川、李国伟、贺衡夫、陈经畲、贺尔梅、张大谋等七委员负责。

散会:下午四时。

7.汉口市百货商业同业公会第一事务所为警察主食费筹募致汉口市百货商业同业公会函(附汉口市百货商业同业公会延不缴纳警察主食费牌名数额表)

(1949 年)

案查前准大会百商字第 158 号函,以准警察主食费筹募会函,嘱本所担认筹募银元六百一十五元(不照牌价)一案,遵即分摊,并派员按户一再收取。讵有武汉中国国货公司等三十六户共计捐款二百三十二元六角五分,必须按照牌价折合付款。本所奉嘱系按照银元,故此无权处理。除将应收之银元三百八十二元三角五分随收随送市银行外,相应抄送未缴三十六户牌名表一份,送请查照办理,以清手续为荷。

此致

汉口市百货商业同业公会

附送延欠警察主食费牌名表一份。

汉口市百货商业同业公会第一事务所　启

卅八.四.一

附:汉口市百货商业同业公会延不缴纳警察主食费牌名数额表

商店牌名	店址	应担任警察主食数目	备考
武汉中国国货公司	江汉路 139 号	一五	
五和公司	江汉路 139 号	八	

（续表）

商店牌名	店址	应担任警察主食数目	备考
新光	江汉路 139 号	八八	
大中	汉正街 861 号	八八	
景福公司	宪政一路 8 号	八八	
新生	汉正街 870 号	七五	
华丰厂	南京路文美村 15 号	七五	
飞纶	民权路 150 号	一二七五	
宝源	万年街 38 号	七五	
丽来	吉庆街慈德里 25 号	七五	
和洋	万年街 34 号	七五	
沈茂和新号	统一街 125 号	七五	
裕大	民生路 193 号	七五	
正大	统一街 59 号	七五	
协昶	民权路 230 号	六二五	
吕义兴	统一街 114 号	六二五	
义源商店	车站路 115 号	六二五	
利用燮记	永宁街 7 号	六二五	
金门	中山大道 989 号	六二五	
鸿大	永宁街 29 号	六二五	
好□	中山大道 1371 号	六二五	
协泰	万年街 28 号	六二五	
大孚	吉庆街青云里 2 号	六二五	
源丰祥	江汉路长怡里 1 号	七五	
申木	民生路 295 号三楼	六二五	
王吉昌	新成里 23 号	六二五	
祥兴	民权路 30 号	六二五	
祥兴行	胜利街鼎余里 10 号	一	
新丰	中山大道 952 号	四	
大乐	中山大道 1024 号	六五	
明星	车站路 32 号	一	
华中	利济路 193 号	一	
万国兴记	中山大道 1134 号	一	
茂盛	中山大道 1845 号	一	

（续表）

商店牌名	店址	应担任警察主食数目	备考
坚固	利济路 187 号	一七	
汉口仁声国货推销社	民权路长沙后巷 1 号	一	
共计	三十六户	二三二六五	

8.武汉行营审判战犯军事法庭为柯大树战犯嫌疑一案致汉口市各业同业公会函

（1949 年）

武汉行营审判战犯军事法庭代电开:“准汉口地方法院检察处本年六月十九日纪信字第二五九号函送台籍人民柯大树战犯嫌疑一案,经证据,该犯供认于民国二十九年起充伪汉口警察总局秘书,三十二年任警察局经济警察处处长,三十三年调充伪湖北省物价调查取缔委员会调查组组长,三十四年任伪武、阳、汉各警察局经济警察联合办事处处长各职,及在供职期间奉日伪命令科罚商民,没收货物等情不讳,惟否认有敲诈商民及强奸妇女事情。查所称是否属实,并此外有何其他不法行为,特电请查照,统希详查其事实与犯罪之证据,迅予见复,以凭办理。”等由,到会。除分函外,相应函达查照,转知同业各商店,如有被害者,无论有无证据,迅即报告本会,以凭汇转。

此致

汉口市各业同业公会

9.汉口市人民和平促进会章程

（1949 年）

第一条　名称:本会定名为汉口市人民和平促进会。

第二条　宗旨:本会促成全国全面和平为宗旨。

第三条　会址:本会会址设汉口市商会。

第四条　会员:会员分为两种,一种为团体会员,一种为个人会员,凡赞助和平之团体或个人,均可加入为会员,团体会员由本会邀请,个人会员由会员二人以上之介绍,填具入会申请书,即得视为会员。

第五条　组织:(一)本会设干事五十七人,组织干事会,由会员大会推选之,并就干事中互推十九人为常务干事,组织常务干事会,日常处理会务。常务干事会互推召集人三人,同时为本会会员大会及干事会之召集人。(二)常务干事会下设主任秘书一人,另设总队、宣传、联络三组,各组各设主任干事一人,得视事务繁简聘请干事若干人。

第六条　会期:本会会员大会每三月召开一次,干事会每半月召开一次,常务干事会每周召开二次,必要时得分别召开临时会议。

第七条　会费:本会会费由各团体会员筹措,并请个人会员乐捐。

第八条　工作大纲及办事细则:本会工作大纲及各项办事细则,得由常务干事会及各组分别拟具提交,由干事会通过施行。

第九条　专门委员会:本会得经干事会议决,设置各种专门委员会,由常务干事会分别就社会贤达及专门学者聘请为委员,担任研究各种专门问题。

第十条　本章程由会员大会通过施行。

年份不详

1.武昌市政府竹木运输工会筹备会工人姓名册及省商会联合会员役名册

(1946 年 12 月起至 1948 年 10 月)

职别	理事长	驻会常务				常务监事	主任秘书	秘书
姓名	沈岐生	杨理恒	谭云裳	王儒杰	胡菊芳	曹旭东	奚靖波	贺禋六
年龄	□□	四五	五二	四六	□□	四五	三一	三八
备考								

职别	会计主任	出纳		总务科长	科员			组训科长	科员		
姓名	张翠华	石侠斌	李韵秋	王思古	叶清泉	全旭东	池子清	卢方廉	张兴泰	何昌柏	范道一
年龄	三一	一九	一八	三三	三九	二五	二六	四〇	三一	二五	三〇
备考											

职别	调查科长	科员			研究科长	科员	组训科长	调查员		
姓名	王重山	耿剑非	朱克星	耿纯佑	王晓愚	陈自荧	李毓才	张国馨	郑利器	张梅情
年龄	三三	四〇	三四	三二	四三	二六	二三	二八	二五	二六
备考										

职别	调查员	录事					办事员			
姓名	朱鸣岐	全辉	赵新民	唐济□(静安)	张鸿盛	罗亚辉	任永翰	龚平权	张先同	罗志道
年龄	三二	二二	三八	三七	三九	四七	三六	二三	三四	二七
备考										

职别	公役	勤务						合计
姓名	董程鑫	谭年蜜	金延发	滕云华	雍清和	瞿朝纲	崔登银	四五人
年龄	□□	三一	三六	三二	二五	□□	二四	
备考								

2.汉口市商会关于汇率变动等问题致汉口市各业同业公会

汉口市政府市社字第一二〇八七号训令内开，案奉经济部养管电开：查此次汇率调查调整为鼓励出口，减少输入，扶持国内生产事业之重要措施。惟昧于大义者，难免不乘机抬价，扰乱市场，以致政令受其影响。本部为安定国民经济起见，自应严加管制，对于若干日用重要物品，尤应严防其涨价，务由该市政府遵照《取缔违反限价议价条例》及《非常时期农工商矿管理条例》之规定，认真处理并布告周知为要。经济部养管。等因，奉此。查此次外汇汇率调整后，本市物价颇有波动，殊违政府平衡输入输出、扶助生产、安定物价、繁荣国民经济之意愿。合行令仰该会转饬各业商人，切实自动觉悟，勿乘机抬高物价，扰乱市场，图一时之利，而使国家经济政策感受影响为要。等因，奉此，自应切实遵办。除分行外，相应函希查照转知为盼。

此致

汉口市各业同业公会

汉口市商会

3.汉口市商会为本年年关为文书人员发放双薪致汉口市各业同业公会函

顷接汉口市人民团体文书工作人员联谊会文字第十九号公函开："查本市各人民团体每届年关，多有发放双薪之例，敝会去年年底曾经分别函请各人民团体查照，并承照案办理，同深感荷。兹以本年年关又至，文书人员之生活因物价高涨，较去年更为清苦，拟援例转请各人民团体仍于本年年关发放双薪，以示体恤。除分行外，相应函请查照，转行各同业公会核办为荷。"等情。前来。除分函外，相应函希查照，援例核办为盼。

此致

汉口市各业同业公会

速！

汉口市商会　启

4.汉口市商会为转市政府因丝线绉纱业公会理事长辞职令丝线绉纱业公会

案奉汉口市政府市社字第一四六四号指令："本会呈为呈报丝线绉纱业公会理事梁少甫辞职，以候补理事姚海山递补，请核示由。内开。呈悉，查同业公会理事辞职，依法应提交该会会员大会通过后，再行呈核，仰即转行遵照办理。此令！"等因，奉此。相应函希查照。

此致

丝线绉纱业公会

汉口市商会　启

十二月九日

5.汉口市商会为解释发万元券以期解除金融困难致各同业公会

汉口市商会因案准中央银行汉口分行支三十六字第二五一五号代电开:奉本总行十月二十五日电开,查迩来各省均感现钞缺乏,以致内汇汇水增高,当地亦发生□水,尤以华侨汇款生产贷款,均无法应付。其故由于各地物价逐年高涨,而旧有额面钞券不足以应付需要价值,运输工具缺乏,运送小额钞券十分困难。故此次银联会决议请求国行将已印就之万元券从速开始发行,以期解除金融困难。乃投机者故造谣言,刺激物价,甚至谓将变更币制,此种恶意宣传,无非希图淆惑人心,从中牟利。希速向各业解释为要。等因。除电武汉行辕及武、汉两市府,如有投机者造谣牟利情事,请饬属严为查究外,特电转请发照,转向各同业详加解释为荷。等由。复准湖北省商会联合会代电,同前由。除分行外,相应函希查照。

此致

汉口市各业同业公会

汉口市商会

6.汽车运输同业公会职员姜正明等为关于汽车零件等酌情提高定价致理事长函

窃查汽车零件、轮胎、油脂等项之价格日益增涨,本市区内之运价倘不提高,同业等将不堪维持。又码头力资已定,于本月十五日起提高百分之六十。爰于本月十一日召集在市区营业各同业商行公同议定,将原定运价酌予提高,以资弥补。兹检同议定价格表,签请鉴核俯准,加印分发,实为公便。

谨呈

理事长周

职　姜正明

汤如海

陈梅卿

徐瑞禾

周耀成

谨签

7.何成浚等45人为徐克成祝寿助学运动致汾酒工业同业公会郑理事长晋卿

汾酒工业同业公会　汉口汉中胡同邻德里二号代发

敬启者。徐克成先生,翊赞革命,夙著勋劳,现年逾花甲,息影汉皋,对于社会慈善救济及兴学育材等公益事业,不辞劳瘁,悉力倡导,高风瑰行,人争钦仰!本年农历十月初七日,为先生六秩晋一寿辰,凡属交游,均欲届时称觞祝□,以伸贺忱!先生闻之,谓匪祸蔓延鄂东各县,人民流离,青年失学,疮痍满目,拯救未遑,焉敢言寿?如有羡余,顾诸友好,各尽其力,以救被难学生，实感同身受。痌瘝在抱，饥溺为怀，克己爱人，先忧后乐。先生之风，弥足景仰！成浚等情深袍泽，谊属旧交，特为发起祝寿助学运动，拟将所集寿仪代金，救助鄂东各县流亡学生，以资祝□，想友好必成此善举，先生必欣然乐从也。特此奉告，敬希公鉴！

武昌湖北省银行汉口商业银行

发起人

方觉慧、郎维汉、鲁寿安、徐会之、袁雍、蒋作钧、程汝怀

刘亚平、程起陆、阮齐、熊东皋、邹安众、张弥川、贺衡夫

任建鹏、林逸圣、鲁雪樵、阮华国、王文俊、陈经畲、黄宝实

习文德、石信嘉、杨锦昱、孙际旦、黄焕如、骆介子、余拯

李经世、施博、邓翔海、刘钦珊、汪近勇、彭善、何葆华

杨啸伊、杨庆山、谢春墀、戴仲明

同启

8.汉口市商会为推派代表参加商人节并悬旗庆祝致汉口市各业同业公会

查十一月一日为商人节，本会定于是日上午十时在本会大礼堂举行庆祝典礼，由每一同业公会推派代表二人参加，并邀请各机关团体首长出席，全市商店悬旗一日。除分行外，相应函希查照，准时推派代表二人到会，并请转知各商店于是日悬旗庆祝为盼。

此致

汉口市各业同业公会

汉口市商会　启

9.汉口市商会因党员联合举行总理纪念周致殷柏涛函

案奉中国国民党汉口特别市党部汉监字第一五六九号代电开："查五月份为党员联合总理纪念周，本部定五月三日上午(夏令时间)九时半仍假文化会堂举行，请行辕程主任主持。除分电外，特电查照，并请转饬党员准时踊跃参加为荷。"等因，奉此。除分行外，相应函希查照，准时参加为荷。

此致

殷柏涛先生

速！

汉口市商会　启

10.汉口市人民团体文书人员工作人员联谊会因商讨选举人名册及营业税等案致各业同业公会文书人员函

兹为商讨选举人名册及营业税等案，汉口市商会定于本月十一日(星期一)下午三时召集各公会理事长谈话。除已通知外，相应函希查照，准时随同贵会负责出席人来会参加为盼。

此致

汉口市各业同业公会文书人员

汉口市人民团体文书人员工作人员联谊会　启

11.汉口市商会为转制止抗税滞纳致各业同业公会

汉口市政府市财字第一八二九号训令开:案奉湖北省政府省财二字第三八四二号训令开,查本省第一二三号行政会议决议案,第二九七号据应城县长耆浩然提请通令制止抗税滞纳案,其说明内称,查法定地方捐乃自治财政之主要收入,一切庶政端赖推行。无如一般商民多未养成纳税习惯,时有滞纳抗缴及阻扰情事,影响县库收入,诚非浅显。为使人们深切了解,克纳税义务,维持县市正常收入,对于抗缴滞纳及阻扰等项,亟应绝对制止并严加罚办,以维库收。等情。经决议,拟请省政府通令各县市商会,转各业公会遵照,切实劝商民依法完纳税捐,违则从速法办。等语,记录在卷。应准照办,除分令外,合亟令仰该市府即转饬该市商会遵照办理。等因,自应遵办。合亟令仰该会遵照,并转饬各业公会遵照办理为要。等因,奉此。除分函外,相应函希查照。

此致

汉口市各业同业公会

汉口市商会　启

12.武汉特别市市政府社会局为添设评议员若干人之办法致汉口市政府函

查本市商会即将成立,关于职员之产生及任用办法,业经详载钧府公布之商会章程。第以本市之商业虽渐恢复,因环境特殊,以致殷实巨商尚未完全复归,间有意存观望者,但日后再复归则又无与会之机会,未免向隅。现为因势利导并巩固商会基础计,除原有理事、监事等仍依章程办理外,拟添设评议员若干人,谨将办法分陈于后:

一、在本市商界夙负声誉而有商业历史地位者。

二、前项人员经商会理事长查核,认为有延揽之必要者,得召集理事会议议决,由商会呈报社会局转呈市长核定后,再由商会聘任之。

三、评议员任期及改选办法与理事、监事同。

四、评议员处于超然地位,除筹拟复兴本市工商业计划,随时贡献于理事长俾备采择外,并得被邀参与商务纠纷之调处案件及列席会议。

基于以上办法,则以后复归之巨商时有加入商会职员之机会,如能群策群力,共谋会务之进展,则本市商业未来之繁荣自可待,如蒙准予照办,并拟将原章程条文,酌予增加。再查章程曾于上年十二月二十五日奉府令,将武汉特别市商会名称增订为武汉特别市总商会。复查中央《商会法》并无总字,现在既为逐渐符合中央规定,是否应予删除,理合检呈已加增改之《商会章程》一份,一并具文呈请,核示只遵。

谨呈

市长张

附呈拟增改之《商会章程》一份。

社会局局长　徐养之

13.武昌裕华纱厂、大成四厂起卸股管理规则

一、本厂奉令取缔码头工人名义，改称起卸工人。兹为规定起卸工作，明示起卸工人之职责，统一起卸厂客各货之力资及杜免意外争端起见，特设起卸股主管其事，并订立本规则以资遵守。

二、起卸股设主任一人，由本厂委派职员担任，并雇用组长一人负责管理，并支配一切起卸事宜。凡属起卸工人，概须遵守本规则之规定，并服从起卸股之指挥。

三、本厂起卸工人暂以四十名为限，以忠实勤谨、体力强健、品性纯良为合格。

四、本厂起卸工人概须先经本厂人事科登记，其手续如下：

(一)拍具二寸半身照片四张；

(二)填具志愿书；

(三)觅取妥保填具保证书。

起卸工人具备前项登记手续，复由本厂审查合格，发给证章方可工作。

五、本厂起卸工人如照额定人数感有不足或过剩时，得随时添雇或解雇之。

六、凡遇海轮运到大批煤炭或大批货物到岸时，本厂得雇用临时工人共同起卸。其雇用手续由组长负责办理，原有工人不得阻拦。

14.汉口市各业同业公会为制定汉口市各同业公会组织调查表致三民主义青年团中央直属汉口区团商人分团部筹备处函

案准三民主义青年团中央直属汉口区团商人分团部筹备处公函开：迭奉层峰命令，以值此实施宪政之际，对于本市各同业公会组织情形亟须了解。除制定汉口市各同业公会组织调查表函转各该公会依式填送外，相应备文附表，函请贵会转饬所属各同业公会于十月三十日以前填送来处，以凭汇报为荷。

此致

汉口市各业同业公会

15.汉口市商会为转知填送汉口市各同业公会组织调查表致汉口市各业同业公会函

案准三民主义青年团中央直属汉口区团商人分团部筹备处公函开：迭奉层峰命令，以值此实施宪政之际，对于本市各同业公会组织情形亟须了解。除制定汉口市各同业公会组织调查表函转各该公会依式填送外，相应备文附表，函请贵会转饬所属各同业公会于十月三十日以前填送来处，以凭汇报为荷。等由，附表册格式，准此。除分行外，相应抄同表册格式，函希查照办理，径送为盼。

此致

汉口市各业同业公会

汉口市商会　启

16.汉口特别市布匹棉纱绸缎呢绒涤纶组合规则案

本组合遵照汉口军特务部(以下简称军部)委托汉口特别市商会经济调查处(以下简称经济处)办理布匹、棉纱、绸缎、呢绒配给事宜之指示,设立组合,定名为“汉口特别市布匹棉纱绸缎呢绒配给组合”。

一、本组合以本市区域内,□□方面经营布匹店业、纱业、绸缎业、国货匹头业、匹头贩运业及洋服呢绒业等六同业公会之登记会员为本组合员。

(1)凡商店经营布匹、棉纱、绸缎、呢绒之批发业者(除绸缎、呢绒二业无须取得指定商之资格外,其布匹、棉纱二业应以业经取得指定商资格者为限)列为甲等,不另分缴,由各该商报请经济处核准发给证明后,每月直接承受配给权益。

(2)凡商店经营布匹、棉纱、绸缎、呢绒拆包或拆箱零售者,列为乙等,中分十级,由各该商店自行认定其中之某级,加入组合,报请经济处核准发给证明书后,指定向甲等组合员商店,分受配给棉签。

乙等分级表

级别	每月承受分配给金额	备考
一级	日金五万元	
二级	日金四万元	
三级	日金三万元	
四级	日金二万元	
五级	日金一万元	
六级	日金七千元	
七级	日金五千元	
八级	日金三千元	
九级	日金二千元	
十级	日金一千元	

二、(略)

三、凡本组合员对于本规则须一律遵守。

四、本组合设组合长一人,副组合长二人,理事六人,监事二人,由各有关同业公会理监事中互相推举之。

五、组合长综理本组合一切事务,副组合长襄理本组合一切事务,以一人专司分配事务,一人专司会计事务。

六、理事辅佐组合长、副组合长办理本组合各部分分配事务。

七、监事担任监察事务,对于组合长得要求其报告业务,并无论何时得检查账簿。

八、组合长因事故不能执行其职务时,得指定副组合长一人代理之。

九、组合长、副组合长、理事、监事均属名誉职。

十、本组合为处理事务,得雇职员四人,工役二人。

十一、本组合应在本市区适中地点，设置办公事务所，以便接洽。

十二、本组合员应在该店门外及店内易于看见地方，分别揭示下列一、二两种标签：

（一）揭示于门外者，由经济处制法，用木制写黑字，其式样规定如下：

左：宽五寸，长一尺五寸，"证"字系用金尘烙印证上

布匹棉纱绸缎呢绒组合员证

（二）揭示于店内者，由经济处制发，用白纸黑字，其式样规定如下：

布匹、棉纱、绸缎、呢绒公定及协定价格表　第　号	
一、	一、
一、	一、
一、	一、
一、	一、
一、	一、
汉口特别市布匹棉纱绸缎呢绒配给组合 中华民国　年　月　日	

十三、本组会员如有下列情事之一者，应照后开规定处理：

1.关于违反揭示公定与协定价格，有擅自加价之行为；

2.关于不遵照制定配给或分配之行为；

3.关于所领配给布匹、棉纱、绸缎、呢绒有意图囤积居奇之行为；

4.关于组合员店内外应备之标签、有未遵照揭示之行为。

十四、本组合员有违反前条各项规定之一者，应按其情节轻重，依照下列规定分别执行：

1.停止其一时应受配给布匹、棉纱、绸缎、呢绒之权益；

2.取消其受配给之资格。

十五、本组合甲等组合员商店遵照配给规定购入之布匹、棉纱、绸缎、呢绒，应以公平办法配给全体乙等组合员商店，□领售卖于消费者或客商（绸缎业不在此列）。本组合如有因搬入商方面□入数量过少，不便普遍配给全体组合员商店时，则按各业公会分班配给之，其已受配给者，应让与未受配给者受配后，方能再享配给之权益，其次序依班选推。

十六、凡由经济处通知甲等组合员商店及由甲等组合员商店通知乙等组合员商店应行接受配给之布匹、棉纱、绸缎、呢绒，无论当时销路如何，均不得借故推诿，如有组合员中偶因现金缺乏，无力缴价承受者，应陈明经济处转商其他同等组合员商店代为承受，如无代为承受者，仍应自行接受，否则丧失配给权益。

十七、本组合甲等及乙等各级组合员受领开始或分配布匹、棉纱、绸缎、呢绒，均应于受领时自行检查品质数量，一经盖印后，无论声明任何理由，本组合概不负责。

十八、本组合甲等及乙等各级组合员，每月每单位应缴组合配给手续费，按下表规定，分别征收之。

等别	级别	配给手续费金额
甲等	不另分级	按该组合员商店实际承受物价金额征收千分之五计算
乙等	自一至十级	同上

十九、本组合甲等及乙等各级组合员应将配给手续费于缴纳配给或分配物品之价款时，合并计算缴交本组合，并规定以每月□次月自一日至三日为本组合转缴经济处期限。

二十、所有配给手续费收入，应依照经济处之指示，除按照业经核准组合之经费预算金额拨交组合外，其余额应缴经济处送银行存储，留充经济处将来辅助费之用。

二十一、本规则送请经济处转呈军部准施行。

17.武汉行辕致机制卷烟同业公会介绍函

敬启者。查同业公会为维护工商，增进业务之组织，奉主任程谕，应可以之为官民间宣达政情，勤求民隐之优良组合，兹为明了贵会情况起见，特派王汉雄、何□前来拜谒，敬祈接谈，并示明一切为荷。

此致

机制卷烟同业公会司徒主席

18.汉口市政府社会科为调查人力车商业公会呈请调整车租一案致汉口市商会函

爰本市人力车商业公会呈请调整车租一案，兹定于本月三日下午二时在本科召集调处。除分函外，相应函请查照，届时派员出席为荷。

此致

汉口市商会

汉口市政府社会科　启

三月三日

19.汉口市商会为粮食运输限价致汉口市各业同业公会函

案奉汉口市政府本年十二月十五日市社字第〇一二二六号训令内开："案奉行政院(卅七)四院字第五三三五二号训令开，据粮食部本年十一月五日粮配(卅七)字第三三〇四三号呈略称，查(37)粮食年度现已开始运粮征雇给予，业经饬据各省田粮机关查报本年八月十九日运费限价资料到部。兹参照上项资料，将给予标准重行调集，并按照粮价高低分别给予省区，计陆运民夫兽力车辆每日给予冀、鲁、青、察、绥、浙、粤、闽及晋北大同等省区工资二六分，干粮费三三分，车租二四分；苏、赣、皖、鄂、湘、豫等省工资二二分，干粮费二八分，车租二二分；康、滇、桂、宁、陕、甘等省工资二〇分，干粮费二三分，车租二〇分；川、黔两省工资一七分，干粮费一八分，车租一八分。其运夫口粮按向例规定米面数量，照各省区八月十九日市价折发代金，如有余粮地区仍发实物。至各项输力负重及行程，仍照前军事运输力给予标准表规定办理，其余台湾、新疆、东北各省及粮价特高地区，如晋中太原、陕北榆林暨热河等省另行专定办理。再前项所拟车租、干粮等费，系按最高标准核列，各省区实施时，应依输力种类酌予减低一等，如平车、铁轮车车费应较胶轮车为廉，驴车干粮费应较马驼为廉，不得再行增加，合并陈明。除按同一适用省区分别饬遵，以免纷争等级高低外，理合详叙缘由□□鉴核备查。等情，据此。除指令准予备查并分行外，合行令仰知照并转饬所属知照。等因。除分令外，合行令仰知照并转饬知照。"等因，奉此。除分行外，相应转函，即希查照为盼。

此致

汉口市各业同业公会

汉口市商会　启

十二月十四日

20.汉口市商会为送报汉口市各人民团体文书人员调查表致汉口市各业同业公会函

本部为明了汉口市各人民团体文书人员一般情形起见，特制定调查表一种，业经分发花粉、绒球等业五十九个公会（另表），其余会址变动，一时无法递送。用特检同该项调查表一百二十份，函请贵会迅予分发，限五日内由各该会文书径填送本部为荷。等由，附调查表一百二十份，准此。除分行外，相应检同调查表函希查照，交由文书人员，如限径填送市党部为盼。

此致

汉口市各业同业公会

附调查表一份。

汉口市商会　启

十月十四日

21.汉口市商会为转知照常使用储币致各业同业公会函

案奉陆军新编第二十一军司令部、武汉守备军总指挥部汉秘字第十一号训令开："顷奉第六战区司令长官、汉口前进指挥所通机字第三〇号通报开，查收复区金融整理问题，中央在不使人民遭受严重影响之原则下，自有统筹办法。截至目前止，本人始终未获停止使用储币之命令，故仍应维持现状，照常使用。迩来武汉市民尚有不明此中情形，自相猜疑，致使市面金融形成紊乱状态，□属不合已确，务希布告周知，对储币之流通仍维现状，并以法币为本位折合使用，相应通报，即希查照办理为荷。等因，奉此，自应遵办。兹为安定全市金融起见，在未奉中央停止使用储币命令前，规定以法币为本位，储币仍维持现状折合使用，倘有故违，一经察觉，决予严惩。除布告外，合行令仰该会转饬商民遵照为要。此令！"等因，奉此。除分函外，相应函请贵会转行同业各商店一体遵照。

此致

本市各业同业公会

汉口市商会　启

22.汉口市商会为禁止怠工罢工甚至聚众斗殴或组织纠察队四出捣乱情事致各同业公会函

汉口市政府市社字第一一七二一号训令开:“案奉国民政府军事委员会委员长武汉行营本年八月汉行政一字第〇一四一七号训令内开,据报,武汉区内时有劳资纠纷,未经合法程序调解,即遂行怠工、罢工,甚至聚众斗殴或组织纠察队四出捣乱情事。查武汉地当冲要,工厂林立,工人众多,此风不戢,不独影响工业之发展,抑且危害地方治安。为此布告,禁止嗣后各工厂工人、各商店职工,如因要求改善生活或调整工资,应呈由各同业公会、各职业工会报请各主管机关予以合理、合法之协商解决。如对调解条件认为未尽满意,可呈报本行营裁决,倘不遵照此项规定,动辄以怠工、罢工甚至聚众斗殴或组织纠察队四出捣乱威迫要挟者,概以捣乱治安从重治罪。除布告并分令外,合行令仰遵照,切实办理。等因,奉此。合行令仰遵照,并转饬所属一体遵照为要。”等因,奉此。除分行外,相应函希查照转知送之。

此致

各同业公会

汉口市商会　启

八.廿八.

23.汉口各码头工人为调整起卸转送盐斤之力资价目致汉口市糖盐海味业同业公会函

窃工等在周家巷洪益巷沿河以下,至太古码头及尺详、利华、穗丰、和记、安利英等各洋行厂栈担任起卸、转送盐斤之码头工作,关于力资、价目虽迭经依照生活比例逐次调整,只以物资波动忒快,致工等专靠劳力血汗换取力资养活家口之辈,终难维持温饱,尤以最近之物价波动,以生活必需如柴、米、油、盐等各项物资已突增数倍之多。再以运送盐斤之汽车一项因汽油价格一涨再涨,以致工等担任起卸、转送盐斤之各项力资,仍感入不敷出之苦。为此只得联名具呈,恳请鉴核,予以会同各有关机关、团体依照目前之生活□□再行重新调整力资价目,以维工艰而解倒悬,不胜待命之至。

谨呈

汉口市糖盐海味业同业公会

招商局码头周家巷码头工人代表　李大银

招商局码头洪益巷码头工人代表　李青山

招商局码头张美之巷码头工人代表　袁江　吴纫春

上太古码头工人代表　郑少武

二码头码头工人代表　刘尧阶

三码头码头工人代表　王福廷

中太古码头码头工人代表　谢长春

五码头码头工人代表　胡富陔

利华码头码头工人代表　程银山　余刚耀
天祥栈码头工人代表　易孝如代
大陆二栈码头工人代表　朱楚华
大陆三栈码头工人代表　陈大锁
隆茂栈码头工人代表　包汉阶
平和栈码头工人代表　严方平　姜海山
新泰栈码头工人代表　夏松山
穗丰栈码头工人代表　叶鹏卿　雷春福　□庆山
和记洋行码头工人代表　夏桂卿
安利英栈码头工人代表　熊汉卿　朱绍海
下太古码头工人代表　张安乐　朱国斌

24.汉口市商会为汉口市社会救济委员会关于乞丐救济金应如何催收案致汉口市各业同业公会

汉口市社会救济委员会救秘字第四五七号公函开:查本会第四次常监委员及各组室联席会就讨论事项第四案本会乞丐救济金应如何催收案,当经决议案三项,函请市商会印制,劝告全市商民踊跃缴纳乞丐救济金,当分发各□。等语,记录在卷。相应录案函请贵会查照办理,并希见复为荷。等由,附告市民书,准此。除分行外,相应抄同原告市民书,函希查照转饬为盼。

此致

汉口市各业同业公会

汉口市商会

25.汉口特别市商会为转《处理指定国人资产办法》致汉口特别市各业同业公会函(附《处理指定国人资产办法》)

案奉汉口特别市政府府二字第一一五七二号训令开:查关于取缔本市外侨交易一案前经订定《汉口特别市外侨交易暂行取缔办法》公布施行,原为部定办法未到以前之暂行措置,并经于原办法第一条叙明在案。兹准财政部币字第四七五号咨略开,关于美国等冻结中国资金一案,本年七月二十九日以部令公布施行在案。除分行外,相应抄同《处理指定国人资产办法》一份,咨请查照并转饬知照。等因。应□到□自应随用部颁办法,但关于处理指定国人资产之一切手续与前并无变更,附《处理指定国人资产办法》一份,奉此。除分函外,相应照抄该办法随函送请查照,希即转行同业各商店知照。

此致

汉口特别市　业同业公会

附抄《处理指定国人资产办法》一份。

汉口特别市商会　启

九.十九

附:抄《处理指定国人资产办法》

第一条　凡以财政部之指定人为对方或为该指定人取得或处分下列各件,必经财政部之许可。

一、关于不动产权利;

二、□业及营业及对于事业或营业之投资;

三、有价证券;

四、国内汇兑及国外汇兑;

五、每月五百元以上之运货;

六、外国通货;

七、其他百元以上之动产。

第二条　凡以财政部之指定人为对方或为该指定人有下列行为之一者,必经财政部之许可,但已获得第一份指定之许可者不在此限。

一、放款之放出及收回;

二、借款之借入及偿还;

三、存款之存入及提取;

四、存款之收款及交付;

五、债券债务之冲抵;

六、债务之保证及承受;

七、前列各款所未载之一切债券、债务之取得及处分。

第三条　凡以财政部之指定人为对方或为该指定人对于第一条所列之财产有下例行为之一者,必经财政部之许可,但依第一条、第二条之规定,准即许可者不在此限。

一、财产之委托及受托;

二、委托财产及受托财产之返还;

三、使用借贷租赁、借贷消费、借贷及转借贷各事项。

第四条　具有下列情形之一者,不适用前列各条之规定。

一、各项捐税之收受;

二、财政部指定人之使用人及其他从业者收受薪给并其他似之支付;

三、财政部特准之件。

第五条　凡违反前列各条之规定者,处以五十元以下,或所犯财产价额三倍以上五倍以下罚金,或处以一月以下之惩役。

第六条　本办法自公布日施行。

26.汉口市商会为转汉口市政府严令取缔普遍商号每有兼营吸收存款或承办汇兑业务情事训令致各同业公会函

汉口市政府市财字第二〇四号训令开:案准财政部本年十月二十一日京钱庚三字第四〇一六号公函开,查普遍商号每有兼营吸收存款或承办汇兑业务情事,前经本部依照《非常时期管理银行暂行办法》之规定,严令取缔,电请布告所属一体遵照在案。兹查前颁《非常时期管理银行暂行办法》业经废止，另定《管理银行办法》公布施行。依照新颁布办法第一条第二项，收受存款而不称银行者视同银行之规定，普通商号收受存款，自愿绝对禁止银□。至于普通商号因调拨余款，办理准兑货或因运用资金办理票据贴现及以余款货与有关方面而非将吸收存款为贷放者均不在取缔之列。唯有均应有本身业务某一行为之合法证件，以资证明，不得别立名目，取巧兼营，致干查究。除分行外，相应函请查照，转行知照为荷。等由。合行另仰遵照为要。等因，奉此。除分行外，相应函希查照转知为盼。

此致

各同业公会

汉口市商会　启

27.汉口市商会为“华中剿匪总司令部”复致汉口市商会第一次各业理事长座谈会决议电文致各业同业公会函

查本会第一次各业理事长座谈会决议电白总司令致敬一案，经照办。去后，兹奉“华中剿匪总司令部”申巧办秘字第〇四一五号代电开：“汉口市商会程理事长，并请转全体理监事暨全市各业诸君钧鉴，申筱汉商秘代电敬悉，秋高气爽，节序欣逢，领导商廛，看万民之乐业，主持会务，增全市之繁荣，缅维声华，至深欣慰。特电后谢，并颂均绥。”等因，奉此。除分行外，相应函希查照。

此致

汉口市各业同业公会

汉口市商会　启

28.汉口市商会为通知积极参加与陆军第十四军军长治安联军总司令恳谈会致各业同业公会函

陆军第十四军军长、治安联军总司令邹公平凡为探询民情，解除民众痛苦，定于本月二十一日上午十时在第四区汉口大舞台与各界同胞恳谈，凡我商界同人自应踊跃参加，表示拥护热忱。除分函外，相应函达查照，希贵会理事长暨全体理监事届时踊跃前往参加，幸勿延误。

此致

本市各业同业公会

汉口市商会　启

29.汉口市商会登记证

兹据　　业营业人　　报称在　　地方开设　　填具申请书，请于登记入会，前来，核无不合。除登记外，特给此证为凭

有效期开自民国三十　年　月　日起至三十　年　月　日止

右给　　收执

理事长：贺衡夫

常务理事:陈焕章、万少珊、王静斋、张吉六、张立鹤、王际清
中华民国三十　年　月　日

十二月三日

30.汉口特别市商会为转汉口特别市政府关于麻袋登记一案致各业同业公会函

汉口特别市政府二字第七七六号训令开:"查关于麻袋登记一案,业经本府先后以元字第六六三号暨六九八七号训令饬知照各在案。兹据武汉经济统制事务处呈报办理情形,并资送所拟《麻袋登记及移动临时办法》十条,请鉴核备案。等情,据此。经核尚无不合。除指令准予备查并分行外,合行抄发原□,令仰知照并转饬各同业公会一体知照。"等因,奉此。除分函外,相应抄同原办法,函达查照,分别转知。

此致

本市各业同业公会

附抄送《麻袋登记及移动临时办法》一份。

汉口特别市商会

31.汉口特别市商会为日本陆军省派专员指导工作请予协助致汉口特别市各业同业公会函

案准本电报通信社大东亚经济□□办事处函开:"敝社奉陆军省委托发行《大东亚经济月报》,使命为确立大东亚战争经济一体之情报,极为□运前当务之急,应尽量推展其宣传方针,以收实效。今派专员何瑞鳞等前往各地扩张本报之宣传及采访当地之经济状况,以备参考。谨此函请贵会查照指导赐复,并祈通饬所属加以协助。"等由,准此。除分函外,相应函请贵会查照。如该处何专员到会采访经济新闻时,即希予以充分材料为盼。

此致

汉口特别市各业同业公会

汉口特别市商会　启

十一月四日

32.慰劳国军大会结束会议记录

时间:十一日下午二时

地点:市政府

出席人:刘幸之(区党部),周成携(市警局)

周达仁(省党部),李鹄(市政府)

李春良(市商会),翁瑞卿(市政府)

周万清(市党部),梅芬芬(青年团)

李铸青(中宣部驻汉办事处),秦智荣(社会处)

刘云因(汉阳县政府),刘沛如(战区政治部)

叶世藩(市警局)

主席:李鹄

记录:张携

一、报告事项

二、略

决议事项:

1.用费单据审核,推省市党部、省市青年团、省社会处、区团部负责,由省社会处招集;

2.除原支配数额外,因增加□单、酒会用费,由本府函请银行公会增加四十万元,省商会增加二十万元,市商会增加三十万元,如再不足之数,由本府设法填补,并催即日缴送归垫;

3.各机关经手账目,限三日内送市府汇集整理,逾期不收;

4.胜利之光纪念章,除铁血军人外,余均送请长官部分赠;

5.所用账目审查后公布。

散会。

33.汉口市商会党员登记处为参加本部第卅六次总理纪念周暨中央农工部武汉区工运干部训练班第一期开学典礼致汉口市各业同业公会函

案奉中国国民党汉口特别市执行委员会通知开:"本部第卅六次总理纪念周暨中央农工部武汉区工运干部训练班第一期开学典礼定本月六日上午九时在本部大礼堂举行,相应通知查照,准时转知本党同志来部参加为荷。"等因,奉此。除分行外,相应函希查照,转知党籍同志准时前往参加为盼。

此致

汉口市各业同业公会

汉口市商会党员登记处　启

34.汉口市轮船商业公会为航海节纪念致汉口市政府函

汉口市政府市长徐钧鉴:

案准中华民国轮船同业公会全国联合会□□本年七月三日为中国第一届航海节,检附纪念办法,通知洽照办理。等由。自应照办,兹定于是日上午九时假上海电影院为会场,举行纪念大会,并定于上午十二点时所有停泊本港各轮船一律鸣放汽笛一分钟。除分别呈函外,理合电呈鉴核为祷。

汉口市轮船商业同业公会巳东印

35.武汉特别市总商会为欢送军特务部柴山部长致汉口各业同业公会函

准市府秘书处通知:

军特务部柴山部长定于本月二十三日下午一时乘机离汉,除本府各机关科长、秘书以上人员一律参加欢送外,本市商会每公会派代表一人,青年协会总、分、区会共派代表四十人,一并由社会局通知。等由,准此。相应通传,务于二十三日正午十一时半(新钟)齐集中山公园门首广场欢送为荷等由,准此。相应函请贵会查照,于本月二十三日上午十一时半(新钟)派代表一人前往中山公园门首广场集合欢送,希勿延误为荷。

此致

汉口各业同业公会

武汉特别市总商会　启

九月廿一日

36.汉口特别市经济局为各种集会的相关通知致本市各业同业公会函

案奉汉口特别市经济局济二字第一二二三号训令开:案奉市政府元二字第一一四七〇号训令内开,案准中国国民党汉口特别市执行委员会组字第一二五三号函开,案据第二区党部执委兼书记李伯英呈称,据第七区分部执委兼书记刘云程呈,以前□党员多系商店职工,于召集各种会议时,限于店规,不敢出席,甚至有因为出席会议被辞职务者,请饬上级党部函达市政当局,分令各机关、团体,对于在党员工加以保障。等情。经提交第八次各区分部执委联席会议通过,理合备文,呈请鉴核。等情,据此。查本党规定之各种集会,实为推进党务之枢纽,所属党员借口遵循办事规章,任意缺席,以致宣告流会者固居多报。但其服务处所谓各种关系,横加阻止□□□□□□对于开会时间极力规避,□□□□□□□以资照顾外,相应函达,即希查照,转饬所属各机关、团体,通知各工厂、商店,如有员工出席本党会议,提出通知书证明属实,不得借故刁难或竟停止其工作,以维党务。等由,准此。除函复并分行外,合行令仰转行商会,饬各同业公会通知各工厂、商店一体遵照。此令! 等因,奉此。除分行外,令仰该会转饬各同业公会通知所属会员一体遵照。等因,奉此。除分函外,相应函达查照,分别转知,一体遵照!

此致

本市各业同业公会

汉口市特别市商会　启

37.汉口市商会为推进新国民运动及东亚联盟运动致函

案奉汉口特别市政府社会局社三字第二九七二号训令钧开:案奉市政府四字第一〇八九七号训令内开,案奉行政院行字第七〇八二号训令开,案奉国民政府第一九〇号训令开,据本府文官处签呈称,准中央政治委员会秘书厅中政秘字第一九五九号公函开。查三十一年七月九日中央政治委员会第一〇〇次会议讨论事项第一案。主席提议,为推进新国民运动及东亚联盟运动,拟根据本年元旦所颁布之纲要,于精神、物质两方面,对全体国民实施训练,兹拟就决议,请公决案。决议文开,今年正月,鉴于建设东亚新秩序之不容缓,及协力大东亚战争尤为当务之急。发起新国民运动,期于团结民众,受共同之组织训练,集中意志,充实国力,于精神建设与物质建设两者同时并进,俾能负荷复兴中华、保卫东亚之伟大使命。去年二月,曾发起东亚联盟中国总会,虽联盟之形式尚待商榷,而联盟精神实为根据《中日基本关系条约》及《中日满三国共同宣言》,结成东亚轴心,以担当东亚秩序之建设,而实现国父大亚洲主义之建设。

……要皆根据于同一之出发点，以期达到同一之归趋，故新国民运动，实即东亚联盟运动之具体国内革新运动，而不待言。兹者国民政府为谋新国民运动之精神开展，爰省行政院新国民候选委员会之设置。根据本年元旦所颁布之纲要，于精神、物质两方面对全体国民实施训练，并以全国青年团与童子军之普遍设立，用作训练之机构，中央以及地方各机关，务愿深体斯者，紧密联络，积极整备，以利进行。国民全体尤应尽其最大之努力，肩负其对国家对东亚之使命，使此两运动积极推进，以抵于成功。等因。当经决议通过，□国民政府发表训令通饬遵照，记录在卷。相应备案函达，至希查照，转陈发表训令通饬遵照。等由。理合签请鉴核，等情。转此，自应照办。除分令外，合行令仰该院遵照。各转饬所属一体遵照。此令！等因，奉此。除分行外，合行令仰该市府转饬所属，一体知照。此令！奉此。除分令外，合行令仰遵照，并饬属一体遵照。此令！等因，奉此。除分令外，合行令仰该会遵照，并饬属一体遵照。此令！等因，奉此。除分函外，相应函达，顷会遵照。

此致

汉口市商会　启

38.汉口市商会为维持社会秩序临时办法致汉口市各业同业公会函

案准汉口市警察局警行字第一八四〇号代电开："案奉武汉警备司令部（卅六）长养恩字第八三五号代电开，奉武汉行辕主任程（卅六）辰马民一代电开，准国民政府文官处吴文官长府文辰巧电开，奉国民政府本月巧日令开，迩来物价波动，影响民生，政府正积极筹措有效方案，以期安定。讵意京沪等地竟有若干学校学生及一部分工商界之职工，相率集众请愿，迭提过当之要求，出以越轨之行动，妨害公务，阻碍交通，更有意鼓动风潮，扰乱社会之秩序，破坏行政之措施。长此不戢，将愈使物价波澜，继长增高，而趋于紊乱，既违公众福利之目的，尤贻国家民族之祸害，当□明智者所不忍为，实亦政府所难坐视。查妨害秩序与公务刑法，违反警罚法均为明确之制裁，除将各有关法律条文择要公告，借彰警惕外，并经国民政府委员会国务会议第一次委员会议根据施政方针第十条之规定，通过下列维持社会秩序临时办法六条，自即日起公布施行：（一）凡人民团体或学校学生来向政府有所请求，应向当地主管机关呈请。主管机关不能解决时，应俟主管机关向其上级机关呈请核办，不得越级请愿。（二）凡人民团体或学校学生请愿时，应派代表向主管机关陈述意见。其代表人数以十人为限，不得聚众胁迫。违者应依刑法第一百四十九条之规定予以解散。（三）各学校学生如有以罢课或游行示威或其他扰乱公安情事，各该管教育行政机关应采取必要之措施或予以解散。（四）各地人民团体如有罢业、罢工或游行示威或其他扰乱公务情事，各该管行政机关应采取必要之措施或予以解散。（五）凡人民团体或学校学生不遵守以上各条之规定，致妨害公安秩序阻碍交通，妨害公务，毁损公私财物或伤害其他人身体者，当地政府应采取紧急处置，作有效之制止，其触犯刑法者并送由司法机关处理。（六）本办法自公布日施行。以上办法及有关法律条文之规定，应由各级主管机关切实执行，并晓谕各机关团体学校一体遵照为要。此令！附有关法律条文：（1）刑法妨害秩序罪第二百四十九条，公然聚众，意图为强暴、胁迫已受该管公务员解散命令三次以上而不解散者，在场助势之人处六月以下有期徒刑、拘役或三百元以下罚金，首谋者处三年以下有期徒刑；第二百五十条，公然聚众施行强暴、胁迫者，在场助势之人，处一年以下有期徒刑、拘役或三百元以下罚金,首谋及下手实施强暴、胁迫者,处六月以上五年以下有期徒刑;第二百五十一条,以加害生命身体财产之事恐吓公众,致生危害于公众者,处二年以下有期徒刑。(2)刑法妨害公务罪第一百三十五条,对于公务员依法执行职务,对施强暴、胁迫者,处三年以下有期徒刑、拘役或三百元以下罚金;第一百三十六条,公然聚众犯前条之罪者,在场助势之人,处一年以下有期徒刑、拘役或三百元以下罚金,首谋及下手实施强暴胁迫者,处一年以上三年以下有期徒刑。(3)非常时期农矿工商管理条例第三十条,违反第十一条之规定,罢工、罢市或煽惑罢工、罢市者,处七年以下有期徒刑并得科一千元以下之罚金,怠工或煽惑怠工者,处一年以下有期徒刑或拘役。(4)违反警罚法第五十四条,有下列各款行为之一者,处七日以下拘留或五十元以下罚款。散布谣言,影响公共之安全者(略)。等因。特电查照并转饬送照。等由。特电查照并饬属送照。等因。特电送照。等因。除分电外,特电查照并希转饬所属会员切实送照。"等由,准此。除分行外,相应函希查照转饬为盼。

此致

汉口市各业同业公会

汉口市商会　启

39.汉口市商会为转驻卫警派遣办法致汉口市各业同业公会函(附《驻卫警派遣办法》一份)

汉口市警察局警行字第二三四号公函开(附抄同《驻卫警派遣办法》一份),奉湖北政府本年十一月六日省民四字第一一八五九号代电开,准内政部本年□□十月九日发文字第一三六八号代电开,案准国防申由电,以首都金融及公营事业机关类多,自卫警漫无限制,易生弊端,请为统一管辖。等由,准此。除分令知首都警察厅遵照《驻卫警派遣办法》办理外,相应函电请查照,转饬所属警察机关,对于管辖境内如有自设卫警情事,应予取消,并另行遵照《驻卫警派遣办法》统筹办理,具报见复为荷。等由。除分电各专署、各县市政府、各直辖警察局暨鸡公山管理局外,特抄发《驻卫警派遣办法》,仰遵照办理具报。等因。附抄发《驻卫警派遣办法》一份,奉此,自应遵办。查本局前以本市各机关、团体、商店、银行自设警卫,漫无限制,且素质既差,训练毫无,为统一指挥管训起见,经参照内政部二十八年十二月一日公布之《驻卫警派遣办法》,拟定请愿警规则一种,呈奉市政府本年六月二十八日市秘民字第九〇六三号指令修正核准实施,并于同年七月九日检同修正规则,电请贵会查照,转行知照在案。兹请愿警规则与内政部颁布《驻卫警派遣办法》内容尚无抵触之处,应仍与请愿警规则参照实施。奉电前因,除呈复暨分行外,相应检同原办法,函请查照并转饬所属遵照为荷。等由,附检送《驻卫警派遣办法》一份,准此。查请愿警规则经本会以商字第二五号函转知照在卷。兹准前由,除分行外,相应抄同原办法,函希查照转知为盼。

此致

各同业公会

附抄同《驻卫警派遣办法》一份。

汉口市商会

附:驻卫警派遣办法

二十八年十二月一日内政部公布,三十五年十月九日内政部发文字第一三六八号

一、政府机关驻卫警察之派遣及公私团体驻卫警察之请派,除法令别有规定外,依本办法之规定办理之。

二、中央各院部会及所属各机关与政部警察总队或所在地警察机关派警常年驻卫。

三、省政府及各厅处由省会警察局或警察队派警常年驻卫。

四、县政府及各局由县警察机关派警常年驻卫。

五、驻华各国领使馆之警卫由政部警察总队或所在地警察机关派遣之。

六、下列各公私团体得向所在地警察机关请求派警常年驻卫。

1.□□;

2.□□;

3.学校;

4.公司;

5.人民团体;

6.其他企业团体。

本条例所称人民团体系指工会,农、商会而言。

七、各公私团体向所在地警察机关请派驻卫警察,应填具申请书注明下列:

1.团体之名称、住址;

2.负责人姓名、年龄、籍贯、住址;

3.请派驻卫警察人数及枪支弹药数目。

八、各级警察机关接到各公私团体请派驻卫警察申请书后,应即依法派遣,如数□多,原有警力不敷分配时,应即呈报上级机关核定增加之。所有增加警额所需招募训练费用,概由请派公私团体负担。

九、各公私团体所在地无警察机关时,得请由该管省市县政府指定附近警察机关派遣之。

十、各级警察机关派遣驻卫政府机关及公私团体人数,每满十人加派警长一人,满三十人应加派警官一人。其满千人者,应由该管警察机关直接管理。

十一、派遣各公私团体之警察人员之服务费用、薪饷,应由各该公私团体担任,其服装费用及薪饷,交由该管警察机关办理。

十二、驻卫警察之服务范围,应依照《部颁警长警士服务规程》办理,不得担任其他职务。

十三、驻卫警察人员应受本管警察机关及驻在机关团体主管长官或负责人之指挥监督。

十四、驻卫警察人员如不称职时,在机关团体得叙述事实通知本营警察机关核办。

十五、驻卫警察人员所有枪械应该管警察机关发给,其自备者应依照《修正国民政府查验自卫枪炮及给照暂行条例》规定请领执照。

十六、驻卫警察人员应依照《部颁警士警长教育规程》之规定施以补充教育。

十七、凡各机关公私团体在本办法公布前自行招募警卫,得由所在地警察机关轮流调训管理之。

十八、本办法自公布之日施行。

40.汉口市商会为提倡特殊教育致汉口市各业同业公会函

敝校此次筹备成立,旨在提倡特殊教育,挽救□病及聋哑失学儿童。呈奉汉口市政府核准备案,已于三月十七日正式开学,唯以轫办伊始,经费殊感困难。兹为巩固基础,俾谋扩充校务起见,爰经呈蒙汉口市政府核准,定期五月五日至五月十五日止,假中山大道民众乐园(即新市场)举行演戏筹募基金。素仰台端热心公益,扶植教育,仁风卓著,务祈鼎力赞助,赐予劝销戏券,以维教育,无任企盼。等情,据此。查教育聋哑失学儿童为人类莫大慈善事业,兹为筹募基金举行演戏,自应赞助。除分行外,相应函希贵会查照,惠予劝销戏券,以襄义举,是为至盼。

此致

汉口市各业同业公会

汉口市商会

41.营业税评议委员会关于营业税评议登记办法(附营业税评议登记办法)

案由:拟定营业税评议登记办法,请讨论案。

说明:查营业税以普查需时,经税捐征收处呈请,暂比照以前征额先行征收,俟核定税额后多退少补,原系一时权宜,自应一面临时征收,一面核定税额。现十月已告终了,年内仅有两月,期于年内将应收本年税款悉数收竣。惟调查工作由各所税务员办理,恐失平允而滋弊端,仅凭评议委员会评定又无标准,仅拟定办法于后。

附:营业税评议登记办法

一、核定税额:

1.各业商号总数以市商会登记之各业公会会员名册为根据。

2.凡未经登记商号,由征收处根据申报表查报。

3.商号等级按其各业营业实况确定其等级,如附表"上项等级系以其一业营业总收入基本数额确定后按户比照类推"。

4.等级税额经评议会确定后,依章公告。倘有异议,先由商会召集该业公会说明核定依据,如仍不服,得请评议会复议。

二、办理程序:

1.税捐征收处将申报表发交各所编号,挨户散发,并取得各商号印章、凭证,以免遗漏。

2.申报表,各业商会遵章填齐后,照规定限期于三日内送所属各业会员商号(注意各商号于表内注明是否公会会员及会员证字号),由所分业汇齐,送交各业同业公会,分户加具意见,送税捐征收处复核后,转送评议委员会核议。

3.各业商号有未入公会者,由各所按期分业收集汇齐,分户初查,并加具意见,送征收处复核后转评议委员会并案核议。"上项意见系对某一业、某户营业实况及每月最低营业总收入之估计与说明"。

4.评议委员会核议申报表须各业同业公会名册作参考,由市政府检发式样,令饬各业同业公会将会员名册抄送二份,并限期三日送到。

5.会员名册(即商户清册)为便于抄写以及核议起见,暂不分域,俟核定后,再由征收处各所按照地区办理征册。

6.会员册分"牌名""街道""门牌""营业种类""经理姓名""商会原定等级""所报资本额""估计等级""核定等级""捐额"等栏(上项"估计等级""核定等级""捐额"等栏各公会不填)。

7.各业会员名册送会后,发文征收处先行整理,参照各业同业公会意见(非会员商会参照各所意见)及核复情形,拟定等级,送请评议委员会核议。

42.汉口市银行商业同业公会甲种公职候选人清册(甘助予)

姓名:甘助予

年龄:四八

籍贯:湖北黄陂

经甲种公职候选人检验合格日期:业经市府五月七日通知,见《华中日报》五月八日公布

出身及经历:湖北省商业专校毕业、历任汉口通城公司经理、现任汉口金城银行经理

在何处候选:在市商会职业团体内候选

住址:中山大道金城银行

备考:无